Kryptografie lernen und anwenden mit CrypTool und SageMath

Bernhard Esslinger

Das CrypTool-Buch:

Kryptografie lernen und anwenden mit CrypTool und SageMath

Kryptografie, Mathematik und mehr mit dem freien E-Learning-Programm CrypTool

Bernhard Esslinger

lehmanns media

Zum Referenzieren per Bib(La)TEX:

```
@book{Esslinger:ctb_2025_de,
  editor    = {Bernhard Esslinger},
  title     = {Das CrypTool-Buch: Kryptografie lernen
               und anwenden mit CrypTool und SageMath},
  publisher = {Lehmanns Media, Berlin},
  url       = {https://www.cryptool.org/de/ctbook/},
  date      = {2025-09},
  edition   = {2},
}
```

Impressum:

2. korr. und erw. Auflage
ISBN 978-3-96543-610-7
Verlag: Lehmanns Media, Berlin (https://www.lehmanns.de)
Druck: Elanders, Waiblingen (Germany)

Umschlag: Herbert Voß
Schriftsatz-Software: LuaLATEX
Automations-Tool zum Erstellen von LaTeX-PDFs: arara
Versionsverwaltungs-Software: Git
Unterstützung bei der Übersetzung: DeepL-Übersetzer (`DeepL.com`) und ChatGPT 4 (`openai.com`)
Unterstützung beim Generieren von Ti*k*Z-Grafiken und LATEX-Tabellen: Claude 3.5 Sonnet (`claude.ai`)

Teil I

Vorbemerkungen

Vorwort von Prof. Paar

Abb. 1: Prof. Dr. Christof Paar
Direktor am Max-Planck-Institut für Sicherheit und Privatsphäre

Das vorliegende Buch zeichnet sich durch eine durchdachte Zusammenstellung hoch relevanter Themen in der Kryptografie aus, die einen einfachen Zugang zu diesem extrem spannenden Fachgebiet ermöglicht. Der Autor, Prof. Bernhard Esslinger, kann auf jahrzehntelange Erfahrung sowohl im akademischen Umfeld als auch in der Industrie zurückblicken, was sich in der geschickten Themenmischung aus Theorie und Praxis widerspiegelt.

In dem Buch ist der seltene Brückenschlag zwischen historischen Chiffren, die für das Verstehen der modernen Kryptografie sehr hilfreich sind, und moderner praxisrelevanter Kryptografie hervorragend gelungen. Im Bereich der asymmetrischen (oder auch: public-key) Kryptografie wird nicht nur das ganze Spektrum der heutzutage eingesetzten Algorithmen eingeführt, sondern es werden auch die nächste Generation von Verfahren behandelt, die sogenannte post-quantum Kryptografie. En passant gelingt es Prof. Esslinger, auch wichtige mathematische Konzepte aus dem Bereich der Zahlentheorie elegant einzuführen.

Durch die gelungene Kombination von Themen richtet sich das Werk an ein breites Publikum, nicht nur an naturwissenschaftlich Vorgebildete. Besonders hervorzuheben ist die Möglichkeit, die vorgestellten Verfahren direkt anhand der in den Fußnoten angegebenen Links zu Open-Source-Programmen wie CrypTool, OpenSSL oder SageMath auszuprobieren. Dies wird durch zahlreiche Screenshots unterstützt, die das Interesse wecken und den Einstieg erleichtern.

Ich freue mich, dass die immer noch recht beschränkte Auswahl an echten Lehrbüchern im Bereich der Kryptografie mit diesem Werk deutlich erweitert und bereichert wird!

Bochum, Oktober 2024 — Christof Paar

Kurzinhaltsverzeichnis

Langinhaltsverzeichnis

Überblick über den Inhalt des CrypTool-Buchs

Mit dem Erfolg des Internets wurden die damit verbundenen Technologien verstärkt erforscht, was auch im Bereich Kryptografie viele neue Erkenntnisse schaffte.

Dieses *Buch zu den CrypTool-Programmen* bietet einen Überblick über die klassische und moderne Kryptografie und leitet zum konkreten Ausprobieren an. Dazu werden die CrypTool-Programme benutzt und ebenso Beispielcode, geschrieben für das Computer-Algebra-System **SageMath** (siehe Anhang A.7).

Das erste Kapitel dieses Buchs beschreibt die Prinzipien der symmetrischen und asymmetrischen **Verschlüsselung** und diskutiert Definitionen und Beispiele für deren Widerstandsfähigkeit.

Im zweiten Kapitel wird – aus didaktischen Gründen – eine ausführliche Übersicht über **Papier- und Bleistiftverfahren** gegeben. Außerdem wird ein typisches Beispiel einer Vor-Computer Maschinen-Chiffre erläutert und beschrieben, wie weit fortgeschritten KI-basierte Angriffe auf diese Hagelin-Maschine sind.

Kapitel 3 gibt einen umfassenden Überblick über **Historische Kryptologie**, ein neu etabliertes Forschungsgebiet, das sich mit den praktischen Problemen bei der Entschlüsselung und Einordnung von verschlüsselten historischen Dokumenten beschäftigt.

Kapitel 4 widmet sich dem faszinierenden Thema der **Primzahlen**. Anschließend führt Kapitel 5 anhand vieler Beispiele in die **modulare Arithmetik** und die **elementare Zahlentheorie** ein. Hier bilden die Eigenschaften des **RSA-Verfahrens** einen Schwerpunkt.

Danach erhalten Sie Einblicke in die mathematischen Konzepte und Ideen hinter der **modernen asymmetrischen Kryptografie** (Kapitel 6) inkl. einer neuen geometrischen Veranschaulichung der Vorgänge bei der RSA-Verschlüsselung.

Kapitel 7 gibt einen knappen Überblick zum Stand der Attacken gegen Passworte und moderne **Hash-Algorithmen**, und widmet sich dann kurz der **Authentifizierung** in der Praxis und den **digitalen Signaturen und Public-Key-Infrastrukturen** – sie sind unverzichtbarer Bestandteil von E-Business-Anwendungen. Hier werden die aktuellen Unterschiede der verschiedenen 2FA- und MFA-Verfahren (incl. Passkey) klar gegenüber gestellt und die Erwartung von NIS-2 dazu verdeutlicht.

Kapitel 8 stellt **elliptische Kurven** vor: Sie sind eine Alternative zu RSA und für die Implementierung auf Chipkarten besonders gut geeignet.

Kapitel 9 führt in die **moderne symmetrische Kryptografie** ein. Boolesche Algebra ist Grundlage der meisten modernen, symmetrischen Verschlüsselungsverfahren, da diese auf Bitströmen und Bitblöcken operieren. Prinzipielle Konstruktionsmethoden dieser Verfahren werden beschrieben und in SageMath implementiert. Dieses Kapitel ist im Vergleich relativ mathematisch.

Kapitel 10 stellt **homomorphe Kryptofunktionen** vor. Homomorphe Verschlüsselung ist ein modernes Forschungsgebiet, das im Zuge des Cloud-Computing sehr an Bedeutung gewinnt.

Kapitel 11 gibt eine sehr einfache **Einführung in die Gitterkryptografie**, ein Gebiet, das Quantencomputer-resistente Verfahren ermöglicht – verbunden mit einigen kryptografischen Rätseln.

Kapitel 12 beschreibt **Aktuelle Resultate zum Lösen diskreter Logarithmen und zur Faktorisierung** und gibt einen breiten Überblick über die zur Zeit besten Algorithmen für (a) das Berechnen diskreter Logarithmen in verschiedenen Gruppen, für (b) das Faktorisierungsproblem und für (c) elliptische Kurven. Dieser Überblick wurde zusammengestellt, nachdem ein provozierender Vortrag auf der Black Hat-Konferenz 2013 für Verunsicherung sorgte, weil er die Fortschritte bei endlichen Körpern mit kleiner Charakteristik fälschlicherweise auf Körper extrapolierte, die in der Realität verwendet werden.

Kapitel 13 **Zukünftige Kryptografie** diskutiert Bedrohungen für bestehende kryptografische Verfahren und stellt die Forschungsansätze (Post-Quantum-Kryptografie) für eine langfristige kryptografische Sicherheit vor incl. der ersten vom NIST 2024 verabschiedeten PQC-Standards.

Die einzelnen Hauptkapitel sind von verschiedenen **(Mit-)Autoren** verfasst (siehe Anhang B.3) und in sich abgeschlossen. Die behandelten Inhalte werden begleitet von zahlreichen Beispielen und SageMath-Listings. Am Ende der meisten Kapitel finden Sie Literaturangaben und Web-Links. Die Kapitel wurden reichlich mit *Fußnoten* versehen, in denen auch darauf verwiesen wird, wie man die beschriebenen Funktionen in den verschiedenen CrypTool-Programmen, in SageMath oder OpenSSL aufruft und ausprobiert.

Während die CrypTool-*E-Learning-Programme* eher den praktischen Umgang motivieren, dient das *Buch* auch dazu, dem an Kryptografie Interessierten ein tieferes Verständnis für die implementierten mathematischen Algorithmen zu vermitteln – und das möglichst gut nachvollziehbar.

Den besten Überblick, welche Funktionen in den CrypTool-Programmen insgesamt zur Verfügung stehen, liefert die ff. Webseite: `https://www.cryptool.org/de/functions/`. Siehe auch Abschnitt A.1 auf Seite 757.

In diesem Buch geben die Anhänge A.2, A.3, A.4 und A.5 einen Überblick über die vier verschiedenen CrypTool-Varianten via:

- der Funktionsliste und den Menüs von CrypTool 1 (CT1)
- der Funktionsliste und den CrypTool-2-Vorlagen (CT2)
- den JCrypTool-Funktionen (JCT)
- den CrypTool-Online-Anwendungen (CTO)

Zwei weitere Anhänge geben fundierte Einführungen in **SageMath** und **OpenSSL** mit vielen Beispielen. SageMath wird dabei in einen breiteren Kontext gestellt (LaTeX, Python, Jupyter).

Die Programme zu diesem Buch oder spezifische Ergänzungen finden Sie auf der CrypTool-Seite: `https://www.cryptool.org/de/ctbook/`. Zu den Ergänzungen gehört bspw. das 90-seitige Dokument „CUDA Tutorial – Cryptanalysis of Classical Ciphers Using Modern GPUs and CUDA“.[1]

Die Autoren dieses Buchs möchten sich an dieser Stelle bedanken bei den Kollegen in der jeweiligen Firma und an den Universitäten Bochum, Darmstadt, Frankfurt, Gießen, Karlsruhe, Lausanne, München, Paris und Siegen.

Wie auch bei dem E-Learning-Programm CrypTool wächst die Qualität des Buchs mit den Anregungen und Verbesserungsvorschlägen von Ihnen als Leser. Wir freuen uns auf Ihre Rückmeldungen.

Geschlechtsneutrale Formulierung: Aus Gründen der einfacheren Lesbarkeit wird auf geschlechtsspezifische Differenzierung verzichtet. Entsprechende Begriffe wie „Entwickler“ oder „Kryptologe“ gelten im Sinne der Gleichbehandlung grundsätzlich für alle Geschlechter.

[1] Es enthält eine praktische Einführung in das Schreiben von CUDA-Programmen unter Linux und Windows.

Einleitung zum CrypTool-Buch

Das CrypTool-Buch versucht, die wichtigsten Themen aus der Kryptologie genau und trotzdem möglichst verständlich darzustellen, und zum Ausprobieren anzuleiten. Dazu wurden die Themen sinnvoll in eigenständig lesbare Kapitel unterteilt, damit Entwickler/Autoren unabhängig voneinander mitarbeiten können. Natürlich gäbe es viel mehr Themen aus der Kryptografie, die man vertiefen könnte – deshalb ist diese Auswahl nicht erschöpfend.

In der anschließenden redaktionellen Arbeit wurden Querverweise ergänzt, Fußnoten hinzugefügt, Index-Einträge vereinheitlicht und sehr viele Korrekturen vorgenommen.

Dieses Buch wurde ab dem Jahr 2000 zusammen mit CrypTool 1 (CT1) ausgeliefert. Im Vergleich zur letzten in CT1 beigelegten Version aus 2018 wurden hier die TeX-Sourcen des Dokuments komplett umstrukturiert, etliche Themen neu hinzugefügt, ergänzt, korrigiert, und alles auf den aktuellen Stand gebracht, z. B.:

- ein detaillierter Vergleich zwischen theoretischem und praktischem Schlüsselraum und ein Überblick über die besten bekannten Angriffe gegen verschiedene Chiffren (neu, Kap. 1.7 und 1.9),
- eine detaillierte Erklärung der C(X)-52, der am weitesten verbreiteten mechanischen (Hagelin) Chiffriermaschine, ihre Bedeutung und die Implementierung ihrer Varianten in CT2 (neu, Kap. 2.5),
- das Forschungsgebiet Historische Kryptologie (neu, Kapitel 3 auf Seite 145),
- generell das Primzahlen-Kapitel und die Liste der größten Primzahlen (Kap. 4.5),
- RSA-2D: eine neue geometrische Veranschaulichung der Vorgänge bei der RSA-Verschlüsselung (neu, Abschnitt 6.5 auf Seite 403),
- Auflistung, in welchen Filmen und Romanen Kryptografie eine wesentliche Rolle spielt (Anhang B.1),
- die Funktionsübersichten zu CrypTool 2 (CT2), zu JCrypTool (JCT) und zu CrypTool-Online (CTO) (siehe Anhang),
- weitere SageMath-Skripte zu Kryptoverfahren, die Einführung in das Computer-Algebra-System SageMath (siehe Anhang A.7) und die Anpassung aller Skripte an die SageMath-Versionen 9.x und 10.x,
- die Einführung in das Kommandozeilen-Tool OpenSSL (neu, Abschnitt A.8 auf Seite 819),
- die Abschnitte über die Goldbach-Vermutung (siehe 4.10.5), über Primzahl-Zwillinge (siehe 4.10.6), und über Primzahl-Lücken (siehe 4.10.8),
- der Abschnitt über gemeinsame Primzahlen in real verwendeten RSA-Moduli (siehe 5.12.5.4),
- die Grundlagen der modernen symmetrischen Verschlüsselung (stark überarbeitet, Kapitel 9 auf Seite 489),
- die Einführung in die Gitterkryptografie (neu, Kapitel 11 auf Seite 631),
- das Kapitel über Diskrete Logarithmen und Faktorisierung (Kapitel 12 auf Seite 717) und
- das Kapitel über die Zukünftige Kryptografie (Kapitel 13 auf Seite 743).

Dank

An dieser Stelle möchte ich explizit folgenden Personen danken, die bisher in ganz besonderer Weise zum CrypTool-Projekt beigetragen haben. Ohne ihre besonderen Fähigkeiten und ihr großes Engagement wäre CrypTool nicht, was es heute ist:

- Hr. Henrik Koy
- Hr. Jörg-Cornelius Schneider
- Hr. Florian Marchal
- Dr. Peer Wichmann
- Hr. Dominik Schadow
- Prof. Nils Kopal
- Mitarbeiter in den Teams von Prof. Johannes Buchmann, Prof. Claudia Eckert, Prof. Alexander May, Prof. Torben Weis und insbesondere Prof. Arno Wacker.

Dank an Bart Wessel und George Lasry für Informationen über die Unterschiede zwischen den Modellvarianten der C-52/CX-52.

Zu erwähnen sind die Studenten, die durch ihre inzwischen weit über 200 Diplom-, Bachelor- und Masterarbeiten beitrugen. Auch allen hier nicht namentlich Genannten ganz herzlichen Dank für das (meist in der Freizeit) geleistete Engagement.

Danke auch an die Leser, die uns Feedback sandten, und insbesondere an Olaf Ostwald, Helmut Witten, Prof. Ralph-Hardo Schulz und Prof. Gottfried Barthel, die verschiedene Teile des Buchs konstruktiv gegengelesen haben. Und insbesondere an Herbert Voß, der uns immer dann half, wenn es in LaTeX schwierig wurde.

Ein besonderes Dankeschön geht an Dr. Doris Behrendt, die die aufwändige Aufgabe übernahm, zwei Bücher mit je 500+ Seiten nach KOMA-Script zu bringen und die TeX-Sourcen aufzuräumen und zu modernisieren, die von unterschiedlichen Autoren über die Jahre erstellt wurden – und die dabei auch noch viele Inhalte kritisch las.

Und schließlich Dank an die Mitarbeiter des Verlags und Herbert Voß, die uns vor allem am Ende halfen, fokussiert zu bleiben.

Die Bereitschaft von Christof Paar, das Vorwort zu schreiben, ist für mich eine große Ehre, und ich möchte ihm an dieser Stelle nochmals danken.

Ich hoffe, dass viele Leser mit diesem Buch mehr Interesse an und Verständnis für dieses moderne und zugleich uralte Thema finden.

Für die zweite deutsche Auflage bei Lehmanns wurden hauptsächlich kleine Fehler korrigiert.

Bernhard Esslinger

Heilbronn/Siegen, September 2025

Zusammenspiel von Buch und Programmen

Das CrypTool-Buch

Dieses Buch kann in Papierform und als eBook bei Lehmanns erworben werden. Später wird es auch als PDF auf der Webseite des CT-Portals kostenlos zum Download zur Verfügung stehen:
`https://www.cryptool.org/de/ctbook`

Die Kapitel dieses Buchs sind weitgehend in sich abgeschlossen und können auch unabhängig von den CrypTool-Programmen gelesen und verstanden werden.

Für das Verständnis der meisten Kapitel reicht Abiturwissen aus. Die Kapitel 6 (Moderne asymmetrische Kryptografie), 8 (Elliptische Kurven), 9 (Moderne symmetrische Kryptografie), 10 (Homomorphe Chiffren) und 12 (Resultate zum Lösen diskreter Logarithmen und zur Faktorisierung) erfordern tiefere mathematische Kenntnisse.

Die Autoren haben sich bemüht, Kryptografie für eine möglichst breite Leserschaft darzustellen – ohne mathematisch unkorrekt zu werden, aber mit vielen Hinweisen, Dinge praktisch auszuprobieren. Wir glauben, dass man auf diese Wiese die Awareness für die IT-Sicherheit und für den Einsatz standardisierter, moderner Kryptografie am besten fördern kann.

Die Programme CrypTool 1, CrypTool 2 und JCrypTool

CrypTool 1 (CT1) ist ein Lernprogramm für Windows, mit dem Sie unter einer einheitlichen Oberfläche kryptografische Verfahren anwenden und analysieren können. Die umfangreiche Onlinehilfe in CT1 enthält nicht nur Anleitungen zur Bedienung des Programms, sondern auch Informationen zu den Verfahren selbst (aber weniger ausführlich und anders strukturiert als im CT-Buch).

CrypTool 1 und die Nachfolgeversionen CrypTool 2 (CT2) und JCrypTool (JCT) werden weltweit in Schule, Lehre, Aus- und Fortbildung eingesetzt. CT2 ist ebenfalls für Windows und hat zur Kryptoanalyse inzwischen einen deutlich größeren Funktionsumfang als CT1. JCT läuft unter Windows, Linux und macOS, und enthält inzwischen ebenfalls Vieles, was nicht in CT1 enthalten ist.

Die Setups/Executables dieser eigenständigen Desktop-Programme werden allein von der CT-Webseite mehr als 10 000 Mal pro Monat heruntergeladen.

Die Programme auf CrypTool-Online (CTO)

Die Webseite CrypTool-Online (`http://www.cryptool-online.org`), auf der man im Browser vom PC, Tablet oder Smartphone aus kryptografische Verfahren ausprobieren und anwenden kann, gehört ebenfalls zum CT-Projekt. Sie wird momentan stark forciert.

Der Umfang von CTO ist noch nicht so groß wie der der Standalone-Programme CT1, CT2 und JCT. Da CTO mehr und mehr als Erstkontakt genutzt wird, fließt ein hoher Entwicklungsaufwand in CTO. Wir haben Backbone und Frontend mit moderner Webtechnologie neu designt, um ein schnelles, konsistentes und responsives Look&Feel anzubieten. CTO enthält auch mit WebAssembly gebaute Plugins wie eine Python-Entwicklungsumgebung, Msieve oder OpenSSL. Die Nutzung von WebAssembly (wasm) führt dazu, dass diese Funktionalität im Browser fast so schnell läuft wie als native Anwendung. Eine weitere moderne Technologie, die angeboten wird, sind Modelle zur Kryptoanalyse, die mit Algorithmen aus dem maschinellen Lernen (deep learning, neuronale Netze, KI) trainiert wurden.

Neben den klassischen Chiffren werden in CTO die folgenden Plugins am meisten aufgerufen: „RSA Schritt-für-Schritt“, „RSA visuell und mehr“, „AES Schritt-für-Schritt“, „AES-Animation“ und der „Passwort-Messer“.

MTW (früher MTC3)

MTW ist die Abkürzung für **MysteryTwister** (`https://www.mysterytwister.org`), ein internationaler Kryptografie-Wettbewerb (cipher contest by CrypTool), der vom Lehrstuhl von Prof. May in Bochum und vom CT-Projekt getragen wird. Auf der MysteryTwister-Seite findet man kryptografische Rätsel in vier verschiedenen Kategorien, eine High-Score-Liste und ein moderiertes Forum.

Stand Dez. 2024 sind über 10 000 Teilnehmer dabei, und es gibt über 370 Aufgaben, von denen 310 von zumindest einem Teilnehmer gelöst wurden. Seit dem Update auf das neue MTW im April 2024 ist die Seite benutzerfreundlicher, kann komplett auf dem Smartphone bedient werden und nutzt Discord für die Forums-Diskussionen.

Das Computer-Algebra-Programm SageMath

SageMath ist ein umfangreiches Open-Source Computer-Algebra-System (CAS), mit dem sich die in diesem Buch erläuterten mathematischen Verfahren relativ leicht Schritt-für-Schritt programmieren lassen. Eine Besonderheit dieses CAS ist, dass als Skript-Sprache Python (Version 3 seit SageMath 9) benutzt wird. Dadurch stehen einem in Sage-Skripten nicht nur die Mathematik-Befehle aus SageMath zur Verfügung, sondern auch alle Funktionen der Sprache Python. SageMath wird mehr und mehr zum Standard-CAS an Hochschulen. SageMath 8 brachte auch eine Version für Windows, die in einer Bash-Shell lief – seit SageMath 10 läuft es direkt im Windows Subsystem für Linux (WSL).

Die Schülerkrypto-Kurse und learn.crypto

Die Schülerkrypto-Initiative bietet Ein- und Zwei-Tages-Kurse in Kryptologie für Schüler und Lehrer, um zu zeigen, wie attraktiv MINT-Fächer wie Mathematik und Informatik (und insbesondere Kryptologie) sind. Die Kursidee ist eine virtuelle Geheimagenten-Ausbildung. Diese Kurse finden seit mehreren Jahren regelmäßig in Deutschland in unterschiedlichen Städten statt (abgesehen von Corona-Unterbrechungen). Alle Kursunterlagen sind frei erhältlich auf: `https://www.cryptool.org/de/scr/downloads/`. Im Kurs wird freie Lern-Software eingesetzt (meist wird CT2 genutzt). Wir würden uns auch freuen, wenn jemand die Kursunterlagen auf Englisch übersetzt und einen entsprechenden Kurs in Englisch anbieten würde.

Es gibt konkrete Pläne, vollständiges Lehrmaterial genau passend zu den Lehrplänen der Bundesländer zu erstellen. Begonnen wurde mit dem Informatik-Lehrplan für die 11. Klasse an den Gymnasien in Bayern. Die Lerneinheiten zur Kryptologie sind unter `https://learn.cryptool.org/` frei verfügbar.

Teil II

Hauptteil

1 Verschlüsselungen und Angriffe dagegen

Jahrhundertelang wurden Klartext-Nachrichten vom Militär, von Diplomaten und von Alchemisten verschlüsselt – viel seltener von Geschäfts- und Privatleuten. Das Ziel war, die Privatheit zwischen Sender und Empfänger zu schützen. Seit den 1970er-Jahren kamen weitere Ziele hinzu, um im modernen Datenverkehr Integrität, Authentizität und Nichtabstreitbarkeit zu erreichen, aber auch um auf verschlüsselten Daten in der Cloud zu rechnen oder Quantencomputer-Resistenz zu erreichen.

Die Wissenschaft, die sich mit Verschlüsselung beschäftigt, wird **Kryptologie** genannt – aufgeteilt in die Zweige Kryptografie (Entwerfen von sicheren Verfahren) und Kryptoanalyse (Brechen von Verfahren). Real hängen diese beiden Zweige eng zusammen, und die Begriffe Kryptografie und Kryptologie werden oft synonym (austauschbar/gleichbedeutend) verwendet. Deshalb wird Kryptologie heute eher unterteilt in Fachgebiete wie symmetrische oder Public-Key-Kryptografie, Hardware- und Embedded-Systems-Kryptografie, theoretische Kryptologie und Real-World-Krypto. [1] Angelehnt an das englische „cryptanalysis" wird auch manchmal das Wort „Kryptanalyse" statt Kryptoanalyse benutzt.

Die Bedeutung der Kryptologie nimmt weiterhin zu, da unsere Gesellschaft immer stärker von Informationstechnologie abhängt. Obwohl Kryptologie und Informationssicherheit interdisziplinäre Forschungsgebiete sind, spielt die mathematische Disziplin inzwischen die größte Rolle in der Kryptologie. Und schließlich kann das Lernen über Kryptologie Spaß machen und unterhaltsam sein.

Das Besondere an diesem Buch ist, dass Sie die Verfahren immer gleich ausprobieren können – durch die jeweils direkt in Fußnoten angegebenen Links auf die Programme vom CrypTool-Projekt, von OpenSSL oder von SageMath. Alle diese Programme sind Open-Source.

In diesem Buch werden die Grundlagen ausführlich behandelt, danach werden aus dem sehr umfangreichen Gebiet der Kryptologie bestimmte (aktuelle) Themen ausgewählt (wie RSA, ECC oder Gitter). Dadurch ist dieses Buch für ein breites Publikum zugänglich, nicht nur für Interessierte der naturwissenschaftlichen Fächer.

Kapitel 1 soll einen eher beschreibenden Einstieg bieten und die Grundlagen (fast) ohne Verwendung von Mathematik vermitteln. Dazu werden als Beispiele moderne Verfahren (RSA, AES) verwendet. Danach vertiefen wir bspw. die Eigenschaft, wie viele mögliche Schlüssel (Schlüsselraum) unterschiedliche Verfahren haben (Abschnitt 1.7 auf Seite 31) und was die besten Angriffe gegen bekannte Verfahren sind (Abschnitt 1.9 auf Seite 47). Abschnitt 1.8 auf Seite 38 erklärt Angriffsarten und Sicherheitsdefinitionen einschließlich des modernen Konzepts der Ununterscheidbarkeit und ordnet diese ein. Empfohlene Bücher werden in Abschnitt 1.11 auf Seite 54 vorgestellt. Im Anhang finden Sie Screenshots, wie man AES in verschiedenen Programmen benutzt (Abschnitt 1.12 auf Seite 55). Klassische Verfahren werden später in den Kapiteln 2 und 3 vorgestellt.

Sinn der **Verschlüsselung** ist es, Daten (Klartext-Nachrichten) so zu verändern, dass nur ein autorisierter Empfänger in der Lage ist, den Klartext zu rekonstruieren. Das hat den Vorteil, dass verschlüsselte Daten offen übertragen werden können und trotzdem keine Gefahr besteht, dass eine Angreiferin die Daten unberechtigterweise lesen kann. Der autorisierte Empfänger ist im Besitz einer geheimen Information, des sogenannten Schlüssels, die es ihm erlaubt, die Daten zu entschlüsseln, während sie jedem anderen verborgen bleiben. Eine Angreiferin hat noch mehr Möglichkeiten als nur das Brechen von Geheimtexten: Sie kann auch die Verbindung stören (z. B. durch einen Denial-of-Service-Angriff) oder Metadaten (wer wann mit wem kommuniziert) abgreifen.

Als „Klartext" werden die Daten bezeichnet, die als Input vom Verschlüsselungsverfahren verarbeitet werden. Diese Daten können Texte sein, aber auch binäre Daten wie ein Bild oder eine ausführbare Datei. Das Verschlüsselungsverfahren heißt „Chiffre". Der Output heißt „Geheimtext" oder „Chiffrat" (aber nicht „Chiffretext", wie manchmal von automatischen Übersetzern erzeugt). Bei modernen Verfahren besteht der Geheimtext immer aus binären Daten. Abb. 1.1 auf der nächsten Seite zeigt diesen Prozess grafisch.

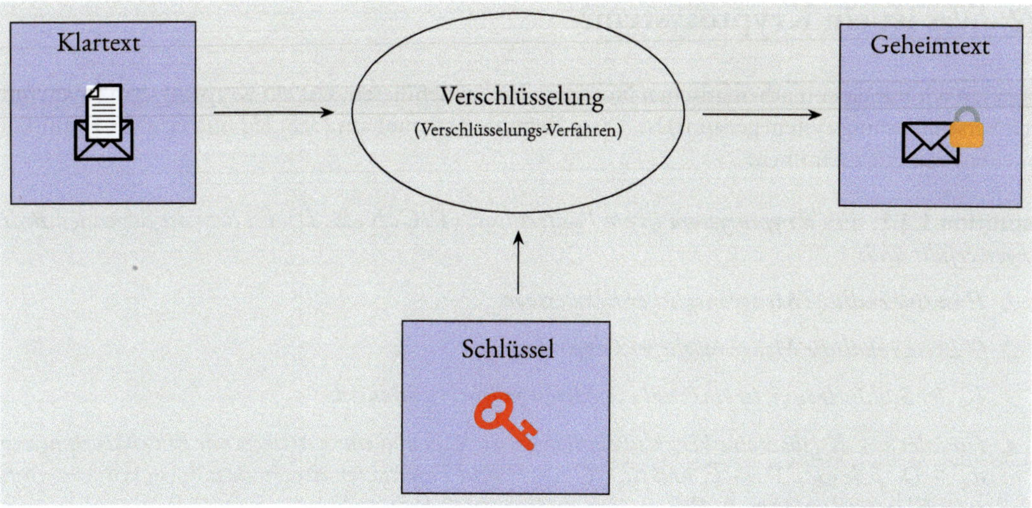

Abb. 1.1: Übliche Bezeichnungen bei der Verwendung von Verschlüsselungsverfahren

1.1 Bedeutung der Kryptologie

Durch die Nutzung des Internets und der drahtlosen Kommunikation werden Verschlüsselungstechnologien (meist transparent) von jedermann genutzt. Kryptografische Algorithmen sichern Geldautomaten und die Privatsphäre von Messengern, ermöglichen Anonymität für Wähler, helfen aber auch Kriminellen. Kryptografie hat einen doppelten Verwendungszweck – wie viele Innovationen des Menschen.

Verschlüsselungstechnologien sind jedoch nicht erst heute im Gebrauch, sondern werden schon seit Jahrhunderten von Regierungen, Militärs und Diplomaten eingesetzt. Welche Seite diese Technologie besser beherrschte, konnte mithilfe der Geheimdienste großen Einfluss auf die **Politik** und den Kriegsverlauf nehmen. Auf die Historie geht dieses Buch nur zweimal ein: wenn die früheren Verschlüsselungsverfahren in Kapitel 2 aus didaktischen Gründen eingeführt werden, und in Kapitel 3, wo die konkrete Anwendung früherer Verfahren vorgestellt wird. Einen Eindruck, welch entscheidende Bedeutung Kryptologie für die Mächtigen hatte und hat, kann man anhand der beiden folgenden Beispiele bekommen: dem Lehrfilm *Krieg der Buchstaben*[1] und der Debatte um die sogenannten Krypto-Wars[2].

Im Folgenden definieren wir, was ein Kryptosystem ausmacht und erläutern die Unterschiede zwischen symmetrischen (siehe Abschnitt 1.3) und asymmetrischen (siehe Abschnitt 1.4) Verfahren zur Verschlüsselung.

[1] Der BBC-Dokumentarfilm (dt. ca. 45 Min.) schildert vor dem Hintergrund der Weltpolitik von 1900-1945 die Entwicklung der Kryptologie und ihre Bedeutung für den Kriegsverlauf im ersten (Zimmermann-Depesche) und zweiten Weltkrieg. Ausführlich wird – aus anglo-amerikanischer Sicht – darauf eingegangen, wie bedeutsam die Kryptoanalyse für den Verlauf des zweiten Weltkriegs war (auf dem Atlantik gegen die Enigma und auf dem Pazifik gegen die Purple).
Siehe `https://informatik.schule.de/krypto/Krieg_der_Buchstaben.pdf` [2].

[2] Siehe `https://de.wikipedia.org/wiki/Crypto_Wars`.

1.2 Was ist ein Kryptosystem?

Beginnen wir mit einer mathematischen Notation, um zu definieren, was ein Kryptosystem (manchmal auch Verschlüsselungssystem genannt) ist. Diese Definition stammt aus [3, S. 15] und fasst die Hauptkomponenten sehr gut zusammen.

Definition 1.2.1. *Ein* ***Kryptosystem*** *ist ein Fünfertupel*[3] (P, C, K, E, D)*, bei dem die folgenden Bedingungen erfüllt sind:*

1. *P ist eine endliche Menge möglicher Klartexte m.*
2. *C ist eine endliche Menge möglicher Geheimtexte c.*
3. *K, der Schlüsselraum, ist eine endliche Menge möglicher Schlüssel.*
4. *Für jedes $k \in K$ gibt es eine Verschlüsselungsregel $e_k \in E$ und eine entsprechende Entschlüsselungsregel $d_k \in D$. Jede $e_k : P \to C$ und $d_k : C \to P$ sind Funktionen derart, dass $d_k(e_k(m)) = m$ für jedes Klartextelement $m \in P$.*

Die wichtigste Eigenschaft ist Eigenschaft 4. Sie besagt, dass, wenn ein Klartext x mit e_k verschlüsselt wird und der resultierende Geheimtext anschließend mit d_k entschlüsselt wird, der ursprüngliche Klartext x entsteht. Die Funktion kann also eindeutig invertiert werden.

Diese Definition gilt für klassische und moderne Chiffren und sowohl für symmetrische als auch für asymmetrische Chiffren. Klassische Chiffren arbeiten in der Regel mit Buchstaben als Elemente des Klartextes; moderne Chiffren verwenden Bits oder Zahlen als Elemente des Klartextes.

Ein wichtiger Punkt in jedem Kryptosystem ist der Zufall, der bei der Erzeugung der Schlüssel und manchmal auch im Verschlüsselungssystem selbst verwendet wird. Da Kryptosysteme Zufall benötigen, um sicher zu sein, benötigen sie eine Komponente, aus der sie den Zufall beziehen.

Bei der Entwicklung und Einführung eines Kryptosystems muss seine Sicherheit berücksichtigt werden. Traditionell war die Bedrohung, mit der sich die Kryptografie befasste, die eines Angreifers, der den verschlüsselten Text abfängt und versucht, ihn zu entschlüsseln. Es wird davon ausgegangen, dass der Angreifer nicht im Besitz des Schlüssels ist. Die Techniken, die der Angreifer anwendet, um zu versuchen, das Kryptosystem zu „brechen" (manche sagen „knacken"), werden als Kryptoanalyse bezeichnet. Ein offensichtlicher erster Schritt bei der Entwicklung eines sicheren Kryptosystems besteht also darin, dass die Anzahl möglicher Schlüssel sehr groß ist, so viele, dass der Angreifer nicht in der Lage ist, sie alle in einer angemessenen Zeitspanne zu testen. Die Sicherheitsaspekte werden in den Abschnitten 1.7 und 1.8 vertieft.

1.3 Symmetrische Verschlüsselung

Bei der *symmetrischen* Verschlüsselung[4] müssen Sender und Empfänger über einen gemeinsamen (geheimen) Schlüssel verfügen, den sie vor Beginn der eigentlichen Kommunikation (über einen anderen Kanal, „out-

[3] Damit ist gemeint, dass fünf Komponenten gebraucht werden und die Reihenfolge ihrer Definition wesentlich ist.

[4] Neben vielen klassischen Verfahren finden sich etliche moderne, symmetrische Verschlüsselungsverfahren in den verschiedenen CrypTool-Programmen:
- Über `CTO (www.cryptool-online.org)` kann man sich im Browser AES in 2 Plugins ansehen: als „AES-Animation" und per „AES (Schritt-für-Schritt)". Außerdem bietet CTO im OpenSSL-Plugin alle symmetrischen Verfahren, die in OpenSSL 3.0 enthalten sind.
- Über `CT1 Ver-/Entschlüsseln ▷ Symmetrisch (modern)` können Sie folgende moderne symmetrische Verschlüsselungsverfahren ausführen: IDEA, RC2, RC4, DES (ECB), DES (CBC), Triple-DES (ECB), Triple-DES (CBC), MARS (AES-Kandidat), RC6 (AES-Kandidat), Serpent (AES-Kandidat), Twofish (AES-Kandidat), Rijndael (offizielles AES-Verfahren).
- Unter `CT2 Startcenter ▷ Vorlagen ▷ Kryptografie ▷ Modern ▷ Symmetrisch`: AES, DES, PRESENT, RC2, RC4, SDES, TEA, Triple-DES,

of-the-band") ausgetauscht haben. Der Sender benutzt diesen Schlüssel, um die Nachricht zu verschlüsseln und der Empfänger, um diese zu entschlüsseln. Dies veranschaulicht Abb. 1.2.

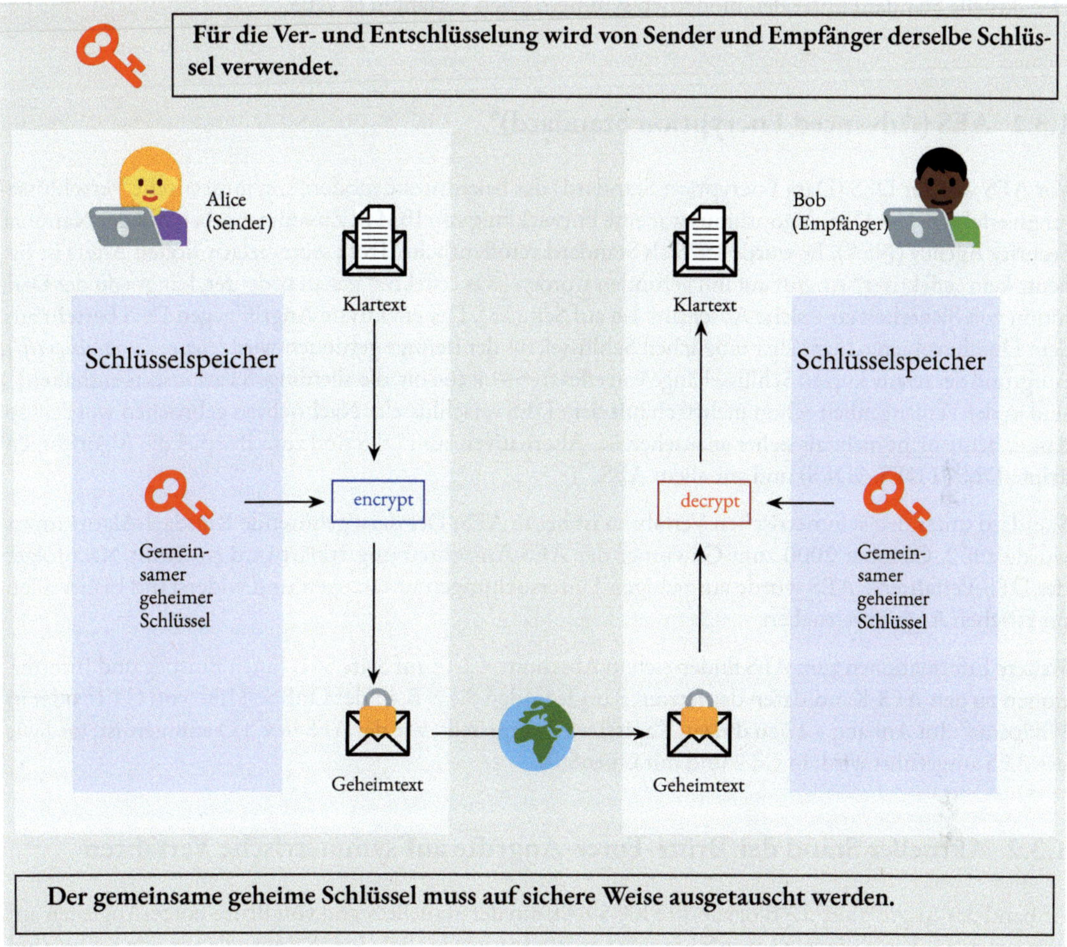

Abb. 1.2: Symmetrische oder Secret-Key-Verschlüsselung

Alle klassischen Chiffren gehören zum Typ symmetrisch. Beispiele dazu finden Sie in den CT-Programmen, im Kapitel 2 (P&B- und Vor-Computer-Chiffren)[5] in diesem Buch oder in [4]. In diesem Unterkapitel wollen wir jedoch nur die moderneren symmetrischen Verfahren betrachten.

Der Hauptvorteil von symmetrischen Algorithmen ist ihre hohe Geschwindigkeit, mit denen Daten ver- und entschlüsselt werden. Hauptnachteil ist der hohe Aufwand für die Schlüsselverteilung. Um miteinander vertraulich kommunizieren zu können, müssen Sender und Empfänger vor Beginn der eigentlichen Kommunikation über einen sicheren Kanal einen Schlüssel ausgetauscht haben. Spontane Kommunikation zwischen Personen, die sich vorher noch nie begegnet sind, scheint so nahezu unmöglich. Soll in einem Netz mit n Teilnehmern jeder mit jedem zu jeder Zeit spontan kommunizieren können, so muss jeder Teilnehmer

Blowfish, Twofish, Threefish, ChaCha, LAMBDA1, Format-erhaltende Verschlüsselung, visuelle Kryptografie und einige mehr.
- In der `JCT Algorithmen-Perspektive` stehen alle modernen Verschlüsselungsverfahren aus der Bouncy Castle Crypto API (siehe `www.bouncycastle.org`) zur Verfügung: AES, Rijndael, Camellia, DES, Dragon, IDEA, LFSR, MARS, Misty1, RC2, RC5, RC6, SAFER+, SAFER++, Serpent, Shacal, Shacal2, Twofish.

[5] P&B = Papier und Bleistift (englisch P&P = Paper-and-Pencil)

vorher mit jedem anderen der $n-1$ Teilnehmer einen Schlüssel ausgetauscht haben. Insgesamt müssen also $n(n-1)/2$ Schlüssel ausgetauscht werden.

Der aktuelle Standard unter den modernen symmetrischen Verfahren ist AES.

1.3.1 AES (Advanced Encryption Standard)[6]

Vor AES war der DES (Data Encryption Standard) das bekannteste moderne, symmetrische Verschlüsselungsverfahren. Der DES-Algorithmus war eine Entwicklung von IBM in Zusammenarbeit mit der National Security Agency (NSA). Er wurde 1975 als Standard veröffentlicht. Trotz seines relativ hohen Alters ist bis heute kein „effektiver" Angriff auf ihn gefunden worden (was „effektiv" genau bedeutet, hängt von der Definition von Sicherheit ab – siehe Abschnitt 1.8 auf Seite 38). Der effektivste Angriff gegen DES besteht aus dem Durchprobieren (fast) aller möglichen Schlüssel, bis der richtige gefunden wird (*Brute-Force-Angriff*). Aufgrund der relativ kurzen Schlüssellänge von effektiv 56 bit (64 bit, die allerdings 8 Paritätsbits enthalten)[7], sind in der Vergangenheit schon mehrfach mit dem DES verschlüsselte Nachrichten gebrochen worden, so dass er heute nicht mehr als sicher anzusehen ist. Alternativen zum DES sind zum Beispiel die Algorithmen Triple-DES (TDES, 3DES) und vor allem AES.

Standard unter den symmetrischen Verfahren ist heute AES: Der dazu gehörende Rijndael-Algorithmus wurde am 2. Oktober 2000 zum Gewinner der AES-Ausschreibung erklärt und ist damit Nachfolger des DES-Verfahrens. AES wurde ausgiebigen Untersuchungen unterzogen und widerstand bisher allen praktischen Angriffsversuchen.

Weitere Informationen zum AES finden sich in Abschnitt 9.2.14 auf Seite 561. Einen Einstieg und Informationen zu den AES-Kandidaten der letzten Runde finden Sie z. B. in der Online-Hilfe von CT1[8] oder in Wikipedia[9]. Im Anhang 1.12 zu diesem Kapitel wird vorgestellt, wie der AES in CTO animiert ist, und wie der AES ausgeführt wird: in CT2 und mit OpenSSL.

1.3.2 Aktueller Stand der Brute-Force-Angriffe auf symmetrische Verfahren

Anhand des Angriffs auf die Blockchiffre RC5-64 kann der aktuelle Stand von Brute-Force-Angriffen auf symmetrische Verschlüsselungsverfahren gut erläutert werden. Bei einer Schlüssellänge von 64 bit sind dies maximal $2^{64} = 18\,446\,744\,073\,709\,551\,616$ oder rund 18 Trillionen ($= 18 \cdot 10^{18}$) zu überprüfende Schlüssel.

Als Brute-Force-Angriff (exhaustive search, trial-and-error) bezeichnet man das vollständige Durchsuchen des Schlüsselraums: Dazu müssen keine besonderen Analysetechniken eingesetzt werden. Der Angreifer kennt nur den Geheimtext, er führt also einen Ciphertext-only-Angriff durch, was die schwächste aller möglichen Angriffsvoraussetzungen ist. Dazu wird der Geheimtext mit allen möglichen Schlüsseln des

---

[6]- In CTO kann man sich im Browser AES in 2 Plugins ansehen: als „AES-Animation" `https://www.cryptool.org/de/cto/aes-animation` und per „AES (Schritt-für-Schritt)" `https://www.cryptool.org/de/cto/aes-step-by-step`.
- Über `CT1 Einzelverfahren ▷ Visualisierung von Algorithmen ▷ AES` finden Sie 3 Visualisierungen dieses Verfahrens.
- Mithilfe des Suchstrings „AES" bei `CT2 Startcenter ▷ Vorlagen` können Sie ein Plugin finden, das den Algorithmus Schritt-für-Schritt visualisiert.

[7]Als Einheit in Formeln schreiben wir „bit" klein und ohne Plural-s. Siehe Abschnitt B.2 auf Seite 868.

[8]Online-Hilfe von CT1: Das Stichwort **AES** im Index führt zu den drei Hilfeseiten: **AES-Kandidaten, Der AES-Gewinner Rijndael** und **Der AES-Algorithmus Rijndael.**
Eine ausführliche und sehr ansprechende Beschreibung in deutsch von AES mit C-Code findet sich in [5].

[9]`https://de.wikipedia.org/wiki/Advanced_Encryption_Standard`

Schlüsselraums entschlüsselt[10] und geprüft, ob der resultierende Text einen sinnvollen Klartext ergibt[11]. Siehe Abschnitt 1.7 auf Seite 31 zu „Schlüsselraum" und Abschnitt 1.8.6 zum Begriff „n-bit-Sicherheit".

Um zu zeigen, welche Sicherheit bekannte symmetrische Verfahren wie DES, 3DES oder RC5 haben, veranstaltete z. B. RSA Security sogenannte Cipher-Challenges. Unter kontrollierten Bedingungen wurden Preise ausgelobt, um Geheimtexte (verschlüsselt mit verschiedenen Verfahren und verschiedenen Schlüssellängen) zu entschlüsseln und den symmetrischen Schlüssel zu ermitteln.[12]

Dass das „alte" Standard-Verfahren DES mit der fixen Schlüssellänge von 56 bit nicht mehr sicher ist, wurde schon im Januar 1999 von der Electronic Frontier Foundation (EFF) demonstriert, als sie mit Deep Crack eine DES-verschlüsselte Nachricht in weniger als einem Tag knackte.[13]

Der aktuell bekannte Rekord für starke symmetrische Verfahren liegt bei 64 bit langen Schlüsseln. Dazu wurde das Verfahren RC5 benutzt, eine Blockchiffre mit variabler Schlüssellänge.

Die RC5-64 Challenge wurde im Juli 2002 nach 5 Jahren vom distributed.net-Team gelöst.[14] Insgesamt arbeiteten 331 252 Personen gemeinsam über das Internet zusammen.[15] Getestet wurden rund 15 Trillionen ($= 15 \cdot 10^{18}$) Schlüssel, bis der richtige Schlüssel gefunden wurde. Das waren rund 85 % des Suchraums.[16]

Somit sind symmetrische Verfahren mit 64 bit langen Schlüsseln (auch wenn sie keinerlei kryptografische Schwächen haben) keine geeigneten Verfahren mehr, um sensible Daten über einen längeren Zeitraum geheim zu halten.

> Das BSI fordert für nach 2024 eingesetzte moderne symmetrische Verfahren ein Sicherheitsniveau von 128 bit (siehe [6], Seite 20, Tab. 1.2).
> Das BSI-Dokument [6] empfiehlt nicht nur einen Algorithmus wie AES-128, sondern legt auch Details wie passende Blockmodi und Paddingsverfahren fest.

---

[10] - Über `CT1 Analyse ▷ Symmetrische Verschlüsselung (modern)` kann man Brute-Force-Analysen von modernen symmetrischen Verfahren durchführen.
- Mit `CT2 Vorlagen ▷ Kryptoanalyse ▷ Modern` können Sie ebenfalls Brute-Force-Analysen durchführen. Besonders mächtig ist die darin verwendete KeySearcher-Komponente, die die Ausführung auf mehrere Rechner verteilen kann.

[11] Ist der Klartext natürlich-sprachlich und wenigstens 100 B lang, kann diese Prüfung ebenfalls automatisiert durchgeführt werden. Um in einer sinnvollen Zeit auf einem Einzel-PC ein Ergebnis zu erhalten, dürfen nicht zu viele Bits des Schlüssels als unbekannt gekennzeichnet sein. Auf einem aktuellen PC in 2022 probiert CT1 für AES 24 bit in ca. 20 sec durch, aber 32 bit dauern schon 1:45 h. Vergleiche die Screenshots in Abschnitt 1.7 auf Seite 31.

[12] `https://web.archive.org/web/20170417095446/http://www.emc.com/emc-plus/rsa-labs/historical/the-rsa-laboratories-secret-key-challenge.htm`
Im Mai 2007 meldete RSA Inc leider, dass sie die Korrektheit der bis dahin nicht gelösten RC5-72 Challenge nicht bestätigen werden. Alternative: Ein weites Spektrum einfacher und komplexer, symmetrischer und asymmetrischer Rätsel-Aufgaben bietet der internationale Krypto-Wettbewerb **MysteryTwister**: `https://www.mysterytwister.org`.

[13] `https://web.archive.org/web/20170417095101/https://www.emc.com/emc-plus/rsa-labs/historical/des-challenge-iii.htm`

[14] `https://www.distributed.net/Pressroom_press-rc5-64`
`https://www.distributed.net/images/9/92/20020925_-_PR_-_64_bit_solved.pdf`

[15] Eine Übersicht über deren aktuelle Projekte (letzter Update war am 17.5.2020) zum verteilten Rechnen finden Sie unter: `https://distributedcomputing.info/`

[16] CT2 hat begonnen, mit einer allgemeinen Infrastruktur für verteiltes Rechnen zu experimentieren (CrypCloud, die sowohl Peer-to-Peer als auch zentralisiert eingesetzt werden kann). Damit wird CT2 in der Zukunft in die Lage versetzt, Berechnungen auf viele Computer zu verteilen. Was man erreichen kann, wenn die Komponenten für die Parallelisierung eingerichtet sind, zeigte ein Cluster zur verteilten Kryptoanalyse von DES und AES: Am 21. März 2016 wurde ein Brute-Force-Angriff zur verteilten Schlüsselsuche gegen AES auf 50 i5-PCs verteilt, jeder mit 4 virtuellen CPU-Kernen. Diese 200 virtuellen *Worker Threads* konnten ca. 350 Millionen AES-Schlüssel/s testen („s" ist Einheitszeichen für Sekunde). Die *Cloud* verarbeitete dabei insgesamt ca. 20 GB/s an Daten. CrypCloud ist eine Volunteering-Cloud, so dass CT2-Nutzer sich freiwillig bei verteilten Jobs anschließen können.

1.4 Asymmetrische Verschlüsselung

Bei der *asymmetrischen* Verschlüsselung (auch Public-Key-Verschlüsselung genannt) hat jeder Teilnehmer ein eigenes Schlüssel**paar**, das aus einem *geheimen* Schlüssel (genannt *privater* Schlüssel) und einem *öffentlichen* Schlüssel besteht. Der öffentliche Schlüssel wird, der Name deutet es an, öffentlich bekanntgemacht – zum Beispiel in einem sogenannten Zertifikat (siehe Abschnitt 7.4.2 auf Seite 462) oder in einem Schlüsselverzeichnis im Internet (diese Art von „Schwarzem Brett" wird auch Directory oder öffentlicher Schlüsselring genannt).

Abbildung 1.3 veranschaulicht die asymmetrische Ver- und Entschlüsselung.

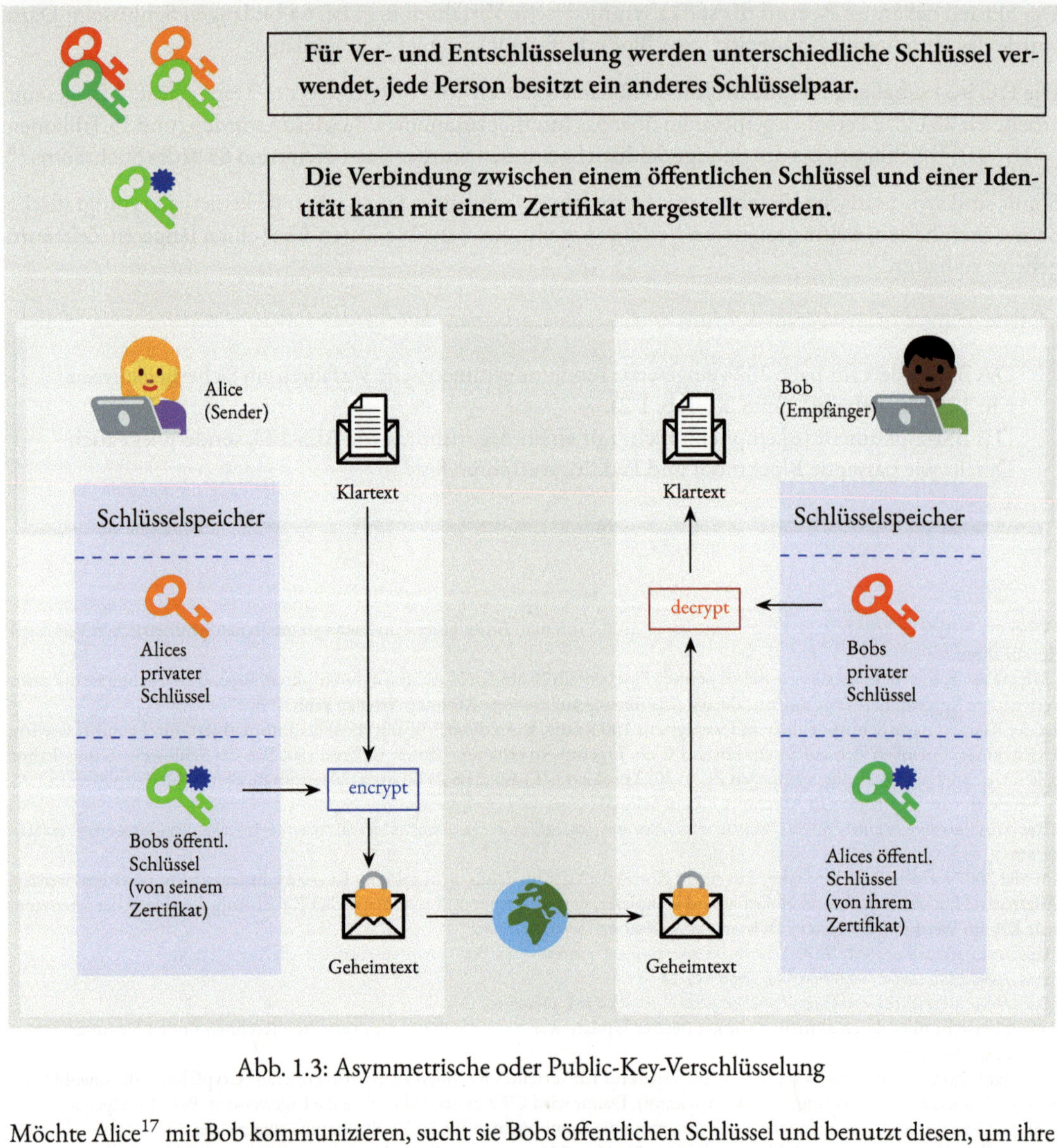

Abb. 1.3: Asymmetrische oder Public-Key-Verschlüsselung

Möchte Alice[17] mit Bob kommunizieren, sucht sie Bobs öffentlichen Schlüssel und benutzt diesen, um ihre

[17]Zur Beschreibung kryptografischer Protokolle werden den Teilnehmern oft Vornamen gegeben (vergleiche [7, S. 23]). Alice und Bob führen alle allgemeinen 2-Personen-Protokolle durch, wobei Alice diese initiiert und Bob antwortet. Die Angreifer werden als Eve (eavesdropper = passiver Lauscher) und Mallory (malicious active attacker = böswilliger, aktiver Angreifer) bezeichnet.

Nachricht (Klartext) an ihn zu verschlüsseln. Den verschlüsselten Text schickt sie dann an Bob, der mithilfe seines privaten Schlüssels den Text wieder entschlüsseln kann. Da einzig Bob Kenntnis von seinem privaten Schlüssel hat, ist auch nur er in der Lage, an ihn adressierte Nachrichten zu entschlüsseln. Selbst Alice als Absenderin der Nachricht kann aus der von ihr versandten (verschlüsselten) Nachricht den Klartext nicht wieder herstellen.[18] Asymmetrische Verfahren sind so designt, dass man aus dem öffentlichen Schlüssel nicht auf den geheimen Schlüssel schließen kann.

Veranschaulichen kann man sich ein solches Verfahren mit einer Reihe von einbruchssicheren Briefkästen. Wenn ich eine Nachricht verfasst habe, so suche ich den Briefkasten mit dem Namensschild des Empfängers und werfe den Brief dort ein. Danach kann ich die Nachricht selbst nicht mehr lesen oder verändern, da nur der legitime Empfänger im Besitz des Schlüssels für den Briefkasten ist.

Vorteil von asymmetrischen Verfahren ist das einfachere Schlüsselmanagement. Betrachten wir wieder ein Netz mit n Teilnehmern. Um sicherzustellen, dass jeder Teilnehmer jederzeit eine verschlüsselte Verbindung zu jedem anderen Teilnehmer aufbauen kann, muss jeder Teilnehmer ein Schlüsselpaar besitzen. Man braucht also $2n$ Schlüssel oder n Schlüsselpaare. Ferner ist im Vorfeld einer Übertragung kein sicherer Kanal notwendig, da alle Informationen, die zur Aufnahme einer vertraulichen Kommunikation notwendig sind, offen übertragen werden können. Hier ist „lediglich" auf die Unverfälschtheit (Integrität und Authentizität) des öffentlichen Schlüssels zu achten. Nichtsdestotrotz sind die Anforderungen an die Schlüsselgenerierung nicht trivial.[19] Außerdem ist zu beachten, dass inzwischen auch die (Public-Key-)Infrastrukturen selbst Ziel von Cyber-Angriffen sind. **Nachteil**: Im Vergleich zu symmetrischen Verfahren sind reine asymmetrische Verfahren um ein Vielfaches langsamer (siehe Abschnitt 1.5 auf der nächsten Seite).

Das bekannteste asymmetrische Verfahren ist der RSA-Algorithmus[20,21], der nach seinen Entwicklern Ronald Rivest, Adi Shamir und Leonard Adleman benannt wurde. Der RSA-Algorithmus wurde 1978 veröffentlicht.[22] Das Konzept der asymmetrischen Verschlüsselung wurde erstmals von Whitfield Diffie und Martin Hellman in Jahre 1976 vorgestellt. Es ist erwähnenswert, dass sowohl das Konzept als auch das, was wir heute RSA-Verschlüsselung und Diffie-Hellman-Protokoll nennen, beim britischen Geheimdienst GCHQ schon 1973 bekannt war, bevor es unabhängig davon von Diffie, Hellman, Rivest, Shamir, Adleman und Merkle wiederentdeckt wurde.[23] Heute spielen auch die Verfahren nach ElGamal eine bedeutende Rolle, vor allem die Schnorr-Varianten im DSA (Digital Signature Algorithm).

---

[18] In der Praxis werden asymmetrische Verfahren nicht dazu benutzt, um die ganze Nachricht zu verschlüsseln, sondern nur den Sitzungsschlüssel (im Deutschen manchmal auch Sessionkey genannt) (siehe Abschnitt 1.5 auf der nächsten Seite).

[19] Was schief gehen kann, wird z. B. in Abschnitt 5.12.5.4 erläutert.

[20] RSA wird in diesem Buch ab Abschnitt 5.10 auf Seite 305 ausführlich beschrieben. Die aktuellen Forschungsergebnisse im Umfeld von RSA werden in Abschnitt 5.12 auf Seite 309 beschrieben. In Abschnitt 6.5 auf Seite 403 wird der RSA-Algorithmus aus der Zahlentheorie heraus tiefer begründet: Die RSA-Ebene ist ein Modell, um die Vorgänge bei diesem Algorithmus an Bildern von Rechtecken zu veranschaulichen.

[21] Das RSA-Kryptosystem kann mit CrypTool in vielen Variationen nachvollzogen werden:
- CTO hat dazu 2 ausführliche Plugins:
Via „RSA (Schritt-für-Schritt)" `https://www.cryptool.org/de/cto/rsa-step-by-step`.
Via „RSA-visuell und mehr" `https://www.cryptool.org/de/cto/rsa-visual` kann man sich die Verschlüsselungs-Zuweisungen von RSA grafisch ansehen, Textbook-RSA auch mit großen Zahlen ausprobieren, und auch das in der Praxis implementierte RSA mit OAEP, Padding und Zertifikaten verwenden.
- Über `CT1 Einzelverfahren ▷ RSA-Kryptosystem ▷ RSA-Demo` können Blocklänge und Alphabet von Textbook-RSA variiert werden. Über `CT1 Ver-/Entschlüsseln ▷ Asymmetrisch` können Nachrichten schnell mit RSA ver- und entschlüsselt werden.
- Unter `CT2 Vorlagen ▷ Kryptografie ▷ Modern ▷ Asymmetrisch` finden Sie asymmetrische Verfahren wie RSA.
- Sowohl `JCT Standard-Perspektive ▷ Visualisierungen` als auch `JCT Algorithmen-Perspektive` bieten asymmetrische Verfahren wie RSA.

[22] Hinweise zur Geschichte von RSA und seiner Veröffentlichung, die nicht im Sinne der NSA war, finden sich in der Artikelserie *RSA & Co. in der Schule: Moderne Kryptologie, alte Mathematik, raffinierte Protokolle*. Siehe [8], S. 55 ff („Penible Lämmergeier").

[23] Diese Information wurde 1997 freigegeben. Siehe die 1-seitige Beschreibung von Clifford Cocks aus 1973: „A note on 'non-secret encryption'" (`https://web.archive.org/web/20080227001905/http://www.cesg.gov.uk/site/publications/media/notense.pdf`). Zur historischen Einordnung, siehe die Laudatio auf den englischen Mathematiker Clifford Cocks, gehalten von Nigel Smart 2008 (`https://www.bristol.ac.uk/alumni/our-alumni/honorary-degrees/honorary-graduates/2008/cocks.html`).

Das BSI fordert für über das Jahr 2024 hinaus eingesetzte Verfahren ein Sicherheitsniveau von 128 bit. Für ein gleichwertiges Sicherheitsniveau empfiehlt die entsprechende Technische Richtlinie (siehe [6], Seite 20, Tabelle 1.2) für RSA eine Schlüssellänge von 3000 bit.

Angriffe gegen asymmetrische Verfahren werden behandelt in

- Kapitel 5: Elementare Zahlentheorie,
- Kapitel 6: Moderne Kryptografie,
- Kapitel 8: Elliptische Kurven und
- Kapitel 12: Aktuelle Resultate zum Lösen diskreter Logarithmen und zur Faktorisierung.

1.5 Hybridverfahren[24]

Um die Vorteile von symmetrischen und asymmetrischen Techniken gemeinsam nutzen zu können, werden (zur Verschlüsselung) in der Praxis meist Hybridverfahren verwendet.

Hierbei werden die Mengen-Daten (bulk data) mittels symmetrischer Verfahren verschlüsselt: Der Schlüssel ist ein vom Absender zufällig[25] generierter, geheimer Sitzungsschlüssel (session key), der nur für diese Nachricht verwendet wird. Anschließend wird dieser Sitzungsschlüssel mithilfe des asymmetrischen Verfahrens verschlüsselt und zusammen mit der Nachricht an den Empfänger übertragen. Der Empfänger kann den Sitzungsschlüssel mithilfe seines geheimen Schlüssels bestimmen und mit diesem dann die Nachricht entschlüsseln.

Auf diese Weise profitiert man von dem handhabbaren Schlüsselmanagement asymmetrischer Verfahren (mit öffentlichem und privatem Schlüssel), und man profitiert von der Schnelligkeit symmetrischer Verfahren, um große Datenmengen zu verschlüsseln (mit den geheimen Schlüsseln).

Erkläre es mir, ich werde es vergessen.
Zeige es mir, ich werde es vielleicht behalten.
Lass es mich tun, und ich werde es können.

Zitat 1: Indisches Sprichwort

---

24 - Über `CT1 Ver-/Entschlüsseln ▷ Hybrid` können Sie die einzelnen Schritte und ihre Abhängigkeiten mit konkreten Zahlen nachvollziehen. Die Variante mit RSA als asymmetrischem Verfahren ist grafisch visualisiert; die Variante mit ECC nutzt die Standard-Dialoge. In beiden Hybrid-Fällen wird AES als symmetrisches Verfahren eingesetzt.
- Unter `JCT Algorithmen-Perspektive ▷ Hybride Verschlüsselung` finden sich ebenfalls Hybrid-Verfahren.

25 Die Erzeugung zufälliger Zahlen ist ein wichtiger Bestandteil von kryptografisch sicheren Verfahren.
- Über `CT1 Einzelverfahren ▷ Zufallsdaten erzeugen` können Sie verschiedene Zufallszahlengeneratoren (PRNGs) ausprobieren und damit Binärdateien erzeugen.
- Über `CT1 Analyse ▷ Zufallsanalyse` können Sie verschiedene Zufalls-Testverfahren auf Binärdateien anwenden.
- Unter `CT2 Startcenter ▷ Vorlagen` können Sie mit dem Suchstring „Zufall“ sowohl Zufallsgeneratoren (PRNGs) als auch Key-Derivation Functions (KDF) finden. Die PRNGs nutzen intern bspw. Keccak oder den Linear Congruential Generator (LCG). Das Ergebnis wird dann z. B. für Schlüsselgenerierung oder Dezimalisierung genutzt.
- Sowohl `JCT Standard-Perspektive ▷ Algorithmen` als auch die `JCT Algorithmen-Perspektive` bieten **Pseudo**-Zufallszahlengeneratoren an.

1.6 Kerckhoffs' Prinzip

Der holländische Kryptologe Auguste Kerckhoffs formulierte 1883 sechs Grundsätze zur Konstruktion von sicheren militärischen Verschlüsselungsverfahren. Der zweite Grundsatz, Kerckhoffs' Prinzip oder Kerckhoffs' Maxime, gilt heute als Grundsatz der modernen Kryptografie. Dieses Prinzip besagt, dass die Sicherheit eines Verschlüsselungsverfahrens auf der Geheimhaltung des Schlüssels beruht, aber nicht auf der Geheimhaltung des Verschlüsselungsalgorithmus. Dem Kerckhoffs' Prinzip wird oft die sogenannte „Security through Obscurity" gegenübergestellt: Sicherheit durch die zusätzliche Geheimhaltung des Verschlüsselungsalgorithmus.

Kerckhoffs' Prinzip wurde mehrfach abgewandelt. Bspw. formulierte Claude Shannon, dass man Verschlüsselungsssysteme unter der Annahme designen soll, dass ein Feind das System von Anfang an genau kennt (Shannons Maxime).

1.7 Schlüsselräume – theoretische und praktische

Bei den heutzutage verwendeten guten Verschlüsselungsverfahren ist der Zeitaufwand zum Brechen so hoch, dass sie praktisch nicht gebrochen werden können. Deshalb werden diese Verfahren als (praktisch) sicher angesehen – aus einer rein auf den Algorithmus bezogenen Sichtweise.[26]

Der Schlüsselraum einer Chiffre ist eine wichtige Kennzahl für die Sicherheit einer Chiffre. Bei einer monoalphabetischen Substitution (MASC; auch einfache Substitution genannt) über einem Alphabet der Länge k beträgt der Schlüsselraum z. B. $k!$. Bei AES-128 beträgt er 2^{128}. Ein (ausreichend) großer Schlüsselraum (ca. 2^{100}) ist eine notwendige Voraussetzung für eine sichere Chiffre, aber keine hinreichende Bedingung: Die gerade genannte MASC hat einen großen Schlüsselraum (bei einem Alphabet von 26 Zeichen hat der Schlüsselraum eine Größe von rund $2^{88,4}$, was der Anzahl möglicher Geheimtextalphabete entspricht), aber die MASC konnte schon jahrhundertelang mit Häufigkeitsanalysen geknackt werden.

Aus dem Schlüsselraum wird der Aufwand für einen Brute-Force-Angriff (BF-Angriff) hergeleitet, also für das systematische Durchprobieren aller möglichen Schlüssel. Ist der Schlüsselraum so klein, dass ein Angreifer einen kompletten BF-Angriff durchführen kann, ist das Verfahren nicht nur theoretisch, sondern auch praktisch gebrochen.

Beim BF-Angriff entschlüsselt der Angreifer den gegebenen Geheimtext (oder Teile davon) mit jedem möglichen Schlüssel (siehe Abschnitt 1.3.2 auf Seite 26). Dann wird der gefundene Klartext bewertet. Wie erstaunlich gut Fitness-Algorithmen korrekte natürliche Texte erkennen können, kann man in CT1[27] in

[26] Insbesondere seit den Informationen von Edward Snowden gab es viele Diskussionen, ob Verschlüsselung sicher ist. In [9] wird das Ergebnis einer Evaluierung vorgestellt, auf welche Kryptografie man sich verlassen kann – nach dem heutigen Kenntnisstand. Der Artikel untersucht: Welche Krypto-Verfahren können im Lichte der NSA-Enthüllungen noch als sicher gelten? Wo wurden Systeme gezielt geschwächt? Wie können wir die kryptografische Zukunft sicher gestalten? Wie unterscheiden sich Mathematik und Implementierung?

[27] `CT1 Analyse ▷ Symmetrische Verschlüsselung (modern) ▷ AES (CBC)`
Der Schlüssel wird in hex dargestellt. Jedes Hexzeichen entspricht 4 bit. Bei 7 unbekannten Hexzeichen (dargestellt als Sterne) sind 28 bit unbekannt und die vollständige Suche dauerte rund 4 Minuten. Bei 20 unbekannten bit ist es sofort fertig, bei 24 dauerte es ca. 1/4 min; bei einer 32-bit-Suche (also 8 Sterne) dauerte es rund 1 Stunde. Mit jedem weiteren unbekannten Hexzeichen kommen 4 bit hinzu und die Suchdauer versechzehnfacht sich ($2^4 = 16$).

Abb. 1.4 und 1.5 auf dieser Seite und auf der nächsten Seite; und in CT2[28] in Abb. 1.6 auf der nächsten Seite sehen. CT1 nutzt ähnliche Fitness-Funktionen wie die Solver und Analyzer in CT2.

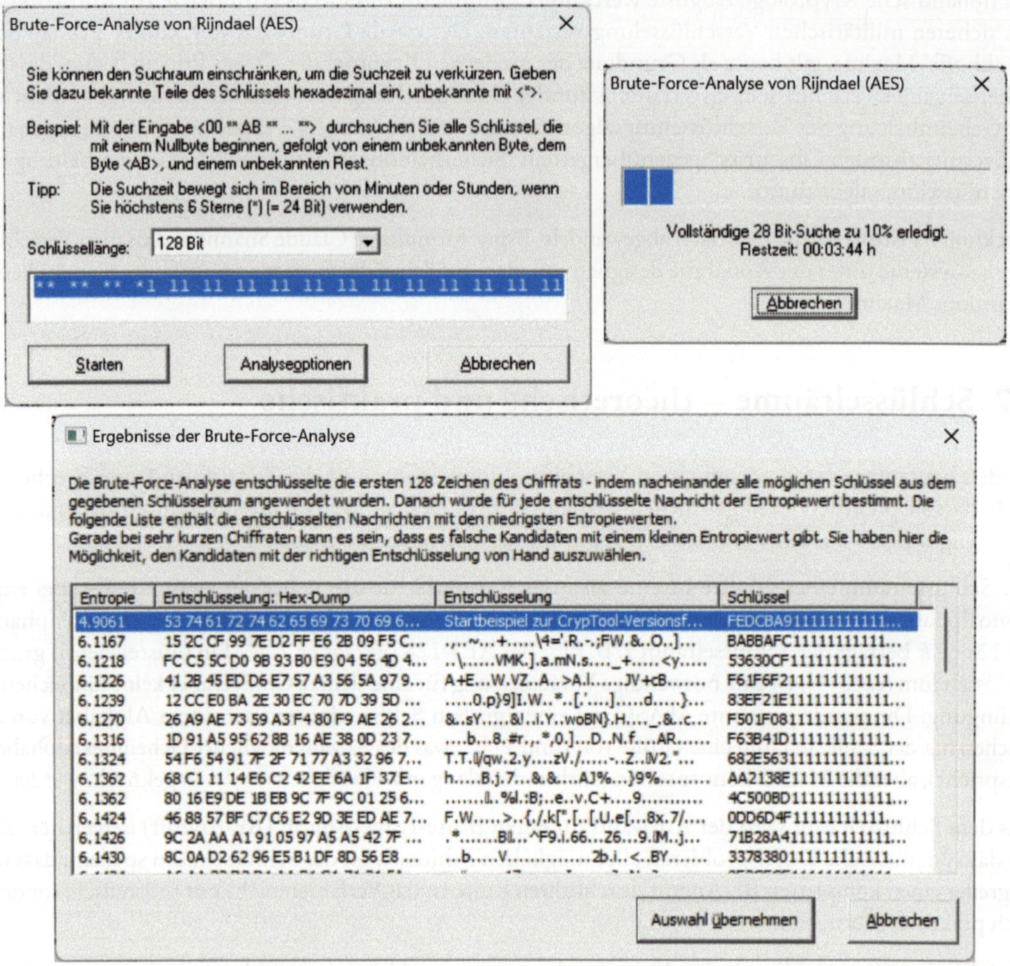

Abb. 1.4: Dialoge für die Brute-Force-Analyse von AES in CT1 bei teilweise bekanntem Schlüssel

Ob ein Angreifer wirklich den maximalen, theoretischen Schlüsselraum durchprobieren muss, ist zumindest bei den älteren Chiffren fraglich. Deshalb werden auch die Begriffe **praktischer Schlüsselraum** (eingeführt von Ralph Simpson für historische Verschlüsselungsgeräte) und **Angriffszeit** betrachtet. Die „Angriffszeit" hängt eng zusammen mit der n-bit-Sicherheit (siehe Abschnitt 1.8.6).

[28] `CT2 Vorlagen ▷ Kryptoanalyse ▷ Modern ▷ AES-Analyse per Entropie (2) – mit veränderbarem Klartext`
Während man sich in CT1 erst eine Datei verschlüsseln muss, ist bei CT2 der ganze Vorgang in den beigelegten Templates enthalten: CT2 hat 4 Vorlagen zu BF-Angriffen gegen AES. Während in CT1 als Fitness-Algorithmus immer die Entropie der ersten x Bytes genutzt wird, kann man in den Einstellungen des CT2-KeySearchers festlegen, welcher von den 3 Fitness-Algorithmen (Entropie, N-Gramme, Koinzidenzindex IoC) genutzt werden soll oder ob nach einem Crib (Klartext-Teil) gesucht werden soll. Das Crib kann man mittels regulärem Ausdruck bestimmen. Auch für Schlüssel kann man sein Vorwissen m. H. eines regulären Ausdrucks wie `00-01-02-03-04-**-**-**-[01]8-09-0A-0B-0C-0D-0E-0F` angeben.

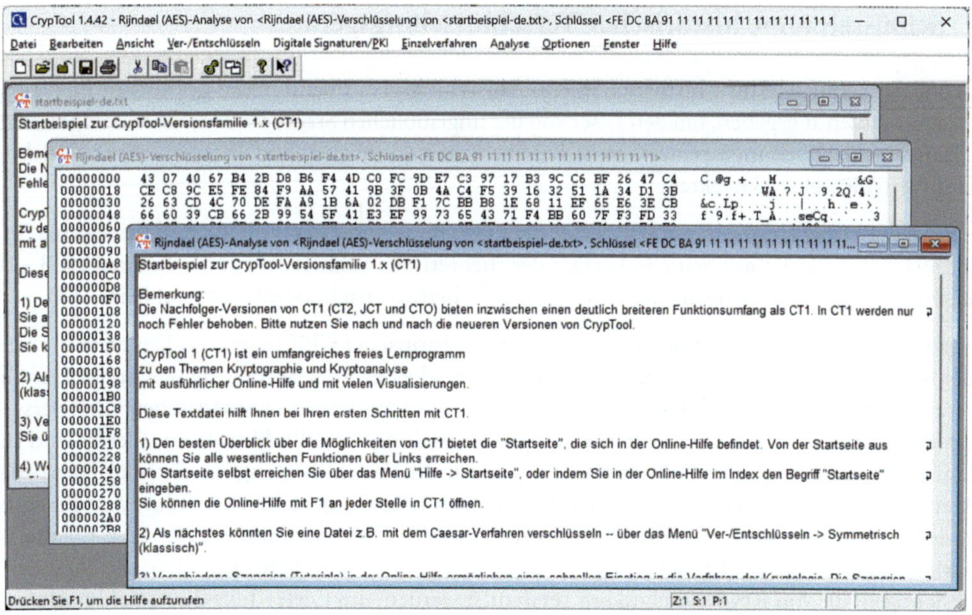

Abb. 1.5: Ergebnis im Hauptfenster von CT1 nach der Brute-Force-Analyse von AES

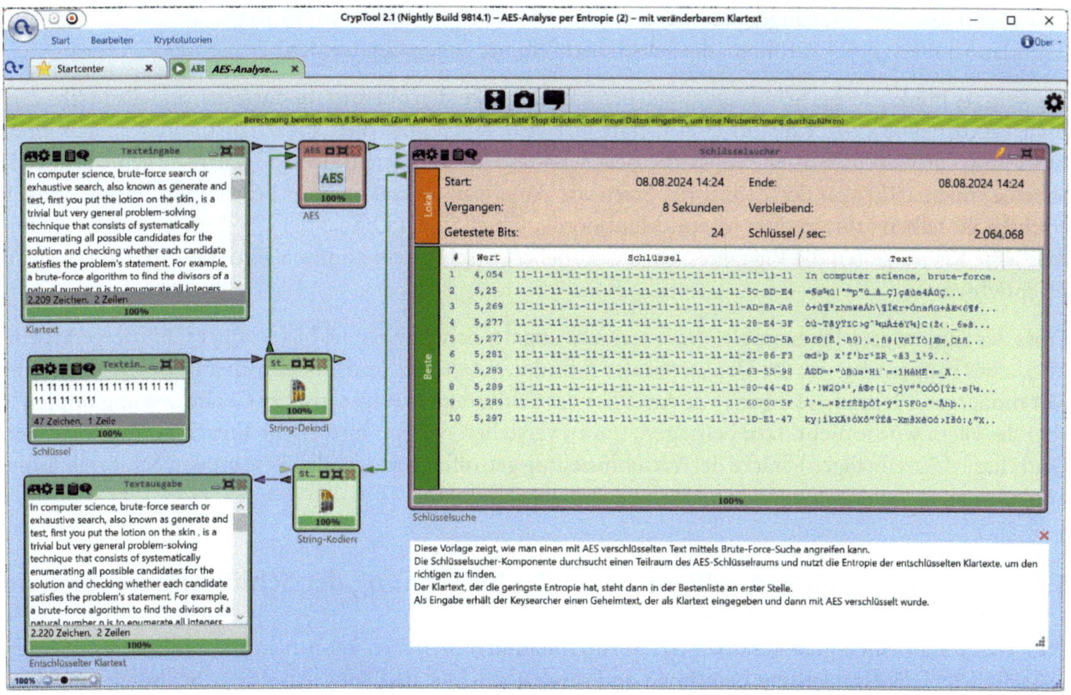

Abb. 1.6: Brute-Force-Analyse von AES in CT2 bei teilweise bekanntem Schlüssel

1.7.1 Schlüsselräume historischer Verschlüsselungsgeräte

Die Größe der Schlüsselräume historischer Verschlüsselungsgeräte wird in der populären Presse oft mit gigantischen Zahlen angegeben, um den Leser von der unglaublichen Stärke der Verschlüsselung zu überzeugen. Dies ist oft die Einleitung zu einer Geschichte über den erstaunlichen Einfallsreichtum der Codebrecher, die deren Verschlüsselung knackten.

Beispielsweise ist der Schlüsselraum der berüchtigten Enigma I größer als die Anzahl der Atome im Universum. Nach Tabelle 1.1 auf Seite 38 beträgt der theoretische Schlüsselraum der Enigma ca. $3 \cdot 10^{114}$, während die Anzahl der Atome im Universum ca. 10^{77} beträgt (nach Tabelle 4.15 auf Seite 258).

Es gibt zwei Hauptprobleme mit den Schlüsselräumen historischer Chiffriergeräte. Das erste Problem ist, dass der Schlüsselraum ein irreführendes Maß für die Stärke der Verschlüsselung sein kann. Der Grund für diese Verwirrung liegt darin, dass der Schlüsselraum eines modernen symmetrischen Chiffriersystems normalerweise ein gutes Maß für die Stärke der Verschlüsselung darstellt. Historische Geräte sind jedoch mechanisch oder elektromechanisch, was die Zufälligkeit der Verschlüsselung einschränkt. Dies bedeutet, dass Methoden entwickelt werden können, um diese Verschlüsselung zu brechen, ohne dass Brute-Force-Methoden erforderlich sind. Es sei daran erinnert, dass der Schlüsselraum nur ein Maß für die Brute-Force-Methoden ist, die zum Brechen einer Verschlüsselung erforderlich sind, ohne die Methoden zu berücksichtigen, die von Kryptoanalytikern verwendet werden, um (viele) Teile dieses Schlüsselraums zu verkürzen.

Das zweite Problem bei den Schlüsselräumen historischer Geräte sind die großen Abweichungen, die oft für ein und dasselbe Gerät angegeben werden. Diese Abweichungen sind in der Regel auf unterschiedliche Grundannahmen zurückzuführen, die jedoch nicht immer angegeben werden.

Ein weiterer Punkt, der bei Schlüsselräumen berücksichtigt werden muss, ist die Tatsache, dass die Methoden zur Kryptoanalyse einiger historischer Geräte erst viele Jahrzehnte oder sogar Jahrhunderte nach ihrer Erfindung entwickelt wurden. So wurde beispielsweise die 1466 erfundene Vigenère-Scheibe (Alberti-Scheibe) noch 1917 von der Zeitschrift Scientific American als unknackbar bezeichnet. Dieser Artikel erschien im selben Jahr, in dem Joseph Mauborgne, Chief Signal Officer der US-Armee, damit prahlte, dass seine Kryptografen die Vigenère-Scheibe schneller entschlüsseln könnten als der Feind seine eigenen Nachrichten.

Trotz der aufgezeigten Probleme ist die Untersuchung der Schlüsselräume historischer Chiffriergeräte ein nützliches Instrument, um die Denkweise der Erfinder, Anwender und Codebrecher besser zu verstehen. Mit modernen Methoden können wir den Wert der Schlüsselräume historischer Geräte „verunglimpfen", aber das allein würde nicht dazu beitragen, um zu verstehen, warum historische Entscheidungen auf der Grundlage der (damaligen) Stärke der Verschlüsselung getroffen wurden, die diese großen Schlüsselräume implizierten.

1.7.2 Welche Annahmen sollte man bei der Berechnung der Schlüsselräume treffen

Nur wenn man einen gemeinsamen Satz von Annahmen definiert, kann man die Schlüsselräume der historischen Geräte transparent berechnen und vergleichen. Der am häufigsten zitierte Schlüsselraum über die Enigma stammt aus dem NSA-Dokument [10]. Die darin verwendeten Annahmen wurden benutzt, um die Tabelle der historischen Schlüsselräume (Tabelle 1.1 auf Seite 38) zu erstellen. Das NSA-Dokument wurde von Ray Miller verfasst und erstmals 1995 veröffentlicht. In diesem Dokument beschreibt Miller einen maximalen und einen „praktischen" Schlüsselraum, aber leider hat er damals die verwendeten Annahmen nicht explizit definiert.

„Maximaler Schlüsselraum" vs. „Praktischer Schlüsselraum" vs. „Work-Faktor" Miller verwendete den Begriff **maximaler Schlüsselraum** für die theoretisch maximale Anzahl von Einstellungen, die für einen Brute-Force-Angriff getestet werden müsste. Gemäß dem Kerckhoffs'schen Prinzip ging er davon aus, dass der Feind das Gerät erbeutet hat, aber alle vor Ort austauschbaren Teile unbekannt sind, wie z. B. die Rotoren und Reflektoren. Es müssten also alle möglichen Verdrahtungen von Rotoren und Reflektoren kryptoanalytisch untersucht werden, und es könnte eine beliebige Anzahl von Steckerbrett-Kabeln verwendet werden.

Der **praktische Schlüsselraum** ist ebenfalls eine theoretische Anzahl von Einstellungen, setzt aber voraus, dass die erbeutete Maschine und alle vor Ort austauschbaren Teile bekannt sind und verwendet werden. Das bedeutet, dass die Verdrahtung der Rotoren und des Reflektors bekannt ist, aber die Rotoren, die in die Maschine eingesetzt werden sollen, und deren Reihenfolge sind nicht bekannt. Dies bedeutet auch, dass der Reflektor keinerlei kryptografische Stärke bietet, da seine Verdrahtung bekannt ist. Außerdem sind alle dem Benutzer auferlegten Beschränkungen bekannt und werden ausgenutzt, wie z. B. die Tatsache, dass die Deutschen im Zweiten Weltkrieg meist 10 Steckerbrett-Kabel verwendeten. All diese Faktoren tragen dazu bei, dass der praktische Schlüsselraum meist deutlich geringer ist als der maximale Schlüsselraum.

Ein weiterer Begriff (nicht von Miller verwendet, aber eng mit dem Schlüsselraum verbunden) ist der **Work-Faktor**. Dies ist der Arbeitsaufwand, der tatsächlich erforderlich ist, um eine Verschlüsselung zu knacken. Diese Zahl ist in der Regel kleiner als der praktische Schlüsselraum, da alle bekannten Kryptoanalyse-Techniken als Abkürzungen verwendet werden. Bei der Enigma wurde bspw. die Gesamtzahl der zu prüfenden Einstellungen stark reduziert durch Rejewskis Methode, die Kryptoanalyse des Steckerbretts von der der Rotoren und dem Reflektor zu trennen. Einige dieser Kryptoanalyse-Techniken waren zum Zeitpunkt des Einsatzes nicht bekannt, oder sie waren den Benutzern dieser Chiffriergeräte nicht bekannt.

Der Work-Faktor ist ein Konzept, das vor allem für moderne Chiffriersysteme verwendet wird. Für die historischen Geräte gibt es nur sehr wenige Angaben zum Work-Faktor. Er hängt von der Größe der Nachricht oder der Anzahl der erfassten Nachrichten ab. Und er hängt vom Stand der kryptoanalytischen Techniken ab, die angewendet werden können. Ein Beispiel: Obwohl die Enigma-Maschine einen riesigen theoretischen Schlüsselraum hat, musste die Turing-Welchman-Bombe nur etwa 422 000 Einstellungen überprüfen, um die Enigma zu knacken.[29] Dieser Arbeitsfaktor wird in Tabelle 1.5 auf Seite 51 als „Angriffszeit" bezeichnet, wenn man die besten Angriffe gegen moderne Chiffren vergleicht. Für DES ist der Work-Faktor drastisch kleiner (2^{43}) als der „praktische" Schlüsselraum, für AES ist er nur etwa 2 Bit kleiner ($2^{254,4}$).

Definition der Annahmen für den Schlüsselraum Ziel ist es, einen gemeinsamen Satz von Annahmen zu haben, um alle historischen Chiffriergeräte vergleichen zu können, und die Annahmen zu verwenden, die anscheinend die größte Akzeptanz haben. Da Miller seine Annahmen nicht explizit dargelegt hat, mussten sie rekonstruiert werden. Eine sorgfältige Lektüre des NSA-Dokuments führt zu den folgenden Annahmen.

Der von Miller berechnete **maximale** Schlüsselraum beruht auf drei Annahmen:

1. Die Basismaschine wurde erbeutet und ist dem Feind bekannt (nach Kerckhoffs' Prinzip).

[29] Warum nur 422 000? Die britische „Bombe" prüfte nur die Rotorreihenfolge und die Rotoreinstellungen; Ringeinstellungen und Steckerbrett-Einstellungen wurden dann manuell bestimmt. Bei 3 von 5 gewählten Rotoren gibt es $5 \cdot 4 \cdot 3 = 60$ mögliche Rotorreihenfolgen. Nach den deutschen Bedienungsvorgaben durfte jedoch keine 3-Rotor-Reihenfolge im selben Monat wiederholt werden, wodurch sich die 60 möglichen Reihenfolgen zu Beginn des Monats auf 30 am Ende des Monats reduzierten. Außerdem wurde vorgegeben, dass ein einzelner Rotor am nächsten Tag nicht auf derselben Position steht, wodurch sich die 60 möglichen Rotorreihenfolgen auf 32 reduzierten. Zusammengenommen reduzierten diese beiden Regeln die möglichen Reihenfolgen zu Beginn des Monats auf 32 und am Ende des Monats auf 16, d. h. im Durchschnitt auf 24 Rotorreihenfolgen. Diese durchschnittliche Rotorreihenfolge multipliziert mit den 26^3 Rotoreinstellungen ergab $24 \cdot 17576 = 421\,824$ Einstellungen, die von der Bombe für einen vollen Lauf getestet wurden.

2. Vor Ort austauschbare Teile können ausgetauscht werden, sind also nicht bekannt (z. B. Rotor- und Reflektorverkabelung).
3. Eine „Nachrichteneinstellung" wird mit jeder Nachricht gesendet, unabhängig von der festen Maschineneinstellung.

Der **praktische** Schlüsselraum, wie er von Miller berechnet wurde, hat vier Annahmen:

1. Die Basismaschine wird erbeutet und ist dem Feind bekannt (nach Kerckhoffs' Prinzip).
2. Vor Ort austauschbare Teile sind ebenfalls erfasst und bekannt.
3. Benutzerbedingte Einschränkungen sind bekannt (z. B. immer 10 Steckerbrett-Kabel verwenden).
4. Eine „Nachrichteneinstellung" wird mit jeder Nachricht gesendet, unabhängig von der festen Maschineneinstellung.

Erläuterung der NSA-Schlüsselraum-Annahmen Diese Annahmen scheinen vernünftig und einfach zu sein, mit Ausnahme der jeweils letzten Annahme: Eine „Nachrichteneinstellung" wird mit der Nachricht gesendet, getrennt von der festen Maschineneinstellung. Die Bedeutung und Auswirkung dieser Annahme bedarf einer weiteren Erklärung.

Bei der Enigma sind alle möglichen Verdrahtungen der Rotoren im maximalen Schlüsselraum enthalten. Miller bezieht aber auch die Startpositionen der Rotoren mit ein. Die Aufnahme der Startposition des Rotors in den Schlüsselraum – abgesehen davon, dass sie bereits in allen möglichen Verdrahtungen enthalten ist – kann als redundant betrachtet werden.

Wenn sich ein Rotor beispielsweise in Position „A" befindet und ein bestimmtes Verdrahtungsschema für korrekt befunden wird, könnte dasselbe Verdrahtungsschema um eine Position weiter geschaltet werden, und nun funktioniert dieses neue Verdrahtungsschema, wenn der Rotor in Position „B" bewegt wird. Alle Schaltpläne sollten also 26 korrekte Lösungen ergeben, wenn man den Rotor durch die 26 Positionen dreht. Es scheint, dass man die Startposition des Rotors für die 3 Rotoren einfach ignorieren sollte. Aus diesem Grund haben viele andere den Enigma-Schlüsselraum ohne diesen Faktor angegeben.

Indem er die Rotoreinstellung in den Schlüsselraum einbezog, schuf Miller einen etwas größeren Schlüsselraum, was alle täglichen Nachrichten nach der Kryptoanalyse der ersten Nachricht bricht. Alle nachfolgenden Nachrichten, die dieselbe Maschineneinstellung verwenden, können dann in Echtzeit entschlüsselt werden, so wie der Feind seine eigene Nachricht entschlüsseln würde.

Wir gehen hier nicht näher auf die Enigma ein. Es gibt viele Bücher und Artikel über diese Rotormaschine und ihre Geschichte. Eine gute Zusammenfassung ihrer Konstruktion (und Konstruktionsfehler) und ein anderer Ansatz zur Berechnung ihres „relevanten" Schlüsselraums findet sich in [11].

Millers Grundprinzip der Rotorposition gilt für alle historischen Chiffriergeräte auf Rotorbasis, einschließlich der mechanischen Geräte, wie der Hagelin M-209 (siehe Abschnitt 2.5.1 auf Seite 97). Bei dieser Maschine werden alle möglichen Stiftstellungen an jedem Rotor analysiert und in den Schlüsselraum aufgenommen. Es ist also nicht notwendig, die Drehposition des Rotors zu kennen, um eine Nachricht zu knacken. Die Stifteinstellungen sind Teil der Maschineneinstellung und für den Tag festgelegt, und die Rotoreinstellung ist Teil der Nachrichteneinstellung, die sich mit jeder Nachricht ändert. Wie bei der Enigma müssen die Rotorpositionen bekannt sein, um alle Nachrichten des Tages in Echtzeit zu entschlüsseln.[30]

[30]Moderne Analyzer für Enigma und M-209 finden Sie in CT2 in verschiedenen Vorlagen (Ciphertext-only- und Known-Plaintext-Angriffe) unter: `CT2 Vorlagen ▷ Kryptoanalyse ▷ Klassisch`

1.7.3 Zusammenfassung der Schlüsselräume historischer Verschlüsselungssysteme

Mit einem klar definierten Satz von Annahmen konnten die Schlüsselräume entsprechend berechnet werden.

Tabelle 1.1 listet 34 historische und 4 moderne Chiffriersysteme auf und zeigt die maximalen und praktischen Schlüsselräume für jedes System unter denselben Annahmen. „Historisch" ist hier gefasst bis ca. 1960, also vor dem Aufkommen und der Nutzung von Computern. Das erste Mal wurde diese Tabelle der ICCH-Gruppe [12] von Ralph Simpson im Dezember 2022 vorgelegt. Die Schlüsselräume für einige dieser Geräte waren vorher noch nicht veröffentlicht worden, z. B. Hebern, die japanische Purple, NEMA, KL-7, Transvertex HC-9, die russische VIC und Hagelin CD-57. Für die meisten anderen historischen Chiffriergeräte waren neue Berechnungen erforderlich, um die oben aufgeführten maximalen und praktischen Annahmen zu erfüllen.

Es ist wichtig zu bedenken, dass diese Schlüsselräume immer noch kein guter alleiniger Indikator für die kryptografische Stärke der Verschlüsselungsmethode sind – Beispiele für diese Kritik sind die monoalphabetische Substitution (2^{88}), Enigma I (2^{75}) und Playfair (2^{79}). Die Verwendung einer gemeinsamen Reihe von Annahmen bei der Berechnung des Schlüsselraums wird jedoch zumindest eine gewisse Konsistenz zwischen all diesen unterschiedlichen Geräten schaffen.

Jahr	Chiffre	Maximaler Schlüsselraum		Praktischer Schlüsselraum	
600 v. Chr.	Monoalphabet. Substitution (MASC)	$4.03 \cdot 10^{26}$	2^{88}	$4.03 \cdot 10^{26}$	2^{88}
50 v. Chr.	Caesar	$2.50 \cdot 10^{1}$	2^{5}	$2.50 \cdot 10^{1}$	2^{5}
1466	Vigenère (repeating keyword – 15 char.)	$1.68 \cdot 10^{21}$	2^{71}	$1.68 \cdot 10^{21}$	2^{71}
1586	Vigenère (autokey – 314 char. message)	$2.00 \cdot 10^{444}$	2^{1476}	$2.00 \cdot 10^{444}$	2^{1476}
1854	Playfair	$6.20 \cdot 10^{23}$	2^{79}	$6.20 \cdot 10^{23}$	2^{79}
1860s	Wheatstone Cryptograph	$4.03 \cdot 10^{26}$	2^{88}	$4.03 \cdot 10^{26}$	2^{88}
1912	Lugagne Transpositeur	$1.30 \cdot 10^{532}$	2^{1768}	$1.32 \cdot 10^{13}$	2^{44}
1912	M-94 cylinder cipher	$3.45 \cdot 10^{666}$	2^{2214}	$3.88 \cdot 10^{26}$	2^{88}
1916	M-138A strip cipher	$3.69 \cdot 10^{799}$	2^{2656}	$1.95 \cdot 10^{59}$	2^{197}
1918	ADFGX	$4.19 \cdot 10^{47}$	2^{158}	$4.19 \cdot 10^{47}$	2^{158}
1918	ADFGVX	$1.01 \cdot 10^{64}$	2^{213}	$1.01 \cdot 10^{64}$	2^{213}
1922	Hebern 5-rotor	$1.27 \cdot 10^{140}$	2^{466}	$4.56 \cdot 10^{10}$	2^{35}
1924	Kryha	$2.02 \cdot 10^{53}$	2^{177}	$1.78 \cdot 10^{29}$	2^{97}
1926	Enigma Swiss K	$1.60 \cdot 10^{101}$	2^{336}	$1.85 \cdot 10^{9}$	2^{31}
1930	Lugagne Le Sphinx	$1.30 \cdot 10^{532}$	2^{1768}	$2.43 \cdot 10^{24}$	2^{81}
1931	Abwehr Enigma G	$7.17 \cdot 10^{121}$	2^{405}	$4.82 \cdot 10^{10}$	2^{35}
1932	Enigma I	$3.28 \cdot 10^{114}$	2^{380}	$4.31 \cdot 10^{22}$	2^{75}
1937	SIGABA	$1.82 \cdot 10^{285}$	2^{941}	$5.95 \cdot 10^{28}$	2^{96}
1939	Japanese Purple	$3.81 \cdot 10^{59}$	2^{198}	$1.45 \cdot 10^{31}$	2^{104}
1939	Japanese JN-25 codebook (100 words)	$1.00 \cdot 10^{12}$	2^{40}	$8.25 \cdot 10^{10}$	2^{36}
1941	Lorenz SZ40/SZ42	$1.05 \cdot 10^{170}$	2^{565}	$1.05 \cdot 10^{170}$	2^{565}
1941	SG-41 „Hitler Mill"	$4.24 \cdot 10^{51}$	2^{171}	$4.24 \cdot 10^{51}$	2^{171}
1942	M-209 pin & lug	$6.16 \cdot 10^{60}$	2^{202}	$6.02 \cdot 10^{58}$	2^{195}
1942	Enigma M4	$2.33 \cdot 10^{145}$	2^{483}	$3.13 \cdot 10^{25}$	2^{85}
1942	T-52d Geheimschreiber	$7.23 \cdot 10^{213}$	2^{710}	$8.11 \cdot 10^{23}$	2^{79}
1943	Typex Mark 22	$1.82 \cdot 10^{195}$	2^{649}	$5.51 \cdot 10^{54}$	2^{182}

... Fortsetzung nächste Seite ...

Jahr	Chiffre	Maximaler Schlüsselraum		Praktischer Schlüsselraum	
1947	NEMA	$5.99 \cdot 10^{164}$	2^{551}	$1.83 \cdot 10^{19}$	2^{64}
1952	Hagelin C-52	$1.68 \cdot 10^{117}$	2^{389}	$7.17 \cdot 10^{57}$	2^{192}
1952	Hagelin CX-52	$1.17 \cdot 10^{123}$	2^{409}	$1.10 \cdot 10^{104}$	2^{346}
1952	KL-7	$5.87 \cdot 10^{431}$	2^{1434}	$1.70 \cdot 10^{34}$	2^{114}
1950s	Transvertex HC-9	$2.96 \cdot 10^{71}$	2^{237}	$4.39 \cdot 10^{69}$	2^{231}
1953	VIC paper & pencil	$9.09 \cdot 10^{40}$	2^{136}	$1.00 \cdot 10^{27}$	2^{90}
1956	Fialka	$2.82 \cdot 10^{458}$	2^{1523}	$6.24 \cdot 10^{77}$	2^{258}
1957	Hagelin CD-57	$1.52 \cdot 10^{103}$	2^{343}	$1.49 \cdot 10^{60}$	2^{200}
1976	DES (56 bit)	$7.21 \cdot 10^{16}$	2^{56}	$7.21 \cdot 10^{16}$	2^{56}
1977	RSA-4096	$2.22 \cdot 10^{1225}$	2^{4071}	$2.22 \cdot 10^{1225}$	2^{4071}
1992	AT&T TSD 3600-E Clipper chip	$1.21 \cdot 10^{24}$	2^{80}	$1.21 \cdot 10^{24}$	2^{80}
2001	AES-256	$1.16 \cdot 10^{77}$	2^{256}	$1.16 \cdot 10^{77}$	2^{256}

Tab. 1.1: Schlüsselraum-Größen von 34 historischen und 4 „modernen" Verschlüsselungssystemen (zusammengestellt von Ralph Simpson)

1.8 Angriffs-Typen, Sicherheits-Definitionen und n-bit-Sicherheit

Es ist nicht notwendig, diesen Abschnitt zu lesen, um die weiteren Kapitel zu verstehen – Sie können diesen Abschnitt auch einfach überspringen. Wenn Sie jedoch an den Definitionen und Konzepten interessiert sind, die in der modernen Kryptografie verwendet werden, werden diese hier mit so wenig Mathematik wie möglich erklärt. Außerdem wird die Beziehung zwischen den verschiedenen Definitionen erklärt – etwas, das in Kursen oft zu kurz kommt. Erst das Verständnis für die Unterschiede zwischen den verschiedenen Konzepten ermöglicht es den Studenten, die Ideen richtig zu verstehen, sie voneinander abzugrenzen und sie später richtig anzuwenden.

1.8.1 Sicherheits-Definitionen

Moderne Kryptografie basiert auf mathematischer Theorie und Computer-Praxis. Beim Design kryptografischer Algorithmen werden die Berechnungen so schwierig gemacht, dass sich solche Verfahren in der Praxis von einem Angreifer nur schwer brechen lassen.

Es gibt verschiedene Ansätze (Kategorien), die Sicherheit von Kryptosystemen zu definieren.

Für die formale Definition der Sicherheit eines Verschlüsselungsverfahrens werden in der Regel zwei grundlegende Ansätze verwendet: [13]

- Die erste ist die **semantische** Sicherheit, die voraussetzt, dass es für einen Angreifer undurchführbar ist, aus dem Geheimtext irgendwelche Informationen über den Klartext zu gewinnen.
- Die zweite Definition bestimmt Sicherheit als die Undurchführbarkeit, zwischen den Verschlüsselungen von zwei gegebenen Nachrichten (gleicher Länge) zu unterscheiden (**Ununterscheidbarkeit**).

In beiden Definitionen der Sicherheit wird der Begriff „undurchführbar" und nicht „unmöglich" verwendet. Dies ist darauf zurückzuführen, dass es **generische Angriffe** gegen fast jedes bekannte Verschlüsselungsverfahren (mit Ausnahme des One-Time-Pads) gibt. Einer dieser universellen Angriffe, nämlich ein

Brute-Force-Angriff, wird in Abschnitt 1.3.2 auf Seite 26 behandelt. Brute-Force-Angriffe können zu Time-Memory-Trade-Off (TMTO)-Angriffen erweitert werden, einer breiteren Klasse von Angriffen, die es in bestimmten Fällen ermöglichen, die Schlüssel-Wiederherstellungszeit durch Erhöhung der Speicherkosten zu verringern.

Eine andere Hauptkategorie in der Literatur definiert Sicherheit in Abhängigkeit von den Möglichkeiten des Angreifers (vgl. z. B. *Cryptography 101* [14, Kap. 1.2.2]):

- **Berechenbare, bedingte oder praktische Sicherheit**
  Ein Verschlüsselungsverfahren ist *berechenbar* sicher, wenn es (obwohl es theoretisch möglich ist, es zu brechen) selbst mit den besten bekannten Verfahren nicht gebrochen werden kann. Theoretische Fortschritte (z. B. Verbesserungen bei den Algorithmen zur Faktorisierung) und schnellere Computer erfordern, dass dies ständig angepasst wird.

  Selbst wenn man den besten bekannten Algorithmus zum Brechen benutzt, wird man so viele Ressourcen brauchen (z. B. 1 000 000 Jahre), dass das Kryptosystem sicher ist.

  Daher basiert dieses Konzept auf Annahmen über die begrenzte Rechenkraft des Angreifers und auf dem aktuellen Stand der Wissenschaft.

  Ein typisches Beispiel für ein pragmatisch sicheres Verfahren ist AES: Darauf ist kein praktisch durchführbarer Angriff bekannt. Trotzdem ist AES theoretisch „gebrochen“: Das bedeutet aber nur, dass das Brechen mit geringerem Aufwand als mit einem Brute-Force-Angriff möglich ist. Dieser Aufwand ist immer noch unrealistisch hoch. Vgl. Abschnitt 1.9 auf Seite 47.

- **Informationstheoretische oder unbedingte Sicherheit**
  Ein Verschlüsselungsverfahren wird als *unbedingt* sicher bezeichnet, wenn seine Sicherheit gewährleistet ist, völlig unabhängig davon, wie viele Ressourcen (Zeit, Speicher) der Angreifer hat. Selbst wenn der Angreifer unbegrenzt viele Ressourcen hat, kann er aus dem Chiffrat keine sinnvollen Informationen gewinnen.

  Die einzigen informationstheoretisch sicheren Verfahren, die beweisbar nicht gebrochen werden können, auch nicht mit unendlich viel Rechenkraft – sind das *One-Time-Pad* (OTP) oder Varianten davon.

Abb. 1.7 auf der nächsten Seite soll eine Idee davon vermitteln, dass es nicht möglich ist, bei einem OTP den Klartext zu bestimmen (sofern das OTP-Verfahren richtig angewendet wird und alle Schlüssel gleich wahrscheinlich sind). In dem Beispiel in der Abbildung ist als Geheimtext ein 8 Zeichen langes Wort gegeben: `11 1B 1E 18 00 04 0A 15`. Die Hexwerte entsprechen den ASCII-Werten der Buchstaben: Bspw. hat der Buchstabe `C` den Zahlenwert `67` (dezimal), was in Hexdarstellung `43` ist.

Es gibt viele sinnvolle Worte aus 8 Buchstaben und zu jedem einen richtigen Schlüssel. Ein Angreifer kann damit allein nicht bestimmen, welches der richtige Schlüssel bzw. welches das richtige Klartext-Wort ist. Mit anderen Worten: Derselbe Geheimtext kann bei unterschiedlichen Schlüsseln zu unterschiedlichen und sinnvollen Klartexten führen und so kann in diesem Fall nicht unterschieden werden, welcher Klartext der richtige ist.[31]

Da das OTP ein informationstheoretisch sicheres Verschlüsselungsverfahren ist, leitet sich seine Sicherheit allein aus der Informationstheorie ab – und ist sicher, auch wenn der Angreifer unbegrenzte Rechenkapazitäten hat. Das OTP weist allerdings einige praktische Nachteile auf (der Schlüssel darf nur einmal verwendet werden, er muss zufällig gewählt werden und mindestens so lang sein wie die zu schützende Nachricht),

---

[31] Vertieft wird das OTP-Verfahren in Abschnitt 2.2.4 auf Seite 89 unter dem Punkt „One-Time-Pad“. Vergleiche auch Abb. 9.24 in Abschnitt 9.3.2, wo ein entsprechendes Text-Beispiel mit SageMath erstellt wird und das XOR-Verfahren genauer erklärt wird.

[32] Bildquelle: Kostenlose Bilder von `https://pixabay.com/`

Schlüssel (hex)	Gefundener Klartext (hex)	Gefundener Klartext (txt)
52 49 47 48 54 4B 45 59	43 52 59 50 54 4F 4F 4C	CRYPTOOL
41 5A 50 57 52 45 47 54	50 41 4E 4F 52 41 4D 41	PANORAMA
54 77 7B 68 68 65 64 61	45 4C 45 50 48 41 4E 54	ELEPHANT
50 55 5B 55 4F 4A 4F 46	41 4E 45 4D 4F 4E 45 53	ANEMONES
52 53 5F 55 50 4D 45 5B	43 48 41 4D 50 49 4F 4E	CHAMPION
42 58 5B 56 41 56 43 5A	53 43 45 4E 41 52 49 4F	SCENARIO

Abb. 1.7: Illustration für die informationstheoretische Sicherheit des OTP[32]

so dass es außer in geschlossenen Umgebungen, zum Beispiel beim heißen Draht zwischen Moskau und Washington, oder beim Agentenfunk kaum eine Rolle spielt.[33]

Manchmal werden auch zwei weitere Sicherheits-Konzepte verwendet:

- **Beweisbare Sicherheit** Dies bedeutet, dass das Brechen eines Kryptosystems mindestens so schwierig ist wie die Lösung eines bestimmten schwierigen Problems, z. B. die Berechnung des diskreten Logarithmus, die diskrete Quadratwurzel-Berechnung oder die Faktorisierung sehr großer Zahlen.

  Beispiel: Aktuell wissen wir, dass RSA höchstens so schwierig ist wie die Faktorisierung, aber wir können nicht beweisen, dass es genauso schwierig ist. Deshalb hat RSA keine beweisbare Mindest-Sicherheit. Oder in anderen Worten: Wir können nicht beweisen, dass wenn das Kryptosystem RSA gebrochen ist, dass dann auch die Faktorisierung (ein schwieriges mathematisches Problem) gelöst werden kann.

  Das Rabin-Kryptosystem war das erste Kryptosystem, für das sich beweisen ließ, dass es berechenbar äquivalent zu einem harten mathematischen Problem (Ganzzahl-Faktorisierung) ist.

- **Ad-hoc-Sicherheit** Ein kryptografisches System hat diese Sicherheit, wenn es sich nicht lohnt, es zu versuchen es zu brechen, weil der Aufwand dafür teurer ist als der Wert der Daten, die man durch das Brechen erhalten würde. Z. B. weil ein Angriff nicht in einer ausreichend kurzen Zeit erfolgen kann (vgl. [15]).

  Dies kann z. B. zutreffen, wenn börsenrelevante Daten sowieso am nächsten Tag veröffentlicht werden und man für deren Brechen ein Jahr brauchen würde.

1.8.2 Angriffs-Klassifizierungen

In der Kryptografie ist ein Sicherheitsparameter ein Maß dafür, wie schwer es für einen Angreifer ist, ein kryptografisches System zu brechen. Angriffsparameter beschreiben die Bedingungen, die dem Angreifer zur Verfügung stehen.

---

[33] Auch wenn OTPs theoretisch nicht brechbar sind, wurden Versuche, sie anzuwenden, praktisch gebrochen: siehe Fußnote 35 in Abschnitt 2.2.4 auf Seite 87.

Angriffsdefinition Bevor wir zur Diskussion der verschiedenen Angriffsarten kommen (siehe Abschnitt 1.8.2 auf der nächsten Seite), ist es wichtig, Angriffskonzepte gegen moderne Chiffren zu klären. Wir beginnen diese Erklärung mit dem Kerckhoffs'schen Prinzip (siehe Abschnitt 1.6 auf Seite 31). Dieses Prinzip besagt, dass ein Kryptosystem auch dann sicher sein sollte, wenn dem Angreifer alle Details des Systems, mit Ausnahme des geheimen Schlüssels, bekannt sind.

Das Prinzip bringt den Begriff „sicher" ins Spiel. Um eine Definition von Sicherheit zu formulieren, verwenden wir Ideen über die **Unmöglichkeit der Unterscheidung** (infeasibility of distinguishing) – siehe Abschnitte 1.8.1 und 1.8.3 auf Seite 38 und auf Seite 43. Kurz gesagt ist ein kryptografischer Angriff ein Algorithmus, der darauf abzielt, die mangelnde Sicherheit eines gegebenen Kryptosystems zu demonstrieren.

Angriffskosten Bei der Analyse, wie schwierig es ist, einen kryptografischen Angriff durchzuführen, wird die **rechnerische Komplexität** des entsprechenden Algorithmus bewertet. Diese Komplexität ist die Menge an Ressourcen, die zur Ausführung des Algorithmus benötigt wird. Dabei werden in der Regel drei Hauptressourcen berücksichtigt: Zeit, Speicher und Daten.

- Die Zeitkomplexität des Angriffs oder einfach die Angriffszeit ist eine geschätzte Obergrenze für die Anzahl der Operationen, die erforderlich sind, um eine Chiffre erfolgreich zu knacken. Zeit ist die wichtigste zu berücksichtigende Ressource. Wenn von **rechnerischer Komplexität** ohne nähere Angaben die Rede ist, ist in der Regel die **Zeitkomplexität** gemeint.
- Die Speicherkomplexität ist der Speicherplatz, der für die Ausführung des Angriffs benötigt wird.
- Die Datenkomplexität bezieht sich auf die Menge der Daten (Klartext, Geheimtext oder beides), auf die der Angreifer Zugriff haben muss, um den Angriff durchzuführen. (Vergleiche Abschnitt 1.8.6).

Die **Angriffszeit** wird im Allgemeinen durch die Anzahl der benötigten Entschlüsselungen (oft schreibt man auch einfach „Verschlüsselungen") ausgedrückt. Dies geschieht, um zu zeigen, um welchen Faktor der entsprechende Angriff schneller ist als der Brute-Force-Angriff. Wie in Abschnitt 1.3.2 erläutert, steht die Größe des Schlüsselraums in direktem Zusammenhang mit der Angriffszeit des Brute-Force-Angriffs. Um jeden Schlüssel zu testen, muss der entsprechende Entschlüsselungsalgorithmus jeweils einmal komplett durchlaufen werden. Wenn also die Länge des Schlüssels (in binärer Darstellung) n ist und alle möglichen Varianten des Schlüssels zu unterschiedlichen Geheimtexten führen, dann ist die Größe des Schlüsselraums 2^n. Das heißt, um eine Chiffre sicher zu brechen, reichen immer 2^n Entschlüsselungen aus. Dies bestimmt die Angriffszeit der erschöpfenden Suche. Die „Angriffszeit" hängt eng zusammen mit der n-bit-Sicherheit (siehe Abschnitt 1.8.6).

Bei verschiedenen Angriffen kann es vorkommen, dass nicht der Entschlüsselungsalgorithmus selbst, sondern andere Rechenoperationen ausgeführt werden müssen. In diesem Fall wird geschätzt, wie viele dieser Operationen die Zeit benötigen, die der Zeit einer Entschlüsselung entspricht. Dann wird die Gesamtzahl der für den Angriff erforderlichen Operationen durch die Anzahl der Operationen geteilt, die einer einzigen Entschlüsselung entsprechen. Daraus ergibt sich die Zeitkomplexität für den aktuellen Angriff, gemessen in Entschlüsselungen.

Sicherheitsparameter Ein kryptografischer Angriff gilt als erfolgreich, wenn er weniger Kosten verursacht als der von den Entwicklern eines Kryptosystems festgelegte Sicherheitsparameter. Ein Sicherheitsparameter gibt an, wie schwierig es für einen Angreifer ist, ein kryptografisches System zu knacken. Er wird oft in Bits ausgedrückt. Man kann beispielsweise sagen, dass ein bestimmtes Verfahren n-bit-Sicherheit bietet, wenn die Angriffszeit $O(2^n)$ Verschlüsselungen benötigt. Die $O()$-Notation (auch Big-O-Notation oder Bachmann-Landau-Notation oder asymptotische Notation genannt) beschreibt eine obere Schranke für die Zeitkomplexität eines Algorithmus. Im Wesentlichen gibt sie das Worst-Case-Szenario an, wie die Laufzeit mit zunehmender Eingabegröße wächst. Vergleiche Abschnitt 1.8.6.

Im Zusammenhang mit symmetrischen Verschlüsselungsverfahren entspricht der Sicherheitsparameter in der Regel der Schlüsselgröße. Dies liegt daran, dass der Brute-Force-Angriff die Mindestgrenze für den Sicherheitsparameter festlegt. Der Sicherheitsparameter kann jedoch niedriger als die Schlüsselgröße sein, wenn ein Angriff, der schneller ist als der Brute-Force-Angriff, bereits bei der Entwicklung einer Chiffre bekannt ist. Dies ist eine häufige Situation bei Public-Key-Verschlüsselungsverfahren.

Ziele In der modernen Kryptologie gibt es verschiedene Klassifizierungen von kryptoanalytischen Angriffen. Nach dem Ziel des Angreifers unterscheidet man zwischen **Key-Recovery-** und **Distinguishing-Angriffen**. Die Key-Recovery-Angriffe zielen darauf ab, an den eigentlichen Verschlüsselungs- oder Entschlüsselungsschlüssel zu gelangen, wodurch die Sicherheit des kryptografischen Systems vollständig gebrochen wird. Im Gegensatz dazu konzentrieren sich Unterscheidungs-Angriffe auf die Fähigkeit, verschlüsselte Daten von echten Zufallsdaten zu unterscheiden, indem sie Abweichungen oder Schwachstellen in der Chiffre entdecken, die zu Schlüsselwiederherstellungs-Angriffen führen können.

Einzel-/Mehrfachschlüssel Kryptoanalytische Angriffe unterscheiden sich auch durch die Fähigkeit des Angreifers, die Durchführung einer Chiffre zu beobachten, wenn sie unterschiedliche Schlüssel benutzt. Bei Angriffen mit einem Schlüssel (**single-key attacks**) wird davon ausgegangen, dass der Angreifer Zugriff auf die mit demselben Schlüssel verschlüsselten Geheimtexte hat. Bei Angriffen mit unterschiedlichen Schlüsseln (**variable-key attacks**) wird davon ausgegangen, dass der Angreifer Zugriff auf Geheimtexte hat, die mit mehreren unbekannten Schlüsseln verschlüsselt sind. Dies spiegelt häufig reale Situationen wider, in denen der Benutzer einer Chiffre den Schlüssel nach einer bestimmten Anzahl von Verschlüsselungen ändern muss. Wenn ein Angreifer Zugang zu mehreren entsprechenden Geheimtexten erhält, kann er diese Informationen als Vorteil nutzen, um zu versuchen, eine der entsprechenden Verschlüsselungen zu knacken. **Related-Key-Angriffe** gehen davon aus, dass ein Angreifer eine bestimmte mathematische Beziehung zwischen verschiedenen geheimen Schlüsseln kennt und die entsprechenden Geheimtexte abgreifen kann. Obwohl ein solches Szenario auf den ersten Blick als zu unrealistisch erscheint, wurden in der realen Welt mehrere Kryptosysteme mithilfe von Related-Key-Angriffen geknackt, z. B. [16].

Zugriff auf Daten (Geheimtext-Klartext-Paare) Die kryptografischen Angriffe können in die folgenden vier Hauptkategorien unterteilt werden, je nachdem welchen Zugriff der Angreifer auf den Geheimtext und den Klartext hat (jeweils unter der Annahme, dass der Schlüssel unbekannt ist):

- Ciphertext-only-Angriffe (COA) setzen voraus, dass nur auf die Geheimtexte zugegriffen wird, ohne die zugehörigen Klartexte zu kennen.
- Bei Angriffen mit bekanntem Klartext (known-plaintext attacks, KPA) werden Paare von bekanntem Klartext und dem dazugehörigen Geheimtext verwendet, um den geheimen Schlüssel zu ermitteln.
- Chosen-Plaintext-Angriffe (CPA) erlauben es dem Angreifer, selbst beliebige Klartexte zu wählen und deren Geheimtexte zu erhalten, was mehr Flexibilität bei der Analyse des Verschlüsselungsalgorithmus bietet.
- Chosen-Ciphertext-Angriffe (CCA) ermöglichen es dem Angreifer, beliebige Geheimtexte zu wählen und deren Klartext zu erhalten, wobei er die Möglichkeit hat, die Geheimtexte während der Entschlüsselung zu manipulieren.

Darüber hinaus unterscheiden sich die Angriffe anhand spezifischer mathematischer Methoden, wie z. B. differentielle Kryptoanalyse (Analyse, wie sich Unterschiede in den Eingaben der Chiffren auf Unterschiede bei den Ausgaben auswirken), lineare Kryptoanalyse (Ausnutzung linearer Beziehungen im Verschlüsselungsprozess), Meet-in-the-Middle-, Biclique-, Integral-, Boomerang-, Cube- und andere Angriffe. Alle diese Methoden sind sehr speziell, so dass wir für eine umfassende Erläuterung auf die angegebenen Referenzen in den Tabellen 1.4 und 1.5 verweisen.

1.8.3 Sicherheitsdefinitionen mittels Ununterscheidbarkeit

Die diskutierten Angriffsarten CPA und CCA stehen in direkter Beziehung zu den kryptografischen Sicherheitsdefinitionen IND-CPA, IND-CCA1 und IND-CCA2. Diese Definitionen spielen eine entscheidende Rolle im Bereich der „beweisbaren Sicherheit" der Kryptografie. In diesem – sehr theoretischen – Bereich geht es darum, die Sicherheit von kryptografischen Verfahren mathematisch zu beweisen. Dies wird erreicht, indem gezeigt wird, dass das Brechen eines bestimmten Verfahrens die Lösung eines Problems erfordert, das allgemein als schwierig bekannt ist.

IND-CPA (Indistinguishability under chosen-plaintext attack): Bei diesem Modell kann ein Angreifer beliebige Klartexte wählen und sich die entsprechenden Geheimtexte so oft wie nötig vom Verschlüsselungsorakel erzeugen lassen. Dann wählt der Angreifer zwei unterschiedliche Nachrichten (Klartexte) aus und sendet sie an das Verschlüsselungsorakel, das einen Geheimtext von nur einer dieser Nachrichten, den sogenannten Challenge-Geheimtext, zurückgibt.

Danach kann der Angreifer eine beliebige Anzahl von zusätzlichen Berechnungen und Verschlüsselungen durchführen. Ein Verschlüsselungsverfahren gilt als sicher, wenn der Angreifer nicht erraten kann, auf welchen Klartext sich die Geheimtext-Herausforderung bezieht, und zwar mit einer Wahrscheinlichkeit von mehr als $|1/2+\eta|$, wobei η vernachlässigbar ist. Es ist klar, dass der Angreifer nicht die gleichen Nachrichten für die Herausforderung wählen kann, für die er die Geheimtexte vom Orakel erhält.

Diese Sicherheitsdefinition kann sowohl auf symmetrische als auch auf asymmetrische Verschlüsselungsverfahren angewendet werden, obwohl diese formal unterschiedlich beschrieben werden.[17] Bei *deterministischen* asymmetrischen Verschlüsselungsverfahren hat ein Angreifer jedoch Zugang zum öffentlichen Schlüssel, was bedeutet, dass er leicht unterscheiden kann, welcher Geheimtext durch welche Nachricht erzeugt wurde, indem er die Nachrichten selbst verschlüsselt. Daher wird die Definition nur auf *probabilistische* asymmetrische Verschlüsselungsverfahren angewandt, bei denen Zufall im Verschlüsselungsprozess verwendet wird. Dies bedeutet, dass wenn dieselbe Nachricht mehrmals mit einem probabilistischen Verschlüsselungsverfahren verschlüsselt wird, unterschiedliche Geheimtexte erzeugt werden.

IND-CCA1 (Indistinguishability under chosen-ciphertext attack, auch bekannt als non-adaptive or lunchtime attack): Diese Sicherheitsdefinition setzt ein höheres Sicherheitsniveau als IND-CPA voraus. In diesem Modell kann ein Angreifer wiederum die Klartexte wählen und ihre entsprechenden Geheimtexte vom Orakel erhalten, aber auch beliebige Geheimtexte entschlüsseln lassen, um die entsprechenden Klartexte zu erhalten. Das weitere Vorgehen ist ähnlich wie im IND-CPA-Fall. Im Falle von IND-CCA1 ist jedoch das Entschlüsselungsorakel nicht mehr verfügbar, nachdem der Angreifer die Geheimtext-Challenge erhalten hat.

IND-CCA2 (Indistinguishability under adaptive chosen-ciphertext attack): Dies ist die stärkste Definition, die den höchsten Grad an Sicherheit bietet. Sie erlaubt es dem Angreifer, mit dem Entschlüsselungsorakel weiter zu interagieren, auch nachdem er den Challenge-Geheimtext erhalten hat.

Bei der Betrachtung moderner kryptografischer Verschlüsselungsprimitive ist die Auswahl des besten Angriffs keine einfache Aufgabe. In Tabelle 1.5 auf Seite 51 haben wir die Informationen übersichtlich gehalten und Angriffe zur Wiederherstellung von Schlüsseln priorisiert, die nur minimale Berechnungen erfordern und schneller sind als Brute-Force-Angriffe, die eine universelle Angriffsmethode gegen jeden Verschlüsselungsalgorithmus darstellen. Durch diese Priorisierung haben wir andere Komplexitäten wie Daten- und Speicherkosten (z. B. die Anzahl der erforderlichen Klartext-Geheimtext-Paare) außer Acht gelassen.

In unserer Tabelle liegt der Fokus in der Regel auf Szenarien mit nur einem Schlüssel, mit zwei Ausnahmen: der Related-Key-Angriff gegen die Kasumi-Chiffre und der Variable-Key-Angriff gegen RC4. Wenn die vollständige Chiffre nicht kompromittiert ist, versuchen wir, Angriffe auszuwählen, die so viele Runden wie möglich brechen. Bei MUGI und Enocoro beziehen wir uns nur auf Unterscheidungsangriffe, da uns keine veröffentlichten Angriffe zur Schlüsselwiederherstellung bekannt sind.

1.8.4 Shannon und perfekte Sicherheit

Vorläufer der Konzepte der Sicherheitsdefinitionen mittels Ununterscheidbarkeit (siehe Abschnitt 1.8.3) sind die Forschungen von Claude Shannon[34], veröffentlicht in [18], und die Definition der perfekten Geheimhaltung. Sein Paper [18] behandelt die Kryptografie aus der Sicht der Informationstheorie und ist eine der grundlegenden Abhandlungen der modernen Kryptografie. Es ist auch ein Beweis dafür, dass alle theoretisch unknackbaren Chiffren die gleichen Anforderungen wie das One-Time-Pad erfüllen müssen.

Die wichtigste Erkenntnis von Shannon war, dass in einem sicheren Verschlüsselungsverfahren der Geheimtext keine zusätzlichen Informationen über den Klartext preisgeben sollte. Wenn es also zum Beispiel für Eve a priori möglich war, den Klartext mit einer Wahrscheinlichkeit von $1/t$ zu erraten (z. B., weil es nur t Möglichkeiten dafür gab), dann sollte sie nicht in der Lage sein, ihn mit einer höheren Wahrscheinlichkeit zu erraten, nachdem sie den Geheimtext gesehen hat. Dies wird wie folgt formalisiert:

Definition 1.8.1. ***Perfekte Geheimhaltung (perfect secrecy):*** *Ein Kryptosystem (P, C, K, E, D) ist vollkommen geheim, wenn für jede Menge $P \subseteq \{0,1\}^\ell$ von Klartexten und für jede von Eve verwendete Strategie gilt: Wenn wir zufällig ein $m \in P$ und ein $k \in \{0,1\}^n$ (die Menge der Schlüssel) wählen, dann beträgt die Wahrscheinlichkeit, dass Eve m richtig errät, nachdem sie $c = E_k(m)$ gesehen hat, höchstens $1/|P|$.*

Insbesondere, wenn wir entweder „Ja“ oder „Nein“ mit einer Wahrscheinlichkeit von $1/2$ verschlüsseln, dann wird Eve nicht in der Lage sein, mit einer Wahrscheinlichkeit von mehr als der Hälfte zu erraten, welches von beiden es ist. Das ist der eigentliche Kern des Problems:

Ein Kryptosystem (P, C, K, E, D) ist perfekt geheim, wenn und nur wenn für jedes Paar verschiedener Klartexte $\{m_0, m_1\} \subseteq \{0,1\}^\ell$ und jede von Eve verwendete Strategie, wenn wir zufällig $b \in \{0,1\}$ und einen zufälligen Schlüssel $k \in \{0,1\}^n$ wählen, dann ist die Wahrscheinlichkeit, dass Eve m_b errät, nachdem sie $E_k(m_b)$ gesehen hat, höchstens $1/2$.

Eine andere äquivalente Bedingung für perfekte Geheimhaltung ist die folgende: (P, C, K, E, D) ist vollkommen geheim, wenn für alle Klartexte $m, m' \in \{0,1\}^\ell$ die beiden Zufallsvariablen $\{E_k(m)\}$ und $\{E_{k'}(m')\}$ (für zufällig und gleichmäßig gewählte Schlüssel k und k') genau die gleiche Verteilung haben.

Wie wir in Definition 1.8.1 gesehen haben, bedeutet perfekte Geheimhaltung, dass Eve durch Beobachtung des Geheimtextes keine Informationen über den Klartext erhalten kann. Eine andere Möglichkeit, diese Idee genau zu definieren, ist die Verwendung der „bedingten“ Wahrscheinlichkeit, ein Begriff der Wahrscheinlichkeitsverteilungen (die Definition ist angepasst aus [3, p 66]). Siehe die folgende Definition 1.8.2.

Definition 1.8.2. ***Perfekte Geheimhaltung (perfect secrecy) (definiert mit Wahrscheinlichkeiten):*** *Ein Kryptosystem hat eine perfekte Geheimhaltung, wenn $\Pr[m|c] = \Pr[m]$ für alle $m \in P$, $c \in C$. Das heißt, die a posteriori-Wahrscheinlichkeit, dass der Klartext m ist, wenn der Geheimtext c beobachtet wird, ist identisch mit der a priori-Wahrscheinlichkeit, dass der Klartext m ist.*

Perfekte Geheimhaltung bedeutet, dass der Geheimtext keine Informationen über den Inhalt des Klartextes vermittelt. Das bedeutet, dass der Geheimtext, egal wie viel man davon hat, nichts über den Inhalt des Klartextes und des Schlüssels vermittelt. In Bezug auf Wahrscheinlichkeiten bedeutet dies, dass die Wahrscheinlichkeitsverteilung der möglichen Klartexte unabhängig vom Geheimtext ist. In Bezug auf die

[34] Claude Elwood Shannon, amerikanischer Mathematiker und Elektrotechniker, 30.4.1916–24.2.2001.

Möglichkeiten des Angreifers ist eine solche Chiffre informationstheoretisch oder bedingungslos sicher, unabhängig davon, wie viele Ressourcen der Angreifer hat.

1.8.5 Tabellarischer Vergleich verschiedener Sicherheits-Definitionen

Tabelle 1.2 zeigt einen Vergleich der verschiedenen Kategorien für die Sicherheit von Kryptosystemen. In der Realität sind die meisten kryptografischen Verfahren, die wir heute verwenden, rechnerisch sicher und weisen eine gute Ad-hoc-Sicherheit auf. Wir könnten eine Reduktion auf ein mathematisches Problem finden, das als schwierig vermutet wird, d. h. unser Problem ist mindestens so schwierig zu lösen wie das schwierige Problem (dann ist es nachweislich oder beweisbar sicher). Wenn also das Problem tatsächlich schwer zu lösen ist, muss auch das Knacken unserer Verschlüsselung schwer sein. In der realen Welt sind wir jedoch weit von semantisch oder ununterscheidbar sicheren Systemen entfernt. Für das One-Time-Pad (OTP) bedeutet ununterscheidbar sicher, dass der Schlüssel mindestens so lang sein muss wie der Klartext. Das OTP und einige Varianten sind das einzige Kryptosystem mit theoretisch perfekter Geheimhaltung.

Real	Theoretische Konzepte	
ad-hoc sicher	beweisbar sicher	semantisch sicher
berechenbar sicher		ununterscheidbar sicher
		informationstheoretisch oder unbedingt sicher

Tab. 1.2: Kategorien der Sicherheit von Kryptosystemen (geordnet nach Stärke)

1.8.6 Sicherheitslevel und n-bit-Sicherheit

In Abschnitt 1.3 haben wir bereits gesehen, dass Brute-Force-Angriffe eine erschöpfende Suche durch den gesamten Schlüsselraum durchführen. In Abschnitt 1.7 wurden für historische Chiffriermaschinen theoretische und praktische Schlüsselräume unterschieden. Für moderne symmetrische Chiffren ist der (maximale oder theoretische) Schlüsselraum (fast) derselbe wie der praktische Schlüsselraum. Um die Sicherheit einer kryptografischen Primitive (Grundfunktion) – wie eines Verschlüsselungs-Algorithmus oder einer Hash-Funktion – zu messen, wird häufig der Begriff „n-bit security" verwendet, der sich auf den Schlüsselraum bezieht.

Laut NIST ist das Sicherheitslevel (oder die „Sicherheits-Stärke") ein Maß für die Stärke, die eine kryptografische Primitive erreicht. Das Sicherheitslevel wird in der Regel als Anzahl von „Sicherheitsbits" ausgedrückt [19, Glossar, Seite 17], wobei „n-bit-Sicherheit" bedeutet, dass der Angreifer 2^n Operationen durchführen müsste, um es sicher zu knacken. Dieser n-Bit-Sicherheitswert ist leicht zu vergleichen und hat den allgemeinen Brute-Force-Angriff im Sinn. [20] Wie in Abschnitt 1.8 erörtert, sind auch andere Methoden vorgeschlagen worden, die die Kosten für einen Angreifer genauer modellieren. [21]

Die folgenden Absätze sind fast vollständig dem Wikipedia-Artikel Security Level und den referenzierten NIST-Dokumenten entnommen, da sie dieses Thema sehr gut aufbereitet haben. Weitere Vertiefungen finden sich in [22].

Das Maß n-bit-Sicherheit ermöglicht einen bequemen Vergleich zwischen Algorithmen und ist nützlich, wenn mehrere Primitive in einem hybriden System kombiniert werden, um zu wissen, welche Parameter eingestellt werden müssen, um kein eindeutiges schwächstes Glied zu haben. AES-128 (Schlüsselgröße 128 bit) ist beispielsweise so konzipiert, dass es ein Sicherheitslevel von 128 bit bietet, was in etwa einem RSA mit 3072-bit-Schlüssel entspricht (siehe Tabelle 1.3).

In diesem Zusammenhang bedeuten „Sicherheits-Anspruch" (englisch security claim) oder „Sicherheits-Ziellevel" (englisch target security level) das Sicherheitsniveau, das eine Primitive ursprünglich durch ihre Designer erreichen sollte. Werden Angriffe gefunden, die geringere Kosten verursachen als der Sicherheits-Anspruch, wird die Primitive als theoretisch gebrochen betrachtet. [23][24]

Symmetrische Algorithmen haben in der Regel einen streng definierten Sicherheits-Anspruch. Bei symmetrischen Chiffren ist dieser in der Regel gleich der Schlüsselgröße der Chiffre – was der Komplexität eines Brute-Force-Angriffs entspricht. [24][25] Kryptografische Hash-Funktionen mit einer Ausgabelänge von n bits haben in der Regel einen Sicherheitslevel von $n/2$ gegen Kollisions-Angriffe und einen von n gegen Preimage-Angriffe. Dies liegt daran, dass der allgemeine Geburtstagsangriff Kollisionen immer in $2^{n/2}$ Schritten finden kann. [15, Seite 336] SHA-256 bietet beispielsweise eine 128-bit-Kollisions-Resistenz und eine 256-bit-Preimage-Resistenz.

Der Entwurf der meisten asymmetrischen Algorithmen (Public-Key-Kryptografie) beruht auf bekannten mathematischen Problemen, die in einer Richtung effizient zu berechnen sind, aber vom Angreifer nur ineffizient umgekehrt werden können. Angriffe auf aktuelle Public-Key-Systeme sind jedoch immer schneller als die Brute-Force-Suche des Schlüsselraums. Ihr Sicherheitslevel ist nicht zur Entwurfszeit festgelegt, sondern stellt eine rechnerische Annahme zur Problemhärte dar, die so angepasst wird, dass sie dem besten derzeit bekannten Angriff entspricht. [25] Experten berechnen also den entsprechenden Wert der n-bit-Sicherheit.

Zur Einschätzung des Sicherheitslevels asymmetrischer Algorithmen wurden verschiedene Vorschläge veröffentlicht, die sich aufgrund unterschiedlicher Methoden leicht unterscheiden (vgl. z. B. [26, Tabelle 3.1 auf Seite 22]):

- Damit das RSA-Kryptosystem ein 128-bit-Sicherheitslevel erreicht, empfehlen NIST und ENISA die Verwendung von 3072-bit-RSA-Schlüsseln [19][26, Tabelle 3.5 auf Seite 32 und Tabelle 3.6 auf Seite 37] und IETF empfiehlt 3253 bit. [27][28] Die Umrechnung von der RSA-Schlüssellänge auf eine Schätzung des Sicherheitslevels basiert auf der Komplexität des GNFS. [29, §7.5]
- Der Diffie-Hellman-Schlüsselaustausch und DSA ähneln RSA in Bezug auf die Umwandlung der Schlüssellänge in eine Schätzung des Sicherheitslevels. [29, §7.5]
- Die Kryptografie mit elliptischen Kurven nutzt kürzere Schlüssel, daher lauten die Empfehlungen für 128-bit-Sicherheitslevel 256-383 bit (NIST), 256 bit (ENISA) und 242 bit (IETF). Die Umrechnung von der Schlüsselgröße f in das Sicherheitslevel ist ungefähr $f/2$: Das liegt daran, dass die Methode zum Brechen des Elliptic Curve Discrete Logarithm Problems (ECDLP), die Rho-Methode, mit 0,886 sqrt(2^f) Additionen auskommt. [30]

Tabelle 1.3 enthält Beispiele für typische Sicherheitslevel für verschiedene Algorithmen, wie sie in der sehr guten NIST-Veröffentlichung [19, Tabelle 2 auf Seite 54] zu finden sind. Vgl. auch die bereits 2013 erstellte Tabelle 12.2 auf Seite 733. Im Rahmen der NIST-Empfehlungen wurde „DES" (DEA) bereits 2003 als veraltet eingestuft, und „3TDES" wurde 2023 als veraltet bewertet (TDEA = Triple Data Encryption Algorithm). Für Finite Field/DLP ergeben sich die Parameter L, N aus L = Bitlänge von p^N. Für IFC und ECC warnt das NIST, dass ihre Schätzungen der Sicherheitsstärke erheblich beeinträchtigt werden, wenn Quantencomputer in der Praxis zum Einsatz kommen. Vergleiche auch die Sicherheitsempfehlungen in Abb. 13.2 auf Seite 746.

Sicherheits-Stärke	Symmetrische Chiffren	Endliche Körper Diskreter Logarithmus (DSA, DH, MQV)	Ganzzahl-Faktorisierung (RSA)	Elliptische Kurven (ECC) (ECDSA, EdDSA, ECDH, ECMQV)
80	2TDES	$L = 1024, N = 160$	$k = 1024$	$160 \leq f \leq 223$
112	3TDES	$L = 2048, N = 224$	$k = 2048$	$224 \leq f \leq 255$
128	AES-128	$L = 3072, N = 256$	$k = 3072$	$256 \leq f \leq 383$
192	AES-192	$L = 7680, N = 384$	$k = 7680$	$384 \leq f \leq 511$
256	AES-256	$L = 15360, N = 511$	$k = 15360$	$f \geq 512$

Tab. 1.3: Vergleichbare Sicherheitslevel für symmetrische und asymmetrische Chiffren

Bedeutung von „gebrochen" Eine kryptografische Primitive gilt als (*theoretisch*) gebrochen, wenn sich herausstellt, dass ein Angriff weniger als das behauptete Sicherheitslevel aufweist. Allerdings sind nicht alle derartigen Angriffe praktikabel: Die meisten Angriffe, die derzeit praktisch demonstriert werden, benötigen weniger als 2^{40} Operationen, was auf einem durchschnittlichen PC ein paar Stunden ausmacht.

Aumasson zieht die Grenze zwischen praktischen und unpraktischen Angriffen bei 2^{80} Operationen. Er schlägt eine neue Terminologie vor: [31]

- Zu einer **„gebrochenen"** Primitive gibt es einen Angriff, der $\leq 2^{80}$ Operationen benötigt. Ein Angriff kann plausibel durchgeführt werden.
- Zu einer **„verwundeten"** Primitive gibt es einen Angriff, der zwischen 2^{80} und etwa 2^{100} Operationen benötigt. Ein Angriff ist im Moment nicht möglich, aber zukünftige Verbesserungen werden ihn wahrscheinlich möglich machen.
- Der beste Angriff auf eine **„angegriffene"** Primitive ist billiger als der Sicherheits-Anspruch, aber viel teurer als 2^{100}. Ein solcher Angriff ist zu weit davon entfernt, praktikabel zu sein.
- Zu einer **„analysierten"** Primitive gibt es keinen Angriff, der billiger ist als ihr Sicherheits-Anspruch.

Transparenz. Das ist das Höchste, was man sich in einer technologisch hoch entwickelten Gesellschaft erhoffen kann ... sonst wird man einfach nur manipuliert.

Zitat 2: Daniel Suarez[35]

1.9 Beste bekannte Angriffe auf konkrete Verschlüsselungsverfahren

Die Tabellen 1.4 und 1.5 enthalten für bekannte klassische und moderne Chiffren die besten heute bekannten Angriffe. Für moderne Verfahren wird in Tabelle 1.5 auf Seite 51 auch der Aufwand (Schrittzahl oder „attack time") angegeben. Unseres Wissens ist das das erste Mal, dass so vollständige Tabellen erstellt wurden.

[35] Daniel Suarez, *Darknet*, rororo, (c) 2011, Kapitel 5, *Einsichten*, S. 69, Price.

1.9.1 Beste bekannte Angriffe gegen klassische Chiffren

Chiffren	Angriffs-Voraussetzungen	(Beste) Kryptoanalyse-Methoden	Verweise
Substitutions-Chiffren			
Caesar	PCO	Brute force, frequency analysis	[32]
Monoalphabetic substitution	PCO	Hill climbing, frequency analysis	[32]
Homophonic substitution	PCO	Hill climbing / simulated annealing	[33]
Nomenclatures	PCO	Manual (deduced by context; or nomenclature available)	[34, 35]
Polyalphabetic substitution	PCO	Hill climbing / simulated annealing / (Friedman + Kasiski)	[32]
Playfair	PCO; crib	Simulated annealing	[36, 37]
Code books	PCO; crib/KP	Manual (deduced by context; availability of „similar" code book)	[38]
Chao Cipher	PCO	Hill climbing / simulated annealing	[39]
Transpositions-Chiffren			
Scytale	PCO	Brute force	[32]
Columnar transposition	PCO	Brute force (short keys) / hill climbing / simulated annealing	[40]
Double columnar transposition	PCO	Hill climbing / simulated annealing; IDP attack	[41]
Zusammengesetzt			
ADFGVX	PCO	D&C + hill climbing / simulated annealing	[42]
Maschinen			
Enigma	PCO, crib	D&C; hill climbing / simulated annealing; Turing Bombe	[43, 44, 45]
Typex	PCO, crib	D&C; hill climbing / simulated annealing; (Turing Bombe)	[43, 44, 45]
SZ42	PCO, crib	„Testery methods" + hill climbing	[46]
M209	PCO, crib	Simulated annealing / hill climbing	[47, 48]
SIGABA	KP	Meet in the middle; hill climbing / simulated annealing	[49, 50]

Tab. 1.4: Die bekanntesten Angriffe gegen 17 historische Chiffren (PCO = pure ciphertext-only; KP = known-plaintext; D&C = Divide&Conquer)

Die historischen Chiffren in Tabelle 1.4 repräsentieren verschiedene Perioden in der Geschichte der Kryptografie und reichen von einfachen Caesar-Chiffren bis zu komplexeren maschinenbasierten Systemen wie Enigma. Die Auswahl der Chiffren basiert auf deren historischer Bedeutung. Die in der Tabelle aufgeführten Angriffsarten und -methoden sind die derzeit bekanntesten computergestützten Methoden zum Angriff auf diese Chiffren. Alle Handchiffren sind anfällig für Simulated Annealing und Hill Climbing. Zusammengesetzte Chiffren, in unserer Tabelle ADFGVX, benötigen anspruchsvollere Methoden. Bei ADFGVX kann ein Divide-and-Conquer-Angriff verwendet werden, um Substitution und Transposition unabhängig voneinander zu brechen. Ebenfalls erwähnenswert ist die SIGABA, da sie mit einem Meet-in-the-Middle-Angriff angegriffen werden kann. Darüber hinaus können alle gezeigten Handchiffren (Substitution, Transposition und zusammengesetzte Chiffren) heute in einem reinen Ciphertext-only-Szenario angegriffen werden. Eine Ausnahme bilden Nomenklatur-Chiffren, da die Nomenklatur-Elemente (Codewörter) oft nur entschlüsselt werden können, wenn man entweder den Originalschlüssel oder genügend Kontext hat, um sie abzuleiten. Außerdem sind die Chancen für einen erfolgreichen Angriff auf Chiffriermaschinen wie die Enigma und Typex größer, wenn ein Crib (ein teilweise bekannter Klartext) verfügbar ist. Nur Angriffe auf SIGABA erfordern immer noch den vollständigen Klartext, um erfolgreich zu sein.

1.9.2 Beste bekannte Angriffe gegen moderne Chiffren

Tabelle 1.5 zeigt eine Auswahl moderner Chiffren und die besten Angriffe gegen sie. Die Tabelle enthält **historisch bedeutsame** Chiffren wie DES und FEAL, **ISO-Standards** wie AES, Camellia und SNOW 2, **nationale Standards** wie GOST und SM4 sowie Chiffren, die aktiv in **industriellen Lösungen** verwendet wurden, wie KeeLoq und A5.1. Die Namen der Chiffren umfassen in der Regel eine Familie von Verschlüsselungsmethoden und beziehen sich nicht auf einen einzelnen Algorithmus. Diese Algorithmen unterscheiden sich in der Regel durch die Größe des verwendeten Schlüssels und, im Falle von Blockchiffren, durch die Größe des Datenblocks. Die besten Angriffe gegen verschiedene Versionen einer Chiffre können unterschiedlich sein. Der Kürze halber stellen wir je ein einziges Beispiel aus jeder Chiffre-Familie vor und präsentieren den erfolgreichsten Angriff gegen dieses Beispiel.

In der rechten Spalte von Tabelle 1.5 auf Seite 51 wird der Begriff „Angriffszeit“ verwendet. „Zeit“ ist ein gängiger Begriff in der modernen Kryptografie. Um zu verstehen, was die Angriffszeit – als Maß für die Widerstandsfähigkeit einer Chiffre – bedeutet, siehe Abschnitt 1.8, in dem Angriffskosten und verschiedene Angriffsarten vorgestellt werden.

Für symmetrische Verfahren ist der aus der Schlüssellänge abgeleitete Schlüsselraum eine wichtige Kennzahl (siehe Abschnitt 1.7 auf Seite 31). Aus dem Schlüsselraum wird der Aufwand für einen Brute-Force-Angriff (BF-Angriff) hergeleitet, der Maximalaufwand, den ein Angreifer haben kann.

Für AES-128 gilt beispielsweise Folgendes (siehe Tabelle 1.5): Die Schlüssellänge ist 128 bit. Der Schlüsselraum beträgt 2^{128} und damit auch die theoretische attack time. Der beste bekannte Angriff (Biclique-Angriff) verringert diesen Maximalaufwand auf $2^{126,1}$ Schritte. Dieser Unterschied von rund 2 im Exponenten bedeutet, dass der Angriff im Schnitt etwa um den Faktor 4 schneller ist als ein BF-Angriff. Damit zeigt er die prinzipielle Angreifbarkeit von AES, ist aber für die praktische Sicherheit überhaupt nicht relevant.

Chiffren	Angriffs-Arten	(Beste) Kryptoanalyse-Verfahren	Angriffs-Zeit
Block-Chiffren			
DES	Single key. KPA. Full	Linear [51, 52]	2^{43}
3DES (TDEA). 3-key version [53]	Single key. KPA. Full	Meet-in-the-middle [53]	2^{112}
AES-128 (Rijndael) [54]	Single key. CCA. Full	Biclique [55]	$2^{126.1}$

...Fortsetzung nächste Seite...

Chiffren	Angriffs-Arten	(Beste) Kryptoanalyse-Verfahren	Angriffs-Zeit
Camellia-128 [56]	Single key. CPA. 11/18 rounds	Truncated differential [57]	$2^{121.3}$
MISTY1 [58]	Single key. CPA. Full	Integral [59, 60]	$2^{107.9}$
KASUMI [61]	Related-key. CCA. Full	Boomerang [16]	2^{32}
HIGHT [62]	Single key. CCA. Full	Biclique [63]	$2^{126.4}$
CAST-128 [64]	Single key. CPA. 9/16 rounds	Differential [65]	2^{73}
SEED-128 [66]	Single key. CPA. 8/16 rounds	Differential [67]	2^{122}
PRESENT [68]	Single key. CPA. 26/31 rounds	Truncated differential [69]	2^{70}
CLEFIA-128 [70]	Single key. CPA. 14/18 rounds	Truncated differential [57]	2^{108}
LEA-128 [71]	Single key. CPA. 13/24 rounds	Differential [72]	2^{127}
SM4 [73]	Single key. KPA. 24/32 rounds	Linear [74]	$2^{126.6}$
GOST 28147-89 [75] (Magma)	Single key. CPA. Full	Guess then truncated differential [76]	2^{179}
GOST R 34.12-2015 (Kuznechik) [77]	Single key. CCA. 5/10 rounds	Meet-in-the-middle [78]	2^{140}
KeeLoq [79]	Single key. KPA. Full	Slide and meet-in-the-middle [80]	$2^{44.5}$
Simon64/128 [81]	Single key. KPA. 31/44 rounds	Multidimensional linear [82]	2^{120}
Speck64/128 [81]	Single key. CPA. 20/27 rounds	Differential [83]	$2^{93.56}$
FEAL-32 [84]	Single key. CPA. 31/32 rounds	Differential [85]	2^{63}
Twofish-128 [86]	Single key. CPA. 7/16 rounds	Saturation [87]	2^{126}
Strom-Chiffren			
RC4	Variable-key. Plaintext recovery. COA	Statistical [88]	2^{31}
A5/1 [89]	Single key. KPA. Full	Time-memory-data trade-off [90]	2^{24}
A5/2 [91]	Single key. KPA. Full	Time-memory-data trade-off [90]	2^{16}
Chacha [92]	Single key. KPA. Chosen IV. 7/20 rounds	Differential [93]	2^{255}
Salsa20 [94]	Single key. KPA. Chosen IV. 8/20 rounds	Differential [93]	2^{255}
Crypto-1 [95]	Single key. KPA. Full	Algebraic [96]	2^{32}
Grain-128 [97]	Single key. KPA. Chosen IV. Full	Dynamic cube attack [98]	2^{74}
Trivium [99]	Single key. KPA. Chosen IV. 799/1152 rounds	Dynamic cube attack [100], Siehe auch Anmerkung 1	2^{62}
Rabbit [101]	Unbekannt	Siehe auch Anmerkung 2	
Enocoro 128v2 [102]	Distinguishing. KPA. Chosen IV. 22/96 rounds	Higher order differential [103]	2^{16}

...Fortsetzung nächste Seite ...

Chiffren	Angriffs-Arten	(Beste) Kryptoanalyse-Verfahren	Angriffs-Zeit
SNOW 2-128 [104]	Single key. KPA. Chosen IV. 14/32 rounds	Cube [105]	$2^{162.86}$
MUGI [106]	Distinguishing. KPA. Chosen IV. 21/32 rounds	Differential [107]	$2^{61.59}$
ZUC 1.6 [108]	Unbekannt	Siehe auch Anmerkung 3	
Public-Key-Verschlüsselung			
RSA[109]	Single key. COA. For RSA-250 (829-bit number)	Number field sieve [110, 111], Siehe auch Anmerkung 4	$2^{68.5}$
ElGamal [112]	Single key. CCA	Trivial algebraic	Instant
NTRUEncrypt [113]	Single key. COA	Hybrid [114] (Lattice reduction and combinatorial search)	PB, Siehe auch Anmerkung 5

Tab. 1.5: Beste bekannte Angriffe gegen 36 moderne Chiffren (PB = parameterbasiert)

Weitere Anmerkungen zu einigen der Chiffren aus Tabelle 1.5:

1. Ein weiterer Angriff, der behauptet, 855 Runden [115] von Trivium zu brechen, wurde in [116] in Frage gestellt.
2. Uns sind keine Angriffe auf Rabbit bekannt, die schneller als Brute-Force sind. Rabbit hat 4 Initialisierungsrunden. Die Werte innerhalb der Chiffre werden nach 2 Runden ausgeglichen [101], daher gibt es einen trivialen Unterscheidungsangriff gegen mindestens 1 Runde der Chiffre.
3. Es gibt Angriffe gegen frühere Versionen der ZUC-Chiffre. Die Kryptoanalyse der endgültigen Version, die von den Entwicklern erstellt wurde, ist nach unserem Wissen geheim.
4. Unsere Schätzung der oberen RSA-Schranke: In [111] wird die Angriffszeit mit 2700 Core-Jahren an Berechnungen mit einer Intel Xeon Gold 6130 CPU (jeweils 2,1 GHz) angegeben. Um diese Angriffszeit auf die RSA-250 „Verschlüsselungen" umzurechnen, müssen wir wissen, wie viel Zeit im Durchschnitt benötigt wird, um eine Verschlüsselung auf dem genannten Prozessor anzuwenden. Für eine grobe Schätzung nahmen wir an, dass eine Verschlüsselung weniger Zeit benötigt als eine Integer-Operation, wie in [117] getestet.
5. Die tatsächliche Angriffszeit hängt von der Wahl der jeweiligen Parameter ab. Siehe [118].

1.9.3 Unizitätslängen

Tabelle 1.1 auf Seite 38 listet die Schlüsselräume für verschiedene Chiffren auf. Wir haben auch Angriffsmethoden gegen (klassische) Chiffren wie Brute-Force und Frequenzanalyse erörtert. Hier folgt ein weiteres Konzept dafür, wann Angriffe überhaupt erfolgreich sein können.

Claude Shannon definierte 1949 in [18] den Begriff „Unizitätslänge" (auch: Eindeutigkeitsdistanz, engl. unicity distance). Die Unizitätslänge ist ein statistischer Wert, der die Mindestlänge eines Geheimtextes angibt, die ein Kryptoanalytiker benötigt, um die Chiffre durch Ausprobieren aller möglichen Schlüssel in einem Brute-Force-Angriff (oder einem anderen Angriff) zu knacken. Genauer gesagt handelt es sich um die Anzahl der Buchstaben im Klartext, die der Analytiker untersuchen muss, um sicher zu sein, dass es nur einen richtigen Weg zur Entschlüsselung gibt. Im Gegensatz dazu kann die Analyse verschlüsselter Nachrichten mit einer Länge, die kleiner ist als die Unizitätslänge der Chiffre, zu mehreren gültigen Klartexten führen (und man kann nicht entscheiden, welches der richtige ist).

Der Wert der Unizitätslänge für eine Chiffre wird bestimmt, indem die Entropie H des Schlüsselraums der Chiffre durch die Redundanz der Klartextsprache geteilt wird. Die einfache monoalphabetische Substitutions-Chiffre hat beispielsweise eine (praktische) Schlüsselraumgröße von etwa 2^{88} (siehe Tabelle 1.1). Daher ist die Entropie H des Schlüsselraums $H(2^{88}) = 88$. Die Redundanz der englischen Sprache auf 3,2 geschätzt. Die Redundanz einer Sprache kann ermittelt werden, indem man z. B. die Entropie einer Sprache anhand der Komprimierung großer Textkorpora schätzt. Die Unizitätslänge U der einfachen monoalphabetischen Substitution kann also berechnet werden als $U = \lceil \frac{H(2^{88})}{3,2} \rceil = 28$. Da die Anzahl der Buchstaben in einer Nachricht eine ganze Zahl sein muss, wird die Unizitätslänge immer aufgerundet.

Tabelle 1.6 gibt einen Überblick über die Unizitätslänge für die englische Sprache – für alle Chiffren aus Tabelle 1.1.

Chiffre	Unizitätslänge	Chiffre	Unizitätslänge
Monoalphabet. Substitution (MASC)	28	Caesar	2
Vigenère (repeating keyword – 15 char.)	23	Vigenère (autokey – 314 char. message)	462
Playfair	25	Wheatstone Cryptograph	28
Lugagne Transpositeur	14	M-94 cylinder cipher	28
M-138A strip cipher	62	ADFGX	50
ADFGVX	67	Hebern 5-rotor	11
Kryha	31	Enigma Swiss K	10
Lugagne Le Sphinx	26	Abwehr Enigma G	11
Enigma I	24	SIGABA	30
Japanese Purple	33	Japanese JN-25 codebook (100 words)	12
Lorenz SZ40/SZ42	177	SG-41 „Hitler Mill“	54
M-209 pin & lug	61	Enigma M4	27
T-52d Geheimschreiber	25	Typex Mark 22	57
NEMA	20	Hagelin C-52	60
Hagelin CX-52	109	KL-7	36
Transvertex HC-9	73	VIC paper & pencil	29
Fialka	81	Hagelin CD-57	63
DES (56 bit)	18	RSA-4096	1273
AT&T TSD 3600-E Clipper chip	25	AES-256	80

Tab. 1.6: Unizitätslängen von 34 historischen und 4 „modernen“ Verschlüsselungssystemen

Man kann nicht nicht kommunizieren!

Zitat 3: Paul Watzlawick[36]

[36] Paul Watzlawick, Janet H. Beavin und Don D. Jackson, *Menschliche Kommunikation. Formen, Störungen, Paradoxien*, Huber, (c) 2007, Das erste der fünf pragmatischen Axiome ihrer Kommunikationstheorie.

1.10 Algorithmen-Typen und selbstgemachte Chiffren

Hier sollen kurz zwei Aspekte von Kryptoverfahren erwähnt werden, auf die oft nicht früh genug eingegangen wird: Arten von Algorithmen und das Sich-Ausdenken neuer Verfahren.

Arten von Algorithmen Man kann Algorithmen folgendermaßen kategorisieren:

- **Zufallsbasiert**
  Man kann Algorithmen aufteilen in *deterministische und heuristische* Verfahren. Oft machen sich Studenten nur deterministische Verfahren bewusst, bei denen die Ausgabe eindeutig durch die Eingabe vorgegeben ist. Bei heuristischen Verfahren werden Entscheidungen aufgrund zufälliger Werte getroffen und die Ergebnisse sind nur mit einer bestimmten Wahrscheinlichkeit richtig. Man kann noch genauer unterscheiden zwischen randomisierten Algorithmen, probabilistischen und heuristischen Verfahren, aber diese Feinheiten sind zum Verständnis des Gegensatzes zu deterministischen Verfahren nicht wichtig.

  In Kryptoverfahren spielt Zufall eine große Rolle. Immer müssen die Schlüssel zufällig gewählt werden, so dass zumindest bei der Schlüsselgenerierung „Zufall“ erzeugt werden muss. Zusätzlich sind manche Verfahren (vor allem aus der Kryptoanalyse) heuristisch.

- **Konstanten-basiert**
  Viele moderne Verfahren (insbesondere Hashverfahren und symmetrische Verschlüsselungsverfahren) benutzen numerische Konstanten. Diese sollten nachvollziehbar sein und keine Hintertüren ermöglichen. Zahlen, die das erfüllen, nennt man im Englischen „Nichts-im-Ärmel“-Zahlen: Nothing-up-my-sleeve numbers.[37]

Neue Algorithmen Es kommt immer wieder vor, dass sich jemand ohne tiefere Kenntnis der entsprechenden Design-Konzepte ein „neues“ Verschlüsselungs-Verfahren ausdenkt. Doch die Realität zeigt, dass dies keine gute Idee ist. Deshalb lernt man normalerweise früh, kein eigenes Kryptosystem zu entwerfen, wenn man hofft, dass einen die Tatsache schützt, dass es nicht bekannt ist. Hierfür gibt es viele Gründe, unter anderem: Es braucht nur einen verärgerten Mitarbeiter oder einen anderen böswilligen Akteur, um die Geheimnisse zu verraten, die das System sicher machen. Der Entwurf sicherer kryptografischer Verfahren ist extrem schwierig. Es ist unglaublich einfach, etwas zu entwickeln, das sicher aussieht, aber tatsächlich Informationen preisgibt.

Ein Preisgeld auszuloben und nur einzelne Geheimtexte anzubieten, ist unprofessionell – seriöse Forscher haben nur wenig Zeit und werden keine Mühe darauf verwenden (vielleicht geben sie es aus didaktischen Gründen an Studenten als Übung). Wenn Sie ein neues Verschlüsselungsverfahren entwickeln wollen, veröffentlichen Sie es zunächst mit einer ausführlichen Erklärung seiner Funktionsweise, seinen Vorteilen und allen Beweisen für seine Sicherheit. Dann können Sie sehen, ob jemand eine Schwachstelle findet. Dies ist kein schneller Prozess – Sie sollten damit rechnen, dass es Jahre dauern kann.[38]

---

[37] https://en.wikipedia.org/wiki/Nothing_up_my_sleeve_number

[38] Einige weitere Überlegungen dazu finden Sie z. B. unter https://www.quora.com/If-I-made-my-own-encryption-some-new-math-model-for-encryption-can-the-government-crack-this.

1.11 Weitere Informationsquellen / Empfohlene Bücher

Hier sind einige gute Kryptografie-Bücher mit nützlichem Hintergrundwissen zu verschiedenen Themen – geordnet von Anfängern (eher geschichtlich) über Wissende (eher angewandt) bis hin zu Fortgeschrittenen (mit Schwerpunkt auf der Theorie):

- David Kahn: The Codebreakers, 1995 [119]
- Elonka Dunin und Klaus Schmeh: Codebreaking: A Practical Guide, expanded ed, 2023 [120]
- Simon Singh: The Code Book, 2000 [121]
- Klaus Schmeh: Kryptographie – Verfahren, Protokolle, Infrastrukturen, 6. Auflage, 2016 [122]
- Bruce Schneier, Applied Cryptography, Protocols, Algorithms, and Source Code in C, 1996 [7]
- Christof Paar, Jan Pelzl und Tim Güneysu: Understanding Cryptography, 2. Auflage, 2024 [123]
- Sandip Dholakia: Modern Cryptography: The Practical Guide, 2024 [124]
- David Wong: Kryptografie in der Praxis, 2023 [125] (unser Favorit)
- Jean-Philippe Aumasson: Serious Cryptography, 2017 [126]
- Mike Rosulek: The Joy of Cryptography, 2021 [127]
- Niels Ferguson, Bruce Schneier und Tadayoshi Kohno: Cryptography Engineering, 2010 [128]
- Dan Boneh und Victor Shoup: A Graduate Course in Applied Cryptography, v0.6, 2023 [129]
- Mark Stamp und Richard M. Low: Applied Cryptanalysis, 2007 [130]
- Rolf Oppliger, Cryptography 101, 2021 [14]
- Jonathan Katz und Yehuda Lindell: Introduction to Modern Cryptography, 3. Aufl., 2020 [131]
- Douglas R. Stinson: Cryptography – Theory and Practice, 3. Auflage, 2006 [132]

Neben den Informationen in den oben genannten Büchern und in den folgenden Kapiteln gibt es auch eine große Anzahl von Webseiten und die Online-Hilfe der jeweiligen CrypTool-Varianten, die viele Details über Verschlüsselungsmethoden enthalten.

Einen leicht zugänglichen Überblick über die verschiedenen Verschlüsselungsverfahren bieten die Bücher von Bruce Schneier [7], Klaus Schmeh [122] und Paar/Pelzl/Güneysu [123]. Für einen etwas tieferen Einstieg können wir neben dem Buch von Rolf Oppliger [14] auch die Bücher von David Wong [125], Jean-Philippe Aumasson [126] und Douglas R. Stinson [132] empfehlen.

Sandip Dholakia [124] ist für Software-Entwickler bestens geeignet. Gute praxisnahe Checklisten zur Kryptografie gibt es auf den Seiten von **OWASP** (Open Worldwide Application Security Project). Manchmal sind die Informationen aber rudimentär oder sehr verteilt. Hier drei Beispiele aus den „Flagship Projects" OWASP Cheat Sheet Series und OWASP Web Security Testing Guide: `https://cheatsheetseries.owasp.org/cheatsheets/Cryptographic_Storage_Cheat_Sheet.html`, `https://cheatsheetseries.owasp.org/cheatsheets/Password_Storage_Cheat_Sheet.html`, `https://owasp.org/www-project-web-security-testing-guide/stable/4-Web_Application_Security_Testing/09-Testing_for_Weak_Cryptography/README`.

1.12 Anhang: AES-Visualisierungen/-Implementierungen

AES ist inzwischen weltweit wahrscheinlich der am häufigsten eingesetzte moderne Verschlüsselungs-Algorithmus. AES ist ein sicheres, standardisiertes, symmetrisches Verfahren, das bspw. in Wifi- und Browser-Verbindungen Daten verschlüsselt. Die Varianten AES-192 und AES-256 sind in den USA für staatliche Dokumente mit höchstem Geheimhaltungsgrad zugelassen.

Im Folgenden wird zuerst eine AES-Animation in CTO vorgestellt; und danach wird AES direkt ausgeführt – einmal in CT2 und zweimal mit OpenSSL (einmal auf der Kommandozeile des Betriebssystems und einmal im OpenSSL-WebAssembly-Plugin in CTO).

1.12.1 AES-Animation in CTO[39]

Abb. 1.8 auf der nächsten Seite symbolisiert, dass der moderne Verschlüsselungsalgorithmus beide Eingaben (den Schlüssel und den Klartext) jeweils in binärer Form erhält, und dass er seinen Output ebenfalls in binärer Form erzeugt. Wie die meisten modernen (Block-)Chiffren enthält der Algorithmus einen „key-scheduling"-Teil, wo aus dem übergebenen Schlüssel (auch Sessionkey oder Hauptschlüssel genannt) die Rundenschlüssel erzeugt werden, und einen zweiten Teil, wo mit den erzeugten Rundenschlüsseln dann die eigentliche Verschlüsselung durchgeführt wird.

Die beiden Screenshots 1.8 und 1.9 sind aus der AES-Animation in CrypTool-Online (CTO). Screenshot 1.10 stammt aus CT1, das Bild ist aber auch Teil der Animation in CTO.

1.12.2 AES in CT2

Nach diesen Visualisierungen wollen wir im Folgenden an einem konkreten Beispiel einen Klartext der Länge 128 bit (1 Block) mit einem 128-bit Schlüssel mit AES im CBC-Modus verschlüsseln. Vom erhaltenen Geheimtext interessiert uns nur der erste Block (füllt der Klartext einen Block nicht auf, nutzen wir hier der Einfachheit halber Null-Padding).

Zur Veranschaulichung machen wir das einmal mit CT2 und zweimal mit OpenSSL[40].

Der Klartext `AESTEST1USINGCT2` wird nach Hex (41 45 53 54 45 53 54 31 55 53 49 4E 47 43 54 32) konvertiert. Damit und mit dem Schlüssel 3243F6A8885A308D313198A2E0370734 erzeugt die AES-Komponente dann den Geheimtext. Dieser lautet in Hex: B1 13 D6 47 DB 75 C6 D8 47 FD 8B 92 9A 29 DE 08

Abb. 1.11 zeigt die Verschlüsselung eines Blocks in **CT2**.[41]

---

[39] `https://www.cryptool.org/de/cto/aes-animation`

[40] OpenSSL ist eine für Webserver sehr verbreitete freie Open-Source-Kryptobibliothek, zu der auch das Kommandozeilentool `openssl` gehört, mit dem man die Funktionalität auf vielen Betriebssystemen direkt ausprobieren kann.
Eine Einführung in das CLI `openssl` finden Sie im Abschnitt A.8 auf Seite 819.

[41] Die gezeigte Vorlage ist ähnlich zur folgenden in CT2 ausgelieferten Vorlage: `CT2 Vorlagen ▷ Kryptografie ▷ Modern ▷ Symmetrisch ▷ AES-Chiffre (Texteingabe)`

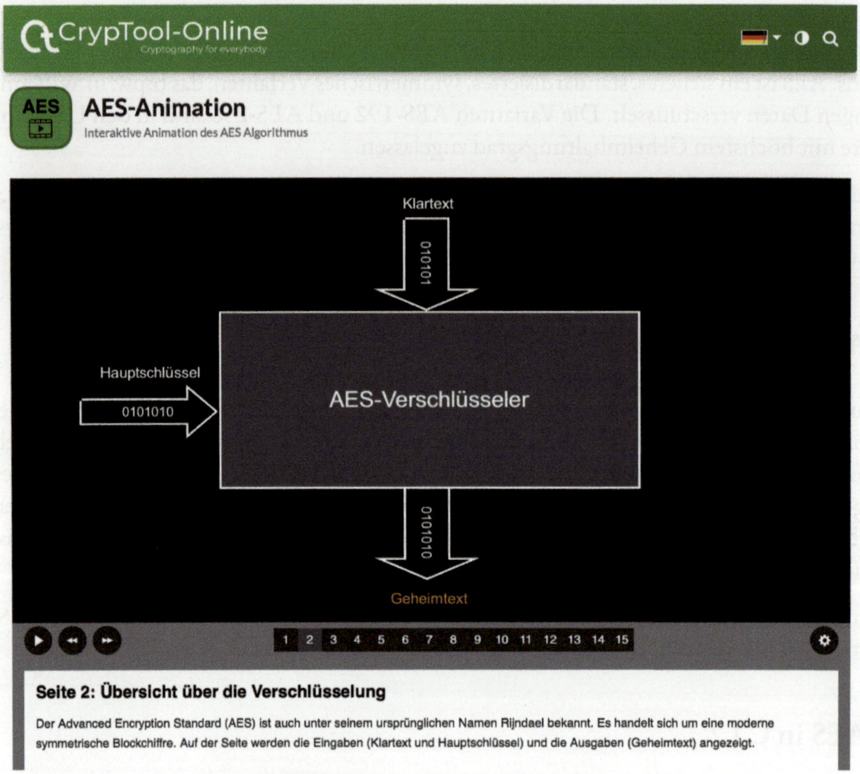

Abb. 1.8: AES-Visualisierung aus CTO (Teil 1)

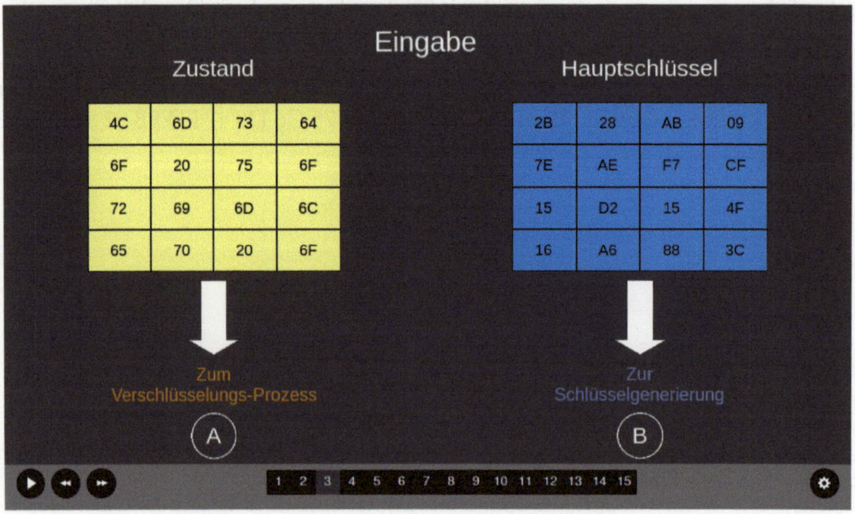

Abb. 1.9: AES-Visualisierung aus CTO (Teil 2)

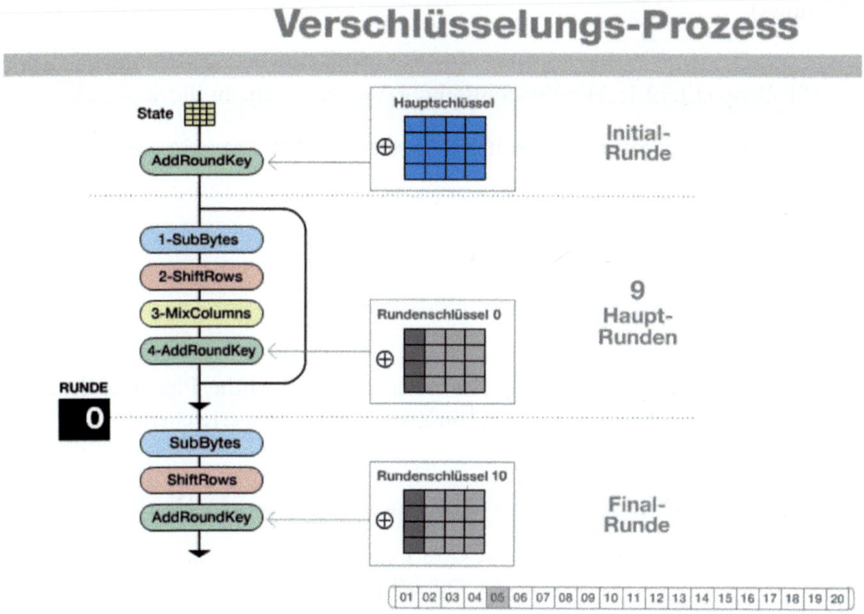

Abb. 1.10: AES-Visualisierung von Enrique Zabala aus CT1

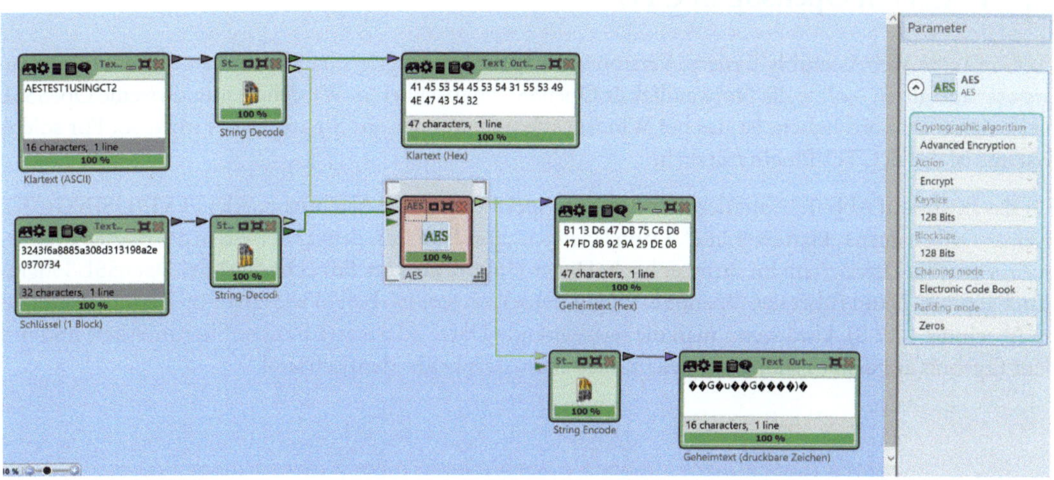

Abb. 1.11: AES-Verschlüsselung (hier genau 1 Block ohne Padding) in CT2

1.12.3 AES mit OpenSSL auf der Kommandozeile des Betriebssystems

Das OpenSSL-Beispiel 1.12.1 erzielt dasselbe Ergebnis wie CT2 mit **OpenSSL** auf der Kommandozeile (hier unter Windows).

OpenSSL-Beispiel 1.12.1: AES-Verschlüsselung (von genau einem Block ohne Padding)

```
>openssl enc -e -aes-128-cbc -K 3243F6A8885A308D313198A2E0370734 -iv 00000000000000000000000000000000 -in ▶
 ▶klartext-1.hex  -out klartext-1.hex.enc
>dir
06.07.2016  12:43                16 key.hex
20.07.2016  20:19                16 klartext-1.hex
20.07.2016  20:37                32 klartext-1.hex.enc
```

Anmerkung: Wie OpenSSL-Beispiel 1.12.2 zeigt, kann man mit etwas Mühe, Pipes und dem Tool `xxd` in der Bash-Shell dasselbe und auch ohne die Nutzung von Zwischen-Dateien erreichen:[42]

OpenSSL-Beispiel 1.12.2: AES-Verschlüsselung (ohne temporäre Dateien) mit Bash

```
$ echo 0: 41 45 53 54 45 53 54 31 55 53 49 4E 47 43 54 32 | xxd -r | openssl enc -e -aes-128-cbc -nopad -K 324▶
 ▶3F6A8885A308D313198A2E0370734 -iv 00000000000000000000000000000000  | xxd -p
b113d647db75c6d847fd8b929a29de08

$ echo -n AESTEST1USINGCT2 | openssl enc -e -aes-128-cbc -nopad -K 3243F6A8885A308D313198A2E0370734 -iv 000000▶
 ▶00000000000000000000000000  | xxd -p
b113d647db75c6d847fd8b929a29de08
```

1.12.4 AES mit OpenSSL in CTO[43]

Da CTO eine WebAssembly-basierte Version von OpenSSL integriert hat, kann man dies auch lokal im Browser ausführen – ohne die Notwendigkeit OpenSSL zu installieren. Während Linux-Systeme OpenSSL meist schon an Bord haben, ist das bei Windows-Systemen oder auf Smartphones nicht so. Für solche Systeme ist dieses CTO-Plugin nützlich.

Für das Beispiel in Abb. 1.12 auf der nächsten Seite speichern wir die Nachricht „AESTEST1USINGCT2" in einer Datei namens „klartext-1.hex". Dann laden wir diese Datei aus dem Dateisystem des Betriebssystems in ein virtuelles Dateisystem im Browser hoch: Dieser Upload wird im Tab „Dateien" des OpenSSL-Plugins durchgeführt. Dann führt das OpenSSL-Plugin denselben `openssl`-Befehl wie zuvor im Terminal aus (siehe Abschnitt 1.12.3). Und wenn man die resultierende Datei „klartext-1.hex.enc" herunterlädt und mit dem Ergebnis aus dem Terminal vergleicht, sieht man, dass beide identisch sind.

---

[42] Das Tool `xxd` erstellt einen Hex-Dump von einer gegebenen Datei oder von der Standardeingabe. Mit der Option „-r" wandelt es Hex-Dump wieder in seine ursprüngliche Binärform um.

[43] `https://www.cryptool.org/de/cto/openssl`

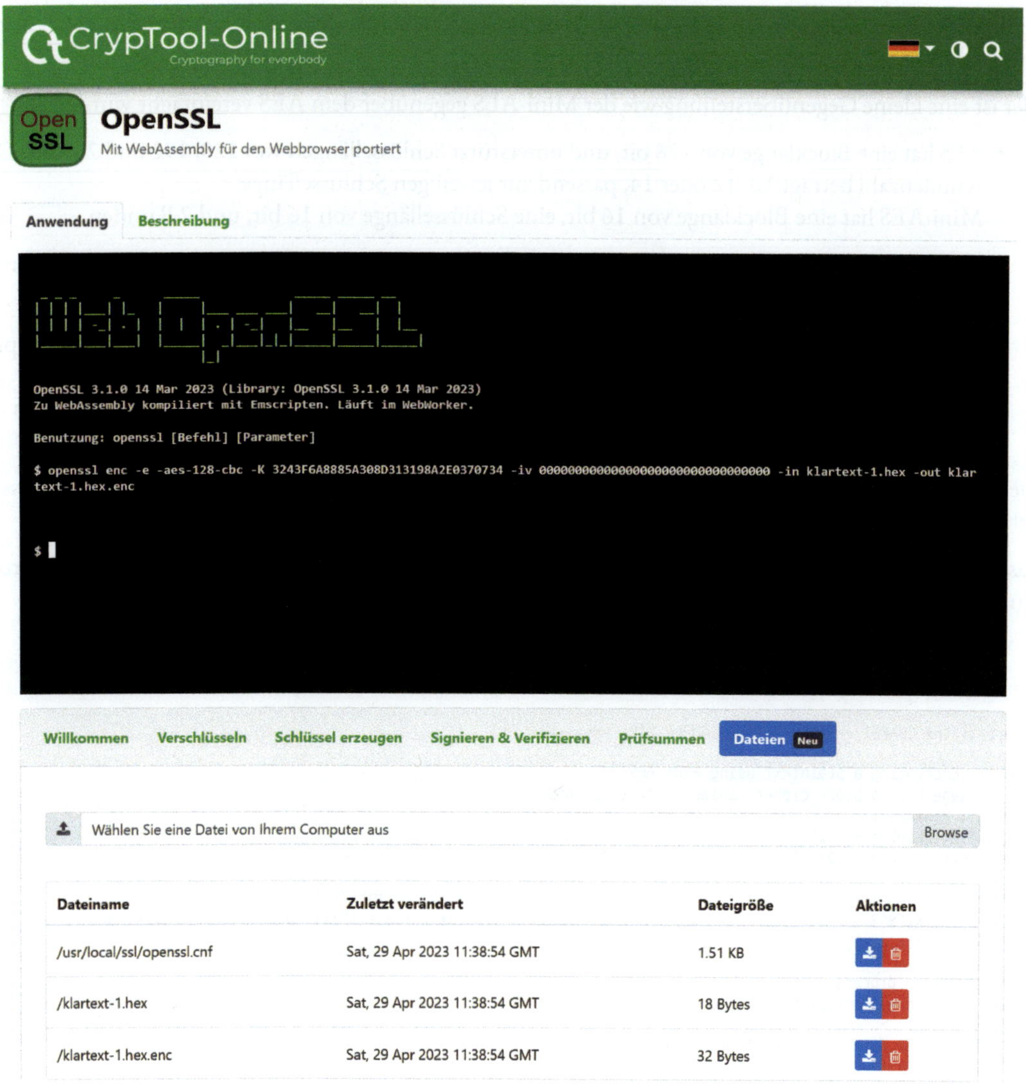

Abb. 1.12: AES-Verschlüsselung mit OpenSSL im Browser

1.13 Anhang: Didaktische Beispiele für symmetrische Chiffren mit SageMath

Dieser Anhang zeigt die SageMath-Implementierung einer für didaktische Zwecke abgestrippten Chiffre (Mini-AES). Im Anschluss werden weitere Publikationen in dieser Richtung aufgeführt.

1.13.1 Mini-AES

Das SageMath-Modul `crypto/block_cipher/miniaes.py` enthält den Mini-AES, mit dem Studenten die Funktionsweise moderner Blockchiffren untersuchen können.

Mini-AES, ursprünglich vorgestellt von [133], ist eine vereinfachte Variante des Advanced Encryption Standard (AES) für Ausbildungszwecke.

Hier ist eine kleine Gegenüberstellung wie der Mini-AES gegenüber dem AES vereinfacht wurde:

- AES hat eine Blocklänge von 128 bit, und unterstützt Schlüssellängen von 128, 192 und 256 bit. Die Rundenzahl beträgt 10, 12 oder 14, passend zur jeweiligen Schlüssellänge.
  Mini-AES hat eine Blocklänge von 16 bit, eine Schlüssellänge von 16 bit, und 2 Runden.
- Der 128-bit-Block von AES wird als Matrix von 4×4 Bytes dargestellt, wohingegen Mini-AES seinen 16-bit-Block als Matrix von 2×2 Nibbles (Halb-Bytes) darstellt.
- Die AES-Schlüsselerzeugung nimmt den 128-bit langen geheimen Schlüssel und stellt ihn als Gruppe von vier 32-bit-Worten dar.
  Die Mini-AES-Schlüsselerzeugung nimmt den 16-bit langen geheimen Schlüssel und stellt ihn als Gruppe von vier Nibbles (4-bit-Worten) dar.

Wie man Mini-AES benutzt, ist ausführlich auf der SageMath-Referenz-Seite beschrieben: `https://doc.sagemath.org/html/en/reference/cryptography/sage/crypto/block_cipher/miniaes.html`.

Das SageMath-Beispiel 1.13.1 stammt ursprünglich aus den Release-Notes von SageMath 4.1[44] und ruft den Mini-AES auf.

SageMath-Beispiel 1.13.1: Ver- und Entschlüsselung mit dem Mini-AES

```
print("\n# CHAP01 -- Sage-Script-SAMPLE 010: =========")

# (1) Encrypting a plaintext using Mini-AES
from sage.crypto.block_cipher.miniaes import MiniAES
maes = MiniAES()
K = FiniteField(16, "x")
MS = MatrixSpace(K, 2, 2)

P = MS([K("x^3 + x"), K("x^2 + 1"), K("x^2 + x"), K("x^3 + x^2")]); print("(1) P:\n",P, sep="")
key = MS([K("x^3 + x^2"), K("x^3 + x"), K("x^3 + x^2 + x"), K("x^2 + x + 1")]); print("key:\n",key, sep="")
C = maes.encrypt(P, key); print("C:\n",C, sep="")

# decryption process
plaintxt = maes.decrypt(C, key); print(plaintxt == P)

# (2) Working directly with binary strings
maes = MiniAES()
bin = BinaryStrings()
key = bin.encoding("KE"); print("\n(2) key:\n",key, sep="")

P = bin.encoding("Encrypt this secret message!"); print("P:\n",P,sep="")
C = maes(P, key, algorithm="encrypt"); print("C:\n",C,sep="")
plaintxt = maes(C, key, algorithm="decrypt"); print(plaintxt == P)
# (3) Or working with integers n such that 0 <= n <= 15:
maes = MiniAES()
P = [n for n in range(16)]; print("\n(3) P:\n",P, sep="")
key = [2, 3, 11, 0]; print("key:\n",key, sep="")

P = maes.integer_to_binary(P)
key = maes.integer_to_binary(key)
C = maes(P, key, algorithm="encrypt"); print("C:\n",C, sep="")
plaintxt = maes(C, key, algorithm="decrypt"); print(plaintxt == P)

#------------------------------------
# CHAP01 -- Sage-Script-SAMPLE 010: =========
# (1) P:
# [  x^3 + x    x^2 + 1]
```

[44] Siehe `https://mvngu.wordpress.com/2009/07/12/sage-4-1-released/`.
Weiterer Beispiel-Code zum Mini-AES findet sich in [134, Kap. 6.5 und Anhang D].

Fortsetzung SageMath-Beispiel 1.13.1

```
# [  x^2 + x x^3 + x^2]
# key:
# [      x^3 + x^2          x^3 + x]
# [x^3 + x^2 + x    x^2 + x + 1]
# C:
# [                x          x^2 + x]
# [x^3 + x^2 + x          x^3 + x]
# True
#
# (2) key:
# 0100101101000101
# P:
# 0100010101101110011000110111001001111001011100000111010000100000011101000110100001101001011100110010000001110▶
 ▶001101100101011000110111001001100101011101000010000001101101011001010111001101110011011000010110011101100101▶
 ▶100100001
# C:
# 100010001010011011110000011110000100110011101101010001110110110101010010111011111010110011100111001000111011▶
 ▶001010101000101001111101100110010100010001110110110100100000110001100011000001110000111001101011110000000001▶
 ▶110001001
# True
#
# (3) P:
# [0, 1, 2, 3, 4, 5, 6, 7, 8, 9, 10, 11, 12, 13, 14, 15]
# key:
# [2, 3, 11, 0]
# C:
# 11001000000100011111001010101010101011011100111110001000011100001
# True
```

Weitere Details zu in SageMath enthaltenen Kryptoverfahren (z. B. zum Simplified Data Encryption Standard SDES) finden sich bspw. in der Diplomarbeit von Minh Van Nguyen [135].

Ein altes Sprichwort, angeblich geprägt von der US National Security Agency (NSA), sagt:
„Angriffe werden immer besser, niemals schlechter."
"Attacks always get better; they never get worse."

Zitat 4: IETF[45]

1.13.2 Symmetrische Chiffren für Lehrzwecke

Verglichen mit den auf der Zahlentheorie beruhenden Public-Key-Verschlüsselungsverfahren, ist die Struktur von AES und den meisten anderen modernen symmetrischen Verschlüsselungsverfahren (wie DES, IDEA oder Present) sehr komplex und kann nicht so einfach wie RSA erklärt werden.

Deshalb wurden zu Lehrzwecken vereinfachte Varianten moderner symmetrischer Verfahren entwickelt, um Einsteigern die Möglichkeit zu geben, Ver- und Entschlüsselung von Hand zu lernen und ein besseres Verständnis zu gewinnen, wie die Algorithmen im Detail funktionieren. Diese vereinfachten Varianten helfen auch, die entsprechenden Kryptoanalyse-Methoden[46] zu verstehen und anzuwenden.

---

[45] `https://datatracker.ietf.org/doc/html/rfc4270`, 2005

[46] Ein sehr guter Start in die Kryptoanalyse ist das Buch von Mark Stamp [130]. Ebenfalls gut, aber sehr high-level und nur bezogen auf die Analyse symmetrischer Blockchiffren ist der Artikel von Bruce Schneier [136].
Einige der Cipher-Challenges bei *MysteryTwister* (`https://www.mysterytwister.org`) sind ebenfalls gut für Lehrzwecke einsetzbar.

Die bekanntesten Varianten sind SDES (Simplified DES)[47] und S-AES (Simplified-AES)[48] von Ed Schaefer und seinen Studenten [137], und Mini-AES (siehe Abschnitt 1.13.1 auf Seite 59):

- Edward F. Schaefer: *A Simplified Data Encryption Standard Algorithm* [138]
- Raphael Chung-Wei Phan: *Mini Advanced Encryption Standard (Mini-AES): A Testbed for Cryptanalysis Students* [133]
- Raphael Chung-Wei Phan: *Impossible differential cryptanalysis of Mini-AES* [139]
- Mohammad A. Musa, Edward F. Schaefer, Stephen Wedig: *A simplified AES algorithm and its linear and differential cryptanalyses* [140]
- Nick Hoffman: *A SIMPLIFIED IDEA ALGORITHM* [141]
- S. Davod. Mansoori, H. Khaleghei Bizaki: *On the vulnerability of Simplified AES Algorithm Against Linear Cryptanalysis* [142]

1.13.3 Weitere Krypto-Algorithmen in SageMath

Die Referenz zu SageMath führt als weitere symmetrische Funktionen u. a. auf:[49]

- PRESENT
- Linear feedback shift register (LFSR)
- S-Boxes

Literatur zu Kapitel 1

[1] International Association for Cryptologic Research (IACR). *IACR*. URL: `https://www.iacr.org/` (besucht am 29. 04. 2023) (siehe S. 22)

[2] BBC documentary film. *War of the letters. German: „Krieg der Buchstaben“*. 1994. URL: `https://www.youtube.com/watch?v=yfwlJLI8aWk` (besucht am 10. 08. 2023) (siehe S. 23)

[3] Douglas Robert Stinson und Maura B. Paterson. *Cryptography: Theory and Practice*. 4. Aufl. Chapman und Hall/CRC, 2018. URL: `https://doi.org/10.1201/9781315282497` (siehe S. 24, 44)

[4] Randall K. Nichols. *Classical Cryptography Course, Volume 1 and 2*. Techn. Ber. 12 Lektionen. Aegean Park Press 1996, 1996. URL: `https://www.cryptogram.org/resource-area/crypto-lessons-tutorials-lanaki/` (siehe S. 25)

[5] Kristian Laurent Haan. *Advanced Encryption Standard (AES)*. 2008. URL: `http://www.codeplanet.eu/tutorials/cpp/51-advanced-encryption-standard.html` (siehe S. 26)

[47] Visualisierung: Macht man in CT2 einen Doppelklick auf den Titel der SDES-Komponente, ist in der Fullscreen-Ansicht zu sehen, wie die Bits der eingegebenen Daten durch den Algorithmus fließen. Ein Screenshot dazu: `https://www.facebook.com/CrypTool2/photos/a.505204806238612.1073741827.243959195696509/597354423690316`

[48] Siehe die Vorlage: `CT2 Vorlagen ▷ Kryptografie ▷ Modern ▷ Symmetrisch ▷ S-AES`

[49] Siehe `https://doc.sagemath.org/html/en/reference/cryptography/index.html` und `https://doc.sagemath.org/html/en/reference/cryptography/sage/crypto/stream.html`

[6] BSI. *Technische Richtlinie TR-02102-1, Kryptographische Verfahren: Empfehlungen und Schlüssellängen (Version 2024-01)*. Techn. Ber. 2024. URL: https://www.bsi.bund.de/SharedDocs/Downloads/DE/BSI/Publikationen/TechnischeRichtlinien/TR02102/BSI-TR-02102.pdf (siehe S. 27, 30)

[7] Bruce Schneier. *Applied Cryptography, Protocols, Algorithms, and Source Code in C*. 2. Aufl. Wiley, 1996 (siehe S. 28, 54)

[8] Helmut Witten und Ralph-Hardo Schulz. „RSA & Co. in der Schule: Moderne Kryptologie, alte Mathematik, raffinierte Protokolle. NF Teil 2: RSA für große Zahlen". In: *LOG IN* 143 (2006), S. 50–58. URL: https://informatik.schule.de/krypto/ (siehe S. 29)

[9] B. Esslinger, J. Schneider und V. Simon. „Krypto + NSA = ? – Kryptografische Folgerungen aus der NSA-Affäre". In: *KES Zeitschrift für Informationssicherheit* 2014.1 (März 2014), S. 70–77. URL: https://www.cryptool.org/media/publications/journals/krypto_nsa.pdf (siehe S. 31)

[10] A. Ray Miller. *The Cryptographic Mathematics of Enigma*. Revised edition 2019. Center for Cryptologic History, National Security Agency, 1995. URL: https://www.nsa.gov/portals/75/documents/about/cryptologic-heritage/historical-figures-publications/publications/wwii/CryptoMathEnigma_Miller.pdf (siehe S. 34)

[11] Olaf Ostwald. *Cryptographic design flaws of early Enigma*. 2023. URL: https://cryptocellar.org/enigma/files/enigma-design-flaws.pdf (besucht am 09. 08. 2023) (siehe S. 36)

[12] International Conference on Cryptologic History (ICCH). *ICCH*. URL: https://www.cryptologichistory.org/ (besucht am 11. 06. 2023) (siehe S. 37)

[13] Oded Goldreich. *Foundations of cryptography: volume 2, basic applications*. Cambridge university press, 2009 (siehe S. 38)

[14] Rolf Oppliger. *Cryptography 101: From Theory to Practice*. 1. Aufl. Mit Slides zu allen 18 Kapiteln. Artech House, 2021. URL: https://rolf.esecurity.ch/?page_id=465 (siehe S. 39, 54)

[15] Alfred J. Menezes, Paul C. van Oorschot und Scott A. Vanstone. *Handbook of Applied Cryptography*. 5. Aufl. Series on Discrete Mathematics and Its Application. CRC Press, 2001. URL: https://cacr.uwaterloo.ca/hac/ (siehe S. 40, 46)

[16] Orr Dunkelman, Nathan Keller und Adi Shamir. „A practical-time related-key attack on the KASUMI cryptosystem used in GSM and 3G telephony". In: *Advances in Cryptology–CRYPTO 2010: 30th Annual Cryptology Conference, Santa Barbara, CA, USA, August 15-19, 2010. Proceedings 30*. Springer. 2010, S. 393–410 (siehe S. 42, 50)

[17] Mihir Bellare und Phillip Rogaway. *Introduction to modern cryptography*. 2005, S. 283 (siehe S. 43)

[18] Claude E. Shannon. „Communication Theory of Secrecy Systems". In: *The Bell System Technical Journal* 28.4 (1949), S. 656–715 (siehe S. 44, 51)

[19] Elaine Barker. *Recommendation for Key Management: Part 1 – General*. Special Publication (NIST SP), National Institute of Standards und Technology, 2020. URL: https://nvlpubs.nist.gov/nistpubs/SpecialPublications/NIST.SP.800-57pt1r5.pdf (siehe S. 45, 46)

[20] Arjen K. Lenstra. „Key Lengths: Contribution to The Handbook of Information Security". In: (2010). URL: https://infoscience.epfl.ch/record/164539/files/NPDF-32.pdf (siehe S. 45)

[21] Daniel J. Bernstein und Tanja Lange. „Non-uniform cracks in the concrete: the power of free precomputation". In: *Advances in Cryptology – ASIACRYPT 2013. Lecture Notes in Computer Science*. 2012, S. 321–340. DOI: 10.1007/978-3-642-42045-0_17. URL: https://cr.yp.to/nonuniform/nonuniform-20130914.pdf (siehe S. 45)

[22] Galbraith, Steven. *Security levels in cryptography*. 2020. URL: https://www.math.auckland.ac.nz/~sgal018/ACISP.pdf (besucht am 07. 07. 2024) (siehe S. 45)

[23] Jean-Philipp Aumasson. *Cryptanalysis vs. Reality – White paper for Black Hat Abu Dhabi*. 2011. URL: https://media.blackhat.com/bh-ad-11/Aumasson/bh-ad-11-Aumasson-CryptanalysisVSReality_WP.pdf (siehe S. 46)

[24] Daniel J. Bernstein. „Understanding brute force". In: *ECRYPT STVL. Workshop on Symmetric Key Encryption*. 2005. URL: https://cr.yp.to/snuffle/bruteforce-20050425.pdf (siehe S. 46)

[25] Arjen K. Lenstra. „Unbelievable Security: Matching AES Security Using Public Key Systems". In: *Advances in Cryptology –ASIACRYPT 2001. Lecture Notes in Computer Science 2248*. 2001, S. 67–86. DOI: https://doi.org/10.1007%2F3-540-45682-1_5. URL: https://www.iacr.org/archive/asiacrypt2001/22480067.pdf (siehe S. 46)

[26] European Union Agency for Cybersecurity und N. Smart. *Algorithms, key size and parameters – Report – 2014*. Hrsg. von N Smart. European Network und Information Security Agency (ENISA), 2014. URL: https://op.europa.eu/en/publication-detail/-/publication/e1a3ba61-f4b0-4a5b-bd75-a4d471a26b83 (siehe S. 46)

[27] Paul E. Hoffman und Hilarie Orman. *Determining Strengths For Public Keys Used For Exchanging Symmetric Keys*. RFC 3766. 2004. DOI: 10.17487/RFC3766. URL: https://datatracker.ietf.org/doc/html/rfc3766 (siehe S. 46)

[28] Damien Giry. *BlueKrypt: Cryptographic Key Length Recommendation*. Version 32.3. Mai 2020. URL: https://www.keylength.com/ (siehe S. 46)

[29] NIST und CCCS. *Implementation Guidance for FIPS 140-2 and the Cryptographic Module Validation Program (CMVP)*. U.S. Government's National Institute of Standards, Technology (NIST) and the Canadian Centre for Cyber Security (CCCS). 2023. URL: https://csrc.nist.gov/csrc/media/projects/cryptographic-module-validation-program/documents/fips140-2/fips1402ig.pdf (siehe S. 46)

[30] Daniel J. Bernstein und Tanja Lange. *SafeCurves: choosing safe curves for elliptic-curve cryptography. The rho method*. 2013. URL: https://safecurves.cr.yp.to/rho.html (besucht am 06. 07. 2024) (siehe S. 46)

[31] Jean-Philipp Aumasson. *Too Much Crypto – Real World Crypto Symposium*. 2020. URL: https://eprint.iacr.org/2019/1492.pdf (siehe S. 47)

[32] Nils Kopal. „Solving Classical Ciphers with CrypTool 2". In: *Proceedings of the 1st International Conference on Historical Cryptology*. 2018, S. 29–38 (siehe S. 48)

[33] Nils Kopal. „Cryptanalysis of Homophonic Substitution Ciphers using Simulated Annealing with Fixed Temperature". In: *Proceedings of the 2nd International Conference on Historical Cryptology*. 2019, S. 107–116 (siehe S. 48)

[34] George Lasry, Norbert Biermann und Satoshi Tomokiyo. „Deciphering Mary Stuart's lost letters from 1578-1584". In: *Cryptologia* 47.2 (2023), S. 101–202. URL: https://www.tandfonline.com/doi/full/10.1080/01611194.2022.2160677 (siehe S. 48)

[35] George Lasry, Beáta Megyesi und Nils Kopal. „Deciphering papal ciphers from the 16th to the 18th Century". In: *Cryptologia* 45.6 (2021), S. 479–540. URL: https://www.tandfonline.com/doi/full/10.1080/01611194.2020.1755915 (siehe S. 48)

[36] Elonka Dunin u. a. „How we set new world records in breaking Playfair ciphertexts". In: *Cryptologia* 46.4 (2022), S. 302–322 (siehe S. 48)

[37] George Lasry. „Solving a 40-letter Playfair Challenge with CrypTool 2". In: *Proceedings of the 2nd International Conference on Historical Cryptology*. 2019, S. 23–26 (siehe S. 48)

[38] George Lasry. „Deciphering German diplomatic and naval attaché messages from 1914-1915". In: *Proceedings of the 1st International Conference on Historical Cryptology*. 2018, S. 55–64 (siehe S. 48)

[39] George Lasry u. a. „Cryptanalysis of Chaocipher and solution of Exhibit 6“. In: *Cryptologia* 40.6 (2016), S. 487–514 (siehe S. 48)

[40] George Lasry, Nils Kopal und Arno Wacker. „Cryptanalysis of columnar transposition cipher with long keys“. In: *Cryptologia* 40.4 (2016), S. 374–398 (siehe S. 48)

[41] George Lasry, Nils Kopal und Arno Wacker. „Solving the Double Transposition Challenge with a Divide-and-Conquer Approach“. In: *Cryptologia* 38.3 (2014), S. 197–214 (siehe S. 48)

[42] George Lasry u. a. „Deciphering ADFGVX messages from the eastern front of World War I“. In: *Cryptologia* 41.2 (2017), S. 101–136 (siehe S. 48)

[43] James J Gillogly. „Ciphertext-only Cryptanalysis of Enigma“. In: *Cryptologia* 19.4 (1995), S. 405–413 (siehe S. 48)

[44] George Lasry, Nils Kopal und Arno Wacker. „Cryptanalysis of Enigma double indicators with hill climbing“. In: *Cryptologia* 43.4 (2019), S. 267–292 (siehe S. 48)

[45] Olaf Ostwald und Frode Weierud. „Modern breaking of Enigma ciphertexts“. In: *Cryptologia* 41.5 (2017), S. 395–421 (siehe S. 48)

[46] George Lasry. „Solving a Tunny Challenge with Computerized “Testery” Methods“. In: *Proceedings of the 3rd International Conference on Historical Cryptology*. 2020 (siehe S. 48)

[47] Lasry, George and Kopal, Nils and Wacker, Arno. „Automated known-plaintext cryptanalysis of short Hagelin M-209 messages“. In: *Cryptologia* 40.1 (2016), S. 49–69 (siehe S. 48)

[48] George Lasry, Nils Kopal und Arno Wacker. „Ciphertext-only cryptanalysis of short Hagelin M-209 ciphertexts“. In: *Cryptologia* 42.6 (2018), S. 485–513 (siehe S. 48)

[49] George Lasry. „A practical meet-in-the-middle attack on SIGABA“. In: *Proceedings of the 2nd International Conference on Historical Cryptology*. 2019, S. 23–26 (siehe S. 48)

[50] George Lasry. „Cracking SIGABA in less than 24 hours on a consumer PC“. In: *Cryptologia* 47.1 (2021), S. 1–37. URL: `https://www.tandfonline.com/doi/full/10.1080/01611194.2021.1989522` (siehe S. 48)

[51] Mitsuru Matsui. „Linear cryptanalysis method for DES cipher“. In: *Advances in Cryptology—EUROCRYPT'93: Workshop on the Theory and Application of Cryptographic Techniques Lofthus, Norway, May 23–27, 1993 Proceedings 12*. Springer. 1994, S. 386–397 (siehe S. 49)

[52] Pascal Junod. „On the complexity of Matsui's attack“. In: *Selected Areas in Cryptography: 8th Annual International Workshop, SAC 2001 Toronto, Ontario, Canada, August 16–17, 2001 Revised Papers 8*. Springer. 2001, S. 199–211 (siehe S. 49)

[53] Ralph C Merkle und Martin E Hellman. „On the security of multiple encryption“. In: *Communications of the ACM* 24.7 (1981), S. 465–467 (siehe S. 49)

[54] Joan Daemen und Vincent Rijmen. *The design of Rijndael*. Bd. 2. Springer, 2002 (siehe S. 49)

[55] Andrey Bogdanov, Dmitry Khovratovich und Christian Rechberger. „Biclique cryptanalysis of the full AES“. In: *Advances in Cryptology–ASIACRYPT 2011: 17th International Conference on the Theory and Application of Cryptology and Information Security, Seoul, South Korea, December 4-8, 2011. Proceedings 17*. Springer. 2011, S. 344–371 (siehe S. 49)

[56] Kazumaro Aoki u. a. „Camellia: A 128-bit block cipher suitable for multiple platforms—design and analysis“. In: *Selected Areas in Cryptography: 7th Annual International Workshop, SAC 2000 Waterloo, Ontario, Canada, August 14–15, 2000 Proceedings 7*. Springer. 2001, S. 39–56 (siehe S. 50)

[57] Leibo Li u. a. „Meet-in-the-middle technique for truncated differential and its applications to CLEFIA and camellia“. In: *Fast Software Encryption: 22nd International Workshop, FSE 2015, Istanbul, Turkey, March 8-11, 2015, Revised Selected Papers*. Springer. 2015, S. 48–70 (siehe S. 50)

[58] Mitsuru Matsui. „New block encryption algorithm MISTY“. In: *Fast Software Encryption: 4th International Workshop, FSE'97 Haifa, Israel, Proceedings 4*. Springer. 1997, S. 54–68 (siehe S. 50)

[59] Achiya Bar-On und Nathan Keller. „A 2^{70} Attack on the Full MISTY1“. In: *Advances in Cryptology–CRYPTO 2016: 36th Annual International Cryptology Conference, Santa Barbara, CA, USA, August 14-18, 2016, Proceedings, Part I*. Springer. 2016, S. 435–456 (siehe S. 50)

[60] Yosuke Todo. „Integral cryptanalysis on full MISTY1“. In: *Journal of Cryptology* 30.3 (2017), S. 920–959 (siehe S. 50)

[61] ETSI. *Universal Mobile Telecommunications System (UMTS); LTE; 3G Security; Specification of the 3GPP confidentiality and integrity algorithms; Document 2: Kasumi specification (3GPP TS 35.202 version 12.0.0 Release 12)*. `https://www.etsi.org/deliver/etsi_ts/135200_135299/135202/07.00.00_60/ts_135202v070000p.pdf`. Okt. 2014 (siehe S. 50)

[62] Deukjo Hong u. a. „HIGHT: A new block cipher suitable for low-resource device“. In: *Cryptographic Hardware and Embedded Systems – CHES 2006: 8th International Workshop, Yokohama, Japan. Proceedings 8*. Springer. 2006, S. 46–59 (siehe S. 50)

[63] Deukjo Hong, Bonwook Koo und Daesung Kwon. „Biclique attack on the full HIGHT“. In: *Information Security and Cryptology-ICISC 2011: 14th International Conference, Seoul, Korea, November 30-December 2, 2011. Revised Selected Papers 14*. Springer. 2012, S. 365–374 (siehe S. 50)

[64] Carlisle Adams. *RFC2144: The CAST-128 encryption algorithm*. `https://www.rfc-editor.org/rfc/rfc2144`. 1997 (siehe S. 50)

[65] Shaomei Wang, Tingting Cui und Meiqin Wang. „Improved Differential Cryptanalysis of CAST-128 and CAST-256“. In: *Information Security and Cryptology: 12th International Conference, Inscrypt 2016, Beijing, China, November 4-6, 2016, Revised Selected Papers*. Springer. 2017, S. 18–32 (siehe S. 50)

[66] HJ Lee u. a. *RFC4009:The SEED encryption algorithm*. `https://www.rfc-editor.org/rfc/rfc4269`. 2005 (siehe S. 50)

[67] Jaechul Sung. „Differential cryptanalysis of eight-round SEED“. In: *Information Processing Letters* 111.10 (2011), S. 474–478 (siehe S. 50)

[68] Andrey Bogdanov u. a. „PRESENT: An ultra-lightweight block cipher“. In: *Cryptographic Hardware and Embedded Systems-CHES 2007: 9th International Workshop, Vienna, Austria, September 10-13, 2007. Proceedings 9*. Springer. 2007, S. 450–466 (siehe S. 50)

[69] Céline Blondeau und Kaisa Nyberg. „Links between Truncated Differential and Multidimensional Linear Properties of Block Ciphers and Underlying Attack Complexities“. In: *Eurocrypt*. Bd. 14. Springer. 2014, S. 165–182 (siehe S. 50)

[70] Taizo Shirai u. a. *The 128-bit blockcipher CLEFIA, Fast Software Encryption-FSE 2007, LNCS 4593, pp: 181-195*. 2007. URL: `https://dblp.uni-trier.de/rec/conf/fse/ShiraiSAMI07.html` (siehe S. 50)

[71] Deukjo Hong u. a. „LEA: A 128-bit block cipher for fast encryption on common processors“. In: *Information Security Applications: 14th International Workshop, WISA 2013, Jeju Island, Korea, August 19-21, 2013, Revised Selected Papers 14*. Springer. 2014, S. 3–27 (siehe S. 50)

[72] Ashutosh Dhar Dwivedi und Gautam Srivastava. „Differential cryptanalysis of round-reduced LEA“. In: *IEEE Access* 6 (2018), S. 79105–79113 (siehe S. 50)

[73] Whitfield Diffie und George Ledin. „SMS4 encryption algorithm for wireless networks“. In: *Cryptology ePrint Archive* (2008) (siehe S. 50)

[74] Yu Liu u. a. „New linear cryptanalysis of Chinese commercial block cipher standard SM4“. In: *Security and Communication Networks* 2017 (2017) (siehe S. 50)

[75] IA Zabotin, GP Glazkov und VB Isaeva. „Cryptographic protection for information processing systems, government standard of the USSR, GOST 28147-89“. In: *Government Committee of the USSR for Standards* (1989) (siehe S. 50)

[76] Nicolas T Courtois. „An improved differential attack on full GOST“. In: *The New Codebreakers: Essays Dedicated to David Kahn on the Occasion of his 85th Birthday*. Springer, 2016, S. 282–303 (siehe S. 50)

[77] Federal Agency on Technical Regulation und Metrology (GOST). *GOST R 34.12-2015: Block Cipher „Kuznyechik“*. `https://www.rfc-editor.org/rfc/rfc7801` (siehe S. 50)

[78] Riham AlTawy und Amr M Youssef. „A meet in the middle attack on reduced round Kuznyechik“. In: *IEICE TRANSACTIONS on Fundamentals of Electronics, Communications and Computer Sciences* 98.10 (2015), S. 2194–2198 (siehe S. 50)

[79] Frederick J Bruwer, Willem Smit und Gideon J Kuhn. *Microchips and remote control devices comprising same*. US Patent 5,517,187. Mai 1996 (siehe S. 50)

[80] Sebastiaan Indesteege u. a. „A practical attack on KeeLoq“. In: *Advances in Cryptology–EUROCRYPT 2008: 27th Annual International Conference on the Theory and Applications of Cryptographic Techniques, Istanbul, Turkey, April 13-17, 2008. Proceedings 27*. Springer. 2008, S. 1–18 (siehe S. 50)

[81] Ray Beaulieu u. a. „The SIMON and SPECK lightweight block ciphers“. In: *Proceedings of the 52nd annual design automation conference*. 2015, S. 1–6 (siehe S. 50)

[82] Huaifeng Chen und Xiaoyun Wang. „Improved linear hull attack on round-reduced Simon with dynamic key-guessing techniques“. In: *Fast Software Encryption: 23rd International Conference, FSE 2016, Bochum, Germany, March 20-23, 2016, Revised Selected Papers 23*. Springer. 2016, S. 428–449 (siehe S. 50)

[83] Ling Song, Zhangjie Huang und Qianqian Yang. „Automatic differential analysis of ARX block ciphers with application to SPECK and LEA“. In: *Information Security and Privacy: 21st Australasian Conference, ACISP 2016, Melbourne, VIC, Australia, July 4-6, 2016, Proceedings, Part II*. Springer. 2016, S. 379–394 (siehe S. 50)

[84] Shoji Miyaguchi. „The FEAL cipher family“. In: *Advances in Cryptology-CRYPTO'90: Proceedings 10*. Springer. 1991, S. 628–638 (siehe S. 50)

[85] Eli Biham und Adi Shamir. „Differential cryptanalysis of Feal and N-hash“. In: *Advances in Cryptology—EUROCRYPT'91: Workshop on the Theory and Application of Cryptographic Techniques Brighton, UK, April 8–11, 1991 Proceedings 10*. Springer. 1991, S. 1–16 (siehe S. 50)

[86] Bruce Schneier u. a. „Twofish: A 128-bit block cipher“. In: *NIST AES Proposal* 15.1 (1998), S. 23–91 (siehe S. 50)

[87] Stefan Lucks. „The saturation attack—a bait for Twofish“. In: *Fast Software Encryption: 8th International Workshop, FSE 2001 Yokohama, Japan. Revised Papers*. Springer. 2002, S. 1–15 (siehe S. 50)

[88] Mathy Vanhoef und Frank Piessens. „All your biases belong to us: Breaking rc4 in wpa-tkip and TLS“. In: *24th USENIX Security Symposium (USENIX Security 15)*. 2015, S. 97–112 (siehe S. 50)

[89] Marc Briceno. „A pedagogical implementation of A5/1“. In: *http://www. scard. org* (1995) (siehe S. 50)

[90] Elad Barkan, Eli Biham und Nathan Keller. „Instant ciphertext-only cryptanalysis of GSM encrypted communication“. In: *Advances in Cryptology-CRYPTO 2003: 23rd Annual International Cryptology Conference, Santa Barbara, California, USA, August 17-21, 2003. Proceedings 23*. Springer. 2003, S. 600–616 (siehe S. 50)

[91] Marc Briceno, Ian Goldberg und David Wagner. „A pedagogical implementation of the GSM A5/1 and A5/2 "voice privacy" encryption algorithms". In: *Originally published at http://www. scard. org, mirror at http://cryptome. org/gsm-a512. htm* 26 (1999) (siehe S. 50)

[92] Daniel J Bernstein u. a. „ChaCha, a variant of Salsa20". In: *Workshop record of SASC*. Bd. 8. 2008, S. 3–5 (siehe S. 50)

[93] Jean-Philippe Aumasson u. a. „New features of Latin dances: analysis of Salsa, ChaCha, and Rumba". In: *Fast Software Encryption (FSE): 15th International Workshop, 2008, Revised Selected Papers 15*. Springer. 2008, S. 470–488 (siehe S. 50)

[94] Daniel J Bernstein. „The Salsa20 family of stream ciphers". In: *New stream cipher designs: the eSTREAM finalists* (2008), S. 84–97 (siehe S. 50)

[95] Karsten Nohl. „Mifare, little security, despite obscurity". In: *the 24th Congress of the Chaos Computer Club in Berlin, December 2007*. 2007 (siehe S. 50)

[96] Nicolas T. Courtois, Karsten Nohl und Sean O'Neil. „Algebraic Attacks on the Crypto-1 Stream Cipher in MiFare Classic and Oyster Cards". In: *Cryptology ePrint Archive* (2008). URL: `https://eprint.iacr.org/2008/166.pdf` (siehe S. 50)

[97] Martin Hell u. a. „A stream cipher proposal: Grain-128". In: *2006 IEEE International Symposium on Information Theory*. IEEE. 2006, S. 1614–1618 (siehe S. 50)

[98] Ximing Fu u. a. „Determining the Nonexistent Terms of Non-linear Multivariate Polynomials: How to Break Grain-128 More Efficiently". In: *IACR Cryptol. ePrint Arch.* 2017 (2017), S. 412 (siehe S. 50)

[99] Christophe De Canniere und Bart Preneel. „Trivium". In: *New Stream Cipher Designs: The eSTREAM Finalists* (2008), S. 244–266 (siehe S. 50)

[100] Pierre-Alain Fouque und Thomas Vannet. „Improving key recovery to 784 and 799 rounds of Trivium using optimized cube attacks". In: *Fast Software Encryption: 20th International Workshop, FSE 2013, Singapore, March 11-13, 2013. Revised Selected Papers*. Springer. 2014, S. 502–517 (siehe S. 50)

[101] Martin Boesgaard u. a. „Rabbit: A new high-performance stream cipher". In: *Fast Software Encryption: 10th International Workshop, FSE 2003, Lund, Sweden, February 24-26, 2003. Revised Papers 10*. Springer. 2003, S. 307–329 (siehe S. 50, 51)

[102] Dai Watanabe u. a. „Update on enocoro stream cipher". In: *2010 International Symposium On Information Theory & Its Applications*. IEEE. 2010, S. 778–783 (siehe S. 50)

[103] Naoki Shibayama und Yasutaka Igarashi. „A New Higher Order Differential of Enocoro-128v2". In: *2021 Ninth International Symposium on Computing and Networking Workshops (CANDAR W)*. IEEE. 2021, S. 379–384 (siehe S. 50)

[104] Patrik Ekdahl und Thomas Johansson. „A new version of the stream cipher SNOW". In: *Selected Areas in Cryptography: 9th Annual International Workshop, SAC 2002 St. John's, Newfoundland, Canada, August 15–16, 2002 Revised Papers 9*. Springer. 2003, S. 47–61 (siehe S. 51)

[105] Yuki Funabiki u. a. „Several MILP-aided attacks against SNOW 2.0". In: *Cryptology and Network Security: 17th International Conference, CANS 2018, Naples, Italy, September 30–October 3, 2018, Proceedings*. Springer. 2018, S. 394–413 (siehe S. 51)

[106] Dai Watanabe u. a. „A new keystream generator MUGI". In: *Fast Software Encryption: 9th International Workshop, FSE 2002 Leuven, Belgium, February 4–6, 2002 Revised Papers 9*. Springer. 2002, S. 179–194 (siehe S. 51)

[107] Dai Watanabe u. a. *MUGI psuedorandom number generator, self evaluation (2001)*. Techn. Ber. Available at `http://www.sdl.hitachi.co.jp/crypto/mugi/index-e.html`. Hitachi, Ltd, 2001 (siehe S. 51)

[108] ETSI/SAGE Specification. *Specification of the 3GPP Confidentiality and Integrity Algorithms 128-EEA3 & 128-EIA3. Document 2: ZUC Specification, Version: 1.6, (2011).* 2011 (siehe S. 51)

[109] Ronald L Rivest, Adi Shamir und Leonard Adleman. „A method for obtaining digital signatures and public-key cryptosystems". In: *Communications of the ACM* 21.2 (1978), S. 120–126 (siehe S. 51)

[110] Fabrice Boudot u. a. „Comparing the difficulty of factorization and discrete logarithm: a 240-digit experiment". In: *Advances in Cryptology–CRYPTO 2020: 40th Annual International Cryptology Conference, CRYPTO 2020, Santa Barbara, CA, USA, August 17–21, 2020, Proceedings, Part II 40.* Springer. 2020, S. 62–91 (siehe S. 51)

[111] Fabrice Boudot u. a. „The State of the Art in Integer Factoring and Breaking Public-Key Cryptography". In: *IEEE Security & Privacy* 20.2 (2022), S. 80–86 (siehe S. 51)

[112] Taher ElGamal. „A public key cryptosystem and a signature scheme based on discrete logarithms". In: *IEEE transactions on information theory* 31.4 (1985), S. 469–472 (siehe S. 51)

[113] Jeff Hoffstein u. a. „Practical lattice-based cryptography: NTRUEncrypt and NTRUSign". In: *The LLL Algorithm: Survey and Applications.* Springer, 2009, S. 349–390 (siehe S. 51)

[114] Nick Howgrave-Graham. „A hybrid lattice-reduction and meet-in-the-middle attack against NTRU". In: *Advances in Cryptology-CRYPTO 2007: 27th Annual International Cryptology Conference, Santa Barbara, CA, USA, August 19-23, 2007. Proceedings 27.* Springer. 2007, S. 150–169 (siehe S. 51)

[115] Ximing Fu u. a. „A key-recovery attack on 855-round Trivium". In: *Advances in Cryptology–CRYPTO 2018: 38th Annual International Cryptology Conference, Santa Barbara, CA, USA, August 19–23, 2018, Proceedings, Part II 38.* Springer. 2018, S. 160–184 (siehe S. 51)

[116] Yonglin Hao u. a. „Observations on the dynamic cube attack of 855-round TRIVIUM from Crypto'18". In: *Cryptology ePrint Archive* (2018) (siehe S. 51)

[117] PassMark Software. *CPU Benchmarks. Intel Xeon Gold 6130, 2.10GHz.* URL: https://www.cpubenchmark.net/cpu.php?cpu=Intel+Xeon+Gold+6130+%40+2.10GHz&id=3126 (besucht am 13. 06. 2023) (siehe S. 51)

[118] Jeff Hoffstein u. a. „Choosing parameters for NTRUEncrypt". In: *Topics in Cryptology–CT-RSA 2017: The Cryptographers' Track at the RSA Conference 2017, San Francisco, CA, USA, February 14–17, 2017, Proceedings.* Springer. 2017, S. 3–18 (siehe S. 51)

[119] David Kahn. *The Codebreakers: The Comprehensive History of Secret Communication from Ancient Times to the Internet.* Scribner, 1996 (siehe S. 54)

[120] Elonka Dunin und Klaus Schmeh. *Codebreaking: A Practical Guide.* Expanded edition. No Starch Press, 2023. URL: https://codebreaking-guide.com/ (siehe S. 54)

[121] Simon Singh. *The Code Book: The Science of Secrecy from Ancient Egypt to Quantum Cryptography.* Anchor, 1999 (siehe S. 54)

[122] Klaus Schmeh. *Kryptographie – Verfahren, Protokolle, Infrastrukturen.* 6. Aufl. Sehr gut lesbares, aktuelles und umfangreiches Buch über Kryptografie. Geht auch auf praktische Probleme (wie Standardisierung oder real existierende Software) ein. dpunkt.verlag, 2016 (siehe S. 54)

[123] Christof Paar, Jan Pelzl und Tim Güneysu. *Understanding Cryptography – From Established Symmetric and Asymmetric Ciphers to Post-Quantum Algorithms.* 2. Aufl. Springer, 2024. URL: https://www.cryptography-textbook.com/ (siehe S. 54)

[124] Sandip Dholakia. *Modern Cryptography: The Practical Guide.* Rheinwerk Computing, 2024. URL: https://www.rheinwerk-verlag.de/modern-cryptography-the-practical-guide (siehe S. 54)

[125] David Wong. *Kryptografie in der Praxis – Eine Einführung in die bewährten Tools, Frameworks und Protokolle.* dpunkt.verlag, 2023. URL: https://dpunkt.de/produkt/kryptografie-in-der-praxis/ (siehe S. 54)

[126] Jean-Philippe Aumasson. *Serious Cryptography: A Practical Introduction to Modern Encryption*. No Starch Press, 2017. URL: https://books.google.de/books?id=hLcrDwAAQBAJ (siehe S. 54)

[127] Mike Rosulek. *The Joy of Cryptography*. 2021. URL: https://joyofcryptography.com/ (besucht am 01. 09. 2025) (siehe S. 54)

[128] Niels Ferguson, Bruce Schneier und Tadayoshi Kohno. *Cryptography Engineering: Design Principles and Practical Applications*. Wiley, 2010. URL: https://www.rheinwerk-verlag.de/modern-cryptography-the-practical-guide (siehe S. 54)

[129] Dan Boneh und Victor Shoup. *A Graduate Course in Applied Cryptography*. 2023. URL: https://toc.cryptobook.us/ (besucht am 01. 09. 2025) (siehe S. 54)

[130] Mark Stamp und Richard M. Low. *Applied Cryptanalysis: Breaking Ciphers in the Real World*. Wiley-IEEE Press, 2007. URL: https://www.cs.sjsu.edu/~stamp/crypto/ (siehe S. 54, 61)

[131] Jonathan Katz und Yehuda Lindell. *Introduction to Modern Cryptography*. 3. Aufl. CRC, 2020. URL: https://www.routledge.com/Introduction-to-Modern-Cryptography/Katz-Lindell/p/book/9780815354369 (siehe S. 54)

[132] Douglas R. Stinson. *Cryptography – Theory and Practice*. 3. Aufl. Chapman & Hall/CRC, 2006 (siehe S. 54)

[133] Raphael Chung-Wei Phan. „Mini Advanced Encryption Standard (Mini-AES): A Testbed for Cryptanalysis Students“. In: *Cryptologia* 26.4 (2002), S. 283–306 (siehe S. 60, 62)

[134] Minh Van Nguyen. *Number Theory and the RSA Public Key Cryptosystem – An introductory tutorial on using SageMath to study elementary number theory and public key cryptography*. 2009. URL: https://faculty.washington.edu/moishe/hanoiex/Number%20Theory%20Applications/numtheory-crypto.pdf (siehe S. 60)

[135] Minh Van Nguyen. *Exploring Cryptography Using the Sage Computer Algebra System*. 2009. URL: https://www.sagemath.org/files/thesis/nguyen-thesis-2009.pdf URL2: https://www.sagemath.org/library-publications.html (siehe S. 61)

[136] Bruce Schneier. „A Self-Study Course in Block-Cipher Cryptanalysis“. In: *Cryptologia* 24 (2000), S. 18–34. URL: https://www.schneier.com/wp-content/uploads/2015/01/paper-self-study.pdf (siehe S. 61)

[137] Edward F. Schaefer. *Cryptography Research: Devising a Better Way to Teach and Learn the Advanced Encryption Standard*. 2011. URL: https://web.archive.org/web/20110829213229/http://www.scu.edu/cas/research/cryptography.cfm (siehe S. 62)

[138] Edward F. Schaefer. „A Simplified Data Encryption Standard Algorithm“. In: *Cryptologia* 20.1 (1996), S. 77–84 (siehe S. 62)

[139] Raphael Chung-Wei Phan. „Impossible differential cryptanalysis of Mini-AES“. In: *Cryptologia* (2003). URL: https://www.tandfonline.com/doi/abs/10.1080/0161-110391891964 (siehe S. 62)

[140] Mohammad A. Musa, Edward F. Schaefer und Stephen Wedig. *A simplified AES algorithm and its linear and differential cryptanalyses*. In: *Cryptologia* Bd. 17.2 (Apr. 2003), S. 148–177 (siehe S. 62)

[141] Nick Hoffman. *A SIMPLIFIED IDEA ALGORITHM*. 2006. URL: https://www.nku.edu/~christensen/simplified%20IDEA%20algorithm.pdf (siehe S. 62)

[142] S. Davod Mansoori und H. Khaleghei Bizaki. „On the vulnerability of Simplified AES Algorithm Against Linear Cryptanalysis“. In: *IJCSNS International Journal of Computer Science and Network Security* 7.7 (2007), S. 257–263. URL: http://paper.ijcsns.org/07_book/200707/20070735.pdf (siehe S. 62)

2 Papier- und Bleistift-Chiffren und Vor-Computer-Verschlüsselungsverfahren

Unter dem Begriff Papier- und Bleistiftverfahren (P&B-Verfahren) lassen sich alle Verfahren zusammenfassen, die Menschen von Hand anwenden können, um Nachrichten zu ver- und entschlüsseln. Dazu gehören alle klassischen Chiffrier-Verfahren (im Gegensatz zu solchen, die Maschinen oder Computer erfordern), aber auch einige neuere, die bewusst mit dem Ziel entwickelt wurden, auch von Hand eine sehr hohe Sicherheit zu erreichen (was nicht immer gelang) – z. B. ElsieFour, Solitaire, Hutton oder Handycipher. Populär waren P&B-Verfahren auch bei Geheimdiensten, da ein Schreibblock und ein Stift unverdächtig sind.

Dieses Kapitel bietet einen recht vollständigen Überblick über die meisten dieser P&B-Verfahren, jeweils mit einem Beispiel und weiteren Referenzen.[1] Das Unterkapitel 2.5 stellt Hagelin-Rotormaschinen vor – als Beispiel für elektro-mechanische Verschlüsselungs`maschinen`, die bis in die 1970er-Jahre Verwendung fanden.

Im Anhang finden Sie Informationen zu NCID, einem KI-Programm, mit dem man aus dem Geheimtext den Typ des Verschlüsselungsverfahrens bestimmen kann, sofern der Geheimtext mit einem klassischen oder einem Rotor-Verfahren verschlüsselt wurde.

Am Ende dieses Kapitels (Anhang 2.9) finden Sie zu einigen Verfahren (wie Caesar, Atbash, monoalphabetische Substitution, Vigenère, Hill, Spalten-Transposition) Beispielcode, geschrieben für das Computer-Algebra-System **SageMath**.

Während dieses Kapitel die Verfahren aus Sicht der modernen Kryptografie beschreibt (und damit liegt der Geheimtext schon korrekt vor), wird in Kapitel 3 auf Seite 145 die Sicht eines Historikers eingenommen, der ein gefundenes Dokument erst transkribieren muss, bevor er es kryptografisch untersuchen kann.

Die ersten Papier- und Bleistiftverfahren entstanden bereits vor rund 3500 Jahren in Mesopotamien. Bei allen Papier- und Bleistiftverfahren handelt es sich um symmetrische Verfahren. Selbst in den ältesten Verschlüsselungsmethoden steckten schon die grundsätzlichen Konstruktionsprinzipien wie Transposition, Substitution, Blockbildung und deren Kombination. Daher lohnt es sich vor allem aus didaktischen Gesichtspunkten, diese alten Verfahren genauer zu betrachten.[2,3]

Erfolgreiche Verfahren mussten die gleichen Merkmale erfüllen wie moderne Verfahren:

- Vollständige Beschreibung, klare Regeln, ja fast Standardisierung (inkl. Sonderfällen).
- Gute Balance zwischen Sicherheit und Benutzbarkeit (denn zu kompliziert zu bedienende Verfahren waren fehlerträchtig oder unangemessen langsam).

---

[1] Die Fußnoten dieses Kapitels zeigen, wie man die kryptografischen Verfahren mit den Offline-Programmen CrypTool 1 (**CT1**), CrypTool 2 (**CT2**) und JCrypTool (**JCT**) ausführen kann. Vergleiche die Anhänge A.2, A.3 und A.4. Viele der Verfahren lassen sich auch online im Browser durchführen, z. B. auf der Seite von CrypTool-Online (**CTO**). Vergleiche dazu den Anhang A.5 in diesem Buch.
Während die CrypTool-Webseiten und -Programme sowohl klassische als auch moderne Chiffren anbieten, gibt es auch mehrere Seiten, die sich mit großer Detailtiefe nur auf klassische Chiffren fokussieren – diese stehen oft in Verbindung mit der American Cryptogram Association (ACA) [1]: z. B. die Seiten von Bion [2] und Pilcrow [3].

[2] Recht vollständig und aus eher mathematischer Sicht werden die klassischen Verfahren in dem Manuskript von Klaus Pommerening [4] beschrieben.

[3] Eine große, online verfügbare Sammlung verschlüsselter, historischer Dokumente findet sich in der Datenbank des internationalen und interdisziplinären Projekts DECRYPT (`https://de-crypt.org`). Im DECRYPT-Projekt werden reale historische verschlüsselte Dokumente gesammelt und Tools entwickelt, mit denen bspw. Historiker aus einem Scan eines Manuskripts eine Transkription erstellen können, die dann automatisch entschlüsselt wird. Insgesamt wurden bisher über 7900 (Stand Juli 2024) historische Geheimtexte und Schlüssel in die Datenbank aufgenommen. Siehe Kapitel 3 auf Seite 145.

Konvention
Wenn das Alphabet nur die 26 Buchstaben verwendet, schreiben wir im Folgenden den Klartext in Kleinbuchstaben und den Geheimtext in Großbuchstaben.

Die Buchstaben des Geheimtextes schreiben wir meist – wie historisch üblich – in 5-er Blöcken gruppiert. Man könnte o.E.d.A. für die Ausgabe auch eine andere (konstante) Blocklänge oder gar keine Trennung durch Leerzeichen wählen.

> *Nur Wenige kann man glauben machen, dass es keine leichte Sache ist, eine Geheimschrift zu erdenken, die sich der Untersuchung widersetzt. Dennoch kann man rundheraus annehmen, dass menschlicher Scharfsinn keine Chiffre erdenken kann, die menschlicher Scharfsinn nicht lösen kann.*
>
> Zitat 5: Edgar Allan Poe: A Few Words on Secret Writing, 1841

2.1 Transpositionsverfahren

Bei der Verschlüsselung durch Transposition bleiben die ursprünglichen Zeichen der Nachricht erhalten, nur ihre Anordnung im Klartext wird geändert (Transposition = Vertauschung). Es gibt kein Geheimtextalphabet.

Manchmal wird auch der Begriff **Permutation** verwendet, um zu beschreiben, wie Buchstaben, Buchstabengruppen, Zahlen oder Spalten des Klartextes vertauscht werden, z. B. nach der Regel $(1, 2, 3, 4, 5) \Leftrightarrow (3, 4, 2, 1, 5)$.

2.1.1 Einführende Beispiele

- **Gartenzaun-Chiffre** [5]: Die Buchstaben des Klartextes werden abwechselnd in zwei (oder mehr) Zeilen geschrieben, so dass ein Zickzack-Muster entsteht. Dann werden die Zeichen zeilenweise nacheinander ausgelesen. Dieses Verfahren ist eher eine Kinderverschlüsselung.[4]

  Ein Beispiel findet sich in Tabelle 2.1.

  Klartext: ein beispiel zur transposition

  ```
   i   b   i   p   e   z   r   r   n   p   s   t   o
  e   n   e   s   i   l   u   t   a   s   o   i   i   n
  ```

  Tab. 2.1: Gartenzaun-Verschlüsselung

[4] - In CTO kann man sich diese Chiffre im Plugin „Jägerzaun (Railfence/Zick-Zack)“ ansehen: `https://www.cryptool.org/de/cto/railfence`. Hierbei wird nicht nur das Ergebnis sondern auch die grafische Zickzack-Darstellung ausgegeben.
- Dieses Verfahren kann auch per `CT1 Ver-/Entschlüsseln ▷ Symmetrisch (klassisch) ▷ Skytale / Gartenzaun` abgebildet werden.
- Einen Gartenzaun mit 2 Zeilen und Offset 1 kann man als einfache Spaltentransposition simulieren, z. B. über `CT1 Ver-/Entschlüsseln ▷ Symmetrisch (klassisch) ▷ Permutation`, indem man als Schlüssel `(B,A)` eingibt und ansonsten die Standardeinstellungen (nur 1 Permutation, in der man zeilenweise ein- und spaltenweise ausliest) lässt. So wurde es in Tabelle 2.1 gemacht.
Mit dem Schlüssel `(A,B)` würde man das Zickzack-Muster in Tabelle 2.1 so beginnen, dass der erste Buchstabe in der ersten statt in der zweiten Zeile steht. Normalerweise kann man Gartenzaun-Verschlüsselungen nicht durch eine einfache Spaltentransposition simulieren.

Geheimtext: IBIPE ZRRNP STOEN ESILU TASOI IN

- **Skytale von Sparta**[5] [5]: Dieses Verfahren wurde wahrscheinlich das erste Mal um 600 v.Chr. benutzt und es wurde von dem griechischen Schriftsteller und Philosophen Plutarch (50-120 v.Chr.) zuerst beschrieben.
  Um einen Holzstab wird ein Streifen Papier o. ä. gewickelt. Dann wird darauf zeilenweise der Klartext geschrieben. Nach dem Abwickeln steht auf dem Streifen der Geheimtext. Zum Entschlüsseln braucht der Empfänger einen zuvor verabredeten Holzstab mit gleichem Durchmesser.

- **Schablonen-Chiffre / Grilles** [6] Sender und Empfänger benutzen die gleiche Schablone. In deren Löcher werden zeilenweise die Klartextzeichen geschrieben, die dann spaltenweise ausgelesen werden. Bleibt Klartext übrig, wird der Vorgang wiederholt, unter Umständen mit einer anderen Ausrichtung der Schablone.[6]

- **Fleißner-Schablone** [7]: Die Fleißner-Schablone wurde im Ersten Weltkrieg von deutschen Soldaten benutzt, sie ist ein Spezialfall der Schablonen-Chiffre und wurde 1881 von Eduard Fleißner von Wostrowitz erfunden.[7] Ein quadratisches Gitter dient als Schablone, wobei ein Viertel der Felder Löcher hat. Der erste Teil des Klartextes wird zeichenweise durch die Löcher auf ein Blatt Papier geschrieben, dann wird die Schablone um 90 Grad gedreht, und der zweite Teil des Textes wird auf das Papier geschrieben, usw. Die Kunst besteht in der richtigen Wahl der Löcher: Kein Feld auf dem Papier darf frei bleiben, es darf aber auch keines doppelt beschriftet werden. Der Geheimtext wird zeilenweise ausgelesen.

  In die Beispiel-Fleißner-Schablone in Tabelle 2.2 können 4 Mal je 16 Zeichen des Klartextes auf ein Blatt geschrieben werden (jedes Zeichen in einen der Kreise, die ein gestanztes Loch symbolisieren sollen).

O	-	-	-	-	O	-	-
-	-	-	O	O	-	-	O
-	-	-	O	-	-	O	-
-	-	O	-	-	-	-	-
-	-	-	-	O	-	-	-
O	-	O	-	-	-	O	-
-	O	-	-	-	-	-	O
-	-	-	O	O	-	-	-

Tab. 2.2: 8x8-Fleißner-Schablone

[5]- In CTO kann man sich diese Chiffre im Plugin „Skytale" ansehen: `https://www.cryptool.org/de/cto/scytale`. Hierbei wird auch die grafische Anordnung mit angezeigt.
- Dieses Verfahren kann auch mit dem Menüpunkt `CT1 Ver-/Entschlüsseln ▷ Symmetrisch (klassisch) ▷ Skytale / Gartenzaun` abgebildet werden. Da dieses Verschlüsselungsverfahrens ein Spezialfall der einfachen Spaltentransposition ist, kann man es per `CT1 Ver-/Entschlüsseln ▷ Symmetrisch (klassisch) ▷ Permutation` simulieren: Für die Skytale braucht man in der Dialogbox nur die erste Permutation. Darin gibt man bei z. B. 4 Kanten als Schlüssel `1,2,3,4` ein. Dies wäre so, als würde man den Text in 4-er Blöcken waagrecht in eine Tabelle schreiben und senkrecht auslesen. Weil der Schlüssel aufsteigend geordnet ist, bezeichnet man die Skytale auch als identische Permutation. Und weil das Schreiben und Auslesen nur einmal durchgeführt wird, als einfache (und nicht als doppelte) Permutation.
- Die Skytale findet sich auch in `CT2 Startcenter ▷ Vorlagen ▷ Kryptografie ▷ Klassisch`.

[6]Dieses Verfahren kann man nicht durch eine einfache Spaltentransposition darstellen.

[7]Unter `JCT Standard-Perspektive ▷ Analysen ▷ Fleißner-Grille-Analyse` können Texte nicht nur mit der Fleißner-Schablone ver- und entschlüsselt werden, sondern auch Geheimtexte angegriffen werden. Eine weitere gute Visualisierung findet sich archiviert unter `https://web.archive.org/web/20050922123752/http://www.turning-grille.com:80/`.

2.1.2 Spalten- und Zeilentransposition[8]

- **Einfache Spaltentransposition** [7]: Zunächst wird ein Schlüsselwort bestimmt, das über die Spalten eines Gitters geschrieben wird. Dann schreibt man den zu verschlüsselnden Text zeilenweise in dieses Gitter. Die Spalten werden entsprechend des Auftretens der Buchstaben des Schlüsselwortes im Alphabet durchnummeriert. In dieser Reihenfolge werden nun auch die Spalten ausgelesen und so der Geheimtext gebildet.[9]

  Siehe Tabelle 2.3.

  Klartext: ein beispiel zur transposition

K	E	Y
e	i	n
b	e	i
s	p	i
e	l	z
u	r	t
r	a	n
s	p	o
s	i	t
i	o	n

Tab. 2.3: Einfache Spaltentransposition

  Transpositionsschlüssel: K=2; E=1; Y=3.

  Geheimtext: IEPLR APIOE BSEUR SSINI IZTNO TN

- **AMSCO-Chiffre** [1]: Die Klartextzeichen werden abwechselnd in Einer- und Zweiergruppen in ein Gitter geschrieben. Dann erfolgt eine Vertauschung der Spalten, anschließend das Auslesen.
- **Doppelte Spaltentransposition (DST) / „Doppelwürfel"** [7]: Die doppelte Spaltentransposition wurde im Zweiten Weltkrieg und zu Zeiten des Kalten Krieges angewendet. Dabei werden zwei Spaltentranspositionen nacheinander durchgeführt; für die zweite Transposition wird ein neuer Schlüssel benutzt.[10]
  Werden zwei unterschiedliche und genügend lange Schlüssel (mindestens je 20 Zeichen) verwendet, dann ist das auch für heutige Computer noch eine Herausforderung.[11]

---

[8] Die meisten der folgenden Verfahren können auch in CT abgebildet werden:
- In CTO im Plugin „Einfache Spalten-Transposition": `https://www.cryptool.org/de/cto/transposition`.
- Über `CT1 Ver-/Entschlüsseln ▷ Symmetrisch (klassisch) ▷ Permutation`.
- Über `CT2 Vorlagen ▷ Kryptografie ▷ Klassisch ▷ Transpositions-Chiffre`. Zusätzlich enthält CT2 einige Analyseverfahren für diese Chiffre.
- Über `JCT Standard-Perspektive ▷ Algorithmen ▷ Klassisch ▷ Transposition`.

[9] Darstellung mit CT1: Eingabe eines Schlüssels für die erste Permutation, zeilenweise einlesen, spaltenweise permutieren und auslesen. Die Komponente in CT2 animiert, wie der Text in die Matrix ein- und ausgelesen wird und wie die Spalten vertauscht werden.

[10] Darstellung mit CT1 oder CT2: Eingabe eines Schlüssels für die erste Permutation, zeilenweise einlesen, spaltenweise permutieren und spaltenweise auslesen. Eingabe eines (neuen) Schlüssels für die zweite Permutation, Ergebnis der erste Permutation zeilenweise einlesen, spaltenweise permutieren und spaltenweise auslesen.

[11] In MTW finden sich dazu Challenges (die mit dem Namensteil „reloaded" erklären auch die Bedingungen an die Schlüssel genauer), bspw. `https://mysterytwister.org/challenges/level-x/doppelwuerfel` und `https://mysterytwister.org/challenges/level-3/doppelwuerfel-reloaded-teil-1`

- **Spaltentransposition, General Luigi Sacco** [7]: Die Spalten eines Gitters werden den Buchstaben des Schlüsselwortes entsprechend nummeriert. Der Klartext wird dann zeilenweise eingetragen, in der ersten Zeile bis zur Spalte mit der Nummer 1, in der zweiten Zeile bis zur Spalte mit der Nummer 2 usw. Das Auslesen erfolgt wiederum spaltenweise.

  Siehe Tabelle 2.4.

  Klartext: ein beispiel zur transposition

G	E	N	E	R	A	L
4	2	6	3	7	1	5
e	i	n	b	e	i	
s	p					
i	e	l	z			
u						
r	t	r	a	n	s	p
o	s	i				
t	i	o	n			

Tab. 2.4: Spaltentransposition nach General Luigi Sacco

  Geheimtext: ESIUR OTIPE TSINL RIOBZ ANENI SP

- **Spaltentransposition, Französische Armee im Ersten Weltkrieg** [7]: Nach Durchführung einer Spaltentransposition werden diagonale Reihen ausgelesen.
- **Zeilentransposition** [7]: Der Klartext wird in gleich lange Blöcke zerlegt, was auch mithilfe eines Gitters erfolgen kann. Dann wird die Reihenfolge der Buchstaben bzw. der Spalten vertauscht. Da das Auslesen zeilenweise erfolgt, wird nur jeweils innerhalb der Blöcke permutiert.[12]

2.1.3 Weitere Transpositionsverfahren

- **Geometrische Figuren** [6]: Einem bestimmten Muster folgend wird der Klartext in ein Gitter geschrieben (Schnecke, Rösselsprung o. ä.), einem zweiten Muster folgend wird der Geheimtext ausgelesen.
- **Union Route Cipher** [6]: Die Union Route Cipher hat ihren Ursprung im Amerikanischen Bürgerkrieg. Nicht die Buchstaben einer Nachricht werden umsortiert, sondern die Wörter. Für besonders prägnante Namen und Bezeichnungen gibt es Codewörter, die zusammen mit den Routen in einem Codebuch festgehalten werden. Eine Route bestimmt die Größe des Gitters, in das der Klartext eingetragen wird und das Muster, nach dem der Geheimtext ausgelesen wird. Zusätzlich gibt es eine Anzahl von Füllwörtern.
- **Nihilist-Transposition** [1]: Der Klartext wird in eine quadratische Matrix eingetragen, an deren Seiten jeweils der gleiche Schlüssel steht. Anhand dieses Schlüssels werden sowohl die Zeilen als auch die Spalten alphabetisch geordnet und der Inhalt der Matrix dementsprechend umsortiert. Der Geheimtext wird zeilenweise ausgelesen.

[12] Darstellung mit CT1: Eingabe eines Schlüssels für die erste Permutation, zeilenweise einlesen, spaltenweise permutieren und zeilenweise auslesen. Die Komponente in CT2 kann ebenfalls die zeilenweise Transposition visualisieren.

Siehe Tabelle 2.5: Die linke Matrix der Tabelle ist das Resultat nach dem Einlesen des Klartextes. Die rechte Matrix ist das Resultat nach dem Vertauschen von Zeilen und Spalten.

Klartext: `ein beispiel zur transposition`

	K	A	T	Z	E		A	E	K	T	Z
K	e	i	n	b	e	A	s	e	i	p	i
A	i	s	p	i	e	E	s	i	o	i	t
T	l	z	u	r	t	K	i	e	e	n	b
Z	r	a	n	s	p	T	z	t	l	u	r
E	o	s	i	t	i	Z	a	p	r	n	s

Tab. 2.5: Nihilist-Transposition

Geheimtext: `SEIPI SIOIT IEENB ZTLUR APRNS`

- **Cadenus-Chiffre** [1]: Cadenus ist eine Form einer Spaltentransposition, die zwei Schlüsselwörter verwendet. Cadenus kombiniert eine vollständige Spaltentransposition mit einer Schlüssel-Spaltenrotation. Das Verfahren – sowohl bei der Verschlüsselung als auch bei der Entschlüsselung – ist recht fehleranfällig.

  Nehmen wir an, das 1. Schlüsselwort (*KEY*) hat eine Länge von $n = 3$. Die maximale Länges des 2. Schlüsselworts ist die Länge des Alphabets. Es kann kürzer sein, muss aber die Buchstaben des 1. Schlüsselworts enthalten. Das 2. Schlüsselwort ist eine Permutation der verwendeten Elemente. Wir haben eine Tabelle mit einer ersten Spalte (*Vorspalte*) und drei Blöcken, die jeweils aus n Spalten bestehen. Das 1. Schlüsselwort wird in den Tabellenkopf jedes Blocks geschrieben und dazu verwendet, um später die Spalten des zweiten und dritten Blocks zu vertauschen. Das 2. Schlüsselwort wird verwendet, um die Vorspalte zu erstellen und so den Anfangsbuchstaben jeder Spalte des dritten Blocks zu definieren.

  Der Klartext wird im ersten Block zeilenweise eingetragen. Dann wird jede Spalte des ersten Blocks in den zweiten Block verschoben, transponiert in der Reihenfolge des 1. Schlüsselworts. Die Spalten des dritten Blocks werden erstellt, indem jede Spalte von Block 2 nach Block 3 kopiert und die Elemente innerhalb einer Spalte wrap-around so verschoben werden, dass sie mit dem Buchstaben beginnen, der in derselben Zeile steht wie der entsprechende Schlüsselbuchstabe des 1. Schlüsselwort innerhalb des zweiten Schlüsselworts. Der Geheimtext wird dann aus dem dritten Block zeilenweise ausgelesen.

  Siehe Tabelle 2.6 auf der nächsten Seite: Die Buchstaben des 1. Schlüsselwortes sind in der Vorspalte **grau** hinterlegt. Innerhalb des 2. Blocks werden diese Buchstaben **blau** hinterlegt und stehen dann in Block 3 oben in den Spalten (nach der wrap-around Rotation der entsprechenden Spalten). Das Beispiel hier ist eine leicht erweiterte Version von Cadenus, da die Länge des 2. Schlüsselworts nicht genau 25 betragen muss. Aber trotzdem muss die Klartextlänge (hier 48 mit dem Füller „xx") ein Vielfaches der Länge des 2. Schlüsselwortes (hier 16) sein.

  Klartext: `ein laengeres beispiel zur transposition mit cadenusxx`

  1. Schlüsselwort: `KEY`
  2. Schlüsselwort: `ADXKCWNSYEDTUBRG`

	K	E	Y	E	K	Y	E	K	Y
A	e	i	n	i	e	n	**p**	**r**	**n**
D	l	a	e	a	l	e	i	b	o
X	n	g	e	g	n	e	o	s	t
K	r	e	s	e	**r**	s	i	e	n
C	b	e	i	e	b	i	a	u	t
W	s	p	i	p	s	i	n	r	d
N	e	l	z	l	e	z	x	s	u
S	u	r	t	r	u	t	i	s	x
Y	r	a	n	a	r	**n**	a	i	n
E	s	p	o	**p**	s	o	g	m	e
D	s	i	t	i	s	t	e	c	e
T	i	o	n	o	i	n	e	e	s
U	m	i	t	i	m	t	p	s	i
B	c	a	d	a	c	d	l	e	i
R	e	n	u	n	e	u	r	l	z
G	s	x	x	x	s	x	a	n	t

Tab. 2.6: Cadenus-Chiffre

Geheimtext: `PRNIB OOSTI ENAUT NRDXS UISXA INGME ECEEE SPSIL EIRLZ ANT`

2.2 Substitutionsverfahren

Substitutionsverfahren ordnen jedem Klartextobjekt (d. h. jedem Element des Klartextalphabets bzw. den Elementen der Nomenklatur) ein Geheimtextobjekt (d. h. ein Geheimtextzeichen oder den entsprechenden Nomenklatur-Code) zu.

Bei monoalphabetischen Substitutionsverfahren bleibt die einmal getroffene Zuordnung während des ganzen Verschlüsselungsprozesses fest – im Gegensatz zur **polyalphabetischen** Substitution. Behandelt man mehr als einen Buchstaben als ein Objekt, nennt man die Substitution **polygrafisch**. Kann man ein Objekt im Klartext-Alphabet auf mehr als ein Objekt im Geheimtext-Alphabet abbilden, nennt man sie **homophon**. Kann man ein Objekt im Geheimtext-Alphabet auf mehr als ein Objekt im Klartext-Alphabet abbilden, heißt sie **polyphon** – dies wurde in der Praxis kaum verwendet, weil dabei die Entschlüsselung nicht mehr eindeutig ist. Aber es ist ein von der American Cryptogram Association (ACA) benutzer Chiffre-Typ (dort als „Key-Phrase Cipher" bezeichnet).

2.2.1 Monoalphabetische Substitution

Monoalphabetische Substitutionsverfahren (MASC) ordnen jedem Klartextzeichen ein Geheimtextzeichen fest zu, d. h. diese Zuordnung ist während des ganzen Verschlüsselungsprozesses dieselbe. In der Literatur wird das noch feiner unterschieden: Einfache MASC operieren auf Einzelbuchstaben (monografische Verschlüsselung), während MASC auch auf Gruppen operieren können.

- **Allgemeine monoalphabetische Substitution / Zufällige Buchstabenzuordnung**[13] [5]: Die Substitution erfolgt aufgrund einer festgelegten Zuordnung der Einzelbuchstaben. Das ist die übliche Beschreibung: Der Schlüssel ist dann eine Permutation[14] des Klartext-Alphabets. Diese Permutation wird als Geheimtext-Alphabet benutzt. Dieser allgemeine Fall hat mit 26! Möglichkeiten einen deutlich größeren Schlüsselraum als Caesar.

- **Atbash-Chiffre**[15] [5]: Der erste Buchstabe des Alphabets wird durch den letzten Buchstaben des Alphabets ersetzt, der zweite durch den vorletzten, usw. Atbash selbst ist eine feste Methode ohne Schlüssel. Sieht man es als MASC, wäre der Schlüssel eine Umkehrung des Alphabets.

- **Verschiebe-Chiffre / Caesar**[16] [5]: Das Geheimtextalphabet wird erzeugt, indem man das ganze Klartextalphabet um eine bestimmte Anzahl von Zeichen verschiebt. Der Verschiebungswert ist kleiner als die Länge des Alphabets. Bemerkung: Der römische Herrscher Caesar hat immer fix um 3 Stellen verschoben.

  Klartext:
  `bei der caesarchiffre wird um n stellen verschoben`

  Geheimtext:
  `EHL GHU FDHVDUFKLIIUH ZLUG XP q VWHOOHQ YHUVFKREHQ`

- **Affine Chiffre**[17]: Dies ist eine Verallgemeinerung der Verschiebe-Chiffre. Jeder Klartext-Buchstabe wird erst durch einen anderen ersetzt und das Ergebnis wird dann mit der Verschiebe-Chiffre verschlüsselt. Die Bezeichnung *affine Chiffre* kommt daher, dass man die Ver- und Entschlüsselung als affine bzw. lineare Funktion beschreiben kann.

- **Substitution mit Symbolen, z. B. Freimaurerchiffre** [5]: Ein Buchstabe wird durch ein Symbol ersetzt.

- **Varianten**: Füller, absichtliche Fehler [5].

- **Nihilist-Substitution**[18] [1]: Das Alphabet wird in eine 5x5-Matrix eingetragen und bei der Verarbeitung wird jedem Klartextbuchstaben die aus Zeilen- und Spaltennummer gebildete Zahl zugeordnet.

---

13 Die monoalphabetische Substitution (MASC) findet sich in CT per:
- CTO-Plugin „Monoalphabetische Substitution“: `https://www.cryptool.org/de/cto/monoalpha`
- CT1 `Ver-/Entschlüsseln ▷ Symmetrisch (klassisch) ▷ Substitution / Atbash`
- CT2 `Vorlagen ▷ Kryptografie ▷ Klassisch`. In CT2 kann man einem Element auch mehr als **einen** Einzelbuchstaben zuordnen (Homophone). Entsprechende Analyzer finden sich unter CT2 `Vorlagen ▷ Kryptoanalyse ▷ Klassisch`.

14 Da die MASC eine bijektive Abbildung zwischen den Objekten des Klartextalphabets und des Geheimtext-Alphabets ist, können wir im mathematischen Sinne den Begriff **Permutation** auch hier verwenden. Der Unterschied zu den Transpositions-Chiffren besteht darin, dass dort die Klartextbuchstaben selbst gemischt werden und kein Geheimtext-Alphabet existiert.

15 Atbash findet sich in CT per:
- CTO-Plugin „ATBASH“: `https://www.cryptool.org/de/cto/atbash`
- CT1 `Ver-/Entschlüsseln ▷ Symmetrisch (klassisch) ▷ Substitution / Atbash`

16 Caesar und der Spezialfall Rot13 (manchmal auch Rot-13) finden sich in CT per:
- CTO-Plugin „Caesar / Rot13“: `https://www.cryptool.org/de/cto/caesar`
- CT1 `Ver-/Entschlüsseln ▷ Symmetrisch (klassisch) ▷ Substitution / Caesar / ROT13`
- CT1 `Analyse ▷ Symmetrische Verschlüsselung (klassisch) ▷ Ciphertext only ▷ Caesar`
- CT1 `Einzelverfahren ▷ Visualisierung von Algorithmen ▷ Caesar`
- CT2 `Vorlagen ▷ Kryptografie ▷ Klassisch ▷ Caesar-Chiffre`.

Entsprechende Analyzer finden sich unter CT2 `Vorlagen ▷ Kryptoanalyse ▷ Klassisch`.

17 - CTO-Plugin „Affin / Multiplikativ“: `https://www.cryptool.org/de/cto/multiplicative`
- Weitere Details zur affinen Chiffre und eine SageMath-Implementierung finden Sie in Abschnitt 2.9.2.3 auf Seite 123.
- In MTW findet sich dazu eine Challenge für Kinder: `https://mysterytwister.org/challenges/level-1/affine-codes--rechnen-modulo-n--erweiterter-euklid`.

18 - Eine Animation zu diesem Nihilist-Verfahren: CT1 `Einzelverfahren ▷ Visualisierung von Algorithmen ▷ Nihilist`
- CT2 `Vorlagen ▷ Kryptografie ▷ Klassisch ▷ Nihilist-Chiffre`

Gebildet wird das Alphabet aus einem ersten Schlüsselwort (`SCHLUESSEL ==> SCHLUE`) und den restlichen Buchstaben des Alphabets in der normalen Ordnung. Dann wird ein zweites Schlüsselwort (`KEY`) gewählt und in die Kopfzeile einer zweiten Tabelle geschrieben. In diese Tabelle wird der Klartext zeilenweise eingetragen. Unter jedes Klartextzeichen wird der Geheimtext-Zahlenwert geschrieben – dieser Zahlenwert ist die Summe aus der Zahl des Klartextbuchstabens und der Zahl des Schlüsselwortbuchstabens. Bei Zahlen zwischen 100 und 110 wird die führende „1" ignoriert, so dass jeder Buchstabe durch eine zweistellige Zahl repräsentiert wird.

Siehe Tabelle 2.7: Hier ist eine Beispielberechnung für den ersten Buchstaben im Klartext markiert: Da $E = 21$ und $K = 33$, wird *e* zu $33 + 21 = 54$.

Klartext: ein beispiel zur substitution

	1	2	3	4	5
1	S	C	H	L	U
2	**E**	A	B	D	F
3	G	I	**K**	M	N
4	O	P	Q	R	T
5	V	W	X	Y	Z

(a) Matrix

K	E	Y
(33)	(21)	(54)
e	i	n
(54)	(53)	(89)
b	e	i
(56)	(42)	(86)
s	p	i
(44)	(63)	(86)
e	l	z
(54)	(35)	(109)
u	r	s
(48)	(65)	(65)
u	b	s
(48)	(44)	(65)
t	i	t
(78)	(53)	(99)
u	t	i
(48)	(66)	(86)
o	n	
(74)	(56)	

(b) Tabelle

Tab. 2.7: Nihilist-Substitution

Geheimtext: 54 53 89 56 42 86 44 63 86 54 35 09 48 65 65 48 44 65 78 53 99 48 66 86 74 56

- **Codes** [5]: Im Laufe der Geschichte wurden immer wieder Codebücher verwendet. In diesen Büchern wird jedem möglichen **Wort** eines Klartextes ein Codewort, ein Symbol oder eine Zahl zugeordnet. Voraussetzung für eine erfolgreiche geheime Kommunikation ist, dass Sender und Empfänger exakt das gleiche Codebuch besitzen und die Zuordnung der Codewörter zu den Klartextwörtern nicht offengelegt wird.
- **Nomenklatur** [5]: Als Nomenklatur werden Techniken bezeichnet, die ein Verschlüsselungsverfahren mit einem Codebuch kombinieren. Meist basiert das Verschlüsselungssystem auf einem Geheimtextalphabet, mit dem ein Großteil der Nachricht chiffriert (via Substitution) wird. Für besonders häufig auftretende oder geheim zu haltende Wörter existieren eine begrenzte Anzahl von Codewörtern.

- **Landkarten-Chiffre** [8]: Diese Methode stellt eine Kombination aus Substitution und Steganographie[19] dar. Klartextzeichen werden durch Symbole ersetzt, diese werden nach bestimmten Regeln in Landkarten angeordnet.

- **Straddling Checkerboard**[20] [6]: Eine 3x10-Matrix wird mit den 26 Buchstaben des Alphabets und zwei beliebigen Sonderzeichen (oder Zahlen) gefüllt, indem zunächst die voneinander verschiedenen Zeichen eines Schlüsselwortes und anschließend die restlichen Buchstaben des Alphabets eingefügt werden. Die Spalten der Matrix werden mit den Ziffern 0 bis 9, die zweite und dritte Zeile der Matrix mit den Ziffern 1 und 2 nummeriert. Jedes Zeichen des Geheimtextes wird durch die entsprechende Ziffer bzw. das entsprechende Ziffernpaar ersetzt. Da die „1" und die „2" die ersten Ziffern der möglichen Ziffernkombinationen sind, werden sie nicht als einzelne Ziffern verwendet. Das Besondere, dass die Geheimtextzeichen mal 1-stellig und mal 2-stellig sind: Der Buchstabe „S" wird zu „0",„C" wird zu „3", aber „D" wird zu „10". Siehe Tabelle 2.8.

  Klartext: substitution bedeutet ersetzung

	0	1	2	3	4	5	6	7	8	9
	S	-	-	C	H	L	U	E	A	B
1	D	F	G	I	J	K	M	N	O	P
2	Q	R	T	V	W	X	Y	Z	.	/

Tab. 2.8: Straddling Checkerboard mit Passwort „Schluessel"

  Geheimtext: 06902 21322 23221 31817 97107 62272 27210 72227 61712

  Sehr auffällig ist die Häufigkeit der Ziffern „1" und „2", dies wird jedoch durch die folgende Variante behoben. Bemerkung: Nicht-Alphabetzeichen, wie das Leerzeichen, werden vor der Verschlüsselung herausgefiltert.

- **Straddling Checkerboard, Variante**[21] [6]: Diese Form des Straddling Checkerboards wurde von sowjetischen Spionen im Zweiten Weltkrieg entwickelt. Angeblich haben auch Ernesto (Ché) Guevara und Fidel Castro diese Chiffre zur geheimen Kommunikation benutzt.[22] Das Alphabet wird in ein

[19] Pure **Steganographie** versucht, die Existenz der Nachricht zu verbergen statt eine Nachricht zu verschlüsseln.
In CT2 sind verschiedene steganographische Techniken zu finden: z. B. Bild-Steganografie (mit BPCS und mit LSB), Text-Steganografie [mit Großbuchstaben (allein oder im Binärmodus), mit Buchstabenmarkierung, mit Leerzeichen von Nullbreite] oder Wasserzeichen (unsichtbar , robust oder sichtbar). Siehe z. B. `CT2 Vorlagen ▷ Steganografie ▷ Bild-Steganografie mit BPCS`

[20] `CT2 Vorlagen ▷ Kryptografie ▷ Klassisch ▷ Straddling Checkerboard`
Um das Beispiel in Tabelle 2.8 in CT2 auszuführen, ist in den Eingabe-Komponenten Folgendes einzugeben (Schlüssel und Alphabet definieren die Matrix des Checkerboards):
- Klartext: substitution bedeutet ersetzung
- Zeilen und Spalten: 12 0123456789
- Alphabet: abcdefghijklmnopqrstuvwxyz
- Schlüssel: schluessel [Die Komponente „Alphabet-Permutator" erzeugt aus Alphabet und Schlüssel die Reihenfolge für die Matrix, die in Tabelle 2.8 zu sehen ist.]

[21] `CT2 Vorlagen ▷ Kryptografie ▷ Klassisch ▷ Straddling Checkerboard`. CT2 unterstützt alle drei Straddling Checkerboard-Varianten. Um das Beispiel in Tabelle 2.9 auf der nächsten Seite in CT2 auszuführen, ist in den Eingabe-Komponenten Folgendes einzugeben (wobei der Schlüssel „schluessel" nötig war für den Aufbau des Gitters; das Matrixalphabet ergibt sich durch das Auslesen des Gitters):
- Klartext: substitution bedeutet ersetzung
- Zeilen und Spalten: 37 0123456789
- Matrixalphabet: sardtneijqycbkzhm.lfv/ugowpx [Matrixalphabet direkt als Eingabe statt Alphabet und Schlüssel wie im Beispiel zuvor]

[22] Zusätzlich benutzte Ché Guevara für seine Kommunikation mit Fidel Castro ein One-Time-Pad. Siehe Teil 3 aus der Artikelserie *RSA & Co. in der Schule: Moderne Kryptologie, alte Mathematik, raffinierte Protokolle*: [9], S. 52.

Gitter eingetragen (Spaltenanzahl = Länge des Schlüsselwortes). Das zusätzliche Gitter dient nur dazu, dass beim Eintragen in die Matrix die alphabetische Reihenfolge der Buchstaben verlorengeht. Dann werden zwei beliebige Ziffern als „reserviert" festgelegt, die später die zweite und dritte Zeile einer 3x10-Matrix bezeichnen (in unserem Beispiel 3 und 7). Die acht häufigsten Buchstaben (ENIRSATD für die deutsche Sprache) bekommen zur schnelleren Chiffrierung die Ziffern 0 bis 9 zugewiesen, dabei werden die reservierten Ziffern nicht vergeben. Die übrigen Buchstaben werden in dem Gitter spaltenweise ausgelesen und zeilenweise in die Matrix übertragen.

Siehe Tabelle 2.9.

Klartext: substitution bedeutet ersetzung

Gitter

S	C	H	L	U	**E**
A	B	**D**	F	G	**I**
J	K	M	**N**	O	P
Q	**R**	**T**	V	W	X
Y	Z	.	/		

Matrix

	0	1	2	3	4	5	6	7	8	9
	S	**A**	**R**	-	**D**	**T**	**N**	-	**E**	**I**
3	J	Q	Y	C	B	K	Z	H	M	.
7	L	F	V	/	U	G	O	W	P	X

Tab. 2.9: Variante des Straddling Checkerboards

Geheimtext: 07434 05957 45976 63484 87458 58208 53674 675

Abb. 2.1: CT2-Komponente für das Straddling-Checkerboard

– **Ché Guevara-Chiffre**[23]: Mit hoher Wahrscheinlichkeit benutzte Ché Guevara einen Spezialfall der obigen Checkerboard-Variante (mit einem zusätzlichen Substitutionsschritt und einem leicht modifizierten Checkerboard):
  - Die sieben häufigsten Buchstaben im Spanischen werden auf die erste Zeile verteilt.
  - Es werden vier statt drei Zeilen benutzt.
  - Damit konnte man $10 \cdot 4 - 3 = 37$ verschiedene Zeichen verschlüsseln.

[23] CT2 Vorlagen ▷ Kryptografie ▷ Klassisch ▷ Ché Guevara-Chiffre

- **Tri-Digital-Chiffre** [1]: Aus einem Schlüsselwort der Länge 10 wird ein numerischer Schlüssel gebildet, indem die Buchstaben entsprechend ihres Auftretens im Alphabet durchnummeriert werden. Dieser Schlüssel wird über ein Gitter mit zehn Spalten geschrieben. In dieses Gitter wird unter Verwendung eines Schlüsselwortes zeilenweise das Alphabet eingetragen, wobei die letzte Spalte frei bleibt. Die Klartextzeichen werden durch die Zahl über der entsprechenden Spalte substituiert, die Zahl über der freien Spalte dient als Trennzeichen zwischen den einzelnen Wörtern.

- **Bacon-Chiffre**[24] [1]: Dies ist eigentlich ein Code und keine Chiffre (es gibt keinen Schlüssel). Jedem Buchstaben des Alphabets und 6 Zahlen oder Sonderzeichen wird ein fünfstelliger Binärcode zugeordnet (z. B. 00000 = A, 00001 = B, usw.). Die Zeichen der Nachricht werden entsprechend ersetzt. Nun benutzt man eine zweite, unverdächtige Nachricht, um darin den Geheimtext zu verbergen. Dies kann z. B. durch Klein- und Großschreibung oder kursiv gesetzte Buchstaben geschehen: Man schreibt z. B. alle Buchstaben in der unverdächtigen Nachricht groß, die unter einer „1“ stehen. Insgesamt fällt das sicher auf.

  Siehe Tabelle 2.10.

Klartext/Nachricht	H	I	L	F	E
Zwischen-Geheimtext	00111	01000	01011	00101	00100
Unverdächtige Nachricht	esist	warmu	nddie	sonne	scheint
Geheimtext	esIST	wArmu	nDdIE	soNnE	scHeint

Tab. 2.10: Bacon-Chiffre

2.2.2 Homophone Substitution

Homophone Verfahren stellen eine Sonderform der monoalphabetischen Substitution dar. Einigen oder allen Klartextzeichen werden mehr als ein Geheimtextzeichen zugeordnet. Dieses Methodik war in vielen Abwandlungen in der historischen Wirklichkeit weit verbreitet, z. B. im Codex Copiale[25], einer verschlüsselten Handschrift aus dem 18. Jahrhundert (siehe Abb. 2.2 auf der nächsten Seite).

- **Homophone monoalphabetische Substitution**[26] [5]: Jede natürliche Sprache hat eine typische Häufigkeitsverteilung der Buchstaben im Alphabet. Um diese Verteilung zu verschleiern, werden einem Klartextbuchstaben mehrere Geheimtextzeichen fest zugeordnet. Die Anzahl der zugeordneten Zeichen richtet sich gewöhnlich nach der Häufigkeit des zu verschlüsselnden Buchstabens.

- **Buch-Chiffre**: Die Wörter eines Klartextes werden durch Zahlentripel der Form „Seite-Zeile-Position“ ersetzt. Diese Methode setzt eine genaue Absprache des verwendeten Buches voraus, so muss es sich insbesondere um die gleiche Ausgabe handeln (Layout, Fehlerkorrekturen, etc.).

- **Beale-Chiffre** [5]: Die Beale-Chiffre ist eine Buchchiffre, bei der die Wörter eines Schlüsseltextes durchnummeriert werden. Diese Zahlen ersetzen die Buchstaben des Klartextes durch die Anfangsbuchstaben der Wörter.

---

[24] CT2 Vorlagen ▷ Kryptografie ▷ Klassisch ▷ Bacon-Chiffre

[25] Siehe https://en.wikipedia.org/wiki/Copiale_cipher

[26] - Mittels https://www.cryptool.org/de/cto/homophonic-substitution-analyzer/ kann das Verfahren in CTO angegriffen werden.
- CT1 Ver-/Entschlüsseln ▷ Symmetrisch (klassisch) ▷ Homophone
- CT2 Vorlagen ▷ Kryptografie ▷ Klassisch ▷ Homophone Substitutions-Chiffre und Nomenklatur. Zusätzlich enthält CT2 mächtige Analyseverfahren für diese Chiffre.

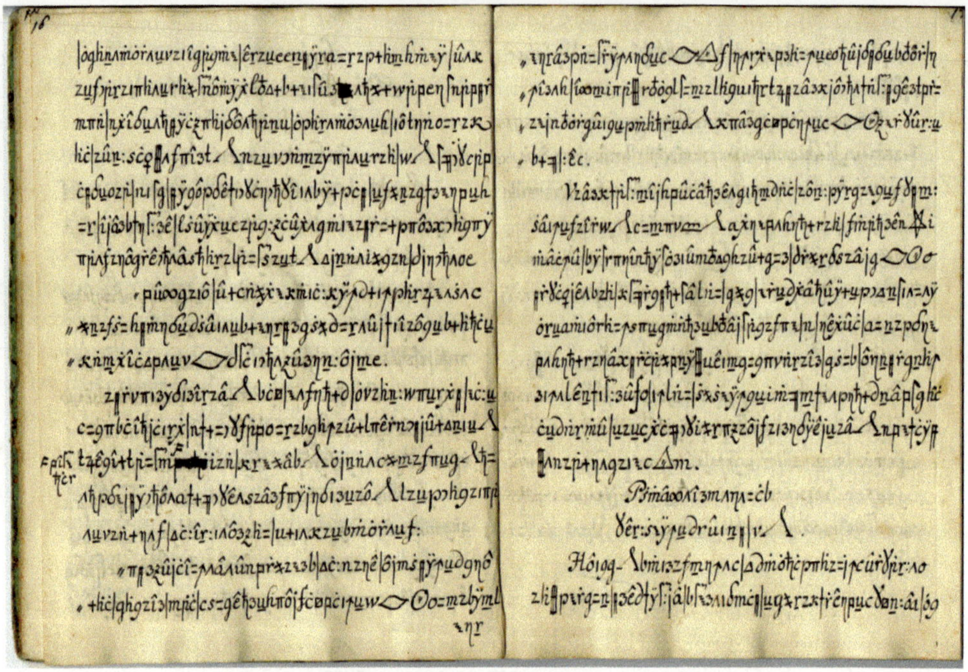

Abb. 2.2: Codex Copiale, skalierte Seite 16 und 17 (Quelle: [10])

- **Grandpré-Chiffre** [7]: Eine 10x10-Matrix (auch andere Größen sind möglich) wird mit zehn Wörter mit je zehn Buchstaben gefüllt, so dass die Anfangsbuchstaben ein elftes Wort ergeben. Da die Spalten und Zeilen mit den Ziffern 0 bis 9 durchnummeriert werden, lässt sich jeder Buchstabe durch ein Ziffernpaar darstellen. Es ist offensichtlich, dass bei 100 Feldern die meisten Buchstaben durch mehr als ein Ziffernpaar ersetzt werden können. Wichtig ist, dass die zehn Wörter alle Buchstaben des Alphabets enthalten.
- **Spanische Streifen-Chiffre (SSC)** [11]: Diese homophone Substitutions-Chiffre war die offizielle Verschlüsselungs-Methode der Spanischen Ministerien im späten 19. Jahrhundert und das Verfahren, das meistens im spanischen Bürgerkrieg (1936-1939) von beiden Seiten, den Republikanern und den Nationalisten, verwendet wurde.[27]

2.2.3 Polygrafische Substitution

Bei der polygrafischen Substitution werden nicht (nur) einzelne Buchstaben ersetzt, sondern (auch) Buchstabengruppen. Dabei kann es sich um Digramme, Trigramme, Silben, etc. handeln.[28]

---

[27] - `CT2 Vorlagen ▷ Kryptografie ▷ Klassisch ▷ Spanische Streifen-Chiffre`. Siehe Abb. 2.3 auf der nächsten Seite. CT2 kann das Verfahren mit dem Homophonen-Analyzer brechen.
- MTW: bspw. `https://mysterytwister.org/challenges/level-2/spanische-strip-chiffre-teil-1`
- Das Kopal-Video erklärt genau, wie die Schlüssel erzeugt werden und wie man dieses Verfahren mit CT2 bricht: `https://www.youtube.com/watch?v=-C-hgnrUMKo`

[28] Für die in der Häufigkeitsanalyse eingesetzten Buchstabenfolgen definierter Länge werden unterschiedliche Alternativbezeichnungen benutzt: 2-Gramm, Digramm, Bigramm und Digraph bedeuten alle daselbe. Wegen der besseren Lesbarkeit und der praktischen Vergleichbarkeit verschiedener Längen setzt sich langsam die Schreibweise n-Gramm durch.

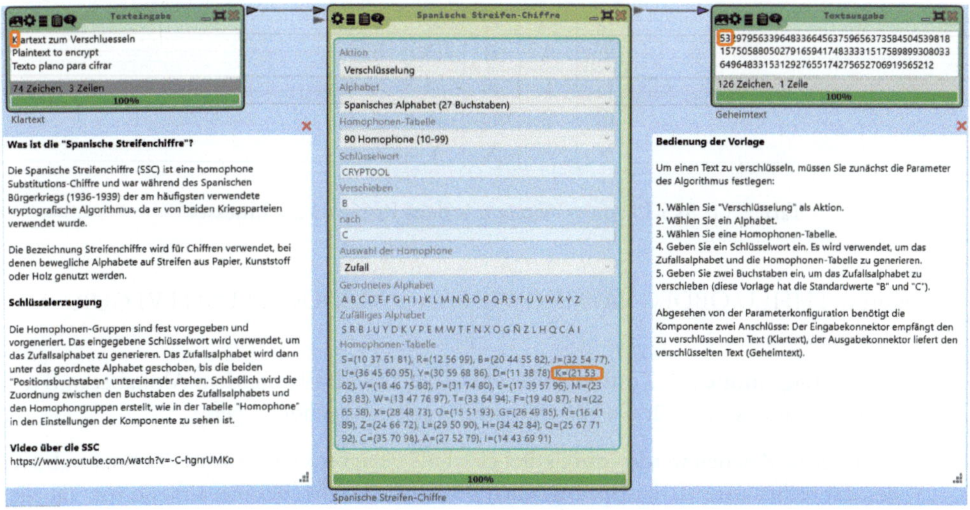

Abb. 2.3: CT2-Vorlage zur Spanischen Strip-Chiffre

- **Große Chiffre** [5]: Die Große Chiffre wurde von Ludwig XIV. im 17. Jahrhundert verwendet und erst kurz vor Beginn des 20. Jahrhunderts gebrochen. Die Kryptogramme enthielten 587 verschiedene Zahlen, jede Zahl repräsentierte eine Silbe. Die Erfinder dieser Chiffre (Rossignol, Vater und Sohn) hatten zusätzliche Fallen eingebaut, um die Sicherheit der Methode zu erhöhen. Eine Zahl konnte beispielsweise die vorangehende löschen oder ihr eine andere Bedeutung zuweisen. Siehe die „operationalen Code-Elemente" in Kapitel 3 auf Seite 145.
- **Playfair-Chiffre**[29] [5]: Eine 5x5-Matrix wird mit dem Klartext-Alphabet (z. B. dem lateinischen Alphabet ohne das „J") auf folgende Weise gefüllt: erst mit den verschiedenen Zeichen eines Schlüsselworts, dann mit den restlichen Buchstaben des Alphabets (ählich wie beim Straddling Checkerboard). Der Klartext (KT) wird in Digramme unterteilt, die nach den folgenden Regeln verschlüsselt werden:
    1. Befinden sich die Buchstaben in derselben Spalte, werden sie durch die Buchstaben ersetzt, die direkt darunter stehen.
    2. Befinden sich die Buchstaben in derselben Zeile, nimmt man jeweils den Buchstaben rechts vom Klartextzeichen.
    3. Befinden sich die Buchstaben in unterschiedlichen Spalten und Zeilen, nimmt man jeweils den Buchstaben, der zwar in derselben Zeile, aber in der Spalte des anderen Buchstabens steht.
    4. Für Doppelbuchstaben (falls sie in einem Digramm vorkommen) gelten Sonderregelungen, wie z. B. die Trennung durch einen Füller.

  Siehe Tabelle 2.11 auf der nächsten Seite.

  Unformatierter KT: `buchstaben werden paarweise verschluesselt`
  1. formatierter KT: `bu ch st ab en we rd en pa ar we is ev er sc hl ue ss elt`
  2. formatierter KT: `bu ch st ab en we rd en pa ar we is ev er sc hl ue sx se lt`

---

29 - `CT1 Ver-/Entschlüsseln ▷ Symmetrisch (klassisch) ▷ Playfair`
- `CT2 Vorlagen ▷ Kryptografie ▷ Klassisch ▷ Playfair-Chiffre`. Zusätzlich enthält CT2 mächtige Analyseverfahren dafür.
- `JCT Standard-Perspektive ▷ Algorithmen ▷ Klassisch ▷ Playfair`

S	C	H	L	U
E	A	B	D	F
G	I	K	M	N
O	P	Q	R	T
V	W	X	Y	Z

Tab. 2.11: 5x5-Playfair-Matrix mit dem Passwort „Schluessel"

Geheimtext: FHHLU OBDFG VAYMF GWIDP VAGCG SDOCH LUSFH VEGUR

- **Playfair für Trigramme** [7]: Zunächst füllt man eine 5x5-Matrix mit dem Alphabet und teilt den Klartext in Trigramme auf. Für die Verschlüsselung gelten folgende Regeln:

    1. Drei gleiche Zeichen werden durch drei gleiche Zeichen ersetzt. Es wird der Buchstabe verwendet, der rechts unter dem ursprünglichen Buchstaben steht (Beispiel anhand von Tabelle 2.11: `BBB` ⇒ `MMM`).

    2. Bei zwei gleichen Buchstaben in einem Trigramm gelten die Regeln der Original-Playfair-Verschlüsselung.

    3. Bei drei unterschiedlichen Buchstaben kommen relativ komplizierte Regeln zur Anwendung, mehr dazu unter [7].

- **Ersetzung von Digrammen durch Symbole** [7]: Giovanni Battista della Porta, 15. Jahrhundert. Er benutzte eine 20x20-Matrix, in die er für jede mögliche Buchstabenkombination (das verwendete Alphabet bestand aus nur zwanzig Zeichen) ein Symbol eintrug.

- **Four Square-Chiffre** [7]: Diese Methode ähnelt Playfair, denn es handelt sich um ein Koordinatensystem, dessen vier Quadranten jeweils mit dem Alphabet gefüllt werden, wobei die Anordnung des Alphabets von Quadrant zu Quadrant unterschiedlich sein kann. Um eine Botschaft zu verschlüsseln, geht man wie folgt vor: Man sucht den ersten Klartextbuchstaben im ersten Quadranten und den zweiten Klartextbuchstaben im dritten Quadranten. Denkt man sich ein Rechteck mit den beiden Klartextbuchstaben als gegenüberliegende Eckpunkte, erhält man im zweiten und vierten Quadranten die zugehörigen Geheimtextzeichen.

  Siehe Tabelle 2.12: Hier sind jeweils die ersten beiden Klartext- und Geheimtextbuchstaben markiert.

  Klartext: buchstaben werden paarweise verschluesselt

d	w	x	y	m	E	P	T	O	L
r	q	e	k	i	C	V	I	Q	Z
u	v	h	p	s	R	M	A	G	U
a	l	**b**	z	n	F	W	**Y**	H	S
g	c	o	f	t	B	N	D	X	K
Q	T	B	L	E	v	q	i	p	g
Z	H	**N**	D	X	s	t	**u**	o	h
P	M	I	Y	C	n	r	d	x	y
V	S	K	W	O	b	l	w	m	f
U	A	F	R	G	c	z	k	a	e

Tab. 2.12: Four Square-Chiffre

Geheimtext: YNKHM XFVCI LAIPC IGRWP LACXC BVIRG MKUUR XVKT

- **Two Square-Chiffre / Doppelkasten** [7]: Die Vorgehensweise gleicht der der Four Square-Chiffre, allerdings enthält die Matrix nur zwei Quadranten. Befinden sich die beiden zu ersetzenden Buchstaben in der gleichen Reihe, werden sie nur vertauscht. Andernfalls werden die beiden Klartextzeichen als gegenüberliegende Eckpunkte eines Rechtecks betrachtet und durch die anderen Eckpunkte ersetzt. Die Anordnung der beiden Quadranten ist horizontal und vertikal möglich. Der Doppelkasten wurde von der Wehrmacht unter dem Namen „Truppenschlüssel“ verwendet.
- **Tri Square-Chiffre** [1]: Drei Quadranten werden jeweils mit dem Alphabet gefüllt. Der erste Klartextbuchstabe wird im ersten Quadranten gesucht und kann mit jedem Zeichen derselben Spalte verschlüsselt werden. Der zweite Klartextbuchstabe wird im zweiten Quadranten (diagonal gegenüberliegend) gesucht und kann mit jedem Buchstaben derselben Zeile verschlüsselt werden. Zwischen diese Geheimtextzeichen wird der Buchstabe des Schnittpunktes gesetzt.
- **Dockyard-Chiffre / Werftschlüssel** [7]: Angewendet von der deutschen Marine im Zweiten Weltkrieg.

2.2.4 Polyalphabetische Substitution

Bei der polyalphabetischen Substitution ist die Zuordnung Klartext-/Geheimtextzeichen nicht fest, sondern variabel (meist abhängig vom Schlüssel). Polyalphabetische Chiffren sind historisch weit bedeutender als polygrafische Chiffren.

Wenn man den Schlüssel wie einen Schlüsselstrom aus vorhandenen Klartext- oder Geheimtext-Teilen generiert, spricht man von Autokey-Verfahren.[30] Dabei macht ein fehlerhafter Buchstabe an einer beliebigen Stelle den gesamten nachfolgenden Text unbrauchbar. Solche Fehler können sowohl beim Verschlüsseler, bei der Übertragung, beim Empfang oder beim Entschlüsseler entstehen (also auch bei den Parteien, die den richtigen Schlüssel kennen).

- **Vigenère**[31] [5]: Entsprechend den Zeichen eines Schlüsselwortes wird jedes Klartextzeichen mit einem anderen Geheimtextalphabet verschlüsselt (als Hilfsmittel dient das sog. Vigenère-Tableau). Ist der Klartext länger als der Schlüssel, wird der Schlüssel (zyklisch) wiederholt.

  Siehe Tabelle 2.13 auf der nächsten Seite: Der erste Buchstabe des Klartextes und des Geheimtextes ist hier markiert.

  Vigenère-Varianten:

  - **Unterbrochener Schlüssel**: Der Schlüssel wird nicht fortlaufend wiederholt, sondern beginnt mit jedem neuen Klartextwort von vorne.

[30] `https://en.wikipedia.org/wiki/Autokey_cipher`

[31] - CTO in den Plugins „Vigenère“, „Autokey“, „Beaufort“, „Porta“ und „Trithemius“. Zusätzlich enthält CTO noch eine interaktive Analyse zur Bestimmung der Länge des Schlüssels und des kleinsten Autokorrelationswertes: `https://www.cryptool.org/de/cto/vigenere break`. Für die automatisierte Analyse wird die Autokorrelation verwendet: `https://www.cryptool.org/de/cto/autocorrelation`.
- CT1 `Ver-/Entschlüsseln ▷ Symmetrisch (klassisch) ▷ Vigenère`
Visualisiert in CT1 `Einzelverfahren ▷ Visualisierung von Algorithmen ▷ Vigenère...`
- CT2 `Vorlagen ▷ Kryptografie ▷ Klassisch ▷ Vigenère`. Zusätzlich enthält CT2 Analyseverfahren dafür.
- JCT `Standard-Perspektive ▷ Algorithmen ▷ Klassisch ▷ Vigenère`

Klartext	das	alphabet	wechselt	staendig
Schlüssel	KEY	KEYKEYKE	YKEYKEYK	EYKEYKEY
Geheimtext	NEQ	KPNREZOX	UOGFCIJD	WRKILNME

-	A	B	C	D	E	F	G	H	I	J	K	L	M	N	O	P	Q	R	S	T	U	V	W	X	Y	Z
A	A	B	C	D	E	F	G	H	I	J	K	L	M	N	O	P	Q	R	S	T	U	V	W	X	Y	Z
B	B	C	D	E	F	G	H	I	J	K	L	M	N	O	P	Q	R	S	T	U	V	W	X	Y	Z	A
C	C	D	E	F	G	H	I	J	K	L	M	N	O	P	Q	R	S	T	U	V	W	X	Y	Z	A	B
D	D	E	F	G	H	I	J	K	L	M	N	O	P	Q	R	S	T	U	V	W	X	Y	Z	A	B	C
E	E	F	G	H	I	J	K	L	M	N	O	P	Q	R	S	T	U	V	W	X	Y	Z	A	B	C	D
F	F	G	H	I	J	K	L	M	N	O	P	Q	R	S	T	U	V	W	X	Y	Z	A	B	C	D	E
G	G	H	I	J	K	L	M	N	O	P	Q	R	S	T	U	V	W	X	Y	Z	A	B	C	D	E	F
H	H	I	J	K	L	M	N	O	P	Q	R	S	T	U	V	W	X	Y	Z	A	B	C	D	E	F	G
I	I	J	K	L	M	N	O	P	Q	R	S	T	U	V	W	X	Y	Z	A	B	C	D	E	F	G	H
J	J	K	L	M	N	O	P	Q	R	S	T	U	V	W	X	Y	Z	A	B	C	D	E	F	G	H	I
K	K	L	M	N	O	P	Q	R	S	T	U	V	W	X	Y	Z	A	B	C	D	E	F	G	H	I	J
...	... ...																									

Tab. 2.13: Vigenère-Tableau

– **Autokey-Variante**[32] [7]: Nachdem der vereinbarte Schlüssel abgearbeitet wurde, geht man dazu über, die Zeichen der Nachricht als Schlüssel zu benutzen.

  Siehe Tabelle 2.14.

Klartext	das	alphabet	wechselt	staendig
Schlüssel	KEY	DASALPHA	BETWECHS	ELTSTAEN
Geheimtext	NEQ	DLHHLQLA	XIVDWGSL	WETWGDMT

Tab. 2.14: Autokey-Variante von Vigenère

– **Progressive-Key-Variante** [7]: Der Schlüssel ändert sich im Laufe der Chiffrierung, indem er das Alphabet durchläuft. So wird aus KEY LFZ.

– **Gronsfeld** [7]: Vigenère-Variante, die einen Zahlenschlüssel verwendet.

– **Beaufort**[33] [7]: Vigenère-Variante. Die Geheimtext-Alphabete werden rückwärts geschrieben (nicht das Klartext-Alphabet), dadurch wird Beaufort involutorisch.[34]

– **Porta** [1]: Vigenère-Variante, die nur 13 Alphabete verwendet. Das bedeutet, dass jeweils zwei Schlüsselbuchstaben dasselbe Geheimtextalphabet zugeordnet wird, und die erste und zweite Hälfte des Alphabets reziprok sind.

– **Slidefair** [1]: Kann als Vigenère-, Gronsfeld- oder Beaufort-Variante verwendet werden. Dieses Verfahren verschlüsselt Digramme. Den ersten Buchstaben sucht man im Klartextalphabet über dem Tableau, den zweiten in der Zeile, die dem Schlüsselbuchstaben entspricht. Diese beiden Punkte bilden gegenüberliegende Punkte eines gedachten Rechtecks, die verbleibenden Ecken bilden die Geheimtextzeichen.

---

32 Autokey ist in den CT-Varianten meist auf dem gleichen Weg zu finden wie Vigenère.

33 - In CTO im Plugin „Vigenère und Varianten": `https://www.cryptool.org/de/cto/vigenere`
- In CT2: Teil der Vigenère-Komponente und -Vorlage (inklusive der Autokey-Variante)

34 Eine Verschlüsselungsmethode ist involutorisch, wenn für das Ver- und Entschlüsseln das identische Verfahren verwendet werden kann. Beispiele: Rot13, Beaufort, XOR, Enigma.

- **One-Time-Pad (OTP)**[35,36]: Dies ist eine fundamentale Idee: Eine Folge von Schlüssel-Bytes (Pad) wird Byte-für-Byte mit dem Klartext XOR-verknüpft oder eine Schlüssel-Zahlenfolge wird ziffernweise addiert. OTP war das erste informationstheoretisch sichere Schema (vgl. Abschnitt 1.8.1 auf Seite 38 Sicherheits-Definitionen und Abschnitt 9.3.2 auf Seite 568). Man kann dies als eine Verallgemeinerung des Vigenère-Verfahrens ansehen. Gilbert Vernam (1890–1960) meldete das Verfahren im Jahr 1918 zum Patent an. Frank Miller (1842–1925) hatte es bereits 1882 vorgeschlagen.

  Für diese Anforderung muss das Pad zufällig sein und es darf nur einmal benutzt werden (um jede Ähnlichkeit von Patterns aus dem Geheimtext zu eliminieren).

  Begründung, dass man das Pad nur einmal nutzen sollte: Gegeben seien ein Pad K, zwei Geheimtexte C_i und zwei Klartexte P_i, die jeweils mit dem gleichen Schlüssel K verschlüsselt sind: $C_1 = P_1 \oplus K; C_2 = P_2 \oplus$ K. Damit ergibt sich $C_1 \oplus C_2 = (P_1 \oplus K) \oplus (P_2 \oplus K) = P_1 \oplus P_2$.

  Die Kombination kann die Klartexte also „durchsickern" lassen. D. h. die Kombination der beiden vorliegenden Geheimtexte ist identisch zur Kombination der beiden unbekannten Klartexte, wobei der Schlüssel keine Rolle mehr spielt.[37]

- **Superposition** (spezielle Varianten des OTP)
  - **Running-Key-Chiffre**: Addition eines Schlüsseltextes (z. B. aus einem Buch) zum Klartext.
  - **Überlagerung mit einer Zahlenfolge**: Eine Möglichkeit sind mathematische Folgen wie die Fibonacci-Zahlen oder die Nachkommastellen von Pi.

- **Phillips-Chiffre** [1]: Das Alphabet wird in eine 5x5-Matrix eingetragen. Dann werden 7 weitere Matrizen erzeugt, indem zunächst immer die erste, dann die zweite Zeile um eine Position nach unten verschoben wird. Der Klartext wird in Blöcke der Länge 5 unterteilt, die jeweils mithilfe einer Matrix verschlüsselt werden. Dazu wird jeweils der Buchstabe rechts unterhalb des Klartextzeichens verwendet.

- **Ragbaby-Chiffre** [1]: Zuerst wird ein Alphabet mit 24 Zeichen konstruiert. Die Zeichen des Klartextes werden durchnummeriert, wobei die Nummerierung der Zeichen des ersten Wortes mit 1 beginnt, die des zweiten Wortes mit 2 usw. Die Zahl 25 entspricht wieder der Zahl 1. Ein Buchstabe der Nachricht wird chiffriert, indem man im Alphabet entsprechend viele Buchstaben nach rechts geht.

  Siehe Tabelle 2.15 auf der nächsten Seite: Hier sind der erste und dritte Buchstabe des Klartextes und die zugehörigen Geheimtext-Buchstaben in der Tabelle markiert (und zusätzlich im Alphabet).

  Alphabet: **S**CH**L**UEAB**DF**GIKMNOPQRTVWXZ

---

[35] In größerem Umfang wurden OTPs von Amerikanern und Briten im Rahmen des *Venona*-Projektes erfolgreich gebrochen – aufgrund von Chiffrierfehlern der sowjetischen Spione. Siehe `https://de.wikipedia.org/wiki/VENONA-Projekt`. Zuvor wurde das im zweiten Weltkrieg benutzte OTP-ähnliche „Blockverfahren" von Briten und Amerikanern gebrochen – aufgrund von Chiffrierfehlern der deutschen Dienste wie dem Auswärtigen Amt (AA). Siehe Floradora (bzw. GEE).

[36] Implementierungen des OTP finden sich in:
- CTO in den Plugins „Vernam" und „XOR": `https://www.cryptool.org/de/cto/vernam`, `https://www.cryptool.org/de/cto/xor`
- `CT1 Ver-/Entschlüsseln ▷ Symmetrisch (klassisch) ▷ Vernam / OTP` bzw. `▷ XOR`
- Zwei Vorlagen zum OTP, eine zu Vernam und eine zu XOR, finden sich unter `CT2 ▷ Kryptografie ▷ Klassisch`.
- `JCT Standard-Perspektive ▷ Algorithmen ▷ Klassisch ▷ XOR`
- Abschnitt 9.3.1 auf Seite 563 beschreibt das OTP als Strom-Chiffre und enthält eine Implementierung in SageMath.

[37] Via `JCT Standard-Perspektive ▷ Analyse ▷ Viterbi-Analyse` kann man mit der automatischen Kryptoanalyse von Running-Key-Geheimtexten spielen. Und sehen, wie erstaunlich es ist, wenn sich – aus einer Datei mit den geXOR-ten Chiffraten oder den geXOR-ten Klartexten – nach und nach die beiden ursprünglichen Klartexte gewinnen lassen. Siehe Abb. 2.4 auf der nächsten Seite.

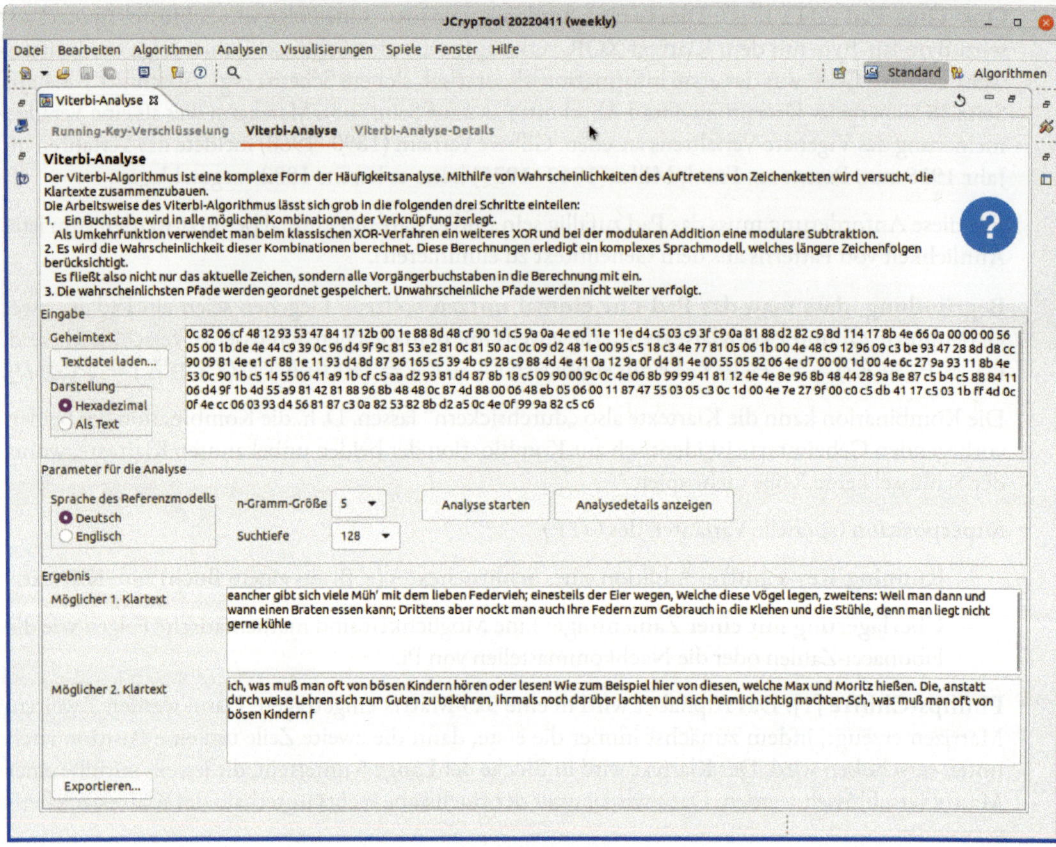

Abb. 2.4: Viterbi-Analyse einer XOR-Verknüpfung (wie im OTP) in JCT

Klartext	d a s	a l p h a b e t	w e c h s e l t	s t a e n d i g
Nummerierung	1 2 3	2 3 4 5 6 7 8 9	3 4 5 6 7 8 9 10	4 5 6 7 8 9 10 11
Geheimtext	F D L	D A V B K N M U	S F A D B M K E	U S K K X Q W W

Tab. 2.15: Ragbaby-Chiffre

2.3 Kombination aus Substitution und Transposition

In der Geschichte der Kryptografie sind häufig Kombinationen der oben angeführten Verfahrensklassen anzutreffen. Diese können sich als sicherer erweisen als Verfahren, die nur auf einem der Prinzipien Transposition oder Substitution beruhen. Kaskaden[38] müssen aber nicht sicherer sein (bspw. ist das Hintereinander-Ausführen von zwei Caesar-Chiffren nichts anderes als das einmalige Ausführen von Caesar mit der Summe der beiden vorherigen Shiftwerte als Schlüssel, also gar kein Sicherheitsgewinn). Dagegen kann das Hintereinander-Ausführen von zwei Spaltentranspositionen zu einem deutlichen Sicherheitsgewinn führen: Es ist äquivalent zu einer Spaltentransposition, bei der der Schlüssel so lang ist wie das Produkt der beiden Einzelschlüssel-Längen, sofern die Schlüssel richtig konstruiert sind. Vergleiche `https://mysterytwister.org/challenges/level-3/doppelwuerfel-reloaded-teil-1`.

[38] Auch mehrfach dieselbe Chiffre nacheinander auszuführen bezeichnet man als Kaskade. Unter Produkt-Chiffren versteht man immer die Kombination verschiedener Verschlüsselungsverfahren.

- **ADFG(V)X**[39] [5]: Die ADFG(V)X-Verschlüsselung wurde in Deutschland im Ersten Weltkrieg von Fritz Nebel (1891-1977) entwickelt. Eine 5x5- oder 6x6-Matrix wird mit dem Alphabet gefüllt, die Spalten und Zeilen werden mit den Buchstaben ADFG(V)X versehen. Jedes Klartextzeichen wird durch das entsprechende Buchstabenpaar ersetzt. Abschließend wird mit dem so entstandenen Text eine (Zeilen-)Transposition durchgeführt.
- **Zerlegung von Buchstaben, auch Fraktionierung genannt** [7]: Sammelbegriff für die Verfahren, die erst ein Klartextzeichen durch mehrere Geheimtextzeichen verschlüsseln und auf dieses Zwischenergebnis dann eine Transposition anwenden, so dass die ursprünglich zusammengehörenden Geheimtextzeichen voneinander getrennt werden.
  - **Bifid/Polybius-Quadrat/Checkerboard** [6]: Bei der Grundform dieser Verschlüsselungsmethode wird eine 5x5-Matrix mit den Buchstaben des Alphabets gefüllt (siehe Playfair). Die Spalten und Zeilen dieser Matrix müssen durchnummeriert sein, damit jedes Zeichen des Klartextes durch ein Ziffernpaar (Zeile/Spalte) ersetzt werden kann. Die Zahlen können jede beliebige Permutation von (1,2,3,4,5) sein: in unserem Fall (1,4,2,3,5) für die Zeilen und (2,4,5,1,3) für die Spalten. Dies ist ein „Schlüssel" oder Konfigurations-Parameter des Verfahrens. Eine mögliche Variante besteht darin, Schlüsselwörter statt der Zahlen 1 bis 5 zu verwenden. Meist wird der Klartext vorher in Blöcke gleicher Länge zerlegt. Die Blocklänge (hier 5) ist ein weiterer Konfigurations-Parameter des Verfahrens. Um den Geheimtext zu erhalten, werden zunächst alle Zeilennummern, dann alle Spaltennummern eines Blocks ausgelesen. Anschließend werden die Ziffern paarweise in Buchstaben umgewandelt.

    Siehe Tabelle 2.16.

    Klartext: kombinationen mehrerer verfahren

	2	4	5	1	3
1	S	C	H	L	U
4	E	A	B	D	F
2	G	I	**K**	M	N
3	O	P	Q	R	T
5	V	W	X	Y	Z

Klartext	kombi	natio	nenme	hrere	rverf	ahren
Zeilen	23242	24323	24224	13434	35434	41342
Spalten	52154	34342	32312	51212	12213	45123

Tab. 2.16: Bifid-Chiffre

Ausgelesener Zwischenschritt:
23242 52154 24323 34342 24224 32312 13434 51212 35434 12213 41342 45123

Geheimtext: NIKMW IOTFE IGFNS UFBSS QFDGU DPIYN

  - **Trifid** [7]: 27 Zeichen (Alphabet + 1 Sonderzeichen) können durch Tripel aus den Ziffern 1 bis 3 repräsentiert werden. Die zu verschlüsselnde Botschaft wird in Blöcke der Länge 3 zerlegt und unter jeden Buchstaben wird das ihm entsprechende Zahlentripel geschrieben. Die Zahlen

---

39- CTO-Plugin „ADFG(V)X": `https://www.cryptool.org/de/cto/adfg-v-x`
- CT1 `Ver-/Entschlüsseln ▷ Symmetrisch (klassisch) ▷ ADFGVX`
- CT2 `Vorlagen ▷ Kryptografie ▷ Klassisch ▷ ADFGVX-Chiffre`. Zusätzlich enthält CT2 Analyseverfahren dafür.
- JCT `Standard-Perspektive ▷ Algorithmen ▷ Klassisch ▷ ADFGVX`

unter den Blöcken werden wiederum als Tripel zeilenweise ausgelesen und durch entsprechende Zeichen ersetzt.

- **Bazeries-Chiffre** [1]: Eine 5x5-Matrix wird spaltenweise mit dem Alphabet gefüllt, eine zweite Matrix wird zeilenweise mit dem Schlüssel (einer ausgeschriebenen Zahl kleiner als 1 000 000) und den übrigen Buchstaben des Alphabets gefüllt. Der Text wird in Blöcke beliebiger Länge unterteilt, die Reihenfolge dieser Zeichen wird jeweils umgekehrt und zu jedem Zeichen entsprechend seiner Position in der ersten Matrix sein Gegenstück in der Schlüsselmatrix gesucht.

  Siehe Tabelle 2.17.

  Klartext: kombinationen mehrerer verfahren
  Schlüsselwort: 900 004 (neunhunderttausendundvier)

  Die zweite Tabelle in 2.17 hat 3 Zeilen: die erste zeigt den in Blöcke aufgeteilten Klartext, die zweite die invertierten Blöcke und die dritte den Geheimtext. Die Verschlüsselung ist eindeutig, die Entschlüsselung aber nur, wenn man die Längen der Blöcke als weitere Schlüsselparameter austauscht.

Alphabet					Schlüsselwort-Alphabet				
a	f	l	q	v	N	E	U	H	D
b	g	**m**	r	w	R	T	A	S	V
c	h	n	s	x	I	B	C	F	G
d	i	o	t	y	K	L	M	O	P
e	k	p	u	z	Q	W	X	Y	Z

kom	bi	nation	enm	ehr	ere	rverf	ahr	en
mok	ib	noitan	mne	rhe	ere	frevr	rha	ne
AMW	LR	CMLONC	ACQ	SBQ	QSQ	ESQDS	SBN	CQ

Tab. 2.17: Bazeries-Chiffre

- **Digrafid-Chiffre** [1]: Zur Substitution der Digramme wird die Matrix Tabelle 2.18 auf der nächsten Seite benutzt (der Einfachheit halber wird das Alphabet hier in seiner ursprünglichen Reihenfolge verwendet). Der erste Buchstabe eines Digramms wird im waagerechten Alphabet gesucht, notiert wird die Nummer der Spalte. Der zweite Buchstabe wird im senkrechten Alphabet gesucht, notiert wird die Nummer der Zeile. Zwischen diese beiden Ziffern wird die Ziffer des Schnittpunktes gesetzt. Die Tripel werden vertikal unter die Digramme, die in Dreierblöcken angeordnet sind, geschrieben. Dann werden die horizontal entstandenen dreistelligen Zahlen ausgelesen und in Buchstaben umgewandelt.

  Bemerkung:
  Eine vollständige Verfahrensbeschreibung zwischen Sender und Empfänger erläutert auch den Umgang mit Texten, die im letzten Block nur 1–5 Klartextbuchstaben enthalten. Von Weglassen bis Padding mit zufällig oder fix vorher festgelegten Buchstaben ist alles möglich.

  Siehe Tabelle 2.18 auf der nächsten Seite: Hier wird das erste Paar der Klartextbuchstaben die Ziffernfolge 256.

- **Nicodemus-Chiffre** [1]: Zunächst wird eine einfache Spaltentransposition durchgeführt. Noch vor dem Auslesen erfolgt eine Vigenère-Verschlüsselung (die Buchstaben einer Spalte werden mit dem entsprechenden Zeichen des Schlüsselwortes chiffriert). Das Auslesen erfolgt in vertikalen Blöcken.

1	**2**	3	4	5	6	7	8	9				
A	B	C	D	E	F	G	H	I	1	2	3	
J	**K**	L	M	N	O	P	Q	R	4	**5**	6	
S	T	U	V	W	X	Y	Z	.	7	8	9	
									A	J	S	1
									B	K	T	2
									C	L	U	3
									D	M	V	4
									E	N	W	5
									F	**O**	X	**6**
									G	P	Y	7
									H	Q	Z	8
									I	R	.	9

ko mb in	at io ne	nm eh re	re rv er	fa hr en
2 4 9	1 9 5	5 5 9	9 9 5	6 8 5
5 4 2	3 2 4	5 1 4	4 6 2	1 2 2
6 2 5	2 6 5	4 8 5	5 4 9	1 9 5
KI NB FN	SW CM KW	NR ED VN	.W MT NI	XN AK SW

Tab. 2.18: Digrafid-Chiffre

Siehe Tabelle 2.19: In unserem Beispiel wird das „o“ unter „E“ zu „S“ (+4), das „k“ unter „K“ zu „U“ (+10), das „m“ unter „Y“ zu „K“ (+24); das Schlüsselwort könnte also mit „DJX“ (4., 10. und 24. Alphabetbuchstabe) beginnen.

Klartext: kombinationen mehrerer verfahren

K	E	Y	E	K	Y	E	K	Y
k	**o**	m	**o**	k	m	**S**	U	K
b	i	n	i	b	n	M	L	L
a	t	i	t	a	i	X	K	G
o	n	e	n	o	e	R	Y	C
n	m	e	m	n	e	Q	X	C
h	r	e	r	h	e	V	R	C
r	e	r	e	r	r	I	B	P
v	e	r	e	v	r	I	F	P
f	a	h	a	f	h	E	P	F
r	e	n	e	r	n	I	B	L

Tab. 2.19: Nicodemus-Chiffre

Geheimtext: SMXRQ ULKYX KLGCC VIIEI RBFPB CPPFL

- **Doppelte Spaltentransposition (DST) / „Granit E160“** [12]: Granit ist ein 2-stufiges Verfahren. Der zweite Schritt ist der Doppelwürfel. Im ersten Schritt wird der Klartext m. H. eines Codebuchs und einer Matrix (einer Variante des Polybios-Quadrats) in eine Ziffernfolge verwandelt.

  Unter anderem nutzte der Spion Günter Guillaume das Granit-Verfahren bis etwa 1960 für seine Kommunikation mit dem Ministerium für Staatssicherheit der ehemaligen DDR.[40] Wenn die Passworte richtig gewählt werden, ist das ein sehr sicheres Verfahren.

2.4 Andere P&B-Verfahren (auch neuere)

Zu den P&B-Verfahren gehören sowohl klassische Verfahren als auch neuere – immer sollten sie per Hand ausführbar sein und auf wenigen druckbaren Zeichen operieren. Zu den neuen Verfahren gehören bspw. LC4 (2017) und Handycipher (2014).[41]

- **Nadelstich-Verschlüsselung** [5]: Dieses simple Verfahren wurde aus den unterschiedlichsten Gründen über viele Jahrhunderte hinweg praktiziert (eigentlich ein Verfahren der Steganografie). So markierten zum Beispiel im Viktorianischen Zeitalter kleine Löcher unter Buchstaben in Zeitungsartikeln die Zeichen des Klartextes, da das Versenden einer Zeitung sehr viel billiger war als das Porto für einen Brief.
- **Lochschablone**: Die Lochschablone ist auch unter der Bezeichnung Kardinal-Richelieu-Schlüssel bekannt. Eine Schablone wird über einen Text gelegt und die Buchstaben, die sichtbar bleiben, bilden den Geheimtext. Dies ist nicht zu verwechseln mit der Schablonen-Chiffre (Grille) von Abschnitt 2.1.1 auf Seite 74, denn hier werden nicht nur die verwürfelten Klartextbuchstaben übertragen, sondern der gesamte Texte, von dem die meisten Buchstaben bedeutungslos sind (und auch als „Nulls“ bezeichnet werden).
- **Kartenspiele** [7]: Der Schlüssel wird mithilfe eines Kartenspiels und vorher festgelegter Regeln erzeugt. Alle im Folgenden genannten Verfahren sind als Papier- und Bleistiftverfahren ausgelegt, also ohne elektronische Hilfsmittel durchführbar. Ein Kartenspiel ist für Außenstehende unverdächtig, das Mischen der Karten bietet ein gewisses Maß an Zufälligkeit, die Werte der Karten lassen sich leicht in Buchstaben umwandeln und damit dann Substitutionen ohne weitere Hilfsmittel (sei es schriftlich oder elektronisch) durchführen.
  - **Solitaire-Chiffre (Bruce Schneier)**[42] [13]: Sender und Empfänger der Botschaft müssen jeweils ein Kartenspiel besitzen, bei dem alle Karten in der gleichen Ausgangsanordnung im Stapel liegen. Mit den Karten wird ein Schlüsselstrom erzeugt, der ebenso viele Zeichen besitzen muss wie der zu verschlüsselnde Klartext.

    Als Basis zur Erzeugung des Schlüssels wird ein gemischtes Bridge-Kartenspiel mit 54 Karten (Ass, 2 - 10, Bube, Dame, König in vier Farben + 2 Joker) benutzt. Der Kartenstapel wird dazu offen in die Hand genommen:

    1. Der erste Joker wandert um eine Position nach hinten.
    2. Der zweite Joker wandert um zwei Positionen nach hinten.
    3. Die Karten über dem ersten Joker werden mit den Karten unter dem zweiten Joker vertauscht.

[40] Challenges dazu finden sich in MTW: Wenn Sie im Browser unter `https://mysterytwister.org/challenges/level-2/` nach „Granit“ suchen, finden Sie 6 Challenges. Eine 20-seitige ausführliche Beschreibung des Granit-Verfahrens gibt es unter: `https://mysterytwister.org/media/challenges/pdf/mtc3-drobick-01-doppelwuerfel-01-de.pdf`

[41] Siehe auch den Überblick in `https://scienceblogs.de/klausis-krypto-kolumne/2018/05/14/the-low-tech-cipher-lc4/`

[42] - `CT1 Ver-/Entschlüsseln ▷ Symmetrisch (klassisch) ▷ Solitaire` (ausführliches GUI-Fenster)
- `CT2 Vorlagen ▷ Kryptografie ▷ Klassisch ▷ Solitaire`. Zusätzlich enthält CT2 einen Brute-Force-Angriff darauf.

4. Der Wert der untersten Karte (1 bis 53; Kreuz, Karo, Herz, Pik; Joker = 53) wird notiert. Genau so viele Karten werden von oben abgezählt und mit den übrigen Karten vertauscht, wobei die unterste Karte des Stapels liegen bleibt.
5. Der Wert der obersten Karte wird notiert. Entsprechend viele Karten werden von oben abgezählt.
6. Der Wert der darauf folgenden Karte ist das erste Schlüsselzeichen, Kreuz und Herz = 1 bis 13, Karo und Pik = 14 bis 26. Handelt es sich um einen Joker, wird wieder bei Schritt 1 begonnen.

Diese 6 Schritte werden für jedes neue Schlüsselzeichen abgearbeitet. Dieser Vorgang dauert – von Hand – relativ lange (4 h für 300 Zeichen, je nach Übung) und erfordert hohe Konzentration.

Die Verschlüsselung erfolgt dann durch Addition mod 26. Sie geht im Vergleich zur Schlüsselstromerzeugung relativ rasch.

Dieses P&B-Verfahren erzeugt einen so guten Schlüsselstrom, dass es auch heutzutage nur schwer zu knacken ist, wenn man das ursprünglich sortierte Kartenspiel nicht kennt (Ciphertext-only-Angriff).

– **Mirdek-Chiffre (Paul Crowley)** [14]: Hierbei handelt es sich um ein relativ kompliziertes Verfahren, der Autor liefert aber anhand eines Beispiels eine anschauliche Erklärung.

– **Playing Card-Chiffre (John Savard)** [7]: Dieses Verfahren verwendet ein bereits gemischtes Kartenspiel ohne Joker, wobei das Mischen gesondert geregelt ist. Ein Schlüssel wird erzeugt, indem:

   1. Der Stapel liegt verdeckt vor dem Anwender, der solange Karten aufdeckt und in einer Reihe ablegt, bis die Summe der Werte größer oder gleich 8 ist.
   2. Ist die letzte Karte ein Bube, eine Dame oder ein König, wird der Wert dieser Karte notiert, andernfalls notiert man die Summe der Werte der ausgelegten Karten (eine Zahl zwischen 8 und 17). In einer zweiten Reihe wird nun die notierte Anzahl von Karten ausgelegt.
   3. Die dann noch verbleibenden Karten werden reihenweise abgelegt und zwar in der ersten Reihe bis zur Position der niedrigsten Karte aus 2., in der zweiten Reihe bis zur Position der zweitniedrigsten Karte aus 2. usw. Sind 2 Karten gleich, ist rot niedriger zu bewerten als schwarz.
   4. Die in 3. ausgeteilten Karten werden spaltenweise eingesammelt und auf einem Stapel offen abgelegt (Spaltentransposition). Dabei wird mit der Spalte unter der niedrigsten Karte begonnen (aufgedeckt).
   5. Die in 1. und 2. ausgeteilten Karten werden eingesammelt (die letzte Karte wird zuerst entfernt).
   6. Der Stapel wird umgedreht, so dass die Karten verdeckt liegen. Im Anschluss werden die Schritte 1 bis 6 noch zweimal ausgeführt.

Um ein Schlüsselzeichen zu erzeugen, wird der Wert der ersten Karte, die nicht Bube, Dame oder König ist, notiert und die entsprechende Anzahl Karten abgezählt (auch der Wert dieser Karte muss zwischen 1 und 10 liegen). Die gleichen Schritte werden ausgehend von der letzten Karte angewendet. Die Werte der beiden ausgewählten Karten werden addiert und die letzte Stelle dieser Summe ist das Schlüsselzeichen.

- **Josses Cipher**[43] [15]: Josses Cipher ist eine Verschlüsselung, die vom französischen Major H. D. Josse (1852-1929) erfunden wurde. Das Verfahren wurde erst neuerdings wiederentdeckt und von Rémi Géraud-Stewart und David Naccache beschrieben. Es ist eine relativ einfache Substitutions-Chiffre, die aber um zusätzliche Sicherheitseigenschaften ergänzt wurde. Dazu gehört, dass der erste Buchstabe anders verschlüsselt wird als die restlichen Buchstaben, und dass es eine Art von Fehlerfortpflanzung (Autokey) gibt, so dass ein fehlerhafter Buchstabe an einer beliebigen Stelle den gesamten nachfolgenden Text unbrauchbar macht.
- **VIC-Chiffre**[44] [7]: Dies ist ein extrem aufwändiges, aber verhältnismäßig sicheres Papier- und Bleistiftverfahren. Es wurde von sowjetischen Spionen eingesetzt. Unter anderem musste der Anwender aus einem Datum, einem Satzanfang und einer beliebigen fünfstelligen Zahl nach bestimmten Regeln zehn Pseudozufallszahlen erzeugen. Bei der Verschlüsselung findet unter anderem auch ein Straddling Checkerboard Verwendung. Eine genaue Beschreibung der Vorgehensweise findet sich unter [7].
- **Handycipher-Chiffre**[45] [16]: Handycipher ist eine homophone Substitutions-Chiffre, die zufällig ausgewählte Nullzeichen einfügt. Die Chiffre wurde mithilfe des Feedbacks der Löser in MTW mehrmals verbessert.
- **ElsieFour-Chiffre**[46] [17]: ElsieFour (abgekürzt auch LC4) verbindet Ideen der modernen RC4-Strom-Chiffre, der historischen Playfair-Verschlüsselung und des Klartext-abhängigen Schlüsselstroms (Autokey), und kann per Hand durchgeführt werden.
- **Hutton-Chiffre**[47]: Hutton ist eine polyalphabetische Substitution, die ein Passwort verwendet, ein transponiertes Alphabet aus einem Schlüsselwort erstellt, und die Alphabete dann während des Verschlüsselungs-/Entschlüsselungsprozesses dynamisch mischt. Hutton wurde 2018 erfunden und mit Version 2 in 2019 verfeinert. Hutton ähnelt der von ACA definierten Chiffre Quagmire III. Die 10 000-Pfund-Challenge des Autors wurde gelöst und der Preis ausbezahlt.

---

[43] `CT2 Vorlagen ▷ Kryptografie ▷ Klassisch ▷ Josse-Chiffre` mit Visualisierung

[44] `CT2 Vorlagen ▷ Kryptografie ▷ Klassisch ▷ VIC-Chiffre` mit ausführlicher Beschreibung

[45] Zusätzlich zum Originalpapier liefern die 24 Rätsel in vier Serien in MTW (vom selben Autor) zusätzliche Details:
`https://mysterytwister.org/challenges/level-2/geschwaechte-handycipher-teil-1`
`https://mysterytwister.org/challenges/level-2/handycipher-teil-1`
`https://mysterytwister.org/challenges/level-2/extended-handycipher-teil-1`
`https://mysterytwister.org/challenges/level-2/handycipher-in-liebe-gemacht-teil-1`
Auf `https://mysterytwister.org/challenges/level-3/handycipher-teil-9` finden Sie einen Simulator, indem Sie auf „Zusätzliche Dateien zu dieser Challenge herunterladen" klicken: `https://mysterytwister.org/media/challenges/add/mtc3-kallick-23-HC9-add.zip`

[46] Als Ergänzung zum Originalpapier liefern die 4 Rätsel in zwei Serien in MTW zusätzliche Details:
`https://mysterytwister.org/challenges/level-2/geschwaechte-elsiefour-teil-1`
`https://mysterytwister.org/challenges/level-3/elsiefour-teil-1`
In `https://mysterytwister.org/media/challenges/add/mtc3-rotthaler-01-elsiefour-01-add.zip` findet man auch Java- und Python-Source-Code von LC4.
Infos und Python-Sourcen zu der Erweiterung LS47 finden Sie unter: `https://gitea.blesmrt.net/exa/ls47`.

[47] Zu v2 gab es einen Preis für eine Challenge mit einem 169 081 Buchstaben langen Geheimtext: `https://www.reddit.com/r/codes/comments/ar1lbd/hutton_cipher_a_10000_challenge`. Hutton kann auf `https://hutton-cipher.netlify.app/` direkt ausgeführt werden. In MTW gibt es 5 Challenges zur Hutton-Chiffre.

2.5 Hagelin-Maschinen als Beispiel für Vor-Computer-Geräte

Bisher haben wir in diesem Kapitel die Verschlüsselungsmethoden besprochen, die von jedem, der nur einen Stift und ein Stück Papier zur Hand hat, leicht angewendet werden können. Solche Methoden sind jedoch sehr langsam, wenn größere Textmengen verschlüsselt werden müssen. Sie sind auch nicht sicher genug, vor allem in den Fällen, in denen jemand, der die Verschlüsselung knacken will, eine relativ große Menge an Geheimtext sammeln kann, die das Ergebnis einer Verschlüsselung mit demselben Schlüssel war.

Zu Beginn des 20. Jahrhunderts, mit der Entwicklung der Funktechnik (u.a. Radio) nahm die Menge der übermittelten Informationen stark zu. Nach wie vor mussten militärische und diplomatische Informationen vertraulich behandelt werden. Diese Situation führte zu einem Bedarf an schnellen, sichereren und genaueren Verschlüsselungs- (und Entschlüsselungs-) Methoden. Das Problem wurde durch die sogenannten Rotor-Chiffriermaschinen gelöst, die unmittelbar nach dem Ersten Weltkrieg aufkamen. [18] Es wird angenommen, dass sie von zwei niederländischen Marineoffizieren, Theo A. van Hengel und R. P. C. Spengler [19], erfunden wurden, die die erste Maschine bereits 1915 für die niederländische Marine bauten [20]. Rotormaschinen waren die modernsten Werkzeuge, die zur Erreichung der Vertraulichkeit von Daten eingesetzt wurden, bevor sie in den 1970er Jahren durch Computer ersetzt wurden. Die wohl bekanntesten Beispiele für Rotormaschinen sind Enigma, SIGABA, Hebern und Hagelin M-209, auch bekannt als CSP-1500, C-38 und AM-1.

In den nächsten Abschnitten besprechen wir verschiedene Hagelin-Maschinen und zeigen ihre Verwendung in CrypTool 2.[48]

2.5.1 Überblick über frühe Hagelin-Verschlüsselungsmaschinen

Die Crypto AG war ein Schweizer Hersteller von kryptografischen Geräten und wurde gegründet von Boris Hagelin. Sie war auch bekannt als Hagelin Cryptos, Hagelin Crypto Company und CAG, und war Nachfolger von A.B. Cryptoteknik. [21] Hagelin entwickelte mehrere Rotor-Chiffriermaschinen, die in mehr als 60 verschiedene Länder weltweit verkauft wurden. Sie werden auch als Hagelin-Maschinen bezeichnet.

Die erste von Boris Hagelin entwickelte Chiffriermaschine war die **B-21**, eine batteriebetriebene, elektromechanische Maschine mit einer Anzeigetafel aus 25 elektrischen Lampen (Abb. 2.5 auf der nächsten Seite).

1932 schrieb Frankreich einen Wettbewerb zur Entwicklung einer Chiffriermaschine für seine Armee aus. Die französische Militärführung war an der B-21 interessiert, bestand aber auf zwei wichtigen Verbesserungen: Die Chiffriermaschine sollte tragbar sein und einen Geheimtext drucken können. Daraufhin entwickelte Hagelin eine weitere elektromechanische Chiffriermaschine namens B-211 [22]. B-21 und B-211 verfügen nicht über eine polyalphabetische Substitution durch verdrahtete elektrische Rotoren, sondern über eine Verschlüsselungsmatrix mit 25 Schlüsseln (5 x 5) [21].

1934 entwickelte Boris Hagelin die Chiffriermaschine **C-35** auf Wunsch der französischen Armee, die eine Maschine wünschte, die in die Hosentasche passte, und die deutlich kleiner war als andere Maschinen dieser Klasse (Abb. 2.6 auf der nächsten Seite). Sie war die erste vollmechanische Chiffriermaschine mit Stift (pin) und Nocke (Öse) (lug) und wurde zur Grundlage für alle späteren Maschinen von Hagelin (siehe Abschnitt 2.5.2.2 auf Seite 101 für weitere Informationen über die Hagelin-Maschine). Die C-35 bestand aus einer Trommel mit 25 Stäben, fünf Stiftwürfeln und einem Typenrad [23].

[48] CrypTool 2 enthält auch die Rotormaschinen Enigma, Typex, SZ42, SIGABA und Fialka.

Abb. 2.5: Hagelin B21 [21]

Abb. 2.6: Hagelin C35 [21]

C-36 und C-362 waren die nächsten Modelle der Hagelin-Maschinen, die im Vergleich zur C-35 nur geringfügige Änderungen aufwiesen. Dazu gehörten ein Schutzgehäuse, eine andere Anordnung der Stangenlaschen und später bewegliche Laschen an der Trommel (bei der C-336). In den Vorkriegsjahren wurden C-36 und C-362 von Frankreich, Großbritannien, Italien, Deutschland und einigen anderen europäischen Ländern gekauft. C-37 ist ein äußerst seltener Nachfolger von der C-36, der von der französischen Marine und auch für französisch-britische Verbindungen verwendet wurde.

Die nächste von Hagelin entwickelte Maschine war die **C-38**, die über 6 Zahnräder verfügte, im Vergleich zu den 5 Rädern der Vorgängermodelle. Eine weitere Änderung bestand darin, dass die Trommelzapfen der C-38 in eine von 5 aktiven oder inaktiven Positionen gleiten konnten. Diese Verbesserungen vergrößerten den Schlüsselraum erheblich und erhöhten damit die Sicherheit der Maschine. Die US-Marine- und US-Militärvariante der C-38 wurde **M-209** genannt (Abb. 2.7 auf der nächsten Seite). Sie war von kurz vor dem Zweiten Weltkrieg bis nach dem Vietnamkrieg bei der amerikanischen Armee im Einsatz [23]. Von diesem Modell wurden etwa 140 000 Stück produziert. Dieses Modell und seine Implementierung in CrypTool 2 sind auf dem YouTube-Kanal „Cryptography for Everybody“ [24] sehr schön dargestellt.[49]

[49] Known-Plaintext- und Ciphertext-only-Angriffe gegen die M-209 gibt es unter `CT2 Startcenter ▷ Vorlagen ▷ Kryptoanalyse ▷ Klassisch`.

Abb. 2.7: Hagelin M-209 – Vorderansicht [21]

Die elektromechanische Chiffriermaschine BC-38 war ein verbessertes Modell der mechanischen C-38. Das „B" wurde der Modellnummer vorangestellt, um auf das Vorhandensein einer Tastatur hinzuweisen.

Die letzten Hagelin-Maschinen, die hier erwähnt werden sollen, beziehen sich auf die Modellreihe **C-52/CX-52**, die 1952 entwickelt wurde. Informationen über die später erschienenen Maschinen finden sich in [21] und [23]. Die C-52 hatte großen Erfolg auf dem Markt. Diese Maschine hat 6 herausnehmbare Chiffrierräder (Pinwheels), die außerhalb der Maschine konfiguriert und in beliebiger Reihenfolge installiert werden konnten. Eine fortschrittlichere und sicherere Version war die CX-52, bei der sich die Räder unregelmäßig drehten. Sie gilt als eine der erfolgreichsten mechanischen Hagelin-Maschinen, die die Verschlüsselung wesentlich sicherer machte.

Vor der Erfindung der CX-Maschinen waren die USA und Großbritannien in der Lage, die hochkarätigen Verschlüsselungssysteme der meisten Länder zu knacken. Dies änderte sich mit der Entwicklung der CX-52 und führte zur sogenannten Rubikon-Operation (siehe Abschnitt 2.5.3 auf Seite 104).

Im folgenden Abschnitt wird die Architektur der letztgenannten Maschinen erläutert.

2.5.2 Die Hagelin-Modelle C-52/CX-52

Die Modelle C-52 und CX-52 sind rein mechanische Chiffriergeräte, die keine Stromquelle benötigen. Alle Modelle haben eine relativ ähnliche Architektur. Zum besseren Verständnis des Aufbaus der Maschinen wird zunächst die allgemeine Verschlüsselungsmethode erläutert, die sie verwenden, bevor die Architektur der Maschinen beschrieben wird.

2.5.2.1 Verschlüsselungsprinzip

Im Grunde handelt es sich bei diesen Maschinen (wie auch bei den meisten anderen Rotor-Chiffriermaschinen) um mechanische Implementierungen von Stromchiffren (siehe Kapitel 9 auf Seite 489). Das bedeutet, dass das Herzstück dieser Maschine ein pseudozufälliger Schlüsselstromgenerator ist. Die Hagelin-Maschine erzeugt also eine Folge von Pseudozufallszahlen, die zur Verschlüsselung des Klartextes verwendet werden. Die Verschlüsselungsoperation wird auf jedes Klartextzeichen einzeln angewandt; diese Operation ist eine

Form der Vigenère-Chiffre, aber mit umgekehrtem Alphabet. Das heißt, jedes Klartextzeichen wird durch ein anderes Zeichen ersetzt, das mit einem bestimmten Wert aus dem umgekehrten Alphabet verschoben (geshiftet) wird.

Wir verwenden die folgenden Bezeichnungen:

- $P = (p_1, p_2, ..., p_L)$ ist der Klartext, d. h. die ursprüngliche Nachricht, die verschlüsselt wird. Er besteht aus einer Folge lateinischer Buchstaben p_i, $1 \leq i \leq L$, wobei L die Länge der Nachricht ist.
- $C = (c_1, c_2, ..., c_L)$ ist der nach der Verschlüsselung des Klartextes mit einer Hagelin-Maschine erhaltene Geheimtext, der ebenfalls als Folge lateinischer Buchstaben dargestellt wird.
- $\text{Ind}(a)$ ist der Index des Zeichens a im Alphabet, z. B. $\text{Ind}(\texttt{'A'}) = 0$; $\text{Ind}(\texttt{'E'}) = 4$, etc.
- $\text{Char}(n)$ ist das Zeichen, das sich an der n-ten Stelle des Alphabets befindet, z. B. $\text{Char}(0) = \texttt{'A'}$, $\text{Char}(4) = \texttt{'E'}$, etc.
- $D = \{d_1, d_2, ..., d_L\}$ ist die Folge pseudozufälliger ganzer Zahlen, die von der Hagelin-Maschine während des Verschlüsselungsvorgangs erzeugt wird. Diese Folge wird auch als **Verschiebungsfolge** (Displacement) bezeichnet.

Die Verschlüsselung erfolgt gemäß der Gleichung 2.5.1.

$$c_i = \text{Char}(\text{Ind}(\texttt{'Z'}) - \text{Ind}(p_i) + d_i \bmod 26) \tag{2.5.1}$$

In dieser Gleichung ist $\text{Ind}(\texttt{'Z'})$ der konstante Wert, der den Index des Zeichens 'Z' im Alphabet darstellt und gleich 25 ist.

Betrachten wir das folgende Beispiel: Wir wollen den aus zwei Buchstaben bestehenden Klartext $P = (\texttt{'K'}, \texttt{'C'})$ verschlüsseln und die beiden von einer gegebenen Hagelin-Maschine erzeugten Verschiebungswerte sind $D = \{d_1, d_2\} = \{4, 1\}$. Der Geheimtext wird dann wie folgt errechnet:

$$\begin{aligned} c_1 &= \text{Char}(\text{Ind}(\texttt{'Z'}) - \text{Ind}(\texttt{'K'}) + 4) \bmod 26) = \text{Char}(25 - 10 + 4) = \text{Char}(19) = \texttt{'T'} \\ c_2 &= \text{Char}(\text{Ind}(\texttt{'Z'}) - \text{Ind}(\texttt{'C'}) + 1) \bmod 26) = \text{Char}(25 - 2 + 1) = \text{Char}(24) = \texttt{'Y'} \end{aligned}$$

Der empfangene Geheimtext ist also $C = (\texttt{'T'}, \texttt{'Y'})$.

Um die Grundidee der Beaufort-Verschlüsselung zu verstehen, betrachtet man die Positionen der Klartextzeichen im Originalalphabet und die Positionen der Geheimtextzeichen in ihrer umgekehrten Darstellung. Es ist leicht zu erkennen, dass der Abstand zwischen den Klartextzeichen und den entsprechenden Geheimtextzeichen den Verschiebungswerten $d_1 = 4$ ('K' zu 'T') und $d_2 = 1$ ('C' zu 'Y') entspricht:

```
A B C D E F G H I J K L M N O P Q R S T U V W X Y Z

Z Y X W V U T S R Q P O N M L K J I H G F E D C B A
```

Dieses Verschlüsselungsprinzip ist für alle hier behandelten Hagelin-Modelle gleich. Die Art und Weise, wie diese pseudozufälligen Sequenzen von Verschiebungswerten berechnet werden, ist jedoch für jede Maschine unterschiedlich und bestimmt, wie sicher die jeweilige Maschine ist.

2.5.2.2 Architektur der Maschinen

Um die Darstellung in diesem Abschnitt kompakt zu halten, konzentrieren wir uns nur auf die aus kryptografischer Sicht wichtigsten Teile der Maschinen (für eine Beschreibung der anderen Teile und deren Zweck siehe [25]).

Pseudozufalls-Verschiebungsgenerator Der Pseudozufalls-Verschiebungsgenerator dieser Maschinen besteht aus zwei Hauptteilen (Abb. 2.8), und zwar

- einem Satz von 6 Pinwheels (auch bekannt als Keywheels, Pin Disks, Rotoren, Cipher Wheels oder einfach Wheels);
- einem drehbaren Käfig (auch Trommel genannt) mit 32 Stäben.

Abb. 2.8: Hagelin C-52 [21]

Die Pinwheels für jede Maschinenversion können aus einem Satz von 12 (mit 25, 26, 29, 31, 34, 37, 38, 41, 42, 43, 46 und 47 Stiften) ausgewählt werden. Die Pinwheels sind sowohl mit Buchstaben als auch mit Zahlen beschriftet. Neben jeder Beschriftung befindet sich ein Stift, der in einen aktiven oder inaktiven Zustand versetzt werden kann.

Ein Drucker auf der linken Seite des Geräts (Abb. 2.8) dient als Eingabe-/Ausgabegerät. Er verfügt über einen doppelten Druckkopf, wobei ein Buchstabenring das Alphabet in der normalen Reihenfolge und der ganz rechte Ring das Alphabet in umgekehrter Reihenfolge enthält (Abb. 2.9 auf der nächsten Seite). Wir nennen den ersten Ring den Eingabering und den letzten den Ausgabering.

Um jedes Zeichen p_i zu verschlüsseln, stellt der Bediener den Eingangsring des Typenrads auf die Position dieses Zeichens. Dann dreht er den Griff, und die Trommel macht eine vollständige Umdrehung. Jeder der 32 Stäbe, die sich in der Trommel befinden, kann mit den kleinen Zapfen (Lugs, auch Schieber oder Nocken genannt) an einer oder mehreren der sechs Positionen an jedem der Räder befestigt werden [23]. Während der Umdrehung der Trommel berühren alle an den Stangen befestigten Zapfen den aktiven Führungsarm des Rades, wenn der Stift, der sich gerade an der Trommel befindet, aktiv ist. Alle Stangen,

Abb. 2.9: Doppeldruckkopf mit zwei Buchstabenringen: in normaler alphabetischer und in umgekehrter alphabetischer Reihenfolge [21]

deren Zapfen diesen Kontakt hatten, rutschen nach links. Jede Stange, die nach links gleitet, wird zu einem zusätzlichen Zahn auf der Trommel, der den Ausgangsring um eine zusätzliche Position verschiebt. Das heißt, der Gesamtverschiebungswert d_i ist gleich der Anzahl der Stangen, die während der Umdrehung der Trommel nach links geschoben wurden. Nachdem der Verschiebungswert d_i berechnet wurde, erfolgt die Verschlüsselung nach Gleichung 2.5.1.

Damit die Entschlüsselung möglich ist, müssen Sender und Empfänger ihre Geräte auf die gleiche Weise einstellen. Die Radstifte und die Zapfen, die einen internen geheimen Schlüssel bilden, wurden in der Regel täglich gemäß den regelmäßig verteilten Schlüssellisten ausgetauscht [26]. Um eine sichere Kommunikation zu gewährleisten, muss die Ausgangsposition der 6 Räder, die als externer Schlüssel bezeichnet wird, für jede neue Nachricht geändert werden.

Vorrücken der Räder Beim Modell C-52 rücken alle Rädchen nach jeder Zeichenverschlüsselung regelmäßig um eine Position vor. Bei einigen CX-52-Versionen erfolgt diese Vorwärtsbewegung der Räder jedoch unregelmäßig, was die Verschlüsselung wesentlich sicherer macht. Dies wird durch die speziellen Trommelleisten realisiert, die über Nocken verfügen, die die Rädchen weiter schalten können, so dass der nächste Zyklus mit einer anderen Rädchenstellung und damit einem anderen Satz von 6 aktiven und inaktiven Stiften beginnt [25]. Die Stangen, die den Schritt der Räder beeinflussen können, werden als Vorschubstangen bezeichnet. Wenn eine Stange durch einen aktiven Führungsarm, der einen Zapfen berührt, nach links gedrückt wird, bewegt sich das Rad, das von dieser Stange gesteuert wird.

Größe des Schlüsselraums Unter der Annahme, dass die Stifträder (Pin Wheels) und Stangen (Bars) bekannt und nicht Teil des Schlüssels sind, ergibt sich der gesamte Schlüsselraum der Maschine aus dem Schlüsselraum für die Radeinstellungen (wheel settings) und dem Schlüsselraum für die Zapfeneinstellungen (lug settings). Der Schlüsselraum für die Radeinstellungen hängt vom Satz der ausgewählten Stifträder ab. Nehmen wir an, dass die ausgewählten Stifträder (Pinwheels) einen Satz bilden: $L = \{l_1, l_2, ..., l_6\}$. Dann ist die Anzahl aller möglichen Ausgangspositionen der Räder gegeben durch:

$$\mathsf{K_i} = l_1 \cdot l_2 \cdot l_3 \cdot l_4 \cdot l_5 \cdot l_6$$

Außerdem kann jeder der Radstifte (Wheel Pins) aktiv oder inaktiv sein. Insgesamt gibt es $l_1 + l_2 + l_3 + l_4 + l_5 + l_6$ Stifte (Pins). Die Gesamtzahl der möglichen Pin-Einstellungen ist also:

$$\mathsf{K_p} = 2^{l_1+l_2+l_3+l_4+l_5+l_6}$$

Die Maschine hat 32 Stangen (Bars), wobei jede Stange 6 Positionen hat, an denen Zapfen (Lugs) angebracht werden können (an jedem der Stifträder).[50] Die Gesamtzahl der Zapfen beträgt $32 \cdot 6 = 192$. Daher ist die maximale Anzahl aller möglichen Zapfeneinstellungen:

$$\mathsf{K_l} = 2^{192}$$

Daraus ergibt sich die Gesamtgröße des Schlüsselraums von:

$$\mathsf{K} = \mathsf{K_i} \cdot \mathsf{K_p} \cdot \mathsf{K_l} = l_1 \cdot l_2 \cdot l_3 \cdot l_4 \cdot l_5 \cdot l_6 \cdot 2^{l_1+l_2+l_3+l_4+l_5+l_6} \cdot 2^{192}$$

Sind z. B. die gewählten Radgrößen $L = \{l_1, l_2, ..., l_6\} = \{29, 31, 37, 41, 43, 47\}$ und können alle Stangen mit Lugs versehen werden, dann ist der gesamte Schlüsselraum einer solchen Maschine:

$$\mathsf{K} = 29 \cdot 31 \cdot 37 \cdot 41 \cdot 43 \cdot 47 \cdot 2^{29+31+37+41+43+47} \cdot 2^{192} \approx 2^{31,3} \cdot 2^{228} \cdot 2^{192} \approx 2^{451,3}$$

Aber der kryptografisch relevante Schlüsselraum für die konkreten Maschinen ist aufgrund der Existenz äquivalenter Schlüssel in der Regel deutlich kleiner. Das heißt, unterschiedliche Einstellungen können zur gleichen Folge von Verschiebungen D führen, so dass es für einen Angreifer ausreicht, nur *einen* solchen äquivalenten Schlüssel zu kennen. Darüber hinaus können Einstellungen zu nur geringfügig unterschiedlichen Verschiebungsfolgen führen, die ebenfalls für einen Angriff ausreichen können. Dies kann die Sicherheit der konkreten Maschine noch weiter reduzieren.

Druckeroffset und F-V-Charakteristik Einige Modelle ermöglichen die Anwendung eines Offsets auf dem Drucker zwischen dem Eingangs- und Ausgangsring. Wird dann ein bestimmtes Zeichens p_i mit dem Offset o verschlüsselt, verschlüsselt das Gerät den Buchstaben $\text{Char}(\text{Ind}(p_i) - o) \bmod 26$. Ist beispielsweise der Offset $o = 2$ und das Klartextzeichen $p_i =$ `'M'`, dann verschlüsselt das Gerät das Zeichen `'K'`.

Wenn ein Modell mit einer sogenannten Festvariablen ausgestattet ist („F-V-Charakteristik" leitet sich von „fixed-variable feature" her), kann dieser Versatz nach der Verschlüsselung jedes Zeichens erhöht werden. Ist dieses Merkmal installiert und aktiviert, wächst die relative Position des Eingangs- und des Ausgangsrings bei jedem Verschlüsselungszyklus i um den Verschiebungswert d_i.

2.5.2.3 Unterschiede zwischen den Modellen C-52/CX-52

Im Folgenden werden die Unterschiede zwischen den uns bekannten C-52/CX-52-Modellen erläutert.

Die Hauptunterschiede zwischen den Maschinenversionen liegen in den unterstützten Typen der Rädchen (Pinwheels) und in der Art und Weise, wie sich die Rädchen während des Verschlüsselungsvorgangs bewegen. Letzteres wird durch verschiedene Arten von Stangen erreicht, die in den Maschinen verwendet werden. Wir geben einen Überblick über die wichtigsten Prinzipien. Für konkrete Spezifikationen der in den C-52/CX-52-Modellen verwendeten Räder und Stangen siehe [25]. Um den Mechanismus der Maschine und die

[50] Einige der Stangen können nicht mit Lugs versehen werden. Wenn solche Stangen verwendet werden, sollten sie nicht in die Berechnung der Schlüsselraumgröße einbezogen werden.

Unterschiede zwischen den Modellen besser zu verstehen, empfehlen wir den Lesern auch die Verwendung der CT2-Komponente „Hagelin-Maschine“, die in Abschnitt 2.5.4 auf der nächsten Seite beschrieben wird.

C-52 Bei der Hagelin C-52 drehen sich alle Räder (Pinwheels) immer um eins weiter. Dies ist ähnlich wie bei den früheren Hagelin-Modellen, aber die wichtige Verbesserung ist, dass die Räder austauschbar sind. Es ist auch möglich, die Maschine so zu konfigurieren, dass sie mit früheren Hagelin-Modellen, z. B. der M-209, kompatibel ist.

CX-52a Bei diesem Modell werden alle sechs Zahnräder unabhängig voneinander ein- bis fünfmal weitergeschaltet. Der Vorschub jedes Rades kann durch den aktiven Stift beliebiger anderer Räder beeinflusst werden.

CX-52b Alle Räder der CX-52b machen die gleiche Anzahl von Schritten (von 1 bis 32). Die Anzahl der Schritte ist $32 - n$, wobei n die in diesem Verschlüsselungszyklus d_i angewandte Gesamtverschiebung ist.

CX-52c Bei dieser Maschine machen die ersten beiden Räder jeweils einen Schritt, alle anderen Räder immer zwei. Dadurch entsteht der falsche Eindruck von unregelmäßigen Schritten. Diese Maschine eignet sich besonders, um ältere Maschinen wie z. B. die M-209 nachzuahmen.

CX-M Das erste Rad des Modells CX-M macht immer einen Schritt, und die Zapfen (Lugs) an den schrittwirksamen Stangen sind so konfiguriert, dass die anderen fünf Räder weiterdrehen, wenn eines der Räder mit der niedrigeren Nummer seinen aktiven Stift (Pin) eingeschaltet hat. So macht das vierte Rad einen Schritt, wenn der aktive Stift des ersten, zweiten oder dritten Rades eingeschaltet ist.

CX-52 Französische Version Bei der französischen Version der CX-52 machen alle Räder immer die gleiche Anzahl von Schritten (von 1 bis 5). Ähnlich wie bei der CX-52a kann der aktive Stift eines beliebigen Rads die Schritte eines anderen Rads beeinflussen, einschließlich des eigenen.

CX-52 EIRE Bei der irischen Version der Maschine bewegen sich die ersten beiden Räder unabhängig voneinander ein bis drei Mal. Die nächsten beiden Radpaare bewegen sich gemeinsam kein bis zwei Mal. Das heißt, das dritte Rad bewegt sich genauso oft wie das vierte Rad, während das fünfte Rad zusammen mit dem sechsten Rad bewegt wird. Es ist auch möglich, die Maschine so zu konfigurieren, dass sie mit der M-209 kompatibel ist.

2.5.3 Operation Rubikon

Wie aus der Beschreibung der CX-52-Modelle in Abschnitt 2.5.2.3 hervorgeht, besteht der Hauptunterschied zwischen den Versionen der C(X)-52-Maschinen in der Art und Weise, wie der Vorschub der Schlüsselräder (Pinwheels) durchgeführt wird. In der Praxis ist die Sicherheit der Verschlüsselung umso höher, je unregelmäßiger die Bewegung der Räder ist. Daher ist es klar, dass einige der Maschinen schwächer sind als andere.

Die jüngsten Enthüllungen des deutschen Fernsehsenders **ZDF** [27] und der amerikanischen Zeitung **The Washington Post** [28] über die Operation Rubikon werfen ein Licht auf die Gründe für diese Unterschiede in der Sicherheit der verschiedenen Maschinen.

In den Jahren nach dem Zweiten Weltkrieg lieferte Hagelin seine Chiffriermaschinen an viele Länder. Für alle Modelle vor den CX-Typen konnten die Geheimdienste der USA und Großbritanniens erfolgreich Kryptoanalysen durchführen. Sie waren in der Lage, Zugang zur verschlüsselten Kommunikation zwischen Unternehmen und diplomatischen Vertretungen fast aller anderen Länder zu erhalten (mit einigen wenigen Ausnahmen).

Beunruhigt über die Leistungsfähigkeit der neuen CX-52-Maschinen schlossen die US-Beamten mit Boris Hagelin ein Abkommen, das den Verkauf seiner modernsten Modelle auf zugelassene Länder beschränkte. Diese Vereinbarung wurde nie schriftlich festgehalten und ist als „Gentlemen's Agreement" bekannt, das bis 1957 in Kraft war. Zu diesem Zeitpunkt begann Hagelin mit dem Verkauf der sicheren Maschinen an bisher verweigerte Länder, wobei er diese Tatsache geheim hielt. Im Jahr 1960 unterzeichneten die US Central Intelligence Agency (CIA) und Hagelin einen Lizenzvertrag, in dem der Verkauf an bestimmte gelistete Länder nun gesetzlich verboten wurde. Später wurde die Firma Crypto AG vom deutschen Bundesnachrichtendienst (BND) und der CIA aufgekauft, die ein komplexes System von Firmen und Treuhändern benutzten, um die tatsächlichen Eigentumsverhältnisse vor der Öffentlichkeit zu verschleiern. [21]

2.5.4 Die Hagelin-Komponente in CT2

Die Hagelin-Modelle C-52/CX52 wurden in CrypTool 2 in der Komponente „Hagelin-Maschine" implementiert. Sie ermöglicht es dem Benutzer, eine von neun realen, in der Praxis verwendeten, Hagelin-Maschinen auszuwählen oder eine virtuelle Maschine mit einer Architektur zu bauen, die es in Wirklichkeit nie gegeben hat. Beim Entwurf einer virtuellen Maschine kann der Benutzer alle bekannten Teile kombinieren, die jemals in einem der realen Modelle verwendet wurden. Das heißt, er kann die Räder und die Stangen frei wählen und auch die Anzahl der Stangen selbst bestimmen. Die Anzahl der Räder ist fixiert auf 6.

2.5.4.1 CT2-Vorlage für die Hagelin-Maschinen

Am besten kann man die Modelle mithilfe der Hagelin-Komponente in der CT2-Vorlage (siehe Abb. 2.10 auf der nächsten Seite) kennenlernen, die die Ver- und Entschlüsselungsvorgänge von Hagelin demonstriert.

Abb. 2.10 zeigt, wie der Text „TO BE OR NOT TO BE" mit dem Hagelin-Modell CX-52a ver- und entschlüsselt wird. Die Komponente hat die folgenden Eingänge:

- Eingabetext – Klartext, der verschlüsselt wird, oder Geheimtext, der entschlüsselt wird.
- Positionen der Räder – Indizes (Buchstaben oder Zahlen) für die Anfangspositionen der 6 Räder (siehe Eingabefeld „Radstartpositionen").
- Radstifte (Wheel Pins) – Indizes (Buchstaben oder Zahlen) der aktiven Pins an den Rädern (siehe Eingabefeld „Aktive Pins an den Rädern 1 bis 6").
- Stangen-Zapfen (Bar Lugs) – Nummern der Räder für jede Stange, für die Zapfen aktiv sind (siehe Eingabefeld „Stollen-Positionen auf den Stangen 1 bis 32").

und die folgenden Ausgaben:

- Ausgabetext – das Ergebnis der Verschlüsselung oder Entschlüsselung
- Schlüsselstrom (Keystream) – das Array der generierten Verschiebungswerte D

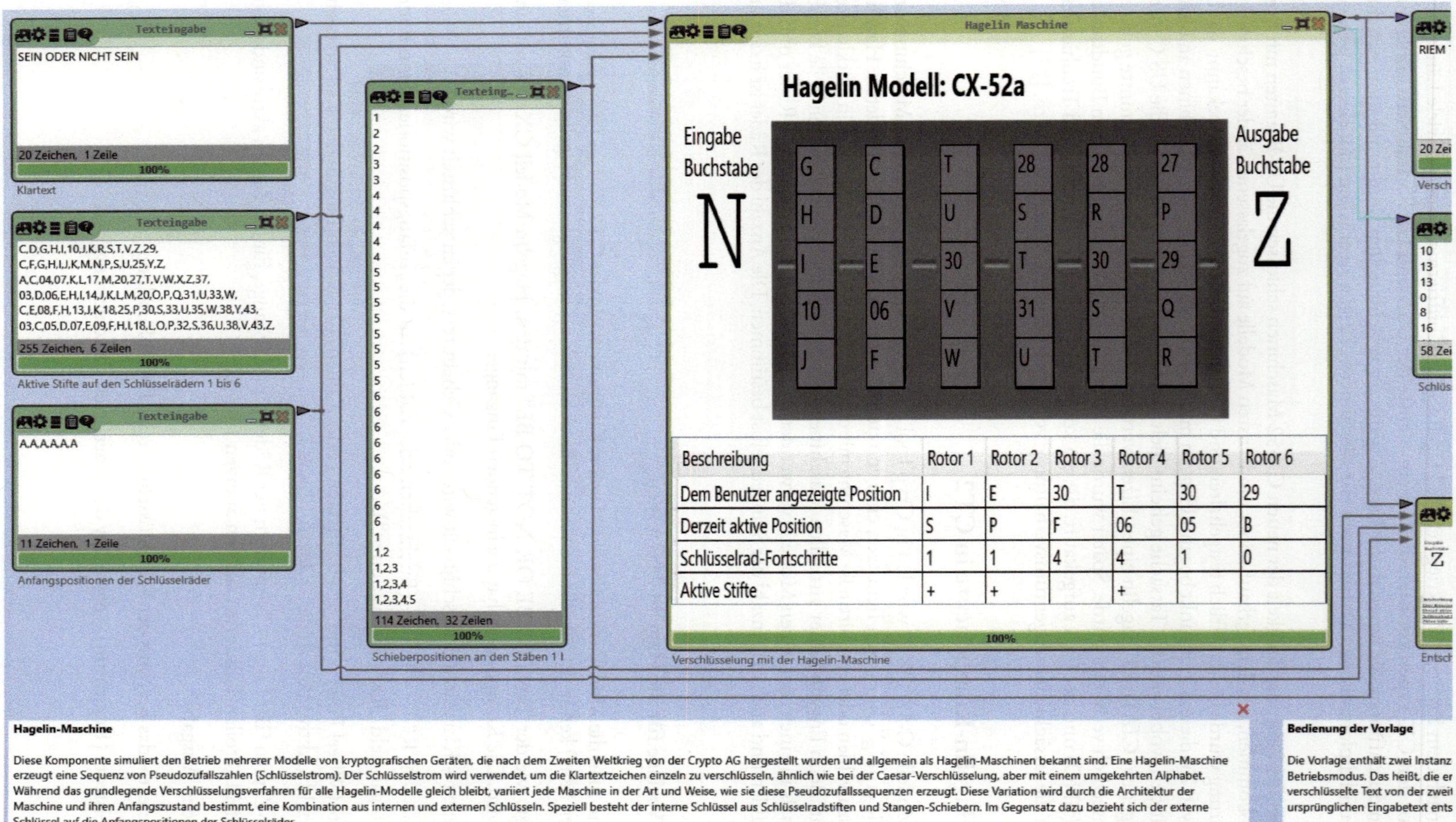

Abb. 2.10: CT2-Vorlage für die Hagelin-Maschinen

Die Vorlage in Abb. 2.10 enthält zwei Instanzen der Komponente „Hagelin-Maschine". Beide haben die gleichen Einstellungen mit Ausnahme des Betriebsmodus. Das heißt, die erste Instanz ist auf „Verschlüsseln" und die zweite auf „Entschlüsseln" eingestellt. Nachdem der verschlüsselte Text von der zweiten Hagelin-Komponente verarbeitet wurde, ist der erhaltene Ausgabetext gleich dem ursprünglichen Eingabetext (siehe Ausgabefeld „Entschlüsselter Text").

Abb. 2.10 zeigt auch, dass der Präsentations-Modus der Hagelin-Komponente aus zwei Hauptteilen besteht: Die Grafik zeigt den aktuellen Zustand der 6 Räder nach der Verarbeitung des letzten Eingabezeichens. Die Tabelle unterhalb der Grafik zeigt die wesentlichen Werte des internen Zustands der Maschine.

2.5.4.2 Einstellungen der Hagelin-Maschine

Bei den Einstellungen kann die Komponente so angepasst werden, dass sie die Maschine mit der benötigten Funktionalität ausstattet.

Die Einstellungen können schrittweise eingegeben werden (Abb. 2.11 auf der nächsten Seite). Um die Navigation zwischen den verschiedenen Schritten leicht zu machen, stehen die folgenden Schaltflächen (Buttons) zur Verfügung: Der Button „Next" dient dazu, die Einstellungen im aktuellen Schritt anzunehmen und zum nächsten Schritt überzugehen. Der Button „Zurück" ermöglicht die Rückkehr zum vorherigen Schritt. Mit dem Button „Zurücksetzen" kann der Benutzer jederzeit zu den Standard-Einstellungen zurückkehren. Durch die Voreinstellung auf die Standard-Einstellungen ist es nicht erforderlich, die Einstellungen in allen Schritten einzugeben. Die Ausführung der Komponente kann jederzeit (per „Play") gestartet werden.

Als allerersten Schritt (1.1) wählt der Benutzer das Modell der Maschine aus. Standardmäßig ist das Modell CX-52a eingestellt. Die Modelle definieren die Sätze der verfügbaren Schlüsselräder (Pin Wheels) und die in der Maschine verwendeten Stangen (Bars). Die Konfiguration der Stangen legt fest, wie die Schlüsselräder während des Verschlüsselungsvorgangs vorgeschoben werden. Neben den neun vordefinierten Modellen (CX-52a, CX-52b, CX-52c, C-52d, CX-M, CX-M late version, CX-M French version, CX-52 EIRE, M-209) hat der Benutzer die Möglichkeit, das Modell „Custom" auszuwählen, das die flexibelsten Einstellungen ermöglicht.

In Schritt 1.1 kann der Benutzer auch die Betriebsart (verschlüsseln oder entschlüsseln) auswählen (Abb. 2.11a auf der nächsten Seite). Nachdem diese Einstellungen gewählt wurden, wählt der Benutzer die Räder aus, die in der gegebenen Maschine installiert werden sollen (Schritt 1.2 in Abb. 2.11b). Je nach Modell sind verschiedene Radtypen verfügbar. Wenn das Modell „Custom" ausgewählt wird, hat der Benutzer Zugriff auf alle bekannten Radtypen und kann auch die Stangentypen auswählen (Schritt 1.3 in Abb. 2.11c). Bei den echten Modellen sind die Stangentypen vordefiniert und können nicht geändert werden.

Zu diesem Zeitpunkt, also nach Schritt 1, ist die gesamte Architektur der Maschine festgelegt, und der Benutzer kann den internen Schlüssel anwenden. Schritt 2.1 in Abb. 2.11d legt die Stifte für die Räder fest, und Schritt 2.2 legt die Zapfen der Stangen fest. Danach kann der Benutzer den externen Schlüssel anwenden, indem er die anfänglichen Radpositionen wählt (Schritt 3 in Abb. 2.11f). Wie in CT2 üblich, überschreiben über die Eingänge zugeführte Einstellungen die Einstellungen in der Komponente selbst, d. h. externe Inputs haben Vorrang vor Komponenten-internen Voreinstellungen.

Im letzten Schritt 4 hat der Benutzer die Möglichkeit, die Betriebs-Einstellungen des Geräts (Abb. 2.11g) zu wählen. Dazu gehören die Art und Weise, wie `'Z'`-Symbole gehandhabt werden und was die Komponente mit unbekannten Symbolen macht. Darüber hinaus kann der Benutzer den anfänglichen Versatz zwischen dem Eingaberad und dem Druckrad auswählen und gegebenenfalls das F-V Feature einrichten. Nachdem alle Einstellungen vorgenommen wurden, ist die Komponente zur Ausführung bereit (Abb. 2.11h).

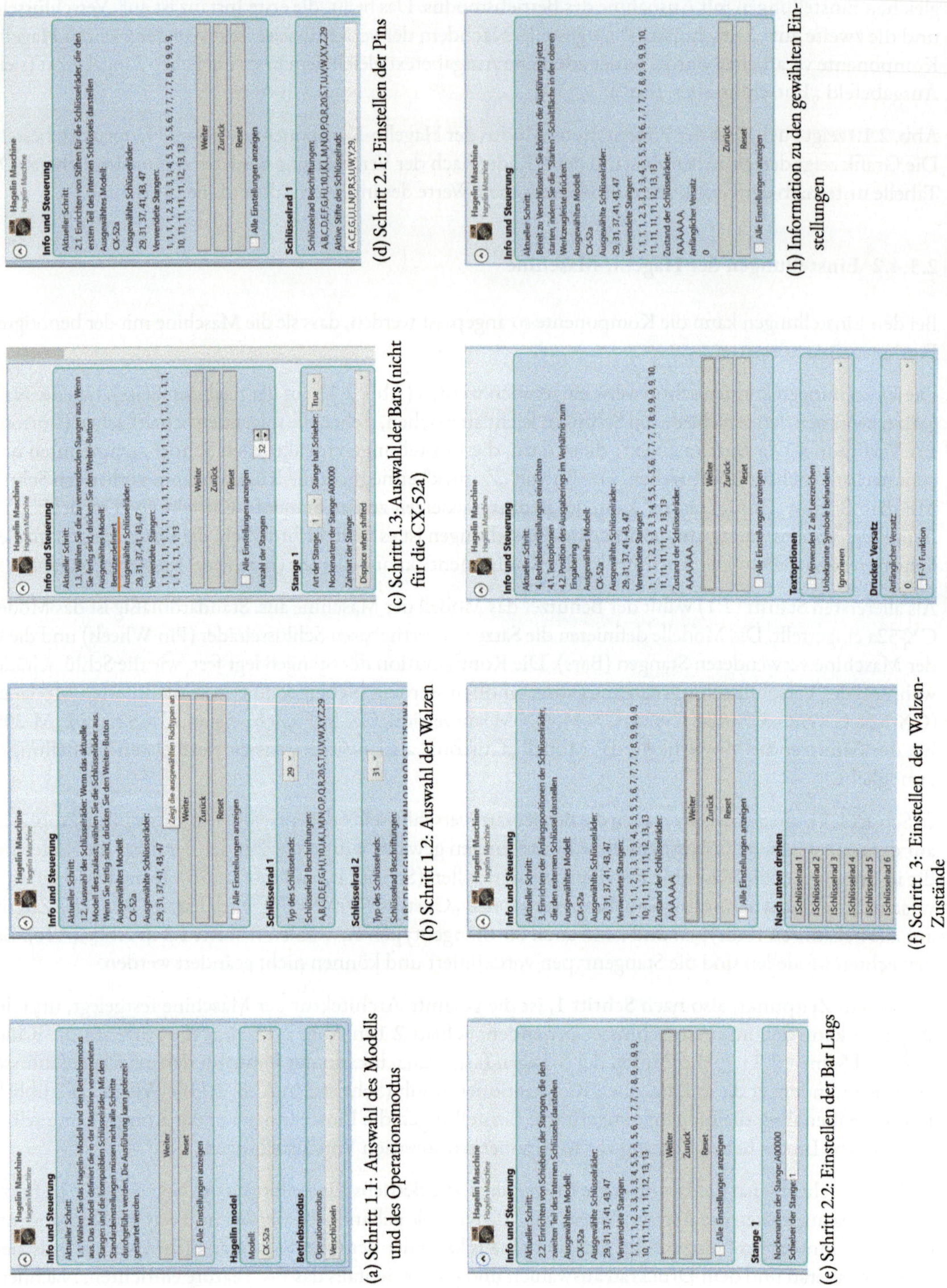

(a) Schritt 1.1: Auswahl des Modells und des Operationsmodus

(b) Schritt 1.2: Auswahl der Walzen

(c) Schritt 1.3: Auswahl der Bars (nicht für die CX-52a)

(d) Schritt 2.1: Einstellen der Pins

(e) Schritt 2.2: Einstellen der Bar Lugs

(f) Schritt 3: Einstellen der Walzen-Zustände

(g) Schritt 4: Einstellen der Op-

(h) Information zu den gewählten Einstellungen

Abb. 2.11: Schritte in den Einstellungen der Komponente, um die Hagelin-Maschine zu konfigurieren

2.5.5 Angriffe auf Hagelin M-209 mittels KI

Bisher wurden für die Analyse klassischer Verschlüsselungsverfahren normalerweise Methoden aus der Häufigkeitsanalyse und heuristische Verfahren eingesetzt. Neuerdings wird versucht, auch maschinelles Lernen dafür zu verwenden (ähnlich wie bei den Blockchiffren – siehe Abschnitt 9.2.15 auf Seite 561). Hier der aktuelle Stand von Angriffen mittels KI für die M-209.

In [29] nutzen die Autoren neuronale Netze zur Kryptoanalyse der M-209 im Rahmen eines Bekannter-Klartext-Angriffs (Known-Plaintext Attack, abgekürzt KPA).

Der Schlüsselraum der M-209 ergibt sich aus zwei Teilen:

1. den internen Einstellungen, die wiederum aus zwei Teilen bestehen:
   - den insgesamt 131 Pins auf den sechs Rotoren und
   - den je zwei Schiebern (Befestigungsstifte, Bar Lugs) auf den insgesamt 27 Stangen (Bars), und
2. den externen Einstellungen (Spruchschlüssel), die aus den Startpositionen der 6 Rotoren bestehen.

Ziel der Autoren war es, die 131 Pins der Maschine mithilfe von KNNs (künstliche neuronale Netzwerke) zu rekonstruieren, wobei die anderen Einstellungen (Bar Lugs und Startstellung der Rotoren) als bekannt vorausgesetzt werden, wobei die Startstellung der Rotoren genau genommen irrelevant ist, da man (und auch bei diesem Angriff getan) äquivalente Schlüssel finden kann. Somit kann die Startstellung einfach auf AAAAAA gesetzt werden und die passende Pinbelegung für diese gefunden werden. Dazu haben sie insgesamt 131 einzelne Modelle trainiert. Modelle, die mehrere Pins gleichzeitig identifizieren, zeigten laut den Autoren eine geringere Erfolgswahrscheinlichkeit, so dass das eigentliche Problem der Identifikation aller 131-Pins auf 131 einzelne Binary-Classification-Modelle aufgeteilt wurde (jedes Modell entscheidet für einen individuellen Pin, ob gesetzt oder nicht). Indem sie dann alle einzelnen Modelle nutzen, können sie den gesamten 131-bit großen Pin-Schlüssel ermitteln.

Für das Training der einzelnen Modelle wurden Millionen zufällig generierter Schlüssel verwendet, die den Bedienungsanweisungen der U.S. Army von 1944 folgten. Die Datenbasis für das Training der Modelle bestand aus selbst-generierten Schlüsselstrom-Sequenzen (Folge von Verschiebungswerten, sogenannte Displacement Values) unterschiedlicher Länge: 52, 104 und 200. Dabei zeigte sich erwartungsgemäß, dass längere Sequenzen zu einer höheren Genauigkeit führen: Bei 52 Verschiebungswerten lag die Genauigkeit bei ca. 71 %, bei 104 stieg sie auf ca. 88 % und erreichte bei 200 schließlich ca. 96 %.

Die besten Ergebnisse erzielte ein ResNet-ähnliches[51] Modell, das aus 5 Residualblöcken besteht. Die Verschiebungswerte, normalisiert auf eine Skala von 0 bis 27, bestimmen, wie stark jeder einzelne Buchstabe des Klartexts bei der Verschlüsselung verschoben wird. Die Genauigkeit des KNN hing jedoch nicht nur von der Textlänge ab, sondern auch von der Komplexität des verwendeten Schlüssels. Insbesondere die Anzahl der nicht-geteilten Lugs und ihre Überlappung mit anderen Rädern hatte einen erheblichen Einfluss auf die Erfolgswahrscheinlichkeit des Angriffs. In Fällen mit geringer Schlüssel-Komplexität reichten schon 52 Zeichen aus, um die Schlüssel-Pins zuverlässig zu rekonstruieren.

Eine studentische Arbeitsgruppe des Fachgebiets „Maschinelles Lernen" der Universität Freiburg verbesserte in einem im September 2024 abgeschlossenen Bachelor-Projekt (betreut von L. Purucker / F. Hutter) den obigen Ansatz in zwei Schritten:

[51] Residual Neural Networks (ResNets) sind eine spezielle Art von KNNs, die sogenannte Skip Connections verwenden, um Schichten des Netzwerks zu überspringen, wenn diese keinen positiven Beitrag zur Verbesserung des Ergebnisses leisten. Diese Architektur hilft, das Training von sehr tiefen Modellen zu erleichtern und die Genauigkeit der Modelle zu verbessern.

- Sie portierten die ResNet-Architektur von TensorFlow nach PyTorch. Eine minimal geringere Erfolgswahrscheinlichkeit im niedrigen einstelligen Prozentbereich erklärten die Studierenden mit Unterschieden in der Implementierung der eingesetzten Aktivierungsfunktionen und Initialisierungen der jeweiligen Softwarebibliotheken.
- Eine weitere, von den Studierenden entwickelte Implementierung mit einer Transformer-Architektur zeigte ähnliche Erfolgswahrscheinlichkeiten bei den Pins. Diese ließ sich jedoch viel schneller trainieren und ermittelte alle Pins mit einem einzigen Modell.

Die Studierenden konnten ebenso erste Erfolge bei der Identifizierung der Stellung der Lugs erreichen, was gegenüber [29] einen großen Fortschritt darstellt. Momentan (Stand September 2024) gibt es dazu noch keine Veröffentlichung.

Die aktuell besten Verfahren bezüglich der Kryptoanalyse der M-209 mit modernen Algorithmen **ohne KI** sind nach wie vor heuristische Algorithmen, wie z. B. Hill Climbing und Simulated Annealing (siehe Abschnitt 1.9.1 auf Seite 48 und Abschnitt 3.5.2.2 auf Seite 175). Diese Verfahren sind derzeit den hier vorgestellten KI-Verfahren in allen Belangen überlegen. So hat Lasry sowohl einen Known-Plaintext-Angriff (KPA) als auch einen Ciphertext-Only-Angriff (COA) entwickelt: Der KPA kann sowohl die Pins als auch die Lugs mittels alternierendem Hill Climbing vollständig bestimmen. Hierfür sind gerade einmal 50 Buchstaben-Paare nötig. [30] Der von ihm entwickelte COA basiert auf ineinander verschaltetem Hill Climbing und Simulated Annealing, und kann Nachrichten ab einer Länge von 500 Buchstaben entschlüsseln. [26, 31]

2.5.6 Zusammenfassung zur C(X)-52: Entwicklung und Einfluss

Die C(X)-52 ist eine rein mechanische Rotor-Chiffriermaschine, die 1952 von dem schwedischen Erfinder und Unternehmer Boris Hagelin entwickelt und von seiner Firma Crypto AG hergestellt wurde. Die Maschine war sehr flexibel und konnte leicht an die Bedürfnisse der Kunden und das gewünschte Sicherheitsniveau angepasst werden. Innerhalb weniger Jahre wurden verschiedene Varianten der Maschine in mehr als sechzig Länder exportiert [32], was die C(X)-52 zur meistgenutzten Rotormaschine ihrer Zeit machte.

Die Nachfolger der C(X)-52 sind die 1963 entwickelte Rotormaschine HX-63 und die vollelektronische Chiffriermaschine H-460. Trotz des Aufkommens neuer Modelle bestellten viele Länder, darunter Frankreich, bis Ende der 1960er Jahre weiterhin die CX-52. Aufgrund ihrer rein mechanischen Architektur hatte die CX-52 gegenüber ihren Nachfolgern den Vorteil, dass sie gegen den sogenannten elektromagnetischen Impuls (EMP) immun war. Aufgrund dieser Eigenschaft wurde die CX-52 während des Kalten Krieges als Backup-Chiffriermaschine gehalten. In einigen Ländern, z. B. in Belgien, war dies bis in die 1990er Jahre der Fall [21].

In diesem Abschnitt haben wir gezeigt, wie die Maschine aufgebaut ist und wie verschiedene C(X)-52-Modelle funktionieren. Dies ist auch in CT2 implementiert.

2.6 Anhang: Von ACA definierte Chiffren

Die American Cryptogram Association (ACA; deutsch: Amerikanische Kryptogramm-Vereinigung)[52] ist ein 1930 gegründeter US-amerikanischer Verein von Hobby-Kryptologen, die sich speziell für klassische Kryptologie interessieren.

Sie haben insgesamt 55 Verfahren klassifiziert und beschrieben. Darunter sind auch Varianten bekannter Verfahren, die sie erfanden und denen sie eigene Namen gaben, z. B. Gromark. Varianten können bspw. dadurch entstehen, wie in einer monoalphabetischen Substitution das Geheimtext-Alphabet aus dem Schlüsselwort erzeugt wird oder wie in einem Polybios-Quadrat die Zeichen angeordnet werden. Nichtsdestotrotz sind diese Rätsel ein gutes Training für die kryptoanalytischen Fähigkeiten.[53] Alle 55 ACA-Verfahren finden sich auch bei Bion, bei Phil Pilcrow und bei Oliver Kuhlemann.[54]

Nun wollen wir als Beispiel einen Text mit dem in ACA definierten Playfair-Verfahren verschlüsseln. Dazu benutzen wir die „CryptoPrograms"-Webseite von Pilcrow [3] und bei Playfair ein Quadrat der Größe $5 * 5$ mit dem Schlüssel `yerfwpsbgskl`. Als Output erhalten wir den 206 Zeichen langen String: `ZLSMUSYNDCVNFELYXDE CUMGUGMLNLUMQMCDCGXVMAFLOOMAMOQIBFNYOXIFBCMQTLUMQOCRUIXFAXIZLWANGPRXGDAMAPMDCADFELYXDECKLPYAWPYFEXIVMAFEBU LOCZLSASUYUDQAGCMHLQFZLREDCVCSAIDURHFTYDQVUBQQFMOPXAWSWELOCUMMOIPPRSYVNTICMLGLSRF`. Siehe Abb. 2.12.

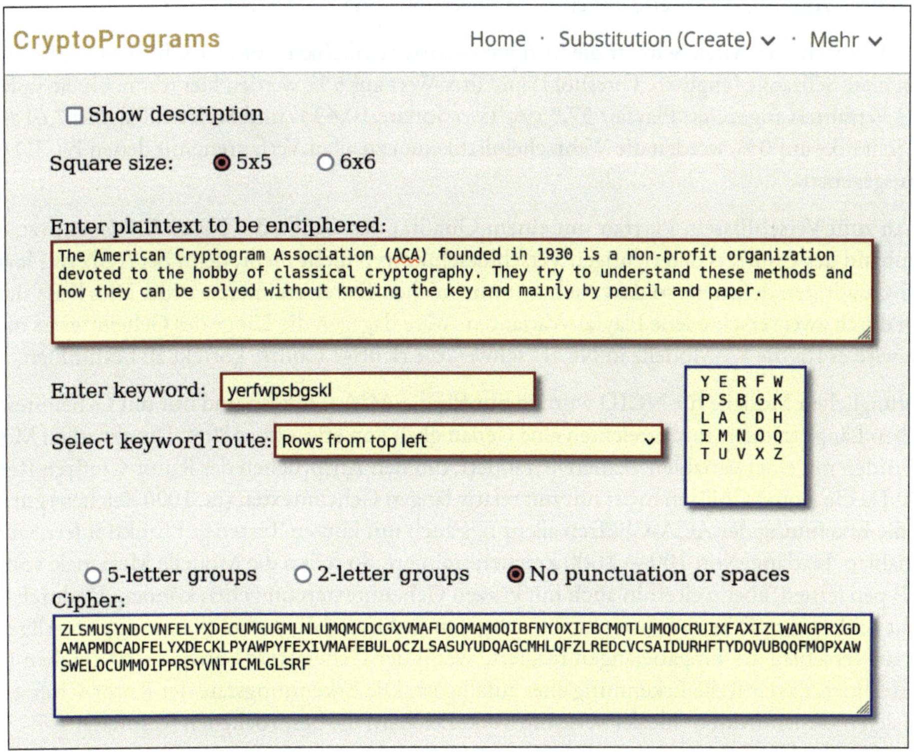

Abb. 2.12: Ausführen einer Playfair-Verschlüsselung auf der CryptoPrograms-Webseite

---

[52] https://www.cryptogram.org/

[53] Im Gegensatz dazu werden im DECRYPT-Projekt reale, in der Historie wirklich eingesetzte Verfahren untersucht.

[54] https://williammason.github.io/rec-crypt/, http://www.cryptoprograms.com, https://kryptografie.de

2.7 Anhang: Ciphertype Detection – Aus einem Geheimtext auf das Verschlüsselungsverfahren schließen

Vor dem Entschlüsseln oder Brechen muss man wissen, mit welchem Verfahren ein zu untersuchender Geheimtext verschlüsselt wurde.

In CTO gibt es mit „NCID" (Neural Cipher Identifier)[55] ein Plugin, das m. H. verschiedener neuronaler Netze und nur anhand eines relativ kurzen Geheimtexts den Typ der ACA-Chiffre oder eine von 5 Rotorchiffren (Enigma, M209, Purple, Sigaba und Typex) identifizieren kann: Für Geheimtexte der Länge 100 – 1000 Zeichen ergibt sich im Durchschnitt eine korrekte Trefferquote von über 75 %. D. h. in über 75 % der Testfälle wurde das korrekte Verfahren mit der höchsten Wahrscheinlichkeit ausgegeben. Eine ähnliche Implementierung, aber ohne Beschreibung der Interna, hat auch Bion mit „Neural net ID test".[56]

Zuerst wurde NCID nur mit den ACA-Chiffren trainiert. [33, 34] Ab Q2/2024 wurden auch die von Dalton/Stamp entwickelten Klassifizierer zur Unterscheidung von fünf Rotormaschinen in NCID aufgenommen.[57] Für das Training der aktuellen NCID-Modelle wurden rund 10 000 000 Geheimtexte erstellt (deren Klartexte wurden zufällig aus der Gutenberg-Bibliothek ausgewählt). Für die massenhafte Generierung der Trainingsdaten wurden die ACA-Geheimtexte mit Python-Skripten und die Geheimtexte der Rotor-Chiffren zumindest teilweise mit einer Batchversion von CT2 erstellt.

In Abb. 2.13 auf der nächsten Seite ist die Mindest-Wahrscheinlichkeit für eine Chiffre auf 2 % eingestellt. Setzt man diese Schranke (englisch Threshold) im Filter-Wert auf 5 %, werden hier nur noch die wahrscheinlichsten 3 Verfahren angezeigt: Playfair 57,95 %, Two-Square 10,43 % und Seriated Playfair 7,61 %. Dreht man die Schranke auf 0 %, werden die Wahrscheinlichkeiten zu allen Verfahren, mit denen NCID trainiert wurde, ausgegeben.

Hätte man zum Verschlüsseln Playfair mit einem Quadrat der Größe $6 * 6$ statt $5 * 5$ genutzt, erkennt NCID anhand des Chiffrats den richtigen Verschlüsselungstyp nicht mehr, denn bei ACA ist Playfair nur mit $5 * 5$-Quadraten definiert, so dass auch nur mit solchen Daten trainiert wurde. Dies ließe sich leicht erweitern durch zwei verschiedene Playfair-Varianten. Wäre dagegen die Länge des Geheimtextes unter 100 Zeichen, wird es für die KI-Modelle in NCID schwer, die richtige Chiffre korrekt zu bestimmen.

Die ursprünglichen Modelle für NCID wurden nur für die ACA-Chiffren und nur mit Geheimtexten von 100 Zeichen Länge trainiert und erreichten eine Genauigkeit von etwas über 80 %. Die aktuellen Modelle in NCID wurden mit einer variablen Textlänge trainiert, um den Ansprüchen der Rotor-Chiffren Rechnung zu tragen: Da die Rotor-Chiffren meist nur mit relativ langen Geheimtexten (ca. 1000 Zeichen) gut erkannt werden, die Erkennung der ACA-Chiffren allerdings auch mit kurzen Texten gut funktioniert, wurde mit einer variablen Textlänge von 100 – 1000 Zeichen trainiert. So sollen die Modelle Merkmale von beiden Chiffre-Typen lernen, aber weiterhin auch mit kurzen Geheimtexten umgehen können. Dadurch ergeben sich leicht schlechtere Erkennungsraten für das gesamte Ensemble, wobei dieses nun im Allgemeinen flexibler auf verschiedene Eingabelängen reagiert. Wenn der Geheimtext kürzer als 30 Zeichen ist, wird nichts berechnet, da dann die Erkennung eher zufällig ist. Die Erkennungsrate der Rotor-Chiffren erzielt erst mit langen Geheimtexten (idealerweise um 1000 Zeichen) die besprochenen Resultate.

Weitere Verbesserungen könnte man erzielen, wenn man Varianten, die sich kaum unterscheiden lassen, clustert oder wenn man den prozentualen Abstand zwischen dem wahrscheinlichsten und dem zweitwahrscheinlichsten Verfahren in die Bewertung mit einfließen lässt. Die am häufigsten miteinander verwechselten Chiffren waren:

---

[55] https://www.cryptool.org/de/cto/ncid.

[56] https://williammason.github.io/rec-crypt/id_test_random_database_web_worker.html

[57] https://arxiv.org/pdf/2307.00501.pdf. [35]

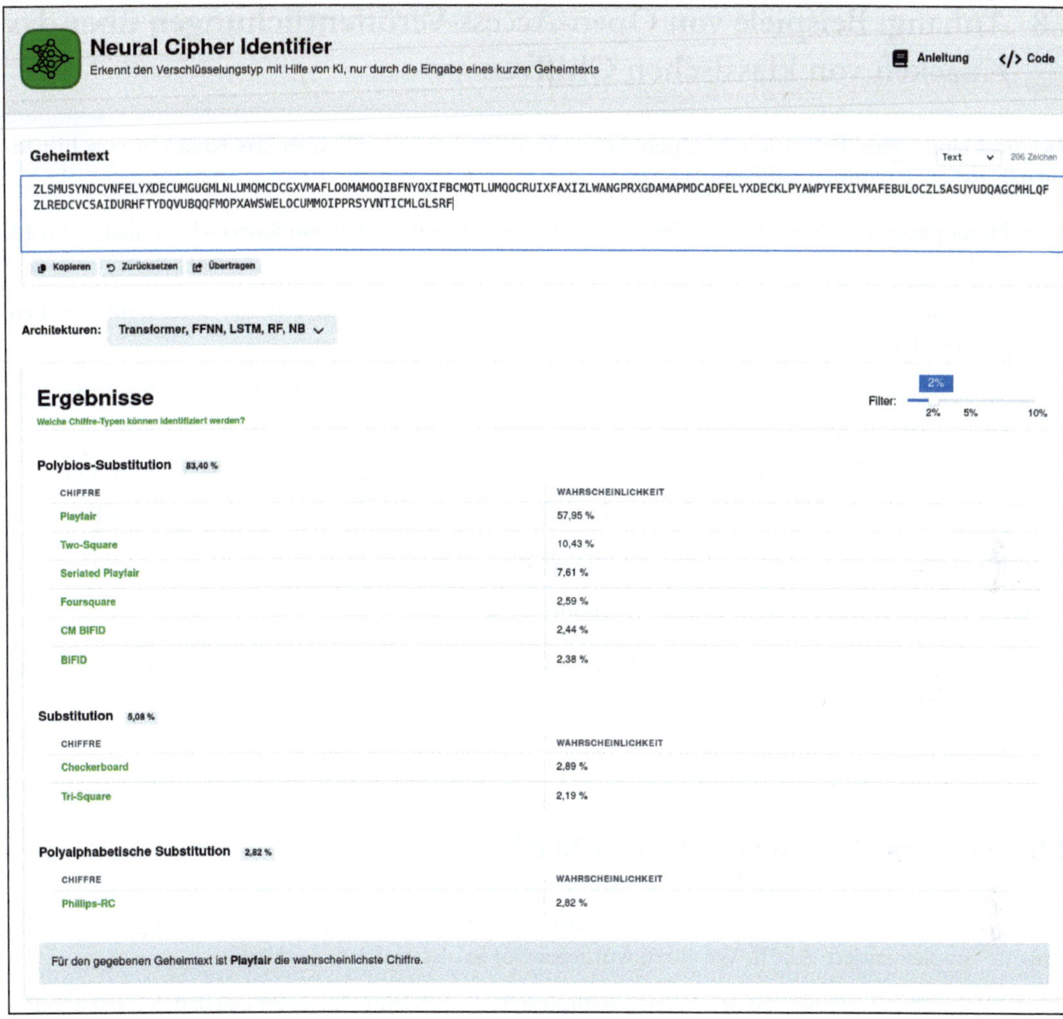

Abb. 2.13: Ausführen der Ciphertype-Detection für ein Playfair-Chiffrat mit NCID

- BIFID – CM BIFID
- DIGRAFID – Trifid
- Cadenus – Nihilist transposition
- Myszkowski – Railfence
- Redefence – Railfence
- Rotor-Chiffren untereinander

2.8 Anhang: Beispiele von Open-Access-Veröffentlichungen über das Knacken von klassischen Chiffren

Hier sind einige gute Beispiele von Open-Access-Veröffentlichungen[58] über das Knacken von historischen/klassischen Chiffren aufgeführt:

- Homophone und Nomenklatur, benutzt in diplomatischen Briefen von Kaiser Maximilian II im 16. Jhdt. [36]
- Einfache monoalphabetische Substitution mit 7 Codewörtern, benutzt von einer holländischen globalen Firma im 17. Jhdt. [37]
- Einfache monoalphabetische Substitution, Homophone, Polyphone und Nomenklatur, benutzt in päpstlichen Chiffren im 16. bis 18. Jhdt. [38]
- Entschlüsselung verlorener Briefe von Maria Stuart von 1578-1584 [39] (siehe Abschnitt 3.1)
- Whitepaper über historische Chiffren, die im DECRYPT-Projekt untersucht werden, [40]
- Josse – Analyse einer französischen Chiffre aus dem späten 19. Jhdt. [41]
- SIGABA – geknackt mit modernen Methoden[59] [42]

Hier noch eine umfangreiche Open-Source-Veröffentlichung über klassische Chiffren und ihre Kryptoanalyse mit Python:

- Madness' Buch: A Modern View of Classical Cryptography (nur englisch) [43]

2.9 Anhang: Beispiele mit SageMath

Im Folgenden werden einige der klassischen Verfahren mit dem Open-Source Computer-Algebra-System `SageMath`[60] implementiert. Alle ff. Verfahren wurden zuvor in diesem Kapitel erklärt.

Um die Beispielprogramme[61] zu den Verschlüsselungsverfahren leichter lesbar zu machen, hielten wir uns an die in Abb. 2.14 auf der nächsten Seite skizzierten Abläufe und benutzten die folgenden Bezeichnungen **Konvention**: Aus praktischen Gründen werden „Klartext“ und „Nachricht“ meist nicht unterschieden: Der Input für die Verschlüsselungsfunktion wird einfach Klartext genannt.

- Verschlüsselung besteht aus den zwei Schritten Codieren und Verschlüsseln. (Dies ist eine spezielle Begriffsdefinition für die Programmbeispiele, die nicht generell gilt.)

---

[58] Als „Open-Access“ bezeichnet man frei zugängliche wissenschaftliche Veröffentlichungen (ohne Pay-Wall). Hierbei wird der Aufwand der Verlage durch die Unis oder das Forschungsprojekt selbst abgegolten. Auf diese Weise kann jeder neueste Forschungsergebnisse einsehen, ohne zu bezahlen. Im Unterschied zu Veröffentlichungen in Selbstverlagen oder auf Github sollten Open-Access-Veröffentlichungen peer-reviewed sein.

[59] SIGABA ist kein P&B-Verfahren, sondern eine US-Rotormaschine aus dem 2. Weltkrieg.

[60] Eine Einführung in das CAS SageMath finden Sie z. B. im Anhang A.7.

[61] Weitere Programmbeispiele in SageMath zu klassischen Kryptoverfahren finden sich z. B.:
- als PDF in dem 240-seitigen Dokument (SageMath 10.0) `https://doc.sagemath.org/pdf/en/reference/cryptography/cryptography.pdf`
- als HTML unter `https://doc.sagemath.org/html/en/reference/cryptography/index.html`
- auf `https://doc.sagemath.org/html/en/reference/cryptography/sage/crypto/classical.html`
- in der Diplomarbeit von Minh Van Nguyen [44].

  - Beim Codieren werden im Klartext P die Zeichen auf Groß-/Kleinschreibung angepasst (je nach gegebenem Alphabet), und alle Nicht-Alphabetzeichen werden entfernt. Aus dem Klartext entsteht die Nachricht. Bei modernen Chiffren ist hiermit die Codierung zu binären Daten gemeint.
  - Durch die Verschlüsselung wird das Chiffrat C erzeugt.

- Die Entschlüsselung besteht ebenfalls aus zwei Schritten, dem Entschlüsseln und Decodieren. (Dies ist eine spezielle Begriffsdefinition für die Programmbeispiele.)
  - Ein abschließender Decodier-Schritt ist nur nötig, wenn die benutzten Symbole im Alphabet nicht die ASCII-Zeichen sind.

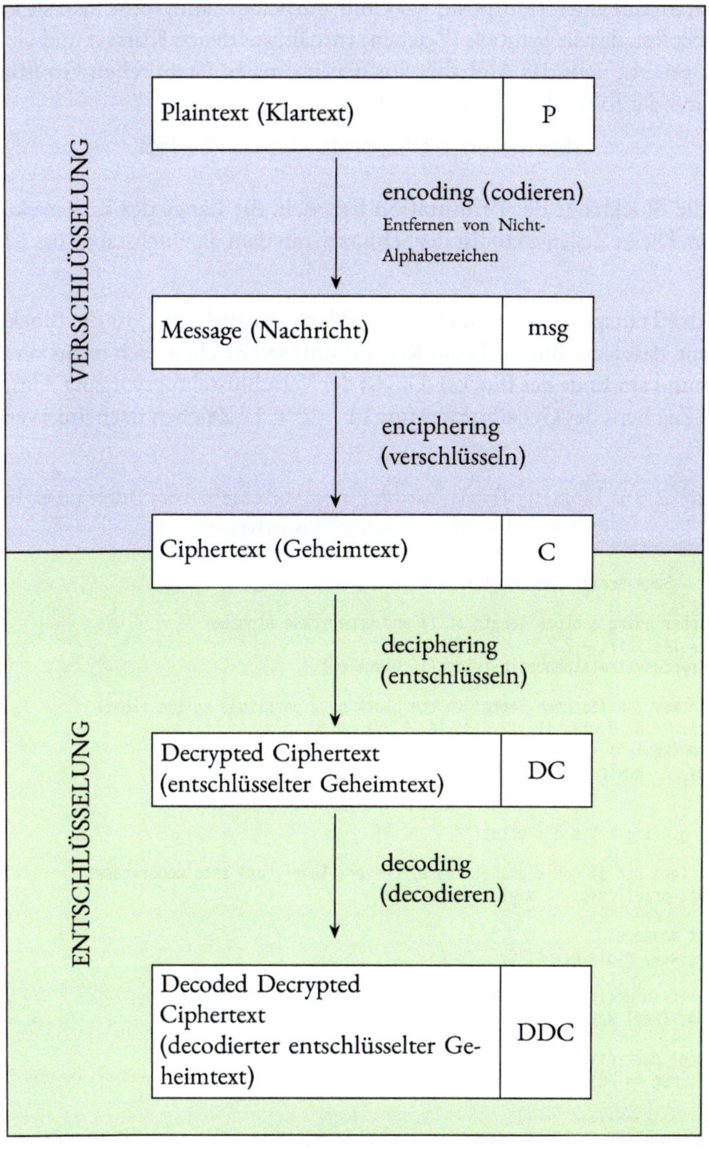

Abb. 2.14: Namenskonventionen in den SageMath-Programmbeispielen dieses Kapitels

Die folgenden Listings enthalten jeweils zuerst den Code und dann am Ende jedes Listings als Kommentar die generierte Ausgabe. Manchmal werden alternative Möglichkeiten für die Funktionalität hinzugefügt. Kapitel C auf Seite 885 zeigt eine Liste aller SageMath-Beispiele aus diesem Buch und einen Link, wo man die entsprechenden **Sage-Skripte herunterladen** kann.

2.9.1 Transpositions-Chiffren

Tranpositions-Chiffren sind implementiert in der SageMath-Klasse

`sage.crypto.classical.TranspositionCryptosystem`

Bevor man in SageMath mit einer Transpositions-Chiffre arbeiten kann, muss man sie konstruieren: Dazu legt man das Alphabet fest, das die Symbole (Zeichen) enthält, aus denen Klartext und Geheimtext bestehen können. Typischerweise besteht das Alphabet aus den normalen lateinischen Großbuchstaben. Dieses Alphabet legt man mit der folgenden Funktion fest:

`sage.monoids.string_monoid.AlphabeticStrings`

Danach legt man die Blocklänge der Permutation fest, d. h. die Länge des Zeilenvektors der einfachen Spaltentransposition. Dieser Zeilenvektor ist der Schlüssel, mit dem die Buchstaben des Klartexts permutiert werden.

Im ersten Beispiel der Transpositions-Chiffren (SageMath-Beispiel 2.9.1) ist die Blocklänge 14, und der Schlüssel ist so gebaut, dass jeder Buchstabe im Klartext um zwei Zeichen nach rechts verschoben (geshiftet) wird (und wrap-around am Ende des Blocks). Das ist der Verschlüsselungsvorgang. Umgekehrt wird beim Entschlüsseln jedes Zeichens des Geheimtextes um $14 - 2 = 12$ Zeichen nach links verschoben.

SageMath-Beispiel 2.9.1: Einfache Transposition durch Verschieben der Buchstaben in der Nachricht (Schlüssel wird mit „range" konstruiert)

```
print("\n# CHAP02 -- Sage-Script-SAMPLE 010: =========")

# transposition cipher using a block length of 14 and upper-case alphabet
blocklen = keylen = 14; shift = 2
T = TranspositionCryptosystem(AlphabeticStrings(), blocklen)

# create encryption key (shifts each letter in the block by 2 positions to the right)
# key = [3, 4, 5, 6, 7, 8, 9, 10, 11, 12, 13, 14, 1, 2]
key = [(i+shift).mod(keylen) + 1 for i in range(keylen)]
print("key:  ", key, "  keylen: ", len(key), sep="")

# given plaintext
P   = "a b c d e f g h i j k l m n"; print("P:   ", P)

# encode plaintext (get rid of non-alphabet chars, convert lower-case into upper-case)
msg = T.encoding(P); print("msg: ", msg)

# encrypt plaintext message
C   = T.enciphering(key, msg); print("C:   ", C)

# decrypt using built-in deciphering method. Requires to change type of key
DC  = T.deciphering(T(key).key(), C); print("DC:  ", DC)

# Test correctness of decryption
print("msg == DC:", msg == DC)

#------------------------------------
# CHAP02 -- Sage-Script-SAMPLE 010: =========
# key:  [3, 4, 5, 6, 7, 8, 9, 10, 11, 12, 13, 14, 1, 2]  keylen: 14
# P:    a b c d e f g h i j k l m n
# msg:  ABCDEFGHIJKLMN
```

Fortsetzung SageMath-Beispiel 2.9.1

```
# C:     CDEFGHIJKLMNAB
# DC:    ABCDEFGHIJKLMN
# msg == DC: True
```

Das zweite Beispiel der Transpositions-Chiffren (SageMath-Beispiel 2.9.2) ist ebenfalls eine einfache verschiebende Spaltentransposition. Aber hier ist die Erzeugung des Klartexts ein wenig automatisiert: Der Beispiel-Klartext wird aus dem Alphabet generiert. Im Gegensatz zum ersten Beispiel wird der inverse Schlüssel explizit erzeugt – einmal m. H. des Shift-Wertes und einmal m. H. der Transpositionsfunktion in SageMath.

SageMath-Beispiel 2.9.2: Einfache Transposition durch Verschieben (Schlüssel und Umkehrschlüssel werden konstruiert)

```
print("\n# CHAP02 -- Sage-Script-SAMPLE 020: =========")

# transposition cipher using a block length of 14, code more flexible
blocklen = keylen = 14; shift = 2
A = AlphabeticStrings()
T = TranspositionCryptosystem(A, blocklen)

# encryption key
# key = [3, 4, 5, 6, 7, 8, 9, 10, 11, 12, 13, 14, 1, 2]
key = [(i+shift).mod(keylen) + 1 for i in range(keylen)]
print("key:    ", key, "  keylen: ", len(key), sep="")

# construct the plaintext from the first 14 letters of the alphabet plus blanks
# P = "A B C D E F G H I J K L M N"
print("A.gens():\n", A.gens(), sep="")
P=''
for i in range(keylen): P = P + " " + str(A.gen(i))
print("P:  ", P)

# encode plaintext (get rid of non-alphabet chars)
msg = T.encoding(P); print("msg: ", msg)

# encrypt plaintext by shifting to the left by 2 letters (do it in one step)
C   = T.enciphering(key, msg); print("C:   ", C)

# decryption key [shifting to the left by 12 letters (= 2 to the right)]
# keyInv = [13, 14, 1, 2, 3, 4, 5, 6, 7, 8, 9, 10, 11, 12]
shiftInv=keylen-shift;
keyInv = [(i+shiftInv).mod(keylen) + 1 for i in range(keylen)]; print("keyInv: ", keyInv, sep="")

# decrypt by using keyInv and enciphering
DC   = T.enciphering(keyInv, C); print("1-DC:", DC)

# decrypt by using the "deciphering method with key" (without the need to calculate keyInv)
# Remark: Strangely, using the deciphering method requires to change the type of the variable key
#         The following does not work: DC  = T.deciphering(key, C); print("2-DC:", DC)
DC  = T.deciphering(T(key).key(), C); print("2-DC:", DC)

# Remarks about different representations of key and its inverse key
print("\n---Remark 1: TranspositionCryptosystem describing itself and the used cyclic groups")
print("T:", T)
print("T(key).key():   ", T(key).key())
print("T.inverse_key():", T.inverse_key(T(key).key()))
print("T(keyInv).key():", T(keyInv).key())

#------------------------------------
# CHAP02 -- Sage-Script-SAMPLE 020: =========
# key:    [3, 4, 5, 6, 7, 8, 9, 10, 11, 12, 13, 14, 1, 2]  keylen: 14
# A.gens():
# (A, B, C, D, E, F, G, H, I, J, K, L, M, N, O, P, Q, R, S, T, U, V, W, X, Y, Z)
# P:    A B C D E F G H I J K L M N
# msg:  ABCDEFGHIJKLMN
# C:    CDEFGHIJKLMNAB
```

Fortsetzung SageMath-Beispiel 2.9.2

```
# keyInv: [13, 14, 1, 2, 3, 4, 5, 6, 7, 8, 9, 10, 11, 12]
# 1-DC: ABCDEFGHIJKLMN
# 2-DC: ABCDEFGHIJKLMN
#
# ---Remark 1: TranspositionCryptosystem describing itself and the used cyclic groups
# T: Transposition cryptosystem on Free alphabetic string monoid on A-Z of block length 14
# T(key).key():        (1,3,5,7,9,11,13)(2,4,6,8,10,12,14)
# T.inverse_key(): (1,13,11,9,7,5,3)(2,14,12,10,8,6,4)
# T(keyInv).key(): (1,13,11,9,7,5,3)(2,14,12,10,8,6,4)
```

Das dritte Beispiel der Transpositions-Chiffren (SageMath-Beispiel 2.9.3) ist nur eine leichte Abwandlung des zweiten Beispiels. Hier wird die Reihenfolge der Zeichen eines Blocks einfach umgekehrt.

SageMath-Beispiel 2.9.3: Einfache Spalten-Transposition, die jeden Klartext-Block einfach umkehrt

```
print("\n# CHAP02 -- Sage-Script-SAMPLE 030: =========")

blocklen = keylen = 14
T = TranspositionCryptosystem(AlphabeticStrings(), keylen);

key = [ keylen-i for i in range(keylen) ]; print("key: ", key, "  keylen: ", keylen, sep="")

P   = "THECATINTHEHAT"
msg = T.encoding(P); print("msg:", msg, "    msglen:", len(msg))
C   = T.enciphering(key, msg); print("C:  ", C)
DC  = T.deciphering(T(key).key(), C); print("DC: ", DC)

#------------------------------------
# CHAP02 -- Sage-Script-SAMPLE 030: =========
# key: [14, 13, 12, 11, 10, 9, 8, 7, 6, 5, 4, 3, 2, 1]  keylen: 14
# msg: THECATINTHEHAT     msglen: 14
# C:   TAHEHTNITACEHT
# DC:  THECATINTHEHAT
```

Im vierten Beispiel der Transpositions-Chiffren (SageMath-Beispiel 2.9.4) wird eine beliebige Permutation als Schlüssel für die Ver- und Entschlüsselung gewählt, um die Zeichen in jedem Block zu verwürfeln (Permutations-Blocklänge = Anzahl Spalten in der einfachen Spaltentransposition). Zusätzlich wird die Größe des Schlüsselraums ausgegeben.

Ist die Blocklänge n, dann ist der Schlüssel eine Permutation über n Zeichen. Dieses Beispiel nutzt die Methode `random_key()` der Klasse `TranspositionCryptosystem`, um einen zufälligen Schlüssel zu erzeugen. Jeder Aufruf von `random_key()` erzeugt höchstwahrscheinlich einen anderen Schlüssel. Deshalb werden bei Ihrem Aufruf voraussichtlich andere Ergebnisse (Schlüssel und Geheimtext) angezeigt als die, die im folgenden Beispiel zu sehen sind.

SageMath-Beispiel 2.9.4: Einfache Spalten-Transposition mit zufällig erzeugtem Schlüssel und Ausgabe der Größe des Schlüsselraums

```
print("\n# CHAP02 -- Sage-Script-SAMPLE 040: =========")

blocklen = keylen = 14
A = AlphabeticStrings()
T = TranspositionCryptosystem(A, blocklen);

# key_space() delivers generic info; order() of keyspace delivers the number of keys
print("T.key_space():", T.key_space())
print("T.key_space().order():", T.key_space().order())
print('                        {0:.2e}'.format( T.key_space().order() ))
```

Fortsetzung SageMath-Beispiel 2.9.4

```
P = "a b c d e f g h i j k l m n o p q r s t u v w x y z a b"
msg = T.encoding(P); print("msg:", msg)
key = T.random_key(); print("key: ", key)
Pkey = Permutation(key); print("Pkey:", Pkey, "Pkeylen:", len(Pkey))

# enciphering in one and in two steps
C   = T.enciphering(key, msg); print("1-C: ", C)

E = T(key)
C = E(msg); print("2-C: ", C)

# deciphering
DC  = T.deciphering(key, C); print("DC: ", DC)

# Just another way of decryption: Using "enciphering" with the inverse key
keyInv = T.inverse_key(key); print("keyInv: ", keyInv)
PkeyInv = Permutation(keyInv); print("PkeyInv:", PkeyInv, "PkeyInvlen:", len(PkeyInv))
DDC    = T.enciphering(keyInv, C)

# Test correctness of both ways of decryption
print("msg == DC == DDC:", msg == DC == DDC)  # Expect True

#-----------------------------------
# CHAP02 -- Sage-Script-SAMPLE 040: =========
# T.key_space(): Symmetric group of order 14! as a permutation group
# T.key_space().order(): 87178291200
#                        8.72e+10
# msg: ABCDEFGHIJKLMNOPQRSTUVWXYZAB
# key:  (1,6)(2,3,9,8,10,14,13)(4,12)
# Pkey: [6, 3, 9, 12, 5, 1, 7, 10, 8, 14, 11, 4, 2, 13] Pkeylen: 14
# 1-C:  FCILEAGJHNKDBMTQWZSOUXVBYRPA
# 2-C:  FCILEAGJHNKDBMTQWZSOUXVBYRPA
# DC:  ABCDEFGHIJKLMNOPQRSTUVWXYZAB
# keyInv:  (1,6)(2,13,14,10,8,9,3)(4,12)
# PkeyInv: [6, 13, 2, 12, 5, 1, 7, 9, 3, 8, 11, 4, 14, 10] PkeyInvlen: 14
# msg == DC == DDC: True
```

Das fünfte Beispiel der Transpositions-Chiffren (SageMath-Beispiel 2.9.5) demonstriert das eingebaute Encoding und stellt die korrekte Länge der Nachricht sicher (nach dem Encoden muss die Länge der Nachricht ein Vielfaches der Blocklänge sein). Bei nicht passender Länge wird hier nicht aufgefüllt (gepadded), sondern abgeschnitten.

SageMath-Beispiel 2.9.5: Einfache Spalten-Transposition (demonstriert Encoding und stellt korrekte Nachrichtenlänge sicher)

```
print("\n# CHAP02 -- Sage-Script-SAMPLE 050: =========")

keylen = 14
T = TranspositionCryptosystem(AlphabeticStrings(), keylen)
key = T.random_key(); print("key: ", key, "  keylen: ", keylen, sep="")

# P = "The cat in the hat.--The cat in the hat.XYZ" or P = "ABCDEFGHIJUUUU"
P = "The cat in the hat.--The cat in the hat."  # plaintext
print("P:  ", P, "   Plen:", len(P))

# Encoding takes only letters from the alphabet (and potentially converts it to uppercase).
msg = T.encoding(P); print("msg:", msg, "        msglen:", len(msg))

# Ensure that the length of msg is a multiple of keylen
# if (len(msg)%keylen!=0): print("Error: msg length isn't a multiple of blocklength. len(msg) =",len(msg))
rest = len(msg) % keylen
if (rest != 0):
  print("Error: msg length isn't a multiple of blocklength. len(msg) =", len(msg))
  chunk_size = len(msg) - rest
  msg = msg[0:chunk_size]
```

Fortsetzung SageMath-Beispiel 2.9.5

```
  print("Truncated message =", msg)
assert len(msg) % keylen == 0

# Enciphering only works, if the number of symbols in msg is a multiple of keylen
C  = T.enciphering(key, msg); print("C:  ", C)

# Decryption using method deciphering
DC = T.deciphering(key, C); print("DC: ", DC)

print("msg == DC:", msg == DC)  # Expect True

#------------------------------------
# CHAP02 -- Sage-Script-SAMPLE 050: =========
# key: (1,14,3,12,8,5,13,10,4)(2,9,11,7,6)  keylen: 14
# P:   The cat in the hat.--The cat in the hat.    Plen: 40
# msg: THECATINTHEHATTHECATINTHEHAT          msglen: 28
# C:   TTHTAHTAECINHETTHTAHTAECINHE
# DC:  THECATINTHEHATTHECATINTHEHAT
# msg == DC: True
```

2.9.2 Substitutions-Chiffren

Substitutions-Verschlüsselungen sind in SageMath in der folgenden Klasse implementiert:

`sage.crypto.classical.SubstitutionCryptosystem`

Das SageMath-Beispiel 2.9.6 erzeugt eine Substitutions-Chiffre mit einem zufälligen Schlüssel. Den zufälligen Schlüssel kann man mit der Methode `random_key()` der obigen Klasse erzeugen. Unterschiedliche Schlüssel erzeugen eine unterschiedliche Substitutions-Chiffre. Deshalb erhält man mit jedem Aufruf von `random_key()` voraussichtlich ein anderes Ergebnis.

SageMath-Beispiel 2.9.6: Monoalphabetische Substitution mit zufällig erzeugtem Schlüssel

```
print("\n# CHAP02 -- Sage-Script-SAMPLE 060: =========")

S = SubstitutionCryptosystem(AlphabeticStrings())

key = S.random_key(); print("key: ", key, "  keylen: ", len(key), sep="")

P   = "MASC: Substitute this with something else using a random key"
print("P:  ", P, "   Plen:", len(P))

msg = S.encoding(P); print("msg:", msg, "        msglen:", len(msg))
C   = S.enciphering(key, msg); print("C:  ", C)
DC  = S.deciphering(key, C); print("DC: ", DC)

print("msg == DC:", msg == DC)  # Expect True

#------------------------------------
# CHAP02 -- Sage-Script-SAMPLE 060: =========
# key: ZMUPXCHBVGTIYLKDQOSENFWARJ  keylen: 26
# P:   MASC: Substitute this with something else using a random key     Plen: 60
# msg: MASCSUBSTITUTETHISWITHSOMETHINGELSEUSINGARANDOMKEY          msglen: 50
# C:   YZSUSNMSEVENEXEBVSWVEBSKYXEBVLHXISXNSVLHZOZLPKYTXR
# DC:  MASCSUBSTITUTETHISWITHSOMETHINGELSEUSINGARANDOMKEY
# msg == DC: True
```

2.9.2.1 Atbash-Chiffre

Das SageMath-Beispiel 2.9.7 erzeugt eine Atbash-Chiffre. Genau genommen ist Atbash wie Rot13 ein „Code" und keine „Chiffre", denn der Schlüssel ist fest oder genauer: Es ist ein festes Verfahren, gänzlich ohne Schlüssel. Siehe Abschnitt 3.1 auf Seite 146.

SageMath-Beispiel 2.9.7: Atbash (Substitution durch Umkehren des Alphabets)

```
print("\n# CHAP02 -- Sage-Script-SAMPLE 065: =========")

A = AlphabeticStrings(); print(A)

# key = A([25-i for i in range(26)]); print("key: ", key, sep="")
lenA = len(A.alphabet())  # lenA = 26
key = A([lenA-1-i for i in range(lenA)]); print("key: ", key, sep="")

# Atbash: using the Substitution cipher and reverted alphabet as key
S   = SubstitutionCryptosystem(A); print(S)

msg = S.encoding("Substitute this with something else.")
print("msg:", msg, "       msglen:", len(msg))

# shift the plaintext
C = S.enciphering(key, msg); print("C:  ", C)

# decrypt the ciphertext and ensure that it is the original plaintext
DC = S.deciphering(key, C); print("DC: ", DC)

print("msg == DC:", msg == DC)  # Expect True

#------------------------------------
# CHAP02 -- Sage-Script-SAMPLE 065: =========
# Free alphabetic string monoid on A-Z
# key: ZYXWVUTSRQPONMLKJIHGFEDCBA
# Substitution cryptosystem on Free alphabetic string monoid on A-Z
# msg: SUBSTITUTETHISWITHSOMETHINGELSE        msglen: 31
# C:   HFYHGRGFGVGSRHDRGSHLNVGSRMTVOHV
# DC:  SUBSTITUTETHISWITHSOMETHINGELSE
# msg == DC: True
```

2.9.2.2 Caesar-Chiffre / Verschiebe-Chiffre

Die Verschiebe-Chiffre (Shift-Chiffre) oder Caesar-Chiffre ist ein Substitutions-Verfahren, bei dem man zu einem Klartext-Buchaben den Geheimtext-Buchstaben so konstruiert, dass man sich um eine fixe Anzahl Positionen im Klartext-Alphabet weiterbewegt.

Während der Herrscher Caesar, nach dem das Verfahren benannt ist, das Alphabet immer genau um 3 Positionen verschob, kann die Caesar-Chiffre um eine beliebige Anzahl Positionen entlang des Alphabets verschieben. Verschieben (Shiften) wiederum ist eine spezielle Form der Substitution.

Wir konstruieren das Verfahren mit SageMath auf zwei Arten: zuerst als eine Form der Substitution mithilfe von `SubstitutionCryptosystem`, und dann als eine Form der Verschiebung mit `ShiftCryptosystem`.

Das SageMath-Beispiel 2.9.8 auf der nächsten Seite erzeugt eine Caesar-Chiffre als Substitution. Der Schlüssel ist eine Zahl, die beschreibt, wie weit das Alphabet verschoben (shift) wird.

SageMath-Beispiel 2.9.8: Caesar (Substitution durch Verschieben des Alphabets; Schlüssel explizit gegeben; Schritt-für-Schritt-Ansatz)

```
print("\n# CHAP02 -- Sage-Script-SAMPLE 070: =========")

A = AlphabeticStrings()  # plaintext/ciphertext alphabet
keylen = len(A.alphabet()); # Alternative: keylen = len(A.gens())
shift = 3; shiftInv=keylen-shift;
print("keylen: ", keylen, "   shift: ", shift, "   shiftInv: ", shiftInv, sep="")

S = SubstitutionCryptosystem(A)

# construct key for Caesar cipher
numkey = [(i+shift).mod(keylen) for i in range(keylen)]  ### Now without +1 (after mod)
print("numkey", numkey)
key = A(numkey); print("key: ", key, "  keylen: ", len(key), sep="")

P = "Shift the alphabet three positions to the right."
print("P:  ", P, "   Plen:", len(P))

# encrypt message (method encoding can be called from A or from S)
msg = S.encoding(P); print("msg:", msg, "        msglen:", len(msg))
C   = S.enciphering(key, msg); print("C:  ", C)

# decrypt message (using inverse key and enciphering instead of deciphering)
numkeyInv = [(i+shiftInv).mod(keylen) for i in range(keylen)]; print("numkeyInv", numkeyInv)
keyInv = A(numkeyInv); print("keyInv: ", keyInv, sep="")

DC = S.enciphering(keyInv, C); print("DC: ", DC)

print("msg == DC:", msg == DC)  # Expect True

#------------------------------------
# CHAP02 -- Sage-Script-SAMPLE 070: =========
# keylen: 26   shift: 3   shiftInv: 23
# numkey [3, 4, 5, 6, 7, 8, 9, 10, 11, 12, 13, 14, 15, 16, 17, 18, 19, 20, 21, 22, 23, 24, 25, 0, 1, 2]
# key: DEFGHIJKLMNOPQRSTUVWXYZABC  keylen: 26
# P:   Shift the alphabet three positions to the right.    Plen: 48
# msg: SHIFTTHEALPHABETTHREEPOSITIONSTOTHERIGHT         msglen: 40
# C:   VKLIWWKHDOSKDEHWWKUHHSRVLWLRQVWRWKHULJKW
# numkeyInv [23, 24, 25, 0, 1, 2, 3, 4, 5, 6, 7, 8, 9, 10, 11, 12, 13, 14, 15, 16, 17, 18, 19, 20, 21, 22]
# keyInv: XYZABCDEFGHIJKLMNOPQRSTUVW
# DC:  SHIFTTHEALPHABETTHREEPOSITIONSTOTHERIGHT
# msg == DC: True
```

Die Shift-Chiffre ist direkt implementiert in der SageMath-Klasse

`sage.crypto.classical.ShiftCryptosystem`

Das SageMath-Beispiel 2.9.9 erzeugt eine Caesar-Chiffre über den Großbuchstaben des lateinischen Alphabets. Der Klartext P wird verschlüsselt durch Verschieben um `key` Positionen. Dann wird das Chiffrat C wieder entschlüsselt und überprüft, ob das Ergebnis (DC) identisch mit dem ursprünglichen Klartext ist.

SageMath-Beispiel 2.9.9: Caesar-Verschlüsselung mit der eingebauten Verschiebe-Chiffre

```
print("\n# CHAP02 -- Sage-Script-SAMPLE 080: =========")

key = 3 # shift can be any integer number. Ancient Caesar used 3.
print("shift key: ", key, sep="")

# Caesar cipher using the Shift cipher instead of the more general Substitution cipher
S   = ShiftCryptosystem(AlphabeticStrings()); print(S)
msg = S.encoding("Shift me any number of positions."); print("msg:", msg, "        msglen:", len(msg))

# shift the plaintext
C = S.enciphering(key, msg); print("C:  ", C)
```

Fortsetzung SageMath-Beispiel 2.9.9

```
# decrypt the ciphertext and ensure that it is the original plaintext
DC = S.deciphering(key, C); print("DC: ", DC)

print("msg == DC:", msg == DC)  # Expect True

#----------------------------------
# CHAP02 -- Sage-Script-SAMPLE 080: =========
# shift key: 3
# Shift cryptosystem on Free alphabetic string monoid on A-Z
# msg: SHIFTMEANYNUMBEROFPOSITIONS        msglen: 27
# C:   VKLIWPHDQBQXPEHURISRVLWLRQV
# DC:  SHIFTMEANYNUMBEROFPOSITIONS
# msg == DC: True
```

2.9.2.3 Affine Chiffren

Die affine Chiffre ist implementiert in der SageMath-Klasse

`sage.crypto.classical.AffineCryptosystem`

Im SageMath-Beispiel 2.9.11 auf der nächsten Seite konstruieren wir eine affine Chiffre mit dem Schlüssel $(a, b) = (3, 13)$. Ein gegebener Klartext P (genaugenommen die codierte Nachricht msg) wird dann verschlüsselt und ergibt den Geheimtext C. Der Geheimtext wird dann wieder entschlüsselt und das Ergebnis DC mit dem ursprünglichen Klartext verglichen.

Mathematisch kann man eine affine Chiffre folgendermaßen beschreiben: Sei n die Anzahl der Buchstaben des Alphabets (im Beispiel ist $n = 26$, da das Alphabet nur aus den 26 Großbuchstaben besteht). Die einzelnen Buchstaben des Klartextes $P = (p_1, p_2, ..., p_k)$ werden folgendermaßen verschlüsselt: $c_i = a \cdot p_i + b \pmod n$

Dabei gilt: - für den Faktor a: $0 < a < n$ und a teilerfremd zu n.
- für den Shift-Wert b: $0 \leq b \leq n - 1$.

Da a teilerfremd zu n ist, ist a hier eine der 12 Zahlen, die in SageMath-Beispiel 2.9.10 berechnet wurden.

SageMath-Beispiel 2.9.10: n.coprime_integers()

```
sage: n=26
sage: n.coprime_integers(n)
[1, 3, 5, 7, 9, 11, 15, 17, 19, 21, 23, 25]
```

Wenn a nicht teilerfremd zu n ist, also $ggT(a, n) > 1$, dann ist die Abbildung nicht invertierbar, und der Geheimtext kann nicht eindeutig entschlüsselt werden. Das wäre hier der Fall bei geraden a und bei $a = 13$.

Wir fangen in SageMath-Beispiel 2.9.11 auf der nächsten Seite den Fall, dass a nicht teilerfremd zu n ist, selbst ab. Tut man das nicht, fängt der Befehl `AffineCryptosystem(AlphabeticStrings())` das ab und bringt: `ValueError : (a,b) = (4,13) is outside the range of acceptable values for a key of this affine cryptosystem.`

Der Schlüsselraum beträgt $12 \cdot 26 = 312$ (alle möglichen Kombinationen (a, b) ergeben sich aus den 12 Werten für a und den 26 unterschiedlichen Werten für b).

SageMath-Beispiel 2.9.11: Affine Chiffre mit dem Schlüssel (3, 13)

```
print("\n# CHAP02 -- Sage-Script-SAMPLE 090: =========")

A = AlphabeticStrings()
# int conversion needed: A.ngens() creates type <class 'int'>, but we need <class 'sage.rings.integer.Integer▶
 ▶'>
# via ngens() no hard coded "26" is needed.
n=Integer(A.ngens())  # n = 26 = number of free alphabetic string monoid on A-Z.

# a and b must be < n (this is checked by AffineCryptosystem(AlphabeticStrings()) too)
key = a, b = (3%n, 13%n); print("affine key: ", key, sep="")

cop_list=n.coprime_integers(n) # Here it's necessary that n is of type Sage integer, not of Python int
print("coprimes of n=%d:" % n, cop_list)
if a not in cop_list: # a must be coprime to n
  print("Exit, because a is no coprime to 26.")
  sys.exit(); # exit sage script

# create an affine cipher
AS  = AffineCryptosystem(A); print(AS)
msg = AS.encoding("The affine cryptosystem."); print("msg:", msg, "       msglen:", len(msg))

# encrypt the plaintext using the affine key
C = AS.enciphering(a, b, msg); print("C:  ", C)

# decrypt the ciphertext and make sure that it is equivalent to the original plaintext
DC = AS.deciphering(a, b, C); print("DC: ", DC)

print("msg == DC:", msg == DC)  # Expect True

#------------------------------------
# CHAP02 -- Sage-Script-SAMPLE 090 =========
# affine key: (3, 13)
# coprimes of 26: [1, 3, 5, 7, 9, 11, 15, 17, 19, 21, 23, 25]
# Affine cryptosystem on Free alphabetic string monoid on A-Z
# msg: THEAFFINECRYPTOSYSTEM             msglen: 21
# C:   SIZNCCLAZTMHGSDPHPSZX
# DC:  THEAFFINECRYPTOSYSTEM
# msg == DC: True
```

Man kann die Shift-Chiffre auch als Sonderfall der affinen Chiffre sehen. Dazu muss man den Schlüssel der affinen Chiffre auf die Form $(a = 1, b)$ einschränken, wobei b jede ganze, nicht-negative Zahl sein kann.

Um mit der affinen Chiffre eine Caesar-Chiffre zu bauen, muss der Ver-/Entschlüsselungsschlüssel den Wert $(1, 3)$ haben. Das SageMath-Beispiel 2.9.9 auf Seite 122 arbeitet analog zu der affinen Chiffre im SageMath-Beispiel 2.9.12.

SageMath-Beispiel 2.9.12: Caesar-Chiffre (als Sonderfall der affinen Chiffre)

```
print("\n# CHAP02 -- Sage-Script-SAMPLE 100: =========")

key = a, b = (1, 3); print("affine key: ", key, sep="")

# construct a shift cipher using an affine cipher with a=1
AS  = AffineCryptosystem(AlphabeticStrings())
msg = AS.encoding("Shift the alphabet by three positions to the right.")
print("msg:", msg, "       msglen:", len(msg))

# shift the plaintext to get the ciphertext
C = AS.enciphering(a, b, msg); print("C:  ", C)

# decrypt the ciphertext and ensure that it is the original plaintext
DC = AS.deciphering(a, b, C); print("DC: ", DC)

print("msg == DC:", msg == DC)  # Expect True

#------------------------------------
```

Fortsetzung SageMath-Beispiel 2.9.12

```
# CHAP02 -- Sage-Script-SAMPLE 100: =========
# affine key: (1, 3)
# msg: SHIFTTHEALPHABETBYTHREEPOSITIONSTOTHERIGHT          msglen: 42
# C:   VKLIWWKHDOSKDEHWEBWKUHHSRVLWLRQVWRWKHULJKW
# DC:  SHIFTTHEALPHABETBYTHREEPOSITIONSTOTHERIGHT
# msg == DC: True
```

2.9.2.4 Vigenère-Verschlüsselung

Die Vigenère-Verschlüsselung ist in der folgenden SageMath-Klasse implementiert:

`sage.crypto.classical.VigenereCryptosystem`

Als Klartext-/Geheimtext-Zeichenraum kann man die lateinischen Großbuchstaben, das Binärsystem, das Oktalsystem oder das Hexadezimalsystem wählen. Im SageMath-Beispiel 2.9.13 werden mit der Klasse `AlphabeticStrings` die Großbuchstaben genutzt.

SageMath-Beispiel 2.9.13: Vigenère-Verschlüsselung

```
print("\n# CHAP02 -- Sage-Script-SAMPLE 110: =========")

# construct Vigenere cipher
keylen = 14
A = AlphabeticStrings()
V = VigenereCryptosystem(A, keylen)

# Here, a random key of length keylen is generated.
# Alternatively, a key could be given explicitly like key = A('ABCDEFGHIJKLMN')
key = V.random_key(); print("key: ", key, "  keylen: ", len(key), sep="")

P = "The Vigenere cipher is polyalphabetic."; print("P:  ", P, "  Plen:", len(P))
msg = V.encoding(P); print("msg:", msg, "  msglen:", len(msg))

C   = V.enciphering(key, msg); print("C:  ", C, "  Clen:  ", len(C))

DC  = V.deciphering(key, C); print("DC: ", DC)

print("msg == DC:", msg == DC)  # Expect True

#------------------------------------
# CHAP02 -- Sage-Script-SAMPLE 110: =========
# key: OHZZMJTRCFOWKN  keylen: 14
# P:   The Vigenere cipher is polyalphabetic.   Plen: 38
# msg: THEVIGENERECIPHERISPOLYALPHABETIC   msglen: 33
# C:   HODUUPXEGWSYSCVLQHEYHCAFZLRNPLSHO   Clen:   33
# DC:  THEVIGENERECIPHERISPOLYALPHABETIC
# msg == DC: True
```

2.9.2.5 Hill-Verschlüsselung

Die Hill-[45, 46] oder Matrix-Verschlüsselung[62] basiert auf linearer Algebra und wurde 1929 von Lester S. Hill erfunden. Es war die erste polygrafische Chiffre, bei der es praktisch war, mit mehr als drei Symbolen

[62] - `CT1 Ver-/Entschlüsseln ▷ Symmetrisch (klassisch) ▷ Hill`
- `CT2 Vorlagen ▷ Kryptografie ▷ Klassisch` und `CT2 Vorlagen ▷ Kryptoanalyse ▷ Klassisch`

gleichzeitig zu arbeiten.[63] Die Hill-Chiffre ist nicht aus Sicherheitssicht wichtig, sondern weil sie das erste Verfahren war, bei dem versucht wurde, Mathematik für Kryptografie zu nutzen. Der Schlüssel dieses Verfahrens ist eine invertierbare quadratische Matrix (hier key genannt), deren Determinante relativ prim zu 26 ist. Ursprünglich sind Klartext und Geheimtext Vektoren (P und C). Die Ver- und Entschlüsselungsprozesse nutzen Matrizen-Operationen modulo 26: $C = P \cdot \text{key} \pmod{26}$.

Die Hill-Verschlüsselung ist implementiert in der SageMath-Klasse

`sage.crypto.classical.HillCryptosystem`

Im SageMath-Beispiel 2.9.14 auf der nächsten Seite besteht der Zeichenraum für Klar- und Geheimtext wieder aus den Großbuchstaben des lateinischen Alphabets. Das Hill-Verfahren weist jedem Alphabet-Zeichen eine eindeutige natürliche Zahl modulo 26 zu. Die Größe der Schlüssel-Matrix (auch Matrix-Dimension genannt) ist beim Hill-Verfahren nicht beschränkt.

Vergleich der Hill-Implementierung in CrypTool v1.4.42 und in SageMath v9.3:

- SageMath bietet schnelle Operationen auf der Kommandozeile; CT1 stellt seine Funktionalität nur in einer GUI zur Verfügung.
- SageMath bietet für die Schlüssel-Matrix jede Matrix-Dimension an; CT1 ist beschränkt auf die Werte 1 bis 10.
- SageMath erlaubt auch negative Zahlen in der Schlüssel-Matrix und konvertiert diese selbstständig in nicht-negative Werte; CT1 erlaubt keine negativen Zahlen in der Schlüssel-Matrix.
- SageMath weist dem ersten Alphabet-Zeichen immer den Wert 0 zu;
  SageMath lässt hierbei nur die 26 Großbuchstaben als Alphabet zu;
  und es nutzt nur die Multiplikations-Variante Klartext-Zeilenvektor · Schlüsselmatrix:
  $C = P \cdot \text{key}$.
- CT1 erlaubt die Wahl zwischen 0 und 1 für das erste Alphabet-Zeichen; man kann sein Alphabet im Textoptionen-Dialog zusammen stellen; und es bietet auch die umgekehrte Multiplikations-Variante: $C = \text{key} \cdot P$

SageMath stellt für die klassischen Chiffren nur die Funktion zur Ver-/Entschlüsselung und meist mit sehr restriktivem Alphabet. Verfahren zur Kryptoanalyse muss man selbst implementieren. Ein Known-Plaintext-Angriff (KPA) gegen die Hill-Chiffre wird in Abschnitt 2.9.3.2 auf Seite 135 vorgestellt.

Während SageMath-Beispiel 2.9.14 auf der nächsten Seite für die eingegebenen Zeichen immer mit ihren ASCII-Zahlenwerten rechnet, kann SageMath-Beispiel 2.9.19 auf Seite 136 nicht nur eine KPA-Analyse durchführen, sondern die Schlüsselmatrix auch **vor** den Klartext stellen (Reihenfolge der Matrix-Multiplikation) und die Zeichen im Alphabet ab 0 oder 1 beginnen lassen.[64]

[47] ist ein sehr guter Artikel, in dem die Formeln entwickelt werden, wie viele invertierbare Hill-Matrizen es für eine gegebene Dimension gibt (im Vergleich zur Gesamtzahl aller Matrizen und zur Anzahl der involutorischen Matrizen).

[63] `https://de.wikipedia.org/wiki/Hill-Chiffre`

[64] Mit dem folgenden Aufruf kann man das Beispiel „ACTCAT" aus der Wikipedia (`https://en.wikipedia.org/wiki/Hill_cipher`) zu „POHFIN" verschlüsseln:

```
$ sage chap02_hill_enc_dec_kpa.sage -enc -dim 3 -pt "ACTCAT" -A [[6,24,1],[13,16,10],[20,17,15]]"
```

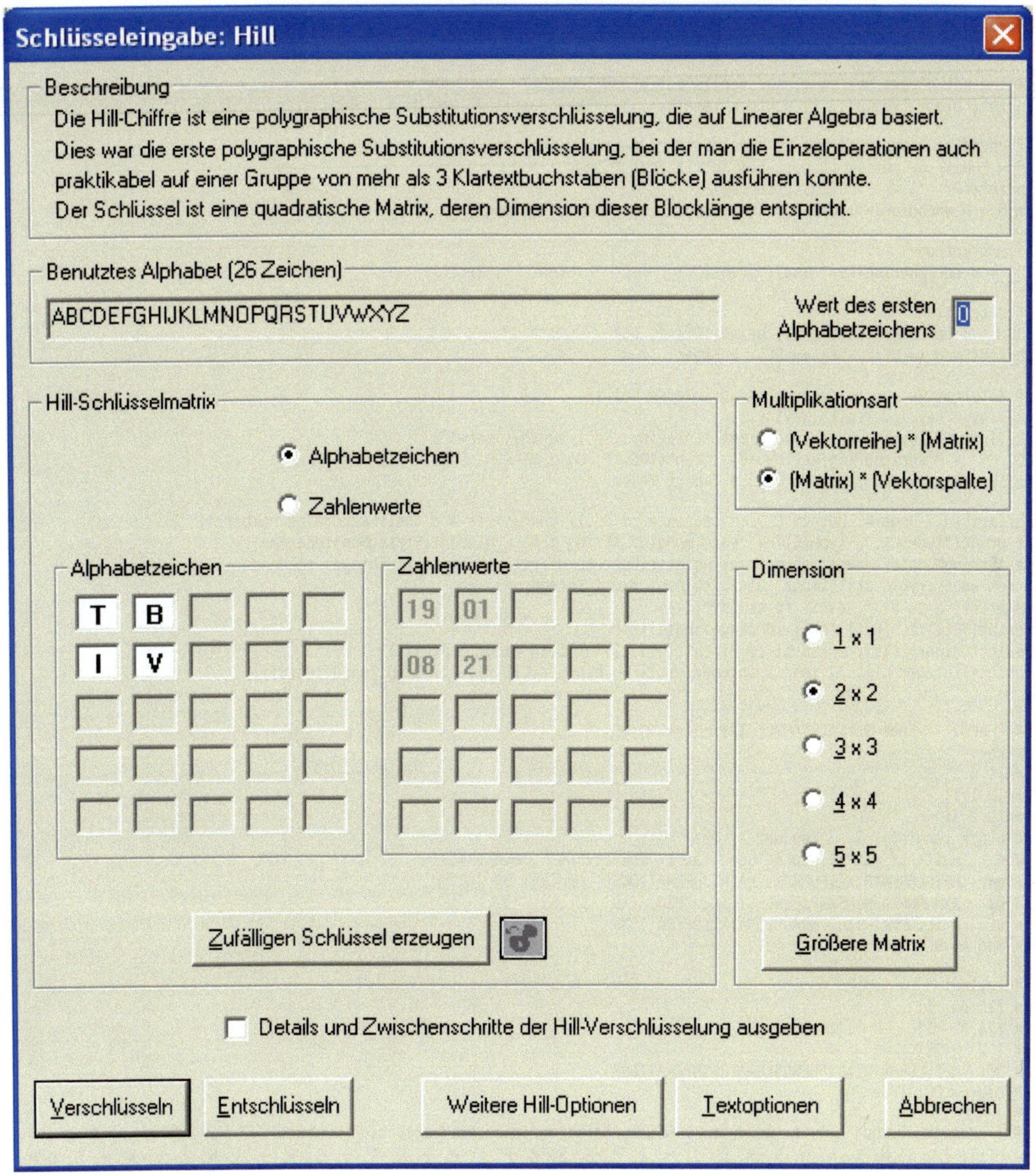

Abb. 2.15: Hill-Dialog in CT1 mit den verfügbaren Operationen und Optionen

SageMath-Beispiel 2.9.14: Hill-Verschlüsselung mit einer gegebenen Schlüsselmatrix

```
print("\n# CHAP02 -- Sage-Script-SAMPLE 120: =========")

keylen = 3   # Alternative key length: keylen=13 --- ensure msg length is a multiple of keylen
A = AlphabeticStrings()
H = HillCryptosystem(A, keylen)

# Alternative 1: Non-random key creation (needs HKS; even H.key_space() is not enough)
HKS = H.key_space()
key = HKS([[1,0,1],[0,1,1],[2,2,3]]); print("key: \n", key, sep="")

# Alternative 2: Random key creation
```

Fortsetzung SageMath-Beispiel 2.9.14

```
# key = H.random_key(); print("key: \n", key, sep="")

# the key object has no method len(), but block_length()
print("block_length(): ", H.block_length(), "   key.det(): ", key.det(), sep="")

# encoding (Length of msg is a multiple of matrix dimension (block_length))
P = "HHill or matrix cipher uses matrix operations."
print("P:   ", P, "  Plen:", len(P))
msg = H.encoding(P); print("msg:", msg, "   msglen:", len(msg))

# encryption
C  = H.enciphering(key, msg); print("C:   ", C, "  Clen:   ", len(C))

# decryption
DC  = H.deciphering(key, C); print("DC: ", DC)
print("msg == DC:", msg == DC)  # Expect True

# alternative way to decrypt using inverse matrix
keyInv = key.inverse(); keyInv
keyInv = H.inverse_key(key); print("\nkeyInv: \n", keyInv, sep="")
DC     = H.enciphering(keyInv, C); print("DC: ", DC)
print("msg == DC:", msg == DC)  # Expect True

print("\n---Remark: Output C as a sequence of ASCII characters and their according numbers")
# print("type(C):", type(C)) # 'sage.monoids.string_monoid_element.StringMonoidElement'
# 'StringMonoidElement' object has no attribute to directly convert to integer sequence
from sage.crypto.util import ascii_to_bin, ascii_integer
# print("a_to_b: ", ascii_to_bin(str(C)))
print("C[i]:", [C[i] for i in range(len(C))])
print("binary C[i]:", [ascii_to_bin(str(C[i])) for i in range(len(C))])
print("integer C[i]:", [ascii_integer(ascii_to_bin(str(C[i]))) for i in range(len(C))])

#------------------------------------
# CHAP02 -- Sage-Script-SAMPLE 120: =========
# key:
# [1 0 1]
# [0 1 1]
# [2 2 3]
# block_length(): 3    key.det(): 25
# P:    HHill or matrix cipher uses matrix operations.    Plen: 46
# msg: HHILLORMATRIXCIPHERUSESMATRIXOPERATIONS    msglen: 39
# C:    XXMNNMRMDJHINSXXPIBENCQGIBSKZVXMSQJRYXD    Clen:    39
# DC:  HHILLORMATRIXCIPHERUSESMATRIXOPERATIONS
# msg == DC: True
#
# keyInv:
# [25 24  1]
# [24 25  1]
# [ 2  2 25]
# DC:  HHILLORMATRIXCIPHERUSESMATRIXOPERATIONS
# msg == DC: True
#
# ---Remark: Output C as a sequence of ASCII characters and their according numbers
# C[i]: [X, X, M, N, N, M, R, M, D, J, H, I, N, S, X, X, P, I, B, E, N, C, Q, G, I, B, S, K, Z, V, X, M, S, Q,▶
  ▶ J, R, Y, X, D]
# binary C[i]: [01011000, 01011000, 01001101, 01001110, 01001110, 01001101, 01010010, 01001101, 01000100, 0100▶
  ▶1010, 01001000, 01001001, 01001110, 01010011, 01011000, 01011000, 01010000, 01001001, 01000010, 01000101, 0▶
  ▶1001110, 01000011, 01010001, 01000111, 01001001, 01000010, 01010011, 01001011, 01011010, 01010110, 01011000▶
  ▶, 01001101, 01010011, 01010001, 01001010, 01010010, 01011001, 01011000, 01000100]
# integer C[i]: [88, 88, 77, 78, 78, 77, 82, 77, 68, 74, 72, 73, 78, 83, 88, 88, 80, 73, 66, 69, 78, 67, 81, 7▶
  ▶1, 73, 66, 83, 75, 90, 86, 88, 77, 83, 81, 74, 82, 89, 88, 68]
```

2.9.2.6 Substitutions-Chiffren mit „Symbolen" (nicht nur Großbuchstaben)

Eine Substitutions-Chiffre kann man als Stromchiffre betrachten, die auf dem Klartext operiert, indem sie eine Ersetzung der Zeichen durch Elemente eines „Geheimtext-Alphabets" vornimmt. Man kann sie auch durch eine Permutation der Zeichen im Klartext-Alphabet beschreiben.

Bisher haben wir für die klassischen Chiffren die Großbuchstaben verwendet. Diese Menge $\{A, B, ..., Z\}$ ist das Standard-**Alphabet**, das für die klassischen Chiffren in SageMath verwendet wird. Die vordefinierten Funktionen für klassische Chiffren in SageMath bieten neben den Großbuchstaben noch das Hexadezimal- und das Binärsystem als Alphabet an.

Diese Alphabete kann man aufrufen mit den drei Funktionen

```
S = AlphabeticStrings()
H = HexadecimalStrings()
B = BinaryStrings()
```

Sie implementieren die sogenannten freien String-Monoide, also Mengen, deren Elemente man zu einer beliebigen, endlichen Länge aneinanderreihen kann.

Die folgenden Beispiele demonstrieren, dass man das Alphabet variieren kann. Die ersten beiden Beispiele verwenden das Hexadezimal- und das Binärsystem. Das letzte Beispiel zeigt, wie Sie Ihr eigenes Alphabet definieren. Dies erfordert derzeit auch das Schreiben eines eigenen Verschlüsselungs-Algorithmus. Dazu definieren wir eine eigene monoalphabetische Substitution (MASC) mit einem längeren Alphabet.

MASC mit einem hexadezimalen Alphabet Im SageMath-Beispiel 2.9.15 wird das hexadezimale Zahlensystem als Substitutions-Alphabet für den Klartext/Geheimtext verwendet.

SageMath-Beispiel 2.9.15: Monoalphabetische Substitution über dem Hexadezimal-Alphabet (Decodieren mit SageMath und Python)

```
print("\n# CHAP02 -- Sage-Script-SAMPLE 130: =========")

A = HexadecimalStrings()
S = SubstitutionCryptosystem(A)

key = S.random_key(); print("key: ", key, "  keylen: ", len(key), sep="")
print("Number of possible keys: ", len(key), "! = ", factorial(len(key)), sep="")

P   = "Working with a larger alphabet."; print("P:  ", P, "  Plen:", len(P))
msg = A.encoding(P); print("msg:", msg, "  msglen:", len(msg))

C   = S.enciphering(key, msg); print("C:  ", C, "  Clen:  ", len(C))
DC  = S.deciphering(key, C); print("DC: ", DC)

print("msg == DC:", msg == DC)  # Expect True

# Conversion hex in DC back to ASCII:
DDC = DC.decoding(); # print("DDC:", DDC)
print("P == DDC:", P == DDC)  # Expect True

## Remark: Other ways for the decoding transformation using sage.crypto.util
# - AlphabeticStrings() and HexadecimalStrings() don't have an according method.
# - http://doc.sagemath.org/html/en/reference/cryptography/sage/crypto/util.html
# from sage.crypto.util import ascii_integer
# print("ascii_integer: ", ascii_integer("01000100"))
# from sage.crypto.util import bin_to_ascii
# print("bin_to_ascii:", bin_to_ascii("01000100"))
#
## Remark: Alternative conversion hex back to ASCII, using native Python
# import binascii
# DDC = binascii.a2b_hex(repr(DC));

#------------------------------------
# CHAP02 -- Sage-Script-SAMPLE 130: =========
# key: c7834de0f1a65b29  keylen: 16
# Number of possible keys: 16! = 20922789888000
# P:   Working with a larger alphabet.   Plen: 31
# msg: 576f726b696e6720776974682061206c617267657220616c7068616265742e   msglen: 62
```

Fortsetzung SageMath-Beispiel 2.9.15

```
# C:  d0e908e6e1e2e08c00e104ef8ce78ce5e708e0ed088ce7e50cefe7e8ed0482  Clen:  62
# DC:  576f726b696e67207769746820612061206c617267657220616c7068616265742e
# msg == DC: True
# P == DDC: True
```

MASC mit binärem Alphabet Im SageMath-Beispiel 2.9.16 werden die 3 Chiffren monoalphabetische Substitution, Shift und Vigenère verwendet. Hier dagegen stammen die Alphabetzeichen aus dem Binärsystem.

Bis auf das Vigenère-Verfahren, das auch für beliebig lange Texte zum One-Time-Pad werden kann, sind diese Varianten sehr unsicher. Weil das Klartext-/Geheimtext-Alphabet nur aus den 2 Elementen 0 und 1 besteht, gibt es bspw. bei der monoalphabetischen Substitution dann nur zwei mögliche Schlüssel: (0 1) und (1 0) – denn im Schlüssel einer monoalphabetischen Substitutions-Chiffre treten alle Alphabetzeichen genau einmal auf.

SageMath-Beispiel 2.9.16: Verschiedene Substitutions-Chiffren über dem Binär-Alphabet

```
print("\n# CHAP02 -- Sage-Script-SAMPLE 140: =========")

# the plaintext/ciphertext alphabet is a binary sequence
B = BinaryStrings(); # print("B", B); print("B.alphabet()", B.alphabet())

# substitution cipher over the alphabet B; no keylen argument possible
S = SubstitutionCryptosystem(B)
print("1. Substitution: alphabet_size:", S.alphabet_size())

# Alternative: To get a substitute for each symbol, key has always the length of the alphabet
# key = S.random_key()
key = B("10") # "10" inverts all bits, "01" leaves them unchanged; "0", "1", "00" and "11" cause exception!
print("key: ", key, "  keylen: ", len(key))
# print("##type key: ", type(key))

P = "MA-Substitution on binary alphabet is very unsecure (flip bit or not)."; print("P:  ", P, "      Plen:",▶
 ▶ len(P))
msg = B.encoding(P); print("msg:", msg, "  msglen:", len(msg))

C  = S.enciphering(key, msg); print("C:  ", C, "  Clen: ", len(C))
DC  = S.deciphering(key, C); # print("DC: ", DC)

print("msg == DC:", msg == DC)  # Expect True


S = ShiftCryptosystem(B) # Shift in the binary alphabet B which has only two elements.
print("\n2. Shift: alphabet_size:", S.alphabet_size())

# Alternative: key = S.random_key(); print("randK:", key)
# print("##type key: ", type(key))
key   = 1; print("key:", key)   # 1 inverts each bit; 0 leaves each bit unchanged.

P = "Shift on binary alphabet offers only 2 possibilities: very unsecure."; print("P:  ", P, "     Plen:", ▶
 ▶len(P))
msg = B.encoding(P); print("msg:", msg, "  msglen:", len(msg))

C  = S.enciphering(key, msg); print("C:  ", C, "  Clen: ", len(C))
DC  = S.deciphering(key, C); # print("DC: ", DC)

print("msg == DC:", msg == DC)  # Expect True


keylen = 14;
# Alternative settings for alphabet and using a given key
# B = AlphabeticStrings(); key = B('ABCDEFGHIJKLMN'); print("key:", key, "  keylen: ", len(key))
# B = BinaryStrings(); key = B('11111111111111'); print("key:", key, "  keylen: ", len(key))
V = VigenereCryptosystem(B, keylen)
```

Fortsetzung SageMath-Beispiel 2.9.16

```
print("\n3. Vigenere: alphabet_size:", V.alphabet_size())
key = V.random_key(); print("randkey:", key, "  keylen: ", len(key))

msg = V.encoding("Vigenere on binary alphabet with long key is close to OTP."); print("msg:", msg, "  msglen▶
  ▶:", len(msg))
C   = V.enciphering(key, msg); print("C:  ", C, "  Clen: ", len(C))
DC  = V.deciphering(key, C); # print("DC: ", DC)

print("msg == DC:", msg == DC)  # Expect True

#-----------------------------------
# CHAP02 -- Sage-Script-SAMPLE 140: =========
# 1. Substitution: alphabet_size: 2
# key:  10   keylen:  2
# P:   MA-Substitution on binary alphabet is very unsecure (flip bit or not).        Plen: 70
# msg: 0100110101000001001011010101001101110101011000100111001101110100011010010111010001110101011101000110100▶
  ▶10110111110110111000100000011011111011011100010000001100010011010010110111001100001011100100111100100100000001▶
  ▶10000101101100011100000011010000110000101100010011001010111010000100000011010010111001100100000011101100110▶
  ▶10101110010011110010010000000111010101101110011100110110010101100011011101010111001001100101001000000001010000▶
  ▶01100110011011000110100101110000000100000011000100110100101110100001000000110111101110010001000000110111001 1▶
  ▶0111101110100001010010010111 0   msglen: 560
# C:    10110010101111101101001010101100100010101001110110001100100010111001011010001011100010101000101110010 11▶
  ▶01001000010010001110111111100100000100100011101111111001110110010110100100011001111010001101100001101101111110▶
  ▶01111010010011100011111001011110011110100111011001101010001011110111111100101101000110011011111100010011 0011▶
  ▶01010001101100001101101111110001010100100011000110010011010100111001000101010001101100110101101111111010111▶
  ▶10011001100100111001011010001111110111111001110110010110100010111101111110010000100011011101111110010001100▶
  ▶10000100010111101011011010001   Clen:  560
# msg == DC: True
#
# 2. Shift: alphabet_size: 2
# key: 1
# P:   Shift on binary alphabet offers only 2 possibilities: very unsecure.       Plen: 68
# msg: 0101001101101000011010010110011001110100001000000110111101101110001000000110001001101001011011100110000 0▶
  ▶10111001001111001001000000110000101101100011100000110100001100001011000100110010101110100001000000110111101▶
  ▶10011001100110011001010111001001110011001000000110111101101110011011000111001001000000001100100010000001110▶
  ▶00001101111011100110111001101101001011000100110100101101100011010010111010001101001011001010111001100111010▶
  ▶00100000011101100110010101110010011110010010000000111010101101110011100110110010101100011011101010111001 0011▶
  ▶0010100101110   msglen: 544
# C:    10101100100101111001011010011001100010111101111111001000010010001110111111100111011001011010010001100111 1▶
  ▶01000110110000110110111111001111010010011100011111100101111001111010011101100110101000101111011111110010000 10▶
  ▶01100110011001100110101000110110001100110111111100100001001000110010011100001101101111111001101110111111000 1▶
  ▶11110010000100011001000110010010110100111011001011010010011100101101000101110010110100110101000110011000101▶
  ▶11011111100010011001101010001101100001101101111110001010100100011000110010011010100111001000101010001101100▶
  ▶1101011010001   Clen:  544
# msg == DC: True
#
# 3. Vigenere: alphabet_size: 2
# randkey: 00001100010000   keylen:  14
# msg: 010101100110100101100111011001010110111001100101011100100110010100100000011011110110111000100000011000 1▶
  ▶00110100101101110011000010111001001111001001000000110000101101100011100000110100001100001011000100110010101▶
  ▶11010000100000011101110110100101110100011010000010000000110110001101111011011100110011100100000001101011011 00▶
  ▶10101111001001000000110100101110011001000000011000110110110001101111011100110110010100100000011101000110111 1▶
  ▶0010000000110000100100000001001111010101000101000000101110   msglen: 480
# C:    0101101000101001010101100110010110101010011001100110001001101001011000000010111100110111011100100011000 00▶
  ▶10111100101100010001000010100001101111001111001000110001001111100011111000010100001010000011000101010000101▶
  ▶11011100110000011110110010100101000101011010001110010001101111011111111011000100010011100010001011010111010 0▶
  ▶00101111010001100000110010100110011000100010110001110101000011011000110001101101001011000000010001010110111 1▶
  ▶1110010001100010001100000100001100010100011000010010111 0   Clen:  480
# msg == DC: True
```

MASC mit einem selbst-definierten Alphabet Im SageMath-Beispiel 2.9.17 auf der nächsten Seite wird ein „erweitertes" Alphabet benutzt – eines, das die Alphabet-Buchstaben (groß und klein), Zahlen und einige weitere Symbole enthält.

SageMath-Beispiel 2.9.17: Monoalphabetische Substitution (MASC) über eigenem Alphabet

```
print("\n# CHAP02 -- Sage-Script-SAMPLE 150: =========")

# Using own definitions for a classical cipher instead of the r2r Sage commands (r2r=ready-to-run)
# An arbitrary alphabet made from A..Z, a..z, 0..9, and some symbols which are arranged in a wished order.

import string
import random

alph1Lower_string = string.ascii_lowercase
# print(alph1Lower_string)
alph2Upper_string = string.ascii_uppercase
# print(alph2Upper_string)
alph3Digits_string = string.digits
# print(alph3Digits_string)
alph4Punctuation_string = string.punctuation
# print(alph4Punctuation_string)

# Determine the order of the elements of the alphabet by ordering the 4 parts
alphabet = alph1Lower_string + alph2Upper_string + alph4Punctuation_string + alph3Digits_string
print(alphabet)

print('Length alphabet:', len(alphabet))
print('Check: Value of letter B in this alphabet:', alphabet.index('B'))

# Shuffle rearranges the given object. As strings and tuples are immutable,
# we have to use random.sample() instead of random.shuffle().
random.seed(int(15)) # argument not necessary. Initialized the PRNG just to have always the same to compare ▶
  ▶with.
       # argument 15 without casting throws TypeError: The only supported seed types are: None, int, float, ▶
         ▶str, bytes, and bytearray.
r_alphabet = ''.join(random.sample(alphabet, len(alphabet)))
print('1. shuffled alphabet:', r_alphabet)
r_alphabet = ''.join(random.sample(alphabet, len(alphabet)))
print('2. shuffled alphabet:', r_alphabet)

# Use these two alphabets to build a MASC
PA = alph1Lower_string + alph2Upper_string + alph4Punctuation_string + alph3Digits_string
print('\nPlaintext alphabet PA :', PA, ' Length of PA', len(PA))

random.seed(int(0)) # Initialized the seed to generate a fixed permutation
CA = ''.join(random.sample(PA, len(PA)))
print('Ciphertext alphabet CA:', CA, ' Length of CA', len(CA))

codetableC2P = str.maketrans(CA,PA) # requires the 2 strings CA, PA to have the same len
codetableP2C = str.maketrans(PA,CA) # requires the 2 strings CA, PA to have the same len

P1 = '''ATESTZtestTEST1234'''
P2 = '''DWHVWCCNBCWHVWNOPQ'''

C1 = P1.translate(codetableP2C);
C2 = P2.translate(codetableP2C);

P1_revealed = C1.translate(codetableC2P);
P2_revealed = C2.translate(codetableC2P);

print('C1          :', C1)
print('C2          :', C2)
print('P1_revealed:', P1_revealed)
print('P2_revealed:', P2_revealed)

print('Check: Value of letter A in PA:', PA.index('A'))
print('Check: Value of letter 0 in CA:', CA.index('0'))
print('Check: Value of letter D in PA:', PA.index('D'))
print('Check: Value of letter A in CA:', CA.index('A'))

#-----------------------------------
# CHAP02 -- Sage-Script-SAMPLE 150: =========
# abcdefghijklmnopqrstuvwxyzABCDEFGHIJKLMNOPQRSTUVWXYZ!"#$%&'()*+,-./:;<=>?@[\]^_`{|}~0123456789
# Length alphabet: 94
# Check: Value of letter B in this alphabet: 27
# 1. shuffled alphabet: Ab/euEchsV4oR(TJYHSD9`OCN."[':+f7KZx=)5\P&zX6F8miIl<01]Wjg2{d^*;@rLUq_,!#|3yBw~nkp%>M▶
  ▶}-$tQ?aGv
```

Fortsetzung SageMath-Beispiel 2.9.17

```
# 2. shuffled alphabet: WbHlKif&hGu,?*}3-1)k|(D20[8]Q9$wdN@TtMC=J!:Bya.+\X7^jqpF<v~'"%RV#6U/;Z_LO{smzerSxnAP4`▶
 ▶oY5E>gIc
#
# Plaintext alphabet PA : abcdefghijklmnopqrstuvwxyzABCDEFGHIJKLMNOPQRSTUVWXYZ!"#$%&'()*+,-./:;<=>?@[\]^_`{|}~▶
 ▶0123456789  Length of PA 94
# Ciphertext alphabet CA: X"fH.+ZM*T[B-rK{mG;sN^jQ)?0$OA1C/6qd3Ja7Uz:Y=5,@Fvpue\`oR>I4#<9%(L'8_|w}!kSgty2bDW~]▶
 ▶nxPEl&Vchi  Length of CA 94
# C1          : 051=5us.;s51=5xPEl
# C2          : AF6@FOO7$OF6@F7Uz:
# P1_revealed: ATESTZtestTEST1234
# P2_revealed: DWHVWCCNBCWHVWNOPQ
# Check: Value of letter A in PA: 26
# Check: Value of letter O in CA: 26
# Check: Value of letter D in PA: 29
# Check: Value of letter A in CA: 29
```

2.9.3 Kryptoanalyse klassischer Verfahren mit SageMath

Natürlich kann man auch die Kryptoanalyse von klassischen Verfahren mit Python oder SageMath durchführen. Gute Beispiele finden sich in dem Buch von Kohel [48]: auf Seite 19 ff und Seite 110 ff. Zu affinen Chiffren und Shift-Chiffren finden Sie Kryptoanalyse-Beispiele auch unter `https://doc.sagemath.org/pdf/en/reference/cryptography/cryptography.pdf`.

Sehr fortgeschrittene Kryptoanalyse-Verfahren zu klassischen Verfahren finden sich in CT2 (`https://www.cryptool.org/de/ct2/`).

Hier sollen exemplarisch zwei einfache Analysen vorgestellt werden. Für eine Shift-Chiffre wird die in SageMath eingebaute Brute-Force-Methode benutzt, um einem Geheimtext den richtigen Klartext und den richtigen Schlüssel zuzuordnen. Für die Hill-Chiffre wird ein selbst geschriebenes Programm vorgestellt, das aus einem gegebenen Klartext-/Geheimtext-Paar den richtigen Schlüssel bestimmt.

2.9.3.1 Kryptoanalyse mit SageMath: Ciphertext-only-Angriff gegen Shift-Chiffre

Das in SageMath eingebaut Caesar-Verfahren hat bei einem Alphabet aus 26 Großbuchstaben auch nur 26 mögliche Schlüssel. Ein Brute-Force-Ansatz muss also nur sehr wenige Möglichkeiten ausprobieren. Deshalb ist das als Methode schon in das Kryptoverfahren `ShiftCryptosystem` integriert.[65]

Es ist klar, dass einer der 26 möglichen Schlüssel wieder den Klartext erzeugt. Deshalb ziehen manche Autoren diesen Schlüssel vom Schlüsselraum ab. Aber dies ist Definitionssache und die Mehrzahl der Autoren wie [49] zählen es zum Schlüsselraum dazu. In [50, Seite 27] werden diese Schlüssel als „trivial“ bezeichnet. Sie bilden zusammen mit den „nicht-trivialen“ Schlüsseln den Schlüsselraum. So gesehen hat Caesar 25 nicht-triviale Schlüssel und einen trivialen Schlüssel, die Schlüsselmenge hat 26 Elemente und der Schlüsselraum hat den Wert 26.

Im SageMath-Beispiel 2.9.18 auf der nächsten Seite wird erst die Build-in-Methode `brute_force` ausgeführt und dann ein statistischer Test (Chi-Square oder Squared Differences), der mit hoher Wahrscheinlichkeit den richtigen Klartext (in menschlicher Sprache) findet – abhängig von der Länge des gegebenen Geheimtextes.

[65] In SageMath 9.7 haben nur die beiden klassischen Kryptoverfahren `ShiftCryptosystem` und `AffineCryptosystem` diese Methode eingebaut. `SubstitutionCryptosystem` hat es bspw. nicht, da hier der Suchraum (26!) zu groß ist. Siehe `https://doc.sagemath.org/html/en/reference/cryptography/sage/crypto/classical.html`.

Der gefundene Klartext enthält keine Leerzeichen, da diese nicht zum Alphabet gehören. Somit sind die Worte nicht gut sichtbar voneinander getrennt.[66]

SageMath-Beispiel 2.9.18: Ciphertext-only-Angriff gegen Shift-Verschlüsselung (Caesar)

```
print("\n# CHAP02 -- Sage-Script-SAMPLE 160: =========")

# Find the most likely plaintext of a ciphertext encrypted via a shift cipher
# - Instead of explicitely looping over all revealed plaintexts,
#   use the built-in brute-force method and apply a statistical measure
# - automated ciphertext-only attack against Caesar

# pt = "Hello this is a test. Please enter your text here."
# ct = "Pmttw BpqA qA i BmAB. XtmiAm mvBmz GwCz BmFB pmzm."  # via k=8
ct = "PmttwBpqAqAiBmABXtmiAmmvBmzGwCzBmFBpmzm"
print(f"Given ciphertext ct:\n{ct}")

S = AlphabeticStrings()
E = ShiftCryptosystem(S)

# both, ct and ctstr have the value PMTTWBPQAQAIBMABXTMIAMMVBMZGWCZBMFBPMZM
ct = S.encoding(ct)  # type: sage.monoids.string_monoid_element.StringMonoidElement'
ctstr = str(ct)      # type: str

print("\n---------- brute-force, No ranking")
dict = E.brute_force(ct) # type(dict)=dict
print( *sorted(dict.items())[:26], sep="\n" ) # output one element per line

print("\n---------- chi_square ranking")
L = E.brute_force(ct, ranking="chisquare")  # type(L))=list
print(*L[:5], sep="\n") # display only the top 5 candidate keys and plaintexts

print("\n---------- squared_differences ranking")
L = E.brute_force(ct, ranking="squared_differences")  # type(L))=list
print(*L[:5], sep="\n") # display only the top 5 candidate keys and plaintexts

print("\n---------- Probably correct values")
print("Probable correct key: ", L[0][0])
print("Probable correct pt:  ", L[0][1])

#------------------------------------
# CHAP02 -- Sage-Script-SAMPLE 160: =========
# Given ciphertext ct:
# PmttwBpqAqAiBmABXtmiAmmvBmzGwCzBmFBpmzm
#
# ---------- brute-force, No ranking
# (0, PMTTWBPQAQAIBMABXTMIAMMVBMZGWCZBMFBPMZM)
# (1, OLSSVAOPZPZHALZAWSLHZLLUALYFVBYALEAOLYL)
# (2, NKRRUZNOYOYGZKYZVRKGYKKTZKXEUAXZKDZNKXK)
# (3, MJQQTYMNXNXFYJXYUQJFXJJSYJWDTZWYJCYMJWJ)
# (4, LIPPSXLMWMWEXIWXTPIEWIIRXIVCSYVXIBXLIVI)
# (5, KHOORWKLVLVDWHVWSOHDVHHQWHUBRXUWHAWKHUH)
# (6, JGNNQVJKUKUCVGUVRNGCUGGPVGTAQWTVGZVJGTG)
# (7, IFMMPUIJTJTBUFTUQMFBTFFOUFSZPVSUFYUIFSF)
# (8, HELLOTHISISATESTPLEASEENTERYOURTEXTHERE)
# (9, GDKKNSGHRHRZSDRSOKDZRDDMSDQXNTQSDWSGDQD)
# ...
# (25, QNUUXCQRBRBJCNBCYUNJBNNWCNAHXDACNGCQNAN)
#
# ---------- chi_square ranking
# (8, HELLOTHISISATESTPLEASEENTERYOURTEXTHERE)
# (21, URYYBGUVFVFNGRFGCYRNFRRAGRELBHEGRKGURER)
```

[66] Unter `CT2 Startcenter ▷ Vorlagen ▷ Werkzeuge` findet man das Template „Text zerlegen". Damit kann man die Worte verschiedener Sprachen erkennen und die Trenner im erkannten Klartext fast ganz automatisch wieder herstellen, mit wenig händischer Nacharbeit (siehe Abb. 2.16 auf der nächsten Seite):
HELLOTHISISATESTPLEASEENTERYOURTEXTHERE
→ HELLO THIS IS ATE S T PLEASE ENTER YOUR TEXT HERE
→ HELLO THIS IS A TEST PLEASE ENTER YOUR TEXT HERE
Statt mit CT2 kann man das Aufsplitten auch sehr gut mit KI erledigen, bspw. mit ChatGPT (https://chat.openai.com) oder YouChat (https://you.com).

Fortsetzung SageMath-Beispiel 2.9.18

```
# (12, DAHHKPDEOEOWPAOPLHAWOAAJPANUKQNPATPDANA)
# (24, ROVVYDRSCSCKDOCDZVOKCOOXDOBIYEBDOHDROBO)
# (14, BYFFINBCMCMUNYMNJFYUMYYHNYLSIOLNYRNBYLY)
#
# ---------- squared_differences ranking
# (8, HELLOTHISISATESTPLEASEENTERYOURTEXTHERE)
# (19, WTAADIWXHXHPITHIEATPHTTCITGNDJGITMIWTGT)
# (12, DAHHKPDEOEOWPAOPLHAWOAAJPANUKQNPATPDANA)
# (23, SPWWZESTDTDLEPDEAWPLDPPYEPCJZFCEPIESPCP)
# (24, ROVVYDRSCSCKDOCDZVOKCOOXDOBIYEBDOHDROBO)
#
# ---------- Probably correct values
# Probable correct key:  8
# Probable correct pt:    HELLOTHISISATESTPLEASEENTERYOURTEXTHERE
```

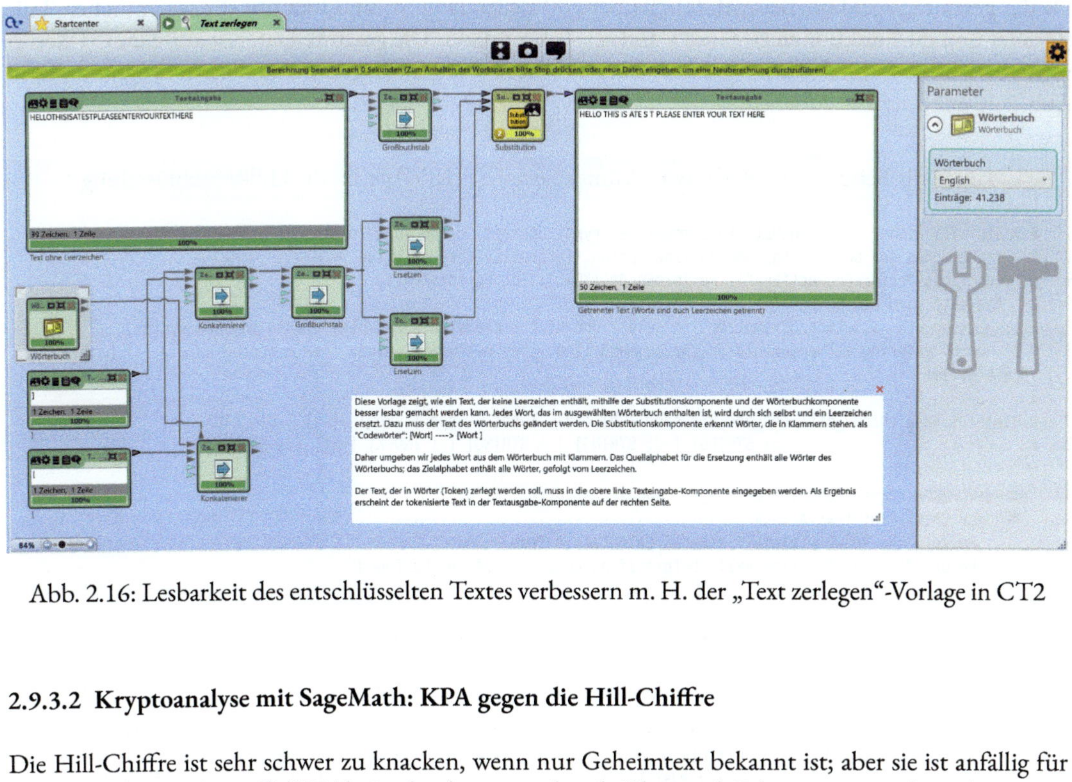

Abb. 2.16: Lesbarkeit des entschlüsselten Textes verbessern m. H. der „Text zerlegen"-Vorlage in CT2

2.9.3.2 Kryptoanalyse mit SageMath: KPA gegen die Hill-Chiffre

Die Hill-Chiffre ist sehr schwer zu knacken, wenn nur Geheimtext bekannt ist; aber sie ist anfällig für Known-Plaintext-Angriffe (**KPA**): Sind sich entsprechende Klar- und Geheimtexte gegeben, dann ist es sehr wahrscheinlich, dass der Schlüssel (Matrix) bestimmt werden kann.

Im Folgenden wird das SageMath-Programm **hill_enc_dec_kpa.sage** vorgestellt, das einen Known-Plaintext-Angriff gegen das Hill-Verfahren ausführen kann. Während das SageMath-Beispiel 2.9.14 auf Seite 127 in Abschnitt 2.9.2.5 nur die Daten ver- und entschlüsseln konnte, die hart im Programm standen, ist das SageMath-Beispiel 2.9.19 auf der nächsten Seite professioneller: Es enthält unterschiedliche Testdaten in einem Dictionary und kann auch alle nötigen Daten und Optionen von der Kommandozeile einlesen.

Für die KPA wird die Schlüsselmatrix A aus dem Chiffrat C und der Inversen des Klartexts P berechnet. Die Reihenfolge der Matrix-Multiplikation bei der Analyse ist abhängig davon, ob der Schlüssel bei der Verschlüsselung von links oder von rechts mit dem Klartext multipliziert wird:

$$C = A \cdot P \pmod{26}$$

$$A \cdot P = C \pmod{26}$$
$$A = C \cdot P^{-1} \pmod{26}$$

oder

$$C = P \cdot A \pmod{26}$$
$$P \cdot A = C \pmod{26}$$
$$A = P^{-1} \cdot C \pmod{26}$$

Zu beachten ist, dass sich das Programm aus dem gegebenen Klartext zuerst die richtigen Abschnitte heraussucht, damit die Matrix P invertierbar ist: Das passiert in der Funktion `PerformKPA` in der for-Schleife, die die richtigen „Slices“ aus P bestimmt.

Da das gesamte SageMath-Beispiel 2.9.19 über 700 Zeilen lang ist, sind hier nur die wesentlichen Teile (Header und die Funktionen `PerformKPA` und `main`) abgedruckt. Die gesamte Datei ist auf dem CT-Server verfügbar: Siehe Kapitel C auf Seite 885. Ein einfaches Funktionsdiagramm zu diesem Programm ist in Abb. 2.17 auf Seite 140 zu sehen.

SageMath-Beispiel 2.9.19: Known-Plaintext-Analyse (KPA) gegen die Hill-Verschlüsselung

```
# Apply Hill cipher from SageMath in 3 modes: encrypt, decrypt, or do known-plaintext analysis.
# - these modes can be set via command line option. Internally they call the
#   functions PerformEncDec("Enc"), PerformEncDec("Dec"), or PerformKPA()
# - the data used can be set
#   - either via -s SelectedExampleNo (to select one of the predefined examples stored in JSON syntax)
#   - or by entering all arguments on the command line [they overwrite values from a stored sample, if both are given]
#
# Usage: $ sage chap02_hill_enc_dec_kpa.sage [-h] [-V]  (-enc | -dec | -kpa)  [-v] [-dim DIM]
#                     [-pt STRING] [-ct STRING] [-A STRING] [-i INDEX] [-kl] [-s SAMPLE]
...
def PerformKPA (dimA, KeyOnTheLeft, P, C, indexFirstLetter, E, R):
  """Case Known-Plaintext-Attack ----------------------------------------
     - Perform the known-plaintext attack: Calculate A from P and C
     - Return found A (function exits before if no acceptable A can be found)
  """

  print_v("yyy-funcname: '{}'".format(inspect.currentframe().f_code.co_name))
  l = locals()   # print all variables passed to this function;
  print_v(", \n".join(["yyy-{var}: {type}: {value}".format(var=v, type=type(l[v]), value=l[v] ) for v in l]))

  # Remark: Here, the given pt and ct are used from their beginning and shrinked from the end, to make sure
  #         their length is a a multiple of dimA. However, as example 12 shows, a challenge can be made in
  #         such a way, that shrinking must be done from the end. This is done in the given data if sample 12.
  #         bCheckFromFront=True  # default way; bCheckFromFront=False # use given pt and ct from their end


  # Make sure, that lenP is a multiple of dimA
  lenP = len(P)
  if lenP % dimA != 0:
    print("Plaintext length shrinked to integer multiple of matrix dimension from %d to %d" % (lenP, (lenP // dimA) * dimA))
    P = P[:(lenP // dimA) * dimA]
    lenP = len(P)

  # P: convert the letters of P (here only capital ones) to integers
  PNumList = [ord(x) - 65 + indexFirstLetter for x in str(P)];
  print_v("PNumList-beg:", PNumList[0:20])
  print_v("--a Test backwards: See the corresponding chars for\nPNumList-beg:", [S[i+1-indexFirstLetter] for i in PNumList[0:20]] )
```

Fortsetzung SageMath-Beispiel 2.9.19

```

  lenPNumList = len(PNumList)

  if lenPNumList < dimA*dimA:
    print("lenPNumList=%s < dimA*dimA=%s" % (lenPNumList, dimA*dimA))
    print("==> Exit, as PNumMatrix is too short.")
    exit()

  # For loop, to select the adequate slices in PNumList
  PNumMatrix_not_invertible = True
  upper = (lenPNumList-(dimA*dimA))/dimA + 1; print_v("lenPNumList=%s, upper=%s" % (lenPNumList, upper))
  upper = int(upper)  # Round down to the next smaller integer
  if not (upper > 0):
    print("upper =", upper, "Given P is too short. Exit.")
    exit()

  for i in range(0,upper):
    PNumMatrix = matrix(R, dimA, dimA, PNumList[i*dimA:dimA*dimA+i*dimA])
    lenS = len(S.alphabet())
    det_PNumMatrix = det(PNumMatrix)
    detmod_PNumMatrix = det_PNumMatrix.mod(lenS) # detmod_PNumMatrix = mod(det_PNumMatrix, lenS)
    print("yy%s: det_PNumMatrix=%s, detmod_PNumMatrix=%s, lenS=%s, gcd(det_PNumMatrix,lenS)=%s"
          % (i, det_PNumMatrix, detmod_PNumMatrix, lenS, gcd(det_PNumMatrix, lenS)))
    if (gcd(detmod_PNumMatrix, lenS)) == 1:
      PNumMatrix_not_invertible = False
      break

  if PNumMatrix_not_invertible == True:
    print("==> Exit, as PNumMatrix is not invertible.")
    exit()

  PInv = PNumMatrix.inverse(); print_v("6 PInv\n%s" % PInv)


  # Make sure, that lenC is a multiple of dimA
  lenC = len(C)
  if lenC % dimA != 0:
    print("Ciphertext length shrinked to integer multiple of matrix dimension from %d to %d" % (lenC, (lenC // dimA) * dimA))
    C = C[:(lenC // dimA) * dimA]
    lenC = len(C)


  if lenP != lenC:
    print("Plaintext length = %d; ciphertext length = %d. Shrinked to smaller one." % (lenP, lenC))
    if lenP > lenC: # here P is longer
      lenP = lenC
      P = P[:lenP]
    else: # here P is shorter
      lenC = lenP
      C = C[:lenC]

  assert lenC == lenP, "Length of P and C are not the same."


  # C: convert the letters of C (here only capital ones) to integers
  CNumList = [ord(x) - 65 + indexFirstLetter  for x in str(C)]
  print_v("CNumList-beg:", CNumList[0:20])

  # Get matrix from junks (slices) of C according to the same slices from P found above in the loop
  print_v("Loop over P: i:",i)
  CNumMatrix = matrix(R, dimA, dimA, CNumList[i*dimA:dimA*dimA+i*dimA]); print_v("7 CNumMatrix\n%s" % CNumMatrix)

  A = PInv*CNumMatrix; print_v("8b Matrix A with det(A)=%s found via KPA\n%s" % (det(A), A))
```

Fortsetzung SageMath-Beispiel 2.9.19

```
  det_A = det(A)
  detmod_A = det_A.mod(lenS) # detmod_A = mod(det_A, lenS) with lenS=26
  print_v("yy: det_A=%s, detmod_A=%s, lenS=%s, gcd(det_A,lenS)=%s"
          % (det_A, detmod_A, lenS, gcd(det_A, lenS)))

  if gcd(detmod_A, lenS) != 1:
    print("==> Exit, as found A is not invertible.")
    exit()
  else:
    AInv = A.inverse(); print_v("10a AInv\n%s" % AInv)


  len_to_compare_in_KPA=30

  # ----- Check the result by encrypting P with found A
  print_v("Pggb-Begin:", P[0:len_to_compare_in_KPA])
  print_v("Cggb-Begin:", C[0:len_to_compare_in_KPA])
  P = S.encoding(str(P));

  Cnew  = E.enciphering(A,P); print("Cnew-Begin:", Cnew[0:len_to_compare_in_KPA])
  if str(C) != str(Cnew):
    print("--- encERROR: The new matrix A did NOT calculate the correct ciphertext from P.")
  else:
    print("--- encOK: The new matrix A did calculate the correct ciphertext from P.")


  # ----- Check the result by decrypting Cnew with found A
  print_v("Cggb-Begin:", C[0:len_to_compare_in_KPA])
  print_v("Pggb-Begin:", P[0:len_to_compare_in_KPA])
  C = S.encoding(str(C));

  Pnew = E.deciphering(A,C); print("Pnew-Begin:", Pnew[0:len_to_compare_in_KPA])
  if P != Pnew:
    print("--- decERROR: The new matrix A did NOT calculate the correct plaintext from C.")
  else:
    print("--- decOK: The new matrix A did calculate the correct plaintext from C.")


  print("Determinant of A: %s; trace of A: %s" % (A.determinant(), A.trace()))

  if KeyOnTheLeft == True:   # this is just done to make the comparison in main easier
    A = A.transpose(); print_v("--reverse transpose of 'A'")

  return A
...
if __name__ == '__main__':

  # ----- (1) preparing steps for doing Hill cipher enc/dec and analysis ---------
  # Define the command line parser
  parser = DefineParser()

  # Get the data and options via the parser (kl means KeyOnTheLeft)
  args, dimA, kl, indexFirstLetter, A, P, C, MP, MC = GetDataAndOptions(parser)
  if args.matrix:
    print_v("*.* type(A): ", type(A))  # string


  # Create alphabet and initialize a Hill cipher system
  # (if MP and MC are given and not empty, convert them to alphabet S and overwrite P and C)
  S,E,R = InitializeHillSystem(dimA)

  # Prepare P and C to expected encoding and length (the encryption, decryption just expects them being ok)
  P,C = TransformInputBeforeEncryption(P, C, MP, MC)
```

Fortsetzung SageMath-Beispiel 2.9.19

```
  # ----- (2) function calls for the actual operations encrypt / decrypt / kpa ---------
  len_to_compare=30
  if args.encrypt:
    Cnew = PerformEncDec("enc", dimA, kl, A, P, E, R)
    if len(C) != 0:  # if C is not given there's nothing to compare
      print_v("Cggb-Begin:", C[0:len_to_compare])
      print_v("Cnew-Begin:", Cnew[0:len_to_compare])
      if str(C) != str(Cnew):
        print("--- encERROR: PerformEncDec(enc) calculated not the correct ciphertext from P.")
      else:
        print("--- encOK: PerformEncDec(enc) calculated the correct ciphertext from P.")
    print("Encrypted result:", Cnew)

  elif args.decrypt:
    Pnew = PerformEncDec("dec", dimA, kl, A, C, E, R)
    if len(P) != 0:  # if P is not given there's nothing to compare
      print_v("Pggb-Begin:", P[0:len_to_compare])
      print_v("Pnew-Begin:", Pnew[0:len_to_compare])
      if str(P) != str(Pnew):
        print("--- decERROR: PerformEncDec(dec) calculated not the correct plaintext from C.")
      else:
        print("--- decOK: PerformEncDec(dec) calculated the correct plaintext from C.")
    print("Decrypted result:", Pnew)

  elif args.KnownPlaintextAnalysis:
    Anew = PerformKPA(dimA, kl, P, C, indexFirstLetter, E, R)

    if args.matrix:
      # if A is not given there's nothing to compare. To check only
      # - "len(A)" doesn't work, as len([[0]]) = 1.
      # - "A != [[0]]" doesn't work, as the truth value of an array with more than one element is ambiguous.
      # - "A.all() != [[0]]" also didn't work with SageMath version 9.5, Release Date: 2022-01-30
      print_v("******* len(A):", len(A))
      if numpy.array_equal(A, Anew):
        print("--- kpaCONFIRM: PerformKPA calculated from P and C the SAME matrix as the known one.")
      else:
        print("--- kpaWARNING: PerformKPA calculated from P and C a matrix DIFFERENT from the known one (maybe just transposed).")
        print_v(" type(A): ", type(A))
        print_v(A)
        print_v("type(Anew): ", type(Anew))
    print("Found (new) matrix A:\n", Anew, sep="")
```

[67] PyCG: https://arxiv.org/abs/2103.00587. Open-Source-Projekt JSON-Crack: https://jsoncrack.com/editor

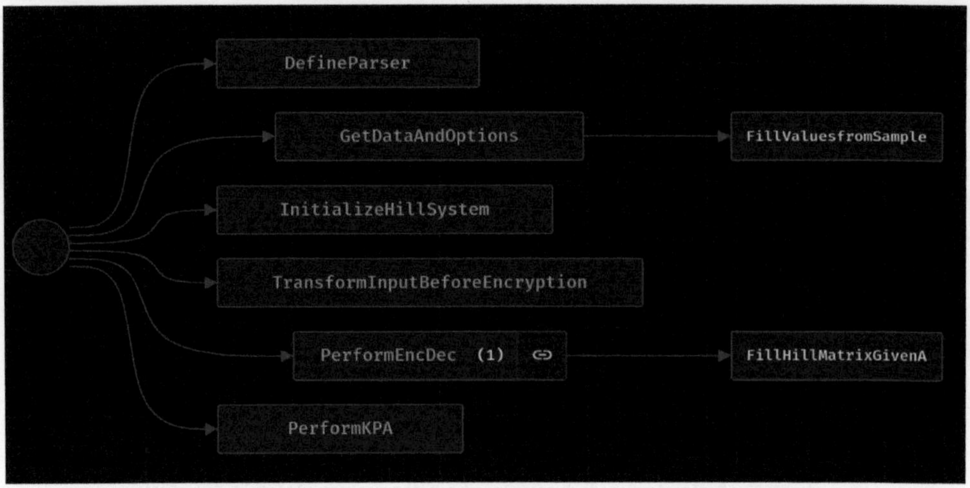

Abb. 2.17: Funktionsgraph für das Hill-KPA-Programm (Sage-Beispiel 2.9.19) (erstellt mit PyCG und JSON-Crack)[67]

Literatur zu Kapitel 2

[1] ACA. *Length and Standards for all ACA Ciphers*. 2021. URL: `https://www.cryptogram.org/resource-area/cipher-types/` (besucht am 15. 04. 2022) (siehe S. 72, 75–77, 79, 83, 87–89, 92)

[2] Bion. *Recreational Cryptography programs*. URL: `https://williammason.github.io/rec-crypt/` (besucht am 16. 07. 2023) (siehe S. 72)

[3] Phil Pilcrow. *CryptoPrograms*. CryptoPrograms ist eine Website, um online klassische Chiffren zu erstellen und zu lösen. Es können 61 verschiedene klassische Chiffren erstellt und 45 Chiffren gebrochen werden, darunter einige, die während des 1. und 2. Weltkriegs benutzt wurden. URL: `http://www.cryptoprograms.com` (besucht am 10. 07. 2024) (siehe S. 72, 111)

[4] Klaus Pommerening. *Cryptology Part I: Classic Ciphers (Mathematical Version)*. last revision Jan. 19, 2021. 2021. URL: `http://web.archive.org/web/20231116213248/https://www.staff.uni-mainz.de/pommeren/Cryptology/Classic/Classic.pdf` (siehe S. 72)

[5] Simon Singh. *Geheime Botschaften. Die Kunst der Verschlüsselung von der Antike bis in die Zeiten des Internet*. dtv, 2001 (siehe S. 73, 74, 79, 80, 83, 85, 87, 91, 94)

[6] Greg Goebel. *Codes, Ciphers and Codebreaking*. Version 2.3.2. 2014. URL: `http://web.archive.org/web/20151027000247/http://www.vectorsite.net/ttcode.html` (siehe S. 74, 76, 81, 91)

[7] John J. G. Savard. *A Cryptographic Compendium*. 1999. URL: `http://www.quadibloc.com/crypto/jscrypt.htm` (siehe S. 74–76, 84, 86–88, 91, 94–96)

[8] ThinkQuest Team 27158. *Data Encryption*. 1999 (siehe S. 81)

[9] Helmut Witten, Irmgard Letzner und Ralph-Hardo Schulz. „RSA & Co. in der Schule: Moderne Kryptologie, alte Mathematik, raffinierte Protokolle. Teil 3: Flusschiffren, perfekte Sicherheit und Zufall per Computer". In: *LOG IN* 1999.2 (1999), S. 50–57. URL: `https://informatik.schule.de/krypto/` (siehe S. 81)

[10] Kevin Knight, Beáta Megyesi und Christiane Schaefer. *Copiale Cipher; scaled page 16/17*. Accessed: 2023-07-16. Wikimedia Commons, 2011. URL: https://commons.wikimedia.org/wiki/File:Copiale-cipher09s.png (siehe S. 84)

[11] Luis Alberto Benthin Sanguino u. a. „Analyzing the Spanish strip cipher by combining combinatorial and statistical methods“. In: *Cryptologia* 40.3 (2016), S. 261–284. URL: https://www.semanticscholar.org/paper/Analyzing-the-Spanish-strip-cipher-by-combining-and-Sanguino-Leander/b4278e62c804ec0bf349a1e5c74a1b35bb276d83 (siehe S. 84)

[12] Jörg Drobick. *Abriss DDR-Chiffriergeschichte: SAS- und Chiffrierdienst*. 2015. URL: http://scz.bplaced.net/m.html#dwa (siehe S. 93)

[13] Bruce Schneier. *The Solitaire Encryption Algorithm*. v. 1.2. 1999. URL: https://www.schneier.com/academic/solitaire/ (siehe S. 94)

[14] Paul Crowley. *Mirdek: A card cipher inspired by "Solitaire"*. 2000. URL: http://www.ciphergoth.org/crypto/mirdek/ (siehe S. 95)

[15] Rémi Géraud-Stewart und David Naccache. „A French cipher from the late 19th century“. In: *Cryptologia* 0.0 (2020), S. 1–29. URL: https://doi.org/10.1080/01611194.2020.1753265 (siehe S. 96)

[16] Bruce Kallick. *Handycipher: a Low-tech, Randomized, Symmetric-key Cryptosystem*. Cryptology ePrint Archive, Report 2014/257. 2014. URL: https://eprint.iacr.org/2014/257 (siehe S. 96)

[17] Alan Kaminsky. *ElsieFour: A Low-Tech Authenticated Encryption Algorithm For Human-to-Human Communication*. Cryptology ePrint Archive, Report 2017/339. 2017. URL: https://eprint.iacr.org/2017/339 (siehe S. 96)

[18] John F Dooley. *History of cryptography and cryptanalysis: Codes, Ciphers, and their algorithms*. Springer, 2018 (siehe S. 97)

[19] Karl De Leeuw. „The Dutch invention of the rotor machine, 1915–1923“. In: *Cryptologia* 27.1 (2003), S. 73–94 (siehe S. 97)

[20] Klaus Pommerening. *Cryptology. Lecture notes*. Johannes Gutenberg Universität Mainz. 2021. URL: http://web.archive.org/web/20231116213248/https://www.staff.uni-mainz.de/pommeren/Cryptology/Classic/5_Rotor/HistRot.html (siehe S. 97)

[21] *Crypto Museum. Official website*. https://www.cryptomuseum.com/manuf/crypto/index.htm. 2022 (siehe S. 97–99, 101, 102, 105, 110)

[22] Tasha Fridrih. *Hagelin – a genius of scientific and technological thought. Web blog post*. https://habr.com/ru/company/ua-hosting/blog/271387/. 2019 (siehe S. 97)

[23] Dirk Rijmenants. *Cipher Machines and Cryptology. Technical and historical information about cipher machines and the fascinating world of cryptology*. https://www.ciphermachinesandcryptology.com/. 2022 (siehe S. 97–99, 101)

[24] Nils Kopal. *How Does the M-209 Cipher Machine Work? – A Brilliant Non-Electrical Encryption Device. YouTube channel „Cryptography for Everybody“*. https://www.youtube.com/watch?v=Nhf6kHGujQ4&t=56s. 2020 (siehe S. 98)

[25] Bart Wessel. *The Hagelin Cryptographers C-52 and CX-52*. https://www.cryptomuseum.com/pub/files/BW_C52_CX52.pdf. Feb. 2021 (siehe S. 101–103)

[26] George Lasry, Nils Kopal und Arno Wacker. „Ciphertext-only cryptanalysis of Hagelin M-209 pins and lugs“. In: *Cryptologia* 40.2 (2016), S. 141–176 (siehe S. 102, 110)

[27] Elmar Theveßen, Peter F. Müller und Ulrich Stoll. *Operation Rubikon. Wie BND und CIA die Welt belauschten*. German television station ZDF. https://www.zdf.de/politik/frontal/operation-rubikon-100.html. Feb. 2020 (siehe S. 104)

[28] Greg Miller. *The Intelligence Coup of the Century*. The Washington Post (USA). https://www.washingtonpost.com/graphics/2020/world/national-security/cia-crypto-encryption-machines-espionage/. Feb. 2020 (siehe S. 104)

[29] Vasily Mikhalev u. a. „Cryptanalysis of Hagelin M-209 Cipher Machine with Artificial Neural Networks: A Known-Plaintext Attack". In: *Proceedings of the 7th International Conference on Historical Cryptology. HistoCrypt 2024.* Tartu University Library, 2024. URL: https://doi.org/10.58009/aere-perennius0108 (siehe S. 109, 110)

[30] Lasry, George and Kopal, Nils and Wacker, Arno. „Automated known-plaintext cryptanalysis of short Hagelin M-209 messages". In: *Cryptologia* 40.1 (2016), S. 49–69 (siehe S. 110)

[31] George Lasry, Nils Kopal und Arno Wacker. „Ciphertext-only cryptanalysis of short Hagelin M-209 ciphertexts". In: *Cryptologia* 42.6 (2018), S. 485–513 (siehe S. 110)

[32] *CX-52*. Wikipedia. The Free Encyclopedia. German version. 2022. URL: https://de.wikipedia.org/wiki/CX-52 (siehe S. 110)

[33] Ernst Leierzopf u. a. „Detection of Classical Cipher Types with Feature-Learning Approaches". In: *Data Mining. AusDM 2021. Communications in Computer and Information Science*. Springer Singapore, 2021, S. 152–164. URL: https://doi.org/10.1007/978-981-16-8531-6_11 (siehe S. 112)

[34] Ernst Leierzopf u. a. „A Massive Machine-Learning Approach For Classical Cipher Type Detection Using Feature Engineering". In: *Proceedings of the 4th International Conference on Historical Cryptology. HistoCrypt 2021.* 2021, S. 111–120. URL: https://ecp.ep.liu.se/index.php/histocrypt/article/view/164 (siehe S. 112)

[35] Brooke Dalton und Mark Stamp. *Classifying World War II Era Ciphers with Machine Learning*. 2023. arXiv: 2307.00501. URL: https://arxiv.org/abs/2307.00501 (siehe S. 112)

[36] Nils Kopal und Michelle Waldispühl. „Two Encrypted Diplomatic Letters Sent by Jan Chodkiewicz to Emperor Maximilian II in 1574-1575". In: *Proceedings of the 4th International Conference on Historical Cryptology*. 2021, S. 80–89. DOI: https://doi.org/10.3384/ecp188409 (siehe S. 114)

[37] Jörgen Dinnissen und Nils Kopal. „Island Ramanacoil a Bridge too Far. A Dutch Ciphertext from 1674". In: *Proceedings of the 4th International Conference on Historical Cryptology*. 2021, S. 48–57. URL: https://ecp.ep.liu.se/index.php/histocrypt/article/view/156 (siehe S. 114)

[38] George Lasry, Beáta Megyesi und Nils Kopal. „Deciphering papal ciphers from the 16th to the 18th Century". In: *Cryptologia* 45.6 (2021), S. 479–540. URL: https://www.tandfonline.com/doi/full/10.1080/01611194.2020.1755915 (siehe S. 114)

[39] George Lasry, Norbert Biermann und Satoshi Tomokiyo. „Deciphering Mary Stuart's lost letters from 1578-1584". In: *Cryptologia* (2023). DOI: 10.1080/01611194.2022.2160677 (siehe S. 114)

[40] Beáta Megyesi u. a. „Decryption of historical manuscripts: the DECRYPT project". In: *Cryptologia* 44.6 (2020), S. 545–559. URL: https://doi.org/10.1080/01611194.2020.1716410 (siehe S. 114)

[41] George Lasry. „Analysis of a late 19th century French cipher created by Major Josse". In: *Cryptologia* (2021), S. 1–15. URL: https://www.tandfonline.com/doi/full/10.1080/01611194.2021.1996484 (siehe S. 114)

[42] George Lasry. „Cracking SIGABA in less than 24 hours on a consumer PC". In: *Cryptologia* 47.1 (2021), S. 1–37. URL: https://www.tandfonline.com/doi/full/10.1080/01611194.2021.1989522 (siehe S. 114)

[43] Thomas Kaeding. *A Modern View of Classical Cryptography*. Dieses Buch ist eine Einführung in klassische Kryptografie, mit einem Schwerpunkt auf Kryptoanalyse mit Python. Es ist ein Tutorial mit über 600 Seiten und referenziert auch MTW. 2024. URL: https://github.com/themaddoctor/classical_crypto_book (besucht am 10. 07. 2024) (siehe S. 114)

[44] Minh Van Nguyen. *Exploring Cryptography Using the Sage Computer Algebra System*. 2009. URL: https://www.sagemath.org/files/thesis/nguyen-thesis-2009.pdf URL2: https://www.sagemath.org/library-publications.html (siehe S. 114)

[45] Lester S. Hill. „Cryptography in an Algebraic Alphabet“. In: *The American Mathematical Monthly* 36.6 (1929), S. 306–312 (siehe S. 125)

[46] Lester S. Hill. „Concerning Certain Linear Transformation Apparatus of Cryptography“. In: *The American Mathematical Monthly* 38.3 (1931), S. 135–154 (siehe S. 125)

[47] Jeffrey L. Overbey, William Traves und Jerzy Wojdylo. „On the Keyspace of the Hill Cipher“. In: *Cryptologia* 29.1 (2005), S. 59–72. DOI: 10.1080/0161-110591893771. URL: https://www.tandfonline.com/doi/abs/10.1080/0161-110591893771 (siehe S. 126)

[48] David R. Kohel. *Cryptography*. Creative Commons. 2008. URL: https://www.sagemath.org/files/kohel-book-2008.pdf (siehe S. 133)

[49] Douglas R. Stinson. *Cryptography – Theory and Practice*. 3. Aufl. Chapman & Hall/CRC, 2006 (siehe S. 133)

[50] Karin Freiermuth et al. *Einführung in die Kryptologie*. 1. Aufl. Vieweg+Teubner, 2010 (siehe S. 133)

3 Historische Kryptologie

Die historische Kryptologie befasst sich mit (original) verschlüsselten Manuskripten, oft handschriftlichen Quellen, die in unserer Geschichte entstanden sind. Diese historischen Quellen befinden sich in Archiven, oft versteckt, ohne Indexierung und daher schwer auffindbar. Sobald sie gefunden sind, müssen sie digitalisiert und in ein maschinenlesbares Textformat umgewandelt werden, bevor sie mit computergestützten Methoden entschlüsselt werden können. Der Schwerpunkt der historischen Kryptologie liegt nicht in erster Linie auf der Entwicklung ausgeklügelter Algorithmen zur Entschlüsselung, sondern auf dem gesamten Prozess der Analyse der verschlüsselten Quelle von der Erfassung und Digitalisierung bis zur Transkription und Entschlüsselung. Der Prozess umfasst auch die Interpretation und Kontextualisierung der Nachricht in ihrem historischen Kontext. Auf dem Weg dorthin gibt es viele Herausforderungen, wie z. B. Fehler des Schreibers, Fehler des Transkribierers (er schreibt es vom Foto des ursprünglichen Dokuments um in einen maschinenlesbaren Text), beschädigte Seiten, schwer zu interpretierende Handschriften, historische Sprachen aus verschiedenen Zeiträumen und die verborgene Sprache der Nachricht. Geheimtexte unterscheiden sich stark hinsichtlich ihres Codesystems und der verwendeten Symbolsätze mit mehr oder weniger gut unterscheidbaren Symbolen. Geheimtexte können in Klartext eingebettet sein, oder es können kürzere oder längere Sequenzen von Klartext in den Geheimtext eingebunden sein. Die in historischer Zeit meist verwendeten Chiffren sind Substitutionen (einfach, homophon oder polyphon), mit oder ohne Nomenklatur, verschlüsselt als Ziffern oder Symbolfolgen, mit oder ohne Leerzeichen.

Die Umstände sind also anders als bei der modernen Kryptografie, die sich auf Methoden (Algorithmen) und deren Stärken konzentriert und die davon ausgeht, dass der Algorithmus korrekt angewendet wird. Sowohl in der historischen als auch in der modernen Kryptologie werden Angriffsvektoren außerhalb des Algorithmus betrachtet, wie Implementierungsfehler und Seitenkanalangriffe.

In diesem Kapitel geben wir eine Einführung in das Gebiet der historischen Kryptologie und präsentieren einen Überblick darüber, wie Forscher heute historische verschlüsselte Quellen verarbeiten.

3.1 Einführung und Begriffsdefinitionen

Die historische Kryptologie befasst sich mit der Ver- und Entschlüsselung von historischen, manuell konstruierten Chiffren. Eine verschlüsselte Quelle gilt in der Regel als historisch, wenn sie nicht später als Mitte des 20. Jahrhunderts produziert wurde. Es gibt keinen exakten Break-even-Punkt; allerdings führte die Nutzung der Telegrafie (ab den 1830er Jahren) und die Analyse der Verschlüsselungsmaschinen ab den 1920er/1930er Jahren zu ausgefeilteren und komplexeren mathematischen Methoden für die Verschlüsselung, die eine fortgeschrittenere Kryptoanalyse erfordern.

Zur historischen Kryptologie gehören sowohl Kryptografie (die Kunst und Wissenschaft des „Code-Machens" und der Verschlüsselung von Nachrichten) als auch Kryptoanalyse (die Kunst und Wissenschaft des „Code-Brechens" [1], d. h. des Entschlüsselns von Nachrichten ohne Schlüssel). In der Alltagssprache werden die Begriffe „Kryptografie" und „Kryptologie" oft synonym verwendet. Wie alle wissenschaftlichen Bereiche hat auch die historische Kryptologie ihre eigene Terminologie. Wir beginnen das Kapitel mit der Einführung der wichtigsten Begriffe und geben einen kurzen Überblick über historische Chiffren und Schlüssel, bevor wir zu den Komponenten übergehen, die zur Verarbeitung und Entschlüsselung historischer Chiffren benötigt werden. Da die historische Kryptologie als wissenschaftliches Fachgebiet noch recht neu ist, gibt es noch keinen Terminologie-Standard und die Verwendung der Begriffe wird in der historischen Kryptologie-Community noch diskutiert (siehe z. B. [2] und [3]). Wir fassen die wichtigsten Begriffe in Abb. 3.7 auf Seite 153 und Tabelle 3.1 auf Seite 152 zusammen und veranschaulichen den Krypto-Prozess in Abb. 3.1 auf der nächsten Seite.

Der Begriff „Chiffre" bezieht sich auf einen Algorithmus und beschreibt das Verfahren der Ver- oder Entschlüsselung. Die verschlüsselte Quelle selbst wird als „Geheimtext" bezeichnet, obwohl die Begriffe „Code" und „Chiffre" in der Alltagssprache oft nicht von Geheimtext unterschieden werden. Ein Geheimtext besteht aus einer Folge von Symbolen aus einem Geheimtext-Alphabet. Das Geheimtext-Alphabet kann dasselbe sein wie das Klartext-Alphabet, z. B. die lateinischen Buchstaben, oft besteht es aber auch aus anderen Symbolsystemen und Alphabeten, wie z. B. griechischen Buchstaben, Ziffern, grafischen Zeichen (z. B. alchemistische oder Tierkreiszeichen) oder Hieroglyphen. Abb. 3.2 auf der nächsten Seite veranschaulicht die Variation der Symbolsysteme in den Geheimtext-Alphabeten von drei Geheimtexten. Die Geheimtexte sind Auszüge aus der Borg-Chiffre [4], einer ziffernbasierten Chiffre aus dem schwedischen Nationalarchiv [5] und der Copiale-Chiffre [6].

In Geheimtexten finden sich regelmäßig Leerzeichen zur Markierung von Wortgrenzen, wie bspw. in der Borg-Chiffre (Abb. 3.2 auf der nächsten Seite), obwohl die meisten Geheimtexte aus der Vergangenheit eine durchgehende Schrift, die sogenannte „scriptio continua", ohne Leerzeichen verwenden, wie die Beispiele aus dem schwedischen Nationalarchiv und die Copiale-Chiffre zeigen. In historischen Chiffren wurden die Wortgrenzen oft entfernt, um das Entschlüsseln zu erschweren. Ein Geheimtext kann auch zusätzliche Informationen enthalten, wie Akzente und andere diakritische Zeichen oder Satzzeichen, die mehr oder weniger systematisch in Verbindung mit Symbolen erscheinen, wie im Beispiel der Copiale-Chiffre. In den Manuskripten finden sich auch Überschreibungen für Korrekturen, unterstrichene Sequenzen und unbeabsichtigte Tintenflecken.

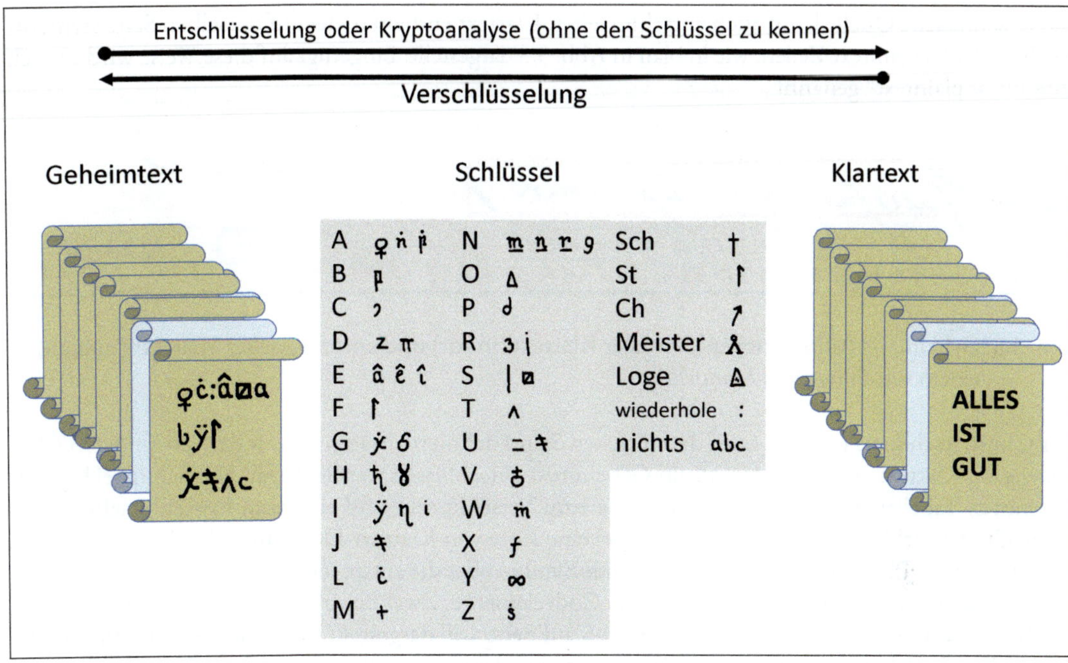

Abb. 3.1: Der Krypto-Prozess: Komponenten bei der Ver- und Entschlüsselung historischer Quellen

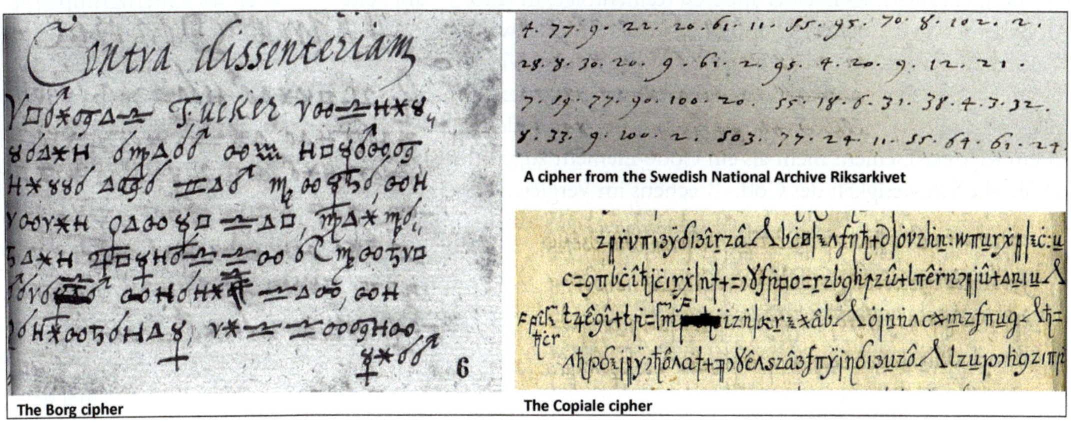

Abb. 3.2: Drei Beispiel-Geheimtexte (von [4, 5, 6])

Neben dem Geheimtext gibt es in einer verschlüsselten Nachricht auch unverschlüsselte Textfolgen, die wir „Cleartext" (initialer Klartext) nennen. Im Englischen hat man zwei Begriffe: Der Klartext, der verschlüsselt wird, heißt „Plaintext", und der Klartext, der unverändert zwischen dem Geheimtext stehen bleibt, heißt „Cleartext". Im Deutschen hat man nur das Wort „Klartext" und muss jeweils beschreiben, was man meint. Wenn wir „Klartext" ohne weitere Beschreibung nutzen, meinen wir den Plaintext. Zum Beispiel enthält die erste Zeile der Borg-Chiffre in Abb. 3.2 einen Cleartext „Contra dissenteriam" in Latein. Cleartext-Passagen enthalten wichtige Informationen über die möglicherweise zugrunde liegende(n) Sprache(n) und das Thema der verschlüsselten Quelle.

Die verschlüsselte Quelle kann auch entschlüsselten Klartext enthalten, der auf derselben Seite steht, oft oberhalb der Geheimtext-Zeilen, wie in blau in Abb. 3.3 dargestellt. Eingefügt auf diese Weise wird er auch „interlinear plaintext" genannt.

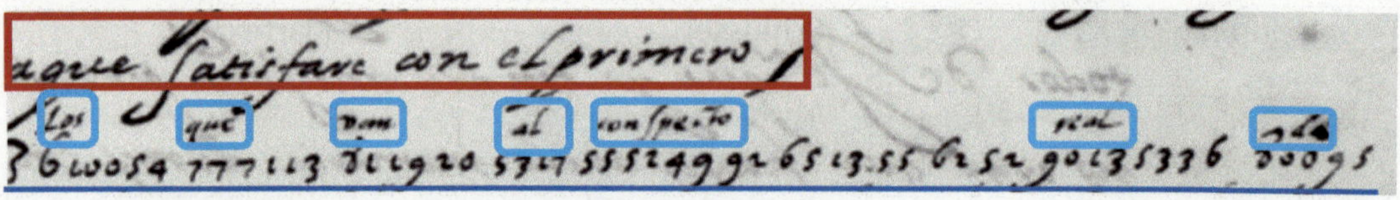

Abb. 3.3: Geheimtext (unterstrichen), initialer Klartext (in rot) und entschlüsselter Klartext (in blau) in einem verschlüsselten Manuskript

Der Chiffrierschlüssel (Abb. 3.4 auf der nächsten Seite) definiert zusammen mit der verwendeten Chiffre, wie ein Klartext verschlüsselt und ein Geheimtext entschlüsselt werden kann. Der Schlüssel kann in getrennten Tabellen angegeben werden – eine zum Verschlüsseln und eine zum Entschlüsseln. Historische Chiffrierschlüssel enthalten in der Regel eine Liste von Klartext-Elementen (Buchstaben, Silben, Wörter, Namen, Phrasen) und das entsprechende Symbol oder die entsprechende Kombination von Symbolen aus dem Geheimtext-Alphabet, also die Codeelemente. Zwei Beispiele für Chiffrierschlüssel sind in Abb. 3.4 auf der nächsten Seite und Abb. 3.5 auf Seite 150 dargestellt. In beiden Schlüsseln sind die Buchstaben des Klartext-Alphabets (A-Z) horizontal in der ersten Zeile der Schlüsseltabellen aufgeführt. Unter jedem Klartext-Buchstaben finden wir außerdem entweder ein (Abb. 3.4 auf der nächsten Seite) oder mehrere Geheimtext-Symbole (Abb. 3.5 auf Seite 150), die jedem Klartext-Buchstaben zugeordnet sind. In Abb. 3.4 auf der nächsten Seite sind diese einzelnen Geheimtext-Buchstaben dem Klartext-Alphabet entnommen, allerdings in einer anderen Reihenfolge. In Abb. 3.5 auf Seite 150 haben wir Zifferngruppen als Alphabet-Code-Elemente, deren Länge variiert: meist zweistellige Code-Elemente zur Verschlüsselung des Klartext-Alphabets und dreistellige Code-Elemente zur Verschlüsselung der Wörter. Bemerkenswert ist, dass die am häufigsten vorkommenden Buchstaben des Klartext-Alphabets vier Alphabet-Code-Elemente haben, während die am seltensten vorkommenden drei Code-Elemente haben. Eine Substitutions-Chiffre, bei der einem Klartext-Element mehr als ein Code-Element zugeordnet ist, wird als „homophon" bezeichnet. Dies erhöht die Schwierigkeit des Code-Brechens im Vergleich zur einfachen monoalphabetischen Substitution. „Monoalphabetisch" bedeutet, dass nur ein einziges festes Alphabet als Schlüssel verwendet wird. Bei der einfachen monoalphabetischen Substitution findet die Häufigkeitsanalyse leicht die häufigsten Buchstaben in Klartexten, z. B. „E". Gibt es mehrere Möglichkeiten, „E" zu verschlüsseln, verringert das die Chance.

In den Spalten beider Schlüssel finden wir eine Liste von Klartextelementen (Namen, Inhalts- und Funktionswörter) mit den jeweils zugeordneten Codeelementen. Eine solche Liste (deren Länge variieren kann) als Teil des Schlüssels wird als Nomenklatur (manchmal auch Nomenklator) bezeichnet. Manchmal wird auch der gesamte Schlüssel, der eine Nomenklatur enthält, als Nomenklator bezeichnet. Wir nutzen im Folgenden nur den Begriff „Nomenklatur", unterscheiden jedoch zwischen den verschiedenen Teilen des Schlüssels. Die in Abb. 3.4 auf der nächsten Seite gezeigte Nomenklatur besteht aus etwa 100 Elementen, in denen wir Code-Elemente mit einem einzigen Chiffre-Symbol sehen können, z. B. „A" für „Royne d'Angleterre" und andere mit mehreren Chiffre-Symbolen, wie „12" für „Siuille". Dabei nutzen die verschiedenen Arten von Nomenklatur-Elementen unterschiedliche Geheimtext-Symboltypen: Personennamen werden durch Großbuchstaben verschlüsselt, Ortsnamen durch Ziffern, militärische Titel durch andere Wörter und Würdenträger durch grafische Zeichen. Diese Zuordnung ist jedoch nicht ganz einheitlich: Unter den Personennamen sind „Brasilien" und „Mexiko" aufgeführt. Solche Ungereimtheiten sind in historischen Schlüsseln nicht ungewöhnlich. In dem anderen Schlüssel in Abb. 3.5 auf Seite 150 ist die Nomenklatur umfangreicher und besteht aus über 400 Einheiten. Hier finden wir Silben als Abschnittsüberschriften („Ba", „Ca", „Da", ...), Funktions- und Inhaltswörter, Namen und Phrasen, alle in französischer Sprache.

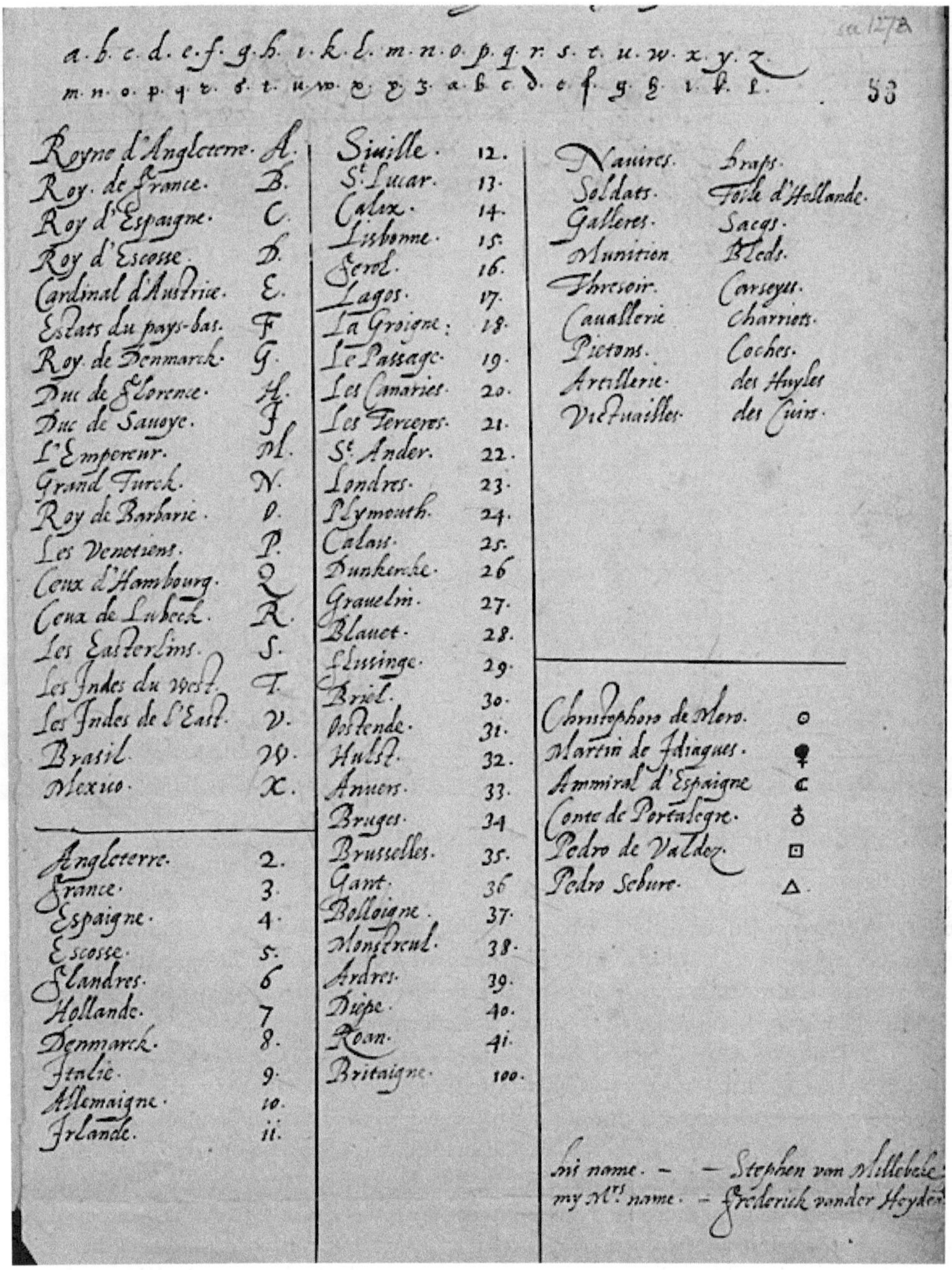
a b c d e f g h i k l m n o p q r s t u w x y z
m n o p q r s t u w x y z a b c d e f g h i k l

Royne d'Angleterre	A	Sinille	12	Nauires	Draps	
Roy de France	B	S.t Lucar	13	Soldats	Toile d'Hollande	
Roy d'Espaigne	C	Caliz	14	Galleres	Sacqs	
Roy d'Escosse	D	Lisbonne	15	Munition	Bleds	
Cardinal d'Austrice	E	Ferol	16	Thresoir	Carseyes	
Estats du pays-bas	F	Lagos	17	Caualleric	Charriots	
Roy de Denmarck	G	La Groigne	18	Pietons	Coches	
Duc de Florence	H	Le Passage	19	Artillerie	des Huyles	
Duc de Sauoye	I	Les Canaries	20	Victuailles	des Cuirs	
L'Empereur	M	Les Terceres	21			
Grand Turck	N	S.t Ander	22			
Roy de Barbarie	O	Londres	23			
Les Venetiens	P	Plymouth	24			
Ceux d'Hambourg	Q	Calais	25			
Ceux de Lubeck	R	Dunkercke	26			
Les Easterlins	S	Grauelin	27			
Les Indes du West	T	Blauet	28			
Les Indes de l'East	V	Flissinge	29			
Brasil	W	Briel	30	Christophoro de Moro	○	
Mexico	X	Ostende	31	Martin de Idiaques	♀	
		Hulst	32	Ammiral d'Espaigne	☾	
		Anuers	33	Conte de Portalegre	♁	
Angleterre	2	Bruges	34	Pedro de Valdez	⊡	
France	3	Brusselles	35	Pedro Sebure	△	
Espaigne	4	Gant	36			
Escosse	5	Bolloigne	37			
Flandres	6	Monstreul	38			
Hollande	7	Andres	39			
Denmarck	8	Diepe	40			
Italie	9	Roan	41			
Allemaigne	10	Britaigne	100			
Irlande	11					

mi name – – Stephen van Millebeke
my M.rs name – Frederick vander Heyden

Abb. 3.4: Chiffrierschlüssel: einfache Substitution. Flandern, 1596 [7]

Die letzte Spalte enthält zusätzliche Informationen über den Schlüssel, um Anweisungen oder Details über die Chiffre zu geben.

Historische Chiffrierschlüssel waren in der Regel als Tabellen aufgebaut, in denen die Elemente des Alphabets und die Elemente der Nomenklatur optisch klar getrennt waren; erstere horizontal als Zeilen und letztere vertikal als Spalten.

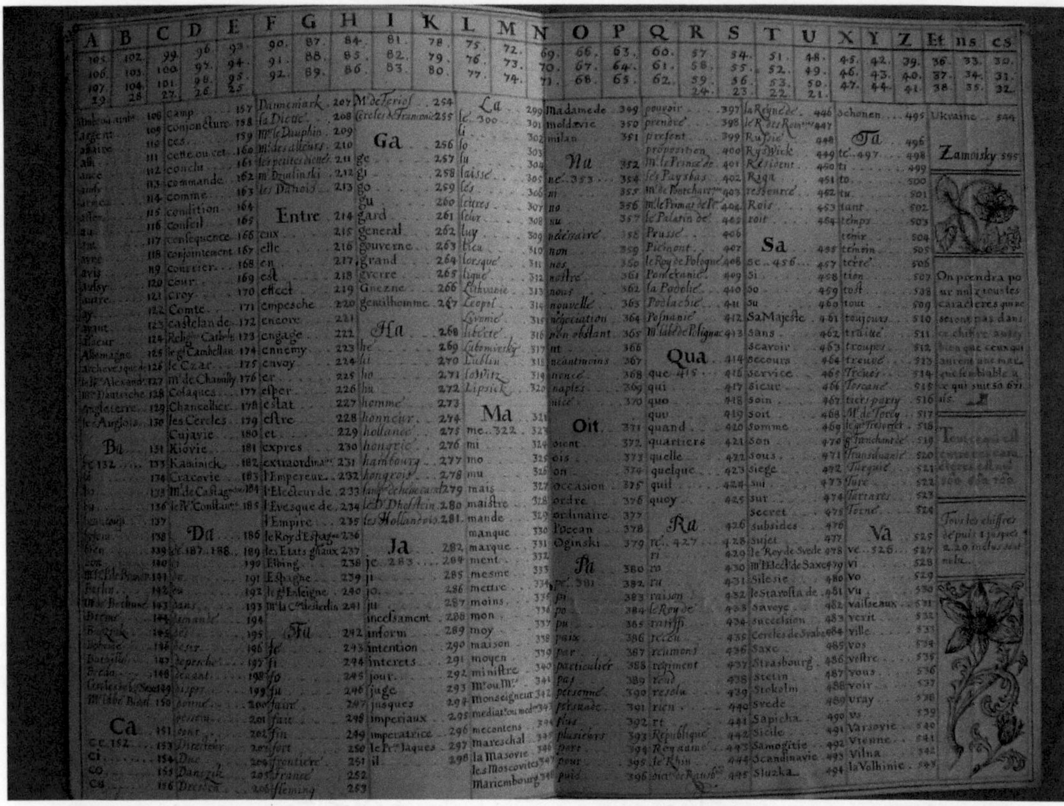

Abb. 3.5: Chiffrierschlüssel: einfache und homophone Substitution. Ungarn, 1703–1711 [8]

Inhaltlich ist die Grenze jedoch nicht so klar. Doppelbuchstaben, Silben oder Funktionswörter können als Teil der Alphabetzeile aufgeführt werden. Bemerkenswert ist auch, dass die Nomenklatur-Tabellen in der Regel eine bestimmte Struktur aufweisen, bei der die Klartextelemente alphabetisch (siehe Schlüssel in Abb. 3.5) oder thematisch (wie in Abb. 3.4 auf der vorherigen Seite) geordnet sind, oder in einer Kombination, bei der die Wörter in den Themen alphabetisch geordnet sind. Die Codeelemente wiederum können thematisch gruppiert werden, je nach Art des Klartextelements, das sie kodieren (wie in Abb. 3.4), und/oder numerisch, wenn die Codeelemente durch Ziffern dargestellt werden. Die Schlüsselersteller haben den alphabetisch oder thematisch geordneten Klartextelementen oft Codeelemente mit einer Struktur zugeordnet. Die Codeelemente der Nomenklatur-Liste wurden in der Regel in aufsteigender oder absteigender Reihenfolge fortlaufend nummeriert, und zwar entweder vertikal entsprechend der Reihenfolge der Spalten oder horizontal, entsprechend den Linien quer durch die Spalten. Der Aufbau der Nomenklatur-Liste wirkt sich auf die Kryptoanalyse (Dechiffrierung) aus – eine alphabetische Reihenfolge der Klartextelemente mit aufsteigender Nummernfolge erleichtern die Kryptoanalyse, da höhere Codenummern/-gruppen Wörter darstellen, die mit Buchstaben am Ende des Alphabets beginnen.

Um die Kryptoanalyse zu erschweren, wurden operative Codeelemente verwendet, d. h. Codeelemente, die entweder auf den Klartext oder auf andere Codeelemente wirken. Ein häufig vorkommender Typ sind Nullen, die in historischen Chiffrierschlüsseln auch als Nullitäten bezeichnet werden können und in der Öffentlichkeit als „Blender“ bezeichnet werden. Sie werden hinzugefügt, um den möglichen Codebrecher zu verwirren, und sollen vom Schreiber, der die verschlüsselte Nachricht entschlüsselt, ignoriert werden. Bemerkenswert ist, dass Schlüsseltabellen auch Codeelemente enthalten können, für die in der Nomenklatur-Tabelle kein Klartext angegeben ist und die als später auszufüllende Platzhalter behandelt werden, die nicht als Nullen, sondern als leere Codeelemente definiert sind. Andere Arten von operationellen Codeelementen mit einer besonderen Funktion für den Klartext sind z. B. Annullierungszeichen (auch Nullifizierer oder Löscher genannt), die die Entfernung einer bestimmten Sequenz des Geheimtextes markieren, und Wiederholungszeichen, die das vorhergehende Symbol wiederholen, das für die Verdoppelung eines Klartextbuchstabens verwendet wird.

Historische Chiffrierschlüssel haben sich im Laufe der Zeit verändert und weiterentwickelt. Bei allen in diesem Kapitel behandelten historischen Chiffren handelt es sich um Substitutions-Chiffren. Hier wird die spezifische Substitutionsmethode vollständig durch den verwendeten Schlüsseltyp bestimmt. Wenn wir also über die Entwicklung der Schlüssel sprechen, sprechen wir auch über die Entwicklung der Chiffren. Die frühesten Schlüssel in Europa basieren auf einer einfachen Substitution, bei der jedes Klartextelement genau einem Codeelement zugeordnet ist, das als Geheimtext-Symbol dargestellt wird. Ein schönes Beispiel für eine einfache Substitutions-Chiffre (hier die Caesar-Chiffre – siehe Abschnitt 2.2.1 auf Seite 79) ist in Abb. 3.4 dargestellt. Die oberen beiden Zeilen des Dokuments zeigen, dass das Klartext-Alphabet ebenfalls zur Verschlüsselung verwendet wird, jedoch verschoben (hier um 11 Stellen). Um die Kryptoanalyse zu erschweren, wurden Nomenklatur-Tabellen hinzugefügt. In Italien wurden sie ab dem späten 15. Jahrhundert eingeführt und wurden dann in der zweiten Hälfte des 16. Jahrhunderts in Europa zur Norm. [9] Im 15. Jahrhundert kamen in Italien gleichzeitig homophone Chiffren und Nomenklaturen auf. Bei den homophonen Substitutions-Chiffren können die gleichen Klartext-Entitäten – oft die am häufigsten vorkommenden, wie Vokale und einige Konsonanten – mit unterschiedlichen Code-Elementen verschlüsselt werden, wie in Abb. 3.5 auf der vorherigen Seite dargestellt. Der Trend ging dahin, dass die zunächst kleinen Nomenklaturen ab dem 17. Jahrhundert immer größer wurden. Die Nomenklatur-Liste entwickelte sich von einigen hundert Elementen zu dicken Codebüchern, in denen nicht nur Inhaltswörter, sondern auch grammatische Kategorien (z. B. Singular, Plural; grammatische Fälle) oder flektierte Wortformen (z. B. „see, sees, saw, seen“ für das Verb „to see“) mit eigenen Codeelementen aufgeführt wurden. [9] In einigen Schlüsseln konnten auch verschiedene Klartext-Entitäten absichtlich oder unabsichtlich demselben Codeelement zugeordnet werden. Chiffren, bei denen ein Codeelement mehreren Klartextsymbolen zugeordnet ist, nennt man polyphone Substitutions-Chiffren. Abb. 3.6 auf der nächsten Seite zeigt einen solchen Chiffrierschlüssel. Hier kann das Klartextsymbol „3“ entweder als „A“ oder „s“ entschlüsselt werden, das Symbol „6“ entweder als „t“ oder „r“.

Abb. 3.7 auf Seite 153 ist eine grobe Darstellung, wie die auf der Klartextseite und der Geheimtextseite verwendeten Begriffe einander zugeordnet sind. Das bedeutet, dass die Abbildung die Zuordnung zwischen den Elementen des Klartextes und den entsprechenden Elementen des Geheimtextes veranschaulicht. Tabelle 3.1 auf der nächsten Seite beschreibt die Begriffe im Detail. Keine dieser Kategorisierungen ist diskussionslos – es handelt sich also eher um eine praktische Taxonomie.

Klartext	Der zur Verschlüsselung vorgesehene Text (Nachricht) oder der entschlüsselte Text
Cleartext	Absichtlich unverschlüsselter Text in einem verschlüsselten Dokument
Geheimtext	Der verschlüsselte Text
Verschlüsselung	Prozess der Umwandlung eines Klartextes in einen Geheimtext bei gegebenem Key
Entschlüsselung	Prozess der Umwandlung eines Geheimtextes in einen Klartext bei gegebenem Key
Chiffre	Regeln (Algorithmus) für den Prozess der Verschlüsselung/Entschlüsselung
Schlüssel / Key	Eine Information, die für die Ver- und Entschlüsselung benötigt wird. Ein Schlüssel muss aus Sicherheitsgründen geheim gehalten werden.
Nomenklatur	Ein Teil des Schlüssels mit einer Liste von sprachlichen Einheiten wie Silben, Wörtern, Phrasen, Sätzen usw. mit den entsprechenden Code-Elementen. Er enthält also sowohl die Nomenklatur-Elemente als auch die Nomenklatur-Code-Elemente.

Kryptoanalyse (Code-Breaking)	Der Prozess der Analyse eines Geheimtextes ohne Kenntnis oder nur mit teilweiser Kenntnis eines Schlüssels, um den Klartext (und vielleicht den Schlüssel) zu finden
Klartext-Alphabet	Menge der im Klartext verwendeten Elemente, z. B. Buchstaben, Ziffern, Interpunktionszeichen, Leerzeichen
Geheimtext-Alphabet	Die im Geheimtext verwendeten Symbole (z. B. Ziffern, lateinische und griechische Buchstaben, alchemistische Zeichen oder Tierkreiszeichen). Diese Symbole finden sich im Geheimtext und in der Handschrift, die den Schlüssel enthält.
Klartext-Elemente	Alle Arten von Klartext-Entitäten, denen entsprechende Code-Elemente zugeordnet sind, z. B. Buchstaben, Silben, Namen, Funktions- (z. B. Präpositionen) und Inhaltswörter (z. B. Substantive, Verben) sowie Phrasen. Zu den Klartext-Elementen gehören die Alphabet-Elemente und die Nomenklatur-Elemente.
Alphabet-Elemente	Bilden eine Teilmenge der Klartextelemente. Alle Buchstaben im Alphabet des Schriftsystems, denen entsprechende Code-Elemente zugeordnet sind.
Nomenklatur-Elemente	Teilmenge der Klartext-Elemente. Diese liegen oberhalb der Alphabet-Ebene. Sie können Silben, Namen, Funktions- und Inhaltswörter sowie Phrasen enthalten.
Code-Elemente	Ein Symbol oder eine Verkettung von Symbolen des Geheimtext-Alphabets zur Ersetzung der Klartext-Elemente oder um anzuzeigen, dass eine Operation am aufgedeckten Klartext erforderlich ist. Es werden drei Arten unterschieden: Alphabet-Codeelemente, Nomenklatur-Codeelemente und operative Codeelemente.
Alphabet-Codeelem.	Code-Elemente zur Verschlüsselung der Alphabet-Elemente
Nomenklatur-Codeelemente	Code-Elemente, die für die Verschlüsselung der Nomenklatur-Elemente verwendet werden. Die Nomenklatur-Elemente werden häufig mit einem anderen Symboltyp oder einer anderen Länge verschlüsselt als die Alphabet-Codeelemente.
Operative Code-Elemente	Elemente mit einer speziellen Funktion zur Durchführung einer Operation am aufgedeckten Klartext: Wiederholungszeichen wiederholen vorhergehende Buchstaben und Annullierungszeichen entfernen eine bestimmte Geheimtextfolge.
Nuller/Nullities	Sie sind eine Untergruppe der operativen Code-Elemente, die eine leere Zeichenfolge im Klartext darstellen. Ihr Zweck ist es, den Codebrecher zu verwirren oder den Anfang und/oder das Ende der Nomenklatur-Elemente zu markieren.
Code-Trenner/ Token-Trenner	Ein Symbol oder eine Verkettung von Symbolen, die Code-Elemente oder Gruppen von Code-Elementen voneinander trennt. Sie sollten dem Empfänger helfen, den Geheimtext zu tokenisieren; machen es dem Kryptoanalytiker aber auch leichter.

Tab. 3.1: Die wichtigsten Begriffe und ihre Definitionen

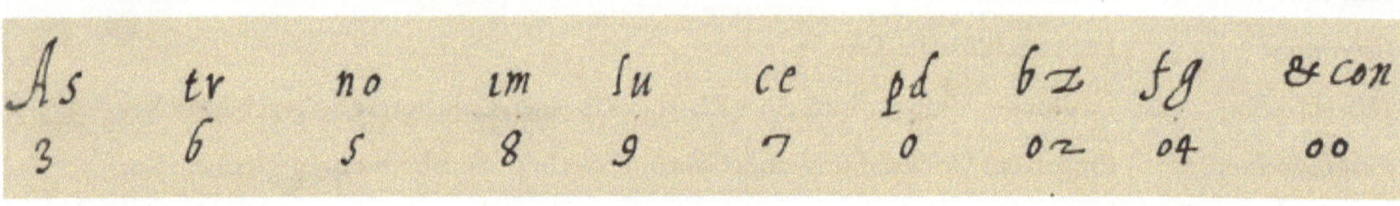

Abb. 3.6: Beispiel eines Chiffrierschlüssels: polyphone Substitution aus dem 16. Jahrhundert

Die drei Arten von Substitutions-Verschlüsselungen – einfach, homophon und polyphon – waren die am häufigsten vorkommenden Arten in der europäischen Geschichte. Weitere Details über die Struktur und Entwicklung von Chiffrierschlüsseln im Laufe der Jahrhunderte in Europa finden sich in [9].

Diese drei Arten von Verschlüsselungsmethoden sind alles **monoalphabetische** Substitutionen. Dagegen werden bei

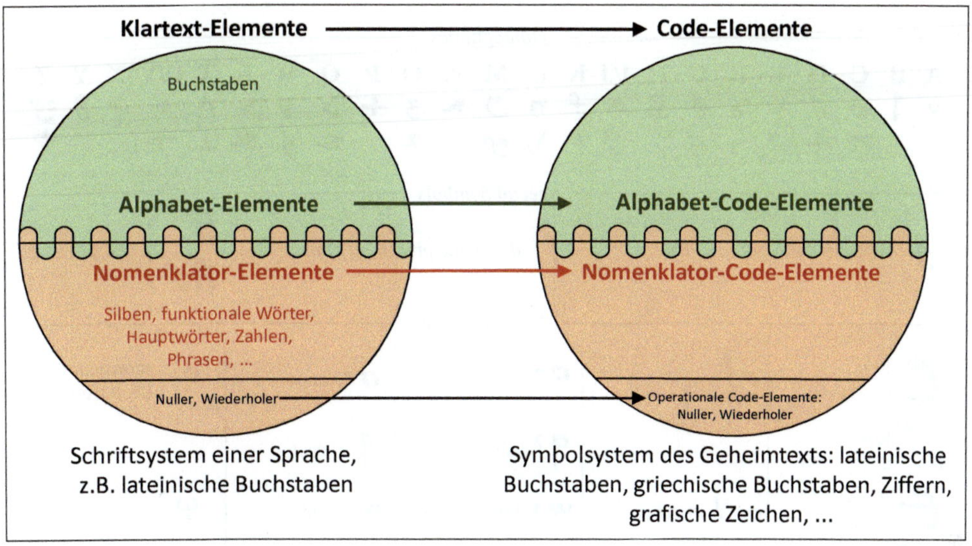

Abb. 3.7: Terminologie: Zuordnung der verschiedenen Begriffe – vgl. Tabelle 3.1

polyalphabetischen Substitutionen zur Verschlüsselung mehrere (viele) verschiedene Alphabete verwendet. Man kann auch sagen, dass bei diesen Chiffren das Alphabet des Klartextes auf wechselnde Alphabete des Geheimtextes abgebildet wird – siehe Abschnitt 2.2.4. Polyalphabetische Substitutions-Chiffren, wie die Vigenère-Chiffre (siehe Abschnitt 2.2.4 auf Seite 87) tauchten in Abhandlungen auf und stellten eine wichtige theoretische Entwicklung dar, wurden aber recht selten verwendet. Im 19. Jahrhundert wurden sie ein wenig populärer, aber historisch gesehen wurden sie nie üblich. Transpositions-Chiffren (Abschnitt 2.1 auf Seite 73) sind ein weiterer Chiffre-Typ: Hier werden die Buchstaben des Klartextes nicht ersetzt, sondern ihre Positionen werden systematisch vertauscht, um den Geheimtext zu bilden. Transpositions-Chiffren tauchten im 17. Jhdt. in Venedig [10, S. 340] auf, wurden aber bis zum 19. Jahrhundert, als sie recht populär wurden, nur selten verwendet. In späteren Jahrhunderten gibt es auch Chiffren, die eigentlich Kaskaden verschiedener Chiffren sind, also zusammengesetzte Chiffren. Ein Beispiel für eine solche Chiffre ist die im 1. Weltkrieg verwendete Chiffre ADFGVX [11], die eine Kombination aus Substitution (unter Verwendung eines Polybius-Quadrats – siehe Abschnitt 2.3 auf Seite 90) und (spaltenweiser) Transposition ist.

In den letzten Jahren hat die Entdeckung und erfolgreiche Kryptoanalyse von über 50 bisher unbekannten Briefen, die **Maria Stuart** zwischen 1578 und 1584 schrieb, der historischen Kryptologie weltweit bei weitem die größte Aufmerksamkeit eingebracht. George Lasry, Norbert Biermann und Satoshi Tomokiyo arbeiteten über ein Jahr lang an der Transkription, Dechiffrierung, Bearbeitung und Interpretation dieser Briefe, die über 150 000 Zeichen enthalten, und stellten sie in den richtigen historischen Kontext. Der sehr gut lesbare Forschungsartikel [12] beschreibt auf rund 100 Seiten und mit vielen Bildern das Vorgehen und die Ergebnisse.

Die Briefe von Maria Stuart wurden in der französischen Nationalbibliothek als italienische Briefe katalogisiert, ohne Angabe von Absender oder Empfänger und ohne die tatsächlich verwendete Sprache (Französisch) zu nennen. Die von Maria Stuart verwendete Chiffre war schwer zu knacken, da sie eine Nomenklatur mit 191 verschiedenen Zeichen verwendete, die neben den 26 Buchstaben des Alphabets weit über 100 Wörter umfasste, aber auch Homophone (mehrere Symbole, die denselben Buchstaben darstellen), Symbole ohne Bedeutung im Klartext (Nullen oder Blender), Symbole, die das vorherige Symbol aufheben (Nullifier, Nuller oder Aufheber), und Symbole, die das vorherige Symbol wiederholen.[1]

Abb. 3.8 und 3.9 zeigen den vollständigen Schlüssel, der für die Kommunikation zwischen Maria Stuart und Castelnau verwendet wurde. Dieser Schlüssel enthält Homophone, spezielle Symbole für operative Code-Elemente und eine Nomenklatur. Marias Briefe an Castelnau enthielten häufig weitere Briefe, die an andere Kontaktpersonen von ihr,

[1] In dem Video „Deciphering Mary Stuart's Lost Letters – A Talk Given by George Lasry", 2023, `https://www.youtube.com/watch?v=kiL-QdQJPB0` wird der Prozess dieses Erfolges erläutert.

Abb. 3.8: Schlüssel für die Mary-Castelnau-Chiffre, Teil 1 (von den Autoren von [12])

Abb. 3.9: Schlüssel für die Mary-Castelnau-Chiffre, Teil 2 (von den Autoren von [12])

meist in Frankreich, weitergeleitet werden sollten. Diese Beilagen (Enclosures) und ihre Empfänger wurden in der Regel – in verschlüsselter Form – am Ende des Hauptbriefes erwähnt, zusammen mit einem speziellen Symbol, das auf den jeweiligen Empfänger hinweist. [12]

3.2 Die Analyse historischer Chiffren – von der Sammlung bis zur Interpretation

Im Folgenden werden die Komponenten beschrieben, die an der Verarbeitung und Analyse historischer verschlüsselter Quellen beteiligt sind.

Historische Geheimtexte sind handschriftliche oder gedruckte Dokumente, die in Archiven, Bibliotheken, Museen oder privaten Sammlungen „vergraben" sind. Sie können schwer zu finden sein, da sie in Archiv- oder Bibliothekskatalogen kaum als Geheimtexte verzeichnet sind. Nur ein kleiner, aber wachsender Prozentsatz der historischen verschlüsselten Quellen sind digitalisiert und online verfügbar, und noch weniger werden in ein computerlesbares Textformat umgewandelt. Das systematische Auffinden, Analysieren und Entschlüsseln verschlüsselter Manuskripte ist eine Herausforderung und erfordert verschiedene Arten von Fachwissen. In diesem Abschnitt geben wir einen Überblick über die verschiedenen Schritte und Komponenten, die bei der Verarbeitung verschlüsselter Manuskripte von der Sammlung über die Transkription bis zur Entzifferung erforderlich sind (siehe Abb. 3.11 auf Seite 158). In den folgenden Abschnitten wird dann jeder Schritt des Prozesses im Detail beschrieben.

Das Sammeln von verschlüsselten Quellen erfordert Kenntnisse über den Verbleib der Dokumente. Sobald die Dokumente gefunden sind, müssen sie digitalisiert, also in Bilder umgewandelt werden (z. B. durch Abfotografieren mit einer Digitalkamera oder Scannen mit einem Scanner – wobei fast alle Archive das Scannen explizit verbieten und nur das Fotografieren erlauben, um Beschädigungen der oft sehr fragilen Dokumente zu vermeiden). Anschließend sind die Dokumente nach einem festgelegten Standard mit einer Reihe von Metadaten zu beschreiben. Die Metadaten können den Absender und den Empfänger der Dokumente, den Zeitpunkt und den Ort, an dem die verschlüsselte Quelle erstellt oder gesendet wurde, sowie eine Beschreibung ihres Inhalts umfassen. Die korrekte Beschreibung historischer Quellen in Form von Metadaten ist genauso wichtig wie der Inhalt des Dokuments selbst.

Bevor wir einen Geheimtext kryptoanalytisch untersuchen können, müssen wir ihn in der Regel transkribieren, d. h. das oder die Bilder mit dem Geheimtext in ein computerlesbares Textformat umwandeln. Dabei wird der Symbolsatz genau betrachtet und ähnliche Geheimtext-Symbole werden zu Typen gruppiert, was bei der Identifizierung des gesamten Geheimtext-Alphabets hilft. Eine Transkription ist ein Text, der die Geheimtext-Symbole aus den Bildern Symbol für Symbol und Zeile für Zeile darstellt. Dazu ist es erforderlich, den Stil der Handschrift zu interpretieren und Vermutungen über die Absichten des Schreibers anzustellen, mit anderen Worten, die Handschrift zu interpretieren. Die Transkription muss gründlich sein; alle Symbole, diakritischen Zeichen, Interpunktionszeichen und Leerzeichen müssen transkribiert werden, um eine Fehlerfortpflanzung während der Dechiffrierung zu verhindern.

Hat man nun eine (mehrzeilige) Transkription, kann man mit der Kryptoanalyse fortfahren. Zunächst müssen wir den Geheimtext in Codeelemente aufteilen und die Häufigkeit und das gemeinsame Auftreten der verschiedenen Symboltypen und Codeelemente analysieren. Wir müssen fundierte Vermutungen über das Verschlüsselungsverfahren und die zugrunde liegende Sprache anstellen. Wörterbücher und Sprachmodelle für verschiedene Zeitepochen können dabei helfen, den dahinter liegenden Klartext zu erraten. Sobald wir einen entschlüsselten Text haben, interpretieren wir den Klartext, korrigieren falsch transkribierte Symbole und passen den angenommenen Schlüssel an, um eine angemessene und vernünftige Klartextausgabe zu erhalten. Wir können den Text dann in eine oder mehrere Sprachen übersetzen und den Klartext in einen historischen Kontext stellen: Was wurde geschrieben, von wem, an wen und warum.

Die Entzifferung eines Geheimtextes ist – auch wenn sie viel Spaß machen kann – meist eine echte Herausforderung. In der Vergangenheit haben Historiker und Laien oft einzeln und unkoordiniert an der Identifizierung und Entzifferung von Geheimschriften gearbeitet. Ohne Zugang zu automatischen Methoden, die die Entzifferung beschleunigen können, ist dies ein zeitraubender Prozess. Gleichzeitig entwickeln Kryptoanalytiker, Informatiker und Computerlinguisten automatische Kryptoanalyse-Algorithmen, um Chiffre-Typen zu identifizieren und verschiedene Chiffren zu knacken, ohne Zugang zu echten historischen Geheimtexten zu haben.

Um die Bemühungen der verschiedenen Fachleute zu koordinieren und eine Forschungsinfrastruktur in Form von Ressourcen und Werkzeugen für die historische Kryptologie aufzubauen, wurde 2018 das internationale DECRYPT-Projekt [13] ins Leben gerufen. Ziel des Projekts war es, ein neues interdisziplinäres wissenschaftliches Feld der historischen Kryptologie zu etablieren, indem die Expertise der verschiedenen Disziplinen zusammengeführt wird, um verschlüsselte historische Dokumente zu digitalisieren, eine Datenbank historischer Chiffren aufzubauen und Software-Tools für die Transkription und Kryptoanalyse zu entwickeln. Uns ist kein anderes interdisziplinäres Projekt in diesem Bereich bekannt, das einen so ganzheitlichen Ansatz von der Sammlung über die Transkription bis zur Dechiffrierung verfolgt, indem es Open-Source-Ressourcen und -Werkzeuge für die historische Kryptologie in großem Maßstab entwickelt. Daher stützen wir uns in diesem Kapitel weitgehend auf die Erfahrungen und Erkenntnisse der Ergebnisse der interdisziplinären Zusammenarbeit im DECRYPT-Projekt. Es gibt jedoch viele einschlägige Studien zu verschiedenen Aspekten der historischen Kryptologie, und wir werden in den folgenden Kapiteln auf die bekanntesten Studien verweisen.

Um die Merkmale historischer Chiffren mit dem Ziel zu untersuchen, alle Verfahren, die in historischen Zeiten zum Verschüsseln benutzt wurden, entschlüsseln zu können, müssen eine große Anzahl historischer Quellen aus verschiedenen Orten und Zeiträumen gesammelt und gespeichert werden. Die DECODE-Datenbank [14] wurde erstellt, um Bilder von Geheimtexten, Chiffrierschlüssel und Informationen über ihre Herkunft, Transkriptionen und mögliche Entschlüsselungen zu speichern. Der Prozess der (halb-)automatischen Entschlüsselung umfasst, wie bereits erwähnt, die Transkription durch Anwendung der Bilderkennung, um die Bilder automatisch in ein maschinenlesbares Format zu konvertieren, und eine Zuordnung der Symbole zu einem Transkriptions-Schema. Weiterhin die Erkennung der dem Geheimtext zugrundeliegenden Klartextsprache anhand historischer Textquellen, die automatische Identifizierung des Chiffre-Typs, die Kryptoanalyse des Geheimtextes und schließlich seine Entschlüsselung.

Die entwickelten Methoden basieren auf einer breiten Palette von Algorithmen: von der klassischen Kryptoanalyse bis hin zu fortgeschrittenen Deep-Learning-Architekturen aus der künstlichen Intelligenz. Verschiedene (neuronale Netzwerk-)Modelle für die Transkription sind im TranscriptTool [15] veröffentlicht (siehe Abb. 3.10), während die Algorithmen für die Kryptoanalyse in CrypTool 2 (CT2) [16] implementiert wurden. CT2 wird auf dem Webserver der DECRYPT-Pipeline in einer Kommandozeilenversion aufgerufen. Beide Tools (TranscriptTool und CT2) sind als Open-Source veröffentlicht. Die DECODE-Datenbank und die beiden Tools sind in das Framework der DECRYPT-Pipeline zur Verarbeitung der verschlüsselten Manuskripte eingebunden, um Rückkopplungsschleifen und Fehlerreduzierung zwischen den verschiedenen Schritten in der Pipeline zu ermöglichen.[2]

Die Schritte zum Brechen historischer Chiffren erfordern eine sorgfältige Kombination und Zusammenarbeit von Experten aus verschiedenen Bereichen: Computerlinguisten stellen die Datenbank mit Schlüsseln und Chiffren bereit, definieren Transkriptions-Schemata für verschiedene Symbolsätze und erstellen und bewerten historische Sprachmodelle, die aus historischen Texten generiert werden. Historische Linguisten und Philologen sammeln und analysieren historische Texte, um Modelle für Sprachvariation und Sprachwandel zu entwickeln. Kryptoanalytiker entwickeln effiziente Algorithmen für die Kryptoanalyse verschiedener Verschlüsselungsarten, und Computer-Vision-Wissenschaftler liefern eine Typologie der Symboltranskription und Modelle zur Umwandlung von Bildern in ein maschinenlesbares Format. Historiker tragen zur Sammlung, Kontextualisierung und Interpretation der verborgenen Quellen bei. Auf diese Weise können die verschlüsselten Quellen systematisch bearbeitet, in großem Maßstab untersucht und der Öffentlichkeit zugänglich gemacht werden.

In den folgenden Abschnitten werden die Hauptteile der Pipeline (Abb. 3.11 auf der nächsten Seite) und die Herausforderungen der einzelnen Schritte beschrieben.

[2]Zusätzlich zum TranscriptTool in der DECRYPT-Pipeline im Internet gibt es ein eigenständiges Offline-Tool namens CTTS. Siehe Abschnitt 3.4.2 auf Seite 164.
Für Chiffren, die nicht nur aus Zahlen bestehen, sind momentan CTTS bzw. TranscriptTool die beste Wahl. Für Zifferchiffren kann `https://transkribus.ai/` eine Alternative sein. Transkribus ist eine KI-gestützte Plattform für Texterkennung, Transkription und Suche in historischen Dokumenten. Transkribus wurde im Rahmen des Horizon 2020 EU-Projekts „READ“ von einem Konsortium unter der Leitung der Universität Innsbruck entwickelt.

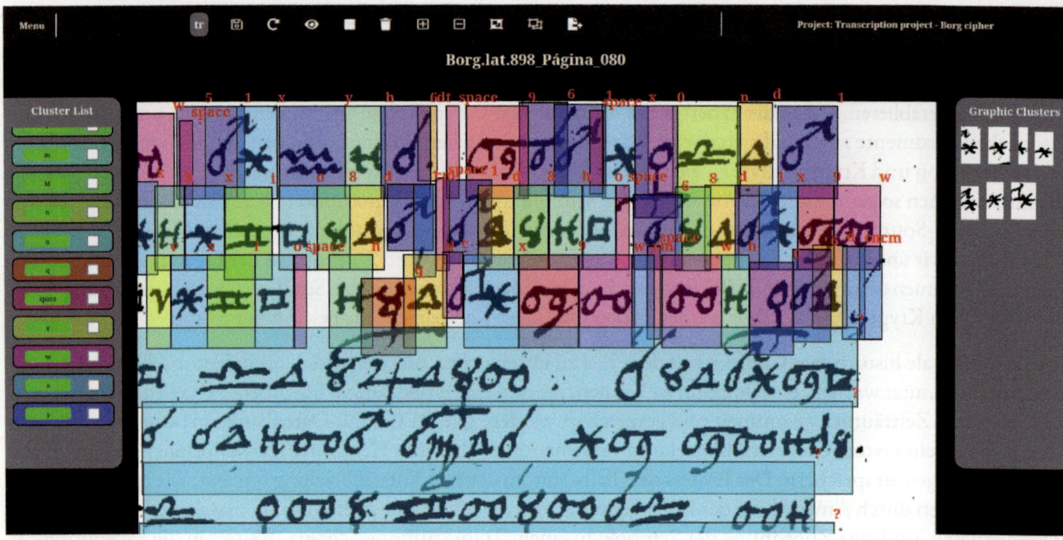

Abb. 3.10: TranscriptTool zur Erstellung von Transkriptionen von gescannten historischen Manuskripten, Teil der DECRYPT-Pipeline

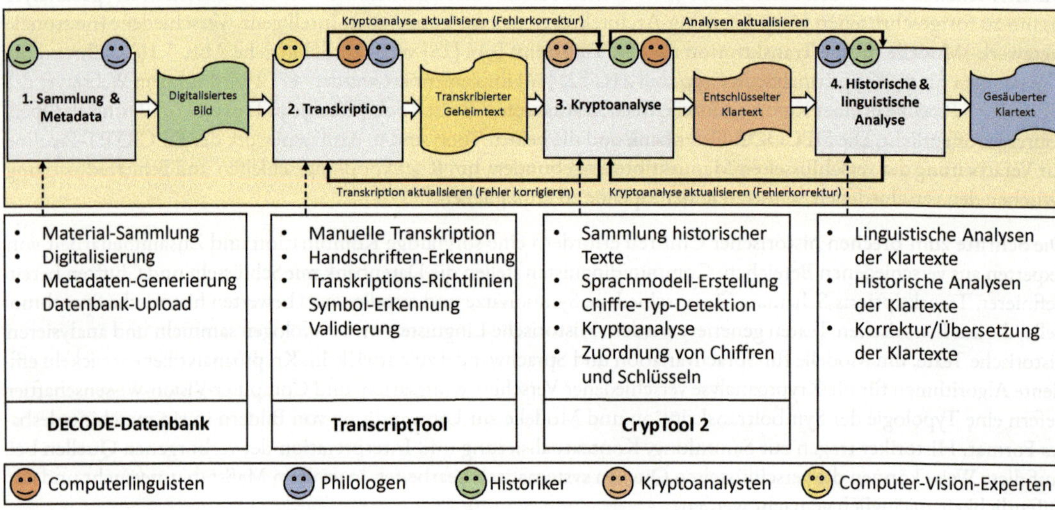

Abb. 3.11: Überblick über die DECRYPT-Pipeline (siehe `https://de-crypt.org/`)

3.3 Sammlung von Manuskripten und Erstellung von Metadaten

Eine allgemeine Erfahrung von Experten, die nach handgeschriebenen Chiffrierschlüsseln und verschlüsselten Dokumenten suchen, ist, dass diese Dokumente leicht zu erkennen, aber schwer zu finden sind (siehe Abschnitt 3.2 auf Seite 156). Die Schlüssel sind leicht zu **erkennen**, weil sie eine typische Struktur aufweisen: Ein Klartext-Alphabet und ein Geheimtext-Alphabet werden nebeneinander geschrieben, oft gefolgt von einer Nomenklatur-Tabelle, in der Wörter und die entsprechenden Codeelemente aufgeführt sind. Ein typischer historischer Schlüssel sieht in der Regel wie eine kurze Notiz auf einem Blatt Papier aus (wenn es sich um eine monoalphabetische Chiffre handelt) oder wie eine große Tabelle auf einer oder zwei etwa DIN-A4-großen Seiten. Sie sind entweder separate Blätter oder Teil einer umfangreichen Sammlung, z. B. Seiten in einem Buch, das ausschließlich den Chiffrierschlüsseln gewidmet ist. Die verschlüsselten Dokumente sind in der Regel leicht zu **erkennen**, da es sich um textähnliche Dokumente handelt, die teilweise oder vollständig aus Zahlen, Buchstaben oder grafischen Zeichen bestehen, die oft durch Punkte getrennt sind. Auch wenn manchmal Inventare mit verschlüsselten Dokumenten verwechselt werden und eine gewisse Unsicherheit darüber besteht, ob ein Text verschlüsselt oder in einem unbekannten Schriftsystem oder einer unbekannten Sprache geschrieben ist, werden diese Dokumente in den meisten Fällen ohne Probleme erkannt. Dabei kann es sich um einige wenige Wörter, einen absatzlangen Geheimtext in einer ansonsten lesbaren Nachricht oder um ein mehrseitiges (sogar buchfüllendes) vollständig verschlüsseltes Dokument handeln.

Allerdings ist es nicht einfach, diese verschlüsselten Quellen zu **finden**. Chiffrierschlüssel und verschlüsselte Dokumente finden sich gewöhnlich an zwei Orten: in den Archiven und bei den Handschriftensammlungen der Bibliotheken. Stellen Sie sich vor, ein Experte für Kryptogeschichte besucht ein fremdes Land und möchte die dortige Kryptologie studieren. Eine solche Forschungsreise sollte gründlich vorbereitet werden, denn unvorbereitet ein Archiv zu betreten und nach Chiffrierschlüsseln zu fragen, führt selten zum Erfolg. Zu dieser Vorbereitung gehören die Konsultation der Sekundärliteratur über die betreffende Handschriftensammlung und das direkte Schreiben an die Archivare/-Bibliothekare. Auch das Einholen von Ratschlägen bei Historikern, die sich mit der betreffenden Zeit (aber nicht unbedingt mit verschlüsselten Dokumenten) befassen, kann eine große Hilfe sein. Die Bedeutung von persönlichen Kontakten ist nicht zu unterschätzen. Und schließlich können auch Blog-Autoren wertvolle Beiträge liefern: das Portal über das Voynich-Manuskript von René Zandbergen [17], Nick Pellingss „Cipher Mysteries" [18], oder Klaus Schmehs Wissenschaftsblog [19] mit einer breiten Palette verschlüsselter Quellen.

Handschriftensammlungen in Bibliotheken verfügen in der Regel über ordentliche Kataloge, aber in den Referenzmaterialien von Archiven ist nicht immer angegeben, dass eine bestimmte Quelle verschlüsselt ist. Selbst wenn sie gründlich katalogisiert sind, werden sie nur selten auf Dokumentenebene beschrieben; häufiger bleiben sie auf einer höheren Sammlungsebene, so dass einzelne Dokumente unsichtbar sind. In Archiven gibt es in der Regel Kisten (Kartons, Boxen) mit einer Vielzahl von Dokumenten. Oft wird der Karton beschlagwortet und kurz beschrieben (z. B. politische Dokumente aus diesem oder jenem Krieg), aber die einzelnen Briefe oder Dokumente werden nicht einzeln angegeben. Doch selbst in den seltenen Fällen, in denen die Karteien jeden einzelnen Datensatz auflisten, ergibt sich ein weiteres Problem: Nach welchem Suchwort soll man suchen? Sicherlich eine gute Wahl sind „verschlüsselt", „Chiffre", „in cifra" (oder ciffra), „enchiffré", „crypté", „chiffriert", aber die Suche nach „en chiffre" in der Bibliothèque Nationale de Paris könnte sich als problematisch erweisen, da man Tausende von Dokumenten erhält, deren Beschreibung „Zahl" (chiffre) beinhaltet.

Chiffrierschlüssel sind in der Regel einfacher zu finden als verschlüsselte Dokumente, da sie oft in thematischen Sammlungen zusammengefasst sind. Die beiden häufigsten Fälle sind: (1) ein ganzes handgeschriebenes Buch (entweder in einer Bibliothek oder in einem Archiv), in das Chiffrierschlüssel kopiert werden, mit jeweils einem Schlüssel pro Seite, und (2) eine Mappe (normalerweise in einem Archiv) mit separaten Blätter verschiedener Größe, wobei sich auf jedem Blatt ein Schlüssel befindet. In Katalogen und Nachschlagewerken werden solche Sammlungen in der Regel erwähnt. Wenn jedoch ein einzelner Schlüssel irgendwo allein auftaucht, wird er kaum erwähnt und kann nur durch Zufall gefunden werden.

Verschlüsselte Dokumente sind schwieriger zu finden, weil die Kataloge (der Bibliotheken) und die Nachschlagewerke (der Archive) in den Indizes oft nicht angeben, dass sie ganz oder teilweise verschlüsselt sind. In solchen Fällen kann der Krypto-Historiker nach diplomatischen oder militärischen Korrespondenzen einer bestimmten Periode im Allgemeinen fragen. Diplomatische Briefe (insbesondere Botschafterbriefe oder Geheimdienstberichte) und militärische Nachrichten werden mit hoher Wahrscheinlichkeit verschlüsselte Nachrichten enthalten. Auch Familiensammlungen (die einen großen Teil der Gesamtheit der Archivbestände ausmachen) können verschlüsselte Dokumente enthalten, ganz zu schweigen von persönlichen Tagebüchern, wissenschaftlichen und religiösen Büchern. Es gibt keine systematische Methode, sie zu finden; man muss ganze Ordner anfordern und darin blättern. Nach der Vermutung eines Krypto-Historikers ist **ein Prozent** des Archivmaterials teilweise oder vollständig verschlüsselt. [20]

Ein weiteres Problem besteht darin, das verschlüsselte Dokument dem entsprechenden Schlüssel zuzuordnen. Selbst wenn die Sammler beide gefunden haben, ist es nicht offensichtlich, dass sie die Beziehung zwischen den beiden erkennen. Diese Aufgabe wird umso schwieriger, je größer die Sammlungen sind: Die Datensätze so zu indizieren, dass die sich entsprechenden Quellen identifiziert werden können, ist schwierig.

Sobald Krypto-Historiker Chiffrierschlüssel und verschlüsselte Dokumente finden, stehen sie vor mehreren weiteren Schwierigkeiten. Erstens sind die beigefügten Metadaten möglicherweise nicht korrekt. Die Sammlungen sind datiert, und auch die Herkunft der Quellen ist in den Archivordnern angegeben; diese Angaben sind jedoch meist zu allgemein gehalten, und die Dokumente und Schlüssel sind nicht getrennt datiert. Einige der Aufzeichnungen enthalten Daten und Namen; und nur in den Fällen, in denen es sich nicht um spätere Ergänzungen (z. B. durch Archivare und Bibliothekare des 19. Jahrhunderts) sondern um historische Daten handelt, sind sie zuverlässig. In anderen Fällen sind sie nicht immer vertrauenswürdig oder einfach zu unspezifisch.

Die Beschreibung eines Manuskripts in Bezug auf seinen Standort, seine Struktur, seine Herkunft und seinen Inhalt ist für die Forschung von unschätzbarem Wert. Solche Beschreibungen werden als Metadaten bezeichnet und helfen uns bei der Interpretation des Manuskripts. Je robuster und detaillierter die Beschreibung ist, desto genauer können wir die Analyse durchführen. Zu den Metadaten historischer verschlüsselter Quellen gehören unter anderem Informationen über ff. Aspekte:

1. Der aktuelle Standort des Manuskripts (Signatur im Archiv/der Bibliothek, Ort, Stadt, Land).
2. Die Herkunft des Dokuments einschließlich Informationen über den Ort und die Datierung, den Absender und den Empfänger der Quelle oder den Ersteller und/oder den Benutzer des Chiffrierschlüssels.
3. Der Inhalt des Dokuments einschließlich seiner Art (z. B. ein Geheimtext, ein Chiffrierschlüssel oder ein Handbuch über Kryptologie), und die betreffende(n) Sprache(n).
4. Zusätzliche Informationen können den Symbolsatz des Geheimtext-Alphabets (z. B. Ziffern, Alphabete, grafische Zeichen), das Verschlüsselungsverfahren (einfache, homophone oder polyphone Substitution), die Art der Nomenklatur-Elemente oder Anweisungen beschreiben.

Leider sind solche Metadaten für verschlüsselte Quellen in den Archiven und Bibliotheken nur schwer zu finden, da sie kaum indiziert sind und nur wenige über ihren Verbleib Bescheid wissen. Als Ergebnis dieses – kaum operationalisierbaren – Prozesses gibt es mehrere Online-Sammlungen, die auch digitale Scans anbieten. Neben den bereits erwähnten Blog-Autoren enthält Satoshi Tomokiyos private Homepage „Cryptiana" [21] sehr viele Original-Chiffren und -Schlüssel vom 15. bis zum 20. Jahrhundert sowie hilfreiches Material zur Kryptoanalyse historischer Chiffren. Eugen Antal und Pavol Zajacs „Portal of Historical Ciphers" [22] beherbergt eine noch kleine, aber wachsende Datenbank mit originalen historischen Chiffren vom 17. bis zum 20. Jahrhundert mit Schwerpunkt auf mitteleuropäischen verschlüsselten Quellen, die mit einer schönen grafischen Oberfläche veröffentlicht wird. Und schließlich ist die DECODE-Datenbank [14], die Teil des DECRYPT-Projekts ist, heute die größte Quelle für historische Chiffren und Schlüssel. Zum Zeitpunkt der Erstellung dieses Artikels (Juli 2024) enthält die Datenbank über 7900 historische verschlüsselte Quellen, die alle mit ihren Originalbildern gespeichert und mit Metadaten sowie zugehörigen Dokumenten wie Transkriptionen kommentiert sind.

Alle Sammlungen von verschlüsselten Quellen sind mit zwei Schwierigkeiten konfrontiert, einer rechtlichen und einer technischen. Erstens erlaubt der Eigentümer der betreffenden Aufzeichnungen (z. B. Archive oder Bibliotheken) in der Regel aus urheberrechtlichen Gründen nicht, hochauflösende Bilder in der Online-Sammlung zu veröffentlichen. Daher kann oft nur eine niedrig aufgelöste Reproduktion mit der Öffentlichkeit geteilt werden. Zweitens erfordert die visuelle Erkennungssoftware hochauflösende Kopien von guter Qualität (mindestens 300 DPI). In diesem zweiten Bereich hat es jedoch erhebliche Verbesserungen gegeben, so dass dem Transkriptions-Tool, der nächsten Phase der Pipeline, ausreichend lesbare Dokumente angeboten werden können.

3.4 Transkriptionen

Nach der Erfassung werden die Bilder der verschlüsselten Quelle in ein Computer-lesbares Textformat umgewandelt, das für den kryptografischen Teil des Verfahrens benötigt wird. Die Digitalisierung beinhaltet die Umwandlung des Geheimtextes sowie der in der Handschrift vorkommenden Cleartext-Passagen in eine Textdarstellung. Dies bedeutet insbesondere, dass die Symbole des Geheimtextes in den Bildern durch maschinenlesbare Symbole ersetzt und die Cleartext-Sequenzen interpretiert und transkribiert werden. Es gibt verschiedene Methoden und Ansätze, wie dies geschehen kann. Im Folgenden konzentrieren wir uns auf die Transkription des Geheimtextes und beschreiben zwei Methoden: eine manuelle Option und eine halbautomatische Option. Während die manuelle Option vollständig auf menschlicher Arbeit beruht, verwendet die halbautomatische Option Computer-Vision-Technologie auf der Grundlage von Methoden der künstlichen Intelligenz (KI), gefolgt von einer manuellen Nachkorrektur der KI-Ausgabe. Wir zeigen die Herausforderungen beider Methoden auf und diskutieren dann ihre Vor- und Nachteile.

3.4.1 Manuelle Transkription

Die Transkription historischer Quellen, insbesondere solcher, die handschriftlich in einer Fremdsprache verfasst sind, ist alles andere als einfach und erfordert geschulte Augen und Hände. Hier werden die wichtigsten Herausforderungen, Standards und aktuellen Praktiken bei der Transkription von verschlüsselten Quellen zusammengefasst.

Das Ziel der Transkription ist es, den auf dem Bild erscheinenden Text in eine Textdarstellung umzuwandeln. Die Transkription des historischen Dokuments sollte so genau wie möglich sein. Dies betrifft natürlich die Abgrenzung der verschiedenen Geheimtext-Symbole und die Identifizierung der Symboltypen, die in der Handschrift vorkommen. Manchmal ist dies eine einfache Aufgabe, wenn das Alphabet des Geheimtextes aus einer begrenzten, bekannten Menge von Symbolen besteht, zum Beispiel Ziffern. Oftmals enthalten die verschlüsselten Quellen auch andere Symbole wie Punkte, Satzzeichen, Akzente und andere diakritische Zeichen oder unterstrichene Sequenzen.

Handschriftliche Stile variieren von Mensch zu Mensch, manche Schriften sind deutlicher als andere. Aber sie verändern sich auch über historische Zeiträume und geografische Gebiete hinweg. Für diese Schrifttypen finden sich jedoch wissenschaftliche Beschreibungen in Handbüchern der Paläographie. Schriftmodelle in Tabellen können als Unterstützung dienen. Auch die in historischen Texten häufig verwendeten Abkürzungen haben sich im Laufe der Zeit verändert.

Die manuelle Transkription historischer Texte im Allgemeinen und wahrscheinlich historischer Geheimtexte im Besonderen ist mühsam und zeitaufwendig. Sie erfordert ein hohes Maß an Konzentration und ist trotz aller Bemühungen anfällig für Ungereimtheiten und Fehler. Darüber hinaus verursacht die benötigte Arbeitskraft Kosten.

Auch wenn die Transkription so genau wie möglich sein sollte, müssen die Transkribierenden Entscheidungen darüber treffen, wie detailliert eine Transkription sein sollte. Im Allgemeinen können wir zwischen zwei verschiedenen Granularitäts-Ebenen unterscheiden. Entweder wir transkribieren sehr nah an der historischen Schrift und geben alle Wortgrenzen, alle Interpunktion, alle Zeilen- und Seitenumbrüche, Rechtschreibung und Abkürzungen genau so wieder, wie sie im Originaltext vorkommen (sogenannte „diplomatische Transkription“), oder wir modernisieren z. B. Interpunktion und Rechtschreibung, korrigieren offensichtliche Fehler und lösen Abkürzungen auf, um dem modernen Leser zu helfen (sogenannte „normalisierte Transkription“).

Bei historischem Geheimtext verwenden wir einen hohen Grad an Granularität und versuchen, so viele Details wie möglich zu erfassen, z. B. Abstände, diakritische Zeichen und Satzzeichen, d. h. alles, was für die Wiederherstellung des Klartextes von Bedeutung sein könnte. Im DECRYPT-Projekt wird also die diplomatische Transkription angewandt.

Eine der ersten Aufgaben des Transkriptions-Prozesses ist die Identifizierung und Segmentierung jedes Symbols im Geheimtext. Manchmal ist dies ganz einfach, wie im Fall der klar segmentierten ziffernbasierten Chiffren oder der eklektischen Sammlung von Symbolen in der Copiale-Chiffre (siehe Abb. 3.2 auf Seite 147). Manchmal ist die Segmentierung von Symbolen eher schwierig, vor allem wenn der Schreiber eine zusammenhängende Handschrift mit sich berührenden Symbolen verwendete, wie im Fall der Borg-Chiffre in Abb. 3.2 auf Seite 147. Um Symbole korrekt zu segmentieren, ist es hilfreich, sich sehr ähnliche Symbole anzusehen, insbesondere in Verbindung mit anderen Symbolen, um zu sehen, wo die Symbolgrenzen gezogen werden sollen. Leerzeichen, wie sie im Original vorkommen, dürfen bei der Betrachtung nicht ausgelassen werden. Leerzeichen in Geheimtexten können beabsichtigt sein und markieren oft Symbolgrenzen und auch Wortgrenzen des Klartextes. Manchmal werden Leerzeichen aber auch nur hinzugefügt, um die Entschlüsselung zu erschweren. Leerzeichen können auch unbeabsichtigt sein, wenn der Schreiber beim Schreiben zufällig ein Leerzeichen gesetzt hat, das eine tatsächliche Wortgrenze im Klartext offenbaren kann. Daher sollten Leerzeichen sorgfältig beobachtet und transkribiert werden.

Gleichzeitig oder als nächster Schritt liegt es nahe, die ähnlichen Symbole zu einem Typ zu gruppieren und jedem Symboltyp einen eindeutigen Buchstaben oder ein eindeutiges Symbol zuzuordnen, das für die Transkription verwendet wird. Die Hauptschwierigkeit bei diesem Schritt liegt in der Definition einer Gruppe. Wie ähnlich müssen die Symbole sein, damit sie in einer Gruppe zusammengefasst werden können? Sollen a, a., á, à, å und ä eine oder mehrere Gruppen sein? Wie viele? Es kann hilfreich sein, zu untersuchen, aus welchen Arten von Symbolen das Alphabet des Geheimtextes besteht und wie häufig bestimmte Symbole sind und in welchem Zusammenhang mit anderen Symbolen (in n-Grammen) sie erscheinen. Wenn wir zum Beispiel einige Ziffern (1-3) finden können, ist es wahrscheinlich, dass wir alle Ziffern (0-9) finden können. Ähnlich verhält es sich mit den Tierkreiszeichen: Wenn wir einige finden, können wir davon ausgehen, dass wir weitere oder sogar alle zwölf finden. Wenn ein Symbol mit einem Punkt nur in einem oder wenigen Fällen auftaucht, könnte der Punkt ein Tintenfleck sein; wenn er jedoch systematisch auftaucht und verwendet wird, sollte er als Symboltyp behandelt werden.

Eine große Herausforderung für die Transkription von Geheimtexten sind eklektische Symbolsätze mit einer großen Variation an grafischen Zeichen, wie die Borg- und Copiale-Chiffren in Abb. 3.2 auf Seite 147. Viele Symbole sehen ähnlich aus, so dass nicht klar ist, ob es sich um zwei verschiedene Geheimtextsymbole oder um ein und dasselbe Symbol mit einer handschriftlich bedingten grafischen Variation handelt. Zum Beispiel sehen die Zodiac-Zeichen ♍ und ♏ (UTF-8: U+264D und U+264F) auf den ersten Blick ähnlich aus, aber wenn man mit den Sternzeichen vertraut ist, kann man die beiden leicht unterscheiden. Die menschliche Kreativität hat in vielen Fällen ihre eigenen Zeichen erfunden, die sich in einigen Symboltypen nur geringfügig unterscheiden und verschiedene Klartext-Entitäten darstellen. Die Herausforderung, das eindeutige Alphabet des Geheimtextes zu identifizieren, kann oft nur zusammen mit dem darauf folgenden Entschlüsselungsprozess gelöst werden.

Um Chiffren zu studieren und sie im Laufe der Zeit und über geografische Gebiete hinweg zu vergleichen, ist es von Vorteil, über einen Transkriptions-Standard für verschlüsselte Quellen zu verfügen, so dass dieselben Symboltypen in allen Geheimtexten und Chiffrierschlüsseln auf ähnliche Weise transkribiert werden. Eine standardisierte Transkription aller verschlüsselten Quellen ermöglicht den Abgleich von Geheimtexten mit den entsprechenden Schlüsseln, was sowohl die Entschlüsselung als auch die historische Kontextualisierung vereinfacht.

Im Rahmen des DECRYPT-Projekts wurden Transkriptions-Richtlinien entwickelt, siehe [23] und [24]. Diese Richtlinien befassen sich mit der systematischen Transkription von Geheimtext-Bildern, Schlüssel-Bildern und Cleartext-Bildern.

Das Grundprinzip der Transkription besteht darin, das Manuskript so originalgetreu wie möglich zu transkribieren. Jede Zeile wird Symbol für Symbol transkribiert, wobei Zeilenumbrüche, Leerzeichen, Satzzeichen (Punkte, Kommata, Fragezeichen), diakritische Zeichen und unterstrichene Sequenzen markiert werden. Die Symbole werden in Unicode unter Verwendung des UTF-8-Kodierungsschemas [25] dargestellt. Unsichere Symbole werden mit dem vermuteten Symbol, gefolgt von einem Fragezeichen, transkribiert. Unbekannte Buchstaben sind mit einem Sternchen (*) gekennzeichnet. Abb. 3.12 auf der nächsten Seite zeigt eine Transkription der Borg-Chiffre mit ihrem eklektischen Symbolsatz unter Verwendung von Unicode-Namen, die automatisch in die eigentlichen Unicode-Codes umgewandelt und schließlich grafisch als Icons dargestellt werden können. Es liegt im Ermessen des Transkribierers, ob er die Unicode-Namen verwendet, die man sich leichter merken kann, oder ob er die grafischen Zeichen direkt als Unicode-Codes umschreibt. Die Verwendung der Tastatur für Ziffern, Satzzeichen und lateinische Buchstaben ist in jedem Fall vorzuziehen, um schneller voranzukommen.

Um den Prozess der Entschlüsselung zu erleichtern, hält sich die Transkription nicht immer an das Originalbild. Stattdessen muss die Transkription in einigen Fällen die Absicht des Codierers widerspiegeln. Das bedeutet, dass Korrekturen im Manuskript so transkribiert werden, wie sie vermutlich vom Schreiber beabsichtigt waren. So werden beispielsweise Randnotizen, die Korrekturen bezeichnen, transkribiert und an der Stelle hinzugefügt, die durch die jeweilige Markierung im Original angegeben ist, wie in Abb. 3.13 auf der nächsten Seite dargestellt. Durchgestrichene Symbole im Original werden nicht transkribiert, sondern als Kommentar in den Metadaten der Transkriptionsdatei hinzugefügt.

Wie Geheimtexte werden auch Chiffrierschlüssel in UTF-8-Kodierung umgeschrieben. Da Chiffrierschlüssel jedoch auf viele Arten strukturiert sein können, nehmen wir eine gewisse Verallgemeinerung bei der Darstellung des Layouts vor. Wir trennen die Klartext- und die Code-Elemente auf zwei Seiten (verschiedene Spalten) – dies wird durch den Zusatz „Code“ oder „Klartext“ angezeigt. Jedes Paar wird in einer eigenen Zeile geschrieben. In Fällen, in denen mehrere Code-Elemente (bei homophonen Chiffren) oder Klartext-Elemente (bei polyphonen Chiffren) aufgeführt sind, werden die alternativen Elemente nacheinander durch einen Balken („|“) getrennt transkribiert, gefolgt von „ – “ und der/den Klartext-Einheit(en), unabhängig davon, ob die Alternativen im Original auf mehreren Zeilen geschrieben sind oder nicht. Spezielle Funktionen in Schlüsseln wie Tabelle 3.1 auf Seite 152 – auch als „operative Code-Elemente“ bezeichnet – sind ebenfalls transkribiert. Eine Transkription des Chiffrierschlüssels in Abb. 3.6 auf Seite 152 ist in Tabelle 3.1 auf Seite 152 dargestellt.

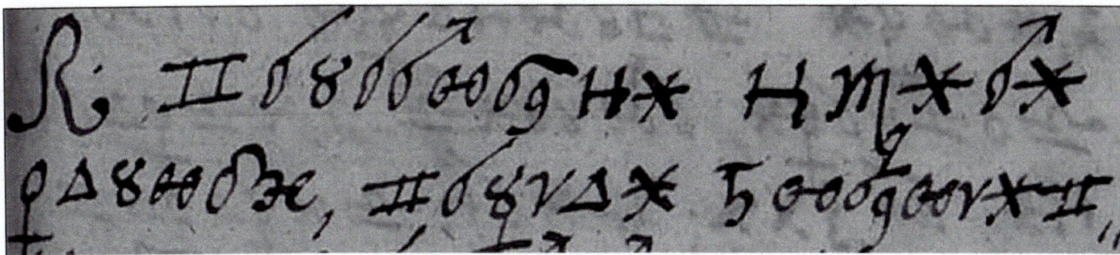

Unicode names

R <SPACE> gemini conjunction taurus conjunction ironore arsenic cancer H sextile <SPACE> H virgo sextile ironore sextile

copperore fire taurus arsenic delta ? <SPACE> gemini conjunction taurus aries sextile <SPACE> 5 arsenic cancer arsenic aries sextile gemini

Unicode codes

R <SPACE> 264A 260C 2649 260C 2642 29df 264b H 26b9 <SPACE> H 264d 26b9 2642 26b9

2640 25b3 2649 29df 03b4 ? <SPACE> 264a 260C 2649 2648 25b3 26b9 <SPACE> 5 29df 264b 29df 2648 26b9 264a

Unicode characters

R <SPACE> ♊ ☌ ♉ ☌ ♂ ⧟ ♋ H ⚹ <SPACE> H ♍ ⚹ ♂ ⚹
♀ △ ♉ ⧟ δ x? <SPACE> ♊ ☌ ♉ ♈ △ ⚹ <SPACE> 5 ⧟ ♋ ⧟ ♈ ⚹ ♊

Abb. 3.12: Transkription der Borg-Chiffre [4], dargestellt mit Unicode-Namen, konvertiert zu Unicode-Codes und visualisiert als Original-Symbole

1 4 0 5 8 0 1 7 1 1 4 0 3 4 1 6 5 4 8 1 6 1 9 0 9 4 8 1 1 4 1 7 4 0 9 3 4 4 2 .A.? 2 7 4 5 8 7 5 1 7 1 6 3 0 3 9 8 3 8 0 5 4 8 1 6 4 1 3 8 9 3 0 9 1 6 7 0
3 7 1 6 8 9 9 3 4 4 2 2 8 3 5 3 7 4 8 4 0 3 3 1 1 0 6 5 1 9 1 6 3 9 5 8 6 2 8 8 4 1 5 7 7 5 8 4 5 4 0 9 2 3 4 1 8 4 1 0 9 9 3

Abb. 3.13: Transkription von Randnotizen

Die Transkription der Klartexte und Cleartexte sollte ebenfalls den im Bild gezeigten Originaltext wiedergeben. Um zwischen Geheimtext- und Cleartext-Sequenzen unterscheiden zu können, wird letztere in Klammern mit einer Beschreibung der Sprache gekennzeichnet, als ⟨ `CLEARTEXT LANG-ID Letter_sequence` ⟩. Die Sprach-ID ist ein zweibuchstabiger Code, der durch ISO 639-1 definiert ist.[3] Darüber hinaus werden Schlagwörter, d. h. eine Folge von Symbolen, die als erste(s) Symbol(e) der folgenden Seite erwartet werden und zur Kennzeichnung der Seitenreihenfolge dienen, in Klammern gesetzt. Diese sind als ⟨ `KUSTODE Symbol_sequence` ⟩ gekennzeichnet.

Manche Dokumente sind beschädigt, so dass die Lesbarkeit von Geheimtextzeichen und anderen Textpassagen eingeschränkt ist. In diesen Fällen kennzeichnet der Transkribierer Unsicherheiten in der Transkription mit einem Fragezeichen oder einem Sternchen für fehlende Elemente. Die Art des Materialschadens, der die Unsicherheiten verursacht, wird in den Metadaten, die Teil der Transkriptionsdatei sein sollten, und/oder als Kommentar in der Transkription selbst beschrieben. Ein ähnliches Problem kann auftreten, wenn die vom Archiv oder der Bibliothek bereitgestellte Bildqualität zu schlecht ist. Probleme, die durch eine niedrige Auflösung verursacht werden, können bis zu einem gewissen Grad dank der in der „Computer Vision“ entwickelten Methoden zur Verbesserung der Bildqualität gelöst werden.

Diese Verfahren werden im Rahmen der Bildverarbeitung im Allgemeinen und der Erkennung von handschriftlichem Text im Besonderen entwickelt. Sie gehören in das Forschungsgebiet der Computer Vision, die wiederum Teil der Wissenschaft der künstlichen Intelligenz ist. Automatische Verfahren zur Transkription sind Gegenstand von Abschnitt 3.4.3 auf Seite 165.

[3] `https://en.wikipedia.org/wiki/List_of_ISO_639-1_codes`

Code	–	Plaintexts
3	–	A | s
6	–	t | r
5	–	n | o
8	–	ι | m
9	–	l | u
7	–	c | e
0	–	p | d
02	–	b | z
04	–	f | g
00	–	& | con

Tab. 3.2: Transkription des Schlüssels in Abb. 3.6 auf Seite 152

3.4.2 CTTS: Offline-Programm für die manuelle Transkription

Um die zeitaufwändige menschliche Arbeit der manuellen Transkription zu unterstützen, entwickelte George Lasry ein Transkriptions-Tool namens „CrypTool Transcriber and Solver" (CTTS). Das Tool kann auf Windows, macOS und Linux ausgeführt werden und über die CrypTool-Seite heruntergeladen werden.[4]

CTTS ist für die effiziente manuelle Transkription historischer Geheimtexte konzipiert. Es enthält auch einen Solver (Analyzer) für homophone Substitutions-Chiffren. CTTS fördert einen zyklischen Prozess der Überprüfung und iterativen Bearbeitung von Transkriptionen und Entschlüsselungen. Es bietet Unterstützung für mehrere Dokumente, so dass Benutzer gleichzeitig an mehreren Dokumenten mit denselben Symbolsätzen arbeiten können. CTTS ermöglicht das Speichern und Laden von Transkriptions-Projekten und den Export sowohl der transkribierten Geheimtexte als auch der entschlüsselten Klartexte.

Die nicht-öffentliche Vorgängerversion von CTTS wurde erfolgreich zum Knacken mehrerer realer Manuskripte eingesetzt (wie der Maria-Stuart-Chiffre [12] und der Armand-de-Bourbon-Chiffre [26]), was zu Veröffentlichungen in Cryptologia und bei der HistoCrypt führte.

Geheimtexte in historischen Dokumenten enthalten oft grafische Symbole, Buchstaben oder Ziffern. Der manuelle Prozess der Transkription eines solchen Dokuments mit CTTS läuft wie folgt ab:

Schritt 1: Der Benutzer lädt eine Bilddatei, die den Geheimtext enthält.

Schritt 2: Der Benutzer umrahmt mit der Maus jedes Geheimtext-Symbol mit einem Kästchen, um die Geheimtext-Symbole miteinander zu verknüpfen. Dies ist der Prozess, der oben als Gruppierung der ähnlichen Symbole beschrieben wurde.

Schritt 3: Das Programm erzeugt einen umgeschriebenen Text. In einem Szenario mit einem Alphabet mit 26 Buchstaben und einer einfachen Substitutions-Chiffre gibt es maximal 26 Cluster von Geheimtext-Buchstaben. Homophone Substitutions-Chiffren haben natürlich (viel) mehr als 26 Cluster, plus zusätzliche Cluster für Satzzeichen, Leerzeichen und andere Arten von Begrenzungszeichen.

[4] `https://www.cryptool.org/de/ctts`. Die Sourcen gibt es auf `https://github.com/CrypToolProject/CTTS`.

Schritt 4: Optional kann der Benutzer einen eingebauten Kryptoanalyse-Algorithmus (Simulated Annealing) auf den (bisher) transkribierten Text anwenden, um die Chiffre zu analysieren und den Klartext offenzulegen.

Die Schritte 2 bis 4 werden iterativ in einer Schleife durchgeführt, um die Transkription und Entschlüsselung zu verbessern.

Abb. 3.14 zeigt einen Screenshot des Tools. Im oberen rechten Bereich der Anwendung wurde ein historisches verschlüsseltes Dokument geladen und manuell transkribiert. Jedes der grafischen Geheimtext-Symbole ist von einem vom Benutzer gezeichneten Kästchen umgeben. Kästchen derselben Farbe werden verwendet, um Geheimtext-Symbole zu markieren, die zu derselben Gruppe von Symbolen gehören. Auf der linken Seite der Anwendung wird eine Liste aller bisher transkribierten Symbole angezeigt. Zusätzlich sind die Transkriptions-Zuordnungen zu sehen; zum Beispiel wird das erste Symbol der Liste, ein um 90 Grad gedrehter Buchstabe T, als "02" transkribiert. Neben der "02" befindet sich ein Buchstabe "E", der das zugewiesene Klartextsymbol ist. Der Benutzer kann die Klartextsymbole manuell zuweisen, oder es kann ein automatischer Kryptoanalyse-Algorithmus ausgeführt werden, der mithilfe von Simulated Annealing versucht, die besten Zuweisungen zu finden.

Der untere Teil der Anwendung zeigt alle Symbole des aktuell ausgewählten Clusters an. Hier werden alle Geheimtext-Symbole, die als "02" transkribiert wurden, in diesem Cluster gruppiert. So kann der Benutzer sehen, welche Symbole dasselbe Transkriptions-Symbol haben, und Transkriptionsfehler erkennen. Benutzer können Fehler leicht korrigieren, indem sie falsch zugeordnete Symbole in ein anderes Cluster ziehen und dort ablegen.

Abb. 3.15 auf der nächsten Seite zeigt, wie das Ergebnis von Schritt 4 (Kryptoanalyse) wieder in die CTTS-GUI aufgenommen wird.

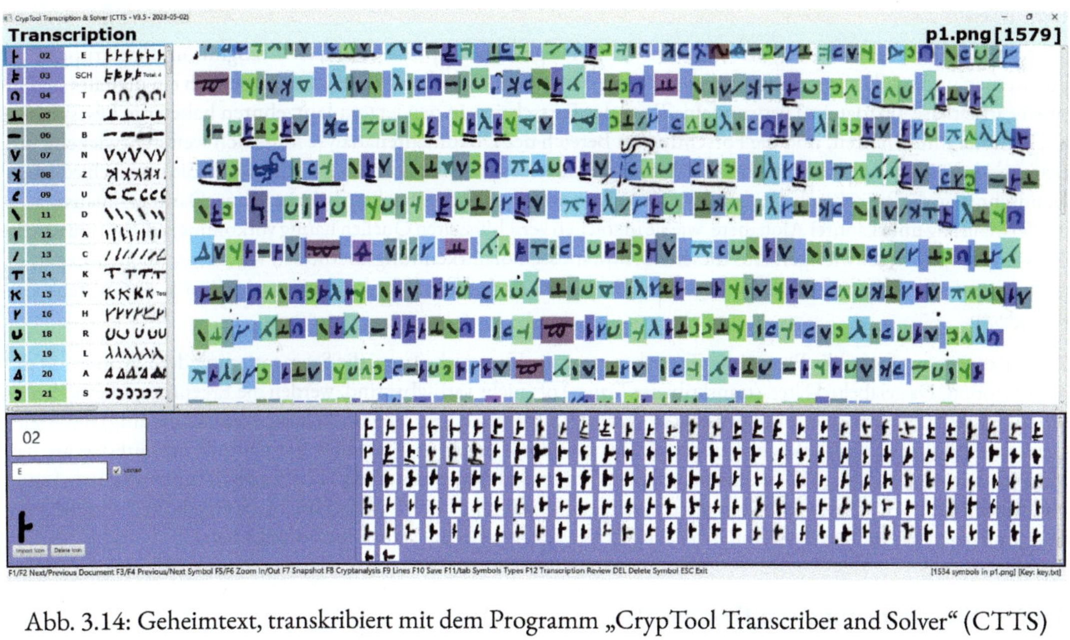

Abb. 3.14: Geheimtext, transkribiert mit dem Programm „CrypTool Transcriber and Solver" (CTTS)

3.4.3 Automatische Transkription

Computer Vision kann man als die Disziplin der Informatik sehen, die Maschinen zum Sehen bringt. Beim künstlichen Sehen sind die Augen die Kameras, die aus einer Matrix von Lichtsensoren bestehen. Diese Sensoren wandeln die Intensität des Lichts, das sie erreicht, in numerische Werte um und erzeugen so digitale Bilder. Auch diese Matrizen von Punkten (d. h. Pixeln) brauchen ihre „Gehirne": Computerprogramme, die die Pixelmengen entsprechend ihrer Form, Farbe, Anordnung usw. mit Konzepten verknüpfen können. Die Dokumentenanalyse befasst sich insbesondere mit dem Problem der automatischen Erkennung von Dokumenteninhalten, sei es gedruckter Text, handgeschriebener Text

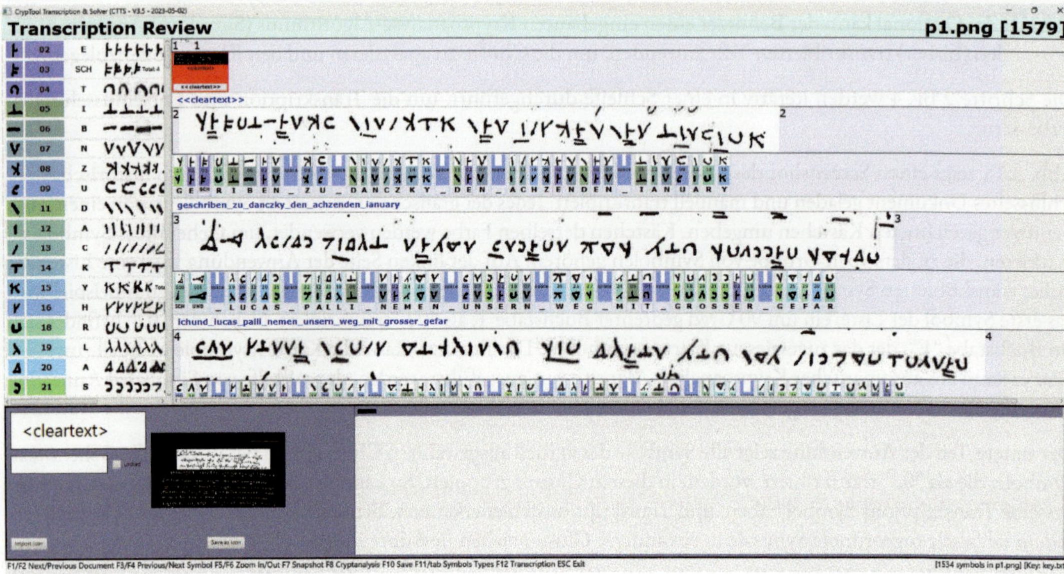

Abb. 3.15: Geheimtext, kryptoanalysiert mit dem Programm „CrypTool Transcriber and Solver“ (CTTS)

oder grafische Elemente. Traditionell erkennen OCR-Programme (Optical Character Recognition) Pixelgruppen als Buchstaben und validieren auf einer höheren Ebene gemeinsame Interpretationen, um schließlich ein digitales Bild in eine bearbeitbare Textdatei zu verwandeln. Trotz der Fortschritte in den letzten Jahrzehnten haben die Lesesysteme noch immer ihre Grenzen, und die Forschung im Bereich der Dokumentenanalyse muss sich weiterentwickeln, um umfassende Lösungen anzubieten. Im Falle historischer handschriftlicher Dokumente erschweren die unterschiedlichen Handschriften, die Papierbeschaffenheit oder die Verwendung von alten Sprachen die Erkennung. Darüber hinaus macht die Verwendung unbekannter Alphabete, wie sie in solchen verschlüsselten Quellen häufig vorkommen, die automatische Transkription noch schwieriger. Aus diesem Grund müssen die Erkennungsmethoden von menschlichen Experten geleitet werden, und sobald die Transkription vorliegt, muss sie validiert werden, um etwaige Transkriptionsfehler zu korrigieren.

Typischerweise umfassen die Phasen der Texterkennung die Vorverarbeitung, die Segmentierung des Layouts und die Transkription. Da gelabelte Daten (transkribierte Daten) oft nicht verfügbar sind, werden die Erkennungsmethoden in „überwachtes“ Lernen sowie „unüberwachtes“ Lernen (Supervised Learning und Unsupervised Learning) unterteilt. Ganz generell sind „Labels“ Beschriftungen, Etiketten oder Kategorien. Sie stellen den Output dar, auf den hin das Machine-Learning-Modell (ML) trainiert wird. Beim Supervised-Learning sind die Label zu den Trainingsdaten bekannt und werden dem ML-Modell zum Trainieren bereitgestellt, während beim Unsupervised-Learning keine Label bekannt sind. Im Folgenden werden die wichtigsten Schritte der automatischen Transkription beschrieben.

3.4.3.1 Vorverarbeitung von Dokumenten

Unter Bildverarbeitung versteht man normalerweise die Techniken, die nach der Digitalisierung des Dokuments angewendet werden. Diese Techniken dienen im Wesentlichen dazu, die Qualität der Bilder zu verbessern, um das Dokument sowohl für Menschen als auch für automatische Lesesysteme besser lesbar zu machen. Bei sehr alten und schlecht erhaltenen Dokumenten ist es notwendig, Techniken zur Dokumentverbesserung anzuwenden, um Durchschein-Effekte, Papierverfärbungen oder den Verlust der Tintenintensität zu minimieren. Obwohl viele Methoden zur Dokumentverbesserung direkt auf jedes beliebige Eingangsdokumentbild angewendet werden können, haben neuere, auf Deep Learning basierende Methoden wie Generative Adversarial Networks und Transformer Networks [27] eine bessere Leistung gezeigt. Sie benötigen ähnliche (gelabelte) Daten, um solche Systeme für eine gute Leistung zu trainieren. Ein Beispiel für eine Dokumentenverbesserung, die eine Binarisierung beinhaltet, ist in Abb. 3.16 auf der nächsten

Seite dargestellt. Binarisierung bedeutet hier die Umwandlung eines Farb- oder Graustufenbildes in ein „binäres" Bild mit nur schwarzen und weißen Pixeln.

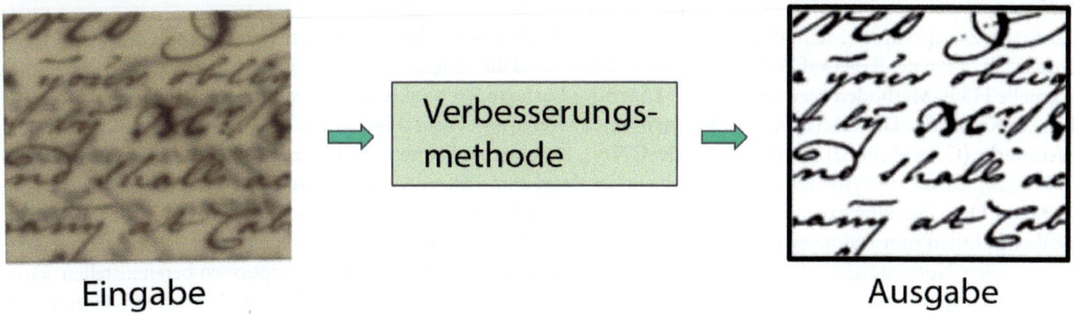

Abb. 3.16: Beispiel für eine Methode zur Verbesserung von Dokumenten (Binarisierung)

3.4.3.2 Segmentierung des Layouts

Nachdem das Dokument vorverarbeitet und verbessert wurde, muss der zentrale Bereich der Seite im Bild identifiziert werden. Layout-Analysemethoden zielen darauf ab, die Struktur und die Art der Regionen innerhalb des Dokuments zu identifizieren. Viele historische Dokumente enthalten heterogene Inhalte wie Text, Zeichnungen, Musikpartituren usw. Im Falle von Geheimtexten konzentriert sich diese Phase in der Regel auf die Erkennung von Textblöcken und deren Unterteilung in Zeilen, Wörter und idealerweise in Zeichen/Symbole [28]. In vielen Manuskripten berühren oder überlappen sich die Symbole jedoch, was die Segmentierung auf Symbolebene erschwert, wie in Abb. 3.17 gezeigt wird (siehe die Begrenzungslinien in roter Farbe). In solchen Fällen ist es besser, sich für lernende Modelle zu entscheiden.

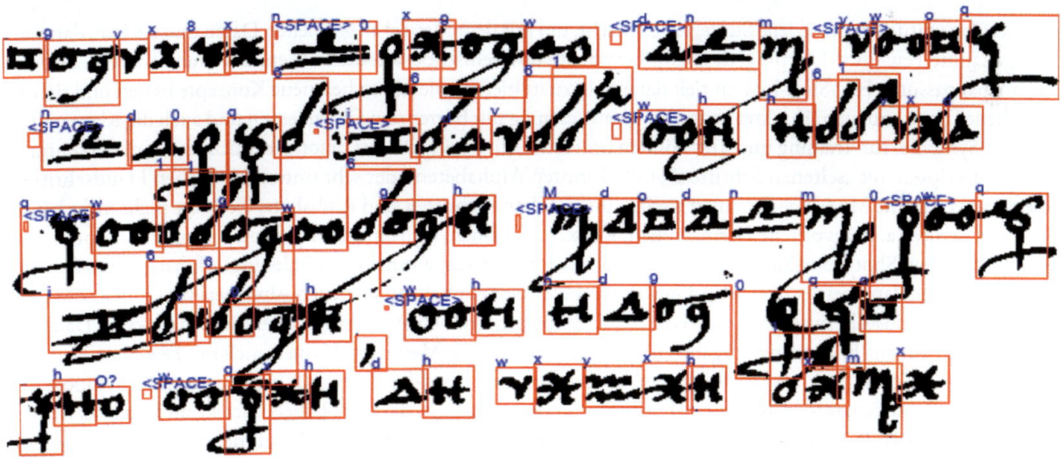

Abb. 3.17: Beispiel für die Segmentierung und Transkription von Symbolen (Segmentierung in rot, Transkription in blau dargestellt)

3.4.3.3 Text-/Ziffern-Erkennung

Sobald die Struktur des Dokuments analysiert und die Textbereiche, Zeilen und/oder Symbole extrahiert wurden, werden diese verarbeitet, um die endgültige Transkription zu erhalten. Die meisten kommerziellen OCR-Programme (Optical Character Recognition) konzentrieren sich nur auf maschinengeschriebenen Text, was bedeutet, dass diese

Programme für jedes Zeichen des Alphabets das gleiche visuelle Erscheinungsbild erwarten (z. B. sehen alle „a" auf Pixelebene genau gleich aus). Bei handschriftlichen Dokumenten erfordert die große Variabilität der Handschrift jedoch ausgefeiltere und flexiblere Techniken.

Zu diesem Zweck wurden Methoden zur Erkennung handgeschriebener Texte (Handwritten text recognition **HTR**) [29] entwickelt, die in der Regel auf Zeilenebene transkribieren und die fehleranfällige Segmentierung in Zeichen vermeiden. Aktuelle HTR-Methoden verwenden Deep-**Learning-basierte** Architekturen wie rekurrente neuronale Netze mit langem Kurzzeitgedächtnis (Long short-term Memory Recurrent Neural Networks LMRNN), gefaltete neuronale Netzwerke (Convolutional Neural Networks CNN), Sequenz-zu-Sequenz-Modelle (S2S) und Transformer-Netze (TN). [30] Bei diesen Systemen ist die Eingabe in der Regel eine Textzeile, und die Ausgabe ist der transkribierte Text. Diese auf Deep Learning basierenden Methoden haben eine sehr gute Leistung, aber sie benötigen eine große Menge an gelabelten Daten zum Trainieren (mehr als 100 Seiten), um die Form oder das visuelle Erscheinungsbild jedes Zeichens zu lernen. Diese Notwendigkeit, Beispiele von Textbildern mit den entsprechenden Transkriptionen bereitzustellen, kann jedoch bei ungewöhnlichen oder unbekannten Alphabeten, wie sie in vielen historischen verschlüsselten Dokumenten verwendet werden, ein Problem darstellen. Wenn es nur wenige kommentierte Daten zum Trainieren gibt, nimmt die Leistung von Deep-Learning-Modellen drastisch ab.

Aus diesem Grund entscheiden sich einige Forscher für **lernfreie** Transkriptionsmethoden, wie z. B. lernfreies Spotting für Keilschrift[5] [31] oder unüberwachtes (unsupervised) Clustering für Geheimtext-Alphabete wie in [32], bei dem das System Symbole im Dokument segmentiert und sie dann entsprechend ihrem visuellen Erscheinungsbild gruppiert, z. B. mithilfe von k-means Clustering und Labelpropagation. Das „k-means clustering" ist eine unüberwachte Methode, die beim maschinellen Lernen zur Gruppierung von Daten in Clustern (oder Gruppen) verwendet wird. Sie besteht darin, die Elemente in k Cluster (oder Gruppen) aufzuteilen, so dass jedes Element zu dem Cluster mit dem nächstgelegenen Mittelwert (Clusterzentren oder Prototyp des Clusters) gehört. Die „Labelpropagation" überträgt das Label jedes Clusterzentrums oder Prototyps iterativ auf die übrigen Elemente, die ihm am nächsten liegen. Der Prozess ist beendet, wenn alle Elemente einem Cluster mit einem Label zugewiesen sind. Dann entspricht jedes Cluster einem bestimmten Symbol im Alphabet. Lernfreie Methoden sind sehr flexibel und können auf jedes Alphabet angewandt werden, aber ihre Leistung ist im Vergleich zu lernbasierten Ansätzen mäßig, vor allem wenn Alphabete sehr ähnliche Symbole enthalten oder wenn die Zeichen schwer zu segmentieren sind, wie in Abb. 3.17 auf der vorherigen Seite gezeigt.

In letzter Zeit wurden verschiedene Strategien erforscht, um mit dem Mangel an gelabelten Daten umzugehen, darunter das sogenannte Few-Shot-Learning, das halbüberwachte und selbstüberwachte Lernen, das Transferlernen und die Domänenanpassung. Few-Shot-Lernen zielt darauf ab, zu imitieren, wie Menschen neue Konzepte lernen und sich an ungesehene Daten anpassen. Konkret kann Few-Shot-Learning mit begrenzten Daten lernen und auch die Klassen (d. h. Alphabet-Symbole) für Training und Test können unterschiedlich sein. Dies ist besonders nützlich für die Erkennung von Manuskripten mit „seltenen Schriften", unbekannten Alphabeten oder sehr unterschiedlichen Handschriften, ohne dass das gesamte Modell neu trainiert werden muss. Seltene Schriften sind Alphabete, die heute nicht mehr häufig verwendet werden (z. B. ägyptische Hieroglyphen, Keilschrift, Runen, Geheimtext-Alphabete). Eine Transkriptionsmethode, die auf Few-Shot-Learning basiert, könnte zum Beispiel lernen, wie man Symbole eines Alphabets transkribiert, und dieses Wissen dann bei der Transkription von Symbolen eines unbekannten neuen Alphabets verwenden. Zweitens zielen halb- und selbstüberwachtes Lernen darauf ab, Repräsentationen aus wenigen oder nicht markierten Daten zu lernen, die sich gut auf Erkennungsaufgaben übertragen lassen. Diese Methoden können auch mit Few-Shot-Learning kombiniert werden. In [33] beispielsweise transkribiert eine Few-Shot-Lernmethode inkrementell die Symbole mit einer höheren Konfidenzrate (d. h. Pseudo-Labels) unter der Annahme, dass ihre Labels korrekt sind, und verwendet diese Pseudo-Labels als Trainingsdaten für die nächsten Iterationen, wie in Abb. 3.18 auf der nächsten Seite gezeigt. Es ist anzumerken, dass alle diese Arten von Ansätzen im Vergleich zu den Standard-Deep-Learning-Methoden nur wenige annotierte Beispiele benötigen, obwohl sie eine Leistung erreichen, die nur leicht unter der von typischen Deep-Learning-basierten Methoden liegt.

---

[5] Die Keilschrift (engl. cuneiform) logo-silbische Schrift, mit der mehrere Sprachen des Alten Orients (ab etwa 3500 v. Chr.) geschrieben wurden.

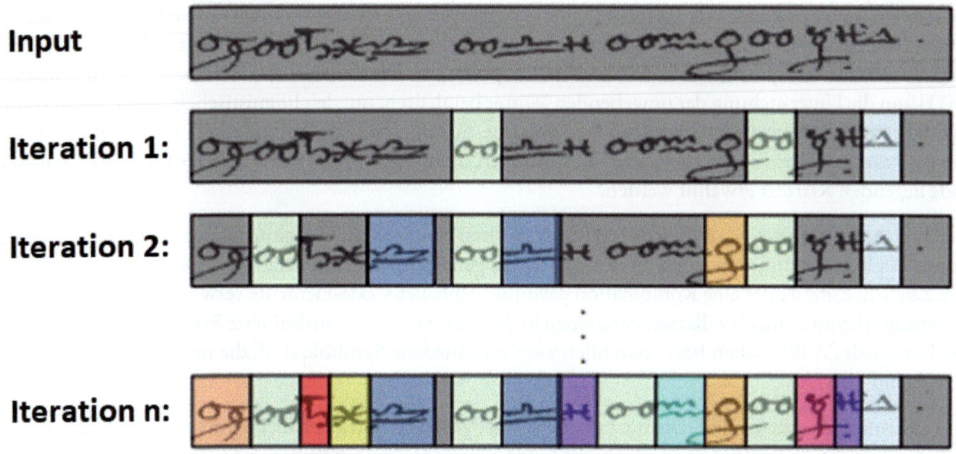

Abb. 3.18: Beispiel für inkrementelle Transkription durch Pseudo-Labeling. Bei jeder Iteration transkribiert die Methode die Symbole mit höherem Vertrauen. Jede Farbe entspricht einem Label. Abbildung kopiert aus [34]

3.4.4 Die Zukunft der automatischen Transkription

Vergleicht man die manuelle Transkription mit der automatischen Transkription, so wird deutlich, dass die automatische Transkription im Allgemeinen vorzuziehen ist, da sie den menschlichen Aufwand minimiert (siehe Abschnitt 3.4.1 auf Seite 161).

Die automatische Transkription verringert den Zeitaufwand erheblich, insbesondere bei größeren Dokumenten. Bei einer automatischen Transkription muss der Benutzer jedoch zu Beginn gelabelte Daten für lernbasierte Methoden bereitstellen und am Ende die Transkriptionen validieren und mögliche Fehler korrigieren. Auch wenn diese manuelle Nachkorrektur erleichtert werden kann, da die Fehler bei automatischen Transkriptionen systematisch sind, ist sie zeitaufwändig. Aus diesem Grund kann eine manuelle Transkription bei der Transkription kurzer Manuskripte (wenige Seiten) vorzuziehen sein. In den übrigen Fällen ist die automatische Transkription mit manueller Nachkorrektur vorzuziehen: In diesem Szenario sind semi-interaktive Software-Tools erwünscht, so dass der Benutzer die automatische Transkription anleiten kann (gemäß der Idee von *AI in the loop*) und von intuitiven grafischen Benutzeroberflächen für die Nachkorrektur profitiert. Eine ausführlichere Diskussion über manuelle vs. automatische Transkription findet der Leser in [35].

Der Bereich der Computer Vision entwickelt sich ebenso wie andere Zweige der KI rasant, und früher oder später werden wir Zugang zu Werkzeugen haben, die nicht nur eine zuverlässige Transkription erstellen, sondern auch das verschlüsselte Manuskript in einem Schritt entschlüsseln können.

Als Nächstes befassen wir uns mit Methoden zur Analyse und Entschlüsselung verschlüsselter Quellen.

3.5 Kryptoanalyse

Historische Chiffren können mithilfe heuristischer Methoden wie Hill Climbing per Computer automatisch angegriffen werden. In den vorangegangenen Abschnitten haben wir die verschiedenen Methoden vorgestellt, mit denen historische Chiffren auf der Grundlage von Alphabet-Code-Elementen und Nomenklatur-Code-Elementen aufgebaut wurden. Während die Alphabet-Code-Elemente mithilfe von Eigenschaften des ursprünglichen Klartextes wiederhergestellt werden können, indem z. B. die Häufigkeit von Unigrammen, Bigrammen und Trigrammen gezählt wird, da diese immer noch durch die Verschlüsselung sichtbar sind, können die Nomenklatur-Elemente kaum durch automatische Kryptoanalyse wiederhergestellt werden. Dies liegt daran, dass Nomenklatur-Code-Elemente nicht so regelmäßig oder so häufig auftreten wie Alphabet-Code-Elemente. Nomenklatur-Code-Elemente können entweder entschlüsselt werden, wenn man Zugang zum Originalschlüssel hat, der das entsprechende Klartext-Element zeigt, oder durch linguistische und/oder historische Analyse mittels kontextueller Interpretation. Die kontextuelle Analyse (siehe Abschnitt 3.6 auf Seite 181) kann die Untersuchung der umgebenden Wörter beinhalten, um den linguistischen Typ in Form von Part-of-Speech des Klartextelements (z. B. Präposition, Eigenname, Substantiv, Verb) aufzudecken, und/oder eine historische Analyse des gesamten Textes, um fundierte Vermutungen über bestimmte Personen oder Orte anzustellen, die im zugrunde liegenden Klartext erwähnt werden.

Für die Kryptoanalyse müssen der Chiffre-Typ (das Verfahren) und das zur Verschlüsselung des Klartextes verwendete Geheimtext-Alphabet bestimmt werden. In den vorangegangenen Abschnitten haben wir gezeigt, dass z. B. Buchstaben, grafische Zeichen, Ziffern oder eine Kombination davon als Alphabet-Code-Elemente verwendet wurden. Erst nach der Dechiffrierung erkennt man, ob z. B. zwei zusammen in denselben Cluster transkribierte Symbole (z. B. A und Ä, wobei man die Punkte des Ä übersehen hat) tatsächlich zwei verschiedene Symbole sind, die unterschiedlich transkribiert worden sein müssten.

Während einzelne Alphabet-Code-Elemente mit grafischen Symbolen und Alphabet-Symbolen leicht zu unterscheiden sind (meist entspricht ein Symbol einem Alphabet-Code-Element), sind ziffernbasierte Chiffren oft schwer zu segmentieren. Nur wenige ziffernbasierte Geheimtexte haben sichtbare Trennungen der Codeelemente, z. B. Leerzeichen, ein Komma oder einen Punkt. Viele Geheimtexte verwenden „scriptio continua" mit einer fortlaufenden Folge von Ziffern ohne jegliche Trennung dazwischen (siehe Abschnitt 3.1 auf Seite 146). Hier muss eine Tokenisierung vorgenommen werden, um die Ziffernfolgen in Codeelemente zu zerlegen und diese zu identifizieren, was alles andere als einfach ist, da die Länge der Codes innerhalb eines Geheimtextes variieren kann (z. B. zweistellige und dreistellige Codes oder eine Kombination davon).

In den folgenden Abschnitten beschreiben wir zunächst die Tokenisierung von Geheimtexten. Dann stellen wir zwei heuristische Algorithmen – Hill Climbing und Simulated Annealing – für die automatische Wiederherstellung von Alphabet-Code-Elementen aus dem transkribierten Text vor. Schließlich diskutieren wir Kosten- und Fitnessfunktionen sowie Sprachmodelle, die bei der Kryptoanalyse verwendet werden.

3.5.1 Tokenisierung

Unter Tokenisierung versteht man im Zusammenhang mit historischen Chiffren die Aufteilung des Geheimtextes in einzelne Codeelemente, seien es Alphabet- oder Nomenklatur-Codes. Die Tokenisierung kann einfach sein, wenn die Codeelemente durch Trennzeichen wie ein Leerzeichen klar voneinander abgegrenzt sind. Die Tokenisierung eines Geheimtextes, der aus grafischen Symbolen besteht (z. B. alchemistische oder Tierkreiszeichen), ist oft ebenfalls einfach, da jedes Symbol als ein Token (d. h. ein Alphabet-Code-Element) betrachtet werden kann. Die Tokenisierung von grafischen Chiffren muss jedoch manchmal während der Kryptoanalyse verfeinert oder korrigiert werden, weil der Ersteller einer Transkription eines Geheimtextes fälschlicherweise zwei Symbole als ein Token betrachtet hat.

Im Gegensatz dazu ist die Tokenisierung von ziffernbasierten Chiffren, die in einer fortlaufenden Schrift („scriptio continua") geschrieben sind, ohne Segmentierung zwischen den Codeelementen, eine Herausforderung. Bisher wurde noch keine Lösung gefunden, die eine allgemein automatisierte Tokenisierung solcher Geheimtexte ermöglicht. Zum Zeitpunkt der Erstellung dieses Textes müssen Tokenizer entwickelt und an die einzelnen Geheimtexte angepasst werden.

Bevor wir versuchen, einen neuen Tokenizer zu entwickeln, können wir mit der trivialsten Methode beginnen, nämlich der Tokenisierung des Geheimtextes in zweistellige Alphabet-Code-Elemente, die in frühneuzeitlichen Chiffren häufig vorkommen. Wir können auch bereits vorhandene Tokenisierer, die für bestimmte Chiffren aus derselben Quelle entwickelt wurden, auf neue Chiffren derselben Sammlung anwenden, z. B. die päpstlichen Chiffren aus dem Vatikan oder diplomatische Korrespondenz zwischen zwei Quellen. Wenn die oben erwähnten Ansätze nicht zu einem korrekt tokenisierten Geheimtext führen, muss ein neuer Tokenizer entwickelt werden. Dazu müssen die Chiffren und die entsprechenden Geheimtexte statistisch analysiert werden, um einen Satz von Regeln zu finden, auf denen der Tokenizer basiert. Zählen und Analysieren von Unigrammen, Bigrammen und Trigrammen für die Häufigkeiten von einstelligen, zweistelligen und dreistelligen Codes werden normalerweise durchgeführt. Die Analyse beinhaltet die Entdeckung verschiedener Strukturen im Codesystem. Wenn wir zum Beispiel sehen, dass die Ziffer „2" immer vor einer ungeraden Ziffer steht, kann dies darauf hinweisen, dass die Kombinationen „21", „23", „25", „27" und „29" gültige Token sind und Alphabet-Code-Elemente darstellen. Letztendlich muss man manuell nach solchen Auffälligkeiten in den Häufigkeiten suchen. Der Tokenizer kann dann auf den Geheimtext angewandt werden, und seine Ausgabe kann durch den Kryptoanalyse-Algorithmus der Wahl (z. B. in CT2) laufen, um den Schlüssel wiederherzustellen. Wenn die Kryptoanalyse fehlschlägt, ist der Tokenizer wahrscheinlich falsch und muss angepasst werden. Letztendlich ist der Prozess der Tokenisierung des Geheimtextes und die Entwicklung eines gültigen Tokenizers ein Versuch-und-Irrtum-Prozess, der jedoch für eine erfolgreiche Kryptoanalyse bei dieser Art von Chiffren unvermeidlich ist.

3.5.2 Heuristische Algorithmen für die Kryptoanalyse

Ein grundlegender Mangel (und unser Vorteil) aller einfachen und homophonen Substitutions-Chiffren ist die Tatsache, dass ein teilweise korrekter Schlüssel bereits das Lesen des Inhalts eines verschlüsselten Textes ermöglichen kann. Auch können Texthäufigkeiten des ursprünglichen Klartextes im verschlüsselten Text noch sichtbar sein. Zum Beispiel verschlüsselt der häufigste Buchstabe des Geheimtextes bei einer einfachen Substitutions-Chiffre oder das häufigste Homophon bei einer homophonen Substitutions-Chiffre höchstwahrscheinlich den häufigsten Buchstaben. Im Falle der deutschen Sprache wäre dies der Buchstabe „E“. Diese beiden Eigenschaften, die Möglichkeit, über teilweise korrekte Schlüssel zu verfügen, und das Auftreten von Klartexthäufigkeiten im Geheimtext ermöglichen die Verwendung heuristischer Algorithmen zur schrittweisen Lösung solcher Geheimtexte. Im Folgenden werden die beiden am häufigsten verwendeten und erfolgreichsten Algorithmen zum Brechen dieser Chiffren vorgestellt. Obwohl wir uns hier auf die beiden vorgenannten Algorithmen konzentrieren, lassen sich die gezeigten Algorithmen auf viele andere Stift-und-Papier-Chiffren sowie auf Rotorverschlüsselungs-Maschinen anwenden. Die heuristischen Algorithmen müssen für jede Chiffre spezifisch angepasst werden.

3.5.2.1 Hill Climbing

Das Hauptziel eines Hill-Climbing-Algorithmus ist es, eine Lösung für ein Suchproblem zu finden, das sich nicht durch eine erschöpfende Suche, also Brute-Force, lösen lässt. Beispielsweise hat eine einfache Substitutions-Chiffre mit 26 Geheimtext-Buchstaben einen Schlüsselraum (Suchraum) mit 26! Elementen, was etwa $2^{88.4} \approx 4 \cdot 10^{26}$ = vierhundert Quadrillionen verschiedene Schlüssel sind (siehe Tabelle 1.1 auf Seite 38). Es ist in der Praxis unmöglich, den richtigen Schlüssel zu finden, indem man alle möglichen Schlüssel zur Entschlüsselung des Geheimtextes ausprobiert. Mit Hill Climbing ist die Suche in der Praxis dagegen möglich, aber in einigen Fällen, z. B. bei sehr kurzen Geheimtexten oder schlecht transkribierten Geheimtexten, findet sie den richtigen Schlüssel eventuell auch nicht. Die große Mehrheit der einfachen, monoalphabetisch verschlüsselten Geheimtexte lässt sich jedoch glücklicherweise leicht entschlüsseln.

Der grundlegende Hill-Climbing-Algorithmus zur Ermittlung des richtigen Schlüssels k_c eines mit der einfachen Substitutions-Chiffre verschlüsselten Geheimtextes ct besteht aus fünf Schritten:

1. Wählen Sie einen zufällig ausgewählten Startschlüssel k
2. Entschlüsseln Sie den Geheimtextes ct, um $pt := \text{decrypt}(ct, k)$ zu erhalten
3. Berechnen Sie den Kostenwert von pt mit $f := \text{cost}(pt)$
4. Wiederholen Sie, solange das definierte Abbruchkriterium nicht erfüllt ist:
   a) Erzeugen eines neuen Schlüssels k', der ein leicht veränderter k ist
   b) Entschlüsseln Sie den Geheimtext ct, um $pt' := \text{decrypt}(ct, k')$ zu erhalten
   c) Berechnen Sie den Kostenwert von pt' mit $f' := \text{cost}(pt')$
   d) Wenn $f' > f$ werden ff. Zuweisungen vorgenommen: $f := f'$ und $k := k'$
5. Geben Sie den Schlüssel k aus (der höchstwahrscheinlich der richtige Schlüssel k_c ist)

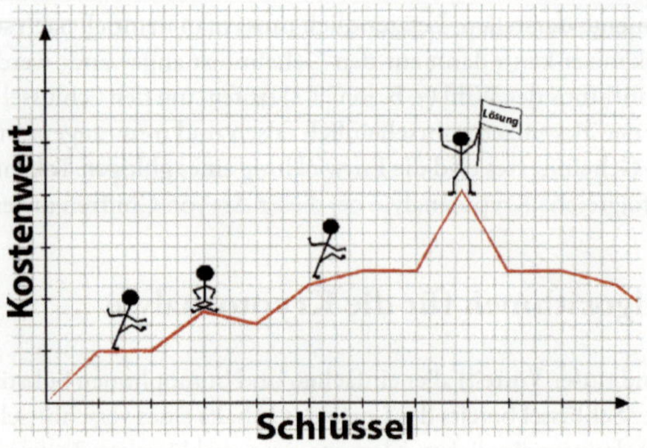

Abb. 3.19: Eine Visualisierung des Hill-Climbing-Algorithmus

Die fünf Schritte des Hill-Climbing-Algorithmus können in zwei Teile gegliedert werden: Der erste Teil ist die Initialisierung, d. h. die Schritte (1) bis (3). Dabei wird zunächst ein zufälliger Startschlüssel generiert und seine „Kosten" mithilfe einer Kosten- (oder Fitness-)Funktion bewertet. Je höher der Kostenwert ist, desto näher ist der entschlüsselte Klartext am echten Text. Im zweiten Teil verbessert der Algorithmus den Schlüssel schrittweise. Dazu erzeugt er in Schritt (4a) einen leicht veränderten Schlüssel, den er dann in Schritt (4c) mit der gleichen Kostenfunktion wie im Initialisierungsteil bewertet. Wenn der Kostenwert höher ist als der vorherige, behält er den neuen Kostenwert und den neuen Schlüssel. Der Algorithmus läuft in einer Schleife, solange ein bestimmtes Abbruchkriterium nicht erfüllt ist. Schließlich gibt er in Schritt (5) den Schlüssel k aus, der mit hoher Wahrscheinlichkeit der richtige Schlüssel k_c ist.

Der Algorithmus kann in einem zweidimensionalen Diagramm dargestellt werden, wie in Abb. 3.19 gezeigt. Hier sind die Schlüssel auf der x-Achse und die entsprechenden Kostenwerte auf der y-Achse eingezeichnet. Der Hill-Climbing-Algorithmus folgt der Kostenfunktion, um das globale Maximum (= den Schlüssel k_c) zu finden. Die Abbildung zeigt ein potenzielles Problem des Hill-Climbing-Algorithmus, nämlich lokale Maxima, in denen der Algorithmus stecken bleiben könnte (sitzendes Strichmännchen). Später in diesem Abschnitt, werden wir erörtern, wie die Auswirkungen lokaler Maxima auf die Erfolgsquote der Kryptoanalyse gemildert werden können. Bedenken Sie auch, dass der Algorithmus zwar schön zweidimensional gezeichnet werden kann, das eigentliche Problem aber ein mehrdimensionales Problem ist, mit z. B. 26 Dimensionen im Fall der einfachen Substitutions-Chiffre mit einem Alphabet mit 26 Buchstaben.

Im Folgenden werden verschiedene Aspekte und Designideen des Hill-Climbing-Algorithmus zum Brechen einfacher Substitutions-Chiffren diskutiert.

Entschlüsselungsfunktion und Schlüsseldarstellung Für die einfache Substitutions-Chiffre benötigt unsere Entschlüsselungsfunktion sowohl den Geheimtext als auch einen Schlüssel als Eingabe. Der Schlüssel wird durch eine Zeichenkette oder ein Array von Zeichen mit der gleichen Länge wie das Klartext-Alphabet dargestellt. Zum Beispiel bedeutet der Schlüssel „WDNBZCJHOKQRPEISFTUGVXYALM", dass das „W" zu „A", das „D" zu „B", ... und das „M" zu „Z" entschlüsselt wird. Die eigentliche Entschlüsselung erfolgt, indem der Geheimtext Buchstabe für Buchstabe durchgegangen wird und die Buchstaben des Geheimtextes durch Buchstaben des Klartextes ersetzt werden, wie zuvor beschrieben.

Startschlüssel Die Erzeugung des Startschlüssels kann für den Erfolg eines Hill-Climbing-Algorithmus entscheidend sein. Für einige Chiffren ist ein „guter" Startschlüssel erforderlich, damit der Algorithmus zur richtigen Lösung konvergieren kann. Bei der einfachen Substitutions-Chiffre kann der Startschlüssel einfach zufällig gewählt werden. Dazu nehmen wir das Alphabet der angenommenen Klartextsprache (z. B. das lateinische 26-Buchstaben-Alphabet für die englische Sprache) und erstellen einen Schlüssel, indem wir es mischen:

$$\text{ABCDEFGHIJKLMNOPQRSTUVWXYZ} \rightarrow \text{WDNBZCJHOKQRPEISFTUGVXYALM}$$

Bei historischen verschlüsselten Manuskripten kann das verwendete Alphabet von dem abweichen, das wir heute verwenden. Einige Buchstaben können durch denselben einzelnen Buchstaben dargestellt werden, z. B. „I"=„J" und

„U"=„V". Dies hängt z. B. von der Sprache des Klartextes und dem Zeitpunkt der Erstellung des Manuskripts ab. Manchmal werden Buchstaben aus Sicherheitsgründen absichtlich weggelassen, z. B. indem ein einzelnes „L" anstelle von „LL" oder „VV" anstelle von „W" geschrieben wird. Manchmal werden die Alphabete erweitert, z. B. durch Hinzufügen eines Symbols für Doppelbuchstaben („LL"), „SCH" oder Buchstaben mit diakritischen Zeichen („á"). Dies alles muss bei der Generierung eines Alphabets und von Schlüsseln mit einem automatischen, heuristisch-basierten Analysator berücksichtigt werden.

Kostenfunktion Die Kosten- oder Fitnessfunktion bewertet die Qualität (Kosten- oder Fitnesswert) eines vermeintlich entschlüsselten Klartextes. Je nach Problemstellung (der Chiffre) muss eine spezielle Kostenfunktion implementiert werden. Für die einfache Substitutions-Chiffre wird ein Sprachmodell (n-Gramm-Statistik; n liegt zwischen 3 und 5) verwendet. In Abschnitt 3.5.3 auf Seite 179 werden Kosten- und Fitnessfunktionen ausführlicher behandelt.

Schlüsseländerung Der nächste wichtige Teil des Hill-Climbing-Algorithmus ist die Änderung des Schlüssels k, um in einer einzigen Iteration einen neuen Schlüssel k' zu erhalten. Nur eine kleine Änderung des Schlüssels ermöglicht es dem Algorithmus, der Krümmung des Graphen der Kostenfunktion reibungslos zu folgen, um möglicherweise sein globales Maximum zu erreichen.

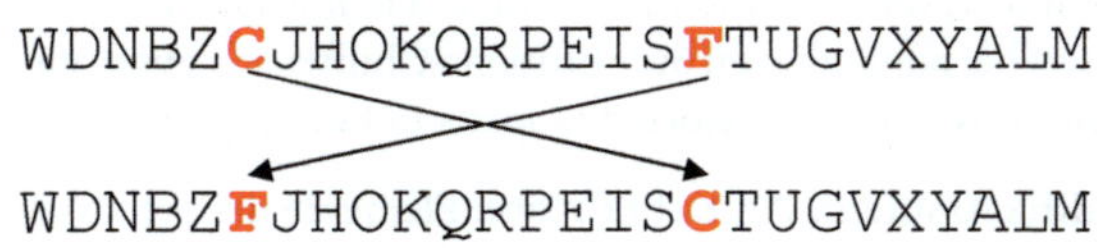

Abb. 3.20: Vertauschen zweier Buchstaben des Schlüssels k, um einen modifizierten Schlüssel k' zu erhalten

Abb. 3.20 zeigt, wie der Schlüssel k verändert wird, um einen neuen Schlüssel k' während des Hill Climbing zu erzeugen, indem nur zwei Buchstaben (hier „C" und „F") gleichzeitig vertauscht werden. Es gibt verschiedene Strategien, wie man die zwei zu vertauschenden Buchstaben auswählt:

1. **Führen Sie eine einzige zufällige Vertauschung durch:** In jeder Iteration des Hill-Climbing-Algorithmus werden zwei zufällige Indizes i und j mit $i \neq j$ verwendet. Die beiden Buchstaben an den Positionen i und j werden vertauscht. Natürlich werden nur „gute" Vertauschungen beibehalten und „schlechte" Vertauschungen werden verworfen.

2. **Nehmen Sie nur den „besten" Tausch:** In jeder Iteration des Hill-Climbing-Algorithmus werden alle Indizes i und j mit $i \neq j$ getestet. Die „beste" Vertauschung aller möglichen Buchstabenvertauschungen wird beibehalten. Die „beste" Vertauschung aller möglichen Vertauschungen ist die „gute" Vertauschung, die den Kostenwert am meisten erhöht.

3. **Nehmen Sie alle „guten" Tausche:** In jeder Iteration des Hill-Climbing-Algorithmus werden alle Indizes i und j mit $i \neq j$ getestet. Jedes Mal, wenn eine „gute" Vertauschung auftritt, wird diese beibehalten. Das bedeutet, dass während eines Tests aller Indizes i und j in einer Iteration mehrere aufeinanderfolgende „gute" Tausche auftreten können.

Der klassische Hill-Climbing-Algorithmus, wie er in der Literatur beschrieben wird, verwendet zufällige Vertauschungen von zwei Buchstaben – diese Strategie (1) oben. Während dies in den meisten Fällen gut funktioniert, können die beiden anderen Strategien die Erfolgsquote verbessern und die für den Kryptoanalyse-Algorithmus benötigte Rechenzeit verringern. Bei Strategie (2) werden alle möglichen Vertauschungen getestet und nur die „beste" der „guten" Vertauschungen wird genommen. Eine „gute" Vertauschung erhöht den aktuell besten Kostenwert, während eine „schlechte" Vertauschung zum gleichen oder zu einem schlechteren Kostenwert führt. Bei einem Alphabet mit 26 Buchstaben gibt es $\frac{26 \cdot 25}{2} = 325$ verschiedene Tauschmöglichkeiten, die in jeder Iteration getestet werden müssen. Dies verlangsamt natürlich den Algorithmus und erhöht die benötigte Rechenzeit im schlimmsten Fall um den Faktor 325. Um den Effekt des Testens aller möglichen Zwei-Buchstaben-Vertauschungen abzuschwächen, gibt es die Strategie (3), die es erlaubt, bereits eine „gute" Vertauschung zu behalten, während alle übrigen Vertauschungen noch getestet werden müssen. Beispielsweise verwendet die Vigenère-Analysekomponente von CT2 die Strategie (3). Damit kann man auch kurze Vigenère-Geheimtexte mit hoher Erfolgsrate in sehr kurzer Zeit lösen. [36]

Abbruchkriterien Theoretisch sollte ein Hill-Climbing-Algorithmus beendet werden, wenn er das globale Maximum erreicht (Erfolg) oder in einem lokalen Maximum stecken bleibt (Misserfolg). Je nach gewählter Schlüsselveränderungsstrategie ist es möglich zu erkennen, ob der Algorithmus stecken geblieben ist oder nicht. Bei zufälligen Vertauschungen ist es zum Beispiel möglich, dass er zufällig nie eine neue Vertauschung auswählt, die es uns erlaubt, den Kostenwert zu erhöhen, obwohl es eine andere „gute" Vertauschung gibt. Ein geeignetes Abbruchkriterium für zufällige Vertauschungen ist daher, die Anzahl der aufeinanderfolgenden, zufällig ausgewählten „schlechten" Vertauschungen zu zählen und dann abzubrechen, wenn eine bestimmte Anzahl von aufeinanderfolgenden „schlechten" Vertauschungen erreicht ist. Mit den beiden anderen Strategien (2) und (3) können wir tatsächlich herausfinden, ob der Algorithmus stecken geblieben ist, da bei jeder Iteration alle möglichen Vertauschungen getestet werden. Wenn alle diese Vertauschungen „schlechte" Vertauschungen sind, bricht der Algorithmus ab.

Strategien gegen das Steckenbleiben Beim Hill Climbing gibt es verschiedene Strategien gegen das Steckenbleiben in einem lokalen Maximum:

1. **Bessere Startschlüssel:** Bei einigen Chiffren ist es möglich, bereits „gute" Startschlüssel zu erzeugen, die nahe am globalen Maximum liegen. Im Falle der einfachen Substitutions-Chiffre ist dies nicht erforderlich, da jeder zufällig erzeugte Startschlüssel verwendet werden kann und in fast allen Fällen zur richtigen Lösung führt. Im Gegensatz dazu verbessert bei homophonen Substitutions-Chiffren ein guter Startschlüssel die Erfolgsrate und die Leistung des Algorithmus. Wir beschreiben dies später in Punkt 1 auf Seite 178.

2. **Bessere Schlüsselmodifikation(en):** Anstatt nur zwei Elemente des Schlüssels gleichzeitig zu vertauschen, könnte man beispielsweise einen dreifachen Tausch vornehmen, bei dem das Element i zu j, j zu k und k zu i wird, während $i \neq j \neq k$. Bei der einfachen Substitutions-Chiffre und bei der homophonen Substitutions-Chiffre reicht es aus, nur zwei Buchstaben gleichzeitig zu vertauschen.

3. **Bessere Kostenfunktion:** Wenn Hill Climbing nicht den richtigen Schlüssel findet, ist es wahrscheinlich eine gute Idee, die Kostenfunktion zu ändern. Anstatt n-Gramm-Modelle mit $n = 2$ zu verwenden, könnte man beispielsweise die Dimension des Sprachmodells auf $n = 3$ erhöhen. Bei einfachen und homophonen Substitutions-Chiffren funktioniert $n = 5$ sehr gut. Manchmal kann es auch sinnvoll sein, zu einem niedrigeren n zu wechseln, insbesondere bei schlechten Transkriptionen oder vielen Fehlern im Geheimtext. Siehe Abschnitt 3.5.3 auf Seite 179.

4. **Shotgun Hill Climbing/zufällige Neustarts:** Eine weitere Idee zur Verbesserung des Algorithmus besteht darin, ihn mehrmals neu zu starten, z. B. 100 Mal, mit verschiedenen zufällig gewählten Startschlüsseln. Dies wird auch als „Shotgun Hill Climbing" bezeichnet, da die Startschlüssel wie Schrotkugeln über den Schlüsselraum verteilt sind. Bei der einfachen Substitutions-Chiffre ist diese Strategie sehr effektiv.

5. **Verwendung von Simulated Annealing:** Dieser Algorithmus ist eine Alternative zum Hill Climbing. Siehe Abschnitt 3.5.2.2 auf der nächsten Seite.

Bei der Arbeit an einem historischen Geheimtext müssen alle oben genannten Verbesserungen in der Regel einzeln getestet werden. Es müssen z. B. Auswertungen mit verschiedenen Schlüsselmodifikationen und Kostenfunktionen durchgeführt werden, um die Auswirkungen der Änderungen auf die Erfolgsraten der Kryptoanalyse zu testen. Für CT2 wurden die implementierten Kryptoanalyse-Algorithmen mit Millionen von künstlich erzeugten Testdatensätzen getestet und optimiert, bis ausreichende Erfolgsraten erreicht wurden. Zusätzlich erlauben alle CT2-Kryptoanalyse-Komponenten den Austausch des Sprachmodells oder die Einstellung anderer Parameter in den entsprechenden Komponenten. Beispiele für solche CT2-Komponenten sind: der Substitutions-Analysator, der Vigenère-Analysator, der homophone Substitutions-Analysator [37] und der Enigma-Analysator.

Abb. 3.21 auf der nächsten Seite zeigt einen Screenshot des homophonen Substitutions-Analysators[6] in CT2. Darin wird ein verschlüsselter Brief gelöst, der vom „Heiligen Römischen Kaiser" Maximilian II. geschrieben und 1575 an polnische Delegierte geschickt wurde. Der obere Teil des Analysators enthält einige hilfreiche Informationen über den aktuell analysierten Geheimtext, z. B. die Anzahl der verwendeten Homophone. Der große mittlere Teil zeigt den analysierten Geheimtext. Der untere Teil zeigt den aktuell aufgedeckten Klartext. Grün markierte Symbole sind bereits gesperrt, d. h. sie werden sich während der laufenden Kryptoanalyse nicht mehr ändern. Blau markierte Symbole zeigen deutsche Wörter, die in einem vordefinierten Wörterbuch gefunden wurden. Ein CT2-Benutzer kann den

[6] `CT2 Startcenter ▷ Vorlagen ▷ Kryptoanalyse ▷ Klassisch ▷ Homophone Substitutionsanalyse`

automatischen Analyseprozess jederzeit stoppen und die Klartext-Geheimtext-Symbol-Zuordnungen manuell ändern und verbessern.

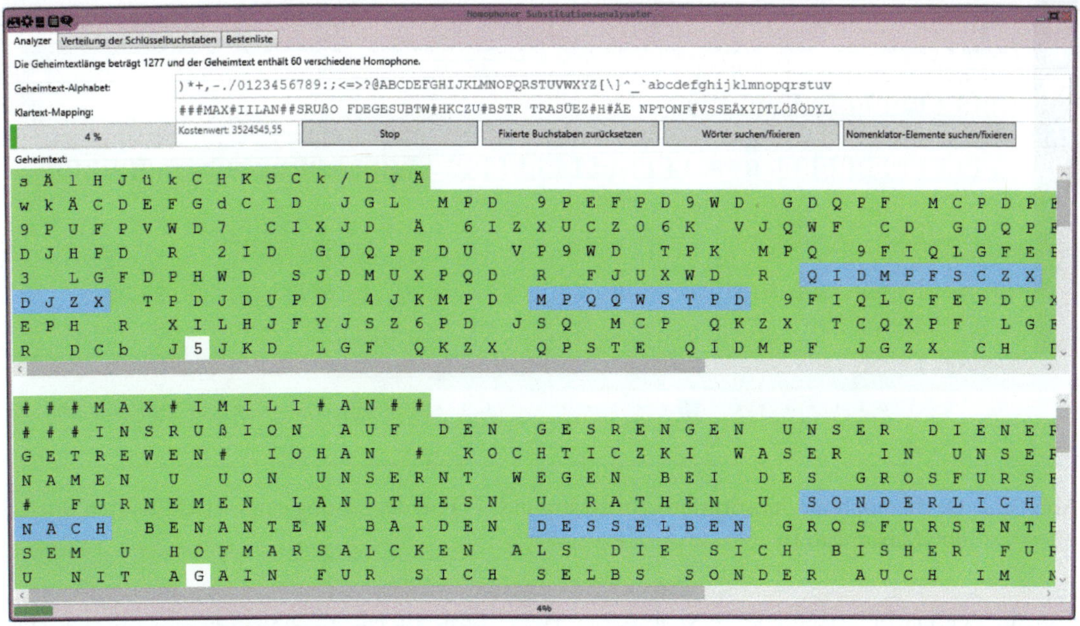

Abb. 3.21: Der homophone Substitutions-Analysator in CT2 bei der Lösung eines verschlüsselten Briefes von Maximilian II.

Es gibt auch eine Online-Version des homophonen Substitutions-Analysators (in CrypTool-Online).[7] Wie bei CT2 ermöglicht auch die CTO-Version eine **manuelle** Kryptoanalyse durch die Zuordnung von Klartextbuchstaben zu Homophonen. Im Gegensatz zur CT2-Version unterstützt sie auch die Zuordnung von n-Grammen höherer Ordnung, wie „IE“, „SS“ und „CK“, und erlaubt die Zuordnung vollständiger Wörter wie „AND“ und „WITH“. Außerdem hält es sich an die DECODE-Transkriptions-Richtlinien (siehe [24]), die spezielle Tags wie „<CLEARTEXT this is inline cleartext>“ für in den Geheimtext eingebetteten Inline-Klartext vorsehen. Abb. 3.22 auf der nächsten Seite zeigt die Benutzeroberfläche des homophonen Substitutions-Analysators in CTO, der einen verschlüsselten Brief von Maximilian II. anzeigt. Die Oberfläche enthält Abschnitte für die Analyse des Geheimtextes, die Zuordnung des Klartextes und verschiedene Werkzeuge für die manuelle Kryptoanalyse, z. B. das automatische „Fixieren“ (engl. locking) von wahrscheinlichen Nomenklaturelementen (hier Elemente mit einer sehr geringen Häufigkeit im Geheimtext). Der in Abb. 3.23 auf Seite 177 abgebildete Screenshot zeigt das Overlay „Lösung“ des homophonen Substitutions-Analysators in CTO mit zwei Hauptabschnitten: „Klartext“ und „Schlüssel“. Der Abschnitt „Klartext“ zeigt den entschlüsselten Text an, während der Abschnitt „Schlüssel“ die Zuordnungen von Geheimtextsymbolen zu Klartextbuchstaben auflistet. Das Schlüsselformat ist mit dem in CT2 verwendeten kompatibel, so dass die Schlüssel von CT2 nach CTO und umgekehrt kopiert werden können.

Es ist geplant, in CTO auch Algorithmen für die automatische Kryptoanalyse hinzuzufügen – diese wird dann auf die Codeelemente angewandt, die vermeintlich nicht zur Nomenklatur gehören. (Stand September 2024)

3.5.2.2 Simulated Annealing

Simulated Annealing ist eine Verallgemeinerung des Hill Climbing: Die Grundidee ist, dass mit einer bestimmten Wahrscheinlichkeit auch Modifikationen des Schlüssels gewählt werden, die zu einem „schlechten“ Schlüssel führen, d. h. der Kostenwert kann in einer Iteration sinken. Mit der Zeit wird die Wahrscheinlichkeit für die Auswahl eines

[7] CTO: `https://www.cryptool.org/en/cto/homophonic-substitution-analyzer/`

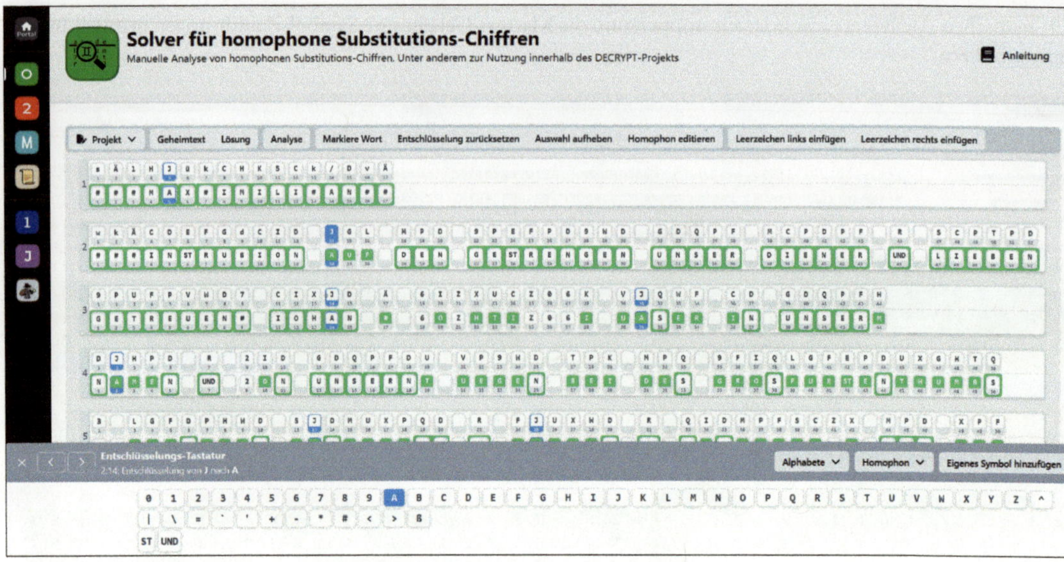

Abb. 3.22: Der homophone Substitutions-Analysator in CTO bei der Lösung eines verschlüsselten Briefes von Maximilian II.

„schlechten" Schlüssels reduziert, bis sie Null erreicht. Dann verhält sich Simulated Annealing genau so wie Hill Climbing.

Die Heuristik beim Simulated Annealing wurde durch das simulierte Tempern / Spannungsfrei-Machen in der Metallurgie inspiriert. Hier ist das „Glühen" ein langsamer Prozess der Wärmebehandlung von Metallen, um die physikalischen Eigenschaften des Materials zu verändern. Während beim physikalischen Glühen die reale Temperatur langsam gesenkt wird, wird beim simulierten Glühen ein virtueller Temperaturwert verwendet. Der grundlegende Algorithmus des Simulated Annealing besteht aus sechs Schritten:

1. Wählen Sie einen zufällig ausgewählten Startschlüssel k
2. Setzen Sie die Temperatur auf einen Startwert $t := t_{\text{start}}$
3. Entschlüsseln Sie den Geheimtext ct, um $pt := \text{decrypt}(ct, k)$ zu erhalten
4. Berechnen Sie den Kostenwert von pt mit $f := \text{cost}(pt)$
5. Loop Sie solange $t > 0$
   a) Erzeugen Sie einen neuen Schlüssel k', der ein leichter veränderter k ist
   b) Entschlüsseln Sie den Geheimtextes ct, um $pt' := \text{decrypt}(ct, k')$ zu erhalten
   c) Berechnen Sie den Kostenwert von pt' mit $f' := \text{cost}(pt')$
   d) `Wenn` $f' \geq f$ werden ff. Zuweisungen vorgenommen: $f := f'$ und $k := k'$ `else:`
      - Berechnen Sie den Verschlechterungswert $d := -\,\text{abs}(f - f')$
      - Berechnen Sie die Akzeptanzwahrscheinlichkeit $p = e^{\frac{d}{t}}$
      - Wählen Sie einen Zufallswert r aus dem Intervall $]\,0\,;\,1\,[$
      - Wenn $p > p_{\min}$ und $r < p$ dann werden ff. Zuweisungen vorgenommen: $f := f'$ und $k := k'$
   e) Verringern Sie die Temperatur, z. B. durch Verwendung einer bestimmten Schrittgröße ss, um $t := t - ss$ zu erhalten

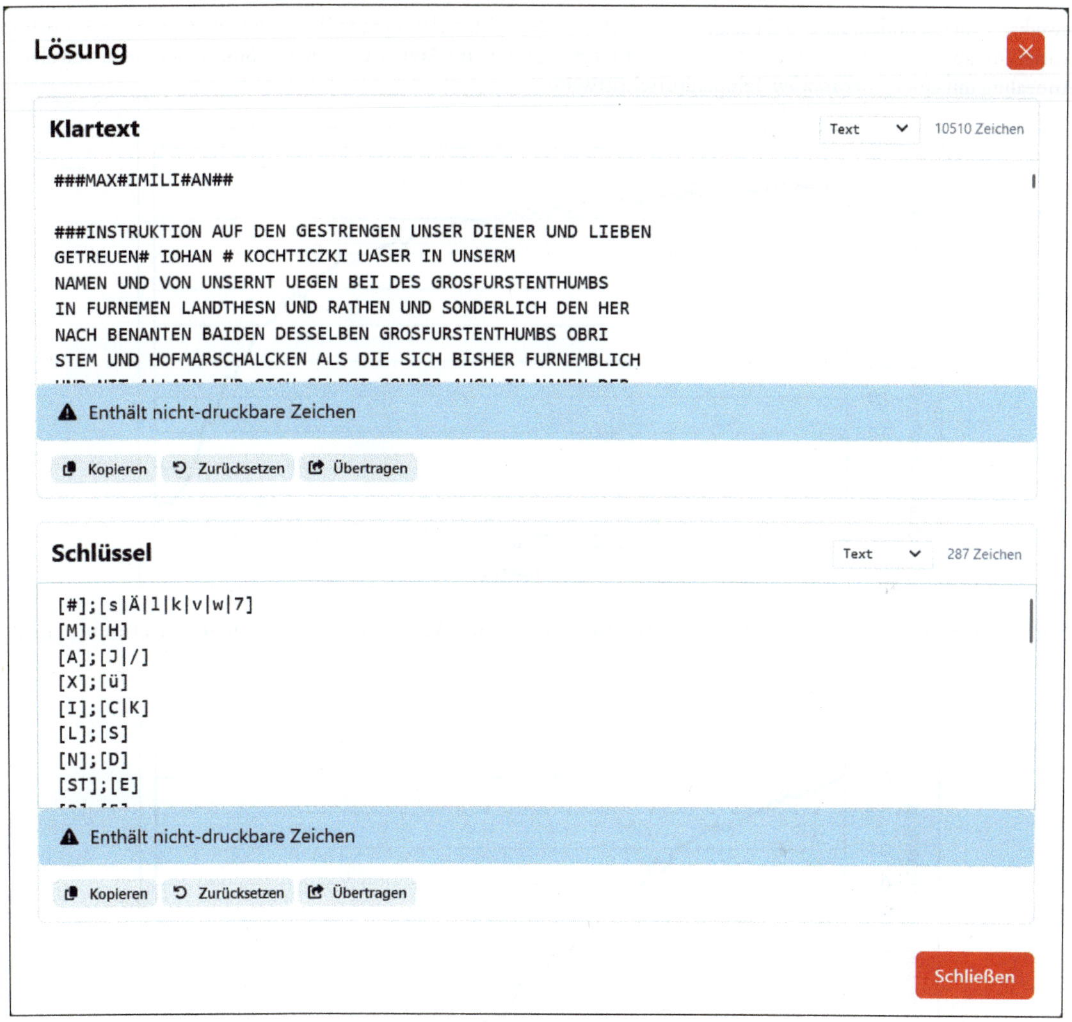

Abb. 3.23: Anzeige des gefundenen Schlüssels mit dem homophonen Substitutions-Analysator in CTO

6. Geben Sie den Schlüssel k aus (der höchstwahrscheinlich der richtige Schlüssel k_c ist)

In Schritt (2) wird eine Starttemperatur festgelegt. Die Starttemperatur muss neben anderen neuen Werten, die für das Simulated Annealing benötigt werden, für jede Art von Chiffre und oft auch für jeden einzelnen Geheimtext, den man analysieren will, angepasst werden. Das Abbruchkriterium in Schritt (5) prüft nun, ob die Temperatur t immer noch größer als 0 ist. Innerhalb der Hauptschleife des Algorithmus wird, wenn ein Schlüssel k' in Schritt (5d) nicht akzeptiert wird, eine Wahrscheinlichkeit p auf der Grundlage des Verschlechterungswertes (Degradation) berechnet und ein Zufallswert r gewählt. Ist r kleiner als die berechnete Wahrscheinlichkeit und ist die berechnete Wahrscheinlichkeit größer als eine Mindestwahrscheinlichkeit $p_{\min}$, wird der „schlechte" Schlüssel behalten. In der Praxis haben wir die Mindestwahrscheinlichkeit auf $p_{min} = 0{,}85\,\%$ festgelegt, was zu guten Ergebnissen führte. Auf diese Weise kann der Simulated Annealing-Algorithmus von lokalen Maxima „wegspringen". Während der Ausführung des Algorithmus wird der Temperaturwert t um eine Schrittgröße ss verringert. Der Wert von s ist vordefiniert und kann z. B. durch Division der Starttemperatur durch die Anzahl der gewünschten Schritte s, die der Algorithmus durchführen soll, bestimmt werden. Also $ss := \frac{t_{\text{start}}}{s}$. Andere Strategien zur Temperaturabsenkung sind ebenfalls möglich. Statt die Temperatur immer um denselben Wert ss zu senken, könnte sie beispielsweise auch um einen prozentualen Wert von t mit $t := t - 0{,}01 \cdot t$ gesenkt werden. Die verschiedenen Strategien müssen bewertet werden, um die beste für den jeweiligen Fall zu finden. Abb. 3.24 zeigt eine Simulation der Schlüsselakzeptanz-Wahrscheinlichkeit beim Simulated Annealing über die Zeit mit einer *festen* Temperaturschrittgröße und Abb. 3.25 zeigt eine Simulation beim Simulated Annealing mit einer *prozentualen* Temperaturschrittweite.

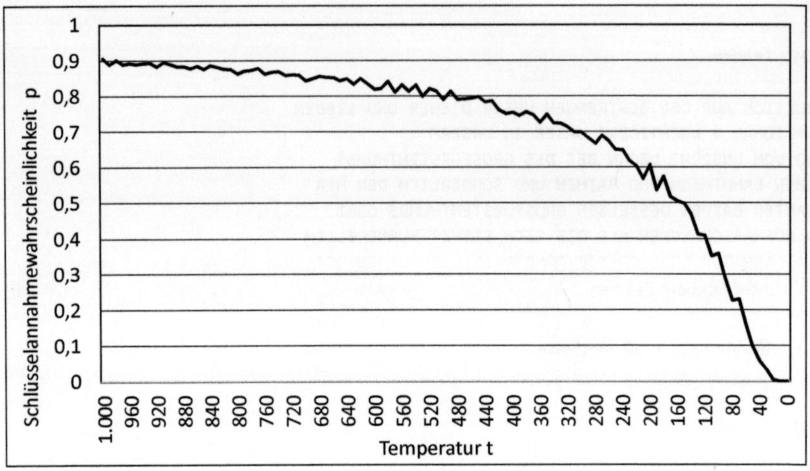

Abb. 3.24: Schlüsselakzeptanz-Wahrscheinlichkeit beim Simulated Annealing mit linear abnehmender Temperatur über die Zeit

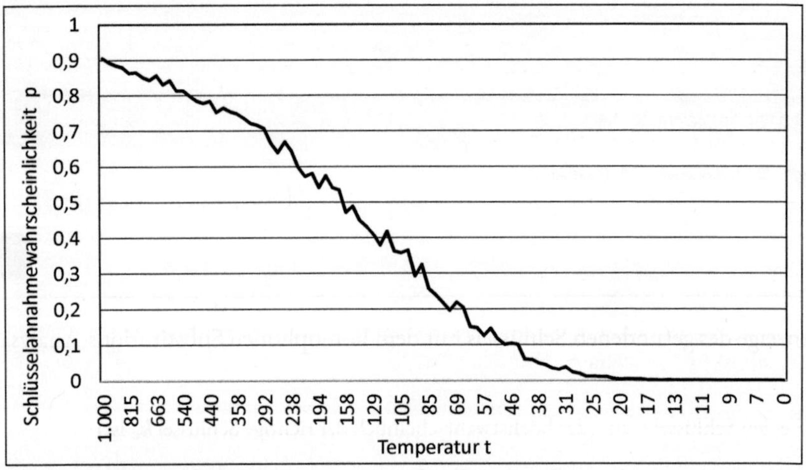

Abb. 3.25: Schlüsselakzeptanz-Wahrscheinlichkeit beim Simulated Annealing mit prozentualer Abnahme der Temperatur über die Zeit

Verbesserung des Simulated Annealing für homophone Substitutions-Chiffren Während der Kryptoanalyse einer homophonen Substitutions-Chiffre werden allen Homophonen einzelne Buchstaben aus dem Klartext-Alphabet zugeordnet, und der Geheimtext wird zum Testen entschlüsselt. Während einer einzigen Iteration des Simulated Annealing-Algorithmus vertauschen wir die Zuordnungen von zwei Klartextbuchstaben. Wie bei der einfachen Substitution testen wir alle möglichen Vertauschungen von zwei Buchstaben für alle Homophone.

Im Folgenden stellen wir einige Anpassungen und Strategien vor, die auf den Simulated Annealing-Algorithmus angewendet werden können, um seine Leistung zu verbessern, insbesondere bei der Kryptoanalyse homophoner Substitutions-Chiffren.

1. **Gute Startschlüssel:** Bei der homophonen Substitutions-Chiffre ist es hilfreich, wenn die Startschlüssel für

den Kryptoanalyse-Algorithmus bereits so gewählt sind, dass sie die Verteilung der Buchstabenhäufigkeiten der Sprache widerspiegeln. So ist es beispielsweise besser, häufigeren Klartextbuchstaben (z. B. dem „E" im Englischen) mehr Homophone zuzuordnen als weniger häufigen Buchstaben (z. B. dem „X" im Englischen). Deshalb erlaubt der „Homophone Substitutions-Analysator" von CT2 die Verteilung der Buchstaben auf die Homophone anhand von Wahrscheinlichkeiten, die auf den ursprünglichen Texthäufigkeiten der Sprache basieren.

2. **Homophonen-Sperre (manuell):** Bei der Analyse von homophonen Substitutions-Chiffren kann es die Kryptoanalyse verbessern, wenn bereits korrekt zugeordnete Buchstaben vom Benutzer fixiert werden können. Der „Homophone Substitutions-Analysator" von CT2 ermöglicht dies im halbautomatischen Modus. Hier kann der Benutzer die Analyse anhalten und Homophone „sperren", d. h. die entsprechende Zuordnung von Klartextbuchstaben zu den Homophonen kann vom Kryptoanalyse-Algorithmus in den weiteren Iterationen nicht mehr verändert werden. Außerdem kann der Benutzer die bereits vorgenommenen Zuordnungen ändern und korrigieren.

3. **Homophonen-Sperre (automatisch mit einem Wörterbuch):** Neben dem gerade beschriebenen manuellen Sperren von Homophonen kann man Homophone auch auf der Grundlage von Wörtern, die in einem Wörterbuch gefunden wurden, automatisch sperren. Daher stellt der „Homophone Substitutions-Analysator" von CT2 dem Kryptoanalyse-Algorithmus ein Wörterbuch zur Verfügung. Jedes Mal, wenn ein neuer globaler Bestwert (bester Schlüssel) gefunden wird, sucht der Analysator nach Wörtern mit einer minimalen und maximalen Länge. Findet er mehr Wörter als in einen Schwellenwert eingestellt, sperrt er automatisch alle entsprechenden Homophone mit den zugehörigen Klartextbuchstaben. Dies kann auch mit der in der zweiten Anpassung beschriebenen manuellen Methode zur Homophonen-Sperre kombiniert werden.

3.5.3 Kostenfunktionen und Sprachmodelle

Bei der Optimierung eines Schlüssels k mit Hill Climbing oder Simulated Annealing benötigt der Algorithmus eine Möglichkeit zu entscheiden, ob ein modifizierter Schlüssel k' „besser" oder „schlechter" als der ursprüngliche Schlüssel k ist. Um einen Schlüssel zu bewerten, wenden wir Kosten- oder Fitnessfunktionen auf den Text an, der zuvor mit dem Schlüssel k' entschlüsselt wurde.

Die Grundidee einer Kostenfunktion $cost(t)$ ist, dass sie eine Zahl berechnet, die widerspiegelt, wie „natürlich" ein bestimmter Text t ist. Je näher der Text an einem echten Text ist, desto höher sollte der Kostenwert sein. Je zufälliger (= nicht natürlich) ein Text ist, desto niedriger sollte der Kostenwert sein. Im besten Fall liefert die Kostenfunktion den höchsten Wert, wenn wir den ursprünglichen Klartext eingeben. Zwischen dem niedrigsten und dem höchsten Wert sollte eine glatte Kurve liegen, der der Kryptoanalyse-Algorithmus bei der Optimierung des Schlüssels folgen kann.

Eine gängige Praxis ist die Verwendung eines Sprachmodells, das auf einem großen Textkorpus basiert (ein anderer Begriff für Sprachmodell ist Häufigkeitstabelle einer Sprache). Auch bei historischen Chiffren hat sich gezeigt, dass der Kryptoanalyse-Algorithmus von der Verwendung eines Sprachmodells auf der Grundlage eines historischen Textkorpus profitieren kann. [38] Ein Sprachmodell liefert die Wahrscheinlichkeit, dass ein bestimmter Text ein Text der Sprache ist, für die es erstellt wurde.

Die in unseren Kostenfunktionen verwendeten Sprachmodelle sind n-Gramm-Modelle. Ein solches n-Gramm-Modell liefert einen Wert (Wahrscheinlichkeit) für ein bestimmtes n-Gramm. Es ist klar, dass häufige n-Gramme der Sprache, wie z. B. „ING" im Englischen, einen höheren n-Gramm-Wert liefern als weniger häufige n-Gramme, wie z. B. „XYZ". Eine Übersicht über englische und deutsche Sprachhäufigkeiten findet sich beispielsweise in CrypTool-Online[8], und ein Satz mit verschiedenen n-Grammen anderer Sprachen findet sich auf der Webseite „Practical Cryptography".[9]

Wir haben verschiedene Sprachmodelle mithilfe großer Textkorpora erstellt. Um ein Modell zu erstellen, zählen wir zunächst die Anzahl der Vorkommen aller einzelnen n-Gramme, z. B. von „AAA" bis „ZZZ" für ein 3-Gramm-Modell. Außerdem zählen wir die Gesamtzahl aller n-Gramme des Korpus. Dann teilen wir für jedes einzelne n-Gramm seine

[8] https://www.cryptool.org/de/cto/frequency-analysis

[9] http://practicalcryptography.com/cryptanalysis/letter-frequencies-various-languages/

Anzahl durch die Anzahl aller n-Gramme, um seine Wahrscheinlichkeit zu erhalten. Um den Kostenwert eines bestimmten Textes zu berechnen, könnten wir alle berechneten Werte aller n-Gramme des betrachteten Textes multiplizieren, um eine Wahrscheinlichkeit (den Kostenwert) des Textes zu erhalten.

Hier gibt es zwei Probleme: (1) Die Wahrscheinlichkeitswerte der einzelnen n-Gramme sind sehr kleine Zahlen, was bei der Multiplikation dieser Zahlen auf einem Computer zu hohen Genauigkeitsfehlern führt. (2) Multiplikationen können aufwändig sein, was den Durchsatz bei der Berechnung verringert. Auf modernen PCs ist das Problem 2 vernachlässigbar, aber Problem 1 ist ein großes Problem. Eine gängige Methode, um beide Probleme zu umgehen, ist die Verwendung von logarithmischen Werten. Anstatt alle kleinen Werte des Sprachmodells zu multiplizieren, addieren wir die Logarithmen der einzelnen Werte. Dies ist aufgrund des Logarithmusgesetzes $\log_b(x \cdot y) = \log_b(x) + \log_b(y)$ möglich. Um den endgültigen Wert zu erhalten, könnten wir die verwendete Basis b mit der Summe c potenzieren, also b^c. Dies ist jedoch nicht erforderlich, da der Optimierungsalgorithmus auch mit logarithmischen Werten arbeiten kann. In CT2 werden die Kostenwerte auf Fließkommazahlen mit doppelter Genauigkeit im Intervall von [0 : 10 000 000] normiert. Durch diese Normierung sind die verschiedenen CT2-Sprachmodelle sogar direkt miteinander vergleichbar.

Eine letzte Anmerkung zum Datenformat von Sprachmodellen: Bei der Kryptoanalyse werden die Buchstaben auf der Grundlage des verwendeten Alphabets in einen „ganzzahligen Zahlenraum“ abgebildet. Beim lateinischen Alphabet mit 26 Buchstaben wird zum Beispiel der Buchstabe „A“ durch 0, der Buchstabe „B“ durch 1, ... und der Buchstabe „Z“ durch 25 dargestellt. Ein Sprachmodell ist ein n-dimensionales Array. Um z. B. das 3-Gramm „ABC“ nachzuschlagen, das als ganze Zahlen 0, 1, 2 kodiert ist, können wir einfach das Sprachmodell-Array mit den ganzen Zahlen als Indizes nachschlagen. Die Codierung von Buchstaben auf diese Weise ist einfach und schnell.

Die CT2-Sprachmodelldateien haben ein spezielles Binärdateiformat:[10]

```
Header:
    "CTLM"              4 ASCII-Zeichen                  (magic number)
    LanguageCode        .NET serialisierter String       (Sprach-Code)
    GramLength          4-Byte Little Endian Ganzzahl    (Länge der n-Gramme)
    Alphabet            .NET serialisierter String       (Alphabet)
Daten:
    (Alphabet.Length ^ GramLength) * 4 bytes             (Größe Datenmodell)
```

Eine Sprachmodell-Datei beginnt mit den vier ASCII-Zeichen „CTLM“ (CrypTool Language Model) zur Kennzeichnung des Dateityps. Die Zeichenfolge „LanguageCode“ identifiziert das Sprachmodell. Die „GramLength“ definiert die Größe des n-Gramm-Modells. Das „Alphabet“ definiert das verwendete Alphabet. Im Datenbereich werden die eigentlichen Sprachmodell-Daten als 4-Byte-Float-Werte gespeichert, die die anhand eines Textkorpus berechneten logarithmischen Werte enthalten. Die Größe der n-Gramm-Modelle nimmt mit n schnell zu, daher werden die Modelle mit dem gzip-Algorithmus komprimiert. Für die englische Sprache mit 26 Zeichen sind die Dateigrößen auf der Festplatte (gerundet): 1-Gramm: 1 kB, 2-Gramm: 3 kB, 3-Gramm: 50 kB, 4-Gramm: 800 kB, 5-Gramm: 8500 kB. Dekomprimiert im RAM (gerundet auf 1 kB): 1-Gramm: 1 kB, 2-Gramm: 3 kB, 3-Gramm: 71 kB, 4-Gramm: 1828 kB, 5-Gramm: 47 526 kB. Dabei ist festzustellen, dass die Verringerung der Dateigröße durch die Komprimierung umso geringer ist, je mehr Daten (Texte) zur Erstellung dieser Sprachmodelle verwendet werden. Der Grund dafür ist, dass die Zunahme der Entropie (auch Informationsmenge genannt) der verwendeten Daten zu einer geringeren Komprimierbarkeit führt.

Beispiel für die Python-Bibliothek: CT2-Sprachmodelle können entweder mit der .NET-Bibliothek „LanguageStatisticsLib“ oder der Python-Bibliothek „LanguageStatistics“ geladen und verwendet werden, die beide von

[10] In .NET wird die Länge einer Zeichenfolge in Bytes als 7-bit-codierte Ganzzahl serialisiert, die der serialisierten Zeichenfolge vorangestellt wird. Jedes Byte dieser codierten Länge verwendet das höchstwertige Bit (MSB) als Fortsetzungsbit, um anzuzeigen, ob weitere Bytes zur Codierung der Zahl folgen. Nach der codierten Zeichenfolgen-Länge werden die eigentlichen Zeichen der Zeichenfolge in UTF-16 (Little Endian) codiert.

Nils Kopal geschrieben wurden. Finden können Sie „LanguageStatisticsLib" im CT2-GitHub-Repository[11] und „LanguageStatistics" in seinem eigenen GitHub Repository.[12,13]

Python-Beispiel 3.5.1 demonstriert, wie man die Python-Bibliothek verwendet. Dieser Code importiert die erforderliche Bibliothek, lädt Trigramme für Englisch, normalisiert die Häufigkeitswerte, überträgt den „Hallo Welt"-Text in eine numerische Darstellung, berechnet die Kosten des Textes und gibt den berechneten Kostenwert aus.

Python-Beispiel 3.5.1: Kostenfunktion mit LanguageStatisticsLibPy in Python

```
print("\n# CHAP03 -- Python-Script-SAMPLE 10: =========")
print("---------- Calculate cost value of given string with LanguageStatisticsLibPy ----------")

# Import the library
from LanguageStatistics import LanguageStatistics

# Path to the language statistics folder of your local CrypTool 2 installation -- to be adaped
ct2_language_statistics_folder = "C:\\Program Files\\CrypTool 2\\LanguageStatistics"

# Load trigrams for English
grams = LanguageStatistics.create_grams_by_size(3, "en", ct2_language_statistics_folder, False)

# Normalize all frequency values between 0 and 1,000,000
grams.normalize(1000000.0)

# Map the text into "number space" (integer array)
hellonumbers = LanguageStatistics.map_text_into_number_space("HELLOWORLDTHISISATESTTEXT", grams.alphabet)

# Calculate the cost of the text
cost = grams.calculate_cost(hellonumbers)

# Print the cost value
print(cost)

# -------------------------------------------------
# CHAP03 -- Python-Script-SAMPLE 10: =========
# ---------- Calculate cost value of given string with LanguageStatisticsLibPy ----------
# 529744.6834239131
```

3.6 Kontextualisierung und Interpretation: Historische und philologische Analyse

Sobald es uns gelungen ist, (Teile) des Klartextes aufzudecken, versuchen wir, das Manuskript in einen historischen Kontext zu stellen, um herauszufinden, was, von wem, an wen und warum es geschrieben wurde. Eine solche Kontextualisierung betrifft die historische und philologische Interpretation, die das Thema dieses Abschnitts sein wird. Diese Ansätze beinhalten eine umfassendere Art der Analyse als die oben beschriebene Kryptoanalyse, da sie nicht in erster Linie die Nachricht wiederherstellen, sondern vielmehr den sprachlichen und historischen Kontext untersuchen, in dem die Nachricht geschrieben, verschlüsselt und gesendet wurde. Die **linguistische** Analyse beinhaltet die Einordnung des gegebenen Geheimtextes in den zeitgenössischen Sprachgebrauch, was voraussetzt, dass wir über ausreichende Kenntnisse darüber verfügen, wie Sprachen in dem gegebenen Zeitraum und geografischen Gebiet verwendet wurden. Die **historische** Analyse umfasst nicht nur die Identifizierung des Absenders und des Empfängers (und vielleicht des Codeknackers) des Geheimtextes und des politischen Kontextes, sondern auch den Wissenstransfer auf dem Gebiet der Kryptologie sowie die Sozialgeschichte derjenigen, die diese Geheimhaltungstechnologie angewandt haben.

---

[11] https://github.com/CrypToolProject/CrypTool-2/tree/main/LibSource/LanguageStatisticsLib

[12] https://github.com/CrypToolProject/LanguageStatisticsLibPy

[13] Es gibt auch eine JavaScript-Schnittstelle zu den CT2-Sprachmodellen, die z. B. im homophonen Substitutions-Analyzer in CTO verwendet wird: https://www.cryptool.org/de/cto/homophonic-substitution-analyzer/

3.6.1 Analyse der historischen Sprachen (linguistische Analyse)

Historische Sprachen stellen den Kryptoanalytiker vor einige besondere Herausforderungen. Ein wichtiger Aspekt ist, dass die meisten dieser Sprachen vor ihrer Standardisierung im achtzehnten Jahrhundert sehr unterschiedlich gehandhabt wurden. Das bedeutet beispielsweise, dass ein und dasselbe Wort auf viele verschiedene Arten geschrieben werden konnte, d. h. die Rechtschreibung war nicht normalisiert, und selbst ein und derselbe Schreiber konnte in einem Text verschiedene Schreibweisen für ein und dasselbe Wort verwenden [39]. Außerdem gibt es in Sprachen wie Englisch, Deutsch oder Italienisch viele verschiedene dialektale (mundartliche) Formen in ein und derselben Sprache. Sprachen verändern sich auch im Laufe der Zeit, bestimmte Wörter oder Wortformen verschwinden, neue tauchen auf. Die Pilotstudie [38] zur Entzifferung deutscher und englischer historischer homophoner Substitutions-Geheimtexte hat gezeigt, dass die Verwendung von 4-Gramm-Modellen, die aus jahrhundertealten Texten abgeleitet wurden, zu einem deutlich besseren Resultat führt als Sprachmodelle, die auf moderneren, zeitgenössischen Texten aufbauen – für Geheimtexte, die im 17. Jahrhundert oder früher entstanden sind. Hierfür kann ein Korpus historischer Texte, z. B. eine digitale Bibliothek mit Online-Texten wie das Projekt Gutenberg[14] oder die Sammlung historischer Texte mit diplomatischen Transkriptionen für 16 europäische Sprachen, die in der HistCorp-Sammlung [40] verfügbar ist, als gute Grundlage für die Erstellung von Sprachmodellen dienen.

Ein weiterer allgemeiner Aspekt, der bei der Verwendung von Algorithmen für die Kryptoanalyse zu berücksichtigen ist, besteht darin, dass sich das Klartext-Alphabet, auf dem eine historische Chiffre basiert, von den modernen Alphabeten in bestimmten Sprachen unterscheiden kann: In vielen Fällen wird beispielsweise nur ein Buchstabe für *u* und *v* verwendet, und Buchstaben mit diakritischen Zeichen (wie *ä, ö, ü* im Deutschen oder *á, é, í, ő* im Ungarischen) sind in der Regel nicht Teil des Klartext-Alphabets. Gleichzeitig können Klartextalphabete auch gemeinsam vorkommende Buchstaben des Alphabets zusammenfassen und diese als ein Klartextelement behandeln, wie z. B. *ss* oder *sch* in der Copiale-Chiffre [6] mit Deutsch als Klartextsprache.

In historischen Geheimtexten, insbesondere im Bereich der Diplomatie und der militärischen Korrespondenz, wurde oft mehr als eine Sprache verwendet. [13] Verschiedene Sprachen, z. B. Deutsch und Latein, konnten in ein und demselben Satz kombiniert werden, wie es in einem Brief eines litauischen Adligen an den habsburgischen Kaiser Maximilian II. aus dem Jahr 1574 der Fall war. [41] Diese Tatsache führte zunächst zu Problemen bei der Entschlüsselung, da die Analyse auf einem einsprachigen deutschen Sprachmodell basierte und der Wechsel nicht erkannt wurde. Erst im Nachhinein, bei einer genaueren linguistischen Analyse, wurde der Sprachwechsel identifiziert.

Es ist auch möglich, dass für Passagen im Klartext und Passagen im Geheimtext unterschiedliche Sprachen verwendet wurden [42, 43, 44], oder dass die im Schlüssel verwendete Klartextsprache und die Sprache des Klartextes des verschlüsselten Briefes nicht dieselbe sind. So verwendete beispielsweise ein schwedischer Gesandter, der während des Dreißigjährigen Krieges in Deutschland stationiert war, einen deutschen Schlüssel in seiner Korrespondenz mit dem schwedischen Reichskanzler. Der zugrundeliegende Klartext in seinen Briefen ist jedoch in Schwedisch und Latein [45]. Selbst wenn also die Sprache der Klartextpassagen oder eines Schlüssels identifiziert ist, können im Geheimtext noch andere Sprachen vorkommen.

Diese Beispiele zeigen, dass die linguistische Analyse von Geheimtexten Teil des Prozesses der Kryptoanalyse sein kann und als Hilfsmethode zur Lösung einer Chiffre und zur Aufdeckung von Informationen über die zugrunde liegende Sprache, die Herkunft und die Datierung eines Geheimtextes dient. Bereits im Mittelalter nutzten Codebrecher die linguistische Analyse zur Kryptoanalyse: Arabische Gelehrte erkannten, dass es eine bestimmte Häufigkeitsverteilung von Buchstaben in verschiedenen Sprachen gibt – ein Werkzeug, das sie zur Entschlüsselung monoalphabetischer Substitutions-Chiffren verwendeten [46, 47]. Linguistisches Wissen hilft auch dabei, Transkriptionsfehler zu erkennen und bestimmte Dechiffrierungsprobleme zu lösen. Schließlich sind oft Kenntnisse in historischen Sprachen erforderlich, um den Inhalt der entschlüsselten Dokumente vollständig zu verstehen.

Andererseits kann die linguistische Analyse ihrem eigenen Zweck dienen und darauf abzielen, sprachliche Muster und Sprachpraktiken in historischen kryptografischen Texten zu verstehen. Beispiele für diesen Forschungsweg sind etwa Studien darüber, welche Sprachen in Chiffren in verschiedenen geografischen Gebieten und zu verschiedenen Zeiten gewählt wurden oder welche und wie verschiedene Sprachen in Dokumenten kombiniert wurden. [44] Darüber hinaus kann die linguistische Analyse eines wiedergefundenen Klartextes die historische Analyse ergänzen und zum Verständnis der Schreiberpraktiken und des Sprachgebrauchs in Kanzleien und Schwarzen Kammern beitragen. Historische

[14] `https://www.gutenberg.org`

Geheimtexte können auch als Quellen dienen, um geschriebene Dialekte und Sprachen sowie den Sprachwandel zu analysieren.

Die linguistische Analyse kann durch Algorithmen, die in der Computerlinguistik und der Verarbeitung natürlicher Sprache entwickelt wurden, ganz oder teilweise automatisiert werden. Rechtschreib-Abweichungen in historischen Texten können automatisch entdeckt und auf eine moderne Version normalisiert werden, Klartextsequenzen können aufgespürt und ihre Sprache(n) durch automatische Spracherkennung identifiziert werden. Die computergestützte Analyse von Sprache stützt sich in hohem Maße auf Sprachmodelle, die aus großen Stichproben diplomatischer Transkriptionen historischer Texte aus verschiedenen Zeiträumen und Genres abgeleitet wurden. Solche Sammlungen sind nicht leicht zu finden und ihre Erstellung erfordert linguistisches und philologisches Fachwissen. Mit HistCorp haben wir eine solche Sammlung, aber diese ist viel kleiner als Gutenberg oder Wikipedia.

3.6.2 Historische Analyse und unterschiedliche Forschungsansätze

Ähnlich wie bei der linguistischen Analyse spielt die historische Analyse in der historischen Kryptologie eine doppelte Rolle: Sie kann das **Ziel** des gesamten oben beschriebenen Verfahrens sein, oder sie kann auch ein **Werkzeug** sein, das in diesem Prozess verwendet wird. Sie ist das Ziel, wenn der Historiker bestimmte vergangene Ereignisse rekonstruieren und einen bestimmten historischen Kontext untersuchen will. Das Lösen der Chiffren, die Paarung von Schlüsseln und Nachrichten und die Erforschung der Art und Weise, wie die Kryptografie eingesetzt wurde, helfen ihr bei dieser Aufgabe. In anderen Fällen ist sie jedoch eher ein Hilfsmittel: Die meisten homophonen Chiffrierschlüssel bestehen aus einem Alphabet-Teil und einer Nomenklatur-Tabelle. Für die Analyse des Alphabets benötigt man mathematische und linguistische Kenntnisse, aber die Rekonstruktion der Nomenklatur-Tabelle erfordert eine tiefe Kenntnis des historischen Kontextes. In diesem zweiten Fall ist die Geschichte eine Hilfswissenschaft für den Kryptohistoriker.

Im Folgenden geben wir eine – keineswegs erschöpfende – Typologie der verschiedenen (manchmal widersprüchlichen, manchmal ergänzenden) Ansätze, wenn es um die historische Analyse geht, und wir veranschaulichen jeden Ansatz mit einer entsprechenden Veröffentlichung.

1. Ein typischer Forschungsweg zielt darauf ab, durch die **Lösung einer gegebenen verschlüsselten Quelle** neue, bisher unbekannte Erkenntnisse zu gewinnen. Dieser Ansatz bereichert unser Bild von einer bestimmten historischen Periode und wird für die traditionelle Geschichtsschreibung nützlich, aber der Schwerpunkt liegt eher auf der Kryptoanalyse, der Lösung eines Rätsels. [48]

2. Ein zweiter typischer Forschungsweg folgt der Agenda der **politischen Geschichte**. Chiffren wurden vor allem in der Diplomatie verwendet. Die Analyse der Korrespondenz politischer Zentren mit ihren Botschaftern, Gesandten und Spionen kann neue Einblicke in die Geschichte einer bestimmten Epoche liefern, selbst wenn die ausgetauschten Briefe schon lesbar waren, weil der historische Adressat die Lösung über die Geheimtext-Zeichen schrieb. Beispiele für diese Kategorie sind Studien zur Geschichte der Diplomatie [49, 50, 51], Analysen zu den frühen Schwarzen Kammern, d. h. Codebreaking Offices [52], und die Rekonstruktion bestimmter Verschlüsselungspraktiken (polyphone und Chiffren mit fester Länge), die im 16. Jahrhundert im Vatikan verwendet wurden [53].

3. Nicht das Ziel, sondern der Umfang des **mikro-historischen Ansatzes** unterscheidet ihn von den vorangegangenen Ansätzen. In diesem Fall wird eine zeitlich begrenzte Reihe von Ereignissen (einige Jahre oder einige Briefwechsel) mit einer Vielzahl von Instrumenten analysiert, um einen besseren Einblick in ein bestimmtes historisches Ereignis zu erhalten, z. B. die Studie über verschlüsselte Briefe von und an den habsburgischen Kaiser Maximilian II. in den Jahren 1574-1575. [41, 54, 55]

4. Der bisherige Ansatz kann durch eine **linguistische Analyse** der Quellen ergänzt werden, wie sie im vorangegangenen Abschnitt beschrieben wurde. Die beiden Bereiche waren schon immer eng miteinander verbunden: Sprachwissenschaft und Kryptologie gehen seit den frühesten Zeiten Hand in Hand.

5. Ein entgegengesetzter Ansatz wird von denjenigen verfolgt, die **groß angelegte statistische Analysen** von Chiffrierschlüsseln und/oder verschlüsselten Dokumenten durchführen. Der Schwerpunkt liegt nicht auf bestimmten Quellen, sondern auf Schlussfolgerungen, Tendenzen und Korrelationen, die auf der Grundlage relativ großer Datenmengen aufgezeigt werden können. Ein Beispiel für diesen Ansatz sind die Studien zur Typologie und zum Wandel frühneuzeitlicher Chiffrierschlüssel-Dokumente. [56, 57, 9]

6. Die Kryptologie ist sowohl eine Technologie als auch eine mathematische Wissenschaft; sie ist daher ein echtes Thema für eine **wissenschaftsgeschichtliche Betrachtung**. Zu den grundlegenden Fragen gehören der Wissenstransfer (die Art und Weise, wie dieses geheimnisvolle Wissen von einer Generation zur anderen, von einem politischen Zentrum zum anderen weitergegeben wird), die Beziehungen der Kryptologie zu anderen wissenschaftlichen Bereichen (Statistik, Algebra, Poetik usw.), ihre technologische Nutzung und die Entwicklung der Verschlüsselungs- und Codebreaking-Praktiken im Laufe der Zeit. [20]

7. Eine weitere Kategorie umfasst Artikel und Buchstudien über bestimmte **berühmte Chiffren**, seien sie nun gelöst oder ungelöst, wie das Voynich-Manuskript [58, 59], das Copiale-Manuskript [6], die Borg-Chiffre [4] oder die Beale-Chiffren [60].

8. Manchmal werden nicht die Chiffren und Schlüssel, sondern der soziale Hintergrund der Nutzer untersucht. Eine **Sozialgeschichte der Kryptologie** stützt sich auf die gleichen Quellen, versucht aber, andere Fragen zu beantworten: Wer sind die menschlichen Akteure der Kryptografie-Geschichte, welche Einstellungen haben sie zu der Technologie, die sie benutzen, was wollen sie geheim halten usw. [20]

9. Und schließlich sind weitere Ansätze denkbar, wie die ständig wachsende Zahl von Veröffentlichungen, darunter Studien über persönliche Tagebücher, private Chiffren usw., zeigt.

3.7 Schlussfolgerung

Die historische Kryptologie ist ein interdisziplinäres Wissenschaftsgebiet, das sich mit der systematischen Untersuchung historischer verschlüsselter Quellen befasst: Geheimtexte, Chiffrierschlüssel und zugehörige Dokumente. Ziel ist es nicht nur, den Inhalt der verschlüsselten Quellen durch das Brechen ihres Codes zu erhellen, sondern auch die Entwicklung der Kryptografie und Kryptoanalyse in verschiedenen Zeiträumen und geografischen Gebieten zu untersuchen.

Wie alle wissenschaftlichen Disziplinen benötigt auch die historische Kryptologie eine Forschungsinfrastruktur mit Ressourcen und Werkzeugen für die automatische Verarbeitung der verschlüsselten Dokumente. In diesem Kapitel haben wir mehrere Datenbanken vorgestellt, die kleinere oder größere Sammlungen historischer Geheimtexte und Chiffrierschlüssel enthalten, wobei die größte – zum Zeitpunkt der Erstellung dieses Kapitels – die DECODE-Datenbank ist. [61] Diese Sammlungen ermöglichen es, die Entwicklung von Chiffrierschlüsseln im Laufe der Zeit zu untersuchen und die am häufigsten vorkommenden Verschlüsselungsverfahren zu identifizieren. Wir haben die Struktur und die Besonderheiten von drei in der frühen Neuzeit in Europa häufig vorkommenden Chiffre-Typen vorgestellt: einfache, homophone und polyphone Substitutions-Chiffren, alle monoalphabetisch mit oder ohne Nomenklatur. Überraschenderweise wurden Transpositions- und polyalphabetische Chiffren in Europa in diesen Jahrhunderten nur sehr selten verwendet, obwohl die kryptografischen Techniken bekannt waren. Im Gegensatz dazu wurde im amerikanischen Bürgerkrieg von 1861 bis 1865 die Vigenère-Chiffre von den Konföderierten verwendet. [62]

Um die historischen Geheimtexte zu entschlüsseln, haben wir eine Reihe von Werkzeugen sowohl für die Transkription (zur Umwandlung der Bilder in ein maschinenlesbares Textformat) als auch für die Kryptoanalyse (zur Entschlüsselung des Geheimtextes) vorgestellt. Wir zeigten Richtlinien für die konsistente Transkription von Symbolsätzen über Geheimtexte hinweg vor und beschrieben die Herausforderungen und Fallstricke der manuellen Transkription. Anschließend stellten wir vor, wie aktuelle handschriftliche Texterkennungstechniken, die in der Computer Vision entwickelt wurden, angewendet werden, um den zeitaufwändigen und teuren Transkriptions-Prozess zu erleichtern. Anhand des im Textformat gegebenen Geheimtextes beschrieben wir Algorithmen zur Identifizierung des Verschlüsselungsverfahrens, zur Kryptoanalyse und zur Dechiffrierung für die am häufigsten vorkommenden historischen europäischen Chiffren. Wir wiesen auf die Bedeutung von Sprachmodellen und verschiedene Heuristiken für die Generierung von Chiffrierschlüsseln hin. Schließlich gaben wir einen Überblick über die linguistische und historische Interpretation von verschlüsselten Quellen und die große Herausforderung ihrer Kontextualisierung.

Die neuesten und rasanten Entwicklungen in der künstlichen Intelligenz (KI) liefern uns effiziente Algorithmen und Modelle. Es ist eine Herausforderung, wie KI effizient eingesetzt werden kann, um eine fehlerfreie und vollständige Transkription zu erstellen, um die Fehlerübertragung auf den nachfolgenden Schritt des Codebreakings zu minimieren, um das Verschlüsselungsverfahren zu identifizieren, das für die Erstellung eines gegebenen Geheimtextes verwendet wurde, und sogar um die ursprüngliche Nachricht durch Brechen der Chiffre zu erhalten. Eine weitere zukünftige

Erweiterung könnte die Auswahl und Analyse von außereuropäischen Geheimtexten sein, insbesondere bei Sprachen, die kein lateinisches Alphabet verwenden.

Das Gebiet der historischen Kryptologie erfordert Fachwissen aus verschiedenen wissenschaftlichen Disziplinen, um historische verschlüsselte Manuskripte zu sammeln, zu beschreiben, zu transkribieren, zu knacken und zu analysieren. Historiker tragen zur Kontextualisierung und Interpretation der verborgenen Quellen bei, und Linguisten analysieren den historischen Klartext, indem sie Modelle für Sprachvariation und Sprachwandel erarbeiten. Kryptoanalytiker entwickeln effiziente Algorithmen zum Brechen verschiedener Verschlüsselungsarten, und Bildverarbeitungsspezialisten liefern Modelle zur Verarbeitung von Bildern in ein maschinenlesbares Format. Computerlinguisten erstellen und bewerten historische Sprachmodelle, die aus historischen Texten generiert wurden. Durch enge Zusammenarbeit kann eine verborgene Klasse von Quellen, die verschlüsselt wurden, um den in der Vergangenheit wichtigen Inhalt zu verbergen, systematisch bearbeitet und der Öffentlichkeit zugänglich gemacht werden.

Der interessierte Leser findet wissenschaftliche Artikel zum Thema in Publikationskanälen verschiedener Disziplinen von Geschichte, Linguistik, natürlicher Sprachverarbeitung und digitalen Geisteswissenschaften bis hin zu Bildverarbeitung und Kryptologie. Die bekanntesten wissenschaftlichen Publikationsquellen für die historische Kryptologie sind jedoch die Proceedings der jährlichen International Conference on Historical Cryptology (HistoCrypt) [63] und die Zeitschrift Cryptologia [64]. Die Gemeinschaft der historischen Kryptologie verfügt auch über ein Netzwerk namens HICRYPT, das über die E-Mail-Adresse hicrypt@ling.su.se erreicht werden kann.

Die Arbeit dieses Kapitels wurde durch den Schwedischen Forschungsrat (SRC) unterstützt, Zuschuss-Nr 2018-06074, DECRYPT – Decryption of Historical Manuscripts. `https://de-crypt.org/`.

Literatur zu Kapitel 3

[1] William F D Friedman und Lambros Callimahos. „Military cryptanalytics, part I". In: *Washington, DC: United States Government. Available through Aegean Park Press, Laguna Hills, CA* (1959) (siehe S. 146)

[2] Klaus Schmeh. *Revisited: A terminology for codes and nomenclators*. 2018. URL: `https://scienceblogs.de/klausis-krypto-kolumne/2018/10/07/revisited-a-terminology-for-codes-and-nomenclators/` (besucht am 06. 07. 2023) (siehe S. 146)

[3] Vasily Mikhalev u. a. „What is the Code for the Code? Historical Cryptology Terminology". In: *Proceedings of the 6th International Conference on Historical Cryptology*. 2023, S. 130–138. URL: `https://ecp.ep.liu.se/index.php/histocrypt/article/view/702` (siehe S. 146)

[4] Nada Aldarrab, Kevin Knight und Beáta Megyesi. *The Borg Cipher*. `https://www.su.se/english/research/research-projects/decipherment-of-historical-manuscripts/the-borg-cipher-1.688283`. Accessed: 2024-07-28. 2017 (siehe S. 146, 147, 163, 184)

[5] Cipher ID-3816. *Reproduced image from the Swedish National Archive Riksarkivet*. 1637. URL: `https://de-crypt.org/decrypt-web/RecordsView/189` (siehe S. 146, 147)

[6] Kevin Knight, Beáta Megyesi und Christiane Schaefer. „The Copiale Cipher". In: *Invited talk at ACL Workshop on Building and Using Comparable Corpora (BUCC)*. Association for Computational Linguistics, 2011 (siehe S. 146, 147, 182, 184)

[7] Key ID-345. *Reproduced image from the National Archives in Kew, State Papers. TNA_SP106/2_ElizabethI_f58(0069)*. 1596. URL: `https://de-crypt.org/decrypt-web/RecordsView/345` (siehe S. 149)

[8] Key ID-633. *Reproduced image from the National Archives in Hungary, G15 Caps. C. Fasc. 44. 01, DECODE ID 633*. 1703–1711. URL: `https://de-crypt.org/decrypt-web/RecordsView/633` (siehe S. 150)

[9] Beáta Megyesi u. a. „Keys with nomenclatures in the early modern Europe". In: *Cryptologia* online (2022). DOI: 10.1080/01611194.2022.2113185 (siehe S. 151, 152, 183)

[10] Paolo Bonavoglia. „The Ciphers of the Republic of Venice – An overview". In: *Cryptologia* (2021), S. 323–346. URL: https://www.tandfonline.com/doi/full/10.1080/01611194.2021.1901797 (siehe S. 153)

[11] George Lasry u. a. „Deciphering ADFGVX messages from the eastern front of World War I". In: *Cryptologia* 41.2 (2017), S. 101–136 (siehe S. 153)

[12] George Lasry, Norbert Biermann und Satoshi Tomokiyo. „Deciphering Mary Stuart's lost letters from 1578-1584". In: *Cryptologia* (2023). DOI: 10.1080/01611194.2022.2160677 (siehe S. 153–156, 164)

[13] Beáta Megyesi u. a. „Decryption of historical manuscripts: the DECRYPT project". In: *Cryptologia* 44.6 (2020), S. 545–559. URL: https://doi.org/10.1080/01611194.2020.1716410 (siehe S. 157, 182)

[14] Beáta Megyesi, Nils Blomqvist und Eva Pettersson. „The DECODE Database: Collection of Ciphers and Keys". In: *Proceedings of the 2nd International Conference on Historical Cryptology*. 2019 (siehe S. 157, 160)

[15] Ferenc Szigeti und Mihály Héder. „The TRANSCRIPT Tool for Historical Ciphers by the DECRYPT Project". In: *Proceedings of the 5th International Conference on Historical Cryptology*. 2022, S. 208–211. URL: https://ecp.ep.liu.se/index.php/histocrypt/article/view/409/367 (siehe S. 157)

[16] Nils Kopal und Bernhard Esslinger. „New Ciphers and Cryptanalysis Components in CrypTool 2". In: *Proceedings of the 5th International Conference on Historical Cryptology*. 2022, S. 127–136 (siehe S. 157)

[17] René Zandbergen. *The Voynich Manuscript*. URL: http://www.voynich.nu/ (besucht am 19. 07. 2023) (siehe S. 159)

[18] Nick Pelling. *The Cipher Mysteries Blog*. URL: www.ciphermysteries.com (besucht am 27. 07. 2024) (siehe S. 159)

[19] Klaus Schmeh. *Cipherbrain*. Diese Seite wurde bis Ende 2022 gepflegt. URL: https://scienceblogs.de/klausis-krypto-kolumne/ (besucht am 19. 07. 2023) (siehe S. 159)

[20] Benedek Láng. *Real Life Cryptology: Ciphers and Secrets in early modern Hungary*. Atlantis Press, Amsterdam University Press, 2018 (siehe S. 159, 184)

[21] Satoshi Tomokiyo. *Cryptiana: Articles on Historical Cryptography*. URL: http://cryptiana.web.fc2.com/code/crypto.htm (besucht am 19. 07. 2023) (siehe S. 160)

[22] Eugen Antal und Pavol Zajac. „HCPortal Overview". In: *Proceedings of the 3rd International Conference on Historical Cryptology*. 2020, S. 18–20. DOI: 10.3384/ecp2020171003. URL: https://hcportal.eu (siehe S. 160)

[23] Beáta Megyesi. „Transcription of Historical Ciphers and Keys". In: *Proceedings of the 3rd International Conference on Historical Cryptology*. 2020 (siehe S. 162)

[24] Beáta Megyesi und Crina Tudor. *Transcription of Historical Ciphers and Keys: Guidelines, version 2.0*. https://www.diva-portal.org/smash/get/diva2:1540795/FULLTEXT01.pdf. 2021 (siehe S. 162, 175)

[25] Unicode. „The Unicode® Standard Version 12.0 – Core Specification". In: (2019). URL: https://unicode.org/standard/standard.html (siehe S. 162)

[26] GeorgeLasry. „Armand de Bourbon's Poly-Homophonic Cipher – 1649". In: *Proceedings of the 6th International Conference on Historical Cryptology*. 2023, S. 105–112. URL: https://ecp.ep.liu.se/index.php/histocrypt/article/view/699 (siehe S. 164)

[27] Mohamed Ali Souibgui u. a. „DocEnTr: An end-to-end document image enhancement transformer". In: *26th International Conference on Pattern Recognition (ICPR)*. 2022 (siehe S. 166)

[28] Gregory Axler und Lior Wolf. „Toward a dataset-agnostic word segmentation method“. In: *25th IEEE International Conference on Image Processing (ICIP)*. IEEE. 2018, S. 2635–2639 (siehe S. 167)

[29] Volkmar Frinken und Horst Bunke. „Continuous handwritten script recognition“. In: *Handbook of Document Image Processing and Recognition*. Springer, 2014, S. 391–425 (siehe S. 168)

[30] Lei Kang u. a. „Pay attention to what you read: non-recurrent handwritten text-line recognition“. In: *Pattern Recognition* 129 (2022), S. 108766 (siehe S. 168)

[31] Bartosz Bogacz, Nicholas Howe und Hubert Mara. „Segmentation free spotting of cuneiform using part structured models“. In: *15th International Conference on Frontiers in Handwriting Recognition (ICFHR)*. IEEE. 2016, S. 301–306 (siehe S. 168)

[32] Arnau Baró u. a. „Towards a generic unsupervised method for transcription of encoded manuscripts“. In: *Proceedings of the 3rd International Conference on Digital Access to Textual Cultural Heritage*. 2019, S. 73–78 (siehe S. 168)

[33] Mohamed Ali Souibgui u. a. „Few shots are all you need: A progressive learning approach for low resource handwritten text recognition“. In: *Pattern Recognition Letters* 160 (2022), S. 43–49 (siehe S. 168)

[34] Mohamed Ali Souibgui u. a. „Few shots are all you need: A progressive learning approach for low resource handwritten text recognition“. In: *Pattern Recognition Letters* 160 (2022), S. 43–49. DOI: `https://doi.org/10.1016/j.patrec.2022.06.003` (siehe S. 169)

[35] Mohamed Ali Souibgui u. a. „A User Perspective on HTR methods for the Automatic Transcription of Rare Scripts: The Case of Codex Runicus“. In: *Journal on Computing and Cultural Heritage (JOCCH)* (2022) (siehe S. 169)

[36] Nils Kopal. „Solving Classical Ciphers with CrypTool 2“. In: *Proceedings of the 1st International Conference on Historical Cryptology*. 2018, S. 29–38 (siehe S. 173)

[37] Nils Kopal. „Cryptanalysis of Homophonic Substitution Ciphers using Simulated Annealing with Fixed Temperature“. In: *Proceedings of the 2nd International Conference on Historical Cryptology*. 2019, S. 107–116 (siehe S. 174)

[38] Beáta Megyesi u. a. „Historical Language Models in Cryptanalysis: Case Studies on English and German“. In: *Proceedings of the 6th International Conference on Historical Cryptology*. 2023, S. 120–129. URL: `https://ecp.ep.liu.se/index.php/histocrypt/article/view/701` (siehe S. 179, 182)

[39] Michelle Waldispühl. „Variation and change“. In: *The Cambridge Handbook of Historical Orthography*. Hrsg. von Marco Condorelli und Hanna Rutkowska. Cambridge University Press, 2023, S. 245–264 (siehe S. 182)

[40] Eva Pettersson und Beáta Megyesi. „The HistCorp Collection of Historical Corpora and Resources“. In: *Proceedings of the Digital Humanities in the Nordic Countries 3rd Conference*. März 2018 (siehe S. 182)

[41] Nils Kopal und Michelle Waldispühl. „Two Encrypted Diplomatic Letters Sent by Jan Chodkiewicz to Emperor Maximilian II in 1574-1575“. In: *Proceedings of the 4th International Conference on Historical Cryptology*. 2021, S. 80–89. DOI: `https://doi.org/10.3384/ecp188409` (siehe S. 182, 183)

[42] Eva Pettersson und Beáta Megyesi. „Matching Keys and Encrypted Manuscript“. In: *Proceedings of the 22nd Nordic Conference on Computational Linguistics*. Okt. 2019, S. 253–261 (siehe S. 182)

[43] Maria-ELena Gambardella, Beáta Megyesi und Eva Pettersson. „Identifying Cleartext in Historical Ciphers“. In: *Proceedings of the Workshop on Language Technologies for Historical and Ancient Languages. LT4HALA 2022*. 2022 (siehe S. 182)

[44] Michelle Waldispühl und Beáta Megyesi. „Language choice in eighteenth-century diplomatic ciphers from Europe". In: *Languages of diplomacy in the eighteenth century*. Hrsg. von Vladislav Rjéoutski und Gleb Kazakov. Amsterdam University Press, 2023 (siehe S. 182)

[45] Michelle Waldispühl. „Verschlüsselte Briefe: Mehrsprachigkeit und Geheimschrift im Schwedischen Reich". In: *Praktiken der Mehrsprachigkeit im Schwedischen Reich (1611–1721)*. Hrsg. von Michael Prinz und Dessislava Stoeva-Holm. Harrassowitz, 2023 (siehe S. 182)

[46] David Kahn. „The Future of the Past—Questions in Cryptologic History". In: *Cryptologia* 32 (2008), S. 56–61 (siehe S. 182)

[47] Mohamad Mrayati, Yahya MeerAlam und M. Hassan at-Tayyan, Hrsg. *The Arabic Origins of Cryptology*. Bd. 1-6. Vol 1: al-Kindi's Treatise on Cryptanalysis (2003), Vol 2: ibn Adlan's Treatise (2003), Vol 3: ibn ad-Durayhim's Treatise on Cryptanalysis (2004), Vol 4: ibn Dunaynir's Book (2005), Vol 5: Three Treatises on Cryptanalysis of Poetry (2006), Vol 6: Two Treatises on Cryptanalysis (2003). KFCRIS & KACST, 2003–2006 (siehe S. 182)

[48] George Lasry. „Deciphering a Letter from the French Wars of Religion". In: *Proceedings of the 5th International Conference on Historical Cryptology*. 2022, S. 147–152 (siehe S. 183)

[49] Guido Braun und Susanne Lachenicht, Hrsg. *Spies, Espionage and Secret Diplomacy in the Early Modern Period*. Kohlhammer, 2021 (siehe S. 183)

[50] Melissa Meriam Bullard. „Secrecy, diplomacy and language in the Renaissance". In: *Das Geheimnis am Beginn der europäischen Moderne*. Hrsg. von Gisela Engel u. a. Klostermann, 2002, S. 77–97 (siehe S. 183)

[51] Camille Desenclos. „Unsealing the Secret: Rebuilding the Renaissance French Cryptographic Sources (1530-1630)". In: *Proceedings of the 1st International Conference on Historical Cryptology*. 2018, S. 9–17 (siehe S. 183)

[52] Karl De Leeuw. „The Black Chamber in the Dutch Republic during the War of the Spanish Succession and its aftermath, 1707–1715". In: *The Historical Journal* 42.1 (1999), S. 133–156 (siehe S. 183)

[53] George Lasry, Beáta Megyesi und Nils Kopal. „Deciphering Papal Ciphers from the 16th to the 18th Century". In: *Cryptologia* (2020), S. 479–540. URL: https://www.tandfonline.com/doi/full/10.1080/01611194.2020.1755915 (siehe S. 183)

[54] Nils Kopal und Michelle Waldispühl. „Deciphering three diplomatic letters sent by Maximilian II in 1575". In: *Cryptologia* 46 (2 2022), S. 103–127. DOI: 10.1080/01611194.2020.1858370 (siehe S. 183)

[55] Jörgen Dinnissen und Nils Kopal. „Island Ramanacoil a Bridge too Far. A Dutch Ciphertext from 1674". In: *Proceedings of the 4th International Conference on Historical Cryptology*. 2021, S. 48–57. URL: https://ecp.ep.liu.se/index.php/histocrypt/article/view/156 (siehe S. 183)

[56] Beáta Megyesi u. a. „Key Design in the Early Modern Era in Europe". In: *Proceedings of the 4th International Conference on Historical Cryptology*. 2021 (siehe S. 183)

[57] Beáta Megyesi u. a. „What Was Encoded in Historical Cipher Keys in the Early Modern Era?" In: *Proceedings of the 5th International Conference on Historical Cryptology*. 2022 (siehe S. 183)

[58] Nicholas Pelling. *The curse of the Voynich: The secret history of the world's most mysterious manuscript; the intriguing story of the people, places, and politics behind the enigmatic „Voynich Manuscript"*. Compelling Press, 2006 (siehe S. 184)

[59] Gerry Kennedy und Rob Churchill. *The Voynich manuscript: The mysterious code that has defied interpretation for centuries*. Simon und Schuster, 2006 (siehe S. 184)

[60] Louis Kruh. „A basic probe of the Beale cipher as a bamboozlement". In: *Cryptologia* 6.4 (1982), S. 378–382 (siehe S. 184)

[61] DECRYPT-Projekt. *DECODE Records*. 2023. URL: https://de-crypt.org/decrypt-web (besucht am 19. 07. 2023) (siehe S. 184)

[62] Satoshi Tomokiyo. *Confederate Ciphers during the Civil War: Various Vigenère Keywords*. 2022. URL: http://cryptiana.web.fc2.com/code/civilwar4.htm (siehe S. 184)

[63] HistoCrypt. *HistoCrypt – International Conference on Historical Cryptology*. 2023. URL: https://histocrypt.org/ (besucht am 19. 07. 2023) (siehe S. 185)

[64] Cryptologia. *Cryptologia – Journal*. 2023. URL: https://www.tandfonline.com/journals/ucry20 (besucht am 19. 07. 2023) (siehe S. 185)

4 Primzahlen

Dieses Kapitel stellt Primzahlen und entsprechende Ergebnisse aus der Zahlentheorie vor, indem es Fragen stellt und beantwortet. Es bietet viele Beispiele und ist nicht so streng aufgebaut wie es mathematische Lehrbücher normalerweise sind. Am Ende haben Sie ein gutes Verständnis dafür, was Primzahlen sind, wie ihre Verteilung ist und warum sie in der Kryptografie sehr nützlich sind.

4.1 Was sind Primzahlen?

Primzahlen sind ganze Zahlen größer gleich 2, die man nur durch 1 und durch sich selbst teilen kann. Alle anderen natürlichen Zahlen, die keine Primzahlen und größer gleich 4 sind, sind zusammengesetzt: d. h. sie lassen sich durch Multiplikation von Primzahlen bilden.

Somit bestehen die *natürlichen* Zahlen $\mathbb{N} = \{1, 2, 3, 4, \cdots\}$ aus

- der Zahl 1 (dem Einheitswert)
- den Primzahlen (primes) und
- den zusammengesetzten Zahlen (composite numbers).

Primzahlen haben aus drei Gründen besondere Bedeutung erlangt:

- Sie werden in der Zahlentheorie als die Grundbausteine der natürlichen Zahlen betrachtet, anhand derer eine Menge genialer mathematischer Überlegungen geführt wurden.
- Sie haben in der modernen Kryptografie (Public-Key-Kryptografie) große praktische Bedeutung. Das verbreiteteste Public-Key-Verfahren ist die Ende der siebziger Jahre erfundene RSA-Verschlüsselung. Die Verwendung (großer) Primzahlen für bestimmte Parameter ist eine notwendige Voraussetzung für die Sicherheit sowohl beim RSA-Verfahren als auch bei noch moderneren Verfahren (z. B. elliptische Kurven).
- Die Suche nach den größten bekannten Primzahlen hat wohl bisher keine praktische Verwendung, gilt aber als hervorragender Benchmark (Möglichkeit zur Leistungsbestimmung von Computern). [1]

Von Primzahlen ließen sich im Laufe der letzten zwei Jahrtausende viele Menschen faszinieren. Der Ehrgeiz, zu neuen Erkenntnissen über Primzahlen zu gelangen, führte dabei oft zu genialen Ideen und Schlussfolgerungen. Im Folgenden wird in einer leicht verständlichen Art in die mathematischen Grundlagen der Primzahlen eingeführt. Dabei klären wir auch, was über die Verteilung (Dichte, Anzahl von Primzahl in einem bestimmten Intervall) der Primzahlen bekannt ist oder wie Primzahltests funktionieren.

Primzahlen haben Mathematiker schon immer fasziniert ...Sie erscheinen unter den ganzen Zahlen scheinbar zufällig und doch nicht ganz: Es scheint eine Ordnung oder ein Muster zu geben, nur ein wenig unter der Oberfläche, nur ein wenig außer Reichweite. (Elementary Number Theory, 1978)

Zitat 6: Underwood Dudley[1]

4.2 Primzahlen in der Mathematik

Jede ganze Zahl hat Teiler. Die Zahl 1 hat nur einen, nämlich sich selbst. Die Zahl 12 hat die sechs Teiler $1, 2, 3, 4, 6, 12$. Viele Zahlen sind nur durch sich selbst und durch 1 teilbar. Bezüglich der Multiplikation sind dies die „Atome" im Bereich der Zahlen. Diese Zahlen nennt man Primzahlen.

In der Mathematik ist eine etwas andere (aber äquivalente) Definition üblich.

Definition 4.2.1. *Eine ganze Zahl $p \in \mathbb{N}$ heißt Primzahl, wenn $p > 1$ und p nur die trivialen Teiler ± 1 und $\pm p$ besitzt.*

Per definitionem ist die Zahl 1 keine Primzahl. Im Weiteren bezeichnet der Buchstabe p stets eine Primzahl (Notation).

Die Primzahlenfolge[2] startet mit:

$$2,\ 3,\ 5,\ 7,\ 11,\ 13,\ 17,\ 19,\ 23,\ 29,\ 31,\ 37,\ 41,\ 43,\ 47,\ 53,\ 59,\ 61,\ 67,\ 71,\ 73,\ 79,\ 83,\ 89,\ 97, \cdots$$

Unter den ersten 100 Zahlen gibt es genau 25 Primzahlen. Danach nimmt ihr prozentualer Anteil stets ab. Primzahlen können nur auf eine einzige *triviale* Weise zerlegt werden: $p = 1 \cdot p$

$$5 = 1 \cdot 5, \quad 17 = 1 \cdot 17, \quad 1013 = 1 \cdot 1013, \quad 1\,296\,409 = 1 \cdot 1\,296\,409$$

Alle Zahlen, die zwei und mehr von 1 verschiedene Faktoren haben, nennt man *zusammengesetzte* Zahlen. Dazu gehören

$$4 = 2 \cdot 2, \quad 6 = 2 \cdot 3$$

aber auch Zahlen, die *wie Primzahlen aussehen*, aber doch keine sind:

$$91 = 7 \cdot 13, \quad 161 = 7 \cdot 23, \quad 767 = 13 \cdot 59$$

Satz 4.2.1. *Jede ganze Zahl m größer als 1 besitzt einen kleinsten Teiler größer als 1. Dieser ist eine Primzahl p. Sofern m nicht selbst eine Primzahl ist, gilt: p ist kleiner oder gleich der Quadratwurzel aus m.*

[1] Underwood Dudley, US-amerikanischer Mathematiker, 06.01.1937–.

[2] Eine Liste mit den ersten 10 Millionen Primzahlen finden Sie auf `https://www.mathematical.com/primelist1to100kk.html`. Auf `https://en.wikipedia.org/wiki/List_of_prime_numbers` gibt es eine Liste mit den ersten 1000 Primzahlen und eine Auflistung sehr vieler spezieller Primzahl-Typen samt ihrer OEIS-Nummern.

Beispiel: $6 = 2 \cdot 3$ und für den kleinsten Teiler größer als 1 gilt: $2 < \sqrt{6} = 2{,}45$

Alle ganzen Zahlen größer als 1 lassen sich als Produkt von Primzahlen ausdrücken – und das sogar in einer eindeutigen Weise. Dies besagt der **1. Hauptsatz der Zahlentheorie** (= Hauptsatz der elementaren Zahlentheorie = fundamental theorem of arithmetic = fundamental building block of all positive integers).

Satz 4.2.2. *Jedes Element n größer als 1 der natürlichen Zahlen lässt sich als Produkt $n = p_1 \cdot p_2 \cdot \ldots \cdot p_m$ von Primzahlen schreiben ($p_1, p_2, \ldots, p_m$ nennt man die Primfaktoren von n). Sind zwei solche Zerlegungen*

$$n = p_1 \cdot p_2 \ldots p_m = p'_1 \cdot p'_2 \ldots p'_{m'}$$

gegeben, dann gilt nach eventuellem Umsortieren für die Anzahlen $m = m'$ und für alle i: $p_i = p'_i$.

In anderen Worten: Jede natürliche Zahl außer der 1 lässt sich auf genau eine Weise als Produkt von Primzahlen schreiben, wenn man von der Reihenfolge der Faktoren absieht. Die Faktoren sind also eindeutig (man sagt auch: die *Expansion in Faktoren* ist eindeutig). Zum Beispiel ist

$$60 = 2 \cdot 2 \cdot 3 \cdot 5 = 2^2 \cdot 3^1 \cdot 5^1$$

Und das ist – bis auf eine veränderte Reihenfolge der Faktoren – die einzige Möglichkeit, die Zahl 60 in Primfaktoren zu zerlegen. Wenn man nicht nur Primzahlen als Faktoren zulässt, gibt es mehrere Möglichkeiten der Zerlegung in Faktoren und die **Eindeutigkeit** (uniqueness) geht verloren:

$$60 = 1 \cdot 60 = 2 \cdot 30 = 4 \cdot 15 = 5 \cdot 12 = 6 \cdot 10 = 2 \cdot 3 \cdot 10 = 2 \cdot 5 \cdot 6 = 3 \cdot 4 \cdot 5 = \cdots .$$

Dieser eine Absatz hier wendet sich eher an die mit der mathematischen Logik vertrauten Menschen: Der 1. Hauptsatz ist nur scheinbar selbstverständlich. Man kann viele andere Zahlenmengen (ungleich der positiven ganzen Zahlen größer als 1) konstruieren, bei denen selbst eine Zerlegung in die „Primfaktoren dieser Mengen"[3] nicht eindeutig ist. Hier ein Beispiel: In der Menge $M = \{1, 5, 10, 15, 20, 25, 30, 35, \cdots\}$ gibt es unter der Multiplikation kein Analogon zum Hauptsatz. Die ersten fünf „Primzahlen" dieser Folge sind 5, 10, 15, 20, 30 (beachte: 10 ist „prim", da innerhalb dieser Menge 5 kein Teiler von 10 ist – der Wert 2 ist kein Element der gegebenen Grundmenge M). Da in M gilt:

$$100 = 5 \cdot 20 = 10 \cdot 10$$

und sowohl 5, 10, 20 „Primzahlen" dieser Menge sind, ist hier die Zerlegung in „Primfaktoren" nicht eindeutig.

4.3 Grafische Darstellung der Primzahlen innerhalb der natürlichen Zahlen

Abb. 4.1 auf der nächsten Seite vermittelt einen Eindruck, wie Primzahlen in den natürlichen Zahlen verteilt sind. Es gibt viele grafische Darstellungsformen (am bekanntesten ist die Ulam-Spirale – siehe Abb. 4.2 und 4.3), diese brachten bisher keinen konkreten Erkenntnisgewinn, doch sie erweckten bei manchen den Eindruck, dass es in der zufälligen Verteilung zumindest lokale Muster gibt.

[3] In der Ringtheorie – ein Teilgebiet der Algebra – verwendet man in diesem Kontext nicht den Begriff „Primzahlen", sondern man unterscheidet per Definition sog. Primelemente und irreduzible Elemente. Dabei sind irreduzible Elemente $c \in R$ eines kommutativen Rings (mit Eins, nicht jeder Ring muss eine Eins haben) solche, die von Null verschieden sind und für die gilt:

$$c = ab \Rightarrow a \text{ oder } b \text{ ist eine Einheit, also multiplikativ invertierbar}$$

Im Gegensatz dazu definiert man Primelemente p als von Null verschieden, keine Einheit und:

$$p|ab \Rightarrow p|a \text{ oder } p|b$$

Bei „normalen" Ringen fallen beide Definitionen zusammen. Insbesondere ist das so bei sog. UFDs (unique factorization domains), auf Deutsch faktorieller Ring oder Gaußscher Ring, der Fall. Das Beispiel M ist kein faktorieller Ring und damit die Faktorisierung nicht notwendigerweise eindeutig.

1	2	3	4	5	6	7	8	9	10	11	12	13	14	15	16	17	18	19	20	21	22	23	24	25	26	27	28	29	30
31	32	33	34	35	36	37	38	39	40	41	42	43	44	45	46	47	48	49	50	51	52	53	54	55	56	57	58	59	60
61	62	63	64	65	66	67	68	69	70	71	72	73	74	75	76	77	78	79	80	81	82	83	84	85	86	87	88	89	90
91	92	93	94	95	96	97	98	99	100	101	102	103	104	105	106	107	108	109	110	111	112	113	114	115	116	117	118	119	120
121	122	123	124	125	126	127	128	129	130	131	132	133	134	135	136	137	138	139	140	141	142	143	144	145	146	147	148	149	150
151	152	153	154	155	156	157	158	159	160	161	162	163	164	165	166	167	168	169	170	171	172	173	174	175	176	177	178	179	180
181	182	183	184	185	186	187	188	189	190	191	192	193	194	195	196	197	198	199	200	201	202	203	204	205	206	207	208	209	210
211	212	213	214	215	216	217	218	219	220	221	222	223	224	225	226	227	228	229	230	231	232	233	234	235	236	237	238	239	240
241	242	243	244	245	246	247	248	249	250	251	252	253	254	255	256	257	258	259	260	261	262	263	264	265	266	267	268	269	270
271	272	273	274	275	276	277	278	279	280	281	282	283	284	285	286	287	288	289	290	291	292	293	294	295	296	297	298	299	300
301	302	303	304	305	306	307	308	309	310	311	312	313	314	315	316	317	318	319	320	321	322	323	324	325	326	327	328	329	330
331	332	333	334	335	336	337	338	339	340	341	342	343	344	345	346	347	348	349	350	351	352	353	354	355	356	357	358	359	360
361	362	363	364	365	366	367	368	369	370	371	372	373	374	375	376	377	378	379	380	381	382	383	384	385	386	387	388	389	390

Abb. 4.1: Primzahlen unter den ersten 390 natürlichen Zahlen in einem $(30 \cdot 13)$-Rechteck – farblich markiert[4]

Sieb des Eratosthenes Ein einfacher Weg, alle $\pi(x)$ Primzahlen kleiner oder gleich x zu berechnen, ist das Sieb des Erathostenes. Er fand dafür schon im 3. Jahrhundert vor Christus einen leicht zu automatisierenden Weg. Zuerst werden ab 2 alle Zahlen bis x aufgeschrieben, die 2 umkreist und dann streicht man alle Vielfachen von 2. Anschließend umkreist man die kleinste noch nicht umkreiste oder gestrichene Zahl (nun 3), streicht wieder alle ihre Vielfachen, usw.

Abb. 4.4 auf Seite 198 zeigt die Anwendung des Siebs für die ersten 120 Zahlen. Durchzuführen braucht man das Streichen nur bis zu der größten Zahl, deren Quadrat kleiner oder gleich x ist (hier also bis 10, da 11^2 schon > 120).[8]

Primzahlen enden nie auf die Ziffer 0. Abgesehen von der 2 sind Primzahlen nie gerade. Abgesehen von 2 und 5 haben Primzahlen nie die Endziffern 2 oder 5. Also braucht man ab $n = 6$ sowieso nur Zahlen mit den Endziffern 1, 3, 7 oder 9 zu betrachten (es gibt unendlich viele Primzahlen mit jeder dieser letzten Ziffern; vergleiche [2, Bd. 1, S. 137]).

Verwendung findet das Sieb des Eratosthenes auch in Abschnitt 4.6 auf Seite 207.

[4] Eine ähnliche Grafik gab es auf `http://mathforum.org/`, aber die Seite gibt es nicht mehr. Wir haben ein SageMath-Programm geschrieben, um die Tabelle selbst zu erzeugen.

[5] Grafik von `CT2 Kryptotutorien ▷ Die Welt der Primzahlen ▷ Verteilung der Primzahlen ▷ Ulam-Spirale`

[6] Grafik erstellt unter Verwendung des Codes von `https://wiki.sagemath.org/interact/number_theory`, allerdings leicht abgewandelt.

[7] Quelle Grafik: `https://upload.wikimedia.org/wikipedia/commons/0/0b/Sieve_of_Eratosthenes_animation.svg`, hochgeladen von Sebastian Koppehel.

[8] - Mit dem Zahlentheorie-Lernprogramm **ZT** können Sie für beliebige eigene Wertemengen das Sieb des Eratosthenes geführt Schritt für Schritt anwenden: Siehe ZT-Lern-Kapitel 1.2, Seite 6/21 und 7/21. ZT finden Sie via `CT1 Einzelverfahren ▷ Zahlentheorie interaktiv ▷ Lernprogramm für Zahlentheorie`. Siehe Anhang A.6.
- Eine Visualisierung dieses Verfahrens ist auch in `CT2 Kryptotutorien ▷ Die Welt der Primzahlen` enthalten.

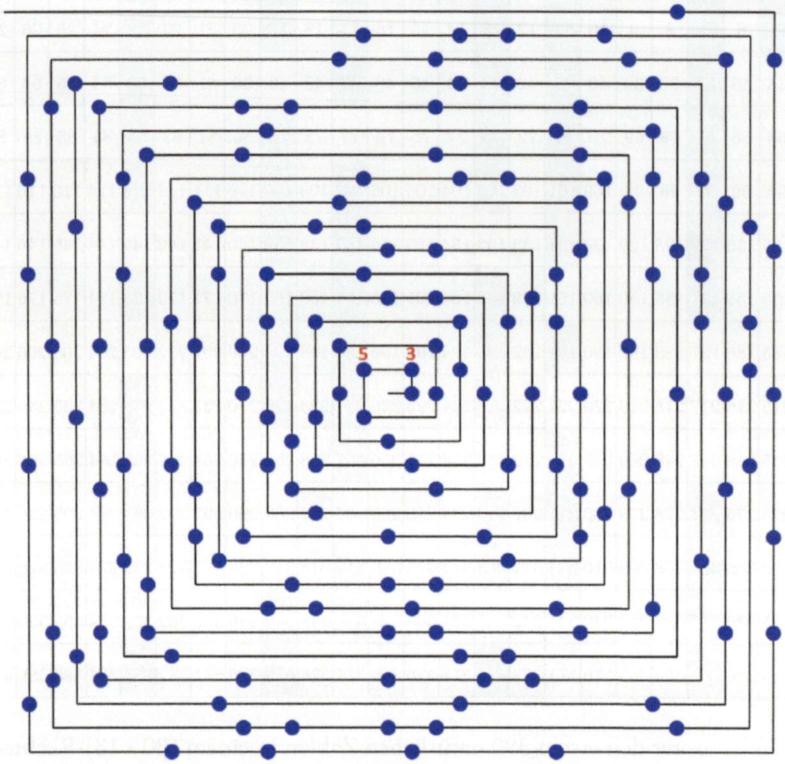

Abb. 4.2: Primzahlen unter den ersten 999 natürlichen Zahlen in einem (33 · 33)-Rechteck – als Ulam-Spirale[5]

4.4 Wie viele Primzahlen gibt es? (Satz von Euklid)

Für die natürlichen Zahlen sind die Primzahlen vergleichbar mit den Elementen in der Chemie oder den Elementarteilchen in der Physik (vgl. [3, S. 22]) als den Grundbausteinen. Während es nur 92 natürliche chemische Elemente gibt, ist die Anzahl der Primzahlen unbegrenzt.

Das wussten schon die Griechen: Der Satz über die Unendlichkeit der Primzahlen wird bereits in Euklids *Elementen* (Buch IX, Satz 20) formuliert und bewiesen. Euklid war ein griechischer Mathematiker und lebte im 4./3. Jahrhundert vor Christus. Er wirkte an der Akademie in Alexandria und verfasste mit den *Elementen* das bekannteste systematische Lehrbuch der griechischen Mathematik.

Die üblich gewordene Benennung des nun folgenden Satzes nach Euklid bedeutet nicht unbedingt, dass Euklid der Entdecker des Satzes ist, da der wirkliche Entdecker nicht bekannt ist. Die dortige Formulierung ist insofern bemerkenswert, als sie das Wort „unendlich" nicht verwendet; sie lautet:

Οἱ πρῶτοι ἀριθμοὶ πλείους εἰσὶ παντὸς τοῦ προτεθέντος πλήθ ους πρώτων ἀριθμῶν

In der deutschen Übersetzung der *Elemente* durch Clemens Thaer [4] wird der Satz so formuliert:

Es gibt mehr Primzahlen als jede vorgelegte Anzahl von Primzahlen.

Zum Vergleich die Formulierung aus der Internet-Ausgabe der *Elemente* in der Sammlung „Opera Platonis" von Rudolf Haller[9]: *Die Anzahl der Primzahlen ist größer als jede Zahl, die vorgelegt wird.*

[9] http://opera-platonis.de/euklid/Buch9.pdf

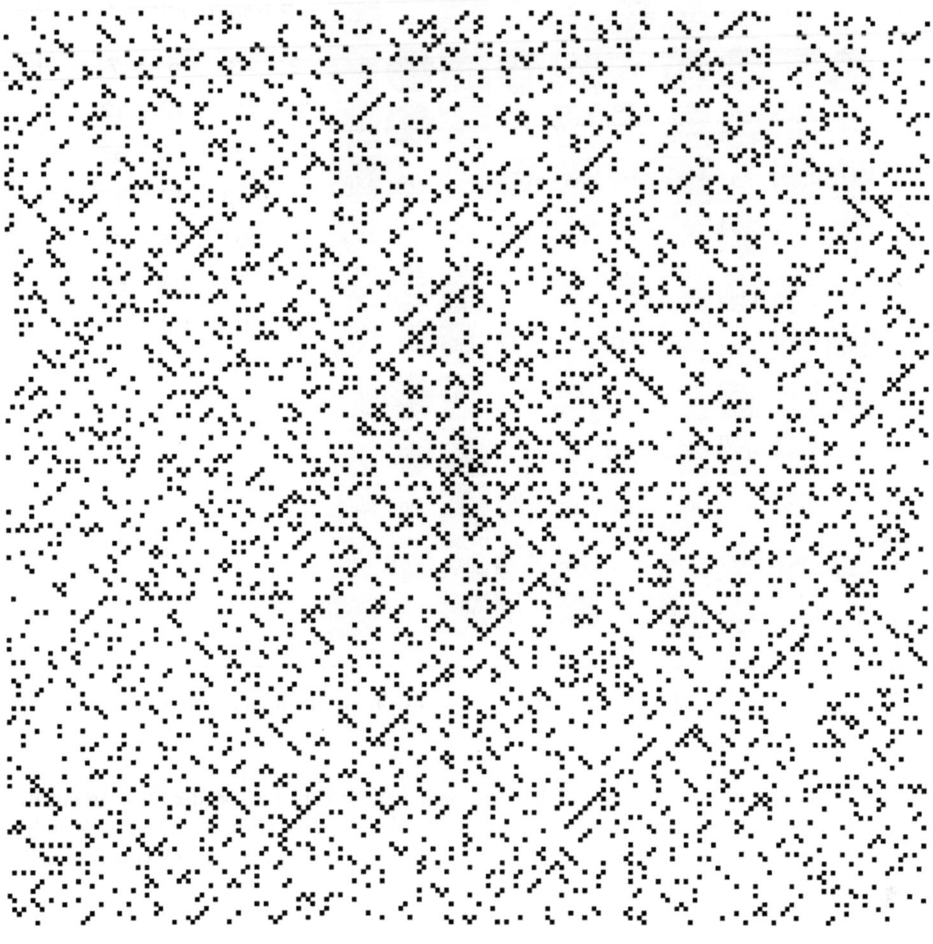

Abb. 4.3: Primzahlen unter den ersten 40 000 natürlichen Zahlen in einem (200 · 200)-Rechteck– als Ulam-Spirale[6]

Oder etwas weniger wortwörtlich übersetzt – historisch also nicht ganz korrekt (siehe dazu die Bemerkungen nach dem gleich folgenden Beweis zu Satz 4.4.1).

Satz 4.4.1 (Euklid, Element IX, Prop. 20). *Die Folge der Primzahlen bricht nicht ab, es gibt also unendlich viele Primzahlen.*

Beim Originalbeweis in den *Elementen* wird exemplarisch eine dreielementige Menge von Primzahlen betrachtet; die Beweisidee überträgt sich aber unmittelbar auf beliebige endliche Mengen. Im folgenden Beweis wird zwar die Sprache der heutigen Mathematik benutzt, die Beweisidee folgt aber dem Original.

Beweis nach Euklid
Es soll gezeigt werden, dass es außerhalb einer beliebigen endlichen Menge $M = \{p_1, \ldots, p_n\}$ von Primzahlen stets weitere Primzahlen gibt. Dazu bildet man das Produkt $P_M = \prod_{i=1}^{n} p_i$ aller Primzahlen aus M und addiert 1 dazu. Für die so erhaltene Zahl $E_M = P_M + 1$ gilt $E_M \geq \max(M) + 1 > \max(M) > 1$, und somit ist E_M entweder selbst prim oder durch mindestens eine Primzahl q teilbar. Im ersten Fall ist $q = E_M$ eine Primzahl, die wegen $q > \max(M)$

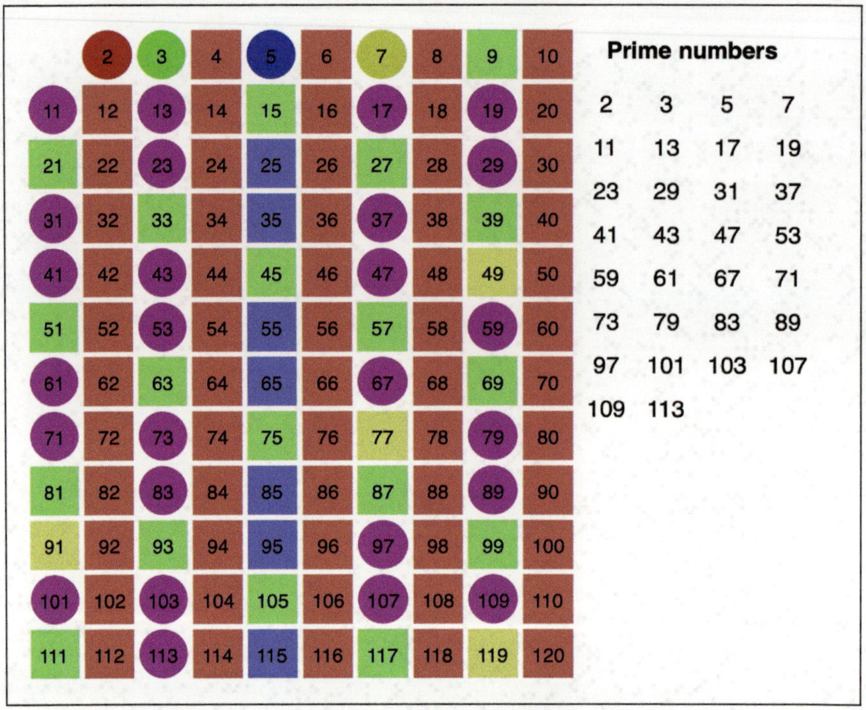

Abb. 4.4: Das Sieb des Eratosthenes angewandt auf die ersten 120 Zahlen[7]

nicht zu M gehören kann. Für den zweiten Fall beachte man, dass die Zahl E_M bei der Division mit Rest durch jede der Primzahlen $p_i \in M$ stets den Rest 1 lässt und somit durch keine dieser Primzahlen teilbar ist; folglich kann kein Primteiler von E_M zur Menge M gehören.[10] In beiden Fällen gibt es somit mindestens eine weitere Primzahl q außerhalb der Menge M. □

Bemerkungen:

1. In der moderneren Literatur wird der Satz meist als „Unendlichkeit der Primzahlmenge“ formuliert; im euklidischen Text ist von Unendlichkeit keine Rede. Der Satz wird oft indirekt bewiesen, indem aus der Annahme, dass es nur endlich viele Primzahlen $\{p_1, \ldots, p_n\}$ gebe, mit der obigen Argumentation der Widerspruch hergeleitet wird, dass es Primzahlen außerhalb dieser Menge geben muss.

   Dieser indirekte Beweis findet sich bereits in der ersten Auflage der klassischen „Vorlesungen über Zahlentheorie“ von Dirichlet und Dedekind.[11] Der in dem Zusammenhang vielfach – auch in Werken namhafter Autoren – entstehende Eindruck, dass Euklid seinen Beweis so geführt habe, ist historisch nicht korrekt.

2. Eine sehr ausführliche Zusammenstellung enthält der Artikel *Prime Simplicity* von Michael Hardy und Catherine Woodgold [5]. Darin findet sich der Verweis auf das Buch *Mathematics and Logic* von Mark Kac und Stanislaw Ulam, in dem unten auf S. 3 nach der Präsentation des indirekten Beweises zu lesen ist: „This remarkably simple and elegant result of Euclid's is one of the first known proofs by contradiction.“[12]

---

[10] An dieser Stelle wird im euklidischen Beweis indirekt argumentiert, indem aus der Annahme $q = p_i \in M$ mit den Teilbarkeitsaussagen $q|E_M$ und $p_i|P_M$ sowie mit $E_M - P_M = 1$ die – absurde – Teilbarkeit $q|1$ gefolgert wird. Dieser indirekte Beweis, mit dem sich allgemeiner die Teilerfremdheit von benachbarten Zahlen ergibt, ist insofern überflüssig, weil für benachbarte Zahlen der euklidische Algorithmus bereits im ersten Schritt mit dem Rest 1 terminiert und somit die Teilerfremdheit nach Satz 1 aus dem euklidischen Element VII gilt (siehe z. B. die Internet-Ausgabe der *Elemente* in der Sammlung „Opera Platonis“ von Rudolf Haller, `http://opera-platonis.de/euklid/Buch7.pdf`). Der dort für diesen Satz VII.1 ausgeführte Beweis ist allerdings ebenfalls indirekt.

[11] `https://gdz.sub.uni-goettingen.de/download/pdf/PPN30976923X/PPN30976923X.pdf`

[12] `https://archive.org/details/mathematicslogic0000kacm/page/3/mode/1up?q=remarkably`

3. Der Beweis ist zwar prinzipiell konstruktiv, aber mit den derzeit verfügbaren Mitteln liefert er kein praktikables Verfahren zur Gewinnung beliebig großer Primzahlen, weil wegen der Schwierigkeit der Faktorisierung großer zusammengesetzter Zahlen ohne „kleine" Teiler oft kein einziger Primteiler der Zahlen E_M mit vertretbarem Aufwand bestimmt werden kann.

4. Für Nichtmathematiker scheint es eventuell nicht sehr einleuchtend zu sein, dass aus der Tatsache, dass man zu einer gegebenen endlichen Menge von Primzahlen immer Primzahlen außerhalb dieser Menge finden kann, **nicht automatisch** folgt, dass es unendlich viele Primzahlen gibt. Vertiefen kann man das mittels der *Peano-Axiome*, dem *Induktionsprinzip* und den *Prädikatenlogiken* verschiedener Stufen.

4.5 Die Suche nach sehr großen Primzahlen

Die größten heute bekannten Primzahlen haben mehrere Millionen Stellen.[13] Das ist unvorstellbar groß. Die Anzahl der Elementarteilchen im Universum wird auf eine *nur* 80-stellige Dezimalzahl geschätzt (siehe Übersicht in Anhang 4.13 über verschiedene Größenordnungen / Dimensionen).

4.5.1 Die 20+ größten bekannten Primzahlen (Stand Oktober 2024)

In Tabelle 4.1 auf der nächsten Seite sind die größten derzeit bekannten Primzahlen und eine Beschreibung des jeweiligen Zahlentyps aufgeführt.[14,15]

In den Top 10 gibt es selten größere Veränderungen. Bspw. blieben ab April 2022 die ersten 10 Ränge ein Jahr lang immer dieselben. Und seitdem kamen im Mai 2023 und Oktober 2023 zwei Neuzugänge auf Platz 7 und 8 hinzu. In 2022 waren in den Top10 nur Mersenne-Zahlen und verallgemeinerte Mersenne-Zahlen, nun kam mit den „verallgemeinerten einzigartigen Primzahlen" (Englisch: generalized unique primes) das erstemal seit langem ein weiterer Zahlentyp hinzu.

Rang	Definition	Dezimalstellen	Wann	Beschreibung
1	$2^{136\,279\,841}-1$	41 024 320	2024	Mersenne, 52. bekannte
2	$2^{82\,589\,933}-1$	24 862 048	2018	Mersenne, 51. bekannte
3	$2^{77\,232\,917}-1$	23 249 425	2018	Mersenne, 50. bekannte
4	$2^{74\,207\,281}-1$	22 338 618	2016	Mersenne, 49. bekannte
5	$2^{57\,885\,161}-1$	17 425 170	2013	Mersenne, M-48
6	$2^{43\,112\,609}-1$	12 978 189	2008	Mersenne, M-47
7	$2^{42\,643\,801}-1$	12 837 064	2009	Mersenne, M-46
8	$516\,693^{2\,097\,152}-516\,693^{1\,048\,576}+1$	11 981 518	2023	Verallgem. unique[16]
9	$465\,859^{2\,097\,152}-465\,859^{1\,048\,576}+1$	11 981 518	2023	Verallgem. unique

... Fortsetzung nächste Seite ...

[13] Via `CT1 Einzelverfahren ▷ Zahlentheorie interaktiv ▷ Mersenne-Zahlen berechnen` können Sie alle Stellen einer solch großen Zahl sehr schnell berechnen.

[14] Jeweils aktuelle Fassungen solcher Tabellen finden sich im Internet unter `https://t5k.org/primes/search.php?Number=1000`, unter `https://t5k.org/mersenne/index.html`, und unter `https://www.mersenne.org/primes/`.

[15] Info zu den Benennungen in der Spalte „Beschreibung" von Tabelle 4.1: Reine Mersenne-Zahlen haben eine Basis von 2 und einen Exponenten n; reine Fermat-Zahlen haben eine Basis von 2 und einen Exponenten, der selbst eine Potenz von 2 ist. Verallgemeinerungen fügen der Potenz einen Faktor k hinzu oder ändern die Basis b.
Fermat-Zahl: $f(n) = 2^{2^n} + 1$; Verallgemeinerte Fermat: $f(b, n) = b^{2^n} + 1$ (mit $b > 1, b \in \mathbb{N}$)
Mersenne-Zahl: $f(n) = 2^n - 1$; Verallgemeinerte Mersenne: $f(k, b, n) = k \cdot b^n \pm 1$ (mit $b \neq 2, k \neq 1, k, b \in \mathbb{N}$)

	Definition	Dezimalstellen	Wann	Beschreibung
10	$2^{37\,156\,667}-1$	11 185 272	2008	Mersenne, M-45
11	$2^{32\,582\,657}-1$	9 808 358	2006	Mersenne, M-44
12	$10\,223\cdot 2^{31\,172\,165}+1$	9 383 761	2016	Verallgem. Mersenne[17]
13	$2^{30\,402\,457}-1$	9 152 052	2005	Mersenne, M-43
14	$2^{25\,964\,951}-1$	7 816 230	2005	Mersenne, M-42
15	$2^{24\,036\,583}-1$	7 235 733	2004	Mersenne, M-41
16	$1\,963\,736^{1\,048\,576}+1$	6 598 776	2022	Verallgem. Fermat
17	$1\,951\,734^{1\,048\,576}+1$	6 595 985	2022	Verallgem. Fermat
18	$202\,705\cdot 2^{21\,320\,516}+1$	6 418 121	2021	Verallgem. Mersenne
19	$2^{20\,996\,011}-1$	6 320 430	2003	Mersenne, M-40
20	$1\,059\,094^{1\,048\,576}+1$	6 317 602	2018	Verallgem. Fermat[18]
21	$3\cdot 2^{20\,928\,756}-1$	6 300 184	2023	Verallgem. Mersenne
22	$919\,444^{1\,048\,576}+1$	6 253 210	2017	Verallgem. Fermat
23	$81^{20\,498\,148}+1$	6 170 560	2023	Verallgem. Fermat
24	$7\cdot 2^{20\,267\,500}+1$	6 101 127	2022	Verallgem. Mersenne
25	$4\cdot 5^{8\,431\,178}+1$	5 893 142	2024	Verallgem. Fermat
26	$168\,451\cdot 2^{19\,375\,200}+1$	5 832 522	2017	Verallgem. Mersenne
27	$69\cdot 2^{19\,374\,980}-1$	5 832 452	2022	Verallgem. Mersenne
28	$3\cdot 2^{18\,924\,988}-1$	5 696 990	2022	Verallgem. Mersenne
29	$69\cdot 2^{18\,831\,865}-1$	5 668 959	2021	Verallgem. Mersenne
...				
31	$7\cdot 2^{18\,233\,956}+1$	5 488 969	2020	Verallgem. Mersenne[19]
...				
73	$2^{13\,466\,917}-1$	4 053 946	2001	Mersenne, M-39
...				
78	$19\,249\cdot 2^{13\,018\,586}+1$	3 918 990	2007	Verallgem. Mersenne[20]
...				
254	$2^{6\,972\,593}-1$	2 098 960	1999	Mersenne, M-38
...				
3629	$1\,372\,930^{131\,072}+1$	804 474	2003	Verallgem. Fermat[21]
...				
3669	$342\,673\cdot 2^{2\,639\,439}-1$	794 556	2007	Verallgem. Mersenne

Tab. 4.1: Die 20+ größten Primzahlen und ihr jeweiliger Zahlentyp (Stand Okt. 2024)

Die zeitliche Entwicklung ist in Abb. 4.5 verdeutlicht: Wieviele Dezimalziffern hatte die größte bekannte Primzahl. Bitte die logarithmische vertikale Skala beachten.

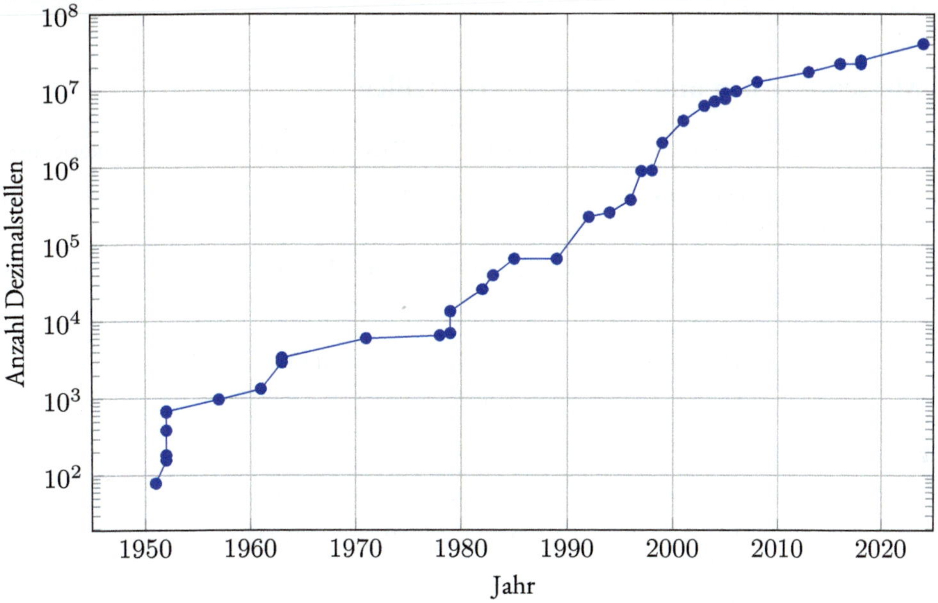

Abb. 4.5: Anzahl Ziffern der größten bekannten Primzahl nach Jahren (Stand Okt. 2024)[22]

---

[16]Verallgemeinerte unique period primes, siehe https://t5k.org/top20/page.php?id=44

[17]Dies ist die größte bisher im SoB-Projekt gefundene Primzahl, womit bewiesen war, dass $k = 10\,223$ keine Sierpinsky-Zahl ist. Sie wurde im Okt. 2016 gefunden. Zum SoB-Projekt siehe Fußnote 20.

[18]Verallgemeinerte Fermat-Zahl: $1\,059\,094^{1\,048\,576} + 1 = 1\,059\,094^{(2^{20})} + 1$

[19]Verallgemeinerte Mersenne-Zahl: Da 18 233 956 keine Zweierpotenz ist, ist es keine Fermat-Zahl.

[20]Diese Zahl wurde am 26.3.2007 im verteilt rechnenden Internet-Projekt *Seventeen or Bust* (SoB) (https://de.wikipedia.org/wiki/Seventeen_or_Bust) gefunden. Anders als das bekannte GIMPS-Projekt (Abschnitt 4.5.2), das immer größere der unendlich vielen Primzahlen aufspürt, könnte SoB aber irgendwann die gesetzte Aufgabe vollständig erledigt haben.
Das SoB-Projekt versucht rechnerisch zu beweisen, dass die Zahl $k = 78\,557$ die kleinste Sierpinski-Zahl ist (John Selfridge bewies 1962, dass 78 557 eine Sierpinski-Zahl ist).
Der berühmte polnische Mathematiker Waclaw Sierpiński (1882 bis 1969) hatte im Jahre 1960 nachgewiesen, dass es unendlich viele ungerade natürliche Zahlen k gibt, die folgende Eigenschaft erfüllen: Für jede Sierpinski-Zahl k gilt: Sämtliche Zahlen $N = k \cdot 2^n + 1$ sind für alle natürlichen $n \geq 1$ **zusammengesetzte** Zahlen (Sierpinski's Composite Number Theorem, https://mathworld.wolfram.com/SierpinskisCompositeNumberTheorem.html).
Am Projektanfang im Jahre 2002 gab es noch 17 mögliche Kandidaten < 78557 (daher der Name des Projekts *Seventeen or Bust*): 4847, 5359, 10 223, 19 249, 21 181, 22 699, 24 737, 27 653, 28 433, 33 661, 44 131, 46 157, 54 767, 55 459, 65 567, 67 607, 69 109. Es reicht, wenn man ein einziges Gegenbeispiel findet, um einen Kandidaten k auszuschließen, also ein einziges $n \geq 1$ zu finden, so dass $N = k \cdot 2^n + 1$ prim ist. Dass bei dieser Suche sehr große Primzahlen gefunden werden, ist eigentlich nur ein Nebenprodukt der Aufgabenstellung.
Seit Mitte April 2016 ist der SoB-Server nicht mehr erreichbar. Ab 2010 ging PrimeGrid (https://www.primegrid.com/) eine Partnerschaft mit Seventeen or Bust ein. Nach dem Ende des ursprünglichen SoB-Projekts im Jahr 2016 führt PrimeGrid zwei Internet-Projekte (das Prime-Sierpinski-Problem PSP und das erweiterte Sierpinski-Problem ESP), mit denen auch für das ursprüngliche Sierpinski-Problem eine Lösung gefunden werden könnte. Bis Ende Oktober 2016 hatten PrimeGrid und SoB zwölf dieser 17 Kandidaten eliminiert. Das Projekt könnte jetzt die Bezeichnung „Five or Bust" haben, aber der ursprüngliche Name wird aus Konsistenzgründen beibehalten. Die fünf restlichen Kandidaten für k sind: 21 181, 22 699, 24 737, 55 459 und 67 607 (Stand Mai 2022). Das hat sich seit Okt. 2016 nicht verändert. Was sich änderte ist die gewaltige Anzahl n, für die der Ausdruck $N = k \cdot 2^n + 1$ für jedes der fünf k auf Primalität geprüft wurde.

[21]Verallgemeinerte Fermatzahl: $1\,372\,930^{131\,072} + 1 = 1\,372\,930^{(2^{17})} + 1$

[22]Eigene Grafik, erstellt mit Daten von (ursprünglich) Chris Caldwell, https://t5k.org/notes/by_year.html.

Die größte, momentan bekannte Primzahl ist eine Mersenne-Primzahl (siehe Abschnitt 4.5.2). Diese wurde vom GIMPS-Projekt gefunden. Unter den größten bekannten Primzahlen befinden sich außerdem Zahlen vom Typ verallgemeinerte Mersennezahl (siehe Abschnitt 4.7.3), vom Typ verallgemeinerte Fermatzahl (siehe Abschnitt 4.7.6) und vom Typ „verallgemeinerte einzigartige Primzahl".

4.5.2 Mersennezahlen und Mersenne-Primzahlen

Mersennezahlen[23] haben die Form $f(n) = 2^n - 1$ mit $n \in \mathbb{N}$. Diese werden oft auch mit $\boldsymbol{M_n}$ bezeichnet.

In Binärdarstellung besteht eine Mersennezahl nur aus Einsen. $M_2 = 3$ oder binär 11. $M_3 = 7$ oder 111. $M_4 = 15$ oder 1111. $M_5 = 31$ oder 11111.

Nahezu alle der größten bekannten Primzahlen sind spezielle Kandidaten der Form $2^p - 1$, wobei der Exponent p eine Primzahl ist. Aber auch Mersennezahlen dieser Form sind nicht alle prim:[24]

M_2 :	$2^2 - 1 = 3$	$\Rightarrow$ prim
M_3 :	$2^3 - 1 = 7$	$\Rightarrow$ prim
M_5 :	$2^5 - 1 = 31$	$\Rightarrow$ prim
M_7 :	$2^7 - 1 = 127$	$\Rightarrow$ prim
M_{11} :	$2^{11} - 1 = 2047 = 23 \cdot 89$	$\Rightarrow$ NICHT prim !
M_{13} :	$2^{13} - 1 = 8191$	$\Rightarrow$ prim !

Dass Mersennezahlen mit primen Exponenten nicht immer Primzahlen sind, wusste auch schon Mersenne (siehe Exponent $p = 11$). Eine Mersennezahl, die prim ist, wird **Mersenne-Primzahl** genannt. Die Mersenne-Primzahlen werden danach bezeichnet, die wievielte dieser Primzahlen es ist: So ist $M_5 = 31$ gleich M-3, also die dritte Mersenne-Primzahl, während bspw. $M_{13} = 8191$ gleich M-5 ist (siehe Tabelle 4.2 auf Seite 204).

Ein grundlegendes Theorem über Mersenne-Zahlen besagt, dass eine Zahl der Form $2^n - 1$ keine Primzahl sein kann, wenn n eine zusammengesetzte Zahl ist (dieser Satz ist nicht von Mersenne, sondern von Fermat – laut [6, S. 130, Theorem 4.2]) (eine andere Quelle sagte, der Satz sei von Pietro Cataldi aus dem Jahre 1603):

Satz 4.5.1. *Wenn $2^n - 1$ eine Primzahl ist, dann folgt, n ist ebenfalls eine Primzahl (oder anders formuliert: $2^n - 1$ ist nur dann prim, wenn n prim ist).*

Beweis durch Widerspruch
Der Beweis dieses Satzes kann durch Widerspruch durchgeführt werden. Wir nehmen also an, dass es eine zusammengesetzte natürliche Zahl n mit echter Zerlegung $n = n_1 \cdot n_2$ gibt, mit der Eigenschaft, dass $M_n = 2^n - 1$ eine Primzahl ist.

Verkürzt geschrieben, lautet der Satz:

$$[\ M_n \text{ ist eine Primzahl} \Rightarrow n \text{ ist prim}\ ]$$

Daher lautet unsere Annahme für den Widerspruchsbeweis:

$$[\ n \text{ ist zusammengesetzt } \textbf{und } M_n \text{ ist eine Primzahl}\ ]$$

[23] Marin Mersenne, französischer Priester und Mathematiker, 08.09.1588–01.09.1648.

[24] Auf der SageMath-Konsole lässt sich das leicht prüfen:

```
sage: n=11; x=2^n-1; x; is_prime(x)
2047
False
```

Wegen

$$\begin{aligned}(x^r-1)((x^r)^{s-1}+(x^r)^{s-2}+\cdots+x^r+1) &= ((x^r)^s+(x^r)^{s-1}+(x^r)^{s-2}+\cdots+x^r)\\ &\quad -((x^r)^{s-1}+(x^r)^{s-2}+\cdots+x^r+1)\\ &= (x^r)^s-1=x^{rs}-1,\end{aligned}$$

folgt

$$2^{n_1n_2}-1=(2^{n_1}-1)((2^{n_1})^{n_2-1}+(2^{n_1})^{n_2-2}+\cdots+2^{n_1}+1).$$

Da 2^n-1 eine Primzahl ist, muss einer der obigen beiden Faktoren auf der rechte Seite gleich 1 sein. Dies kann nur dann der Fall sein, wenn $n_1=1$ oder $n_2=1$ ist. Dies ist aber ein Widerspruch zu unserer Annahme. Deshalb ist unsere Annahme falsch. Also gibt es keine zusammengesetzte Zahl n, so dass 2^n-1 eine Primzahl ist. □

Beweis (alternativ als direkter Beweis)
Statt des Widerspruchsbeweises kann man den Beweis auch als direkten Beweis formulieren:

Wenn $n=k\cdot m$ mit $k,m>1$ ist, liefert Einsetzen von 2^k in die Polynomfaktorisierung

$$X^m-1=(X-1)\cdot\sum_{j=0}^{m-1}X^j$$

die Zerlegung

$$M_{km}=2^{km}-1=\left(2^k\right)^m-1=(2^k-1)\cdot\sum_{j=0}^{m-1}\left(2^k\right)^j.$$

Der erste Faktor ist M_k, und wegen $k>1$ gilt $M_k>1$, und der zweite Faktor besteht nur aus positiven Summanden und enthält $2^k>1$; somit ist M_{km} zusammengesetzt und durch M_k sowie auch (nach Rollentausch) durch M_m teilbar. □

Anmerkung:
Die folgenden zwei Aussagen sind äquivalent, weil aus $A\Rightarrow B$ folgt $\neg B\Rightarrow\neg A$:

$$[M_n \text{ ist eine Primzahl} \Rightarrow n \text{ ist prim}] \equiv [n \text{ ist zusammengesetzt} \Rightarrow M_n \text{ ist keine Primzahl}]$$

Leider gilt Satz 4.5.1 nur in einer Richtung (die Umkehrung gilt nicht, keine Äquivalenz): Das heißt, dass es prime Exponenten gibt, für die die zugehörige Mersennezahl **nicht** prim ist (siehe das obige Beispiel $2^{11}-1$, wo 11 prim ist, aber $2^{11}-1$ nicht).

Mersenne behauptete, dass $2^{67}-1$ eine Primzahl ist. Auch zu dieser Behauptung gibt es eine interessante mathematische Historie: Zuerst dauerte es über 200 Jahre, bis Edouard Lucas (1842-1891) bewies, dass diese Zahl zusammengesetzt ist. Er argumentierte aber indirekt und kannte keinen der Faktoren. 1903 zeigte Cole[25], aus welchen Faktoren diese Mersennezahl besteht:

$$2^{67}-1=147\,573\,952\,589\,676\,412\,927=193\,707\,721\cdot 761\,838\,257\,287$$

Cole gestand später, dass er an Sonntagen über einen Zeitraum von 20 Jahren[26] an der **Faktorisierung** (Zerlegung in ein Produkt aus Primfaktoren)[27] dieser 21-stelligen Dezimalzahl gearbeitet habe.

[25] Frank Nelson Cole, amerikanischer Mathematiker, 20.09.1861–26.05.1926.

[26] Das Zitat „drei Jahre aus Sonntagen" (englisch „three years of Sundays") nach Gridgeman [7] bedeutet, dass er über zwanzig Jahre aber nur an Sonntagen daran arbeitete: Bei 52 Sonntagen im Jahr ergeben sich 1040 Sonntage in 20 Jahren; das sind ungefähr $3*365$ Tage, von denen jeder ein Sonntag ist.

[27] Faktorisierungs-Algorithmen finden Sie in CTO, CT2 und CT1.
- In CTO im Plugin „Msieve-Faktorisierung": `https://www.cryptool.org/de/cto/msieve`
- In `CT2 Startcenter ▷ Vorlagen ▷ Mathematisch ▷ Faktorisierung mit Quadratischem Sieb (QS)`.
- Über `CT1 Einzelverfahren ▷ RSA-Kryptosystem ▷ Faktorisieren einer Zahl` können Sie Zahlen faktorisieren. In sinnvoller Zeit zerlegt CT1 mit dem Quadratischen Sieb (QS) auf einem Einzel-PC Zahlen bis 250 Bit Länge.

Dadurch, dass man bei den Exponenten der Mersennezahlen nicht alle natürlichen Zahlen verwendet, sondern nur die Primzahlen, engt man den *Versuchsraum* deutlich ein. Die derzeit bekannten 52 Mersenne-Primzahlen gibt es für die in Tabelle 4.2 gelisteten **Exponenten.**[28]

1:	2	**14:**	607	**27:**	44 497	**40:**	20 996 011
2:	3	**15:**	1279	**28:**	86 243	**41:**	24 036 583
3:	5	**16:**	2203	**29:**	110 503	**42:**	25 964 951
4:	7	**17:**	2281	**30:**	132 049	**43:**	30 402 457
5:	13	**18:**	3217	**31:**	216 091	**44:**	32 582 657
6:	17	**19:**	4253	**32:**	756 839	**45:**	37 156 667
7:	19	**20:**	4423	**33:**	859 433	**46:**	42 643 801
8:	31	**21:**	9689	**34:**	1 257 787	**47:**	43 112 609
9:	61	**22:**	9941	**35:**	1 398 269	**48:**	57 885 161
10:	89	**23:**	11 213	**36:**	2 976 221	**49:**	74 207 281
11:	107	**24:**	19 937	**37:**	3 021 377	**50:**	77 232 917
12:	127	**25:**	21 701	**38:**	6 972 593	**51:**	82 589 933
13:	521	**26:**	23 207	**39:**	13 466 917	**52:**	136 279 841

Tab. 4.2: Die Exponenten der derzeit bekannten Mersenne-Primzahlen

Die 19. gefundene Zahl (mit dem Exponenten 4253) war die erste mit mindestens 1000 Stellen im Zehnersystem (der Mathematiker Samual Yates prägte dafür den Ausdruck *titanische* Primzahl; sie wurde 1961 von Hurwitz gefunden); die 27. Zahl mit dem Exponenten 44 497 war die erste mit mindestens 10 000 Stellen im Zehnersystem (Yates prägte dafür den Ausdruck *gigantische* Primzahl. Diese Bezeichnungen sind heute längst veraltet).

Für die ersten 48 Mersenne-Primzahlen weiß man inzwischen, dass diese Liste vollständig ist. Die Exponenten bis zur 52. bekannten Mersenne-Primzahl sind noch nicht vollständig geprüft.[29]

Stand 23. Okt. 2024 wurden alle primen Exponenten kleiner als 69 369 389 getestet und nochmal geprüft[30]: Somit können wir sicher sein, dass M-48 wirklich die 48. Mersenne-Primzahl ist und dass keine kleineren unentdeckten Mersenne-Primzahlen existieren (es ist üblich, die Bezeichnung M-nn erst dann zu verwenden, wenn die nn-te „bekannte" Mersenne-Primzahl auch bewiesenermaßen die nn-te Mersenne-Primzahl ist).

Hier einige Beispiele mit ein paar mehr Details:

M-37 – Januar 1998

Die 37. Mersenne-Primzahl, genannt M-37,

$$2^{3\,021\,377} - 1$$

hat 909 526 Stellen im Zehnersystem, was 33 Seiten in einer Tageszeitung entspricht!

- Die aktuellen Faktorisierungsrekorde finden Sie in Abschnitt 5.12.4.
- Einzelne Faktorisierungs-Algorithmen wie Bill Harts Quadratisches Sieb und Paul Zimmermanns GMP-ECM sind auch in SageMath implementiert: `https://doc.sagemath.org/html/en/thematic_tutorials/explicit_methods_in_number_theory/integer_factorization.html`.

[28] Landon Curt Noll listet in einer Tabelle alle bekannten Mersenne-Primzahlen samt Entdeckungsdatum und Wert in Zahlen- und Wortform auf: `http://www.isthe.com/chongo/tech/math/prime/mersenne.html`.

[29] Den aktuellen Status der Prüfung findet man auf der Seite: `https://www.mersenne.org/primenet/`.
Hinweise, wie man Zahlen auf ihre Primalität prüfen kann, finden sich auch in Abschnitt 4.6 auf Seite 207, „Primzahltests".

[30] Siehe die Homepage des GIMPS-Projekts: `https://www.mersenne.org/report_milestones`

M-38 – Juni 1999

Die 38. Mersenne-Primzahl, genannt M-38,

$$2^{6\,972\,593} - 1$$

hat 2 098 960 Stellen im Zehnersystem (das entspricht rund 77 Seiten in einer Tageszeitung).

M-39 – Dezember 2001

Die 39. Mersenne-Primzahl, genannt M-39,

$$2^{13\,466\,917} - 1$$

wurde am 6.12.2001 bekanntgegeben: Genau genommen war am 6.12.2001 die Verifikation der am 14.11.2001 von dem kanadischen Studenten Michael Cameron gefundenen Primzahl abgeschlossen. Diese Zahl hat rund 4 Millionen Dezimalstellen (genau 4 053 946 Stellen). Allein zu ihrer Darstellung

$$924947738006701322247758 \cdots 1130073855470256259071$$

bräuchte man in einer Tageszeitung knapp 200 Seiten.

GIMPS

Das GIMPS-Projekt (Great Internet Mersenne-Prime Search) wurde 1996 von George Woltman gegründet, um neue größte Mersenne-Primzahlen zu finden (`https://www.mersenne.org`). Genauere Erläuterungen zu diesem Zahlentyp finden sich in den Abschnitten Mersennezahlen und Mersenne-Primzahlen.

Bisher hat das GIMPS-Projekt 18 größte Mersenne-Primzahlen entdeckt, inklusive der größten bekannten Primzahl überhaupt. Tabelle 4.3 enthält diese Mersenne Rekord-Primzahlen.[31,32]

Richard Crandall erfand den Transformations-Algorithmus, der im GIMPS-Programm benutzt wird. George Woltman implementierte Crandall's Algorithmus in Maschinensprache, wodurch das Primzahlenprogramm eine vorher nicht da gewesene Effizienz erhielt.

Am 1. Juni 2003 wurde dem GIMPS-Server eine Zahl gemeldet, die evtl. die 40. Mersenne-Primzahl sein konnte. Diese wurde dann wie üblich überprüft, bevor sie veröffentlich werden sollte. Leider musste der Initiator und GIMPS-Projektleiter George Woltman Mitte Juni melden, dass diese Zahl zusammengesetzt war (dies war die erste falsche positive Rückmeldung eines Clients an den Server in 7 Jahren). Seit Ende 2020 werden neue Verfahren verwendet, die die zweite Überprüfung überflüssig machen.

Am GIMPS-Projekt beteiligen sich Stand Mai 2023 rund 250 000 Freiwillige (Amateure und Experten), die ihre Rechner in das ursprünglich von der Firma Entropia organisierte *PrimeNet* einbinden.

Auf `https://www.mersenne.org/primes/` findet sich auch eine eindrucksvolle Grafik, die die Größe der Exponenten abhängig vom Jahr der Entdeckung aufträgt, die wir hier mit TikZ[33] nachgezeichnet haben, siehe Abb. 4.6.

[31] Eine up-to-date gehaltene Version dieser Tabelle steht im Internet unter `https://www.mersenne.org/history.htm`.

[32] Bei jedem neuen Rekord, der gemeldet wird, beginnen in den einschlägigen Foren die immer gleichen, oft ironischen Diskussionen: Hat diese Forschung einen tieferen Sinn? Lassen sich diese Ergebnisse für irgendwas verwenden? Die Antwort ist, dass das noch unklar ist. Aber gerade das ist bei Grundlagenforschung normal, dass man nicht sofort sieht, ob und wie es die Menschheit voranbringt.

[33] `https://www.ctan.org/pkg/pgf`

[34] Eigene Grafik, erstellt mit Daten von `https://www.mersenne.org/primes/`.

	Definition	Dezimalstellen	Wann	Wer
1	$2^{136\,279\,841}-1$	41 024 320	12. Okt. 2024	Luke Durant
2	$2^{82\,589\,933}-1$	24 862 048	07. Dez. 2018	Patrick Laroche
3	$2^{77\,232\,917}-1$	23 249 425	26. Dez. 2017	Jonathan Pace
4	$2^{74\,207\,281}-1$	22 338 618	07. Jan. 2016	Curtis Cooper
5	$2^{57\,885\,161}-1$	17 425 170	25. Jan. 2013	Curtis Cooper
6	$2^{43\,112\,609}-1$	12 978 189	23. Aug. 2008	Edson Smith
7	$2^{42\,643\,801}-1$	12 837 064	12. Apr. 2009	Odd Magnar Strindmo
8	$2^{37\,156\,667}-1$	11 185 272	06. Sep. 2008	Hans-Michael Elvenich
9	$2^{32\,582\,657}-1$	9 808 358	04. Sep. 2006	Curtis Cooper/Steven Boone
10	$2^{30\,402\,457}-1$	9 152 052	15. Dez. 2005	Curtis Cooper/Steven Boone
11	$2^{25\,964\,951}-1$	7 816 230	18. Feb. 2005	Martin Nowak
12	$2^{24\,036\,583}-1$	7 235 733	15. Mai 2004	Josh Findley
13	$2^{20\,996\,011}-1$	6 320 430	17. Nov. 2003	Michael Shafer
14	$2^{13\,466\,917}-1$	4 053 946	14. Nov. 2001	Michael Cameron
15	$2^{6\,972\,593}-1$	2 098 960	01. Juni 1999	Nayan Hajratwala
16	$2^{3\,021\,377}-1$	909 526	27. Jan. 1998	Roland Clarkson
17	$2^{2\,976\,221}-1$	895 932	24. Aug. 1997	Gordon Spence
18	$2^{1\,398\,269}-1$	420 921	13. Nov. 1996	Joel Armengaud

Tab. 4.3: Die 18 größten vom GIMPS-Projekt gefundenen Primzahlen (Stand Okt. 2024)

4.5.3 Wettbewerb der Electronic Frontier Foundation (EFF)

Angefacht wird diese Suche noch zusätzlich durch einen Wettbewerb, den die Nonprofit-Organisation EFF (Electronic Frontier Foundation) mit den Mitteln eines unbekannten Spenders gestartet hat. Den Teilnehmern winken Gewinne im Gesamtwert von 500 000 USD, wenn sie die längste Primzahl finden. Dabei sucht der unbekannte Spender nicht nach dem schnellsten Rechner, sondern er will auf die Möglichkeiten des *cooperative networking* aufmerksam machen: `https://www.eff.org/awards/coop`

Der Entdecker von M-38 erhielt für die Entdeckung der ersten Primzahl mit über 1 Million Dezimalstellen von der EFF eine Prämie von 50 000 USD.

Für die 100 000 USD für eine Primzahl mit mehr als 10 Millionen Dezimalstellen hat sich Edson Smith qualifiziert, der im GIMPS-Projekt $2^{43\,112\,609}-1$ fand.

Nach den Preisregeln der EFF sind dann als nächste Stufe 150 000 US-Dollar für eine Primzahl mit mehr als 100 Millionen Stellen ausgelobt.

Edouard Lucas (1842-1891) hielt über 70 Jahre den Rekord der größten bekannten Primzahl, indem er nachwies, dass $2^{127}-1$ prim ist. So lange wird wohl kein neuer Rekord mehr Bestand haben.

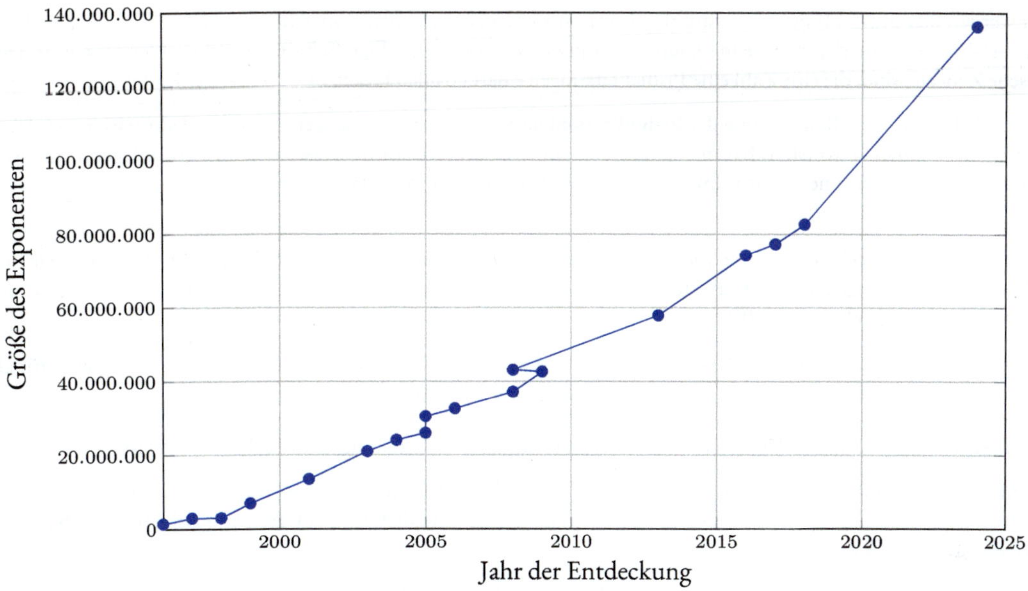

Abb. 4.6: Exponent der 18 größten Mersenne-Primzahlen abhängig vom Entdeckungsjahr (Stand Okt. 2024)[34]

4.6 Primzahltests[35,36]

Für die Anwendung sicherer Verschlüsselungsverfahren wie RSA braucht man sehr große Primzahlen (die aber immer noch viel kleiner sind als die der in Abschnitt 4.5.1 vorgestellten Primzahl-Rekorde). Diese Primzahlen liegen bei RSA-4096 im Bereich 2^{2048} und haben im Zehnersystem über 600 Stellen.

Zur Generierung solcher Primzahlen werden zufällige Zahlen betrachtet und dann wird untersucht, ob diese prim sind oder nicht. Wenn sogar schon der kleinste Primfaktor riesig ist, würde es viel zu lange dauern, die Kandidaten zu faktorisieren.[37]

Anstelle der Faktorisierung gibt es sehr schnelle, heuristische Verfahren (siehe Abschnitt 1.10), mit denen man die Primalität einer Zahl testen kann. Solch schnelle Algorithmen, die möglichst zuverlässig sagen sollen, ob eine Zahl eine Primzahl ist, sind bspw. der Fermatsche Primzahltest, Solovay-Strassen-Test, Miller-Rabin-Test und Baillie-PSW-Test. Da diese Algorithmen nicht perfekt (und probabilistisch) sind, werden die Tests auch von (einigen wenigen) Zahlen passiert, die keine Primzahlen sind – sogenannten **Pseudoprimzahlen**.

---

[35] Ein didaktisch aufbereiteter Artikel zu den verschiedenen Primzahltests mit Schwerpunkt auf dem Miller-Rabin-Test findet sich in der Artikelserie *RSA & Co. in der Schule: Moderne Kryptologie, alte Mathematik, raffinierte Protokolle*. Siehe NF Teil 5 [8].

[36] - Über `CT1 Einzelverfahren ▷ RSA-Kryptosystem ▷ Primzahltest` können die ff. Tests aufgerufen werden: Miller-Rabin, Fermat, Solovay-Strassen und AKS. Die ersten drei sind probabilistisch.
- In dem Zahlentheorie-Lernprogramm **ZT** können Sie den Fermat-Test und den Miller-Rabin-Test geführt Schritt für Schritt anwenden: Siehe darin die NT-Lern-Kapitel 3.2 und 3.3, Seiten 3-11/11. ZT können Sie aufrufen via `CT1 Einzelverfahren ▷ Zahlentheorie interaktiv ▷ Lernprogramm für Zahlentheorie`. Siehe auch Anhang A.6.
- Unter `CT2 Vorlagen ▷ Mathematisch ▷ Primzahltest` werden ein Brute-Force-Test mit kleinen Primfaktoren und der Miller-Rabin-Test ausgeführt.
- In `CT2 Kryptotutorien ▷ Die Welt der Primzahlen ▷ Primzahltests` werden die ff. Verfahren visualisiert und ihre Einzelschritte nachvollzogen: Sieb des Eratosthenes, Miller-Rabin-Test und Sieb des Atkin.

[37] Die Zerlegung in Faktoren mittels systematischer Teilung (brute-force, Probedivision) oder mit dem Sieb des Eratosthenes ist mit heutigen Computern gut anwendbar für Zahlen mit bis zu circa 20 Stellen im Zehnersystem. Die größte Zahl, die in einem mehrmonatigen Unterfangen mit spezialisierten Methoden bisher in ihre beiden annähernd gleich großen Primfaktoren zerlegt werden konnte, hat 250 Dezimalstellen (vgl. Abschnitt 5.12.4 auf Seite 314).

Wir werden hier in Abschnitt 4.6 bis auf den Lucas- und den Fermatschen Primzahltest nicht auf die verschiedenen Testverfahren eingehen[38], aber die in diesem Zusammenhang wichtigste Eigenschaft von Primzahlen zeigen und was „falsche Zeugen“ sind, die eine Zahl eine Primalitäts-Eigenschaft erfüllen lassen, obwohl die Zahl zusammengesetzt ist.

Offensichtlich kann die Bestimmung der **Primalitäts-Eigenschaft** nicht schwieriger sein als die **Faktorisierung**: Wenn man weiß, wie man faktorisiert, hat man einen Test auf Primalität. Es ist überraschend und grundlegend für einige asymmetrische Algorithmen, dass Primalitätstests so viel einfacher sind als das Faktorisieren.[39]

Lucas-Test Der nach der Probedivision am leichtesten zu verstehende deterministische Test für die Primalität einer Zahl $n \in \mathbb{N}$ ist, zu zeigen, dass alle „Reste“ von 1 bis $n-1$ zu n teilerfremd sind. Das leistet der „$(n-1)$-Test“ von Lucas (siehe Ribenboim [10, S. 40]):

Wenn man eine Testbasis a hat, so dass $a^{n-1} \equiv 1 \pmod{n}$ gilt („Fermat-Bedingung“, siehe Satz 4.6.1), aber für alle kleineren Exponenten e mit $0 < e < n-1$ diese Kongruenz *nicht* gilt, dann ist n prim.

Dazu genügt es, für alle Primteiler $q|(n-1)$ zu zeigen, dass $a^{\frac{n-1}{q}}$ nicht kongruent zu $1 \pmod{n}$ ist.

Deshalb ist dieser Test nur brauchbar, wenn man $n-1$ vollständig faktorisieren kann, was mit den derzeit verfügbaren Algorithmen für Zahlen bis etwa 70 Dezimalstellen in kurzer Zeit möglich ist; das wären also Zahlen, die sich in einer Textzeile schreiben lassen.

Es gibt eine Variante (siehe Ribenboim [10, S. 43]), die mit einer partiellen Faktorisierung $n-1 = f \cdot r$ auskommt, wobei der Faktor f vollständig faktorisiert ist und größer als der nicht faktorisierte Restfaktor r ist. Die vollständige oder partielle Faktorisierung ist bei Zahlen von kryptografisch interessanter Größe natürlich nicht mehr in akzeptabler Zeit zu leisten. Oder anders ausgedrückt: Die kryptografisch verwendeten Zahlen wie RSA-Module werden genau so gewählt, dass sie nicht mehr in akzeptabler Zeit zu faktorisieren sind.

4.6.1 Spezielle Eigenschaften von Primzahlen für Tests / Kleiner Fermat (FLT)

Dieser Abschnitt ist ein gutes Beispiel für die Anwendung mathematischer Logik.

Fermat stellte im Jahr 1640 einen wichtigen Satz auf: Der (kleine) Fermatsche Satz (siehe auch Abschnitt 5.8.3) ist der Ausgangspunkt vieler schneller Primzahltests. In der englischen Literatur wird er oft als „FLT“ (Fermat's little theorem) abgekürzt.

Satz 4.6.1 („kleiner“ Fermat). *Sei p eine Primzahl und a eine beliebige ganze Zahl, dann gilt für alle a:*

$$a^p \equiv a \bmod p$$

Eine alternative Formulierung[40] lautet: *Sei p eine Primzahl und a eine beliebige ganze Zahl, die kein Vielfaches von p ist (also $a \not\equiv 0 \bmod p$ oder $ggT(a,p) \neq p$), dann gilt:*

$$a^{p-1} \equiv 1 \bmod p$$

Wer mit dem Rechnen mit Resten (Modulo-Rechnung) nicht so vertraut ist, möge den Satz einfach so hinnehmen oder erst Kapitel 5 auf Seite 269 „Einführung in die elementare Zahlentheorie mit Beispielen“ lesen. Wichtig ist, dass aus diesem Satz folgt, dass wenn diese Kongruenz („Gleichheit“) für irgendein ganzes a **nicht** erfüllt ist, dann ist p keine Primzahl. Darauf beruhende Tests lassen sich leicht mit der *Testbasis* $a = 2$ durchführen.

---

[38] Näheres zu Primzahltests findet man bspw. in `https://de.wikipedia.org/wiki/Primzahltest` oder sehr verständlich in [9]. Diese Verfahren beantworten nur die Primalitäts-Eigenschaft einer Zahl, können aber nicht die Primfaktoren zusammengesetzter Zahlen bestimmen. Kleine Implementierungen dazu finden sich auch in den mitgelieferten Python- und SageMath-Programmen.

[39] Abschnitt 12.4 auf Seite 729 geht auf den aktuellen Stand des Faktorisierens ein.

[40] Lehrbücher wie [11, S. 214, Kap. 8.2.3] oder [12, S. 42ff, Section 6] beweisen meist die alternative Formulierung.

Einstieg Fermat-Test Da Zahlen, die diese Kongruenz erfüllen, obwohl sie keine Primzahlen sind, sehr viel seltener sind als Primzahlen, und weil die modulare Exponentiation, also die Berechnung von $a^{n-1} \mod n$, auch bei relativ großen Zahlen effizient ist, ist der kleine Satz von Fermat (FLT) prinzipiell als Grundlage für Primzahltests geeignet.[41]

Leider gilt die Umkehrung der Aussage des Fermatschen Satzes nicht (die Umkehrung wäre: Aus der Kongruenz folgt die Primalität), sonst hätte man einen einfachen Beweis für die Primzahleigenschaft (man sagt auch, man hätte dann ein einfaches Primzahlkriterium).

Aber mit dem FLT hat man ein Kriterium für Nicht-Primzahlen, also einen **negativen Test** (Ausschlusskriterium bei Nichterfüllung der Kongruenz), aber noch keinen Beweis, dass die Zahl p prim ist. Mit anderen Worten: Der Fermat-Test ist „erfolgreich", wenn die Kongruenz **nicht** erfüllt ist: Dann ist die zu testende Zahl **nicht** prim. Ein Zeuge bezeugt, dass der Test erfolgreich ist, also **keine** Primzahl vorliegt.

Dazu benutzt man die logisch äquivalente Aussage des Satzes von Fermat (FLT). Diese äquivalente Aussage wird hier für beide alternativen Formulierungen des FLT angegeben:

$$[a^p \not\equiv a \mod p \;\Rightarrow\; p \text{ nicht prim}]$$

$$\text{oder}$$

$$[(\text{a kein Vielfaches von p} \;\land\; a^{p-1} \not\equiv 1 \mod p) \Rightarrow p \text{ nicht prim}]$$

Wenn ein a existiert, bei dem die Kongruenz aus dem Satz 4.6.1 **nicht** erfüllt ist, sagt man, dass $\boldsymbol{a}$ ein **Fermat-Zeuge** (englisch Fermat witness) für das Zusammengesetztsein von n ist. Zeugen können uns also sehr schnell bestätigen, dass eine Zahl n **keine** Primzahl ist.

Beispiel für Fermat-Zeugen (Zeuge für das Zusammengesetztsein von n) Mit $n = 9$ und $a = 2$ ergibt sich:

$$a^{n-1} = 2^{9-1} = 2^8 = 256 = 28 \cdot 9 + 4 \equiv 4 \neq 1 \mod 9$$

Damit gilt: $n = 9$ ist nicht prim und a ist eine Zeugen-Basis (Fermat-Zeuge) dafür, dass n zusammengesetzt ist.

Man kann auch sagen, das Erfüllen der Kongruenz $a^p \equiv a \mod p$ für eine gegebene Zahl a ist eine notwendige, aber keine hinreichende Bedingung dafür, dass die Zahl p prim ist.

Beispiel für Fermat-Lügner Mit $n = 221$ und $a = 38$ ergibt sich: $a^{n-1} = 38^{220} \equiv 1 \mod 221$
Weil die Kongruenz erfüllt ist, wissen wir nicht, ob n prim oder zusammengesetzt ist, aber wir wissen: Entweder ist n prim oder a ist eine Lügen-Basis, d. h. a ist ein Fermat-Lügner. Da $n = 221 = 13 \cdot 17$ zusammengesetzt ist, ist $a = 38$ ein Fermat-Lügner.

Beispiel für Fermat-Zeugen (für das Zusammengesetztsein von n) Da n keine Carmichael-Zahl ist (siehe Abschnitt 4.6.2.2) können wir für $n = 221$ auch einen Fermat-Zeugen a als Basis finden. Die Basis $a = 24$ ist ein Zeuge für die Zusammengesetztheit von $n = 221$: $a^{n-1} = 24^{220} = 81 \neq 1 \mod 221$.

4.6.2 Pseudoprimzahlen und andere primzahlverwandte Zahlen

Es gibt eine ganze Reihe von Begriffen für „primzahlverwandte" Zahlen: fastprim, semiprim, quasiprim, (stark) pseudoprim (bezogen auf eine Basis a – manchmal heißt sie auch b); zudem noch eingedeutscht von *probable primes* die sog. PRP-Zahlen, nicht zu verwechseln mit den *provable primes*. Vor allem – aber nicht nur – im Internet werden diese Begriffe nicht einheitlich verwendet. [13, S. 1] Das CrypTool-Buch hält sich an die folgenden Definitionen:

[41] Diese **Kongruenz** (Erfüllung einer Gleichung modulo einer Zahl) lässt sich viel schneller berechnen als die Faktorisierung.

- fastprim:
  „Es sei $k \geq 1$ und $r \leq k$. Eine natürliche Zahl der Form $p_1 p_2 \cdots p_r$, wobei $p_1, p_2, \ldots, p_r$ Primzahlen sind (nicht notwendigerweise verschieden), heißt eine *k-Fastprimzahl.*“ [10, S. 221] Manchmal auch „Fastprimzahl k-ter Ordnung“ genannt.

  Bemerkung: Einige Autoren, z. B. [14], verwenden „fastprim“ so, wie wir „stark pseudoprim“ (s.u.) definieren.

- semiprim:
  Diesen Begriff gibt es offenbar nur im Englischen als *semiprime* oder auch *biprime*[42]. Bei Ribenboim [10] findet sich der Begriff nicht explizit, denn es handelt sich um den Spezialfall der 2-Fastprimzahlen: Semiprime oder auch halbprime Zahlen sind das Produkt von genau zwei (nicht notwendig verschiedenen) Primzahlen. Hierunter fallen zum Beispiel die RSA-Moduli, die das Produkt zweier verschiedener ungerader Primzahlen sind.

- quasiprim (probable prime) oder PRP-Zahl:
  „Falls sich herausgestellt hat, dass eine Zahl n mit hoher Wahrscheinlichkeit eine Primzahl ist, soll sie als ‚Quasiprimzahl‘ (Engl. *probable prime*) bezeichnet werden.“ [10, S. 114] Wikipedia verwendet hierfür den Begriff „PRP-Zahl“.[43]

  Eine Quasiprimzahl kann also eine Primzahl sein, muss aber nicht. Eine gute Erklärung findet sich auch beim NIST:

  An integer that is believed to be prime based on a probabilistic primality test. There should be no more than a negligible probability that the so-called probable prime is actually composite.[44]

- pseudoprim zur Basis a:
  Ist eine natürliche Zahl n **keine** Primzahl und erfüllt zugleich die Bedingung $a^{n-1} \equiv 1 \pmod{n}$, so heißt n *pseudoprim* zur Basis a. Ribenboim [10] nennt sie auch a-Pseudoprimzahlen.

- pseudoprim:
  Ribenboim [10] bezeichnet Pseudoprimzahlen zur Basis 2 als Pseudoprimzahlen. Für den Spezialfall $a = 2$ kann man laut ihm also die explizite Angabe der Basis weglassen. Wikipedia fasst den Begriff weiter, siehe *Fermatsche Primzahl* weiter unten.

  Insbesondere sind Pseudoprimzahlen zusammengesetzt und also nicht prim.

- stark pseudoprim:
  Siehe Abschnitt 4.6.2.3.

- Fermatsche Pseudoprimzahl:
  Dieser Begriff findet sich bei Wikipedia[45], welche den Begriff der Pseudoprimzahl[46] weiter fasst als Ribenboim. Die Fermatsche Pseudoprimzahl ist bei Ribenboim [10] die „normale“ Pseudoprimzahl, siehe unten in Abschnitt 4.6.2.1.

- provable prime:
  Nach der Definition des NIST ist das eine natürliche Zahl, die per Konstruktion eine Primzahl ist oder aber deren Primalität durch einen deterministischen Algorithmus nachgewiesen wurde. Ein deutscher Fachbegriff ist uns nicht bekannt.

  An integer that is either constructed to be prime or is demonstrated to be prime using a primality-proving algorithm.[47]

Diese Liste ist nicht vollständig – nicht aufgeführt sind beispielsweise die Euler-Pseudoprimzahlen. Diese findet man in [13], woher auch die Zeichnung 4.7 stammt.

---

42 https://mathworld.wolfram.com/Semiprime.html
43 https://de.wikipedia.org/wiki/PRP-Zahl
44 https://csrc.nist.gov/glossary/term/probable_prime
45 https://de.wikipedia.org/wiki/Fermatsche_Pseudoprimzahl
46 https://de.wikipedia.org/wiki/Pseudoprimzahl#Arten_von_Pseudoprimzahlen
47 https://csrc.nist.gov/glossary/term/provable_prime

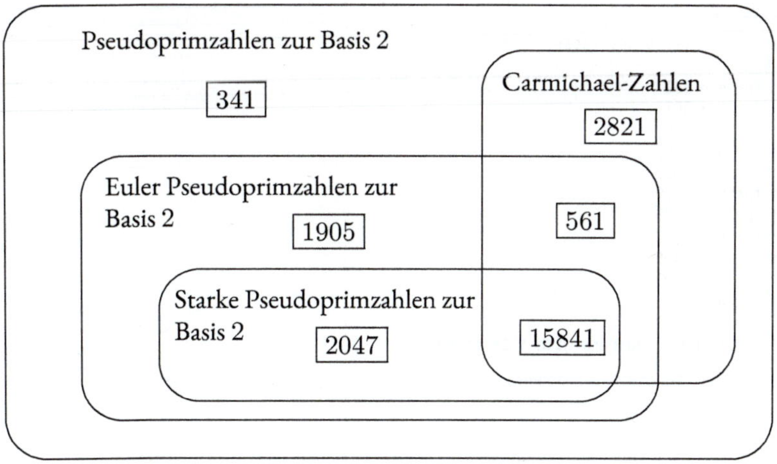

Abb. 4.7: Pseudoprimzahlen (zur Basis 2) (angegeben ist jeweils das kleinste Element) [13]

Eine Pseudoprimzahl ist nicht unbedingt eine Quasiprimzahl (PRP).[48] Eine PRP ist also eine ganze Zahl, die eine gemeinsame Eigenschaft mit allen Primzahlen gemeinsam hat, aber evtl. keine Primzahl ist. Pseudoprimzahlen sind Nicht-Primzahlen, die danach klassifiziert werden, welche Eigenschaft der Primzahlen sie erfüllen. In Anlehnung an diese Eigenschaft werden sie benannt.[49]

Im Folgenden wird auf drei der vier im Bild 4.7 gezeigten Arten von Pseudoprimzahlen genauer eingegangen. **Pseudoprimzahlen** sind Zahlen, die probabilistische Primzahltests erfolgreich passieren können, obwohl sie keine Primzahlen sind.

4.6.2.1 (Fermatsche) Pseudoprimzahlen

Zahlen n, die die Eigenschaft

$$2^n \equiv 2 \mod n$$

erfüllen, aber nicht prim sind, bezeichnet man als *Pseudoprimzahlen* zur Basis 2 (n, das in der Kongruenz als Exponent und als Modulus auftaucht, ist also keine Primzahl). Mit den in Abschnitt 4.6.1 eingeführten Begriffen ist die Basis 2 ein Fermat-Lügner für die Pseudoprimzahl n. Die erste Pseudoprimzahl zur Basis 2 ist

$$341 = 11 \cdot 31$$

In SageMath[50] kann man leicht und super schnell nachprüfen, dass 341 den aus dem Satz 4.6.1 abgeleiteten negativen Test $2^{341} \equiv 2 \mod 341$ erfüllt – siehe SageMath-Beispiel 4.6.1:

SageMath-Beispiel 4.6.1: Finde Nichtprimzahlen, die den Fermat-Test erfüllen

```
# Calculate pseudoprimes for base a = 2 (which pass the Fermat primality test)
# Note: 2.powermod(n,n) is circa 3 times faster than power_mod(2,n,n) cause usage of gmp
sage: %time a=2; uplimit=4000; count=0
....: for n in range(1,uplimit):
....:   if  n not in Primes()  and  a.powermod(n,n) == 2:
....:     print("%d^n mod n == n for n = %d" % (a, n)); count+=1
....: print("Up to n = %d, we found %d numbers with this property." % (uplimit, count))
....:
```

[48] https://en.wikipedia.org/wiki/Probable_prime

[49] https://en.wikipedia.org/wiki/Pseudoprime hat nicht dieselbe Definition wie wir und Ribenboim.

[50] SageMath ist eine freies Computer-Algebra-System (CAS). Vergleiche hierzu die Einführung in Abschnitt A.7 auf Seite 778.

Fortsetzung SageMath-Beispiel 4.6.1

```
CPU times: user 4 µs, sys: 0 ns, total: 4 µs
Wall time: 5.48 µs
2^n mod n == n for n = 341
2^n mod n == n for n = 561
2^n mod n == n for n = 645
2^n mod n == n for n = 1105
2^n mod n == n for n = 1387
2^n mod n == n for n = 1729
2^n mod n == n for n = 1905
2^n mod n == n for n = 2047
2^n mod n == n for n = 2465
2^n mod n == n for n = 2701
2^n mod n == n for n = 2821
2^n mod n == n for n = 3277
Up to n = 4000, we found 12 numbers with this property.
```

Kopfrechnen Die sogenannte Sarrus-Zahl $n = 341 = 11 \cdot 31$ ist die erste Pseudoprimzahl für den Fermat-Test zur Basis 2. Dass diese Zahl der Bedingung $2^{n-1} \equiv 1 \mod n$ genügt, kann man auch ohne Computer und nur mit elementarer modularer Arithmetik einfach nachprüfen. Es gilt: $2^{10} = 1024 = 3 \cdot 341 + 1 \equiv 1 \mod n$. Dies eingesetzt kann man 2^{n-1} im Kopf umformen: $2^{n-1} = 2^{340} = (2^{10})^{34} = 1^{34} \equiv 1 \mod n$.
Ähnlich ist es auch mit der kleinsten Fermat-Pseudoprimzahl $n = 91 = 7 \cdot 13$ zur Basis 3. Es gilt: $3^6 = 729 = 8 \cdot 91 + 1 \equiv 1 \mod 91$. Dies eingesetzt ergibt sich: $3^{n-1} = 3^{90} = 3^{6 \cdot 15} = (3^6)^{15} \equiv 1^{15} = 1 \mod n$.

Hier noch zwei Eigenschaften/Sätze zu Fermatschen Pseudoprimzahlen

1. Zu jeder Basis gibt es unendlich viele Fermatsche Pseudoprimzahlen. [10, S. 94 f]
2. Wenn es zu einer zusammengesetzten Zahl n überhaupt eine Testbasis a mit $a^{n-1} \not\equiv 1 \pmod n$ gibt (eine sogenannte Zeugenbasis), die also n als „nicht prim“ erkennt, dann ist mindestens die Hälfte aller Testbasen ebenfalls Zeugenbasis. Bei einer **zufälligen** Wahl von Testbasen für eine Pseudoprimzahl sollte also eine solche Basis schnell gefunden werden.

Uns ist für diese zweite Eigenschaft kein einfacher Beweis bekannt. Ein Mathematiker würde mithilfe der Gruppentheorie (siehe z. B. [15, S. 39]) wie folgt argumentieren: Die Abbildung $\psi : x \mapsto x^{n-1}$ ist, wenn man nur zu n teilerfremde x zulässt, ein Homomorphismus der multiplikativen Gruppe $G = \mathbb{Z}_n^*$. Ihr Kern ist eine Untergruppe U von G, deren Ordnung k nach dem Satz von Lagrange die Ordnung von G – also $\phi(n)$ – teilt. Alle Elemente im Kern, also in der Untergruppe U, sind die Lügenbasen, denn sie genügen der Fermat-Bedingung (Kongruenz) und täuschen damit Primalität der getesteten zusammengesetzten Zahl vor. Alle anderen „Primrestklassen“ außerhalb des Kerns – wenn es überhaupt solche gibt – sind Zeugenbasen. Gibt es eine Zeugenbasis, dann sind genau $\frac{k}{k-1}$ von allen Elementen in G eine Zeugenbasis und das sind für $k \geq 2$ mindestens 50 %.

Pseudocode für den Fermat-Test

Konnte man eine zu testende Zahl n mithilfe der Basis 2 nicht als zusammengesetzt erkennen, ist der nächste Schritt, mit höheren Basen zu testen. Siehe Krypto-Verfahren 4.6.1.

Krypto-Verfahren 4.6.1: Fermatscher Primzahltest

Input: n (auf Primalität zu testende Zahl mit $n > 3$); k (Anzahl der Schleifen im Test)

Output: „zusammengesetzt“, wenn n nicht prim ist; sonst „wahrscheinlich prim“

for $i = 1$ to k **do**

  Wähle eine zufällige ganze Zahl a aus dem Bereich $[2, n-2]$

  Berechne $z = a^{n-1} \mod n$

  if $z \neq 1$ **then**

Fortsetzung Krypto-Verfahren 4.6.1

return „zusammengesetzt"

return „wahrscheinlich prim" (da „zusammengesetzt" nie zurückgegeben wurde)

Die a-Werte 1 und $n-1$ werden nicht verwendet, da die Gleichheit für alle Werte von $a=n$ bzw. alle ungeraden n gilt, so man ihr Ergebnis schon kennt.

4.6.2.2 Carmichael-Zahlen

Es gibt Pseudoprimzahlen n, die den Fermat-Test

$$a^{n-1} \equiv 1 \mod n$$

mit allen Basen a bestehen, die teilerfremd zu n sind [ggT$(a,n)=1$]. Diese Zahlen heißen *Carmichael-Zahlen*. Im Kontext des oben verwendeten Begriffs „Zeugenbasis" sind das also Nichtprimzahlen, für die es keinen einzigen Zeugen gibt.

Die Menge der zu testenden Potenzen wird also eingeschränkt auf solche, wo a und n teilerfremd sind. D. h. es reicht nicht mehr, für ein n nur willkürlich gewählte a zu testen, sondern alle $a<n$, die teilerfremd zu n sind. Die erste ist

$$561 = 3 \cdot 11 \cdot 17$$

Beispiel: Die zu testende Zahl sei $n=561$.
Da $561 = 3 \cdot 11 \cdot 17$ ist, ergibt sich die Testbedingung $a^{560} \mod 561 = 1$. Diese Kongruenz
- ist erfüllt für $a = 2,4,5,7,8,10,\cdots$,
- aber nicht für $a = 3,6,9,11,12,15,17,18,21,22,\cdots$.

Die Testbedingung muss auch „nicht" erfüllt werden, wenn die Basis ein Vielfaches von 3, von 11 oder von 17 ist. Bspw. ergibt
- der Test angewandt auf $a=3$: $3^{560} \mod 561 = 375$
- der Test angewandt auf $a=5$: $5^{560} \mod 561 = 1$

Mit dem SageMath-Beispiel 4.6.2 kann man alle Carmichael-Zahlen bis zu einer anzugebenden Grenze finden.[51]

SageMath-Beispiel 4.6.2: Finde die Carmichael-Zahlen bis n=10 000 (plus ein paar Zusatzinformationen)

```
print("\n# CHAP04 -- Sage-Script-SAMPLE 070: =========")

# Calculate the Carmichael numbers n (composite numbers with a prime property) up to upper=10000
# Like primes they fulfill the Fermat congruence a^n = a mod n,
# plus: for them the congruence is valid for all a with gcd(a,n)=1
# Remarks:
# - With "for a in range(2, 4000):" a's type is <class 'int'>. Using then
#   "a.powermod(n,n)" causes AttributeError: 'int' object has no attribute 'powermod'
#   Therefore, the range over Sage integers (class Integer) is used.
# - It's good enough to test "a" up to the given "n" (must not always go to "upper")
# - This is a very straightforward implementation. It could be made quicker :-)

verbose = False # if True the coprime bases up to n are listed too
count1=0; count2=0;
upper=10000  # 20,4000,341,561 (up to 4000 are 3449 nonprimes; up to 10000: 8770)
Carm_list=[]
for n in range(3, upper+1, 2):  # a Carmichael number is an odd composite number.
```

[51] Es gibt sehr schnelle Verfahren, einzelne große Carmichael-Zahlen zu konstruieren, aber die uns bekannten Verfahren, die die Liste vollständig erzeugen, sind dagegen relativ langsam. Das SageMath-Beispiel 4.6.3 auf der nächsten Seite (chap04_sample080.sage) ist deutlich schneller als SageMath-Beispiel 4.6.2 (chap04_sample070.sage), aber trotzdem bei größeren Zahlen sehr langsam.

Fortsetzung SageMath-Beispiel 4.6.2

```
    if n not in Primes():
      count2 += 1 # counts how many non-primes n will be considered
      count_gcd = 0; count_pmod = 0
      a_list=[]
      for a in [2..n]:  # for a in [2..upper]:  # for a in [2..7]:
        if gcd(a,n) == 1:
          count_gcd += 1
          if a.powermod(n,n) == a:
            count_pmod += 1
            a_list.append(a)
      if count_gcd>0  and  len(a_list)==count_gcd  and  count_gcd==count_pmod:
        if verbose:
          print("a^n mod n == n for n = %d and all %d a (%s) with gcd(a,n)==1" % (n, count_gcd, a_list));
        else:
          print("a^n mod n == n for n = %d and all %d bases a with gcd(a,n)==1" % (n, count_gcd));
        count1 += 1
        Carm_list.append(n)
  print("How many numbers found with this property:", count1, "[how many nonprimes n considered: %d]" % count2)
  print("List of Carmichael numbers found up to %d: %s" % (upper, Carm_list))
  #------------------------------------
  # CHAP04 -- Sage-Script-SAMPLE 070: =========
  # a^n mod n == n for n = 561 and all 319 bases a with gcd(a,n)==1
  # a^n mod n == n for n = 1105 and all 767 bases a with gcd(a,n)==1
  # a^n mod n == n for n = 1729 and all 1295 bases a with gcd(a,n)==1
  # a^n mod n == n for n = 2465 and all 1791 bases a with gcd(a,n)==1
  # a^n mod n == n for n = 2821 and all 2159 bases a with gcd(a,n)==1
  # a^n mod n == n for n = 6601 and all 5279 bases a with gcd(a,n)==1
  # a^n mod n == n for n = 8911 and all 7127 bases a with gcd(a,n)==1
  # How many numbers found with this property: 7 [how many nonprimes n considered: 3771]
  # Found Carmichael numbers up to 10000: [561, 1105, 1729, 2465, 2821, 6601, 8911]
```

SageMath-Beispiel 4.6.3: Finde alle Carmichael-Zahlen bis n=100 000

```
print("\n# CHAP04 -- Sage-Script-SAMPLE 080: =========")

# Calculate the Carmichael numbers n (composite numbers with a prime property)
# Remarks:
# - This script (sample 08) is much faster, but less explicit than sample 07.
# - Slightly modified [in Primes()" instead of "is_prime(n)"] the pure Python 3 script from
#   https://stackoverflow.com/questions/58944035/printing-carmichael-numbers-in-a-given-limit

from math import gcd
upper = 100_000  # 30000

def is_carmichael(n):  # now expects only odd numbers >= 3 !
    if n in Primes():
        return False
    for a in range(3, n, 2):  # Why not start with a=2 and why handle only odd bases?
        if gcd(a, n) == 1:
            if pow(a, n-1, n) != 1:
                return False
    return True

def print_carmichael(maximum):
    for n in range(3, maximum+1, 2):  # consider only odd numbers >= 3
        if is_carmichael(n):
            print(n)

print_carmichael(upper)

#------------------------------------
# CHAP04 -- Sage-Script-SAMPLE 080: =========
# 561
# 1105
# 1729
# 2465
# 2821
# 6601
```

Fortsetzung SageMath-Beispiel 4.6.3

```
# 8911
# 10585
# 15841
# 29341
# 41041
# 46657
# 52633
# 62745
# 63973
# 75361
```

Für einige zusammengesetzte Zahlen ist es schwierig, mit dem Fermat-Test einen „Zeugen" zu finden. Bei den Carmichael-Zahlen schlägt der Fermat-Test sogar immer fehl, denn jede zu einer gegebenen Carmichael-Zahl teilerfremde Basis ist eine „Lügenbasis". Beachte: Die „Lügner" sind nicht die Carmichael-Zahlen, sondern die Testbasen.

Wenn es für eine ungerade zusammengesetzte Zahl n überhaupt „Zeugenbasen" gibt, wenn also n **keine** Carmichael-Zahl ist, dann gibt es mindestens so viele Zeugenbasen wie Lügenbasen (und im Allgemeinen deutlich mehr). Bei **zufällig** gewählten Testbasen ist also das Risiko, bei einer Nicht-Carmichael-Zahl auf eine Lügenbasis zu treffen, höchstens $1/2$ (und im Allgemeinen deutlich kleiner). Zum Grund dafür siehe Ende Abschnitt 4.6.2.1.

Die ersten 17 Carmichael-Zahlen sind 561, 1105, 1729, 2465, 2821, 6601, 8911, 10 585, 15 841, 29 341, 41 041, 46 657, 52 633, 62 745, 63 973, 75 361 und 101 101. Danach beginnen sie schnell „dünner" zu werden.

Es gibt 20 138 200 $\approx 2 \cdot 10^7$ Carmichael-Zahlen zwischen 1 und 10^{21}. Das entspricht ungefähr einer Zahl unter 50 Billionen ($50 \cdot 10^{12}$) Zahlen. [16] Zum Vergleich: Zwischen 1 und 10^{21} gibt es $\pi(10^{21}) \approx 2{,}1 \cdot 10^{19}$ Primzahlen.

Dieser Vergleich zeigt sehr deutlich, wie klein der Anteil der Carmichael-Zahlen gegenüber den Primzahlen ist; der Fermat-Test ist bei genügend großen Zahlen also viel besser als sein Ruf.

Die größte derzeit bekannte Carmichael-Zahl hat fast $300 \cdot 10^9$ Ziffern. [17] Diese Zahl ist viel größer als die größte derzeit bekannte Primzahl mit 41 024 320, also weniger als $42 \cdot 10^6$, Dezimalstellen (siehe Tabelle 4.1).

1992 bewiesen Pomerance, Alford und Granville, dass es unendlich viele Carmichael-Zahlen gibt. [18] Carmichael-Zahlen haben mindestens drei Primfaktoren, davon keinen doppelt. Sie sind also „quadratfrei".[52]

Die Carmichael-Zahlen haben bei OEIS die Folgennummer A002997. Die Seite `https://oeis.org/A002997` enthält zahlreiche Kommentare, Literaturangaben und Programme (u. a. auch ein SageMath-Skript). Die Liste `https://oeis.org/A002997/b002997.txt` enthält die ersten 10 000 Carmichael-Zahlen, das sind alle bis zu $C_{10000} = 1\,713\,045\,574\,801$ ($\approx 1{,}7 \cdot 10^{12}$). Zum Vergleich: Die 10 000-ste Primzahl hat „nur" den Wert 104 729. Aber bis C_{10000} gibt es $\approx 6{,}3 \cdot 10^{10}$ Primzahlen. Dies unterstreicht – wie oben schon gesagt –, wie klein die Anzahl der Carmichael-Zahlen im Vergleich zu den Primzahlen ist – und wie klein daher das Irrtumsrisiko für den Fermat-Test ist.

Feitsma/Galway erstellten eine Website (`http://www.cecm.sfu.ca/Pseudoprimes/index-2-to-64.html`) mit gezippten Listen der Carmichael-Zahlen und ihren Faktoren bis zu $2^{64} = 1{,}84 \cdot 10^{19}$.

[52] Wikipedia (`https://de.wikipedia.org/wiki/Carmichael-Zahl`) hat eine sehr gute Zusammenfassung über Carmichael-Zahlen und ihre Eigenschaften.

4.6.2.3 Starke Pseudoprimzahlen

Ein stärkerer Test stammt von Miller/Rabin[53]: Dieser wird nur von Primzahlen und sogenannten *starken Pseudoprimzahlen* bestanden.

Es sei $n \in \mathbb{N}$ von der Form $n = 1 + 2^s \cdot m$ für eine ungerade natürliche Zahl m und $s \in \mathbb{N}$. Dann heißt n **starke Pseudoprimzahl zur Basis b**, wenn n selber keine Primzahl ist und Folgendes gilt:

entweder		b^m	$\equiv$	$1 \mod n$
oder	$\exists\, i \in \{0, 1, \ldots, s-1\}$:	$b^{2^i m}$	$\equiv$	$-1 \mod n$

Eine Zahl n heißt **starke Pseudoprimzahl**, wenn eine Basis $b \geq 2$ existiert, so dass n starke Pseudoprimzahl zur Basis b ist. Statt der Bezeichnung *starke Pseudoprimzahl* ist manchmal auch **fastprim** gebräuchlich. Leider wird letzteres im Internet auch für Produkte von zwei Primzahlen verwendet (die man besser als „semiprim" bezeichnet). Man prüfe also im Zweifelsfall die Bedeutung der Begriffe.[54]

Wiederum sind diese starken Pseudoprimzahlen keine Primzahlen, aber das passiert deutlich seltener als bei den (einfachen) Pseudoprimzahlen oder bei den Carmichael-Zahlen. Die kleinste starke Pseudoprimzahl zur Basis 2 ist:[55]

$$2047 = 23 \cdot 89$$

Testet man alle vier Basen 2, 3, 5 und 7, so findet man bis $25 \cdot 10^9$ nur eine starke Pseudoprimzahl, also eine Zahl, die den Test besteht und doch keine Primzahl ist.

Weiterführende Mathematik hinter dem Rabin-Test gibt dann die Wahrscheinlichkeit an, mit der die untersuchte Zahl nicht-prim ist (solche Wahrscheinlichkeiten liegen heutzutage bei circa 10^{-60}).[56]

Bei einer ungeraden zusammengesetzten Zahl $n > 9$ gilt, dass der Anteil der „Lügenbasen" an der Gesamtheit aller Testbasen (Anzahl $\phi(n)$) höchstens $\frac{1}{4}$ ausmacht, d. h. mindestens $\frac{3}{4}$ aller Basen sind „Zeugenbasen".

Oft ist der Anteil der Lügenbasen deutlich kleiner als 25 %; so sind für die kleinste Carmichael-Zahl $n = 561 = 3 \cdot 11 \cdot 17$ nur 10 von $\phi(n) = 320$ Testbasen „Lügner". Es gibt aber auch Fälle, wo die Anzahl der Lügenbasen tatsächlich $\phi(n)/4$ beträgt, z. B. bei der Carmichael-Zahl $n = 8911 = 7 \cdot 19 \cdot 67$.

Der Vollständigkeit halber geben wir noch die Formel für die Anzahl $B_{\text{spsp}}(n)$ der Basen b mit $1 < b < n$ und $\text{ggT}(b, n) = 1$ an, für die die ungerade zerlegbare Zahl n eine starke Pseudoprimzahl zur Basis b ist. Dabei kann „spsp" sowohl für die deutsche Bezeichnung stehen als auch für das englische *strong pseudo prime*:

$$B_{\text{spsp}}(n) = \left(1 + \frac{2^{\omega(n)\nu(n)} - 1}{2^{\omega(n)} - 1}\right) \cdot \left(\prod_{p|n} \text{ggT}(n^*, p^*)\right) - 1$$

mit

- $\omega(n)$ Anzahl der verschiedenen Primfaktoren von n,
- $\nu(n) = \min_{p|n} v_2(p-1)$,

---

[53] 1976 veröffentlichte Michael Rabin einen effizienten probabilistischen Primzahltest, der auf einem zahlentheoretischen Ergebnis von Gary Miller aus der Jahr davor basierte.
Prof. Rabin arbeitete an der Harvard und der Hebrew Universität. Michael Oser Rabin wurde 1931 in Breslau geboren. Seine Familie emigrierte wegen der Nazi-Politik 1935 nach Palästina. Er ist ein weiteres Beispiel dafür, welch immensen intellektuellen Aderlass die Nazi-Rassenpolitik für Deutschland bewirkte.
Prof. Miller arbeitete an der Carnegie-Mellon Universität, School of Computer Science.
In [8] wird die Funktionsweise des Miller-Rabin-Tests anhand eines Python-Programms Schritt für Schritt erklärt. Sehr gut verständlich ist auch das Kapitel „RPT" in [9, S. 116ff].

[54] https://de.wikipedia.org/wiki/Starke_Pseudoprimzahl

[55] https://oeis.org/A001262

[56] https://t5k.org/notes/prp_prob.html

- $v_p(m)$ Exponent von p in der Primfaktorzerlegung von m für $m \in \mathbb{N}$,
- m^* größter ungerader Teiler von $m - 1$.

Diese Formel wurde übernommen aus [10, S. 100]. Ribenboim behandelt in seinem Buch noch andere interessante Details, etwa zur Aussage von oben, dass $\geq 3(n-1)/4$ aller Testbasen für ein zerlegbares $n > 4$ Zeugenbasen sind. Er schreibt dazu auf S. 99, dass diese Aussage von Rabin stammt und „nicht ganz einfach zu beweisen" sei.

Weitere ausführliche Beschreibungen zu Tests, um herauszufinden, ob eine Zahl prim ist, finden sich zum Beispiel auf Webseiten wie `https://t5k.org/mersenne/index.html` oder `https://t5k.org/prove/index.html`.

4.7 Spezial-Zahlentypen und die Suche nach einer Formel für Primzahlen

Derzeit sind keine brauchbaren, offenen, nicht rekursiven, Polynom-artigen Formeln bekannt, die **nur** Primzahlen liefern (rekursiv bedeutet, dass zur Berechnung der Funktion auf dieselbe Funktion in Abhängigkeit einer kleineren Variablen zugegriffen wird). Die Mathematiker wären schon zufrieden, wenn sie – in interessanten Bereichen – eine Formel fänden, die wohl Lücken lässt (also nicht alle Primzahlen liefert), aber sonst keine zusammengesetzten Zahlen (Nicht-Primzahlen) liefert.

Optimal wäre, man würde für das Argument n sofort die n-te Primzahl bekommen, also für $f(8) = 19$ oder für $f(52) = 239$. Ideen dazu werden seriös diskutiert in `https://t5k.org/notes/faq/p_n.html`.

Tabelle 4.14 in Abschnitt 4.12 auf Seite 256 enthält die exakten Werte für die n-ten Primzahlen für ausgewählte n.

Für *Primzahlformeln* werden meist ganz spezielle Zahlentypen benutzt. Die folgende Aufzählung enthält die verbreitetesten Ansätze für Primzahlformeln, und welche Kenntnisse wir über sehr große Folgenglieder haben: Konnte die Primalität bewiesen werden? Wenn es zusammengesetzte Zahlen sind, konnten die Primfaktoren bestimmt werden?

4.7.1 Mersennezahlen $M_n = f(n) = 2^n - 1$ für n prim

Wie in Abschnitt 4.5.2 auf Seite 202 gesehen, liefert diese Formel wohl relativ viele große Primzahlen, aber es kommt (wie für $n = 11$ mit $M_{11} = 2^{11} - 1 = 2047$) immer wieder vor, dass das Ergebnis auch bei primen Exponenten nicht prim ist. Das „immer wieder" sollte allerdings nicht missverstanden werden: Der Anteil der Primzahlen p, die eine prime Mersenne-Zahl M_p liefern, ist verschwindend klein, d. h. die Mersenne-Primzahlen sind unter den Primzahlen super dünn gesät (außer am Anfang). Vergleiche auch Abschnitt 4.8.3 auf Seite 232. Aktuell (Stand Okt. 2024) kennt man alle Mersenne-Primzahlen mit bis zu ca. 17 000 000 Dezimalstellen (M-48).

Es stimmt zwar, dass die derzeit größten bekannten Primzahlen vom Mersenne-Typ sind, aber unter den 100 größten sind die meisten keine Mersenne-Zahlen. Siehe dazu `https://t5k.org/primes/search.php?Number=100` und die Ausführungen und Tabellen in Kapitel 4.5.

Das große Interesse der Mathematiker früherer Epochen an diesen Zahlen kommt von deren Rolle bei der Suche nach **„vollkommenen"** Zahlen, denen in der Zahlenmystik eine besondere Bedeutung zugeschrieben wurde. Vollkommene oder synonym auch perfekte Zahlen z sind definiert als diejenigen natürlichen Zahlen, die gleich der Summe ihrer (positiven) Teiler sind, wobei die 1 mitgezählt wird, die Zahl z selbst aber nicht. Beispielsweise ist $6 = 1 + 2 + 3$ eine vollkommene Zahl.

Nach dem Satz von Euklid-Euler sind alle geraden vollkommenen Zahlen von der Form $2^{n-1} \cdot M_n$, wobei der Mersenne-Faktor $M_n = 2^n - 1$ prim ist. Dabei haben es manche Autoren früherer Zeiten mit der Primalität „nicht so eng" gesehen. Beispielsweise werden in dem Werk „Numerorum mysteria" von Petrus Bungus (ital. Pietro Bongo) [Paris 1618], im Abschnitt über vollkommene Zahlen, die Zahlen $2\,096\,128 = 2^{10} \cdot M_{11}$ und $536\,854\,528 = 2^{14} \cdot M_{15}$ als vollkommen betrachtet, obwohl die Mersenne-Faktoren $M_{11} = 2047 = 23 \cdot 89$ und $M_{15} = 32\,767 = 7 \cdot 31 \cdot 151$ zusammengesetzt sind. Der Rechenaufwand für die erforderliche Probedivision bis zur vierten (7) bzw. bis zur neunten (23) Primzahl wäre wirklich maßvoll gewesen: Die Zahlen sind ungerade; im Dezimalsystem ist Nicht-Teilbarkeit durch

5 sofort an der Endziffer und Nicht-Teilbarkeit durch 3 mittels der Quersumme leicht zu sehen. Die erste wirklich erforderliche Probedivision ist die durch 7, und da kann man sich wegen $1001 = 7 \cdot 11 \cdot 13$ das Leben durch Reduktion modulo 1001 auch erheblich erleichtern: Für $M_{11} = 2047$ ist der Divisionsrest 45, also durch keinen der drei Faktoren 7, 11, 13 teilbar. Bei $M_{15} = 2^{15} - 1 = 32767$ ist der Divisionsrest 735, und die Teilbarkeit durch 7 ist offensichtlich. Bei $M_{11} = 23 \cdot 98$ hätte man also nur noch durch 17 und 19 erfolglos dividieren müssen, um danach den Teiler 23 zu finden.

4.7.2 Verallgemeinerte Mersennezahlen

Verallgemeinerte Mersennezahlen sind Zahlen der Form

$f(2^m)$ für $m \in \mathbb{N}$ und ein Polynom f von kleinem Grad mit kleinen ganzzahligen Koeffizienten.

Falls so eine Zahl eine Primzahl ist, nennt man sie verallgemeinerte Mersenne-Primzahl oder auch Solinas-Primzahl nach dem Autor, der diesen Begriff geprägt hat, siehe [19].

4.7.3 Zahlen der Form $f(k, n) = k \cdot 2^n \pm 1$ für n prime / Proth-Zahlen[57]

Eine erste Verallgemeinerung der Mersenne-Zahlen sind die Proth-Zahlen. Die Proth-Zahlen sind natürliche Zahlen der Form $k \cdot 2^n + 1$ für ein ungerades k mit $2^n > k > 0$. Man kann zeigen ([20]), dass eine Proth-Zahl N eine Primzahl ist, wenn ein $a \in \mathbb{Z}$ existiert mit

$$a^{(N-1)/2} \equiv -1 \pmod N.$$

Praktisch ausführen lässt sich dieser Test zum Beispiel mit der Software Proth20 [21].

4.7.4 Zahlen der Form $f(b, n) = b^n \pm 1$ / Cunningham-Projekt

Diese Zahlen kann man als eine weitere mögliche Verallgemeinerung der Mersennezahlen interpretieren. Im Cunningham-Projekt werden die Faktoren aller zusammengesetzten Zahlen bestimmt, die sich in folgender Weise bilden:

$$f(b, n) = b^n \pm 1 \quad \text{für} \quad b = 2, 3, 5, 6, 7, 10, 11, 12$$

(b ist ungleich der Potenzen von schon benutzten Basen wie 4, 8, 9).

Details hierzu finden sich unter [22].

4.7.5 Fermatzahlen[58] $F_n = f(n) = 2^{2^n} + 1$

Fermat[59] schrieb im 17. Jahrhundert an Mersenne, dass er vermute, dass alle Zahlen der Form

$$f(n) = 2^{2^n} + 1$$

für alle ganzen Zahlen $n \geq 0$ prim seien.

Fermat-Zahlen haben eine besondere Binärdarstellung, nämlich 100 . . . 001, ganz ähnlich wie die Mersenne-Zahlen, die binär immer von der Form 111 . . . 111 sind. Allerdings ist nicht jede Binärzahl der Form 100 . . . 001 eine Fermat-Zahl,

[57] Diese wurden nach dem französischen Landwirt François Proth (1852-1879) benannt. Berühmter noch als die Proth-Zahlen dürfte das eng damit zusammenhängende Sierpinski-Problem sein, nämlich Zahlen k zu finden, so dass $k \cdot 2^n + 1$ zusammengesetzt ist für alle $n > 0$.

[58] Die Fermatschen Primzahlen spielen unter anderem eine Rolle in der Kreisteilung. Wie Gauß bewies, ist das reguläre p-Eck für eine Primzahl $p > 2$ dann und nur dann mit Zirkel und Lineal konstruierbar, wenn p eine Fermatsche Primzahl ist.

[59] Pierre de Fermat, französischer Mathematiker, 17.8.1601 – 12.1.1665.

wohingegen jede Binärzahl der Form 111 . . . 111 sicher eine Mersenne-Zahl ist: Die Binärdarstellung der Fermat-Zahl $2^{2^n} + 1$ hat immer $2^n - 1$ Nullen in der Mitte. Die Zahl 33 (dezimal) wird binär zu 100001 und ist keine Fermat-Zahl.

Fermats Vermutung wurde von Euler schon 1732 widerlegt. Es gilt: $641 | F_5 = f(5)$.[60]

Immerhin sind die ersten 5 Zahlen $F_0 = 3, F_1 = 5, F_2 = 17, F_3 = 257, F_4 = 65537$ alle prim (siehe Tabelle 4.4). Bereits im 19. Jahrhundert wusste man, dass die 39-stellige Zahl

$$F_7 = 2^{2^7} + 1 \qquad (2^7 = 128)$$

keine Primzahl ist. Aber erst 1970 fanden Morrison/Billhart ihre Zerlegung.

$$\begin{aligned} F_7 &= 340\,282\,366\,920\,938\,463\,463\,374\,607\,431\,768\,211\,457 \\ &= 59\,649\,589\,127\,497\,217 \cdot 5\,704\,689\,200\,685\,129\,054\,721 \end{aligned}$$

F_n	Wert	prim?
$F_0 = 2^{2^0} + 1 = 2^1 + 1$	= 3	prim
$F_1 = 2^{2^1} + 1 = 2^2 + 1$	= 5	prim
$F_2 = 2^{2^2} + 1 = 2^4 + 1$	= 17	prim
$F_3 = 2^{2^3} + 1 = 2^8 + 1$	= 257	prim
$F_4 = 2^{2^4} + 1 = 2^{16} + 1$	= 65 537	prim
$F_5 = 2^{2^5} + 1 = 2^{32} + 1$	= 4 294 967 297 = 641 · 6 700 417	NICHT prim !
$F_6 = 2^{2^6} + 1 = 2^{64} + 1$	= 18 446 744 073 709 551 617	
	= 274 177 · 67 280 421 310 721	NICHT prim !
$F_7 = 2^{2^7} + 1 = 2^{128} + 1$	= (siehe Abschnitt 4.7.5 oben)	NICHT prim !

Tab. 4.4: Liste of ersten 8 Fermatzahlen und ihre Faktorisierung

Das Projekt *Distributed Search for Fermat Number Dividers* (`http://www.fermatsearch.org/`) von Leonid Durman findet sowohl neue Fermat-Zahlen als auch neue Primzahl-Riesen.

Beispiel: Am 22. Februar 2003 entdeckte John Cosgrave

- die größte bis dahin bekannte zusammengesetzte Fermatzahl und
- die größte bis dahin bekannte prime nicht-einfache Mersennezahl mit 645 817 Dezimalstellen.

Diese Fermatzahl (für so große n nutzen wir jetzt lieber die Notation $f(n)$ statt F_n)

$$f(2\,145\,351) = 2^{(2^{2\,145\,351})} + 1$$

ist teilbar durch die Primzahl

$$p = 3 \cdot 2^{2\,145\,353} + 1$$

Diese Primzahl p war damals die größte bis dahin bekannte prime verallgemeinerte Mersennezahl und die fünftgrößte damals bekannte Primzahl überhaupt.

$f(18\,233\,954)$ ist die größte Fermat-Zahl, von der mindestens ein Faktor bekannt ist (Stand Aug. 2024).

[60] Erstaunlicherweise kann man mithilfe des Satzes von Fermat den Faktor 641 leicht finden (siehe z. B. [23, S. 176]).

Man vermutet, dass $f(4) = 65\,537$ die letzte (und somit auch die größte) Fermat-Primzahl ist, d. h. alle größeren Fermat-Zahlen zusammengesetzt sind. Stand Juli 2024 weiß man, dass fünf Fermatzahlen prim sind und 325 Fermatzahlen zusammengesetzt. Weitere Details finden sich beispielsweise unter `http://www.prothsearch.com/fermat.html`.[61]

Für Fermat-Zahlen gibt es einen deterministischen Primzahltest, der sehr leicht zu beschreiben ist, nämlich den Pépin-Test, der auch von Ribenboim ([10, S. 71 ff]) behandelt wird.

Die Fermat-Zahl $f(n)$ mit $n \geq 1$ ist dann und nur dann prim, wenn die Kongruenz

$$3^{\frac{f(n)-1}{2}} \equiv -1 \pmod{f(n)}$$

erfüllt ist. Das rekursive Bildungsgesetz

$$f(n+1) = (f(n)-1)^2 + 1 = f(n^2) - 2f(n) + 2$$

zeigt, dass die Zahlen bei jedem Schritt nahezu quadriert und somit die Stellenzahl fast verdoppelt wird; die Folge der Fermat-Zahlen wächst also schnell. Durch dieses schnelle Wachstum stößt man bei der Anwendung des Pépin-Tests bald an die Grenzen des Machbaren.

Übrigens zeigt die obige Rekursionsformel, dass zwei aufeinanderfolgende Fermat-Zahlen teilerfremd sind, denn es gilt $f(n+1) \equiv 2 \pmod{f(n)}$. Betrachtet man die Verallgemeinerung

$$f(n+k) = (f(n)-1)^{2^k} + 1$$

modulo $f(n)$, erhält man allgemein die Kongruenz:

$$f(n+k) \equiv 2 \pmod{f(n)} \text{ für } k \geq 1$$

Weil die Fermat-Zahlen ungerade sind, folgt daraus, dass sogar je zwei verschiedene Fermat-Zahlen teilerfremd sind; sie bilden also eine unendliche Folge von paarweise teilerfremden Zahlen. Daraus hat Christian Goldbach[62] einen schönen Beweis für die Unendlichkeit der Primzahlmenge hergeleitet: Selbst wenn bis auf die ersten fünf Glieder möglicherweise alle weiteren Fermat-Zahlen zusammengesetzt sind, folgt aus der Teilerfremdheit, dass sie paarweise verschiedene Primteiler haben.

Es gibt noch eine andere rekursive Formel, aus der durch Induktion folgt, dass Fermat-Zahlen paarweise teilerfremd sind. Für jedes $n \geq 0$ gilt:

$$f(n+1) = \prod_{j=0}^{n} f(j) + 2$$

bzw. äquivalent

$$f(n+1) - 2 = \prod_{j=0}^{n} f(j),$$

also explizit

$$(*) \qquad 2^{2^{n+1}} - 1 = \prod_{j=0}^{n} \left(2^{2^j} + 1\right).$$

Diese Formel kann man auch durch vollständige Induktion beweisen: Der Induktionsanfang $f(1) = f(0) + 2$ bzw. äquivalent $f(1) - 2 = f(0)$ ist klar durch Inspektion. Setzt man jetzt die Gültigkeit für $n \geq 0$ voraus, so zerlegt man die linke Seite von $(*)$ wie folgt:

$$2^{2^{n+1}} - 1 = \left(2^{2^n}\right)^2 - 1 = \left(2^{2^n} - 1\right) \cdot \left(2^{2^n} + 1\right)$$

Nach Induktionsvoraussetzung ist der linke Faktor das Produkt $\prod_{j=0}^{n-1} \left(2^{2^j} + 1\right)$; der rechte Faktor ist $f(n)$.

[61] Auf dieser Seite führt Wilfrid Keller eine ausführliche aktuelle Liste aller bekannten Fermat-Faktoren und ihrer Entdecker. Es ist bewiesen, dass Teiler einer Fermat-Zahl F_m die folgende einfache Form haben: $k \cdot 2^n + 1$ mit $n > m + 2$.

[62] Siehe auch Abschnitt 4.10.5.

4.7.6 Verallgemeinerte Fermatzahlen[63] $f(b,n)=b^{2^n}+1$

Verallgemeinerte Fermatzahlen kommen häufiger vor als Mersennezahlen gleicher Größe, so dass wahrscheinlich noch viele gefunden werden können, die die großen Lücken zwischen den Mersenne-Primzahlen verkleinern. Fortschritte in der Zahlentheorie haben es ermöglicht, dass Zahlen, deren Repräsentation nicht auf eine Basis von 2 beschränkt ist, nun mit fast der gleichen Geschwindigkeit wie Mersennezahlen getestet werden können.

Das Programm Proth.exe[64] wurde häufig zur Untersuchung verallgemeinerter Fermatzahlen genutzt.

Mit dem ersten Programm fand bspw. Michael Angel am 16. Februar 2003 eine prime verallgemeinerte Fermatzahl mit 628 808 Dezimalstellen, die zum damaligen Zeitpunkt zur fünftgrößten bis dahin bekannten Primzahl wurde:

$$b^{2^{17}}+1=62\,722^{131\,072}+1$$

Weitere Details finden sich unter `https://t5k.org/top20/page.php?id=12`.

4.7.7 Pseudoprimzahlen

Wie in Abschnitt 4.6.2.1 auf Seite 211 erwähnt, sind nicht alle Pseudoprimzahlen prim.

4.7.8 Carmichael-Zahlen

Siehe Abschnitt 4.6.2.2 auf Seite 213.

4.7.9 Starke Pseudoprimzahlen

Siehe Abschnitt 4.6.2.3 auf Seite 216.

4.7.10 Idee aufgrund von Euklids Beweis: $p_1 \cdot p_2 \cdot \ldots \cdot p_n+1$

Diese Idee entstammt Euklids Beweis (siehe Abschnitt 4.4 auf Seite 196), dass es unendlich viele Primzahlen gibt.

$2{\cdot}3+1$	$=7$	$\mapsto$ prim
$2{\cdot}3{\cdot}5+1$	$=31$	$\mapsto$ prim
$2{\cdot}3{\cdot}5{\cdot}7+1$	$=211$	$\mapsto$ prim
$2{\cdot}3{\cdot}\ldots{\cdot}11+1$	$=2311$	$\mapsto$ prim
$2\cdot3\cdot\ldots\cdot13+1$	$=59\cdot509$	$\mapsto$ NICHT prim!
$2\cdot3\cdot\ldots\cdot17+1$	$=19\cdot97\cdot277$	$\mapsto$ NICHT prim!

[63] Hier ist die Basis b nicht notwendigerweise 2. Noch allgemeiner wäre: $f(b,c,n)=b^{c^n}\pm1$

[64] Proth.exe wurde 1998 von Yves Gallot als Single-Thread CPU-Programm erstellt, das vor mehr als 20 Jahren viele Primzahlen-Rekorde fand. Der Nachfolger **genefer** ist eine hochoptimierte GPU-Anwendung, die 2022 geschaffen wurde – siehe `https://github.com/gallo ty/genefer22`.

4.7.11 Wie zuvor, nur −1 statt +1: $p_1 \cdot p_2 \cdot \ldots \cdot p_n - 1$

$2 \cdot 3 - 1$	$= 5$	$\mapsto$ prim
$2 \cdot 3 \cdot 5 - 1$	$= 29$	$\mapsto$ prim
$2 \cdot 3 \cdot \ldots \cdot 7 - 1$	$= 11 \cdot 19$	$\mapsto$ NICHT prim!
$2 \cdot 3 \cdot \ldots \cdot 11 - 1$	$= 2309$	$\mapsto$ prim
$2 \cdot 3 \cdot \ldots \cdot 13 - 1$	$= 30029$	$\mapsto$ prim
$2 \cdot 3 \cdot \ldots \cdot 17 - 1$	$= 61 \cdot 8369$	$\mapsto$ NICHT prim!

4.7.12 Euklidzahlen $e_n = e_0 \cdot e_1 \cdot \ldots \cdot e_{n-1} + 1$ mit $n \geq 1$ und $e_0 := 1$

Die Zahl e_{n-1} ist nicht die $(n-1)$-te Primzahl, sondern die zuvor hier gefundene Zahl. Diese Formel ist leider nicht offen, sondern rekursiv. Die Folge startet mit

$e_1 = 1 + 1$	$= 2$	$\mapsto$ prim
$e_2 = e_1 + 1$	$= 3$	$\mapsto$ prim
$e_3 = e_1 \cdot e_2 + 1$	$= 7$	$\mapsto$ prim
$e_4 = e_1 \cdot e_2 \cdot e_3 + 1$	$= 43$	$\mapsto$ prim
$e_5 = e_1 \cdot \ldots \cdot e_4 + 1$	$= 13 \cdot 139$	$\mapsto$ NICHT prim!
$e_6 = e_1 \cdot \ldots \cdot e_5 + 1$	$= 3\,263\,443$	$\mapsto$ prim
$e_7 = e_1 \cdot \ldots \cdot e_6 + 1$	$= 547 \cdot 607 \cdot 1033 \cdot 31\,051$	$\mapsto$ NICHT prim!
$e_8 = e_1 \cdot \ldots \cdot e_7 + 1$	$= 29\,881 \cdot 67\,003 \cdot 9\,119\,521 \cdot 6\,212\,157\,481$	$\mapsto$ NICHT prim!

Auch $e_9, \ldots, e_{17}$ sind zusammengesetzt, so dass dies auch keine brauchbare Primzahlformel ist.

Bemerkung:
Das Besondere an diesen Zahlen ist, dass sie jeweils paarweise keinen gemeinsamen Teiler außer der 1 haben.[65] Sie sind also *relativ zueinander prim*.

Das SageMath-Beispiel 4.7.1 berechnet die Euklidzahlen mit +1 und −1.

SageMath-Beispiel 4.7.1: Euklidzahlen (mit +1 und -1)

```
print("\n# CHAP04 -- Sage-Script-SAMPLE 015: =========")
print("# Euclid numbers with +1 (and a variant with -1)")

def euclidnumbers(beg, end, variant, startProd):
  EProdn = startProd
  for n in (beg..end):
    En = EProdn + variant
    EProdn = EProdn*En
    B = is_prime(En)
    print(n,En,B);

# Initialization
e1 = 2; En=e1; print(1, En, is_prime(En))
```

[65] Dies kann leicht gezeigt werden mithilfe der Rechenregel für den *größten gemeinsamen Teiler ggT* mit $\text{ggT}(a, b) = \text{ggT}(b - \lfloor b/a \rfloor \cdot a, a)$. Zum ggT siehe Seite 340.
Es gilt für $i < j$: $\text{ggT}(e_i, e_j) \leq \text{ggT}(e_1 \cdot \ldots \cdot e_i \cdot \ldots \cdot e_{j-1}, e_j) = \text{ggT}(e_j - e_1 \cdot \ldots \cdot e_i \cdot \ldots \cdot e_{j-1}, e_1 \cdot \ldots \cdot e_i \cdot \ldots \cdot e_{j-1}) = \text{ggT}(1, e_1 \cdot \ldots \cdot e_i \cdot \ldots \cdot e_{j-1}) = 1$.

Fortsetzung SageMath-Beispiel 4.7.1

```
e2 = 3; En=e2; print(2, En, is_prime(En))
Prod = e1 * e2

print("--Variant with +1:")
euclidnumbers(3,9, +1, Prod) # default calculation of next Euclid number
print("--Variant with -1:")
euclidnumbers(3,9, -1, Prod) # modified calculation with -1

#------------------------------------
# CHAP04 -- Sage-Script-SAMPLE 015: =========
# Euclid numbers with +1 (and a variant with -1
# 1 2 True
# 2 3 True
# --Variant with +1:
# 3 7 True
# 4 43 True
# 5 1807 False
# 6 3263443 True
# 7 10650056950807 False
# 8 113423713055421844361000443 False
# 9 12864938683278671740537145998360961546653259485195807 False
# --Variant with -1:
# 3 5 True
# 4 29 True
# 5 869 False
# 6 756029 False
# 7 571580604869 False
# 8 326704387862983487112029 False
# 9 106735757048926752040856495274871386126283608869 False
```

4.7.13 $f(n)=n^2+n+41$

Diese Folge hat einen *erfolgversprechenden* Anfang, aber das ist noch lange kein Beleg dafür, dass es so weiter geht.

$f(0) = 41$		$\mapsto$ prim
$f(1) = 43$		$\mapsto$ prim
$f(2) = 47$		$\mapsto$ prim
$f(3) = 53$		$\mapsto$ prim
$f(4) = 61$		$\mapsto$ prim
$f(5) = 71$		$\mapsto$ prim
$f(6) = 83$		$\mapsto$ prim
$f(7) = 97$		$\mapsto$ prim
$\vdots$		
$f(33) = 1163$		$\mapsto$ prim
$f(34) = 1231$		$\mapsto$ prim
$f(35) = 1301$		$\mapsto$ prim
$f(36) = 1373$		$\mapsto$ prim
$f(37) = 1447$		$\mapsto$ prim
$f(38) = 1523$		$\mapsto$ prim
$f(39) = 1601$		$\mapsto$ prim
$f(40) = 1681$	$= 41 \cdot 41$	$\mapsto$ NICHT prim!
$f(41) = 1763$	$= 41 \cdot 43$	$\mapsto$ NICHT prim!

Die ersten 40 Folgenglieder sind verschiedene Primzahlen (diese haben die auffallende Regelmäßigkeit, dass ihr Abstand beginnend mit dem Abstand 2 jeweils um 2 wächst). Von den 240 möglichen Primzahlen p mit $41 \leq p \leq 1601$ kommen in der Folge also 40 vor.[66]

Der 41. und der 42. Wert sind nicht prim. Dass $f(41)$ keine Primzahl sein kann, lässt sich leicht überlegen:

$$f(41) = 41^2 + 41 + 41 = 41(41 + 1 + 1) = 41 \cdot 43$$

Das Euler-Polynom $f(n) = n^2 + n + 41$ kann man in der Ulam-Spirale gut sichtbar machen (Gegendiagonale), wenn man den Startwert im Zentrum auf 41 setzt. Siehe Abb. 4.8 auf der nächsten Seite.[67]

4.7.14 $f(n)=n^2-79n+1601$ und Heegner-Zahlen

Diese Funktion liefert für die Werte $n = 0$ bis $n = 79$ stets Primzahlen als Funktionswerte.[68] Leider ergibt $f(80) = 1681 = 41 \cdot 41$ keine Primzahl. Bis heute kennt man m. W. keine Funktion, die mehr aufeinanderfolgende Primzahlen annimmt. Andererseits kommt jede Primzahl doppelt vor (erst in der absteigenden, dann in der aufsteigenden Folge),

[66] Wieviele Primzahlen real in einem Range liegen lässt sich mit SageMath leicht bestimmen. Hier z. B. mit `len(list(primes(41,1602)))` oder mit `pari(1601).primepi() - pari(40).primepi() = 252-12 = 240`.

[67] Grafik aus `CT2 Kryptotutorien ▷ Die Welt der Primzahlen ▷ Verteilung der Primzahlen ▷ Ulam-Spirale`

[68] Siehe Tabelle 4.5 auf Seite 226. Den Source-Code zur Berechnung dieser Tabelle finden Sie in SageMath-Beispiel 4.16.3 auf Seite 265.

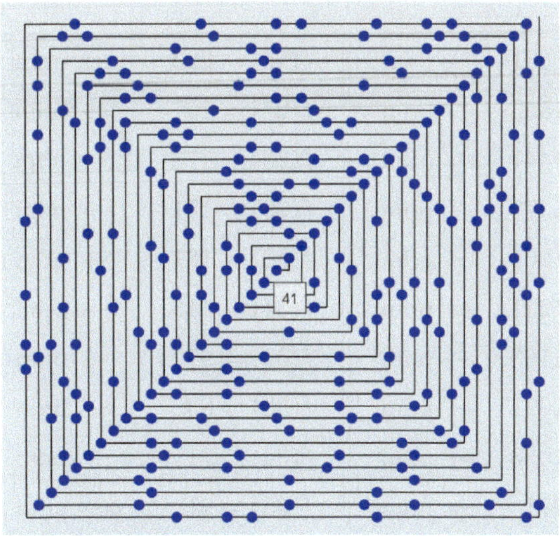

Abb. 4.8: Ulam-Primzahlenspirale für das Euler-Polynom $f(n) = n^2 + n + 41$ mit Startwert 41 im Zentrum

so dass sie insgesamt genau 40 verschiedene Primzahlwerte in Folge liefert. Es sind dieselben wie die, die die Funktion aus Abschnitt 4.7.13 auf der vorherigen Seite liefert.[69]

Es gibt aber Polynome, die mehr als 40 verschiedene Primzahlen hintereinander liefern. In diesem Zusammenhang spielen die Heegner-Zahlen eine Rolle.[70] Längere Polynome wurden ab 2000 bspw. in Al Zimmermann's Programming Contests [24] gefunden; z. B. $f(n) = n^4 - 97 \cdot n^3 + 3294 \cdot n^2 - 45\,458 \cdot n + 213\,589$ liefert 49 verschiedene, aufeinander folgende Primzahlen – aber nur, wenn man die 9 negativen als prim mitzählt.

Das Polynom (`http://oeis.org/A121887`) $(n^5 - 133 \cdot n^4 + 6729 \cdot n^3 - 158\,379 \cdot n^2 + 1\,720\,294 \cdot n - 6\,823\,316)/4$ liefert sogar 57 verschiedene Primzahlen in Reihe (davon 14 negativ), aber die Koeffizienten des Polynoms sind nicht ganzzahlig. Nachvollziehen können Sie das mit dem SageMath-Beispiel 4.16.3 auf Seite 265.

4.7.15 Polynomfunktionen $f(x) = a_n x^n + a_{n-1} x^{n-1} + \cdots + a_1 x^1 + a_0$ $(a_i \in \mathbb{Z}, n \geq 1)$

Es existiert kein solches Polynom, das für alle x aus $\mathbb{Z}$ ausschließlich Primzahlwerte annimmt. Zum Beweis sei auf [25, S. 83 f.] verwiesen, wo sich auch weitere Details zu Primzahlformeln finden.

Damit ist es hoffnungslos, weiter nach Formeln (Funktionen) wie in Abschnitt 4.7.13 auf der vorherigen Seite oder in Abschnitt 4.7.14 auf der vorherigen Seite zu suchen, wenn man erwartet, dass für alle n nur Primzahlen generiert werden.

[69] Ein weiteres quadratisches Polynom, das dieselben Primzahlen liefert, ist $f(n) = n^2 - 9 \cdot n + 61$. Unter den ersten 1000 Folgengliedern dieser Funktion sind über 50 % prim (vgl. SageMath-Beispiel 4.16.3 auf Seite 265).

[70] `https://de.wikipedia.org/wiki/Heegner-Zahl`

$f(0) = 1601$	$\mapsto$ prim	$f(26) = 223$	$\mapsto$ prim
$f(1) = 1523$	$\mapsto$ prim	$f(27) = 197$	$\mapsto$ prim
$f(2) = 1447$	$\mapsto$ prim	$f(28) = 173$	$\mapsto$ prim
$f(3) = 1373$	$\mapsto$ prim	$f(29) = 151$	$\mapsto$ prim
$f(4) = 1301$	$\mapsto$ prim	$f(30) = 131$	$\mapsto$ prim
$f(5) = 1231,$	$\mapsto$ prim	$f(31) = 113$	$\mapsto$ prim
$f(6) = 1163$	$\mapsto$ prim	$f(32) = 97$	$\mapsto$ prim
$f(7) = 1097$	$\mapsto$ prim	$f(33) = 83$	$\mapsto$ prim
$f(8) = 1033$	$\mapsto$ prim	$f(34) = 71$	$\mapsto$ prim
$f(9) = 971$	$\mapsto$ prim	$f(35) = 61$	$\mapsto$ prim
$f(10) = 911$	$\mapsto$ prim	$f(36) = 53$	$\mapsto$ prim
$f(11) = 853$	$\mapsto$ prim	$f(37) = 47$	$\mapsto$ prim
$f(12) = 797$	$\mapsto$ prim	$f(38) = 43$	$\mapsto$ prim
$f(13) = 743$	$\mapsto$ prim	$f(39) = 41$	$\mapsto$ prim
$f(14) = 691$	$\mapsto$ prim	$f(40) = 41$	$\mapsto$ prim
$f(15) = 641$	$\mapsto$ prim	$f(41) = 43$	$\mapsto$ prim
$f(16) = 593$	$\mapsto$ prim	$f(42) = 47$	$\mapsto$ prim
$f(17) = 547$	$\mapsto$ prim	$f(43) = 53$	$\mapsto$ prim
$f(18) = 503$	$\mapsto$ prim	$\dots$	
$f(19) = 461$	$\mapsto$ prim	$f(77) = 1447$	$\mapsto$ prim
$f(20) = 421$	$\mapsto$ prim	$f(78) = 1523$	$\mapsto$ prim
$f(21) = 383$	$\mapsto$ prim	$f(79) = 1601$	$\mapsto$ prim
$f(22) = 347$	$\mapsto$ prim	$f(80) = 41 \cdot 41$	$\mapsto$ NICHT prim!
$f(23) = 313$	$\mapsto$ prim	$f(81) = 41 \cdot 43$	$\mapsto$ NICHT prim!
$f(24) = 281$	$\mapsto$ prim	$f(82) = 1847$	$\mapsto$ prim
$f(25) = 251$	$\mapsto$ prim	$f(83) = 1933$	$\mapsto$ prim
		$f(84) = 43 \cdot 47$	$\mapsto$ NICHT prim!

Tab. 4.5: Werte der „Primzahlfunktion" $f(n) = n^2 - 79 \cdot n + 1601$

4.7.16 Catalans Mersenne-Vermutung

Catalan[71] äußerte die Vermutung[72], dass C_4 und jede weitere Zahl dieser Folge eine Primzahl ist:

$$\begin{aligned} C_0 &= 2, \\ C_1 &= 2^{C_0} - 1, \\ C_2 &= 2^{C_1} - 1, \\ C_3 &= 2^{C_2} - 1, \\ C_4 &= 2^{C_3} - 1, \ \ldots \end{aligned}$$

Diese Folge ist rekursiv definiert und wächst sehr schnell (viel schneller als die Mersenne-Primzahlen). Besteht diese Folge nur aus Primzahlen?

$C_0 = 2$		$\mapsto$ prim
$C_1 = 2^2 - 1$	$= 3$	$\mapsto$ prim
$C_2 = 2^3 - 1$	$= 7$	$\mapsto$ prim
$C_3 = 2^7 - 1$	$= 127$	$\mapsto$ prim
$C_4 = 2^{127} - 1$	$= 170\,141\,183\,460\,469\,231\,731\,687\,303\,715\,884\,105\,727$	$\mapsto$ prim

Ob $C_5 = 2^{C_4} - 1$ bzw. alle weiteren Elemente dieser Reihe prim sind, ist (noch) nicht bekannt. Bewiesen ist jedenfalls nicht, dass diese Formel nur Primzahlen liefert.

Es scheint sehr unwahrscheinlich, dass C_5 (und die weiteren Folgenglieder) prim sind. Dies könnte ein weiteres Beispiel von Guys *Gesetz der kleinen Zahlen* sein.[73]

4.7.17 Doppelte Mersenne-Primzahlen

Die obigen Catalan-Mersenne-Zahlen sind ab dem Folgenglied C_2 eine Teilmenge der doppelten Mersenne-Primzahlen.[74] Doppelte Mersenne-Primzahlen haben die Form

$$M_{M_p} = 2^{2^p - 1} - 1$$

wobei p ein primer Mersenne-Exponent ist und M_p eine prime Mersenne-Zahl.

Die ersten Werte von p, für die M_p prim ist, sind p = 2, 3, 5, 7, 13, 17, 19, 31, 61, 89, 107, 127, 521, ... (siehe oben).

M_{M_p} ist prim für $p = 2, 3, 5, 7$ und nimmt dabei ff. Werte an, die man mit dem SageMath-Beispiel 4.7.2 auf der nächsten Seite berechnen kann:

$$7, \quad 127, \quad 2\,147\,483\,647, \quad 170\,141\,183\,460\,469\,231\,731\,687\,303\,715\,884\,105\,727$$

[71] Eugene Charles Catalan, belgischer Mathematiker, 30.5.1814—14.2.1894.
Nach ihm sind auch die sogenannten *Catalan-Zahlen* benannt: $A(n) = (1/(n+1)) \cdot (2n)!/(n!)^2$
$= 1, 2, 5, 14, 42, 132, 429, 1430, 14\,862, 116\,796, 158\,786, 1\,208\,012, 1\,742\,900, 12\,674\,440, 19\,694\,845, \ldots$

[72] Siehe `https://t5k.org/mersenne/index.html` unter „Conjectures and Unsolved Problems".

[73] `https://t5k.org/glossary/page.php?sort=LawOfSmall`

[74] `https://en.wikipedia.org/wiki/Double_Mersenne_number`

SageMath-Beispiel 4.7.2: Doppelte Mersenne-Primzahlen

```
print("\n# CHAP04 -- Sage-Script-SAMPLE 010: =========")
print("# Double Mersenne primes")

for p in (2,3,5,7):
    Mp=2^p-1
    MMp=2^Mp-1
    B=is_prime(MMp)
    print(p,Mp,MMp,B);

#------------------------------------
# CHAP04 -- Sage-Script-SAMPLE 010: =========
# 2 3 7 True
# 3 7 127 True
# 5 31 2147483647 True
# 7 127 170141183460469231731687303715884105727 True
```

Für p = 11, 13, 17, 19 und 31 sind die doppelten Mersenne-Zahlen nicht prim. Der nächste Kandidat für die nächste doppelte Mersenne-Primzahl ist $M_{M_{61}} = 2^{2\,305\,843\,009\,213\,693\,951} - 1$.

Mit einer Größe von $1695 \cdot 10^{694\,127\,911\,065\,419\,641}$ ist auch diese Zahl – ebenso wie C_5 (siehe Abschnitt 4.7.16 auf der vorherigen Seite) – viel zu groß für alle derzeit bekannten Primzahltests.

4.8 Dichte und Verteilung der Primzahlen

Wie Euklid herausfand, gibt es unendlich viele Primzahlen. Siehe Abschnitt 4.4 auf Seite 196. Einige unendliche Mengen sind aber *dichter* als andere. Welche typischen Dichtemaße für Mengen natürlicher Zahlen gibt es und wie verhält es sich dabei mit der Primzahlfolge?

4.8.1 Maße für Dichte und Unendlichkeit bei Mengen natürlicher Zahlen

Typische Dichtemaße für Mengen **natürlicher** Zahlen sind:

1. die Größe des n-ten Elements
2. die Anzahl der Werte, die kleiner oder gleich einem bestimmten *Dachwert* x aus $\mathbb{R}$ sind
3. die Summe der Kehrwerte. Sie kann Aussagen zur Konvergenz / Divergenz machen.

Wir wollen nun diese drei Maßzahlen auf verschiedene Teilmengen der natürlichen Zahlen anwenden und damit die *Dichte* unendlicher Mengen vergleichen. Innerhalb der natürlichen Zahlen gibt es bspw. jeweils unendlich viele gerade, ungerade, quadratische und prime Zahlen.

Die Summe der Kehrwerte der natürlichen Zahlen wird auch **harmonische Reihe** genannt. Sie **divergiert** gegen unendlich.

$$\sum_{n=1}^{\infty} \frac{1}{n} = 1 + \frac{1}{2} + \frac{1}{3} + \frac{1}{4} + \frac{1}{5} + \cdots = \infty$$

Die Summe der Kehrwerte der Quadratzahlen sieht so aus:

$$\sum_{n=1}^{\infty} \frac{1}{n^2} = \frac{1}{1^2} + \frac{1}{2^2} + \frac{1}{3^2} + \frac{1}{4^2} + \cdots = \frac{\pi^2}{6}$$

Addiert man mehr und mehr, unendlich viele Summanden, **konvergiert** diese Folge zu $(\pi^2)/6$. Die unendliche Summe der Kehrwerte aller Quadratzahlen strebt also gegen einen endlichen Grenzwert. Diese Reihe der Kehrwerte der Quadratzahlen ist eine Ausdünnung der harmonischen Reihe. Sie besitzt unendlich viele Summanden, aber die Quadratzahlen sind in den natürlichen Zahlen so dünn verteilt, dass sich ihre Kehrwerte „nur“ zu einem endlichen Wert aufsummieren.

Die Summe der reziproken Primzahlen ist ebenfalls eine Ausdünnung der harmonischen Reihe. Der Satz von Euler besagt, dass die Summe der reziproken Primzahlen **divergiert**. Euler bewies diesen Satz schon 1737.

$$\sum_{p \in \text{Primes}} \frac{1}{p} = \frac{1}{2} + \frac{1}{3} + \frac{1}{5} + \frac{1}{7} + \frac{1}{11} + \frac{1}{13} + \cdots = \infty$$

Gerade versus quadratische Zahlen Während man in der Umgangssprache oft hört, dass es mehr gerade Zahlen als Quadratzahlen gibt, sagen die Mathematiker, dass es von beiden unendlich viele gibt, dass ihre Mengen äquivalent zu $\mathbb{N}$ sind (also beide unendlich und abzählbar sind, d. h. dass man jeder geraden Zahl und jeder Quadratzahl eine ganze Zahl zuordnen kann).

Nach folgenden Gesichtspunkten ist die Menge der geraden Zahlen dichter als die Menge der quadratischen Zahlen:[75]

- Größe des n-ten Elements:
  Das n-te Element der geraden Zahlen ist $2n$; das n-te Element der Quadratzahlen ist n^2. Weil für alle $n > 2$ gilt: $2n < n^2$, kommt die n-te gerade Zahl viel früher als die n-te quadratische Zahl.
- Anzahl der Werte kleiner oder gleich eines *Dachwertes* x:
  Es gibt $\lfloor x/2 \rfloor$ solcher gerader Zahlen und $\lfloor \sqrt{x} \rfloor$ Quadratzahlen. Da für alle $x > 6$ gilt, dass der Wert $\lfloor x/2 \rfloor$ größer ist als die größte ganze Zahl kleiner oder gleich der Quadratwurzel aus x, sind die geraden Zahlen dichter verteilt.

4.8.2 Dichtemaße für die Primzahlen

Dichtemaße für Primzahlen bieten Möglichkeiten zur Beschreibung der Verteilung der Primzahlen auf die ganzen Zahlen. Allgemein gebräuchliche Maße sind: natürliche Dichte, asymptotische Dichte (Dirichlet-Dichte), relative Dichte, logarithmische Dichte oder analytische Dichte. Wir verwenden hier für Primzahlen die folgenden konkreten Werte $P(n)$ und $\pi(x)$ verwenden.

Der Wert der n-ten Primzahl $P(n)$

Satz 4.8.1. *Für große n gilt: Der Wert der n-ten Primzahl* $P(n)$ *ist asymptotisch zu* $n \cdot \ln(n)$*, d. h. der Grenzwert des Verhältnisses* $P(n)/(n \cdot \ln n)$ *ist gleich* 1*, wenn n gegen unendlich geht.*

Es gilt für $n \geq 5$, dass $P(n)$ zwischen $2n$ und n^2 liegt. Primzahlen sind also weniger dicht angeordnet als natürliche Zahlen, aber dichter als Quadratzahlen.[76]

Die Anzahl der Primzahlen $\pi(x)$

Die Anzahl $\pi(x)$ ist die Anzahl aller Primzahlen, deren Wert den Dachwert x nicht übersteigt.

Die Funktion $\pi(x)$ kann man sich leicht mit SageMath plotten lassen[77], wie Abbildung 4.9 zeigt.

---

[75] Während in der Umgangssprache oft gesagt wird, es „gibt mehr“ gerade als quadratische Zahlen, sagen Mathematiker, dass es von beiden unendlich viele gibt, dass ihre Mengen äquivalent zu $\mathbb{N}$ sind (also beide unendlich und abzählbar, d. h. man kann für jede gerade Zahl und für jede quadratische Zahl eine natürliche Zahl angeben), dass aber die Menge der geraden Zahlen dichter ist als die der quadratischen Zahlen. Mathematiker haben für die Mächtigkeit von Mengen also sehr präzise Formulierungen gefunden.

[76] Die Tabellen im Anhang 4.11 zeigen die Anzahl von Primzahlen in verschiedenen Intervallen.

[77] Der SageMath-Code hierfür lautet:

```
plot(prime_pi,0,100,title='Anzahl der Primzahlen kleiner oder gleich $n$ für $n<100$')
```

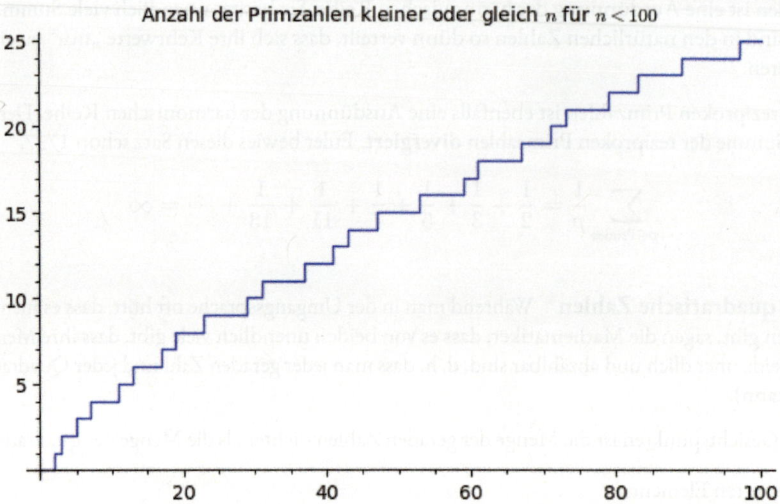

Abb. 4.9: Treppenfunktion für die Anzahl der Primzahlen kleiner eines Dachwertes

Satz 4.8.2. *$\pi(x)$ ist asymptotisch zu $x/\ln(x)$.*

Dies ist der berühmte **Primzahlsatz** (prime number theorem). Er wurde von Legendre[78] und Gauß[79] aufgestellt und erst über 100 Jahre später bewiesen.[80]

Alternative Arten dies ausdrücken sind:

$$\pi(x) \to x/\ln(x)$$

$$\lim_{x\to\infty}\left(\pi(x)\cdot\frac{\ln(x)}{x}\right) = 1$$

Wie sich dieser Grenzwert entwickelt, zeigt die Abbildung 4.10.[81] Weitere grafische Darstellungen dieser Verteilung findet man in Abb. 4.16 auf Seite 262 im Anhang 4.15.

Die Primzahlsatz-Formeln gelten nur für n gegen unendlich. Die Formel von Gauß kann durch präzisere Formeln ersetzt werden. Für $x \geq 67$ gilt:

$$\ln(x) - 1{,}5 < x/\pi(x) < \ln(x) - 0{,}5$$

Im Bewusstsein, dass $\pi(x) = x/\ln x$ nur für sehr große x (x gegen unendlich) gilt, kann man die Übersicht in Tabelle 4.6 erstellen:[82] $\pi(x)$ ist die reale Anzahl an Primzahlen bis x; $x/\ln x$ ist der geschätzte Wert nach der Formel

[78] Adrien-Marie Legendre, französischer Mathematiker, 18.9.1752–10.1.1833.

[79] Carl Friedrich Gauß, deutscher Mathematiker und Astronom, 30.4.1777–23.2.1855.

[80] Ein didaktisch aufbereiteter Artikel zum Primzahlsatz mit seiner Anwendung auf den RSA-Algorithmus findet sich in der Artikelserie *RSA & Co. in der Schule: Moderne Kryptologie, alte Mathematik, raffinierte Protokolle*. Siehe NF Teil 4 [26].

[81] Der SageMath-Code hierfür lautet:

```
def limpix(x):
    return(prime_pi(x)*log(x)/x)
plot(limpix(x),(x,5,100000),title='$'+latex(LatexExpr(r'\pi(x)\cdot\frac{\ln(x)}{x}'))+'$')
```

[82] Der SageMath-Code hierfür lautet:

```
sage: for n in (10**3, 10**6, 10**9):
....:     print("n: {}, ln(n): {:.3f}, n/ln(n): {}, pi(n): {}, pi(n)/(n/ln(n)): {:.3f} \n".format(n, float(ln(n)
....: ), floor(n/ln(n)), prime_pi(n), float(prime_pi(n)/(n/ln(n)))))
....:
n: 1000, ln(n): 6.908, n/ln(n): 144, pi(n): 168, pi(n)/(n/ln(n)): 1.161
n: 1000000, ln(n): 13.816, n/ln(n): 72382, pi(n): 78498, pi(n)/(n/ln(n)): 1.084
n: 1000000000, ln(n): 20.723, n/ln(n): 48254942, pi(n): 50847534, pi(n)/(n/ln(n)): 1.054
```

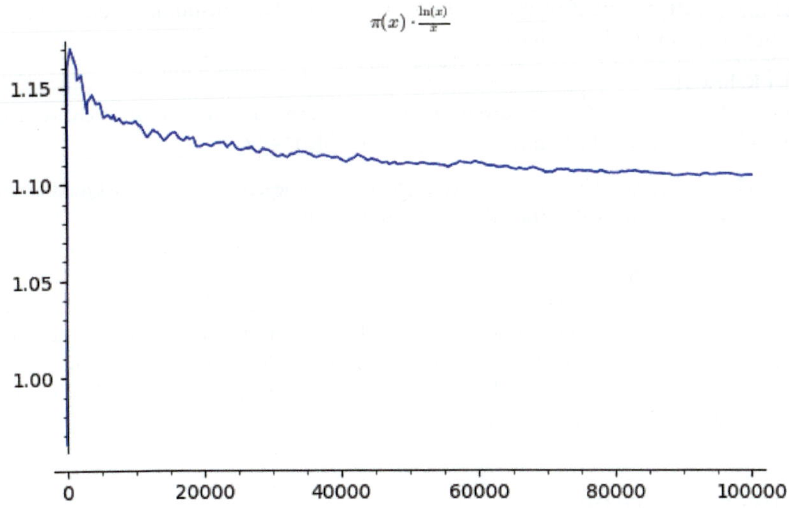

Abb. 4.10: Grenzwert von $\pi(x) \cdot \frac{\ln(x)}{x}$ ist 1

von Gauß. Da die Formel den tatsächlichen Wert immer leicht unterschätzt, ist das Verhältnis $\pi(x)$ zu $x/\ln x$ (Quotient) immer knapp größer 1 für konkrete Werte von x. Als Produkt geschrieben ist dieser Quotient $\pi(x) \cdot \frac{\ln(x)}{x}$. Für 10^3 ist der Quotient $1{,}161$, für 10^9 beträgt er $1{,}054$. Die Entwicklung bis 10^5 ist grafisch in Abb. 4.10 zu sehen.

x	$\ln(x)$	$x/\ln(x)$	$\pi(x)$(gezählt)	$\pi(x)/(x/\ln(x))$
10^3	6,908	144	168	1,161
10^6	13,816	72 382	78 498	1,084
10^9	20,723	48 254 942	50 847 534	1,054

Tab. 4.6: Verhältnis der wirklichen Anzahl an Primzahlen zur per Gauß-Formel geschätzten Anzahl (für drei Werte von x)

Für eine Binärzahl (diese besteht nur aus den Ziffern 0 und 1) x der Länge 250 Bit (2^{250} ist ungefähr $1{,}81 \cdot 10^{75}$) und weil sich der Quotient $\pi(x)/(x/\ln(x))$ der 1 nähert, kann man $\pi(x)$ folgendermaßen gut abschätzen:

$$\pi(x) = x/\ln x = 2^{250}/(250 \cdot \ln 2) \approx 2^{250}/173{,}286\,77 \approx 1{,}05 \cdot 10^{73}$$

Es ist also zu erwarten, dass sich innerhalb der Zahlen der Bitlänge kleiner als 250 ungefähr 10^{73} Primzahlen befinden – ein beruhigendes Ergebnis!

Man kann das auch so formulieren: Betrachtet man eine *zufällige* natürliche Zahl n, so sind die Chancen, dass diese Zahl prim ist, circa $1/\ln(n)$. Nehmen wir zum Beispiel Zahlen in der Gegend von 10^{16}, so müssen wir ungefähr (durchschnittlich) $16 \cdot \ln 10 = 36{,}8$ Zahlen betrachten, bis wir eine Primzahl finden. Ein genaue Abzählung zeigt: Zwischen $10^{16} - 370$ und $10^{16} - 1$ gibt es 10 Primzahlen.

Eine andere Möglichkeit, dies auszudrücken, ist: Die **durchschnittliche Lücke** zwischen zwei aufeinanderfolgenden Primzahlen in der Nähe der Zahl n ist nahe am natürlichen Logarithmus von n. Zum Beispiel gilt für eine Zahl n nahe 100: $\ln(n) \approx 4{,}6$, also sollte ungefähr jede fünfte Zahl in diesem Bereich eine Primzahl sein. Weitere Details zu den Primzahl-Lücken findet man auf `https://t5k.org/notes/gaps.html` und in Abschnitt 4.10.6 auf Seite 245.

Unter der Überschrift *How Many Primes Are There* finden sich unter `https://t5k.org/howmany.html` viele weitere Details. Die Werte von $P(n)$ und $\pi(x)$ lassen sich leicht per `https://t5k.org/nthprime/` bestimmen.

Primzahlen versus quadratische Zahlen Nach dem folgenden Gesichtspunkt ist die Menge der Primzahlen dichter als die Menge der quadratischen Zahlen:

- Summe der Kehrwerte:
  Da die Summe der Primzahl-Kehrwerte divergiert, und die Summe der Quadratzahl-Kehrwerte konvergiert, zog Euler den Schluss, dass es „mehr Primzahlen als Quadratzahlen" gibt.

Euler sah darin einen Indikator, dass die Primzahlen wesentlich dichter liegen müssen als die Quadratzahlen. Das klingt überzeugend. Unseres Wissens gibt es aber (noch) keinen Beweis dafür.

Die **Verteilung** der Primzahlen[83] weist viele Unregelmäßigkeiten auf, für die bis heute kein „System" gefunden wurde: Einerseits liegen viele eng benachbart wie 2 und 3, 11 und 13, 809 und 811, andererseits tauchen auch längere Primzahl-Lücken auf. So liegen z. B. zwischen 113 und 127, 293 und 307, 317 und 331, 523 und 541, 773 und 787, 839 und 853 sowie zwischen 887 und 907 keine Primzahlen. Ein Teil des Ehrgeizes der Mathematiker liegt gerade darin, die Geheimnisse dieser Unregelmäßigkeiten herauszufinden.

4.8.3 Der Integrallogarithmus

Gauß kam um 1793 auf eine Näherungsfunktion für $\pi(x)$, den sog. Integrallogarithmus [27]:

$$\mathrm{li}(x) := \int_0^x \frac{dt}{\log t} = \lim_{\varepsilon \to 0+} \left\{ \int_0^{1-\varepsilon} \frac{dt}{\log t} + \int_{1+\varepsilon}^x \frac{dt}{\log t} \right\} = \int_2^x \frac{dt}{\log t} + \mathrm{li}(2) \quad \text{mit } \mathrm{li}(2) \approx 1{,}045\,164$$

Hier wird mit log der natürliche Logarithmus zur Basis $\mathrm{e} = 2{,}718 \cdots$ bezeichnet. Soweit man $\pi(x)$ genau kennt, kann man sehen, dass für große Zahlen ungefähr die erste Hälfte der Dezimalstellen, die der Integrallogarithmus liefert, korrekt ist:[84]

```
sage: # Remark: English: 1e10 = 10,000,000,000  //  German: 1e10 = 10.000.000.000
sage: m=1e10; prime_pi(m).n(); li(m)
4.55052511000000e8
4.55055614586623e8
sage: m=1e15; prime_pi(m).n(); li(m)
2.98445704226690e13
2.98445714752876e13
```

Demnach gibt es bis zu der zweitgrößten bekannten[85] Mersenne-Primzahl „M-51?" ungefähr $2{,}6 \cdot 10^{24\,862\,039}$ Primzahlen und bis zu der vorhergehenden Mersenne-Zahl „M-50?" ungefähr $8{,}7 \cdot 10^{23\,249\,416}$ Primzahlen. Wenn man sich mit SageMath die Differenz li(M-51?)− li(M-50?) ausgeben lässt, wird exakt der gleiche Wert wie für li(M-51?) angezeigt:[86]

```
sage: (li(2^82589933-1)-li(2^77232917-1)).n()
2.60091362757301e24862039
sage: li(2^82589933-1).n()
2.60091362757301e24862039
```

[83] Einige Visualisierungen (Plots) zur Menge von Primzahlen in verschiedenen Zahlendimensionen finden Sie in Abschnitt 4.15 auf Seite 259, Anhang: Visualisierung der Menge der Primzahlen in hohen Bereichen.

[84] Die SageMath-Funktion `prime_pi()` gibt den genauen Wert aus. Für `prime_pi(1e20)` kommt schon eine Python-Fehlermeldung. Der Integrallogarithmus ist in SageMath fertig implementiert als Funktion `li()`.

[85] Die Bezeichnung „M-51?" mit dem Fragezeichen besagt, dass man nicht weiß, ob es die 51. Mersenne-Primzahl ist. Es ist lediglich die 51. bekannte Mersenne-Primzahl und es könnte noch nicht bekannte kleinere geben. Siehe auch Tabelle 4.2.

[86] Im SageMath-Code verwenden wir `.n()`. Ohne wird die Zahl nur „symbolisch" ausgegeben, also `log_integral(1488944457...[sehr viele Ziffern]...325217902591)`. Anmerkung: Variablennamen in SageMath dürfen kein Minuszeichen enthalten.

Der Quotient ist ungefähr $3 \cdot 10^{1\,612\,622}$. Man kann also sagen, dass bis zu „M-51?" bis auf einen wirklich verschwindend kleinen Bruchteil alle Primzahlen größer als „M-50?" sind. Mit Ausnahme dieser beiden Mersenne-Zahlen kennen wir keine einzige dieser Primzahlen, und wir haben bei Zahlen dieser Größe derzeit und vermutlich auf längere Zeit keine Chance, eine nennenswerte Anzahl dieser Primzahlen (mit über 23 Millionen Dezimalstellen) genau zu kennen.

4.9 Ausblick

Inzwischen findet man im Internet große **Datenbanken**, die entweder viele Primzahlen oder die Zerlegung vieler zusammengesetzter Zahlen in ihre Primfaktoren enthalten. Die schnellsten mir bekannten **Faktorisierer** im Internet sind `http://factordb.com/` und `https://www.alpertron.com.ar/ECM.HTM`. Teilweise schauen sie in ihren Datenbanken nach, ob sie die Faktorisierung der eingegebenen Zahl schon kennen, dann geht es besonders schnell. Alpertron hat die beiden Algorithmen Elliptic Curve Method (ECM) und Self-Initializing Quadratic Sieve (SIQS) mit WebAssembly implementiert, so dass sie rein lokal im Browser laufen können. Ein anderer, rein lokal im Browser laufender Faktorisierer nutzt die Msieve-Bibliothek (`https://www.cryptool.org/de/cto/msieve`).

Weitere interessante Themen rund um Primzahlen In diesem Kapitel 4 wurden weitere, eher zahlentheoretische Themen wie Teilbarkeitsregeln, Modulo-Rechnung, modulare Inverse, modulare Potenzen und Wurzeln, quadratisches Reziprozitätsgesetz (auch Gaußsches Reziprozitätsgesetz), chinesischer Restesatz oder Eulersche Phi-Funktion nicht betrachtet. Auf einige dieser Themen geht das **nächste Kapitel** (5) ein.

Der Fortschritt lebt vom Austausch des Wissens.

Zitat 7: Albert Einstein[87]

4.10 Anmerkungen zu Primzahlen

Die folgenden Anmerkungen listen einzelne interessante Sätze, Vermutungen und Fragestellungen zu Primzahlen auf, aber auch Kurioses und Übersichten.

4.10.1 Bewiesene Aussagen / Sätze zu Primzahlen

- Zu jeder Zahl n aus $\mathbb{N}$ gibt es n aufeinanderfolgende natürliche Zahlen, die keine Primzahlen sind (Primzahl-Lücken). Ein Beweis findet sich in [25, S. 79]. Siehe Abschnitt 4.10.8 auf Seite 247.
- Paul Erdös[88] bewies 1932 die 1845 von Joseph Bertrand[89] aufgestellte Behauptung: Zwischen jeder Zahl n aus $\mathbb{N}$ ungleich 1 und ihrem Doppelten gibt es mindestens eine Primzahl. Er bewies das Theorem nicht als erster, aber auf einfachere Weise als andere vor ihm.
- Es existiert eine reelle Zahl a, so dass die Funktion $f : \mathbb{N} \to \mathbb{Z}$ mit $n \mapsto \lfloor a^{3^n} \rfloor$ für alle n nur Primzahlenwerte annimmt[90] (siehe [25, S. 82]). Diese Zahl a nennt man Mills-Konstante. Leider macht die Bestimmung von a Probleme (siehe Abschnitt 4.10.4 auf Seite 241).

[87] Albert Einstein, deutscher Physiker und Nobelpreisträger, 14.03.1879—14.04.1955.
[88] Paul Erdös, ungarischer Mathematiker, 26.03.1913—20.09.1996.
[89] Joseph Bertrand, französischer Mathematiker, 11.03.1822—05.04.1900.
[90] Die Gaußklammer $\lfloor x \rfloor$ der reellwertigen Zahl x ist definiert als: $\lfloor x \rfloor$ ist die größte ganze Zahl kleiner oder gleich x.

- Oberhalb einer gewissen Schranke liegt zwischen je zwei aufeinanderfolgenden Kubikzahlen stets mindestens eine Primzahl. [28, Ingham] Die Schranke ist unbekannt und möglicherweise exorbitant groß.

  Unter Annahme der Riemannschen Vermutung kann man zeigen, dass es schon bei $n = 1$ mit 1^3 losgeht. [29]

  Tabelle 4.7 wurde mit dem Sage-Skript `chap04_Primes-between-cubes.sage` (siehe `https://www.cryptool.org/de/ctbook/sagemath`) erstellt und zeigt in der letzten Spalte die Anzahl der Primzahlen zwischen den ersten 11 aufeinander folgenden Kubikzahlen.

n	n^3	$(n+1)^3$	zum Vergleich $2\,(n^3)$	Anzahl der Primzahlen zwischen n^3 und $(n+1)^3$
1	1	8	2	4
2	8	27	16	5
3	27	64	54	9
4	64	125	128	12
5	125	216	250	17
6	216	343	432	21
7	343	512	686	29
8	512	729	1024	32
9	729	1000	1458	39
10	1000	1331	2000	49
11	1331	1728	2662	52

Tab. 4.7: Anzahl von Primzahlen zwischen den ersten 11 aufeinanderfolgenden Kubikzahlen

Wenn man sich die Funktion $\pi\left((n+1)^3\right) - \pi\left(n^3\right)$ von SageMath plotten lässt[91], erhält man die Grafiken 4.11 und 4.12. Bei der zweiten kann man sehen, dass die Funktion **nicht** monoton steigend ist: Die numerische Evidenz zeigt zuerst einmal, dass die Funktion $\pi\left((n+1)^3\right) - \pi\left(n^3\right)$ schon ab $n = 1$ strikt positive Werte annimmt und „tendenziell" monoton wachsend ist. Den „Ausreißer" $[34, 346]$, $[35, 338]$, $[36, 373]$ bemerkt man erst bei kleinerem n in der Grafik.

4.10.2 Arithmetische Primzahlfolgen

Es gibt arithmetische Primzahlfolgen beliebig großer Länge.[92,93] Die 1923 von dem berühmten englischen Mathematiker Hardy[94] aufgestellte Vermutung, dass es arithmetische Folgen beliebiger Länge gibt, die nur aus Primzahlen bestehen,

[91] Der SageMath-Code hierfür lautet:

```
Liste = [[n, prime_pi((n+1)^3) - prime_pi(n^3)] for n in [1..500]];
list_plot(Liste, title = '$'+latex(LatexExpr(r'\pi((n+1)^3) - \pi(n^3), \quad n = 1, \dots, 500'))+'$', size=3.5).▸
▸show()
```

[92] Quellen:
- `https://t5k.org/glossary/page.php?sort=ArithmeticSequence`
- `https://en.wikipedia.org/wiki/Primes_in_arithmetic_progression`
- `https://en.wikipedia.org/wiki/Problems_involving_arithmetic_progressions`
- `https://de.wikipedia.org/wiki/Cunningham-Kette`
- GEO 10 / 2004: *Experiment mit Folgen*
- FAZ, *Hardys Vermutung – Primzahlen ohne Ende* von Heinrich Hemme (06. Juli 2004)

[93] Eine **arithmetische Folge** (arithmetische Progression) ist eine Zahlenfolge mit der Eigenschaft, dass die Differenz zweier benachbarter Folgenglieder konstant ist. Arithmetische Folgen, die nur aus Primzahlen bestehen, werden **arithmetische Primzahlfolgen** („Prime arithmetic progressions") genannt. Gibt es eine solche Folge von genau k Primzahlen, wird sie mit PAP-k oder AP-k abgekürzt.

[94] Godfrey Harold Hardy, britischer Mathematiker, 7.2.1877–1.12.1947.

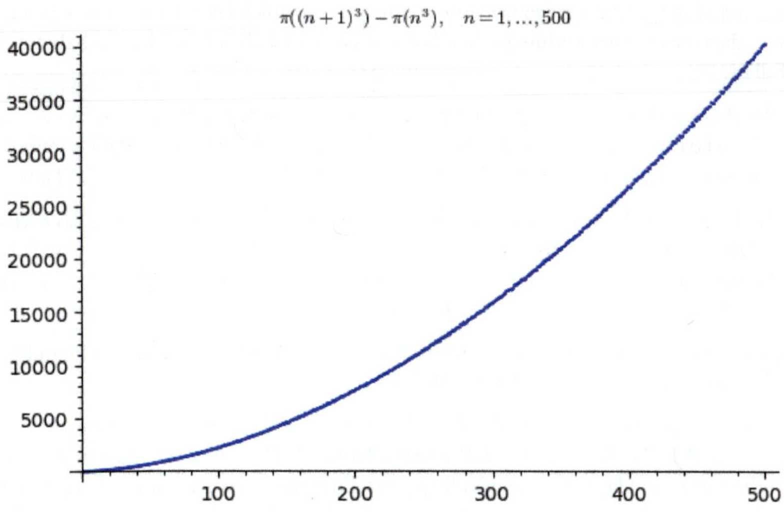

Abb. 4.11: Anzahl der Primzahlen zwischen zwei Kubikzahlen $(n+1)^3$ und n^3 bis $n = 500$

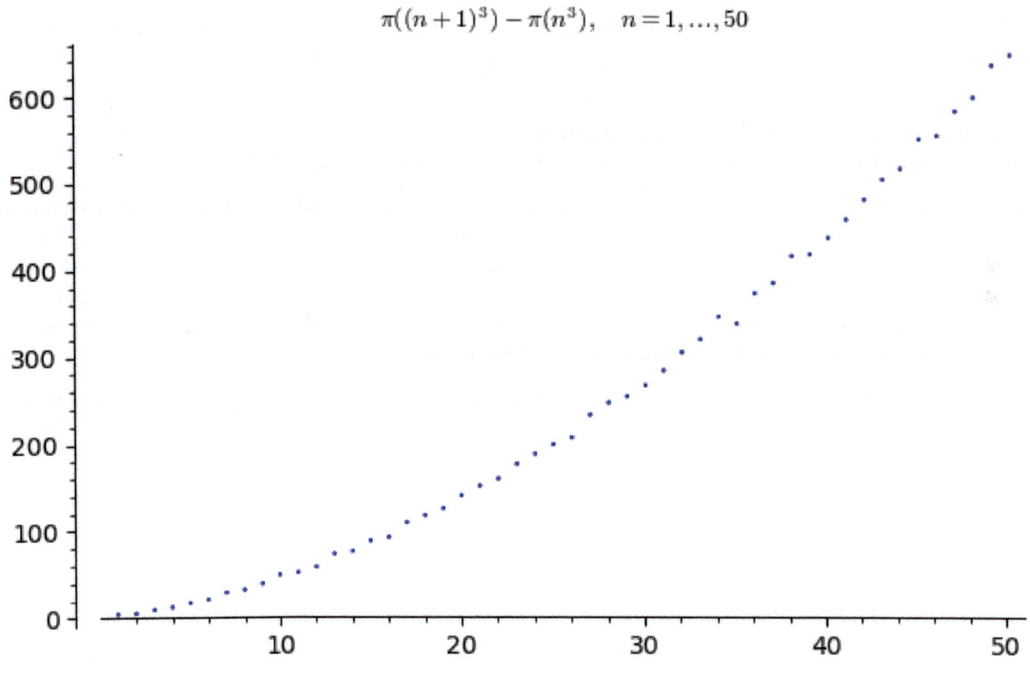

Abb. 4.12: Anzahl der Primzahlen zwischen zwei Kubikzahlen $(n+1)^3$ und n^3 bis $n = 50$

wurde 2004 von zwei jungen amerikanischen Mathematikern bewiesen.

Im Mathematikunterricht an der Schule lernt man normalerweise die **arithmetischen Zahlenfolgen** kennen. Das sind Aneinanderreihungen von Zahlen, bei denen die Abstände zwischen je zwei aufeinander folgenden Gliedern gleich sind – etwa bei der Folge 5, 8, 11, 14, 17, 20. Der Abstand der Glieder beträgt hierbei jeweils 3 und die Folge hat 6 Folgenglieder. Eine arithmetische Folge muss mindestens 3 Folgenglieder haben, kann aber auch unendlich viele haben.

Arithmetische Folgen sind seit Jahrtausenden bekannt und bergen eigentlich keine Geheimnisse mehr. Spannend wird es erst wieder, wenn die Glieder einer arithmetischen Folge noch zusätzliche Eigenschaften haben sollen, wie das bei Primzahlen der Fall ist.

Eine **arithmetische Primzahlfolge** mit fünf Gliedern ist beispielsweise 5, 17, 29, 41, 53. Der Abstand der Zahlen beträgt jeweils 12. Diese Folgen werden PAP-k abgekürzt. Beachte, dass die Primzahlen hier nicht unbedingt fortlaufend (consecutive) sein müssen. Vergleiche die stärkere Anforderung an CPAP-k im Abschnitt 4.10.2 auf Seite 238.

Die Folge 5, 17, 29, 41, 53 lässt sich nicht verlängern, ohne ihre Eigenschaft einzubüßen, denn das nächste Glied müsste 65 sein, und diese Zahl ist das Produkt aus 5 und 13 und somit keine Primzahl. Somit hat diese Folge die maximale Länge $k = 5$ und gehört zu PAP-5. Sie wird beschrieben mittels $f(n) = d \cdot n + a$ mit $d = 12$ und $a = 5$ (a ist das Startelement). $f(n)$ wird gewöhnlich mit $n = 0$ bis $k{-}1$ ausgedrückt.

Ein weiteres Beispiel ist die PAP-10-Sequenz 199, 409, 619, 829, 1039, 1249, 1459, 1669, 1879 und 2089, bei der sich die aufeinanderfolgenden Primzahlen um 210 unterscheiden.

Wie viele Glieder kann eine arithmetische Primzahlfolge haben? Mit dieser Frage haben sich schon um 1770 der Franzose Joseph-Louis Lagrange und der Engländer Edward Waring beschäftigt. Im Jahre 1923 vermuteten der berühmte britische Mathematiker Godfrey Harold Hardy und sein Kollege John Littlewood, dass es keine Obergrenze für die Zahl der Glieder gebe. Doch es gelang ihnen nicht, das zu beweisen. Im Jahr 1939 gab es jedoch einen anderen Fortschritt: Der holländische Mathematiker Johannes van der Corput konnte nachweisen, dass es unendlich viele arithmetische Primzahlfolgen mit genau drei Gliedern gibt. Zwei Beispiele hierfür sind 3, 5, 7 und 47, 53, 59. Innerhalb der ersten 5000 Primzahlen haben wir 244 solcher Tripel gezählt.

Die längste bekannte arithmetische Primzahlfolge hat 27 Glieder (Stand Jan. 2023). In Tabelle 4.8 auf der nächsten Seite sind die längsten bekannten arithmetischen Primzahlfolgen mit minimaler Distanz[95] aufgelistet.

Den beiden jungen[96] Mathematikern Ben Green and Terence Tao gelang es im Jahre 2004, die mehr als achtzig Jahre alte Hardysche Vermutung zu beweisen: Es gibt arithmetische Primzahlfolgen (PAP) beliebiger Länge. Außerdem bewiesen sie, dass es zu jeder vorgegebenen Länge unendlich viele verschiedene solcher Folgen gibt.

Eigentlich hatten Green und Tao nur beweisen wollen, dass es unendlich viele arithmetische Primzahlfolgen mit vier Gliedern gibt. Dazu betrachteten sie Mengen, die neben Primzahlen auch „Beinaheprimzahlen"enthielten. Das sind Zahlen, die nur wenige Teiler haben – beispielsweise die „Halbprimzahlen", die Produkte aus genau zwei Primzahlen sind. Dadurch konnten die beiden Mathematiker ihre Arbeit wesentlich erleichtern, denn über Beinaheprimzahlen gab es schon zahlreiche nützliche Theoreme. Schließlich erkannten sie, dass ihr Verfahren viel mächtiger ist, als sie selbst zuerst angenommen hatten, und sie bewiesen damit die Hardysche Vermutung.

Der Beweis von Green und Tao umfasst immerhin 49 Seiten. Tatsächlich beliebig lange arithmetische Primzahlfolgen kann man damit aber nicht finden. Der Beweis ist nicht konstruktiv, sondern ein sogenannter Existenzbeweis. D. h., die beiden Mathematiker haben „nur" gezeigt, dass beliebig lange Folgen existieren, aber nicht, wie man sie findet.

D. h., in der Menge der natürlichen Primzahlen gibt es z. B. eine Folge von einer Milliarde Primzahlen, die alle den gleichen Abstand haben; und davon gibt es unendlich viele. Diese Folgen liegen aber sehr „weit draußen".

---

95 Tabelle 4.8 wurde mithilfe von `http://primerecords.dk/aprecords.htm` gebaut (deren letztes Update war 29.02.2020) und listet die Folgen auf, die die kleinsten bekannten Differenzen haben – für eine gegebene Folgenlänge. Dagegen sind in `https://en.wikipedia.org/wiki/Primes_in_arithmetic_progression` die *Largest known AP-k* aufgelistet. Also ist dort das letzte Folgenelement eine möglichst große Primzahl.

96 In seinen Memoiren hat Hardy 1940 geschrieben, dass die Mathematik mehr als alle anderen Wissenschaften und Künste ein Spiel für junge Leute sei. Der damals 27 Jahre alte Ben Green von der University of British Columbia in Vancouver und der damals 29 Jahre alte Terence Tao von der University of California in Los Angeles scheinen ihm recht zu geben.

97 n = Anzahl der Elemente der Folge. Digits = Anzahl der Ziffern der Differenz d der Folgenglieder.
Wie liest man die Tabelle? (was k ist, finden Sie in Tabelle 4.9)
- Für $n = 3$ ist $d = 2 = 2\#$ (also $k = 2$). Die Folge lautet: $3, 5, 7$
- Für $n = 4$ ist $d = 6 = 3\#$ (also $k = 3$). Die Folge lautet: $5, 11, 17, 23$
- Für $n = 5$ ist $d = 6 = 4\# = 3\#$ (also $k = 3$). Die Folge lautet: $5, 11, 17, 23, 29$
- Für $n = 6$ ist $d = 30 = 5\#$ (also $k = 5$). Die Folge lautet: $7, 37, 67, 97, 127, 157$
- Für $n = 7$ ist $d = 150 = 5 * 5\#$ (also ein Vielfaches von k# mit $k = 5$).
  Die Folge lautet: $7, 157, 307, 457, 607, 757, 907$

n	Startelement	Abstand d	Jahr Digits	Entdecker
3	3	2	-	
		= 2#	1	
4	5	6	-	
		= 3#	1	
5	5	6	-	
		= 3#	1	
6	7	30	1909	G. Lenaire
		= 5#	2	
7	7	150	1909	G. Lenaire
		= 5·5#	3	
...				
21	28 112 131 522 731 197 609	9 699 690	2008	Jaroslaw Wroblewski
		= 19#	7	
22	166 537 312 120 867	96 599 212 710	2006	Markus Frind
		= 9959·19#	11	
23	403 185 216 600 637	2 124 513 401 010	2006	Markus Frind
		= 9523·23#	13	
24	158 209 144 596 158 501	14 517 322 329 510	2014	Bryan Little
		= 65 073·23#	14	
25	6 171 054 912 832 631	81 737 658 082 080	2008	Raanan Chermoni,
		= 366 384·23#	14	Jaroslaw Wroblewski
26	3 486 107 472 997 423	371 891 575 525 470	2012	James Fry
		= 1 666 981·23#	15	
27	224 584 605 939 537 911	18 135 696 597 948 930	2019	Rob Gahan
		= 81 292 139·23#	18	

Tab. 4.8: Arithmetische Primzahlfolgen mit minimalem Abstand (smallest known AP-n)(Stand Aug. 2024)[97]

Die Länge der Folge bestimmt den Mindestabstand zwischen den einzelnen Primzahlen (siehe Tabelle 4.9 auf der nächsten Seite). Bei einer Folge mit $n = 6$ Gliedern muss der Abstand 30 oder ein Vielfaches davon betragen. Genauer: Wenn ein PAP-k *nicht* mit der Primzahl k beginnt, dann ist die gemeinsame Differenz ein Vielfaches von k#. Die Zahl 30 ergibt sich als das Produkt aller Primzahlen, die kleiner als die Folgenlänge, hier also kleiner als 6, sind: $6\# = 5\# = 2 \cdot 3 \cdot 5 = 30$. Noch ein Beispiel: $10\# = 7\# = 2 \cdot 3 \cdot 5 \cdot 7 = 210$. Sucht man Folgen mit der Länge 15, so muss der Abstand mindestens $15\# = 13\# = 2 \cdot 3 \cdot 5 \cdot 7 \cdot 11 \cdot 13 = 30\,030$ betragen. Die Primorial-Schreibweise startet also mit $k = 2$: $2\# = 2$, $3\# = 2 \cdot 3 = 6$, $5\# = 2 \cdot 3 \cdot 5 = 30$.

Daraus ergibt sich, dass die Folgenlänge beliebig groß sein kann, aber der Abstand kann nicht jede beliebige Zahl annehmen: Bspw. kann es keine arithmetische Primzahlfolge mit dem Abstand 100 geben, denn 100 ist nicht durch die Zahl 3 teilbar.

Die Mindestabstände für Folgen der Länge n sind Vielfache von $k\#$ mit $k = n - 1$. Die k-Primorials (Primzahl-Fakultäten) sind in Tabelle 4.9 zu sehen – die Werte wurden mit dem SageMath-Beispiel 4.10.1 auf der nächsten Seite berechnet.

i	k	k#
1	2	2
2	3	6
3	5	30
4	7	210
5	11	2310
6	13	30 030
7	17	510 510
8	19	9 699 690
9	23	223 092 870
10	29	6 469 693 230
11	31	200 560 490 130

Tab. 4.9: Produkte der ersten Primzahlen $<= k$ (genannt Primfakultät, k-Primorial oder $k\#$)

Weitere Restriktion an die arithmetische Folge

Sucht man arithmetische Primzahlfolgen, die die *zusätzliche* Bedingung erfüllen, dass alle Primzahlen in der Folge auch *direkt hintereinander* liegen (consecutive primes sequence[98]), wird es noch etwas schwieriger. Auf den Webseiten von Chris Caldwell und Jens Kruse Andersen[99] finden Sie weitere Informationen.

Die längste bekannte arithmetische Folge, die nur aus direkt hintereinander liegenden Primzahlen besteht (Stand Mai 2022), hat die Länge 10. Die erste CPAP-10 wurde 1998 gefunden, ihr Abstand beträgt $10\# = 7\# = 210$ und sie startet mit der 93-stelligen Primzahl: 100 9969724697 1424763778 6655587969 8403295093 2468919004 1803603417 7589043417 0334888215 9067229719.

[98] Sie werden auch **consecutive prime arithmetic progressions** genannt und daher CPAP-k bzw. CAP-k abgekürzt.
[99] `https://t5k.org/glossary/page.php?sort=ArithmeticSequence`, `http://primerecords.dk/cpap.htm`

SageMath-Beispiel 4.10.1: Berechnen der Primfakultäten (k-Primorials k#) von Tabelle 4.9

```
print("\n# CHAP04 -- Sage-Script-SAMPLE 060: =========")

# calculate the k primorials (k#) for tables in chapter 4
# k# = product of first k primes. Note, function defines k#=1 for k=1 (besides k=1 is no prime)
# k# = defined in Sage as a Sloane sequence
# https://doc.sagemath.org/html/en/reference/combinat/sage/combinat/sloane_functions.html

print('\nGet k# = primorial numbers from OEIS Integer Sequence for Table 4.8:')
n=33; print(' Upper border for prime k (k<n): n =', n)

primlist = [i for i in primes(1,n)]
lenprimlist = len(primlist)
print(' lenprimlist =', lenprimlist, '; pList =', primlist)
# P=Primes(); print(' Alternative to get prime k using unrank: ', [P.unrank(i-1) for i in range(1,lenprimlist+▸
▸1)])

a = sloane.A002110  # Begins with 1 instead of 2
aa = a.list(lenprimlist+1)[1:] # get lenprimlist elements and discard 1st element
print(' lenaa =', len(aa), '; aaList =', aa)

L = [(i,primlist[i-1],aa[i-1]) for i in range(1, lenprimlist+1)]
print(' List of tuples (i, k, k#):')
print(' ', L)

print('\nSome distances for Table 4.7:')
print(' 19# =', a[8])
print(' 9959·19# =', 9959*a[8])
print(' 9523·23# =', 9523*a[9])
print(' 65 073·23# =', 65073*a[9])
print(' 366 384·23# =', 366384*a[9])
print(' 1 666 981·23# =', 1666981*a[9])
print(' 81 292 139·23# =', 81292139*a[9])

#-----------------------------------
# CHAP04 -- Sage-Script-SAMPLE 060: =========
# Get k# = primorial numbers from OEIS Integer Sequence for Table 4.8:
#  Upper border for prime k (k<n): n = 33
#  lenprimlist = 11 ; pList = [2, 3, 5, 7, 11, 13, 17, 19, 23, 29, 31]
#  lenaa = 11 ; aaList = [2, 6, 30, 210, 2310, 30030, 510510, 9699690, 223092870, 6469693230, 200560490130]
#  List of tuples (i, k, k#):
#   [(1, 2, 2), (2, 3, 6), (3, 5, 30), (4, 7, 210), (5, 11, 2310), (6, 13, 30030), (7, 17, 510510), (8, 19, 96▸
▸99690), (9, 23, 223092870), (10, 29, 6469693230), (11, 31, 200560490130)]
#
# Some distances for Table 4.7:
#  19# = 9699690
#  9959·19# = 96599212710
#  9523·23# = 2124513401010
#  65 073·23# = 14517322329510
#  366 384·23# = 81737658082080
#  1 666 981·23# = 371891575525470
#  81 292 139·23# = 18135696597948930
```

Vergleicht man die Maximallänge von Primzahlsequenzen, je nachdem, wie man sie erstellte, ergibt sich, dass je mehr Restriktionen man hat, desto kürzer ist die bisher gefundene Maximallänge:[100]
Maxlänge CPAP < Maxlänge PAP < Maxlänge PbP. Also aktuell $10 < 27 < 57$.

[100] Arithmetische Primzahlfolgen (PAP) sind ein Spezialfall der Polynomfunktionen (siehe Abschnitt 4.7.15 auf Seite 225); CPAP sind ein Spezialfall der PAP. Die Abkürzungen bedeuten: PAP = prime in arithmetic progression; CPAP = consecutive PAP; PbP = prime by polynomial.

4.10.3 Verschiedene unbewiesene Aussagen / Vermutungen / offene Fragestellungen zu Primzahlen[101]

- Goldbach[102] vermutete: Jede gerade natürliche Zahl größer 2 lässt sich als die Summe zweier Primzahlen darstellen (siehe Abschnitt 4.10.5). Beispiel: $12 = 7 + 5$
- Riemann[103] stellte eine wichtige, bisher unbewiesene Hypothese[104] über die Nullstellen der Riemannschen Zetafunktion auf, aus der auch eine verbesserte Restgliedabschätzung im Primzahlsatz (Verteilung von Primzahlen) folgt.
- Das Benfordsche Gesetz[105,106] gilt nicht für Primzahlen.

  Nach dem Benfordschen Gesetz sind die Ziffern in den Zahlen bestimmter empirischer Datensätze (z. B. über Einwohnerzahlen von Städten, Geldbeträge in der Buchhaltung, Naturkonstanten) ungleichmäßig verteilt: Z. B. ist die Ziffer 1 viel häufiger die erste Ziffer einer Zahl als jede andere.

  Welche Datensätze diesem Gesetz gehorchen ist noch nicht vollständig geklärt. Timo Eckhardt untersuchte in seiner Diplomarbeit 2008 ausführlich Eigenschaften von Primzahlen. Unter anderem wurden alle Primzahlen bis 7 052 046 499 mit verschiedenen Stellenwert-Basen dargestellt.

  Beim Vergleich der Basen 3 bis 10 ergab sich, dass die Abweichung von Benfords Gesetz bei der Basis 3 am geringsten ist. Für die Basis 10 besteht in etwa eine Gleichverteilung der ersten Ziffern. Bei der Untersuchung größerer Basen ergab sich, dass die Verteilung der ersten Ziffern von Basis zu Basis sehr starke Unterschiede aufweist.

- Gibt es unendlich viele Mersenne-Primzahlen?
- Gibt es unendlich viele Fermatsche Primzahlen?
- Gibt es einen Polynomialzeit-Algorithmus zur Zerlegung einer Zahl in ihre Primfaktoren (vgl. [31, S. 167])? Diese Frage kann man auf die folgenden drei Fragestellungen aufsplitten:
  - Gibt es einen Polynomialzeit-Algorithmus, der entscheidet, ob eine Zahl prim ist?
    Diese Frage wurde durch den AKS-Algorithmus beantwortet (vgl. Abschnitt 5.12.5.3, *PRIMES in P: Testen auf Primalität ist polynominal*).
  - Gibt es einen Polynomialzeit-Algorithmus, mit dem man feststellen kann, aus wie vielen Primfaktoren eine zusammengesetzte Zahl besteht (ohne diese Primfaktoren zu berechnen)?
  - Gibt es einen Polynomialzeit-Algorithmus, mit dem sich für eine zusammengesetzte Zahl n ein nicht-trivialer (d. h. von 1 und von n verschiedener) Teiler von n berechnen lässt?[107]

  Tabelle 5.13 auf Seite 319 zeigt die unterschiedlichen Größenordnungen, bis zu denen heutige Algorithmen bei Primzahltests und bei der Faktorisierung gute Ergebnisse liefern.

---

[101] In seinem populärwissenschaftlichen Buch *Die Musik der Primzahlen* beschreibt Marcus du Sautoy, Mathematikprofessor in Oxford, wie sich die brillantesten mathematischen Köpfe mit verschiedenen Aspekten der Primzahlen beschäftigten. Dabei stellt er diese Menschen vor (Gauß, Euler, Riemann, Ramanujan, Gödel, Connes, ...) und widmet sich insbesondere der *Riemannschen Vermutung*. Siehe [30]. Einfache Erläuterungen und Literaturhinweise zur Riemannschen Vermutung findet man auch in *RSA & Co. in der Schule*, NF Teil 4 [26].

[102] Christian Goldbach, deutscher Mathematiker, 18.03.1690–20.11.1764.

[103] Bernhard Riemann, deutscher Mathematiker, 17.9.1826–20.7.1866.

[104] `https://de.wikipedia.org/wiki/Riemannsche_Vermutung`

[105] `https://de.wikipedia.org/wiki/Benfordsches_Gesetz`,
`https://www.spiegel.de/wissenschaft/mensch/0,1518,632541,00.html`,
https://arxiv.org/PS_cache/arxiv/pdf/0906/0906.2789v6.pdf.

[106] Didaktische Darstellungen zu Anwendungen von Benfords Gesetz finden sich unter:
- Rüdeger Baumann: *Ziffernanalyse zwecks Betrugsaufdeckung – Beispiel für kompetenzorientierten und kontextbezogenen Informatikunterricht*, in LOGIN, Informatische Bildung und Computer in der Schule, Nr. 154/155, 2008, S. 68-72
- Norbert Hungerbühler: *Benfords Gesetz über führende Ziffern*, März 2007

[107] Vergleiche auch Abschnitt 5.12.5.1 und Abschnitt 5.12.4.

4.10.4 Die Mills-Konstante

Der in Abschnitt 4.10.1 erwähnte Beweis zu der Funktion $f: N \to Z$ mit $n \mapsto \lfloor a^{3^n} \rfloor$ garantiert nur die Existenz einer solchen Zahl a. Wie kann diese Zahl a bestimmt werden, und wird sie einen Wert haben, so dass die Funktion auch von praktischem Interesse ist?

William Harold Mills, damals an der Princeton University (vermutlich noch Student), hat in dem 1947 erschienenen sehr kurzen Artikel *A prime-representing function* im *Bulletin of the American Mathematical Society* [32] gezeigt, dass es eine reelle Zahl a mit der behaupteten Eigenschaft gibt, nämlich dass für alle natürlichen Zahlen n die Funktion

$$f: n \mapsto \lfloor a^{3^n} \rfloor$$

nur Primzahlwerte annimmt. Die kleinste derartige Zahl a heißt Millssche Konstante. Der genaue Wert ist unbekannt; nach dem Artikel „Mills' constant" in der englisch-sprachigen Wikipedia[108] und nach [29, S. 2] liegt der Wert (unter Annahme der Riemannschen Vermutung) bei:

$$1{,}306\,377\,883\,863\ldots$$

Mills' überraschend kurzer Beweis benutzt die Tatsache, dass zwischen zwei genügend großen aufeinanderfolgenden Kubikzahlen stets eine Primzahl liegt. [28]

Ausgehend von einer genügend großen Startprimzahl p_0 erhält er so die Existenz einer Folge (p_n) von Primzahlen mit folgender Eigenschaft:

$$p_n^3 < p_{n+1} < (p_n + 1)^3$$

Die Primzahl p_{n+1} und damit die derart konstruierte Folge (p_n) ist nicht notwendigerweise eindeutig, denn es kann zwischen den Kubikzahlen p_n^3 und $(p_n + 1)^3$ mehrere Primzahlen geben. Für die Mills-Primzahlen nimmt man jeweils das kleinstmögliche p_{n+1}.

Aus so einer Folge (p_n) erhält er zwei Folgen rationaler Zahlen (u_n) und (v_n) wie folgt[109]:

$$u_n := p_n^{\left(3^{-n}\right)} \text{ und } v_n := (p_n + 1)^{\left(3^{-n}\right)}$$

Diese haben die Monotonie-Eigenschaft

$$u_n < u_{n+1} < v_{n+1} < v_n$$

und sind deshalb konvergent. Mills zeigt, dass $\lim_{n\to\infty} u_n$ eine Zahl mit der behaupteten Eigenschaft ist.

Erneut unter Annahme der Riemannschen Vermutung erhält man dann als die folgenden fünf ersten Glieder der Folge der Millsschen Primzahlen

$$2,\ 11,\ 1361,\ 2\,521\,008\,887,\ 16\,022\,236\,204\,009\,818\,131\,831\,320\,183, \ldots,$$

wobei jedes Folgenglied nach dem ersten die nächste Primzahl nach der dritten Potenz des Vorgängers ist. Die Stellenzahl wird also bei jedem Schritt fast verdreifacht; das nächste Folgenglied hat bereits 85 Dezimalstellen.[110] SageMath-Beispiel 4.10.2 auf der nächsten Seite zeigt, wie man mit SageMath die ersten Mills-Primzahlen berechnen kann: Der Funktionsaufruf `mills(8)` liefert (auf einem modernen Laptop mit Hardware Stand Ende 2022) die ersten 9 Primzahlen

---

108 `https://en.wikipedia.org/wiki/Mills'_constant`

109 Wer dem Link von [32] in Quellenverzeichnis folgt, kommt zum Scan von Mills Artikel bei der American Mathematical Society. Darin ist ein typografischer Fehler in der Definition von u_n und v_n. Dort steht $u_n = P_n^{3-n}$ und $v_n = (P_n + 1)^{3-n}$, der Exponent müsste aber bei beiden 3^{-n} statt $3 - n$ heißen. Dass hier etwas nicht stimmt, kann man auch schnell merken, wenn man $v_n > u_n$ liest und gleichzeitig $P_n < P_n + 1$ bedenkt.

110 Siehe `https://oeis.org/A051254`. Dort finden sich auch viele weitere Kommentare und Referenzen, u. a. der Hinweis: „The name refers to the American mathematician William Harold Mills (1921-2007)." Anmerkung: Nach dem Eintrag `https://www.genealogy.math.ndsu.nodak.edu/id.php?id=22887` im *Mathematics Genealogy Project* war Emil Artin der „Doktorvater" von Mills; die Promotion war 1949; Mills hat also den Artikel (eingereicht am 23. Dezember 1946) vor seiner Promotion verfasst.

(inkl. der 2) in rund einer halben Stunde. Die ersten 13 Mills-Primzahlen (gefunden von Eric W. Weisstein) stehen in `https://oeis.org/A051254/a051254.txt`.

Aus der Liste der Referenzen des Mills-Wikipedia-Artikels sei noch auf den 2020 erschienenen Artikel *Unconditional Prime-representing Functions, Following Mills* [33] hingewiesen, der zur Mills-Konstanten ähnliche Konstanten formuliert, deren Bestimmung **nicht** die Riemannsche Vermutung voraussetzen.

In [29] wird übrigens – unter Voraussetzung der Riemannschen Vermutung – die Mills-Konstante auf 600 Dezimalstellen genau angegeben.

Was die praktische Bedeutung angeht, kann man die Situation vielleicht mit dem Wilson-Kriterium vergleichen: Es hat keine praktische Relevanz – siehe [10] und auch `https://www.cryptool.org/media/publications/journals/chinlab-de.pdf`, wo ab Seite 44 das Wachstum von Fakultäten mit SageMath beleuchtet wird. Ähnlich wie Fakultäten wächst die Folge der „Mills' primes" einfach zu schnell und ist deshalb auch „zu dünn".

SageMath-Beispiel 4.10.2: Berechnen der Mills-Primzahlen

```
# Function to generate the first Mills' primes
# Usage: $ sage chap04_Mills_primes.sage [-n n]
# Optional arguments:
#   -n, --number         How many primes to be generated. Default is 3.

__version__ = "v1.0.0 (2024-08-22)" # BE_2024-08-31: Status: final
import argparse

# ==================================================================
def mills(N):
  """Generate N+1 Mills' primes starting with p_0 = 2 -------------"""
  p0=2
  m=[p0]
  for i in range(N):
    p=m[-1]
    m.append(next_prime(p^3))
  return(m)

# ==================================================================
if __name__ == '__main__':

  # Define the command line parser ---------
  parser = argparse.ArgumentParser(formatter_class=argparse.RawTextHelpFormatter,
          description='Generate Mills primes by "%(prog)s", ' + __version__ )
  parser.add_argument("-n", "--number", metavar="N", help="number of primes to be generated", type=int, ▶
    ▶default=3)

  # Get the data and options via the parser ---------
  args = parser.parse_args()
  if args.number:
    count = args.number
    # print("---Value after -n: ", count)
    if count < 1: print("Number is 0 or negative. Exit."); sys.exit(1)
    if count > 15: print("Number %s is too big. Exit." % count); sys.exit(1)

  # Call function for actual operation ---------
  primes_table = mills(count)
  print(primes_table)

#-----------------------------------
# Sample output for Sage-Script-SAMPLE chap04_Mills_primes.sage:
#
# $ sage chap04_Mills_primes.sage
# [2, 11, 1361, 2521008887]
#
# $ sage chap04_Mills_primes.sage -n 5
# [2, 11, 1361, 2521008887, 16022236204009818131831320183,
#  4113101149215104800030529537915953170486139623539759933135949994882770404074832568499]
#
# Time used: Up to n = 5: <= 1 sec
#              n = 6:  2 sec
#              n = 7: 25 sec
```

Fortsetzung SageMath-Beispiel 4.10.2

```
#            n = 8: 32 min
```

4.10.5 Die Goldbach-Vermutung

Hier soll noch etwas tiefer auf die **Goldbach-Vermutung**[111] eingegangen werden. Es gibt zwei Ausprägungen: Die „starke“ gilt als die eigentliche Goldbach-Vermutung. Die „schwache“ wird auch **ungerade** oder **ternäre** Goldbach-Vermutung genannt.

4.10.5.1 Die schwache Goldbach-Vermutung

Goldbach stellte 1742 in einem Brief an den Mathematiker Euler die Behauptung auf:

> Jede **ungerade** natürliche Zahl größer als 5 ist als Summe
> von **genau drei** Primzahlen darstellbar.

Beispiele: $7 = 3 + 2 + 2$ oder $27 = 19 + 5 + 3$ oder $27 = 17 + 5 + 5$

Die schwache Goldbach-Vermutung wurde von dem peruanischen Mathematiker Harald Helfgott bewiesen – über 250 Jahre nachdem die Behauptung aufgestellt wurde. Helfgott veröffentlichte 2013 zwei Artikel[112] mit einem mutmaßlichen Beweis der schwachen Goldbach-Vermutung; der Beweis ist inzwischen allgemein akzeptiert. Aus früheren Arbeiten war bekannt, dass die schwache Goldbach-Vermutung für alle ungeraden Zahlen größer $e^{3100} \approx 2 \cdot 10^{1346}$ wahr ist. In einer anderen Vorarbeit[113] bewies Terence Tao von der University of California, dass sich jede **ungerade** natürliche Zahl größer 1 als Summe von **höchstens fünf** Primzahlen darstellen lässt. Die Arbeit an einer definitiven Veröffentlichung des Beweises ist noch nicht abgeschlossen.[114]

Vor Helfgotts Beweis (rigoroses Ergebnis) versuchte man mithilfe von Computern für möglichst viele Zahlen herauszufinden, ob die Vermutung stimmt oder nicht. Computer verifizierten die **schwache Goldbach-Vermutung** für alle ungeraden natürlichen Zahlen einfach bis $4 \cdot 10^{18}$ (April 2012) bzw. doppelt bis $4 \cdot 10^{17}$ (Mai 2013).[115]

Die Untergrenze, ab der Helfgotts Beweis 2013 galt (10^{30}), war „klein“ genug, um die restlichen Fälle per Computer zu erledigen (was er mit David Platt ebenfalls ausführte und damit die Gültigkeit für sämtliche Zahlen unterhalb $8{,}875 \cdot 10^{30}$ mit Computerhilfe überprüfte).[116]

---

111 https://de.wikipedia.org/wiki/Goldbachsche_Vermutung

112 Helfgott u.a.: „Minor arcs for Goldbach's problem“, https://arxiv.org/abs/1205.5252
Helfgott u.a.: „Major arcs for Goldbach's problem“, https://arxiv.org/abs/1305.2897
v4 seines 79-seitigen Papers (14. April 2014) besagt, dass der Beweis für alle natürlichen Zahlen ab 10^{29} (statt bisher 10^{30}) gilt. Und für alle Zahlen bis 10^{30} hatten er und David Platt den Beweis durch Probieren am Computer erbracht.

113 https://arxiv.org/abs/1201.6656, eingereicht am 31. Jan. 2012 (v1), letzte Änderung 3. Juli 2012 (v4)

114 https://webusers.imj-prg.fr/~harald.helfgott/anglais/book.html, Stand 7.7.2024.

115 Siehe http://sweet.ua.pt/tos/goldbach.html von Tomás Oliveira e Silva – eine schöne Seite, aber Stand 30.12.2015

116 Harald Andrés Helfgott, David J. Platt: Numerical Verification of the Ternary Goldbach Conjecture up to 8.875e30, Preprint 2013, Experimental Mathematics, Band 22, 2013, S. 406-409; und https://arxiv.org/abs/1305.3062

4.10.5.2 Die starke Goldbach-Vermutung[117]

Goldbachs starke Primzahlhypothese wurde von Euler nach einem Briefwechsel mit Goldbach formuliert, und wird meist einfach als **die** Goldbach-Vermutung bezeichnet:

> Jede **gerade** natürliche Zahl größer als 2 ist als Summe von **genau zwei** Primzahlen darstellbar.

Beispiele für Goldbach-Zerlegungen: $8 = 5 + 3$ oder $28 = 23 + 5$

Dass die Goldbach-Vermutung wahr ist, d. h. für alle geraden natürlichen Zahlen größer als 2 gilt, wird heute nicht mehr angezweifelt. Mit Computern ist die **Goldbach-Vermutung** für alle geraden Zahlen bis $4 \cdot 10^{18}$ (Mai 2013) einfach verifiziert[118], aber allgemein noch nicht bewiesen.[119,120,121]

Je größer eine gerade Zahl ist, umso mehr solcher binärer Goldbach-Zerlegungen lassen sich im Durchschnitt finden: Für 4 gibt es nur eine Zerlegung $2 + 2$; bei 16 sind es schon zwei, nämlich $3 + 13$ und $5 + 11$. Bei 100 sind es sechs $3 + 97, 11 + 89, 17 + 83, 29 + 71, 41 + 59, 47 + 53$.

Alon Amit[122] ordnet die Bedeutung der starken Goldbach-Vermutung so ein: Sie selbst ist nicht nützlich, um andere Dinge zu lösen. Im Gegensatz zur Riemann-Hypothese ist die Goldbach-Vermutung kein „Lemma", kein Sprungbrett, kein nützliches Werkzeug.

4.10.5.3 Zusammenhang zwischen den beiden Goldbach-Vermutungen

Wenn die starke Goldbach-Vermutung gilt, gilt auch die schwache (d. h. die starke impliziert die schwache Vermutung). Der Beweis dafür ist relativ einfach:

Voraussetzung: Sei u eine ungerade Zahl größer als 5.

Jede solche ungerade Zahl u kann als Summe $u = (u - 3) + 3$ geschrieben werden. Der erste Summand ist dann gerade und ≥ 4, erfüllt damit die Voraussetzung der starken Goldbach-Vermutung und kann damit als Summe zweier Primzahlen p_1 und p_2 geschrieben werden (wobei p_1 und p_2 nicht notwendigerweise verschieden sein müssen). Damit hat man eine Zerlegung von u in die drei Primzahlen p_1, p_2 und 3 gefunden. D. h. man kann sogar immer eine Summe finden, in der einer der drei primen Summanden die Zahl 3 ist.

---

[117] Sie wird auch **gerade** oder **binäre** Goldbach-Vermutung genannt.

[118] Der Mathematiker Jörg Richstein hat 1999 die geraden Zahlen bis 400 Billionen ($4 \cdot 10^{14}$) untersucht ([34]) und kein Gegenbeispiel gefunden. Inzwischen wurden noch umfangreichere Überprüfungen vorgenommen: Siehe
`http://sweet.ua.pt/tos/goldbach.html` von Tomás Oliveira e Silva,
`https://de.wikipedia.org/wiki/Goldbachsche_Vermutung`, und `https://t5k.org/glossary/page.php?sort=GoldbachConjecture`.
Diese numerischen Überprüfungen bis zu bestimmten Obergrenzen sind kein Beweis. Dass die Goldbach-Vermutung trotz aller Anstrengungen bis heute nicht bewiesen wurde, lässt Folgendes befürchten: Seit den Arbeiten des österreichischen Mathematikers Kurt Gödel ist bekannt, dass nicht jeder wahre Satz in der Mathematik auch beweisbar ist (siehe `https://www.mathematik.ch/mathematiker/goedel.php`). Möglicherweise hat Goldbach also Recht, und trotzdem wird nie ein Beweis gefunden werden.

[119] Der englische Verlag *Faber* und die amerikanische Verlagsgesellschaft *Bloomsbury* publizierten 2000 das Buch *Onkel Petros und die Goldbachsche Vermutung* von Apostolos Doxiadis (deutsch bei Lübbe 2000 und bei BLT als Taschenbuch 2001). Es ist die Geschichte eines Mathematikprofessors, der daran scheitert, ein mehr als 250 Jahre altes Rätsel zu lösen. Um die Verkaufszahlen zu fördern, schrieben die beiden Verlage einen Preis von 1 Million USD aus, wenn jemand die Vermutung beweist – veröffentlicht in einer angesehenen mathematischen Fachzeitschrift bis Ende 2004. Es durften nur englische und amerikanische Mathematiker daran teilnehmen.

[120] Die Aussage, die der starken Goldbach-Vermutung bisher am nächsten kommt, wurde 1966 von Chen Jingrun bewiesen – in einer schwer nachvollziehbaren Art und Weise: Jede gerade Zahl größer 2 ist die Summe einer Primzahl und des Produkts zweier Primzahlen. Z. B. $20 = 5 + 3 \cdot 5$.

[121] Gerade diese Vermutung legt nahe, dass wir auch heute noch nicht in aller Tiefe den Zusammenhang zwischen der Addition und der Multiplikation der natürlichen Zahlen verstehen.

[122] `https://www.quora.com/Which-huge-mathematical-problems-will-we-be-able-to-solve-if-Goldbachs-conjecture-is-solved`

Ebenso kann man zeigen, dass aus der schwachen Goldbach-Vermutung die oben erwähnte Vermutung von Terence Tao folgt (beide gelten für ungerade Zahlen), und eine dritte Aussage, die aus dem Beweis der schwachen Goldbach-Vermutung von Helfgott folgt:

- Für ungerade Zahlen $u > 5$ folgt direkt aus der schwachen Goldbach-Vermutung, dass die Summe aus höchstens fünf Primzahlen besteht.
- Für die restlichen ungeraden Zahlen 3 und 5 kann man es direkt einsetzen:
  $3 = 3$ (die „Summe" hat nur einen und damit höchstens fünf prime Summanden);
  $5 = 2 + 3$ (die Summe hat zwei und damit höchstens fünf prime Summanden).
- Jede gerade Zahl $n \geq 4$ ist die Summe aus höchstens 4 Primzahlen.

Wie bei vielen berühmten Vermutungen in der Mathematik gibt es auch für die Goldbach-Vermutung eine Reihe angeblicher Beweise, die aber von der mathematischen Gemeinschaft (noch) nicht akzeptiert sind.[123]

4.10.6 Offene Fragen zu Primzahl-Zwillingen

Primzahl-**Zwillinge**[124] sind Primzahlen, die genau den Abstand 2 voneinander haben, zum Beispiel 5 und 7, oder 101 und 103, oder $1\,693\,965 \cdot 2^{66\,443} \pm 1$, oder $318\,032\,361 \cdot 2^{107\,001} \pm 1$.[125,126,127]

Die größten heutzutage (Stand April 2023) bekannten Primzahl-Zwillinge sind:

$$2\,996\,863\,034\,895 \cdot 2^{1\,290\,000} \pm 1 \text{ mit } 388\,342 \text{ Dezimalstellen}$$
$$3\,756\,801\,695\,685 \cdot 2^{666\,669} \pm 1 \text{ mit } 200\,700 \text{ Dezimalstellen}$$

Sie wurden 2011 und 2016 gefunden.[128]

Offene Fragen zu Primzahl-Zwillingen sind:

- Gibt es unendlich viele oder eine begrenzte Anzahl von Primzahl-Zwillingen?
- Gibt es eine Formel für die Anzahl der Primzahl-Zwillinge pro Intervall?

Um sich solchen Fragen zu nähern, kann man unterschiedliche Wege gehen und sich unterschiedliche hinführende Fragen stellen.

Eine solche Frage stellte sich der norwegische Mathematiker Viggo Brun (1885-1978), der die Summe der Kehrwerte aufeinanderfolgender Primzahl-Zwillinge untersuchte. 1919 bewies er, dass diese Summe gegen einen bestimmten Zahlenwert ($\approx 1{,}902\,16$) konvergiert, der heute als **Brunsche Konstante** bezeichnet wird. Die Tatsache, dass diese Summe konvergiert, zeigt, dass Primzahl-Zwillinge relativ selten sind – auch wenn es unendlich viele davon geben könnte. Im Gegensatz dazu divergiert die Summe der Kehrwerte aller Primzahlen.[129]

---

123 Einer davon steht in dem Paper von Shan-Guang Tan, das am 16. Okt. 2011 (v1) veröffentlicht, und zuletzt am 20. Mai 2016 (v19) revidiert wurde (Stand April 2022). Es behauptet, sogar die starke Goldbach-Vermutung zu beweisen. v1 hat den Titel *A proof of the Goldbach conjecture.* v19 hat den Titel *On the representation of even numbers as the sum and difference of two primes and the representation of odd numbers as the sum of an odd prime and an even semiprime and the distribution of primes in short intervals.* Siehe `https://arxiv.org/abs/1110.3465`

124 Siehe `https://de.wikipedia.org/wiki/Primzahlzwilling` und `https://de.wikipedia.org/wiki/Primzahll%C3%BCcke`

125 Als Primzahl-**Cousins** bezeichnet man Primzahlen, deren Differenz z. B. 4 beträgt wie bei den Zahlen 13 und 17. Siehe `https://de.wikipedia.org/wiki/Primzahlencousin`. Vergleiche Fußnote 133.

126 Primzahl-**Drillinge** gibt es dagegen nur einen: 3, 5, 7. Bei allen anderen Dreierpacks aufeinanderfolgender ungerader Zahlen ist immer eine durch 3 teilbar und somit keine Primzahl.

127 Die Vermutung, dass es unendlich viele Primzahl-Zwillinge gibt, ist nicht selbstverständlich. Man weiß, dass bei großen Zahlen im Durchschnitt der Abstand zwischen Primzahlen immer weiter wächst und ca. 2,3 mal so groß ist wie die Anzahl der Dezimalstellen. Beispielsweise beträgt bei 100-stelligen Dezimalzahlen der Abstand zwischen Primzahlen im Durchschnitt 230. Aber diese Aussage gilt nur für den Durchschnitt – oft ist der Abstand viel größer, oft viel kleiner.

128 `https://t5k.org/top20/page.php?id=1`, `https://www.primegrid.com/download/twin-1290000.pdf`

129 `https://de.wikipedia.org/wiki/Brunsche_Konstante`

Es ist interessant, dass der **Pentium-FDIV-Fehler** (https://de.wikipedia.org/wiki/Pentium-FDIV-Bug) 1994 von Thomas Nicely gefunden wurde, als mit massivem Computereinsatz versuchte, die Brunsche Konstante zu berechnen. Der Fehler im Pentium-Mikroprozessor verursachte nur bestimmte Arten von Rechenfehlern. Trotzdem zwang seine Entdeckung den Hersteller des Chips, etwa eine Million fehlerhafte Prozessoren auszutauschen (was Intel etwa eine halbe Milliarde Dollar kostete).

Im Folgenden werden zwei größere Meilensteine erläutert, die dem Rätsel der Anzahl der Primzahl-Zwillinge näher kommen.

GPY 2003 (Beweis-Korrektur 2005) Einen großen Schritt zur Klärung der ersten Frage machten möglicherweise Dan Goldston, János Pintz und Cem Yildirim im Jahre 2003.[130] Die drei Mathematiker beschäftigten sich mit der Verteilung von Primzahlen. Sie konnten beweisen, dass

$$\liminf_{n\to\infty} \frac{p_{n+1} - p_n}{\log p_n} = 0,$$

wobei p_n die n-te Primzahl bezeichnet.

Dies bedeutet, dass der kleinste Häufungspunkt (lim inf) der Folge $\frac{p_{n+1}-p_n}{\log p_n}$ gleich Null ist. Ein Punkt heißt Häufungspunkt einer Folge, wenn in jeder noch so kleinen Umgebung um diesen Punkt unendlich viele Folgenglieder liegen. $\log p_n$ ist in etwa der erwartete Abstand zwischen der Primzahl p_n und der darauf folgenden Primzahl p_{n+1}. Der obige Term besagt also, dass es unendlich viele aufeinander folgende Primzahlen gibt, deren Abstand im Verhältnis zum erwarteten durchschnittlichen Abstand beliebig nah an Null bzw. beliebig klein ist.

Außerdem konnte gezeigt werden, dass für unendlich viele Primzahlen gilt:[131]

$$p_{n+1} - p_n < (\log p_n)^{8/9}$$

4.10.7 Zhang und das Polymath-Projekt

Im Mai 2013 wurde die Arbeit von Yitang Zhang [35] bekannt.[132]

Zhang beweist, dass es unendlich viele *Primzahl-Cousins* gibt, oder genauer, dass es unendlich viele Primzahlpaare gibt, die einen Abstand von H haben und dass die Zahl H kleiner als 70 Millionen ist.[133,134]

In weiteren Arbeiten wurde dieser Mindestabstand H von 70 Millionen weiter verbessert. Diese Fortschritte werden im 8. Polymath-Projekt (massively collaborative online mathematical projects) dokumentiert. [36] Der beste bisher bekannte Wert für H war 4680 (Stand August 2013) und ist 246 (Stand April 2022) – das ist ein guter Fortschritt gegenüber 70 Millionen, aber immer noch weit entfernt von 2. H wurde dann weiter reduziert auf 6 (aber nur unter der Annahme der Elliott-Halberstam-Vermutung).[135]

130- D.A. Goldstone et al.: *Small Gaps between Primes Exist*, 2005
https://arxiv.org/pdf/math/0505300.pdf
- D. A. Goldstone: *Are There Infinitely Many Twin Primes?*, 2007
https://arxiv.org/abs/0710.2123
- K. Soundararajan: *Small Gaps Between Prime Numbers: The Work Of Goldston-Pintz-Yildirim*, 2007
https://www.ams.org/journals/bull/2007-44-01/S0273-0979-06-01142-6/S0273-0979-06-01142-6.pdf

131 c't 2003, Heft 8, Seite 54

132 Erica Klarreich (19. Mai 2013): *Unheralded Mathematician Bridges the Prime Gap*
https://www.quantamagazine.org/yitang-zhang-proves-landmark-theorem-in-distribution-of-prime-numbers-20130519/

133 Während bei einem Primzahl-Zwilling der Abstand der beiden Primzahlen genau 2 ist, bezeichnen Primzahl-Cousins zwei Primzahlen, deren Abstand den Wert einer größeren geraden, aber endlichen Zahl H hat. Vergleiche Fußnote 125 auf der vorherigen Seite.

134 Dies ist nahezu der Beweis für die Vermutung, die 1849 von dem französichen Mathematiker Alphonse de Polignac aufgestellt wurde, dass es unendlich viele Primzahl-Paare gibt zu jeder möglichen geraden und endlichen Lücke (nicht nur für die 2).

135 http://web.archive.org/web/20220827005937/https://asone.ai/polymath/index.php?title=Bounded_gaps_between_primes

Diese Ergebnisse könnten die Grundlage für einen endgültigen Beweis sein, dass es unendlich viele Primzahl-Zwillinge gibt.

4.10.8 Primzahl-Lücken

Eine Primzahl-Lücke[136] ist die Differenz zwischen zwei aufeinanderfolgenden Primzahlen: $g_m = p_{m+1} - p_m$. Die kleinste Primzahl-Lücke ist die erste: $g_1 = 3 - 2 = 1$. Alle anderen Primzahl-Lücken sind gerade, da 2 die erste und einzige gerade Primzahl ist und somit die Differenz bei allen anderen aus zwei ungeraden Zahlen gebildet wird. Die zweite Primzahl-Lücke ist $g_2 = 5 - 3 = 2$.[137] In Abschnitt 4.8 auf Seite 228 wurde schon kurz auf die Lücken zwischen aufeinander folgende Primzahlen eingegangen.

Ob es unendlich viele Primzahl-Zwillinge, d. h. Lücken der Länge 2 gibt, ist eines der „großen" ungelösten Probleme der Mathematik. Siehe Abschnitt 4.10.6 auf Seite 245.

4.10.8.1 Konstruktion von Primzahl-Lücken

Hier geht es um die auf den ersten Blick überraschende Tatsache, dass in der Folge **aller** Primzahlen $p_1, p_2, p_3, \ldots$ Lücken von beliebig großer Länge n auftreten. Mit anderen Worten, es gibt eine Folge von $n - 1$ aufeinanderfolgenden **zusammengesetzten** ganzen Zahlen ≥ 0 für jeden gegebenen Wert von n. D. h., für jede positive ganze Zahl n gibt es eine ganze Zahl m mit $g_m \geq n$, wobei m der Index der Lücke ist.

Dass solche Lücken der Länge n existieren, lässt sich leicht verargumentieren. Sei N eine natürliche Zahl, die zu **keiner** der Zahlen $2, 3, 4, \ldots, n$ teilerfremd ist. Dann sind auch die Zahlen $N+2$,$N+3$,$N+4$, . . .,$N+n$ nicht teilerfremd zu N und folglich keine Primzahlen. Die größte Primzahl vor dieser Folge ist also höchstens gleich $N + 1$; die kleinste danach hingegen mindestens $N + n + 1$, so dass die Länge dieser Primzahl-Lücke mindestens n ist.

Ein solches N kann man auf mindestens drei verschiedene Arten konstruieren:

1. Fakultät $N = n!$

   Das ist beweistechnisch am einfachsten. Dann sind die betrachteten $N + k$ in der Folge $N + 2, N + 3, N + 4, \ldots, N + n$ jeweils durch das k teilbar.

2. $N = kgV(2, \ldots, n)$

   Ebenso gut kann man das kleinste gemeinsame Vielfache der Zahlen von 2 bis n wählen.

3. Primfakultät $N = n\#$

   Den kleinstmöglichen Kandidaten für N findet man durch die Primfakultät. Ist p_m die kleinste Primzahl größer als n, so gilt $n\# = (p_{m-1})\#$.

   Diese Art, solche n-Gaps (Primzahl-Lücken der Länge n) zu konstruieren, verwendet Primfakultäten: $n\#$ = Produkt aller Primzahlen $\leq n$. Siehe die Einführung in Primfakultäten (Primorials) in Abschnitt 4.10.2 auf Seite 236.

Obwohl im letzten Fall N so klein wie möglich gewählt wurde, ist dennoch nicht garantiert, dass die gefundene Lücke jeweils die erste Lücke der geforderten Länge n ist. Insofern liefern wohl alle diese Verfahren einen konkreten Nachweis und eine konkrete Lücke. Bei einer Suche nach dem **ersten** Vorkommen großer Lücken sind sie aber nur bedingt von Nutzen. Die erste Primzahl-Lücke der Länge n tritt normalerweise schon weit vor $n! + 2$ bzw. $N + 2$ auf.

BEISPIELE:

---

136 Nach `https://de.wikipedia.org/wiki/Primzahll%C3%BCcke`.
Siehe auch `https://t5k.org/notes/gaps.html` und als „Integer Sequence" bei `http://oeis.org/A005669`

137 Einige Autoren bezeichnen mit *Primzahl-Lücke* abweichend hiervon die Anzahl zusammengesetzter Zahlen zwischen zwei Primzahlen, d. h. eins weniger als nach der hier verwendeten Definition. Damit wäre $g_2 = (5 - 3) - 1 = 1$.

1. Um beispielsweise eine Lücke mindestens der Länge 4 (4-Gap) zu finden, d. h. in der Lücke mindestens ein Tripel von zusammengesetzten Zahlen zu haben, setzt man $n = 4$ und erhält die Folge $4! + 2, 4! + 3, 4! + 4$, wobei $4! = 24$. Ein Triple zusammengesetzter Zahlen innerhalb der Lücke ist also $(26, 27, 28)$. Das erste Auftreten eines solchen Triples ist schon früher als 4!, nämlich bei $(8, 9, 10)$.

2. Mit $n=6$ findet man eine Primzahl-Lücke mindestens der Länge 6 zwischen den ff. Primzahl-Kandidaten:

   - per Fakultät: $N = 6! = 720 \Rightarrow N + 2 = 722; N + 6 = 726$
     Da 721 nicht prim ist, ist die Lücke noch größer. Sie wird eingerahmt von den Primzahlen [719 und 727] und hat somit die Länge 8.
   - per kgV: $N = kgV(1, \ldots, 6) = 60 \Rightarrow N + 2 = 62; N + 6 = 66$
     Da zufällig beide Grenzen in [61,67] prim sind, ist die Länge auch genau 6.
   - per Primfakultät: $N = 6\# = 2 \cdot 3 \cdot 5 = 30 \Rightarrow N + 2 = 32; N + 6 = 36$
     Die gefundene Lücke [31,37] hat genau die Länge 6, da beides Primzahlen sind.
   - Erste Lücke der Länge 6: $[23, 29]$ mit $g_9 = 6$. Der Index 9 bedeutet, dass es die Lücke zwischen der 9. und der 10. Primzahl ist.

3. Die Fakultät ist die am schnellsten wachsende Funktion unter den drei betrachteten Funktionen.

   - Für $n = 6$ war das: $n! = 720, \; kgV(2, \ldots, 6) = 60$ und $n\# = 30$.
     Die erste Lücke von genau der Länge 6 ist [23,29] mit $g_9 = 6$.
     Sie können diese drei Werte folgendermaßen mit SageMath berechnen:
     ```
     sage: n=6; factorial(n); lcm(2..n);
     primorial=sloane.A002110; primorial(int(pari(n).primepi()))
     ```
   - Für $n = 10$ gilt: $n! = 3\,628\,800, \; kgV(2, \ldots, 10) = 2520$ und $n\# = 210$.
     Die erste Lücke von genau der Länge 10 ist [139,149] mit $g_{34} = 10$.
   - Für $n = 14$ gilt: $n! = 87\,178\,291\,200, \; kgV(2, \ldots, 14) = 360\,360$ und $n\# = 30\,030$.
     Die erste Lücke von genau der Länge 14 ist [113,127] mit $g_{30} = 14$.
     Lücken der Längen 10 und 12 folgen erst **nach** dem ersten Auftreten der Lücke mit der Länge 14.
   - Für $n = 20$ gilt: $n! = 2\,432\,902\,008\,176\,640\,000, \; kgV(2, \ldots, 20) = 232\,792\,560$ und $n\# = 9\,699\,690$.
     Die erste Lücke von genau der Länge 20 ist [887,907] mit $g_{154} = 20$.
     Sie können den Lückenindex per SageMath erhalten: `pari(887).primepi() --> 154`

Tabelle 4.10 auf Seite 250 zeigt die Primzahl-Lücken für die ersten Primzahlen, ob die Lücke maximal ist und Werte die Funktionen Fakultät, kgV und Primfakultät für die jeweilige Lückenlänge annehmen.

4.10.8.2 Maximale Primzahl-Lücken und ihre Verteilung

Wir nennen eine Primzahl-Lücke **maximal**, wenn sie größer als alle früheren Lücken ist. Oder formaler: Betrachten wir die m-te Lücke und $g_m = p_{m+1} - p_m$: g_m ist eine maximale Lücke, wenn $\; g_m > g_i \quad \forall i < m$.

Demnach gibt es keine *maximale* Lücke der Länge 10, denn $g_{34} = 10$ und $g_{30} = 14$. Also tritt die früheste Lücke der Länge 14 früher auf als die früheste Lücke der Länge 10. Eine maximale Lücke ist also immer die erste Lücke dieser Länge, aber dass eine Lücke die erste zu einer gegebenen Länge ist, qualifiziert allein noch nicht als maximal.

Zur Bestimmung der ersten Vorkommen und von maximalen Primzahl-Lücken ist keine allgemeine Methode bekannt, die effizienter ist als eine erschöpfende Suche (brute-force). [37]

Nach dem Primzahlsatz wissen wir, dass es ungefähr $n/\ln n$ Primzahlen kleiner als n gibt (mit $\ln =$ natürlicher Logarithmus). Also ist die „durchschnittliche Lücke“ zwischen Primzahlen bis zu diesem n circa $\ln n$.

Die Lücke $[887, 907]$, die wir oben gefunden haben, ist die erste der Größe 20 und es ist auch eine maximale Primzahl-Lücke. Bei Zahlen dieser Größe ist die durchschnittliche Lückengröße $\ln 887 \approx 6{,}78$. Eine Metrik dafür, wie ungewöhnlich eine Lücke ist, ist der **Merit**, also der tatsächliche Abstand dividiert durch den durchschnittlichen Abstand. Für diese Lücke beträgt der Merit $20/\ln 887 \approx 2{,}95$. Je größer der Merit, desto interessanter ist die Lücke.

Stand Okt. 2020 beträgt der **höchste bekannte Merit** $\approx 41{,}9$ für $g_m = 8350$, beginnend bei einer 87-stelligen Primzahl p_m. Diese Lücke wurde vom Gapcoin-Netzwerk (Jonnie Frey) im Jahr 2017 gefunden.[138]

Stand Juni 2022 hat die **größte bekannte maximale Primzahl-Lücke** eine Länge $G = 1550$. Sie wurde 2014 von Bertil Nyman gefunden. Es ist die 80. maximale Lücke, und sie beginnt nach der Primzahl 18 361 375 334 787 046 697 (20 Ziffern). Der Merit dieser maximalen Primzahl-Lücke beträgt $M = 34{,}94$.

Größte bekannte Primzahl-Lücke: Martin Raab fand 2017 eine neue erste (und größte) bekannte Primzahl-Lücke der Länge $G = 6\,582\,144$, die nach der 216 841-stelligen Primzahl $499\,973\#/30\,030 - 4\,509\,212$ beginnt. Die Lücke hat den Merit $M = 13{,}18$.[139] Ob diese größte bekannte Lücke auch eine maximale ist, lässt sich mit heutiger Technik nicht sagen.

Es gibt viele Vermutungen über untere und obere Grenzen von Primzahl-Lücken, ihrem ersten Auftreten, maximalen Lücken und größten Lücken in der Literatur. Die meines Wissens interessanteste Übersicht ist der Artikel von Kourbatov und Wolf [38].

Z. B. wird auf Seite 17 eine Vermutung über die Verteilung der maximalen Lücken aufgestellt: Die Anzahl der maximalen Primzahl-Lücken bis zu einer Primzahl x ist $\approx 2 \cdot \ln x$. Die Anzahl hat also in der Landau-Notation die Ordnung $\mathcal{O}(\ln x)$ für $x \to \infty$.

Tabelle 4.10 auf der nächsten Seite zeigt die (maximalen) Primzahl-Lücken für die ersten Primzahlen.[140] Die Spalte g_i enthält die Länge $= n$ der $i - ten$ Lücke. Wenn die Lücke maximal ist, ist new_{gmax} „True“. Die letzten drei Spalten zeigen dann die Werte N der in Abschnitt 4.10.8 auf Seite 247 genannten Funktionen Fakultät, kgV und Primfakultät. Danach ist spätestens eine Lücke dieser Länge zu erwarten bzw. kann so konstruiert werden.

Die Folge der Primzahl-Lücken in der Spalte g_i finden Sie auch unter `https://oeis.org/A001223`: „Prime gaps: differences between consecutive primes“.

Tabelle 4.11 auf Seite 251 zeigt die maximalen Primzahl-Lücken für die ersten Primzahlen. Die ersten 6 maximalen Lücken treten schon nach je einer der ersten 30 Primzahlen auf. Die Spalte g_i enthält die wieder die Länge n der Lücke. Die letzten drei Spalten zeigen wieder die Werte N der in Abschnitt 4.10.8 genannten Funktionen Fakultät, kgV und Primfakultät. Nach diesen Kandidaten ist spätestens eine Lücke dieser Länge zu erwarten bzw. kann so konstruiert werden. Für jeden Kandidaten werden die konkrete Lücke, ihre wirkliche Länge und ihr Merit-Wert ausgegeben.

Tabelle 4.11 hat denselben Inhalt wie die folgende Webseite von Jens Kruse Andersen: `http://primerecords.dk/primegaps/maximal.htm`. Tabelle 4.11 wurde komplett mit dem SageMath-Beispiel 4.10.3 erstellt.

SageMath-Beispiel 4.10.3: Erste maximale Primzahl-Lücken mit Merits

```
print("\n# CHAP04 -- Sage-Script-SAMPLE 110: =========")

# Calculate table with details for the maximal prime gaps (starting with p_1 = 2)
# - plus some candidate gaps starting with N+2 according to three formulas
# - plus the latex code for the table used in the CTB (currently commented out)
# Remarks: the candidates in the last 3 columns are listed here only for didactical reasons
```

[138] `https://faculty.lynchburg.edu/~nicely/#MaxMerit`

[139] Laut der Homepage von Thomas Nicely `https://faculty.lynchburg.edu/~nicely` wurden die Primalität der Endpunkte der Lücke und die Zusammengesetztheit der inneren ganzen Zahlen unabhängig voneinander bis September 2017 bestätigt. Allerdings ist diese Zahl – wahrscheinlich aufgrund des Todes von Nicely Stand Juni 2022 – immer noch nicht auf der leicht zugänglichen Website `https://primegap-list-project.github.io/lists/largest-prime-gaps-with-proven-endpoints/` aufgeführt.

[140] Tabelle 4.10 wurde komplett mit dem SageMath-Skript `chap04_sample100.sage` erstellt. Dieses Skript ist hier nicht abgedruckt, kann aber von `https://www.cryptool.org/de/ctbook/sagemath/` heruntergeladen werden.

i	p	p_{next}	g_i	new_{gmax}	idx_{gmax}	gmax	n!	lcm	n#
1	2	3	1	True	1	1	1	1	1
2	3	5	2	True	2	2	2	2	2
3	5	7	2	False	–	–	–	–	–
4	7	11	4	True	3	4	24	12	6
5	11	13	2	False	–	–	–	–	–
6	13	17	4	False	–	–	–	–	–
7	17	19	2	False	–	–	–	–	–
8	19	23	4	False	–	–	–	–	–
9	23	29	6	True	4	6	720	60	30
10	29	31	2	False	–	–	–	–	–
...									
23	83	89	6	False	–	–	–	–	–
24	89	97	8	True	5	8	40 320	840	210
25	97	101	4	False	–	–	–	–	–
26	101	103	2	False	–	–	–	–	–
27	103	107	4	False	–	–	–	–	–
28	107	109	2	False	–	–	–	–	–
29	109	113	4	False	–	–	–	–	–
30	113	127	14	True	6	14	87 178 291 200	360 360	30 030
31	127	131	4	False	–	–	–	–	–
32	131	137	6	False	–	–	–	–	–
33	137	139	2	False	–	–	–	–	–
34	139	149	10	False	–	–	3 628 800	2520	210
35	149	151	2	False	–	–	–	–	–

Tab. 4.10: Lücken zwischen den ersten Primzahlen (Lückenlänge $g_i = n$)

Fortsetzung SageMath-Beispiel 4.10.3

```
P = Primes()      # set of all prime numbers: 2, 3, 5, 7, ...
gmaxCur = 0       # value of current maximal prime gap
idx_gmaxCur = 0   # index of this maximal prime gap
primorial=sloane.A002110  # Primorial numbers
#
# https://oeis.org/A005250  "Record gaps between primes" = maximal prime gaps
# Remark: sloane.A005250 causes Error: A005250 not found
```

No	i	g_i	Gap[]	Merit	n! candidate	lcm candidate	n# candidate
	i-th				real gap	real gap	real gap
	prime				real len/merit	real len/merit	real len/merit
1	1	1	[2, 3]	1,443	1	1	1
					[2, 3]	[2, 3]	[2, 3]
					1 // 1,443	1 // 1,443	1 // 1,443
2	2	2	[3, 5]	1,820	2	2	2
					[3, 5]	[3, 5]	[3, 5]
					2 // 1,820	2 // 1,820	2 // 1,820
3	4	4	[7, 11]	2,056	24	12	6
					[23, 29]	[13, 17]	[7, 11]
					6 // 1,914	4 // 1,559	4 // 2,056
4	9	6	[23, 29]	1,914	720	60	30
					[719, 727]	[61, 67]	[31, 37]
					8 // 1,216	6 // 1,460	6 // 1,747
5	24	8	[89, 97]	1,782	40 320	840	210
					[40 289, 40 343]	[839, 853]	[211, 223]
					54 // 5,092	14 // 2,080	12 // 2,242
6	30	14	[113, 127]	2,961	87 178 291 200	360 360	30 030
					[87 178 291 199, 87 178 291 219]	[360 337, 360 391]	[30 029, 30 047]
					20 // 0,7939	54 // 4,220	18 // 1,746

Tab. 4.11: Erste maximale Primzahl-Lücken mit Merits (plus ein paar zusätzliche Infos)

Fortsetzung SageMath-Beispiel 4.10.3

```
# [1, 2, 4, 6, 8, 14, 18, 20, 22, 34, 36, 44, 52, 72, 86, 96, 112, 114, 118, 132, 148, 154, 180, 210, 220, 222▶
 ▶, 234, 248, 250, 282, 288, 292, 320, 336, 354, 382, 384, 394, 456, 464, 468, 474, 486, 490, 500, 514, 516, ▶
 ▶532, 534, 540, 582, 588, 602, 652

ListGapLength=[] # list of unique gap length (each gap length is listed only once)

rows=[]  # rectable of rows (used to create the LaTeX table for the CTB)
row1 = ['No', 'i', 'n=g_i', 'Gap[]', 'Merit', 'n! candidate', 'lcm candidate', 'n# candidate']
row2 = ['', 'i-th',  '', '', '', 'real gap', 'real gap', 'real gap']
row3 = ['', 'prime', '', '', '', 'real len // merit', 'real len // merit', 'real len // merit']
rows.append(row1); rows.append(row2); rows.append(row3)

for i in range(1,36): # with 50000 instead of 36 it takes about 10 sec
  new_GapLen = False
  new_gmaxCur = False
  p = P[i-int(1)]

  p_next = P[i]  # or p_next = p.next_prime()
  n = g_i = p_next - p

  if g_i > gmaxCur: # a new maximal gap is found. Len 10 is no maximal gap as it appears after 14.
    new_gmaxCur = True
    idx_gmaxCur += 1
    gmaxCur = g_i
    primori = primorial(int(pari(n).primepi()))
```

Fortsetzung SageMath-Beispiel 4.10.3

```
else:
      continue # only output new rows if there is a new maximal gap

    # in the following there is new_gmaxCur == True
    lowerfactorialprime = factorial(n)+1
    while not lowerfactorialprime.is_prime():
      lowerfactorialprime -= 1
    upperfactorialprime = factorial(n)+1+n
    while not upperfactorialprime.is_prime():
      upperfactorialprime += 1
    reallength_factorial = upperfactorialprime - lowerfactorialprime

    lowerlcmprime = lcm(2..n)+1
    while not lowerlcmprime.is_prime():
      lowerlcmprime -= 1
    upperlcmprime = lcm(2..n)+n+1
    while not upperlcmprime.is_prime():
      upperlcmprime += 1
    reallength_lcm = upperlcmprime - lowerlcmprime

    lowerkPprime = primori+1
    while not lowerkPprime.is_prime():
      lowerkPprime -= 1
    upperkPprime = primori+n+1
    while not upperkPprime.is_prime():
      upperkPprime += 1
    reallength_kP = upperkPprime - lowerkPprime

    merit = (n / ln (p)).n(digits=4)
    merit_factorial = (reallength_factorial / ln (lowerfactorialprime)).n(digits=4)
    merit_lcm       = (reallength_lcm / ln (lowerlcmprime)).n(digits=4)
    merit_kP        = (reallength_kP / ln (lowerkPprime)).n(digits=4)

    rowa = [idx_gmaxCur, i, g_i, "["+str(p)+", "+str(p_next)+"]", merit,
           factorial(n), lcm(2..n), primori]
    rowb = ['', "", "", "", "",
            "[" + str(lowerfactorialprime) + ", " +str(upperfactorialprime)+"]",
            "[" + str(lowerlcmprime)       + ", " +str(upperlcmprime)+"]",
            "[" + str(lowerkPprime)        + ", " +str(upperkPprime)+"]" ]
    rowc = ['', "", "", "", "",
            str(reallength_factorial) + "  //  " + str(merit_factorial),
            str(reallength_lcm) + "  //  " + str(merit_lcm),
            str(reallength_kP) + "  //  " + str(merit_kP) ]
    rows.append(rowa); rows.append(rowb); rows.append(rowc)

  print("\n", table(rows),"\n")
  # now output the LaTeX commands to print the table
  # print(latex(table(rows, header_row=True, frame=True)))

#------------------------------------
# CHAP04 -- Sage-Script-SAMPLE 110: =========
#
# No  i      n=g_i  Gap[]       Merit  n! candidate                    lcm candidate      n# candidate
#     i-th                             real gap                        real gap           real gap
#     prime                            real len/merit                  real len/merit     real len/merit
# 1   1      1      [2,3]       1.443  1                               1                  1
#                                      [2,3]                           [2,3]              [2,3]
#                                      1 / 1.443                       1 / 1.443          1 / 1.443
# 2   2      2      [3,5]       1.820  2                               2                  2
#                                      [3,5]                           [3,5]              [3,5]
#                                      2 / 1.820                       2 / 1.820          2 / 1.820
# 3   4      4      [7,11]      2.056  24                              12                 6
#                                      [23,29]                         [13,17]            [7,11]
#                                      6 / 1.914                       4 / 1.559          4 / 2.056
# 4   9      6      [23,29]     1.914  720                             60                 30
#                                      [719,727]                       [61,67]            [31,37]
#                                      8 / 1.216                       6 / 1.460          6 / 1.747
# 5   24     8      [89,97]     1.782  40320                           840                210
#                                      [40289,40343]                   [839,853]          [211,223]
#                                      54 / 5.092                      14 / 2.080         12 / 2.242
# 6   30     14     [113,127]   2.961  87178291200                     360360             30030
#                                      [87178291199,87178291219]       [360337,360391]    [30029,30047]
```

Fortsetzung SageMath-Beispiel 4.10.3

```
#                    20 / 0.7939          54 / 4.220      18 / 1.746
```

4.10.9 Kurioses und Interessantes zu Primzahlen[141]

Primzahlen sind nicht nur ein sehr aktives und ernstes mathematisches Forschungsgebiet. Mit ihnen beschäftigen sich Menschen auch hobbymäßig und außerhalb der wissenschaftlichen Forschung.

4.10.9.1 Mitarbeiterwerbung bei Google im Jahre 2004

Im Sommer 2004 benutzte die Firma Google die Zahl e, um Bewerber zu gewinnen.[142,143]

Auf einer hervorstechenden Reklamewand im kalifornischen Silicon Valley erschien am 12. Juli das folgende geheimnisvolle Rätsel:

(first 10-digit prime found in consecutive digits of e).com

In der Dezimaldarstellung von e sollte man also die erste 10-stellige Primzahl finden, die sich in den Nachkommastellen befindet. Mit verschiedenen Software-Tools kann man die Antwort finden:

$$7\,427\,466\,391$$

Wenn man dann die Webseite $www.7427466391.com$ besuchte, bekam man ein noch schwierigeres Rätsel gezeigt. Wenn man auch dieses zweite Rätsel löste, kam man zu einer weiteren Webseite, die darum bat, den Lebenslauf an Google zu senden. Diese Werbekampagne erzielte eine hohe Aufmerksamkeit.

Wahrscheinlich nahm Google an, dass man gut genug ist, für sie zu arbeiten, wenn man diese Rätsel lösen kann. Aber bald konnte jeder mithilfe der Google-Suche ohne Anstrengung die Antworten finden, weil viele die Lösung der Rätsel ins Netz gestellt hatten.[144]

4.10.9.2 Contact [Film, 1997] – Primzahlen zur Kontaktaufnahme

Der Film von Regiseur Robert Zemeckis entstand nach dem gleichnamigen Buch von Carl Sagan.

Die Astronomin Dr. Ellie Arroway (Jodie Foster) entdeckt nach jahrelanger vergeblicher Suche Signale vom 26 Lichtjahre entfernten Sonnensystem Wega. In diesen Signalen haben Außerirdische die Primzahlen lückenlos in der richtigen Reihenfolge codiert. Daran erkennt die Heldin, dass diese Nachricht anders ist als die ohnehin ständig auf der Erde eintreffenden Radiowellen, die kosmischer und zufälliger Natur sind (von Radiogalaxien, Pulsaren oder Quasaren). In einer entlarvenden Szene fragt sie daraufhin ein Politiker, warum diese intelligenten Wesen nicht gleich Englisch sprechen ...

---

141 Weitere kuriose und seltsame Dinge zu Primzahlen finden sich auch unter `https://t5k.org/curios/home.php` und `http://www.primzahlen.de`. Z. B. auch über Primzahlen, die Palindrome sind wie 7778777. Siehe `https://de.wikipedia.org/wiki/Primzahlpalindrom`

142 Die Basis des natürlichen Logarithmus e ist ungefähr 2,718 281 828 459. Dies ist eine der bedeutendsten Zahlen in der Mathematik. Sie wird gebraucht für komplexe Analysis, Finanzmathematik, Physik und Geometrie. Nun wurde sie – meines Wissens – das erste Mal für Marketing und Personalbeschaffung verwendet.

143 Die meisten Informationen für diesen Paragraphen stammen aus dem Artikel *e-number crunching* von John Allen Paulos in TheGuardian vom 30.09.2004 und aus dem Internet:
- `https://mkaz.blog/math/google-billboard-problems/`
- `https://epramono.blogspot.com/2004/10/7427466391.html`
- `https://mathworld.wolfram.com/news/2004-10-13/google/`.

144 Im zweiten Level der Rätsel musste man das 5. Glied einer gegebenen Zahlenfolge finden: Dies hatte nichts mehr mit Primzahlen zu tun.

Eine Kommunikation mit absolut fremden und unbekannten Wesen aus dem All ist aus 2 Gründen sehr schwierig: Zunächst kann man sich bei der hier angenommenen Entfernung und dem damit verbundenen langen Übertragungsweg in einem durchschnittlichen Menschenleben nur einmal in jeder Richtung nacheinander austauschen. Zum Zweiten muss man für den Erstkontakt darauf achten, dass eine möglichst hohe Chance besteht, dass der Empfänger der Radiowellen die Botschaft überhaupt bemerkt und dass er sie als Nachricht von intelligenten Wesen einstuft. Deshalb senden die Außerirdischen am Anfang ihrer Nachricht Zahlen, die als der einfachste Teil jeder höheren Sprache angesehen werden können und die nicht ganz trivial sind: die Folge der Primzahlen. Diese speziellen Zahlen spielen in der Mathematik eine so fundamentale Rolle, dass man annehmen kann, dass sie jeder Spezies vertraut sind, die das technische Know-how hat, Radiowellen zu empfangen.

Die Aliens schicken danach den Plan zum Bau einer mysteriösen Maschine ...

4.10.9.3 Primzahl-Musik

Chris Caldwell von der Universität Tennessee entwickelte Ende des letzten Jahrhunderts ein Schema zum Abhören von Primzahl-Sequenzen. Vielleicht können Sie sowohl einfache Muster als auch verwirrende Unregelmäßigkeiten hören.

Die folgenden Informationen stammen größtenteils aus Ivar Petersons MathTrek-Editorial vom 22. Juni 1998 und von Caldwells Webseite `https://t5k.org/programs/music/listen/`, wo Sie Beschreibungen, einige Beispiel-Audiodateien und das „Primzahlen-Musik-Programm“ finden, um Ihre eigene Musik mit Primzahl-Sequenzen zu erstellen.

Die MIDI-Spezifikation (Musical Instrument Digital Interface) weist jeder Note eine Nummer zu: ein mittleres C ist 60, ein Cis ist 61, ein D ist 62 und so weiter. Insgesamt gibt es 128 Noten, denen Nummern zugeordnet werden.

Da es unendlich viele Primzahlen gibt, müssen sie auf 128 mögliche Werte geschrumpft werden. Caldwell spielt deshalb nur den Rest modulo einer gegebenen Zahl. Ist der Modulus beispielsweise 7, dann würde man für die Primzahlen $2, 3, 5, 7, 11, 13, 17, 19, 23, \ldots$ die Folge $2, 3, 5, 0, 4, 6, 3, 5, 2, \ldots$ spielen. Da die Töne 0 bis 6, interpretiert als Frequenz, zu niedrig sind, um hörbar zu sein, wird eine Konstante wie 56 hinzugefügt. Damit wird die erste Primzahl 2 als Note A gespielt. Die Website erstellt die Midi-Dateien auf dem Server. Der Quellcode des „Primzahlen-Musik-Programm“ wird nicht angeboten.

4.11 Anhang: Anzahl von Primzahlen in verschiedenen Intervallen

Die beiden Tabellen 4.12 und 4.13 zeigen die Anzahl der Primzahlen in verschiedenen Intervallen.

Eine Visualisierung der Anzahl von Primzahlen in höheren Intervallen von Zehnerpotenzen finden Sie in Abschnitt 4.15 auf Seite 259.

Zehnerintervall		Hunderterintervall		Tausenderintervall	
Intervall	Anzahl	Intervall	Anzahl	Intervall	Anzahl
1-10	4	1-100	25	1-1000	168
11-20	4	101-200	21	1001-2000	135
21-30	2	201-300	16	2001-3000	127
31-40	2	301-400	16	3001-4000	120
41-50	3	401-500	17	4001-5000	119
51-60	2	501-600	14	5001-6000	114
61-70	2	601-700	16	6001-7000	117
71-80	3	701-800	14	7001-8000	107
81-90	2	801-900	15	8001-9000	110
91-100	1	901-1000	14	9001-10 000	112

Tab. 4.12: Wieviele Primzahlen gibt es innerhalb der ersten Zehner-/Hunderter-/Tausender-Intervalle?

Dimension	Intervall	Anzahl	Durchschnittl. Anzahl pro 1000
4	1 - 10 000	1229	122,90
5	1 - 100 000	9592	95,92
6	1 - 1 000 000	78 498	78,50
7	1 - 10 000 000	664 579	66,46
8	1 - 100 000 000	5 761 455	57,62
9	1 - 1 000 000 000	50 847 534	50,85
10	1 - 10 000 000 000	455 052 512	45,51

Tab. 4.13: Wieviele Primzahlen gibt es innerhalb der ersten Dimensionsintervalle?

4.12 Anhang: Indizierung von Primzahlen (n-te Primzahl)

Tabelle 4.14 zeigt von ein paar ausgewählten Primzahlen, die wievielte Primzahl es ist. Der Index in der ersten Spalte startet mit 1.

Index n	Genauer Wert P(n)	Gerundeter Wert	Bemerkung
1	2		
2	3		
3	5		
4	7		
5	11		
6	13		
7	17		
8	19		
9	23		
10	29		
100	541		
1000	7919		
664 579	9 999 991	$9{,}999\,99 \cdot 10^6$	Alle Primzahlen bis zu $1 \cdot 10^7$ waren am Beginn des 20. Jahrhunderts bekannt.
$1 \cdot 10^6$	15 485 863	$1{,}548\,59 \cdot 10^7$	
$6 \cdot 10^6$	104 395 301	$1{,}043\,95 \cdot 10^8$	Diese Primzahl wurde 1959 entdeckt.
$1 \cdot 10^7$	179 424 673	$1{,}794\,25 \cdot 10^8$	
$1 \cdot 10^9$	22 801 763 489	$2{,}280\,18 \cdot 10^{10}$	
$1 \cdot 10^{12}$	29 996 224 275 833	$2{,}999\,62 \cdot 10^{13}$	

Tab. 4.14: Liste ausgewählter n-ter Primzahlen P(n)

Sofern das gegebene n nicht zu groß ist, kann man die n-te Primzahl sehr einfach berechnen. Z. B. liefert die unrank-Funktion von SageMath die **1-Milliardste** Primzahl nahezu sofort (30 μsec). Da die Funktion den Index mit 0 beginnt (der Index der ersten Primzahl 2 ist also 0), muss man in SageMath-Beispiel 4.12.1 auf der nächsten Seite den Index in der Klammer 1 subtrahieren. Aber um die **1-Billionste** Primzahl zu berechnen, kam SageMath auf einem schnellen Laptop auch nach 2 Tagen noch nicht zurück ...

SageMath-Beispiel 4.12.1: Bestimme die n-te Primzahl mit SageMath

```
sage: P=Primes(); P.unrank(10^9-1)
22801763489
```

Funktioniert das Gegenteil auch – wenn eine Primzahl p gegeben ist, wie erhält man ihren Index oder ihre Position? Oben erhielten wir mit `Primes().unrank(n)` eine Primzahl p. Z. B. `Primes().unrank(999)` liefert 7919. Jetzt wollen wir etwas wie `Primes().ununrank(7919)`, um $n = 999$ zu bekommen, aber `Primes()` hat keine solche Methode. Allerdings gibt es die „Prime-Counting"-Funktion `prime_pi`, um die Anzahl der Primzahlen bis zu einer gegebenen Zahl (und diese obere Zahl kann auch eine Primzahl sein) zu ermitteln: Dieses n entspricht dann der Position einer Primzahl p, d. h. das n finden, wenn p die n-te Primzahl ist. So liefert $prime\_pi(7919)$ also 1000. Siehe SageMath-Beispiel 4.12.2.

SageMath-Beispiel 4.12.2: Bestimme Position einer Primzahl

```
sage: P=Primes(); P.unrank(4)
11
sage: prime_pi(11)
5
```

Bemerkung: Mit Lücke wurden früh sehr große Primzahlen entdeckt. Für die größten Primzahlen wie die Mersenne-Primzahlen wissen wir ihren genauen Index aber nicht. Siehe:
`https://t5k.org/nthprime/`
`https://t5k.org/notes/by_year.html`

4.13 Anhang: Größenordnungen / Dimensionen in der Realität

Bei der Beschreibung kryptografischer Protokolle und Algorithmen treten Zahlen auf, die so groß bzw. so klein sind, dass sie einem intuitiven Verständnis nicht zugänglich sind. Es kann daher nützlich sein, Vergleichszahlen aus der uns umgebenden realen Welt bereitzustellen, so dass man ein Gefühl für die Sicherheit kryptografischer Algorithmen entwickeln kann. Die Werte in Tabelle 4.15 auf der nächsten Seite stammen größtenteils aus [39] und [40, S.18].

Wahrscheinlichkeit, dass Sie auf ihrem nächsten Flug entführt werden	$5{,}5 \cdot 10^{-6}$
Jährliche Wahrscheinlichkeit, von einem Blitz getroffen zu werden	10^{-7}
Wahrscheinlichkeit für 6 Richtige im Lotto	$7{,}1 \cdot 10^{-8}$
Risiko, von einem Meteoriten erschlagen zu werden	$1{,}6 \cdot 10^{-12}$
Zeit bis zur nächsten Eiszeit (in Jahren)	$14\,000 = (2^{14})$
Zeit bis die Sonne verglüht (in Jahren)	$10^9 = (2^{30})$
Alter der Erde (in Jahren)	$10^9 = (2^{30})$
Alter des Universums (in Jahren)	$10^{10} = (2^{34})$
Anzahl der Moleküle in einem Wassertropfen	$10^{20} = (2^{63})$
Anzahl der auf der Erde lebenden Bakterien	$10^{30,7} = (2^{102})$
Anzahl der Atome der Erde	$10^{51} = (2^{170})$
Anzahl der Atome der Sonne	$10^{57} = (2^{190})$
Anzahl der Atome im Universum (ohne dunkle Materie)	$10^{77} = (2^{265})$
Volumen des Universums (in cm^3)	$10^{84} = (2^{280})$

Tab. 4.15: Wahrscheinlichkeiten und Größenordnungen aus Physik und Alltag

4.14 Anhang: Spezielle Werte des Zweier- und Zehnersystems

Spezielle Werte des Zweier- und Zehnersystems wie in Tabelle 4.16 auf der nächsten Seite können dazu benutzt werden, aus einer Schlüssellänge in Bit die Anzahl möglicher Schlüssel im Zehnersystem und den Such-Aufwand abzuschätzen (wenn man z. B. annimmt, dass 1 Million Schlüssel in 1 sec durchprobiert werden können).

Solche Tabellen lassen sich mit Computer-Algebra-Systemen einfach erstellen, wie hier mit dem SageMath-Beispiel 4.14.1.

SageMath-Beispiel 4.14.1: Spezielle Werte des Zweier- und Zehnersystems

```
print("\n# CHAP04 -- Sage-Script-SAMPLE 020: =========")

E = [10,40,56,64,80,90,112,128,150,160,192,256,1024,2048,4096]
for e in E:
    print( '2^%4d  --- ' % e, RR(2^e).n(24) )

#------------------------------------
# CHAP04 -- Sage-Script-SAMPLE 020: =========
# 2^  10  ---  1024.00
# 2^  40  ---  1.09951e12
# 2^  56  ---  7.20576e16
# 2^  64  ---  1.84467e19
# 2^  80  ---  1.20893e24
# 2^  90  ---  1.23794e27
# 2^ 112  ---  5.19230e33
# 2^ 128  ---  3.40282e38
# ...
# 2^ 256  ---  1.15792e77
# 2^1024  ---  1.79769e308
# 2^2048  ---  3.23170e616
# 2^4096  ---  1.04439e1233
```

Dualsystem	Zehnersystem
2^{10}	1024
2^{40}	$1{,}099\,51 \cdot 10^{12}$
2^{56}	$7{,}205\,76 \cdot 10^{16}$
2^{64}	$1{,}844\,67 \cdot 10^{19}$
2^{80}	$1{,}208\,93 \cdot 10^{24}$
2^{90}	$1{,}237\,94 \cdot 10^{27}$
2^{112}	$5{,}192\,30 \cdot 10^{33}$
2^{128}	$3{,}402\,82 \cdot 10^{38}$
2^{150}	$1{,}427\,25 \cdot 10^{45}$
2^{160}	$1{,}461\,50 \cdot 10^{48}$
2^{192}	$6{,}277\,10 \cdot 10^{57}$
2^{250}	$1{,}809\,25 \cdot 10^{75}$
2^{256}	$1{,}157\,92 \cdot 10^{77}$
2^{320}	$2{,}135\,99 \cdot 10^{96}$
2^{512}	$1{,}340\,78 \cdot 10^{154}$
2^{768}	$1{,}552\,52 \cdot 10^{231}$
2^{1024}	$1{,}797\,69 \cdot 10^{308}$
2^{2048}	$3{,}231\,70 \cdot 10^{616}$
2^{4096}	$1{,}044\,39 \cdot 10^{1233}$

Tab. 4.16: Sich entsprechende spezielle Werte des Zweier- und Zehnersystems

4.15 Anhang: Visualisierung der Menge der Primzahlen in hohen Bereichen

Zur Verteilung von Primzahlen

Zwischen 1 und 10 gibt es 4 Primzahlen. Zwischen 10^3 und 10^4 sind es schon 1061. Im Intervall $[10^9, 10^{10}]$ liegen $404\,204\,977 \approx 4 \cdot 10^8$ Primzahlen, und in dem Intervall von 10^{19} bis 10^{20} sind es schon

$$1\,986\,761\,935\,284\,574\,233 \approx 1,9 \cdot 10^{18}$$

Primzahlen.[145]

[145] https://de.wikipedia.org/wiki/Primzahlsatz

Primzahlsatz

Die Anzahl der Primzahlen $\pi(x)$ bis zu einer gegebenen Zahl x kann durch eine Formel nach dem sogenannten Primzahlsatz näherungsweise bestimmt werden (siehe Abschnitt 4.8). $\pi(x)$ (manchmal auch $\Pi(x)$) bezeichnet die Anzahl der Primzahlen kleiner oder gleich der Zahl x:

$$\pi(x) \sim \frac{x}{\ln x}$$

Es ist zu beachten, dass diese Formel die Anzahl der Primzahlen kleiner oder gleich x nur ungefähr angibt. Sie wird jedoch genauer, je größer x wird. Im folgenden wollen wir den Primzahlsatz nutzen, um uns die Verteilung der Primzahlen anzusehen.

Um zu verstehen, warum die Anzahl der Primzahlen so schnell wächst, obwohl sich die Intervallgrenzen jeweils nur um einen Exponentenwert von 1 unterscheiden, werfen wir einen Blick auf beide Komponenten der rechten Seite der Formel: x und $\ln x$.

Die Funktionen x und 10^x

Die Funktion x ist eine Gerade. Sie ist in Abb. 4.13a zu sehen.
Als Nächstes tragen wir die Funktion der Intervallgrenzen in einem Graphen ab, der in Abb. 4.13b zu finden ist. Um einen Eindruck zu bekommen, wie die Funktionen aussehen, wurde der Definitionsbereich von 0 bis 10^{10} bzw. entprechend von 0 bis 10 gewählt. Es ist zu sehen, dass mit steigendem Exponenten x die Zahlen immer größer werden.

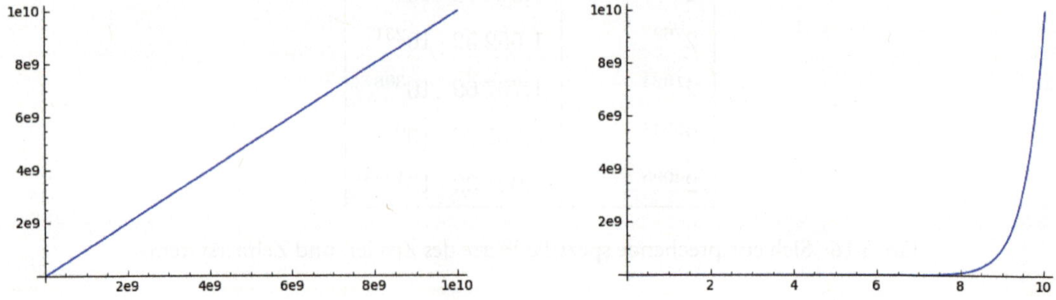

(a) x (b) 10^x

Abb. 4.13: Graph der Funktionen x und 10^x

Die Funktion $\ln x$

Im Vergleich zu den Funktionen x und 10^x betrachten wir nun die Funktion $\ln x$. Auf dem linken Bild von Abb. 4.14 auf der nächsten Seite wurde der Definitionsbereich von 1 bis 100 gewählt. Das rechte Bild zeigt die Werte der Funktion bis 10^{10}.

Es ist gut zu erkennen, dass die Werte der Funktion $\ln x$ im Vergleich zu x langsam wachsen. Dies verdeutlicht auch der Graph beider Funktionen in Abb. 4.15 auf der nächsten Seite. Zudem wurde in diesen Graphen auch die Funktion $\frac{x}{\ln x}$ eingezeichnet.

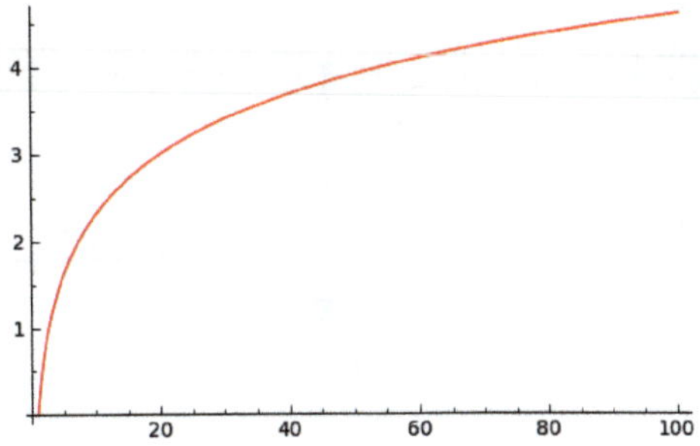

(a)

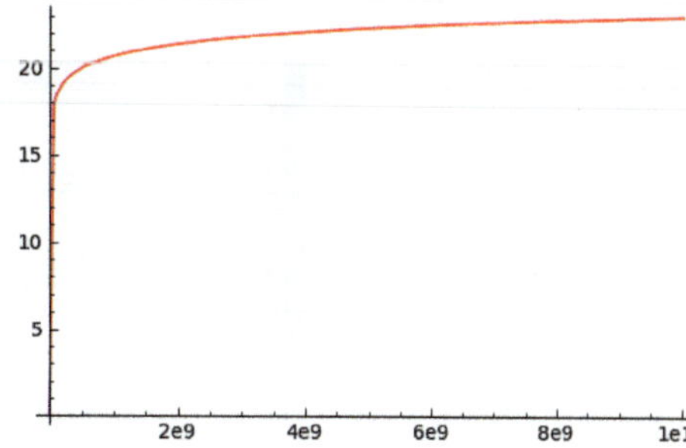

(b)

Abb. 4.14: Graph der Funktion $\ln x$ bis 100 und bis 10^{10}

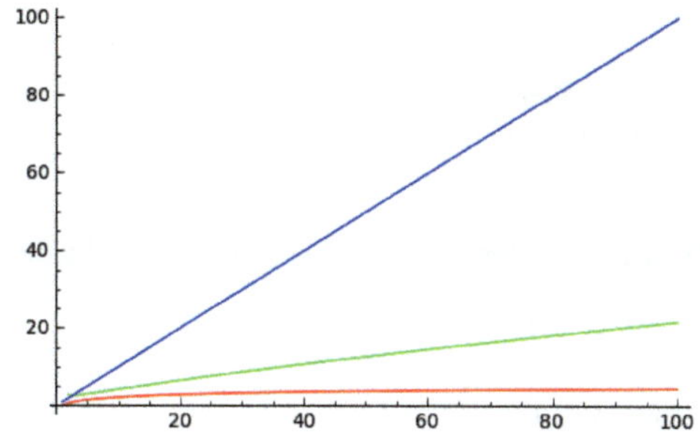

Abb. 4.15: Die Funktionen x (blau), $\ln x$ (rot) und $\frac{x}{\ln x}$ (grün)

Die Funktion $\pi(x) = \frac{x}{\ln x}$

Die Funktion $\frac{x}{\ln x}$ setzt sich also zusammen aus der Funktion x im Zähler und der im Verhältnis dazu sehr langsam wachsenden Funktion $\ln x$ im Nenner. Die Anzahl der Primzahlen kleiner oder gleich einer Zahl x ist zwar verhältnismäßig klein im Vergleich zu x selbst. Dennoch ist $\frac{x}{\ln x}$ eine wachsende Funktion. Dies wird auch deutlich in Abb. 4.15.

Die Anzahl der Primzahlen in verschiedenen Intervallen

Abb. 4.16 auf der nächsten Seite veranschaulicht, wie sich die Anzahl der Primzahlen in den Intervallen $[1, 10^x]$ und $[10^{x-1}, 10^x]$ entwickelt. Um es schneller berechnen zu können, wird nicht die exakte Anzahl (wie in den Tabellen 4.12 und 4.13) benutzt, sondern der Wert der Näherungsfunktion.

Dabei werden pro Zehner-Exponenten zwei Balken gezeichnet: $\frac{10^x}{\ln 10^x}$ im Vergleich zu $\frac{10^x}{\ln 10^x} - \frac{10^{x-1}}{\ln 10^{x-1}}$: Die linke Grafik für x von 1 bis 5, und die rechte für x von 1 bis 10, wobei x der Wert des Zehner-Exponenten ist.

Die blauen Balken geben an, wieviele Primzahlen es ingesamt bis 10^x gibt. Die roten Balken zeigen, wieviele Primzahlen jeweils im letzten Intervall $[10^{x-1}, 10^x]$ hinzukommen. Dies verdeutlicht, dass die Anzahl der Primzahlen in Intervallen mit höheren Exponenten immer noch stark steigt.

Eine Tabelle mit den Anzahlen von Primzahlen in einigen ausgewählten Intervallen finden Sie in Abschnitt 4.11 auf Seite 254: Z. B. liegen im Intervall $[1, 10^4]$ 1229 Primzahlen; davon befinden sich im Intervall $[10^3, 10^4]$ 1229 - 168 = 1061 Primzahlen.

Mehr Theorie zum Primzahlsatz und zur Funktion $\pi(x)$ steht in Abschnitt 4.8 auf Seite 228.

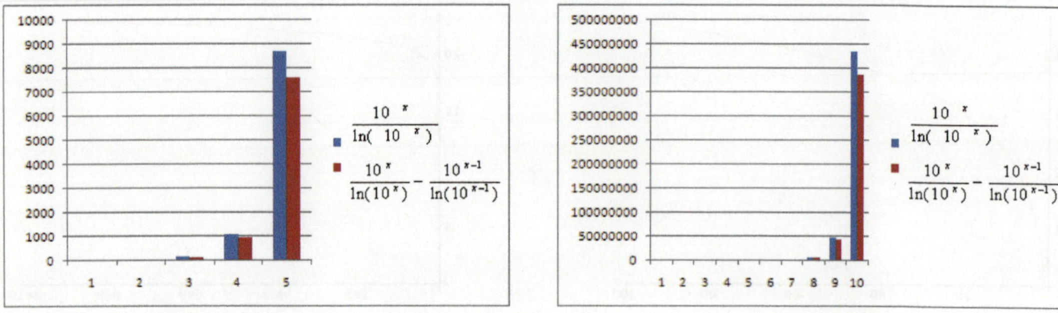

(a) (b)

Abb. 4.16: Anzahl der Primzahlen im Intervall $[1, 10^x]$ (blau) und im Intervall $[10^{x-1}, 10^x]$ (rot) (für verschiedene Exponenten $1 \leq x \leq 10$)

SageMath-Beispiel 4.15.1 erzeugt die Graphen zu den drei Funktionen x, log(x) und x/log(x), die in den Abb. 4.13 bis 4.15 dargestellt werden, und berechnet Werte für die Balken in Abb. 4.16.

SageMath-Beispiel 4.15.1: Erzeugen der Graphen zu den drei Funktionen x, log(x) und x/log(x)

```
print("\n# CHAP04 -- Sage-Script-SAMPLE 030: =========")

def Display(F,fname):
    # parameter 'fname' should contain no blanks

    ### The following commands work in Sage CLI for all OS, but not when called from script
    # F.show() # Alternative, also working in Sage CLI: F.plot()
      # CLI outputs: 'Launched png viewer for Graphics object consisting of 1 graphics primitive'
      # This automatically comes with annotated axes / Achsen sind automatisch beschriftet

    ### This works from a Sage script under Ubuntu (adapt path and viewer name for other OS)
    pngfile='/tmp/'+fname+'.png'; # print("pngfile=", pngfile)
    F.save(pngfile,axes=True)
    imv = 'feh '  # 'okular '  # 'gwenview '  # 'eog '   ## image viewer to start from the terminal under Linux
    # imv = 'open -a preview '   ## image viewer to start from the terminal under macOS
    oscommand = imv + pngfile + ' &'; # print("oscommand=", oscommand)
    os.system(oscommand)  # With Ubuntu: eog = Eye of GNOME file viewer
    ## os.system('display /tmp/F.png &')  # Alternative: The display command needs 'imagemagick' to be installed.
    return

# Definition of function f(x)=x and plots for the domains 0 to 100 and 0 to 10^10
def f(x):return x
F1=plot(f,(0,100)); Display(F1, "F1")  # it doesn't matter whether range starts from 0 or 1
F2=plot(f,(0,10^10)); Display(F2, "F2")

# Definition of function g(x)=10^x and plots for the domain 0 to 10
def g(x): return 10^x
G=plot(g,(0,10)); Display(G, "G")

# Definition of function h(x)=log(x) and plots for the domains 1 to 100 and 1 to 10^10
def h(x): return log(x)
H1=plot(h,(1,100),color="red"); Display(H1, "H1")
H2=plot(h,(1,10^10),color="red"); Display(H2, "H2")

# Definition of function k(x)=x/log(x) and plots for the domain 2 to 100
def k(x): return x/log(x)
K1=plot(k,(1,100),color="green"); Display(K1, "K1")
# K=plot(k,(2,100),color="green"); Display(K, "K")

# Plots of the functions f, k and h for the domain up to 100
```

Fortsetzung SageMath-Beispiel 4.15.1

```
Display(F1+K1+H1, "F1+K1+H1")

# Generation of the data for the bar charts ........................
# Determination of the number of primes in the interval [1,10]
print("#p in %13s:" % "[1,10]", pari(10).primepi() - pari(1).primepi() )

# Determination of the number of primes in the interval [1,100]
print("#p in %13s:" % "[1,100]", pari(100).primepi() - pari(1).primepi() )

# Determination of the number of primes in the interval [10^3,10^4]
print("#p in %13s:" % "[10^3,10^4]", pari(10**4).primepi()-pari(10**3).primepi() )

# Determination of the number of primes in the interval [10^8,10^9]
print("#p in %13s:" % "[10^8,10^9]", pari(10**9).primepi()-pari(10**8).primepi() )

# Determination of the number of primes in the interval [10^9,10^10]
print("#p in %13s:" % "[10^9,10^10]", pari(10**10).primepi()-pari(10**9).primepi() )

# Determination of the number of primes in the interval [10^10,10^11]
print("#p in %13s:" % "[10^10,10^11]", pari(10**11).primepi()-pari(10**10).primepi() )

# Determination of the number of primes in the interval [1,10^11]
print("#p in %13s:" % "[1,10^11]", pari(10**11).primepi()-pari(1).primepi() )

#------------------------------------
# CHAP04 -- Sage-Script-SAMPLE 030 =========
# #p in        [1,10]: 4
# #p in       [1,100]: 25
# #p in   [10^3,10^4]: 1061
# #p in   [10^8,10^9]: 45086079
# #p in  [10^9,10^10]: 404204977
# #p in [10^10,10^11]: 3663002302
# #p in     [1,10^11]: 4118054813
```

4.16 Anhang: Beispiele mit SageMath

Der folgende Abschnitt enthält SageMath Source-Code zu den Inhalten aus Kapitel 4 (Primzahlen).

4.16.1 Einfache Funktionen zu Primzahlen mit SageMath

Das SageMath-Beispiel 4.16.1 zeigt ein paar Aufrufe, mit denen man einfache Fragen zu Primzahlen beantworten kann.[146]

SageMath-Beispiel 4.16.1: Einige einfache Funktionen zu Primzahlen

```
# Methoden der Klasse der Menge der Primzahlen
sage: P=Primes(); P
Set of all prime numbers: 2, 3, 5, 7, ...

sage: P.next(5)
7

# unrank(n): Gibt die n-te Primzahl zurück
sage: P.unrank(0); P.unrank(5)
2
13

sage: P[5]
13
```

[146] Siehe die SageMath-Dokumentation über Elementare Zahlentheorie `https://doc.sagemath.org/html/en/constructions/number_theory.html`.

Fortsetzung SageMath-Beispiel 4.16.1

```
# Funktion, die nächste Primzahl ausgibt
sage: next_prime(5)
7

# Gibt die Anzahl der Primzahlen <=x aus
sage: pari(10).primepi()
4

# Gibt die ersten x Primzahlen aus
sage: primes_first_n(6)
[2, 3, 5, 7, 11, 13]

# Gibt die Primzahlen in einem Intervall aus
sage: list(primes(4)); list(primes(2,10))
[2, 3]
[2, 3, 5, 7]
```

4.16.2 Primalitäts-Check der von einer quadratischen Funktion erzeugten Zahlen

Das SageMath-Beispiel 4.16.2 in diesem Anhang enthält den Quellcode, mit dem man z. B. prüfen kann, ob die von der Funktion $f(n) = n^2 - 9n + 61$ erzeugten Zahlen prim sind. Der Quellcode definiert eine Funktion namens `quadratic_prime_formula()`, die die folgenden drei Argumente hat:

- `start` — Ein natürliche Zahl, die die Untergrenze der Folge `start`, `start` $+ 1$, `start` $+ 2, \dots,$ `end` $- 1$, `end` darstellt.
- `end` — Ein natürliche Zahl, die die Obergrenze in dieser Folge darstellt.
- `verbose` — (Standardwert: `True`) Ein Schalter, der festlegt, ob für jede erzeugte Einzelzahl $f(n)$ eine Ausgabe zur Primalität erfolgen soll. Bei `False` wird nur die Statistik ausgegeben.

Da die Ausgabe von SageMath-Beispiel 4.16.2 viele Zeilen hat, wir hier nur der Anafng und das Ende des Outputs aufgeführt.

SageMath-Beispiel 4.16.2: Testen der Primalität von Funktionswerten, erzeugt von einer quadratischen Funktion

```
print("\n# CHAP04 -- Sage-Script-SAMPLE 040: =========")

def quadratic_prime_formula(start, end, verbose=True):
    print("N -- N^2 - 9*N + 61")
    P = 0  # the number of primes between start and end
    for n in range(start, end + 1):
        X = n^2 - 9*n + 61
        if is_prime(X):
            P += 1
            if verbose:
                print(str(n) + " -- " + str(X) + " is prime")
        else:
            if verbose:
                print(str(n) + " -- " + str(X) + " is NOT prime")
    print("Number of primes: " + str(P) + " in range (%d, %d)" % (start,end))
    print("Percentage of primes: " + str(float((P * 100) / (end - start + 1))))

# Compute the values of f(n) = n^2 - 9n + 61 for n = 0, ..., 50
#  and verify the primality of the generated integers
quadratic_prime_formula(0, 50)

#-----------------------------------
# CHAP04 -- Sage-Script-SAMPLE 040: =========
# N -- N^2 - 9*N + 61
# 0 -- 61 is prime
```

Fortsetzung SageMath-Beispiel 4.16.2

```
# 1 -- 53 is prime
# 2 -- 47 is prime
# 3 -- 43 is prime
# 4 -- 41 is prime
# 5 -- 41 is prime
# 6 -- 43 is prime

# 46 -- 1763 is NOT prime
# 47 -- 1847 is prime
# 48 -- 1933 is prime
# 49 -- 2021 is NOT prime
# 50 -- 2111 is prime
# Number of primes: 48 in range (0, 50)
# Percentage of primes: 94.11764705882354
```

Mit dem Funktionsaufruf am Ende des Codebeispiels berechnen wir die Werte von $f(n) = n^2 - 9n + 61$ für $n = 0, 1, 2, \ldots, 50$ und verifizieren die Primalität der erzeugten Funktionswerte.

Die Statistik in den letzten beiden Zeilen der Ausgabe zeigt, dass $f(n)$ 48 Primzahlen erzeugt für $0 \leq n \leq 50$, was ca. 94 % der von $f(n)$ erzeugten Werte darstellt.

Eine sinnvolle Änderung dieses Codes ist in SageMath-Beispiel 4.16.3, wo man eine andere Funktion $f(n)$ angeben kann, deren Funktionswerte auf Primalität geprüft werden.

Bei längeren Sequenzen ist die Einzelausgabe der erzeugten Zahl und ihrer Primalität ziemlich unpraktisch. Deshalb wird im SageMath-Beispiel 4.16.3 der Verbose-Parameter der Funktion auf `False` gesetzt. Damit wird nur die Statistik am Ende ausgegeben: die Gesamtzahl und der prozentuale Anteil der Primzahlen, die von $f(n)$ im Bereich $0 \leq n \leq 1000$ erzeugt wurde.

Außerdem ist hier die Funktion `quadratic_prime_formula()` noch etwas erweitert: Sie kann auch negative Primzahlen behandeln und nicht ganzzahlige Koeffizienten: Das 4. Argument `countNegativePrimeToo` der Funktion hat den Standardwert `False`. Dies ist ein Schalter, der festlegt, ob ein Funktionswert $f(n)$, der eine negative Primzahl ist, auch als prim gewertet werden soll.

SageMath-Beispiel 4.16.3: Primalität von Funktionswerten (Variable n bis 1000)

```
print("\n# CHAP04 -- Sage-Script-SAMPLE 050: =========")

def quadratic_prime_formula(start, end, verbose=True, countNegativePrimeToo=False):
  a_list = []
  print("N -- N^2 - 79*N + 1601 .........") # all Y = f(n) are positive; 80 consecutive primes; 40 unique ones.
  #a# print("N -- N^2 - 9*N + 61 .........") # all Y = f(n) are positive; 45 consecutive primes; 40 unique ones.
  #b# print("n -- 36*n^2 - 810*n + 2753 .........") # 14 Y = f(n) are negative; 45 consecutive primes; 45 unique ones.
  #c# print("n -- n^4 - 97*n^3 + 3294*n^2 - 45458*n + 213589 .........") # 9 neg / 50 con / 49 uni.
  #d# print("n -- (n^5 - 133*n^4 + 6729*n^3 - 158379*n^2 + 1720294*n - 6823316) / 4 .........") # 14 neg / 57 con / 57 uni.
  P = 0  # the number of calculated primes Y between start and end
  Pneg = 0 # how many negative primes found als function value of the polynomial
  for n in range(start, end + 1):
    Y = n^2 - 79*n + 1601    # [0,79] from 41 to 1601 and back
    #a# Y = n^2 - 9*n + 61   # [0,44] from 61 to 1601
    #b# Y = 36*n^2 - 810*n + 2753   # [0,44] from 2753 to 36809
    #c# Y = n^4 - 97*n^3 + 3294*n^2 - 45458*n + 213589   # [0,49] from 213589 to 247889
    #d# Y = (n^5 - 133*n^4 + 6729*n^3 - 158379*n^2 + 1720294*n - 6823316) / 4   # [0,56] from -1705829 to 4325119
    if is_prime(int(Y)): # Y within int() is necessary if non-integer coeff in f(n)
      P += 1
      a_list.append(Y)
```

Fortsetzung SageMath-Beispiel 4.16.3

```
      if verbose:
        print(str(n) + " -- " + str(Y) + " is prime")
    elif is_prime(abs(int(Y))): # Y within int() is necessary if non-integer coeff
      Pneg += 1
      if verbose:
        print(str(n) + " -- " + str(Y) + " is NOT prime, but -n is prime")
      if countNegativePrimeToo:
        P += 1
        a_list.append(-Y)
    else:
      if verbose:
        print(str(n) + " -- " + str(Y) + " is NOT prime")

  Punique = len(set(a_list))
  a_range = end - start + 1
  print("Number of primes in f(n): %d in n-range (%d, %d) [n takes %d diff. values as both borders are ▶
   ▶included]" % (P, start,end, end-start+1))
  print("Number of unique primes: %d in the list of found primes (%d)" % (Punique, len(a_list)))
  print("Percentage of primes: %.2f" % float((P * 100) / a_range))
  print("Percentage of unique primes: %.2f" % float((Punique * 100) / a_range))
  if Pneg > 0:
    if countNegativePrimeToo:
      print("Number of negative primes found: %d. These are counted as primes." % Pneg)
    else:
      print("Number of negative primes found: %d. These are not counted as primes." % Pneg)

# quadratic_prime_formula(0, 50) # Get same output as in chap04_sample040.sage, if #a# is activated
# quadratic_prime_formula(0, 79, countNegativePrimeToo=True) # (0,60)
quadratic_prime_formula(0, 1000, verbose=False) # If verbose==False, only the statistics are printed.

#------------------------------------
# CHAP04 -- Sage-Script-SAMPLE 050: =========
# N -- N^2 - 79*N + 1601 .........
# Number of primes in f(n): 602 in n-range (0, 1000) [n takes 1001 diff. values as both borders are included]
# Number of unique primes: 562 in the list of found primes (602)
# Percentage of primes: 60.14
# Percentage of unique primes: 56.14
```

Literatur zu Kapitel 4

[1] Great Internet Mersenne Prime Search (GIMPS). *GIMPS*. URL: https://www.mersenne.org/primes/ (besucht am 22. 07. 2023) (siehe S. 192)

[2] H. Tietze. *Gelöste und ungelöste mathematische Probleme*. 6. Aufl. C.H. Beck, 1973 (siehe S. 195)

[3] W. Blum. *Die Grammatik der Logik*. dtv, 1999 (siehe S. 196)

[4] Euklid. *Die Elemente. Ostwalds Klassiker der exakten Wissenschaften, Band 235*. Übers. von Clemens Thaer. Frankfurt a.M.: Verlag Harri Deutsch, 2005 (siehe S. 196)

[5] M. Hardy und C. Woodgold. „Prime Simplicity". In: *The Mathematical Intelligencer* 31 (Dez. 2009), S. 44–52. DOI: 10.1007/s00283-009-9064-8 (siehe S. 198)

[6] James J. Tattersall. *Elementary Number Theory in Nine Chapters*. 2. Aufl. University Press Cambridge, 2001 (siehe S. 202)

[7] N. Gridgeman. *The search for perfect numbers*. 1963 (siehe S. 203)

[8] Helmut Witten und Ralph-Hardo Schulz. „RSA & Co. in der Schule: Moderne Kryptologie, alte Mathematik, raffinierte Protokolle. NF Teil 5: Der Miller-Rabin-Primzahltest oder: Falltüren für RSA mit Primzahlen aus Monte Carlo". In: *LOG IN* 166/167 (2010), S. 92–106. URL: https://informatik.schule.de/krypto/ (siehe S. 207, 216)

[9] L. Rempe und R. Waldecker. *Primzahltests für Einsteiger*.
Dieses Buch entstand aus einem Kurs an der *Deutschen Schülerakademie*. Es stellt den AKS-Beweis vollständig dar, ohne viel mathematisches Vorwissen zu erwarten. Vieweg+Teubner, 2009 (siehe S. 208, 216)

[10] Paulo Ribenboim. *Die Welt der Primzahlen. Geheimisse und Rekorde*. 2. Aufl. (Bemerkung: Die deutsche Version ist eine Erweiterung des englischen Originals „The Little Book of Bigger Primes" aus 2004.) Heidelberg: Springer Verlag, 2011 (siehe S. 208, 210, 212, 217, 220, 242)

[11] K. Reiss und G. Schmieder. *Basiswissen Zahlentheorie*. 2. Aufl. Springer, 2007 (siehe S. 208)

[12] Underwood Dudley. *Elementary Number Theory*. 2. Aufl. Dover Book, 1978 (siehe S. 208)

[13] Carl Pomerance, J.L. Selfridge und Samuel S. Wagstaff Jr. „The Pseudoprimes to $25 \cdot 10^9$". In: *Mathematics of Computation* 35.151 (1980), S. 1003–1026 (siehe S. 209–211)

[14] W.-D. Geyer. „Wie erkennt man Primzahlen?" Handout. Vortrag zur Lehrerfortbildung. Erlangen, 1982 (siehe S. 210)

[15] T. W. Hungerford. *Algebra*. Springer Verlag, 1974 (siehe S. 212)

[16] Richard Pinch. „The Carmichael numbers up to 10^{21}". In: *Proceedings of Conference on Algorithmic Number Theory* 46 (2007), S. 129–131. URL: `https://tucs.fi/publications/attachment.php?fname=G46.pdf` (siehe S. 215)

[17] W.R. Alford u. a. „Constructing Carmichael numbers through improved subset-product algorithms". In: *Math. Comp.* 83.286 (2014), S. 899–915. URL: `https://arxiv.org/abs/1203.6664` (siehe S. 215)

[18] Andrew Granville William Robert Alford und Carl Pomerance. „There are infinitely many Carmichael numbers". In: *Annals of Mathematics* 139 (1994), S. 703–722. URL: `https://math.dartmouth.edu/~carlp/PDF/paper95.pdf` (siehe S. 215)

[19] Jerome A. Solinas. *Generalized Mersenne Numbers*. Techn. Ber. University of Waterloo, 1999. URL: `https://cacr.uwaterloo.ca/techreports/1999/corr99-39.pdf` (siehe S. 218)

[20] Tsz-Wo Sze. *Deterministic Primality Proving on Proth Numbers*. 2011. arXiv: `0812.2596`. URL: `https://arxiv.org/abs/0812.2596` (siehe S. 218)

[21] "galloty" Yves Gallot. *proth20: An OpenCL implementation of Proth's Theorem*. URL: `https://github.com/galloty/genefer22` (besucht am 22. 07. 2023) (siehe S. 218)

[22] Sam Wagstaff. *The Cunningham Project*. URL: `https://homes.cerias.purdue.edu/~ssw/cun/` (besucht am 22. 07. 2023) (siehe S. 218)

[23] Harald Scheid. *Zahlentheorie*. 4. Aufl. Spektrum Akademischer Verlag, 2006 (siehe S. 219)

[24] Al Zimmermann. *Al Zimmermann's Programming Contests*. URL: `http://www.recmath.org/contest/archives.php` (besucht am 27. 07. 2024) (siehe S. 225)

[25] Friedhelm Padberg. *Elementare Zahlentheorie*. 2. Aufl. Spektrum Akademischer Verlag, 1996 (siehe S. 225, 233)

[26] Helmut Witten und Ralph-Hardo Schulz. „RSA & Co. in der Schule: Moderne Kryptologie, alte Mathematik, raffinierte Protokolle. NF Teil 4: Gibt es genügend Primzahlen für RSA?" In: *LOG IN* 163 (2010), S. 97–103. URL: `https://informatik.schule.de/krypto/` (siehe S. 230, 240)

[27] W.-D. Geyer. „Primzahlverteilung". Handout. Proseminar Prof. Geyer, SS 2005. Erlangen, 2005 (siehe S. 232)

[28] A. E. Ingham. „On the difference between consecutive primes". In: *The Quarterly Journal of Mathematics* os-8 (1 1937), S. 255–266 (siehe S. 234, 241)

[29] Chris K. Caldwell und Yuanyou Cheng. „Determining Mills' Constant and a Note on Honaker's Problem". In: *Journal of Integer Sequences* 8 (2005). URL: https://www.emis.de/journals/JIS/VOL8/Caldwell/caldwell78.pdf (siehe S. 234, 241, 242)

[30] Marcus du Sautoy. *Die Musik der Primzahlen: Auf den Spuren des größten Rätsels der Mathematik*. 4. Aufl. Beck, 2005 (siehe S. 240)

[31] V. Klee und S. Wagon. *Ungelöste Probleme in der Zahlentheorie und der Geometrie der Ebene*. Birkhäuser Verlag, 1997 (siehe S. 240)

[32] W. H. Mills. „A prime-representing function". In: *Bulletin of the American Mathematical Society* 53.6 (1947), S. 604. URL: https://www.ams.org/journals/bull/1947-53-06/S0002-9904-1947-08849-2/S0002-9904-1947-08849-2.pdf (siehe S. 241)

[33] Christian Elsholtz. „Unconditional Prime-Representing Functions, Following Mills". In: *The American Mathematical Monthly* 127 (Aug. 2020), S. 639–642. DOI: 10.1080/00029890.2020.1751560. URL: https://arxiv.org/abs/2004.01285 (siehe S. 242)

[34] J. Richstein. „Verifying the Goldbach Conjecture up to $4 * 10^{14}$". In: *Mathematics of Computation* 70 (2001), S. 1745–1749 (siehe S. 244)

[35] Yitang Zhang. *Bounded Gaps between Primes*. 2013. URL: https://annals.math.princeton.edu/2014/179-3/p07 (siehe S. 246)

[36] D.H.J. POLYMATH. *The „Bounded Gaps between Primes" Polymath Project – A Retrospective*. 2014. URL: https://arxiv.org/abs/1409.8361 (siehe S. 246)

[37] Thomas R. Nicely. *New Maximal Prime Gaps and First Occurrences*. In: *Mathematics of Computation* Bd. 68.227 (1999), S. 1311–1315. URL: https://www.ams.org/journals/mcom/1999-68-227/S0025-5718-99-01065-0/S0025-5718-99-01065-0.pdf URL2: https://faculty.lynchburg.edu/~nicely/gaps/gaps.html (siehe S. 248)

[38] Alexei Kourbatov und Marek Wolf. *On the First Occurrences of Gaps Between Primes in a Residue Class*. In: *Journal of Integer Sequences* 23 (2020). URL: https://arxiv.org/abs/2002.02115 (siehe S. 249)

[39] Jörg Schwenk. *Conditional Access*. Hrsg. von B. Seiler. taschenbuch der telekom praxis. Verlag Schiele und Schön, 1996 (siehe S. 257)

[40] Bruce Schneier. *Applied Cryptography, Protocols, Algorithms, and Source Code in C*. 2. Aufl. Wiley, 1996 (siehe S. 257)

5 Einführung in die elementare Zahlentheorie mit Beispielen

Diese „Einführung" bietet einen Einstieg für mathematisch Interessierte. Erforderlich sind nicht mehr Vorkenntnisse als die, die im Grundkurs Mathematik am Gymnasium vermittelt werden.

Wir haben uns bewusst an Einsteigern und Interessenten orientiert, und nicht an den Gepflogenheiten mathematischer Lehrbücher, die auch dann „Einführung" genannt werden, wenn sie schon auf der 3. Seite nicht mehr auf Anhieb zu verstehen sind und sie eigentlich den Zweck haben, dass man danach Monographien zu dem Thema lesen können soll. Deshalb werden Voraussetzungen und Ideen nachvollziehbar erläutert und oft auch mit konkreten Zahlenbeispielen und Beispielprogrammen veranschaulicht.

5.1 Mathematik und Kryptografie

Ein großer Teil der modernen, asymmetrischen Kryptografie beruht auf mathematischen Erkenntnissen – auf den Eigenschaften ganzer Zahlen, die in der elementaren Zahlentheorie untersucht werden. „Elementar" bedeutet hier, dass die zahlentheoretischen Fragestellungen im wesentlichen in der Menge der natürlichen und der ganzen Zahlen durchgeführt werden.

Weitere mathematische Disziplinen, die in der Kryptografie Verwendung finden, sind (vgl. [1, S. 2], [2, S. 3]):

- Gruppentheorie
- Kombinatorik
- Komplexitätstheorie

- Stochastik (Ergodentheorie)
- Informationstheorie.

Die Zahlentheorie wurde von Gauß[1] als besondere mathematische Disziplin begründet. Zu ihren elementaren Gegenständen gehören: größter gemeinsamer Teiler[2] (ggT), Kongruenzen (Restklassen), Faktorisierung, Satz von Euler-Fermat und primitive Wurzeln. Kernbegriff sind jedoch die Primzahlen und ihre multiplikative Verknüpfung.

Lange Zeit galt gerade die Zahlentheorie als Forschung pur, als Paradebeispiel für die Forschung im Elfenbeinturm. Sie erforschte die „geheimnisvollen Gesetze im Reich der Zahlen" und gab Anlass zu philosophischen Erörterungen, ob sie beschreibt, was überall in der Natur schon da ist, oder ob sie ihre Elemente (Zahlen, Operatoren, Eigenschaften) nicht künstlich konstruiert.

Inzwischen weiß man, dass sich zahlentheoretische Muster überall in der Natur finden. Zum Beispiel verhalten sich die Anzahl der links- und der rechtsdrehenden Spiralen einer Sonnenblume zueinander wie zwei aufeinanderfolgende Fibonacci-Zahlen[3], also z. B. wie $21 : 34$. Spätestens mit den zahlentheoretischen Anwendungen der modernen Kryptografie wurde klar, dass eine jahrhundertelang als theoretisch geltende Disziplin praktische Anwendung findet, deren Experten heute auf dem Arbeitsmarkt gesucht sind.

Anwendungen der (Computer-)Sicherheit bedienen sich heute der Kryptografie, weil Kryptografie als mathematische Disziplin einfach besser und beweisbarer ist als alle im Laufe der Jahrhunderte erfundenen „kreativen" Verfahren der Substitution und besser als alle ausgefeilten physischen Techniken wie beispielsweise beim Banknotendruck [4, S. 4].

In diesem Kapitel werden in einer leicht verständlichen Art die grundlegenden Erkenntnisse der elementaren Zahlentheorie anhand vieler Beispiele vorgestellt – auf Beweise wird (fast) vollständig verzichtet (diese finden sich in den mathematischen Lehrbüchern).

Ziel ist nicht die umfassende Darstellung der zahlentheoretischen Erkenntnisse, sondern das Aufzeigen der wesentlichen Vorgehensweisen. Der Umfang des Stoffes orientiert sich daran, das RSA-Verfahren genauer verstehen und anwenden zu können.

Dazu wird sowohl an Beispielen als auch in der Theorie erklärt, wie man in endlichen Mengen rechnet und wie dies in der Kryptografie Anwendung findet. Insbesondere wird auf die klassischen Public-Key-Verfahren Diffie-Hellman (DH) und RSA eingegangen.[4]

Es war mir wichtig, fundierte Aussagen zur Sicherheit des RSA-Verfahrens zu machen, und für möglichst alle Beispiele lauffähigen Python- oder SageMath-Code[5] anzugeben.

Die Mathematik ist die Königin der Wissenschaften, die Zahlentheorie aber ist die Königin der Mathematik.

Zitat 8: Carl Friedrich Gauß

[1] Carl Friedrich Gauß, deutscher Mathematiker und Astronom, 30.4.1777—23.2.1855.

[2] Auf den ggT, englisch gcd (greatest common divisor), geht dieses Kapitel in Anhang 5.15 ein.

[3] Die Folge der Fibonacci-Zahlen $(a_i)_{i \in \mathbb{N}}$ ist definiert durch die rekursive Vorschrift $a_1 := a_2 := 1$ und für alle Zahlen $n = 1, 2, 3, \cdots$ definiert man $a_{n+2} := a_{n+1} + a_n$. Zu dieser historischen Zahlenfolge gibt es viele interessante Anwendungen in der Natur (siehe z. B. [3, S. 290 ff] oder die Web-Seite von Ron Knott).

[4] Ein ähnliches Ziel verfolgt auch die Artikelserie *RSA & Co. in der Schule: Neue Folge.* Links zu den Artikeln mit kurzer Inhaltsangabe finden sich z. B. unter `https://www.cryptoportal.org/`, Menü *Linksammlung*, Stichwort *rsa*.

[5] SageMath ist ein Open-Source Computer-Algebra-System. Siehe Anhang A.7.

5.2 Einführung in die Zahlentheorie[6]

Die Zahlentheorie untersucht die positiven ganzen Zahlen $1, 2, 3, 4, \cdots$, die auch als die Menge der *natürlichen Zahlen* $\mathbb{N}$ bezeichnet werden. Sie sind die ersten mathematischen Konstrukte der menschlichen Zivilisation. Nach Kronecker[7] hat sie der liebe Gott geschaffen; nach Dedekind[8] der menschliche Geist. Das ist je nach Weltanschauung ein unlösbarer Widerspruch oder ein und dasselbe.

Im Altertum gab es keinen Unterschied zwischen Zahlentheorie und Numerologie, die einzelnen Zahlen mystische Bedeutung zumaß. So wie sich während der Renaissance (ab dem 14. Jahrhundert) die Astronomie allmählich von der Astrologie und die Chemie von der Alchemie löste, so ließ auch die Zahlentheorie die Numerologie hinter sich.

Die Zahlentheorie faszinierte schon immer Amateure wie auch professionelle Mathematiker. Im Unterschied zu anderen Teilgebieten der Mathematik können viele der Probleme und Sätze auch von Laien verstanden werden, andererseits widersetzten sich die Lösungen zu den Problemen und die Beweise zu den Sätzen oft sehr lange den Mathematikern. Es ist also leicht, gute Fragen zu stellen, aber es ist etwas ganz anderes, die Antwort zu finden. Ein Beispiel dafür ist der sogenannte letzte (oder große) Satz von Fermat.[9] Siehe Abschnitt 8.2 auf Seite 471.

Bis zur Mitte des 20. Jahrhunderts wurde die Zahlentheorie als das reinste Teilgebiet der Mathematik angesehen – ohne Verwendung in der wirklichen Welt. Mit dem Aufkommen der Computer und der digitalen Kommunikation änderte sich das: Die Zahlentheorie konnte einige unerwartete Antworten für reale Aufgabenstellungen liefern. Gleichzeitig halfen die Fortschritte in der EDV, dass die Zahlentheoretiker große Fortschritte machten im Faktorisieren großer Zahlen, in der Bestimmung neuer Primzahlen, im Testen von (alten) Vermutungen und beim Lösen bisher unlösbarer numerischer Probleme.

5.2.1 Teilgebiete der Zahlentheorie

Die moderne Zahlentheorie besteht aus Teilgebieten wie

- Elementare Zahlentheorie
- Algebraische Zahlentheorie
- Analytische Zahlentheorie
- Geometrische Zahlentheorie
- Kombinatorische Zahlentheorie
- Numerische Zahlentheorie und
- Wahrscheinlichkeitstheorie.

Die verschiedenen Teilgebiete beschäftigen sich alle mit Fragestellungen zu den ganzen Zahlen (positive und negative ganze Zahlen und die Null), gehen diese jedoch mit unterschiedlichen Methoden an.

Dieses Kapitel beschäftigt sich vor allem mit dem Teilgebiet der elementaren Zahlentheorie.

---

[6] Ein didaktisch sehr gut aufbereiteter Artikel zur elementaren Zahlentheorie mit historischen Bezügen findet sich in der Artikelserie *RSA & Co. in der Schule: Moderne Kryptologie, alte Mathematik, raffinierte Protokolle*. Siehe NF Teil 3 [5].

[7] Leopold Kronecker, deutscher Mathematiker, 7.12.1823–29.12.1891.

[8] Julius Wilhelm Richard Dedekind, deutscher Mathematiker, 06.10.1831–12.02.1916.

[9] In der Schul-Mathematik wird der Satz von Pythagoras behandelt: Den Schülern wird beigebracht, dass in einem ebenen, rechtwinkligen Dreieck gilt: $a^2 + b^2 = c^2$, wobei a, b die reellwertigen Schenkellängen sind und c die Länge der Hypotenuse ist.
Fermats berühmte Behauptung ist, dass für $a, b, c \in \mathbb{N}$ und für ganzzahlige Exponenten $n > 2$ immer die Ungleichheit $a^n + b^n \neq c^n$ gilt. Leider fand Fermat am Rand seiner Ausgabe des Buches von Diophant, wo er die Behauptung aufstellte, nicht genügend Platz, um den Satz zu beweisen. Der Satz konnte erst über 300 Jahre später bewiesen werden. [6, S. 433-551] Als „letzter" Satz wird er bezeichnet, weil es die letzte von Fermat aufgestellte Vermutung war, die lange nicht bewiesen werden konnte.

5.2.2 Konvention / Notation

Wird nichts anderes gesagt, gilt:

- Die Buchstaben $a, b, c, d, e, k, n, m, q$ stehen für ganze Zahlen.
- Die Buchstaben i und j stehen für natürliche Zahlen.
- Der Buchstabe p steht stets für eine Primzahl.
- Die Mengen $\mathbb{N} = \{1, 2, 3, \cdots\}$ und $\mathbb{Z} = \{\cdots, -3, -2, -1, 0, 1, 2, 3, \cdots\}$ sind die *natürlichen* und die *ganzen* Zahlen.
- $\mathbb{Z}_n = \{0, 1, 2, \cdots, n-2, n-1\}$ und $\mathbb{Z}_p^*$ $(= \mathbb{Z}_p \setminus \{0\}$, mit p prim) sind *endliche Mengen* mit n bzw. $p-1$ Elementen.

Oft findet man statt $\mathbb{Z}_n$ auch die Schreibweise $\mathbb{Z}/n\mathbb{Z}$. Wir verwenden hier aber die erste Schreibweise, da sie einfacher zu schreiben ist und da hier keine Verwechslungsgefahr mit den sog. $p-$adischen Zahlen $\mathbb{Z}_p$ mit $n = p$ besteht. Die *-Darstellung gibt es auch für ganze Zahlen (also auch zusammengesetzte n und nicht nur prime p, siehe Definition 5.7.2 auf Seite 291.

Die folgende Liste zeigt die SageMath-Befehle, mit denen man die drei wichtigen Strukturen $\mathbb{Z}$, $\mathbb{Z}_n$ und $\mathbb{Z}_n^*$ aufrufen kann – diese Befehle werden im SageMath-Beispiel 5.2.1 angewandt:

- $\mathbb{Z}$: `IntegerRing()` oder `ZZ`
- $\mathbb{Z}_n$: `Integers(n)` oder `Zmod(n)` oder `IntegerModRing(n)`
- $\mathbb{Z}_n^*$: `[a for a in Integers(n) if gcd(a,n) == 1]` oder `Zmod(n).list_of_elements_of_multiplicative_group()` oder `Zmod(n).unit_group()`

SageMath-Beispiel 5.2.1: $\mathbb{Z}$, $\mathbb{Z}_n$ und $\mathbb{Z}_n^*$ in SageMath

```
print("\n# CHAP05 -- Sage-Script-SAMPLE 017: =========")
print("Different ways in Sage to define Z, Z/nZ, and (Z/nZ)* :")

n = 10  # n = 17
print("- n: ", n, "  type(n): ", type(n))

print("1### Z  ==>  Sage: IntegerRing() = ZZ")
# Ring of all integers
#
R1 = IntegerRing();  e = R1(5)
print("- R1 = IntegerRing(): ", R1, type(R1))
print("  e: ", e, "  ", type(e))
print("  R1.range(n): ", R1.range(n))

print("- xx IntegerRing()==ZZ: ", IntegerRing()==ZZ)

# print("- ZZ.range(0,50,5): ", ZZ.range(0,50,5))  # [0, 5, 10, 15, 20, 25, 30, 35, 40, 45]
# a = ZZ('1234')  # Alternative arguments for ZZ: a = ZZ(1234)  or  ZZ('0x4D2') because of
                # i=1234; l=i.digits(base=16); l; j=ZZ(l,base=16); j; i==j
                # [2, 13, 4]  //  1234  //  True
# print("-   a:", a, " //  type(a): ", type(a))   # <class 'sage.rings.integer.Integer'>
# b = 1234
# print("  xx a==b:", a==b)


print("2### quotient ring Z/nZ  ==>  Sage: Integers(n) = Zmod(n) = IntegerModRing(n)")
# Ring of integers from 0 to n-1  or  ring of integers modulo n = additive group
#
R2 = Integers(n)
print("- R2 = Integers(n): ", R2)
print("  list(R2): ", list(R2))
print("  R2.order(): ", R2.order())

R3 = Zmod(n)
print("- R3 = Zmod(n): ", R3)
```

Fortsetzung SageMath-Beispiel 5.2.1

```
print("  list(R3): ", list(R3))  # Alternative:  L = [a for a in R3]; print("  L: ", L)
print("  R3.order(): ", R3.order())

R4 = IntegerModRing(n)
print("- R4 = IntegerModRing(n): ", R4)
print("  list(R4): ", list(R4))
print("  R4.order(): ", R4.order())

print("- xx Integers(n)==Zmod(n): ", Integers(n)==Zmod(n), "  //  ",
      "Zmod(n)==IntegerModRing(n): ", Zmod(n)==IntegerModRing(n))

# a = R4(5)  # No alternative is: R4(5**(10^62)
# print("-   a**(10^62): ", a**(10^62))  # calculating in the finite ring is very quick!

print("3### Multiplicative group (Z/nZ)*  ==>  Sage: further handle Zmod(n) or Integers(n)")
#
# Return a list of all invertible elements (type of each is Sage int)
L1 = [a for a in R2 if gcd(a,n) == 1]
print("- L1 (via Integers(n)): ", L1);  print("  type(L1[1]): ", type(L1[1]))
# print(" R2.multiplicative_table(): ", R2.multiplication_table())  # this works well
# print(" R2.multiplicative_order(): ", R2.multiplicative_order())  # no such attribute
#  --> L1 has no attribute 'order'; L1, R2, R3, R3 have no attribute 'multiplicative_order'
m=7  #  m=4; multiplicative order of m is only defined if m is a unit modulo n !
print("  R4(%d):" % m, R4(m), "  R4(m).multiplicative_order(): ", R4(m).multiplicative_order())

G3 = R3.unit_group()
print("- G3 (via Zmod.unit_group): ", G3)
print("  list(G3): ", list(G3))
print("  G3.order(): ", G3.order())

# Return a list of all invertible elements (type of each is Python int)
L2 = R3.list_of_elements_of_multiplicative_group()
print("- L2 (via Zmod): ", L2);  print("  type(L2[1]): ", type(L2[1]))

#------------------------------------
# CHAP05 -- Sage-Script-SAMPLE 017: =========
# Different ways in Sage to define Z, Z/nZ, and (Z/nZ)* :
# - n:  10   type(n):  <class 'sage.rings.integer.Integer'>
# 1### Z  ==>  Sage: IntegerRing() = ZZ
# - R1 = IntegerRing():  Integer Ring <class 'sage.rings.integer_ring.IntegerRing_class'>
#   e:  5    <class 'sage.rings.integer.Integer'>
#   R1.range(n):  [0, 1, 2, 3, 4, 5, 6, 7, 8, 9]
# - xx IntegerRing()==ZZ:  True
# 2### quotient ring Z/nZ  ==>  Sage: Integers(n) = Zmod(n) = IntegerModRing(n)
# - R2 = Integers(n):  Ring of integers modulo 10
#   list(R2):  [0, 1, 2, 3, 4, 5, 6, 7, 8, 9]
#   R2.order():  10
# - R3 = Zmod(n):  Ring of integers modulo 10
#   list(R3):  [0, 1, 2, 3, 4, 5, 6, 7, 8, 9]
#   R3.order():  10
# - R4 = IntegerModRing(n):  Ring of integers modulo 10
#   list(R4):  [0, 1, 2, 3, 4, 5, 6, 7, 8, 9]
#   R4.order():  10
# - xx Integers(n)==Zmod(n):  True   //   Zmod(n)==IntegerModRing(n):  True
# 3### Multiplicative group (Z/nZ)*  ==>  Sage: further handle Zmod(n) or Integers(n)
# - L1 (via Integers(n)):  [1, 3, 7, 9]
#   type(L1[1]):  <class 'sage.rings.finite_rings.integer_mod.IntegerMod_int'>
#   R4(7): 7   R4(m).multiplicative_order():  4
# - G3 (via Zmod.unit_group):  Multiplicative Abelian group isomorphic to C4
#   list(G3):  [1, f, f^2, f^3]
#   G3.order():  4
# - L2 (via Zmod):  [1, 3, 7, 9]
#   type(L2[1]):  <class 'int'>
```

Das ist nicht Zauberei, das ist Logik, ein Rätsel. Viele von den größten Zauberern haben keine Unze Logik im Kopf.

Zitat 9: Joanne K. Rowling[10]

5.3 Primzahlen und der erste Hauptsatz der elementaren Zahlentheorie

Viele der Fragestellungen in der elementaren Zahlentheorie beschäftigen sich mit Primzahlen (siehe Kapitel 4).

Jede ganze Zahl hat Teiler oder Faktoren. Die Zahl 1 hat nur einen, nämlich sich selbst. Die Zahl 12 hat die sechs Teiler 1, 2, 3, 4, 6 und 12.[11]

Die SageMath-Methode `divisors()` liefert eine Liste aller Teiler einer Zahl n. Zum Beispiel von $n = 12$ im SageMath-Beispiel 5.3.1.

SageMath-Beispiel 5.3.1: Ausgeben der Teiler einer Zahl a und deren Anzahl $\tau(a)$

```
sage: a=12; a.divisors(); number_of_divisors(a)
[1, 2, 3, 4, 6, 12]
6
```

Viele Zahlen sind nur teilbar durch sich selbst und durch 1. Bezüglich der Multiplikation sind dies die „Atome“ im Bereich der Zahlen.

Definition 5.3.1. ***Primzahlen*** *sind natürliche Zahlen größer als* 1*, die nur durch* 1 *und sich selbst teilbar sind.*

Per Definition ist 1 keine Primzahl. Jede ganze Zahl ist entweder eine Primzahl, eine zusammengesetzte Zahl oder 1.

Schreibt man die Primzahlen in aufsteigender Folge (Primzahlenfolge), so ergibt sich

$$2,\ 3,\ 5,\ 7,\ 11,\ 13,\ 17,\ 19,\ 23,\ 29,\ 31,\ 37,\ 41,\ 43,\ 47,\ 53,\ 59,\ 61,\ 67,\ 71,\ 73,\ 79,\ 83,\ 89,\ 97, \cdots$$

Unter den ersten 100 Zahlen gibt es genau 25 Primzahlen. Danach nimmt ihr prozentualer Anteil ab, wird aber nie Null. Siehe Tabelle 4.12 und Tabelle 4.13 auf Seite 255.

Primzahlen treten unter den ganzen Zahlen nicht selten auf. Allein im letzten Jahrzehnt des 20. Jahrhunderts waren drei Jahre prim: 1993, 1997 und 1999. Wären sie selten, könnte die Kryptografie auch nicht so mit ihnen arbeiten, wie sie es tut.

[10] Joanne K. Rowling, *Harry Potter und der Stein der Weisen*, Carlsen, ©1997, Kapitel *Durch die Falltür*, S. 310, Hermine.

[11] Aufgrund der großen Teilerzahl von 12 findet sich diese Zahl – und Vielfache dieser Zahl – oft im Alltag wieder: Die 12 Stunden-Skala der Uhr, die 60 Minuten einer Stunde, die 360 Grad-Skala der Winkelmessung, usw. Teilt man diese Skalen in Bruchteile auf, so ergeben in vielen Fällen die Brüche wieder ganze Zahlen. Mit diesen kann man im Kopf einfacher rechnen als mit gebrochenen Zahlen.

Primzahlen können nur auf eine einzige („triviale") Weise zerlegt werden:

$$\begin{aligned} 5 &= 1 \cdot 5 \\ 17 &= 1 \cdot 17 \\ 1013 &= 1 \cdot 1013 \\ 1\,296\,409 &= 1 \cdot 1\,296\,409 \end{aligned}$$

Definition 5.3.2. *Natürliche Zahlen größer* 1*, die keine Primzahlen sind, heißen* ***zusammengesetzte Zahlen:*** *Diese haben mindestens zwei von* 1 *verschiedene Faktoren.*

Die Zerlegung einer Zahl in ihre Primfaktoren nennt man auch *(vollständige) Faktorisierung*. Beispiele der eindeutigen Primfaktorzerlegung zusammengesetzter Zahlen:

$$\begin{aligned} 4 &= 2 \cdot 2 \\ 6 &= 2 \cdot 3 \\ 91 &= 7 \cdot 13 \\ 161 &= 7 \cdot 23 \\ 767 &= 13 \cdot 59 \\ 1029 &= 3 \cdot 7^3 \\ 5324 &= 22 \cdot 11^3 \end{aligned}$$

Satz 5.3.1. *Jede zusammengesetzte Zahl a besitzt einen kleinsten Teiler größer als* 1*. Dieser Teiler ist eine Primzahl p und kleiner oder gleich der Quadratwurzel aus a.*

Aus den Primzahlen lassen sich alle ganzen Zahlen größer als 1 erstellen – und das sogar in einer *eindeutigen* Weise.

Dies besagt der 1. *Hauptsatz der Zahlentheorie* (= Hauptsatz der elementaren Zahlentheorie = fundamental theorem of arithmetic = fundamental building block of all positive integers). Er wurde das erste Mal präzise von Carl Friedrich Gauß in seinen Disquisitiones Arithmeticae (1801) formuliert.

Satz 5.3.2. ***Gauß 1801*** *Jede natürliche Zahl a größer als* 1 *lässt sich als Produkt von Primzahlen schreiben. Sind zwei solche Zerlegungen $a = p_1 \cdot p_2 \cdot \ldots \cdot p_n = q_1 \cdot q_2 \cdot \ldots \cdot q_m$ gegeben, dann gilt nach eventuellem Umsortieren $n = m$ und für alle i: $p_i = q_i$.*

In anderen Worten: Jede natürliche Zahl außer der 1 lässt sich auf genau eine Weise als Produkt von Primzahlen schreiben (wenn man von der Reihenfolge der Faktoren absieht). Die Faktoren sind also eindeutig (die *Expansion in Faktoren* ist eindeutig).

Zum Beispiel ist $60 = 2 \cdot 2 \cdot 3 \cdot 5 = 2^2 \cdot 3 \cdot 5$. Und das ist – bis auf eine veränderte Reihenfolge der Faktoren – die einzige Möglichkeit, die Zahl 60 in Primfaktoren zu zerlegen.

Wenn man nicht nur Primzahlen als Faktoren zulässt, gibt es mehrere Möglichkeiten der Zerlegung in Faktoren und die *Eindeutigkeit* (uniqueness) geht verloren:

$$60 = 1 \cdot 60 = 2 \cdot 30 = 4 \cdot 15 = 5 \cdot 12 = 6 \cdot 10 = 2 \cdot 3 \cdot 10 = 2 \cdot 5 \cdot 6 = 3 \cdot 4 \cdot 5 = \cdots$$

In der Mathematik betrachtet man auch Zahlenmengen, bei denen die Zerlegung in Primzahlen (oder Objekte, die Primzahleigenschaften haben in den betrachteten Zahlenmengen) nicht Eindeutig ist. Ein Beispiel hierzu (siehe Satz 4.2.2) und weitere Details zu den Primzahlen (z. B. wie der *Kleine Satz von Fermat* zum Testen von sehr großen Zahlen auf ihre Primzahleigenschaft benutzt werden kann) finden sich in diesem Buch in dem Kapitel über Primzahlen (Kapitel 4).

5.4 Teilbarkeit, Modul und Restklassen[12]

Zwischen Teilbarkeit und Kongruenzen besteht ein enger Zusammenhang, den wir hier anhand vieler Beispiele erläutern.

5.4.1 Teilbarkeit

Werden ganze Zahlen addiert, subtrahiert oder multipliziert, ist das Ergebnis stets wieder eine ganze Zahl. Die Division zweier ganzer Zahlen ergibt dagegen nicht immer eine ganze Zahl. Wenn man z. B. 158 durch 10 teilt, ist das Ergebnis die Dezimalzahl 15,8. Dies ist keine ganze Zahl.

Teilt man 158 dagegen durch 2, ist das Ergebnis 79 eine ganze Zahl. In der Zahlentheorie sagt man, 158 ist *teilbar* durch 2, aber nicht durch 10. Allgemein sagt man:

Definition 5.4.1. *Eine ganze Zahl n ist* ***teilbar*** *durch eine ganze Zahl d, wenn der Quotient n/d eine ganze Zahl c ist, so dass $n = c \cdot d$.*

Mit anderen Worten: Eine ganze Zahl d teilt eine ganze Zahl n mit $d \neq n$, wenn ein $c \in \mathbb{Z}$ existiert, so dass $n = c \cdot d$ gilt. Die Zahl n wird *Vielfaches* von d genannt; d wird *Teiler, Divisor* oder *Faktor* von n genannt.

Mathematisch schreibt man das: $d|n$ (gelesen: „d teilt n"). Die Schreibweise $d \nmid n$ bedeutet, dass d die Zahl n nicht teilt.
Es gilt:

$$[\ d \mid n\ ] \Leftrightarrow [\ n \text{ ist ein Vielfaches von } d\ ]$$

Also gilt in unserem obigen Beispiel: $10 \nmid 158$, aber $2|158$.

Wir haben mehrere Möglichkeiten, mit SageMath zu prüfen, ob die ganze Zahl d die ganze Zahl n teilt. Am direktesten ist die Methode `is_integer()`. Siehe SageMath-Beispiel 5.4.1.

SageMath-Beispiel 5.4.1: Prüfen, ob eine Variable oder ein Ausdruck ganzzahlig ist

```
sage: n=158; d1=10; d2=2
sage: n.is_integer(); n in ZZ
True
True
sage: d1.divides(n);  (n % d1) == 0;  (n / d1).is_integer();  (n / d1) in ZZ
False
False
False
False
sage: d2.divides(n);  (n % d2) == 0;  (n / d2).is_integer();  (n / d2) in ZZ
True
True
True
True
```

Zwei weitere wichtige Definitionen sind die des größten gemeinsamen Teilers (**ggT**) und des kleinsten gemeinsamen Vielfachen (**kgV**) zweier ganzer Zahlen.

Definition 5.4.2. *Der $ggT(a, b)$ ist die größte ganze Zahl, die sowohl a als auch b teilt.*

Definition 5.4.3. *Das $kgV(a, b)$ ist die kleinste positive ganze Zahl, die sowohl durch a als auch durch b teilbar ist.*

---

[12] - Mit dem Zahlentheorie-Lernprogramm **ZT** können Sie das hier und im Folgekapitel vorgestellte Rechnen mit Kongruenzen spielerisch nachvollziehen: Siehe ZT-Lern-Kapitel 2.1, Seiten 2-9/40. ZT finden Sie via `CT1 Einzelverfahren ▷ Zahlentheorie interaktiv ▷ Lernprogramm für Zahlentheorie`. Siehe Anhang A.6.
- Eine Visualisierung dieser Verfahrens ist in `CT2 Kryptotutorien ▷ Die Welt der Primzahlen` enthalten.

Zwei Zahlen heißen **teilerfremd** (manchmal auch *relativ prim*), wenn ihr größter gemeinsamer Teiler gleich 1 ist. Zum Beispiel sind $9 = 3 \cdot 3$ und $28 = 2 \cdot 2 \cdot 7$ teilerfremd. Es gilt:

$$[\, \text{ggT}(a, b) = 1 \,] \Leftrightarrow [\; a \text{ und } b \text{ sind teilerfremd.}]$$

Für teilerfremde Zahlen a, b gilt: $kgV(a, b) = a \cdot b$.

Die Funktionen `gcd` und `lcm` sind in SageMath verfügbar – siehe SageMath-Beispiel 5.4.2.

Will man die Teilerbeziehungen von mehr als zwei Zahlen $\{a_1, \ldots, a_n\}$ beschreiben, muss man ein wenig aufpassen:

- Die Zahlen $a_1, a_2, \ldots, a_n$ sind teilerfremd, wenn $\text{ggT}(a_1, \ldots, a_n) = 1$. Dabei ist $\text{ggT}(a_1, \ldots, a_n)$ schrittweise zu berechnen, indem man etwa zuerst $\text{ggT}(a_1, a_2) = g_1$ bestimmt und dann $\text{ggT}(g_1, a_3) = g_2$ etc. und zum Schluss $\text{ggT}(g_{n-2}, a_n)$.
- Eine stärkere Anforderung ist die paarweise Teilerfremdheit: $a_1, \ldots, a_n$ heißen *paarweise teilerfremd*, wenn für alle $i = 1, \ldots, n$ und $j = 1, \ldots, n$ mit $i \neq j$ gilt: $\text{ggT}(a_i, a_j) = 1$.

Beispiel:
2, 3, 6 sind relativ prim, da $\text{ggT}(2, 3, 6) = 1$. Sie sind nicht paarweise prim, da $\text{ggT}(2, 6) = 2 > 1$.

SageMath-Beispiel 5.4.2: Berechne ggT und kgV

```
sage: gcd(30, 160)
10
sage: gcd(9, 28)
1
sage: lcm(30, 160)
480
sage: lcm(9, 28)
252
```

Wie bei den Teilern können auch die zu einer gegebenen ganzen Zahl a teilerfremden ganzen Zahlen berechnet werden. Es gibt verschiedene Möglichkeiten, dies in SageMath zu tun. Der direkte Weg ist die Verwendung der Methode `coprime_integers()`. Sie erfordert ein Argument, bis zu dem die teilerfremden Zahlen berechnet werden. Die Angabe von a als Argument stellt sicher, dass nur innerhalb von $\{1, \ldots, a-1\}$ gesucht wird. Siehe SageMath-Beispiel 5.4.3.

Eine andere Möglichkeit besteht darin, den Ring der ganzen Zahlen modulo a zu erstellen und dann die multiplikative Gruppe dieses Rings aufzulisten. Da dies Python-Ganzzahlen zurückgibt und wir Sage-Ganzzahlen wollen, können wir sie über ZZ in Sage-Ganzzahlen umwandeln via `ZZ`.

SageMath-Beispiel 5.4.3: Berechne die teilerfremden Elemente einer Ganzzahl a

```
sage: a=15; a.coprime_integers(19)
[1, 2, 4, 7, 8, 11, 13, 14, 16, 17]
sage: a=8; a.coprime_integers(a)
[1, 3, 5, 7]
#
sage: a=8; Zmod(a).list_of_elements_of_multiplicative_group()
[1, 3, 5, 7]
sage: a=8; [ZZ(k) for k in Zmod(a).list_of_elements_of_multiplicative_group()]
[1, 3, 5, 7]
```

5.4.2 Die Modulo-Operation – Rechnen mit Kongruenzen

Bei Teilbarkeitsuntersuchungen kommt es nur auf die Reste der Division an: Teilt man eine Zahl n durch m, so benutzt man oft die folgende Schreibweise:

$$\frac{n}{m} = c + \frac{r}{m},$$

wobei c eine ganze Zahl ist und r eine Zahl mit den Werten $0, 1, \cdots, m-1$. Diese Schreibweise heißt Division mit Rest. Dabei heißt c der ganzzahlige „Quotient" und r der *Rest* der Division.

Beispiel:

$$\frac{19}{7} = 2 + \frac{5}{7} \quad (m = 7, c = 2, r = 5)$$

Was haben die Zahlen $5, 12, 19, 26, \cdots$ bei der Division durch 7 gemeinsam? Es ergibt sich immer der Rest $r = 5$.

Teilt man beliebige ganze Zahlen durch 7, sind nur die folgenden Reste möglich:

$$r = 0, 1, 2, \cdots, 6$$

Wenn $r = 0$, dann gilt: $m|n$ („m teilt n").

Wir fassen bei der Division durch 7 die Zahlen, die den gleichen Rest r haben, in die *Restklasse* r *modulo* 7 zusammen. Zwei Zahlen a und b, die zur gleichen Restklasse modulo 7 gehören, bezeichnen wir als *kongruent modulo 7*. Oder ganz allgemein:

Definition 5.4.4. *Als* ***Restklasse*** r ***modulo*** m *bezeichnet man alle ganzen Zahlen* a*, die bei der Division durch* m *denselben Rest* r *haben.*

Beispiel von Restklassen:

Restklasse 0 modulo 4 $= \{x | x = 4 \cdot n;\ n \in \mathbb{Z}\} = \{\ldots, -16, -12, -8, -4, 0, 4, 8, 12, 16, \ldots\}$
Restklasse 3 modulo 4 $= \{x | x = 4 \cdot n + 3;\ n \in \mathbb{Z}\} = \{\ldots, -13, -9, -5, -1, 3, 7, 11, 15, \ldots\}$

Da modulo m nur die endlich vielen (m vielen) Reste $0, 1, 2, \cdots, m-1$ möglich sind, rechnet die modulare Arithmetik in endlichen Mengen. Zu jedem Modul m gibt es genau m Restklassen.

Das Ergebnis der Modulo-Operation lässt sich so ausdrücken: $a \bmod m = a - m \cdot \lfloor a/m \rfloor$

Definition 5.4.5. *Zwei Zahlen* $a, b \in \mathbb{N}$ *heißen* ***restgleich oder kongruent bezüglich*** $m \in \mathbb{N}$ *genau dann, wenn beim Teilen durch* m *der gleiche Rest bleibt.*

Man schreibt: $a \equiv b \pmod{m}$. Und sagt: a *ist kongruent* b *modulo* m. Das bedeutet, dass a und b zur gleichen Restklasse gehören. Der Modul m ist also der Teiler. Diese Schreibweise wurde von Gauß eingeführt. Gewöhnlich ist der Teiler positiv, aber a und b können beliebige ganze Zahlen sein. Diese Gleichheitsbeziehung modulo m wird auch **Kongruenz** genannt:

$$a \equiv b \pmod{m}$$

Beispiel:

$19 \equiv 12 \pmod{7}$, denn die Reste sind gleich: $19/7 = 2$ Rest 5 und $12/7 = 1$ Rest 5.
$23103 \equiv 0 \pmod{453}$, denn $23103/453 = 51$ Rest 0 und $0/453 = 0$ Rest 0.

Satz 5.4.1. $a \equiv b \pmod{m}$ *gilt genau dann, wenn die Differenz* $(a - b)$ *durch* m *teilbar ist, also wenn ein* $q \in \mathbf{Z}$ *existiert mit* $(a - b) = q \cdot m$.

In anderen Worten: $a \equiv b \pmod{m} \iff m|(a-b) \iff (a-b) \equiv 0 \pmod{m}$

Daraus ergibt sich: Wenn m die Differenz teilt, gibt es eine ganze Zahl q, so dass gilt: $a = b + q \cdot m$. Alternativ zur Kongruenzschreibweise kann man auch die Teilbarkeitsschreibweise verwenden: $m|(a-b)$.

Bemerkung:
Die obige Äquivalenz gilt nur für die *Differenz* $(a-b)$, aber nicht für die Summe $(a+b)$.

Beispiel: $11 \equiv 2 \pmod{3}$, also ist $11 - 2 = 9 \equiv 0 \pmod{3}$; aber $11 + 2 = 13$ ist nicht durch 3 teilbar.

Für Summen gilt die Aussage von Satz 5.4.1 nicht einmal in eine Richtung. Richtig ist sie bei Summen nur für den Rest 0 und nur in der folgenden Richtung: Teilt ein Teiler beide Summanden ohne Rest, teilt er auch die Summe ohne Rest.

Beispiel für äquivalente Aussagen:
$35 \equiv 11 \pmod{3} \iff 35 - 11 \equiv 0 \pmod{3}$, wobei $35 - 11 = 24$ sich ohne Rest durch 3 teilen lässt, während $35/3$ und $11/3$ beide den Rest 2 ergeben.

SageMath-Beispiel 5.4.4: Teilen mit und ohne Rest

```
sage: 10/4
5/2
sage: 10//4   #  for integer arguments, "//" returns the integer quotient
2
sage: 10 % 3  #  for integer arguments, "%" means mod, i.e., remainder
1
#
sage: 11//3
3
sage: 11 % 3
2
#
sage: int(11/3)
3
sage: type(int(11/3))
<class 'int'>
#
sage: type(11/3)
<class 'sage.rings.rational.Rational'>
sage: type(11//3)
<class 'sage.rings.integer.Integer'>
sage: type(11%3)
<class 'sage.rings.integer.Integer'>
```

Anwenden kann man die Äquivalenz von Satz 5.4.1, wenn man schnell und geschickt für große Zahlen entscheiden will, ob sie durch eine bestimmte Zahl teilbar sind.

Beispiel:
Ist 69 993 durch 7 teilbar?
Da die Zahl in eine Differenz zerlegt werden kann, bei der einfach zu ersehen ist, dass jeder Operand durch 7 teilbar ist, ist auch die Differenz durch 7 teilbar: $69\,993 = 70\,000 - 7$.

Diese Überlegungen und Definitionen mögen recht theoretisch erscheinen, sind uns im Alltag aber so vertraut, dass wir die formale Vorgehensweise gar nicht mehr wahrnehmen: Bei der Uhr werden die 24 h eines Tages durch die Zahlen $1, 2, \cdots, 12$ repräsentiert. Die Stunden nach 12:00 mittags erhält man als Reste einer Division durch 12. Wir wissen sofort, dass 2 Uhr nachmittags dasselbe wie 14:00 ist.

Die *modulare*, also auf die Divisionsreste bezogene Arithmetik ist die Basis der asymmetrischen Verschlüsselungsverfahren. Kryptografische Berechnungen spielen sich also nicht wie das Schulrechnen unter den reellen Zahlen ab, sondern unter Zahlenmengen begrenzter Länge, d. h. bspw. unter positiven ganzen Zahlen, die einen gewissen Wert nicht überschreiten dürfen.

Dazu wählt man sich eine große Zahl m und „rechnet modulo m“, das heißt, man ignoriert ganzzahlige Vielfache von m und rechnet statt mit einer Zahl nur mit dem Rest bei Division dieser Zahl durch m. Dadurch bleiben alle Ergebnisse im Bereich von 0 bis $m-1$.

Da m in der Praxis wirklich groß ist, ist die Menge auch deutlich größer als in unseren Beispielen und kann im Computer nicht vollständig im Speicher abgelegt werden. Aber sie hat die Vorteile und Eigenschaften des modularen Rechnens.

5.5 Rechnen in endlichen Mengen

Wir betrachten hier Kongruenzen, also modulo-Beziehungen zwischen ganzen Zahlen. Kongruenzen bilden eine spezielle Äquivalenzrelation, d. h. die Relation ist reflexiv, symmetrisch und transitiv. Aus der Algebra[13] folgt, dass wesentliche Teile der üblichen Rechenregeln auch beim Übergang zum modularen Rechnen über der Grundmenge $\mathbb{Z}$ erhalten bleiben: Die Addition ist nach wie vor kommutativ. Gleiches gilt für die Multiplikation modulo m.

5.5.1 Gesetze beim modularen Rechnen

Es gelten die bekannten Gesetze:

1. **Assoziativgesetz**
   $((a+b)+c) \pmod m \equiv (a+(b+c)) \pmod m$
   $((a \cdot b) \cdot c) \pmod m \equiv (a \cdot (b \cdot c)) \pmod m$

2. **Kommutativgesetz**
   $(a+b) \pmod m \equiv (b+a) \pmod m$
   $(a \cdot b) \pmod m \equiv (b \cdot a) \pmod m$

Assoziativ- und Kommutativgesetz gelten sowohl für die Addition als auch für die Multiplikation.

3. **Distributivgesetz**
   $(a \cdot (b+c)) \pmod m \equiv (a \cdot b + a \cdot c) \pmod m$

4. **Reduzierbarkeit**
   $(a+b) \pmod m \equiv (a \pmod m + b \pmod m) \pmod m$
   $(a \cdot b) \pmod m \equiv (a \pmod m \cdot b \pmod m) \pmod m$
   Beim Addieren und Multiplizieren ist es gleichgültig, in welcher Reihenfolge die Modulo-Operation durchgeführt wird.

5. **Existenz einer Identität (neutrales Element)**
   $(a+0) \pmod m \equiv (0+a) \pmod m \equiv a \pmod m$
   $(a \cdot 1) \pmod m \equiv (1 \cdot a) \pmod m \equiv a \pmod m$

6. **Existenz des inversen Elements**

   - **Additive Inverse**
     Für jedes ganzzahlige a und m gibt es eine ganze Zahl $-a$, so dass gilt:
     $(a+(-a)) \pmod m \equiv 0 \pmod m$
   - **Multiplikative Inverse modulo einer Primzahl p**
     Für jedes ganzzahlige a (mit $a \not\equiv 0 \pmod p$ und p prim) gibt es eine ganze Zahl a^{-1}, so dass gilt:
     $(a \cdot a^{-1}) \pmod p \equiv 1 \pmod p$.
   - **Multiplikative Inverse modulo einer zusammengesetzten Zahl m**
     Für alle ganzzahligen a und m (mit $a \not\equiv 0 \pmod m$) und $ggT(a,m) = 1$) gibt es eine ganze Zahl a^{-1}, so dass gilt:

[13] Wir betrachten es nur überblicksartig und soweit man es hier für die Kryptografie benötigt. Siehe Abschnitt 5.7 auf Seite 289 und `https://de.wikipedia.org/wiki/Kongruenz_(Zahlentheorie)`.

7. **Abgeschlossenheit**
   $a, b \in G \Longrightarrow (a + b) \in G$
   $a, b \in G \Longrightarrow (a \cdot b) \in G$
   Mehr zum Thema Abgeschlossenheit findet man in Kapitel Abschnitt 5.7 auf Seite 289 und 5.16 Anhang: Abschlussbildung, wo auch die sog. Gruppe G definiert wird.

8. **Transitivität**
   $[a \equiv b \pmod{m} \land b \equiv c \pmod{m}] \Longrightarrow [a \equiv c \pmod{m}]$

9. **Modulare Division**
   Für k, x aus $\{1, \ldots, m\}$ mit $\mathrm{ggT}(k, m) = 1$ und x beliebig ist die Division von x durch k einfach die Multiplikation von x mit dem (existierenden) multiplikativen Inversen von k:
   $$x : k \pmod{m} = x \cdot k^{-1} \pmod{m}$$
   Gibt es k^{-1} nicht, ist auch $x : k$ nicht definiert. Siehe hierzu auch Tabelle 5.3 in Abschnitt 5.6.2.

5.5.2 Muster und Strukturen (1)

Generell untersuchen die Mathematiker Strukturen. Sie fragen sich z. B. bei $a \cdot x \equiv b \pmod{m}$, welche Werte x annehmen kann (für gegebene Werte a, b, m).

Insbesondere wird dies untersucht für den Fall, dass das Ergebnis b der Operation das neutrale Element ist. Dann ist x die (multiplikative) Inverse von a bezüglich dieser Operation.

Lang ist der Weg durch Lehren, kurz und wirksam durch Beispiele.

Zitat 10: Seneca[14]

5.6 Beispiele für modulares Rechnen

Wir haben schon gesehen: Für zwei natürliche Zahlen a und m bezeichnet $a \pmod{m}$ den Rest, den man erhält, wenn man a durch m teilt. Daher ist $a \pmod{m}$ stets eine Zahl zwischen 0 und $m - 1$.

Zum Beispiel gilt: $1 \equiv 6 \equiv 41 \pmod{5}$, denn der Rest ist jeweils 1. Ein anderes Beispiel ist: $2000 \equiv 0 \pmod{4}$, denn 4 geht in 2000 ohne Rest auf.

In der modularen Arithmetik arbeitet man nur in einer endlichen Menge nicht-negativer Zahlen. Deren Anzahl wird durch den **Modul**[15] m vorgegeben. Ist bspw. der Modul $m = 5$, dann werden nur die 5 Zahlen der Menge $\{0, 1, 2, 3, 4\}$ benutzt.

Ein Rechenergebnis größer als 4 wird dann *modulo* 5 umgeformt, d.h. es ist der Rest, der sich bei der Division des Ergebnisses durch 5 ergibt. So ist etwa $2 \cdot 4 \equiv 8 \equiv 3 \pmod{5}$, da 3 der Rest ist, wenn man 8 durch 5 teilt.

5.6.1 Addition und Multiplikation

Im folgenden werden zwei Tabellen aufgestellt:

---

[14] Lucius Annaeus Seneca, philosophischer Schriftsteller und Dichter, 4 v. Chr. – 65 n. Chr.

[15] Im Singular verwenden wir im Deutschen „Modul“ (manchmal auch „Modulus“) und im Plural „Moduli“. So macht es bspw. auch Wikipedia für „RSA-Modul“ und „RSA-Moduli“ in `https://de.wikipedia.org/wiki/RSA-Kryptosystem`.
Fälschlicherweise wird für den Plural manchmal auch „Module“ oder „Moduln“ verwendet, aber das meint eher die Module im Sinne von Komponenten. Im Englischen wird als Einzahl „modulus“ und im Plural ebenfalls „moduli“ verwendet. Siehe `https://en.wikipedia.org/wiki/RSA_(cryptosystem)`.

- die Additionstabelle für mod 5 (Tabelle 5.1) und
- die Multiplikationstabellen für mod 5 (Tabelle 5.2) und für mod 6 (Tabelle 5.3).

Diese Tabellen wurden mit SageMath erstellt, den Quelltext findet man in SageMath-Beispiel 5.20.1 auf Seite 349.

Beispiel Additionstabelle:
Das Ergebnis der Addition von 3 und 4 $\pmod 5$ wird folgendermaßen bestimmt: Berechne $3 + 4 = 7$ und ziehe solange die 5 vom Ergebnis ab, bis sich ein Ergebnis kleiner als der Modul ergibt: $7 - 5 = 2$. Also ist: $3 + 4 \equiv 2 \pmod 5$.

+	0	1	2	3	4
0	0	1	2	3	4
1	1	2	3	4	0
2	2	3	4	0	1
3	3	4	0	1	2
4	4	0	1	2	3

Tab. 5.1: Additionstabelle modulo 5

Beispiel Multiplikationstabelle:
Das Ergebnis der Multiplikation $4 \cdot 4 \pmod 5$ wird folgendermaßen bestimmt: Berechne $4 \cdot 4 = 16$ und ziehe solange die 5 ab, bis sich ein Ergebnis kleiner als der Modul ergibt.

$$16 - 5 = 11;\ 11 - 5 = 6;\ 6 - 5 = 1$$

Direkt ergibt es sich auch aus Tabelle 5.2: $4 \cdot 4 \equiv 1 \pmod 5$, weil $16/5 = 3$ Rest 1.
Beachte: Die Multiplikation wird auf der Menge $\mathbb{Z}$ ohne 0 definiert (da $0 \cdot x$ immer 0 ergibt und 0 keine Inverse hat).

·	1	2	3	4
1	1	2	3	4
2	2	4	1	3
3	3	1	4	2
4	4	3	2	1

Tab. 5.2: Multiplikationstabelle modulo 5 (Verknüpfungstafel von $(\mathbb{Z}_5^*, \cdot)$)

5.6.2 Additive und multiplikative Inverse

Aus den Tabellen kann man zu jeder Zahl die Inversen bezüglich der Addition und der Multiplikation ablesen.

Die Inverse einer Zahl ist diejenige Zahl, die bei Addition der beiden Zahlen das Ergebnis 0 und bei der Multiplikation das Ergebnis 1 ergibt – also als Ergebnis jeweils das neutrale Element für die jeweilige Operation. So ist die Inverse von 4 für die Addition $\pmod 5$ die 1 und für die Multiplikation $\pmod 5$ die 4 selbst, denn

$$4 + 1 = 5 \equiv 0 \pmod 5;$$
$$4 \cdot 4 = 16 \equiv 1 \pmod 5.$$

Die Inverse von 1 bei der Multiplikation $\pmod 5$ ist 1; die Inverse modulo 5 von 2 ist 3 und weil die Multiplikation kommutativ ist, ist die Inverse von 3 wiederum die 2.

Wenn man zu einer beliebigen Zahl (hier 2) eine weitere beliebige Zahl (hier 4) addiert bzw. multipliziert und danach zum Zwischenergebnis (1 bzw. 3) die jeweilige Inverse der weiteren Zahl (1 bzw. 4) addiert[16] bzw. multipliziert, ist das Gesamtergebnis gleich dem Ausgangswert.

Beispiel:

$$2 + 4 \equiv 6 \equiv 1 \pmod 5; \quad 1 + 1 \equiv 2 \equiv 2 \pmod 5$$
$$2 \cdot 4 \equiv 8 \equiv 3 \pmod 5; \quad 3 \cdot 4 \equiv 12 \equiv 2 \pmod 5$$

In der Menge $\mathbb{Z}_5 = \{0, 1, 2, 3, 4\}$ für die Addition, und in der Menge $\mathbb{Z}_5^* = \mathbb{Z}_5 \setminus \{0\}$ für die Multiplikation haben alle Zahlen eine **eindeutige** Inverse bezüglich modulo 5.

Bei der modularen **Addition** ist das für jede ganze Zahl so, die als Modulus verwendet wird (also nicht nur für 5).

Bei der modularen **Multiplikation** dagegen ist das nicht so (wichtiger Satz):

Satz 5.6.1. *Für eine natürliche Zahl a aus der Menge $\{1, \cdots, m-1\}$ gibt es genau dann eine modulare multiplikative Inverse, wenn sie zu dem Modul m teilerfremd ist, d. h. wenn a und m keine gemeinsamen Primfaktoren haben.*

Da $m = 5$ eine Primzahl ist, sind die Zahlen 1 bis 4 teilerfremd zu 5, und es gibt $\pmod 5$ zu **jeder** dieser Zahlen eine multiplikative Inverse.

Ein Gegenbeispiel zeigt die Multiplikationstabelle für $\pmod 6$ (da der Modul $m = 6$ nicht prim ist, sind nicht alle Elemente aus $\mathbb{Z}_6 \setminus \{0\}$ zu 6 teilerfremd):

*	1	2	3	4	5
1	1	2	3	4	5
2	2	**4**	**0**	**2**	4
3	3	**0**	**3**	**0**	3
4	4	**2**	**0**	**4**	2
5	5	4	3	2	1

Tab. 5.3: Multiplikationstabelle modulo 6 (Verknüpfungstafel von $(\mathbb{Z}_6 \setminus \{0\}, \cdot)$)

Neben der 0 gibt es auch bei den Zahlen 2, 3 und 4 keinen passenden Faktor, so dass das Produkt $\pmod 6$ die 1 ergibt. Man sagt auch, diese Zahlen haben **keine** Inverse.

Die Zahlen 2, 3 und 4 haben mit dem Modul 6 den Faktor 2 oder 3 gemeinsam. Nur die zu 6 teilerfremden Zahlen 1 und 5 haben multiplikative Inverse, nämlich jeweils sich selbst.

Die Anzahl der zum Modul m teilerfremden Zahlen ist auch die Anzahl derjenigen Zahlen, die eine multiplikative Inverse haben (vgl. die Euler-Funktion $\phi(m)$ in Abschnitt 5.8.2).

Für die beiden in den Multiplikationstabellen verwendeten Moduli 5 und 6 bedeutet dies: Der Modul 5 ist bereits eine Primzahl. Also gibt es in $\pmod 5$ genau $\phi(5) = 5 - 1 = 4$ mit dem Modul teilerfremde Zahlen, also alle von 1 bis 4.

Da 6 keine Primzahl ist, zerlegen wir 6 in seine Faktoren: $6 = 2 \cdot 3$. Daher gibt es in $\pmod 6$ genau $\phi(6) = (2-1) \cdot (3-1) = 1 \cdot 2 = 2$ Zahlen, die eine multiplikative Inverse haben, nämlich die 1 und die 5.

[16] Allgemein: $x + y + (-y) \equiv x \pmod m$ [$(-y)$ = additive Inverse zu $y \pmod m$]

Für große Moduli scheint es nicht einfach, die Tabelle der multiplikativen Inversen zu berechnen. Mithilfe des kleinen Satzes von Fermat kann man dafür einen einfachen Algorithmus aufstellen [7, S. 80]. Schnellere Algorithmen werden z. B. in [8] beschrieben.[17]

Kryptografisch ist nicht nur die Eindeutigkeit der Inversen, sondern auch das Ausschöpfen des gesamten Wertebereiches eine wichtige Eigenschaft.

Satz 5.6.2. *Seien* $a, i \in \{1, \ldots, m-1\}$ *mit* $\text{ggT}(a, m) = 1$, *dann nimmt das Produkt* $a \cdot i \pmod m$ *für jede Zahl* a *alle Werte aus* $\{1, \ldots, m-1\}$ *an (erschöpfende Permutation der Länge* $m-1$*).*

Siehe hierzu auch Satz 5.9.1 in Abschnitt 5.9 „Multiplikative Ordnung und Primitivwurzel".

Beachte, dass das hier anders ist als bei RSA, wo a mit einer fixen Zahl e potenziert wird, während hier das a mit allen i multipliziert wird. Die folgenden drei Beispiele[18] veranschaulichen Eigenschaften der multiplikativen Inversen (hier sind nicht mehr die vollständigen Multiplikationstabellen angegeben, sondern nur die Zeilen für die Faktoren 5 und 6).

Tabelle 5.4 (Multiplikationstabelle $\pmod{17}$) wurde für $i = 1, 2, \ldots, 18$ berechnet:

$(5 \cdot i)/17 = a$ Rest r und hervorgehoben $5 \cdot i \equiv 1 \pmod{17}$ für $i = 7$,

$(6 \cdot i)/17 = a$ Rest r und hervorgehoben $6 \cdot i \equiv 1 \pmod{17}$ für $i = 3$.

Gesucht ist das i, für das der Produktrest $a \cdot i \pmod{17}$ mit $a = 5$ bzw. $a = 6$ den Wert 1 hat (d. h. i ist die multiplikative Inverse von $a \pmod{17}$).

i ⇒	1	2	3	4	5	6	7	8	9	10	11	12	13	14	15	16	17	18
$5 \cdot i$	5	10	15	20	25	30	35	40	45	50	55	60	65	70	75	80	85	90
Rest	5	10	15	3	8	13	**1**	6	11	16	4	9	14	2	7	12	0	5
$6 \cdot i$	6	12	18	24	30	36	42	48	54	60	66	72	78	84	90	96	102	108
Rest	6	12	**1**	7	13	2	8	14	3	9	15	4	10	16	5	11	0	6

Tab. 5.4: Multiplikationstabelle $\pmod{17}$ (für $a = 5$ und $a = 6$), erzeugt mit SageMath-Beispiel 5.20.2 auf Seite 350

Da sowohl 5 als auch 6 jeweils teilerfremd zum Modul $m = 17$ sind, kommen zwischen $i = 1, \ldots, m$ für die Reste alle Werte zwischen $0, \ldots, m-1$ vor (vollständige m-Permutation).

Die multiplikative Inverse von $5 \pmod{17}$ **ist** 7**, die Inverse von** $6 \pmod{17}$ **ist** 3**.**

Tabelle 5.5 (Multiplikationstabelle $\pmod{13}$) berechnet die Reste der Produkte $5 \cdot i$ und $6 \cdot i$:

Da sowohl 5 als auch 6 zum Modul $m = 13$ jeweils teilerfremd sind, kommen zwischen $i = 1, \ldots, m$ für die Reste alle Werte zwischen $0, \ldots, m-1$ vor.

Die multiplikative Inverse von $5 \pmod{13}$ **ist** 8**, die Inverse von** $6 \pmod{13}$ **ist** 11**.**

Tabelle 5.6 enthält ein Beispiel dafür, wo der Modul m und die Zahl ($a = 6$) *nicht* teilerfremd sind.

Berechnet wurden $5 \cdot i \pmod{12}$ und $6 \cdot i \pmod{12}$. Da 6 und der Modulus $m = 12$ nicht teilerfremd sind, kommen zwischen $i = 1, \ldots, m$ nicht alle Werte zwischen $0, \ldots, m-1$ vor und 6 hat $\pmod{12}$ auch keine Inverse.

Die multiplikative Inverse von 5 $\pmod{12}$ ist 5. Die Zahl 6 hat keine Inverse $\pmod{12}$.

[17] Mit dem erweiterten Satz von Euklid (erweiterter ggT) kann man das multiplikative Inverse berechnen und die Invertierbarkeit prüfen (siehe Anhang 5.15). Alternativ kann auch die Primitivwurzel genutzt werden.

[18] In Abschnitt 5.20.1 Additions- und Multiplikationstabellen modulo m finden Sie den Quellcode zur Berechnung der Tabellen mit SageMath.

i⇒	1	2	3	4	5	6	7	8	9	10	11	12	13	14	15	16	17	18
$5 \cdot i$	5	10	15	20	25	30	35	40	45	50	55	60	65	70	75	80	85	90
Rest	5	10	2	7	12	4	9	**1**	6	11	3	8	0	5	10	2	7	12
$6 \cdot i$	6	12	18	24	30	36	42	48	54	60	66	72	78	84	90	96	102	108
Rest	6	12	5	11	4	10	3	9	2	8	**1**	7	0	6	12	5	11	4

Tab. 5.5: Multiplikationstabelle $\pmod{13}$ (für $a = 5$ und $a = 6$)

i⇒	1	2	3	4	5	6	7	8	9	10	11	12	13	14	15	16	17	18
$5 \cdot i$	5	10	15	20	25	30	35	40	45	50	55	60	65	70	75	80	85	90
Rest	5	10	3	8	**1**	6	11	4	9	2	7	0	5	10	3	8	1	6
$6 \cdot i$	6	12	18	24	30	36	42	48	54	60	66	72	78	84	90	96	102	108
Rest	6	0	6	0	6	0	6	0	6	0	6	0	6	0	6	0	6	0

Tab. 5.6: Multiplikationstabelle $\pmod{12}$ (für $a = 5$ und $a = 6$)

5.6.3 Potenzieren

Das Potenzieren ist in der modularen Arithmetik definiert als wiederholtes Multiplizieren – wie üblich. Es gelten mit kleinen Einschränkungen die üblichen Rechenregeln wie

$$\begin{aligned} a^{b+c} &= a^b \cdot a^c \\ (a^b)^c &= a^{b \cdot c} = a^{c \cdot b} = (a^c)^b \end{aligned}$$

Analog der modularen Addition und der modularen Multiplikation funktioniert das modulare Potenzieren:

$$3^2 = 9 \equiv 4 \pmod 5$$

Auch aufeinanderfolgendes Potenzieren geht analog:

Beispiel 1:

$$(4^3)^2 = 64^2 \equiv 4096 \equiv 1 \pmod 5$$

(1) Reduziert man bereits **Zwischenergebnisse** modulo 5, kann man schneller rechnen, muss aber auch aufpassen, da sich dann *nicht* immer alles wie in der gewöhnlichen Arithmetik verhält.

$$\begin{aligned} (4^3)^2 &\equiv (4^3 \pmod 5))^2 \pmod 5 \\ &\equiv (64 \pmod 5))^2 \pmod 5 \\ &\equiv 4^2 \pmod 5 \\ &\equiv 16 \equiv 1 \pmod 5 \end{aligned}$$

Bemerkung: Die Rechenzeit der Multiplikation zweier Zahlen hängt normalerweise von der Länge der Zahlen ab. Dies sieht man, wenn man nach der Schulmethode z. B. $474 \cdot 228$ berechnet: Der Aufwand steigt quadratisch, da $3 \cdot 3$ Ziffern multipliziert werden müssen. Durch die Reduktion der Zwischenergebnisse werden die Zahlen deutlich kleiner.

(2) Aufeinanderfolgende Potenzierungen lassen sich in der gewöhnlichen Arithmetik auf eine einfache

Potenzierung zurückführen, indem man die Exponenten miteinander multipliziert:

$$(4^3)^2 = 4^{3 \cdot 2} = 4^6 = 4096.$$

Welches Ergebnis hätte man in der modularen Arithmetik, wenn man das Produkt der Exponenten $3 \cdot 2$ durch $3 \cdot 2 \pmod 5$ ersetzt?

$$(4^3)^2 \equiv 4^{3 \cdot 2 \pmod 5} \equiv 4^{6 \pmod 5} \equiv 4^1 \equiv 4 \pmod 5$$

Wie wir oben sahen, ist das richtige Ergebnis aber 1.

(3) Deshalb ist für das fortgesetzte Potenzieren in der modularen Arithmetik die Regel etwas anders: Man multipliziert die Exponenten nicht in (mod m), sondern in (mod $\phi(m)$).

Mit $\phi(5) = 4$ ergibt sich:

$$(4^3)^2 \equiv 4^{3 \cdot 2 \pmod{\phi(5)}} \equiv 4^{6 \pmod 4} \equiv 4^2 \equiv 16 \equiv 1 \pmod 5$$

Das liefert das richtige Ergebnis für $m = 5$, es gibt aber Fälle, wo man so nicht vorgehen kann. Für $m = 12$ beispielsweise hat man $\phi(m) = 4$. Für die 2, die ein Teiler von m ist, ist die neunte Zweierpotenz $2^9 \pmod{12} = 8$, aber

$$2^{9 \pmod{\phi(12)}} = 2^{9 \pmod 4} = 2^1 = 2 \neq 8.$$

Satz 5.6.3. ***Reduktion im Exponenten mod $\phi(m)$***

Es sei $\gcd(a, m) = 1$. *Dann gilt*

$$(a^b)^c \equiv a^{b \cdot c \pmod{\phi(m)}} \pmod m.$$

Dies folgt aus dem Satz von Euler und Fermat (siehe S. 294). Angenommen $bc = r + k\phi(m)$ *mit* $r < m$ *und* $r, k \in \mathbb{N}_0$, *dann ist*

$$a^{bc} = a^r \cdot a^{k \cdot \phi(m)} = a^r \cdot (\underbrace{a^{\phi(m)}}_{\equiv 1 \pmod m})^k \equiv a^r \pmod m.$$

Beispiel 2:

$$3^{28} = 3^{4 \cdot 7} \equiv 3^{4 \cdot 7 \pmod{10}} \equiv 3^8 \equiv 6561 \equiv 5 \pmod{11}$$

5.6.4 Schnelles Berechnen hoher Potenzen (Square & Multiply)

Bei RSA-Ver- und Entschlüsselungen[19] müssen hohe Potenzen modulo m berechnet werden. Schon die Berechnung $100^5 \pmod 3$ sprengt den 32 bit langen Long-Integer-Zahlenbereich, sofern man zur Berechnung von a^n getreu der Definition a tatsächlich n-mal mit sich selbst multipliziert.

Bemerkung: Eine 32-Bit-Computerarchitektur bezieht sich auf Computersysteme, bei denen alle wichtigen Systemkomponenten wie Prozessor und Speicher mit Daten in 32-Bit-Einheiten (4 Byte) arbeiten können – in sogenannten Registern. Ein 32-Bit-Register kann 2^{32} verschiedene Werte speichern. Wenn eine ganze Zahl als Binärzahl ohne Vorzeichen dargestellt wird, ist das der Bereich von 0 bis $4\,294\,967\,295 = 2^{32}-1$. Moderne Betriebssysteme unterstützen 64-Bit. Ein solches Register kann 2^{64} verschiedene Werte speichern. Stellt man eine ganze Zahl als Binärzahl ohne Vorzeichen dar, ist dies der Bereich von 0 bis $18\,446\,744\,073\,709\,551\,615 = 2^{64} - 1$ (über 18 Quintillionen = $1{,}8 \cdot 10^{19}$).

[19]Siehe Abschnitt 5.10 (Beweis des RSA-Verfahrens mit Euler-Fermat) und Abschnitt 5.14 (Das RSA-Verfahren mit konkreten Zahlen).

Bei sehr großen Zahlen wäre selbst ein schneller Computer mit einer einzigen Exponentiation länger beschäftigt als das Weltall existiert. Glücklicherweise gibt es für die Exponentiation (nicht aber für das Logarithmieren) eine sehr wirksame Abkürzung.

Wird der Ausdruck anhand der Rechenregeln der modularen Arithmetik anders aufgeteilt, sprengt die Berechnung nicht einmal den 16 bit langen Short-Integer-Bereich:

$$(a^5) \equiv (((a^2 \pmod m))^2 \pmod m)) \cdot a) \pmod m \quad \text{weil } 5_{10} = 101_2$$

Dies kann man verallgemeinern, indem man den Exponenten binär darstellt. Beispielsweise würde die Berechnung von a^n für $n = 37$ auf dem naiven Weg 36 Multiplikationen erfordern. Schreibt man jedoch n in der Binärdarstellung als $100101 = 1 \cdot 2^5 + 1 \cdot 2^2 + 1 \cdot 2^0$, so kann man umformen: $a^{37} = a^{2^5+2^2+2^0} = a^{2^5} \cdot a^{2^2} \cdot a^1$.

Beispiel 3: $87^{43} \pmod{103}$

Da $43 = 32 + 8 + 2 + 1$, 103 prim, $43 < \phi(103)$ ist, und die Quadrate (mod 103) vorab berechnet werden können

$$\begin{aligned}
87^2 &\equiv 50 \pmod{103}, \\
87^4 &\equiv 50^2 \equiv 28 \pmod{103}, \\
87^8 &\equiv 28^2 \equiv 63 \pmod{103}, \\
87^{16} &\equiv 63^2 \equiv 55 \pmod{103}, \\
87^{32} &\equiv 55^2 \equiv 38 \pmod{103},
\end{aligned}$$

gilt:

$$\begin{aligned}
87^{43} &\equiv 87^{32+8+2+1} \pmod{103} \\
&\equiv 87^{32} \cdot 87^8 \cdot 87^2 \cdot 87 \pmod{103} \\
&\equiv 38 \cdot 63 \cdot 50 \cdot 87 \equiv 85 \pmod{103}
\end{aligned}$$

Die Potenzen $(a^2)^k$ sind durch fortgesetztes Quadrieren leicht zu bestimmen. Solange sich a nicht ändert, kann ein Computer sie vorab berechnen und – bei ausreichend Speicherplatz – abspeichern. Um dann im Einzelfall a^n zu finden, muss er nur noch genau diejenigen $(a^2)^k$ miteinander multiplizieren, für die an der k-ten Stelle der Binärdarstellung von n eine Eins steht. Der typische Aufwand für $n = 600$ sinkt dadurch von 2^{600} auf $2 \cdot 600$ Multiplikationen! Dieser häufig verwendete Algorithmus heißt *Square and Multiply*.

Das SageMath-Beispiel 5.8.1 auf Seite 295 enthält Quellcode, der die Square-and-Multiply-Methode in SageMath manuell implementiert. Es gibt die Zwischenergebnisse aus, so dass Sie die obigen Berechnungen reproduzieren können. In Abschnitt 5.20.2 „Schnelles Berechnen hoher Potenzen" finden Sie ein Beispiel, das die in SageMath eingebaute Funktion `power_mod` nutzt.

5.6.5 Wurzeln und Logarithmen

Anstatt für eine gegebene Basis und einen gegebenen Exponenten den Wert der zugehörigen Potenz modulo m zu berechnen, kann man auch versuchen, zu einem gegebenen Potenzwert und einer gegebenen Basis den passenden Exponenten zu finden (logarithmieren) oder zu einem gegebenem Potenzwert und einem gegebenen Exponenten die passende Basis zu finden (n-te Wurzel ziehen).

Wurzeln und Logarithmen sind abermals ganze Zahlen, aber im Gegensatz zur üblichen Situation sind sie nicht nur mühsam, sondern bei sehr großen Zahlen in „erträglicher" Zeit überhaupt nicht zu berechnen.

Gegeben sei die Gleichung: $a \equiv b^c \pmod m$.

a) Existenz und Eindeutigkeit

Wenn man die Zahlen a, b, c als Elemente der Menge $\{0, 1, \ldots, m-1\}$ voraussetzt und $m > 2$ eine natürliche Zahl ist, ist

- $x \equiv b^c \pmod m$ für b, c, m immer wohldefiniert und hat eine eindeutige Lösung für x (trivialerweise),
- $a \equiv x^c \pmod m$ für a, c, m nicht immer lösbar und nicht immer eindeutig lösbar: $x^2 \equiv 2 \pmod{15}$ ist beispielsweise nicht lösbar, aber $x^2 \equiv 4 \pmod{15}$ hat die vier verschiedenen Lösungen $2, 7, 8, 13$.
- $a \equiv b^x \pmod m$ für a, b, m nicht immer lösbar und nicht immer eindeutig lösbar: $2^x \equiv 5 \pmod{15}$ ist beispielsweise nicht lösbar, aber $2^x \equiv 1 \pmod{15}$ wird gelöst von $x = 4, 8, 12, \ldots$.

b) Logarithmieren (Bestimmen von c) – Diskretes Logarithmus-Problem

Wenn man von den drei Zahlen a, b, c, welche diese Gleichung erfüllen, a und b kennt, ist jede bekannte Methode, c zu finden (falls es existiert), ungefähr so aufwendig wie das Durchprobieren aller m denkbaren Werte – bei einem typischen m in der Größenordnung von 10^{180} (600-stellige Binärzahl) ein hoffnungsloses Unterfangen. Weitere Details zum diskreten Logarithmus-Problem finden Sie in Abschnitt 6.4. Informationen zur Komplexität dieses Problems finden Sie in Abschnitte 5.12.1 und 12.1 auf Seite 311 und auf Seite 718.

c) Wurzel-Berechnung (Bestimmen von b)

Ähnliches gilt, wenn b die Unbekannte ist und die Zahlen a und c bekannt sind. Wenn der Wert der Euler-Funktion[20] $\phi(m)$ bekannt ist und $\mathrm{ggT}(\phi(m), c) = 1$ gilt, kann man eindeutig die Wurzel ziehen: Für ein gegebenes c lässt sich leicht[21] ein d finden mittels $c \cdot d \equiv 1 \pmod{\phi(m)}$ und erhält mit Satz 5.6.3

$$a^d \equiv (b^c)^d \equiv b^{c \cdot d} \equiv b^{c \cdot d \ (mod\ \phi(m))} \equiv b^1 \equiv b \pmod m$$

wo b die *c-te Wurzel* von a ist.

Für den Fall, dass $\phi(m)$ in der Praxis nicht bestimmt werden kann, ist die Berechnung der c-ten Wurzel schwierig. Nach dem ersten Hauptsatz der Zahlentheorie und Satz 5.8.4 kann man $\phi(m)$ zwar mithilfe der Primfaktorzerlegung von m bestimmen, aber die Primfaktorzerlegung liegt in der Praxis eben nicht vor. Hierauf beruhen die Sicherheitsannahmen für das RSA-Kryptosystem (siehe die Abschnitte 5.10, 5.12.1 und 6.3.1).

Sowohl das Logarithmieren als auch das Ziehen der n-ten Wurzel kann man – sofern die Existenz und Eindeutigkeit gesichert sind – als zur Exponentiation inverse Operationen oder Umkehroperationen interpretieren. Verglichen mit der Umkehrung der Exponentiation ist dann der Aufwand für die Umkehrung von Addition und Multiplikation nur proportional zu $\log m$ beziehungsweise $(\log m)^2$. Potenzfunktionen ($x \mapsto x^k$ mit festem k) und Exponentialfunktionen ($x \mapsto k^x$ mit festem k) sind also typische Einwegfunktionen (vergleiche Abschnitte 5.13.1 und 6.1).

5.7 Gruppen und modulare Arithmetik über $\mathbb{Z}_n$ und $\mathbb{Z}_n^*$

In der Zahlentheorie und in der Kryptografie spielen sog. mathematische *Gruppen* eine entscheidende Rolle. Von Gruppen spricht man nur, wenn für eine definierte Menge und eine definierte Relation (eine Operation wie Addition oder Multiplikation) die folgenden Eigenschaften erfüllt sind:

- Abgeschlossenheit
- Existenz des neutralen Elements
- Existenz eines inversen Elements zu jedem Element und
- Gültigkeit des Assoziativgesetzes.

[20] Siehe Abschnitt 5.8.2 „Die Eulersche Phi-Funktion“.
[21] Siehe Abschnitt 5.15 „Anhang: Der ggT und die beiden Algorithmen von Euklid“.

Die abgekürzte mathematische Schreibweise lautet: $(G, +)$ oder $(G, *)$. Nach dieser etwas formaleren Definition arbeiten wir wieder in $\mathbb{Z}_n$ (vergleiche Abschnitt 5.5 auf Seite 281).

Definition 5.7.1. *$\mathbb{Z}_n$:*

$$\mathbb{Z}_n \textit{ umfasst alle ganzen Zahlen von } 0 \textit{ bis } n-1 : \mathbb{Z}_n = \{0, 1, 2, \ldots, n-2, n-1\}.$$

$\mathbb{Z}_n$ ist eine häufig verwendete endliche Gruppe aus den natürlichen Zahlen. Sie wird manchmal auch als **Restmenge** R modulo n bezeichnet. Die Restmenge und die sich bei der Multiplikation ergebende reduzierte Restmenge dürfen nicht verwechselt werden mit der „Restklasse“ (siehe Definition 5.4.4 auf Seite 279).

Heutige 64-bit Computer rechnen direkt nur in einer endlichen Menge der ganzen Zahlen, nämlich in dem Wertebereich $0, 1, 2, \ldots, 2^{64} - 1$. Seit 2003 wurden 64-bit Prozessoren eingeführt. Ein 64-bit Register kann $2^{64} \approx 1{,}8 \cdot 10^{19}$ verschiedene ganze Zahlenwerte darstellen. Dieser Zahlenbereich ist äquivalent zur Menge $\mathbb{Z}_{2^{64}}$.

5.7.1 Addition in einer Gruppe

Definiert man auf einer solchen Menge die Operation mod+ mit

$$a \text{ mod+ } b := (a + b) \pmod{n},$$

so ist die Menge $\mathbb{Z}_n$ zusammen mit der Relation mod+ eine Gruppe, denn es gelten die folgenden Eigenschaften einer Gruppe für alle Elemente von $\mathbb{Z}_n$:

- a mod+ b ist ein Element von $\mathbb{Z}_n$. Die Menge ist abgeschlossen.
- Es gibt ein neutrales Element (die 0).
- Jedes Element $a \in \mathbb{Z}_n$ besitzt bezüglich dieser Operation ein Inverses, nämlich $n - a$.
  [denn es gilt: $a \text{ mod+ } (n - a) \equiv a + (n - a) \pmod{n} \equiv n \equiv 0 \pmod{n}$]
- $(a \text{ mod+ } b) \text{ mod+ } c \equiv a \text{ mod+ } (b \text{ mod+ } c)$. mod+ ist assoziativ.

Da die Operation zusätzlich kommutativ ist, d. h. es gilt $(a \text{ mod+ } b) = (b \text{ mod+ } a)$, ist diese Struktur sogar eine *kommutative* Gruppe.

5.7.2 Multiplikation in einer Gruppe

Definiert man in der Menge $\mathbb{Z}_n$ die Operation mod* mit

$$a \text{ mod* } b := (a \cdot b) \pmod{n},$$

so ist $\mathbb{Z}_n$ zusammen mit dieser Operation **normalerweise keine** Gruppe, weil nicht für jedes n alle Eigenschaften erfüllt sind.

Beispiel:

a) In $\mathbb{Z}_{15}$ besitzt z.B. das Element 5 kein Inverses. Es gibt nämlich kein a mit $5 \cdot a \equiv 1 \pmod{15}$. Jedes Modulo-Produkt mit 5 ergibt auf dieser Menge 5, 10 oder 0.

b) In $\mathbb{Z}_{55} \setminus \{0\}$ besitzen z.B. die Elemente 5 und 11 keine multiplikativen Inversen. Es gibt nämlich kein a aus $\mathbb{Z}_{55}$ mit $5 \cdot a \equiv 1 \pmod{55}$ und kein a mit $11 \cdot a \equiv 1 \pmod{55}$. Das liegt daran, dass 5 und 11 nicht teilerfremd zu 55 sind. Jedes Modulo-Produkt mit 5 ergibt auf dieser Menge $5, 10, 15, \cdots, 50$ oder 0. Jedes Modulo-Produkt mit 11 ergibt auf dieser Menge $11, 22, 33, 44$ oder 0.

Dagegen gibt es Teilmengen von $\mathbb{Z}_n$, die bezüglich mod* eine Gruppe bilden. Wählt man sämtliche Elemente aus $\mathbb{Z}_n$ aus, die teilerfremd zu n sind, so ist diese Menge eine Gruppe bezüglich mod*. Diese Menge bezeichnet man mit $\mathbb{Z}_n^*$.

Definition 5.7.2. $\mathbb{Z}_n^*$ *:*

$$\mathbb{Z}_n^* := \{a \in \mathbb{Z}_n \,|\, \mathrm{ggT}(a, n) = 1\}.$$

$\mathbb{Z}_n^*$ wird manchmal auch als *reduzierte Restmenge* R' modulo n bezeichnet.

Beispiel: Für $n = 10 = 2 \cdot 5$ gilt:

- vollständige Restmenge $R = \mathbb{Z}_n = \{0, 1, 2, 3, 4, 5, 6, 7, 8, 9\}$.
- reduzierte Restmenge $R' = \mathbb{Z}_n^* = \{1, 3, 7, 9\} \longrightarrow \phi(n) = 4$.

SageMath-Beispiel 5.7.1 berechnet die Restemenge R' und die Euler-ϕ-Funktion von $n = 10$.

SageMath-Beispiel 5.7.1: Berechne Restmenge R' von 10 mit $\phi(10)$

```
sage: n=10; R1=n.coprime_integers(n); [i for i in R1]
....: eul=euler_phi(n); eul
[1, 3, 7, 9]
4
```

Bemerkung:
R' bzw. $\mathbb{Z}_n^*$ ist immer eine echte Teilmenge von R bzw. $\mathbb{Z}_n$, da 0 immer Element von $\mathbb{Z}_n$, aber nie Element von $\mathbb{Z}_n^*$ ist. Da 1 (per Definition) und $n - 1$ immer teilerfremd zu n sind, sind sie stets Elemente beider Mengen.

Wählt man irgendein Element aus $\mathbb{Z}_n^*$ und multipliziert es mit jedem anderen Element von $\mathbb{Z}_n^*$, so sind die Produkte alle wieder in $\mathbb{Z}_n^*$. Dies ergibt sich aus der Abgeschlossenheit von $\mathbb{Z}_n^*$ bezüglich der Multiplikation und der ggT-Eigenschaft:
$[a, b \in \mathbb{Z}_n^*] \Rightarrow [(a \cdot b \pmod n) \in \mathbb{Z}_n^*]$,
genauer:
$[a, b \in \mathbb{Z}_n^*] \Rightarrow [\mathrm{ggT}(a, n) = 1, \mathrm{ggT}(b, n) = 1] \Rightarrow [\mathrm{ggT}(a \cdot b, n) = 1] \Rightarrow [(a \cdot b \pmod n) \in \mathbb{Z}_n^*]$.

Außerdem definieren diese Produkte eine eindeutige Permutation auf den Elementen von $\mathbb{Z}_n^*$. Da die 1 immer Element von $\mathbb{Z}_n^*$ ist, gibt es in dieser Menge eindeutig einen „Partner", so dass das Produkt 1 ergibt. Mit anderen Worten:

Satz 5.7.1. *Jedes Element in* $\mathbb{Z}_n^*$ *hat eine multiplikative Inverse.*

Beispiel:
Für $a = 3$ modulo n mit $n = 10$ und $\mathbb{Z}_n^* = \{1, 3, 7, 9\}$ gilt $a^{-1} = 7$ und die Multiplikation von $a = 3$ mit jeder anderen Zahl aus $\mathbb{Z}_n^*$ liefert eine Permutation der Werte in $\mathbb{Z}_n^*$:

$$\begin{array}{rcll} 3 & \equiv & 3 \cdot 1 & \pmod{10} \\ 9 & \equiv & 3 \cdot 3 & \pmod{10} \\ 1 & \equiv & 3 \cdot 7 & \pmod{10} \\ 7 & \equiv & 3 \cdot 9 & \pmod{10} \end{array}$$

Die eindeutige Invertierung (Umkehrbarkeit) ist eine notwendige Bedingung für die Kryptografie (siehe Abschnitt 5.10 auf Seite 305 „Beweis des RSA-Verfahrens mit Euler-Fermat").

> *Die mathematische Spielanalyse postuliert Spieler, die rational reagieren. Die transaktionale Spielanalyse dagegen befasst sich mit Spielen, die unrational, ja sogar* ***irrational und damit wirklichkeitsnäher*** *sind.*
>
> Zitat 11: Eric Berne[22]

5.8 Euler-Funktion, kleiner Satz von Fermat und Satz von Euler-Fermat

Die Eulersche Phi-Funktion ist eine wichtige Funktion in der Zahlentheorie. Ebenso hat der Satz von Euler-Fermat für RSA große Bedeutung.

5.8.1 Muster und Strukturen (2)

So wie Mathematiker die Struktur $a \cdot x \equiv b \pmod{m}$ untersuchen (s. Abschnitt 5.5.2), so interessiert sie auch die Struktur $x^a \equiv b \pmod{m}$.

Auch hierbei sind insbesondere die Fälle interessant, wenn $b = 1$ ist (also wenn b den Wert der multiplikativen Einheit annimmt und x die multiplikative Inverse von a ist) und wenn $b = x$ ist (also wenn die Funktion $f(x) = x^a \pmod{m}$ einen Fixpunkt hat). Vergleiche die multiplikative Ordnung in Abschnitt 5.9 und RSA-Fixpunkte in Abschnitt 5.20.7.

5.8.2 Die Eulersche Phi-Funktion

Bei vorgegebenem n ist die Anzahl der Zahlen aus der Menge $\{1, \ldots, n-1\}$, die zu n teilerfremd sind, gleich dem Wert der Euler[23]-Funktion $\phi(n)$.

Definition 5.8.1. *Die Eulersche Phi-Funktion $\phi(n)$ gibt die Anzahl der Elemente von $\mathbb{Z}_n^*$ an: $\phi(n) = |\mathbb{Z}_n^*|$*

Man vergleiche diese Definition mit Definition 5.7.2 auf der vorherigen Seite und lese bei Interesse auch die Erläuterungen zur Eulerschen Phi-Funktion $\phi(n)$ in Abschnitt 6.3.1 „Das RSA-Verfahren".

Manchmal wird als Bezeichnung auch $\Phi(n)$ oder phi(n) verwendet.

Die Anzahl dieser Elemente der Gruppe wird auch ihre „Mächtigkeit" oder die „Ordnung der Gruppe" genannt.

$\phi(n)$ lässt sich leicht berechnen, wenn man die Primfaktorzerlegung von n kennt.

Satz 5.8.1. *Für jede Primzahl p gilt: $\phi(p) = p - 1$.*

Satz 5.8.2. *Für das Produkt zweier verschiedener Primzahlen p und q gilt:*

$$\phi(p \cdot q) = (p-1) \cdot (q-1) \quad \textit{oder} \quad \phi(p \cdot q) = \phi(p) \cdot \phi(q).$$

Dieser Fall ist für das RSA-Verfahren wichtig.

Satz 5.8.3. *Ist $n = p_1 \cdot p_2 \cdot \ldots \cdot p_k$, wobei p_1 bis p_k verschiedene Primzahlen sind (d.h. $p_i \neq p_j$ für $i \neq j$), dann gilt (als Verallgemeinerung von Satz 5.8.2):*

$$\phi(n) = (p_1 - 1) \cdot (p_2 - 1) \cdot \ldots \cdot (p_k - 1).$$

Satz 5.8.4. *Verallgemeinert gilt für jede Primzahl p und jedes n aus $\mathbb{N}$:*

1. $\phi(p^n) = p^{n-1} \cdot (p-1)$.
2. *Ist $n = p_1^{e_1} \cdot p_2^{e_2} \cdot \ldots \cdot p_k^{e_k}$, wobei p_1 bis p_k verschiedene Primzahlen sind, dann gilt:*

$$\phi(n) = [(p_1^{e_1-1}) \cdot (p_1 - 1)] \cdot \ldots \cdot [(p_k^{e_k-1}) \cdot (p_k - 1)] = n \cdot ([(p_1 - 1)/p_1] \cdot \ldots \cdot [(p_k - 1)/p_k]).$$

[22] Eric Berne, *Spiele der Erwachsenen*, rororo, (c) 1964, S. 235.

[23] Leonhard Euler, schweizer Mathematiker, 15.4.1707 – 18.9.1783

Beispiel:

- $n = 70 = 2 \cdot 5 \cdot 7 \Longrightarrow$ nach Satz 5.8.3: $\phi(n) = 1 \cdot 4 \cdot 6 = 24$.
- $n = 9 = 3^2 \Longrightarrow$ nach Satz 5.8.4: $\phi(n) = 3^1 \cdot 2 = 6$, weil $\mathbb{Z}_9^* = \{1, 2, 4, 5, 7, 8\}$.
- $n = 2\,701\,125 = 3^2 \cdot 5^3 \cdot 7^4 \Longrightarrow$ nach Satz 5.8.4: $\phi(n) = [3^1 \cdot 2] \cdot [5^2 \cdot 4] \cdot [7^3 \cdot 6] = 1\,234\,800$

Bemerkung: Zahlentheoretische Funktionen in CT2

Die Eulersche Phi-Funktion ist nur eine von mehreren verbreiteten zahlentheoretischen Funktionen bzw. Statistiken. Eine Übersicht und einen schnellen Vergleich für verschiedene Zahlen findet sich in CT2. In Abb. 5.1 ist die Eulersche Phi-Funktion für die Zahl 24 hervorgehoben. In CT2 kann man dorthin navigieren mit `CT2 Kryptotutorien ▷ Die Welt der Primzahlen ▷ Verteilung der Primzahlen ▷ Zahlengerade`.

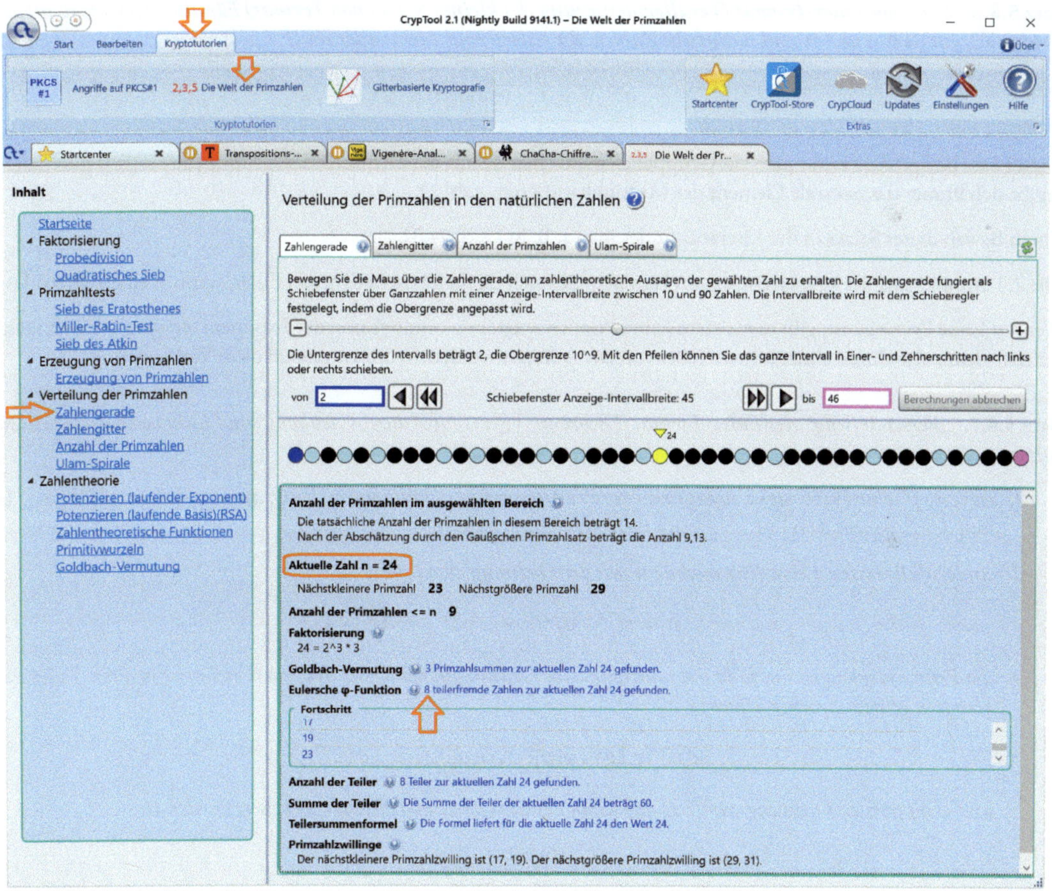

Abb. 5.1: Zahlentheoretische Funktionen in CT2

5.8.3 Der Satz von Euler-Fermat

Für den Beweis des RSA-Verfahrens brauchen wir den kleinen Satz von Fermat und dessen Verallgemeinerung (Satz von Euler-Fermat).

Satz 5.8.5. ***Kleiner Satz von Fermat***[24] *Sei p eine Primzahl und a eine beliebige ganze Zahl, dann gilt:*

$$a^p \equiv a \pmod{p}$$

Eine alternative Formulierung des kleinen Satzes von Fermat lautet: Sei p eine Primzahl und a eine beliebige ganze Zahl, die teilerfremd zu p ist, dann gilt:

$$a^{p-1} \equiv 1 \pmod{p}$$

Denn aus der Teilerfremdheit von a und p folgt, dass ein $a^{-1} \pmod{p}$ existiert, welches man an die zuerst formulierte Kongruenz links und rechts multipliziert.

Siehe auch Abschnitt 4.6. Satz 4.6.1 entspricht Satz 5.8.5 hier.

Satz 5.8.6. ***Satz von Euler-Fermat (Verallgemeinerung des kleines Satzes von Fermat)*** *Für alle Elemente a aus der Gruppe $\mathbb{Z}_n^*$ gilt (d.h. a und n sind natürliche Zahlen, die teilerfremd zueinander sind):*

$$a^{\phi(n)} \equiv 1 \pmod{n}$$

Dieser Satz besagt, dass wenn man ein Gruppenelement (hier a) mit der Ordnung der Gruppe (hier $\phi(n)$) potenziert, ergibt sich immer das neutrale Element der Multiplikation (die Zahl 1).

Einen Beweis dieses Satzes in der Literatur findet man z. B. in [9, S. 94 ff].

Die 2. Formulierung des kleinen Satzes von Fermat ergibt sich direkt aus dem Satz von Euler, wenn n eine Primzahl ist.

Wenn n keine Primzahl ist, gibt es meistens keine Primitivwurzeln modulo n und der Exponent $\phi(n)$ in 5.8.6 ist nicht „scharf", kann also durch einen echten Teiler von $\phi(n)$ ersetzt werden. Wir formulieren diese Verbesserung:

Satz 5.8.7. ***„Verschärfung" des Euler-Fermat Theorems***[25] *Sei n nicht durch 8 teilbar*[26] *und nicht von der Gestalt $2u$ mit $u \equiv 1 \bmod 2$.*[27]

1. *Ist $n = p^r$ eine Primpotenz, so existiert eine Primitivwurzel modulo n von der Ordnung $\phi(n) = p^{r-1}(p-1)$ und der Exponent $\phi(n)$ in 5.8.6 kann nicht verkleinert werden.*

2. *Andernfalls existiert kein Rest modulo n mit der Ordnung $\phi(n)$. Ist*

   $$n = p_1^{\alpha_1} \cdot p_2^{\alpha_2} \cdot \dots \cdot p_r^{\alpha_r} \qquad (r > 1)$$

   die Primzerlegung von n, so ist die multiplikative Ordnung eines Restes modulo n vielmehr stets ein Teiler des kleinsten gemeinsamen Vielfachen

   $$\epsilon(n) = \text{kgV}(\phi(p_1^{\alpha_1}), \phi(p_2^{\alpha_2}), \dots, \phi(p_r^{\alpha_r}))$$

   und $\epsilon(n)$ tritt als Ordnung auf[28]*. Daher kann der Satz von Euler-Fermat verbessert werden zu*

   $$a^{\epsilon(n)} \equiv 1 \bmod n$$

   für a mit $\text{ggT}(a, n) = 1$.

---

[24] Pierre de Fermat, französischer Mathematiker, 17.8.1601 – 12.1.1665. Vgl. Abschnitt 4.6.1 auf Seite 208.

[25] Die vorliegende Formulierung entstammt einem unveröffentlichten Handout von Professor Geyer, siehe [10]. Alternativ findet man diese Aussage, auch mit Beweisen, im Klassiker von Hardy und Wright [11], auf Seite 63ff.

[26] Für durch 8 teilbare Zahlen muss man das hier in diesem Theorem definierte $\epsilon(n)$ noch durch 2 dividieren, um den besten Exponenten zu erhalten, da $a^2 \equiv 1 \bmod 8$ für alle ungeraden a gilt.

[27] Für $n = 2u$ mit u ungerade ist nämlich $\mathbb{Z}_{2u}^* \cong \mathbb{Z}_u^*$.

[28] Das SageMath-Beispiel 5.20.16 zeigt, wie man ein Element maximaler Ordnung konstruieren kann.

Falls n das Produkt zweier verschiedener Primzahlen ist, kann man mit dem Satz von Euler in bestimmten Fällen sehr schnell das Ergebnis einer modularen Potenz berechnen. Es gilt: $a^{(p-1)\cdot(q-1)} \equiv 1 \pmod{pq}$

Beispiele zur Berechnung einer modularen Potenz:

- Was ist $5^2 \pmod 6$?
  Mit $2 = 1 \cdot 2$ und $6 = 2 \cdot 3$, wobei 2 und 3 jeweils prim; $\phi(6) = 2$, da nur 1 und 5 zu 6 teilerfremd sind, folgt $5^2 \equiv 5^{\phi(6)} \equiv 1 \pmod 6$, ohne dass man die Potenz berechnen musste.
- Was ist $31^{792} \pmod{851}$?
  Mit $792 = 22 \cdot 36$ und $23 \cdot 37 = 851$, wobei 23 und 37 jeweils prim sind, folgt für $31 \in \mathbb{Z}^*_{851}$
  $31^{792} \equiv 31^{\phi(23\cdot37)} \equiv 31^{\phi(851)} \equiv 1 \pmod{851}$.

5.8.4 Bestimmung der multiplikativen Inversen

Eine weitere interessante Anwendung ist ein Sonderfall der Bestimmung der multiplikativen Inverse mithilfe des Satzes von Euler-Fermat (multiplikative Inverse werden ansonsten mit dem erweiterten Euklid'schen Algorithmus ermittelt).

Beispiel:
Finde die multiplikative Inverse von 1579 modulo 7351.

Nach Euler-Fermat gilt: $a^{\phi(n)} = 1 \bmod n$ für alle a aus $\mathbb{Z}^*_n$. Teilt man beide Seiten durch a, ergibt sich: $a^{\phi(n)-1} \equiv a^{-1} \pmod n$. Für den Spezialfall, dass der Modul prim ist, gilt $\phi(n) = p - 1$. Also gilt für die modulare Inverse a^{-1} von a:

$$a^{-1} \equiv a^{\phi(n)-1} \equiv a^{(p-1)-1} \equiv a^{p-2} \pmod p$$

Für unser Beispiel bedeutet das:

Da der Modul 7351 prim ist, ist $p - 2 = 7349$.
$1579^{-1} \equiv 1579^{7349} \pmod p$.

Durch geschicktes Zerlegen des Exponenten kann man diese Potenz relativ einfach berechnen:[29]

$$7349 = 4096 + 2048 + 1024 + 128 + 32 + 16 + 4 + 1$$

$$1579^{-1} \equiv 4716 \pmod{7351}$$

Das SageMath-Beispiel 5.8.1 enthält Quellcode, der die Square-and-Multiply-Methode in SageMath manuell implementiert. Es gibt die Zwischenergebnisse aus, so dass Sie die obigen Berechnungen reproduzieren können.

SageMath-Beispiel 5.8.1: Square-and-Multiply manuell ausgeführt in SageMath

```
print("\n# CHAP05 -- Sage-Script-SAMPLE 013: =========")

print("Square & multiply, applied to 2 samples:")
print("- Sample from 5.6.4 just quickly calculates the power 87^43 mod 103.")
print("- Sample from 5.8.4 calculates multiplicative inverse quickly in a special case, where exponent e = p-2▶
 ▶.")
print("  a=1579; p = 7351; a^(-1) = a^(p-2) mod p")
print("  So a^(-1) = a^7349 mod 7351; and 7349=4096+2048+1024+128+32+16+4+1")

### Choose one of the two following examples:
### Sample from 5.6.4 ###
# p=103 ; R=Integers(p); a=R(87); e=43
# print("\nSample from 5.6.4: p, a, e:", p, a, e)

### Sample from 5.8.4 ###
p=7351; R=Integers(p); a=R(1579); e = p-2
print("\nSample from 5.8.4: p, a, e:", p, a, e)


print("\nFirst, calculate all squares:")
```

[29] Siehe Abschnitt 5.6.4 „Schnelles Berechnen hoher Potenzen (Square & Multiply)“.

Fortsetzung SageMath-Beispiel 5.8.1

```
b = ZZ(e).bits(); blen = len(b); b = [1] * blen
print("b:", b, "  len(b):", len(b))

expo=0; sumall=0; prodall=1;
for pos, bit in enumerate(b):
  expo=2^pos;  sumall+=expo
  if expo == 1:
    z = a  # keep a
  else:
    z = power_mod(z, 2, p);  prodall*=z
  print("Pos: %2d" % pos, "  Expo:%5d" % expo, "  Sum:%5d" % sumall, "  z:%5d" % z, "  Prod:%5d" % prodall)


print("\nSecond, calculate power a^e manually via square & multiply:")
b = ZZ(e).bits(); print("b:", b, "  len(b):", len(b), "  e:", e);  # b=b[::-1]; print(b);

expo=0; sumall=0; prodall=1; sum=0; prod=1
for pos, bit in enumerate(b):
  expo=2^pos;  sumall+=expo
  if expo == 1:
    z = a  # keep a
  else:
    z = power_mod(z, 2, p);  prodall*=z
  if bool(bit):
    sum+=expo; prod*=z
    print("Pos: %2d" % pos, "  Expo:%5d" % expo, "  Sum:%5d" % sum, "  z:%5d" % z, "  Prod:%5d" % prod)


# Using the build in Sage function
print("\nValidation:")
print("power_mod(87,43,103) = ", power_mod(87,43,103))  # 85
# print("power_mod(87,e,p) = ", power_mod(87,e,p))
# print("power_mod(1579,e,p) = ", power_mod(1579,e,p))
print("power_mod(1579,7349,7351) = ", power_mod(1579,7349,7351), "\n")  # 4716

#------------------------------------
# CHAP05 -- Sage-Script-SAMPLE 013: =========
# Square & multiply, applied to 2 samples:
#  - Sample from 5.6.4 just quickly calculates the power 87^43 mod 103.
#  - Sample from 5.8.4 calculates multiplicative inverse quickly in a special case, where exponent e = p-2.
#    a=1579; p = 7351; a^(-1) = a^(p-2) mod p
#    So a^(-1) = a^7349 mod 7351; and 7349=4096+2048+1024+128+32+16+4+1
#
#  Sample from 5.8.4: p, a, e: 7351 1579 7349
#
#  First, calculate all squares:
#  b: [1, 1, 1, 1, 1, 1, 1, 1, 1, 1, 1, 1, 1]   len(b): 13
#  Pos:  0   Expo:    1   Sum:    1   z: 1579   Prod:    1
#  Pos:  1   Expo:    2   Sum:    3   z: 1252   Prod: 1252
#  Pos:  2   Expo:    4   Sum:    7   z: 1741   Prod: 3836
#  Pos:  3   Expo:    8   Sum:   15   z: 2469   Prod: 2996
#  Pos:  4   Expo:   16   Sum:   31   z: 1982   Prod: 5815
#  Pos:  5   Expo:   32   Sum:   63   z: 2890   Prod:  964
#  Pos:  6   Expo:   64   Sum:  127   z: 1364   Prod: 6418
#  Pos:  7   Expo:  128   Sum:  255   z:  693   Prod:  319
#  Pos:  8   Expo:  256   Sum:  511   z: 2434   Prod: 4591
#  Pos:  9   Expo:  512   Sum: 1023   z: 6801   Prod: 3694
#  Pos: 10   Expo: 1024   Sum: 2047   z: 1109   Prod: 2139
#  Pos: 11   Expo: 2048   Sum: 4095   z: 2264   Prod: 5738
#  Pos: 12   Expo: 4096   Sum: 8191   z: 2049   Prod: 2913
#
#  Second, calculate power a^e manually via square & multiply:
#  b: [1, 0, 1, 0, 1, 1, 0, 1, 0, 0, 1, 1, 1]   len(b): 13   e: 7349
#  Pos:  0   Expo:    1   Sum:    1   z: 1579   Prod: 1579
#  Pos:  2   Expo:    4   Sum:    5   z: 1741   Prod: 7116
#  Pos:  4   Expo:   16   Sum:   21   z: 1982   Prod: 4694
#  Pos:  5   Expo:   32   Sum:   53   z: 2890   Prod: 3065
#  Pos:  7   Expo:  128   Sum:  181   z:  693   Prod: 6957
#  Pos: 10   Expo: 1024   Sum: 1205   z: 1109   Prod: 4114
#  Pos: 11   Expo: 2048   Sum: 3253   z: 2264   Prod:  379
#  Pos: 12   Expo: 4096   Sum: 7349   z: 2049   Prod: 4716
#
#
```

Fortsetzung SageMath-Beispiel 5.8.1

```
# Sample from 5.6.4: p, a, e: 103 87 43
#
# First, calculate all squares:
# b: [1, 1, 1, 1, 1, 1]   len(b): 6
# Pos:  0  Expo:   1  Sum:   1  z:  87  Prod:   1
# Pos:  1  Expo:   2  Sum:   3  z:  50  Prod:  50
# Pos:  2  Expo:   4  Sum:   7  z:  28  Prod:  61
# Pos:  3  Expo:   8  Sum:  15  z:  63  Prod:  32
# Pos:  4  Expo:  16  Sum:  31  z:  55  Prod:   9
# Pos:  5  Expo:  32  Sum:  63  z:  38  Prod:  33
#
# Second, calculate power a^e manually via square & multiply:
# b: [1, 1, 0, 1, 0, 1]   len(b): 6   e: 43
# Pos:  0  Expo:   1  Sum:   1  z:  87  Prod:  87
# Pos:  1  Expo:   2  Sum:   3  z:  50  Prod:  24
# Pos:  3  Expo:   8  Sum:  11  z:  63  Prod:  70
# Pos:  5  Expo:  32  Sum:  43  z:  38  Prod:  85
#
#
# Validation:
# power_mod(87,43,103) =  85
# power_mod(1579,7349,7351) =  4716
```

5.8.5 Wie viele private RSA-Schlüssel *d* gibt es modulo 26

Dieses Kapitel geht ausführlich auf einige Fragen mitdenkender Studenten ein, auch wenn solche „No-Gos“ sonst in der Literatur eher übersprungen werden. :-)

Laut Satz 5.6.3 werden die arithmetischen Operationen von modularen Ausdrücken in den Exponenten modulo $\phi(n)$ und nicht modulo n durchgeführt. Hier wird der Modul wie beim RSA-Verfahren üblich mit n statt mit m bezeichnet.

Wenn man in $a^{e \cdot d} \equiv a^1 \pmod{n})$ die Inverse z. B. für den Faktor e im Exponenten bestimmen will, muss man modulo $\phi(n)$ rechnen.

Beispiel: (mit Bezug zum RSA-Algorithmus)
Wenn man modulo 26 rechnet, aus welcher Menge können e und d kommen?

Lösung: Es gilt $e \cdot d \equiv 1 \pmod{\phi(26)}$.

> Die reduzierte Restmenge R' sind die Elemente in $\mathbb{Z}_{26}$, die eine multiplikative Inverse haben, also teilerfremd zu 26 sind: $R' = \mathbb{Z}_{26}^* = \{1, 3, 5, 7, 9, 11, 15, 17, 19, 21, 23, 25\}$ (vgl. Definition 5.7.2). R' hat $\phi(26) = 12$ Elemente.
>
> Die reduzierte Restmenge R'' enthält nur die Elemente von 1 bis $\phi(n)$, die teilerfremd zu $\phi(26) = 12$ sind: $R'' = \{1, 5, 7, 11\}$. R'' hat $\phi(\phi(26)) = 4$ Elemente. Man beachte, dass im allgemeinen Fall nicht notwendigerweise alle Elemente von R'' in R' enthalten sein müssen. Für $n = 26$ ist jedoch $R'' \subseteq R'$.
>
> Für jedes e aus R'' gibt es ein eindeutiges d aus R'', so dass $a \equiv (a^e)^d \pmod{n}$. Somit existieren 4 mögliche Werte für den Schlüssel d mod(26).

Somit gibt es also zu jedem e in R'' genau ein Element d, so dass gilt: $e \cdot d \equiv 1 \pmod{\phi(26)}$. Dieses Element d ist nicht unbedingt von e verschieden: z. B. $5 \cdot 5 \equiv 1 \pmod{12}$.

SageMath-Beispiel 5.8.2 berechnet die beiden Restemengen und die beiden ϕ-Funktionen.

SageMath-Beispiel 5.8.2: Berechne Restmenge R' von 26 und reduzierte Restmenge R'' mit $\phi(26)$

```
sage: n=26; R1=n.coprime_integers(n); [i for i in R1]
[1, 3, 5, 7, 9, 11, 15, 17, 19, 21, 23, 25]
sage: f=euler_phi(n); R2=f.coprime_integers(f); R2; f; euler_phi(f); len(R2)
[1, 5, 7, 11]
```

Fortsetzung SageMath-Beispiel 5.8.2

```
12
4
4
```

Im SageMath-Beispiel 5.8.2 auf der vorherigen Seite wurde der Fall $n = 26$ betrachtet. Mit dem SageMath-Beispiel 5.20.22 auf Seite 370 kann man auch den allgemeinen Fall behandeln, wo n beliebige natürliche Zahlen annehmen kann.[30] Das SageMath-Programm liefert die Anzahl aller Werte von d.

Für alle e, die teilerfremd zu $\phi(n)$ sind, kann man das d nach dem Satz von Euler-Fermat folgendermaßen berechnen:

$$\begin{aligned} d &\equiv e^{-1} \pmod{\phi(n)} \\ &\equiv e^{\phi(\phi(n))-1} \pmod{\phi(n)}, \end{aligned}$$

$$\text{denn} \quad a^{\phi(n)} \equiv 1 \pmod n \quad \text{entspricht} \quad a^{\phi(n)-1} \equiv a^{-1} \pmod n$$

Besteht die Zahl n aus zwei verschiedenen Primfaktoren (und sind noch ein paar weitere Kriterien erfüllt), so sind die Faktorisierung von n und das Finden von $\phi(n)$ ähnlich schwierig[31] (vergleiche Forderung 3 in Abschnitt 5.10.1).

5.9 Multiplikative Ordnung und Primitivwurzel[32]

Die multiplikative Ordnung (englisch order)(siehe Definition 5.8.1 auf Seite 292) und die Primitivwurzel (primitive root) sind zwei nützliche Konstrukte (Konzepte) der elementaren Zahlentheorie.

Mathematiker stellen sich die Frage, unter welchen Bedingungen ergibt die wiederholte Anwendung einer Operation das neutrale Element (vergleiche Abschnitt 5.8.1 auf Seite 292, „Muster und Strukturen (2)“).

Für die i-fach aufeinander folgende modulare Multiplikation einer Zahl a mit sich selbst gibt es genau dann ein i aus $1, \dots, m-1$, so dass die Potenz $a^i \pmod m$ das neutrale Element der Multiplikation ist, wenn a und m teilerfremd sind.

Definition 5.9.1. *Die **multiplikative Ordnung** $ord_m(a)$ einer ganzen Zahl $a \pmod m$ (wobei a und m teilerfremd sind) ist die kleinste ganze Zahl i, für die gilt: $a^i \equiv 1 \pmod m$.*

Beispiel 1:

Tabelle 5.7 auf der nächsten Seite zeigt die Werte $a^i \pmod{11}$ für die Exponenten $i = 1, 2, \dots, 10$ und für die Basen $a = 1, 2, \dots, 10$, sowie den sich für jedes a daraus ergebenden Wert $ord_{11}(a)$.

In Tabelle 5.7 kann man auch ersehen, dass z. B. die Ordnung von 3 modulo 11 den Wert 5 hat. Das SageMath-Beispiel 5.20.4 auf Seite 351 enthält den Quelltext zur Berechnung der Einträge. Siehe Abschnitt 5.20.3 „Multiplikative Ordnung“.

In einer multiplikativen Gruppe (hier $\mathbb{Z}_{11}^*$) haben nicht notwendig alle Zahlen die gleiche Ordnung. Hier sind die verschiedenen Ordnungen 1, 2, 5 und 10. Es gilt:

1. Die Ordnungen sind alle Teiler von 10.

---

[30] Siehe Abschnitt 5.20.6 „Wie viele private RSA-Schlüssel d gibt es innerhalb eines Modulo-Bereichs?“, S. 369

[31] Für $n = pq$ mit $p \neq q$ gilt $\phi(n) = (p-1) \cdot (q-1) = n - (p+q) + 1$. Ferner sind die Zahlen p und q Lösungen der quadratischen Gleichung $x^2 - (p+q)x + pq = 0$.
Sind nur n und $\phi(n)$ bekannt, so gilt: $pq = n$ und $p + q = n + 1 - \phi(n)$. Man erhält die Werte für p und q von n, indem man die folgende quadratische Gleichung löst: $x^2 + (\phi(n) - n - 1)x + n = 0$

[32] Mit dem Zahlentheorie-Lernprogramm **ZT** können Sie einige der hier besprochenen Verfahren vertiefen: Siehe ZT-Lern-Kapitel 2.2, Seiten 10-14/40 und 24-40/40. ZT finden Sie via `CT1 Einzelverfahren ▷ Zahlentheorie interaktiv ▷ Lernprogramm für Zahlentheorie`. Siehe Anhang A.6. Siehe auch die SageMath-Beispiele in Abschnitt 5.20.3 auf Seite 351.

2. Die Zahlen $a = 2, 6, 7$ und 8 haben die Ordnung 10. Man sagt, diese Zahlen haben in $\mathbb{Z}_{11}^*$ **maximale Ordnung**.

	i=1	i=2	i=3	i=4	i=5	i=6	i=7	i=8	i=9	i=10	$ord_{11}(a)$
a=1	**1**	1	1	1	1	1	1	1	1	1	1
a=2	2	4	8	5	10	9	7	3	6	**1**	**10**
a=3	3	9	5	4	**1**	3	9	5	4	1	5
a=4	4	5	9	3	**1**	4	5	9	3	1	5
a=5	5	3	4	9	**1**	5	3	4	9	1	5
a=6	6	3	7	9	10	5	8	4	2	**1**	**10**
a=7	7	5	2	3	10	4	6	9	8	**1**	**10**
a=8	8	9	6	4	10	3	2	5	7	**1**	**10**
a=9	9	4	3	5	**1**	9	4	3	5	1	5
a=10	10	**1**	10	1	10	1	10	1	10	1	2

Tab. 5.7: Werte von $a^i \pmod{11}, 1 \leq a, i < 11$ und zugehörige Ordnung von $a \pmod{11}$

Definition 5.9.2. *Sind a und m teilerfremd und gilt $ord_m(a) = \phi(m)$, (d. h. a hat maximale Ordnung), dann nennt man a eine **Primitivwurzel** von m.*[33]

Das Besondere an Zahlen a, die Primitivwurzeln sind, ist, dass die Potenzen $a^i \pmod{11}$ für laufende i mit $1 \leq i < 11$ alle Werte in $\mathbb{Z}_n^*$ annehmen (vgl. Satz 5.9.1).

Wie bereits in Satz 5.8.7 ausgeführt, existiert nicht zu jedem Modul m eine Zahl a, die eine Primitivwurzel ist. Beispielsweise hat $m = 45$ gar keine Primitivwurzeln a.

In Tabelle 5.7 sind nur $a = 2, 6, 7$ und 8 bezüglich mod $m = 11$ eine Primitivwurzel ($ord_m(a) = \phi(11) = 10$). SageMath gibt per `primitive_root(11)` nur die erste Primitivwurzel (2) aus. Das SageMath-Beispiel 5.20.9 auf Seite 355 kann *alle* Primitivwurzeln a für ein m ausgeben.

Noch ein paar Anmerkungen anhand von Tabelle 5.7:

- Für eigene Erfahrungen ist es gut, sich Werte schnell berechnen zu können. Die Werte einer Spalte dieser Tabelle kann man mit SageMath z. B. so berechnen: `[power_mod(a,7,11) for a in [1..10]]`. Damit ergibt sich die 7. Spalte: [1, 7, 9, 5, 3, 8, 6, 2, 4, 10]
- Wie würde die Tabelle weiter gehen? Was wäre die 11. Spalte? Mit `[power_mod(a,11,11) for a in [1..10]]` sieht man, dass man wieder die erste Spalte erhält. Die Spalten wiederholen sich mit einer Zykluslänge von $\phi(m) = 10$. D. h. $a^{11} = a^1 \pmod{11}$ für alle $a = 1, 2, \ldots, 10$.
- Es gilt: $a^i = a^{i+k\cdot\phi(m)} \pmod{m}$, da im Exponenten modulo ϕ(m) gerechnet wird.

Mithilfe der Primitivwurzel kann man die Bedingungen klar herausarbeiten, wann Potenzen modulo m *eindeutig invertierbar* sind und die Berechnung in den Exponenten handhabbar ist.[34]

Die beiden Tabellen 5.8 und 5.9 zeigen multiplikative Ordnung und Primitivwurzel modulo 45 und modulo 46.

[33]In Abschnitt 5.20.4, „Primitivwurzeln" finden Sie SageMath-Programme zur Berechnung von Primitivwurzeln.

[34]Eine gute Übersicht zu Primitivwurzeln findet sich auch in Wikipedia: `https://de.wikipedia.org/wiki/Primitivwurzel` und vor allem `https://en.wikipedia.org/wiki/Primitive_root_modulo_n`.

Beispiel 2:
Tabelle 5.8 zeigt die Werte $a^i \pmod{45}$ für die Exponenten $i = 1, 2, \cdots, 12$ und für die Basen $a = 1, 2, \ldots, 12$ sowie den sich für jedes a daraus ergebenden Wert $ord_{45}(a)$.

Das SageMath-Beispiel 5.20.5 auf Seite 352 enthält den Quelltext zur Berechnung der Tabelle 5.8. Siehe Abschnitt 5.20.3 „Multiplikative Ordnung“.

$a \setminus i$	1	2	3	4	5	6	7	8	9	10	11	12	$ord_{45}(a)$	$\phi(45)$
1	1	1	1	1	1	1	1	1	1	1	1	1	1	24
2	2	4	8	16	32	19	38	31	17	34	23	1	12	24
3	3	9	27	36	18	9	27	36	18	9	27	36	—	24
4	4	16	19	31	34	1	4	16	19	31	34	1	6	24
5	5	25	35	40	20	10	5	25	35	40	20	10	—	24
6	6	36	36	36	36	36	36	36	36	36	36	36	—	24
7	7	4	28	16	22	19	43	31	37	34	13	1	12	24
8	8	19	17	1	8	19	17	1	8	19	17	1	4	24
9	9	36	9	36	9	36	9	36	9	36	9	36	—	24
10	10	10	10	10	10	10	10	10	10	10	10	10	—	24
11	11	31	26	16	41	1	11	31	26	16	41	1	6	24
12	12	9	18	36	27	9	18	36	27	9	18	36	—	24

Tab. 5.8: Werte von $a^i \pmod{45}, 1 \leq a, i < 13$ und zugehörige Ordnung von $a \pmod{45}$

$\phi(45)$ berechnet sich nach Satz 5.8.4: $\phi(45) = \phi(3^2 \cdot 5) = [3^1 \cdot 2] \cdot [1 \cdot 4] = 24$.

Da 45 keine Primzahl ist, gibt es nicht für alle Werte von a eine *multiplikative Ordnung* (für alle nicht zu 45 teilerfremden Zahlen: $3, 5, 6, 9, 10, 12, \cdots$, da $45 = 3^2 \cdot 5$).

Beispiel 3:
Hat 7 eine Primitivwurzel modulo 45?

Die notwendige, aber nicht hinreichende Voraussetzung/Bedingung $\text{ggT}(7, 45) = 1$ ist erfüllt. Aus der Tabelle 5.8 kann man ersehen, dass die Zahl $a = 7$ keine Primitivwurzel von 45 ist, denn $ord_{45}(7) = 12 \neq 24 = \phi(45)$.

Beispiel 4:
Tabelle 5.9 auf der nächsten Seite beantwortet die Frage, ob die Zahl $a = 7$ eine Primitivwurzel von 46 ist. Die notwendige, aber nicht hinreichende Voraussetzung/Bedingung $\text{ggT}(7, 46) = 1$ ist erfüllt.
$\phi(46)$ berechnet sich nach Satz 5.8.2: $\phi(46) = \phi(2 \cdot 23) = 1 \cdot 22 = 22$. Die Zahl 7 ist eine Primitivwurzel von 46, denn $ord_{46}(7) = 22 = \phi(46)$.

Das SageMath-Beispiel 5.20.6 auf Seite 353 enthält den Quelltext zur Berechnung der Tabelle 5.9 – siehe Abschnitt 5.20.3 „Programmierhinweis“.

Satz 5.9.1. *Für einen Modul m und eine Zahl a, teilerfremd zu m, gilt:*
Die Menge $\{a^i \pmod{m} \mid i = 1, \ldots, \phi(m)\}$ ist gleich der multiplikativen Gruppe Z_m^* genau dann, wenn $ord_m(a) = \phi(m)$.

$a \backslash i$	1	2	3	4	5	6	7	8	9	10	11	12	13	14	15	16	17	18	19	20	21	22	23	ord
1	1	1	1	1	1	1	1	1	1	1	1	1	1	1	1	1	1	1	1	1	1	1	1	1
2	2	4	8	16	32	18	36	26	6	12	24	2	4	8	16	32	18	36	26	6	12	24	2	–
3	3	9	27	35	13	39	25	29	41	31	1	3	9	27	35	13	39	25	29	41	31	1	3	11
4	4	16	18	26	12	2	8	32	36	6	24	4	16	18	26	12	2	8	32	36	6	24	4	–
5	5	25	33	27	43	31	17	39	11	9	45	41	21	13	19	3	15	29	7	35	37	1	5	22
6	6	36	32	8	2	12	26	18	16	4	24	6	36	32	8	2	12	26	18	16	4	24	6	–
7	7	3	21	9	17	27	5	35	15	13	45	39	43	25	37	29	19	41	11	31	33	1	7	22
8	8	18	6	2	16	36	12	4	32	26	24	8	18	6	2	16	36	12	4	32	26	24	8	–
9	9	35	39	29	31	3	27	13	25	41	1	9	35	39	29	31	3	27	13	25	41	1	9	11
10	10	8	34	18	42	6	14	2	20	16	22	36	38	12	28	4	40	32	44	26	30	24	10	–
11	11	29	43	13	5	9	7	31	19	25	45	35	17	3	33	41	37	39	15	27	21	1	11	22
12	12	6	26	36	18	32	16	8	4	2	24	12	6	26	36	18	32	16	8	4	2	24	12	–
13	13	31	35	41	27	29	9	25	3	39	1	13	31	35	41	27	29	9	25	3	39	1	13	11
14	14	12	30	6	38	26	42	36	44	18	22	32	34	16	40	8	20	4	10	2	28	24	14	–
15	15	41	17	25	7	13	11	27	37	3	45	31	5	29	21	39	33	35	19	9	43	1	15	22
16	16	26	2	32	6	4	18	12	8	36	24	16	26	2	32	6	4	18	12	8	36	24	16	–
17	17	13	37	31	21	35	43	41	7	27	45	29	33	9	15	25	11	3	5	39	19	1	17	22
18	18	2	36	4	26	8	6	16	12	32	24	18	2	36	4	26	8	6	16	12	32	24	18	–
19	19	39	5	3	11	25	15	9	33	29	45	27	7	41	43	35	21	31	37	13	17	1	19	22
20	20	32	42	12	10	16	44	6	28	8	22	26	14	4	34	36	30	2	40	18	38	24	20	–
21	21	27	15	39	37	41	33	3	17	35	45	25	19	31	7	9	5	13	43	29	11	1	21	22
22	22	24	22	24	22	24	22	24	22	24	22	24	22	24	22	24	22	24	22	24	22	24	22	–
23	23	23	23	23	23	23	23	23	23	23	23	23	23	23	23	23	23	23	23	23	23	23	23	–

Tab. 5.9: Werte von $a^i \pmod{46}, 1 \leq a, i < 24$ und zugehörige Ordnung von a modulo 46

Auch für prime Moduli p und $0 < a < p$ haben NICHT alle a die Ordnung $\phi(p) = p-1$. Vergleiche dazu Tabelle 5.7. Aber wenn $ord_m(a) = \phi(m)$, dann nehmen die $a^i \pmod p$ alle Werte $1, \dots, p-1$ an. Dieses Ausschöpfen des Wertebereiches ist eine wichtige kryptografische Eigenschaft (vergleiche Satz 5.6.2). Hiermit wird eine Permutation $\pi(p-1)$ festgelegt.

Tabelle 5.9 zeigt, dass auch bei zusammengesetzten Moduli m nicht alle a die maximale Ordnung $\phi(m)$ haben. In diesem Beispiel haben nur 5, 7, 11, 15, 17, 19 und 21 die Ordnung 22.

Die linke Seite von Satz 5.9.1 gilt genau dann, wenn a eine Primitivwurzel modulo m (siehe Definition 5.9.2 auf Seite 299) ist.

Die multiplikative Gruppe Z_m^* (vgl. Definition 5.7.2 auf Seite 291) nimmt genau dann alle Werte von 1 bis $m-1$ an, wenn m prim ist.

Beispiel 5: Zykluslängen

Tabelle 5.10 auf der nächsten Seite und Tabelle 5.11 auf Seite 304 dienen als Beispiele, um Zykluslängen zu betrachten – ein Thema, das über die multiplikative Ordnung hinausführt.

Als Zyklus bezeichnet man hier eine Folge von Zahlen $a^i \pmod n$ mit $1 \leq i < n$ für ein festes a, wobei sich die Folge wiederholt. Hier kommt innerhalb eines Zyklus jede Zahl nur einmal vor (aufgrund der Erzeugung als modulare Potenz). Die Zyklen hier müssen die 1 nicht enthalten – es sei denn, dieser Zyklus gehört zu einer multiplikativen Ordnung, die die 1 am Ende des Zyklus und an der Stelle a^{n-1} $mod\, n$ haben.

Im Folgenden bezeichnet l die Zykluslänge. Die maximale Zykluslänge l_{max} ist $\phi(n)$. Für Elemente, die nicht in $\mathbb{Z}_n^*$ enthalten sind, kann man das recht gut mit dem Chinesischen Restsatz (vgl. z. B. [12, S. 162]) verständlich machen: Es sei π die Abbildung, die jedes $a \in \mathbb{Z}_n$ auf das Tupel der Reste $(a_1, \dots, a_k)$ mit $a_i \equiv a \bmod m_i$ für $i = 1, \dots, k$ abbildet. Wenn $a \neq 0$ nicht invertierbar ist in $\mathbb{Z}_n$ und demzufolge keine multiplikative Ordnung hat, ist mindestens eines, aber nicht alle der a_i gleich 0.
Nun stelle man sich vor, dass man in diesem Tupel jede dieser Nullen durch 1 ersetzt. Dann entsteht ein invertierbares Element mit wohldefinierter multiplikativer Ordnung in $\mathbb{Z}_n^*$ und diese Ordnung ist aufgrund des Satzes von Lagrange (siehe auch [12, S. 169]) ein Teiler von $\phi(n)$ und damit keinesfalls größer als $\phi(n)$. Siehe auch Satz 5.8.7.

In den Tabellen 5.10 und 5.11 durchläuft a verschiedene Werte. Beispielsweise gilt für $\phi(a)$ (nach Satz 5.8.4):

- $\phi(14) = \phi(2 \cdot 7) = 1 \cdot 6 = 6$
- $\phi(22) = \phi(2 \cdot 11) = 1 \cdot 10 = 10$

Die Werte in den Tabellen erklären sich so:

a) Falls die multiplikative Ordnung für a existiert, gilt (egal ob a prim ist):

$$\text{ord}_n(a) = l \quad \text{und} \quad l|\phi(n)$$

Die maximale Länge l_{max} wird beispielsweise erreicht für:

- $a = 3, 5$ mit $l_{max} = ord_{14}(a) = 6$ in Tabelle 5.10 (Zelle grün unterlegt)
- $a = 7, 13, 17, 19$ mit $l_{max} = ord_{22}(a) = 10$ in Tabelle 5.11

Wenn man ein Element maximaler Länge berechnen will, stelle man sich das Element a gemäß des Chinesischen Restsatzes als Tupel vor, so wie oben erläutert. Nun bestimme man für jede einzelne Komponente des Tupels eine Primitivwurzel bezüglich des jeweiligen m_i, also des Moduls der jeweiligen Komponente. Auf diese Weise erhält man ein Tupel von Primitivwurzeln – jeweils $\bmod m_i$ – zu dem über die Beziehung des Chinesischen Restsatzes genau eine Zahl $a \in \{1, \dots, n-1\}$ gehört. Diese erzeugt dann einen Zykel maximaler Ordnung $\text{kgV}(\phi(m_1), \phi(m_2), \dots, \phi(m_r))$ wie in Satz 5.8.7 bereits angesprochen. Wie man so ein Element mit SageMath bestimmt, zeigt das Listing 5.20.16.

b) In einigen Fällen kann die maximale Zykellänge auch von Elementen a erreicht werden, für die keine multiplikative Ordnung existiert (dann steht in den Tabellen 5.10 und 5.11 unter dem Spaltenkopf $ord_m(a)$ eine „0" statt ein Strich wie in Tabelle 5.8). Beispiele:

– In Tabelle 5.10 ist $l_{max} = \phi(14) = 6$ für $a = 10, 12$ (Zelle rot unterlegt)

– In Tabelle 5.11 ist $l_{max} = \phi(22) = 10$ für $a = 2, 6, 8, 18$

Beides sind Spezialfälle von Satz 5.8.7, denn sowohl 14 als auch 22 sind von der Form $2u$ mit u ungerade und sogar prim.

Das SageMath-Beispiel 5.20.7 auf Seite 354 enthält den Quelltext zur Berechnung der Tabellen 5.10 und 5.11 – siehe Abschnitt 5.20.3 „Programmierhinweis".

$a \setminus i$	1	2	3	4	5	6	7	8	9	10	11	12	13	$ord_{14}(a)$	$\phi(14)$	l
1	1	1	1	1	1	1	1	1	1	1	1	1	1	1	6	1
2	2	4	8	2	4	8	2	4	8	2	4	8	2	0	6	3
3	3	9	13	11	5	1	3	9	13	11	5	1	3	6	6	6
4	4	2	8	4	2	8	4	2	8	4	2	8	4	0	6	3
5	5	11	13	9	3	1	5	11	13	9	3	1	5	6	6	6
6	6	8	6	8	6	8	6	8	6	8	6	8	6	0	6	2
7	7	7	7	7	7	7	7	7	7	7	7	7	7	0	6	1
8	8	8	8	8	8	8	8	8	8	8	8	8	8	0	6	1
9	9	11	1	9	11	1	9	11	1	9	11	1	9	3	6	3
10	10	2	6	4	12	8	10	2	6	4	12	8	10	0	6	6
11	11	9	1	11	9	1	11	9	1	11	9	1	11	3	6	3
12	12	4	6	2	10	8	12	4	6	2	10	8	12	0	6	6
13	13	1	13	1	13	1	13	1	13	1	13	1	13	2	6	2
14	0	0	0	0	0	0	0	0	0	0	0	0	0	0	6	1
15	1	1	1	1	1	1	1	1	1	1	1	1	1	1	6	1
16	2	4	8	2	4	8	2	4	8	2	4	8	2	0	6	3

Tab. 5.10: Werte von $a^i \pmod{14}, 1 \leq a < 17, i < 14$

Das Thema Zykel und Zykellängen wird im Kontext der sog. RSA-Ebene auch noch einmal ausführlich behandelt, dort wird der Begriff *Orbit* bzw. *Bahn* verwendet. Siehe Abschnitt 6.5, insbesondere Abschnitte 6.5.8, 6.5.8.2 und 6.5.8.3.

$a \backslash i$	1	2	3	4	5	6	7	8	9	10	11	12	13	14	15	16	17	18	19	20	21	$ord_{22}(a)$	l
1	1	1	1	1	1	1	1	1	1	1	1	1	1	1	1	1	1	1	1	1	1	1	1
2	2	4	8	16	10	20	18	14	6	12	2	4	8	16	10	20	18	14	6	12	2	0	**10**
3	3	9	5	15	1	3	9	5	15	1	3	9	5	15	1	3	9	5	15	1	3	5	5
4	4	16	20	14	12	4	16	20	14	12	4	16	20	14	12	4	16	20	14	12	4	0	5
5	5	3	15	9	1	5	3	15	9	1	5	3	15	9	1	5	3	15	9	1	5	5	5
6	6	14	18	20	10	16	8	4	2	12	6	14	18	20	10	16	8	4	2	12	6	0	**10**
7	7	5	13	3	21	15	17	9	19	1	7	5	13	3	21	15	17	9	19	1	7	10	**10**
8	8	20	6	4	10	14	2	16	18	12	8	20	6	4	10	14	2	16	18	12	8	0	**10**
9	9	15	3	5	1	9	15	3	5	1	9	15	3	5	1	9	15	3	5	1	9	5	5
10	10	12	10	12	10	12	10	12	10	12	10	12	10	12	10	12	10	12	10	12	10	0	2
11	11	11	11	11	11	11	11	11	11	11	11	11	11	11	11	11	11	11	11	11	11	0	1
12	12	12	12	12	12	12	12	12	12	12	12	12	12	12	12	12	12	12	12	12	12	0	1
13	13	15	19	5	21	9	7	3	17	1	13	15	19	5	21	9	7	3	17	1	13	10	**10**
14	14	20	16	4	12	14	20	16	4	12	14	20	16	4	12	14	20	16	4	12	14	0	5
15	15	5	9	3	1	15	5	9	3	1	15	5	9	3	1	15	5	9	3	1	15	5	5
16	16	14	4	20	12	16	14	4	20	12	16	14	4	20	12	16	14	4	20	12	16	0	5
17	17	3	7	9	21	5	19	15	13	1	17	3	7	9	21	5	19	15	13	1	17	10	**10**
18	18	16	2	14	10	4	6	20	8	12	18	16	2	14	10	4	6	20	8	12	18	0	**10**
19	19	9	17	15	21	3	13	5	7	1	19	9	17	15	21	3	13	5	7	1	19	10	**10**
20	20	4	14	16	12	20	4	14	16	12	20	4	14	16	12	20	4	14	16	12	20	0	5
21	21	1	21	1	21	1	21	1	21	1	21	1	21	1	21	1	21	1	21	1	21	2	2
22	0	0	0	0	0	0	0	0	0	0	0	0	0	0	0	0	0	0	0	0	0	0	1
23	1	1	1	1	1	1	1	1	1	1	1	1	1	1	1	1	1	1	1	1	1	1	1
24	2	4	8	16	10	20	18	14	6	12	2	4	8	16	10	20	18	14	6	12	2	0	10
25	3	9	5	15	1	3	9	5	15	1	3	9	5	15	1	3	9	5	15	1	3	5	5

Tab. 5.11: Werte von $a^i \pmod{22}, 1 \leq a < 26, i < 22$

5.10 Beweis des RSA-Verfahrens mit Euler-Fermat

Mit dem Satz von Euler-Fermat (siehe Satz 5.8.6) kann man in der Gruppe $\mathbb{Z}_n^*$ das RSA-Verfahren „beweisen“.

Das RSA-Verfahren ist das verbreitetste asymmetrische Kryptoverfahren. Es wurde 1978 von Ronald Rivest, Adi Shamir und Leonard Adleman entwickelt und kann sowohl zum Signieren wie zum Verschlüsseln eingesetzt werden.

5.10.1 Grundidee der Public-Key-Kryptografie und Anforderungen an Verschlüsselungsverfahren

Die Grundidee bei der Public-Key-Kryptografie (PKC) besteht darin, dass alle Teilnehmer ein unterschiedliches Paar von Schlüsseln (P und S) besitzen und man für alle Empfänger die öffentlichen Schlüssel publiziert. So wie man die Telefonnummer einer Person aus dem Telefonbuch nachschlägt, kann man den öffentlichen Schlüssel P (public) des Empfängers aus einem Verzeichnis entnehmen. Außerdem hat jeder Empfänger einen geheimen Schlüssel S (secret), der zum Entschlüsseln benötigt wird und den niemand sonst kennt. Möchte der Sender eine Nachricht M (message) schicken, verschlüsselt er diese Nachricht vor dem Versenden mit dem öffentlichen Schlüssel P des Empfängers.

Der Geheimtext C (ciphertext) ergibt sich mit $C = E(P, M)$, wobei E (encryption) die Verschlüsselungsvorschrift ist. Der Empfänger benutzt seinen privaten Schlüssel S, um die Nachricht wieder mit der Entschlüsselungsvorschrift D (decryption) zu entschlüsseln: $M = D(S, C)$.

Damit dieses System mit jeder Nachricht M funktioniert, müssen folgende vier **Forderungen** erfüllt sein:

1. $D(S, E(P, M)) = M$ für jedes M (**Umkehrbarkeit**).
2. Alle (S, P)-Paare aller Teilnehmer sind verschieden.
3. Der Aufwand, S aus P herzuleiten, ist mindestens so hoch, wie das Entschlüsseln von M ohne Kenntnis von S.
4. Sowohl C als auch M lassen sich relativ einfach berechnen, sofern man den entsprechenden Schlüssel kennt.

Die 1. Forderung ist eine generelle Bedingung für alle kryptografischen Verschlüsselungsalgorithmen.

Die Voraussetzung für die 2. Forderung kann leicht sichergestellt werden, weil es „sehr viele“ Primzahlen gibt.

Nach dem **Primzahlsatz** (Kapitel 4.8.2, S. 230) von Legendre und Gauß gibt es bis zur Zahl n asymptotisch $n/\ln(n)$ Primzahlen. Dies bedeutet beispielsweise: Es gibt $6{,}5 \cdot 10^{74}$ Primzahlen unterhalb von $n = 2^{256}$ ($\approx 1{,}1 \cdot 10^{77}$) und $3{,}2 \cdot 10^{74}$ Primzahlen unterhalb von $n = 2^{255}$. Zwischen 2^{256} und 2^{255} gibt es also allein $3{,}3 \cdot 10^{74}$ Primzahlen mit genau 256 Bits. Aufgrund dieser hohen Anzahl von Primzahlen kann man sie nicht einfach alle abspeichern – schon aus Gründen der Physik (vgl. die Anzahl der Atome im Universum in der Übersicht unter Abschnitt 4.13 auf Seite 257).

Hinzu kommt muss noch, dass eine zentrale Stelle, die Zertifikate ausgibt, sicher stellt, dass Forderung 2 erfüllt ist (siehe Abschnitt 5.12.5.4 auf Seite 322).

Die letzte Forderung macht das Verfahren überhaupt erst anwendbar. Dies geht, weil die modulare Potenzierung in linearer Zeit möglich ist (da die Zahlen Längen-beschränkt sind).

Während Whitfield Diffie und Martin Hellman schon 1976 das generelle Schema formulierten, veröffentlichten erst Rivest, Shamir und Adleman in 1978 ein konkretes Verfahren, das alle vier Bedingungen erfüllte.

5.10.2 Funktionsweise des RSA-Verfahrens

Hier wird das RSA-Verfahren inkl. seiner Voraussetzungen und Nebenbedingungen genau beschrieben. Man kann die sieben Einzelschritte zur Durchführung des RSA-Verfahrens folgendermaßen gliedern (siehe [13, S. 213 ff] und [14, S. 338 ff]). Schritt 1 bis 3 sind die Schlüsselerzeugung, Schritt 4 und 5 sind die Verschlüsselung, 6 und 7 die Entschlüsselung:

1. Wähle zufällig 2 verschiedene Primzahlen p und q und berechne $n = p \cdot q$.

   Der Wert n wird als RSA-Modul bezeichnet.

   In CT1 und oftmals in der Literatur wird der RSA-Modul auch mit einem großen N bezeichnet.

2. Wähle ein beliebiges $e \in \{3, \cdots, n-1\}$, so dass gilt:
   e ist teilerfremd zu $\phi(n) = (p-1) \cdot (q-1)$.
   Danach kann man p und q „wegwerfen".

3. Bestimme $d \in \{1, \cdots, n-1\}$ mit $e \cdot d = 1 \mod \phi(n)$, d. h. d ist die multiplikative Inverse zu e modulo $\phi(n)$. Danach kann man $\phi(n)$ „wegwerfen".

   $\rightarrow$ (n, e) ist der öffentliche Schlüssel P.

   $\rightarrow$ (n, d) ist der geheime Schlüssel S (es ist nur d geheim zu halten).

4. Zum Verschlüsseln wird die als (binäre) Zahl dargestellte Nachricht in Teile aufgebrochen, so dass jede Teilzahl kleiner als n ist.

5. Verschlüsselung des Klartextes (bzw. seiner Teilstücke) $M \in \{1, \cdots, n-1\}$:

$$C = E((n, e), M) = M^e \pmod n$$

6. Zum Entschlüsseln wird das binär als Zahl dargestellte Chiffrat in Teile aufgebrochen, so dass jede Teilzahl kleiner als n ist.

7. Entschlüsselung des Geheimtextes (bzw. seiner Teilstücke) $C \in \{1, \cdots, n-1\}$:

$$M = D((n, d), C) = C^d \pmod n$$

Bemerkungen:

1. Die in Schritt 1 gewählten Zahlen p, q, n sind in der Praxis sehr groß (z. B. sind p und q je 1000 bit und n 2000 bit lang).

2. Weitere Sicherheitsaspekte von Implementierung und Verfahren werden in Abschnitt 5.11 auf Seite 309 und in 5.12 diskutiert.

3. In Abschnitt 6.5 auf Seite 403 wird der RSA-Algorithmus aus der Zahlentheorie heraus tiefer begründet: Die RSA-Ebene ist ein Modell, um die Vorgänge bei diesem Algorithmus an Bildern von Rechtecken zu veranschaulichen.

4. Compaq hatte in 2000 mit hohem Marketingaufwand das sogenannte Multi-prime-Verfahren eingeführt. n war dabei nicht das Produkt von zwei, sondern von drei Primzahlen: von zwei großen und einer relativ dazu kleinen Primzahl: $n = o \cdot p \cdot q$. Nach Satz 5.8.3 ist dann $\phi(n) = (o-1) \cdot (p-1) \cdot (q-1)$. Das Verfahren hat sich nicht durchgesetzt.
   Mit ein Grund dafür dürfte gewesen sein, dass Compaq ein Patent dafür angemeldet hatte. Generell gibt es in Europa und in der Open-Source-Bewegung wenig Verständnis für Patente auf Algorithmen. Überhaupt kein

Verständnis herrscht außerhalb der USA, dass man auf den Sonderfall (3 statt 2 Faktoren) eines Algorithmus (RSA) ein Patent beantragen kann, obwohl das Patent für den allgemeinen Fall schon fast abgelaufen war.[35]

5. Für Primzahlen p und q mit $p = q$, und e, d mit $ed \equiv 1 \mod \phi(n)$ gilt i. A., d. h. für alle Werte von m, aber nicht: $(m^e)^d \equiv m \mod n$ für alle $m < n$.
   Sei z. B. $n = 5^2$, berechnet sich $\phi(n)$ nach Satz 5.8.4: $\phi(n) = 5 \cdot 4 = 20,\ e = 3,\ d = 7,\ ed \equiv 21 \equiv 1 \mod \phi(n)$. Dann gilt $(5^3)^7 \equiv 0 \mod 25$. Deshalb müssen p und q verschieden sein.

6. Das BSI (Bundesamt für Sicherheit in der Informationstechnik) empfiehlt, die Primfaktoren p und q ungefähr gleich groß zu wählen, aber nicht zu dicht beieinander, d. h. konkret etwa $0{,}5 < |\log_2(p) - \log_2(q)| < 30$. Dabei sollen die Primfaktoren unter Beachtung der genannten Nebenbedingung zufällig und unabhängig voneinander erzeugt werden (siehe [15]).

7. Aus Sicherheitsgründen darf das ausgewählte e nicht **zu** klein sein. Da $\phi(n) = (p-1) \cdot (q-1)$ gerade ist und e teilerfremd zu $\phi(n)$ sein muss, kann e nicht 2 sein. Der kleinste Wert für e ist also 3. [16, Kap. 7.2.7] Das BSI [17] empfiehlt $2^{16} + 1 \leq e \leq 2^{256} - 1$.

   Das Verfahren erlaubt es auch, d frei zu wählen und dann e zu berechnen. Dies hat aber praktische Nachteile. Normalerweise will man „schnell" verschlüsseln können und wählt deshalb einen öffentlichen Exponenten e so, dass er im Vergleich zum Modul n sehr kleine Bitlängen und möglichst wenige binäre Einsen hat (z. B. $2^{16} + 1$). Damit ist eine schnelle Exponentiation bei der Verschlüsselung möglich. Als besonders praktisch haben sich hierfür die Primzahlen 3, 17 und 65537 erwiesen. Am häufigsten verwendet wird die Zahl $65537 = 2^{16} + 1$, also binär: $10 \cdots 00 \cdots 01$ (diese Zahl ist prim und deshalb zu sehr vielen Zahlen teilerfremd).

5.10.3 Beweis, dass RSA die Forderung 1 (Umkehrbarkeit) erfüllt

In Abschnitt 5.10.1 auf Seite 305 wurden vier Forderungen aufgestellt, die jedes praktische asymmetrische Verschlüsselungsverfahren erfüllen muss. Forderung 1 war, dass man das Verfahren eindeutig umkehren können muss, wie z. B. eine bijektive Abbildung (dies wird von RSA erfüllt, aber nicht vom Standard-Rabin-Kryptosystem).

Für Schlüsselpaare (n, e) und (n, d), die die in den Schritten 1 bis 3 des RSA-Verfahrens festgelegten Eigenschaften besitzen, muss für alle $M < n$ gelten:

$$M \equiv (M^e)^d \pmod{n} \quad \text{wobei} \quad (M^e)^d = M^{e \cdot d}$$

Das heißt, der oben angegebene Dechiffrieralgorithmus arbeitet korrekt.

Zu zeigen ist also:

$$M^{e \cdot d} \equiv M \pmod{n}$$

Wir zeigen das in 3 Schritten m. H. von Satz 5.8.5 (Kleiner Satz von Fermat) (s. [4, S. 131ff]):

Schritt 1:

Im ersten Schritt zeigen wir: $M^{e \cdot d} \equiv M \pmod{\mathbf{p}}$

[35] Das multi-prime RSA-Verfahren ist enthalten in `JCT Standard-Perspektive ▷ Visualisierungen` als auch in der JCT-Algorithmen-Perspektive.

Da $n = p \cdot q$ und $\phi(p \cdot q) = (p-1) \cdot (q-1)$ und da e und d so gewählt sind, dass $e \cdot d \equiv 1 \pmod{\phi(n)}$, gibt es eine ganze Zahl k, so dass gilt: $e \cdot d = 1 + k \cdot (p-1) \cdot (q-1)$.

$$\begin{aligned} M^{e \cdot d} &\equiv M^{1+k\cdot\phi(n)} \equiv M \cdot M^{k\cdot\phi(n)} \equiv M \cdot M^{k\cdot(p-1)\cdot(q-1)} \pmod{p} \\ &\equiv M \cdot (M^{p-1})^{k\cdot(q-1)} \pmod{p} \quad \text{aufgrund des kleinen Fermat: } M^{p-1} \equiv 1 \pmod{p} \\ &\equiv M \cdot (1)^{k\cdot(q-1)} \pmod{p} \\ &\equiv M \pmod{p} \end{aligned}$$

Die Voraussetzung für die Anwendung des vereinfachten Satzes von Euler-Fermat (Kleiner-Fermat Satz 5.8.5) war, dass M und p teilerfremd sind.

Da das im allgemeinen nicht gilt, müssen wir noch betrachten, was ist, wenn M und p nicht teilerfremd sind: Da p eine Primzahl ist, muss dann notwendigerweise p ein Teiler von M sein. Das heißt aber:

$$M \equiv 0 \pmod{p}$$

Wenn p die Zahl M teilt, so teilt p erst recht $M^{e \cdot d}$. Also ist auch:

$$M^{e \cdot d} \equiv 0 \pmod{p}$$

Da p sowohl M als auch $M^{e \cdot d}$ teilt, teilt er auch ihre Differenz:

$$(M^{e \cdot d} - M) \equiv 0 \pmod{p}$$

Und damit gilt auch in diesem Spezialfall unsere zu beweisende Behauptung.

Schritt 2:
Völlig analog beweist man: $M^{e \cdot d} \equiv M \pmod{\mathbf{q}}$

Schritt 3:

Nun führen wir die Behauptungen aus Schritt 1 und 2 zusammen für $n = p \cdot q$, um zu zeigen:

$$M^{e \cdot d} \equiv M \pmod{\mathbf{n}} \quad \text{für alle } M < n.$$

Nach Schritt 1 und 2 gilt $(M^{e \cdot d} - M) \equiv 0 \pmod{p}$ und $(M^{e \cdot d} - M) \equiv 0 \pmod{q}$, also teilen p und q jeweils dieselbe Zahl $z = (M^{e \cdot d} - M)$. Da p und q **verschiedene** Primzahlen sind, muss dann auch ihr Produkt diese Zahl z teilen. Also gilt:

$$(M^{e \cdot d} - M) \equiv 0 \pmod{p \cdot q} \quad \text{oder} \quad M^{e \cdot d} \equiv M \pmod{p \cdot q} \quad \text{oder} \quad M^{e \cdot d} \equiv M \pmod{n}.$$

□

Bemerkung 1:
Man kann die 3 Schritte auch kürzer zusammenfassen, wenn man Satz 5.8.6 (Euler-Fermat) benutzt (also nicht den vereinfachten Satz, wo $n = p$ gilt):

$$(M^e)^d \equiv M^{e \cdot d} \equiv M^{(p-1)(q-1)\cdot k+1} \equiv (\underbrace{M^{(p-1)(q-1)}}_{\equiv M^{\phi(n)} \equiv 1 \pmod{n}})^k \cdot M \equiv 1^k \cdot M \equiv M \pmod{n}$$

Bemerkung 2:
Beim Signieren werden die gleichen Operationen durchgeführt, aber zuerst mit dem geheimen Schlüssel d (zum

Signieren), und dann mit dem öffentlichen Schlüssel e (zum Validieren). Das RSA-Verfahren ist auch für die Erstellung von digitalen Signaturen einsetzbar, weil gilt:

$$M \equiv (M^d)^e \pmod n$$

5.11 Zur Sicherheit von RSA-Implementierungen

Auf die Sicherheit des eigentlichen Algorithmus geht Abschnitt 5.12 ein. Dagegen geht es in diesem Unterkapitel um die praktische Sicherheit. So wie wir RSA[36] bisher in diesem Kapitel vorstellten, nennt man es auch „Textbook-RSA", also die Nutzung des Algorithmus an sich. RSA führt dabei zum selben Ergebnis wie eine monoalphabetische Substitution, nur dass der Wertebereich nicht nur 26 Zeichen umfasst wie bei einfachen klassischen Verfahren, sondern 2^n Werte (n ist der Modulus).[37]

Generell kann man die praktischen Probleme und viele (einfache) Angriffe[38] vermeiden, indem man immer mit zusätzlichen und zufälligen Daten padded, bevor man die Nachricht mit RSA verschlüsselt. Dadurch wird der Wertebereich für die Nachricht kleiner. Empfehlenswert ist bspw. das kryptografische Paddingverfahren Optimal Asymmetric Encryption Padding (**OAEP**). OAEP wird auch im Standard PKCS#1 (Version 2.2, 2012-10-27) und im RFC 8017 definiert. Dadurch wird der deterministische RSA-Algorithmus um eine Zufallskomponente erweitert.[39]

Abb. 5.2 auf der nächsten Seite zeigt einen Screenshot aus CTO: Darin wird in der GUI ausgewählt, einen Text mit RSA zu verschlüsseln. Der öffentliche RSA-Schlüssel kommt aus der Datei „my_rsa.pub" und die aufgerufene OpenSSL-Implementierung nutzt standardmäßig OAEP zum Padden. In dem Konsolenfenster (unterhalb des „Ausführen"-Buttons) wird der intern verwendete OpenSSL-Befehl (`openssl pkeyutl -encrypt -pubin -inkey my_rsa.pub -hexdump`) angezeigt.

5.12 Zur Sicherheit des RSA-Verfahrens

Der erste Teil dieses Kapitels 5.12 ist angelehnt an den Artikel *Vorzüge und Grenzen des RSA-Verfahrens* von F. Bourseau, D. Fox und C. Thiel [19].

Wenn neue Faktorisierungserfolge veröffentlicht werden, kommt immer wieder die Diskussion auf, ob das RSA-Verfahren noch für digitale Signaturen und Verschlüsselung geeignet ist. Ungeachtet dessen ist das RSA-Verfahren noch immer der asymmetrische De-facto-Standard (vgl. Abschnitt 8.1 auf Seite 469).

Die Sicherheit des RSA-Verfahrens basiert – wie die aller asymmetrischen Krypto-Verfahren – auf den folgenden vier Säulen:

---

36 Das RSA-Kryptosystem kann mit CrypTool in vielen Variationen nachvollzogen werden:
- CTO hat dazu 2 ausführliche Plugins:
  Via „RSA (Schritt-für-Schritt)" `https://www.cryptool.org/de/cto/rsa-step-by-step`.
  Via „RSA-visuell und mehr" `https://www.cryptool.org/de/cto/rsa-visual` kann man sich die Verschlüsselungs-Zuweisungen von RSA grafisch ansehen, Textbook-RSA mit großen Zahlen ausprobieren, und auch das in der Praxis implementierte RSA mit OAEP-Padding und Zertifikaten verwenden.
- Über `CT1 Einzelverfahren ▷ RSA-Kryptosystem ▷ RSA-Demo` können Blocklänge und Alphabet von Textbook-RSA variiert werden. Über `CT1 Ver-/Entschlüsseln ▷ Asymmetrisch` können Nachrichten schnell mit RSA ver- und entschlüsselt werden.
- Unter `CT2 Vorlagen ▷ Kryptografie ▷ Modern ▷ Asymmetrisch` finden Sie asymmetrische Verfahren wie RSA.
- Sowohl `JCT Standard-Perspektive ▷ Visualisierungen` als auch `JCT Algorithmen-Perspektive` bieten asymmetrische Verfahren wie RSA.

37 Siehe Abschnitt 2.2.1 und Fußnote 14 auf Seite 78 und auf Seite 79.

38 Eine gute und knappe Übersicht ist in `https://de.wikipedia.org/wiki/RSA-Kryptosystem`.

39 Eine der modernen Eigenschaften eines sicheren Verschlüsselungssystems ist, dass es „ununterscheidbar" (engl. indistinguishable) ist. Es gibt zwei besondere Arten der Ununterscheidbarkeit, die hier von Bedeutung sind: IND-CPA (Ununterscheidbarkeit bei einem Chosen-Plaintext-Angriff) und IND-CCA (Ununterscheidbarkeit bei einem Chosen-Ciphertext-Angriff). Wir gehen hier nicht auf die theoretischen Details ein, sondern geben lediglich die Ergebnisse für RSA unter vernünftigen Annahmen an: Textbook-RSA kann nicht IND-CPA sicher sein (noch weniger ist es IND-CCA). RSA mit OAEP dagegen ist CCA-sicher im Random-Oracle-Modell. Vergleiche [18] und Abschnitt 1.8.3 auf Seite 43 und `https://de.wikipedia.org/wiki/Ciphertext_Indistinguishability`.

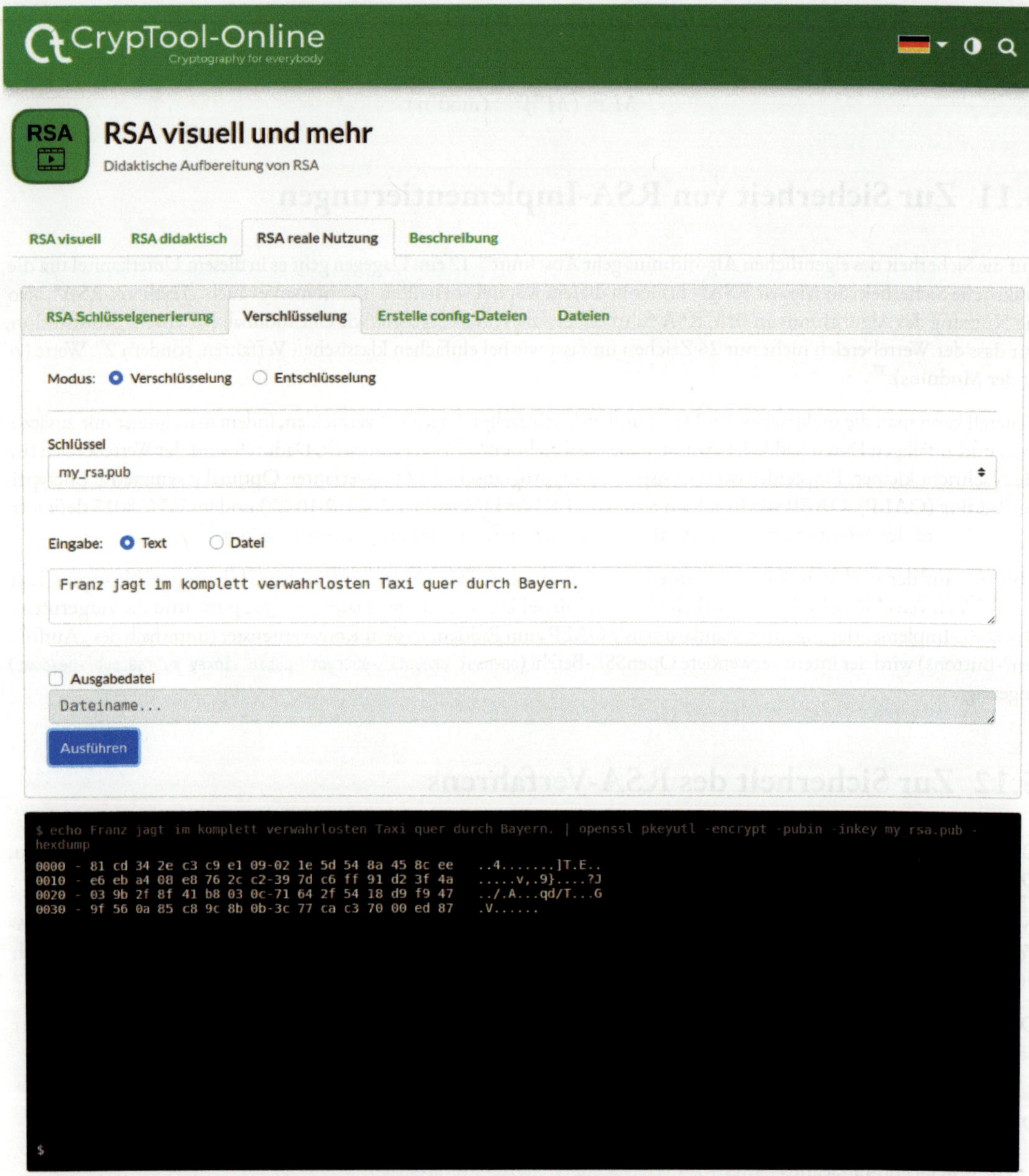

Abb. 5.2: CrypTool-Online: Verschlüsselung mit OpenSSL (mit Padding per OAEP)

1. der Komplexität des dem Problem zugrunde liegenden zahlentheoretischen Problems (hier der Faktorisierung großer Zahlen),
2. der Wahl geeigneter Sicherheitsparameter (hier der Länge des Moduls n),
3. der geeigneten Anwendung des Verfahrens sowie der Schlüsselerzeugung (hier Wahl von p, q, e, d) und
4. der korrekten Implementierung des Algorithmus.

Punkt 3 und 4 werden heute gut beherrscht. In den folgenden beiden Abschnitten werden die ersten beiden Punkte näher untersucht.

5.12.1 Komplexität

Die Sicherheit des RSA-Verfahrens hängt – wie bei allen Public-Key-Verfahren – davon ab, dass man den privaten Schlüssel (hier d) nicht aus dem öffentlichen Key (n, e) berechnen kann.

Beim RSA-Verfahren bedeutet dies,

1. dass $\phi(n)$ für große zusammengesetzte n schwer zu berechnen ist, und
2. dass große n nur schwer in ihre Primfaktoren zerlegt werden können (Faktorisierungsproblem).[40,41]

Erfolgreiches Entschlüsseln oder eine Signaturfälschung – ohne Kenntnis des geheimen Schlüssels – erfordern also, die e-te Wurzel mod n zu ziehen. Der geheime Schlüssel (also die multiplikative Inverse zu e mod $\phi(n)$) kann dann leicht bestimmt werden, wenn die Eulersche Funktion $\phi(n)$ bekannt ist. $\phi(n)$ wiederum lässt sich aus den Primfaktoren von n berechnen. Das Brechen des RSA-Verfahrens kann daher nicht schwieriger sein als das Faktorisieren des Moduls n.

Die umgekehrte Aussage, dass das RSA-Verfahren ausschließlich durch eine Faktorisierung von n gebrochen werden kann, ist bis heute nicht bewiesen. Zahlentheoretiker halten das RSA-Problem und das Faktorisierungsproblem für komplexitätstheoretisch äquivalent.

Das beste heute bekannte Faktorisierungs-Verfahren ist eine Weiterentwicklung des ursprünglich für Zahlen mit einer bestimmten Darstellung (z. B. Fermatzahlen) entwickelten general number field sieve (GNFS).

Weitere Details zum GNFS und seiner Komplexität finden Sie in Abschnitt 12.4 auf Seite 729. Die Betrachtungen dort zeigen, dass das GNFS zur Komplexitätsklasse der Probleme mit subexponentieller Berechnungskomplexität gehört (d. h. der Lösungsaufwand wächst asymptotisch nicht so stark wie e^l oder 2^l, sondern echt schwächer, z. B. wie $e^{\sqrt{l}}$).

Diese Einordnung entspricht dem heutigen Kenntnisstand, sie bedeutet jedoch nicht, dass das Faktorisierungsproblem möglicherweise nicht auch mit (asymptotisch) polynominellem Aufwand gelöst werden kann (siehe Abschnitt 5.12.5.1 und die Abschnitte 5.10 und 6.3.1).

5.12.2 Sicherheitsparameter aufgrund neuer Algorithmen

Faktorisierungsalgorithmen[42] Die Komplexität eines Angriffs wird im wesentlichen von der Länge l des Moduls n bestimmt. Wie groß dieser wesentliche Parameter gewählt wird, orientiert sich an den Möglichkeiten der aktuellen Faktorisierungsalgorithmen:

- 1994 wurde mit einer verteilten Implementierung des 1982 von Pomerance entwickelten Quadratic Sieve-Algorithmus (QS) nach knapp 8 Monaten der 1977 veröffentlichte 129-stellige RSA-Modul (428 bit) faktorisiert. Siehe C. Pomerance: *The quadratic sieve factoring algorithm* [20]
- 1999 wurde mit dem von Buhler, Lenstra und Pomerance entwickelten General Number Field Sieve-Algorithmus (GNFS), der ab ca. 116 Dezimalstellen effizienter ist als QS, nach knapp 5 Monaten ein 155-stelliger Modul (512 bit) faktorisiert. Siehe J.P. Buhler, H.W. Lenstra, C. Pomerance: *Factoring integers with the number field sieve* [21]
- Ende 2009, also rund 10 Jahre später, wurde von Kleinjung nach rund 2 ½ Jahren ein 232-stelliger Modul (768 bit) faktorisiert. Siehe T. Kleinjung, et al.: *Factorization of a 768-bit RSA modulus* [22]

---

40 In der Literatur wird es auch IFP (integer factorization problem) abgekürzt.

41 Für die manchmal geäußerte Sorge, dass es nicht genug Primzahlen gäbe, besteht kein Grund: Dass es immer ausreichend Primzahlen gibt, wenn man die Dimension des Moduls hochsetzt, wird visualisiert in Abschnitt 4.15 Anhang: Visualisierung der Menge der Primzahlen in hohen Bereichen.

42 - Mit dem Lernprogramm **ZT** können Sie einige der gängigen Faktorisierungsverfahren (Fermat, Pollard-Rho, Pollard $p-1$, QS) vertiefen (siehe Lern-Kapitel 5.1-5.5, Seiten 1-15/15). ZT können Sie aufrufen via `CT1 Einzelverfahren ▷ Zahlentheorie interaktiv ▷ Lernprogramm für Zahlentheorie`. Siehe Anhang A.6.
- Das Quadratische Sieb (QS) finden Sie in CT1, CT2 und CTO (siehe Msieve).
- Die beste Webseite für Online-Faktorisierung ist der „Integer factorization calculator" von Dario Alpern (`https://www.alpertron.com.ar/ECM.HTM`).

Damit ist auch praktisch klar geworden, dass eine Modullänge von 768 bit keinen Schutz mehr vor Angreifern darstellt. Details zu den Fortschritten bei der Faktorisierung seit 1999: siehe Abschnitt 5.12.4 auf Seite 314.

Eine gute Website für Online-Faktorisierung ist Dario Alperns „Ganzzahliger Faktorisierungsrechner", siehe [23].

RSA kann nicht nur durch Faktorisierung angegriffen werden, sondern auch durch verschiedene – wohlbekannte – schlecht gewählte Einstellungen. Ein Tool, das fast alle diese Angriffe implementiert hat (meist in Python, einige in SageMath) ist **RsaCtfTool** [24].

Algorithmen zur Gitterbasenreduktion Die Modullänge l ist aber nicht der einzige Sicherheits-relevante Parameter. Neben Implementierungsanforderungen kommt es auch auf die Größen und die Größenverhältnisse der Parameter e, d und n an.

Entsprechende Angriffe, die auf Gitterbasenreduktion beruhen, stellen für einfache RSA-Implementierungen eine reale Bedrohung dar. Diese Angriffe lassen sich in die folgenden vier Kategorien unterteilen:

- Angriffe auf sehr kleine öffentliche Schlüssel e (z. B. $e = 3$).
- Angriffe auf relativ kurze geheime Exponenten d (z. B. $d < n^{0,5}$).
- Faktorisierung des Moduls n, wenn einer der Faktoren p oder q *teilweise* bekannt ist.
- Angriffe, die voraussetzen, dass ein *Teil* des geheimen Schlüssels d bekannt ist.[43]

Näher auf gitterbasierte Angriffen gehen Abschnitt 11.8.2 auf Seite 665 und Abschnitt 11.9 auf Seite 669 ein. Eine sehr gute Übersicht findet sich in Dan Bernsteins „LatticeHacks".[44]

Die oben genannten 4 Kategorien sind in CT1 implementiert.[45] Welche gitterbasierten Verfahren und Angriffe in CrypTool angeboten werden, finden Sie auch in Abschnitt 11.12 auf Seite 698.

5.12.3 Vorhersagen zur Faktorisierung großer Zahlen

Seit 1980 wurden erhebliche Fortschritte bei der Faktorisierung gemacht. Abschätzungen über die zukünftige Entwicklung der Sicherheit unterschiedlicher RSA-Modullängen differieren und hängen von verschiedenen Annahmen ab:

- Entwicklung der Rechnergeschwindigkeit (Gesetz von Moore: Verdopplung der Rechnerleistung alle 18 Monate) und Entwicklung des Grid-Computing
- Entwicklung neuer Algorithmen

Selbst ohne neue Algorithmen wurden in den letzten Jahren durchschnittlich pro Jahr ca. 10 bit mehr berechenbar. Größere Zahlen erfordern mit den heute bekannten Verfahren einen immer größeren Arbeitsspeicher für die Lösungsmatrix. Dieser Speicherbedarf wächst mit der Wurzel des Rechenzeitbedarfs, also ebenfalls subexponentiell. Da in den letzten Jahren der verfügbare Hauptspeicher ebenso wie die Rechengeschwindigkeit exponentiell gewachsen ist, dürfte hierdurch aber kein zusätzlicher Engpass entstehen.

Lenstra/Verheul [26] trafen eine sehr fundierte Abschätzung für die Entwicklung sicherer Schlüssellängen (vergleiche Abb. 8.1 und 13.1 auf Seite 470 und auf Seite 745). Eine weitere Prognose finden Sie in Abschnitt 12.4.3 auf Seite 731.

Dirk Fox et al. [19] prognostizierten 2001 einen annähernd linearen Verlauf der Faktorisierungserfolge (siehe Abb. 5.3 auf der nächsten Seite): Pro Jahr kommen durchschnittlich 20 bit dazu. Damit lagen sie damals unter den optimistischeren Schätzungen von BSI und NIST. Diese Prognose bestätigte sich anhand der Faktorisierungsrekorde von RSA-200 und

[43] Die Motivation für diese sogenannten Partial-Key-Exposition-Angriffe ergibt sich hauptsächlich aus der Untersuchung von Seitenkanalangriffen auf RSA.

[44] Unter `https://latticehacks.cr.yp.to/rsa.html` findet man sowohl seinen Vortrag auf dem CCC 2017 als auch die SageMath-Sourcen dazu.

[45] Siehe die Diplomarbeit von Matthias Schneider [25].

RSA-768 (siehe Abschnitt 5.12.4 auf Seite 317): Die Schätzung für das Jahr 2005 mit 660 Bit hat die Bitlänge von RSA-200 nahezu auf den Punkt getroffen. Danach war die Prognose zu optimistisch, denn sie erwartete die Faktorisierung eines RSA-Moduls der Länge 1024 bit schon im Jahre 2020.

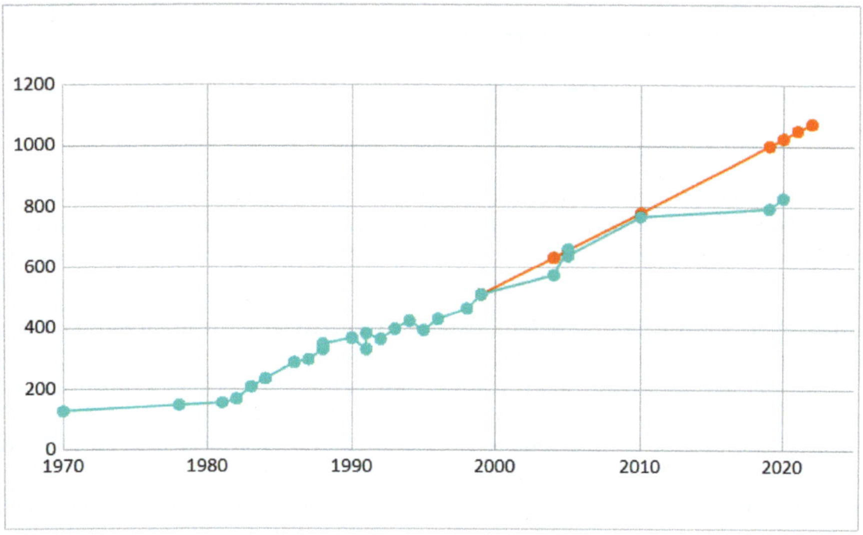

Abb. 5.3: Vergleich der publizierten, realen Faktorisierungserfolge (blau) mit der prognostizierten Entwicklung (orange) [Prognose von Fox 2001; letzte reale Ergänzung 2020 (vgl. Tabelle 5.12 auf Seite 315)]

Wir lassen Spekulationen über Fortschritte bei Quantencomputern außer Acht. Um aktuelle RSA-Parameter anzugreifen, müssten wesentlich stabilere *und* zusammengeschaltete Qubits zur Verfügung stehen, als dies derzeit der Fall ist. Einen guten Überblick über den Stand der Forschung und reale Geräte bietet de.wikipedia.org/wiki/Quantum_computing.

Eine sehr ausführliche und ausgewogene Darstellung zum Quantencomputer bietet die 217-seitige Studie „Entwicklungsstand Quantencomputer Version 2.0“ des BSI, die am 13.11.2023 in Englisch veröffentlicht wurde [27]: „Das Ziel dieser Studie ist eine Beurteilung des Entwicklungsstands aktueller Technologien zur Realisierung eines kryptografisch relevanten Quantencomputers sowie von kryptografisch relevanten Quantenalgorithmen.“ Deren Schätzung besagt, dass die Entwicklung kryptografisch relevanter Quantencomputer noch ein bis zwei Jahrzehnte dauern wird (das wäre dann bis 2033 bzw. 2043). Trotzdem besteht bereits heute akuter Handlungsbedarf für kritische „langlebige Daten“, die derzeit nicht quantensicher verschlüsselt werden: Geheimdienste zeichnen solche Daten nach dem Prinzip „Store now, decrypt later“ auf, um sie in naher Zukunft zu entschlüsseln, wenn ein hinreichend leistungsfähiger Quantencomputer zur Verfügung steht.

Damit das Mögliche entsteht, muss immer wieder das Unmögliche versucht werden.

Zitat 12: Hermann Hesse[46]

[46] Hermann Hesse, deutsch-schweizerischer Schriftsteller und Nobelpreisträger, 02.07.1877–09.08.1962.

5.12.4 Status der Faktorisierung von konkreten großen Zahlen

Ausführliche Übersichten über die Rekorde im Faktorisieren zusammengesetzter Zahlen mit unterschiedlichen Methoden finden sich auf den folgenden Webseiten:

- `http://primerecords.dk/consecutive_factorizations.htm`
- `https://en.wikipedia.org/wiki/Integer_factorization_records`
- `https://en.wikipedia.org/wiki/RSA_Factoring_Challenge`
- `http://factordb.com/index.php?query=2%5E1193-1`
- `http://factordb.com/tables.php`

Eine Gesamtübersicht mit den letzten Faktorisierungs-Rekorden für zusammengesetzte Zahlen ist in Tabelle 5.12 auf der nächsten Seite aufgeführt. Die *RSA*-Zahlen in der ersten Spalte sind große semiprime Zahlen (d. h. Zahlen, die genau aus 2 zufälligen Primfaktoren bestehen). Die *C*-Zahlen sind zusammengesetzt und spezielle Zahlen: Sie sind entweder selbst eine Mersenne-/Cunningham-Zahl (siehe Abschnitte 4.5.2 und 4.7.4) oder Faktoren einer solchen Zahl.

Die **RSA-Zahlen** wurden von der Firma **RSA Security** generiert und veröffentlicht. In der RSA Factoring Challenge werden die Primfaktoren für diese Zahlen gesucht. RSA Labs bietet seine Challenges seit Anfang der 1990er Jahre an. Bei der ersten Challenge wurden die Zahlen von RSA-100 bis RSA-500 nach ihrer Anzahl an Dezimalstellen benannt; bei der zweiten RSA Factoring Challenge wurden die Zahlen nach ihrer Anzahl an Binärziffern benannt. Im Rahmen der zweiten Challenge wurden Geldpreise für erfolgreiche Faktorisierungen von RSA-576 bis RSA-2048 (RSA-576, RSA-640 usw. in 64-Bit-Schritten aufwärts) ausgelobt. Eine Ausnahme ist RSA-617, das vor der Änderung des Nummerierungsschemas erstellt wurde). Die RSA-Challenges endeten jedoch vorzeitig im Jahr 2007, als RSA Inc den Preis zurückzog. Alle ungelösten RSA-Herausforderungen von RSA Labs finden Sie auf der Website des Cipher-Wettbewerbs „MysteryTwister" [28].

Die **C-Zahlen** stammen vom Cunningham-Projekt [29], in dem es um die Faktorisierung von Mersenne-Zahlen geht. Diese Zahlen haben eine sehr spezielle Form, die es um Größenordnungen einfacher macht, sie zu faktorisieren als RSA-Module derselben Länge.

Tabelle 5.12 zeigt für jede Zahl ihre Länge als Binärzahl und als Dezimalzahl, dann die Länge der beiden letzten und größten Primfaktoren[47], und dann wann und von wem die Zahl vollständig faktorisiert wurde.[48] Die letzten beiden Spalten der Tabelle zeigen, wann und von wem die Zahl vollständig faktorisiert wurde.

Wie schwierig die Faktorisierung der Mersennezahlen ist, hängt vor allem von der Größe ihrer letzten beiden (größten) Faktoren ab.[49]

Der aktuelle Rekord (Stand Juli 2024) mit der GNFS-Methode (General Number Field Sieve) zerlegte eine allgemeine 250-stellige RSA-Ganzzahl (829 bit) in ihre beiden Primfaktoren.[50]

Laufzeituntersuchungen zur Faktorisierung mit den Open-Source Software-Paketen Pari-GP, SageMath, CrypTool 1 und CrypTool 2 finden sich in *Zeitexperimente zur Faktorisierung* (siehe [31]).

---

[47] p123 bedeutet, dass die Zahl prim ist und 123 Dezimalstellen hat. Dies ist die Schreibweise, wie sie auch im Standardwerk [30] genutzt wird. Siehe auch Fußnote 59.

[48] „FactorDB" von Markus Tervooren stellt über 2 Milliarden vollständig faktorisierter zusammengesetzter Zahlen bereit. Der Aufruf erfolgt bspw. per `http://factordb.com/index.php?query=2%5E1193-1`.
Einen ganzen Bereich von Mersennezahlen findet man dort per `http://factordb.com/index.php?query=2^n-1&use=n&perpage=20&format=1&sent=1&PR=1&PRP=1&C=1&CF=1&U=1&FF=1&VP=1&EV=1&OD=1&VC=1&n=1190`

[49] Wenn Sie eine Herausforderung suchen, finden Sie in der „Wanted list" der [29]-Datenbank viele unvollständig faktorisierte Mersennezahlen:
C337: $2^{1207} - 1 = 131071 \cdot 228479 \cdot 48544121 \cdot 212885833 \cdot 7121450524...71$
C297: $2^{1213} - 1 = 327511 \cdot 7150798418...71 \cdot 6022881435...11$

[50] Siehe „Factorization of RSA-250" von P. Zimmermann (2020): `https://sympa.inria.fr/sympa/arc/cado-nfs/2020-02/msg00001.html`

	Binär-stellen	Dezimal-stellen	Letzte Prim-Faktoren		Faktorisiert am	von
RSA-250	829	250	p125	p125	Feb. 2020	F. Baudot et al.
RSA-240	795	240	p120	p120	Dez. 2019	F. Baudot et al.
RSA-768	768	232	p116	p116	Dez. 2009	T. Kleinjung et al.
RSA-200	663	200	p100	p100	Mai 2005	Jens Franke et al.
RSA-640	640	193	p97	p97	Nov. 2005	Jens Franke et al.
RSA-576	576	174	p87	p87	Dez. 2003	Jens Franke et al.
RSA-160	530	160	p80	p80	Apr. 2003	Jens Franke et al.
RSA-155	512	155	p78	p78	Aug. 1999	H. te Riele et al.
...						
C355 in $2^{1193}-1$	1177	355	p104	p251	Aug. 2014	T. Kleinjung et al.
C320 = $2^{1061}-1$	1061	320	p143	p177	Aug. 2012	G. Childers et al.
C307 in $2^{1039}-1$	1017	307	p80	p227	Mai 2007	K. Aoki et al.
C274 in $6^{353}-1$	911	274	p120	p155	Jan. 2006	K. Aoki et al.
C176 in $11^{281}+1$	583	176	p87	p89	Mai 2005	K. Aoki et al.
C158 in $2^{953}-1$	523	158	p73	p86	Jan. 2002	Jens Franke et al.

Tab. 5.12: Die derzeitigen Faktorisierungsrekorde (Stand Juli 2024) (vgl. Abb. 5.3)

Betrachtungen von Martin Ziegler und Samuel S. Wagstaff Jr. (dem Maintainer der Cunningham-Tabellen), welchen (Un-)Sinn die Faktorisierung so großer Zahlen macht, finden Sie in [32] und [33].

Im Folgenden werden einige der Rekorde aus Tabelle 5.12 etwas ausführlicher erläutert:[51]

RSA-155

Am 22. August 1999 fanden niederländische Forscher die Lösung dieser RSA-Challenge. Sie zerlegten eine 155-stellige Zahl in ihre beiden 78-stelligen Primfaktoren (vergleiche Abschnitt 5.12.2 auf Seite 311). Mit der 512 Bit-Zahl RSA-155 war eine „magische" Grenze erreicht.

C158

Am 18. Januar 2002 zerlegten Forscher der Universität Bonn[52] mit der GNFS-Methode (General Number Field Sieve) eine 158-stellige Dezimalzahl in ihre beiden Primfaktoren (diese haben 73 und 86 Dezimalstellen).

Dieser Rekord fand deutlich weniger Aufmerksamkeit in der Presse als die Lösung von RSA-155. Die Aufgabe der Bonner Wissenschaftler entsprang auch nicht einer Challenge, sondern die Aufgabe war, die letzten Primfaktoren der Zahl $2^{953}+1$ zu finden (siehe *Wanted List* des Cunningham-Projekts [29]). Die 6 kleineren, schon vorher gefundenen Primfaktoren dieser Zahl waren:

---

[51] Näheres zu den beiden dabei benutzten Faktorisierungs-Methoden GNFS und SNFS finden Sie z. B. auf den ff. Webseiten:
- `https://en.wikipedia.org/wiki/Special_number_field_sieve`
- `https://en.wikipedia.org/wiki/General_number_field_sieve`

[52] `https://members.loria.fr/PZimmermann/records/gnfs158`
web.archive.org/web/20170518021747/http://www.crypto-world.com:80/announcements/c158.txt

$$3,\ 1907,\ 425\,796\,183\,929,$$

$$1\,624\,700\,279\,478\,894\,385\,598\,779\,655\,842\,584\,377,$$

$$3\,802\,306\,738\,549\,441\,324\,432\,139\,091\,271\,828\,121 \text{ und}$$

$$128\,064\,886\,830\,166\,671\,444\,802\,576\,129\,115\,872\,060\,027$$

Die drei kleinsten Faktoren können leicht[53] bestimmt werden. Die nächsten drei Primfaktoren wurden von P. Zimmermann[54], T. Grandlund und R. Harley in den Jahren 1999 und 2000 mithilfe elliptischer Kurven gefunden.

Als letzter Faktor blieb der sogenannte Teiler C158, von dem man bis dahin wusste, dass er zusammengesetzt ist, aber man kannte seine Primfaktoren nicht (die folgenden drei Zeilen sind eine einzige Zahl):

$$\begin{gathered}395058745832651445264197678006144819960207764603049364 \\ 54139376051579355626529450683609727842468219535093544 \\ 305870490251995655335710209799226484977949442955603\end{gathered}$$

Die Faktorisierung von C158 ergab die beiden 73- und 86-stelligen Primfaktoren:

$$3388495837466721394368393204672181522815830368604993048084925840555281177$$

und

$$\begin{gathered}11658823406671259903148376558383270818131012 \\ 2581463926004395209941313443341629245361 39.\end{gathered}$$

Damit wurde die Zahl $2^{953} + 1$ vollständig in ihre 8 Primfaktoren zerlegt.

RSA-160

Am 1. April 2003 zerlegten Forscher der Universität Bonn[55] mit der GNFS-Methode eine 160-stellige Zahl in ihre beiden Primfaktoren (diese haben jeweils 80 Dezimalstellen). Die Berechnungen dazu fanden auch im Bundesamt für Sicherheit in der Informationstechnik (BSI) in Bonn statt.[56]

Die 160-stellige Dezimalzahl stammt von der alten Challenge-Liste von RSA Security. Diese wurde nach der Faktorisierung von RSA-155 zurückgezogen. Die Primfaktoren von RSA-160 waren aber nicht bekannt. Deshalb ist dieser Rekord von Frankes Team immer noch die Lösung einer alten Challenge, für die es aber keinen Preis mehr gibt.

Die zusammengesetzte Zahl RSA-160 lautet (die folgenden drei Zeilen sind eine einzige Zahl):

$$\begin{gathered}2152741102718889701896015201312825429257773588845675980170497 \\ 676778133145218859135673011059773491059602497907111585214302 \\ 0793146652028401406199469949275704077 53\end{gathered}$$

[53] Z. B. mit `CT1 Einzelverfahren ▷ RSA-Kryptosystem ▷ Faktorisieren einer Zahl`.
CTO's msieve bringt dabei Fehler. Alpertrons Calculator findet die ersten 3 Faktoren sofort.
In sinnvoller Zeit zerlegt CT1 Zahlen bis 250 Bit Länge.

[54] `https://homepages.loria.fr/PZimmermann/ecmnet/`

[55] `https://members.loria.fr/PZimmermann/records/rsa160`
`https://members.loria.fr/PZimmermann/records/factor.html`
`https://web.archive.org/web/20170518021747/http://www.crypto-world.com:80/FactorWorld.html`

[56] Das BSI erstellt jedes Jahr ein Papier über die Eignung von Kryptoalgorithmen, mit denen Signaturen erzeugt werden können, die den Vorgaben des deutschen Signaturgesetzes genügen. Bei dieser Erstellung werden Experten aus Wirtschaft und Wissenschaft beteiligt.

Die Faktorisierung von RSA-160 ergab die beiden Primfaktoren:

$$p = 45427892858481394071686190649738831$$
$$656137145778469793250959984709250004157335359$$

und

$$q = 47388090603832016196633832303788951$$
$$973268922921040957944741354648812028493909367$$

Die Berechnungen erfolgten zwischen Dezember 2002 und April 2003.

RSA-200

Am 9. Mai 2005 meldete die Forschergruppe von Jens Franke der Universität Bonn[57], dass sie gemeinsam mit Kollegen des Amsterdam Centrum voor Wiskunde en Informatica einen neuen Weltrekord im Faktorisieren aufstellten.

Sie zerlegten mit der GNFS-Methode eine 200-stellige Zahl in ihre beiden Primfaktoren (diese haben jeweils 100 Dezimalstellen).

Die zusammengesetzte Zahl RSA-200 lautet (die folgenden drei Zeilen sind eine einzige Zahl):

$$2799783391122132787082946763872260162107044678695542853756000992932$$
$$6128400107609345671052955360856061822351910951365788637105954482006$$
$$576775098580557613579098734950144178863178946295187237869221823983$$

Die Faktorisierung von RSA-200 ergab die beiden Primfaktoren:

$$p = 35324619344027701212726049781984643686711974001976$$
$$25023649303468776121253679423200058547956528088349$$

und

$$q = 79258699544783330333470858414800596877379758573642$$
$$19960734330341455767872818152135381409304740185467$$

Die Berechnungen erfolgten zwischen Dezember 2003 und Mai 2005. In der Forschergruppe waren Bahr, Böhm, Franke, Kleinjung, Montgomery und te Riele. Der Rechenaufwand lag bei umgerechnet etwa 120 000 MIPS-Jahren. Ein MIPS-Jahr (MY) ist die Anzahl von Operationen, die eine Maschine, welche eine Million Integer-Operationen pro Sekunde (MIPS) ausführt, in einem Jahr bewältigt. Zur Illustration: Ein Intel Pentium Prozessor hatte damals knapp 10 MIPS.
Für die Zerlegung eines 2048-bit-Moduls bräuchte man ca. $8{,}5 \cdot 10^{40}$ MY. Ein aktueller Prozessor (wie AMD Ryzen 5900) leistet Ende 2021 ca. 10^5 MIPS.

C307 / M1039

Im Mai 2007 meldeten Franke, Kleinjung (von der Universität Bonn), das japanische Telekommunikationsunternehmen NTT und Arjen Lenstra von der Polytechnischen Hochschule in Lausanne, dass sie mit der SNFS-Methode (Special

[57] https://members.loria.fr/PZimmermann/records/rsa200

Number Field Sieve) innerhalb von 11 Monaten eine 307-stellige Dezimalzahl in ihre beiden Primfaktoren zerlegten (diese haben 80 und 227 Dezimalstellen).[58]

Die Aufgabe der Wissenschaftler entsprang nicht einer Challenge, sondern die Aufgabe war, die letzten Primfaktoren der Mersenne-Zahl $2^{1039}+1$ zu finden (siehe *Wanted List* des Cunningham-Projekts[59]).

Die Zahl $2^{1039}-1$ besteht aus 3 Primfaktoren: Der kleinste Faktor $p7 = 5080711$ war schon länger bekannt.[60]

Zur vollständigen Faktorisierung musste der zweite Faktor (Co-Teiler) „C307“ zerlegt werden. Bis dahin wusste man nur, dass er zusammengesetzt ist, aber man kannte weder die Anzahl seiner Primfaktoren noch die Primfaktoren selbst. Die folgenden fünf Zeilen sind eine einzige Zahl:

$$
\begin{aligned}
C307 = {} & 1159420574072573064369807148876894640753899791702017724986868353538 \\
& 8224838599667566080006095408005179472053993261230204874402860435302 \\
& 8619141014409345351233471273967988850226307575280937916602855510550 \\
& 0425810771176177610094137970787973806187008437777186828680889844712 \\
& 822002935201806074755451541370711023817
\end{aligned}
$$

Die Faktorisierung von C307 ergab die beiden 80- und 227-stelligen Primfaktoren:

$$
\begin{aligned}
p80 = {} & 55853666619936291260749204658315944968646527018 4 \\
& 88637648010052346319853288374753
\end{aligned}
$$

und

$$
\begin{aligned}
p227 = {} & 20758181946442382764570481370359469516293970800739520988120 8 \\
& 387037927290903246793823431438841448348825340533447691122230 \\
& 28158327696525376091410189105241993899334109711624358962065 9 \\
& 72167481161749004803659735573409253205425523689.
\end{aligned}
$$

Damit wurde die Zahl $2^{1039}-1$ vollständig in ihre 3 Primfaktoren zerlegt.

RSA-768

Am 12. Dezember 2009 meldete die Forschergruppe um Thorsten Kleinjung[61], dass sie eine 232-stellige Zahl in ihre beiden Primfaktoren zerlegten (diese haben jeweils 116 Dezimalstellen). Sie benutzten dazu die GNFS-Methode in einer Art, dass vor dem Matrix-Schritt auf mehreren hundert Rechnern *Oversieving* betrieben wurde.

---

[58] `https://members.loria.fr/PZimmermann/records/21039-`
web.archive.org/web/20170518021747/http://www.crypto-world.com:80/announcements/m1039.txt
web.archive.org/web/20170518024506/http://www.crypto-world.com:80/FactorAnnouncements.html

[59] Cunningham-Projekt: `https://homes.cerias.purdue.edu/~ssw/cun/`
Dort wird für die Zahlen folgende Notation benutzt: $(2,n)-$ bedeutet 2^n-1; $(2,n)+$ bedeutet 2^n+1.
Um die Größenordnung einer Zerlegung anzudeuten schreibt man „p<n>“ oder „c<n>“, wobei n die Anzahl der Dezimalstellen ist und p und c bedeuten, dass die Zahl eine Primzahl oder eine zusammengesetzte Zahl ist: So ist $2^{1039}-1 = p7 \cdot c307 = p7 \cdot p80 \cdot p227$.
Genauer erklärt wird dies auf dieser Seite zum Cunningham-Projekt: `https://homes.cerias.purdue.edu/~ssw/cun/notat.txt`

[60] Er kann mit `CT1 Einzelverfahren ▷ RSA-Kryptosystem ▷ Faktorisieren einer Zahl` gefunden werden – mit den Algorithmen von Brent, Williams oder Lenstra, mit denen man gut „relativ kleine“ Faktoren abspalten kann.

[61] `http://eprint.iacr.org/2010/006.pdf` [22]

Die zusammengesetzte Zahl *RSA-768* lautet (die folgenden drei Zeilen sind eine einzige Zahl):

$$1230186684530117755130494958384962720772853569595334792197322452151726400507 26$$

$$3657518745202199786469389956474942774063845925192557326303453731548268507917 02$$

$$6122142913461670429214311602221240479274737794080665351419597459856902143413$$

Die Faktorisierung von RSA-768 ergab die beiden Primfaktoren (je 384 bit):

$$p = 33478071698956898786044169848212690817704794983713768568 91$$

$$24313889828837938780022876147116525317430877378144679994 89$$

und

$$q = 36746043666799590428244633799627952632279158164343087642 67$$

$$60322838157396665112792333734171433968102700927987363089 17$$

Die Berechnungen dauerten 2 ½ Jahre. Dies war ein *academic effort* – Organisationen mit besserer Ressourcen-Ausstattung könnten es deutlich schneller durchführen.

Größenordnung faktorisierter RSA-Zahlen im Vergleich zu auf Primalität getesteter Zahlen

Wie man sieht, sind die größten (aus 2 Primfaktoren) zusammengesetzten Zahlen, die man faktorisieren kann, deutlich kleiner als die Zahlen mit einer speziellen Struktur, für die Primzahltests in der Lage sind, Aussagen über ihre Primalität zu treffen (siehe Abschnitte 4.5 bis 4.7).

Bit-Länge der derzeitigen Weltrekorde:

[RSA-250-Zahl]	$\longleftrightarrow$	*[52. bekannte Mersenne-Primzahl]*
829 bit	$\longleftrightarrow$	**136 279 841** bit
[vgl. Tab. 5.12]	$\longleftrightarrow$	[vgl. Tab 4.1]

Tab. 5.13: Vergleich größte faktorisierte RSA-Zahlen vs größte auf Primalität getestete Zahlen

5.12.5 Ausgewählte Forschungsergebnisse zu Faktorisierung und Primzahltests

Primzahlen sind Teil vieler aktueller Forschungsgebiete der Zahlentheorie. Die Fortschritte bei der Faktorisierung sind größer als noch in 2005 geschätzt – sie gehen nicht nur auf das Konto schnellerer Rechner, sondern sie sind auch in neuen mathematischen Erkenntnissen begründet. Der aktuelle Stand der Forschung wird diskutiert in Kapitel 12.

Die Sicherheit des RSA-Algorithmus basiert auf der empirischen Beobachtung, dass die Faktorisierung großer ganzer Zahlen ein schwieriges Problem ist. Wird der Modulus n (typischerweise 2048 bit lang) aus dem Produkt zweier großer Primzahlen p, q (typische Länge jeweils 1200 bit) konstruiert, so lässt sich $n = pq$ aus p und q leicht bestimmen, jedoch ist es mit den bisher bekannten Faktorisierungsalgorithmen nicht möglich, umgekehrt p, q aus n zu gewinnen. Um den privaten aus dem öffentlichen Schlüssel zu ermitteln, bräuchte man entweder Kenntnis von p und q oder vom Wert der Eulerschen Phi-Funktion $\phi(n)$.

Die Entdeckung eines Algorithmus zur effizienten Faktorisierung von Produkten $n = pq$ großer Primzahlen würde daher den RSA-Algorithmus wesentlich beeinträchtigen. Je nach Effizienz der Faktorisierung im Vergleich zur Erzeugung von p, q, n müsste der verwendete Modul n erheblich vergrößert oder – im Extremfall – auf den Einsatz von RSA ganz verzichtet werden.

Die ff. vier Veröffentlichungen stammen wohl aus den Jahren 2001 bis 2012, aber sie haben unter den entsprechenden Forschungsergebnissen m. E. aufgrund ihrer praktischen Bedeutung die meiste Aufmerksamkeit erhalten.

5.12.5.1 Das Papier von Bernstein und seine Auswirkungen auf die Sicherheit des RSA-Algorithmus

Die im November 2001 veröffentlichte Arbeit *Circuits for integer factorization: a proposal* von D.J. Bernstein [34] behandelt das Problem der Faktorisierung großer Zahlen. Die Kernaussage des Papers besteht darin, dass es möglich ist, die Implementierung des General Number Field Sieve-Algorithmus (GNFS) so zu verbessern, dass mit gleichem Aufwand wie bisher Zahlen mit 3-mal größerer Stellenzahl (Bit-Länge) faktorisiert werden können.

Wesentlich bei der Interpretation des Resultats ist die Definition des *Aufwandes*: Als Aufwand wird das Produkt von benötigter Rechenzeit und Kosten der Maschine (insbesondere des verwendeten Speicherplatzes) angesetzt. Zentral für das Ergebnis des Papiers ist die Beobachtung, dass ein wesentlicher Teil der Faktorisierung auf Sortierung zurückgeführt werden kann und mit dem Schimmlerschen Sortierschema ein Algorithmus zur Verfügung steht, der sich besonders gut für den Einsatz von Parallelrechnern eignet. Am Ende von Abschnitt 3 gibt Bernstein konkret an, dass die Verwendung von m^2 Parallelrechnern mit jeweils gleicher Menge an Speicherplatz mit Kosten in der Größenordnung von m^2 einhergeht – genau so wie ein einzelner Rechner mit m^2 Speicherzellen. Der Parallelrechner bewältigt die Sortierung von m^2 Zahlen jedoch (unter Verwendung des o. g. Sortierverfahrens) in Zeit proportional zu m, wohingegen der Einprozessorrechner Zeit proportional m^2 benötigt. Verringert man daher den verwendeten Speicherplatz und erhöht – bei insgesamt gleich bleibenden Kosten – die Anzahl der Prozessoren entsprechend, verringert sich die benötigte Zeit um die Größenordnung $1/m$. In Abschnitt 5 wird ferner angeführt, dass der massive Einsatz der parallelisierten Elliptic Curve-Methode von Lenstra die Kosten der Faktorisierung ebenfalls um eine Größenordnung verringert (ein Suchalgorithmus hat dann quadratische statt kubische Kosten).

Alle Ergebnisse von Bernstein gelten nur asymptotisch für große Zahlen n. Leider liegen keine Abschätzungen über den Fehlerterm, d. h. die Abweichung der tatsächlichen Zeit von dem asymptotischen Wert, vor – ein Mangel, den auch Bernstein in seinem Papier erwähnt. Daher kann keine Aussage getroffen werden, ob die Kosten (im Sinne der Bernsteinschen Definition) bei der Faktorisierung verwendeter RSA-Zahlen (1024–2048 bit) bereits signifikant sinken würden.

Zusammenfassend lässt sich sagen, dass der Ansatz von Bernstein durchaus innovativ ist. Da die Verbesserung der Rechenzeit unter gleichbleibenden Kosten durch einen massiven Einsatz von Parallelrechnern erkauft wird, stellt sich die Frage nach der praktischen Relevanz. Auch wenn formal der Einsatz von einem Rechner über 1 sec und 1 000 000 Rechnern für je 1/1 000 000 sec dieselben Kosten erzeugen mag, ist die Parallelschaltung von 1 000 000 Rechnern praktisch nicht zu realisieren. Die Verwendung verteilter Ansätze (distributed computing) über ein großes Netzwerk könnte einen Ausweg bieten. Auch hier müssten Zeiten und Kosten für Datenübertragung einkalkuliert werden.

Arjen Lenstra, Adi Shamir et al. haben das Bernstein-Paper analysiert [35]. Als Ergebnis kommen Sie zu einer Bitlängen-Verbesserung der Faktorisierung um den Faktor 1.17 (anstatt Faktor 3 wie von Bernstein erwartet).

Die Zusammenfassung ihres Papers *Analysis of Bernstein's Factorization Circuit* lautet:

> Bernstein proposed a circuit-based implementation of the matrix step of the number field sieve factorization algorithm. We show that under the non-standard cost function used in [1], these circuits indeed offer an asymptotic improvement over other methods but to a lesser degree than previously claimed: for a given cost, the new method can factor integers that are 1.17 times larger (rather than 3.01). We also propose an improved circuit design based on a new mesh routing algorithm, and show that for factorization of 1024-bit integers the matrix step can, under an optimistic assumption about the matrix size, be completed within a day by a device that costs a few thousand dollars. We conclude that from a

> practical standpoint, the security of RSA relies exclusively on the hardness of the relation collection step of the number field sieve.

Auch RSA Security kommt in ihrer Analyse der Bernstein-Arbeit [36] vom 8. April 2002 erwartungsgemäß zu dem Ergebnis, dass RSA weiterhin als ungebrochen betrachtet werden kann.

5.12.5.2 Das TWIRL-Device

Im Januar 2003 veröffentlichten Adi Shamir und Eran Tromer vom Weizmann Institute of Science den Draft *Factoring Large Numbers with the TWIRL Device*, in dem deutliche Bedenken gegen RSA-Schlüssellängen unter 1024 begründet werden [37].

Das Abstract fasst ihre Ergebnisse folgendermaßen zusammen:

> The security of the RSA cryptosystem depends on the difficulty of factoring large integers. The best current factoring algorithm is the number field sieve (NFS), and its most difficult part is the sieving step. In 1999 a large distributed computation involving thousands of workstations working for many months managed to factor a 512-bit RSA key, but 1024-bit keys were believed to be safe for the next 15–20 years. In this paper we describe a new hardware implementation of the NFS sieving step ...which is 3–4 orders of magnitude more cost-effective than the best previously published designs ...Based on a detailed analysis of all the critical components (but without an actual implementation), we believe that the NFS sieving step for 1024-bit RSA keys can be completed in less than a year by a $10M device, and that the NFS sieving step for 512-bit RSA keys can be completed in less than ten minutes by a $10K device. Coupled with recent results about the difficulty of the NFS matrix step ... this raises some concerns about the security of those key sizes.

Eine ausführliche Fassung findet sich auch in dem Artikel der beiden Autoren in den RSA Laboratories CryptoBytes [38].

Eine gute Erläuterung, wie der Angriff mit dem Generalized Number Field Sieve (GNFS) funktioniert und welche Fortschritte sich ergaben, findet sich in dem 3-seitigen Artikel in der DuD-Ausgabe Juni/2003 [39]. Beim GNFS können zwei grundlegende Schritte unterschieden werden: der Siebungsschritt (Relationen sammeln) und die Matrix-Reduktion. Auch wenn der Siebungsschritt hochgradig parallelisierbar ist, so dominiert er doch den Gesamtrechenaufwand. Bisher haben Shamir und Tromer noch kein TWIRL-Device gebaut, jedoch ist der dafür geschätzte Aufwand von 10 bis 50 Millionen Euro, um eine 1024-Bit Zahl in einem Jahr zu faktorisieren für Geheimdienste oder große kriminelle Organisationen keineswegs prohibitiv, denn die „Kosten für einen einzigen Spionage-Satelliten schätzt man z. B. auf mehrere Milliarden USD". Die Autoren empfahlen deshalb schon damals, möglichst rasch bei sensiblen RSA-Schlüsseln auf Schlüssellängen von mindestens 2048 Bit Länge umzusteigen.

Dies passt auch zu den jährlichen Empfehlungen des BSI, auf längere RSA-Schlüssellängen umzustellen. [15]

5.12.5.3 *Primes in P*: Testen auf Primalität ist polynominal

Im August 2002 veröffentlichten die drei indischen Forscher M. Agrawal, N. Kayal und N. Saxena ihr Paper *PRIMES in P* über einen neuen Primzahltest-Algorithmus, genannt AKS [40]. Sie entdeckten einen polynominalen deterministischen Algorithmus, um zu entscheiden, ob eine gegebene Zahl prim ist oder nicht.

Die Bedeutung dieser Entdeckung liegt darin, dass sie Zahlentheoretiker mit neuen Einsichten und Möglichkeiten für die weitere Forschung versorgt. Viele Menschen haben im Lauf der Jahrhunderte nach einem polynominalen Primzahltest gesucht, so dass dieses Ergebnis einen theoretischen Durchbruch darstellt. Es zeigt sich immer wieder, dass aus schon lange bekannten Fakten neue Ergebnisse generiert werden können.

Aber selbst die Autoren merken an, dass andere bekannte Algorithmen (z. B. ECPP) schneller sein können. Der neue Algorithmus funktioniert für alle positiven ganzen Zahlen. Dagegen verwendet das GIMPS-Projekt den Lucas-Lehmer-Primzahltest, der besondere Eigenschaften der Mersennezahlen ausnutzt. Dadurch ist der Lucas-Lehmer-Test viel schneller und erlaubt, Zahlen mit Millionen von Stellen zu testen, während generische Algorithmen auf Zahlen mit einigen tausend Stellen beschränkt sind. Nachteil der bisherigen schnellen Verfahren ist, dass sie probabilistisch sind, also ihr Ergebnis höchstwahrscheinlich, aber nicht ganz sicher ist.

5.12.5.4 *Shared Primes*: Moduli mit gemeinsamen Primfaktoren

Der RSA-Algorithmus basiert auf der angenommenen Schwierigkeit, große semi-prime natürliche Zahlen (Moduli) zu faktorisieren (Faktorisierungsproblem). Wie Lenstra et al [41] beschrieben, ist es aber möglich, aus einer gegebenen Menge von Moduli einige zu faktorisieren, sofern sie gemeinsame Primfaktoren (Shared Primes) aufweisen. In diesem Fall kann das Faktorisierungsproblem umgangen werden, indem man die – relativ einfach zu berechnenden – größten gemeinsamen Teiler (ggT) bestimmt. Andererseits ist es keine triviale Aufgabe, alle Shared Primes (gemeinsame Primfaktoren) effizient zu bestimmen und die zugehörigen Moduli zu faktorisieren, wenn die gegebene Menge von Moduli sehr groß ist (mehrere Millionen).

Shared Primes treten nur auf, wenn die RSA-Schlüssel nicht zufällig genug erzeugt wurden. Zieht man die Wichtigkeit starker kryptografischer Schlüssel in Betracht, sollte man verifizieren, dass alle Schlüssel (wirklich) zufällig erzeugt wurden. [42]

Als Lenstra et al. ihr Paper [41] im Februar 2012 veröffentlichten, veröffentlichten sie nicht den zugehörigen Source-Code. Kurz danach wurde der Source-Code eines ähnlichen Programms auf der CrypTool-Website[62] in Python und C++ veröffentlicht, und noch etwas später auf der Seite, die von [43][63] benutzt wurde. Der schnellste bisher bekannte Code ist von [43].

Diese Programme finden für eine gegebene Menge von Moduli – falls existent – alle Primzahlen, die mindestens zwei dieser Moduli teilen, auch wenn diese Menge Millionen von Moduli enthält. Mit diesen Programmen können dann System-Administratoren ihre eigenen RSA-Schlüssel testen.

Der einfachste Ansatz, alle mehrfach als Teiler vorkommenden Primfaktoren zu finden (indem man jeden Modul mit jedem anderen vergleicht), hat eine Komplexität, die quadratisch mit der Anzahl der Moduli wächst.

Eine sehr effiziente Methode, die Bäume zum Auffinden dieser mehrfach vorkommenden Primfaktoren benutzt, basiert auf einer Publikation von Dan Bernstein aus 2005 [44]. Bernstein benutzt eine Vorberechnung, in der das Produkt aller Moduli erzeugt wird.[64]

Laufzeitvergleich zur Berechnung von ggT und zur Faktorisierung

Das SageMath-Beispiel 5.12.1 zeigt die sehr unterschiedlichen Laufzeiten für die Berechnung eines ggT und einer Faktorisierung. Sehr schnell sind die folgenden Operationen: Multiplikation von Faktoren, Dividieren eines Moduls durch einen bekannten Faktor und Berechnen des ggT. Im Gegensatz dazu steigt die Rechendauer zur Faktorisierung von längeren Moduli stark an. Selbst die relativ kleinen Moduli in diesem Beispiel zeigen das: Der kleinere Modul $m1$ (69 Dezimalstellen, 228 bit) brauchte 26 sec, während der größere $m2$ (72 Dezimalstellen, 239 bit) schon 57 sec benötigte. Hinzu kommt, dass die Operationen Multiplikation, Division und ggT große Laufzeit-Unterschiede aufweisen, wenn die Operanden von sehr unterschiedlicher Größe sind.

SageMath-Beispiel 5.12.1: Vergleich der Laufzeit zur Berechnung eines ggT und einer Faktorisierung

```
print("\n# CHAP05 -- Sage-Script-SAMPLE 010: =========")

import time # in scripts: measure time like in Python and calculate execution time

print("Multiplication: -----------------------")
cf=3593875704495823757388199894268773153439
Start_Time = time.time()
```

[62] https://www.cryptool.org/de/posts/rsa-sanity-check/

[63] https://factorable.net/

[64] Das ist ein weiteres Beispiel dafür, wie hilfreich **Vorberechnungen** sein können, um kryptografische Systeme zu brechen (ein anderes berühmtes Beispiel sind die **Rainbow-Tabellen**, um die Ursprungswerte von Hashwerten zu finden [45]).

Fortsetzung SageMath-Beispiel 5.12.1

```
m1=cf * 84115747449047881488635567801
print(" Time = %f sec \n  m1:" % (time.time()-Start_Time), m1)

Start_Time = time.time()
m2=cf * 162259276829213363391578010288127
print(" Time = %f sec \n  m2:" % (time.time()-Start_Time), m2)


print("Division: ----------------------")
Start_Time = time.time()
r=3023015411226397451703825301689038596254920570677809482933310608l7639 / \
     3593875704495823757388199894268773153439
print(" Time = %f sec \n  m1/cf:" % (time.time()-Start_Time), r)

Start_Time = time.time()
r=5831396728255720684336679006958083574661651864362346728580470787709l8753 / \
     3593875704495823757388199894268773153439
print(" Time = %f sec \n  m2/cf:" % (time.time()-Start_Time), r)


print("gcd: ----------------------")
Start_Time = time.time()
r=gcd(583139672825572068433667900695808357466165186436234672858047078770918753, \
          302301541122639745170382530168903859625492057067780948293331060817639)
print(" Time = %f sec \n  gcd(m2,m1):" % (time.time()-Start_Time), r)


print("Factorization: ----------------------")
Start_Time = time.time()
r=factor(583139672825572068433667900695808357466165186436234672858047078770918753)
print(" Time = %f sec \n  m2 =" % (time.time()-Start_Time), r)

Start_Time = time.time()
r=factor(302301541122639745170382530168903859625492057067780948293331060817639)
print(" Time = %f sec \n  m1 =" % (time.time()-Start_Time), r)

#-----------------------------------
# CHAP05 -- Sage-Script-SAMPLE 010: =========
# Multiplication: ----------------------
#  Time = 0.000004 sec
#   m1: 302301541122639745170382530168903859625492057067780948293331060817639
#  Time = 0.000002 sec
#   m2: 583139672825572068433667900695808357466165186436234672858047078770918753
# Division: ----------------------
#  Time = 0.000006 sec
#   m1/cf: 84115747449047881488635567801
#  Time = 0.000002 sec
#   m2/cf: 162259276829213363391578010288127
# gcd: ----------------------
#  Time = 0.000005 sec
#   gcd(m2,m1): 3593875704495823757388199894268773153439
# Factorization: ----------------------
#  Time = 57.493809 sec
#   m2 = 162259276829213363391578010288127 * 3593875704495823757388199894268773153439
#  Time = 25.769790 sec
#   m1 = 84115747449047881488635567801 * 3593875704495823757388199894268773153439
```

Unterschiede Sage-Skript – Sage-Kommandozeile

Die Aufrufe aus dem Skript im SageMath-Beispiel 5.12.1 auf der vorherigen Seite kann man auch auf der Kommandozeile (SageMath-CLI) ausführen: Siehe SageMath-Beispiel 5.12.2 auf der nächsten Seite. Für kurze Befehlsfolgen ist das CLI einfacher: Operationen geben ihr Ergebnis sofort aus (ohne print()-Befehl); und die Laufzeit erhält man syntaktisch einfacher, nämlich durch Davorstellen von `%time`. Der übliche Weg, um dies in einem Skript zu erreichen, ist: Man holt sich die aktuelle Zeit und berechnet die Ausführungszeit als Differenz für jeden Befehl per: `ExecutionTime = time.time() - StartTime`.

Hinweis 1: In beiden Fällen benutzt man den Backslash, um eine lange Codezeile über mehrere Zeilen aufzuspannen.

Hinweis 2: Um ein Skript irgendwo anzuhalten und zu verlassen, benutzt man den entsprechenden Python-Befehl: `sys.exit(1)`

Anmerkung: Den factor()-Befehl kann man mit den Standards von PARI benutzen oder den zu benutzenden Algorithmus selbst vorgeben (hier Bill Harts Quadratisches Sieb und Paul Zimmermanns GMP-ECM).

SageMath-Beispiel 5.12.2: Zeitausgabe auf der Sage-Kommandozeile / Faktorisieren

```
sage: # Calculate gcd
sage: %time gcd(583139672825572068433667900695808357466165186436234672858047078770918753, \
....:            302301541122639745170382530168903859625492057067780948293331060817639)
CPU times: user 15 µs, sys: 0 ns, total: 15 µs
Wall time: 16.2 µs
3593875704495823757388199894268773153439

sage: # Factorize (using PARI at the time of writing)
sage: %time factor(583139672825572068433667900695808357466165186436234672858047078770918753)
CPU times: user 1min 33s, sys: 129 ms, total: 1min 33s
Wall time: 1min 33s
162259276829213363391578010288127 * 3593875704495823757388199894268773153439

sage: # Factorize (select dedicated algorithms)
sage: n=583139672825572068433667900695808357466165186436234672858047078770918753

sage: %time n.factor(algorithm="qsieve")
/usr/lib/python3/dist-packages/IPython/core/interactiveshell.py:2364: RuntimeWarning:
the factorization returned by qsieve may be incomplete (the factors may not be prime)
or even wrong; see qsieve? for details result = fn(*args, **kwargs)
CPU times: user 1.92 ms, sys: 10 µs, total: 1.93 ms
Wall time: 48.8 s
162259276829213363391578010288127 * 3593875704495823757388199894268773153439

sage: %time n.factor(algorithm="ecm")
CPU times: user 74 ms, sys: 28 ms, total: 102 ms
Wall time: 3min 48s
162259276829213363391578010288127 * 3593875704495823757388199894268773153439

sage: # Knowing the size of the number and its factors
sage: n=162259276829213363391578010288127; len(n.digits())
33
sage: n=3593875704495823757388199894268773153439; len(n.digits())
40
sage: n=583139672825572068433667900695808357466165186436234672858047078770918753; len(n.digits())
72
```

Effiziente Berechnung aller mehrfach als Teiler vorkommenden Primfaktoren

Der Artikel *Mining Your Ps and Qs: Detection of Widespread Weak Keys in Network Devices* [43] erklärt, wie der Algorithmus die ggTs (größten gemeinsamen Teiler) aller Paare von RSA-Moduli effizient berechnet (aus einer vorgegebenen, sehr großen Menge von RSA-Moduli). Genau genommen werden nicht die ggTs aller Paare von RSA-Moduli berechnet, sondern ggTs mit anderen Argumenten, was schneller geht und dasselbe Ergebnis liefert – nämlich mehrfach auftretende Primfaktoren.

In diesem Abschnitt wird der Kern der Methode erklärt, der in diesem Paper benutzt wird: Die Benutzung von zwei Bäumen beschleunigt die Berechnung deutlich.

Zuerst wird das Produkt P aller Moduli m_i für $i = 1, \ldots, k$ mithilfe eines Produktbaumes berechnet (vgl. Abb. 5.4 auf der nächsten Seite):

$$P = \prod_{i=1}^{k} m_i$$

Anschließend wird über einen Restebaum für jedes i der Rest z_i aus der Division von P durch m_i^2 berechnet:

$$z_i \equiv P \bmod m_i^2, \quad z_i \in \{0, 1, \ldots, m_i^2 - 1\}$$

Nun wird dieser Rest modulo dem Quadrat von m_i durch m_i dividiert – was ein ganzzahliges Ergebnis hat, weil ja m_i sowohl P als auch m_i^2 teilt und damit auch z_i:

$$r_i = \frac{z_i}{m_i}; \qquad r_i \leq m_i$$

Zum Schluss berechnet man das ggT:

$$\mathrm{ggT}\,(r_i, m_i)$$

Dies wird in Abb. 5.4 veranschaulicht – sie stammt aus [43], hier allerdings leicht verändert.

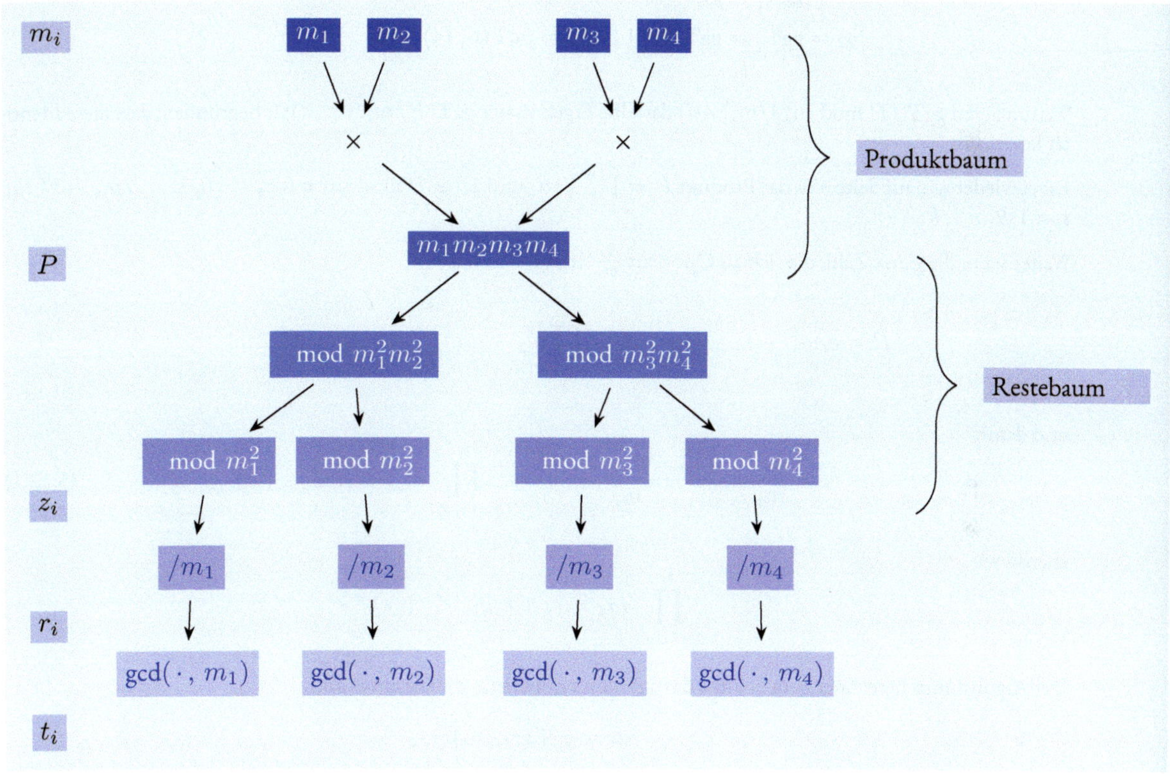

Abb. 5.4: Effiziente Berechnung gemeinsamer Primfaktoren (quasi-lineares ggT-Finden) (aus [43])

Der besagte Artikel erklärt sehr gut, *wie* der Algorithmus funktioniert, aber weniger gut *warum*. Das Produkt P aller Moduli ist eine sehr große Zahl, sogar wenn man sie mit den einzelnen Moduli vergleicht. Ohne die Vereinfachungen durch den Restebaum würde man folgendermaßen vorgehen: Berechnen von $g_i := \mathrm{ggT}_i = \mathrm{ggT}(P/m_i, m_i)$ für alle i. Hier können für jedes i genau drei Fälle auftreten:

- $g_i = \mathrm{ggT}_i = 1$
- $g_i = \mathrm{ggT}_i$ ist eine Primzahl
- $g_i = \mathrm{ggT}_i = m_i$

Der dritte Fall ist ein Sonderfall, der auftritt, wenn $m_1 = p_1 \cdot q_1$ ist und p_1 ein Teiler von m_2 und q_1 ein Teiler von m_3. Dieser Fall trat in dem Datensatz, mit dem die hier diskutierte Literatur [43] arbeitete, sehr selten auf, hier wurde dann einfach paarweise das ggT berechnet.

Im zweiten Fall hat man einen Faktor von m_i gefunden. Im ersten Fall kann man keine Informationen über m_i gewinnen.

Hier ein Beispiel mit sehr kleinen Moduli:

$$m_1 = 2 \cdot 3 = 6; \quad m_2 = 2 \cdot 7 = 14; \quad P = 6 \cdot 14 = 84$$
$$P \bmod m_1 = 84 \bmod 6 = 0; \quad P \bmod m_1^2 = 84 \bmod 36 = 12$$
$$P \bmod m_2 = 84 \bmod 14 = 0; \quad P \bmod m_2^2 = 84 \bmod 196 = 84$$
$$g_1 = \mathrm{ggT}_1 = \mathrm{ggT}(12/6, 6) = \mathrm{ggT}(2, 6) = 2$$
$$g_2 = \mathrm{ggT}_2 = \mathrm{ggT}(84/14, 14) = ggT(6, 14) = 2$$

Warum liefert $\mathrm{ggT}((P \bmod m_i^2)/m_i, m_i)$ dasselbe Ergebnis wie $\mathrm{ggT}(P/m_i, m_i)$? Wir begründen, dass diese Identität korrekt ist.

Es sei wieder wie auf Seite 324 das Produkt $P = \prod_{i=1}^{k} m_i$ und $z_i \equiv P \bmod m_i^2$ mit $z_i \in \{0, 1, \ldots, m_i - 1\}$ für $i = 1, 2, \ldots, k$.

Weiter sei r_i die ganze Zahl, die sich als Quotient $\frac{z_i}{m_i}$ ergibt. Dann ist

$$P = c_i m_i^2 + z_i \quad \text{oder} \quad z_i = \prod_{j=1}^{k} m_j - c_i m_i^2 \quad \text{für eine ganze Zahl} \quad c_i$$

und damit

$$r_i = \frac{z_i}{m_i} = \frac{\prod_{j=1}^{k} m_j - c_i m_i^2}{m_i} = \prod_{j=1, j\neq i}^{k} m_j - c_i m_i \qquad (*) \tag{5.12.1}$$

ebenso wie:

$$\prod_{j=1, j\neq i}^{k} m_j = r_i + c_i m_i \qquad (**)$$

Der Algorithmus berechnet zum Schluss das ggT von r_i und m_i, wir kürzen es ab:

$$t_i = \mathrm{ggT}\,(r_i, m_i)$$

Außerdem setzen wir $g_i = \mathrm{ggT}\left(\frac{P}{m_i}, m_i\right)$. Man sieht, dass man in der Differenz $(*)$ immer g_i ausklammern kann, also teilt g_i die Zahl t_i.

Umgekehrt teilt t_i immer g_i, denn weil t_i die Zahlen m_i und r_i teilt, teilt es wegen $(**)$ auch $\prod_{j\neq i} m_j = \frac{P}{m_i}$ und also auch g_i. Es folgt die Gleichheit $t_i = g_i$ für alle i.

Letzteres ist nur eine Umformulierung dessen, was zu Beginn so ausgedrückt worden war:

$$\mathrm{ggT}((P \bmod m_i^2)/m_i,\ m_i) \ = \ \mathrm{ggT}(P/m_i,\ m_i).$$

Viel mehr als unsere Fähigkeiten sind es unsere Entscheidungen ..., die zeigen, wer wir wirklich sind.

Zitat 13: Joanne K. Rowling[65]

5.13 Anwendungen asymmetrischer Kryptografie mit Zahlenbeispielen

Moderne Kryptografie wendet die Ergebnisse der modularen Arithmetik extensiv an. Hier werden exemplarisch einige Beispiele aus der Kryptografie mit kleinen[66] Zahlen vorgestellt.[67]

5.13.1 Problembeschreibung für Nichtmathematiker

Um Daten zu verschlüsseln, werden die Daten (die in Form von Text oder als Binärdaten vorliegen) in Zahlen umgewandelt. Die Verschlüsselung besteht dann darin, eine Funktion (mathematische Operationen) anzuwenden, die daraus eine andere Zahl erzeugt.

Entschlüsseln bedeutet, diese Funktion umzukehren, d. h. aus dem Zerrbild, das die Funktion aus dem Klartext gemacht hat, das Urbild wiederherzustellen. Beispielsweise könnte der Absender einer Nachricht zur Klartextzahl M eine geheimzuhaltende Zahl (den Schlüssel S) hinzuaddieren und dadurch die Geheimtextzahl C erhalten:

$$C = M + S$$

Durch Umkehren dieser Operation, das heißt durch Subtrahieren von S, kann der Empfänger den Klartext rekonstruieren:

$$M = C - S$$

Das Addieren von S macht den Klartext zuverlässig unkenntlich. Gleichwohl ist diese „Verschlüsselung" **sehr schwach**: Denn wenn ein Abhörer auch nur ein zusammengehöriges Paar von Klar- und Geheimtextzahl in die Hände bekommt, kann er den Schlüssel berechnen

$$S = C - M$$

und alle folgenden mit S verschlüsselten Nachrichten mitlesen. Ein wesentlicher Grund dafür ist, dass Subtrahieren eine ebenso einfache Operation ist wie Addieren.

Einwegfunktionen

Wenn der Schlüssel auch bei gleichzeitiger Kenntnis von Klar- und Geheimtext nicht ermittelbar sein soll, braucht man eine Funktion, die einerseits relativ einfach berechenbar ist. Andererseits soll ihre Umkehrung zwar existieren (sonst würden beim Entschlüsseln Information verlorengehen), aber de facto unberechenbar sein.

---

[65] Joanne K. Rowling, *Harry Potter und die Kammer des Schreckens*, Carlsen, 1998, letztes Kapitel *Dobbys Belohnung*, S. 343, Dumbledore.

[66] „Klein" bedeutet beim RSA-Verfahren, dass die Bitlängen der Zahlen sehr viel kleiner sind als aktuelle Empfehlungen. 2048 bit (das sind rund 600 Dezimalstellen) gilt im Moment in der Praxis als Mindestlänge für sichere RSA-Moduli.

[67] Didaktisch sehr gut aufbereitete Artikel mit Programmbeispielen in Python und SageMath finden sich in der Artikelserie *RSA & Co. in der Schule: Moderne Kryptologie, alte Mathematik, raffinierte Protokolle*. Siehe beispielsweise [46].

Was sind denkbare Kandidaten für eine solche **Einwegfunktion**? Man könnte an die Stelle der Addition die Multiplikation setzen; aber schon Grundschüler wissen, dass deren Umkehrung, die Division, nur geringfügig mühsamer ist als die Multiplikation selbst. Man muss noch eine Stufe höher in der Hierarchie der Rechenarten gehen: Potenzieren ist immer noch eine relativ einfache Operation; aber ihre beiden Umkehrungen *Wurzelziehen* (finde b in der Gleichung $a = b^c$, wenn a und c bekannt sind) und *Logarithmieren* (finde in derselben Gleichung c, wenn a und b bekannt sind) sind so kompliziert, dass ihre Ausführung in der Schule normalerweise nicht mehr gelernt wird.

Wenn man einige wenige Funktionswerte kennt, ist bei Addition und Multiplikation ist noch eine gewisse Struktur erkennbar, aber bei Potenzierung und Exponentiation weiß man kaum noch etwas über die Funktionsparameter. Noch etwas schwieriger wird das Logarithmieren, wenn man nicht in unendlichen Mengen wie $\mathbb{N}$ oder $\mathbb{Z}$ arbeitet, sondern in großen endlichen Mengen.

5.13.2 Das Diffie-Hellman Schlüsselaustausch-Protokoll

Bevor wir wieder zu einer Verschlüsselungsfunktion kommen, betrachten wir erstmal ein Protokoll, mit dem zwei Parteien sich sicher auf ein gemeinsames Geheimnis einigen können.

Das DH-Schlüsselaustausch-Protokoll (Key-Exchange Protocol) wurde 1976 in Stanford von Whitfield Diffie, Martin E. Hellman und Ralph Merkle erdacht.[68]

Eine Einwegfunktion dient Alice und Bob[69] dazu, sich einen geheimen Schlüssel S, den Sessionkey, für die nachfolgende Verständigung zu verschaffen – siehe Abb. 5.5 auf der nächsten Seite. Der Sessionkey kann bspw. als Schlüssel in einem symmetrischen Verfahren wie AES verwendet werden. Dieser Sessionkey ist dann nur diesen beiden Parteien bekannt. Wie läuft das Protokoll ab: Alice wählt sich eine Zufallszahl a und hält sie geheim. Aus a berechnet sie mit der Einwegfunktion die Zahl $A = g^a$ und schickt sie an Bob. Der verfährt ebenso, indem er eine geheime Zufallszahl b wählt, daraus $B = g^b$ berechnet und an Alice schickt. Die Zahl g ist beliebig und darf öffentlich bekannt sein. Alice wendet die Einwegfunktion mit ihrer Geheimzahl a auf B an, Bob tut gleiches mit seiner Geheimzahl b und der empfangenen Zahl A.

Das Ergebnis S ist in beiden Fällen dasselbe, weil die Einwegfunktion kommutativ ist: $g^{a \cdot b} = g^{b \cdot a}$. Aber selbst Bob kann Alices Geheimnis a nicht aus den ihm vorliegenden Daten rekonstruieren. Alice wiederum kann Bobs Geheimnis b nicht ermitteln, und ein Lauscher (Eve), der g kennt und sowohl A als auch B mitgelesen hat, vermag daraus weder a noch b noch S zu berechnen.

Ablauf:
Alice und Bob wollen einen geheimen Sessionkey S über einen abhörbaren Kanal aushandeln.

1. Sie wählen eine Primzahl p und eine Zufallszahl g, und tauschen diese Information offen aus.
2. Alice wählt nun a, eine Zufallszahl kleiner p, und hält diese geheim.
   Bob wählt ebenso b, eine Zufallszahl kleiner p, und hält diese geheim.
3. Alice berechnet nun $A \equiv g^a \pmod{p}$.
   Bob berechnet $B \equiv g^b \pmod{p}$.
4. Alice sendet das Ergebnis A an Bob.
   Bob sendet das Ergebnis B an Alice.
5. Um den gemeinsam zu benutzenden Sessionkey zu bestimmen, potenzieren beide Parteien jeweils für sich das empfangene Ergebnis mit ihrer geheimen Zufallszahl modulo p. Das heißt:
   - Alice berechnet $S \equiv B^a \pmod{p}$, und

---

68 - Unter `CT1 Einzelverfahren ▷ Protokolle ▷ Diffie-Hellman-Demo` ist dieses Austauschprotokoll visualisiert: Die einzelnen Schritte können Sie mit konkreten Zahlen nachvollziehen.
- Sie können eine erweiterte Version davon auch in `JCT Standard-Perspektive ▷ Visualisierungen ▷ Diffie-Hellman Schlüsselaustausch (EC)` finden.

69 Alice und Bob werden standardmäßig als die beiden berechtigten Teilnehmer eines Protokolls bezeichnet (siehe [47, S. 23]).

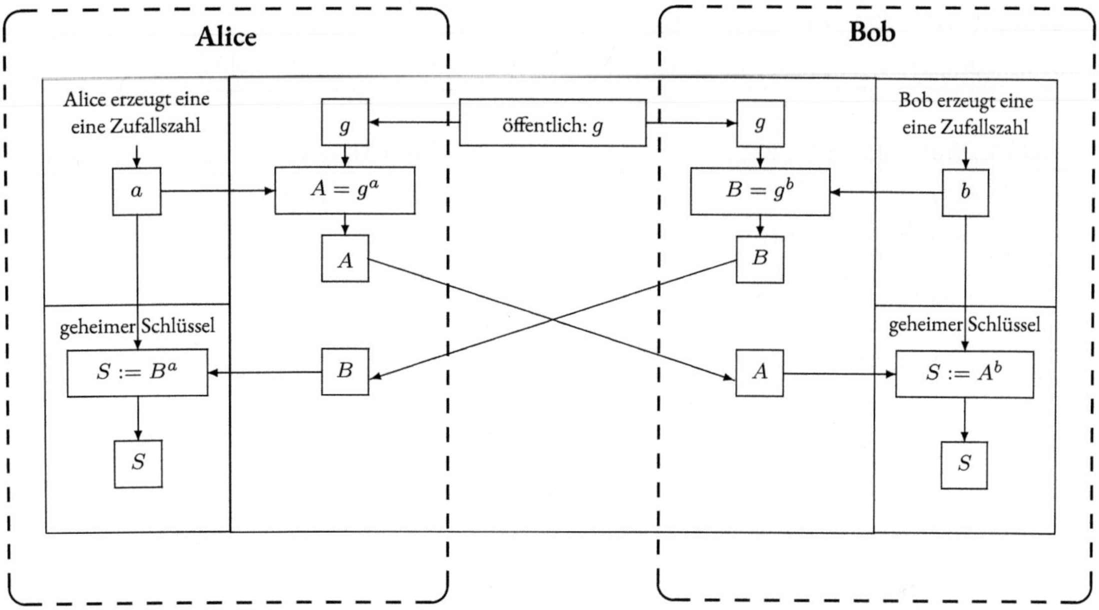

Abb. 5.5: Ablauf DH-Schlüsselaustausch-Protokoll (alle Operationen modulo p)

- Bob berechnet $S \equiv A^b \pmod p$.

Auch wenn ein Spion (Eve) g, p, und die Zwischenergebnisse A und B abhört, kann er den schließlich bestimmten Sessionkey nicht berechnen – wegen der Schwierigkeit, den diskreten Logarithmus[70] zu bestimmen: $a = \log_g(A)$.

Das Ganze soll an einem Beispiel mit (unrealistisch) kleinen Zahlen gezeigt werden.

Beispiel mit kleinen Zahlen:

1. Alice und Bob wählen $g = 11, p = 347$.
2. Alice wählt $a = 240$, Bob wählt $b = 39$; a und b bleiben geheim.
3. Alice berechnet $A \equiv g^a \equiv 11^{240} \equiv 49 \pmod{347}$.
   Bob berechnet $B \equiv g^b \equiv 11^{39} \equiv 285 \pmod{347}$.
4. Alice sendet Bob: $A = 49$,
   Bob sendet Alice: $B = 285$.
5. Alice berechnet $S = B^a \equiv 285^{240} \equiv 268 \pmod{347}$,
   Bob berechnet $S = A^b \equiv 49^{39} \equiv 268 \pmod{347}$.

Nun können Alice und Bob mithilfe ihres gemeinsamen Sessionkeys S sicher kommunizieren. Auch wenn ein Spion alles abhört, was über die Leitung geht ($g = 11, p = 347, A = 49$ und $B = 285$), kann er den geheimen Schlüssel S nicht berechnen. Dies ist aber nur für sehr große Zahlen so, weil der diskrete Logarithmus nur dann extrem schwierig gefunden werden kann (siehe Kapitel 12). Hat man a oder b, kann man S genauso berechnen, wie es Alice oder Bob vorher machten.

Um die diskreten Logarithmen zu erhalten, ist hier Folgendes zu berechnen:

a von Alice: $11^x \equiv 49 \pmod{347}$, also $\log_{11}(49) \pmod{347}$.

[70] Weitere Details zum diskreten Logarithmus-Problem finden Sie in den Abschnitt 6.4 und Kapitel 12.

b von Bob: $11^y \equiv 285 \pmod{347}$, also $\log_{11}(285) \pmod{347}$.

SageMath-Beispiel 5.13.1 bestimmt den diskreten Logarithmus (sowohl für Alice wie für Bob).

SageMath-Beispiel 5.13.1: Beispiel mit kleinen Zahlen: Berechnen der diskreten Logarithmen a und b, um DH anzugreifen

```
print("\n# CHAP05 -- Sage-Script-SAMPLE 020: =========")

print("Get the secret key of Alice (with g=11, p=347, A=49, a=240 or 67) ---")
print("a) via 'normal' integer numbers")
print(" a:", discrete_log(mod(49,347),mod(11,347)))

print("b) via the ring of integers (better)")
R=Integers(347)
g=R(11)
A=R(49)
print(" a:", discrete_log(A,g))

print("Get the secret key of Bob: (with g=11, p=347, B=285, b=39) ---")
B=R(285)
print(" b:", discrete_log(B,g))

#------------------------------------
# CHAP05 -- Sage-Script-SAMPLE 020: =========
# Get the secret key of Alice (with g=11, p=347, A=49, a=240 or 67) ---
# a) via 'normal' integer numbers
#  a: 67
# b) via the ring of integers (better)
#  a: 67
# Get the secret key of Bob: (with g=11, p=347, B=285, b=39) ---
#  b: 39
```

Da die SageMath-Funktion `discrete_log` als Argumente Elemente eines Rings erwartet (Integer zwischen 0 und einer Obergrenze), können wir diesen Typ erzwingen, indem wir die Zahlen direkt mit dem zugehörigen Modulo-Operator eingeben:
`discrete_log( mod(49, 347), mod(11, 347) )`

Eine viel bessere Alternative ist es, SageMath von vornherein wissen zu lassen, dass es sich um Elemente eines Rings handelt (so wie in SageMath-Beispiel 5.13.1). Nach diesem „Mehraufwand" für die Initialisierung, kann man die Formeln genauso niederschreiben, wie man es gewohnt ist:

```
discrete_log(A, g)
```

Solche zahlentheoretischen Aufgaben können auch mit anderen Tools wie PariGP, BC oder Mathematica (siehe Anhang Web-Links am Ende dieses Kapitel) gelöst werden: Hier die entsprechende Syntax, um den diskreten Log für Alice zu bekommen (alle Funktionsaufrufe liefern das Ergebnis 67):

- Pari-GP: `znlog(Mod(49,347),Mod(11,347))`
- Mathematica: `MultiplicativeOrder[11, 347, 49]`
  Die allgemeine Funktion `Solve` liefert die `em tdep message`: The equations appear to involve the variables to be solved for in an essentially non-algebraic way.

Frage Warum haben die Funktionen für den diskreten Logarithmus für Alice den Wert 67 geliefert und nicht den Wert 240, den Alice als Exponent a wählte?

Der diskrete Logarithmus ist der kleinste natürliche Exponent, der die **Gleichung** $11^x \equiv 49 \pmod{347}$ löst. Sowohl $x = 67$ als auch $x = 240$ (die im Beispiel gewählte Zahl) erfüllen die Gleichung und können damit zur Berechnung des Sessionkeys benutzt werden: $285^{240} \equiv 285^{67} \equiv 268 \pmod{347}$. Hätten Alice und Bob als Basis g eine **Primitivwurzel** modulo p gewählt, dann gibt es für jeden Rest aus der Menge $\{1, 2, \cdots, p-1\}$ genau einen Exponenten aus der Menge $\{0, 1, \cdots, p-2\}$.

Info: Zum Modul 347 gibt es 172 verschiedene Primitivwurzeln, davon sind 32 prim (ist nicht notwendig). Da die im Beispiel für g gewählte Zahl 11 keine Primitivwurzel von 347 ist, nehmen die Reste nicht alle Werte aus der Menge $\{1, 2, \cdots, 346\}$ an. Somit kann es für einen bestimmten Rest mehr als einen oder auch gar keinen Exponenten aus der Menge $\{0, 1, \cdots, 345\}$ geben, der die Gleichung erfüllt.

Mit den entsprechenden SageMath-Funktionen findet man:
`is_prime(347)=True`, `euler_phi(347)=346`, `gcd(11,347)=1` und `multiplicative_order(mod(11, 347))=173`.

i	11^i mod 347	
0	1	
1	11	
2	121	
3	290	
67	49	gesuchter Exponent
172	284	
173	1	= Multiplikative Ordnung von $11^i \pmod{347}$
174	11	
175	121	
176	290	
240	49	gesuchter Exponent

Weitere Details finden Sie in Abschnitt 5.20.4 Primitivwurzeln.

Das Spiel ist eine Erfindung der Natur, um uns auf schwierige Realitäten vorzubereiten. Sind Sie jetzt endlich bereit, der Realität ins Auge zu sehen, Sergeant?

Zitat 14: Daniel Suarez[71]

5.14 Das RSA-Verfahren mit konkreten Zahlen

Nachdem in Abschnitt 5.10.2 die Funktionsweise des RSA-Verfahrens beschrieben wurde, sollen diese Schritte hier mit konkreten, aber immer noch kleinen Zahlen durchgeführt werden. Dies ist weiterhin „nur" Textbook-RSA.

5.14.1 RSA mit kleinen Primzahlen und mit einer Zahl als Nachricht

Bevor wir RSA auf einen Text anwenden, wollen wir es erst direkt mit einer Zahl[72] zeigen.[73]

1. Die gewählten Primzahlen seien $p = 5$ und $q = 11$.
   Also ist $n = 55$ und $\phi(n) = (p-1) \cdot (q-1) = 40$.
2. $e = 7$ (e muss teilerfremd zu 40 sein)

[71] Daniel Suarez, *Daemon*, rororo, (c) 2010, Kapitel 45, *Wiedereintritt*, S. 615, Sobol.

[72] In der Praxis wird RSA nie auf Texte angewandt, sondern nur auf große Zahlen.

[73] - Bspw. mit `CT1 Einzelverfahren ▷ RSA-Kryptosystem ▷ RSA-Demo` können Sie dies durchführen.
- Oder in CTO: entweder im Plugin „RSA (Schritt-für-Schritt)": `https://www.cryptool.org/de/cto/rsa-step-by-step` oder im Plugin „RSA visuell und mehr": `https://www.cryptool.org/de/cto/rsa-visual` in den Reitern „RSA visuell" oder „RSA didaktisch".
- Oder unter `CT2 Vorlagen ▷ Mathematisch ▷ RSA mit großen Zahlen`.

3. $d = 23$ (da $23 \cdot 7 \equiv 161 \equiv 1 \pmod{40}$)
   → Public-Key des Empfängers: (55, 7)
   → Private-Key des Empfängers: (55, 23)
4. Nachricht sei nur die Zahl $M = 2$ (also ist kein Aufbrechen in Blöcke nötig)
5. Verschlüsseln: $C \equiv 2^7 \equiv 18 \pmod{55}$
6. Chiffrat ist nur die Zahl $C = 18$
7. Entschlüsseln: $M \equiv 18^{23} \equiv 18^{(1+2+4+16)} \equiv 18 \cdot 49 \cdot 36 \cdot 26 \equiv 2 \pmod{55}$

Nun wird RSA auf einen Text angewandt: zuerst mit dem Großbuchstabenalphabet (26 Zeichen), dann mit dem gesamten ASCII-Zeichensatz als Bausteine für die Nachrichten. Gearbeitet wird wieder nur mit dem Zahlenwert des Einzelzeichens, aber die Einzelzeichen können zu Blöcken zusammengefasst werden.

5.14.2 RSA mit etwas größeren Primzahlen und einem Text aus Großbuchstaben

Gegeben ist der Text `ATTACK AT DAWN`, und die Zeichen (inklusive des Leerzeichens) werden gemäß Tabelle 5.14 codiert.[74] Hier folgen wieder die wesentlichen Schritte.

Zeichen	Zahlenwert	Zeichen	Zahlenwert
Blank	0	M	13
A	1	N	14
B	2	O	15
C	3	P	16
D	4	Q	17
E	5	R	18
F	6	S	19
G	7	T	20
H	8	U	21
I	9	V	22
J	10	W	23
K	11	X	24
L	12	Y	25
		Z	26

Tab. 5.14: Alphabet aus Großbuchstaben plus Leerzeichen

Schlüsselerzeugung (Schritt 1 bis 3):
1. $p = 47, q = 79$ $(n = 3713;\ \phi(n) = (p-1) \cdot (q-1) = 3588)$
2. $e = 37$ (e muss teilerfremd zu 3588 sein)
3. $d = 97$ (denn $e \cdot d = 1 \pmod{\phi(n)}$ und $37 \cdot 97 \equiv 3589 \equiv 1 \pmod{3588}$)[75]

4. Verschlüsselung:

Text:	A	T	T	A	C	K		A	T		D	A	W	N
Zahl:	01	20	20	01	03	11	00	01	20	00	04	01	23	14

74 - Per `CT1 Einzelverfahren ▷ RSA-Kryptosystem ▷ RSA-Demo` können Sie dies durchführen. Dies ist auch im Tutorial/Szenario der Online-Hilfe zu CT1 beschrieben [Optionen: Alphabet vorgeben, Basissystem, Blocklänge 2 und Dezimaldarstellung].
- Ebenso in CTO im Plugin „RSA-visuell und mehr“. Siehe Abb. 5.6 und 5.7 auf der nächsten Seite und auf Seite 334.

75 Wie man $d = 97$ mithilfe des erweiterten ggT berechnet, wird in Anhang 5.15 gezeigt.

Aufteilung dieser 28-stelligen Zahl in 4-stellige Teile (denn 2626 ist noch kleiner als $n = 3713$), d. h. dass die Blocklänge 2 beträgt (die Zahlenwerte von 2 Zeichen werden jeweils zusammengefasst).
`0120 2001 0311 0001 2000 0401 2314`

Verschlüsselung aller 7 Teile jeweils per: $C \equiv M^{37} \pmod{3713}$:

```
1404 2932 3536 0001 3284 2280 2235
```

In Abschnitt 5.20.5 „RSA-Beispiele mit SageMath" finden Sie den Quelltext zu dieser RSA-Verschlüsselung mit SageMath.

5. Entschlüsselung:
Chiffrat: `1404 2932 3536 0001 3284 2280 2235`

Aufteilung dieser 28-stelligen Zahl in 4-stellige Teile.

Entschlüsselung aller 7 Teile jeweils per: $M \equiv C^{97} \pmod{3713}$:
`0120 2001 0311 0001 2000 0401 2314`

Umwandeln von 2-stelligen Zahlen in Großbuchstaben und Leerzeichen (Blanks).

Bei den gewählten Werten ist es für einen Kryptoanalytiker einfach, aus den öffentlichen Parametern $n = 3713$ und $e = 37$ die geheimen Werte zu finden, indem er n faktorisiert. Ist n dagegen eine 2048-Bit-Zahl, bestehen für eine Faktorisierung – nach heutigen Kenntnissen – wenig Chancen. Trotzdem ist diese Form von RSA auch mit großen Moduli unsicher (siehe Abschnitt 5.11 auf Seite 309).

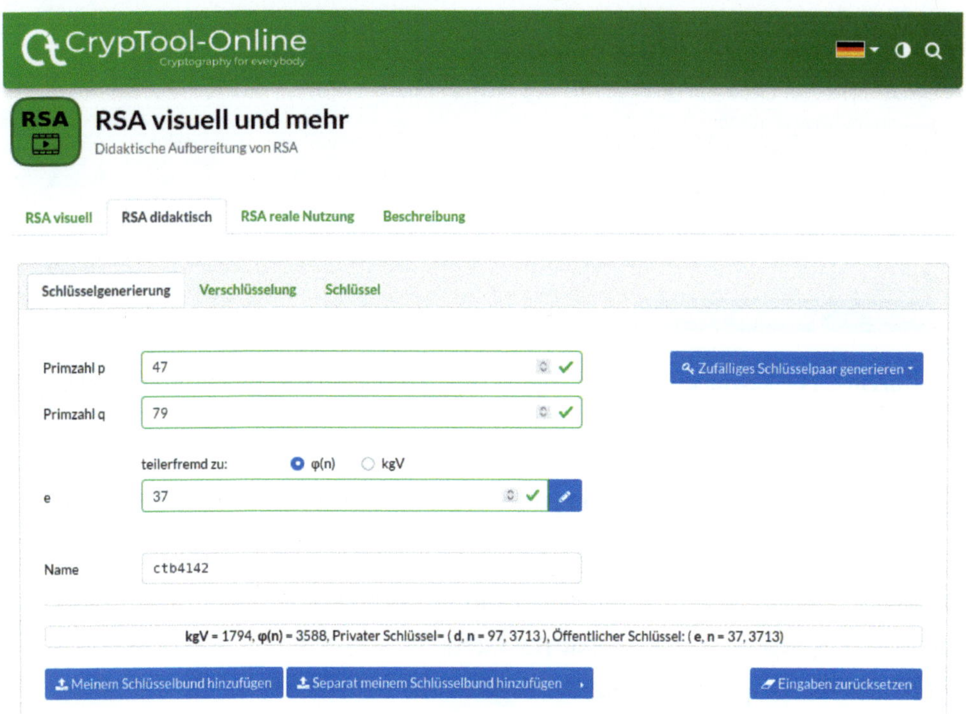

Abb. 5.6: RSA in CTO: Textverschlüsselung, eigenes Alphabet, Dezimal-Konkatenation, Blocklänge 2; Teil 1: Schlüssel generieren und abspeichern

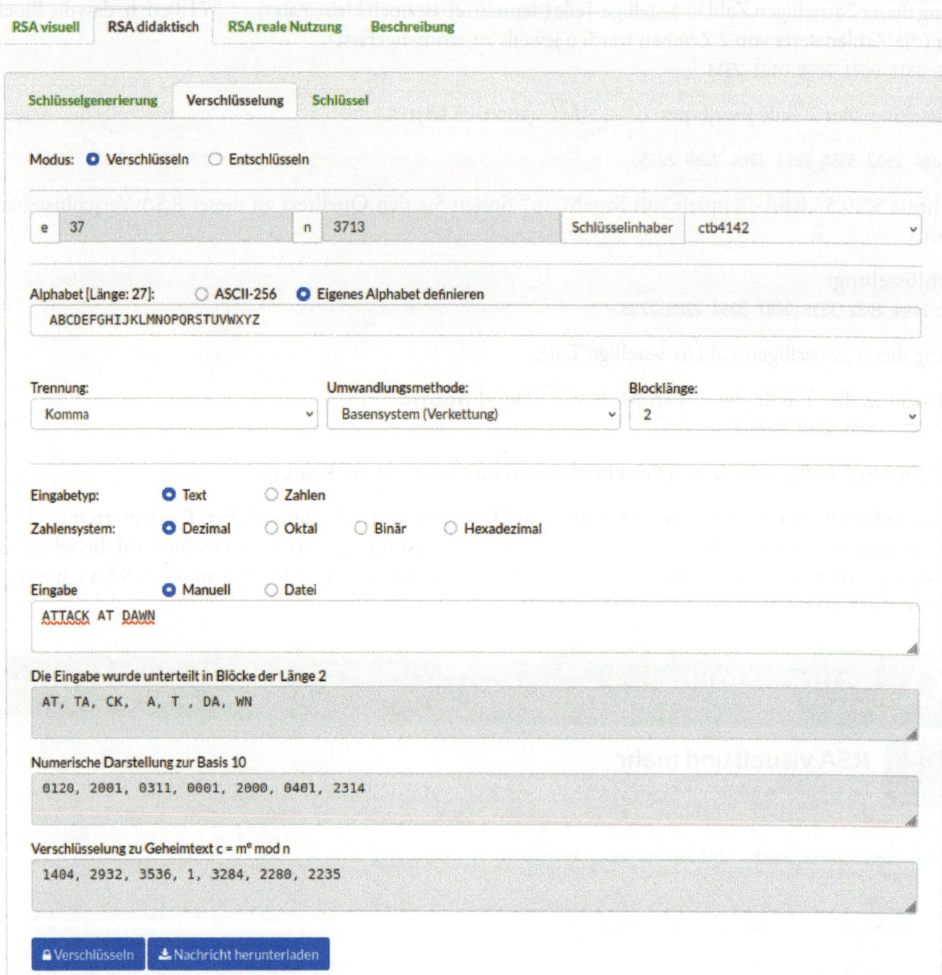

Abb. 5.7: RSA in CTO: Textverschlüsselung, eigenes Alphabet, Dezimal-Konkatenation, Blocklänge 2; Teil 2: Verschlüsselung

5.14.3 RSA mit noch etwas größeren Primzahlen und mit einem Text aus ASCII-Zeichen

Real wird das ASCII-Alphabet benutzt, um die Einzelzeichen der Nachricht in 8-Bit lange Zahlen zu codieren.

Diese Aufgabe[76] ist angeregt durch das Beispiel aus [13, S. 271].

Dem Text „RSA works!" entspricht in Dezimalschreibweise codiert:

---

[76]- Diese Aufgabe können Sie per `CT1 Einzelverfahren ▷ RSA-Kryptosystem ▷ RSA-Demo` durchführen.
- Unter `CT2 Vorlagen ▷ Mathematisch ▷ RSA mit großen Zahlen` für Einzelzahlen.
- Auch mit `JCT Standard-Perspektive ▷ Visualisierungen ▷ RSA-Kryptosystem` können Sie die Aufgabe durchführen.
- In CTO im Plugin „RSA-visuell und mehr" lassen sich ebenfalls beide Varianten (mit und ohne Blockbildung) und beide Reihenfolgen bei der Codierung (die Binärdarstellung der Einzelzeichen wird konkateniert oder deren Dezimaldarstellung wird konkateniert und das Ergebnis in binär umgewandelt) ausführen: `https://www.cryptool.org/de/cto/rsa-visual`. Siehe Abb. 5.8 und 5.9 auf Seite 337 und auf Seite 338 für die Variante 2.

Text:	R	S	A		w	o	r	k	s	!
Zahl:	82	83	65	32	119	111	114	107	115	33

Das Beispiel wird in 2 Varianten durchgespielt. Gemeinsam für beide sind die Schritte 1 bis 3.

Schlüsselerzeugung (Schritt 1 bis 3):

1. $p = 509,\ q = 503 \quad (n = 256\,027;\ \phi(n) = (p-1)\cdot(q-1) = 255\,016 = 2^3 \cdot 127 \cdot 251)$

2. $e = 65\,537$
(e *sollte*[77] zwischen 509 und 255 015 liegen und *muss*[78] teilerfremd zu 255 016 sein)

3. $d = 231\,953$
(denn $e \equiv d^{-1} \pmod{\phi(n)};\ 65\,537 \cdot 231\,953 \equiv 15\,201\,503\,761 \equiv 1 \pmod{255\,016}$)[79]

Variante 1:
ASCII-Zeichen werden einzeln ver- und entschlüsselt (keine Blockbildung).

Siehe Abschnitt 5.20.5 „RSA-Beispiele mit SageMath" für den SageMath-Source-Code zu den RSA-Operationen mit modularer Exponentiation und der Euler-Funktion.

4. Verschlüsselung:

Text:	R	S	A		w	o	r	k	s	!
Zahl:	82	83	65	32	119	111	114	107	115	33

Keine Zusammenfassung der Buchstaben.[80]

Verschlüsselung pro Zeichen per: $C \equiv M^{65\,537} \pmod{256\,027}$:[81]

```
212984   025546   104529   031692   248407

100412   054196   100184   058179   227433
```

5. Entschlüsselung:
Chiffrat:

```
212984   025546   104529   031692   248407

100412   054196   100184   058179   227433
```

Entschlüsselung pro Zeichen per: $M \equiv C^{231\,953} \pmod{256\,027}$:
`82 83 65 32 119 111 114 107 115 33`

---

[77] Siehe Fußnote 7 auf Seite 307.

[78] e darf also nicht 2, 127 oder 251 sein ($65537 = 2^{16} + 1$) ($255\,016 = 2^3 \cdot 127 \cdot 251$).
Real wird $\phi(n)$ nicht faktorisiert, sondern für das gewählte e wird mit dem Euklidschen Algorithmus sichergestellt, dass $\mathrm{ggT}(e, \phi(n)) = 1$.

[79] Andere mögliche Kombinationen von (e, d) sind z. B.: $(3, 170\,011)$, $(5, 204\,013)$, $(7, 36\,431)$.

[80] Für sichere Verfahren braucht man große Zahlen, die möglichst alle Werte bis $n-1$ annehmen. Wenn die mögliche Wertemenge der Zahlen in der Nachricht zu klein ist, nutzen auch große Primzahlen nichts für die Sicherheit. Ein ASCII-Zeichen ist durch 8 Bits repräsentiert. Will man größere Werte, muss man mehrere Zeichen zusammenfassen. Zwei Zeichen benötigen 16 Bit, womit maximal der Wert 65 536 darstellbar ist; dann muss der Modul n größer sein als $2^{16} = 65\,536$. Dies wird in Variante 2 angewandt. Beim Zusammenfassen bleiben in der Binär-Schreibweise die führenden Nullen erhalten (genauso wie wenn man oben in der Dezimalschreibweise alle Zahlen 3-stellig schreiben würde und dann die Folge `082 083, 065 032, 119 111, 114 107, 115 033` hätte).

[81] Abschnitt 5.20.5 RSA-Beispiele mit SageMath enthält den Quelltext zur RSA-Exponentiation mit SageMath.

Variante 2:
Jeweils zwei ASCII-Zeichen werden als Block ver- und entschlüsselt.[82]

Bei der Variante 2 wird die Blockbildung in zwei verschiedenen Untervarianten 4./5. und 4'./5'. dargestellt.

Text:	R	S	A		w	o	r	k	s	!
Zahl:	82	83	65	32	119	111	114	107	115	33

4. Verschlüsselung:
Nun erfolgt die Blockbildung, indem je zwei ASCII-Zeichen als je 8-stellige Binärzahlen hintereinander geschrieben werden. Blockbildung:

Einzelzeichen	Binärdarstellung	Dezimaldarstellung
01010010, 82	01010010 0101001	21075
01010011, 83		
01000001, 65	01000001 0010000	16672
00100000, 32		
01110111, 119	01110111 0110111	30575
01101111, 111		
01110010, 114	01110010 0110101	29291
01101011, 107		
01110011, 115	01110011 0010000	29473
00100001, 33		

Insgesamt dann:[83]

```
21075 16672 30575 29291 29473
```

Verschlüsselung pro Block per: $C \equiv M^{65\,537} \pmod{256\,027}$:[84]
158721 137346 37358 240130 112898

5. Entschlüsselung:
Chiffrat:
158721 137346 37358 240130 112898

Entschlüsselung pro Block per: $M \equiv C^{231\,953} \pmod{256\,027}$:
21075 16672 30575 29291 29473

4'. Verschlüsselung:
Blockbildung (jeder Block besteht aus 2 ASCII-Zeichen, und die ASCII-Zeichen werden als zwei 3-stellige Dezimalzahl hintereinander geschrieben):
82083 65032 119111 114107 115033[85]

Verschlüsselung pro Block per: $C \equiv M^{65\,537} \pmod{256\,027}$:[86]

[82] Lösbar auch mit CTO im Plugin „RSA-visuell und mehr": `https://www.cryptool.org/de/cto/rsa-visual`. Die entsprechenden Einstellungen Alphabet (ASCII oder selbst-definiert), b-adisch oder Konkatenation, und Blocklänge sind gesetzt in Abb. 5.8 auf der nächsten Seite und 5.9.

[83] Per `CT1 Einzelverfahren ▷ RSA-Kryptosystem ▷ RSA-Demo` können Sie dies mit den folgenden Optionen lösen: alle 256 Zeichen, b-adisch, Blocklänge 2, dezimale Darstellung.

[84] In Abschnitt 5.20.5 RSA-Beispiele mit SageMath finden Sie den Quelltext zur RSA-Exponentiation mit SageMath.

[85] Die RSA-Verschlüsselung mit dem Modul $n = 256\,027$ ist bei dieser Einstellung korrekt, da die ASCII-Blöcke in Zahlen kleiner oder gleich 255 255 codiert werden.

[86] In Abschnitt 5.20.5, „RSA-Beispiele mit SageMath" finden Sie den Quelltext zur RSA-Exponentiation mit SageMath.

```
198967 051405 254571 115318 014251
```

5'. Entschlüsselung:
Chiffrat:

```
198967 051405 254571 115318 014251
```

Entschlüsselung pro Block per: $M \equiv C^{231\,953} \pmod{256\,027}$:

```
82083 65032 119111 114107 115033
```

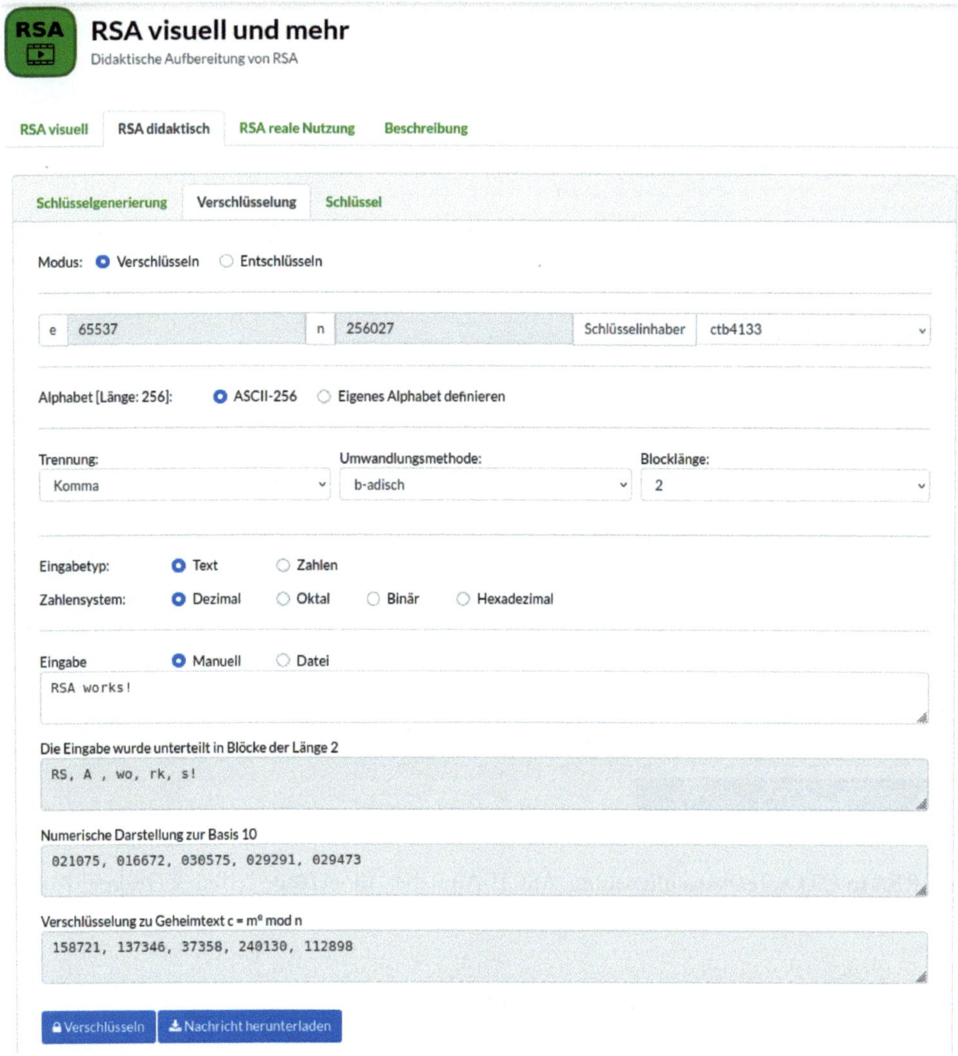

Abb. 5.8: RSA in CTO: Textverschlüsselung, ASCII-Alphabet, Blocklänge 2; Teil 1: b-adische Codierung

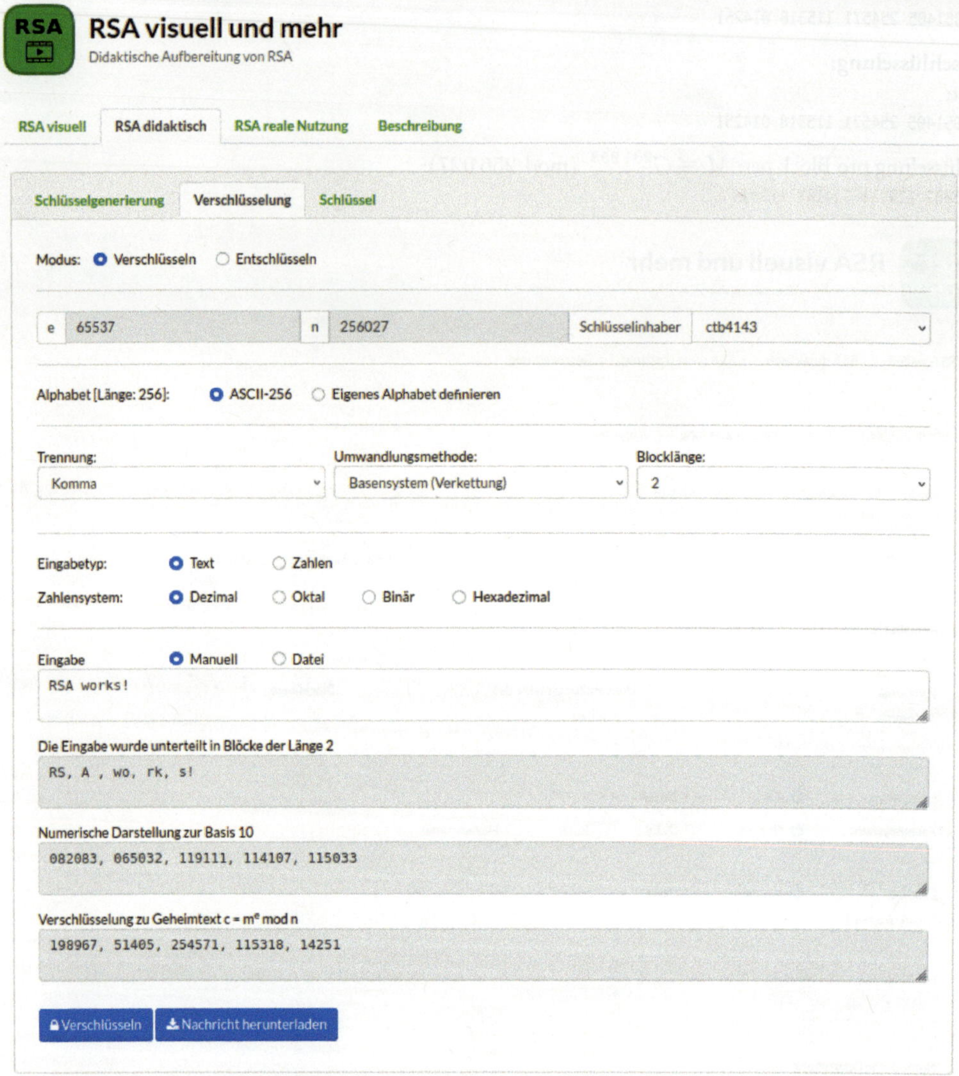

Abb. 5.9: RSA in CTO: Textverschlüsselung, ASCII-Alphabet, Blocklänge 2; Teil 2: Dezimal-Konkatenation

5.14.4 Eine kleine RSA-Cipher-Challenge (1)

Die folgende Textbook-RSA-Aufgabe[87] stammt aus [12, Exercise 4.6] – eigentlich sind es zwei Aufgaben: Douglas Stinson hat dazu eine Lösung veröffentlicht.[88] Es geht aber nicht nur um das Ergebnis, sondern vor allem um die Einzelschritte der Lösung, also um die Darlegung der Kryptoanalyse.[89]

Hier die Aufgabe im Originaltext – die zwei RSA-Beispiel-Geheimtexte stehen in den Tabellen 5.15 und 5.16 auf der

[87] Textbook-RSA lässt sich auch mit `openssl` simulieren: Siehe Abschnitt A.8.9 auf Seite 832.

[88] Diese Lösung scheint es vor einigen Jahren noch frei im Netz gegeben zu haben. Mittlerweile ist sie offenbar nur noch auf Webseiten erhältlich, die einen Download erst nach Erstellen eines Benutzerkontos gestattet. Wir konnten zudem einige Lösungsfragmente zu verschiedenen Aufgaben aus [12] auf Github, Reddit etc. finden, diese wollen wir hier aber nicht verlinken, da wir sie nicht auf Korrektheit überprüfen und zudem sind solche Links oft nur kurzlebig.

[89] Im Szenario der Online-Hilfe zu CT1 und in der CT1-Präsentation auf der CT-Webseite wird der Lösungsweg skizziert.

nächsten Seite und auf Seite 341.

> Your task is to decrypt them. The public parameters of the systems are
> $n = 18\,923$ and $e = 1261$ (for Table 5.15) and
> $n = 31\,313$ and $e = 4913$ (for Table 5.16).
> The cryptanalysis can be accomplished as follows. First, factor n (which is easy because it is so small). Then compute the exponent d from $\phi(n)$, and, finally, decrypt the ciphertext. Use the square-and-multiply algorithm to exponentiate modulo n.
> In order to translate the plaintext back into ordinary English text, you need to know how alphabetic characters are „encoded" as elements in $\mathbb{Z}_n$. Each element of $\mathbb{Z}_n$ represents three alphabetic characters as in the following examples (with $A = 0$):
>
> `DOG` $\mapsto$ $3 \cdot 26^2 + 14 \cdot 26 + 6 = 2398$
>
> `CAT` $\mapsto$ $2 \cdot 26^2 + 0 \cdot 26 + 19 = 1371$
>
> `ZZZ` $\mapsto$ $25 \cdot 26^2 + 25 \cdot 26 + 25 = 17\,575.$
>
> You will have to invert this process as the final step in your program.
> The first plaintext was taken from „The Diary of Samuel Marchbanks" by Robertson Davies, 1947, and the second was taken from „Lake Wobegon Days" by Garrison Keillor, 1985.

5.14.5 Eine kleine RSA-Cipher-Challenge (2)

Die folgende Aufgabe ist eine korrigierte Textbook-RSA-Variante aus dem Buch von Song Yan [48, Example 3.3.7, S. 318]. Wie in Abschnitt 5.14.4 geht es nicht nur um das Ergebnis, sondern um die Einzelschritte der Lösung.[90]

Man kann sich drei völlig unterschiedlich schwierige Aufgaben vorstellen: Gegeben ist jeweils der Geheimtext und der öffentliche Schlüssel (e, n):

- Known-Plaintext-Angriff: finde den geheimen Schlüssel d unter Benutzung der zusätzlich bekannten Ursprungsnachricht.
- Ciphertext-only-Angriff: finde d und die Klartextnachricht.
- RSA-Modul knacken, d. h. faktorisieren[91] (ohne Kenntnis der Nachrichten).

$n = 63\,978\,486\,879\,527\,143\,858\,831\,415\,041, \; e = 17579$

Klartextnachricht[92]:
```
1401202118011200,
1421130205181900,
0118050013010405,
0002250007150400
```

Geheimtext:
```
45411667895024938209259253423,
16597091621432020076311552201,
46468979279750354732637631044,
32870167545903741339819671379
```

Bemerkung:
Die ursprüngliche Nachricht bestand aus einem Satz mit 31 Zeichen (codiert mit dem Großbuchstabenalphabet aus Abschnitt 5.14.2). Dann wurden je 16 Dezimalziffern zu einer Zahl zusammengefasst (die letzte Zahl wurde mit Nullen aufgefüllt). Diese Zahlen wurden mit e potenziert.

---

[90] Im Szenario der Online-Hilfe zu CT1 und in der CrypTool-1-Präsentation (siehe `https://www.cryptool.org/media/presentations/cryptool1-presentation-german.pdf`, Seite 52-57) werden der Lösungsweg skizziert.

[91] Hier ergibt die Zerlegung: $n = 63\,978\,486\,879\,527\,143\,858\,831\,415\,041 = 145\,295\,143\,558\,111 \cdot 440\,334\,654\,777\,631$.

[92] Die Zahlen dieser Tabelle befinden sich auch in der CT1-Online-Hilfe CT1 im Kapitel *Szenario für die RSA-Demonstration.*

12423	11524	7243	7459	14303	6127	10964	16399
9792	13629	14407	18817	18830	13556	3159	16647
5300	13951	81	8986	8007	13167	10022	17213
2264	961	17459	4101	2999	14569	17183	15827
12693	9553	18194	3830	2664	13998	12501	18873
12161	13071	16900	7233	8270	17086	9792	14266
13236	5300	13951	8850	12129	6091	18110	3332
15061	12347	7817	7946	11675	13924	13892	18031
2620	6276	8500	201	8850	11178	16477	10161
3533	13842	7537	12259	18110	44	2364	15570
3460	9886	8687	4481	11231	7547	11383	17910
12867	13203	5102	4742	5053	15407	2976	9330
12192	56	2471	15334	841	13995	17592	13297
2430	9741	11675	424	6686	738	13874	8168
7913	6246	14301	1144	9056	15967	7328	13203
796	195	9872	16979	15404	14130	9105	2001
9792	14251	1498	11296	1105	4502	16979	1105
56	4118	11302	5988	3363	15827	6928	4191
4277	10617	874	13211	11821	3090	18110	44
2364	15570	3460	9886	9988	3798	1158	9872
16979	15404	6127	9872	3652	14838	7437	2540
1367	2512	14407	5053	1521	297	10935	17137
2186	9433	13293	7555	13618	13000	6490	5310
18676	4782	11374	446	4165	11634	3846	14611
2364	6789	11634	4493	4063	4576	17955	7965
11748	14616	11453	17666	925	56	4118	18031
9522	14838	7437	3880	11476	8305	5102	2999
18628	14326	9175	9061	650	18110	8720	15404
2951	722	15334	841	15610	2443	11056	2186

Tab. 5.15: RSA-Geheimtext (Stinson / Davies)

Beim Entschlüsseln ist darauf zu achten, dass die berechneten Zahlen vorne mit Nullen aufzufüllen sind, um den Klartext zu erhalten. Wir betonen das, weil in der Implementierung und Standardisierung die Art des Padding sehr wichtig ist für interoperable Algorithmen.

5.15 Anhang: Der größte gemeinsame Teiler (ggT) von ganzen Zahlen und die beiden Algorithmen von Euklid[93]

Der größte gemeinsame Teiler zweier natürlicher Zahlen a und b ist eine wichtige Größe, die sehr schnell berechnet werden kann. Wenn eine Zahl c die Zahlen a und b teilt (d. h. es gibt ein a' und ein b', so dass $a = a' \cdot c$ und $b = b' \cdot c$),

[93]- Mit dem Zahlentheorie-Lernprogramm **ZT** können Sie sehen,
a) wie Euklids Algorithmus den ggT berechnet (Lern-Kapitel 1.3, Seiten 14-19/21) und
b) wie Euklids erweiterter Algorithmus das multiplikative Inverse findet (Lern-Kapitel 2.2, Seite 13/40).
ZT können Sie aufrufen via `CT1 Einzelverfahren ▷ Zahlentheorie interaktiv ▷ Lernprogramm für Zahlentheorie`. Siehe auch Anhang A.6.
- In `CT2 Kryptotutorien ▷ Die Welt der Primzahlen ▷ Zahlentheorie ▷ Zahlentheoretische Funktionen` stehen die ff. Verfahren zur Verfügung: *Erweiterter euklidischer Algorithmus* und *Modulare multiplikative Inverse*.
- Siehe auch `JCT Standard-Perspektive ▷ Visualisierungen ▷ Erweiterter Euklid / Wechselwegnahme`.

6340	8309	14010	8936	27358	25023	16481	25809
23614	7135	24996	30590	27570	26486	30388	9395
27584	14999	4517	12146	29421	26439	1606	17881
25774	7647	23901	7372	25774	18436	12056	13547
7908	8635	2149	1908	22076	7372	8686	1304
4082	11803	5314	107	7359	22470	7372	22827
15698	30317	4685	14696	30388	8671	29956	15705
1417	26905	25809	28347	26277	7897	20240	21519
12437	1108	27106	18743	24144	10685	25234	30155
23005	8267	9917	7994	9694	2149	10042	27705
15930	29748	8635	23645	11738	24591	20240	27212
27486	9741	2149	29329	2149	5501	14015	30155
18154	22319	27705	20321	23254	13624	3249	5443
2149	16975	16087	14600	27705	19386	7325	26277
19554	23614	7553	4734	8091	23973	14015	107
3183	17347	25234	4595	21498	6360	19837	8463
6000	31280	29413	2066	369	23204	8425	7792
25973	4477	30989					

Tab. 5.16: RSA-Geheimtext (Stinson / Keillor)

dann teilt c auch den Rest r der Division von a durch b. Wir schreiben in aller Kürze: Aus c teilt a und b folgt: c teilt $r = a - \lfloor a/b \rfloor \cdot b$.[94]

Weil die obige Aussage für alle gemeinsamen Teiler c von a und b gilt, folgt für den größten gemeinsamen Teiler von a und b (ggT(a, b)) die Aussage

$$\mathrm{ggT}(a, b) = \mathrm{ggT}(a - \lfloor a/b \rfloor \cdot b, b)$$

Mit dieser Erkenntnis lässt sich der Algorithmus zum Berechnen des ggT zweier Zahlen wie folgt (in Pseudocode) beschreiben:

```
INPUT: a,b != 0
1. if ( a < b ) then  x = a; a = b; b = x; // Vertausche a und b (dass a > b)
2. a = a - int(a/b) * b        // a wird kleiner b, der ggT(a, b)
                               // bleibt unverändert
3. if ( a != 0 ) then goto 1.  // nach jedem Schritt fällt a, und
                               // der Algorithmus endet, wenn a == 0.
OUTPUT "ggT(a,b) = " b         // b ist der ggT vom ursprünglichen a und b
```

Aus dem ggT lassen sich aber noch weitere Zusammenhänge bestimmen: Dazu betrachtet man für a und b das Gleichungssystem:

$$\begin{aligned} a &= 1 \cdot a + 0 \cdot b \\ b &= 0 \cdot a + 1 \cdot b \end{aligned}$$

bzw. in Matrix-Schreibweise:

$$\begin{pmatrix} a \\ b \end{pmatrix} = \begin{pmatrix} 1 & 0 \\ 0 & 1 \end{pmatrix} \cdot \begin{pmatrix} a \\ b \end{pmatrix}$$

[94]Die untere Gaußklammer $\lfloor x \rfloor$ der reellwertigen Zahl x ist definiert als: die größte ganze Zahl kleiner oder gleich x. Vergleiche Fußnote 98 auf Seite 346.

Wir fassen diese Informationen in der erweiterten Matrix

$$\begin{pmatrix} a & | & 1 & 0 \\ b & | & 0 & 1 \end{pmatrix}$$

zusammen. Wendet man den ggT-Algorithmus auf diese Matrix an, so erhält man den *erweiterten Euklidschen Algorithmus*, mit dem die multiplikative Inverse bestimmt wird.[95]

INPUT: $a, b \neq 0$

0. $x_{1,1} := 1, x_{1,2} := 0, x_{2,1} := 0, x_{2,2} := 1$

1. $$\begin{pmatrix} a & | & x_{1,1} & x_{1,2} \\ b & | & x_{2,1} & x_{2,2} \end{pmatrix} := \begin{pmatrix} 0 & 1 \\ 1 & -\lfloor a/b \rfloor \cdot b \end{pmatrix} \cdot \begin{pmatrix} a & | & x_{1,1} & x_{1,2} \\ b & | & x_{2,1} & x_{2,2} \end{pmatrix}$$

2. `if (b != 0) then goto 1`

OUTPUT: "ggT(a,b) = a*x +b*y$:", "ggT(a,b) = " b, "x = " $x_{2,1}$, "y = " $x_{2,2}$

Da dieser Algorithmus nur lineare Transformationen durchführt, gelten immer die Gleichungen

$$\begin{aligned} a &= x_{1,1} \cdot a + x_{1,2} \cdot b \\ b &= x_{2,1} \cdot a + x_{2,2} \cdot b \end{aligned}$$

Am Ende liefert der Algorithmus[96] die erweiterte ggT-Gleichung:

$$gcd(a, b) = a \cdot x_{2,1} + b \cdot x_{2,2}$$

Beispiel:
Mit dem erweiterten ggT lässt sich für $e = 37$ die modulo 3588 multiplikativ inverse Zahl d bestimmen (d.h. $37 \cdot d \equiv 1(\text{mod} 3588)$):

0. $$\begin{pmatrix} 3588 & | & 1 & 0 \\ 37 & | & 0 & 1 \end{pmatrix}$$

1. $$\begin{pmatrix} 37 & | & 1 & 0 \\ 36 & | & 0 & -96 \end{pmatrix} = \begin{pmatrix} 0 & 1 \\ 1 & -(\lfloor 3588/36 \rfloor = 96) \cdot 37 \end{pmatrix} \cdot \begin{pmatrix} 3588 & | & 1 & 0 \\ 37 & | & 0 & 1 \end{pmatrix}$$

2. $$\begin{pmatrix} 36 & | & 1 & -96 \\ 1 & | & -1 & 97 \end{pmatrix} = \begin{pmatrix} 0 & 1 \\ 1 & -(\lfloor 37/36 \rfloor = 1) \cdot 36 \end{pmatrix} \cdot \begin{pmatrix} 37 & | & 1 & 0 \\ 36 & | & 0 & -96 \end{pmatrix}$$

3. $$\begin{pmatrix} \mathbf{1} & | & \mathbf{-1} & \mathbf{97} \\ 0 & | & 37 & -3588 \end{pmatrix} = \begin{pmatrix} 0 & 1 \\ 1 & -(\lfloor 36/1 \rfloor = 36) \cdot 1 \end{pmatrix} \cdot \begin{pmatrix} 36 & | & 1 & -96 \\ 1 & | & -1 & 97 \end{pmatrix}$$

OUTPUT:
ggT(37, 3588) $= a \cdot x + b \cdot y$
ggT(37, 3588) = 1, $x = -1, y = 97$

Es folgt

[95] Einen eher intuitiven und generischen Gang vom einfachen zum erweiterten Euklidschen Algorithmus findet sich in der Artikelserie *RSA & Co. in der Schule: Moderne Kryptologie, alte Mathematik, raffinierte Protokolle*. Siehe NF Teil 2 [49].

[96] Wenn der ggT-Algorithmus endet, steht in den Programmvariablen a und b: $a = 0$ und $b = ggT(a, b)$. Bitte beachten Sie, dass die Programmvariablen zu den Zahlen a und b verschieden sind und ihre Gültigkeit nur im Rahmen des Algorithmus haben.

1. 37 und 3588 sind teilerfremd (37 ist invertierbar modulo 3588).
2. $37 \cdot 97 = (1 \cdot 3588) + 1$ mit anderen Worten $37 \cdot 97 \equiv 1 \pmod{3588}$ und damit ist die Zahl 97 multiplikativ invers zu 37 modulo 3588.

Abb. 5.10 zeigt die Ausführung in JCT.

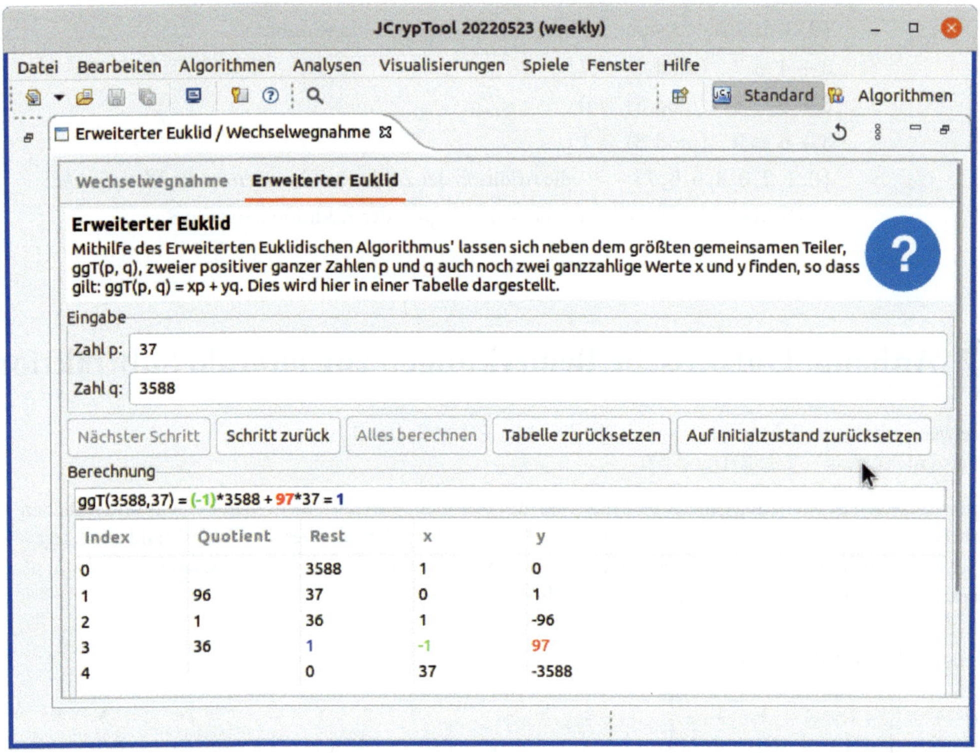

Abb. 5.10: Erweiterter Euklidischer Algorithmus in JCT (im Menü „Visualisierungen“)

5.16 Anhang: Abschlussbildung

Die Eigenschaft der Abgeschlossenheit innerhalb einer Menge wird immer bezüglich einer Operation definiert. Im Folgenden wird gezeigt, wie man für eine gegebene Ausgangsmenge G_0 die abgeschlossene Menge G_2 bezüglich der Operation $+ \pmod 8$ konstruiert:

$$
\begin{aligned}
G_0 &= \{2,3\} \text{ - - - die Addition der Zahlen in } G_0 \text{ erzeugt weitere Zahlen:}\\
&\quad 2+3 \equiv 5 \pmod 8 = 5\\
&\quad 2+2 \equiv 4 \pmod 8 = 4\\
&\quad 3+3 \equiv 6 \pmod 8 = 6\\
G_1 &= \{2,3,4,5,6\} \text{ - - - die Addition der Zahlen in } G_1 \text{ bestimmt:}\\
&\quad 3+4 \equiv 7 \pmod 8 = 7\\
&\quad 3+5 \equiv 8 \pmod 8 = 0\\
&\quad 3+6 \equiv 9 \pmod 8 = 1\\
G_2 &= \{0,1,2,3,4,5,6,7\} \text{ - - - die Addition der Zahlen in } G_2 \textit{ erweitert die Menge nicht.}\\
&\quad \text{- - - Man sagt: } G_2 \text{ ist abgeschlossen bezüglich der Addition } \mathit{modulo}\ 8.
\end{aligned}
$$

5.17 Anhang: Didaktische Bemerkungen zur modulo Subtraktion

Beispielweise gilt für die Subtraktion modulo 5: $2 - 4 = -2 \equiv 3 \pmod 5$.
Es gilt also **nicht**, dass: $-2 \equiv 2 \pmod 5$.

Dies gleichzusetzen ist ein häufig gemachter Fehler. Warum dies nicht gleich ist, kann man sich gut verdeutlichen, wenn man die Permutation $(0,1,2,3,4)$ aus $\mathbb{Z}_5$ von z. B. -11 bis $+11$ wiederholt über den Zahlenstrahl aus $\mathbb{Z}$ legt – wie in Abb. 5.11. Geht man dann auf der Zahlengerade der ganzen Zahlen von 3 um 5 nach links, landet man beim nächsten Element, das mod 5 zur gleichen Restklasse wie 3 gehört, und das ist -2.

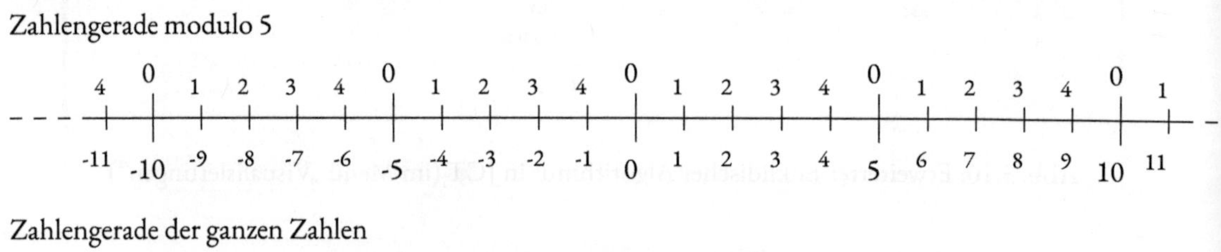

Abb. 5.11: Zahlengerade der ganzen Zahlen verglichen mit den Zahlen modulo 5

Immer wieder mal fragen einzelne Studenten, wie man mit negativen Ergebnisse (z. B. -1) umgeht. Beispielsweise rechnet man bei einer affinen Chiffre mit 26 verschiedenen Zeichen modulo 26. In $\mathbb{Z}_{26} = \{0,1,2,\cdots,25\}$ gilt $0 - 1 = -1 = 25 \pmod{26}$.

Die Modulo-Rechnung und welche Zahlen zur selben Restklasse gehören ist in Tabelle 5.17 auf der nächsten Seite anschaulich dargestellt: Man kann sehen, dass in derselben Spalte stehende Zahlen zur selben Restklasse gehören. Solche didaktisch geschickten Darstellungen helfen bestimmten Lerntypen mehr als Formeln.

So sieht man hier, dass folgende Zahlen kongruent sind: $51 \equiv 25 \equiv -1 \pmod{26}$. Kongruent sein bedeutet zur gleichen Restklasse gehören. Zwei Zahlen sind kongruent, wenn ihre Differenz vom Modulus geteilt wird. So sind $(25 - (-1)) = (51 - 25) = 26$ alle durch 26 teilbar.

-26	-25	...	-2	-1
0	1	...	24	25
26	27	...	50	51

Tab. 5.17: Schematische Darstellung, welche ganzen Zahlen modulo 26 zur gleichen Restklasse gehören

5.18 Anhang: Basisdarstellung und -umwandlung von Zahlen, Abschätzung der Ziffernlänge

Betrachtet man eine Zahl z, so stellt sich die Frage, wie man sie darstellt. Üblich sind die Schreibweisen $z = 2374$ oder $z = \sqrt{2}$. Die zweite Zahl kann nicht in der ersten Form dargestellt werden, da sie unendlich viele Stellen hat. Man umgeht das Problem durch die symbolische Schreibweise. Muss man solche Zahlen in der Ziffernschreibweise darstellen, bleibt nichts anderes übrig als die Zahl zu runden.

Wir haben uns an die Dezimalschreibweise (Zahlen zur Basis 10) gewöhnt. Computer rechnen intern mit Zahlen im Binärformat, die nur bei der Ausgabe in Dezimalschreibweise oder auch manchmal in Hexadezimalschreibweise (Basis 16) dargestellt werden.

Dieser Anhang beschreibt, wie man die Basisdarstellung einer natürlichen Zahl umrechnet in die Darstellung derselben Zahl mit einer anderen Basis, und wie man mithilfe der Logarithmusfunktion die Ziffernlänge jeder natürlichen Zahl zu einer beliebigen Basis abschätzen kann.

b-adische Summendarstellung von natürlichen Zahlen

Zur *Basis b* kann man jede natürliche Zahl z darstellen als eine *b-adische Summe von Zahlen.*

$$z = a_n b^n + a_{n-1} b^{n-1} + \cdots + a_1 b + a_0,$$

wobei die natürlichen Zahlen $a_i,\ i = 0, \ldots, n$ aus dem Wertebereich $0, 1, 2, \ldots, b-1$ gewählt sind. Wir nennen diese Zahlen a_i *Ziffern.*

Für diese spezielle Summe gilt:
1) Für beliebige Ziffern $a_0, a_1, \ldots, a_n$ gilt: $b^{n+1} > a_n b^n + a_{n-1} b^{n-1} + \cdots + a_1 b + a_0$.
2) Es gibt auch Ziffern $a_0, a_1, \ldots, a_n$ (nämlich $a_i = b - 1$ für $i = 0, \ldots, n$), so dass $b^{n+1} - 1 \leq a_n b^n + a_{n-1} b^{n-1} + \cdots + a_1 b + a_0$.
(Mit diesen Ungleichungen lässt sich leicht zeigen, dass sich jede natürliche Zahl als b-adische Summe darstellen lässt).

Wenn man diese Ziffern $a_n a_{n-1} \cdots a_1 a_0$ direkt hintereinander schreibt und die Gewichte b^i weglässt, so erhält man die gewohnte Schreibweise für Zahlen.

Beispiel:
Basis $b = 10$: `10278` $= 1 \cdot 10^4 + 0 \cdot 10^3 + 2 \cdot 10^2 + 7 \cdot 10^1 + 8$
Basis $b = 16$: `FE70A` $= 15 \cdot 16^4 + 14 \cdot 16^3 + 7 \cdot 16^2 + 0 \cdot 16^1 + 10$.

Länge der Zifferndarstellung

Für eine natürliche Zahl z kann die Länge der Zahl in b-adischer Darstellung wie folgt bestimmt werden. Dazu geht man von der Abschätzung $b^{n+1} > z \geq b^n$ aus, wobei $n + 1$ die gesuchte Stellenzahl ist. Nach dem Logarithmieren zur Basis b[97] bestimmt man die Ungleichung $n+1 > log_b z \geq n$. Es folgt, dass $n = \lfloor \log_b z \rfloor$.[98] Man bezeichnet mit $l_b(z)$ die Zahl der benötigten Ziffern zur Darstellung der Zahl z in b-adischer Schreibweise. Es gilt die Gleichung

$$l_b(z) := \lfloor \log_b z \rfloor + 1$$

Beispiel 1 (dezimal→hex):
Für die Zahl $z = 234$ in Dezimalschreibweise (EA in hex) bestimmt man die Länge in Hexadezimalschreibweise durch

$$l_{16}(z) = \lfloor \log_{16}(z) \rfloor + 1 = \lfloor \ln(z)/\ln(16) \rfloor + 1 = \lfloor 1,96\ldots \rfloor + 1 = 1 + 1 = 2.$$

Beispiel 2 (dezimal→binär):
Für die Zahl $z = 234$ in Dezimalschreibweise (11101010 in binär) bestimmt man die Länge in Binärschreibweise durch

$$l_2(z) = \lfloor \log_2(z) \rfloor + 1 = \lfloor \ln(z)/\ln(2) \rfloor + 1 = \lfloor 7,87\ldots \rfloor + 1 = 7 + 1 = 8.$$

Beispiel 3 (binär→dezimal):
Für die Zahl $z = 11101010$ in Binärschreibweise (234 dezimal) bestimmt man die Länge in Dezimalschreibweise durch

$$l_{10}(z) = \lfloor \log_{10}(z) \rfloor + 1 = \lfloor \ln(z)/\ln(10) \rfloor + 1 = \lfloor 2,36\ldots \rfloor + 1 = 2 + 1 = 3.$$

Algorithmus zur Basisdarstellung von Zahlen

Ausgehend von der Zahl z bestimmt man die Zahlendarstellung zur Basis b durch den folgenden Algorithmus:

input: z, b
$n := 0, z' := z$
while $z' > 0$ **do**
  $a_n := z' \pmod{b}$,
  $z' := \lfloor z'/b \rfloor$
  $n := n + 1$
end do
output: $a_n a_{n-1} \cdots a_1 a_0$ Zahlendarstellung zur Basis b.

Beispiel 4 (dezimal→hex):
Die Zahl $z = 234$ in Dezimalschreibweise wird umgewandelt in Hexadezimalschreibweise:
$a_0 = 234 \pmod{16} = 10 = A$; $234/16 = 14 = E$, $a_1 = 14 \pmod{16} = E$.
Damit ergibt sich EA.

Beispiel 5 (binär→dezimal):
Die Binärzahl $z = 1000100101110101$ wird in die Dezimaldarstellung durch die folgenden Berechnungen umgewandelt:

$1000100101110101 = 1001 \,(\text{mod}\, 1010) \Longrightarrow a_0 = 9,\quad 1000100101110101/1010 = 110110111110$
$110110111110 = 1000 \,(\text{mod}\, 1010) \Longrightarrow a_1 = 8, 110110111110/1010 = 101011111$
$101011111 = 1 \,(\text{mod}\, 1010) \Longrightarrow a_2 = 1, 10101111/1010 = 100011$
$100011 = 101 \,(\text{mod}\, 1010) \Longrightarrow a_3 = 5, 100011/1010 = 1$
$11 = 11 \,(\text{mod}\, 1010) \Longrightarrow a_4 = 3$
Damit ergibt sich $z = 35189$.

[97] Nach den Logarithmengesetzen gilt für die Basen b und b' die Gleichung $\log_b z = \log_{b'} z/\log_{b'}(b)$. Es ist also einfach, ausgehend von Logarithmentafeln für z. B. die Basis $b' = 10$ den Logarithmus zur Basis $b = 2$ zu berechnen.

[98] Die Funktion $\lfloor x \rfloor$ bestimmt die nächste ganze Zahl kleiner x (wenn $x \geq 0$, dann werden die Nachkommastellen der Zahl einfach abgeschnitten). Man sagt auch *untere Gaußklammer von x*.
Vergleiche Fußnote 94 auf Seite 341.

SageMath-Beispiel 5.18.1 enthält Code zu den Beispielen zur Ziffernlänge und zur Umwandlung der Repräsentation zwischen verschiedenen Basen. Sage-Ganzzahlen können als Dezimal-, Oktal-, Hexadezimal- oder Binärzahl eingelesen werden: `Integer()` bzw. `ZZ()` interpretieren Strings, die mit „0o" beginnen, als Oktalzahlen, Strings, die mit „0x" beginnen, als Hexadezimalzahlen und Strings, die mit „0b" beginnen, als Binärzahlen. Man kann `Integer()` bzw. `ZZ()` auch weglassen, wenn man eine Zahl auf der Sage-Kommandozeile eingibt, da die Interpretation als Sage-Integer der Default ist.

SageMath-Beispiel 5.18.1: Länge der Zifferndarstellung einer positiven ganzen Zahl und Konvertierung zwischen verschiedenen Basen

```
# Length of decimal number
z=234; z.ndigits()
3

# Sample 1 -- Length of hex: decimal --> hex
sage: z.ndigits(16)
2

# Sample 2 -- Length of binary: decimal --> binary
sage: z.ndigits(2)  # Alternative: 234.nbits()
8

# Sample 3 -- Length of decimal: binary --> decimal
sage: z=Integer('0b11101010'); z; z.ndigits()
234
3

# Enter a number of a given base as Sage integer
sage: Integer('0x12')
18
sage: Integer('-0o12')
-10
sage: Integer('+0b101010')
42

# Output a Sage integer as number of a required base
sage: Integer(2^10).str(2)
'10000000000'
sage: print(Integer(800).oct())
1440

# Sample 4 -- show representation of hex: decimal --> hex
sage: print(Integer(234).hex())
ea

# Sample 5 -- show representation of decimal: binary --> decimal
# a) via a conversion using Python int() and str()
sage: z=1000100101110101; z
1000100101110101
sage: type(z)
<class 'sage.rings.integer.Integer'>
sage: int(str(z), base=2)
35189
# b) more directly using Sage integer
# sage: z=ZZ('0b1000100101110101'); z
sage: z=0b1000100101110101; z
35189

sage: s = '12d'; zx=ZZ('0x'+s); zx; print(Integer(zx).hex())
301
12d

sage: a = ZZ(1898661367193084620182711592424371685 32); a.binary(); print(a.binary())
# '1000111011010110111000110100 01 ... 1010000000001101100 10100'
# 1000111011010110111000110100 01 ... 1010000000001101100 10100
```

5.19 Anhang: Interaktive Präsentation zur RSA-Chiffre

Die folgende Präsentation (letzte Änderung Nov. 2010) zeigt in interaktiver Form die Grundlagen und Funktionsweisen der RSA-Chiffre.

Folgende beiden Varianten der Präsentation sind verfügbar – wir listen die dritte Variante nicht mehr auf, da Flash in modernen Browsern nicht mehr unterstützt wird:

- Powerpoint 2007 (dynamisch, animiert)[99]
- PDF (statisch, keine Interaktion)[100]

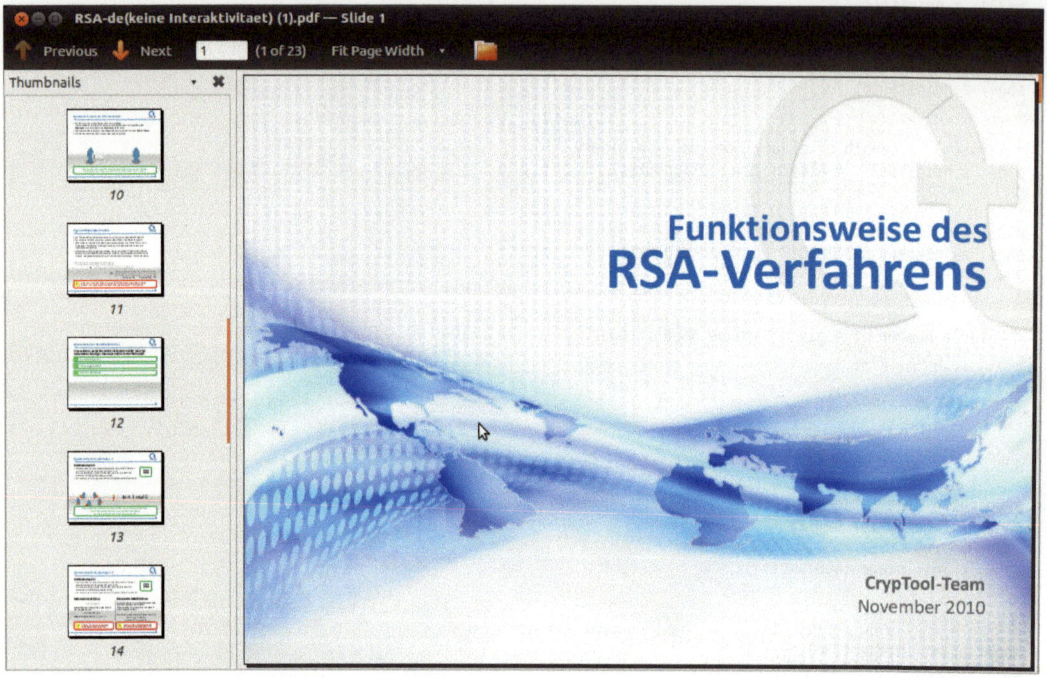

Abb. 5.12: Screenshot RSA-Präsentation (PDF)

> *Nie würde sie ihren Eltern ...von dieser ganzen Welt erzählen können. Nicht von ihrer Arbeit, die im Knacken von Codes bestand. Nicht vom Fiasko der Daemon-Taskforce ...Nicht von den schattenhaften Marionetten, die die Regierung nach ihrer Pfeife tanzen ließen.*
>
> Zitat 15: Daniel Suarez[101]

[99] `https://www.cryptool.org/media/presentations/rsa-with-animations-german.pptx`

[100] `https://www.cryptool.org/media/presentations/rsa-presentation-german.pdf`

[101] Daniel Suarez, *Darknet*, rororo, (c) 2011, Kapitel 19, *Scheideweg*, S. 229, Philips.

5.20 Anhang: Beispiele mit SageMath

In diesem Anhang finden Sie SageMath-Quellcode, mit dem Sie die Tabellen und Beispiele dieses Kapitel 5 (Einführung in die elementare Zahlentheorie mit Beispielen) berechnen können.

Außerdem empfehlen wir den kurzen Artikel von Nguyen, der didaktisch sehr klar einige Grundlagen der Zahlentheorie und die Benutzung von SageMath behandelt [50].

5.20.1 Additions- und Multiplikationstabellen modulo m

Das SageMath-Beispiel 5.20.1 berechnet die Additions- und Multiplikationstabellen 5.1, 5.2 und 5.3 (von Seite 283). Die Berechnung wird einmal mit selbst geschrienem Code durchgeführt, und einmal werden fertige Funktionen aus SageMath benutzt.

SageMath-Beispiel 5.20.1: Erzeugung von kleinen Additions- und Multiplikationstabellen mit SageMath

```
print("\n# CHAP05 -- Sage-Script-SAMPLE 025: =========")

# Create tables with own code ....................................
m = 5; print("Addition table mod %d" % m)
for i in range(0,m):
  print( [mod(i+j, m) for j in range(0,m)] )

m = 5; print("Multiplication table mod %d" % m)
for i in range(1,m):
  print( [mod(i*j, m) for j in range(1,m)] )

m = 6; print("Multiplication table mod %d" % m)
for i in range(1,m):
  print( [mod(i*j, m) for j in range(1,m)] )

# Create tables with predefined Sage functions for magmas ...................................
# https://doc.sagemath.org/html/en/reference/categories/sage/categories/magmas.html#sage.categories.magmas.▶
  ▶Magmas.ParentMethods.multiplication_table
m = 5; R=Zmod(m)
T = R.addition_table(names='digits'); print("\n", T, sep='') # same result with (names='digits')

m = 5; R=Zmod(m)
T = R.multiplication_table(names='digits'); print(T)
# print( latex(T) ) # get the code for LaTeX to print the according table

m = 5; R=Zmod(m); elem = [str(i) for i in range(1,m)] #; print("elem: ", elem)
T = R.multiplication_table(names='elements', elements=elem); print(T) # =elem instead of elements=('1','2','3▶
  ▶','4')
# print(T.column_keys(), "\n") #  (1, 2, 3, 4)

m = 6; R=Zmod(m) # m = 15
T = R.multiplication_table(names='digits'); print(T)
# print(T.column_keys(), "\n") # (0, 1, 2, 3, 4, 5)

#------------------------------------
# CHAP05 -- Sage-Script-SAMPLE 025: =========
# Addition table mod 5
# [0, 1, 2, 3, 4]
# [1, 2, 3, 4, 0]
# [2, 3, 4, 0, 1]
# [3, 4, 0, 1, 2]
# [4, 0, 1, 2, 3]
# Multiplication table mod 5
# [1, 2, 3, 4]
# [2, 4, 1, 3]
# [3, 1, 4, 2]
# [4, 3, 2, 1]
# Multiplication table mod 6
# [1, 2, 3, 4, 5]
```

Fortsetzung SageMath-Beispiel 5.20.1

```
# [2, 4, 0, 2, 4]
# [3, 0, 3, 0, 3]
# [4, 2, 0, 4, 2]
# [5, 4, 3, 2, 1]
#
# +  0 1 2 3 4
#  +----------
# 0| 0 1 2 3 4
# 1| 1 2 3 4 0
# 2| 2 3 4 0 1
# 3| 3 4 0 1 2
# 4| 4 0 1 2 3
#
# *  0 1 2 3 4
#  +----------
# 0| 0 0 0 0 0
# 1| 0 1 2 3 4
# 2| 0 2 4 1 3
# 3| 0 3 1 4 2
# 4| 0 4 3 2 1
#
# * 1 2 3 4
#  +--------
# 1| 1 2 3 4
# 2| 2 4 1 3
# 3| 3 1 4 2
# 4| 4 3 2 1
#
# *  0 1 2 3 4 5
#  +------------
# 0| 0 0 0 0 0 0
# 1| 0 1 2 3 4 5
# 2| 0 2 4 0 2 4
# 3| 0 3 0 3 0 3
# 4| 0 4 2 0 4 2
# 5| 0 5 4 3 2 1
```

Das SageMath-Beispiel 5.20.2 berechnet die Multiplikationstabelle 5.4 (von Seite 285) für $a \cdot i \pmod{m}$, mit $m = 17$, $a = 5$ und $a = 6$, und i jeweils von 0 bis 16.

SageMath-Beispiel 5.20.2: Multiplikationstabelle $a \cdot i \pmod{m}$ mit $m = 17, a = 5$ und $a = 6$

```
print("\n# CHAP05 -- Sage-Script-SAMPLE 030: =========")

m = 17; a = 5
print( [mod(a * i, m) for i in range(m)] )
a = 6
print( [mod(a * i, m) for i in range(m)] )

#------------------------------------
# CHAP05 -- Sage-Script-SAMPLE 030: =========
# [0, 5, 10, 15, 3, 8, 13, 1, 6, 11, 16, 4, 9, 14, 2, 7, 12]
# [0, 6, 12, 1, 7, 13, 2, 8, 14, 3, 9, 15, 4, 10, 16, 5, 11]
```

Die Funktion `mod()` gibt das Objekt zurück, das die natürlichen Zahlen modulo m (in unserem Fall $m = 17$) repräsentiert.

Die weiteren Beispiele der Multiplikationstabelle modulo 13 (Tabelle 5.5) und modulo 12 (Tabelle 5.6) auf Seite 286 kann man auf dieselbe Weise bestimmen, wenn man im Quelltext jeweils `m = 17` durch den entsprechenden Zahlenwert (`m = 13` bzw. `m = 12`) ersetzt.

5.20.2 Schnelles Berechnen hoher Potenzen

Das schnelle Potenzieren modulo m kann mit der SageMath-Funktion `power_mod()` durchgeführt werden. Das Ergebnis dieser Funktion ist eine natürliche Zahl. Mit dem SageMath-Beispiel 5.20.3 können Sie die Idee der Square-and-Multiply-Methode nachvollziehen, wie sie im Beispiel in Abschnitt 5.6.4 auf Seite 288 dargestellt ist.

SageMath-Beispiel 5.20.3: Schnelles Berechnen hoher Potenzen $a^e \bmod m = 103$

```
print("\n# CHAP05 -- Sage-Script-SAMPLE 040: =========")

a = 87; m = 103
exp = [2, 4, 8, 16, 32, 43]
z = [power_mod(a, e, m) for e in exp]
print( type(z), "\n", z )

#------------------------------------
# CHAP05 -- Sage-Script-SAMPLE 040: =========
# <class 'list'>
#  [50, 28, 63, 55, 38, 85]
```

5.20.3 Multiplikative Ordnung

Die Ordnung $ord_m(a)$ einer Zahl a in der multiplikativen Gruppe Z_m^* ist die kleinste natürliche Zahl $i \geq 1$ für die gilt $a^i \equiv 1 \bmod m$ (siehe Abschnitt 5.9 „Multiplikative Ordnung und Primitivwurzel“).

Um die Tabelle 5.7 auf Seite 299 zu berechnen, werden alle Potenzen $a^i \pmod{11}$ wie im SageMath-Beispiel 5.20.4 ausgegeben.

SageMath-Beispiel 5.20.4: Tabelle mit allen Potenzen $a^i \pmod{m}$ für $m = 11, a, i = 1, \ldots, 10$

```
print("\n# CHAP05 -- Sage-Script-SAMPLE 050: =========")

m = 11
for a in range(1, m):
    print( [power_mod(a, i, m) for i in range(1, m)] )

# E: adding a last column with the order of each 'a' mod (11)
# D: die letzte Spalte um die Ordnung des jeweiligen 'a' mod (11) ergänzen
print() # add an empty line between the two tables

for a in range(1, m):
  lst = [power_mod(a, i, m) for i in range(1, m)]
  lst.append(multiplicative_order(mod(a,m)))

  for k in range(0,m-1): # some beautifier formatting
    print ("{:>4}".format(lst[k]), end = '')  # print first m-1 cells of current row
  print ("{:>6}".format(lst[m-1])) # print last cell of current row

#------------------------------------
# CHAP05 -- Sage-Script-SAMPLE 050: =========
# [1, 1, 1, 1, 1, 1, 1, 1, 1, 1]
# [2, 4, 8, 5, 10, 9, 7, 3, 6, 1]
# [3, 9, 5, 4, 1, 3, 9, 5, 4, 1]
# [4, 5, 9, 3, 1, 4, 5, 9, 3, 1]
# [5, 3, 4, 9, 1, 5, 3, 4, 9, 1]
# [6, 3, 7, 9, 10, 5, 8, 4, 2, 1]
# [7, 5, 2, 3, 10, 4, 6, 9, 8, 1]
# [8, 9, 6, 4, 10, 3, 2, 5, 7, 1]
# [9, 4, 3, 5, 1, 9, 4, 3, 5, 1]
# [10, 1, 10, 1, 10, 1, 10, 1, 10, 1]
#
#    1   1   1   1   1   1   1   1   1   1     1
#    2   4   8   5  10   9   7   3   6   1    10
```

Fortsetzung SageMath-Beispiel 5.20.4

```
#   3   9   5   4   1   3   9   5   4   1    5
#   4   5   9   3   1   4   5   9   3   1    5
#   5   3   4   9   1   5   3   4   9   1    5
#   6   3   7   9  10   5   8   4   2   1   10
#   7   5   2   3  10   4   6   9   8   1   10
#   8   9   6   4  10   3   2   5   7   1   10
#   9   4   3   5   1   9   4   3   5   1    5
#  10   1  10   1  10   1  10   1  10   1    2
```

Die Tabelle 5.8 auf Seite 300 enthält Beispiele für die Ordnung von a modulo 45 ($ord_{45}(a)$) und den Wert der Eulerfunktion ($\phi(45)$). Diese Tabelle kann man mit dem SageMath-Beispiel 5.20.5 erzeugen. In diesem Beispiel wird zusätzlich das Layout der Tabelle mit dem Befehl `table` gedruckt.

SageMath-Beispiel 5.20.5: Tabelle mit allen Potenzen $a^i \pmod{45}$ für $a, i = 1, \ldots, 12$ plus der Ordnung von a

```
print("\n# CHAP05 -- Sage-Script-SAMPLE 060: =========")

tbl = []
m = 45
noCols=m; noRows=m     # so whole table isprinted
noCols=13; noRows=13  # so smaller, more clear table isprinted

for a in range(1, noRows):
    lst = [power_mod(a, i, m) for i in range(1, noCols)]
    try:
        lst.append(multiplicative_order(mod(a, m)))
    except:
        lst.append("No mult. order")
    lst.append(euler_phi(m))
    # print(lst)
    tbl.append(lst)  # build up a table from the single rows (lst)

print(table(tbl, align='center'))  # print whole table

#------------------------------------
# CHAP05 -- Sage-Script-SAMPLE 060: =========
#  1    1    1    1    1    1    1    1    1    1    1    1          1          24
#  2    4    8    16   32   19   38   31   17   34   23   1          12         24
#  3    9    27   36   18   9    27   36   18   9    27   36   No mult. order   24
#  4    16   19   31   34   1    4    16   19   31   34   1          6          24
#  5    25   35   40   20   10   5    25   35   40   20   10   No mult. order   24
#  6    36   36   36   36   36   36   36   36   36   36   36   No mult. order   24
#  7    4    28   16   22   19   43   31   37   34   13   1          12         24
#  8    19   17   1    8    19   17   1    8    19   17   1          4          24
#  9    36   9    36   9    36   9    36   9    36   9    36   No mult. order   24
#  10   10   10   10   10   10   10   10   10   10   10   10   No mult. order   24
#  11   31   26   16   41   1    11   31   26   16   41   1          6          24
#  12   9    18   36   27   9    18   36   27   9    18   36   No mult. order   24
```

Die Ordnung $\text{ord}_m(a)$ kann nur berechnet werden, wenn a teilerfremd zu m ist. Das kann mit der Abfrage, ob `gcd(a,m)==1`, überprüft werden. Für unser Beispiel mit $m = 45 = 3^2 * 5$ sind die Werte $a = 3, 5, 6, 9, 10, 12, \ldots$ nicht relativ prim zu m und haben somit keine multiplikative Ordnung.

Programmierhinweis Im Codebeispiel 5.20.5 haben wir stattdessen die Berechnung der multiplikativen Ordnung in einem `try-except`-Block durchgeführt. Auf diese Weise kann SageMath jede Ausnahme und jeden Fehler abfangen, der von der Funktion `multiplicative_order()` geworfen wird. Wird eine Ausnahme oder ein Fehler im `try`-Block geworfen, wissen wir, dass $\text{ord}_m(a)$ für den gegebenen Wert von a nicht existiert. Daher wird dann im `except`-Block ans Ende der Zeile der String `"No mult. order"` angehängt (eine Zeile wird durch das Objekt `lst` repräsentiert).

Die Tabelle 5.9 auf Seite 301 enthält Beispiele für die Exponentiationen a^i mod 46 sowie die Ordnungen $ord_{46}(a)$. Diese Tabelle kann man mit dem SageMath-Beispiel 5.20.6 erzeugen.

SageMath-Beispiel 5.20.6: Tabelle mit allen Potenzen $a^i \pmod{46}$ für $a, i = 1, \ldots, 23$ plus der Ordnung von a

```
print("\n# CHAP05 -- Sage-Script-SAMPLE 070: =========")

m = 46
print( euler_phi(m) ); print()

for a in range(1, 24):
    lst = [power_mod(a, i, m) for i in range(1, 24)]
    try:
        lst.append(multiplicative_order(mod(a, m)))
    except:
        lst.append("None")  # No multiplicative order exists for this 'a'
    print(lst)

#------------------------------------
# CHAP05 -- Sage-Script-SAMPLE 070: =========
22

[1, 1, 1, 1, 1, 1, 1, 1, 1, 1, 1, 1, 1, 1, 1, 1, 1, 1, 1, 1, 1, 1, 1, 1]
[2, 4, 8, 16, 32, 18, 36, 26, 6, 12, 24, 2, 4, 8, 16, 32, 18, 36, 26, 6, 12, 24, 2, 'None']
[3, 9, 27, 35, 13, 39, 25, 29, 41, 31, 1, 3, 9, 27, 35, 13, 39, 25, 29, 41, 31, 1, 3, 11]
[4, 16, 18, 26, 12, 2, 8, 32, 36, 6, 24, 4, 16, 18, 26, 12, 2, 8, 32, 36, 6, 24, 4, 'None']
[5, 25, 33, 27, 43, 31, 17, 39, 11, 9, 45, 41, 21, 13, 19, 3, 15, 29, 7, 35, 37, 1, 5, 22]
[6, 36, 32, 8, 2, 12, 26, 18, 16, 4, 24, 6, 36, 32, 8, 2, 12, 26, 18, 16, 4, 24, 6, 'None']
[7, 3, 21, 9, 17, 27, 5, 35, 15, 13, 45, 39, 43, 25, 37, 29, 19, 41, 11, 31, 33, 1, 7, 22]
[8, 18, 6, 2, 16, 36, 12, 4, 32, 26, 24, 8, 18, 6, 2, 16, 36, 12, 4, 32, 26, 24, 8, 'None']
[9, 35, 39, 29, 31, 3, 27, 13, 25, 41, 1, 9, 35, 39, 29, 31, 3, 27, 13, 25, 41, 1, 9, 11]
[10, 8, 34, 18, 42, 6, 14, 2, 20, 16, 22, 36, 38, 12, 28, 4, 40, 32, 44, 26, 30, 24, 10, 'None']
[11, 29, 43, 13, 5, 9, 7, 31, 19, 25, 45, 35, 17, 3, 33, 41, 37, 39, 15, 27, 21, 1, 11, 22]
[12, 6, 26, 36, 18, 32, 16, 8, 4, 2, 24, 12, 6, 26, 36, 18, 32, 16, 8, 4, 2, 24, 12, 'None']
[13, 31, 35, 41, 27, 29, 9, 25, 3, 39, 1, 13, 31, 35, 41, 27, 29, 9, 25, 3, 39, 1, 13, 11]
[14, 12, 30, 6, 38, 26, 42, 36, 44, 18, 22, 32, 34, 16, 40, 8, 20, 4, 10, 2, 28, 24, 14, 'None']
[15, 41, 17, 25, 7, 13, 11, 27, 37, 3, 45, 31, 5, 29, 21, 39, 33, 35, 19, 9, 43, 1, 15, 22]
[16, 26, 2, 32, 6, 4, 18, 12, 8, 36, 24, 16, 26, 2, 32, 6, 4, 18, 12, 8, 36, 24, 16, 'None']
[17, 13, 37, 31, 21, 35, 43, 41, 7, 27, 45, 29, 33, 9, 15, 25, 11, 3, 5, 39, 19, 1, 17, 22]
[18, 2, 36, 4, 26, 8, 6, 16, 12, 32, 24, 18, 2, 36, 4, 26, 8, 6, 16, 12, 32, 24, 18, 'None']
[19, 39, 5, 3, 11, 25, 15, 9, 33, 29, 45, 27, 7, 41, 43, 35, 21, 31, 37, 13, 17, 1, 19, 22]
[20, 32, 42, 12, 10, 16, 44, 6, 28, 8, 22, 26, 14, 4, 34, 36, 30, 2, 40, 18, 38, 24, 20, 'None']
[21, 27, 15, 39, 37, 41, 33, 3, 17, 35, 45, 25, 19, 31, 7, 9, 5, 13, 43, 29, 11, 1, 21, 22]
[22, 24, 22, 24, 22, 24, 22, 24, 22, 24, 22, 24, 22, 24, 22, 24, 22, 24, 22, 24, 22, 24, 22, 'None']
[23, 23, 23, 23, 23, 23, 23, 23, 23, 23, 23, 23, 23, 23, 23, 23, 23, 23, 23, 23, 23, 23, 23, 'None']
```

Das SageMath-Beispiel 5.20.7 auf der nächsten Seite erzeugt die Tabellen 5.10 und 5.11 auf Seite 303, und gibt das Ergebnis auch gleich so aus, dass man es leicht in LaTeX weiter verarbeiten kann. Voraussetzung dafür ist, dass alle Inhalte vorher einem SageMath-Objekt (hier im Code der Matrix r) zugewiesen werden.[102]

[102] Anmerkungen zum SageMath-Beispiel 5.20.7 auf der nächsten Seite, insbesondere zu den SageMath-Indizes:

- `for x in range(2, 5)` liefert 2,3,4.
- `m = matrix(ZZ, 2, 5)` hat 2 Zeilen und 5 Spalten. Die Zellen haben die Bezeichner m(0,0) bis m(1,4).
- Alle Elemente der Matrix müssen numerisch sein, daher wird „0“ benutzt statt `None` (wie in den Tabellen zuvor).
- Die Ausgabe von Matrizen kann man in SageMath so steuern:
```
sage: from sage.matrix.matrix import set_max_cols, set_max_rows
sage: set_max_cols(100)
sage: set_max_rows(100)
```
- Die Zykluslänge in der letzten Spalte in den Tabellen 5.10 und 5.11 wurde noch von Hand ermittelt.

SageMath-Beispiel 5.20.7: Code zur Erzeugung von Tabellen mit allen Potenzen $a^i \pmod{m}$ für die Variablen a und i plus Ordnung von a und Eulerphi von m

```
print("\n# CHAP05 -- Sage-Script-SAMPLE 080: =========")

def power_mod_order_matrix(m, max_a, max_i):
    r = matrix(ZZ, max_a+1, max_i+3)
    for a in range(0, max_a+1):
        r[a, 0] = a
        for i in range(1, max_i+1):
            if a==0:
                r[a,i] = i
            else:
                r[a, i] = power_mod(a, i, m)
        try:
            r[a, max_i+1] = multiplicative_order(mod(a, m))
        except:
            r[a, max_i+1] = 0
        r[a, max_i+2] = euler_phi(m)
    return r

print("\n#1: m=45; max_i=13; max_a=13"); m=45; max_i=13; max_a=13
r = power_mod_order_matrix(m, max_a, max_i)
print(r); print( latex(r) )

print("\n#2: m=46; max_i=25; max_a=25"); m=46; max_i=25; max_a=25
r = power_mod_order_matrix(m, max_a, max_i)
print( r.str() ); print( latex(r) )

print("\n#3: m=14; max_i=13; max_a=16"); m=14; max_i=13; max_a=16
r = power_mod_order_matrix(m, max_a, max_i)
print(r); print( latex(r) )

print("\n#4: m=22; max_i=21; max_a=25"); m=22; max_i=21; max_a=25
r = power_mod_order_matrix(m, max_a, max_i)
print( r.str() ); print( latex(r) )

#------------------------------------
# CHAP05 -- Sage-Script-SAMPLE 080: =========
# ...
# 3: m=14; max_i=13; max_a=16
# [ 0  1  2  3  4  5  6  7  8  9 10 11 12 13  0  6]
# [ 1  1  1  1  1  1  1  1  1  1  1  1  1  1  1  6]
# [ 2  2  4  8  2  4  8  2  4  8  2  4  8  2  0  6]
# [ 3  3  9 13 11  5  1  3  9 13 11  5  1  3  6  6]
# ...
# \left(\begin{array}{rrrrrrrrrrrrrrrr}
# 0 & 1 & 2 & 3 & 4 & 5 & 6 & 7 & 8 & 9 & 10 & 11 & 12 & 13 & 0 & 6\\
# 1 & 1 & 1 & 1 & 1 & 1 & 1 & 1 & 1 & 1 & 1 & 1 & 1 & 1 & 1 & 6\\
# 2 & 2 & 4 & 8 & 2 & 4 & 8 & 2 & 4 & 8 & 2 & 4 & 8 & 2 & 0 & 6\\
# 3 & 3 & 9 & 13 & 11 & 5 & 1 & 3 & 9 & 13 & 11 & 5 & 1 & 3 & 6 & 6\\
# ...
```

5.20.4 Primitivwurzeln

Abschnitt 5.9, „Multiplikative Ordnung und Primitivwurzel“ beschrieb, was Primitivwurzeln sind und warum diese nützlich sind. Das Berechnen von Primitivwurzeln geht in SageMath sehr einfach: Sei `n` eine natürliche Zahl, dann erhält man mit dem Befehl `primitive_root(n)` *eine*[103] Primitivwurzel der multiplikativen Gruppe $\mathbb{Z}_n^*$, sofern eine Primitivwurzel existiert. Ist n prim, dann ist das äquivalent zum Berechnen einer Primitivwurzel in $\mathbb{Z}_n$.

(a) SageMath-Beispiel 5.20.8 auf der nächsten Seite

[103] Ist die betrachtete Zahl eine Primzahl, so liefert `primitive_root(n)` die kleinste Primitivwurzel. Für Nichtprimzahlen ist das nicht immer der Fall wie man bei $m = 10$ sieht, wenn man SageMath-Beispiel 5.20.8 auf der nächsten Seite und SageMath-Beispiel 5.20.9 auf der nächsten Seite vergleicht: Die Funktion gibt 7 statt 3 zurück.

Das Beispiel 5.20.8 berechnet die Primitivwurzeln einiger natürlicher Zahlen (zuerst von ein paar Nicht-Primzahlen, vgl. die Spezialfälle von Satz 5.8.7 in den Fußnoten), dann von den ersten 15 Primzahlen.

SageMath-Beispiel 5.20.8: Berechnen einer Primitivwurzel für eine gegebene Zahl

```
print("\n# CHAP05 -- Sage-Script-SAMPLE 090: =========")

print( " 4:", primitive_root(4) )
print( " 6:", primitive_root(6) )
print( " 9:", primitive_root(9) )  # Remark: 8 has no primitive root
print( "10:", primitive_root(10) )
print( "22:", primitive_root(22) )
for p in primes(1, 50):
    print( "%2d: %3d" % (p, primitive_root(p)) )

#------------------------------------
# CHAP05 -- Sage-Script-SAMPLE 090: =========
#  4: 3
#  6: 5
#  9: 2
# 10: 7
# 22: 13
#  2:   1
#  3:   2
#  5:   2
#  7:   3
# 11:   2
# 13:   2
# 17:   3
# 19:   2
# 23:   5
# 29:   2
# 31:   3
# 37:   2
# 41:   6
# 43:   3
# 47:   5
```

(b) SageMath-Beispiel 5.20.9

Ist p prim, dann hat $\mathbb{Z}_p$ mindestens eine Primitivwurzel. Aber auch für zusammengesetzte Zahlen gibt es Fälle, wo eine Primitivwurzel existiert, z. B. wenn n das Zweifache einer ungeraden Primzahlpotenz ist (siehe die Ausnahmen im Satz 5.8.7).

Will man für eine natürliche Zahl n im Falle der Existenz `alle` Primitivwurzeln aus $\mathbb{Z}_n^*$ berechnen, und nicht nur irgendeine einzige daraus, dann kann man das mit der selbstgeschriebenen Funktion `enum_PrimitiveRoots_of_an_Integer` im Beispiel 5.20.9 durchführen. Nach kleineren Testfällen werden in dem Beispiel alle Primitivwurzeln der Primzahl 541 aufgelistet.

SageMath-Beispiel 5.20.9: Funktion `enum_PrimitiveRoots_of_an_Integer` zur Berechnung aller Primitivwurzeln für eine gegebene Zahl

```
# CHAP05 -- Sage-Script-SAMPLE 100: =========
# This file can be used both as script and imported as library,
# so printing its name is moved to the __main__ part at the end.

def enum_PrimitiveRoots_of_an_Integer(M):
    """
    Return all the primitive roots of the integer M (if possible).
    """
    try:
        g = primitive_root(M)
    except:
        return None
    targetOrder = euler_phi(M)
```

Fortsetzung SageMath-Beispiel 5.20.9

```
    L=[]
    # Stepping through all odd integers from 1 up to M, not including
    # M. So this loop only considers values of i where 1 <= i < M.
    for i in range(1,M,2):
            testGen = Mod(g^i,M)
            if testGen.multiplicative_order() == targetOrder:
                L.append(testGen.lift())
    # removing duplicates
    return Set(L)


if __name__ == "__main__":
    print("\n# CHAP05 -- Sage-Script-SAMPLE 100: =========")

    # AA_Start -- Testcases for enum_PrimitiveRoots_of_an_Integer(M)
    print("AA_Start -- Testcases for enum_PrimitiveRoots_of_an_Integer(M)")

    M=5; print( "-----------Testcase 1: M = %s" % M )
    LL = enum_PrimitiveRoots_of_an_Integer(M)
    if LL==None: print("None")
    else:        print(LL)

    M=6; print( "-----------Testcase 2: M = %s" % M )
    LL = enum_PrimitiveRoots_of_an_Integer(M)
    if LL==None: print("None")
    else:        print(LL)

    M=7; print( "-----------Testcase 3: M = %s" % M )
    LL = enum_PrimitiveRoots_of_an_Integer(M)
    if LL==None: print("None")
    else:        print(LL)

    M=8; print( "-----------Testcase 4: M = %s" % M )
    # M=8 hat keine primitive root mod m. Checke, ob per try-except abgefangen.
    LL = enum_PrimitiveRoots_of_an_Integer(M)
    if LL==None: print("None")
    else:        print(LL)

    M=9; print( "-----------Testcase 5: M = %s" % M )
    LL = enum_PrimitiveRoots_of_an_Integer(M)
    if LL==None: print("None")
    else:        print(LL)

    M=10; print( "-----------Testcase 6: M = %s" % M )
    LL = enum_PrimitiveRoots_of_an_Integer(M)
    if LL==None: print("None")
    else:        print(LL)

    M=11; print( "-----------Testcase 7: M = %s" % M )
    LL = enum_PrimitiveRoots_of_an_Integer(M)
    if LL==None: print("None")
    else:        print(LL)

    M=12; print( "-----------Testcase 8: M = %s" % M )
    # M=12 hat keine primitive root mod m. Checke, ob per try-except abgefangen.
    LL = enum_PrimitiveRoots_of_an_Integer(M)
    if LL==None: print("None")
    else:        print(LL)

    M=17; print( "-----------Testcase 9: M = %s" % M )
    LL = enum_PrimitiveRoots_of_an_Integer(M)
    if LL==None: print("None")
    else:        print(LL)

    LL = enum_PrimitiveRoots_of_an_Integer(541)
    print("\nAll %d primitive roots of 541:\n" % len(LL), LL)

#------------------------------------
# CHAP05 -- Sage-Script-SAMPLE 100: =========
# AA_Start -- Testcases for enum_PrimitiveRoots_of_an_Integer(M)
# -----------Testcase 1: M = 5
# {2, 3}
# -----------Testcase 2: M = 6
# {5}
```

Fortsetzung SageMath-Beispiel 5.20.9

```
# -----------Testcase 3: M = 7
# {3, 5}
# -----------Testcase 4: M = 8
# None
# -----------Testcase 5: M = 9
# {2, 5}
# -----------Testcase 6: M = 10
# {3, 7}
# -----------Testcase 7: M = 11
# {8, 2, 6, 7}
# -----------Testcase 8: M = 12
# None
# -----------Testcase 9: M = 17
# {3, 5, 6, 7, 10, 11, 12, 14}
#
# All 144 primitive roots of 541:
# {2, 517, 10, 523, 13, 14, 527, 528, 18, 531, 24, 539, 30, 37, 40, 51,
# 54, 55, 59, 62, 65, 67, 68, 72, 73, 77, 83, 86, 87, 91, 94, 96, 98,
# 99, 107, 113, 114, 116, 117, 126, 127, 128, 131, 132, 138, 150, 152,
# 153, 156, 158, 163, 176, 181, 183, 184, 195, 197, 199, 206, 208,
# 210, 213, 218, 220, 223, 224, 244, 248, 250, 257, 258, 259, 260,
# 261, 263, 267, 269, 270, 271, 272, 274, 278, 280, 281, 282, 283,
# 284, 291, 293, 297, 317, 318, 321, 323, 328, 331, 333, 335, 342,
# 344, 346, 357, 358, 360, 365, 378, 383, 385, 388, 389, 391, 403,
# 409, 410, 413, 414, 415, 424, 425, 427, 428, 434, 442, 443, 445,
# 447, 450, 454, 455, 458, 464, 468, 469, 473, 474, 476, 479, 482,
# 486, 487, 490, 501, 504, 511}
```

(c) SageMath-Beispiel 5.20.10 auf der nächsten Seite

Mit etwas Programmieren kann man auch zählen, wie viele Primitivwurzeln es in einem gegebenen **Ganzzahl**-Bereich gibt. Das Beispiel 5.20.10 macht das: Abhängig vom 3. Argument der Funktion `count_PrimitiveRoots_of_an_IntegerRan` wird diese Anzahl entweder für alle ganzen Zahlen oder nur für die Primzahlen in diesem Bereich berechnet.

Programmier-Hinweis In Beispiel 5.20.10 wird die Funktion `enum_PrimitiveRoots_of_an_Integer` verwendet. Diese Funktion wurde zuvor in dem Sage-Skript `chap05_sample100.sage` definiert und soll deshalb hier nicht nochmal definiert werden.

Leider erlaubt es der Sage-Befehl `load("./chap05_sample100.sage")` noch nicht, nur ausgewählte Funktionen zu laden (Stand SageMath v9.3). Stattdessen führt `load` immer alle Befehle und Funktionen des Skripts aus. Zu `load` und `attach` vergleiche Abschnitt A.7.6 auf Seite 795.

Statt für die Funktion `enum_PrimitiveRoots_of_an_Integer` eine eigene Sage-Datei anzulegen (wie in `bitciphers.sage` für die generischen Funktionen in Kapitel 9), wird hier Python benutzt, um diese Funktion aus einem anderen Sage-Skript zu importieren.

Dazu verwendet das importierende Skript die Funktion `my_import`, die als Argument den Namen der zu importierenden Funktion übergeben bekommt. `my_import` verwendet dann Python-Mechanismen, um die übergebene Funktion aus einem anderen Sage-Skript zu laden und auszuführen. Bemerkung: Die Funktion wird aus der Python-Version des Sage-Skripts geladen. Das funktioniert, weil SageMath das Sage-Skript immer in ein Python-Skript umwandelt, das dann ausgeführt wird (Beispiel: Beim Aufruf von `$sage myfile.sage` wird eine Python-Datei `myfile.sage.py` aus `myfile.sage` erstellt). Derzeit ist diese `my_import`-Funktion so geschrieben, dass sie eine typische Unix-Shell (z. B. Bash) benötigt, wie sie standardmäßig unter Linux und macOS verfügbar ist. Das geht auch unter Windows, wo SageMath für Windows zusammen mit der Bash-Shell ausgeliefert wird (siehe `https://wiki.sagemath.org/SageWindows`).

Der Aufruf im eigenen Sage-Skript sieht dann so aus:
`my_import("chap05_sample100", "enum_PrimitiveRoots_of_an_Integer").`

SageMath-Beispiel 5.20.10: Funktion `count_PrimitiveRoots_of_an_IntegerRange` zur Berechnung der Anzahl aller Primitivwurzeln für einen gegebenen Zahlenbereich

```
print("\n# CHAP05 -- Sage-Script-SAMPLE 110: =========")

# function to include 'enum_PrimitiveRoots_of_an_Integer' from another sage script
def my_import(module_name, func_name='*'):
    import os
    command = 'sage --preparse ' + module_name + '.sage'
    os.system(command)  # this creates the *.sage.py file
    command = 'mv ' + module_name + '.sage.py ' + module_name + '.py'
    os.system(command)  # this renames *.sage.py to *.py
    from sage.misc.python import Python; python = Python()
    command = 'from ' + module_name + ' import ' + func_name
    python.eval(command, globals())

def count_PrimitiveRoots_of_an_IntegerRange(start, end, bPrimesOnly=True, bShowPrimRoots=False):
    """
    Compute all primitive roots of all numbers between start and end,
    inclusive, and count them.
    - If the flag bPrimesOnly is True (default), it performs primality tests and the calculation is
      done only for primes (printing the count of found primes from start to end, inclusive).
    - If the flag bPrimesOnly is False, it not only considers the primes; and it
      additionally prints the count of (even) numbers which have NO primitive root.
    - If the flag bShowPrimRoots is True (default is False), then the primitive roots are listed too.
    """
    nCheckedNumb = 0
    nCheckedNumb_WithoutPrimitivRoots = 0
    nPrimitiveRoots = 0
    for n in range(start, end+1):
        if bPrimesOnly:
            if is_prime(n):
                nCheckedNumb += 1
                L = enum_PrimitiveRoots_of_an_Integer(n)
                nPrimitiveRoots += len(L)
                if bShowPrimRoots==True: print("n=%d, lenL=%d, L=%s" % (n, len(L), L))
        else:
            nCheckedNumb += 1
            L = enum_PrimitiveRoots_of_an_Integer(n)
            if L==None:
                nCheckedNumb_WithoutPrimitivRoots += 1
            else:
                nPrimitiveRoots += len(L)
                if bShowPrimRoots==True: print("n=%d, lenL=%d, L=%s" % (n, len(L), L))

    if bPrimesOnly:
        print("Found all %s" % nPrimitiveRoots + \
              " primitive roots of %s prime(s)." % nCheckedNumb)
    else:
        if nCheckedNumb_WithoutPrimitivRoots == 0:
            print("Found all %s " % nPrimitiveRoots + \
                  "primitive roots of %s number(s)." % nCheckedNumb)
        else:
            print("Found all %s " % nPrimitiveRoots + \
                  "primitive roots of %s number(s)." % \
                    (nCheckedNumb - nCheckedNumb_WithoutPrimitivRoots))
            print("(Total of numbers checked: %s  " % nCheckedNumb + \
                  "Amount of numbers without primitive roots: %s)" % \
                    nCheckedNumb_WithoutPrimitivRoots)

import time # in sage scripts: measure time like in Python and calculate execution time

my_import("chap05_sample100",
"enum_PrimitiveRoots_of_an_Integer") # import from 'chap05_sample100.sage'

print("\nBB_Start -- Testcases for count_PrimitiveRoots_of_an_IntegerRange(start, end, bPrimesOnly, ▶
  ▶bShowPrimRoots)")

print("\n-----------Testcase 1: (5, 6)"); StartTime = time.time() # default: only prime moduli in ▶
```

Fortsetzung SageMath-Beispiel 5.20.10

```
 ▶range
count_PrimitiveRoots_of_an_IntegerRange(5, 6)
print(" Time = %f sec" % (time.time()-StartTime))

print("\n----------Testcase 2: (5, 6, False, True)"); StartTime = time.time() # all integer moduli in▶
 ▶ range
count_PrimitiveRoots_of_an_IntegerRange(5, 6, False, True)
print(" Time = %f sec" % (time.time()-StartTime))

print("\n----------Testcase 3: (5, 8, False)"); Start_Time = time.time()
count_PrimitiveRoots_of_an_IntegerRange(5, 8, False)
print(" Time = %f sec" % (time.time()-Start_Time))

print("\n----------Testcase 4: (1, 500)"); StartTime = time.time()
count_PrimitiveRoots_of_an_IntegerRange(1, 500)
print(" Time = %f sec" % (time.time()-StartTime))

print("\n----------Testcase 5: (1, 500, False)"); StartTime = time.time()
count_PrimitiveRoots_of_an_IntegerRange(1, 500, False)
print(" Time = %f sec" % (time.time()-StartTime))

print("\n----------Testcase 6: (1, 2000, False)"); StartTime = time.time()
count_PrimitiveRoots_of_an_IntegerRange(1, 2000, False)
print(" Time = %f sec" % (time.time()-Start_Time))

print("\n----------Testcase 7: (1, 20000, False)"); StartTime = time.time()
count_PrimitiveRoots_of_an_IntegerRange(1, 20000, False)
print(" Time = %f sec" % (time.time()-StartTime))


#------------------------------------
# CHAP05 -- Sage-Script-SAMPLE 110: =========
#
# BB_Start -- Testcases for count_PrimitiveRoots_of_an_IntegerRange(start, end, bPrimesOnly, ▶
 ▶bShowPrimRoots)
#
# ----------Testcase 1: (5, 6)
# Found all 2 primitive roots of 1 prime(s).
#  Time = 0.002207 sec
#
# ----------Testcase 2: (5, 6, False, True)
# n=5, lenL=2, L={2, 3}
# n=6, lenL=1, L={5}
# Found all 3 primitive roots of 2 number(s).
#  Time = 0.000264 sec
#
# ----------Testcase 3: (5, 8, False)
# Found all 5 primitive roots of 3 number(s).
# (Total of numbers checked: 4  Amount of numbers without primitive roots: 1)
#  Time = 0.000247 sec
#
# ----------Testcase 4: (1, 500)
# Found all 8070 primitive roots of 95 prime(s).
#  Time = 0.062295 sec
#
# ----------Testcase 5: (1, 500, False)
# Found all 11010 primitive roots of 170 number(s).
# (Total of numbers checked: 500  Amount of numbers without primitive roots: 330)
#  Time = 0.114898 sec
#
# ----------Testcase 6: (1, 2000, False)
# Found all 138228 primitive roots of 510 number(s).
# (Total of numbers checked: 2000  Amount of numbers without primitive roots: 1490)
#  Time = 1.354920 sec
#
# ----------Testcase 7: (1, 20000, False)
# Found all 10185370 primitive roots of 3584 number(s).
# (Total of numbers checked: 20000  Amount of numbers without primitive roots: 16416)
#  Time = 337.992173 sec
```

Anhand der Testfälle mit der Funktion `count_PrimitiveRoots_of_an_IntegerRange` kann man sehen, dass die Berechnungsdauer mit der Größe der Zahlen exponentiell steigt. Die Ausführung des Skripts 5.20.10 dauerte in 2021 auf einem modernen PC und mit SageMath 9.3 über 5 min. Die allermeiste Zeit nahm der letzte Testcase in Anspruch.

(d) SageMath-Beispiel 5.20.11

Das Beispiel 5.20.11 zählt, wie viele Primitivwurzeln es innerhalb eines **Primzahl**-Bereichs gibt, und listet diese Primitivwurzeln auf. Es nutzt dazu die Funktion `enum_PrimitiveRoots_of_an_Integer`, die jeweils alle Primitivwurzeln einer einzelnen Primzahl p auflistet. Diese Funktion wird wieder aus einem schon eingeführten Sage-Skript inkludiert.

Aus dieser Liste der Primitivwurzeln können wir dann jeweils die kleinste und größte Primitivwurzel pro $\mathbb{Z}_p$ bestimmen, oder auch die Anzahl von Primitivwurzeln pro $\mathbb{Z}_p$ zählen.

SageMath-Beispiel 5.20.11: Funktion `count_PrimitiveRoots_of_a_PrimesRange` zur Berechnung aller Primitivwurzeln für ein gegebenes Intervall von Primzahlen

```
print("\n# CHAP05 -- Script-SAMPLE 120: =========")

# function to include 'enum_PrimitiveRoots_of_an_Integer' from another sage script
def my_import(module_name, func_name='*'):
    import os
    command = 'sage --preparse ' + module_name + '.sage'
    os.system(command)  # this creates the *.sage.py file
    command = 'mv ' + module_name + '.sage.py ' + module_name + '.py'
    os.system(command)  # this renames *.sage.py to *.py
    from sage.misc.python import Python; python = Python()
    command = 'from ' + module_name + ' import ' + func_name
    python.eval(command, globals())


def count_PrimitiveRoots_of_a_PrimesRange(start, end):
    """
    Compute all primitive roots of all primes between start and end, inclusive.
    """
    nPrimes = 0
    nPrimitiveRoots = 0
    for p in primes(start, end+1):
        L = enum_PrimitiveRoots_of_an_Integer(p)
        print(p, len(L))
        nPrimes += 1
        nPrimitiveRoots += len(L)
    print("Found all %s" % nPrimitiveRoots + " primitive roots of %s primes." % nPrimes)


import time
my_import("chap05_sample100", "enum_PrimitiveRoots_of_an_Integer")

print("\nCC_Start -- Testcases for count_PrimitiveRoots_of_a_PrimesRange(start, end)")
print("-----------Testcase: (1, 1500)"); StartTime = time.time()
count_PrimitiveRoots_of_a_PrimesRange(1, 1500)
print(" Time = %f sec" % (time.time()-StartTime))

#------------------------------------
# CHAP05 -- Sage-Script-SAMPLE 120: =========
#
# CC_Start -- Testcases for count_PrimitiveRoots_of_a_PrimesRange(start, end)
# -----------Testcase: (1, 1500)
# 2 1
# 3 1
# 5 2
# 7 2
# 11 4
# 13 4
# 17 8
# 19 6
# 23 10
# 29 12
# 31 8
```

Fortsetzung SageMath-Beispiel 5.20.11

```
# 37 12
# 41 16
# 43 12
# ...
# 1471 336
# 1481 576
# 1483 432
# 1487 742
# 1489 480
# 1493 744
# 1499 636
# Found all 62044 primitive roots of 239 primes.
#  Time = 0.472963 sec
```

(e) SageMath-Beispiel 5.20.12

Die Funktion `count_PrimitiveRoots_of_a_PrimesRange` aus dem SageMath-Beispiel 5.20.11 auf der vorherigen Seite wurde von Minh Van Nguyen für das Beispiel 5.20.12 leicht geändert, um eine Liste (Datenbank) aller Primitivwurzeln für alle Primzahlen zwischen 1 und 100 000 zu erstellen.

SageMath-Beispiel 5.20.12: Code zur Erstellung einer Liste mit allen Primitivwurzeln für alle Primzahlen zwischen 1 und 100 000

```
print("\n# CHAP05 -- Sage-Script-SAMPLE 130: =========")

# fct to include the sage script defining 'enum_PrimitiveRoots_of_an_Integer'
# see https://ask.sagemath.org/question/7867/importing-sage-files/
def my_import(module_name, func_name='*'):
    import os
    command = 'sage --preparse ' + module_name + '.sage'
    os.system(command)  # this creates the *.sage.py file
    command = 'mv ' + module_name + '.sage.py ' + module_name + '.py'
    os.system(command)  # this renames *.sage.py to *.py
    from sage.misc.python import Python; python = Python()
    command = 'from ' + module_name + ' import ' + func_name
    python.eval(command, globals())

my_import("chap05_sample100", "enum_PrimitiveRoots_of_an_Integer")
start = 1
end = 100  # 10^5 needs ca. an hour. For testing choose end=100
fileName = "./primroots.dat"
print("...Creating file %s with end=%d" % (fileName, end))
file = open(fileName, "w")
for p in primes(start, end+1):
    L = enum_PrimitiveRoots_of_an_Integer(p)
    # print(p, len(L)) # just temporarily active
    # Output to a file. The format is:
    # (1) the prime number p under consideration
    # (2) the number of primitive roots of Z/pZ
    # (3) all the primitive roots of Z/pZ
    file.write(str(p) + " " + str(len(L)) + " " + str(L) + "\n")
    file.flush()
file.close()
```

Auch dieser Code und die Funktion `enum_PrimitiveRoots_of_an_Integer` wurden mit einem Sage-Skript nicht-interaktiv ausgeführt. Die Ausführung dauerte in 2016 mit SageMath 7.2 auf einem damals modernen PC rund 6 h. In 2021 dauerte es mit SageMath 9.3 unter 1 h.

Im Bereich 1 bis 100 000 liegen 9592 Primzahlen. Für sie wurden insgesamt mehr als 169 Millionen Primitivwurzeln berechnet. Für jede Primzahl $p > 3$ ergab sich, dass zwischen 20 % und knapp 50 % aller Zahlen zwischen 1 und p eine Primitivwurzel davon darstellen. D. h. Primzahlen haben relativ viele Primitivwurzeln.

Die resultierende Datei `primroots.dat` enthält die Liste aller Primitivwurzeln für alle Primzahlen zwischen 1 und 100 000 inklusive. Dies ist eine große Datei (ca. 1,1 GB unkomprimiert, und 153 MB komprimiert mit 7Zip).[104] Ihr Inhalt sieht wie folgt aus (Primzahl, Anzahl und Menge der Primitivwurzeln):

```
2      1      {1}
3      1      {2}
5      2      {2, 3}
7      2      {3, 5}
11     4      {8, 2, 6, 7}
...
89     40     {3, 6,  7, 13, 14, 15, 19, ..., 66, 70, 74, 75, 76, 82, 83, 86}
97     32     {5, 7, 10, 13, 14, 15, 17, ..., 76, 80, 82, 83, 84, 87, 90, 92}
...
99989  42840  {2, 3, 8, 10, 11, 13, 14, ..., 99978, 99979, 99981, 99986, 99987}
99991  24000  {65539, 6, 65546, 11, 12, ..., 65518, 65520, 87379, 65526, 65528}
```

(f) SageMath-Beispiel 5.20.13

Das Beispiel 5.20.13 berechnet für jede Primzahl (bis `end = 10^6`) alle Primitivwurzeln, und gibt für jede Primzahl vier Werte aus: die Primzahl, die Anzahl unterschiedlicher Primitivwurzeln, die jeweils kleinste und die jeweils größte Primitivwurzel.

SageMath-Beispiel 5.20.13: Code zur Erstellung einer Liste der jeweils kleinsten Primitivwurzeln für alle Primzahlen zwischen 1 und 1 000 000

```
print("\n# CHAP05 -- Sage-Script-SAMPLE 140: =========")

# fct to include the sage script defining 'enum_PrimitiveRoots_of_an_Integer'
# see https://ask.sagemath.org/question/7867/importing-sage-files/
def my_import(module_name, func_name='*'):
    import os
    command = 'sage --preparse ' + module_name + '.sage'
    os.system(command)  # this creates the *.sage.py file
    command = 'mv ' + module_name + '.sage.py ' + module_name + '.py'
    os.system(command)  # this renames *.sage.py to *.py
    from sage.misc.python import Python; python = Python()
    command = 'from ' + module_name + ' import ' + func_name
    python.eval(command, globals())

my_import("chap05_sample100", "enum_PrimitiveRoots_of_an_Integer")

import time
StartTime = time.time()
start = 1   # normal value: 1 // test value: 10^5+3
end = start+200  #  normal value: 10^6 // start+200 test value
fileName = "./primroot-smallest_up-to-one-million.dat"
print("...Creating file %s with start=%d, end=%d" % (fileName, start, end))
file = open(fileName, "w")
file.write("Used parameters:  start = " + str(start) + ",  end = " + str(end) + "\n")
file.write("---- StartTime:     " + str(StartTime) + " sec ----\n")
file.flush()
for p in primes(start, end+1):
    L = enum_PrimitiveRoots_of_an_Integer(p)
    # - To commandline, output only p and number of prim roots of Z_p
    # print(p, len(L)) # just temporarily active to see where you are while testing
    # - To file, output much more in the following format:
    # (1) the prime number p
    # (2) the number of primitive roots of Z_p
    # (3) the smallest primitive root of Z_p
    # (4) the largest  primitive root of Z_p
    LL = sorted(L) # sort necessary as the smallest primroot is
                   # not always found first (see L of p=43)
    file.write(str(p) + " " + str(len(L)) + " " + str(LL[0]) + " " + str(LL[-1]) + "\n")
    file.flush()

EndTime = time.time(); EllapsedTime = EndTime-StartTime
file.write("---- EndTime:      " + str(EndTime) + " sec ----\n")
```

[104] Die komprimierte Datei kann unter `https://www.cryptool.org/download/ctb/primroots_1-100000.7z` abgerufen werden.

Fortsetzung SageMath-Beispiel 5.20.13

```
file.write("---- EllapsedTime: " + str(EllapsedTime) + " sec ----\n")
file.flush()
file.close()

#----------------------------------
# CHAP05 -- Sage-Script-SAMPLE 140: =========
# Output for the test values only, written to file
# Used parameters:  start = 100003,  end = 100203
# 100003 28560  2  99999
# 100019 48804  2 100016
# 100043 50020  2 100040
# 100049 44928  6 100043
# 100057 30240 10 100047
# 100069 32160 10 100059
# 100103 50050  5 100101
# 100109 48272  2 100107
# 100129 28416 11 100118
# 100151 40040  7 100149
# 100153 30528  5 100148
# 100169 47376  3 100166
# 100183 32712  3 100181
# 100189 29040  2 100187
# 100193 48000  3 100190
# ---- EllapsedTime: 51.520997047424316 sec ----
```

Das SageMath-Beispiel 5.20.13 auf der vorherigen Seite wurde nach mehreren Wochen gestoppt (wo es auf einem modernen PC mit SageMath 7.2 lief), nachdem es alle Primzahlen bis zu einer halben Million ausgewertete. Das Ergebnis wurde in der Datei `primroot_number-of-and-smallest_up-to-prime-500107.dat` gespeichert (sie ist unkomprimiert 617 kB groß, und 178 kB komprimiert mit 7Zip).[105]

Diese Datei enthält für jede einzelne Primzahl p zwischen 1 und 500 107 die Anzahl der zugehörigen Primitivwurzeln und die kleinste Primitivwurzel mod p. Es gilt, dass die Anzahl der Primitivwurzeln (für $p > 3$) immer gerade ist. Die Anzahl der Primitivwurzeln modulo einer Primzahl p ist immer gleich $\phi(\phi(p)) = \phi(p-1)$, da die Menge der in $\mathbb{Z}_p$ invertierbaren Elemente die zyklische Gruppe $\mathbb{Z}_p^*$ bildet und diese hat $p-1$ Elemente und $\phi(p-1)$ erzeugende Elemente, letztere sind genau die Primitivwurzeln modulo p. Eine zyklische Gruppe der Ordnung n hat immer $\phi(n)$ erzeugende Elemente. Einen Beweis hierfür findet man z. B. in [51, S. 36]

Diese Datei könnte für Zahlentheoretiker interessant sein.[106] Ihr Inhalt sieht wie folgt aus:

```
2       1       1
3       1       2
5       2       2
7       2       3
11      4       2
13      4       2
17      8       3
...
99989   42840   2
99991   24000   6
100003  28560   2
...
500069  250032  2
500083  151520  2
500107  156864  2
```

Wenn man pro Primzahl `nur` die kleinste Primitivwurzel sucht, kann man dieses Skript drastisch beschleunigen, indem man anhand der Theorie die möglichen Kandidaten direkter sucht (anstatt mit `enum_PrimitiveRoots_of_an_Integer` erstmal alle Primroots zu generieren).

[105] Die komprimierte Datei kann abgerufen werden unter `https://www.cryptool.org/download/ctb/primroot_number-of-and-smallest_up-to-prime-500107.7z`.

[106] Siehe auch *Re: [sage-devel] What can we do with a database of primitive roots?* `https://groups.google.com/g/sage-devel/c/TA5Nk2GdhOI`

(g) SageMath-Beispiel 5.20.14

Die Datei `primroots_1-100000.dat` aus dem SageMath-Beispiel 5.20.12 auf Seite 361 wurde dann als Input benutzt, um mit dem Beispiel 5.20.14 drei Grafiken zu erstellen. Hier zur Abwechslung mal wieder Sage-Code in der CLI statt in einem Sage-Skript.

SageMath-Beispiel 5.20.14: Code zur Erzeugung der Grafiken zur Verteilung der Primitivwurzeln (für große Datenmengen)

```
sage: # open a database file on primitive roots for p between 1 and 100,000
sage: file = open("./primroots.dat", "r")
sage: plist = []    # list of all primes between 1 and 100,000
sage: nlist = []    # number of primitive roots modulo prime p
sage: minlist = []  # smallest primitive root modulo prime p
sage: maxlist = []  # largest primitive root modulo prime p
sage: for line in file:
....:     # get a line from the database file and tokenize it for processing
....:     line = line.strip().split(" ", 2)
....:     # extract the prime number p in question
....:     plist.append(Integer(line[0]))
....:     # extract the number of primitive roots modulo p
....:     nlist.append(Integer(line[1]))
....:     # extract the list of all primitive roots modulo p
....:     line = line[-1]
....:     line = line.replace("{", "")
....:     line = line.replace("}", "")
....:     line = line.split(", ")
....:     # sort the list in non-decreasing order
....:     line = [Integer(s) for s in line]
....:     line.sort()
....:     # get the smallest primitive root modulo p
....:     minlist.append(line[0])
....:     # get the largest primitive root modulo p
....:     maxlist.append(line[-1])
....:
sage: file.close()  # close the database file
sage: # plot of number of primitive roots modulo p
sage: nplot = point2d(zip(plist, nlist), pointsize=1)
sage: nplot.axes_labels(["x", "y"])
sage: nplot
sage: # plot of smallest primitive root modulo prime p
sage: minplot = point2d(zip(plist, minlist), pointsize=1)
sage: minplot.axes_labels(["x", "y"])
sage: minplot
sage: # plot of largest primitive root modulo prime p
sage: maxplot = point2d(zip(plist, maxlist), pointsize=1)
sage: maxplot.axes_labels(["x", "y"])
sage: maxplot
```

Abb. 5.13 auf der nächsten Seite gibt die Anzahl der Primitivwurzeln für jede Primzahl zwischen 1 und 100 000 aus. Die x-Achse repräsentiert die Primzahlen zwischen 1 und 100 000, die y-Achse gibt die Anzahl der Primitivwurzeln pro Primzahl aus.

Abb. 5.14 auf der nächsten Seite gibt die **kleinste** Primitivwurzel von jeder Primzahl zwischen 1 und 100 000 aus. Die x-Achse repräsentiert wieder die Primzahlen zwischen 1 und 100 000, die y-Achse gibt die kleinste Primitivwurzel pro Primzahl aus.

Abb. 5.15 auf Seite 366 zeigt die entsprechende Grafik mit der **größten** Primitivwurzel zu jeder Primzahl im gleichen Intervall zwischen 1 und 100 000.

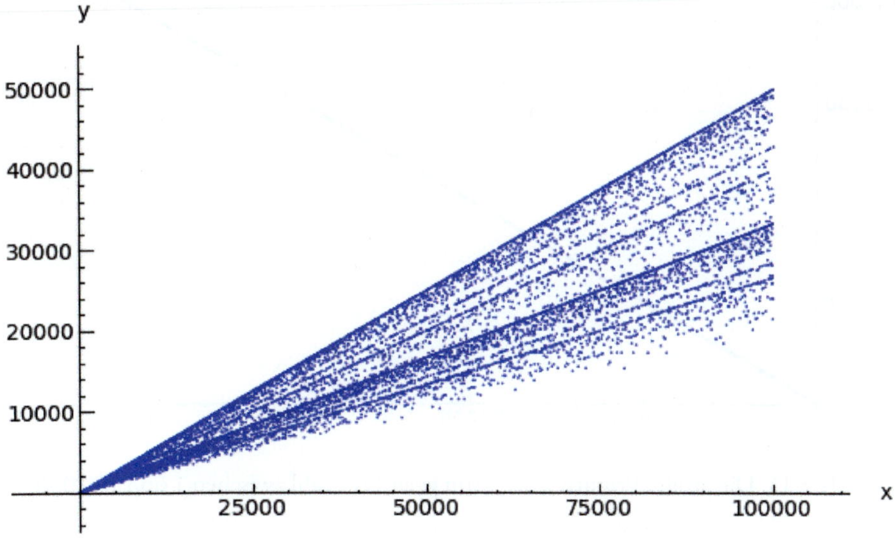

Abb. 5.13: Die Anzahl der Primitivwurzeln für alle Primzahlen zwischen 1 und 100 000

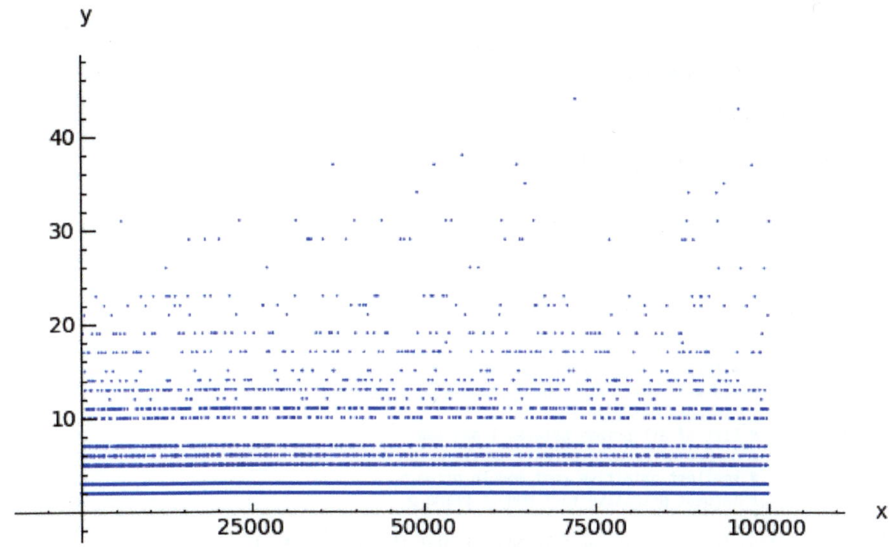

Abb. 5.14: Die kleinste Primitivwurzel von jeder Primzahl zwischen 1 und 100 000

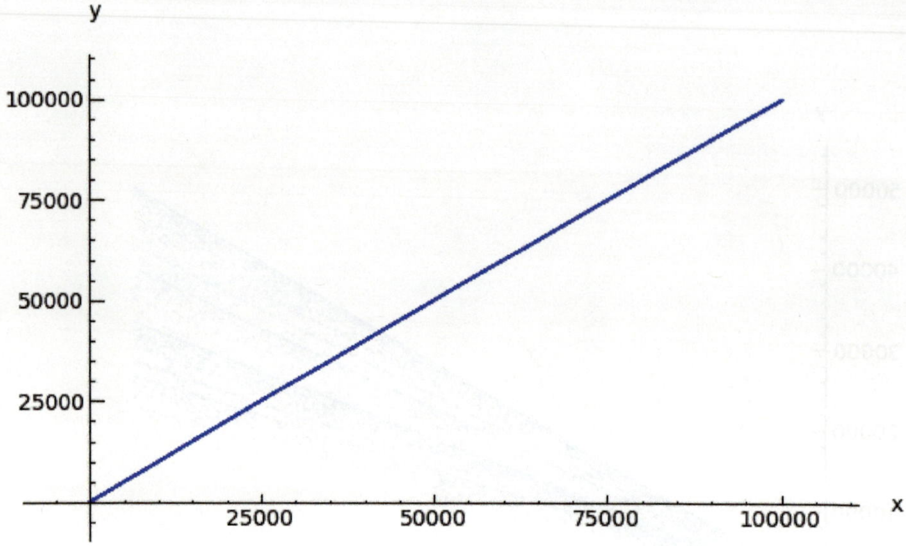

Abb. 5.15: Die größte Primitivwurzel von jeder Primzahl zwischen 1 und 100 000

(h) SageMath-Beispiel 5.20.15

Zum Experimentieren wurde noch eine deutlich kleinere Datenmenge benutzt, für die nur die Primitivwurzeln der Primzahlen im Bereich 1 bis 100 betrachtet wurden. Die Datei `primroots.dat` aus dem SageMath-Beispiel 5.20.12 auf Seite 361 wurde als Input benutzt, um mit dem Beispiel 5.20.15 drei Grafiken zu erstellen (Abb. 5.16 auf Seite 368).

SageMath-Beispiel 5.20.15: Code zur Erzeugung der Grafiken zur Verteilung der Primitivwurzeln

```
print("\n# CHAP05 -- Sage-Script-SAMPLE 150: =========")

def Display(F,fname):
    # parameter 'fname' should contain no blanks
    ### Same function as in chap04_sample030.sage
    pngfile='/tmp/'+fname+'.png'; # print("pngfile=", pngfile)
    F.save(pngfile,axes=True)
    imv = 'feh '  # 'okular '  # 'gwenview '  # 'eog '   ## image viewer to start from the terminal ▶
      ▶under Linux
    # imv = 'open -a preview '   ## image viewer to start from the terminal under macOS
    oscommand = imv + pngfile + ' &'; # print("oscommand=", oscommand)
    os.system(oscommand)
    return

# Open a database file on primitive roots (the file "primroots.dat" used
# here, was created with the script chap05_sample130.sage where end=100)
file = open("./primroots.dat", "r")
plist = []    # list of all primes between 1 and 100
nlist = []    # number of primitive roots modulo prime p
minlist = []  # smallest primitive root modulo prime p
maxlist = []  # largest primitive root modulo prime p
for line in file:
    # get a line from the database file and tokenize it for processing
    line = line.strip().split(" ", 2)
    # extract the prime number p in question
    plist.append(Integer(line[0]))
    # extract the number of primitive roots modulo p
    nlist.append(Integer(line[1]))
    # extract the list of all primitive roots modulo p
```

Fortsetzung SageMath-Beispiel 5.20.15

```
    line = line[-1]
    line = line.replace("{", "")
    line = line.replace("}", "")
    line = line.split(", ")
    # sort the list in non-decreasing order
    line = [Integer(s) for s in line]
    line.sort()
    # get the smallest primitive root modulo p
    minlist.append(line[0])
    # get the largest primitive root modulo p
    maxlist.append(line[-1])

file.close() # close the database file
print("length :", len(nlist))    # print just for test purposes
print("plist  :", plist)   # print just for test purposes
print("nlist  :", nlist)   # print just for test purposes
print("minlist:", minlist) # print just for test purposes
print("maxlist:", maxlist) # print just for test purposes
print("zipped :", list(zip(plist, nlist))) # just for test purposes

# Generate 3 graphics:
# 1) Plot of number of primitive roots modulo p
# a) Either plot with the 2D plotting class "point2d()" built in sage
#    Remark 1: If you have a smaller primes range, use bigger
#              pointsize values or get rid of this parameter
#              For huge sets, "pointsize=1" is fine.
#    Remark 2: point2d() has no option "plotjoined=True"
#    nplot = point2d(zip(plist, nlist))
#    nplot = point2d(zip(plist, nlist), pointsize=1)
# b) or plot with "list_plot()"
#    Remark 3: "list_plot(list(zip(plist, nlist))" needs cast with list()
#              and has same result as "point2d(zip(plist, nlist))"
#    Remark 4: list_plot() has option "plotjoined=True" to connect the
#              points. This gives a better impression for smaller sets.
nplot = list_plot(list(zip(plist, nlist)), plotjoined=True)
nplot.axes_labels(["p", "number of primitive roots"])
Display(nplot, "Plot_number-of-all-primitive-roots")

# 2) Plot of smallest primitive root modulo prime p
## minplot = point2d(zip(plist, minlist), pointsize=1)
minplot = list_plot(list(zip(plist, minlist)), plotjoined=True)
minplot.axes_labels(["p", "smallest primitive root"])
Display(minplot, "Plot_smallest-prim-root")

# 3) Plot of largest primitive root modulo prime p
## maxplot = point2d(zip(plist, maxlist), pointsize=1)
maxplot = list_plot(list(zip(plist, maxlist)), plotjoined=True)
maxplot.axes_labels(["p", "biggest primitive root"])
Display(maxplot, "Plot_biggest-prim-roots")

#------------------------------------
# CHAP05 -- Sage-Script-SAMPLE 150: =========
# (test output here showing the lists used in the plots.
#  Output here only from small test data created with
#  the script chap05_sample130.sage where "end = 100")
# length : 25
# plist  : [2, 3, 5, 7, 11, 13, 17, 19, 23, 29, 31, 37, 41, 43, 47, 53, 59, 61, 67, 71, 73, 79, 83, 89▸
  ▸, 97]
# nlist  : [1, 1, 2, 2, 4, 4, 8, 6, 10, 12, 8, 12, 16, 12, 22, 24, 28, 16, 20, 24, 24, 24, 40, 40, 32]
# minlist: [1, 2, 2, 3, 2, 2, 3, 2, 5, 2, 3, 2, 6, 3, 5, 2, 2, 2, 2, 7, 5, 3, 2, 3, 5]
# maxlist: [1, 2, 3, 5, 8, 11, 14, 15, 21, 27, 24, 35, 35, 34, 45, 51, 56, 59, 63, 69, 68, 77, 80, 86,▸
  ▸ 92]
# zipped : [(2, 1), (3, 1), (5, 2), (7, 2), (11, 4), (13, 4), (17, 8), (19, 6), (23, 10), (29, 12), (3▸
  ▸1, 8), (37, 12), (41, 16), (43, 12), (47, 22), (53, 24), (59, 28), (61, 16), (67, 20), (71, 24), (7▸
  ▸3, 24), (79, 24), (83, 40), (89, 40), (97, 32)]
```

Abb. 5.16 auf der nächsten Seite enthält 3 Grafiken: Die x-Achse repräsentiert immer die Primzahlen zwischen 1 und 100. In der linken Grafik bedeuten die y-Werte gibt die Anzahl der Primitivwurzeln pro Primzahl. In der mittleren Grafik bedeutet der y-Wert die kleinste Primitivwurzel der zugehörigen Primzahl. In der rechten Grafik bedeutet der y-Wert die größte Primitivwurzel der zugehörigen Primzahl.

Im Unterschied zum SageMath-Beispiel 5.20.14 auf Seite 364 wird hier `list_plot()` verwendet, das die Option `plotjoined` bietet, mit der man die einzelnen Punkte verbinden kann. Dies macht nur bei kleinen Punktemengen Sinn.

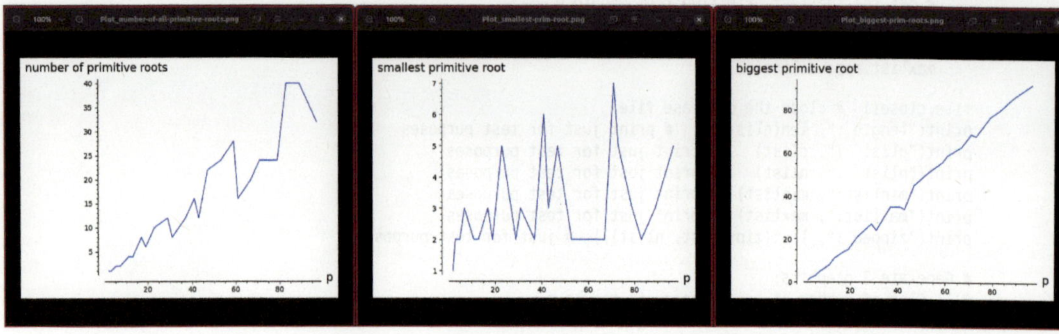

Abb. 5.16: Anzahl, kleinste und größte Primitivwurzel für alle Primzahlen bis 100

(i) SageMath-Beispiel 5.20.16

SageMath-Beispiel 5.20.16: Code zur Erzeugung eines in $\mathbb{Z}_n$ invertierbaren Elements maximaler Ordnung

```
sage: n=45 #change n as desired
sage: l=list(factor(n))
sage: ms=[l[i][0]^l[i][1] for i in range(len(l))]
sage: dim=len(ms)
sage: m=[primitive_root(ms[i]) for i in range(dim)]
sage: maxelt=crt(m,ms)
sage: maxelt
2
```

5.20.5 RSA-Beispiele mit SageMath

Dieser Abschnitt enthält die SageMath-Quelltexte für die einfachen RSA-Beispiele im Kapitel 5.14 („Das RSA-Verfahren mit konkreten Zahlen").

Beispiel auf Seite 333:

SageMath-Beispiel 5.20.17 führt die RSA-Exponentiation $M^{37} \pmod{3713}$ für die Nachricht $M = 120$ durch.

SageMath-Beispiel 5.20.17: RSA-Exponentiation

```
sage: power_mod(120, 37, 3713)
1404
```

Beispiel auf Seite 335:

SageMath-Beispiel 5.20.18 auf der nächsten Seite führt die Faktorisierung von $\phi(256\,027) = 255\,016 = 2^3 \cdot 127 \cdot 251$ durch.

SageMath-Beispiel 5.20.18: Faktorisierung einer Zahl

```
sage: factor(255016)
2^3 * 127 * 251
```

Beispiel auf Seite 335:

SageMath-Beispiel 5.20.19 RSA-verschlüsselt die Zahlenwerte einer Folge von einzelnen ASCII-Zeichen.

SageMath-Beispiel 5.20.19: RSA-Verschlüsselung als modulare Exponentiation der Zahlwerte der Nachrichten-Zeichen

```
sage: A = [82, 83, 65, 32, 119, 111, 114, 107, 115, 33]
sage: e = 65537; m = 256027
sage: [power_mod(a, e, m) for a in A]
[212984, 25546, 104529, 31692, 248407, 100412, 54196, 100184, 58179, 227433]
```

Beispiel auf Seite 336:

SageMath-Beispiel 5.20.20: RSA-Verschlüsselung mit SageMath

```
sage: A = [21075, 16672, 30575, 29291, 29473]
sage: e = 65537; m = 256027
sage: [power_mod(a, e, m) for a in A]
[158721, 137346, 37358, 240130, 112898]
```

Beispiel auf Seite 336:

SageMath-Beispiel 5.20.21: RSA-Verschlüsselung mit SageMath

```
sage: A = [82083, 65032, 119111, 114107, 115033]
sage: e = 65537; m = 256027
sage: [power_mod(a, e, m) for a in A]
[198967, 51405, 254571, 115318, 14251]
```

5.20.6 Wie viele private RSA-Schlüssel d gibt es innerhalb eines Modulo-Bereichs?

Die RSA-Verschlüsselung wurde in Abschnitt 5.10.2 („Funktionsweise des RSA-Verfahrens") beschrieben. Schritt 1 bis 3 definieren die Schlüsselerzeugung, Schritt 4 und 5 stellen die eigentliche Verschlüsselung dar:

1. Wähle zwei unterschiedliche Primzahlen p and q und berechne $n = p \cdot q$.
   Der Wert n wird RSA-Modul genannt.

2. Wähle ein zufälliges $e \in \{2, \cdots, n-1\}$, so dass gilt:
   e ist relativ prim zu $\phi(n) = (p-1) \cdot (q-1)$.
   Danach kann man p und q „wegwerfen".

3. Wähle $d \in \{1, \cdots, n-1\}$ mit $e \cdot d \equiv 1 \pmod{\phi(n)}$,
   d. h. d ist die multiplikative Inverse von e modulo $\phi(n)$. Dann kann man $\phi(n)$ „wegwerfen".

   $\rightarrow (n, e)$ ist der öffentliche Schlüssel P.
   $\rightarrow (n, d)$ ist der private Schlüssel S (nur d muss man geheim halten).

4. Codierung vor der Verschlüsselung: Die Nachricht wird als (binäre) Ziffernfolge geschrieben. Diese Ziffernfolge wird dann so in gleich lange Teilfolgen aufgeteilt, dass jede Teilfolge eine Zahl kleiner als n darstellt.

5. Vorgang der Verschlüsselung auf dem Klartext (bzw. auf Teilen davon) $M \in \{1, \cdots, n-1\}$:

$$C = E((n,e), M) = M^e \pmod{n}$$

Standardmäßig versucht man, einen mit RSA verschlüsselten Geheimtext C dadurch zu knacken, dass man den öffentlichen Schlüssel des Empfängers betrachtet und versucht, n zu faktorisieren. Hat man das erreicht, geht man wieder durch die Schritte 2 und 3 und erzeugt den privaten Schlüssel e, den man zum Entschlüsseln des Geheimtextes braucht.

Gemäß dem *Primzahlsatz*[107] geht die Anzahl der Primzahlen $PI(x)$ asymptotisch gegen $x/ln(x)$. Zwischen 1 und einem gegebenen n gibt es also ca. $n/ln(n)$ unterschiedliche Primzahlen.

Will man nicht faktorisieren, sondern stellt sich eine Frage ähnlich wie bei den klassischen Verschlüsselungsverfahren: Kann man die Schlüssel brute-force durchprobieren? Dazu lohnt es sich herauszufinden: Wie viele verschiedene private Schlüssel (n, d) gibt es für ein bestimmtes n oder in einem bestimmten Bereich $n \in [a, b]$?[108]

Diese Frage beantwortet die Funktion `count_Number_of_RSA_Keys` (wenn der Modul nicht zu groß ist). Diese Funktion ist im SageMath-Beispiel 5.20.22 definiert.[109] Sie berechnet auch wieder die reduzierten Restmengen: Die in Abschnitt 5.8.5 auf Seite 297 definierten Bezeichner R' und R'' werden in SageMath-Beispiel 5.20.22 als $R1$ und $R2$ bezeichnet.

SageMath-Beispiel 5.20.22: Wie viele private RSA-Schlüssel d gibt es, wenn man den Bereich für die Schlüsselgröße n kennt?

```
print("\n# CHAP05 -- Sage-Script-SAMPLE 160: =========")

def count_Number_of_RSA_Keys(start, end, Verbose=False):
  """
  How many private RSA keys (n,d) exist, if only modulus n is given, and start <= n <= end?
  - prime_range(u,o) delivers all primes >=u und < o
```

[107] Siehe Satz 4.8.2 „Dichte und Verteilung der Primzahlen".

[108] Abschnitt 5.8.5 auf Seite 297 („Wie viele private RSA-Schlüssel d gibt es modulo 26") behandelt den Spezialfall $n = 26$.

[109] Ein paar Anmerkungen zum Code von Beispiel 5.20.22:

a) Der Aufruf `sage: count_Number_of_RSA_Keys(100,1000)` bedeutet, dass man das Intervall $[100, 1000]$ für n betrachtet. Definiert war n durch die beiden Primzahlen p und q mit $n = p \cdot q$. Daher kann hier die eine Primzahl höchstens den Wert 500 annehmen, weil $2 \cdot 500 = 1000$ (wenn die andere Primzahl den kleinstmöglichen Primzahlwert 2 annimmt).
- Anzahl der Primzahlen im gegebenen Bereich: 143 (per Sage: `prime_pi(1000) - prime_pi(100) = 168 - 25`).
- Die Anzahl möglicher Primzahl-Kombinationen beträgt: $comb = 258$.
- Die Anzahl der privaten Schlüssel beträgt: 34 816.

b) Der Aufruf `sage: count_Number_of_RSA_Keys(100, 100, True)` hat die folgende Ausgabe:
- Number of private keys for modulus in a given range: 0
- Number of primes in a given range: 0

Der Grund dafür ist, dass mit diesem Aufruf nur $n = 100$ betrachtet wird, die Funktion aber nur semiprime n untersucht. Die Zahl 100 ist nicht semiprim, d. h. 100 ist nicht das Produkt von genau zwei Primzahlen.

c) Die Ausgabe von `count_Number_of_RSA_Keys(26,26)` und `count_Number_of_RSA_Keys(713,713)` zeigt, dass wenn es nur eine einzelne passende Primzahlkombination gibt (weil nur ein semiprimes n gegeben ist), dass dann die Anzahl von Elementen in $\{R2\} \setminus \{1\}$ die Anzahl möglicher Schlüssel ist: Bei $n = 26 = 2 \cdot 13$ gibt es 3 mögliche private Schlüssel (es gibt 3 Elemente > 1 in $R2$, so dass d die Werte 5, 7 oder 11 annehmen kann); bei $n = 713 = 23 \cdot 31$ gibt es 159 mögliche private RSA-Schlüssel.

Fortsetzung SageMath-Beispiel 5.20.22

```
  - verbose = True adds p,q,n, phi, residue systems,
    verbose = 2 in addition prints the primelist and the given ranges.
  """
  a = start; b = end
  s = 0;     comb = 0

  for p in prime_range(1, b/2+1):
    for q in prime_range(p+1, b/2+1):
      n=p*q
      if Verbose>=3:
        print("    Considered primes: p=%d, q=%d, n=%d" % (p,q,n))
      if a <= n and n <= b:
        comb = comb+1
        eu1 = euler_phi(n)
        eu2 = euler_phi(eu1)-1 # Not only determine the count, but also the values of d.
        s = s + eu2
        if Verbose:
          print("p=%s, q=%s, n=%s, eu1=%s, eu2=%s, s=%s" % (p, q, n, eu1, eu2, s))
          R1=n.coprime_integers(n)
          print("R1: ", [i for i in R1])
          R2=[i for i in R1 if gcd(i,eu1)==1 and i <= eu1]
          print("R2: ", [i for i in R2])

  print("Number of private keys d for moduli in given range: %s (#comb=%s), " % (s, comb))

  # Just for comparison: How many primes are in the given moduli range [a,b+1]?
  if Verbose:
    s = 0
    primeslist=[]
    for p in prime_range(a, b+1):
      if Verbose>=2:
        primeslist.append(p)
      s = s + 1
    if Verbose>=2:
      print("  a=%s, " % a + "b=%s, " % b + "\n  primeslist=%s" % primeslist)
    print("  Number of primes in given range: %s" % s)

import time

print("\nDD_Start -- Testcases for count_Number_of_RSA_Keys(start, end)")

print("\n-----------Testcase: Modulus n=26, verbose=True (just 1 semi prime number)")
count_Number_of_RSA_Keys(26, 26, True)

print("\n-----------Testcase: Modulus n=713, verbose=True (just 1 semi prime number)")
count_Number_of_RSA_Keys(713, 713, True)

print("\n-----------Testcase: Moduli range = (100, 107, True)[this range has 3 primes]")
StartTime = time.time()
count_Number_of_RSA_Keys(100, 107, True)
print("Time = %f sec" % (time.time()-StartTime))

print("\n-----------Testcase: Moduli range = (100, 107, 2)")
StartTime = time.time()
count_Number_of_RSA_Keys(100, 107, 2)
print("Time = %f sec" % (time.time()-StartTime))

print("\n-----------Testcase: Moduli range = (100, 107, 3)")
StartTime = time.time()
count_Number_of_RSA_Keys(100, 107, 3)
print("Time = %f sec" % (time.time()-StartTime))

# print("\n-----------Testcase: Moduli range = (100, 1000, True)")
# StartTime = time.time()
# count_Number_of_RSA_Keys(100, 1000, True)
# print("Time = %f sec" % (time.time()-StartTime))

print("\n-----------Testcase: Moduli range = (100, 1000)")
StartTime = time.time()
count_Number_of_RSA_Keys(100, 1000)
print("Time = %f sec" % (time.time()-StartTime))

u = 10^3; o = 10^4;
print("\n-----------Testcase: Moduli range = (%s, " % u + "%s)" % o)
```

Fortsetzung SageMath-Beispiel 5.20.22

```
StartTime = time.time()
count_Number_of_RSA_Keys(u, o)
print("Time = %f sec" % (time.time()-StartTime))

u = 10^3; o = 10^5;
print("\n-----------Testcase: Moduli range = (%s, " % u + "%s)" % o)
StartTime = time.time()
count_Number_of_RSA_Keys(u, o)
print("Time = %f sec" % (time.time()-StartTime))

u = 1; o = 10^5;
print("\n-----------Testcase: Moduli range = (%s, " % u + "%s)" % o)
StartTime = time.time()
count_Number_of_RSA_Keys(u, o)
print("Time = %f sec" % (time.time()-StartTime))

print("\n-----------Testcase: Moduli range = (1, 50, 2)")
StartTime = time.time()
count_Number_of_RSA_Keys(1, 50, 2)
print("Time = %f sec" % (time.time()-StartTime))


#-----------------------------------
# CHAP05 -- Sage-Script-SAMPLE 160: =========
# DD_Start -- Testcases for count_Number_of_RSA_Keys(start, end)
#
# -----------Testcase: Modulus n=26, verbose=True (just 1 semi prime number)
# p=2, q=13, n=26, eu1=12, eu2=3, s=3
# R1:  [1, 3, 5, 7, 9, 11, 15, 17, 19, 21, 23, 25]
# R2:  [1, 5, 7, 11]
# Number of private keys d for moduli in given range: 3 (#comb=1),
# ...
# -----------Testcase: Moduli range = (100, 107, True)[this range has 3 primes]
# p=2, q=53, n=106, eu1=52, eu2=23, s=23
# R1:  [1, 3, 5, 7, 9, 11, 13, 15, 17, 19, 21, 23, 25, 27, 29, 31, 33, 35, 37, 39, 41, 43, 45, 47, 49, 51, 55,▶
  ▶ 57, 59, 61, 63, 65, 67, 69, 71, 73, 75, 77, 79, 81, 83, 85, 87, 89, 91, 93, 95, 97, 99, 101, 103, 105]
# R2:  [1, 3, 5, 7, 9, 11, 15, 17, 19, 21, 23, 25, 27, 29, 31, 33, 35, 37, 41, 43, 45, 47, 49, 51]
# Number of private keys d for moduli in given range: 23 (#comb=1),
#   Number of primes in given range: 3
# Time = 0.000158 sec
#
# -----------Testcase: Moduli range = (100, 107, 2)
# p=2, q=53, n=106, eu1=52, eu2=23, s=23
# R1:  [1, 3, 5, 7, 9, 11, 13, 15, 17, 19, 21, 23, 25, 27, 29, 31, 33, 35, 37, 39, 41, 43, 45, 47, 49, 51, 55,▶
  ▶ 57, 59, 61, 63, 65, 67, 69, 71, 73, 75, 77, 79, 81, 83, 85, 87, 89, 91, 93, 95, 97, 99, 101, 103, 105]
# R2:  [1, 3, 5, 7, 9, 11, 15, 17, 19, 21, 23, 25, 27, 29, 31, 33, 35, 37, 41, 43, 45, 47, 49, 51]
# Number of private keys d for moduli in given range: 23 (#comb=1),
#   a=100, b=107,
#   primeslist=[101, 103, 107]
#   Number of primes in given range: 3
# Time = 0.000115 sec
#
# -----------Testcase: Moduli range = (100, 107, 3)
#     Considered primes: p=2, q=3, n=6
# ...
#     Considered primes: p=2, q=47, n=94
#     Considered primes: p=2, q=53, n=106
# p=2, q=53, n=106, eu1=52, eu2=23, s=23
# R1:  [1, 3, 5, 7, 9, 11, 13, 15, 17, 19, 21, 23, 25, 27, 29, 31, 33, 35, 37, 39, 41, 43, 45, 47, 49, 51, 55,▶
  ▶ 57, 59, 61, 63, 65, 67, 69, 71, 73, 75, 77, 79, 81, 83, 85, 87, 89, 91, 93, 95, 97, 99, 101, 103, 105]
# R2:  [1, 3, 5, 7, 9, 11, 15, 17, 19, 21, 23, 25, 27, 29, 31, 33, 35, 37, 41, 43, 45, 47, 49, 51]
#     Considered primes: p=3, q=5, n=15
# ...
#     Considered primes: p=47, q=53, n=2491
# Number of private keys d for moduli in given range: 23 (#comb=1),
#   a=100, b=107,
#   primeslist=[101, 103, 107]
#   Number of primes in given range: 3
# Time = 0.000424 sec
#
# -----------Testcase: Moduli range = (100, 1000)
# Number of private keys d for moduli in given range: 34816 (#comb=258),
# Time = 0.001326 sec
```

Fortsetzung SageMath-Beispiel 5.20.22

```
#
# ----------Testcase: Moduli range = (1000, 10000)
# Number of private keys d for moduli in given range: 3260044 (#comb=2312),
# Time = 0.037907 sec
#
# ----------Testcase: Moduli range = (1000, 100000)
# Number of private keys d for moduli in given range: 303158485 (#comb=23025),
# Time = 1.971872 sec
#
# ----------Testcase: Moduli range = (1, 100000)
# Number of private keys d for moduli in given range: 303193638 (#comb=23313),
# Time = 1.988084 sec
#
# ----------Testcase: Moduli range = (1, 50, 2)
# p=2, q=3, n=6, eul=2, eu2=0, s=0
# R1:  [1, 5]
# R2:  [1]
# p=2, q=5, n=10, eul=4, eu2=1, s=1
# R1:  [1, 3, 7, 9]
# R2:  [1, 3]
# p=2, q=7, n=14, eul=6, eu2=1, s=2
# R1:  [1, 3, 5, 9, 11, 13]
# R2:  [1, 5]
# p=2, q=11, n=22, eul=10, eu2=3, s=5
# R1:  [1, 3, 5, 7, 9, 13, 15, 17, 19, 21]
# R2:  [1, 3, 7, 9]
# ...
# p=5, q=7, n=35, eul=24, eu2=7, s=56
# R1:  [1, 2, 3, 4, 6, 8, 9, 11, 12, 13, 16, 17, 18, 19, 22, 23, 24, 26, 27, 29, 31, 32, 33, 34]
# R2:  [1, 11, 13, 17, 19, 23]
# Number of private keys d for moduli in given range: 56 (#comb=13),
#   a=1, b=50,
#   primeslist=[2, 3, 5, 7, 11, 13, 17, 19, 23, 29, 31, 37, 41, 43, 47]
#   Number of primes in given range: 15
# Time = 0.000442 sec
```

Weil es so viele private Schlüssel (n, d) innerhalb eines größeren Bereichs von Werten für n gibt, wäre selbst das Brute-Force-Faktorisieren effizienter als das Durchprobieren aller möglichen privaten Schlüssel.

5.20.7 RSA-Fixpunkte $m \in \{1, ..., n-1\}$ mit $m^e{=}m \bmod n$

Auch Verschlüsselungsverfahren können Fixpunkte haben, also Texte, deren Chiffrat mit dem Original übereinstimmt. In der Mathematik nennt man Variablen, die von einem Verfahren (Funktion) auf sich selbst abgebildet werden, Fixpunkte. In der Kryptografie nennt man entsprechende Nachrichten *unconcealed messages* (*unconcealed* = unverborgen, offen).

Generell gilt: Fixpunkte sind unerwünscht, und es sollten im Vergleich zur Gesamtheit der möglichen Nachrichten nur sehr wenige sein. Je mehr Fixpunkte ein Verschlüsselungsalgorithmus enthält, desto leichter ist er zu brechen. Um dem entgegenzuwirken und um Rainbow-Angriffe zu verhindern, wird in der Praxis zufälliges Padding (Auffüllungen) wie bei OAEP angefügt (anstatt Textbook-RSA

Beim RSA-Verfahren gilt: $n = pq$ ist das Produkt zweier verschiedener Primzahlen, und es gibt ein e mit $ggT(e, (p-1)(q-1)) = 1$. Die Verschlüsselung erfolgt mit $c = m^e \mod n$. Ein Fixpunkt beim RSA-Verfahren ist eine Nachricht m, für die gilt: $m = m^e \mod n$. Das Ergebnis der Verschlüsselung ist wieder die gegebene Nachricht.

Die Wahrscheinlichkeit für das Auftreten von Fixpunkten ist bei RSA bei genügend **großem** n allerdings sehr gering – wie Abb. 5.18 auf Seite 380 zeigt: Experimentell fanden wir im Durchschnitt nicht mehr als 40 Fixpunkte (für ein gegebenes RSA-Parameter-Set).

Studenten nehmen oft an, dass es viele Fixpunkte gibt, da sie beim Probieren mit relativ **kleinen** Primzahlen immer auf „relativ“ viele Fixpunkt-Beispiele stoßen, denn $m = 0, 1, n-1$ sind bei RSA immer Fixpunkte.

In der Praxis, also bei groß genug gewählten Primzahlen, haben Fixpunkte keine Bedeutung für die Sicherheit von RSA. Deshalb bezieht sich dieser Abschnitt eher auf mathematische Fragen.[110]

5.20.7.1 Die Anzahl der RSA-Fixpunkte

In diesem Kapitel zeigen wir, wie viele RSA-Fixpunkte $m \in \{1, \ldots, n-1\}$ es zu einem fest gewählten Schlüssel e gibt. Satz 5.20.2 beantwortet diese Frage. Für den Beweis von Satz 5.20.2 benötigen wir erst Satz 5.20.1.

Satz 5.20.1 aus [52, S. 69] charakterisiert alle $(e-1)$-ten Einheitswurzeln in $\mathbb{Z}_p^*$:

Satz 5.20.1. *g^α ist genau dann $(e-1)$-te Einheitswurzel in $\mathbb{Z}_p^*$, wenn $(e-1)\alpha = 0 \bmod p-1$. Davon gibt es $ggT(p-1, e-1)$ viele.*

Beweis
Die erste Behauptung ergibt sich direkt aus dem kleinen Satz von Fermat (Satz 5.8.5):

$$g^{\alpha(e-1)} = 1 \bmod p \;\Rightarrow\; \alpha(e-1) = 0 \bmod p-1$$

Sei $\delta = ggT(p-1, e-1)$. Aus $\alpha(e-1) = 0 \bmod p-1$ folgt, dass $\frac{\alpha(e-1)}{\delta} = 0 \bmod \frac{p-1}{\delta}$.
Da $\frac{e-1}{\delta}$ und $\frac{p-1}{\delta}$ teilerfremd sind (da jeweils durch den ggT ihrer Zähler gekürzt wurde), muss α ein Vielfaches von $\frac{p-1}{\delta}$ sein:

$$\alpha = k \cdot \frac{p-1}{\delta} \text{ für ein } k \in \mathbb{Z}$$

Für $k = 1, \ldots, \delta$ sind das δ verschiedene mögliche Werte von α. Für größere k schreibe man $k = r \cdot \delta + k'$ mit $k' < \delta$, dann hat man

$$g^\alpha = g^{k \cdot \frac{p-1}{\delta}} = g^{(r \cdot \delta + k') \cdot \frac{p-1}{\delta}} = g^{r \cdot (p-1) + k' \cdot \frac{p-1}{\delta}} = (g^r)^{p-1} \cdot g^{k' \cdot \frac{p-1}{\delta}} = g^{k' \cdot \frac{p-1}{\delta}}$$

und damit wurde k schon bei k' mitgezählt bzw. man kann o.B.d.A. annehmen, dass $k \leq \delta$ ist. Negative k muss man nicht betrachten: Zwar wurde weiter vorne bei g^α nicht verlangt, dass $\alpha \geq 0$ sein muss, das kann man aber verlangen, weil für jede natürliche Zahl $\beta > 0$ dann $g^{-\beta} = (g^{-1})^\beta$ eine positive Potenz des multiplikativen Inversen von g ist. Das Erzeugnis von g und g^{-1} ist aber in Gruppen immer dasselbe. Falls also $\alpha = -\beta$ ist für ein $\beta > 0$, so wurde es bereits mitgezählt.

Damit entsprechen dann diese δ verschiedenen Potenzen $(k = 1, \ldots, \delta)$ den $(e-1)$-ten Einheitswurzeln $g^{k \cdot \frac{p-1}{\delta}}$ mod p in $\mathbb{Z}_p^*$. □

Analog für q: Für $m^{e-1} = 1 \bmod q$ haben wir dann $ggT(q-1, e-1)$ viele $(e-1)$-te Einheitswurzeln.

Satz 5.20.2. *Die Anzahl der RSA-Fixpunkte $m \in \{1, \ldots, n-1\}$ für ein e mit $\mathrm{ggT}(e, \varphi(n)) = 1$ ist*

$$\mathrm{ggT}(p-1, e-1) \cdot \mathrm{ggT}(q-1, e-1).$$

Beweis
Sei $m^e = m \bmod n$. Nach dem CRT[111] sind die beiden folgenden Aussagen äquivalent:

$$[m^e = m \bmod n] \;\Leftrightarrow\; [m^e = m \bmod p \;\text{ und }\; m^e = m \bmod q]$$

Weiterhin ist die Zerlegung auf der rechten Seite äquivalent zu:

$$m^{e-1} = 1 \bmod p \quad \text{und} \quad m^{e-1} = 1 \bmod q.$$

---

[110] Dank geht an Taras Shevchenko, der einen Teil der Informationen dieses Abschnitts zusammentrug, und an Volker Simon, der das SageMath-Beispiel 5.20.23 auf Seite 381 schrieb.

[111] CRT = Chinesischer Restsatz (engl. Chinese Remainder Theorem): Siehe `https://de.wikipedia.org/wiki/Chinesischer_Restsatz`

Wir betrachten $m^{e-1} = 1 \bmod p$ und suchen alle $(e-1)$-ten Einheitswurzeln[112] in $\mathbb{Z}_p^*$.
Es gilt: $\mathbb{Z}_p^*$ für p prim ist zyklisch. $\Rightarrow$ Es existiert ein Element g, welches $\mathbb{Z}_p^*$ erzeugt: $\mathbb{Z}_p^* =< g >$. Satz 5.20.1 liefert den Rest. □

Die Anzahl der Arten, die $(e-1)$-ten Einheitswurzeln in $\mathbb{Z}_p^*$ und $\mathbb{Z}_q^*$ zu kombinieren, ergibt die Gesamt-Anzahl der RSA-Fixpunkte $m^e = m \bmod n$ mit $m \in \{1, ..., n-1\}$:

$$ggT(p-1, e-1) \cdot ggT(q-1, e-1)$$

Nimmt man $m = 0$ hinzu, ergibt sich Satz 5.20.3:

Satz 5.20.3. *Wenn $m \in \{0, ..., n-1\}$ ist, dann ist die Anzahl der RSA-Fixpunkte:*

$$(ggT(p-1, e-1) + 1) \cdot (ggT(q-1, e-1) + 1)$$

5.20.7.2 Untere Schranke für die Anzahl der RSA-Fixpunkte

Im folgenden Kapitel zeigen wir, dass eine untere Schranke für die Anzahl der RSA-Fixpunkte existiert. Diese untere Schranke 6 liegt vor, wenn die beiden unterschiedlichen RSA-Primzahlen die kleinstmöglichen sind (2 und 3).

Behauptung 1: Sei $p = 2, q = 3$.
Die Anzahl der RSA-Fixpunkte ist $(\underbrace{ggT(p-1, e-1)}_{=1} + 1) \cdot (\underbrace{ggT(q-1, e-1)}_{=2} + 1) = 2 \cdot 3 = 6$

Behauptung 2: Sei $p \neq q; p > 2, q > 2$.
Die Anzahl der RSA-Fixpunkte ist ≥ 9.

Beweis (der 2. Behauptung)
Die Werte $(p-1)$ und $(q-1)$ sind gerade für Primzahlen $p, q > 2$.
Nach dem RSA-Verfahren ist e so zu wählen, dass $1 < e < \phi(n) = (p-1)(q-1)$ und
$ggT(e, (p-1)(q-1)) = 1$
Da $(p-1)$ und $(q-1)$ gerade sind, ist e ungerade $\Rightarrow e-1$ ist gerade.
Da $(p-1)$ und $(e-1)$ gerade sind, gilt: $ggT(p-1, e-1) \geq 2$
$\Rightarrow (ggT(p-1, e-1) + 1) \geq 3$ und $(ggT(q-1, e-1) + 1) \geq 3$
$\Rightarrow (ggT(p-1, e-1) + 1) \cdot (ggT(q-1, e-1) + 1) \geq 9$ □

Beispiele mit $m \in \{0, ..., n-1\}$:

- Für $(e, n) = (17, 6)$ mit $6 = 2 \cdot 3$ sind alle sechs möglichen Nachrichten $\{0, 1, 2, 3, 4, 5\}$ Fixpunkte (bei $n = 6$ ist das unabhängig vom Wert von e).
- Für $(e, n) = (17, 10)$ mit $10 = 2 \cdot 5$ sind alle 10 möglichen Nachrichten Fixpunkte.
- Für $(e, n) = (19, 10)$ sind nur 6 der 10 möglichen Nachrichten Fixpunkte.
- Für $(e, n) = (7, 55)$ mit $55 = 5 \cdot 11$ sind 9 der 55 Nachrichten Fixpunkte: $\{0, 1, 10, 11, 21, 34, 44, 45, 54\}$. Abb. 5.17 auf der nächsten Seite veranschaulicht das.

---

112 - In der Algebra werden Zahlen x, deren n-te Potenz die Zahl 1 ergibt, n-te **Einheitswurzeln** genannt.
- Eine n-te Einheitswurzel x heißt **primitiv**, falls für x gilt:

$$x^n = 1 \text{ und } x^k \neq 1 \quad (k = 1, 2, 3, ..., n-1)$$

- Ist F ein endlicher Körper und n eine natürliche Zahl, dann ist eine n-te Einheitswurzel in F eine Lösung der Gleichung

$$x^n - 1 = 0 \quad \text{in } F$$

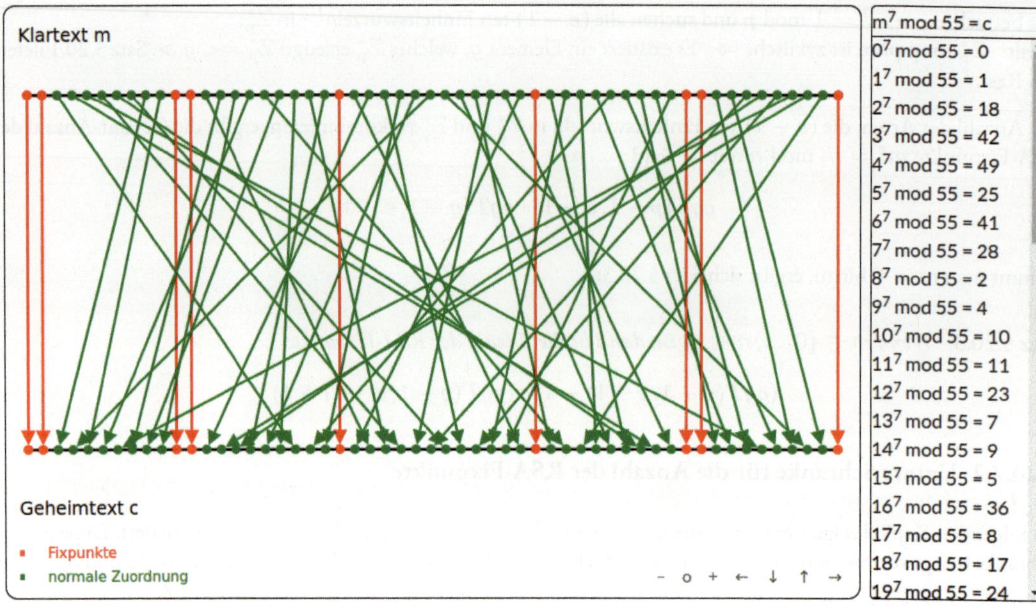

Abb. 5.17: CTO: Neun Fixpunkte (in rot) bei RSA mit $(e, n) = (7, 55)$ mit $m \in \{0, \ldots, 54\}$

Abb. 5.17 stammt von „RSA-visuell und mehr" `https://www.cryptool.org/de/cto/rsa-visual`. In diesem Plugin kann man sich entweder die Verschlüsselungs-Zuweisungen von RSA grafisch ansehen, oder Textbook-RSA mit großen Zahlen ausprobieren (und Benutzer-Schlüsseln in einem Schlüsselspeicher, um in einem Schüler-Labor Zertifikats-Austausch zu simulieren), oder das in der Praxis implementierte RSA mit OAEP, Padding und Zertifikaten verwenden.

5.20.7.3 Ungeschickte Wahl von e (schwache oder ungeeignete e)

In diesem Kapitel zeigen wir, dass mit $e = 1 + kgV(p-1, q-1)$ jede Verschlüsselung ein Fixpunkt ist (unabhängig von der Größe von p, q oder n, wird m auf sich selbst abgebildet); und erweitern das dann auf alle möglichen schlecht gewählten Werte für e.

Wenn $e = 1$, dann gilt für alle m: $c = m^e = m$. Das ist der Trivialfall.

Satz 5.20.4. *Sei* $p, q > 2$.
Wenn $e = 1 + kgV(p-1, q-1)$, *dann gilt für alle* $m \in \{1, ..., n-1\}$: $m^e = m \bmod n$.

Beweis
Es gilt: - $e \cdot d = 1 \mod \phi(n)$ oder $e \cdot d = 1 \mod kgV(p-1, q-1)$
- $m^x \mod n = m^{x \mod \phi(n)} \mod n$

Verschlüsseln von Nachrichten:
$c = m^e \mod n$, wobei c der Geheimtext und m der Klartext ist.

Entschlüsseln von Nachrichten:
$m' = c^d \mod n$, wobei d die multiplikative Inverse von e ist.

Zu zeigen ist: $c = m \mod n$ für das gewählte e.

$$c = m^e \mod n$$

$$c = m^{1+kgV(p-1,q-1)} \mod n \quad \text{\# Umformung gilt aufgrund der Voraussetzung}$$

$$c = m^1 \cdot m^{k\cdot(p-1)\cdot(q-1)} \mod n$$
$$c = m^1 \cdot m^{[k\cdot\phi(n)] \mod \phi(n)} \mod n$$
$$c = m^1 \cdot m^0 = m \mod n$$
□

Beispiel 1: Fixpunkteigenschaft für alle m

Gegeben sei $n = p \cdot q = 13 \cdot 37 = 481$
$\Rightarrow \phi(n) = (p-1)(q-1) = 12 \cdot 36 = 432$
$\Rightarrow e = kgV(p-1, q-1) + 1 = kgV(12, 36) + 1 = 36 + 1 = 37.$

Mit $m \in \{4, 6, 7, 480\}$ ergibt sich $m^e \mod n$ als:

$$4^{37} \mod 481 = 4$$
$$6^{37} \mod 481 = 6$$
$$7^{37} \mod 481 = 7$$
$$480^{37} \mod 481 = 480$$

Es gibt nicht nur ein einziges e, so dass für alle $m \in \{1, ..., n-1\}$ die Fixpunkteigenschaft $m^e = m \mod n$ gilt.[113]

Satz 5.20.5. *Die vollständige Fixpunkteigenschaft aller m gilt für jedes* $e = j \cdot kgV(p-1, q-1) + 1$, *wobei* $j = 0, 1, 2, 3, 4, ...$ *bis* $e \leq \phi(n)$.

Beispiel 2: Weitere Werte für e mit Fixpunkteigenschaft

Betrachten wir wieder $n = p \cdot q = 13 \cdot 37 = 481$ mit $kgV(p-1, q-1) = kgV(12, 36) = 36$.
Dann kann e die ff. Werte annehmen: $e = j \cdot kgV(p-1, q-1) + 1$ für $j = 0, 1, 2, ..., 11$:
$\Rightarrow e \in \{1, 37, 73, 109, 145, 181, 217, 253, 289, 325, 361, 397\}$.

Ab $j = 12$ gilt: $e = 12 \cdot kgV(12, 36) + 1 = 432 + 1 = 433 > 432 = \phi(n)$.

Überprüfen wir wieder die vier Werte für m aus dem obigen Beispiel 1, aber diesmal mit $e = 217$, ergibt sich:

$$4^{217} \mod 481 = 4$$
$$6^{217} \mod 481 = 6$$
$$7^{217} \mod 481 = 7$$
$$480^{217} \mod 481 = 480$$

Satz 5.20.6. *Die Anzahl der möglichen Werte für e mit* $m^e = m \mod n$ *lässt sich wie folgt berechnen:*

$$[Anzahl\ e] = \left\lfloor \frac{\phi(n)}{kgV(p-1, q-1) + 1} \right\rfloor + 1 = \frac{\phi(n)}{kgV(p-1, q-1)}$$

In unserem Beispiel ergibt dies $\frac{432}{kgV(12,36)} = 12$ verschiedene Werte für e, bei denen für alle m in $\mathbb{Z}_{481}$ gilt: $m^e = m \mod n$.

[113] Man kann diese e, die jede Nachricht zu einem Fixpunkt machen, als „schwache Schlüssel" (e, n) des RSA-Verfahrens bezeichnen. Diese Bedeutung unterscheidet sich jedoch von den **schwachen Schlüsseln** k bei DES, die **jede** Nachricht m bei doppelt hintereinander durchgeführter **Ver**schlüsselung auf sich selbst abbilden. Das RSA-Verfahren kennt m.W. für größere n keine schwachen Schlüssel dieser Art: $(m^e)^e = m$. Eine doppelte Operation mit dem öffentlichen Schlüssel macht bei asymmetrischen Verfahren auch keinen Sinn.
In `JCT Standard-Perspektive ▷ Visualisierungen ▷ Innere Zustände im Data Encryption Standard (DES)` kann man schwache DES-Schlüssel finden.

5.20.7.4 Eine empirische Abschätzung der Anzahl der Fixpunkte für wachsende Moduli

In diesem Kapitel machen wir eine empirische Abschätzung der Anzahl der Fixpunkte für wachsende Moduli (wobei wir **keine** schwachen e wählen wie Abschnitt 5.20.7.3 auf Seite 376).

Dabei haben wir p und q zufällig aus den sechs folgenden Bereichen gewählt (jeder gekennzeichnet durch seine untere und obere Schranke): $(2^2, 2^{10})$, $(2^{10}, 2^{20})$, $(2^{20}, 2^{40})$, $(2^{40}, 2^{80})$, $(2^{80}, 2^{160})$, $(2^{160}, 2^{320})$.

In jedem Bereich haben wir 10 Versuche gemacht. Der Exponent e hatte immer den Standardwert $e = 2^{16} + 1$. Die Anzahl der Fixpunkte wurde für alle 60 Versuche mit dem SageMath-Beispiel 5.20.23 auf Seite 381 berechnet.

Die folgenden Mengen enthalten die 10 zufällig gewählten Wertepaare (p, q) innerhalb der ersten fünf Größenbereiche:

$$\begin{aligned}
(2^2, 2^{10}) : (p, q) \in \{&(127, 947), (349, 809), (47, 461), (587, 151), (19, 23),\\
&(709, 509), (653, 11), (859, 523), (823, 811), (83, 331)\}\\
(2^{10}, 2^{20}) : (p, q) \in \{&(447401, 526283), (474223, 973757), (100829, 126757), (35803, 116933),\\
&(577751, 598783), (558121, 607337), (950233, 248167), (451103, 73009),\\
&(235787, 164429), (433267, 287939)\}\\
(2^{20}, 2^{40}) : (p, q) \in \{&(58569604997, 321367332149), (286573447351, 636576727223),\\
&(134703821971, 134220414529), (161234614601, 711682765579),\\
&(19367840881, 804790726361), (932891507377, 521129503333),\\
&(337186437739, 426034644493), (986529569219, 604515928397),\\
&(276825557171, 654134442649), (639276602353, 1069979301731)\}\\
(2^{40}, 2^{80}) : (p, q) \in \{&(667530919106151273090539, 287940270633610590682889),\\
&(437090557112369481760661, 590040807609821698387141),\\
&(1131921188937480863054851, 813935599673320990215139)\\
&(874130181777177966406673, 632270193935624953596331),\\
&(599303355925474677078809, 717005631177936134003029),\\
&(752829320004631398659063, 714134510643836818718761),\\
&(1046313315092743492917349, 835721729660755006973833),\\
&(877161707568112212806617, 428315033282611105793649),\\
&(575464819450637793425803, 542583205115904343302 7),\\
&(321404337099945148592363, 992663778486687980443879)\}\\
(2^{80}, 2^{160}) : (p, q) \in \{&(838952969674957834783403492645269831354775774659,\\
&694309130163549038783972189350416942879771871411),\\
&(981985107290629501374187748859961786804311564643,\\
&178616495258601001174141825667078950281544628693),\\
&(614446632627716919862227545890890553330513965359,\\
&761232454374959264696945191327265643178491649141),\\
&(1421756952722008095585945863962560425554707936337,\\
&986781711714138924140285492105143175328486228197),\\
&(862346475785474165539441761205023498091366178341,\\
&438589995804600940885415547506719456975478582911),\\
&(1034081318899669345416602574034081247538053001533,\\
&1207032778571434704618111297072774884748706223447),\\
&(308083812465705343620096534684980088954958466893,\\
&350597371862294596793629011464584694618569736021),\\
&(830376326124356299120963861338027196931951857769,\\
&924874232653136669722297184352059466357375363191),\\
&(856005811201545908101892375698207060066598 29231,\\
&297064381842806596646150718828138629443319259829),\\
&(1358984492013516052055790129324581847590275909129,\\
&609402294805414245544586792657989060761523960427)\}
\end{aligned}$$

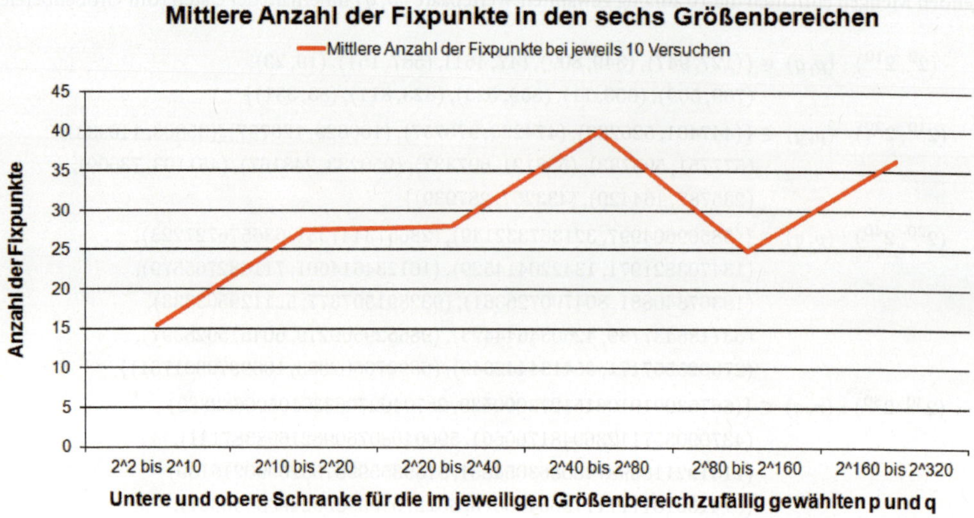

Abb. 5.18: Eine empirische Abschätzung der Anzahl der Fixpunkte für wachsende Moduli

Abb. 5.18 zeigt, dass die durchschnittliche Anzahl der Fixpunkte in keinem der sechs Größenbereiche größer als 40 war.

5.20.7.5 Beispiel: Bestimmung aller Fixpunkte für einen bestimmten öffentlichen RSA-Schlüssel

Die Aufgabe besteht darin, alle Fixpunkte für $(n, e) = (866959, 17)$ zu bestimmen.

Lösung:
Zuerst faktorisieren wir n: $866959 = 811 \cdot 1069$.

Die Anzahl der RSA-Fixpunkte ergibt sich nach Satz 5.20.3:
$(ggT(p-1, e-1)+1) \cdot (ggT(q-1, e-1)+1) = (ggT(811-1, 17-1)+1) \cdot (ggT(1069-1, 17-1)+1) = (2+1) \cdot (4+1) = 15$

Das SageMath-Beispiel 5.20.23 auf der nächsten Seite liefert für $(n, e) = (866959, 17)$ die 15 Fixpunkte, die in Tabelle 5.18 zu sehen sind:

0	1	23518	23519	47037
188964	212482	236000	630959	654477
677995	819922	843440	843441	866958

Tab. 5.18: Die 15 RSA-Fixpunkte für den öffentlichen Schlüssel $(n, e) = (866959, 17)$

Beispielhaftes Validieren der Fixpunkt-Eigenschaft für $m = 843441$: $843441^{17} \bmod 866959 = 843441$. Also ist $m = 843441$ ein Fixpunkt für den gegebenen öffentlichen Schlüssel (n, e).

SageMath-Beispiel 5.20.23: Bestimmung aller Fixpunkt-Nachrichten für gegebenen öffentlichen RSA-Schlüssel

```
print("\n# CHAP05 -- Sage-Script-SAMPLE 170: =========")
print("--- Search for fixpoints in textbook RSA given p, q, e ---")

import numpy

### EDIT BEGIN ### --- Edit e,p,q here
e=17; p=811; q=1069
# e=7;  p=5;   q=11    # 4th sample from chapter 5.20.7.2
### EDIT END ###

fp=numpy.array([0]); fq=numpy.array([0])

n=p*q
print("Prime p:", p); print("Prime q:", q);
print("Modul n:", n); print("Public exponent e:", e)

r=Integers(p); gen_f_p = r.multiplicative_generator(); print("\nGenerator of f_p:", gen_f_p)
s=Integers(q); gen_f_q = s.multiplicative_generator(); print("Generator of f_q:", gen_f_q)

gcd_p = gcd(e-1,p-1); gcd_q = gcd(e-1,q-1)
print("\ngcd(e-1,p-1):", gcd_p); print("gcd(e-1,q-1):", gcd_q)
print("Number of fixpoints:", (gcd_p+1)*(gcd_q+1))

print("\nFixpoints modulo p:"); print("0 (this trivial fixpoint added manually)")
i=0;
for i in range(gcd_p):
    fix_p = power_mod(gen_f_p,Integer(i*(p-1)/gcd_p),p); print(fix_p)
    fp = numpy.append(fp,fix_p)

print("\nFixpoints modulo q:"); print("0 (this trivial fixpoint added manually)")
j=0;
for j in range(gcd_q):
    fix_q = power_mod(gen_f_q,Integer(j*(q-1)/gcd_q),q); print(fix_q)
    fq = numpy.append(fq,fix_q)

print("\nFixpoints for the public RSA key (n,e) = (%d, %d):" % (n, e) )
for r in fp:
    for s in fq:
        print(crt(Integer(r),Integer(s),Integer(p),Integer(q)))

print("\nRemark: You can verify each fixpoint with power_mod(m,e,n).")

#------------------------------------
# CHAP05 -- Sage-Script-SAMPLE 170: =========
# --- Search for fixpoints in textbook RSA given p, q, e ---
# Prime p: 811
# Prime q: 1069
# Modul n: 866959
# Public exponent e: 17
#
# Generator of f_p: 3
# Generator of f_q: 6
#
# gcd(e-1,p-1): 2
# gcd(e-1,q-1): 4
# Number of fixpoints: 15
#
# Fixpoints modulo p:
# 0 (this trivial fixpoint added manually)
# 1    810
#
# Fixpoints modulo q:
# 0 (this trivial fixpoint added manually)
# 1    249    1068    820
#
# Fixpoints for the public RSA key (n,e) = (866959, 17):
#      0    23519    654477    843440    212482    843441
#      1    630959   819922    188964    23518     47037
# 677995    866958   236000
#
# Remark: You can verify each fixpoint with power_mod(m,e,n).
```

Bedeutung der Variablen im SageMath-Beispiel 5.20.23 auf der vorherigen Seite:

- `gen_f_p = r.multiplicative_generator()`
  r ist ein Restklassen-Ring modulo p, und `multiplicative_generator()` gibt ein erzeugendes Element zurück, welches diesen Ring modulo p erzeugt.

- `power_mod(gen_f_p,Integer(i*(p-1)/gcd_p),p)`
  Die `power_mod`-Funktion potenziert eine Zahl m mit e, und gibt das Ergebnis modulo n aus.
  Beispiel: `power_mod(m,e,n) := m^e modulo n`

- `numpy.append(fp,power_mod(gen_f_p,Integer(i*(p-1)/gcd_p),p))`
  Die append-Funktion erweitert ein Array (fp) um ein weiteres Element.

- `crt(Integer(r),Integer(s),Integer(p),Integer(q))`
  CRT steht für Chinese Remainder Theorem. `crt(r,s,p,q)` löst die Kongruenzen $x \equiv r \mod p$ und $x \equiv s \mod q$ mithilfe des Chinesischen Restsatzes.

5.21 Anhang: Liste der in diesem Kapitel formulierten Definitionen und Sätze

	Kurzbeschreibung	Seite
Definition 5.3.1	Primzahlen	275
Definition 5.3.2	Zusammengesetzte Zahlen	276
Satz 5.3.1	Teiler von zusammengesetzten Zahlen	276
Satz 5.3.2	Erster Hauptsatz der elementaren Zahlentheorie	276
Definition 5.4.1	Teilbarkeit	277
Definition 5.4.2	ggT	277
Definition 5.4.3	kgV	277
Definition 5.4.4	Restklasse r modulo m	279
Definition 5.4.5	restgleich oder kongruent	279
Satz 5.4.1	Kongruenz mittels Differenz	279
Satz 5.6.1	Multiplikative Inverse (Existenz)	284
Satz 5.6.2	Erschöpfende Permutation	285
Satz 5.6.3	Reduktion im Exponenten mod $\phi(m)$	287
Definition 5.7.1	$\mathbb{Z}_n$	290
Definition 5.7.2	$\mathbb{Z}_n^*$	291
Satz 5.7.1	Multiplikative Inverse in $\mathbb{Z}_n^*$	291
Definition 5.8.1	Euler-Funktion $\phi(n)$	292
Satz 5.8.1	$\phi(p)$	292
Satz 5.8.2	$\phi(p \cdot q)$	292
Satz 5.8.3	$\phi(p_1 \cdot \ldots \cdot p_k)$	292
Satz 5.8.4	$\phi(p_1^{e_1} \cdot \ldots \cdot p_k^{e_k})$	292
Satz 5.8.5	Kleiner Satz von Fermat	293
Satz 5.8.6	Satz von Euler-Fermat	294
Definition 5.9.1	Multiplikative Ordnung $\text{ord}_m(a)$	298
Definition 5.9.2	Primitivwurzel von m	299
Satz 5.9.1	Ausschöpfung des Wertebereiches	300
Satz 5.20.1	$(e-1)$-te Einheitswurzel	374
Satz 5.20.2	Anzahl der RSA-Fixpunkte (ab 1)	374
Satz 5.20.3	Anzahl der RSA-Fixpunkte (ab 0)	375
Satz 5.20.4	Schwache Exponenten	376
Satz 5.20.5	Vollständige Fixpunkteigenschaft	377
Satz 5.20.6	Anzahl möglicher e bei Fixpunkten	377

Tab. 5.19: Liste der in Kapitel 5 formulierten Definitionen und Sätze

Web-Links zu Kapitel 5

1. Fibonacci-Seite von Ron Knott
   Hier dreht sich alles um Fibonacci-Zahlen.
   `http://www.maths.surrey.ac.uk/hosted-sites/R.Knott/Fibonacci/fib.html`
2. CrypTool
   E-Learning-Freeware zur Veranschaulichung von Kryptografie und Kryptoanalyse
   `https://www.cryptool.org`
3. Mathematica
   Kommerzielles Mathematik-Paket
   `https://www.wolfram.com`
4. BC
   Interpreter mit zahlentheoretischen Funktionen. Wird seit 2006 nicht weiter entwickelt und funktioniert unter neueren Windows-Versionen auch nicht mehr korrekt.
   Von Keith Matthews gibt es für Unix aber regelmäßig kleine Updates.
   `https://www.gnu.org/software/bc/bc.html`
   `http://www.numbertheory.org/gnubc/gnubc.html`
5. Pari-GP
   Schneller und freier Interpreter mit zahlentheoretischen Funktionen. Läuft als WebAssembly-Version auch im Browser. Gepflegt von Karim Belabas.
   `https://pari.math.u-bordeaux.fr/`
   `https://en.wikipedia.org/wiki/PARI/GP`
6. SageMath
   Ausgezeichnetes Open-Source Computer-Algebra-System, basierend auf Python als Skript-Sprache. Mit SageMath sind die Code-Beispiele in diesem Kapitel erstellt. Vergleiche die Einführung zu SageMath in Kapitel A.7, und
   `https://www.sagemath.org/`
   `https://de.wikipedia.org/wiki/Sage_(Software)`
7. Münchenbach
   Erst nach Vollendung der ersten Versionen dieses Kapitels wurde mir die Web-Seite von Carsten Münchenbach (1999) bekannt, die interaktiv und didaktisch sehr ausgereift die grundlegenden Denkweisen der Mathematik anhand der elementaren Zahlentheorie nahebringt. Sie entstand für ein Unterrichtsprojekt der 11. Klasse des Technischen Gymnasiums und nutzt MuPAD.
   `http://www.hydrargyrum.de/kryptographie`
8. BSI
   Bundesamt für Sicherheit in der Informationstechnik
   `https://www.bsi.bund.de`
9. Faktorisierungsrekorde und Challenges
   - `https://web.archive.org/web/20170704003418/http://www.crypto-world.com:80/`, letztes Update 2013
   - `https://web.archive.org/web/20170518021747/http://www.crypto-world.com:80/FactorWorld.html`, Webseite von Scott Contini
   - `https://members.loria.fr/PZimmermann/records/factor.html`
   - `https://de.wikipedia.org/wiki/RSA_Factoring_Challenge`
   - `https://web.archive.org/web/20010714162913/http://www.rsa.com/rsalabs/challenges/factoring/index.html`

- https://members.loria.fr/PZimmermann/records/gnfs158, zu C158
- https://members.loria.fr/PZimmermann/records/rsa160

10. Cunningham-Projekt
https://homes.cerias.purdue.edu/~ssw/cun/, angezeigte letzte Änderung 18.06.2024

11. Daniel J. Bernsteins Webseiten
https://cr.yp.to
https://cr.yp.to/factorization.html

12. Post-Quantum-Kryptografie
https://pqcrypto.org/, angezeigte letzte Änderung 09.04.2019

Literatur zu Kapitel 5

[1] Friedrich L. Bauer. *Entzifferte Geheimnisse*. Springer, 1995 (siehe S. 270)

[2] Friedrich L. Bauer. *Decrypted Secrets*. 2. Aufl. Springer, 2000 (siehe S. 270)

[3] R. E. Graham, D. E. Knuth und O. Patashnik. *Concrete Mathemathics, a Foundation of Computer Science*. 6. Aufl. Addison Wesley, 1994 (siehe S. 271)

[4] Albrecht Beutelspacher. *Kryptologie*. 5. Aufl. Vieweg, 1996 (siehe S. 271, 307)

[5] Helmut Witten und Ralph-Hardo Schulz. „RSA & Co. in der Schule: Moderne Kryptologie, alte Mathematik, raffinierte Protokolle. NF Teil 3: RSA und die elementare Zahlentheorie". In: *LOG IN* 152 (2008), S. 60–70. URL: https://informatik.schule.de/krypto/ (siehe S. 272)

[6] Andrew Wiles. „Modular elliptic curves and Fermat's Last Theorem". In: *Annals of Mathematics* 141 (1995) (siehe S. 272)

[7] Charles P. Pfleeger. *Security in Computing*. 2. Aufl. Prentice-Hall, 1997 (siehe S. 285)

[8] Donald E. Knuth. *The Art of Computer Programming, vol 2: Seminumerical Algorithms*. 3. Aufl. Addison-Wesley, 1998 (siehe S. 285)

[9] Serge Lang. *Algebra*. 3. Aufl. Addison-Wesley, 1993 (siehe S. 294)

[10] W.-D. Geyer. „Wie erkennt man Primzahlen?" Handout. Vortrag zur Lehrerfortbildung. Erlangen, 1982 (siehe S. 294)

[11] G. H. Hardy und E. M. Wright. *An Introduction to the Theory of Numbers*. 2. Aufl. Oxford University Press, Clarendon Press, 1945 (siehe S. 294)

[12] Douglas R. Stinson. *Cryptography – Theory and Practice*. 3. Aufl. Chapman & Hall/CRC, 2006 (siehe S. 302, 338)

[13] Claudia Eckert. *IT-Sicherheit: Konzepte-Verfahren-Protokolle*. 9. Aufl. Paperback. De Gruyter Oldenbourg, 2014 (siehe S. 306, 334)

[14] Robert Sedgewick. *Algorithms in C*. Addison-Wesley, 1990 (siehe S. 306)

[15] BSI. *Technische Richtlinie TR-02102-1, Kryptographische Verfahren: Empfehlungen und Schlüssellängen (Version 2024-01)*. Techn. Ber. 2024. URL: https://www.bsi.bund.de/SharedDocs/Downloads/DE/BSI/Publikationen/TechnischeRichtlinien/TR02102/BSI-TR-02102.pdf (siehe S. 307, 321)

[16] Johannes Buchmann. *Einführung in die Kryptographie*. 6. Aufl. Paperback. Springer, 2016 (siehe S. 307)

[17] BSI. *Technical Guideline TR-02102-1, Cryptographic Mechanisms: Recommendations and Key Lengths (Version 2024-01)*. Techn. Ber. 2024. URL: https://www.bsi.bund.de/SharedDocs/Downloads/EN/BSI/Publications/TechGuidelines/TG02102/BSI-TR-02102-1.pdf (siehe S. 307)

[18] Gilles Barthe u. a. „Beyond provable security verifiable IND-CCA security of OAEP". In: *Cryptographers' Track at the RSA Conference*. Springer. 2011, S. 180–196 (siehe S. 309)

[19] F. Bourseau, D. Fox und C. Thiel. „Vorzüge und Grenzen des RSA-Verfahrens". In: *Datenschutz und Datensicherheit (DuD)* 26 (2002), S. 84–89. URL: https://www.secorvo.de/publikationen/rsa-grenzen-fox-2002.pdf (siehe S. 309, 312)

[20] Carl Pomerance. „The Quadratic Sieve Factoring Algorithm". In: *Proceedings of Crypto '84, LNCS 196*. Hrsg. von G.R. Blakley und D. Chaum. Springer, 1984, S. 169–182 (siehe S. 311)

[21] J. P. Buhler, H. W. Lenstra und C. Pomerance. „Factoring integers with the number field sieve". In: *The Development of the Number Field Sieve, Lecture Notes in Mathematics, Vol. 1554*. Hrsg. von K. Lenstra und H.W. Lenstra. Springer, 1993, S. 50–94 (siehe S. 311)

[22] Thorsten Kleinjung u. a. *Factorization of a 768-bit RSA modulus, version 1.4*. 2010. URL: http://eprint.iacr.org/2010/006.pdf (siehe S. 311, 318)

[23] Dario Alpern. *Integer factorization calculator*. URL: https://www.alpertron.com.ar/ECM.HTM (besucht am 28. 07. 2023) (siehe S. 312)

[24] „daedalus" Darío Clavijo. *RsaCtfTool*. URL: https://github.com/RsaCtfTool/RsaCtfTool (besucht am 28. 07. 2023) (siehe S. 312)

[25] Matthias Schneider. „Analyse der Sicherheit des RSA-Algorithmus. Mögliche Angriffe, deren Einfluss auf sichere Implementierungen und ökonomische Konsequenzen". Magisterarb. Universität Siegen, 2004. URL: https://www.cryptool.org/media/publications/theses/Diplomarbeit_Schneider.pdf (siehe S. 312)

[26] Arjen K. Lenstra und Eric R. Verheul. *Selecting Cryptographic Key Sizes (1999 + 2001)*. In: *Journal of Cryptology* Bd. 14 (2001), S. 255–293. Siehe auch [53]. URL: https://www.cs.ru.nl/E.Verheul/papers/Joc2001/joc2001.pdf (siehe S. 312)

[27] Frank K. Wilhelm u. a. *Status of quantum computer development, Version 2.0*. Techn. Ber. BSI (Bundesamt für Sicherheit in der Informationstechnik), 2023. URL: https://www.bsi.bund.de/SharedDocs/Downloads/DE/BSI/Publikationen/Studien/Quantencomputer/Entwicklungstand_QC_V_2_0.html (siehe S. 313)

[28] MysteryTwister. *MysteryTwister (MTW) is an international cryptography competition, offering more than 300 riddles (challenges) at four levels of difficulty*. 2023. URL: https://www.mysterytwister.org (besucht am 19. 07. 2023) (siehe S. 314)

[29] Sam Wagstaff. *The Cunningham Project*. URL: https://homes.cerias.purdue.edu/~ssw/cun/ (besucht am 22. 07. 2023) (siehe S. 314, 315)

[30] John Brillhart u. a. *Factorizations of b[n] ±1, b = 2, 3, 5, 6, 7, 10, 11, 12 up to high powers*. 3. Aufl. American Mathematical Society, 2002 (siehe S. 314)

[31] Ralph-Hardo Schulz und Helmut Witten. „Zeitexperimente zur Faktorisierung. Ein Beitrag zur Didaktik der Kryptographie". In: *LOG IN* 166/167 (2010), S. 113–120. URL: https://informatik.schule.de/krypto/ (siehe S. 314)

[32] Günter M. Ziegler. *Primzahl-Rekordjagd*. In: *Mitteilungen der Deutschen Mathematiker-Vereinigung* 4 (2003), S. 5–7. URL: https://www.degruyter.com/document/doi/10.1515/dmvm-2003-0096/pdf URL2: https://www.mi.fu-berlin.de/math/groups/discgeom/ziegler/Preprintfiles/095PREPRINT.pdf (siehe S. 315)

[33] Samuel S. Jr. Wagstaff. „The Cunningham Project". In: *Fields Institute Communications* (2000), S. 1–12. URL: https://homes.cerias.purdue.edu/~ssw/cun1.pdf (siehe S. 315)

[34] Daniel J. Bernstein. *Circuits for integer factorization: a proposal*. 2001. URL: https://cr.yp.to/papers/nfscircuit.ps URL2: https://cr.yp.to/djb.html (siehe S. 320)

[35] Arjen K. Lenstra u. a. *Analysis of Bernstein's Factorization Circuit*. 2002. URL: https://cs-people.bu.edu/tromer/papers/meshc.pdf (besucht am 25. 08. 2024) (siehe S. 320)

[36] RSA Security. *Has the RSA algorithm been compromised as a result of Bernstein's Paper?* Techn. Ber. RSA Security, Apr. 2002. URL: http://www.networkdls.com/Articles/bernstein.pdf (siehe S. 321)

[37] Adi Shamir und Eran Tromer. „Factoring Large Numbers with the TWIRL Device". In: *Advances in Cryptology - CRYPTO 2003, 23rd Annual International Cryptology Conference, Santa Barbara, California, USA, August 17-21, 2003, Proceedings*. Bd. 2729. Lecture Notes in Computer Science. Springer, 2003, S. 1–26. URL: https://cs-people.bu.edu/tromer/papers/twirl.pdf (besucht am 25. 08. 2024) (siehe S. 321)

[38] Adi Shamir und Eran Tromer. „On the Cost of Factoring RSA-1024". In: *RSA Laboratories CryptoBytes* 6.2 (2003), S. 11–20. URL: https://cs-people.bu.edu/tromer/papers/cbtwirl.pdf (besucht am 25. 08. 2024) (siehe S. 321)

[39] Rüdiger Weis, Stefan Lucks und Andreas Bogk. „Sicherheit von 1024 bit RSA-Schlüsseln gefährdet". In: *Datenschutz und Datensicherheit (DuD)* 27.6 (2003), S. 360–362 (siehe S. 321)

[40] M. Agrawal, N. Kayal und N. Saxena. *PRIMES in P*. Corrected version. Aug. 2002. URL: https://www.cse.iitk.ac.in/users/manindra/algebra/primality_v6.pdf/ URL2: http://fatphil.org/maths/AKS/ (siehe S. 321)

[41] Arjen K. Lenstra u. a. „Ron was wrong, Whit is right, A Sanity Check of Public Keys Collected on the Web". In: *Cryptology ePrint Archive* (Feb. 2012). URL: https://eprint.iacr.org/2012/064.pdf (siehe S. 322)

[42] B. Esslinger, J. Schneider und V. Simon. „RSA – Sicherheit in der Praxis". In: *KES Zeitschrift für Informationssicherheit* 2012.2 (Apr. 2012), S. 22–27. URL: https://www.cryptool.org/media/publications/journals/kes_2012_RSA_Sicherheit.pdf (siehe S. 322)

[43] Nadia Heninger u. a. „Mining Your Ps and Qs: Detection of Widespread Weak Keys in Network Devices". In: *Proceedings of the 21st USENIX Security Symposium*. Aug. 2012. URL: https://factorable.net/paper.html (siehe S. 322, 324–326)

[44] Daniel J. Bernstein. „Factoring into coprimes in essentially linear time". In: *Journal of Algorithms* 54 (2005). URL: https://cr.yp.to/lineartime/dcba-20040404.pdf (siehe S. 322)

[45] Philippe Oechslin. *Making a Faster Cryptanalytic Time-Memory Trade-Off*. Techn. Ber. Crypto 2003, 2003, S. 15. URL: https://www.iacr.org/archive/crypto2003/27290615/27290615.pdf (siehe S. 322)

[46] Helmut Witten, Ralph-Hardo Schulz und Bernhard Esslinger. *RSA & Co. in der Schule. Moderne Kryptologie, alte Mathematik, raffinierte Protokolle, NF Teil 7: Alternativen zu RSA oder Diskreter Logarithmus statt Faktorisierung*. In: *LOG IN* Bd. 2010.181-182 (2015), S. 85–102.
Hierin werden u.a. DH und Elgamal in einem breiteren Kontext behandelt. Die Verfahren werden mit Codebeispielen in Python und SageMath erläutert.
URL: https://www.log-in-verlag.de/wp-content/uploads/2015/07/Internetquellen-LOG-IN-Heft-Nr.181-182.doc (siehe S. 327)

[47] Bruce Schneier. *Applied Cryptography, Protocols, Algorithms, and Source Code in C*. 2. Aufl. Wiley, 1996 (siehe S. 328)

[48] Song Y. Yan. *Number Theory for Computing*. Springer, 2000 (siehe S. 339)

[49] Helmut Witten und Ralph-Hardo Schulz. „RSA & Co. in der Schule: Moderne Kryptologie, alte Mathematik, raffinierte Protokolle. NF Teil 2: RSA für große Zahlen". In: *LOG IN* 143 (2006), S. 50–58. URL: https://informatik.schule.de/krypto/ (siehe S. 342)

[50] Minh Van Nguyen. *Number Theory and the RSA Public Key Cryptosystem – An introductory tutorial on using SageMath to study elementary number theory and public key cryptography*. 2009. URL: https://faculty.washington.edu/moishe/hanoiex/Number%20Theory%20Applications/numtheory-crypto.pdf (siehe S. 349)

[51] T. W. Hungerford. *Algebra*. Springer Verlag, 1974 (siehe S. 363)

[52] Stefan Katzenbeisser. *Recent Advances in RSA Cryptography*. Springer, 2001 (siehe S. 374)

[53] Damien Giry. *BlueKrypt: Cryptographic Key Length Recommendation*. Version 32.3. Mai 2020. URL: https://www.keylength.com/ (siehe S. 386)

6 Die mathematischen Ideen hinter der modernen (asymmetrischen) Kryptografie

Dieses Kapitel bietet einen Einstieg in die Verfahren der modernen Kryptografie (vor allem der asymmetrischen Kryptografie wie sie sich vor der Nutzung von Post-Quantum-Kryptografie und Multi-Party-Kommunikation darstellte). Einzelne Teile dieses Einstiegs werden in späteren Kapiteln vertieft, wie z. B. elliptische Kurven in Kapitel 8.

Entsprechende Funktionen finden Sie auch in den Programmen CT1, CT2, JCT und CTO: siehe die Liste der darin enthaltenen Funktionen in den Anhängen A.2, A.3, A.4 und A.5 und auf der Webseite `https://www.cryptool.org/de/functions/`.

Mit dem Zahlentheorie-Lernprogramm **ZT** können Sie spielerisch einige der hier besprochenen Verfahren (RSA, Rabin, DH, ElGamal) nachvollziehen (siehe Lern-Kapitel 4.2 und 4.3, Seite 9-17/17).
ZT können Sie in CT1 via `Einzelverfahren ▷ Zahlentheorie interaktiv ▷ Lernprogramm für Zahlentheorie` aufrufen. Siehe auch Anhang A.6.

Das Unterkapitel 6.5 führt die sog. RSA-Ebene ein. Im Prinzip ist das eine zweidimensionale grafische Interpretation des Chinesischen Restsatzes im Falle von RSA. Viele Aussagen über RSA können in der RSA-Ebene anschaulich intuitiv nachvollzogen werden, ohne Vorkenntnisse aus der Algebra haben zu müssen, zum Beispiel der Pollard p-1-Algorithmus zum Faktorisieren natürlicher Zahlen. Zahlreiche Grafiken und Beispiele führen schrittweise hin zum Verständnis des RSA-Verschlüsselungsvorgangs und der zugehörigen Mathematik, insbesondere der Gruppentheorie. Und obwohl die Bedeutung des Chinesischen Restsatzes für RSA wirklich nichts Neues ist, scheint es bisher in der Literatur kein explizit grafisches Modell dafür zu geben.

Ich weiß nicht, ob es besser wird, wenn wir es ändern,
aber ich weiß, dass wir es ändern müssen, wenn es besser werden soll.

Anmerkung von Unbekannt (Radio) dazu:
Und Gott gebe den Akteuren bei der notwendigen Umsetzung
das Wissen, die Weisheit und das Verantwortungsbewusstsein,
zwischen Aktionismus, Selbstdarstellung und planvollem Handeln
zu unterscheiden – und ihr Wissen auch anzuwenden.

Zitat 16: Georg Christoph Lichtenberg[1]

6.1 Einwegfunktionen mit Falltür und Komplexitätsklassen

Eine **Einwegfunktion** ist eine effizient zu berechnende Funktion, deren Umkehrung jedoch nur mit extrem hohem Rechenaufwand – also praktisch unmöglich – zu berechnen ist.

Etwas genauer formuliert: Eine Einwegfunktion ist eine Abbildung f einer Menge X in eine Menge Y, so dass $f(x)$ für jedes Element x von X leicht zu berechnen ist, während es für (fast) jedes y aus Y praktisch unmöglich ist, ein Urbild x (d.h. ein x mit $f(x) = y$) zu finden.

Ein alltägliches Beispiel für eine Einwegfunktion ist ein Telefonbuch: die auszuführende Funktion ist die, einem Namen die entsprechende Telefonnummer zuzuordnen. Da die Namen alphabetisch geordnet sind, ist diese Zuordnung einfach auszuführen. Aber ihre Invertierung, also die Zuordnung eines Namens zu einer gegebenen Nummer, ist offensichtlich schwierig, wenn man nur ein Telefonbuch zur Verfügung hat.

Einwegfunktionen spielen in der Kryptografie eine entscheidende Rolle. Viele kryptografischen Begriffe kann man durch Verwendung des Begriffs Einwegfunktion umformulieren. Als Beispiel betrachten wir die Public-Key-Verschlüsselung (asymmetrische Kryptografie):

[1] Georg Christoph Lichtenberg, deutscher Schriftsteller und Physiker (1742-1799),
(siehe auch: `https://de.wikipedia.org/wiki/Georg_Christoph_Lichtenberg`)

Jedem Teilnehmer T des Systems wird ein Schlüsselpaar zugeordnet: ein privater Schlüssel d_T und ein sogenannter öffentlicher Schlüssel e_T zugeordnet. Dabei muss die folgende Eigenschaft (Public-Key-Eigenschaft) gelten: Für einen Angreifer, der den öffentlichen Schlüssel e_T kennt, ist es praktisch unmöglich, den privaten Schlüssel d_T zu bestimmen.

Zur Konstruktion nützlicher Public-Key-Verfahren sucht man also eine Einwegfunktion, die in einer Richtung „einfach" zu berechnen, die in der anderen Richtung jedoch „schwer" (praktisch unmöglich) zu berechnen ist, solange eine bestimmte zusätzliche Information (Falltür) nicht zur Verfügung steht. Mit der zusätzlichen Information kann die Umkehrung effizient gelöst werden. Solche Funktionen nennt man **Einwegfunktionen mit Falltür** (trapdoor one-way function). Im obigen Fall ist die Einwegfunktion die Verschlüsselung durch Potenzieren mit dem öffentlichen Schlüssel e_T (als Exponent). Der geheime Schlüssel d_T ist die Falltür-Information.

Dabei bezeichnet man ein Problem als „einfach", wenn es in polynomialer Zeit als Funktion der Länge der Eingabe lösbar ist, d. h. wenn es so gelöst werden kann, dass der Zeitaufwand sich als polynomiale Funktion in Abhängigkeit der Länge der Eingabe darstellen lässt. Wenn die Länge der Eingabe n Bits beträgt, so ist die Zeit der Berechnung der Funktion proportional zu n^a, wobei a eine Konstante ist. Man sagt, dass die Komplexität solcher Probleme $O(n^a)$ beträgt (Landau- oder Big-O-Notation).

Vergleicht man 2 Funktionen 2^n und n^a, wobei a eine Konstante ist, dann gibt es immer einen Wert für n, ab dem für alle weiteren n gilt: $n^a < 2^n$. Die Funktion n^a hat eine geringere Komplexität. Z. B. gilt für $a = 5$: Ab der Länge $n = 23$ ist $2^n > n^5$ und danach wächst 2^n auch deutlich schneller $[(2^{22} = 4\,194\,304,\ 22^5 = 5\,153\,632),\ (2^{23} = 8\,388\,608,\ 23^5 = 6\,436\,343),\ (2^{24} = 16\,777\,216,\ 24^5 = 7\,962\,624)]$.

Der Begriff „praktisch unmöglich" ist etwas schwammig. Allgemein kann man sagen, ein Problem ist nicht effizient lösbar, wenn der zu seiner Lösung benötigte Aufwand schneller wächst als die polynomiale Zeit als Funktion der Größe der Eingabe. Wenn beispielsweise die Länge der Eingabe n Bits beträgt und die Zeit zur Berechnung der Funktion proportional zu 2^n ist, so gilt gegenwärtig: die Funktion ist für $n > 80$ praktisch nicht zu berechnen.

Die Entwicklung eines praktisch einsetzbaren Public-Key-Verfahrens hängt daher von der Entdeckung einer geeigneten Einwegfunktion mit Falltür ab.

Um Ordnung in die verwirrende Vielfalt von möglichen Problemen und ihre Komplexitäten zu bringen, fasst man Probleme mit ähnlicher Komplexität zu Klassen zusammen.

Die wichtigsten Komplexitätsklassen sind die Klassen **P** und **NP**:

- Die Klasse **P**: Zu dieser Klasse gehören diejenigen Probleme, die mit polynomialem Zeitaufwand lösbar sind.
- Die Klasse **NP**: Bei der Definition dieser Klasse betrachten wir nicht den Aufwand zur Lösung eines Problems, sondern den Aufwand zur Verifizierung einer gegebenen Lösung. Die Klasse **NP** besteht aus denjenigen Problemen, bei denen die Verifizierung einer gegebenen Lösung mit polynomialem Zeitaufwand möglich ist. Dabei bedeutet der Begriff **NP** „nichtdeterministisch" polynomial und bezieht sich auf ein Berechnungsmodell, d. h. auf einen nur in der Theorie existierenden Computer, der richtige Lösungen nichtdeterministisch „raten" und dies dann in polynomialer Zeit verifizieren kann.

Die Klasse **P** ist in der Klasse **NP** enthalten. Ein berühmtes offenes Problem ist die Frage, ob **P** $\neq$ **NP** gilt oder nicht, d. h. ob **P** eine echte Teilmenge ist oder nicht. Eine wichtige Eigenschaft der Klasse **NP** ist, dass sie auch sogenannte **NP**-vollständige Probleme enthält. Dies sind Probleme, welche die Klasse **NP** in folgender Weise vollständig repräsentieren: Wenn es einen „guten" Algorithmus für ein solches Problem gibt, dann existieren für alle Probleme aus **NP** gute Algorithmen. Insbesondere gilt: Wenn auch nur ein vollständiges Problem in **P** läge, d. h. wenn es einen polynomialen Lösungsalgorithmus für dieses Problem gäbe, so wäre **P=NP**. In diesem Sinn sind die **NP**-vollständigen Probleme die schwierigsten Probleme in **NP**.

Viele kryptografische Protokolle sind so gemacht, dass die „guten" Teilnehmer nur Probleme aus **P** lösen müssen, während sich ein Angreifer vor Probleme aus **NP** gestellt sieht.

Man weiß leider bis heute nicht, ob es Einwegfunktionen überhaupt gibt. Man kann aber zeigen, dass Einwegfunktionen genau dann existieren, wenn **P** $\neq$ **NP** gilt [1, S. 63].

Immer wieder behauptete jemand, er habe die Äquivalenz bewiesen (siehe [2]), aber bisher erwiesen sich diese Aussagen stets als falsch.

Es wurden eine Reihe von Algorithmen für Public-Key-Verfahren vorgeschlagen. Einige davon erwiesen sich, obwohl sie zunächst vielversprechend erschienen, als polynomial lösbar. Der berühmteste durchgefallene Bewerber ist der von Ralph Merkle [3] vorgeschlagene Knapsack mit Falltür. Siehe dazu auch Abschnitt 11.8.1.

6.2 Knapsackproblem als Basis für Public-Key-Verfahren

Eine ausführliche Behandlung von Knapsack- bzw. Rucksackproblemen findet man in *Knapsack Problems* von Kellerer, Pferschy und Pisinger [4]. In Abschnitt 11.8.1 findet man Erläuterungen und ein Rätsel zu einem Knapsack-Problem.

6.2.1 Knapsackproblem

Gegeben n Gegenstände $G_1, \ldots, G_n$ mit den Gewichten $g_1, \ldots g_n$ und den Werten $w_1, \cdots, w_n$. Man soll wertmäßig so viel wie möglich unter Beachtung einer oberen Gewichtsschranke g davontragen. Gesucht ist also eine Teilmenge von $\{G_1, \cdots, G_n\}$, etwa $\{G_{i_1}, \ldots, G_{i_k}\}$, so dass $w_{i_1} + \cdots + w_{i_k}$ maximal wird unter der Bedingung $g_{i_1} + \cdots + g_{i_k} \leq g$. Derartige Fragen gehören zu den **NP**-vollständigen Problemen (nicht deterministisch polynomial), die aufwändig zu berechnen sind.

Ein Spezialfall des Knapsackproblems ist:
Gegeben sind die natürlichen Zahlen $a_1, \ldots, a_n$ und g. Gesucht sind $x_1, \ldots, x_n \in \{0, 1\}$ mit $g = \sum_{i=1}^{n} x_i a_i$ (wo also $g_i = a_i = w_i$ gewählt ist). Dieses Problem heißt auch **0-1-Knapsackproblem** und wird mit $K(a_1, \ldots, a_n; g)$ bezeichnet.

Zwei 0-1-Knapsackprobleme $K(a_1, \ldots, a_n; g)$ und $K(a'_1, \ldots, a'_n; g')$ heißen kongruent, falls es zwei teilerfremde Zahlen w und m gibt, so dass

1. $m > \max\{\sum_{i=1}^{n} a_i, \sum_{i=1}^{n} a'_i\}$,
2. $g \equiv wg' \mod m$,
3. $a_i \equiv wa'_i \mod m$ für alle $i = 1, \ldots, n$.

Bemerkung:
Kongruente 0-1-Knapsackprobleme haben dieselben Lösungen. Ein schneller Algorithmus zur Klärung der Frage, ob zwei 0-1-Knapsackprobleme kongruent sind, ist nicht bekannt.

Das Lösen eines 0-1-Knapsackproblems kann durch Probieren der 2^n Möglichkeiten für $x_1, \ldots, x_n$ erfolgen. Die beste Methode erfordert $O(2^{n/2})$ Operationen, was für $n = 100$ mit $2^{100} \approx 1,27 \cdot 10^{30}$ und $2^{n/2} \approx 1,13 \cdot 10^{15}$ für Computer eine unüberwindbare Hürde darstellt. Allerdings ist die Lösung für spezielle $a_1, \ldots, a_n$ recht einfach zu finden, etwa für $a_i = 2^{i-1}$. Die binäre Darstellung von g liefert unmittelbar $x_1, \ldots, x_n$. Allgemein ist die Lösung des 0-1-Knapsackproblems leicht zu finden, falls eine Permutation[2] π von $1, \ldots, n$ mit $a_{\pi(j)} > \sum_{i=1}^{j-1} a_{\pi(i)}$ mit $j = 1, \ldots, n$ existiert. Ist zusätzlich π die Identität, d. h. $\pi(i) = i$ für $i = 1, 2, \ldots, n$, so heißt die Folge $a_1, \ldots, a_n$ superwachsend. Das Verfahren 6.2.1 löst das Knapsackproblem mit superwachsender Folge im Zeitraum von $O(n)$.

Krypto-Verfahren 6.2.1: Lösen von Knapsackproblemen mit superwachsenden Gewichten

```
for i = n to 1 do
    if T ≥ a_i then
        T := T − s_i
        x_i := 1
    else
        x_i := 0
if T = 0 then
    X := (x_1, ..., x_n) ist die Lösung.
else
    Es gibt keine Lösung.
```

6.2.2 Merkle-Hellman Knapsack-Verschlüsselung[3]

1978 spezifizierten Merkle und Hellman [3] ein Public-Key-Verschlüsselungs-Verfahren, das darauf beruht, das leichte 0-1-Knapsackproblem mit einer superwachsenden Folge in ein kongruentes mit einer nicht superwachsenden Folge zu „verfremden". Es ist eine Blockverschlüsselung, die bei jedem Durchgang einen n Bit langen Klartext chiffriert, siehe Krypto-Verfahren 6.2.2.

Krypto-Verfahren 6.2.2: Merkle-Hellman (auf Knapsackproblemen basierend)

Es sei $(a_1, \ldots, a_n)$ superwachsend. Seien m und w zwei teilerfremde Zahlen mit $m > \sum_{i=1}^{n} a_i$ und $1 \leq w \leq m - 1$. Wähle $\bar{w}$ mit $w\bar{w} \equiv 1 \mod m$ die modulare Inverse von w und setze $b_i := wa_i \mod m$, $0 \leq b_i < m$ für $i = 1, \ldots, n$, und prüfe, ob die Folge $b_1, \ldots b_n$ nicht superwachsend ist. Danach wird eine Permutation $b_{\pi(1)}, \ldots, b_{\pi(n)}$ von $b_1, \ldots, b_n$ publiziert und insgeheim die zu π inverse Permutation μ festgehalten. Ein Sender schreibt seine Nachricht in Blöcke $(x_1^{(j)}, \ldots, x_n^{(j)})$

---

[2] Eine Permutation π der Zahlen $1, \ldots, n$ ist die Vertauschung der Reihenfolge, in der diese Zahlen aufgezählt werden. Beispielsweise ist eine Permutation π von $(1, 2, 3)$ gleich $(3, 1, 2)$, also $\pi(1) = 3$, $\pi(2) = 1$ und $\pi(3) = 2$.

[3] Siehe `JCT Standard-Perspektive ▷ Visualisierungen ▷ Merkle-Hellman Knapsack-Kryptosystem`.

Fortsetzung Krypto-Verfahren 6.2.2

von Binärzahlen der Länge n, bildet

$$g^{(j)} := \sum_{i=1}^{n} x_i^{(j)} b_{\pi(i)}$$

und sendet $g^{(j)}, (j = 1, 2, \dots)$. Der Schlüsselinhaber bildet

$$G^{(j)} := \bar{w} g^{(j)} \mod m, \quad 0 \leq G^{(j)} < m$$

und verschafft sich die $x_{\mu(i)}^{(j)} \in \{0, 1\}$ (und somit auch die $x_i^{(j)}$) aus

$$\begin{aligned} G^{(j)} &\equiv \bar{w} g^{(j)} = \sum_{i=1}^{n} x_i^{(j)} b_{\pi(i)} \bar{w} \equiv \sum_{i=1}^{n} x_i^{(j)} a_{\pi(i)} \mod m \\ &= \sum_{i=1}^{n} x_{\mu(i)}^{(j)} a_{\pi(\mu(i))} = \sum_{i=1}^{n} x_{\mu(i)}^{(j)} a_i \mod m \end{aligned}$$

indem er die leichten 0-1-Knapsackprobleme $K(a_1, \dots, a_n; G^{(j)})$ mit superwachsender Folge $a_1, \dots, a_n$ löst.

1982 gab Shamir [5] einen Algorithmus zum Brechen des Systems in polynomialer Zeit an, ohne das allgemeine Knapsackproblem zu lösen. Len Adleman [6] und Jeff Lagarias [7] gaben einen Algorithmus zum Brechen des 2-fach iterierten Merkle-Hellman Knapsack-Verschlüsselungsverfahrens in polynomialer Zeit an. Ernst Brickell [8] gab schließlich einen Algorithmus zum Brechen des mehrfach iterierten Merkle-Hellman Knapsack-Verschlüsselungsverfahren in polynomialer Zeit an. Damit war dieses Verfahren als Verschlüsselungsverfahren ungeeignet. Dieses Verfahren liefert also eine Einwegfunktion, deren Falltür-Information (Verfremden des 0-1-Knapsackproblems) durch einen Gegner entdeckt werden könnte.

6.3 Primfaktorzerlegung als Basis für Public-Key-Verfahren

Primzahlen sind Grundlage für eine große Anzahl von Algorithmen für Public-Key-Verfahren.

6.3.1 Das RSA-Verfahren

Bereits 1978 stellten R. Rivest, A. Shamir, L. Adleman [9] das bis heute wichtigste asymmetrische Kryptografie-Verfahren vor (Algorithmus in Krypto-Verfahren 6.3.1).

Zu RSA findet man noch weitere Stellen im CrypTool-Buch, z. B. die Abschnitt 5.10 ff. oder RSA2D Abschnitt 6.5.

Mit CrypTool können Sie praktische Erfahrungen mit dem RSA-Verfahren sammeln:

- CTO hat dazu 2 ausführliche Plugins:
  Via „RSA (Schritt-für-Schritt)“ `https://www.cryptool.org/de/cto/rsa-step-by-step`.
  Via „RSA-visuell und mehr“ `https://www.cryptool.org/de/cto/rsa-visual` kann man sich die

Verschlüsselungs-Zuweisungen von RSA grafisch ansehen, Textbook-RSA mit großen Zahlen ausprobieren, und auch das in der Praxis implementierte RSA mit OAEP, Padding und Zertifikaten verwenden.

- per `CT1 Einzelverfahren ▷ RSA-Kryptosystem ▷ RSA-Demo`
- mit RSA-Vorlagen wie `CT2 Vorlagen ▷ Mathematisch ▷ RSA mit großen Zahlen`
- mit `JCT Standard-Perspektive ▷ Visualisierungen` und `JCT Algorithmen-Perspektive`

Krypto-Verfahren 6.3.1: RSA (auf dem Faktorisierungsproblem basierend)

Schlüsselgenerierung:
Seien p und q zwei verschiedene Primzahlen und $N = pq$. Sei e eine frei wählbare, zu $\phi(N)$ relativ prime Zahl , d.h. $\mathrm{ggT}(e, \phi(N)) = 1$. Mit dem Euklidschen Algorithmus berechnet man die natürliche Zahl $d < \phi(N)$, so dass gilt

$$ed \equiv 1 \mod \phi(N)$$

Dabei ist ϕ die **Eulersche Phi-Funktion.**
Der Ausgangstext wird in Blöcke zerlegt und verschlüsselt, wobei jeder Block einen binären Wert $x^{(j)} \leq N$ hat.

Öffentlicher Schlüssel:	N, e
Privater Schlüssel:	N, d
Verschlüsselung:	$y = \mathrm{enc}(x) = x^e \mod N$
Entschlüsselung:	$x = \mathrm{dec}(y) = y^d \mod N$

Bemerkung: Eulersche Phi-Funktion

Die Eulersche Phi-Funktion ist definiert durch:

> $\phi(n)$ ist die Anzahl der natürlichen Zahlen $x < n$,
> die mit n keinen gemeinsamen Faktor haben.

„Kein gemeinsamer Faktor“ ist folgendermaßen definiert: Zwei natürliche Zahlen a und b sind teilerfremd, falls $\mathrm{ggT}(a, b) = 1$.

Für die Eulersche Phi-Funktion gilt:

$$\phi(1) = 1,\ \phi(2) = 1,\ \phi(3) = 2,\ \phi(4) = 2,\ \phi(6) = 2,\ \phi(10) = 4,\ \phi(15) = 8.$$

Zum Beispiel ist $\phi(24) = 8$, weil

$$|\{x < 24 : \mathrm{ggT}(x, 24) = 1\}| = |\{1, 5, 7, 11, 13, 17, 19, 23\}|.$$

SageMath-Beispiel 6.3.1 auf der nächsten Seite zeigt, wie man diese Werte per SageMath erhält und die Grafik für die Eulersche Phi-Funktion (Abb. 6.1) erzeugt.

SageMath-Beispiel 6.3.1: Phi und die Liste der teilerfremden Zahlen per SageMath

```
sage: n=24; philist=[i for i in range(n) if gcd(n,i) == 1];
      print('n =', n, '; Len =', euler_phi(n), '; List =', philist)
n = 24 ; Len = 8 ; List = [1, 5, 7, 11, 13, 17, 19, 23]

sage: n=25; philist=[i for i in range(n) if gcd(n,i) == 1];
      print('n =', n, '; Len =', euler_phi(n), '; List =', philist)
n = 25 ; Len = 20 ;
List = [1, 2, 3, 4, 6, 7, 8, 9, 11, 12, 13, 14, 16, 17, 18, 19, 21, 22, 23, 24]

sage: n=26; philist=[i for i in range(n) if gcd(n,i) == 1];
      print('n =', n, '; Len =', euler_phi(n), '; List =', philist)
n = 26 ; Len = 12 ; List = [1, 3, 5, 7, 9, 11, 15, 17, 19, 21, 23, 25]

P = plot(euler_phi, -3, n); P
```

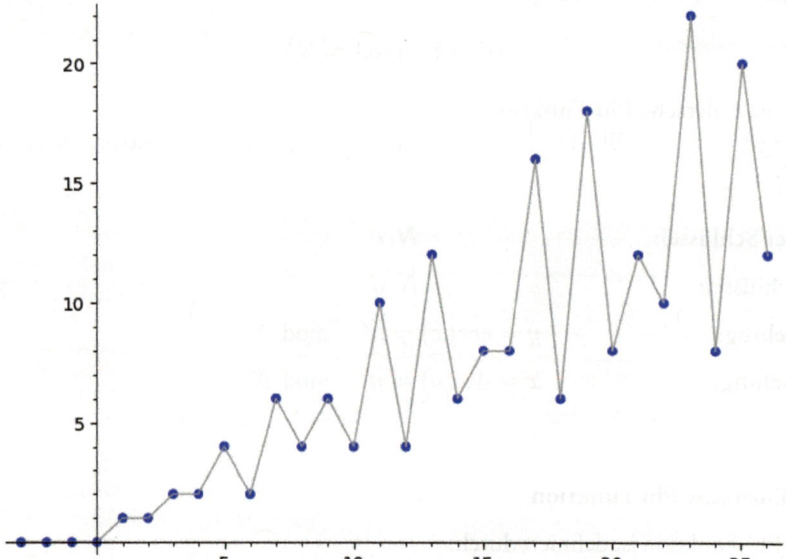

Abb. 6.1: Werte der Phi-Funktion bis n=26

Tabelle 6.1 zeigt Werte von $\phi(n)$ bis 25.

Ist p eine Primzahl, so gilt $\phi(p) = p - 1$. Im Spezialfall $N = pq$ gilt:

$$\phi(N) = pq(1 - 1/p)(1 - 1/q) = p(1 - 1/p)q(1 - 1/q) = (p - 1)(q - 1).$$

Kennt man die verschiedenen Primfaktoren $p_1, \ldots, p_k$ von n, so ist[4]

$$\phi(n) = n \cdot (1 - \frac{1}{p_1}) \cdot \ \ldots \ \cdot (1 - \frac{1}{p_k}).$$

Die Funktion enc ist eine Einwegfunktion, deren Falltür-Information die Primfaktorzerlegung von N ist.

[4]Weitere Formeln zur Eulerschen Phi-Funktion finden sich in Abschnitt 5.8.2 auf Seite 292.

n	$\phi(n)$	Die zu n teilerfremden natürlichen Zahlen kleiner n.
1	1	1
2	1	1
3	2	1, 2
4	2	1, 3
5	4	1, 2, 3, 4
6	2	1, 5
7	6	1, 2, 3, 4, 5, 6
8	4	1, 3, 5, 7
9	6	1, 2, 4, 5, 7, 8
10	4	1, 3, 7, 9
15	8	1, 2, 4, 7, 8, 11, 13, 14
20	8	1, 3, 7, 9, 11, 13, 17, 19
25	20	1, 2, 3, 4, 6, 7, 8, 9, 11, 12, 13, 14, 16, 17, 18, 19, 21, 22, 23, 24

Tab. 6.1: Eulersche Phi-Funktion

Zur Zeit ist kein Algorithmus bekannt, der das Produkt zweier Primzahlen bei sehr großen Werten geeignet schnell zerlegen kann (z. B. bei mehreren hundert Dezimalstellen). Die heute schnellsten bekannten Algorithmen [10] zerlegen eine zusammengesetzte ganze Zahl N in einem Zeitraum proportional zu $L(N) = e^{\sqrt{\ln(N)\ln(\ln(N))}}$. Einige Beispielwerte finden sich in Tabelle 6.2.

N	10^{50}	10^{100}	10^{150}	10^{200}	10^{250}	10^{300}
$L(N)$	$1,42 \cdot 10^{10}$	$2,34 \cdot 10^{15}$	$3,26 \cdot 10^{19}$	$1,20 \cdot 10^{23}$	$1,86 \cdot 10^{26}$	$1,53 \cdot 10^{29}$

Tab. 6.2: Wertetabelle für $L(N)$ [Faktorisierungsaufwand bezogen auf die Modullänge]

Es ist nicht bewiesen, dass das Problem, RSA zu brechen, äquivalent zum Faktorisierungsproblem ist. Klar ist aber, dass wenn das Faktorisierungsproblem „gelöst“ ist, dass dann das RSA-Verfahren nicht mehr sicher ist.[5]

[5] Im Jahre 2000 waren die Autoren der Ansicht, dass Werte der Größenordnung 100 bis 200 Dezimalstellen sicher sind. Sie schätzten, dass mit der aktuellen Computertechnik eine Zahl mit 100 Dezimalstellen bei vertretbaren Kosten in etwa zwei Wochen zerlegt werden könnte, dass mit einer teuren Konfiguration (z. B. im Bereich von 10 Millionen US-Dollar) eine Zahl mit 150 Dezimalstellen in etwa einem Jahr zerlegt werden könnte und dass eine 200-stellige Zahl noch für eine sehr lange Zeit unzerlegbar bleiben dürfte, falls es zu keinem mathematischen Durchbruch kommt. Dass es aber nicht doch schon morgen zu einem mathematischen Durchbruch kommt, kann man nie ausschließen.
Wie leicht man sich verschätzen kann, zeigt die aktuelle Entwicklung bei der Faktorisierung von RSA-Zahlen (siehe Abschnitt 5.12.4 auf Seite 314) – ganz ohne „mathematische Durchbrüche“.

6.3.2 Rabin-Public-Key-Verfahren (1979)

Die Sicherheit des Rabinverfahrens beruht auf der Schwierigkeit, Quadratwurzeln modulo einer zusammengesetzten Zahl zu bestimmen. „Rabin's scheme [...] gets its security from the difficulty of finding square roots modulo a composit number. This problem is equivalent to factoring." [11] Für dieses Verfahren konnte gezeigt werden, dass es äquivalent zum Brechen des Faktorisierungsproblems ist. Leider ist dieses Verfahren anfällig gegen Chosen-Ciphertext-Angriffe.

Dieser Algorithmus kann Schritt-für-Schritt in `JCT Standard-Perspektive ▷ Visualisierungen ▷ Rabin-Kryptosystem` ausgeführt werden.

Krypto-Verfahren 6.3.2: Rabin (auf dem Faktorisierungsproblem basierend)	
Seien p und q zwei verschiedene Primzahlen mit $p, q \equiv 3 \mod 4$ und $n = pq$. Sei $0 \leq B \leq n-1$.	
Öffentlicher Schlüssel:	$e = (n, B)$
Privater Schlüssel:	$d = (p, q)$
Verschlüsselung:	$y = e_T(x) = x(x+B) \mod n$
Entschlüsselung:	$d_T(y) = \sqrt{y + B^2/4} - B/2 \mod n$

Beachte: Die Verschlüsselungsfunktion ist nicht injektiv: Beim Entschlüsseln erhält man für jeden Geheimtext-Wert genau vier verschiedene Klartext-Werte, die $e_T(x)$ als Urbild besitzen: $x, -x-B, \omega(x+B/2) - B/2, -\omega(x+B/2) - B/2$, wobei ω eine der vier Einheitswurzeln ist.

Hintertür-Information ist die Primfaktorzerlegung von $n = pq$.

6.4 Der diskrete Logarithmus als Basis für Public-Key-Verfahren[6]

Diskrete Logarithmen sind die Grundlage für eine große Anzahl von Algorithmen für Public-Key-Verfahren.

6.4.1 Der diskrete Logarithmus in $\mathbb{Z}_p^*$

Sei p eine Primzahl, und sei g ein Erzeuger der zyklischen multiplikativen Gruppe $\mathbb{Z}_p^* = \{1, \ldots, p-1\}$. Dann ist die diskrete Exponentialfunktion zur Basis g definiert durch

$$e_g : k \longrightarrow y := g^k \mod p, \quad 1 \leq k \leq p-1.$$

[6]- In dem Zahlentheorie-Lernprogramm **ZT** können Sie mit der Verteilung des diskreten Logarithmus experimentieren und Shanks Babystep-Giantstep-Methode anwenden: Siehe Lern-Kapitel 6.1-6.3, Seiten 1-6/6.
ZT können Sie aufrufen via `CT1 Einzelverfahren ▷ Zahlentheorie interaktiv ▷ Lernprogramm für Zahlentheorie`. Siehe auch Anhang A.6.
- `CT2 Vorlagen ▷ Mathematisch ▷ Diskreter Logarithmus`
- `JCT Standard-Perspektive ▷ Visualisierungen ▷ Shanks Babystep-Giantstep`

Der Baby-Step Giant-Step-Algorithmus berechnet den diskreten Logarithmus oder die Ordnung eines Elements in einer endlichen abelschen Gruppe (zyklische Gruppe). Der Algorithmus basiert auf einem Platz-Zeit-Kompromiss (Zielkonflikt). Der Algorithmus ist zwar in der Laufzeit dem naiven Ausprobieren aller Möglichkeiten überlegen, ist aber dennoch für sehr große Gruppen praktisch nicht durchführbar.

Die Umkehrfunktion wird diskrete Logarithmusfunktion $\log_g$ genannt; es gilt

$$\log_g(g^k) = k.$$

Unter dem Problem des diskreten Logarithmus (in $\mathbb{Z}_p^*$) versteht man das folgende:

Gegeben p, g (ein Erzeuger der Gruppe $\mathbb{Z}_p^*$) und y, bestimme k so, dass $y = g^k \mod p$ gilt.

Die Berechnung des diskreten Logarithmus ist viel schwieriger als die Auswertung der diskreten Exponentialfunktion (siehe Kapitel 5.9). Tabelle 6.3 listet verschiedene Verfahren zur Berechnung des diskreten Logarithmus [10] und ihre Komplexität.

Name	Komplexität
Babystep-Giantstep	$O(\sqrt{p})$
Silver-Pohlig-Hellman	polynomial in q, dem größten Primteiler von $p-1$.
Index-Calculus	$O\left(e^{(1+o(1))\sqrt{\ln(p)\ln(\ln(p))}}\right)$

Tab. 6.3: Verfahren zur Berechnung des diskreten Logarithmus in $\mathbb{Z}_p^*$

Im Februar 2007 stellte die Gruppe Kleinjung, Franke und Bahr an der Universität Bonn den damaligen Rekord für die Berechnung des diskreten Logarithmus auf.[7] Sie berechneten den diskreten Logarithmus modulo einer 160-stelligen (530-bit) Primzahl p und Erzeuger g:

$$\begin{aligned} p &= \lfloor 10^{159}\pi \rfloor + 119849 \\ &= 314159265358979323846264338327950288419716939937510582097494 \\ &\quad\; 459230781640628620899862803482534211706798214808651328230664 \\ &\quad\; 7093844609550582231725359408128481237299 \\ g &= 2 \end{aligned}$$

Konkret wurde der diskrete Logarithmus k von folgender Zahl y berechnet:[8]

$$\begin{aligned} y &= \lfloor 10^{159} e \rfloor \\ &= 271828182845904523536028747135266249775724709369995957496696 \\ &\quad\; 762772407663035354759457138217852516642742746639193200305992 \\ &\quad\; 1817413596629043572900334295260595630738 \\ k &= \log_g(y) \mod p \\ &= 829897164650348970518646802640757844024961469323126472198531 \\ &\quad\; 845186895984026448342666252850466126881437617381653942624307 \\ &\quad\; 5376793196367115610535260824235136655 96 \end{aligned}$$

Die Suche wurde mit der GNFS-Methode (General Number Field Sieve, Index-Calculus) durchgeführt und benötigte ca. 17 CPU-Jahre auf 3,2 GHz Xeon-Maschinen.

[7] https://listserv.nodak.edu/cgi-bin/wa.exe?A2=ind0702&L=NMBRTHRY&P=R45&D=0&I=-3&T=0

[8] Die Zahl y ergab sich aus den ersten 159 Stellen der Eulerschen Zahl e.

Der aktuelle Rekord (Stand Nov. 2021) für ganze Zahlen modulo p als endliche zyklische Gruppe G wurde am 2.12.2019 von Fabrice Boudot, Pierrick Gaudry, Aurore Guillevic, Nadia Heninger, Emmanuel Thomé und Paul Zimmermann aufgestellt.[9] Sie berechneten den diskreten Logarithmus modulo der 240-stelligen (795-bit) Primzahl RSA-240 + 49204 (die erste sichere Primzahl über RSA-240), mit dem Zahlkörpersieb-Algorithmus (Number Field Sieve) und der Open-Source-Software CADO-NFS.

6.4.2 Diffie-Hellman-Schlüsselvereinbarung[10]

Die Mechanismen und Algorithmen der klassischen Kryptografie greifen erst dann, wenn die Teilnehmer bereits den geheimen Schlüssel ausgetauscht haben. Im Rahmen der klassischen Kryptografie führt kein Weg daran vorbei, dass Geheimnisse kryptografisch ungesichert ausgetauscht werden müssen. Die Sicherheit der Übertragung muss hier durch nicht-kryptografische Methoden erreicht werden. Man sagt dazu, dass man zum Austausch der Geheimnisse einen geheimen Kanal braucht; dieser kann physikalisch oder organisatorisch realisiert sein. Das Revolutionäre der modernen Kryptografie ist unter anderem, dass man keine geheimen Kanäle mehr braucht: Man kann geheime Schlüssel über nicht-geheime, also öffentliche Kanäle vereinbaren. Ein Protokoll, das dieses Problem löst, ist das von Diffie und Hellman (Krypto-Verfahren 6.4.1).

Krypto-Verfahren 6.4.1: Diffie-Hellman-Schlüsselvereinbarung

Zwei Teilnehmer A und B wollen einen gemeinsamen geheimen Schlüssel vereinbaren.
Sei p eine Primzahl und g eine natürliche Zahl. Diese beide Zahlen müssen nicht geheim sein.
Zunächst wählen sich die beiden Teilnehmer je eine geheime Zahl a bzw. b. Daraus bilden sie die Werte $\alpha = g^a \mod p$ und $\beta = g^b \mod p$. Dann werden die Zahlen α und β ausgetauscht. Schließlich potenziert jeder den erhaltenen Wert mit seiner geheimen Zahl und erhält $\beta^a \mod p$ bzw. $\alpha^b \mod p$.
Damit gilt

$$\beta^a \equiv (g^b)^a \equiv g^{ba} \equiv g^{ab} \equiv (g^a)^b \equiv \alpha^b \mod p$$

Die Sicherheit des **Diffie-Hellman-Protokolls** hängt eng mit der Berechnung des diskreten Logarithmus modulo p zusammen. Es wird sogar vermutet, dass diese Probleme äquivalent sind.

6.4.3 ElGamal-Public-Key-Verschlüsselungsverfahren in $\mathbb{Z}_p^*$[11]

Variiert man das Diffie-Hellman-Schlüsselvereinbarungsprotokoll leicht, erhält man einen asymmetrischen Verschlüsselungsalgorithmus (Krypto-Verfahren 6.4.2). Diese Beobachtung geht auf Taher ElGamal zurück.

Krypto-Verfahren 6.4.2: ElGamal (auf dem diskreten Logarithmus-Problem basierend)

Sei p eine Primzahl, so dass der diskrete Logarithmus in $\mathbb{Z}_p$ schwierig zu berechnen ist. Sei $\alpha \in \mathbb{Z}_p^*$ ein primitives Element. Sei $a \in \mathbb{N}$ eine natürliche Zahl und $\beta = \alpha^a \mod p$.

Öffentlicher Schlüssel: p, α, β

[9] `https://listserv.nodak.edu/cgi-bin/wa.exe?A2=NMBRTHRY;fd743373.1912`

[10] Dieses Austauschprotokoll ist visualisiert und kann Schritt für Schritt mit konkreten Zahlen nachvollzogen werden:
- CT1 `Einzelverfahren ▷ Protokolle ▷ Diffie-Hellman-Demo`
- JCT `Standard-Perspektive ▷ Visualisierungen ▷ Diffie-Hellman Schlüsselaustausch (EC)`

[11] JCT `Standard-Perspektive ▷ Visualisierungen ▷ ElGamal`

Fortsetzung Krypto-Verfahren 6.4.2

Privater Schlüssel: a

Sei $k \in \mathbb{Z}_{p-1}$ eine zufällige Zahl und $x \in \mathbb{Z}_p^*$ der Klartext.

Verschlüsselung: $e_T(x,k) = (y_1, y_2)$

wobei $y_1 = \alpha^k \mod p$ und $y_2 = x\beta^k \mod p$

Entschlüsselung: $d_T(y_1, y_2) = y_2(y_1^a)^{-1} \mod p$

6.4.4 Verallgemeinertes ElGamal-Public-Key-Verschlüsselungsverfahren

Den diskreten Logarithmus kann man in beliebigen endlichen Gruppen $(G, \circ)$ verallgemeinern. Im Folgenden geben wir einige Eigenschaften über die Gruppe G an, die das diskrete Logarithmus-Problem schwierig machen. Dabei schreiben wir statt $g \circ h$ oft nur gh.

Berechnung der diskreten Exponentialfunktion Sei G eine Gruppe mit der Operation $\circ$ und $g \in G$. Die (diskrete) Exponentialfunktion zur Basis g ist definiert durch

$$e_g : k \longmapsto g^k, \quad \text{für alle } k \in \mathbb{N}.$$

Dabei definiert man

$$g^k := \underbrace{g \circ \ldots \circ g}_{k \text{ mal}}.$$

Die Exponentialfunktion ist leicht zu berechnen:

Lemma
Die Potenz g^k kann in höchstens $2\log_2 k$ Gruppenoperationen berechnet werden.

Beweis
Sei $k = 2^n + k_{n-1}2^{n-1} + \cdots + k_1 2 + k_0$ die Binärdarstellung von k. Dann ist $n \leq \log_2(k)$, denn $2^n \leq k < 2^{n+1}$. k kann in der Form $k = 2k' + k_0$ mit $k' = 2^{n-1} + k_{n-1}2^{n-2} + \cdots + k_1$ geschrieben werden. Es folgt

$$g^k = g^{2k'+k_0} = (g^{k'})^2 g^{k_0}.$$

Man erhält also g^k aus $g^{k'}$ indem man einmal quadriert und eventuell mit g multipliziert. Damit folgt die Behauptung durch Induktion nach n. □

Problem des diskreten Logarithmus

Sei G eine endliche Gruppe mit der Operation $\circ$. Sei $\alpha \in G$ und $\beta \in H = \{\alpha^i : i \geq 0\}$. Gesucht ist das eindeutige $a \in \mathbb{N}$ mit $0 \leq a \leq \lvert H\rvert - 1$ und $\beta = \alpha^a$. Wir bezeichnen a mit $\log_\alpha(\beta)$.

Berechnung des diskreten Logarithmus Ein einfaches Verfahren zur Berechnung des diskreten Logarithmus eines Gruppenelements, das wesentlich effizienter ist als das bloße Durchprobieren aller möglichen Werte für k, ist der Babystep-Giantstep-Algorithmus.

Satz 6.4.1 (Babystep-Giantstep-Algorithmus). *Sei G eine Gruppe und $g \in G$. Sei n die kleinste natürliche Zahl mit $|G| \leq n^2$. Dann kann der diskrete Logarithmus eines Elements $h \in G$ zur Basis g berechnet werden, indem man die folgenden zwei Listen mit jeweils n Elementen erzeugt und diese Listen vergleicht:*

$$\text{Giantstep-Liste: } \{1, g^n, g^{2n}, \ldots, g^{n \cdot n}\},$$
$$\text{Babystep-Liste: } \{hg^{-1}, hg^{-2}, \ldots, hg^{-n}\}.$$

Dabei kann man nach Feststellen eines gemeinsamen Elements die Berechnung abbrechen. Zur Berechnung dieser Listen braucht man $2n$ Gruppenoperationen.

Beweis
Falls $g^{jn} = hg^{-i}$, also $h = g^{i+jn}$, so ist das Problem gelöst. Falls die Listen disjunkt sind, so ist h nicht als $g^{i+jn}, i, j \leq n$, darstellbar. Da dadurch alle Potenzen von g erfasst werden, hat das Logarithmus-Problem keine Lösung. □

Man kann sich mithilfe des Babystep-Giantstep-Algorithmus klar machen, dass die Berechnung des diskreten Logarithmus sehr viel schwieriger ist als die Berechnung der diskreten Exponentialfunktion. Wenn die auftretenden Zahlen etwa 1000 Bit Länge haben, so benötigt man zur Berechnung aller g^k nur etwa 2000 Multiplikationen (siehe Satz 6.4.1), zur Berechnung des diskreten Logarithmus mit dem Babystep-Giantstep-Algorithmus aber etwa $2^{500} \approx 10^{150}$ Operationen.
Neben dem Babystep-Giantstep-Algorithmus gibt es noch zahlreiche andere Verfahren zur Berechnung des diskreten Logarithmus [10].

Der Satz von Silver-Pohlig-Hellman In endlichen abelschen Gruppen lässt sich das diskrete Logarithmus-Problem in Gruppen kleinerer Ordnung reduzieren.

Satz 6.4.2 (Silver-Pohlig-Hellman). *Sei G eine endliche abelsche Gruppe mit $|G| = p_1^{a_1} p_2^{a_2} \cdot \ldots \cdot p_s^{a_s}$. Dann lässt sich das diskrete Logarithmus-Problem in G auf das Lösen von Logarithmenproblemen in Gruppen der Ordnung $p_1, \ldots, p_s$ zurückführen.*

Enthält $|G|$ einen „dominanten" Primteiler p, so ist die Komplexität des Logarithmus-Problems ungefähr

$$O(\sqrt{p}).$$

Wenn also das Logarithmus-Problem schwer sein soll, so muss die Ordnung der verwendeten Gruppe G einen großen Primteiler haben. Insbesondere gilt, wenn die diskrete Exponentialfunktion in der Gruppe $\mathbb{Z}_p^*$ eine Einwegfunktion sein soll, so muss $p - 1$ einen großen Primteiler haben. In diesem Fall kann man ein verallgemeinertes ElGamal-Verfahren definieren (siehe Krypto-Verfahren 6.4.3).

Krypto-Verfahren 6.4.3: Verallgemeinertes ElGamal (auf dem diskreten Logarithmus-Problem basierend)

Sei G eine endliche Gruppe mit Operation $\circ$, und sei $\alpha \in G$, so dass der diskrete Logarithmus in $H = \{\alpha^i : i \geq 0\}$ schwer zu berechnen ist. Sei a mit $0 \leq a \leq |H| - 1$ und sei $\beta = \alpha^a$.

Öffentlicher Schlüssel: α, β

Fortsetzung Krypto-Verfahren 6.4.3

Privater Schlüssel: a

Sei $k \in \mathbb{Z}_{|H|}$ eine zufällige Zahl, $k \neq 0$, und $x \in G$ ein Klartext.

Verschlüsselung: $e_T(x, k) = (y_1, y_2)$

wobei $y_1 = \alpha^k$

und $y_2 = x \circ \beta^k$

Entschlüsselung: $d_T(y_1, y_2) = y_2 \circ (y_1^a)^{-1}$

6.5 Die RSA-Ebene

Weiter vorne in den Abschnitten 5.10, 5.11, 5.12 und 6.3.1 wurde der RSA-Algorithmus erläutert. Wir werden nun die sog. RSA-Ebene einführen.

Die RSA-Ebene ist ein Modell, um die Vorgänge bei diesem Algorithmus geometrisch zu veranschaulichen: Für einen RSA-Modul $n = pq$ verwenden wir ein Rechteck mit Seitenlängen p und q, in dessen Inneren wir die natürlichen Zahlen von 0 bis $n - 1$ zweidimensional anordnen. Die Zahlen werden dann als Punkte interpretiert oder als kleine Quadrate, wie in unseren Bildern auf den folgenden Seiten.

Obwohl RSA schon lange bekannt ist und die mathematischen Zusammenhänge, auf denen RSA basiert, wohlbekannt und nicht sehr anspruchsvoll sind, ist uns eine Veranschaulichung durch eine zweidimensionale Anordnung von Punkten bzw. Rechtecken, so wie wir es in diesem Kapitel vornehmen, bisher noch nicht in der Literatur begegnet.

6.5.1 Definition der RSA-Ebene

Es sei $n \in \mathbb{N}$, $n = p \cdot q$ für zwei verschiedene (i. A. große) Primzahlen p und q. Dann besagt der Chinesische Restsatz[12], dass der Ring $\mathbb{Z}_n$ **isomorph** ist zum Ring $\mathbb{Z}_p \times \mathbb{Z}_q$. Mathematisch kurz schreibt man das:

$$\mathbb{Z}_n \cong \mathbb{Z}_p \times \mathbb{Z}_q$$

Man muss nicht wirklich wissen, was ein Ring ist, es genügt, zu wissen, dass sich das „normale modulo n"-Rechnen in so einem Ring abspielt, der gewöhnlich mit $\mathbb{Z}_n$ bezeichnet wird.

Ein Isomorphismus (manchmal auch Isomorphie) ist in der Algebra eine 1:1-Abbildung, die zusätzlich die algebraische Struktur der abgebildeten Menge auf ihr Bild – oft wieder die Menge selbst, dann spricht man von **Automorphismus** – überträgt. Hat man z. B. als algebraische Struktur die Addition und bezeichnet man einen Isomorphismus mit f, so gilt $f(a + b) = f(a) + f(b)$. Es ist demnach egal, ob man erst addiert und dann abbildet oder erst abbildet und dann addiert. Analoges gilt für die Multiplikation. Die Beziehung $\mathbb{Z}_n \cong \mathbb{Z}_p \times \mathbb{Z}_q$ bedeutet also, dass es eine 1:1-Abbildung der Zahlen von 0 bis $n - 1$ auf die Zahlenpaare von $(0, 0)$ bis $(p - 1, q - 1)$ gibt, und dass es beim Addieren und Multiplizieren keinen

[12] Wir kürzen ihn ab jetzt mit CRT ab, abgeleitet vom englischen *Chinese Remainder Theorem*. Siehe z. B. [12, S. 94 ff]. Nichtmathematiker oder Nicht-Algebraiker kennen den CRT meist in der Form, dass er ein Verfahren liefert, mit dem man ein System von linearen Kongruenzen ganzer Zahlen lösen kann.

Unterschied macht, ob man Rechnungen mit *einer* Zahl mod n oder mit *zwei Zahlen*, die erste mod p, die zweite mod q, durchführt.

Die Beziehung $\mathbb{Z}_n \cong \mathbb{Z}_p \times \mathbb{Z}_q$ ist ein Isomorphismus, aber kein Automorphismus.

In der ersten Darstellung stellt man sich die Elemente von $\mathbb{Z}_n$, meistens identifiziert mit $\mathbb{Z}_n = \{0, 1, \ldots, n-1\}$, i. d. R. linear angeordnet vor (vgl. Abb. 6.2).

Abb. 6.2: Lineare, eindimensionale Anordnung von $\mathbb{Z}_n$

Bei der zweiten Darstellung, also $\mathbb{Z}_p \times \mathbb{Z}_q$, identifiziert man $\mathbb{Z}_p \times \mathbb{Z}_q$ mit den Zahlenpaaren

$$\{(x, y) : x = 0, \ldots, p-1, \; y = 0, \ldots, q-1\}.$$

Das entspricht dann einer von einem Rechteck umschlossenen Punktmenge der Ebene, also einer zweidimensionalen statt eindimensionalen Anordnung der Elemente. Daher die Begriffe **„RSA-2D"** und „RSA-Ebene". Es sei noch erwähnt, dass die RSA-Ebene keine Ebene im streng mathematischen Sinn ist. Mehr dazu im Abschnitt 6.5.2.

Der **Isomorphismus** π von Z_n nach $Z_p \times Z_q$ (immer noch $p \neq q$) ist gegeben durch:

$$\pi : \left\{ \begin{array}{ccc} \mathbb{Z}_n & \rightarrow & \mathbb{Z}_p \times \mathbb{Z}_q \\ z & \mapsto & (x, y) := (z \bmod p, z \bmod q) \end{array} \right\}$$

Für $p = 11$ und $q = 7$ ist dann z. B. $\pi(23) = (1, 2)$, da die 23 beim Dividieren durch 11 den Rest 1 hat und beim Dividieren durch 7 den Rest 2.

Abbildung 6.3 zeigt das Beispiel für $p = 11$ und $q = 7$: Folgt man der blauen Linie, die im Punkt $(0, 0)$ beginnt und zuerst nach rechts oben verläuft, so kann man sukzessive nachvollziehen, wie π die Zahlen von 0 bis $n - 1$ (hier ist $n - 1 = 76$) auf die (x, y) in der Rechtecksdarstellung abbildet.

6.5.2 Endliche Ebenen

Obwohl RSA-Ebenen keine „echten" Ebenen sind im streng mathematischen Sinn, haben sie trotzdem viele Eigenschaften mit endlichen Ebenen gemeinsam. Deshalb ist es angebracht, das Konzept der endlichen Ebene an dieser Stelle kurz vorzustellen. Endliche Geometrie bildet ja auch den Rahmen, in dem sich kryptografische Verfahren, die auf elliptischen Kurven aufbauen, abspielen. Im CrypTool-Buch behandeln wir das in Kapitel 8 ab Seite 469.

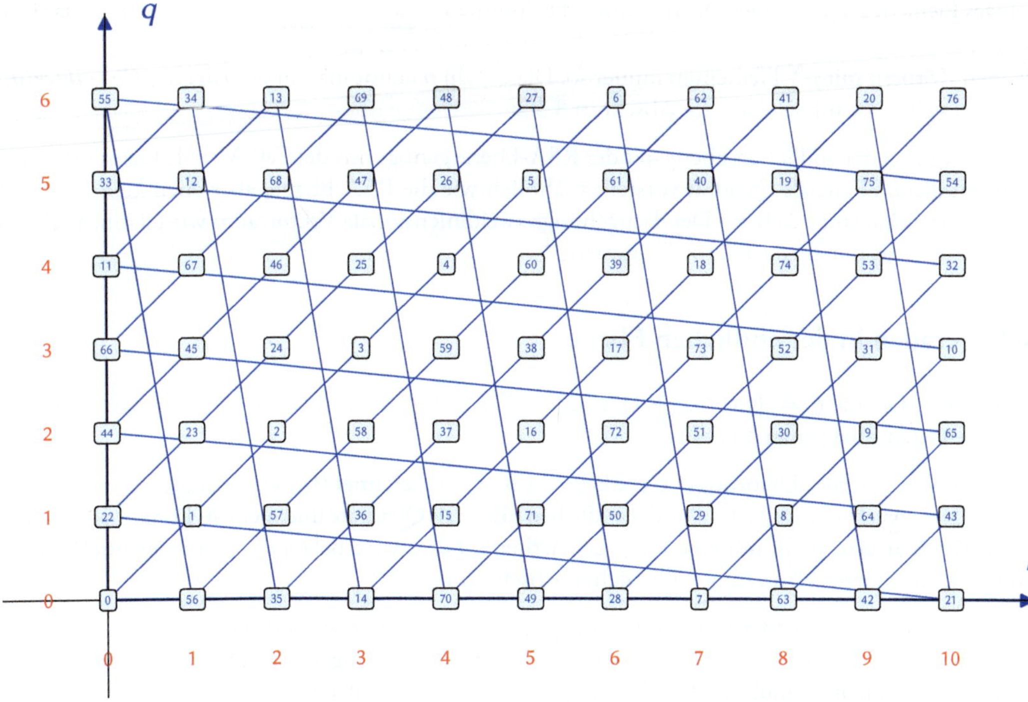

Abb. 6.3: Rechteckige, 2-dimensionale Anordnung der Zahlen von 0 bis 76 ($p = 11, q = 7, n = 77$)

Die endliche Ebene kann man definieren als die Menge der Punkte (x, y), deren Koordinaten Elemente eines endlichen Körpers[13] K sind. Mit dieser Ebene ist wie üblich ein zweidimensionaler Vektorraum[14] assoziiert. Das bedeutet, dass man beispielsweise den Weg vom Ursprung $(0, 0)$ zum Punkt $(2, 3)$ mithilfe des Vektors $\binom{2}{3}$ beschreibt, sprich, Punkte werden formal als waagrecht notierte Zahlenpaare, Vektoren als senkrecht notierte Zahlenpaare dargestellt. In der Geometrie sind Punkte und Vektoren nicht dasselbe, deswegen der Begriff *assoziiert*. Die Vektoren verwendet man, weil man rein formal mit Punkten nicht rechnen kann, man kann sie beispielsweise nicht addieren.[15]

Vektoren hingegen darf man addieren, wie man es aus der Schulmathematik kennt. Der Hauptunterschied beim Addieren in endlichen Vektorräumen im Vergleich mit unendlichen ist, dass man durch Mehrfach-Addieren desselben Vektors irgendwann immer den Nullvektor erhalten muss, was an dem endlichen Körper liegt, dem die Koordinaten der Vektoren entstammen. Aus der Algebra weiß man, dass endliche Körper entweder gleich $\mathbb{Z}_p$ sind[16] für eine Primzahl p, oder aber $\mathbb{Z}_p$ als Teilmenge[17] enthalten.

Die Anzahl der Elemente in so einem endlichen Körper ist dann immer gleich einer Primzahlpotenz p^N für ein $N \in \mathbb{N}$. Die Primzahl p steuert – unabhängig von N – das Verhalten bei der Addition: Für ein

[13] Ein *Körper* in der Algebra ist eine Menge von Elementen, in der man „wie gewohnt“ rechnen kann mit zwei Operationen $+$ und $\cdot$, Kommutativität, Distributivität und vorhandenen Kehrwerten für alle von Null verschiedenen Elemente. Siehe z. B. [12], S. 93 und S. 244 ff.

[14] Eine Definition eines Vektorraums findet man in fast jedem Buch über lineare Algebra, oder auch in Abschnitt 11.7 auf S. 653.

[15] Das stimmt nicht ganz: Man kann für Punkte auf einer elliptischen Kurve eine Addition definieren, siehe Abschnitt 8.5.

[16] Genau genommen dürfte man nicht „gleich“ sagen, sondern müsste „isomorph“ sagen, denn nicht immer werden die Elemente eines endlichen Körpers mit Zahlen wie $\{0, 1, \dots\}$ als Symbolen angegeben, oft werden auch Variablen als Symbole verwendet, z. B. e statt 1 oder ϵ für ein multiplikatives erzeugendes Element.

[17] Genauer: eine zu $\mathbb{Z}_p$ isomorphe Teilmenge, vgl. vorherige Fußnote.

beliebiges Element x aus so einem Körper muss die Summe $\underbrace{x + x + \cdots + x}_{p-\text{mal}}$ die Null ergeben. Das ist in endlichen Körpern mit p^N Elementen immer so. Diese Zahl p nennt man in der Algebra *Charakteristik*. Mehr dazu siehe z. B. auf Seite 474 im Abschnitt 8.3.2.

Für den Vergleich der endlichen Ebene mit der RSA-Ebene genügt uns der Fall $N = 1$. Dann kann man sich die endliche Ebene als Quadrat vorstellen, ähnlich wie die RSA-Ebene, aber eben kein Rechteck, sondern zwei gleich lange Achsen. Der dazugehörige zweidimensionale Vektorraum wird dann, analog zu z. B. $\mathbb{R}^2 = \mathbb{R} \times \mathbb{R}$, mit $\mathbb{Z}_p^2$ oder $\mathbb{Z}_p \times \mathbb{Z}_p$ notiert.[18]

6.5.3 Geraden in der endlichen Ebene

Jede „schräge" Gerade $g = \{(x, mx + t) \in \mathbb{Z}_p \times \mathbb{Z}_p : x \in \mathbb{Z}_p\}$ für $m, t \in \mathbb{Z}_p$, genauso wie jede senkrechte Gerade, hat genau p Punkte.

In Abbildung 6.4 ist die „Ursprungs"-Gerade $y = x$ in Z_{11} gezeichnet (für Ursprungsgeraden gilt $m = 1, t = 0$). Die Entscheidung, die Punkte der endlichen Ebene als Quadrate und nicht als Punkte darzustellen, ist hauptsächlich, aber nicht nur eine Frage der Ästhetik. Für unsere Belange könnte man auch Punkte verwenden. Eine kurze Erläuterung findet sich in Abschnitt 6.5.12.

Wenn man von einem beliebigen Punkt der gezeigten Geraden $y = x$ wiederholt „eins rechts eins hoch" geht, gelangt man rechts oben zum Punkt $(10, 10)$. Wenn man zum zugehörigen Vektor $\binom{10}{10}$ den Vektor $\binom{1}{1}$ addiert, erhält man modulo 11 den Vektor $\binom{0}{0}$ und ist damit wieder am Anfang.

Obwohl die Gerade $y = x$ im Endlichen mehr oder weniger genauso aussieht, wie man es aus der euklidischen Geometrie über den reellen Zahlen $\mathbb{R}$ von Geraden gewohnt ist, ist das bei anderen endlichen Geraden nicht notwendigerweise so. Die Abbildung 6.5 zeigt die Gerade $y = 6x + 2$ in Z_{11}. Die Steigung $m = 6$ bedeutet, man geht immer „1 rechts 6 hoch". Beispiel beginnend in $(0, 2)$ und modulo 11: Immer, wenn man ganz oben angekommen ist und nicht weiter kann, macht man den Sprung nach unten und zählt von dort weiter. Vom Punkt $(3, 9)$ aus beispielsweise ist – nachdem man eins nach rechts zu $(3, 9)$ gegangen ist – der erste der sechs Schritte nach oben noch möglich, der zweite ist der Sprung nach unten. Dann sind noch vier Schritte nach oben übrig, von $(4, 0)$ aus führt das genau zu $(4, 4)$.

Man kann diese Steigung $m = 6$ aber auch anders interpretieren: Da in $\mathbb{Z}_{11}$ die Beziehung $2 \cdot 6 = 1$ gilt, ist die 6 das multiplikative Inverse von 2, also der Kehrwert der 2. Verwendet man statt der Schreibweise 2^{-1} die Schreibweise als Bruch, so kann man sich statt $m = 6$ also genauso gut $m = \frac{1}{2}$ denken. Wenn man die Steigung $\frac{1}{2}$ als „2 rechts 1 hoch" interpretiert, ist das konsistent mit der gegenseitigen Lage der in Abb. 6.5 blau eingefärbten Kästchen.

Auch der Zusammenhang zwischen den drei Teilreihen der betrachteten Geraden $y = 6x + 2$, nämlich oben 3, in der Mitte 6, unten 2 blaue Kästchen wie in Abb. 6.5, lässt sich leicht plausibel machen: Wenn man beispielsweise den Punkt $(10, 7)$ ins Auge fasst und zwei nach rechts und eins hoch will, kann man nicht nach rechts, bzw. man muss „eins rechts" durch „ganz nach links auf $p = 0$" ersetzen. Von $(10, 7)$ aus zwei rechts und eins hoch führt damit zum Zielpunkt $(1, 8)$, von dem aus man bis zu $(5, 10)$ weiterlaufen

[18] Beachte die **Notation:** $\mathbb{Z}_p^2$ ist der zweidimensionale Vektorraum über dem Körper $\mathbb{Z}_p$ (mit p Elementen), wohingegen $\mathbb{Z}_{p^2}$ der Körper mit p^2 Elementen ist. Die in der Mathematik in diesem Kontext verwendeten Notationen sind leider sehr uneinheitlich. Beispielsweise ist mit $\mathbb{Z}_N$ normalerweise die additive Gruppe der ganzen Zahlen modulo N gemeint oder aber der Ring, wenn man nicht nur addiert, sondern auch multipliziert. Für den Spezialfall, dass $N = p$ ist für eine Primzahl p, ist der Ring $\mathbb{Z}_p$ auch ein Körper, dann verwendet man aber meistens nicht $\mathbb{Z}_p$, sondern $\mathbb{F}_p$ oder GF(p), da Körper im Englischen „field" heißen und endliche Körper „Galois Field". Die Bezeichnung $\mathbb{Z}_p$ wird oft auch für die sog. p-adischen Zahlen verwendet, welche $\mathbb{Z}$ als Teilmenge enthalten und damit keine endliche Menge bilden. Die p-adischen Zahlen sind in der Kryptografie nicht von Belang.
Im vorliegenden Text verwenden wir $\mathbb{Z}_p$ und nicht $\mathbb{F}_p$ für den Körper mit p Elementen.

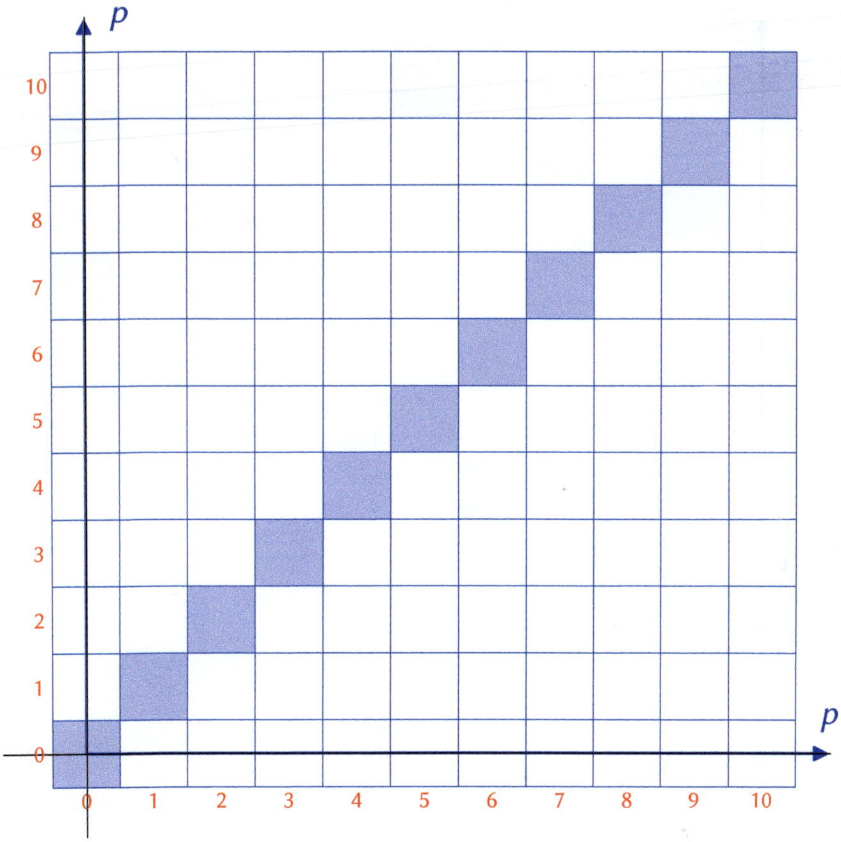

Abb. 6.4: Gerade $y = x$ in der Ebene über dem Körper Z_{11} mit $p = q = 11$

kann. Von dort aus kann man zwar zwei rechts, aber nicht weiter hoch. Hier ersetzt man also „eins hoch" durch „ganz nach unten auf Null".

Unabhängig davon, welchen Richtungsvektor eine vorliegende Gerade hat – $\binom{1}{1}$ oder $\binom{2}{1}$ oder allgemein $\binom{x}{y}$ – , das p-fache des Vektors ist der Nullvektor aufgrund der Charakteristik: $p \cdot \binom{x}{y} = \binom{p \cdot x}{p \cdot y} = \binom{0}{0}$

Da wir in $\mathbb{Z}_p$ arbeiten und p eine Primzahl ist, ist das k-fache eines jeden von Null verschiedenen Vektors für $k < p$ noch nicht der Nullvektor, so dass man daraus ableiten kann, dass jede Gerade der endlichen Ebene genau p Punkte besitzt.

6.5.4 Geraden in der RSA-Ebene

Man kann versuchen, das Konzept der Geraden einer endlichen Ebene auf die RSA-Ebene zu übertragen. Wir fangen mit dem Analogon der Ursprungsgerade an, die wir im letzten Abschnitt als endliche Gerade in Abb. 6.4 dargestellt hatten. Die Menge

$$\{(x, y) \in \mathbb{Z}_p \times \mathbb{Z}_q : \; y = x, \; x \in \mathbb{Z}_p\}$$

ist in der RSA-Ebene eine p-elementige Menge, sie ist in Abb. 6.6 zu sehen. Die Struktur, die diese Menge bildet, nennen wir *RSA-Gerade* oder einfach nur Gerade. Formal müsste man diese RSA-Gerade präziser so

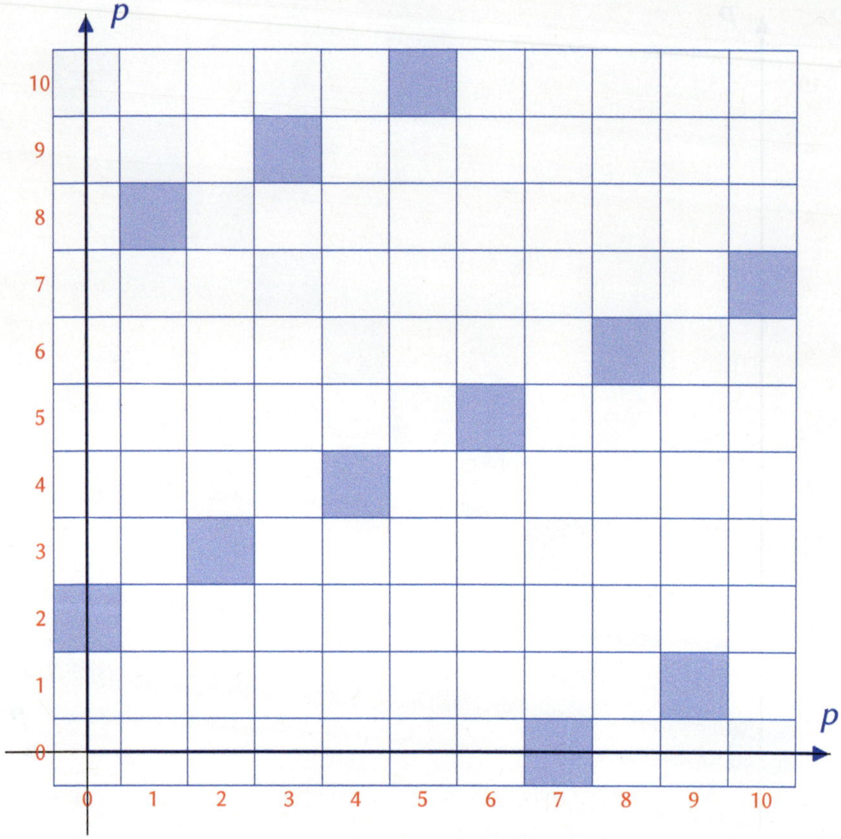

Abb. 6.5: Gerade $y = 6x + 2$ in der endlichen Ebene über dem Körper $\mathbb{Z}_{11}$

beschreiben:

$$\{(x, y) \in \mathbb{Z}_p \times \mathbb{Z}_q : y \equiv x \pmod q,\ x \in \mathbb{Z}_p\}$$

Interessant ist hier die Beobachtung, dass die lineare Gleichung der Form $y = x$ über der $(11, 7)$-Ebene für einige y zwei verschiedene Lösungen hat, was bei einer endlichen Ebene über einem Körper nicht passieren kann. Wir hatten bisher die Rechtecke immer so gewählt, dass $p > q$ war; im Fall $p = 11$ und $q = 7$ gilt zusätzlich noch $p < 2q$. Dann gibt es für $p - q = 4$ der 7 möglichen y-Werte zwei Lösungen der Gleichung $y = x$. Wäre $p > 2q$, so hätte man für jedes y *mehrere* Lösungen, man stelle sich einfach das Muster der Abbildung 6.6 nach rechts hin verlängert vor.

Eine Sonderrolle nehmen die senkrechten Geraden ein, sie haben q Punkte, während alle „schrägen" Geraden p Punkte besitzen.

Im Bild 6.7 schließlich ist das Analogon zur Abbildung 6.5 zu sehen, nämlich die RSA-Gerade $y = 6x + 2$. Da modulo 7 die 6 die -1 ist, hat sie die Steigung -1, was dem Muster „eins rechts eins nach unten" entspricht.

Auf einen Unterschied zwischen der Situation in $\mathbb{Z}_p \times \mathbb{Z}_p$ (endliche Ebene) und derjenigen in $\mathbb{Z}_p \times \mathbb{Z}_q$ (RSA-Ebene; wie immer $p \neq q$) wollen wir noch eingehen, und zwar die Länge der Reihe, die entsteht, wenn man vom Ursprung aus immer eins rechts und eins hoch geht. Im Fall des Quadrats ist man nach p Schritten wieder am Anfang, wie in Abb. 6.6 zu sehen. Im Fall des Rechtecks durchläuft man alle $n = p \cdot q$

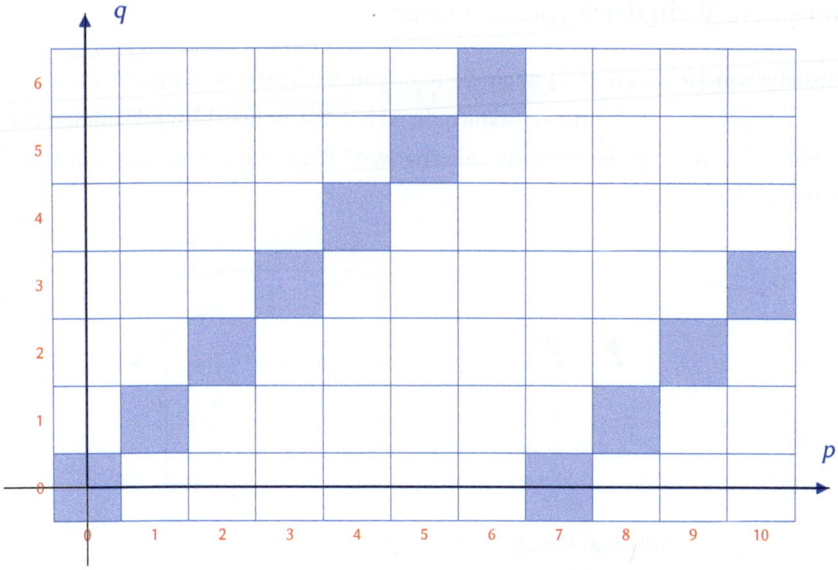

Abb. 6.6: RSA-Gerade $y = x$ in der RSA-Ebene für $p = 11$ und $q = 7$

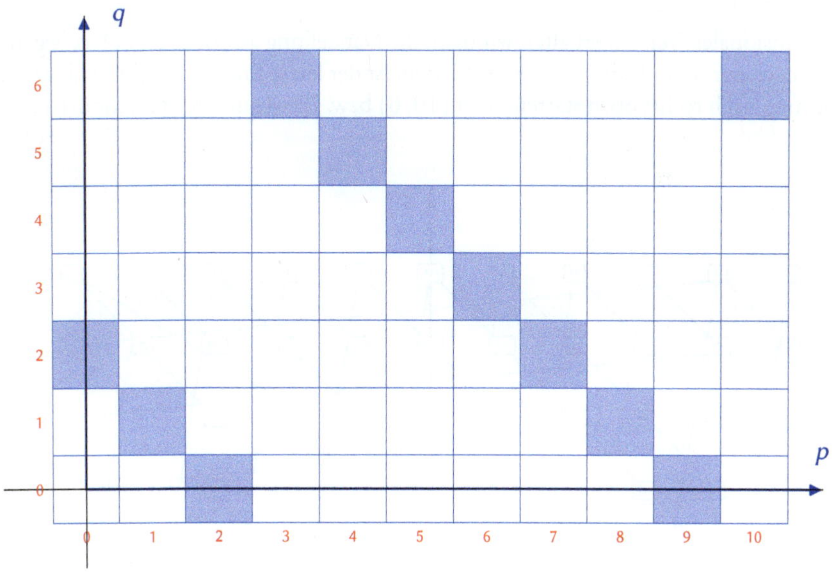

Abb. 6.7: RSA-Gerade $y = 6x + 2$ in der RSA-Ebene für $p = 11$ und $q = 7$

Punkte. Ein Bild dazu findet man weiter vorne in Abb. 6.3 auf Seite 405: Wenn man der blauen Linie von $(0, 0)$ aus folgt, durchläuft man alle Punkte bis zu Punkt Nummer 76 bzw. $(10, 6)$. Im Gegensatz zur endlichen Ebene durchläuft man bei der RSA-Ebene also alle $n = p \cdot q$ Punkte, nicht nur p Stück, bis man wieder am Anfang ist.

6.5.5 Alternative Wahl der Repräsentanten

Man kann anstelle von $\{0, \ldots, n-1\}$ auch die sog. symmetrischen oder um die Null zentrierten Repräsentanten $\left\{-\frac{(n-1)}{2}, \ldots, \frac{n-1}{2}\right\}$ für $\mathbb{Z}_n$ wählen. In Abb. 6.8 sieht man blau geklammert die „normalen" Repräsentanten und schwarz geklammert die „alternativen" Repräsentanten, die symmetrisch links und rechts der Null liegen.

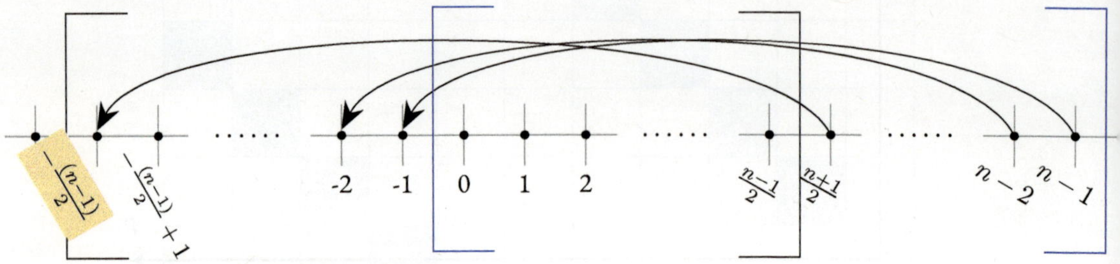

Abb. 6.8: Verschiebung der Repäsentanten mod n

Wenn man diese Wahl der Repräsentanten auch für $\mathbb{Z}_p$ und $\mathbb{Z}_q$ zugrunde legt, hat man jeweils die Mengen $\left\{-\frac{(p-1)}{2}, \ldots, \frac{p-1}{2}\right\}$ und $\left\{-\frac{(q-1)}{2}, \ldots, \frac{q-1}{2}\right\}$.

In der zweidimensionalen Version erhalten wir dann die Darstellung aus Abb. 6.9. Dort liegen alle Punkte achsensymmetrisch zur p- und zur q-Achse. Außerdem ist der letzte Punkt beim Durchlaufen der Gerade, die vom Ursprung nach rechts oben startet, nicht $(10, 6)$ bzw. 76 wie in Abb. 6.3, sondern $(-1, -1)$ bzw. -1.

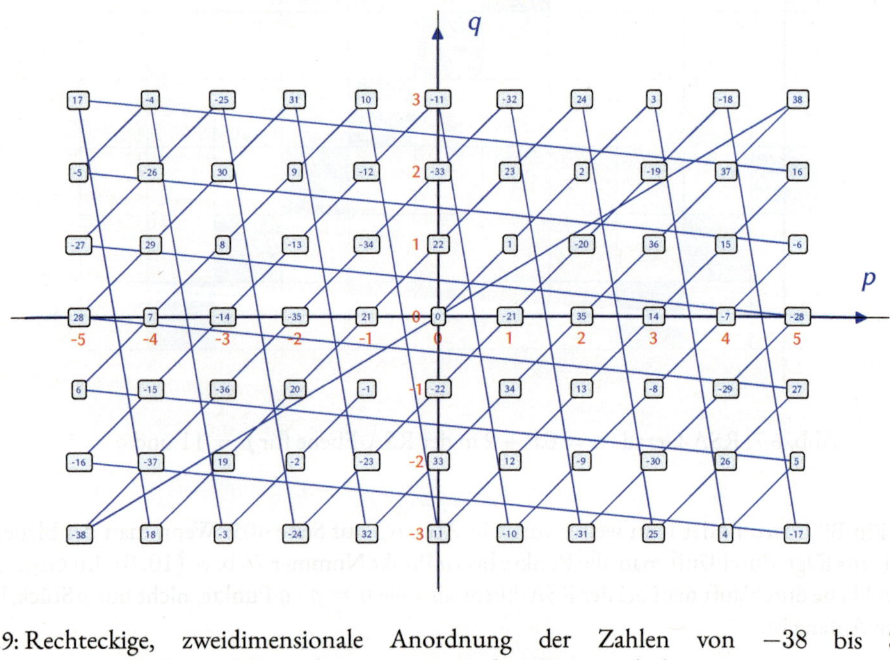

Abb. 6.9: Rechteckige, zweidimensionale Anordnung der Zahlen von -38 bis 38 für $p = 11, q = 7, n = 77$ mit dem Ursprung in der Mitte statt links unten

Definition: Für jede der hier gezeigten Darstellungen von $\mathbb{Z}_p \times \mathbb{Z}_q$, unabhängig davon, ob der Ursprung links unten oder in der Mitte liegt, verwenden wir den Begriff ***pq*-Ebene** oder **RSA-Ebene**. Vor allem, wenn p und q keine Variablen, sondern konkrete Zahlen sind, schreiben wir auch (p, q)-Ebene, z. B. die $(11, 7)$-Ebene bei Abb. 6.6 auf Seite 409.

6.5.6 Achsenpunkte und innere Punkte

Wenn man Abb. 6.9 betrachtet, fällt sofort auf, dass die Punkte auf der p-Achse genau den Zahlen $\{0, \pm 7, \pm 14, \pm 21, \pm 28, \pm 35\}$ entsprechen, das sind alles Vielfache von $q = 7$. Auf der q-Achse hingegen liegen die 2D-Entsprechungen der Vielfachen von $p = 11$, nämlich $\{0, \pm 11, \pm 22, \pm 33\}$. Bei der anderen Darstellung (Abb. 6.3) hat man die Mengen $\{0, 7, 14, \ldots, 70\}$ und $\{0, 11, 22, \ldots, 66\}$.

Offensichtlich entsprechen[19] den Punkten auf den 2D-Achsen genau diejenigen Zahlen von 0 bis $n-1$ (bzw. von $-\frac{(n-1)}{2}$ bis $\frac{n-1}{2}$), die mit n gemeinsame Teiler haben. Diese Punkte heißen **Achsenpunkte** oder **Achsenelemente**[20]. Es gibt davon genau $p + q - 1$ Stück. Die Punkte, die nicht auf einer der Achsen liegen, heißen **innere Punkte** bzw. innere Elemente. Abb. 6.10 veranschaulicht die inneren Punkte (orange) und die Achsenpunkte (violett), wie bisher für $p = 11$ und $q = 7$.

6.5.7 Die Wirkung der Abbildung $z \mapsto z^k$

Das Erheben eines Elementes aus $\mathbb{Z}_n$ zur k-ten Potenz induziert eine wohldefinierte Abbildung auf der pq-Ebene.

$$f_k : \left\{ \begin{array}{ccc} \mathbb{Z}_n & \rightarrow & \mathbb{Z}_n \\ z & \mapsto & z^k \end{array} \right\}$$

Die Abbildung f_k ist im Allgemeinen nicht $1 : 1$ bzw. bijektiv. Die in Abb. 6.11 gezeichnete $(11, 7)$-Ebene zeigt beispielsweise das Bild von f_2, also alle Quadratzahlen aus $\mathbb{Z}_{77}$. Man sieht, dass nur 24 von 77 Elementen aus $\mathbb{Z}_{77}$ Quadratzahlen sind, außerdem sind 15 der 60 inneren Punkte Quadratzahlen.

Als nächstes macht man sich klar, dass Achsenelemente durch f_k nicht von der Achse herausbewegt werden und innere Elemente unter f_k innere Elemente bleiben. Wenn man etwa einen Punkt $(0, y)$ auf der q-Achse hat, ist das zugehörige Achsenelement in $\mathbb{Z}_n$ von der Form pr für ein $r \in \mathbb{Z}$. Dann ist $(pr)^k = p^k r^k \equiv 0 \pmod{p}$ auch ein Achsenelement.

Wählen wir nun ein k aus, das zu $\phi(n)$ teilerfremd ist, in unserem Beispiel etwa die 7, so wird f_k zu einer $1 : 1$-Abbildung. Zusätzlich ist f_k dann nicht nur eine beliebige Mengenabbildung, sondern sie ist

1. eingeschränkt auf innere Punkte: ein Automorphismus der multiplikativen Gruppe[21] $\mathbb{Z}_n^*$
2. eingeschränkt auf die p-Achse ohne den Ursprung: eine $1 : 1$-Abbildung

---

[19] Aufgrund des CRT hat eine Zahl, die mit n einen gemeinsamen Teiler hat, eine Koordinate $= 0$, wenn man sie auf das zugehörige 2-Tupel in $\mathbb{Z}_p \times \mathbb{Z}_q$ abbildet.

[20] Den Begriff Achsen*element* kann man auch für Elemente aus $\mathbb{Z}_n$ verwenden und nicht nur für die 2D-Darstellung. Der Begriff Achsen*punkt* hingegen geht davon aus, dass man einen Punkt, also ein 2-Tupel im Zweidimensionalen, vorliegen hat.

[21] Eine Gruppe ist in der Algebra eine Menge, mit deren Elementen man auf irgendeine Weise rechnen kann, meistens addieren oder multiplizieren, aber es gibt auch andere Arten dieser sog. *Gruppenoperationen*, etwa die Hintereinanderausführung bei Abbildungen. Man stellt verschiedene Bedingungen an die Menge und an die Rechenregeln, zum Beispiel, dass das Assoziativgesetz gelten muss. Die axiomatische Definition einer Gruppe findet man in jedem Algebrabuch, hier im CrypTool-Buch auch, und zwar auf Seite 473, bei den elliptischen Kurven. Im Kontext mit RSA und $\mathbb{Z}_n$ ist es zuerst einmal wichtig, zu wissen, dass, wenn man über Gruppen statt über Ringe spricht, man sich nur auf eine der beiden Operationen in $\mathbb{Z}_n$ fokussiert, nämlich entweder $+$, dann spricht man von einer additiven Gruppe, oder $\cdot$, dann spricht man von einer multiplikativen Gruppe.

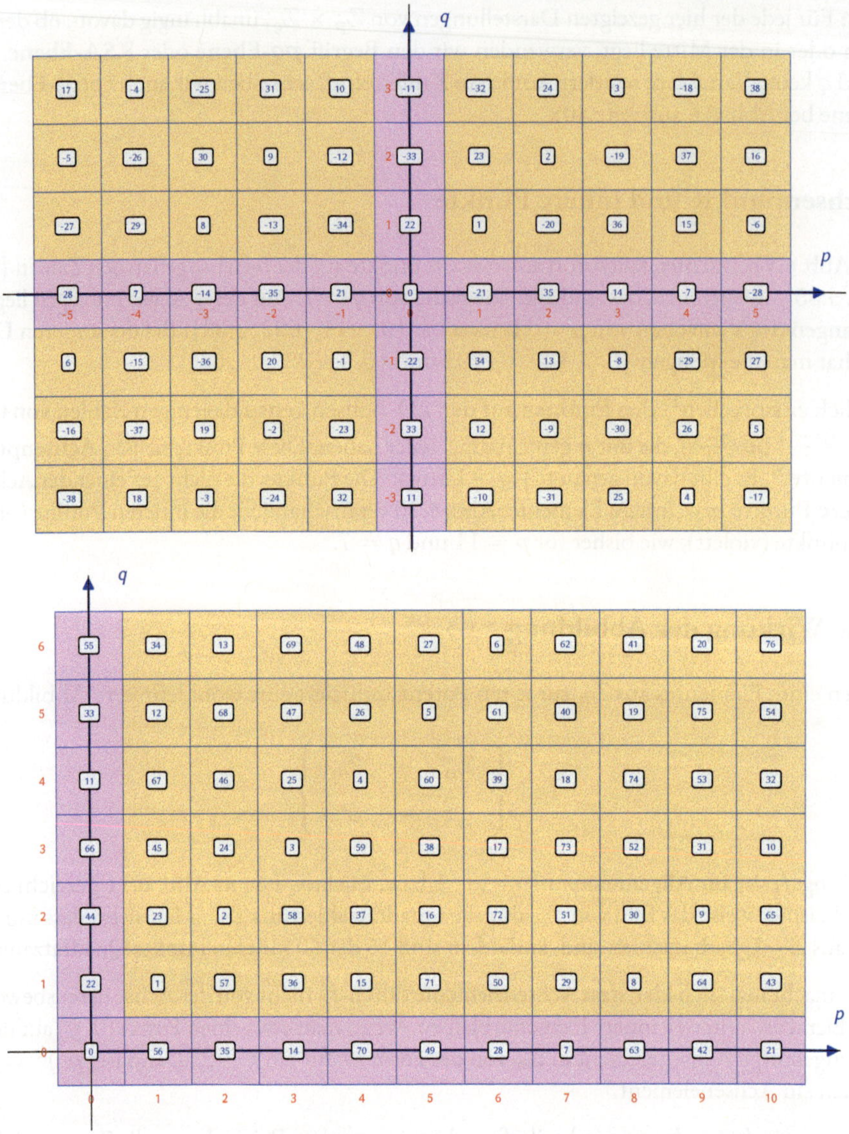

Abb. 6.10: Achsenpunkte und innere Punkte der $(11, 7)$-Ebene; oben mit Ursprung in der Mitte und unten mit Ursprung links unten

3. eingeschränkt auf die q-Achse ohne den Ursprung: ebenfalls eine $1 : 1$-Abbildung.

Es bleibt noch kurz zu begründen, warum für zu $\phi(n)$ teilerfremdes k die Abbildung f_k bijektiv ist: Angenommen, so ein f_k wäre keine $1 : 1$-Abbildung, dann gäbe es zwei verschiedene Elemente $z, w \in \mathbb{Z}_n$ mit $z^k = w^k$. Falls w ein innerer Punkt ist, hat w ein multiplikatives Inverses und dann kann man die Gleichung mit w^{-k} multiplizieren und erhält $z^k \cdot (w^{-1})^k = (z \cdot w^{-1})^k = 1$. Somit gibt es ein Element der Ordnung k, nämlich $(z \cdot w^{-1})$, aber dann müsste k die Gruppenordnung $\phi(n)$ teilen, was es laut Annahme nicht tut.

Auf die Wirkung von f_k auf den Achsen gehen wir in Abschnitt 6.5.9 noch einmal ein, dort holen wir auch

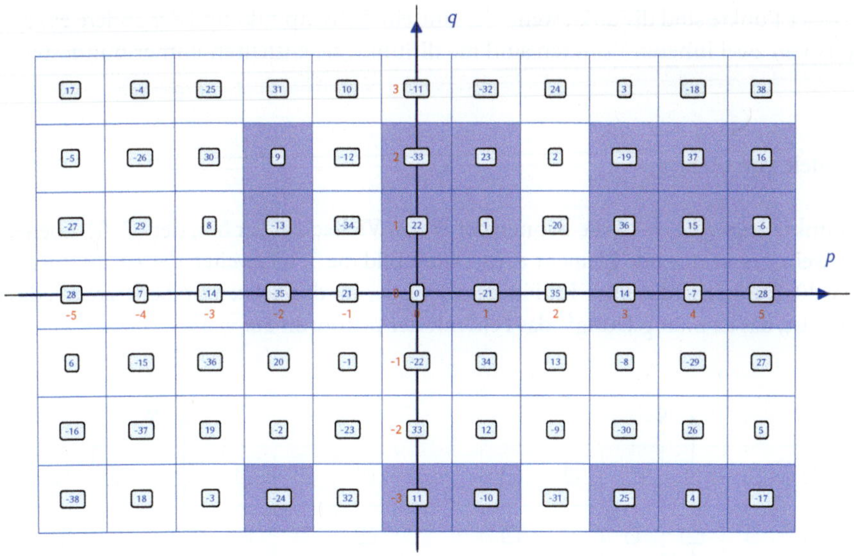

Abb. 6.11: Alle Quadratzahlen (blau) der $(11, 7)$-Ebene

die Begründung nach, dass f_k für kgV$(k, \phi(n))$ auch dort $1 : 1$ ist.

6.5.8 Orbits

Die folgende Definition des Begriffs *Orbit* oder *Bahn* fassen wir so, dass sie intuitiv zum geometrischen Kontext passt. Die in der Gruppentheorie übliche Definition eines Orbits würde erfordern, dass wir uns mit der Wirkung von Gruppen auf Mengen beschäftigen, was hier zu weit führt.

Für ein $z \in \mathbb{Z}_n$ oder $z \in \mathbb{Z}_p \times \mathbb{Z}_q$ bezeichnen wir die Menge $\langle z \rangle := \{z^k : k \in \mathbb{Z}\}$ als den **Orbit von z** oder die Bahn oder auch das (multiplikative) Erzeugnis von z. Das Element z heißt **Erzeuger**. Dieser Pfad ist endlich, die Anzahl seiner Elemente nennen wir die **Länge der Bahn von z**. Später bezeichnen wir $\langle z \rangle$ auch als **vollen Orbit** von z, denn dann werden wir echte Teilmengen von $\langle z \rangle$ untersuchen, die sog. RSA-Orbits (vgl. 6.5.8.3).

Die Orbits verschiedener $z \in \mathbb{Z}_n$ sind nicht notwendigerweise disjunkt[22], was man in Abb. 6.12 sieht.

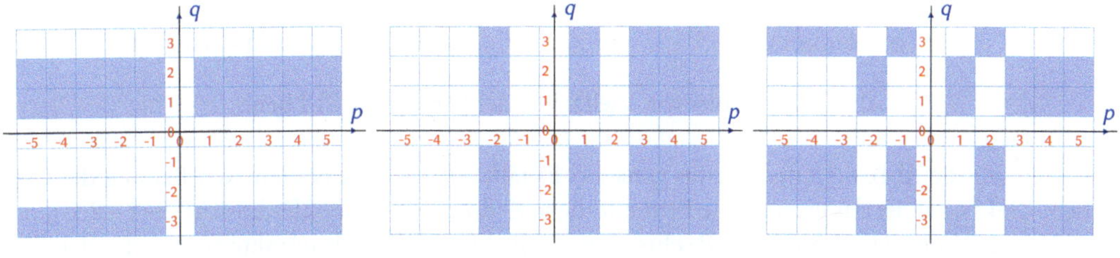

Abb. 6.12: Orbit der 2 (links), der 3 (Mitte) und der 17 (rechts) in der $(11, 7)$-Ebene

[22] Hätten wir Orbits so wie in der Gruppentheorie üblich definiert, müssten sie disjunkt sein. Das heißt, ihre Schnittmenge müsste leer sein.

Die Orbits zweier Punkte sind disjunkt, wenn der eine ein Achsenpunkt und der andere ein innerer Punkt ist. Die Orbits von zwei inneren Punkten sind nie disjunkt, sie enthalten immer mindestens den Punkt $(1, 1)$.

6.5.8.1 Beispiele von Orbits

Für Achsenpunkte zeigt Abb. 6.13 die Bahnen der ersten Vielfachen der 5 in der $(7, 5)$-Ebene. Das hellste Quadrat ist jeweils das erzeugende Element z, im ersten Bild die 5, im zweiten die 10, im dritten die 15 und im vierten die 20. Das nächstdunklere Feld ist dann z^2 etc., am dunkelsten ist das letzte z^k, das noch nicht wieder gleich z ist, das ist zwangsläufig[23] das Feld mit der p-Koordinate $= 1$.

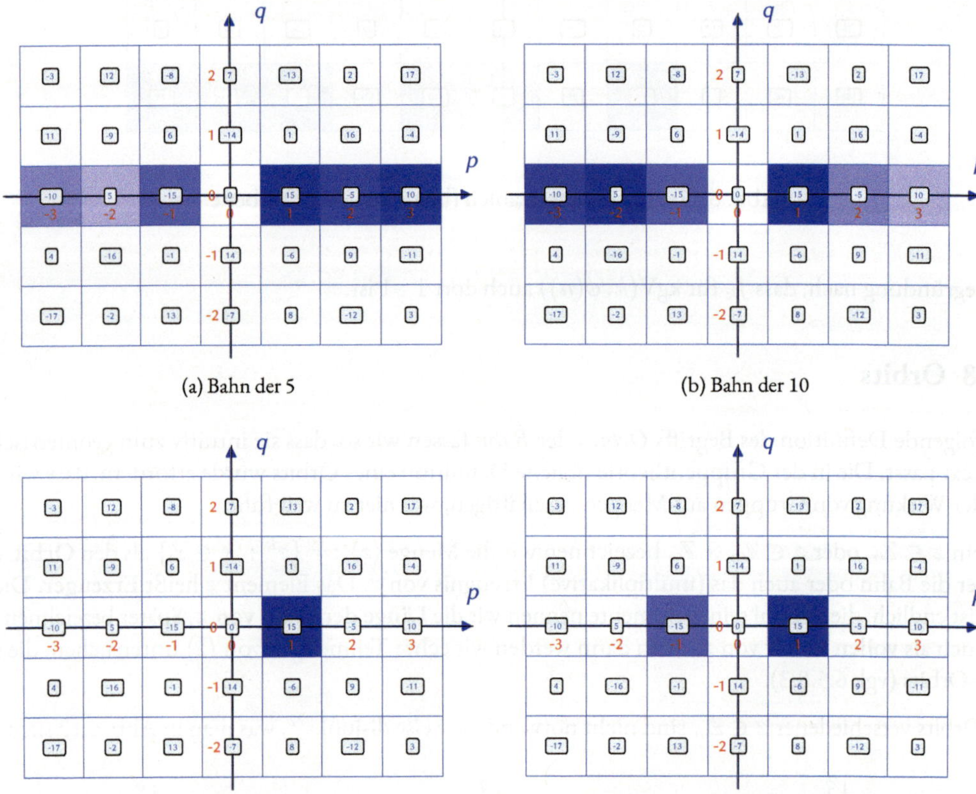

(a) Bahn der 5

(b) Bahn der 10

(c) Bahn der 15

(d) Bahn der 20 bzw. $20 - 35 = -15$

Abb. 6.13: Orbits von Vielfachen der 5 in der $(7, 5)$-Ebene

Betrachten wir die Abb. 6.13 noch etwas genauer: Es fällt auf, dass die oberen zwei Bahnen die Länge 6 haben. Links oben ist das erzeugende Element die $5 \in \mathbb{Z}_{35}$ bzw. in der 2D-Ansicht die $(-2, 0)$, da ja $-2 \equiv 5 \bmod 7$ ist und $0 \equiv 5 \bmod 5$. Rechts oben ist die Menge der Bahnpunkte auch sechs-elementig, aber sie wird in einer anderen Reihenfolge durchlaufen, denn hier ist das erzeugende Element die 10, welche $\equiv 3 \bmod 7$ und $\equiv 0 \bmod 5$ ist und also dem Punkt $(3, 0)$ entspricht.

Die unteren zwei Bahnen haben die Länge 1 (links: Abb. 6.13c) bzw. 2 (rechts: Abb. 6.13d).

[23] Warum das so ist, wird in Abschnitt 6.5.9 behandelt.

Es gibt aber auch (genau) eine Bahn der Länge drei auf der p-Achse, da 3 Teiler von $6 = 7 - 1 = p - 1$ ist, was man in Abb. 6.14 sieht. Je nachdem, welches erzeugende Element man wählt, wird sie in einer anderen Reihenfolge durchlaufen.

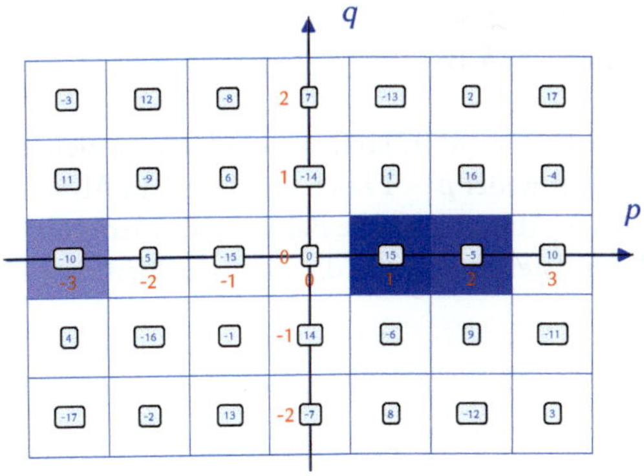

(a) Bahn der 25

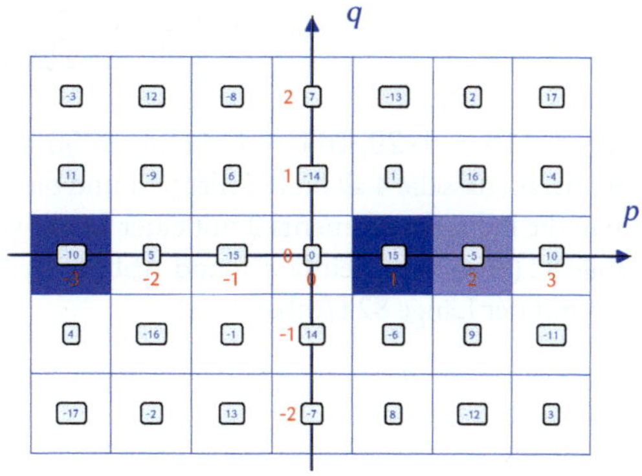

(b) Bahn der 30

Abb. 6.14: Bahn der 25 in der $(7, 5)$-Ebene

6.5.8.2 Längen von Orbits

Für ein inneres Element z ist das kleinste $k > 0$, so dass $z^k = 1$ ist (und damit $z^{k+1} = z$), die **Ordnung von z** und der Orbit von z ist die von z erzeugte zyklische Untergruppe von $\mathbb{Z}_n^*$. Die Ordnung von z ist also identisch mit der Länge der Bahn von z bei inneren Elementen.

Da die Ordnung von Untergruppen einer Gruppe immer die Gruppenordnung teilt, folgt: Die Länge eines Orbits eines inneren Elements ist ein Teiler von $\phi(n)$. Die Länge eines Orbits eines Achsenelementes[24] ist ein Teiler von $p - 1$ oder $q - 1$, je nachdem, ob das Element auf der p- oder q-Achse liegt.

Aus aus der Algebra bekannten Struktursätzen[25] über abelsche Gruppen weiß man zudem, dass für jede der zwei Achsen ein die jeweilige Achse erzeugendes Element z_x bzw. z_y mit einer Bahn der maximal möglichen Länge von $p - 1$ bzw. $q - 1$ existiert. Der längste insgesamt auftretende Orbit liegt im Inneren und hat als Länge das kleinste gemeinsame Vielfache von $p - 1$ und $q - 1$. Jeder innere Punktorbit entspricht also einer zyklischen Untergruppe von $\mathbb{Z}_n^*$. Gleichzeitig ist $\mathbb{Z}_n^*$ selbst aber nicht zyklisch, denn sonst müsste es ein erzeugendes Element x der Ordnung $\phi(n)$ geben und dann dürfte es nur ein Element der Ordnung 2 geben, nämlich $x^{\phi(n)/2}$. Die Komponente $\mathbb{Z}_p^*$ hat aber ein Element der Ordnung 2 und die Komponente $\mathbb{Z}_q^*$ auch, da $q - 1$ und $p - 1$ beides gerade Zahlen sind. Die (multiplikative) Gruppe $\mathbb{Z}_n^*$ für $n = pq$ hat immer genau drei Elemente der Ordnung 2, nämlich $\{(-1, 1), (1, -1), (-1, -1)\}$. Zusammen mit der $(1, 1)$ bilden sie eine Untergruppe von $\mathbb{Z}_p \times \mathbb{Z}_q$, die unter dem Namen *Kleinsche Vierergruppe* bekannt ist.

Die Teilerstruktur von $\phi(n)$ wirkt sich also auf die Länge der Orbits aus, was wir veranschaulichen wollen, indem wir zwei Fälle vergleichen: Erstens den Fall weniger Teiler, darunter auch große Primteiler, zweitens den Fall vieler kleiner Primteiler, aber keine großen.

[24] Da die Achsen die 1 bzw. den Punkt $(1, 1)$ nicht enthalten, können Achsenelemente als Bahn keine Untergruppe von $\mathbb{Z}_n^*$ bilden. Wenn man aber in Projektionen denkt, auf die wir in einem der späteren Kapitel ab Seite 427 eingehen, kann man für $(x, y) \neq (0, 0)$ den Punkt $(x, 0)$ mit $x \in \mathbb{Z}_p^*$ und $(0, y)$ mit $y \in \mathbb{Z}_q^*$ identifizieren und befindet sich dann in einer Gruppe, so dass die Teilerbedingungen für Untergruppen auch auf den Achsen erfüllt sind.

[25] Siehe z. B. `https://arxiv.org/pdf/math/0605185.pdf` oder [12], S. 42.

1. $p = 83, q = 59, \quad n = 4897, \quad \phi(n) = 4756, \quad p - 1 = 2 \cdot 41, \quad q - 1 = 2 \cdot 29$
2. $p = 97, q = 73, \quad n = 7081, \quad \phi(n) = 6912, \quad p - 1 = 2^5 \cdot 3, \quad q - 1 = 2^3 \cdot 3^2$

Die Längen der auftretenden Orbits für den ersten Fall:

$$\{1, 2, 29, 41, \underbrace{58}_{2\cdot 29}, \underbrace{82}_{2\cdot 41}, \underbrace{1189}_{29\cdot 41}, \underbrace{2378}_{2\cdot 29\cdot 41}\}$$

Die Teiler $4, 116 = 4 \cdot 29, 164 = 4 \cdot 41$ und $4756 = 4 \cdot 29 \cdot 41 = \phi(4897)$ treten als Orbitlänge nicht auf. Das liegt daran, dass die 4 all diese Teiler teilt und dass die 4 aber weder $p - 1$ noch $q - 1$ teilt. In Abb. 6.15 sieht man die Bahn des Elements 2 mit einer Länge von 2378 (Abb. 6.15a), die Bahn des Elements 60 mit der Länge 82 (Abb. 6.15b einfarbig und Abb. 6.15c farbig aufsteigend) sowie die Bahn des Elements 117 ebenfalls mit der Länge 82 (Abb. 6.15d).

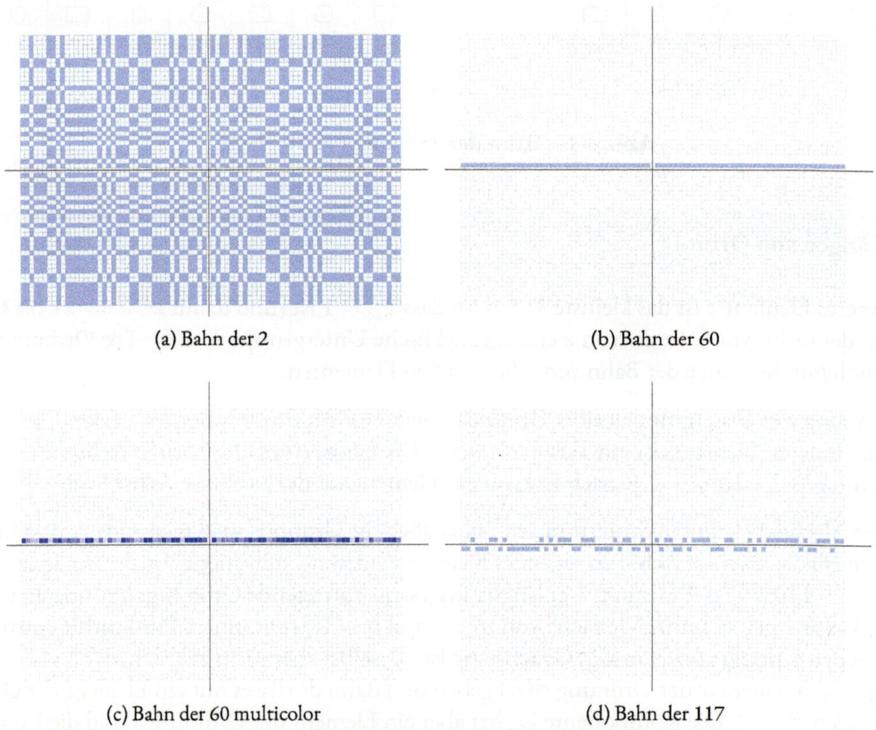

(a) Bahn der 2 (b) Bahn der 60

(c) Bahn der 60 multicolor (d) Bahn der 117

Abb. 6.15: Bahnen in der $(83, 59)$-Ebene

Die Längen der auftretenden Orbits für den zweiten Fall mit $p - 1 = 2^5 \cdot 3$ und $q - 1 = 2^3 \cdot 3^2$ sind Teiler des $\text{kgV}(p - 1, q - 1) = \text{kgV}(96, 72) = 2^5 \cdot 3^2$, also:

$$\{1, 2, 3, 4, 6, 8, 9, 12, 16, 18, 24, 32, 36, 48, 72, 96, 144, 288\}$$

Die Teiler

$$\begin{array}{rclrclrcl}
27 &=& 3^3, & 216 &=& 2^3\cdot 3^3, & 864 &=& 2^5\cdot 3^3,\\
54 &=& 2\cdot 3^3, & 256 &=& 2^8, & 1152 &=& 2^7\cdot 3^2,\\
64 &=& 2^6, & 384 &=& 2^7\cdot 3, & 1728 &=& 2^6\cdot 3^3,\\
108 &=& 2^2\cdot 3^3, & 432 &=& 2^4\cdot 3^3, & 2304 &=& 2^8\cdot 3^2,\\
128 &=& 2^7, & 576 &=& 2^6\cdot 3^2, & 3456 &=& 2^7\cdot 3^3,\\
192 &=& 2^6\cdot 3, & 768 &=& 2^8\cdot 3, & 6912 &=& 2^8\cdot 3^3
\end{array}$$

treten als Orbitlänge nicht auf. Das sind genau diejenigen Teiler von $(p-1)(q-1)$, die eine Primzahlpotenz 2^i mit $i \geq 6$ oder 3^j mit $j \geq 3$ als Teiler besitzen. Diese teilen dann zwar $(p-1)(q-1)$, aber weder $p-1$ noch $q-1$. In Abb. 6.16 sind die Bahnen von 2, 5 und 811 jeweils mit der Länge 144, 288 und 3 gezeichnet.

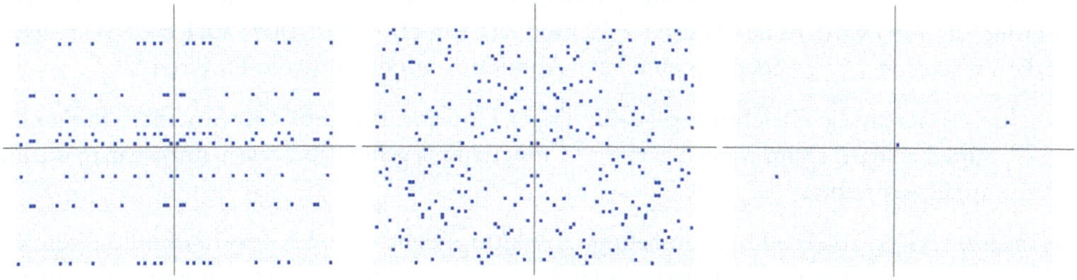

Abb. 6.16: Orbit der 2 (links), der 5 (Mitte) und der 811 (rechts) in der $(97, 73)$-Ebene

Abschließend halten wir fest: Die Orbits für den zweiten Fall, wo es nur kleine Primteiler von $\phi(n)$ gibt, können nicht so lang sein, wie im ersten Fall, wo es große Primteiler von $\phi(n)$ gibt.

Diese Tatsache wird zum Beispiel beim Pollard p-1-Algorithmus zur Faktorisierung großer Zahlen, die nur kleine Primteiler haben, ausgenutzt. Darauf gehen wir in Abschnitt 6.5.11 ein.

6.5.8.3 RSA-Orbits

Im Abschnitt 6.5.7 hatten wir bereits erwähnt, dass $f_k : z \mapsto z^k$ für $\text{kgV}(k, \phi(n)) = 1$ ein Automorphismus von $\mathbb{Z}_n^*$ ist.

Das bedeutet zuerst einmal, dass eine $1:1$-Abbildung vorliegt und nicht etwa wie beim Quadrieren[26] verschiedene Punkte auf demselben Bildpunkt landen, wie in Abb. 6.11 veranschaulicht.

Wenn $\text{kgV}(k, \phi(n)) = 1$ ist, ist insbesondere auch $\text{kgV}(k, p-1) = 1$ und $\text{kgV}(k, q-1) = 1$, da ja $\phi(n) = (p-1)(q-1)$ ist im Fall von RSA. Also liegt auch auf den Achsen eine $1:1$-Abbildung vor, was man sich klarmacht, wenn man die Achsen wie in Fußnote 24 auf Seite 415 interpretiert als Gruppen der Ordnung $p-1$ bzw. $q-1$.

Im Vergleich zur Betrachtung des Orbits eines fest gewählten z, wo man für alle möglichen k die Elemente z^k im Blick hat, liegt der Fokus nun darauf, für ein fest gewähltes, zu $\phi(n)$ teilerfremdes, k die Wirkung auf allen möglichen z zu erfassen. Da f_k eine $1:1$-Abbildung ist, permutiert f_k die Punkte der RSA-Ebene und deshalb bildet die Menge aller solcher Automorphismen eine Untergruppe der symmetrischen Gruppe S_n auf n Elementen. Sicher lässt jede Abbildung f_k die Null bzw. den Punkt $(0, 0)$ fest, weiter jede Achse

[26] In Körpern der Charakteristik 2 ist das Quadrieren bijektiv, für $p \neq 2$ nicht. Der Fall $p = 2$ ist aber bei RSA nicht von Belang.

zwar nicht *punktweise*, aber *mengenweise*.[27] Außerdem ist der Punkt $(1, 1)$ immer ein Fixpunkt[28] so eines Automorphismus.

Für die Verschlüsselung mit dem RSA-Algorithmus bilden die Punkte der RSA-Ebene die möglichen Klartexte; die verschlüsselten Texte sind dann die Bilder unter f_k für ein zu $\phi(n)$ teilerfremdes k. Die Punkte $(0, 0)$ und $(1, 1)$ eignen sich also nicht sonderlich gut als Klartext.

Die zu f_k inverse Abbildung, die bei RSA die Entschlüsselung leistet, sowie die Verkettung zweier Automorphismen f_k und f_l, sollen jetzt noch einmal explizit formuliert werden. Dazu beschränken wir uns vorerst auf den inneren Bereich, also auf $\mathbb{Z}_n^*$.

Die Hintereinanderausführung $f_l \circ f_k$ für zwei zu $\phi(n)$ teilerfremde Zahlen $k, l \in \{1, \ldots, \phi(n)\}$ ergibt:

$$(f_l \circ f_k)(z) = f_l(f_k(z)) = (z^k)^l \overset{(*)}{=} z^{k \cdot l} \overset{(*)}{=} z^{k \cdot l \bmod \phi(n)} = f_{k \cdot l \bmod \phi(n)}(z)$$

Wenn k und l mit $\phi(n)$ keinen gemeinsamen Teiler haben, ist auch das Produkt kl zu $\phi(n)$ teilerfremd. Falls kl größer als $\phi(n)$ wird, ist der Rest $r := kl \bmod \phi(n)$ mit $0 < r < \phi(n)$ auch zu $\phi(n)$ teilerfremd. Also ist die Verkettung $f_l \circ f_k$ ebenfalls eine $1:1$-Abbildung auf den inneren Punkten.

Man beachte, dass man die Gleichheiten $(*)$ in obiger Umformungskette nur innerhalb der endlichen Gruppe $\mathbb{Z}_n^*$ schreiben darf. Denn wenn z^k oder $z^{k \cdot l}$ innerhalb $\mathbb{N}$ größer als n wird, müsste man stattdessen $\cdots \equiv \ldots \bmod n$ schreiben.

Für das Inverse von f_k, also die Entschlüsselungsabbildung, zieht man den erweiterten Euklidischen Algorithmus heran: Für ein zu $\phi(n)$ teilerfremdes $k \in \{1, \ldots, \phi(n)\}$ lässt sich eindeutig ein $k^{\text{inv}} \in \{1, \ldots, \phi(n)\}$ bestimmen, so dass $k \cdot k^{\text{inv}} \equiv 1 \bmod \phi(n)$ ist. Dann ist $f_{k^{\text{inv}}} \circ f_k$ die identische Abbildung und $(f_k)^{-1} = f_{k^{\text{inv}}}$ die zu f_k inverse Abbildung bzw. Umkehrfunktion.

Die Menge aller Automorphismen von $\mathbb{Z}_n^*$ wird meistens mit $\text{Aut}(\mathbb{Z}_n^*)$ bezeichnet. Der Vollständigkeit halber sei erwähnt, dass nicht jeder Automorphismus aus $\text{Aut}(\mathbb{Z}_n^*)$ von der Form $z \mapsto z^k$ ist.

Aus dem CRT folgt zwar die Beziehung

$$\text{Aut}(\mathbb{Z}_n^*) \cong \text{Aut}(\mathbb{Z}_p^* \times \mathbb{Z}_q^*),$$

da $p-1$ und $q-1$ aber gemeinsame Teiler haben, hat man *keine* Isomorphie der Automorphismengruppe des Produktes von $\mathbb{Z}_p^* \times \mathbb{Z}_q^*$ und dem Produkt der Automorphismengruppen von $\mathbb{Z}_p^*$ und $\mathbb{Z}_q^*$:

$$\text{Aut}(\mathbb{Z}_p^* \times \mathbb{Z}_q^*) \ncong \text{Aut}(\mathbb{Z}_p^*) \times \text{Aut}(\mathbb{Z}_q^*)$$

Welche Gestalt die volle Automorphismengruppe einer beliebigen endlichen abelschen Gruppe hat, ist bekannt[29], darauf gehen wir hier aber nicht ein. Für RSA brauchen wir nur diejenigen Automorphismen, die durch eine Potenzabbildung gegeben sind. Diese bilden eine Untergruppe von $\text{Aut}(\mathbb{Z}_n^*)$, die wir mit A oder, falls es Verwechslungen geben kann, mit A_n oder auch $\text{Aut}_{\text{RSA}}(\mathbb{Z}_n^*)$ bezeichnen wollen. Die zugehörigen Automorphismen nennen wir Potenzautomorphismen oder RSA-Automorphismen. Wieviele und welche Primfaktoren $\phi(n)$ hat und mit welchen Exponenten sie jeweils in $p-1$ und $q-1$ auftreten, bestimmt die Anzahl der Potenzautomorphismen von $\mathbb{Z}_n^*$. Es gilt: $|A| = \phi(\text{kgV}(p-1, q-1))$

Nun sind wir so weit, RSA-Orbits definieren zu können:

[27] Eine Permutation $\sigma \in S_n$ lässt eine Teilmenge $M \subseteq \{0, 1, \ldots, n-1\}$ mengenweise fest, wenn $\sigma(z) \in M$ ist für jedes $z \in M$. Eine Permutation $\sigma \in S_n$ lässt eine Teilmenge $M \subseteq \{0, 1, \ldots, n-1\}$ punktweise fest, wenn $\sigma(z) = z$ ist für jedes $z \in M$.

[28] In der Mathematik versteht man unter einem Fixpunkt einen Punkt, der durch eine gegebene Abbildung auf sich abgebildet wird.

[29] Siehe z. B. `https://arxiv.org/pdf/math/0605185.pdf`.

Definition: Es sei $n = pq$ das Produkt zweier verschiedener Primzahlen und $A \subseteq \mathrm{Aut}(\mathbb{Z}_n^*)$ die Potenzautomorphismengruppe von $\mathbb{Z}_n^*$. Weiter sei z ein beliebiges Element aus $\mathbb{Z}_n^*$. Dann bezeichnen wir die Menge $z^A := \{z^a : a \in A\}$ als **RSA-Orbit** oder **RSA-Bahn** von z.

Jeder RSA-Orbit eines Elementes z ist enthalten im vollen Orbit von z, allerdings ist ein RSA-Orbit *keine* Gruppe, schon allein deswegen nicht, weil z^A nie die 1 enthalten kann, wenn nicht z selbst die 1 ist. Wenn die Bahn von z die Länge d hat für einen Teiler d von $\phi(n)$, dann hat die RSA-Bahn von z genau $\phi(d)$ Elemente, wohingegen die normale Bahn d Elemente besitzt, da sie ja als Menge mit der von z erzeugten zyklischen Gruppe identisch ist. Aber nur für zur Gruppenordnung teilerfremde Exponenten k werden erzeugende Elemente z von zyklischen Gruppen durch Exponentiation wieder zu erzeugenden Elementen z^k.

Bevor wir Beispiele bringen, müssten wir uns noch versichern, dass der Begriff RSA-Orbit auch für Achsenelemente definiert werden kann. Dies kann man, wenn man sich der Theorie der Ringe bedient, ebenfalls mit dem CRT beweisen. Da wir auf Kenntnisse der Ringtheorie aber verzichten wollen, werden wir das mithilfe der Projektionen im Abschnitt 6.5.9 nachholen.

Nun ein erstes Beispiel: $n = 77, p = 11, q = 7, \phi(n) = 60, z = 2$

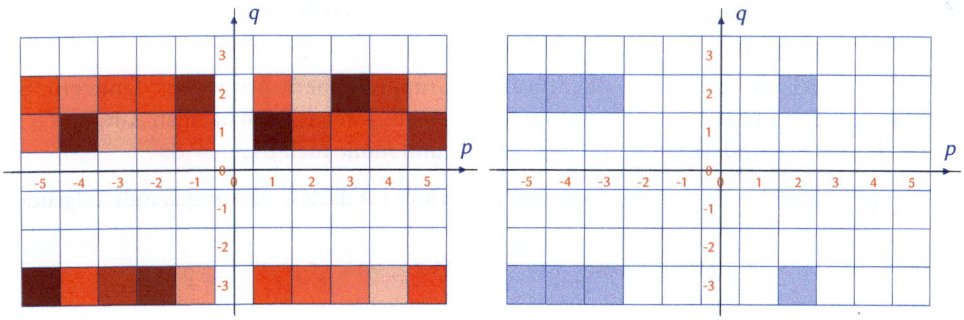

Abb. 6.17: Voller Orbit der 2 (links) und RSA-Orbit der 2 (rechts), beide in der $(11, 7)$-Ebene

Im linken Teilbild von Abb. 6.17 ist der volle Orbit der 2 in der $(11, 7)$-Ebene gezeichnet, rechts daneben ihr RSA-Orbit. Die 2 erzeugt in $\mathbb{Z}_{77}^*$ folgende 30-elementige Untergruppe:

$$2, 4, 8, 16, 32, 64, 51, 25, 50, 23, 46, 15, 30, 60, 43, 9, 18, 36, 72, 67, 57, 37, 74, 71, 65, 53, 29, 58, 39, 1$$

Die zur 30 teilerfremden Exponenten sind $1, 7, 11, 13, 17, 19, 23$ und 29, der zugehörige RSA-Orbit enthält dann die folgenden $\phi(30) = 8$ Elemente:

$$(*) \begin{cases} 2, \\ 51 \equiv 2^7 \bmod 77 = 128 \bmod 77, \\ 46 \equiv 2^{11} \bmod 77 = 2048 \bmod 77, \\ 30 \equiv 2^{13} \bmod 77 = 8192 \bmod 77, \\ 18 \equiv 2^{17} \bmod 77 = 131072 \bmod 77, \\ 72 \equiv 2^{19} \bmod 77 = 524288 \bmod 77, \\ 74 \equiv 2^{23} \bmod 77 = 8388608 \bmod 77, \\ 39 \equiv 2^{29} \bmod 77 = 536870912 \bmod 77 \end{cases}$$

Für $\phi(11 \cdot 7) = 10 \cdot 6 = 60$ ergibt sich $2^2 \cdot 3 \cdot 5$ als Primfaktorzerlegung und $2 \cdot 3 \cdot 5 = 30$ als $\mathrm{kgV}(10, 6)$. Dann gilt

$$A_{77} = \mathrm{Aut}_{\mathrm{RSA}}(\mathbb{Z}_{77}^*) \cong \mathrm{Aut}_{\mathrm{RSA}}(\mathbb{Z}_{11}^* \times \mathbb{Z}_7^*) \cong \mathrm{Aut}_{\mathrm{RSA}}(C_{10} \times C_6)$$

für zwei zyklische Gruppen der Ordnung[30] 10 bzw. 6. Wegen $C_{10} \cong C_2 \times C_5$ und $C_6 \cong C_2 \times C_3$ mit zyklischen Gruppen der Ordnungen 2, 3 und 5 ist deshalb weiter:

$$\mathrm{Aut}_{\mathrm{RSA}}(C_{10} \times C_6) \cong \mathrm{Aut}_{\mathrm{RSA}}(C_2 \times C_2 \times C_3 \times C_5)$$

Da 2, 3 und 5 teilerfremd sind, folgt

$$\mathrm{Aut}_{\mathrm{RSA}}(C_2 \times C_2 \times C_3 \times C_5) \cong \mathrm{Aut}_{\mathrm{RSA}}(C_2 \times C_2) \times \mathrm{Aut}_{\mathrm{RSA}}(C_3) \times \mathrm{Aut}_{\mathrm{RSA}}(C_5).$$

Die Kleinsche Vierergruppe $C_2 \times C_2$ besitzt keine Potenzautomorphismen. Denn solche bilden erzeugende Elemente von zyklischen Untergruppen wieder auf erzeugende Elemente ab, jede C_2-Komponente hat aber nur ein einziges erzeugendes Element und gestattet deshalb keine Potenzabbildung auf ein *anderes* erzeugendes Element derselben zyklischen Untergruppe. Deshalb bleibt:

$$A_{77} \cong \mathrm{Aut}_{\mathrm{RSA}}(C_2 \times C_2 \times C_3 \times C_5) \cong \mathrm{Aut}_{\mathrm{RSA}}(C_3) \times \mathrm{Aut}_{\mathrm{RSA}}(C_5).$$

Da C_3 und C_5 Primzahlordnung haben, gibt es in diesen Gruppen keine nichttrivialen[31] Untergruppen und deshalb genau $2 = 3 - 1$ bzw. $4 = 5 - 1$ erzeugende Elemente. Infolgedessen hat man $\mathrm{Aut}_{\mathrm{RSA}}(C_3) \cong C_2$ und $\mathrm{Aut}_{\mathrm{RSA}}(C_5) \cong C_4$, und damit ist $A_{77} \cong C_2 \times C_4$ und somit auch $|A_{77}| = 8$.

Der Automorphismus $\sigma := f_7 : z \mapsto z^7$ erzeugt, wiederholt auf die $2 \in \mathbb{Z}_{77}$ angewandt, folgende Kette:

$$2 \xrightarrow{\sigma} 2^7 \xrightarrow{\sigma} 2^{49} = 2^{19} \xrightarrow{\sigma} 2^{19\cdot 7} = 2^{13} \xrightarrow{\sigma} 2^{13\cdot 7} = 2$$

Beim Automorphismus $\tau := f_{11}$ erhält man $2 \to 2^{11} \to (2^{11})^{11} = 2^{121} = 2$.

Für $\rho := f_{17}$ sind es wieder vier Schritte:

$$2 \xrightarrow{\rho} 2^{17} \xrightarrow{\rho} 2^{289} = 2^{19} \xrightarrow{\rho} 2^{19\cdot 17} = 2^{23} \xrightarrow{\rho} 2^{13\cdot 17} = 2$$

Die letzte Abbildung $\lambda := f_{29}$ der obigen Liste $(*)$ bildet die 2 auf den Kehrwert $2^{-1} = 2^{29} \in \mathbb{Z}_{77}$ ab, also ergibt sich bei zweimaliger Hintereinanderausführung $\lambda^2 = f_1 = \mathrm{id}$.

Damit bilden die acht Abbildungen $\{\sigma, \sigma^2 = \rho^2, \sigma^3, \tau, \rho, \rho^3, \lambda, \mathrm{id}\}$ genau die Potenzautomorphismengruppe $\mathrm{Aut}_{RSA}(\mathbb{Z}_{77}^*)$, die isomorph ist zur additiven Gruppe $\mathbb{Z}_2 \times \mathbb{Z}_4$.

Den „Klartext“ 2 könnte man also bei einer RSA-Verschlüsselung mit dem Modul 77 lediglich auf 7 verschiedene Weisen verschlüsseln.

[30] Wir verwenden hier die übliche Schreibweise C_N für eine zyklische Gruppe der Ordnung N, die, wenn nichts anderes gesagt wird, multiplikativ ist. Es ist natürlich $(C_N, \cdot)$ isomorph zu $(Z_N, +)$.

[31] Triviale Untergruppen einer beliebigen Gruppe G sind immer die einelementige Untergruppe, die aus dem neutralen Element besteht, und die ganze Gruppe G.

Zweites Beispiel:

$n = 3097, \quad p = 163, \quad q = 19, \quad p-1 = 162 = 2 \cdot 3^4, \quad q-1 = 18 = 2 \cdot 3^2, \quad \phi(n) = 2916 = 2^2 \cdot 3^6, \quad \text{kgV}(162, 18) = 162.$

Dann können die Elemente von $\mathbb{Z}_{3097}$ Bahnen folgender Länge haben:

$$\{1, 2, 3, 6, 9, 18, 27, 54, 81, 162\}$$

Für die ersten Elemente beispielsweise:

Element	Länge der Bahn in $\mathbb{Z}_{3097}$
0	1
1	1
2	$162 = 2 \cdot 3^4$
3	162
4	$81 = 3^4$
5	$54 = 2 \cdot 3^2$
6	27
7	162
8	54
9	81
10	162
11	162
...	...
85	9
...	...

Die Längen der zugehörigen RSA-Bahnen zeigt die folgende Liste:

Element	Länge der RSA-Bahn in $\mathbb{Z}_{3097}$
0	1
1	1
2	54
3	54
4	54
5	18
6	18
7	54
8	18
9	54
10	54
11	54
...	...
85	6
...	...

Auch dieses zweite Beispiel wurde so ausgesucht, dass $\phi(n)$ nur kleine Primteiler, hier 2 und 3, enthält. Wir untersuchen die RSA-Automorphismengruppe A_{3097} durch Zerlegung analog zum vorherigen Beispiel 1:

$$
\begin{aligned}
A_{3097} &\cong \mathrm{Aut}_{RSA}(\mathbb{Z}^*_{163} \times \mathbb{Z}^*_{19}) \\
&\cong \mathrm{Aut}_{RSA}(C_{2\cdot 3^4} \times C_{2\cdot 3^2}) \\
&\cong \mathrm{Aut}_{RSA}(C_2 \times C_2 \times C_{3^2} \times C_{3^4}) \\
&\cong \mathrm{Aut}_{RSA}(C_{3^4}) \\
&\cong C_{\phi(3^4)} \\
&\cong C_{54} \\
&\cong C_2 \times C_{3^3} \\
&\cong (\mathbb{Z}_2, +) \times (\mathbb{Z}_{3^3}, +)
\end{aligned}
$$

Eine RSA-Bahn für $n = 3097 = 163 \cdot 19$ hat also höchstens die Länge 54 und damit hat jeder Klartext $m \in \mathbb{Z}_n$ in diesem Fall höchstens 54 mögliche Geheimtexte.

Exemplarisch zeigen wir in Abb. 6.19 alle Bahnen der Länge 9 und in Abb. 6.20 die zugehörigen RSA-Bahnen der erzeugenden Elemente dieser Bahnen. In der zugehörigen Tabelle 6.4 listen wir jeweils ihre Repräsentanten aus $\{0, 1, \ldots, 3096\}$ auf, unterteilt in die zyklischen Gruppen $c_a, c_b, \ldots, c_l$ mit dem jeweils in der z-Spalte angegebenen erzeugenden Element. Für die Bilder haben wir die alternative Darstellung mit Repräsentanten von $-(n-1)/2$ bis $(n-1)/2$ gewählt, vgl. Abschnitt 6.5.5. SageMath-Beispiel 6.5.1 erzeugt den LaTeX-Code für die Tabelle 6.4

SageMath-Beispiel 6.5.1: Erzeugung der Tabelle 6.4 mit SageMath

```
print("\n# CHAP06 -- Sage-Script-SAMPLE 010: =========")

n=3097; # n: RSA modulus
R=Zmod(n); U=R.unit_group(); # R: Ring of integers mod n, U: elements of R that do have
                             # an multiplicative inverse mod n
oi=9 #order of interest

# define function that returns the multiplicative orbit of z in Zmod(n) as a list
def orbit(z,n):
  if gcd(z,n)!=1:
    return(print('multiplicative order does not exist!'))
  o=R(z).multiplicative_order()
  orbit=[]
  x=1
  for i in range(o):
    orbit.append(x)
    x=x*z%n
  return(orbit)

# define function returning a list of lists
# with all inner elements with order i, partitioned by cyclic group
def parti(i,n):
  l=[] # list of all orbits of order i as list, so list of lists
  s=Set() # set of all elements of order i
  for x in U:
    if x.multiplicative_order()==i:
      if R(x) not in s:
        l=l+[orbit(int(R(x)),n)]
        s=s+Set(Set(l[-1]))
  return(l)

# define function that returns the LaTeX source code for all the non-header-rows of the table
def rows():
  orbs=parti(oi,n)
  s=''
  col0=[r'$c_a$',r'$c_b$',r'$c_c$',r'$c_d$',r'$c_e$',r'$c_f$', r'$c_g$',r'$c_h$',r'$c_i$',r'$c_j$',r'$c_k$',r'▶
```

Fortsetzung SageMath-Beispiel 6.5.1

```
  ▶$c_l$']
  for i in range(len(orbs)):
    zeile=LatexExpr(col0[i])+' & '+''.join(str(orbs[i][j])+' & ' for j in range(oi-1))+str(orbs[i][oi-1])+▶
     ▶LatexExpr(r'\\')+'\n '
    s=s+zeile
  return(s)

# define string containing LaTeX source code for defining the structure and layout of the table
head=LatexExpr(r'\begin{tabular}{@{} r')+f'*{oi}'+LatexExpr(r'{>{$}r<{$}} @{}}\toprule')+'\n'
# define string containing LaTeX source code for the header line of the table
row0=LatexExpr(r'&z^9&\bm{z}&\bm{z^2}&z^3&\bm{z^4}&\bm{z^5}&z^6&\bm{z^7}&\bm{z^8}\\\midrule')+'\n'

# concatenate all strings for LaTeX table and append LaTeX code for ending the table
table=head+row0+rows()+LatexExpr(r'\bottomrule')+'\n'+LatexExpr(r'\end{tabular}')

# ------ main: write string >>table<< to file 'orbits-order9.txt' ------
filename = 'orbits-order' + str(int(oi)) + '.txt'
with open(filename, 'w') as file:
  try:
    file.write(table)
    print("File '" + filename + "' created.")
  except:
    print("File '" + filename + "' could not be opened.")
# after the "with" block is done, the file is guaranteed to be closed.
```

	z^9	$\boldsymbol{z}$	$\boldsymbol{z^2}$	z^3	$\boldsymbol{z^4}$	$\boldsymbol{z^5}$	z^6	$\boldsymbol{z^7}$	$\boldsymbol{z^8}$
c_a	1	1996	1274	267	248	2585	58	1179	2661
c_b	1	327	1631	653	2935	2772	2120	2609	1468
c_c	1	2322	2904	919	85	2259	2177	690	1031
c_d	1	1600	1878	710	2498	1670	2386	2096	2646
c_e	1	593	1688	653	104	2829	2120	2875	1525
c_f	1	574	1194	919	1016	948	2177	1507	955
c_g	1	2911	529	710	1111	853	2386	2172	1715
c_h	1	384	1897	653	2992	3038	2120	2666	1734
c_i	1	1505	1118	919	1833	2335	2177	2856	2741
c_j	1	2987	2809	710	2422	3019	2386	785	366
c_k	1	2648	296	267	900	1607	58	1831	1683
c_l	1	1926	2367	58	216	1018	267	140	201

Tab. 6.4: Orbits von inneren Punkten der Länge 9 in $\mathbb{Z}_{3097}$

Die kleinste natürliche Zahl, die in $\mathbb{Z}^*_{3097}$ ein Element der Ordnung 9 repräsentiert, ist die 85. Sie tritt in der dritten zyklischen Gruppe c_c auf, ist aber nicht das erzeugende Element, sondern dessen vierte Potenz: $(2322^4 - 85) : 3097 = 9386585843$

Tabelle 6.4 wurde mit SageMath generiert. Die Schleife, die die Zeilen erzeugt, wird in der Reihenfolge durchlaufen, in der SageMath intern die Einheitengruppe (`U=R.unit_group()` sowie `for x in U`, vgl. SageMath-Beispiel 6.5.1) durchläuft. Zu erläutern, wie diese Reihenfolge entsteht, führt hier zu weit (es folgt aus der

SageMath-internen Darstellung von endlichen abelschen Gruppen). Deshalb scheinen aber sowohl die Reihenfolge, in der die zyklischen Gruppen hier erscheinen, als auch die Wahl des die jeweilige Gruppe erzeugenden Elements z willkürlich. Statt z kann als Erzeuger einer zyklischen Gruppe der Ordnung 9 auch z^2, z^4, z^5, z^7 oder z^8 genommen werden. Diese 6 Elemente bilden dann eine RSA-Bahn. Für den RSA-Automorphismus $f_k : z \mapsto z^k$ kommt dabei jedes $k \in \{1, 2, 4, 5, 7, 8\}$ in Frage. Da aber die 2 die Zahl $(p-1)(q-1) = 2916$ teilt, bleiben auf den ersten Blick nur $k = 1, 5$ und 7 übrig. Nun ist aber

$$5^2 = 25 \equiv 7 \bmod 9 \quad \Longrightarrow f_5 \circ f_5 = f_7 \text{ reduziert auf } \langle z \rangle \text{ für ein } z \text{ der Ordnung } 9$$

$$5^3 \equiv 35 \equiv 8 \bmod 9 \quad \Longrightarrow f_5 \circ f_5 \circ f_5 = f_8 \quad \ldots$$

$$5^4 \equiv 40 \equiv 4 \bmod 9 \quad \ldots$$

$$5^5 \equiv 20 \equiv 2 \bmod 9 \quad \ldots$$

$$5^6 \equiv 10 \equiv 1 \bmod 9, \quad \ldots$$

so dass – eingeschränkt auf die betrachteten zyklischen Gruppen der Ordnung 9 – auch gerade Exponenten auftreten.

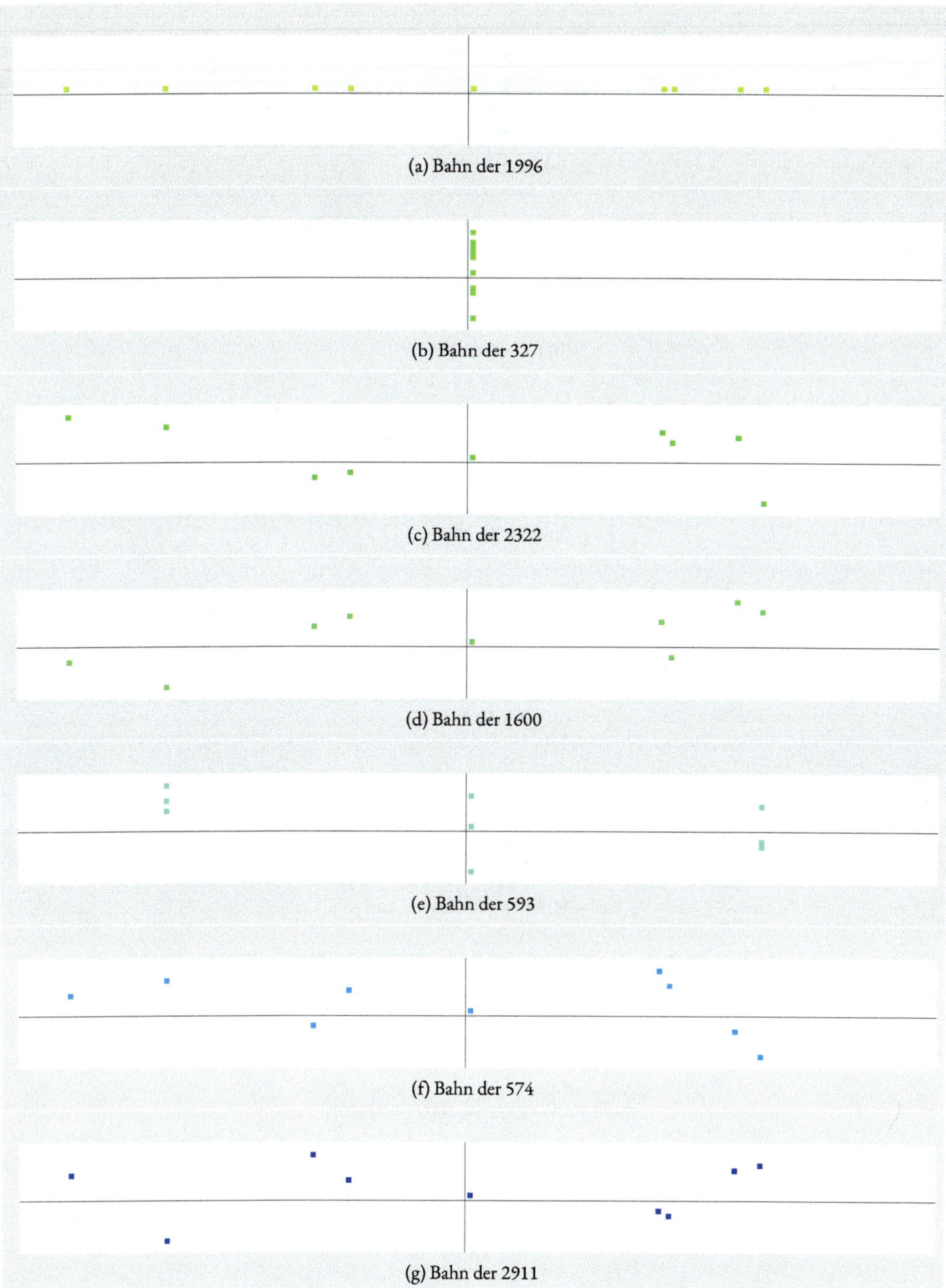

(a) Bahn der 1996

(b) Bahn der 327

(c) Bahn der 2322

(d) Bahn der 1600

(e) Bahn der 593

(f) Bahn der 574

(g) Bahn der 2911

Abb. 6.18: Bahnen der Länge 9 in der (163, 19)-Ebene (Teil 1)

Die insgesamt 12 verschiedenen Bahnen der Länge 9 kann man weiter unterteilen in je drei Stück, die sich

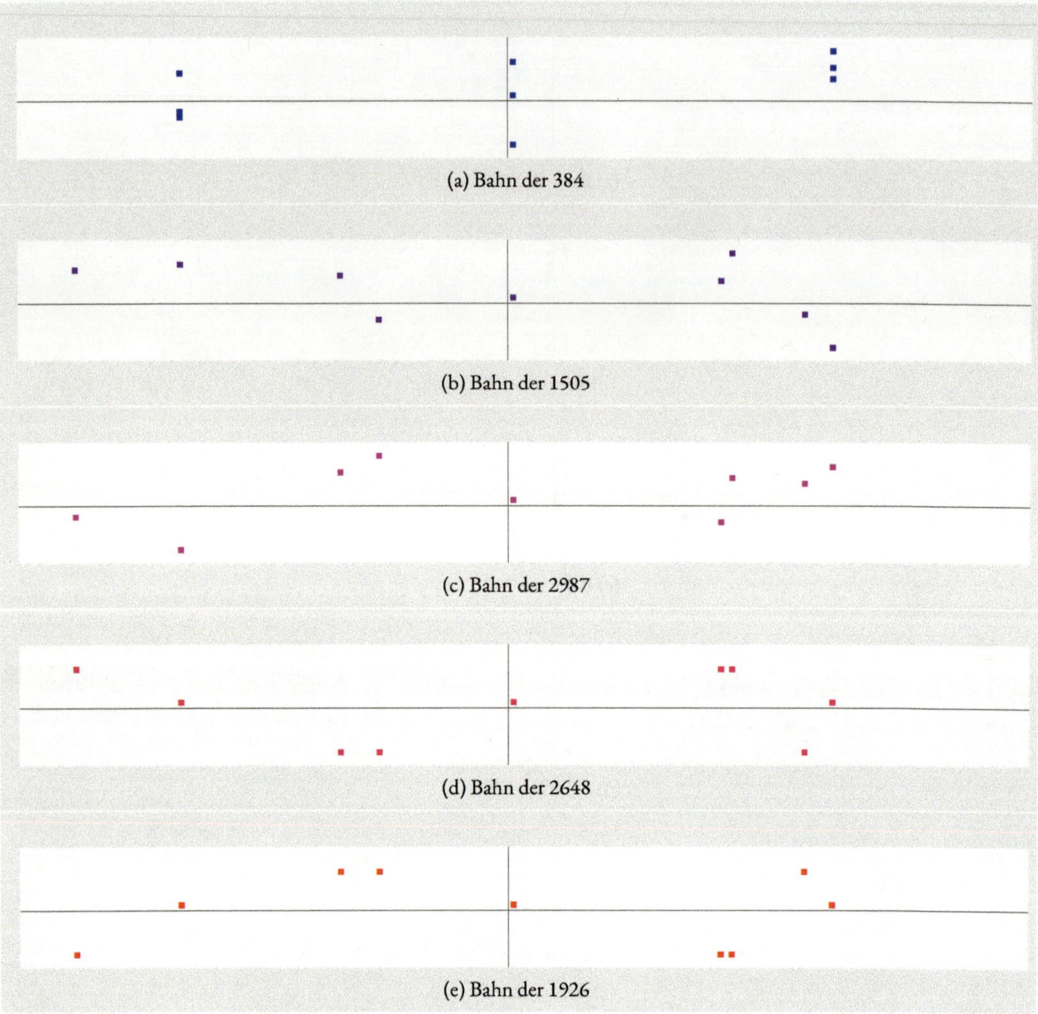

(a) Bahn der 384

(b) Bahn der 1505

(c) Bahn der 2987

(d) Bahn der 2648

(e) Bahn der 1926

Abb. 6.19: Bahnen der Länge 9 in der $(163, 19)$-Ebene (Teil 2)

eine gemeinsame zyklische Untergruppe der Ordnung 3 teilen:

$$c_a \cap c_k \cap c_l = \{1, 267, 58\}$$
$$c_b \cap c_e \cap c_h = \{1, 653, 2120\}$$
$$c_c \cap c_f \cap c_i = \{1, 919, 2177\}$$
$$c_d \cap c_g \cap c_j = \{1, 710, 2386\}$$

Entfernt man diese jeweils 3 Elemente aus einer der beteiligten zyklischen Gruppen der Ordnung 9, so bleibt genau die RSA-Bahn aller möglichen sie erzeugenden Elemente der Ordnung 9 übrig.

Das veranschaulicht die Grafik in Abb. 6.20. Sie zeigt oben die Vereinigung aller Bahnen der Länge 9 und unten die vier Untergruppen der Ordnung 3 (im oberen Bild (a) schwarz), das sind ohne die 1 (unten in (b) schwarz) genau 8 Elemente. Außerdem bilden gleichfarbige – nicht schwarze – Punkte oben jeweils genau eine RSA-Bahn der Länge 6.

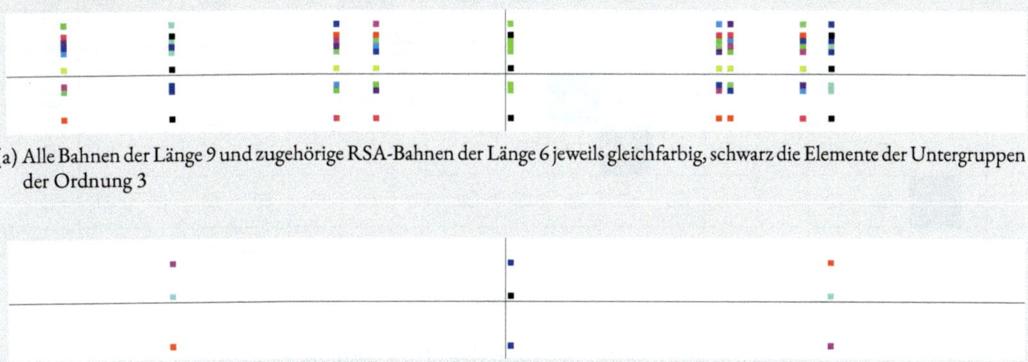

(a) Alle Bahnen der Länge 9 und zugehörige RSA-Bahnen der Länge 6 jeweils gleichfarbig, schwarz die Elemente der Untergruppen der Ordnung 3

(b) Alle Elemente der Ordnung 3 und zugehörige RSA-Bahnen der Länge 2 jeweils gleichfarbig

Abb. 6.20: Bahnen der Länge 9 und 3 in der $(163, 19)$-Ebene

6.5.9 Projektionen

Genauso wie in der reellen Ebene $\{(x, y) : x, y \in \mathbb{R}\}$ kann man in endlichen Ebenen auch Projektionen auf die Achsen betrachten. Aus Sicht der linearen Algebra wird dabei ein zweidimensionaler Vektorraum – die Ebene – auf einen eindimensionalen Untervektorraum – eine Ursprungsgerade – abgebildet, es handelt sich um eine lineare Abbildung vom Rang 1. Das Bild dieser Abbildung ist die Gerade, auf die projiziert wird, und der Kern[32] der Abbildung besteht aus derjenigen Geraden, die durch den Ursprung verläuft und parallel zur Projektionsrichtung – die nicht zwangsläufig senkrecht ist – liegt.

Da in unserem Modell nur Senkrechtprojektionen eine Rolle spielen, verwenden wir kurz *Projektion* anstelle von *Senkrechtprojektion*.

Die RSA-Ebene ist kein zweidimensionaler Vektorraum, worauf wir in Abschnitt 6.5.2 bereits kurz eingegangen sind. Als reine Mengenabbildung ist die Projektionsabbildung auch für die RSA-Ebene wohldefiniert:

Die Abbildungen $\pi_x : (x, y) \mapsto (x, 0)$ und $\pi_y : (x, y) \mapsto (0, y)$ bilden Punkte auf ihren „Schatten" auf der waagrechten bzw. senkrechten Achse ab, es handelt sich also um die beiden Senkrechtprojektionen auf die Achsen, wie man sie auch aus der Elementargeometrie kennt.

Beobachtet man einen inneren Punkt bei der Entwicklung seiner Bahn, so gehen die beiden Schatten dabei mit. Umgekehrt kann man aus den kombinierten Bahnen der waagrechten und senkrechten Schatten die Bahn des Punktes, der diese Schatten hat, rekonstruieren.

Das veranschaulichen wir am Beispiel $p = 19, q = 7, n = 133, z = 12$:

Zunächst wird die Bahn der 12 in Abb. 6.21 gezeigt. Abb. 6.22 zeigt zusätzlich die Bahnen der Schatten.

Für die Bahn der 12 in der $(19, 7)$-Ebene ist die Länge der Bahn dieses inneren Punktes für beide Achsen gleich der Länge der auf sie projizierten Bahn. Das muss aber nicht so sein, siehe das Beispiel mit der Bahn der 2 in Abb. 6.23. Diese besteht aus 18 Elementen und die auf die senkrechte Achse projizierte Bahn hat nur drei Elemente.

[32] Wem die Begriffe *Untervektorraum*, *Rang* und *Kern* nicht geläufig sind, kann nahezu jedes einführende Buch in lineare Algebra konsultieren, z. B. [13].

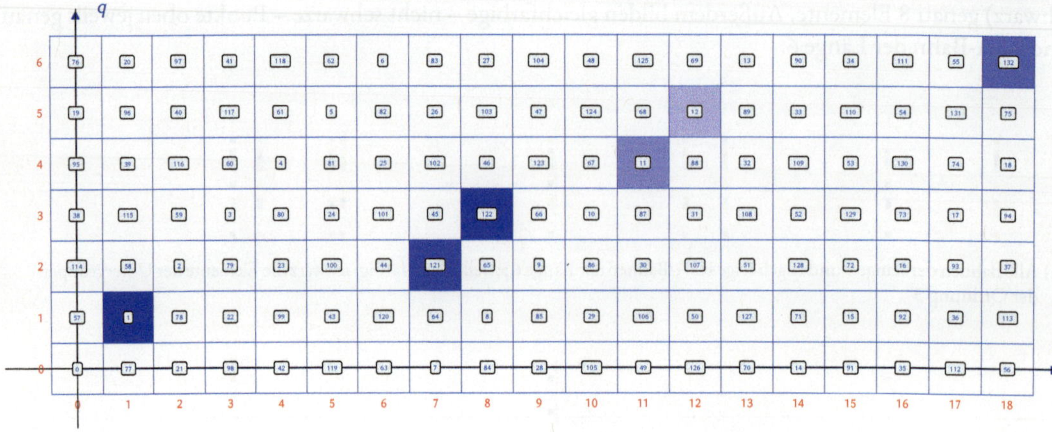

Abb. 6.21: Orbit der 12 in der (19, 7)-Ebene

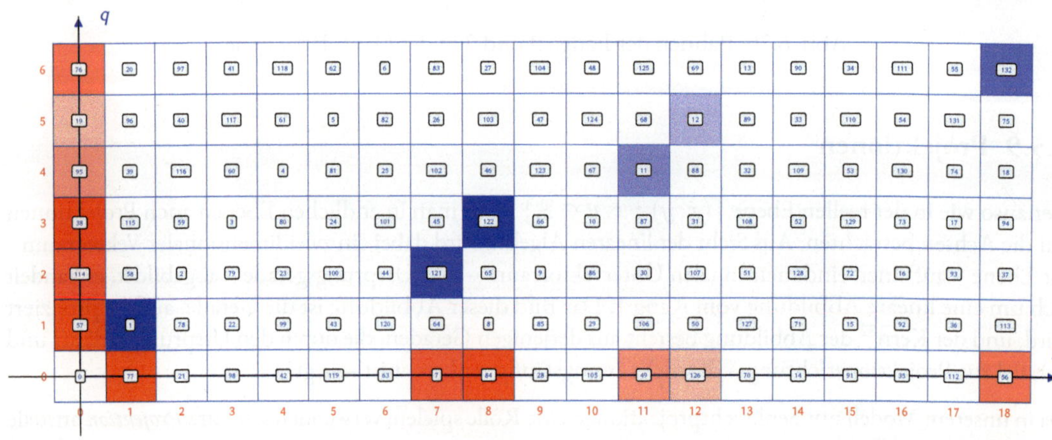

Abb. 6.22: Orbit der 12 und ihrer Projektionen in der (19, 7)-Ebene

Die Projektion der Bahn eines inneren Punktes auf eine der Achsen ist nicht nur eine Teilmenge der jeweiligen Achse, sondern sie erbt einen Teil der algebraischen Struktur der Bahn, die projiziert wird.

Die algebraische Struktur einer jeden Bahn ist die der multiplikativen zyklischen Gruppe mit einer Ordnung, die das kgV von $p-1$ und $q-1$ teilt.

Formal ist eine projizierte Bahn keine multiplikative Gruppe, da sie das neutrale Element $(1, 1)$ nicht enthält. Wenn man sich aber *entweder* die Koordinate, die $= 0$ ist, wegdenkt, *oder* statt der 0 eine 1 denkt, ist das Bild der Projektionsabbildung identisch mit bzw. isomorph zu einer Untergruppe von $\mathbb{Z}_p^*$ bzw. $\mathbb{Z}_q^*$. Damit induziert π_x bzw. π_y eine Abbildung von $\mathbb{Z}_p \times \mathbb{Z}_q$ nach $\mathbb{Z}_p$ bzw. $\mathbb{Z}_q$. Der Einfachheit halber bezeichnen wir diese induzierte Abbildung auch mit π_x und π_y.

Verkettet man die ganz zu Anfang auf Seite 404 definierte Abbildung π mit π_x oder π_y, so erhält man als Bild von $\mathbb{Z}_n$ jeweils $\mathbb{Z}_p$ bzw. $\mathbb{Z}_q$. Solche Zusammenhänge werden in der Mathematik normalerweise als sog. kommutative Diagramme dargestellt, siehe Abbildung 6.24.

Bevor zum nächsten Thema übergehen, wollen wir noch auf einen interessanten Spezialfall von RSA-Orbits hinweisen: die Fixpunkte. Das sind RSA-Orbits der Länge 1. In Abschnitt 5.20.7 findet man weitere

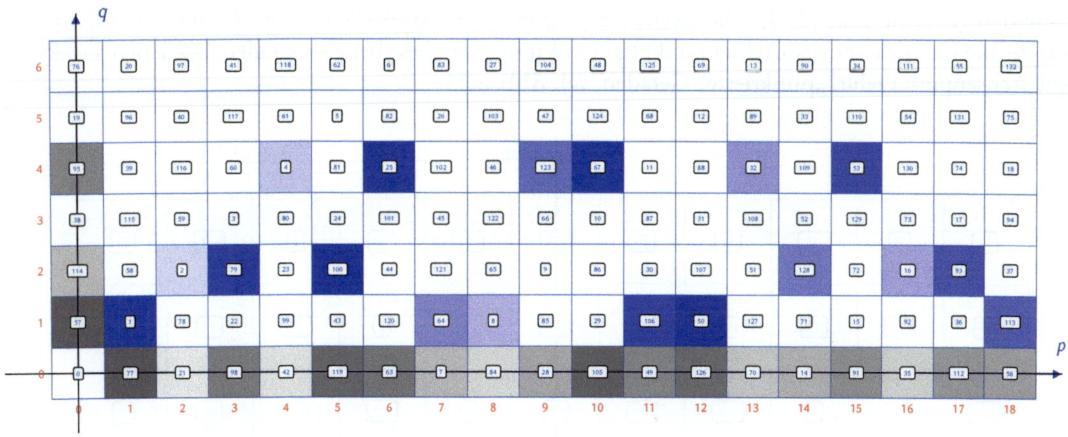

Abb. 6.23: Orbit der 2 und ihrer Projektionen in der $(19, 7)$-Ebene

Informationen über Fixpunkte.

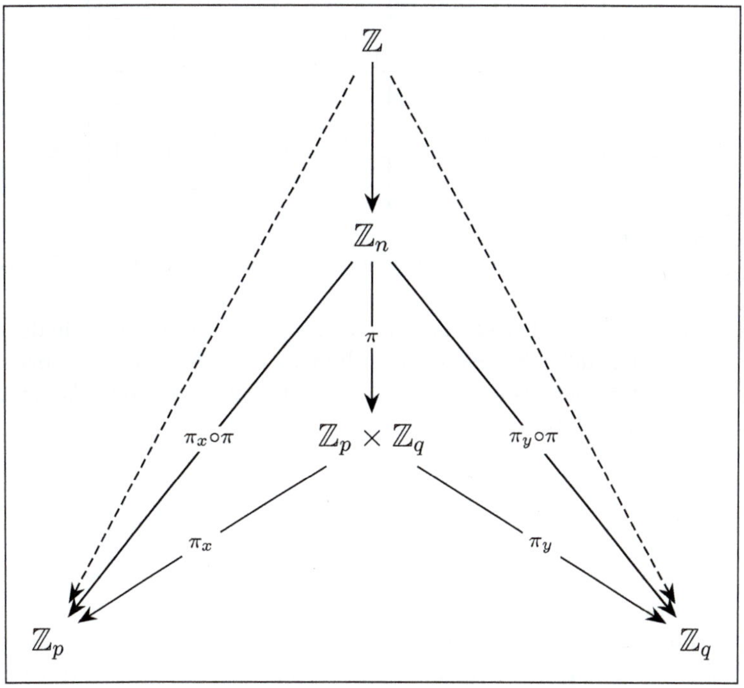

Abb. 6.24: Darstellung der Projektionen π_x bzw. π_y als Teil eines kommutativen Diagramms

Manchmal ist es sinnvoll, nicht die Projektionen auf die Achsen, sondern auf die waagrechte/senkrechte Gerade durch $(0, 1)/(1, 0)$ zu betrachten, denn dann liegt auch formal jeweils ein Gruppenhomomorphismus[33] vor, da diese beiden Geraden den Punkt $(1, 1)$ enthalten.

Am 2D-Modell kann man sich $\mathbb{Z}_q^*$ vorstellen als alle inneren Punkte $(1, y)$, also als senkrechte Gerade

[33] Zur Definition des Begriffs Homomorphismus siehe z. B. hier im CrypTool-Buch auf Seite 621 im Kapitel über Ursprung und Begriff *homomorph*. Ein Isomorphismus oder ein Automorphismus sind Spezialfälle von Homomorphismen.

ohne den Achsenpunkt $(1, 0)$. Die zweite Projektion liefert dann alle inneren Punkte $(x, 1)$, also die waagrechte Gerade ohne den Achsenpunkt $(0, 1)$. Wir nennen diese beiden Geraden, bei denen jeweils der eine Achsenpunkt fehlt, „punktierte" Geraden, vgl. Abb. 6.25.

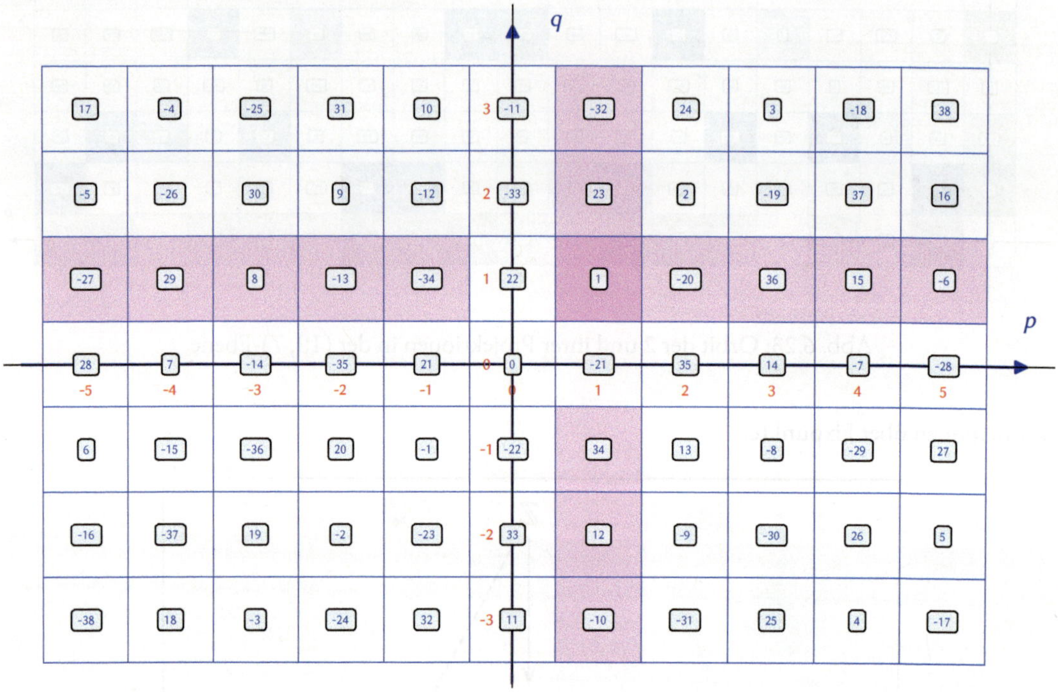

Abb. 6.25: $\mathbb{Z}_{11}^*$ und $\mathbb{Z}_7^*$ als punktierte Geraden durch $(1, 1)$ in der $(11, 7)$-Ebene

Die Bahn von Elementen auf einer dieser beiden Geraden ist zwangsläufig wieder in der entsprechenden Geraden enthalten. Das zeigt auch schon ein früheres Bild, nämlich die Abb. 6.15b bzw. Abb. 6.15c von Seite 416. Dort wurde die Bahn der 60 in der $(83, 59)$-Ebene gezeichnet. Die 60 ist kongruent zu 1 modulo 59, hat also die Koordinaten $(60, 1)$.

6.5.10 Spiegelungen

Wenn man die Darstellung mit dem Ursprung in der Mitte wählt, kann man Spiegelungen betrachten, wie man sie aus der Elementargeometrie kennt. Die beiden Achsenspiegelungen – an der waagrechten sowie an der senkrechten Achse – und deren Hintereinanderausführung, also die Punktspiegelung bzw. 180°-Drehung, bilden eine Gruppe, die isomorph ist zur Kleinschen Vierergruppe. Auch die multiplikative Gruppe $\mathbb{Z}_n^*$ enthält eine zur Kleinschen Vierergruppe isomorphe Untergruppe, was wir in 6.5.8.2 bereits angesprochen hatten. Trotz der Isomorphie sind diese Gruppen in unserem Kontext natürlich grundverschieden: Die Spiegelungen permutieren die Elemente von $\mathbb{Z}_p \times \mathbb{Z}_q$, sind selbst aber keine Elemente der RSA-Ebene.

In der Mathematik sind diese Spiegelungen Spezialfälle sogenannter Involutionen, das sind Abbildungen, die zweimal hintereinander ausgeführt die Identität ergeben. In der Geometrie wird von einer Involution üblicherweise zusätzlich gefordert, dass sie die geometrische Struktur respektiert, d. h., dass z. B. Geraden wieder auf Geraden abgebildet werden und nicht etwa ein Punkt aus einer Geraden herausgenommen und durch einen von außerhalb ersetzt wird. Wenn man diese Bedingung nicht stellte, wäre prinzipiell jede Permutation auf den gegebenen n Punkten bzw. Zahlen mit der Ordnung 2 eine Involution. Solche Permutationen sind dann entweder Transpositionen oder ein Produkt disjunkter Transpositionen[34].

Wir wählen folgende Bezeichnungen:

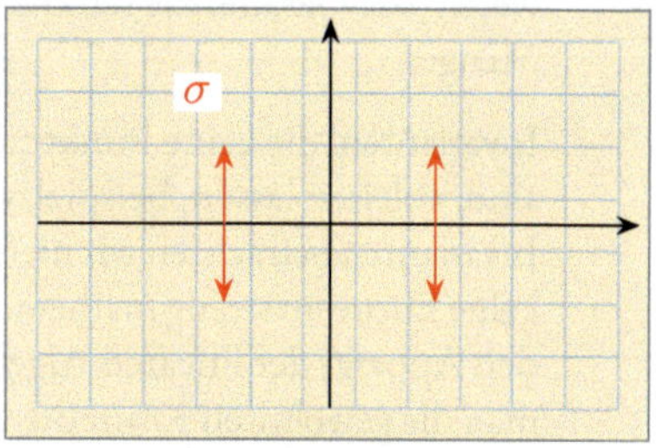

- σ: Spiegelung an der waagrechten Achse

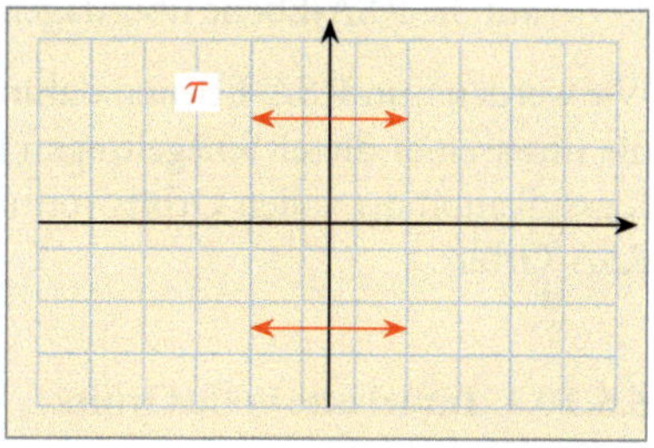

- τ: Spiegelung an der senkrechten Achse

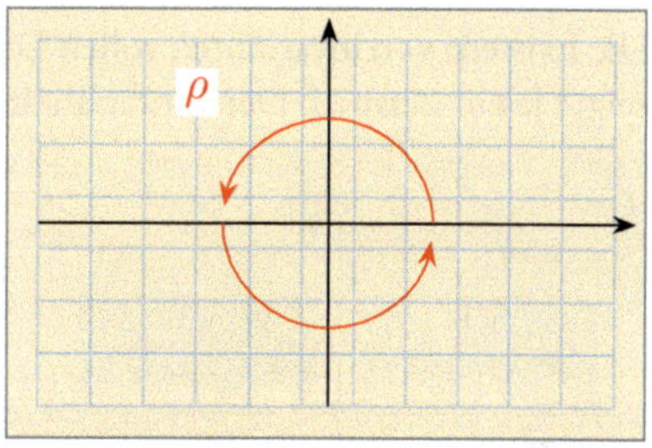

- ρ: Punktspiegelung $\sigma \circ \tau = \tau \circ \sigma = \rho$
- κ: Für eine beliebige Involution aus der Menge $K^* := \{\sigma, \tau, \rho\}$ verwenden wir der Einfachheit halber manchmal den Buchstaben κ. Wenn wir von einer Achsenspiegelung κ sprechen, ist entweder σ oder τ gemeint.

Auch wenn die Frage, ob es abgesehen von σ, τ und ρ noch andere Involutionen auf der RSA-Ebene gibt, nicht uninteressant ist, wollen wir ihr hier nicht nachgehen.

Es sei angemerkt, dass die drei Spiegelungen keine Automorphismen von $\mathbb{Z}_n^*$ sind: Das neutrale Element der Multiplikation, im Zweidimensionalen der Punkt $(1, 1)$, verlässt unter jeder der drei Abbildungen σ, τ und ρ seinen Platz, was bei einem Automorphismus nicht sein kann. Sie sind aber bijektiv und erhalten die Partition von $\mathbb{Z}_n$ in innere Punkte und Achsenpunkte, zudem ist der Ursprung ein Fixpunkt. Ein Fixpunkt ist eine sog. „Invariante:"

Wie bei allen geometrischen Abbildungen fragt man nach den Invarianten. Dabei unterscheidet man

1. einzelne Punkte, die unter κ invariant bleiben, genannt **Fixpunkte**; der Ursprung ist beispielsweise fest unter κ,

[34] Eine Transposition auf n Elementen vertauscht genau zwei dieser Elemente und fixiert alle anderen. Disjunkte Transpositionen vertauschen verschiedene Elemente, also z. B. Element 1 mit Element 2 (notiert durch $(1, 2)$) sowie Element 3 mit Element 4, notiert mit $(3, 4)$. Nicht disjunkt sind die beiden Transpositionen $(1, 2)$ und $(2, 3)$. Wenn man diese beiden verkettet, entsteht der sog. Zykel $(1, 3, 2)$, dieser hat nicht die Ordnung 2 sondern 3. Mehr zum Thema Permutationen und Transpositionen kann man bei Hungerford ([14]) auf den Seiten 46 ff. nachlesen.

2. Mengen mit mehreren Punkten, die **punktweise fest** bleiben, also „größere“ Mengen von Fixpunkten; die Spiegelachsen bei Achsenspiegelungen sind solche Mengen[35],

3. Mengen mit mehreren Punkten, die **mengenweise fest** bleiben, aber nicht notwendigerweise punktweise; jede Gerade, die senkrecht auf der Spiegelachse der Achsenspiegelung κ steht, bildet so eine Menge,

4. Invarianten, die keine Punktmengen sind, sich aber aus geometrischen Objekten, die Punktmengen sind, ableiten lassen, beispielsweise der Flächeninhalt oder die Orientierung[36]. Solche abgeleiteten Invarianten betrachten wir hier aber nicht, und zwar schon allein deswegen nicht, weil die RSA-Ebene keine Ebene im streng mathematischen Sinn ist (siehe 6.5.2) und man deshalb weder Metrik und noch den Apparat der linearen Algebra zur Verfügung hat und deshalb zuerst einmal prüfen müsste, wie man die gewohnten Konzepte wie Determinante, Oberflächeninhalt, Winkel, Längen etc. überhaupt auf die RSA-Ebene übertragen könnte.

Wir werden nun RSA-Ebenen dahingehend klassifizieren, ob sie Orbits und/oder RSA-Orbits besitzen, die unter einer dieser Spiegelungen invariant sind. Dabei nehmen wir in Abschnitt 6.5.10.1 zuerst die Klassifikation der vollen Orbits vor und im daran anschließenden Abschnitt 6.5.10.2 auf Seite 437 die der RSA-Orbits.

6.5.10.1 Invariante volle Orbits

Die Existenz von invarianten vollen Orbits ist für jede der drei Spiegelungen gesichert. Abb. 6.12 auf Seite 413 zeigte je ein Beispiel. Der Einfachheit halber zeigen wir die Abbildung noch einmal hier:

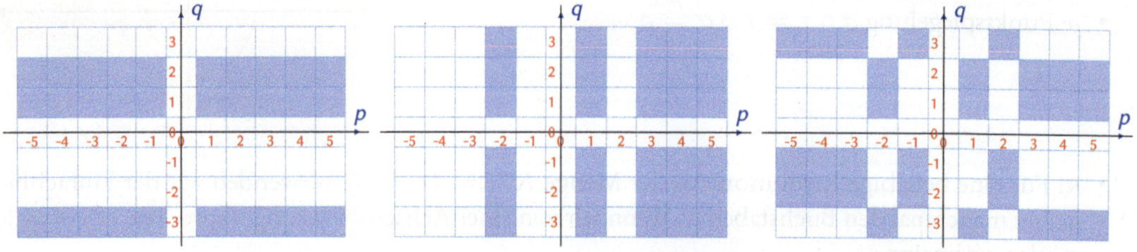

Orbit der 2 (links), der 3 (Mitte) und der 17 (rechts) in der $(11, 7)$-Ebene

Es stellt sich allerdings sofort die Frage, ob es solche Orbits für alle p und q gibt, schließlich kann man aus $p = 11$ und $q = 7$ keine allgemeinen Schlüsse ziehen. Diese Frage gehen wir nun nach, zuerst für innere Punkte und danach für Achsenpunkte.

Innere Punkte

Wir nehmen an, der Orbit eines inneren Punktes $\langle(x, y)\rangle$ ist symmetrisch. Dann enthält er das Bild des Punktes $(1, 1)$. Je nach vorliegender Spiegelung ist dieses Bild gleich dem Punkt $(-1, 1)$, $(-1, -1)$ oder $(1, -1)$, wie man in Abb. 6.26 sieht.

Wenn einer der Punkte $(-1, 1)$, $(-1, -1)$ oder $(1, -1)$ auf der Bahn $\langle(x, y)\rangle$ liegt, muss $\langle x\rangle \subseteq \mathbb{Z}_p$ oder $\langle y\rangle \subseteq \mathbb{Z}_q$ oder beide das Element -1 enthalten. Sowohl -1 in der ersten Komponente, also aufgefasst

[35] Ein weiteres klassisches Beispiel für größere Fixpunktmengen ist die Kreislinie $\{z = e^{ix} : x \in \mathbb{R}\}$ der komplexen Zahlenebene $\mathbb{C}$, wenn man die Kehrwertabbildung $z \mapsto z^{-1}$ als Involution auf $\mathbb{C}^*$ betrachtet.

[36] Bei Dreiecken z. B. gibt es zwei mögliche Orientierungen: Im oder gegen den Uhrzeigersinn; sie wird von Achsenspiegelungen umgekehrt, ist unter Punktspiegelung aber invariant. Im Zweidimensionalen kann man die Orientierung mithilfe des Vorzeichens der Determinante definieren, indem man eine Dreiecksecke als Ursprung wählt und die Vektoren, die von dieser Ecke zu den jeweils anderen zwei Ecken führen, in eine 2×2-Matrix schreibt.

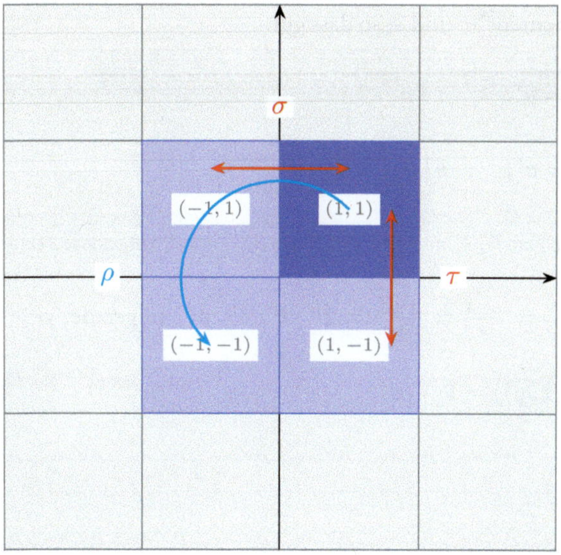

Abb. 6.26: Mögliche Bilder des Punktes $(1, 1)$ unter den Spiegelungen σ, τ oder ρ

als Element der multiplikativen Gruppe $\mathbb{Z}_p^*$, als auch -1 in der zweiten Komponente, also aufgefasst als Element der multiplikativen Gruppe $\mathbb{Z}_q^*$, hat als einziges Element in dieser jeweiligen Gruppe die Ordnung 2.

Als nächstes macht man sich klar, dass eine symmetrische Bahn immer nur genau einen der Punkte $\{(-1, 1), (-1, -1), (1, -1)\}$ enthalten kann, denn Bahnen sind zyklische Untergruppen von $\mathbb{Z}_p^* \times \mathbb{Z}_q^*$ und diese können immer nur ein Element der Ordnung zwei haben.

Betrachten wir zunächst die erste Komponente x einer beliebigen Bahn $\langle(x, y)\rangle$. Sie erzeugt eine zyklische Untergruppe von $\mathbb{Z}_p^*$, deren Ordnung $o(x)$ ein Teiler von $p - 1$ ist. Falls $o(x)$ ungerade ist, ist die -1 nicht im Erzeugnis von x. Dann ist keiner der Punkte $(-1, 1)$ und $(-1, -1)$ in der Bahn $\langle(x, y)\rangle$ enthalten und damit scheiden für ungerade $o(x)$ die Spiegelungen σ und ρ bereits aus. Dieselbe Überlegung gilt natürlich auch für die zweite Komponente y bzw. $o(y)$. Da $o((x, y)) = \text{kgV}(o(x), o(y))$ ist, kann eine Bahn von ungerader Länge weder eine Achsen- noch eine Punktsymmetrie aufweisen.

Satz 6.5.1. *Notwendig für die Symmetrie eines Orbits ist, dass die Ordnung des Elements, welches ihn erzeugt, gerade ist.*

Wir zerlegen nun die Zahlen $p - 1$ und $q - 1$ in einen geraden und einen ungeraden Anteil:

$$p - 1 = 2^a \cdot c \quad \text{und} \quad q - 1 = 2^b \cdot d,$$

wobei a und b *positive*[37] natürliche Zahlen sind und c und d *ungerade*.

Außerdem sei u ein erzeugendes Element von $\mathbb{Z}_p^*$ und v ein erzeugendes Element von $\mathbb{Z}_q^*$. Für das Paar

[37] Da p und q ungerade sind, sind $p - 1$ und $q - 1$ gerade.

(x, y) gibt es somit Exponenten[38] r und s, so dass gilt:

$$x = u^r, \qquad r \mid p-1$$

$$y = v^s, \qquad s \mid q-1$$

$$o(x) = \tfrac{p-1}{r} = \tfrac{2^a \cdot c}{r} := 2^\alpha \cdot \gamma, \qquad \gamma \quad \text{ungerade}, \ \alpha \geq 0$$

$$o(y) = \tfrac{q-1}{s} = \tfrac{2^b \cdot d}{s} := 2^\beta \cdot \delta, \qquad \delta \quad \text{ungerade}, \ \beta \geq 0$$

$$o((x, y)) = \text{kgV}(o(x), o(y)) = \text{kgV}(2^\alpha \gamma, 2^\beta \delta)$$

Vier Fälle ergeben sich:

Fall 1 $: \alpha = \beta = 0$
Fall 2 $: \alpha = \beta > 0$
Fall 3 $: \alpha > \beta \geq 0$
Fall 4 $: \beta > \alpha \geq 0$

Fall 1: Sind α *und* β beide gleich Null, sind die Elementordnungen von x und y ungerade, damit ist auch die Elementordnung von (x, y) ungerade und somit ist die zugehörige Bahn weder achsen- noch punktsymmetrisch.

Fall 2: Für $\alpha = \beta \geq 1$ ist die Bahn $\langle(x, y)\rangle$ punktsymmetrisch. Das sieht man leicht, wenn man (x, y) mithilfe der erzeugenden Elemente darstellt:

$$(x, y) = (u^r, v^s)$$

Da wir den Fall $\alpha = \beta > 0$ betrachten, setzen wir $\alpha = \beta = m > 0$ und schreiben $\text{kgV}(o(x), o(y)) = 2^m \cdot w$ mit ungeradem $w = \text{kgV}(\gamma, \delta)$. Wir schreiben noch $\gamma = t \cdot \gamma'$ und $\delta = t \cdot \delta'$ – dabei t der größte gemeinsame Teiler von γ und δ –, erhalten $w = t\gamma'\delta'$ und potenzieren dann wie folgt:

$$(x, y)^{2^{m-1} \cdot w}$$

Dieses Element ist von $(1, 1)$ verschieden und hat die Ordnung 2 in $\mathbb{Z}_p^* \times \mathbb{Z}_q^*$. Dieselbe Potenz, angewandt auf die einzelnen Komponenten, liefert *ebenfalls* ein Element der Ordnung 2, jedoch jeweils in $\mathbb{Z}_p^*$ bzw. $\mathbb{Z}_q^*$:

$$x^{2^{m-1} \cdot w} = x^{2^{m-1} \cdot t\gamma'\delta'} = \left(x^{\delta'}\right)^{2^{m-1} \cdot \gamma}$$

$$y^{2^{m-1} \cdot w} = y^{2^{m-1} \cdot t\gamma'\delta'} = \left(y^{\gamma'}\right)^{2^{m-1} \cdot \delta}$$

Da $o(x)$ und δ' teilerfremd sind, haben x und $x^{\delta'}$ in $\mathbb{Z}_p^*$ dieselbe Ordnung. Wäre $(x^{\delta'})^{2^{m-1} \cdot \gamma}$ bereits $= 1$, dann hätte $x^{\delta'}$ und damit auch x eine Ordnung, die gleich oder ein Teiler von $2^{m-1} \cdot \gamma = o(x)$ wäre, ein Widerspruch.

[38] Diese Exponenten sind eindeutig, wenn man verlangt, dass sie Teiler von $p - 1$ bzw. $q - 1$ sind.

Analog argumentiert man für y und findet: $(-1,-1)$ ist in der Bahn von (x,y) enthalten, wenn die maximalen Zweierpotenzen, die $o(x)$ und $o(y)$ teilen, identisch sind.

Nun ist man schnell fertig: Eine Bahn, die $(-1,-1)$ enthält, ist punktsymmetrisch, denn für jedes Element (X,Y) aus der Bahn von (x,y) ist auch $(-1,-1)\cdot(X,Y)=(-X,-Y)=\rho((X,Y))$ ein Punkt auf dieser Bahn, da die Bahn ja eine zyklische Gruppe ist und deshalb multiplikativ abgeschlossen. Es folgt $\rho(\langle(x,y)\rangle)\subset\langle(x,y)\rangle$.

Es verbleibt, zu begründen, dass auch $\langle(x,y)\rangle\subset\rho(\langle(x,y)\rangle)$ gilt. Betrachte also ein beliebiges Element Element von $\langle(x,y)\rangle$, dieses hat die Form $(x,y)^k$ für ein $k\in\mathbb{Z}$. Wäre $(x,y)^k$ nicht in $\rho(\langle(x,y)\rangle)$ enthalten, so wäre $(x,y)^k\neq(-1,-1)\cdot(x,y)^l$ für alle $l\in\mathbb{Z}$. Da aber ein Orbit eine Gruppe ist und in Gruppen Gleichungen eindeutig lösbar sind, existiert immer ein $l\in\mathbb{Z}$, welches die Gleichung $(x,y)^k=(-1,-1)\cdot(x,y)^l$ löst. Damit haben wir gezeigt:

Satz 6.5.2. *Es sei $n\in\mathbb{N}$ ein Produkt verschiedener ungerader Primzahlen p und q und (x,y) ein einem Element $z\in\mathbb{Z}_n^*$ über den Chinesischen Restsatz zugeordnete Punkt der RSA-Ebene. Weiter seien 2^a und 2^b die jeweils maximalen Zweierpotenzen, die als Teiler von $p-1$ bzw. $q-1$ auftreten, also $p-1=2^a\cdot c$ und $q-1=2^b\cdot d$ mit c und d ungerade. Dann gilt:*

1. *Die Bahn eines Elements $(x,y)\in\mathbb{Z}_p^*\times\mathbb{Z}_q^*$ ist genau dann punktsymmetrisch, wenn die Ordnung $o(x)$ in $\mathbb{Z}_p^*$ und die Ordnung $o(y)$ in $\mathbb{Z}_q^*$ dieselbe maximale Zweierpotenz als Teiler besitzen.*
2. *Jede RSA-Ebene enthält mindestens einen punktsymmetrischen Orbit, nämlich den, der vom Punkt $(-1,-1)$ erzeugt wird und nur die Punkte $(-1,-1)$ und $(1,1)$ enthält.*
3. *Wenn ein Element $x\in\mathbb{Z}_p^*$ die Ordnung $o(x)=2^\alpha\cdot k$ hat mit $\alpha\geq 1$, $2^\alpha\cdot k\mid p-1$ und $2\not\mid k$, und weiter ein Element $y\in\mathbb{Z}_q^*$ die Ordnung $o(y)=2^\alpha\cdot l$ mit $2^\alpha\cdot l\mid q-1$ und ungeradem l hat, dann ist die Bahn von (x,y) punktsymmetrisch. Deshalb kann man für jede Zweierpotenz 2^α mit $\alpha\geq 1$ einerseits und $\alpha\leq\min(a,b)$ andererseits punktsymmetrische Bahnen der Länge $2^\alpha\cdot\mathrm{kgV}(k,l)$ konstruieren, indem man x und y so wählt, dass 2^α ihre Ordnung teilt, aber $2^{\alpha+1}$ nicht*[39].

Betrachten wir hierzu kurz das Beispiel der $(11,7)$-Ebene, das wir vorher schon aufgegriffen hatten. Wegen $11-1=10=2\cdot 5$ und $7-1=6=2\cdot 3$ kann α aus Punkt 3 von Satz 6.5.2 nur gleich 1 sein. Dann gibt es für punktsymmetrische Orbits genau folgende Kombinationen von möoglichen Elementordnungen der Komponenten x bzw. y:

$o(x)$	$o(y)$	$o((x,y))$
2	2	2
2	6	6
10	2	10
10	6	$30=\mathrm{kgV}(10,6)$

Hier noch einmal das zugehörige Bild (Abb. 6.27) für das Element der Ordnung 30, nämlich die 17:

Die 17 entspricht dem Punkt $(6,3)=(-5,3)$ in der $(11,7)$-Ebene. Die Ordnung von 6 in $\mathbb{Z}_{11}$ ist in der Tat 10 und die Ordnung von 3 in $\mathbb{Z}_7$ ist 6:

[39] Solche Elemente existieren, da allgemein in zyklischen Gruppen C der Ordnung N zu jedem Teiler t von N ein Element mit dieser Ordnung t existiert. Denn wenn ε ein Erzeuger von C ist, hat $\varepsilon^{\frac{N}{t}}$ genau die Ordnung t.

Abb. 6.27: Orbit der 17 in der (11, 7)-Ebene

```
sage: for i in range(11):
....:     print(i,":",6^i%11)
....:
0 : 1
1 : 6
2 : 3
3 : 7
4 : 9
5 : 10
6 : 5
7 : 8
8 : 4
9 : 2
10 : 1
```

```
sage: for i in range(7):
....:     print(i,":",3^i%7)
....:
0 : 1
1 : 3
2 : 2
3 : 6
4 : 4
5 : 5
6 : 1
```

Für $(-1, 3)$, welches in $\mathbb{Z}_{77}$ dem Element 10 entspricht, zeigt Abb. 6.28 links die zugehörige Bahn der Länge 6. Der Punkt $(-5, -1)$, welchem in $\mathbb{Z}_{77}$ das Element 6 entspricht, hat eine Bahn der Länge 10, wie man in Abb. 6.28 rechts sehen kann. Der Punkt $(-1, -1)$ hat die triviale, immer existierende Bahn der Länge 2, die aus $(-1, -1)$ und $(1, 1)$ besteht (nicht im Bild gezeigt, da trivial).

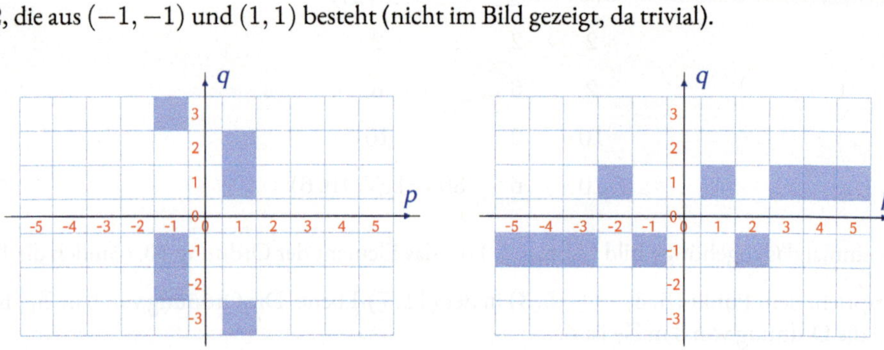

Abb. 6.28: Punktsymmetrische Orbits der 10 (links) und der 6 (rechts) in der (11, 7)-Ebene

Fall 3: $o(x) = 2^\alpha \cdot \gamma, o(y) = 2^\beta \cdot \delta, \quad \alpha > \beta \geq 0$
In diesem Fall enthält die Bahn von (x, y) das Element $(-1, 1)$ und ist achsensymmetrisch zur senkrechten Achse. Ähnlich wie im Fall 2 kann man für jedes Paar $(2^\alpha, 2^\beta)$ mit $\alpha > \beta \geq 0$ und $\alpha \leq a, \beta \leq b$, Elemente x, y der Ordnung $o(x) = 2^\alpha \cdot \gamma$ bzw. $o(y) = 2^\beta \cdot \delta$ (γ und δ ungerade) wählen, die so eine achsensymmetrische Bahn erzeugen. Diese hat dann die Länge $\text{kgV}(o(x), o(y)) = 2^\alpha \cdot \text{kgV}(\gamma, \delta)$. Ausgearbeitete Beweise hierzu findet man in [15].

Fall 4: $o(x) = 2^\alpha \cdot \gamma, o(y) = 2^\beta \cdot \delta, \quad 0 \leq \alpha < \beta$
Hier hat man Achsensymmetrie zur waagrechten Achse, man argumentiert analog zum Fall 3.

Achsenpunkte
Betrachten wir die waagrechte Achse, so ist diese punktweise fest unter τ, das heißt τ, reduziert auf diese Achse, ist die identische Abbildung. Außerdem haben ρ und σ dieselbe Wirkung, wenn man sie auf die waagrechte Achse einschränkt, deshalb genügt es, von Symmetrie zu sprechen, da es in diesem Fall keinen Unterschied zwischen Punkt- und Achsensymmetrie gibt.

Die Bahn eines Elementes $(x, 0)$ auf der waagrechten Achse ist genau dann symmetrisch, wenn die Ordnung von x gerade ist. Man kann also auch hier für jeden geraden Teiler t von $p - 1$ ein Element der Ordnung t wählen und mit diesem dann eine symmetrische Bahn der Länge t konstruieren.

Dasselbe gilt für die senkrechte Achse mit Elementen der Form $(0, y)$ und geraden Teilern von $q - 1$. Ausführlicher kann man das in [15] nachlesen.

6.5.10.2 Invariante RSA-Orbits

Für symmetrische RSA-Orbits findet man, dass ihre Existenz mit der Teilbarkeit von $(p - 1) \cdot (q - 1)$ durch 4 zusammenhängt. Für einen Beweis von Satz 6.5.3, siehe [15].

Satz 6.5.3. *Die RSA-Bahn eines inneren Punktes $(x, y) \in \mathbb{Z}_p^* \times \mathbb{Z}_q^*$ ist genau dann symmetrisch in Bezug auf eine gegebene Spiegelung, wenn die volle Bahn von (x, y) symmetrisch in Bezug auf diese Spiegelung ist und die Ordnung von (x, y) ein Vielfaches von 4 ist.*

Die RSA-Bahn eines Achsenpunktes $(x, 0) \in \mathbb{Z}_p^* \times \mathbb{Z}_q^*$ (verschieden vom Ursprung $(0, 0)$) ist genau dann symmetrisch, wenn die vollständige Bahn von $(x, 0)$ symmetrisch ist und die Ordnung von x in $\mathbb{Z}_p^*$ ein Vielfaches von 4 ist.

Für $(0, y)$ gilt dasselbe, aber die Ordnung von y muss natürlich die Ordnung in $\mathbb{Z}_q^*$ sein.

Wenn wir zu unserem Beispiel mit $p = 11$ und $q = 7$ zurückkehren, müssen wir nun prüfen, dass es überhaupt keine symmetrischen RSA-Orbits gibt, da die Länge eines Orbits in dieser RSA-Ebene ein Teiler von $\text{kgV}(11 - 1, 7 - 1) = 30$ ist und 4 aber kein Teiler von 30 ist.

Damit ergibt sich die in Tabelle 6.5 gelistete Partition unserer RSA-Ebene in disjunkte RSA-Orbits.

Diese 24 RSA-Orbits sind in Abb. 6.29 abgebildet und wie man sieht, sind sie alle nicht symmetrisch. Das dunkel gezeichnete Rechteck entspricht jeweils dem Erzeuger, der für den jeweiligen RSA-Orbit gewählt wurde. Er steht in der Liste der 24 Orbits immer an erster Stelle.

Ein einfaches Beispiel, bei dem 4 ein Teiler von $p - 1$ und von $q - 1$ ist, ist $p = 13$ und $q = 5$. In diesem Fall können wir sowohl Punktsymmetrie als auch Achsensymmetrie beobachten, siehe Abb. 6.30. Dort sind einige – nicht alle – symmetrischen Bahnen der $(13, 5)$-Ebene zu sehen.

1. Orbit:	$\{1\}$	13. Orbit:	$\{17, 19, 24, -37, -25, -16, -9, -4\}$
2. Orbit:	$\{2, 18, 30, -38, -31, -26, -5, -3\}$	14. Orbit:	$\{20, 27, -29, -8\}$
3. Orbit:	$\{3, 5, 26, 31, 38, -30, -18, -2\}$	15. Orbit:	$\{21\}$
4. Orbit:	$\{4, 9, 16, 25, 37, -24, -19, -17\}$	16. Orbit:	$\{22\}$
5. Orbit:	$\{6, 13, -36, -15\}$	17. Orbit:	$\{23, -10\}$
6. Orbit:	$\{7, 28, 35, -14\}$	18. Orbit:	$\{32, -12\}$
7. Orbit:	$\{8, 29, -27, -20\}$	19. Orbit:	$\{33, -11\}$
8. Orbit:	$\{10, -23\}$	20. Orbit:	$\{34\}$
9. Orbit:	$\{11, -33\}$	21. Orbit:	$\{-34\}$
10. Orbit:	$\{12, -32\}$	22. Orbit:	$\{-22\}$
11. Orbit:	$\{14, -35, -28, -7\}$	23. Orbit:	$\{-21\}$
12. Orbit:	$\{15, 36, -13, -6\}$	24. Orbit:	$\{-1\}$

Diese entsprechen jeweils den folgenden Punkten:

1. Orbit:	$\{(1,1)\}$
2. Orbit:	$\{(2,2), (-4,-3), (-3,2), (-5,-3), (2,-3), (-4,2), (-5,2), (-3,-3)\}$
3. Orbit:	$\{(3,3), (5,-2), (4,-2), (-2,3), (5,3), (3,-2), (4,3), (-2,-2)\}$
4. Orbit:	$\{(4,-3), (-2,2), (5,2), (3,-3), (4,2), (-2,-3), (3,2), (5,-3)\}$
5. Orbit:	$\{(-5,-1), (2,-1), (-3,-1), (-4,-1)\}$
6. Orbit:	$\{(-4,0), (-5,0), (2,0), (-3,0)\}$
7. Orbit:	$\{(-3,1), (-4,1), (-5,1), (2,1)\}$
8. Orbit:	$\{(-1,3), (-1,-2)\}$
9. Orbit:	$\{(0,-3), (0,2)\}$
10. Orbit:	$\{(1,-2), (1,3)\}$
11. Orbit:	$\{(3,0), (-2,0), (5,0), (4,0)\}$
12. Orbit:	$\{(4,1), (3,1), (-2,1), (5,1)\}$
13. Orbit:	$\{(-5,3), (-3,-2), (2,3), (-4,-2), (-3,3), (-5,-2), (2,-2), (-4,3)\}$
14. Orbit:	$\{(-2,-1), (5,-1), (4,-1), (3,-1)\}$
15. Orbit:	$\{(-1,0)\}$
16. Orbit:	$\{(0,1)\}$
17. Orbit:	$\{(1,2), (1,-3)\}$
18. Orbit:	$\{(-1,-3), (-1,2)\}$
19. Orbit:	$\{(0,-2), (0,3)\}$
20. Orbit:	$\{(1,-1)\}$
21. Orbit:	$\{(-1,1)\}$
22. Orbit:	$\{(0,-1)\}$
23. Orbit:	$\{(1,0)\}$
24. Orbit:	$\{(-1,-1)\}$

Tab. 6.5: Partition der $(11, 7)$-Ebene in disjunkte, nicht symmetrische RSA-Orbits

Nach diesen geometrischen Untersuchungen des Innenlebens von RSA mit rein mathematischem Fokus, die unseres Wissens nirgendwo sonst in der Literatur beschrieben sind, kehren wir nun zu etwas zurück, das unter Kryptografen weithin bekannt ist: Der Algorithmus von Pollard.

6.5.11 Der Pollard $p-1$-Algorithmus für RSA im 2D-Modell

Wenn es für einen RSA-Modul n nur „kleine" Primteiler von $\phi(n)$ gibt, kann man den Pollard p-1-Algorithmus anwenden, um $n = pq$ in „kurzer" Zeit zu faktorisieren. In [16] kann man nachlesen, was dabei unter *klein* und *kurz* genau zu verstehen ist. Hier wollen wir nur geometrisch veranschaulichen, auf welcher Idee der Algorithmus basiert.

Es wird im Prinzip Folgendes gemacht: Man wählt einen beliebigen inneren Punkt $z \in \mathbb{Z}_n^*$ und beginnt, zwar nicht seine Bahn, aber einen Teil seiner Bahn, zu berechnen, nämlich:

$$z, \quad z^2, \quad z^{2\cdot3}, \quad z^{2\cdot3\cdot4}, \quad z^{2\cdot3\cdot4\cdot5}, \quad \ldots \quad , \quad z^{k!}$$

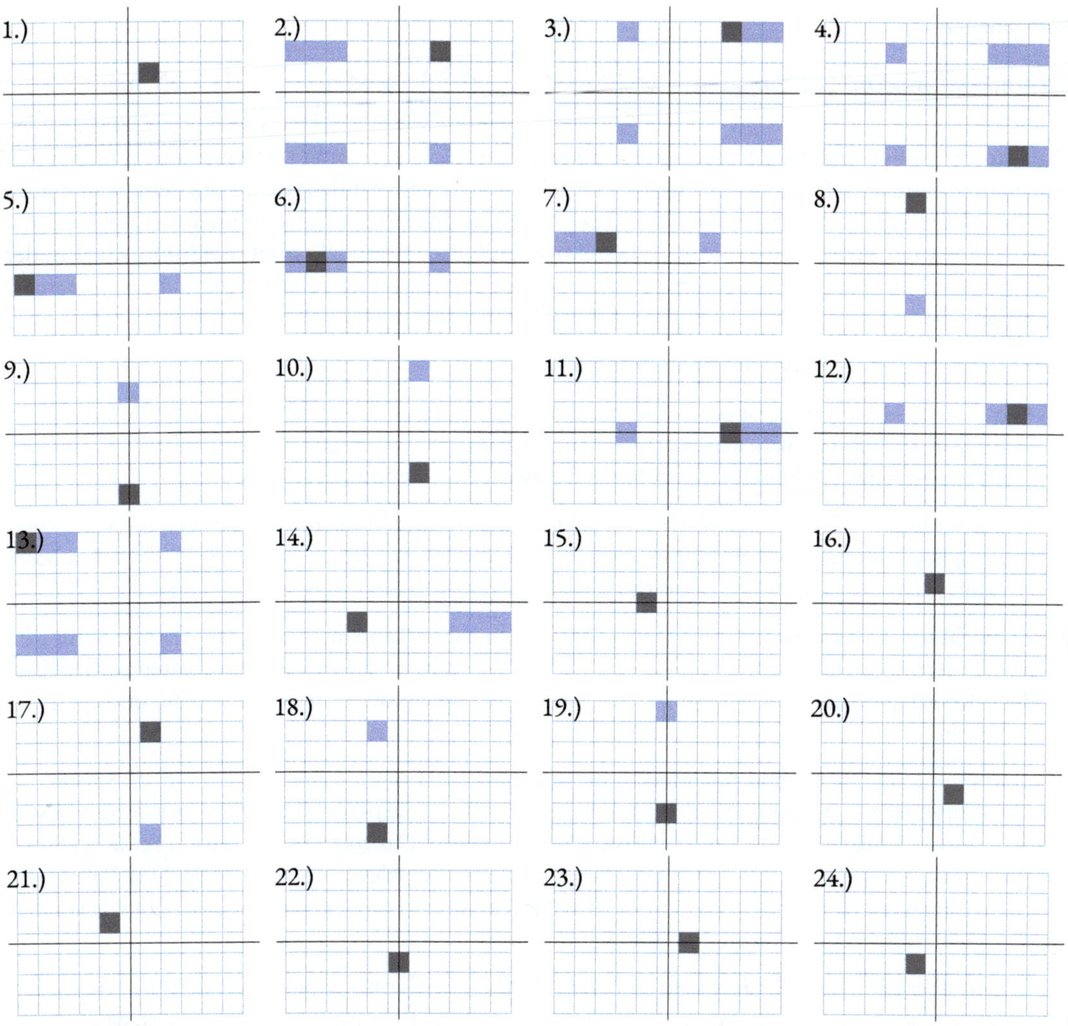

Abb. 6.29: Partition der $(11, 7)$-Ebene (bis auf den Ursprung) in RSA-Orbits; keiner davon weist eine Symmetrie auf; das dunkle Quadrat ist jeweils das erste Element des zugehörigen RSA-Orbits aus der Liste von Tabelle 6.5 auf der vorherigen Seite

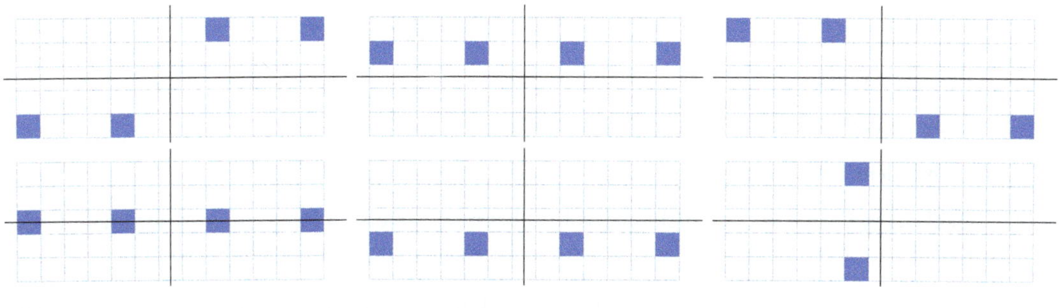

Abb. 6.30: Einige symmetrische RSA-Orbits in der $(13, 5)$-Ebene

Bzw. genauer:

$$z, \quad z^2 \bmod n, \quad z^{2\cdot 3} \bmod n, \quad z^{2\cdot 3\cdot 4} \bmod n, \quad z^{2\cdot 3\cdot 4\cdot 5} \bmod n, \quad \ldots \quad , \quad z^{k!} \bmod n$$

Wenn nun für die p- und die q-Koordinate so einer z-Potenz $z^{k!} \equiv x \bmod p$ sowie $z^{k!} \equiv y \bmod q$ gilt, kann man folgern, dass der um 1 erniedrigte Wert $z^{k!} - 1$ in der RSA-Ebene dem Punkt eins weiter links und eins weiter unten entspricht, also $(x-1, y-1)$. Das sieht man ein, wenn man sich noch einmal klarmacht, wie der Verlauf der Linie in Abb. 6.3 bzw. Abb. 6.9 zustandekommt: Addition von 1 in der linearen Darstellung entspricht „1 rechts 1 hoch" in der zweidimensionalen Darstellung, ausgenommen die Punkte am oberen und rechten Rand, hier muss man nach rechts unten/links oben springen.

Jeder Punkt, der 1 links unten von einem Punkt mit

- p-Koordinate $= 1$ liegt, ist ein Achsenpunkt auf der q-Achse. Das sind alle Punkte, die Vielfachen von p in der linearen Sichtweise entsprechen. Deshalb teilt p in diesem Fall die Zahl $z^{k!} - 1 \bmod n$. Dann liefert der Euklidische Algorithmus das $\mathrm{ggT}(z^{k!} - 1 \bmod n, n) = p$.
- q-Koordinate $= 1$ liegt, ist ein Achsenpunkt auf der p-Achse. Das sind alle Punkte, die Vielfachen von q in der linearen Sichtweise entsprechen. Deshalb teilt q in diesem Fall die Zahl $z^{k!} - 1 \bmod n$. Dann liefert der Euklidische Algorithmus das $\mathrm{ggT}(z^{k!} - 1 \bmod n, n) = q$.

Wenn sowohl $p-1$ als auch $q-1$ nur kleine Primfaktoren haben, kann man davon ausgehen, dass für „die meisten" inneren Punkte z die Reihe der $z, z^2, z^{3!}, z^{4!}, \ldots$ recht bald ein Element enthalten wird, dessen p- oder q-Koordinate sich auf der 1 stabilisieren wird. Das folgt aus der Isomorphie von $\mathbb{Z}_n$ und $\mathbb{Z}_p \times \mathbb{Z}_q$ recht einfach:

Wenn $\pi(z) = (x, y) = (z \bmod p, z \bmod q)$ ist, ist auch $\pi(z^{k!}) = (x^{k!} \bmod p, y^{k!} \bmod q)$. Sobald das erste Mal entweder $p-1$ oder $q-1$ den Exponenten $k!$ teilt, ist die p-Koordinate bzw. q-Koordinate von $z^{k!}$ dann gleich 1 wegen $z^{k!} \equiv 1 \bmod p$ bzw. $z^{k!} \equiv 1 \bmod q$. Das folgt daraus, dass $\mathbb{Z}_p^*$ eine zyklische Gruppe der Ordnung $p-1$ ist (und analog für q) und dort für jedes Element seine (p-1)-te Potenz das neutrale Element ergeben muss. Oder anders ausgedrückt, der Schatten einer Elementbahn wird in den meisten Fällen recht schnell einmal den Wert 1 annehmen.

Außerdem überlegt man sich, dass zwar $\mathbb{Z}_p^*$ und $\mathbb{Z}_q^*$ zyklische Gruppen sind, dass aber die Anzahl der Elemente in diesen Gruppen, die die maximale Ordnung von $p-1$ bzw. $q-1$ haben, klein ist, da $\phi(p-1)$ ebenso wie $\phi(q-1)$ „klein" sind, wenn $p-1$ und $q-1$ nur kleine Primteiler haben. Wenn man also z beliebig wählt, wird mit großer Wahrscheinlichkeit $\pi(z)$ ein Element sein, dessen Ordnung ein kleiner Teiler – etwa d – von $p-1$ oder $q-1$ ist. Dann wird die 1 als p- oder q-Koordinate von $\pi(z)$ schon viel früher erreicht, nämlich, sobald $d | k!$ gilt.

Das p-1-Verfahren von Pollard für den Fall $n = pq$ führt also folgende Schritte aus:

1. Wähle einen inneren Punkt z.
2. Berechne sukzessive die Potenzen $z^{k!} \bmod n$ für $k = 1, 2, 3, \ldots$.
3. Teste mit dem Euklidischen Algorithmus, ob $\mathrm{ggT}(z^{k!} - 1 \bmod n, n) \neq 1$ ist.
4. Sobald das ggT das erste Mal nicht gleich 1 ist, hat man den ersten Punkt mit p-Koordinate 1 oder q-Koordinate 1 gefunden und damit einen nichttrivialen Teiler $z^{k!} - 1 \bmod n$ von n.

Wir veranschaulichen dies am Beispiel $p = 97$ und $q = 73$, welches wir auch schon in Abb. 6.16 betrachtet hatten.

Es gilt $n = 97 \cdot 73 = 7081$, $p - 1 = 96 = 2^5 \cdot 3$ und $q - 1 = 72 = 2^3 \cdot 3^2$ und damit haben wir nur kleine Primteiler von n.

Wir wählen $z = 3$ und betrachten zuerst die Punkte der zugehörigen RSA-Ebene, die der Menge $\{z,\ z^2,\ z^{2\cdot 3}\} = \{3, 9, 729\}$ entsprechen. Wegen $\pi(3) = (3,3)$, $\pi(9) = (9,9)$ und $\pi(729) = (50,72)$ sind wir für $k = 3!$ noch nicht am Ziel, siehe Abb. 6.31.

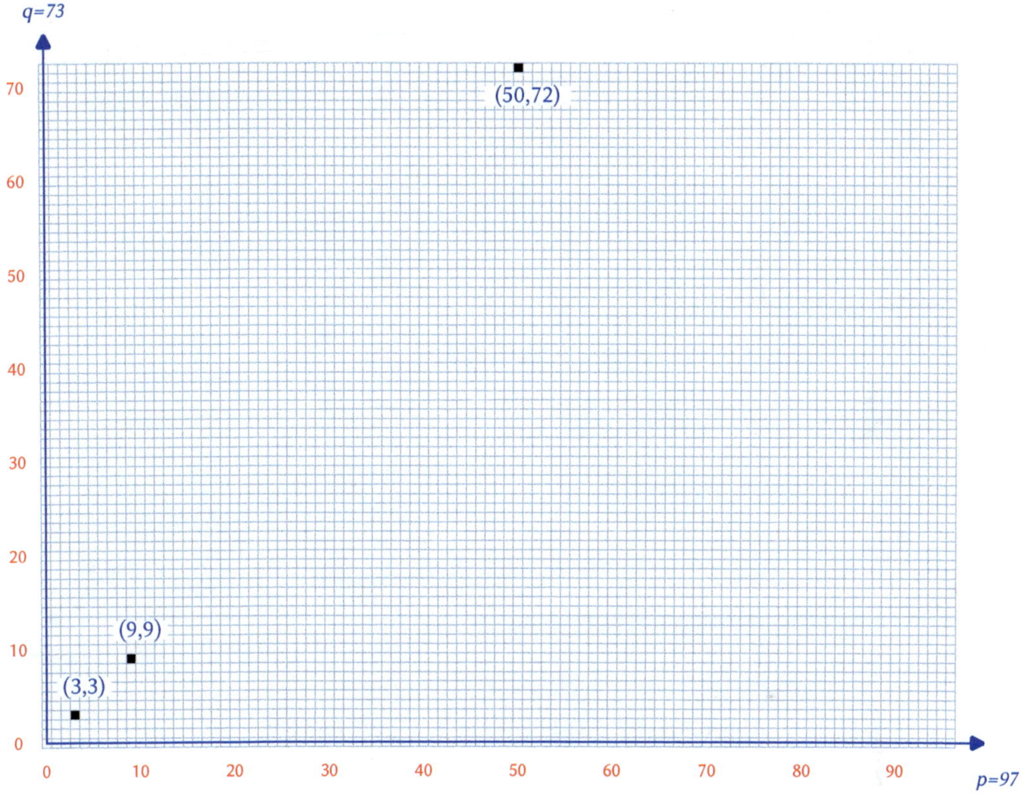

Abb. 6.31: (97, 73)-Ebene mit 3, $3^{2!}$ und $3^{3!}$

Wenn man noch einen Schritt weiter geht, hat man die Menge $\{z,\ z^2,\ z^{2\cdot 3},\ z^{2\cdot 3\cdot 4}\} = \{3, 9, 729, 6498\}$. Wegen $\pi(6498) = (96,1)$ haben wir einen Punkt gefunden, der genau 1 über der waagrechten Achse liegt und sind damit (vgl. Schritt 4 von oben) am Ziel, siehe Abb. 6.32. Und in der Tat ist $\text{ggT}(6497, 7081) = 73$.

Wenn man den Orbit der 3 genauer anschaut, hat man in $\mathbb{Z}_{7081}$ folgende geordnete Liste aus $48 = 2^4 \cdot 3$ Elementen:

3	9	27	81	243	729	2187	6561	5521	2401	122	366
1098	3294	2801	1322	3966	4817	289	867	2601	722	2166	6498
5332	1834	5502	2344	7032	6934	6640	5758	3112	2255	6765	6133
4237	5630	2728	1103	3309	2846	1457	4371	6032	3934	4721	1

Die entsprechenden Punkte in der 2D-Ansicht sind dann:

$(3,3)$	$(9,9)$	$(27,27)$	$(81,8)$	$(49,24)$	$(50,72)$	$(53,70)$	$(62,64)$	$(89,46)$	$(73,65)$	$(25,49)$	$(75,1)$
$(31,3)$	$(93,9)$	$(85,27)$	$(61,8)$	$(86,24)$	$(64,72)$	$(95,70)$	$(91,64)$	$(79,46)$	$(43,65)$	$(32,49)$	$(96,1)$
$(94,3)$	$(88,9)$	$(70,27)$	$(16,8)$	$(48,24)$	$(47,72)$	$(44,70)$	$(35,64)$	$(8,46)$	$(24,65)$	$(72,49)$	$(22,1)$
$(66,3)$	$(4,9)$	$(12,27)$	$(36,8)$	$(11,24)$	$(33,72)$	$(2,70)$	$(6,64)$	$(18,46)$	$(54,65)$	$(65,49)$	$(1,1)$

Abb. 6.32: $(97, 73)$-Ebene mit $3, 3^{2!}, 3^{3!}$ und $3^{4!}$

Projiziert auf die q-Achse erreicht $\pi(3^i)$ also jedes 12. Mal die y-Koordinate (bzw. q-Koordinate) 1. Dadurch, dass man nur Fakultäten beim Pollard p-1-Verfahren als Exponenten zulässt, verpasst man also den ersten Kandidaten $\pi(3^{12}) = (75, 1)$ und trifft als erstes $\pi(3^{24}) = (96, 1)$.

6.5.12 Abschließende Bemerkungen zur RSA-Ebene

Es gibt noch weitere Aspekte von RSA, die man mit der RSA-Ebene veranschaulichen kann. Die Fixpunkte wurden bereits als Spezialfälle der Orbits erwähnt. Wir sehen aber auch Potential, um weitere Angriffe darzustellen, beispielsweise die Faktorisierungsmethode von Fermat (siehe z. B. [17]), die für den Fall, dass die Differenz von p und q „klein" ist, anwendbar ist.

Wenn man die RSA-Ebene eingebettet in ein zweidimensionales Gitter[40] interpretiert, kann man auch einige interessante Aspekte der Gitterkryptografie beleuchten, insbesondere Ideen von Coppersmith [18]. Hierzu ist es aber nötig, die Umgebungen der ganzzahligen Punkte in der euklidischen Ebene in die Betrachtungen mit einzubeziehen. Der Begriff „Umgebung" spielt im mathematischen Teilgebiet der Topologie eine große Rolle. Wenn wir beispielsweise den Punkt $(1, 1)$ als Quadrat darstellen, kann man das Quadrat auch als Umgebung $U = \{(x, y) \in \mathbb{Q} : \frac{1}{2} < x, y < \frac{3}{2}\}$ von $(1, 1)$ in der Ebene über den rationalen Zahlen auffassen. Wenn man U als Teilmenge von $\mathbb{Q}^2$ definiert, und nicht als Teilmenge von $\mathbb{R}^2$, kann man

[40] Zu Gittern siehe Kapitel 11.

darauf aufbauend eine „andere, nichteuklidische“ Geometrie erhalten, die sog. „ultrametrische“ Ebene. Sie gestattet gewisse strukturerhaltende Abbildungen auf endliche Ebenen, siehe z. B. [19] oder [20] zu mehr Hintergründen hierzu. Ultrametrische Ebenen sind ein Beispiel sog. „kompakter“ Ebenen. Da diese Abbildungen nicht nur auf dem ganzzahligen Gitter definiert sind, sondern auch auf den Umgebungen der Gitterpunkte, haben wir die Darstellung mit Quadraten gewählt: Ein Quadrat symbolisiert den Gitterpunkt mitsamt seiner Umgebung, die unendlich viele Punkte enthält. Dieses Quadratemodell ist, im Vergleich zu Punkten, um topologische Aspekte erweiterbar und deshalb das flexiblere Modell.

6.6 Ausblick

Es gibt noch etliche weitere moderne asymmetrische Verfahren. Einige davon werden vorgestellt in den Kapiteln Elliptische Kurven (Kapitel 8 auf Seite 469), Homomorphe Chiffren (Kapitel 10 auf Seite 621), Diskrete Logarithmen und Faktorisierung (Kapitel 12 auf Seite 717), Gitterkryptografie (Kapitel 11 auf Seite 631) und Zukünftige Kryptografie (Kapitel 13 auf Seite 743). Elliptische Kurven bspw. liefern nützliche Gruppen für Public-Key-Verschlüsselungsverfahren, die kürzere Schlüssellängen ermöglichen.

Literatur zu Kapitel 6

[1] J. L. Balcazar, J. Daaz und J. Gabarr. *Structural Complexity I*. Springer, 1998 (siehe S. 392)

[2] Wim H. Hesselink. *The borderline between P and NP*. Feb. 2001. URL: `https://www.cs.rug.nl/~wim/pub/whh237.pdf` (siehe S. 392)

[3] R. Merkle und M. Hellman. „Hiding information and signatures in trapdoor knapsacks“. In: *IEEE Trans. Information Theory, IT-24* 24 (1978) (siehe S. 392, 393)

[4] H. Kellerer, U. Pferschy und D. Pisinger. *Knapsack Problems*. Springer, 2004 (siehe S. 392)

[5] A. Shamir. „A polynomial time algorithm for breaking the basic Merkle-Hellman Cryptosystem“. In: *Symposium on Foundations of Computer Science*. 1982, S. 145–152 (siehe S. 394)

[6] L. Adleman. „On breaking the iterated Merkle-Hellman public-key Cryptosystem“. In: *Advances in Cryptologie, Proceedings of Crypto 82*. Plenum Press, 1983, S. 303–308 (siehe S. 394)

[7] J. C. Lagarias. „Knapsack public key Cryptosystems and diophantine Approximation“. In: *Advances in Cryptology, Proceedings of Crypto 83*. Plenum Press, 1983 (siehe S. 394)

[8] E. F. Brickell. „Breaking Iterated Knapsacks“. In: *Advances in Cryptology: Proc. CRYPTO'84, Lecture Notes in Computer Science, vol. 196*. Springer, 1985, S. 342–358 (siehe S. 394)

[9] Ron L. Rivest, Adi Shamir und Leonard Adleman. „A Method for Obtaining Digital Signatures and Public-Key Cryptosystems“. In: *Communications of the ACM* 21.2 (Apr. 1978), S. 120–126 (siehe S. 394)

[10] Douglas R. Stinson. *Cryptography – Theory and Practice*. 3. Aufl. Chapman & Hall/CRC, 2006 (siehe S. 397, 399, 402)

[11] Bruce Schneier. *Applied Cryptography, Protocols, Algorithms, and Source Code in C. 20th Anniversary Edition*. 2. Aufl. Wiley, 2015 (siehe S. 398)

[12] Serge Lang. *Algebra*. 3. Aufl. Addison-Wesley, 1993 (siehe S. 403, 405, 415)

[13] Gerd Fischer. *Lineare Algebra*. 7. Aufl. Grundkurs Mathematik. Braunschweig: Vieweg Verlag, 1981 (siehe S. 427)

[14] T. W. Hungerford. *Algebra*. Springer Verlag, 1974 (siehe S. 431)

[15] Luca Quade. „RSA studies in a two-dimensional group-theoretic model". Bachelorarb. Universität Siegen, 2023 (siehe S. 437)

[16] John M. Pollard. „Theorems on factorization and primality testing". In: *Mathematical Proceedings of the Cambridge Philosophical Society* 76 (3 Nov. 1974), S. 521–528 (siehe S. 438)

[17] Robert Erra und Christophe Grenier. „The Fermat factorization method revisited". In: *IACR Cryptology ePrint Archive* 2009 (2009), S. 318. URL: `https://eprint.iacr.org/2009/318.pdf` (siehe S. 442)

[18] Don Coppersmith. „Small Solutions to Polynomial Equations, and Low Exponent RSA Vulnerabilities". In: *Journal of Cryptology* 10 (1997), S. 233–260. URL: `https://link.springer.com/article/10.1007/s001459900030` (siehe S. 442)

[19] Doris Wagner. „Ovale und ebene algebraische Kurven mit unendlicher Kollineationsgruppe". 2004. URL: `https://opus4.kobv.de/opus4-fau/frontdoor/index/index/year/2005/docId/168` (siehe S. 443)

[20] Helmut Salzmann u. a. *Compact Projective Planes*. De Gruyter, 1995. URL: `https://doi.org/10.1515/9783110876833` (siehe S. 443)

7 Hashfunktionen, Authentifizierung, Digitale Signaturen und PKIs

Dieses Kapitel ist breiter gefächert als andere zuvor – es behandelt Hash-Funktionen und ihre Anwendung zur Authentifizierung, in digitalen Signaturen und Zertifikaten. Im Abschnitt über die Authentifizierung werden MFA-Optionen und spezifische Produkte besprochen. Der Abschnitt über Vorschriften gibt einen Überblick über aktuelle Regulierungen wie NIS-2.

7.1 Hashfunktionen

Eine *Hashfunktion* bildet eine Nachricht beliebiger Länge auf eine Bitfolge ab, die eine konstante Größe (z. B. 128 bit) hat. Der Funktionswert wird auch Hashwert oder Message Digest genannt. Hashfunktionen werden außerhalb der Kryptografie dazu verwendet, gespeicherte Daten schnell wiederzufinden.

Wir betrachten hier nur kryptografische Hashfunktionen, welche die Anforderungen aus Abschnitt 7.1.1 erfüllen.[1]

Kryptografische Hashfunktionen haben eine Vielzahl von Anwendungen in der IT-Sicherheit, z. B. in Message-Authentication-Codes (MACs), Pseudozufalls-Generatoren (PRNGs), Authentifizierungen, digitalen Signaturen, Blockchains und Kryptowährungen. Hash-Funktionen sind in der Regel darauf ausgelegt, schnell berechnet zu werden. Um die Prüfwerte von Passwörtern zu speichern oder Schlüssel abzuleiten, werden spezielle Hash-Funktionen beziehungsweise Key-Derivation-Funktionen (KDFs) verwendet, die geschaffen wurden, um die Brute-Force-Suche und andere Rate-Angriffe zu verlangsamen. Eine aktuelle Empfehlung für ein solches KDF-Verfahren ist Argon2.

7.1.1 Anforderungen an Hashfunktionen

Kryptografisch sichere Hashfunktionen erfüllen folgende drei Anforderungen (die Reihenfolge ist so, dass die Anforderungen ansteigen):

1. **Standhaftigkeit gegen 1st-Pre-Image-Angriffe**:
   Es sollte praktisch unmöglich sein, zu einem gegebenen Hashwert eine Nachricht zu finden, die genau denselben Hashwert hat.
   Gegeben (fix): Hashwert H'
   Gesucht: Nachricht m, so dass gilt: $H(m) = H'$.

2. **Standhaftigkeit gegen 2nd-Pre-Image-Angriffe**:
   Es sollte praktisch unmöglich sein, zu einer gegebenen Nachricht eine zweite Nachricht zu finden, die genau denselben Hashwert hat.
   Gegeben (fix): Nachricht m_1 [und damit der Hashwert $H_1 = H(m_1)$]
   Gesucht: Nachricht m_2, so dass gilt: $H(m_2) = H_1$.

3. **Standhaftigkeit gegen Kollisionsangriffe**:
   Es sollte es praktisch unmöglich sein, zwei (beliebige) Nachrichten mit demselben Hashwert (welcher ist egal) zu finden. Diesen Fall nennt man eine Kollision.
   Gesucht: 2 Nachrichten m_1 und m_2, so dass gilt: $H(m_1) = H(m_2)$.

Es gibt mehrere gängige Konzepte zur Erstellung von Hash-Funktionen: z. B. können sie auf Komponenten von Blockchiffren beruhen (wie bei SHA-1 und SHA-2) oder auf Sponge-Funktionen (wie bei Keccak), oder sie können eine sogenannte Merkle-Damgård-Konstruktion verwenden, um eine Nachricht beliebiger Länge in eine Ausgabe mit fester Länge zu verwandeln.

---

[1] Kryptografische Hashfunktionen sind in CT an mehreren Stellen implementiert:
- Die Menüs `CT1 Einzelverfahren ▷ Hashverfahren` bzw. `CT1 Analyse ▷ Hashverfahren` erlauben
  - 6 Hashfunktionen auf den Inhalt des aktiven Fensters anzuwenden,
  - für eine Datei den Hashwert zu berechnen,
  - in der „Hash-Demo" die Auswirkung von Textänderungen auf den Hashwert zu testen,
  - aus einem Passwort gemäß dem PKCS#5-Standard einen Schlüssel zu berechnen,
  - aus einem Text und einem geheimen Schlüssel HMACs zu berechnen, und
  - aufgrund von gezielt gesuchten Hashwertkollisionen einen Angriff auf digitale Signaturen zu simulieren.
- Unter `CT2 Vorlagen ▷ Hash-Funktionen` finden Sie BLAKE, Grostl, Keccak und MD5, und Angriffe darauf. Außerdem Passwort-basierte Schlüsselableitungsfunktionen (PBKDFs) wie PKCS#5 und PBKDF2. Moderne KDFs sind PBKDF2, scrypt oder Argon2.
- In JCT finden Sie in der Standard- und Algorithmen-Perspektive bspw. DHA256, FORK256, MD4, MD5, RIPEMD, SHA1, SHA2, Tiger, VSH.
- In `JCT Standard-Perspektive ▷ Visualisierungen ▷ Hash-Sensitivität` wird demonstriert, wie sensitiv Hashwerte auf kleinste Änderungen in der Eingabe reagieren.
- Vergleiche die Funktionenliste im Anhang A.3 und A.4.
- In CTO gibt es ein SHA-256-Plugin: `https://www.cryptool.org/de/cto/sha256`.

Abb. 7.1 zeigt, wie eine kleine Änderung der Eingabe („Hello World!"→„Hello World.") die Ausgabe drastisch verändert. Dies ist der sogenannte Avalanche-Effekt.

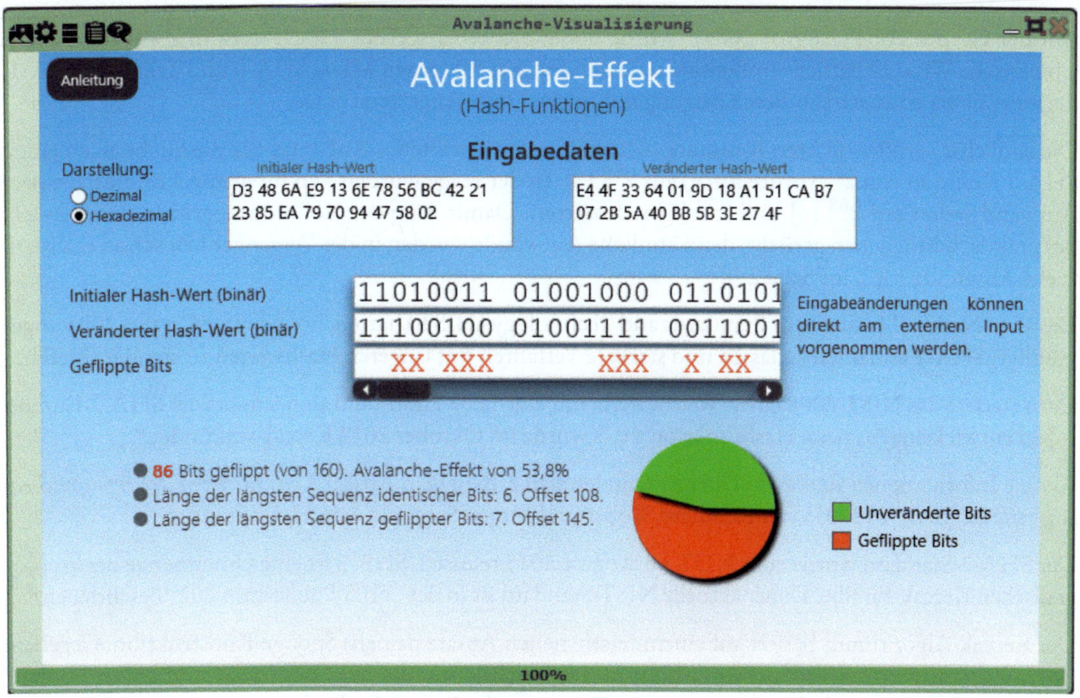

Abb. 7.1: Avalanche-Effekt bei Hashfunktionen in CT2[2]

7.1.2 Generische Kollisions-Angriffe

Hashfunktionen haben grundsätzlich Kollisionen, da sie den Raum der Nachrichten beliebiger Länge auf den kleineren Raum von Hashwerten fester Länge abbilden.

Für eine n-Bit Hashfunktion sind nach dem Geburtstagsparadox schon ab $O(2^{n/2})$ Nachrichten Kollisionen zu erwarten. Es gibt einen Algorithmus, der mit diesem Aufwand Kollisionen findet – ohne einen großen Speicher zu benötigen, und der sich sogar parallelisieren lässt. [1, S. 383]

Aus diesem Grund wählt man für Hashfunktionen immer die doppelte Bitlänge im Vergleich zur entsprechenden symmetrischen Verschlüsselung, also etwas SHA-512, um das Sicherheitsniveau von AES-256 zu erreichen.

7.1.3 Angriffe gegen Hashfunktionen treiben die Standardisierung

Dobbertin fand bereits 1996 Kollisionen in der Kompressionsfunktion von MD5. Auch wenn dies Zweifel an der Sicherheit von MD5 weckte, war das Verfahren damit noch nicht vollständig gebrochen.

[2] CT2 Vorlagen ▷ Kryptoanalyse ▷ Modern ▷ Avalanche (Hashfunktionen)

Bis 2004 gab es über mehrere Jahre keine neuen Attacken gegen Hashverfahren, und allgemein wurde den Kandidaten vertraut, die in der Praxis bislang keine Schwächen in ihrer Struktur gezeigt hatten (z. B. SHA-1[3] oder RIPEMD-160[4]).

Auf der Crypto 2004 (August 2004)[5] wurde dieses Sicherheitsgefühl jedoch stark in Zweifel gezogen: Chinesische Wissenschaftler veröffentlichten Kollisionsangriffe gegen MD4, SHA-0 und Teile von SHA-1, die weltweit zu einer starken Beschäftigung mit neuen Hash-Angriffen führte.

Die zunächst veröffentlichten Resultate reduzierten den erwarteten Aufwand für die Suche nach einer SHA-1 Kollision von 2^{80} (brute-force) auf 2^{69} [3]. In der Folge wurden Verfahren angekündigt, die den Aufwand weiter auf 2^{63} [4] und 2^{52} [5] reduzierten. Damit wäre der Kollisionsangriff in den Bereich des praktisch Möglichen gerückt, denn ähnliche Aufwände wurden in der Vergangenheit schon realisiert (siehe Abschnitt 1.3.2 auf Seite 26).

Das U.S. National Institute of Standards and Technology (NIST) hatte schon vor der Crypto 2004 angekündigt, SHA-1 auslaufen zu lassen und stärkere Verfahren mit längeren Hashwerten zu standardisieren.

Dazu startete das NIST 2008 einen Wettbewerb, um eine neue Hash-Funktion jenseits der SHA-2-Familie [6] zu entwickeln: Als neue Hashfunktion `SHA-3` wurde im Oktober 2012 Keccak verkündet.[6]

Weitere Informationen zu diesem Übergang finden sich z. B. in dem Artikel *Konsequenzen der erfolgreichen Angriffe auf SHA-1* (2005) von Reinhard Wobst und Jürgen Schmidt[7] von Heise Security.

Der SHA-3-Standard wurde vom NIST im August 2015 released. SHA-3 ist eine Untermenge der kryptografischen Keccak-Familie. Dieser aktuelle NIST-Standard ist in der „FIPS Publication 202" beschrieben.[8,9]

Der Keccak-Algorithmus basiert auf einem relativ neuen Ansatz namens Sponge-Konstruktion. Gegeben ist ein Zustandsvektor (Sponge) von b bit und eine Nachricht in Blöcken der Größe $r < b$. Der Sponge „absorbiert" die Nachricht blockweise in eine Teilmenge des Zustands, die dann als Ganzes mithilfe einer zufälligen Permutationsfunktion f transformiert wird (dies ist der Eingabeteil). Dann wird das Ergebnis „ausgequetscht" (dies ist der Ausgabeteil). Diese Konstruktion bietet eine große Flexibilität. Für SHA-3 sind vier Instanzen definiert: SHA3-224, SHA3-256, SHA3-384 und SHA3-512.

In CT2 sind 3 Vorlagen, die die Keccak-Komponente als Stromchiffre, für SHA-3 und als PRNG zeigen. Die einzelnen Schritte innerhalb des Keccak-Algorithmus sind in der Keccak-Komponente ausführlich animiert. Abb. 7.2 auf der nächsten Seite zeigt die Visualisierung von Keccak in CT2.

---

[3] SHA-1 ist eine in den Standards FIPS 180 (durch die US-Behörde NIST), ANSI X9.30 Part 2 und [2] spezifizierte 160-Bit Hashfunktion. SHA bedeutet *Secure Hash Algorithm* und wird häufig benutzt, z. B. mit DSA, RSA oder ECDSA.
Für die SHA-2-Familie wurde die Ausgabelänge der SHA-Algorithmen vergrößert aufgrund der Möglichkeit von Geburtstagsangriffen: diese machen – grob gesprochen – den n-Bit AES und ein 2n-bit Hashverfahren äquivalent:
128-bit AES – SHA-256, 192-bit AES – SHA-384, 256-bit AES – SHA-512.
- Mit `CT1 Analyse ▷ Hashverfahren ▷ Angriff auf den Hashwert der digitalen Signatur` können Sie den Geburtstagsangriff auf digitale Signaturen nachvollziehen.
- `CT2 Vorlagen ▷ Hash-Funktionen ▷ MD5-Kollisionsfinder`

[4] RIPEMD-160 wurde in Europa entwickelt und 1996 erstmals publiziert.
- `https://homes.esat.kuleuven.be/~bosselae/ripemd160.html`
- `https://www.ietf.org/rfc/rfc2857.txt` („The Use of HMAC-RIPEMD-160-96 within ESP and AH").

[5] `https://www.iacr.org/conferences/crypto2004/`

[6] `https://csrc.nist.gov/projects/hash-functions/sha-3-project`
- Mit `CT2 Vorlagen ▷ Hash-Funktionen ▷ Keccak-Hash (SHA-3)` können Sie die Keccak-Hashfunktion ausführen und im Detail visualisieren.
- Keccak kann auch als Zufallszahlengenerator und als Stromchiffre benutzt werden: Das finden Sie in `CT2 Vorlagen ▷ Werkzeuge ▷ Keccak-PRNG` bzw. `CT2 Vorlagen ▷ Kryptografie ▷ Modern ▷ Symmetrisch ▷ Keccak-Stromchiffre`.

[7] `https://www.heise.de/security/artikel/Konsequenzen-der-erfolgreichen-Angriffe-auf-SHA-1-270648.html`.

[8] `https://csrc.nist.gov/publications/fips`

[9] Eine gute Übersicht über die Standards des NIST: `https://csrc.nist.gov/projects/cryptographic-standards-and-guidelines`

[10] `CT2 Templates ▷ Hash ▷ Keccak-Hash (SHA-3)`

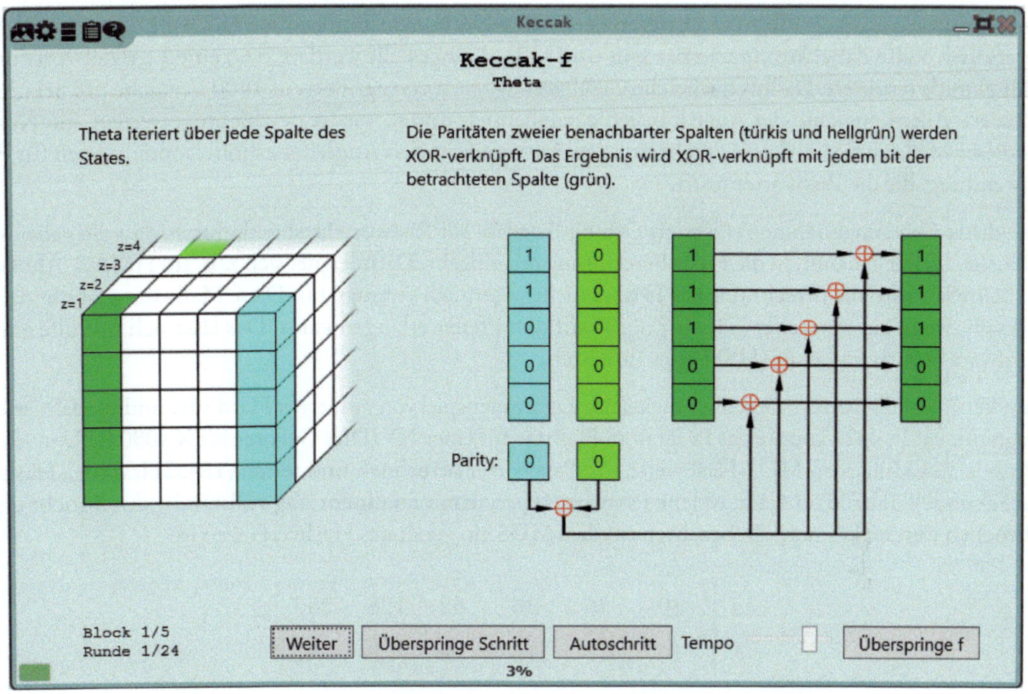

Abb. 7.2: SHA-3: Keccak-Hashfunktion: Theta-Teil der Permutationsfunktion f in CT2[10]

7.1.4 Angriffe auf Passwort-Hashfunktionen

Schon lange werden zur Passwort-Verifikation auf der Server-Seite keine Passworte mehr abgespeichert, sondern nur deren kryptografische Hashwerte. Denn würde man die Passworte im Klartext in der Passwort-Datei abspeichern, hätte man sofort eine massive Sicherheitsverletzung, wenn die Passwort-Datei kompromittiert oder gestohlen wird. Dann wird bei der Authentifizierung eines Benutzers das vom Benutzer angegebene Passwort gehasht und mit dem gespeicherten Hashwert verglichen.

Versucht man, zu einem gegebenen Hash-Wert das zugrundeliegende Passwort zu finden, ist für die Sicherheit einer Passwort-Hashfunktion ihre Resistenz gegen 1st-Pre-Image-Angriffe entscheidend. Anders als bei Kollisions-Angriffen sind keine praktischen 1st-Pre-Image-Angriffe gegen gängige Hashfunktionen bekannt.

Erfolgreiche Angriffe auf Passwort-Hashes beruhen darauf, Probe-Passwörter zu hashen und mit einem oder mehreren Ziel-Hashes zu vergleichen. Dabei werden entweder alle möglichen Passwörter in einem Brute-Force-Angriff getestet, oder alle in einem Wörterbuch (Dictionary-Angriff). Beide Angriffsarten können modifziert werden, z. B. indem man Ziffern oder Sonderzeichen an die Passwörter anhängt.

Die erste Gegenmaßnahme besteht darin, einen Salzwert (Salt) zusammen mit dem Passwort zu hashen. Das Salz wird für jeden Nutzer zufällig gewählt und zusammen mit dem Hash gespeichert. Dadurch wird der Angriff auf einen einzelnen Passwort-Hash zwar nicht erschwert. Sofern mehrere Passwort-Hashes geknackt werden soll, müssen diese getrennt angegriffen, was ohne Salz nicht erforderlich ist. Dadurch werden auch Rainbow-Angriffe unmöglich gemacht. Rainbow-Angriffe beruhen darauf, alle möglichen Passwörter vorab zu hashen (pre-computed hash values). Das Ergebnis wird dann in komprimierter Form gespeichert und kann so beim eigentlichen Angriff benutzt werden.

Eine zweite Gegenmaßnahme verlangsamt die Passwort-Hashfunktion künstlich durch mehrfache Anwendung einer Hashfunktion wie SHA-256. Damit wird das Ziel verfolgt, mehr Rechenzeit zu verbrauchen, um so Brute-Force-Angriffe zu erschweren (siehe Key-Derivation-Funktionen (KDFs)). Die Anzahl der Iterationen sollte dabei konfigurierbar sein und z. B. so eingestellt werden, dass eine Laufzeit von einer Millisekunde resultiert. Dadurch wird die Geschwindigkeit von Angriffen auf 1000 Versuche pro Sekunde reduziert. Allerdings kann der Angriff beliebig parallelisiert und so wieder beschleunigt werden. Ein Nachteil dieser Maßnahme ist, dass sie nicht nur den Aufwand für den Angreifer erhöht, sondern auch für die Anwendung, die die Passwörter prüft.

Eine dritte Gegenmaßnahme verhindert Offline-Angriffe auf Passwort-Hashes dadurch, dass ein geheimer Schlüssel, Pfeffer genannt, in die Hash-Berechnung mit eingeht. Dafür eignet sich z. B. ein HMAC. Ähnlich wie beim Salz wird die Berechnung des Hashes nicht wesentlich verlangsamt. Diese Maßnahme ist nur dann wirksam, wenn ein Angreifer keinen Zugriff auf den Pfeffer erlangen kann. Das lässt sich mithilfe eines Hardware-Security-Moduls (HSM) gewährleisten.

Zum Versinnbildlichen der Geschwindigkeit im Zusammenspiel von moderner Hardware und spezialisierten Programmen: In 2022 konnte das Programm Hashcat auf einer NVIDIA GeForce RTX 4090 GPU in einer Sekunde 164 Milliarden MD5-Hashwerte von Passwörter berechnen und testen (164 GH/s, Giga Hashes pro Sekunde). Tabelle 7.1 zeigt, welche Passwortlängen damit **an einem Tag** vollständig durchsucht und gebrochen werden können. Zu beachten ist, dass MD5 ein veraltetes Hashverfahren ist.

a	10	26	36	62	128	256
l	16	11	10	9	8	7

Tab. 7.1: An einem Tag kann ein Brute-Force-Angriff mit 164 GH/s alle MD5-gesicherten Passwörter der Länge l brechen, die aus einer Menge von a Zeichen gebildet wurden.

Hive Systems veröffentlicht seit 2020 jährlich eine Grafik, die zeigt, wie lange ein Brute-Force-Angriff mit moderner Hardware dauert, basierend auf der Länge des Passworts, der Komplexität der Alphabete, dem vom Opfer verwendeten Hashing-Algorithmus und der vom Angreifer verwendeten Hardware. [11] 2023 und 2024 wurde standardmäßig als Hardware jeweils ein schneller Consumer-PC mit Top-Grafikkarten (12 x RTX 4090) verwendet. Siehe Abb. 7.3 auf der nächsten Seite. Aber es wurden auch Messungen gemacht, wie lange man mit einem großen GPU-Cluster braucht (ca. 7000 mal schneller).

Während 2023 noch das einfache Hashverfahren MD5 verwendet wurde, wurde 2024 das KDF bcrypt mit 32 Iterationen verwendet. Laut `https://haveibeenpwned.com/` wird inzwischen mehrheitlich bcrypt (mit diesem Iterations-Parameter) benutzt. Das ist ein großer Fortschritt: Durch den Umstieg von MD5 auf bcrypt steigt der Aufwand für einen Angreifer ca. um den Faktor 1 000 000, so dass die Zeiten für den Aufwand in der Tabelle für 2024 deutlich größer sind als die in der Tabelle für 2023.

Die Passwort-Tabelle von Hive Systems basiert auf der Vorstellung, dass der Hacker in einer Blackbox-Situation arbeitet und bei Null anfangen muss, um den Hash zu knacken, um den für ihn schwierigsten Fall oder die maximal erforderliche Zeit aufzuzeigen. Die meisten Hacker setzen Prioritäten, an welchen Wörtern und Zeichenfolgen sie zuerst arbeiten, indem sie Rainbow-Tabellen, Wörterbuchangriffe und zuvor gestohlene Hashes verwenden. War das gesuchte Passwort aber sogar Teil eines anderen Datendiebstahl oder besteht es aus Wörtern aus dem Wörterbuch, dann kann es nahezu sofort bestimmt werden.

Der angenommene Angriff geht davon aus, dass MFA nicht verwendet wird oder umgangen wurde. Zu MFA, siehe Abschnitt 7.2.

[11] `https://www.hivesystems.com/blog/are-your-passwords-in-the-green`

Die Zeit, die ein Hacker benötigt, um dein Passwort mittels einer Brute-Force-Attacke zu ermitteln 2024

12 x RTX 4090 | bcrypt

Passwortlänge (Zeichen)	nur Zahlen	nur Kleinbuchstaben	Klein- & Großbuchstaben	Zahlen und Klein-/Großbuchstaben	Zahlen Klein-/Großbuchstaben, und Symbole
4	Sofort	Sofort	3 Sekunden	6 Sekunden	9 Sekunden
5	Sofort	4 Sekunden	2 Minuten	6 Minuten	10 Minuten
6	Sofort	2 Minuten	2 Stunden	6 Stunden	12 Stunden
7	4 Sekunden	50 Minuten	4 Tage	2 Wochen	1 Monat
8	37 Sekunden	22 Stunden	8 Monate	3 Jahre	7 Jahre
9	6 Minuten	3 Wochen	33 Jahre	161 Jahre	479 Jahre
10	1 Stunde	2 Jahre	1 Tsd. Jahre	9 Tsd. Jahre	33 Tsd. Jahre
11	10 Stunden	44 Jahre	89 Tsd. Jahre	618 Tsd. Jahre	2 Mio. Jahre
12	4 Tage	1 Tsd. Jahre	4 Mio. Jahre	38 Mio. Jahre	164 Mio. Jahre
13	1 Monat	29 Tsd. Jahre	241 Mio. Jahre	2 Mrd. Jahre	11 Mrd. Jahre
14	1 Jahr	766 Tsd. Jahre	12 Mrd. Jahre	147 Mrd. Jahre	805 Mrd. Jahre
15	12 Jahre	19 Mio. Jahre	652 Mrd. Jahre	9 Bio. Jahre	56 Bio. Jahre
16	119 Jahre	517 Mio. Jahre	33 Bio. Jahre	566 Bio. Jahre	3 Brd. Jahre
17	1 Tsd. Jahre	13 Mrd. Jahre	1 Brd. Jahre	35 Brd. Jahre	276 Brd. Jahre
18	11 Tsd. Jahre	350 Mrd. Jahre	91 Brd. Jahre	2qn Trill. Jahre	19qn Trill. Jahre

HIVE SYSTEMS › www.hivesystems.com

Abb. 7.3: Benötigte Zeit, um ein KDF-gesichertes Passwort mittels Brute-Force zu knacken (Quelle: www.hivesystems.com/password)

7.2 Authentisierung / Authentifizierung in der Praxis

Bei der Authentifizierung wird überprüft, ob man derjenige ist, für den man sich ausgibt, während bei der Autorisierung überprüft wird, ob man das tun darf, was man zu tun versucht. In Theorie und Praxis wird oft noch weiter zwischen physischer und digitaler Authentifizierung oder zwischen Identifizierung und Authentifizierung unterschieden.

Welche Verfahren und Tokens man für seine Mitarbeiter und Kunden (oder bei sich selbst) zur Authentifizierung einsetzt, ist nicht eindeutig zu beantworten, sondern hängt von den Gegebenheiten ab – wie der Vielfalt der zu unterstützenden Geräte, der Mobilität der Benutzer, ob Single-Sign-On (SSO) unterstützt wird, etc.

Generell gilt: Auf Benutzername und Passwort allein (Kennwort-basierte Authentifizierung) kann man sich nicht mehr verlassen, da sie zu leicht ausgespäht werden können. Das Ausspähen kann schon beim Benutzer, auf der Übertragungsstrecke, aber auch auf dem Server vorkommen. Das Ausrollen neuer Verfahren erfordert unbedingt die Akzeptanz durch die Benutzer, sonst gibt es unzählige Probleme und hohe Kosten. Immer wieder kommt es aufgrund von Termindruck oder aufgrund der Unkenntnis der zentralen Abteilungen über die verschiedenen Organisationsbereiche dazu, dass die Beschreibung zur Erstinstallation nicht verständlich ist, dass die Anmeldeprozedur zu umständlich ist, dass kein umfassender Usability-Test durchgeführt wird. Ablehnung der Neuerungen bis zur Arbeitsverweigerung und Rückfall auf die schwächste Authentifizierungsform (Benutzername und Passwort) können die ganzen Bemühungen zunichte machen.

Hardware auszurollen verursacht erstmal höhere Kosten in Anschaffung und Logistik, dafür ist die Schadenswahrscheinlichkeit geringer. All dies ist in einem Risikomanagement abzuwägen.

Angegriffen werden immer wieder auch die Prozesse vor und nach der Authentifizierung, also das initiale Enrollment (Feststellen der Benutzeridentität, Ausgabe der Zugangs-Credentials bzw. -Tokens, Anlegen der Benutzer in den Zielsystemen, ...) und das dauerhafte Life-Cycle-Management (Handling von Ablauf und Ersatz der Tokens und Credentials).[12,13] Hier spielt Phishing auch eine große Rolle, selbst wenn nicht digitale Elemente wie ein Brief verwendet werden („Fotografieren Sie den Aktivierungsbrief"). Es gibt sogar einzelne Fälle, wo Phishing per Brief initiiert wird (siehe die Heise-Meldung [8]). Per Callcenter gibt es solche Aktionen schon länger (fake „Windows Support"); dank KI dürften sie noch stark zunehmen. Generell sind rein digitale Prozesse zwischen allen Beteiligten zu bevorzugen und können z. B. mittels eID (elektronische Identität, bspw. in Form des elektronischen Personalausweises) sehr sicher sein, auch wenn sich dieser immer noch nicht durchgesetzt hat.

7.2.1 2FA und Multi-Faktor-Authentifizierung

Es gibt drei Möglichkeiten, wie ein Benutzer sich authentisieren kann, also „beweisen" kann, dass er der ist, für den er sich ausgibt. Über

- **Wissen**: Der Benutzer gibt Informationen an, die er aus dem Kopf kennt/weiß, z. B. ein Kennwort oder Antworten auf gestellte Fragen.
- **Haben**: Der Benutzer nutzt einen Gegenstand, den er im Besitz hat, z. B. einen YubiKey, eine Bankkarte oder eine App auf dem Smartphone, die Einmalkennwörter generiert.
- **Sein** (was und wie man ist) (Biometrie + Inhärenz): Der Benutzer stützt sich auf eine Eigenschaft, die für ihn eindeutig ist, z. B. Fingerabdruck, Retina-Scan, Spracherkennung, Schreibgeschwindigkeit.

„Zwei-Faktor-Authentifizierung" (2FA) bedeutet, dass genau zwei Faktoren genutzt werden. „Multi-Faktor-Authentifizierung" (MFA) bedeutet, dass eine beliebige Anzahl von Faktoren, aber mindestens zwei genutzt werden. 2FA ist die am häufigsten genutzte Form der MFA. Siehe Abb. 7.4 auf der nächsten Seite.

7.2.2 MFA-Optionen und -Produkte

Wie wichtig MFA ist, zeigt auch die CISA-Kampagne „National Cybersecurity Month", die seit 2004 jedes Jahr im Oktober läuft, um das Bewusstsein für Cybersicherheit (Awareness) zu schärfen. Sie legt den Schwerpunkt ständig auf MFA und bietet gutes Material für die Öffentlichkeit.[14]

[12] Das NIST hat ein allgemeines Modell für die digitale Authentifizierung erstellt, das die Prozesse für eine sichere Authentifizierung beschreibt. [7]

[13] Mit Tokens sind meist Hardware-basierte Zugangsmittel (wie Bankkarte, SecureID-Token, YubiKey) gemeint, mit Credentials meist Wissens- oder Software-basierte Zugangsmittel (wie Passwort, PIN).

[14] `https://www.cisa.gov/cybersecurity-awareness-month`

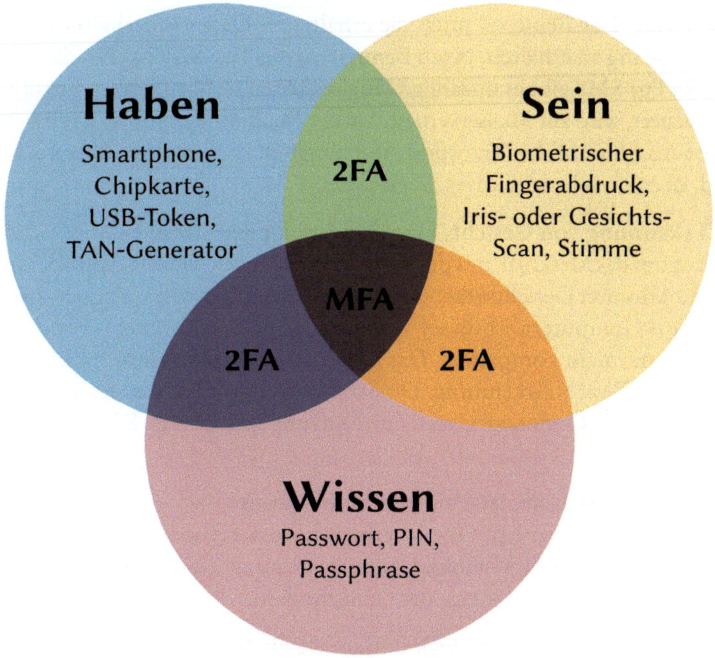

Abb. 7.4: 2FA-MFA-Venn-Diagramm

MFA gibt es in vielen Formen und Ausprägungen, was manchmal zu einer Begriffsverwirrung führt – auch weil Hersteller Begriffe kreativ vereinnahmen. In unserem Szenario authentisiert sich ein Benutzer gegenüber einem Server (oder einer Anwendung auf dem Server). Wir betrachten hier die Benutzerseite. Die benutzten Verfahren/Protokolle wie TOTP oder Passkey können kombiniert werden mit unterschiedlichen Verfahren, um sich an der jeweiligen lokalen App oder dem lokalen Gerät anzumelden (per Passwort oder biometrisch). Neuere Verfahren übernehmen direkt die Authentisierung am Server, während der Benutzer bei älteren Verfahren das OTP abtippen musste. Neuere Produkte wie YubiKey unterstützen mehrere Protokolle und Anmeldeverfahren. Die folgende Kategorisierung ist deshalb nicht die einzig mögliche. Hier werden die 5 wichtigsten MFA-Methoden aus den Kategorien „Haben" und „Sein" werden besprochen:

1. **One-Time-Passwort (OTP)**
   Ein OTP ist ein zeitlich begrenztes Passwort, das nach einmaliger Verwendung abläuft. Die gebräuchlichste Form eines OTPs ist eine Authenticator-App wie der Google-Authenticator. Eine entsprechende aktuelle Open-Source-App ist „2fast – Two Factor Authenticator"[15] von Jan Philipp Weber, die wie der Google-Authenticator den TOTP-Algorithmus[16] nutzt. Authenticator-Apps generieren alle 30 Sekunden einen neuen 6-stelligen Code. Die Authenticator-App selbst kann hinter mehreren Sicherheitsvorkehrungen stehen: Zum Entsperren können biometrische Daten oder ein Pin-Code verlangt werden. In Reinform basiert diese Variante nur auf Software, aber das verbreitete SecurID-Token von RSA Inc macht Hardware-basiert dasselbe. Konkurrierende, aber weniger starke Optionen sind SMS- und Email-Authentifizierung.

2. **Email und SMS**
   Email und SMS sind nach wie vor die gängigsten Formen von MFA und 2FA, da sie am einfachsten

[15] `https://github.com/2fast-team/2fast`

[16] Time-based one-time password (TOTP) ist ein HMAC des aktuellen Zeitstempels, der dann dezimalisiert wird. TOTP wurde von der Internet Engineering Task Force (IETF) im RFC 6238 standardisiert. Siehe `https://datatracker.ietf.org/doc/html/rfc6238`.

zu verwenden sind. Der Benutzer muss die erhaltenen Daten innerhalb der folgenden Minuten eingeben, um Zugang zu erhalten. Nach Benutzername/Passwort ist dies die am wenigsten sichere MFA-Methode: Für SMS gibt es unzählige Möglichkeiten sie abzufangen. Email ist manchmal noch mit 1FA abgesichert, wird auf Mailservern und in der Mailbox meist unverschlüsselt gespeichert, Man-in-the-Middle-Angriffe auf den Transport sind möglich. Da Email häufig auch für Passwort-Resets genutzt wird, ist es ein sehr attraktives Angriffsziel.

3. **Biometrie (Erkennung von Gesicht, Fingerabdruck oder Stimme)**
   Hier geht es nur um das Merkmal, mit dem der User sich an seine lokale App oder sein Gerät anmeldet. Heutzutage funktioniert Gesichtserkennung auf mobilen Geräten sehr gut – bspw. mit Apple Face ID. Auf Desktop-Computern ist dieses Verfahren weniger verbreitet – bspw. ist Windows Hello mit vielen Webcams nicht kompatibel. Das Lesen von Fingerabdrücken kann inzwischen genauso schnell sein wie die Gesichtserkennung. Die Stimmerkennung ist die am wenigsten verbreitete aller biometrischen Entsperr-Optionen. Gegen ihre Nutzung spricht, dass KI es leicht macht, eine Stimme zu klonen.

4. **Authentisierung mit Sicherheitsschlüsseln in Hardware**
   Zu solchen Geräten gehören FIDO2-Sicherheitsschlüssel (bspw. der Yubico USB Security Key), RFID-Schlüsselkarten oder NFC-fähige Geräte. Sie können eine sehr starke Form von MFA bieten. Für den Fernzugriff ist dies heutzutage der Goldstandard.

   In den letzten Jahren haben Apple, Google und andere Firmen das Thema Passkeys forciert, das die Abschaffung von Passwörtern in der täglichen Arbeit zum Ziel hat. Anders als die ersten 2FA-Lösungen soll ein Passkey nicht nur die Sicherheit eines Anmeldevorgangs erhöhen, sondern gleichzeitig auch die Eingabe eines Passworts (und optional des Benutzernamens) überflüssig machen.

   Sicherheitsschlüssel (Passkeys) sind relativ einfach zu verwenden. Wird der Benutzer dazu aufgefordert, steckt er den Schlüsselträger ein. Die Authentifizierung erfolgt fast sofort.

   Passkeys stammen von der FIDO-Allianz abgeleitet und werden von immer mehr Onlinediensten wie Amazon, Ebay und PayPal angeboten. Die Abkürzung steht für „Fast Identify Online“ und wurde 2012 von verschiedenen Unternehmen ins Leben gerufen, um sichere und leicht anwendbare Authentifizierungslösungen bereit zu stellen. Aus der Weiterentwicklung FIDO2 ging der Standard WebAuthn hervor, die technische Grundlage für Passkeys. D. h. ein Passkey ist ein WebAuthn- oder FIDO-Credential. Während TOTP auf einem symmetrischen Schlüssel basiert, basieren Passkeys und Push-Verfahren auf asymmetrischen Schlüsseln. Die WebAuthn-API [9] ist für die Verwendung auf Mobilgeräten im Browser definiert, und ermöglicht sehr starke Authentisierungsverfahren mit hoher Benutzerakzeptanz.

   Details zur Implementierung und den beiden Protokollen zu Registrierung und Login finden sich bspw. in [10]. Bei der Umsetzung unter iOS und Android auf Benutzerseite nutzen die Apps bspw. die elliptische Kurve P-256 zum Signieren. Diese Funktionalität liefern Kryptografie-Frameworks wie CryptoKit. Damit kann auch auf gesicherte Hardware zugegriffen werden. Diese gesicherte Hardware hat auf verschiedenen Plattformen unterschiedliche Namen: Die „Secure Enclave“ ist das Apple-Pendant zu einem HSM (Hardware Security Module) oder TPM (Trusted Platform Module). Eine Secure Enclave ist vom Rest des Systems so getrennt, so dass weder das Betriebssystem noch Apps auf die Daten darin zugreifen können. Für die Umsetzung auf den gängigen Backend-Plattformen existieren ebenfalls passende Kryptografie-Frameworks.

5. **Proprietäre Authenticator Apps wie der Microsoft Authenticator**
   Auch diese MFA-Methode kann sehr stark sein. Der Microsoft Authenticator eignet sich besonders für Firmen mit einer Microsoft-Infrastruktur und MS Office.

Diese App bietet – wie auch YubiKey – verschiedene Wege, wie der Benutzer sich bei seinem Account anmelden kann. Welche Weg zugelassen werden, muss von der Firmen-IT festgelegt werden.

Sicherheitsabwägung

Der größte Vorteil all dieser Passwort-Alternativen ist, dass kein festes Passwort mehr verwendet wird. Bei Passkeys wird sogar für jede Webseite, an die man sich anmeldet, ein neues Schlüsselpaar erstellt.

Passkeys dienen nur der Anmeldung oder Authentifizierung. Smartcards können zusätzlich als Ausweis, Zugangskarte und zum Entschlüsseln und Signieren verwendet werden. Vor allem letzteres ist noch ein relevanter Usecase, z. B. für qualifizierte Signaturen und EBICS. Generell nimmt die Nutzung von Smartcards nach unserer Wahrnehmung eher ab als zu.

State-of-the-art ist bei der Anmeldung von außen (also von remote), Zugriff nur auf Anwendungen zu erlauben, die einen Sicherheitsschlüssel erforderlich machen. Für den User bedeutet dies, er braucht für den Remote-Zugang einen zweiten Formfaktor wie YubiKey. Somit wird Identitätsdiebstahl deutlich erschwert. Als Anreiz kann SSO nur für stark authentisierte User eingerichtet werden.

Symmetrische Schlüssel haben den Nachteil, dass der Schlüssel auf beiden Seiten vertraulich gehalten werden muss, bei asymmetrischen Verfahren dagegen nur auf der Client-Seite. Der Schutz symmetrischer Schlüssel auf der Serverseite erfordert ein HSM (teuer), wenn man das Risiko einer Kompromittierung ausschließen will. Wie das Beispiel RSA SecurID[17] zeigte, ist das kein rein theoretisches Risiko.

TOTP und ähnliche Verfahren sind nur begrenzt gegen Phishing resistent, da sie nur an den Zeitpunkt und nicht an den Verwendungszweck gebunden sind. Das ist bei Passkeys etwas besser, wo es für jede Website einen eigenen Schlüssel gibt. Bei Push-Verfahren wird manchmal eine zufällige Zahl angezeigt, die man eingeben oder vergleichen muss. Am weitesten wird das bei den PSD2-Verfahren für Online-Banking getrieben, wo die Authentisierung die wichtigsten Transaktionsdaten einschließt (IBAN, Betrag).

Generell ist in der Prozesskette die Aktivierung von 2FA-Verfahren ein großer Angriffspunkt und muss entsprechend gut abgesichert werden. Bei symmetrischen Verfahren sind die Schlüssel kurz genug, dass sie notfalls eingetippt werden können oder problemlos in einen QR-Code hineinpassen. Asymmetrische Verfahren sind eher für Online-Aktivierung und -Nutzung geeignet.

Siehe auch die BSI-Artikel „Technische Betrachtung: Wie sicher sind die verschiedenen Verfahren der 2-Faktor-Authentisierung (2FA)?" (`https://www.bsi.bund.de/dok/1032220`) und „Zwei-Faktor-Authentisierung" (`https://www.bsi.bund.de/dok/509176`).

Phishing-resistente Multi-Faktor-Authentifizierung (MFA) wird auch in der aktuellen Studie (Sept. 2024) „Joint Cybersecurity Advisory" empfohlen. [12] Darin beschreiben mehrere westliche Geheimdienste (u. a. Federal Bureau of Investigation (FBI), Cybersecurity and Infrastructure Security Agency (CISA) und National Security Agency (NSA)) detailliert, wie russische Akteure globale Infrastrukturen angriffen, listen aber auch konkrete Maßnahmen auf, um sich vor Cyberangriffen zu schützen. Dazu gehören bspw. regelmäßige System-Updates, das Beheben bekannter Sicherheitslücken und Netzwerk-Segmentierung, d. h. die Teile eines Unternehmensnetzwerks voneinander zu trennen, um möglichst wenig Angriffsfläche zu bieten. Außerdem wird MFA empfohlen für alle nach außen gerichteten Dienste oder Konten, die auf kritische Systeme zugreifen.

Das BSI spricht sich klar für die Nutzung von Passkeys aus. [13] Eine Ende Sept. 2024 veröffentlichte, 138-seitige Studie gibt ebenfalls eine klare Empfehlung für Passkeys, enthält aber auch die Bedenken/Erfahrungen

[17] Bei der RSA SecurID-Panne handelte es sich um einen Cyberangriff im März 2011, bei dem sich Hacker Zugang zu den Computersystemen von RSA Inc. verschafften, einem Unternehmen, das Lösungen für die Zwei-Faktor-Authentifizierung für viele Organisationen anbietet. Bei diesem Angriff handelt es sich wohl um den ersten wirklich massiven Supply-Chain-Angriff. [11]

der 1500 befragten Personen. [14] Da damit Identitätsdiebstahl vermieden werden kann, sind Passkeys ein gutes Beispiel, wo in der Praxis Datenschutz und RZ-Leitung zumeist an einem Strang ziehen.

7.2.3 Vorschriften: Kommende Gesetze und Regulierungen

Das Bewusstsein zum Schutz kritischer Infrastrukturen (KRITIS) (englisch: Critical Information Infrastructure Protection, CIIP) entstand in den USA in 1996 nach einem Bombenanschlag. [15, S. 25]

In der EU wurden die ersten Verordnungen rund 10 Jahre später veröffentlicht, bspw. in der „Richtlinie 2008/114/EG über die Ermittlung und Ausweisung europäischer kritischer Infrastrukturen und die Bewertung der Notwendigkeit, ihren Schutz zu verbessern". [16]

Welche Bereiche/Sektoren dazu gezählt werden, unterscheidet sich von Region zu Region. Das Bundesamt für Sicherheit in der Informationstechnik (BSI) nennt zehn kritische Infrastrukturen. [17] „Kritisch" bezieht sich auf die Systemrelevanz der Infrastrukturen, also auf die für das Gesamtsystem und die Daseinsvorsorge besonders bedeutsamen Einrichtungen. [18, S. 186]

Die Regulierungen/Verordnungen für mehr Cybersecurity implizieren auch eine stärkere Authentisierung. In der EU heißt die aktuelle Regelung NIS-2 ([19]).[18] In Großbritannien führte das National Cyber Security Center (NCSC) im April 2024 das „Cyber Assessment Framework (CAF) Version 3.2" ein. Und in den USA wurden im April 2024 die Berichtsanforderungen der CISA (Cyber Incident Reporting for Critical Infrastructure Act, CIRCIA) erlassen („Proposed Rule" des Homeland Security Department).

Bei der NIS-2-Richtlinie geht es um Maßnahmen für ein hohes gemeinsames Cybersicherheits-Niveau in allen Mitgliedsstaaten der Europäischen Union. In Deutschland sind (Stand August 2024) zwischen 29 000 bis 40 000 Unternehmen von NIS-2 betroffen. NIS-2 verpflichtet die Unternehmen, sich selbst einzustufen, sich bei der zuständigen Behörde zu registrieren, Sicherheitsvorfälle zu melden und eine Reihe von Sicherheitsmaßnahmen zu ergreifen, einschließlich Risikomanagement, Sicherheit in der Lieferkette und angemessene Reaktion auf Sicherheitsvorfälle.

Die Proposed Rule geht weg von dem bisherigen freiwilligen Verhalten hin zu Auflagen und Strafen. Die CISA schätzt, dass die Proposed Rule rund 300 000 Organisationen in den USA betreffen wird.

Insgesamt kann man sagen, dass die Politik nun konkret wird, wenn es darum geht, dass die Unternehmen Sicherheitsvorfälle melden müssen. Wie genau die Unternehmen Cybersecurity umzusetzen haben, wird dagegen nicht konkret beschrieben, sondern es wird – wie üblich bei reguatorischer Aufsicht – auf State-of-the-Art und Standards wie ISO 27001 und IT-Grundschutz verwiesen.

> *Wir können alles aus dieser Welt machen, nur nicht eine Welt, in der die Menschen in einigen zigtausend Jahren überlegen könnten: 'So, es ist nun genug. So soll es von nun an für immer bleiben. Verändern wir nichts, erfinden wir nichts, weil es besser nicht sein kann, und wenn doch, dann wollen wir es nicht.'*
>
> Zitat 17: Stanislaw Lem[19]

[18] NIS-2 (Network and Information Security) ist eine Richtlinie, die ab 18.10.2024 anzuwenden ist, d. h. in nationales Recht umgesetzt werden muss. Dagegen ist DORA (Digital Operational Resilience Act) eine EU-Verordnung (anwendbar ab Januar 2025) für die digitale operative Widerstandsfähigkeit des Finanzsektors. Eine **Richtlinie** gibt die Richtung vor und kann nicht direkt in jedem EU-Mitgliedstaat angewendet werden – sie muss erst in das nationale Recht der einzelnen Länder umgesetzt werden. Eine **Verordnung** hingegen gilt unverändert in allen EU-Mitgliedstaaten, sobald sie in Kraft tritt.

[19] Antwort von Stanislaw Lem auf die Kritik an seinem philosophischen Hauptwerk *Summa Technologiae*, 1964, in der er die evolutionäre Möglichkeit einer Entstehung der künstlichen Intelligenz ausführte.

7.3 Digitale Signaturen

Ziel einer digitalen Signatur[20] ist es, folgende zwei Punkte zu gewährleisten:

- **Benutzerauthentizität** Es kann überprüft werden, ob eine Nachricht tatsächlich von einer bestimmten Person stammt.
- **Nachrichtenintegrität** Es kann überprüft werden, ob die Nachricht (unterwegs) verändert wurde.

Zum Einsatz kommt wieder eine asymmetrische Technik (siehe Kapitel 6). Ein Teilnehmer, der eine digitale Signatur für ein Dokument erzeugen will, muss ein Schlüsselpaar besitzen. Er benutzt seinen geheimen Schlüssel, um Signaturen zu erzeugen, und der Empfänger benutzt den öffentlichen Schlüssel des Absenders, um die Richtigkeit der Signatur zu überprüfen. Es darf wiederum nicht möglich sein, aus dem öffentlichen den geheimen Schlüssel abzuleiten.

Im Detail sieht ein *Signaturverfahren* folgendermaßen aus: Der Absender berechnet aus seiner Nachricht (seinem Dokument) und seinem geheimen Schlüssel die digitale Signatur der Nachricht. Im Vergleich zur handschriftlichen Unterschrift hat die digitale Signatur den Vorteil, dass die Unterschrift auch vom unterschriebenen Dokument abhängt. Die Unterschriften ein und desselben Teilnehmers sind verschieden, sofern die unterzeichneten Dokumente nicht vollkommen übereinstimmen. Selbst das Einfügen eines Leerzeichens in den Text würde zu einer anderen Signatur führen.

Das Dokument wird samt Signatur an den Empfänger verschickt. Der Empfänger kann dann mithilfe des öffentlichen Schlüssels des Absenders feststellen, ob das erhaltene Dokument zur erhaltenen Signatur passt. In andere Worten, ob die Signatur korrekt ist. Jede Verletzung der Nachrichtenintegrität kann also vom Empfänger erkannt werden.

Das gerade beschriebene Verfahren hätte in der Praxis jedoch einen entscheidenden Nachteil: Die Signatur des Dokuments wäre – wie bei einer Verschlüsselung – ungefähr genauso lang wie das eigentliche Dokument. Um den Datenverkehr nicht unnötig anwachsen zu lassen und aus Performance-Gründen wendet man – vor dem Signieren – auf das Dokument eine kryptografische Hashfunktion an.

7.3.1 Signieren des Hashwertes der Nachricht

Signatur-Verfahren mit Hashfunktion[21] funktionieren folgendermaßen: Anstatt das eigentliche Dokument zu signieren, berechnet der Absender zuerst den Hashwert der Nachricht und signiert diesen. Der Empfänger bildet ebenfalls den Hashwert der (empfangenen) Nachricht (er kennt den benutzten Hash-Algorithmus). Er überprüft dann, ob die mitgeschickte Signatur eine korrekte Signatur des Hashwertes ist. Ist dies der Fall, so wurde die Signatur korrekt verifiziert. Die Authentizität der Nachricht ist damit gegeben, da wir annehmen, dass nur der richtige Besitzer den privaten Schlüssel kennt.

---

[20] Verschiedene Varianten von digitalen Signaturen finden Sie in CT:
- in CTO im Plugin „OpenSSL“: `https://www.cryptool.org/de/cto/openssl`
- über die Untermenüs von `CT1 Digitale Signaturen / PKI` oder über `CT1 Einzelverfahren ▷ RSA-Kryptosystem ▷ Signaturdemo (Signaturerzeugung)` können Sie digitale Signaturen erzeugen und prüfen.
- unter `CT2 Vorlagen ▷ Kryptografie ▷ Modern ▷ Asymmetrisch ▷ Blinde Signatur RSA` und unter `CT2 Vorlagen ▷ Kryptografie ▷ Modern ▷ Asymmetrisch ▷ Blinde Signatur Paillier`
- JCT enthält (in beiden Perspektiven) zusätzlich neuere Signatur-Varianten aus dem Bereich Post-Quanten-Computing (Merkle XMSS, Winternitz OTP, SPHINCS+), aber auch solche aus der Anwendung wie Redactable-Signature-Schemes (RSS). Siehe Abschnitt 13.4 auf Seite 747.

[21] Vergleiche auch: `https://de.wikipedia.org/wiki/Digitale_Signatur`.

Einige digitale Signaturverfahren basieren auf asymmetrischen *Verschlüsselungsverfahren*, das bekannteste Beispiel dieser Gattung ist RSA. Für die RSA-Signatur verwendet man die gleiche mathematische Operation wie zum Entschlüsseln, nur wird sie auf den Hash-Wert des zu unterschreibenden Dokuments angewendet.

Andere Systeme der digitalen Signatur wurden, wie DSA (Digital Signature Algorithm), ausschließlich zu diesem Zweck entwickelt, und stehen in keiner direkten Verbindung zu einem entsprechenden Verschlüsselungsverfahren.

Die beiden wohl noch am häufigsten eingesetzten Signaturverfahren, RSA und DSA, werden in den folgenden beiden Abschnitten näher beleuchtet. Anschließend erläutern wir kurz, wie – basierend auf der elektronischen Unterschrift – das digitale Pendant zu einem Ausweis entwickelt wurde. Dieses Verfahren nennt man Public-Key-Zertifizierung.

7.3.2 RSA-Signatur

Wie im Kommentar am Ende von Abschnitt 5.10.3 auf Seite 307 bemerkt, ist es möglich, die RSA-Operationen mit dem privaten und öffentlichen Schlüssel auch in umgekehrter Reihenfolge auszuführen: Sei $H = hash(Nachricht)$, und potenziert man erst H hoch d und dann hoch $e \pmod N$, ergibt sich wieder H. Deswegen ist es möglich, RSA als Signaturverfahren zu verwenden.

Eine RSA-Signatur S zum Nachrichten-Hash H wird durch folgende Operation mit dem privaten Schlüssel erzeugt:

$$S \equiv H^d \pmod N$$

Zur Verifikation wird die korrespondierende Public-Key-Operation auf der Signatur S ausgeführt und das Ergebnis mit dem Nachrichten-Hash H verglichen:

$$S^e \equiv (H^d)^e \equiv (H^e)^d \equiv H \pmod N$$

Wenn das Ergebnis S^e mit dem Nachrichten-Hash H übereinstimmt, dann akzeptiert der Prüfer die Signatur, andernfalls ist die Nachricht entweder verändert worden, oder sie wurde nicht vom Inhaber von d unterschrieben.

Abb. 7.5 auf der nächsten Seite zeigt eine Schritt-für-Schritt-Visualisierung zur Erzeugung von RSA-Signaturen mit CT1.[22]

Um verschiedene Attacken auf das RSA-Signaturverfahren (und seine Kombination mit Verschlüsselung) auszuschließen, ist es nötig, den Hashwert vor der Exponentiation auf spezielle Weise zu formatieren, wie in PKCS#1 (Public-Key Cryptography Standard #1 [20]) beschrieben. Dass dieser Standard nach mehreren Jahren Einsatz revidiert werden musste, kann als Beispiel dafür dienen, wie schwer es ist, kryptografische Details richtig zu definieren.

7.3.3 DSA-Signatur

Im August 1991 hat das U.S. National Institute of Standards and Technology (NIST) einen digitalen Signaturalgorithmus (DSA, Digital Signature Algorithm) vorgestellt, der später zum U.S. Federal Information Processing Standard (FIPS 186 [2]) wurde.

[22] `CT1 Digitale Signaturen/PKI ▷ Signaturdemo (Signaturerzeugung)`

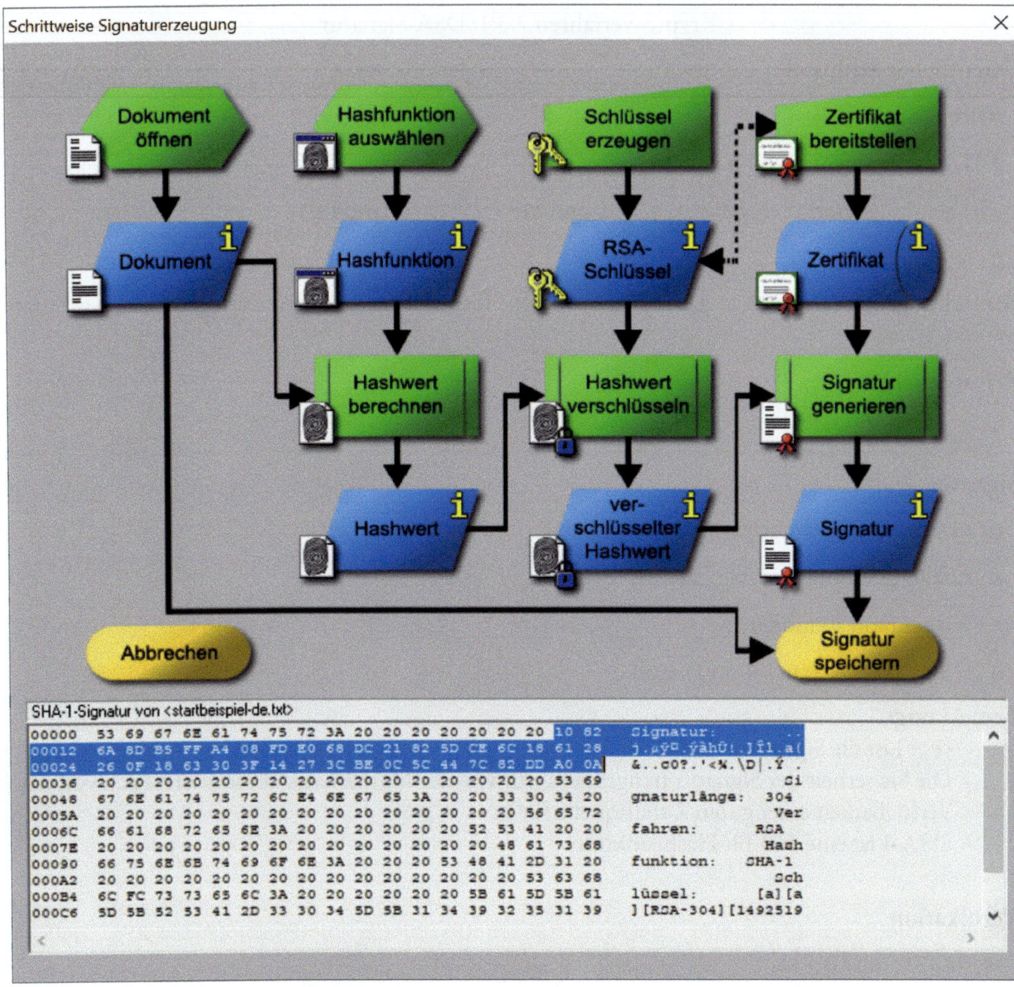

Abb. 7.5: Ablauf zur Erzeugung einer RSA-Signatur in CT1

Der Algorithmus ist eine Variante des ElGamal-Verfahrens. Seine Sicherheit beruht auf dem diskreten Logarithmus-Problem. Die Bestandteile des privaten und öffentlichen DSA-Schlüssels, sowie die Verfahren zur Signatur und Verifikation sind in Krypto-Verfahren 7.3.1 auf der nächsten Seite zusammengefasst.

Obwohl DSA unabhängig von einem Verschlüsselungsverfahren so spezifiziert wurde, dass es aus Ländern exportiert werden kann, die den Export von kryptografischer Hard- und Software einschränken (wie die USA zum Zeitpunkt der Spezifikation), wurde festgestellt [21, S. 490], dass die Operationen des DSA dazu geeignet sind, mit RSA bzw. ElGamal zu verschlüsseln.

Krypto-Verfahren 7.3.1: DSA-Signatur

Öffentlicher Schlüssel

p prim

q 160-Bit Primfaktor von $p-1$

$g = h^{(p-1)/q} \bmod p$, wobei $h < p-1$ und $h^{(p-1)/q} > 1 \pmod p$

$y \equiv g^x \bmod p$

Bemerkung: Die Parameter p, q und g können von einer Gruppe von Benutzern gemeinsam genutzt werden.

Privater Schlüssel

$x < q$ (160-Bit Zahl)

Signatur

m zu signierende Nachricht

k zufällig gewählte Primzahl, kleiner als q

$r = (g^k \bmod p) \bmod q$

$s = (k^{-1}(\text{SHA-1}(m) + xr)) \bmod q$

Bemerkung:

- (s, r) ist die Signatur.
- Die Sicherheit der Signatur hängt nicht nur von der Mathematik ab, sondern auch von der Verfügbarkeit einer guten Zufallsquelle für k.
- SHA-1 ist eine 160-Bit Hashfunktion.

Verifikation

$w = s^{-1} \bmod q$

$u_1 = (\text{SHA-1}(m)w) \bmod q$

$u_2 = (rw) \bmod q$

$v = (g^{u_1} y^{u_2}) \bmod p) \bmod q$

Bemerkung: Wenn $v = r$, dann ist die Signatur gültig.

Manipulation war Sobols Spezialität ... das Hauptziel der Ermittlungen sollte sein, hinter Sobols Masterplan zu kommen.

Zitat 18: Daniel Suarez[23]

[23] Daniel Suarez, *Daemon*, rororo, (c) 2010, Kapitel 14, *mem-payload*, S. 148, Ross.

7.4 Public-Key-Zertifizierung

Als Public-Key-Infrastruktur (PKI) bezeichnet man ein System, das digitale Zertifikate ausstellen, verteilen und prüfen kann. Die innerhalb einer PKI ausgestellten Zertifikate können benutzt werden, damit sich in ganzen Organisationen Rechner und Personen gegenseitig authentisieren und ihre Kommunikation absichern können.

Ziel der Public-Key-Zertifizierung ist es, die Bindung eines öffentlichen Schlüssels an einen Benutzer zu garantieren und nach außen nachvollziehbar zu machen. Dieser Vertrauensanker wird mittels sogenannter Zertifikate bestätigt. In Fällen, in denen nicht sichergestellt werden kann, dass ein öffentlicher Schlüssel auch wirklich zu einer bestimmten Person gehört, sind viele Protokolle nicht mehr sicher, selbst wenn die einzelnen kryptografischen Bausteine nicht geknackt werden können.

Ein weiterer Bereich, in dem PKIs zum Einsatz kommen, sind mit dem Internet verbundene Geräte (IoT). Die Cybersicherheit von IoT betrifft nicht nur Smart-Home- und Consumer-Electronics-Produkte, sondern auch Fahrzeuge und Industrieanlagen. PKI eignet sich insbesondere für die Bereitstellung digitaler Identitäten in Produktion und Betrieb.

7.4.1 Die Impersonalisierungsattacke

Angenommen Charlie hat zwei Schlüsselpaare (PK_1, SK_1) und (PK_2, SK_2). Hierbei bezeichnet SK den geheimen Schlüssel (private key) und PK den öffentlichen Schlüssel (public key). Weiter sei angenommen, es gelingt ihm, Alice PK_1 als öffentlichen Schlüssel von Bob, und Bob PK_2 als öffentlichen Schlüssel von Alice „unterzujubeln" (etwa indem er ein öffentliches Schlüsselverzeichnis fälscht).

Dann ist folgender Angriff möglich:

- Alice möchte eine Nachricht an Bob senden. Sie verschlüsselt diese mit PK_1, da sie denkt, dies sei Bobs öffentlicher Schlüssel. Anschließend signiert sie die Nachricht mit ihrem geheimen Schlüssel und schickt sie ab.
- Charlie fängt die Nachricht ab, entfernt die Signatur und entschlüsselt die Nachricht mit SK_1. Wenn er möchte, kann er die Nachricht anschließend nach Belieben verändern. Dann verschlüsselt er sie wieder, aber diesmal mit dem echten öffentlichen Schlüssel von Bob, den er sich aus einem öffentlichen Schlüsselverzeichnis geholt hat, signiert sie mit SK_2 und schickt die Nachricht weiter an Bob.
- Bob überprüft die Signatur mit PK_2 und wird zu dem Ergebnis kommen, dass die Signatur in Ordnung ist. Dann entschlüsselt er die Nachricht mit seinem geheimen Schlüssel.

Charlie ist so in der Lage, die Kommunikation zwischen Alice und Bob abzuhören und die ausgetauschten Nachrichten zu verändern, ohne dass dies von den beteiligten Personen bemerkt wird. Der Angriff funktioniert auch, wenn Charlie nur ein Schlüsselpaar hat.

Die Impersonalisierungsattacke ist eine Art von *Man-in-the-Middle-Angriff* (MitM). Hilfe gegen diese Art von Angriffen verspricht die Public-Key-Zertifizierung, die die Authentizität öffentlicher Schlüssel garantieren kann. Die am weitesten verbreitete Zertifizierungsmethode ist der X.509-Standard.

7.4.2 X.509-Zertifikat

X.509 [22] ist ein Standard der International Telecommunication Union (ITU), der das Format von Public-Key-Zertifikaten definiert.

X.509-Zertifikate spielen sowohl bei TLS (zur Absicherung zwischen Browser und Webserver, wenn man Web-Seiten per HTTPS abruft)[24] und bei S/MIME (zum Unterschreiben und Verschlüsseln von E-Mails)[25], aber auch bei Offline-Anwendungen wie der elektronischen Signatur von Dokumenten eine wesentliche Rolle.

Jeder Teilnehmer, der sich per X.509-Zertifikat die Zugehörigkeit seines öffentlichen Schlüssels zu ihm als reale Person bestätigen lassen möchte, wendet sich an eine sogenannte Certification Authority (CA). Wenn die Zertifikate nicht nur einer geschlossenen Benutzergruppe angeboten werden, wird die CA auch „Trustcenter" genannt. Dazu gehören auch die „Zertifizierungsdiensteanbieter" (spezielle Namensgebung im deutschen Signaturgesetz). Generell gehören CAs zu den Trusted-Third-Parties.

Der Teilnehmer beweist der CA seine Identität (etwa durch Vorlage seines Personalausweises) – oft über eine zwischengeschaltete Registration Authority (RA). Dieser Vorgang nennt sich „Registrierung". Anschließend stellt die CA dem Teilnehmer ein elektronisches Dokument (Zertifikat) aus, in dem im Wesentlichen der Name des Zertifikatnehmers und der Name der CA, der öffentliche Schlüssel des Zertifikatnehmers und der Gültigkeitszeitraum des Zertifikats vermerkt sind. Die CA unterzeichnet das Zertifikat anschließend mit ihrem privaten Schlüssel.

Abb. 7.6 auf der nächsten Seite zeigt die Demo-PKI in JCT. Sie können damit ein Schlüsselpaar und eine dazugehörige Zertifikatsanfrage erstellen. Anschließend können Sie verfolgen, welche Stationen Ihre Anfrage durch die verschiedenen Teile der PKI durchläuft. Nach Ausstellung eines Zertifikats haben Sie die Möglichkeit, Signaturen zu erstellen und zu überprüfen. Jeder Schritt wird von Erklärungstexten und Onlinehilfe begleitet.

Ein digitales Zertifikat ist also normalerweise nicht mehr als die Bindung einer Email-Adresse an einen öffentlichen Schlüssel und dient der Authentifizierung. Der Begriff hat nichts mit den Zertifikaten (oft riskante Produkte) aus der Finanzwelt oder mit anderen behördlichen Urkunden zu einer Person zu tun.

Jeder kann nun anhand des öffentlichen Schlüssels der CA überprüfen, ob das Zertifikat unverfälscht ist. Die CA garantiert mit dem Zertifikat also die Zusammengehörigkeit von Benutzer und öffentlichem Schlüssel.

Dieses Verfahren ist nur so lange sicher, wie die Richtigkeit des öffentlichen Schlüssels der CA sichergestellt ist und wie der Registrierungsprozess korrekt behandelt wird. Aus diesem Grund lässt jede CA ihren öffentlichen Schlüssel bei einer anderen CA zertifizieren, die in der Hierarchie über ihr steht. In der obersten Hierarchieebene (Wurzelinstanz) gibt es in der Regel nur eine CA, die dann natürlich keine Möglichkeit mehr hat, sich ihren Schlüssel bei einer höheren CA zertifizieren zu lassen. Sie ist also darauf angewiesen, ihren Schlüssel auf andere Art und Weise gesichert zu übermitteln. Bei vielen Software-Produkten (z. B. den Webbrowsern von Microsoft, Mozilla oder Google) sind die Zertifikate dieser Wurzel-CAs schon von Anfang an fest in das Programm eingebettet und können auch vom Benutzer nachträglich nicht mehr geändert werden. Aber auch durch öffentliche Bekanntgabe auf Webseiten oder in Zeitungen können (öffentliche) CA-Schlüssel gesichert übermittelt werden.

---

[24] Lange wurden die meisten Webserver-Zertifikate per OpenSSL und mittels der Microsoft-CA erstellt. Dieser Anteil sank drastisch, seit fast alle Domain-validated TLS-Zertifikate von Let's Encrypt erstellt werden. Stand Juli 2023 stammen die TLS-Zertifikate von 350 Millionen Webseiten von Let's Encrypt. [23] Diese bekommt man in einem automatisierten Prozess und kostenlos.

[25] In Deutschland können beispielsweise alle Hochschulangehörigen kostenlose Email-S/MIME-Zertifikate erhalten. Diese werden nach einer Identifizierung durch die lokale Hochschule von der DFN (`https://www.pki.dfn.de/ueberblick-dfn-pki/`) ausgestellt.

[26] `JCT Standard-Perspektive ▷ Visualisierungen ▷ Public-Key-Infrastruktur`

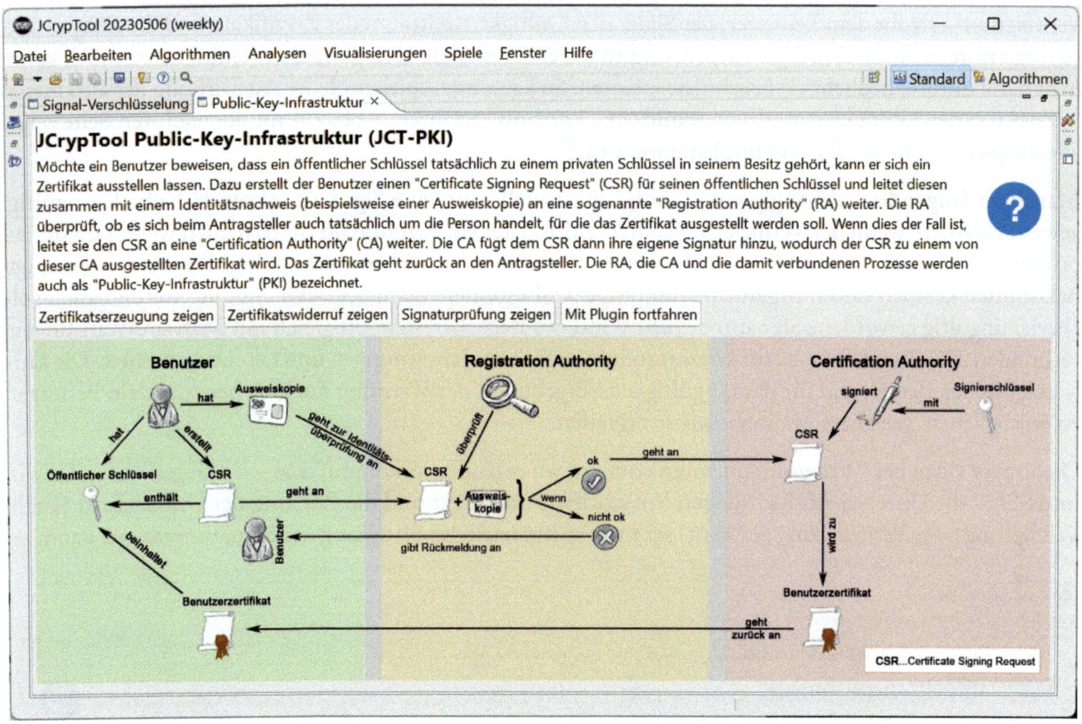

Abb. 7.6: Demo-PKI in JCT[26]

Wie genau der Prozess der Zertifikatsbeantragung abläuft und was die wichtigsten Daten sind, die im „Certificate Signing Request“ (CSR), in der Signatur und im Zertifikat enthalten sind, ist in dem Diagramm in Abb. A.49 auf Seite 848 zu sehen. Dort wird der Prozess mit OpenSSL durchgeführt. OpenSSL kann in CrypTool-Online (CTO) auch direkt im Browser ausgeführt werden (siehe Abb. A.50 auf Seite 849).

7.4.3 Signatur-Verifizierung und Gültigkeitsmodelle

Normalerweise ist eine Signatur ungültig, wenn die Nachricht verändert wurde (damit passen Signatur und Nachricht nicht mehr zusammen) oder wenn man mit dem falschen Signiererschlüssel prüft. Die Verifikations-Verfahren berücksichtigen jedoch zusätzlich den Gültigkeitsraum der beteiligten Zertifikate.

So kann eine Signatur auch ungültig werden, je nachdem wie lange das Zertifikat des Signierers oder die CA-Zertifikate gültig sind und wann die Prüfung stattfindet. Das Verhalten wird von sog. Gültigkeitsmodellen festgelegt. Das Gültigkeitsmodell beschreibt, wie die Gültigkeit der Signatur zu bewerten ist – in Abhängigkeit vom Signierzeitpunkt, vom Gültigkeitszeitraum der Zertifikate der Kette zwischen Signierer und Root-CA und evtl. dem Prüfzeitpunkt.

Obwohl – zumindest in Deutschland – lange und mit fast ideologischer Schärfe verschiedene Gültigkeitsmodelle diskutiert wurden, hat sich nur das im RFC 5280 definierte und weltweit verbreitete Schalenmodel durchgesetzt. Versuche, von diesem Standard abweichende nationale Modelle (auch per Gesetz) durchzudrücken, waren nicht erfolgreich: Nutzer ließen diese durch Nichtbenutzung bedeutungslos werden.

Abb. 7.7 auf der nächsten Seite zeigt einen Screenshot aus JCrypTool[27]: Das JCT-Plugin „Zertifikats-

[27] `JCT Standard-Perspektive ▷ Visualisierungen ▷ Zertifikats-Verifikation`

Verifikation“ erlaubt dem Benutzer, per Slider den Gültigkeitszeitraum der Zertifikate und die Zeitpunkte für Signaturerstellung und Signaturprüfung zu setzen. Abhängig vom gewählten Gültigkeitsmodell kann man dann unterschiedliche (!) Ergebnisse erhalten. So kann man spielerisch die Auswirkung der Parameter auf das von den Gültigkeitsmodellen ermittelte „Ergebnis“ erfahren. Abb. 7.8 auf der nächsten Seite zeigt, wie das gleiche Thema in CTO implementiert ist.[28]

Man sieht Folgendes: Abhängig vom Gültigkeitsmodell kann eine Signatur schon deshalb als ungültig gewertet werden, wenn der Verifizier-Zeitpunkt ein anderer ist. Verblüffend ist, dass auch wenn sich die zu prüfende Nachricht und die Signatur überhaupt nicht änderten, Sie heute eine gültige Signatur bescheinigt bekommen können und morgen eine ungültige. Insbesondere beim Software-Signing werden auch solcherlei ungültig gewordene Signaturen vom Windows-Betriebssystem oft gleich mit Malware-Warnungen verbunden. Dies ist ein Beispiel für kontraproduktive Sicherheitswarnungen und falsche Awareness. Die Entwickler sollten den Grund für das Ungültigkeits-Ergebnis in der Warnung mit angeben, um dem Benutzer zu ermöglichen, geeignete Maßnahmen zu ergreifen.

Dies ist vor allem bei Vertragsdokumenten relevant, wo es häufig vorkommt, dass – im Gegensatz zu Emails und SSL – die Unterschrift rechtlichen Vorschriften unterliegt und die Prüfung der Unterschrift (auch Validierung oder Verifizierung genannt) sehr viel später nach der Erstellung der Signatur erfolgen kann.

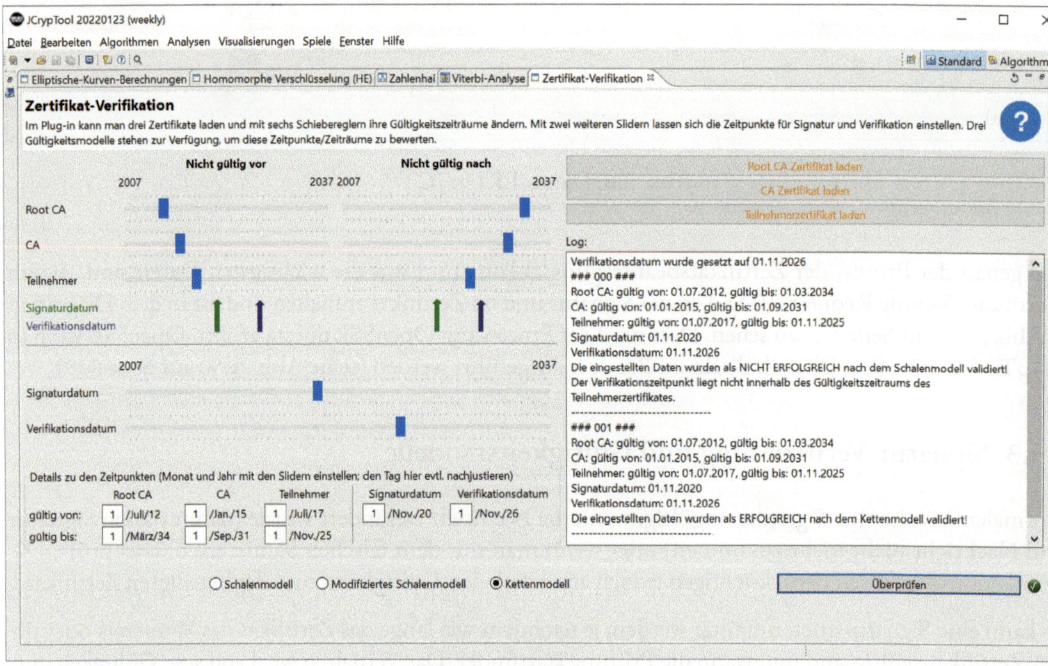

Abb. 7.7: Signatur-Validierung und Gültigkeitsmodelle in JCT

[28] Siehe „Zertifikats-Verifikation und Gültigkeitsmodelle“ in `https://www.cryptool.org/de/cto/cert-verifier`

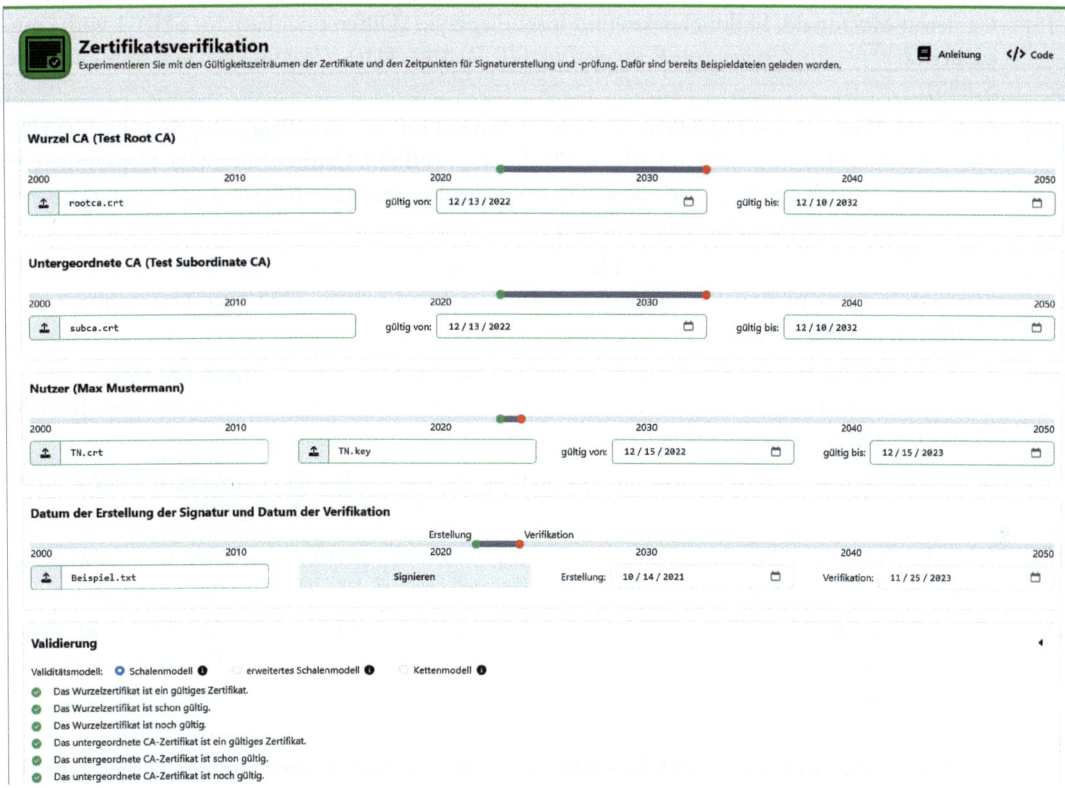

Abb. 7.8: Signatur-Validierung und Gültigkeitsmodelle in CTO

Literatur zu Kapitel 7

[1] Alfred J. Menezes, Paul C. van Oorschot und Scott A. Vanstone. *Handbook of Applied Cryptography*. 5. Aufl. Series on Discrete Mathematics and Its Application. CRC Press, 2001. URL: `https://cacr.uwaterloo.ca/hac/` (siehe S. 447)

[2] *Digital Signature Standard (DSS)*. Federal Information Processing Standards (FIPS) 186-4. National Institute of Standards und Technology (NIST). Gaithersburg: U.S. Department of Commerce, 19. Juli 2013. URL: `https://nvlpubs.nist.gov/nistpubs/FIPS/NIST.FIPS.186-4.pdf` URL2: `https://csrc.nist.gov/publications/fips` URL3: `https://www.nist.gov/publications/digital-signature-standard-dss-2` (siehe S. 448, 458)

[3] Xiaoyun Wang, Yiqun Yin und Hongbo Yu. „Finding Collisions in the Full SHA-1“. In: *Advances in Cryptology-Crypto, LNCS 3621* (2005), S. 17–36 (siehe S. 448)

[4] Xiaoyun Wang, Andrew Yao und Frances Yao. *New Collision Search for SHA-1*. Techn. Ber. Crypto 2005, Rump Session, 2005. URL: `https://www.iacr.org/conferences/crypto2005/rumpSchedule.html` (siehe S. 448)

[5] Cameron McDonald, Philip Hawkes und Josef Pieprzyk. „Differential Path for SHA-1 with complexity $O(2^{52})$“. In: *Cryptology ePrint Archive* (2012). URL: https://eprint.iacr.org/2009/259 (siehe S. 448)

[6] Quynh H. Dang. *Secure Hash Standard (SHS)*. Federal Information Processing Standards (FIPS) 180-4. National Institute of Standards und Technology (NIST). Gaithersburg: U.S. Department of Commerce, 2015. URL: https://nvlpubs.nist.gov/nistpubs/FIPS/NIST.FIPS.180-4.pdf URL2: https://csrc.nist.gov/publications/fips (siehe S. 448)

[7] Paul A. Grassi, Michael E. Garcia und James L. Fenton. *Digital Identity Guidelines*. Special Publication (NIST SP), National Institute of Standards und Technology, 2023. URL: https://pages.nist.gov/800-63-3/sp800-63-3.html (siehe S. 452)

[8] heise online. *LKA Niedersachsen warnt vor Phishing mit QR-Codes per Briefpost*. URL: https://www.heise.de/news/LKA-Niedersachsen-warnt-vor-Phishing-mit-QR-Codes-per-Briefpost-9825879.html (besucht am 06. 08. 2024) (siehe S. 452)

[9] W3C. *WebAuthn: Web Authentication: An API for accessing Public Key Credentials Level 1*. 2019. URL: https://www.w3.org/TR/webauthn-1/ (besucht am 05. 08. 2024) (siehe S. 454)

[10] Klaus Rodewig. „Passkeys in eigenen Anwendungen nutzen“. In: *iX* (Mai 2024). URL: https://www.heise.de/select/ix/2024/5/2401512384168401575 (besucht am 05. 08. 2024) (siehe S. 454)

[11] Andy Greenberg. *The Full Story of the Stunning RSA Hack Can Finally Be Told*. 2021. URL: https://www.wired.com/story/the-full-story-of-the-stunning-rsa-hack-can-finally-be-told/ (besucht am 06. 08. 2024) (siehe S. 455)

[12] Federal Bureau of Investigation (FBI) and Cybersecurity and Infrastructure Security Agency (CISA), and National Security Agency (NSA). *Joint Cybersecurity Advisory*. Gemeinsamer Sicherheitshinweis zu Cyberaktivitäten der russischen GRU-Einheit 29155. 2024. URL: https://www.verfassungsschutz.de/SharedDocs/publikationen/DE/cyberabwehr/2024-09-05-cybersecurity-advisory-3.pdf (siehe S. 455)

[13] BSI. *Schafft die Passwörter ab?! Anmelden ohne Passwort mit Passkey*. 2025. URL: https://www.bsi.bund.de/DE/Themen/Verbraucherinnen-und-Verbraucher/Informationen-und-Empfehlungen/Cyber-Sicherheitsempfehlungen/Accountschutz/Passkeys/passkeys-anmelden-ohne-passwort.html (besucht am 14. 08. 2025) (siehe S. 455)

[14] BSI. *Passwortloses Authentisierungsverfahren Passkeys: Quantitative und qualitative Online-Befragung von Verbraucherinnen und Verbrauchern (März – Mai 2024)*. 2024. URL: https://www.bsi.bund.de/SharedDocs/Downloads/DE/BSI/Publikationen/DVS-Berichte/passwortlose-authentisierung-bericht.pdf?__blob=publicationFile&v=5 (siehe S. 456)

[15] Tillmann Schulze. *Bedingt abwehrbereit: Schutz kritischer Informations-Infrastrukturen in Deutschland und den USA*. Springer-Verlag, 2006 (siehe S. 456)

[16] Rat der Europäischen Union. *Richtlinie 2008/114/EG des Rates vom 8. Dezember 2008 über die Ermittlung und Ausweisung europäischer kritischer Infrastrukturen und die Bewertung der Notwendigkeit, ihren Schutz zu verbessern (Text von Bedeutung für den EWR)*. 2008. URL: https://eur-lex.europa.eu/legal-content/DE/TXT/?uri=CELEX:32008L0114 (besucht am 06. 08. 2024) (siehe S. 456)

[17] BSI. *Was sind Kritische Infrastrukturen? Definition KRITIS*. 2014. URL: https://www.bsi.bund.de/DE/Themen/Regulierte-Wirtschaft/Kritische-Infrastrukturen/Allgemeine-Infos-zu-KRITIS/allgemeine-infos-zu-kritis_node.html (besucht am 06. 08. 2024) (siehe S. 456)

[18] Harald Karutz, Wolfram Geier und Thomas Mitschke. *Bevölkerungsschutz: Notfallvorsorge und Krisenmanagement in Theorie und Praxis*. Springer-Verlag, 2017 (siehe S. 456)

[19] Europäische Union. *RICHTLINIE (EU) 2022/2555 DES EUROPÄISCHEN PARLAMENTS UND DES RATES vom 14. Dezember 2022 über Maßnahmen für ein hohes gemeinsames Cybersicherheitsniveau in der Union, zur Änderung der Verordnung (EU) Nr. 910/2014 und der Richtlinie (EU) 2018/1972 sowie zur Aufhebung der Richtlinie (EU) 2016/1148 (NIS-2-Richtlinie).* 2022. URL: https://eur-lex.europa.eu/legal-content/DE/TXT/HTML/?uri=CELEX:32022L2555 (besucht am 06. 08. 2024) (siehe S. 456)

[20] RSA Labs. *PKCS #1 v2.1 Draft 3: RSA Cryptography Standard.* Techn. Ber. RSA Laboratories, Apr. 2002 (siehe S. 458)

[21] Bruce Schneier. *Applied Cryptography, Protocols, Algorithms, and Source Code in C.* 2. Aufl. Wiley, 1996 (siehe S. 459)

[22] ITU-T. *ITU-T Recommendation X.509 (1997 E): Information Technology – Open Systems Interconnection – The Directory: Authentication Framework.* Techn. Ber. International Telecommunication Union ITU-T, Juni 1997 (siehe S. 462)

[23] Let's Encrypt. *Let's Encrypt Stats.* URL: https://letsencrypt.org/stats/ (besucht am 26. 07. 2023) (siehe S. 462)

8 Elliptische-Kurven-Kryptografie (ECC)

Dieses Kapitel stellt elliptische Kurven in der Kryptografie vor (Englisch: Elliptic-Curve Cryptography = ECC): Sie sind eine Alternative zu RSA und besonders gut geeignet für die Nutzung auf Chipkarten.

8.1 Elliptische Kurven – Ein effizienter Ersatz für RSA?

Bei Datenübertragungen kommt es auf Sicherheit und Effizienz an. Viele Anwendungen verwenden den RSA-Algorithmus als asymmetrisches Signatur- und Verschlüsselungsverfahren. Solange die verwendeten Schlüssel hinreichend lang sind, bestehen an der *Sicherheit* des eigentlichen RSA-Verfahrens keine Zweifel. Allerdings hat die Entwicklung der Rechnerleistung in den vergangenen Jahren dazu geführt, dass die benötigten Schlüssellängen mehrfach angehoben werden mussten (vergleiche Abschnitt 5.12 auf Seite 309). Da die meisten Chips auf Smartcards nicht in der Lage sind, längere Schlüssel als z. B. 2000 Bit zu verarbeiten, besteht Bedarf für Alternativen zu RSA. Eine solche Alternative sind elliptische Kurven. Diese werden schon länger auch auf Smartcards eingesetzt.

Die *Effizienz* eines kryptografischen Algorithmus hängt wesentlich von der benötigten Schlüssellänge und vom Rechenaufwand ab, um ein vorgeschriebenes Sicherheitsniveau zu erreichen. Der entscheidende Vorteil elliptischer Kurven im Vergleich zum RSA-Algorithmus liegt in der Tatsache, dass die sicheren Schlüssellängen erheblich kürzer sind.

Nimmt man an, dass es keinen Quantencomputer gibt und dass sich die Leistung der verfügbaren Rechner weiterhin im Schnitt alle 18 Monate verdoppelt (gemäß dem „Gesetz" von Moore[1]), so kann man von einer Entwicklung der sicheren Schlüssellängen wie in Abb. 8.1 ausgehen (diese Grafik wurde anhand Tabelle 1 auf Seite 32 in [1] erstellt.[2]

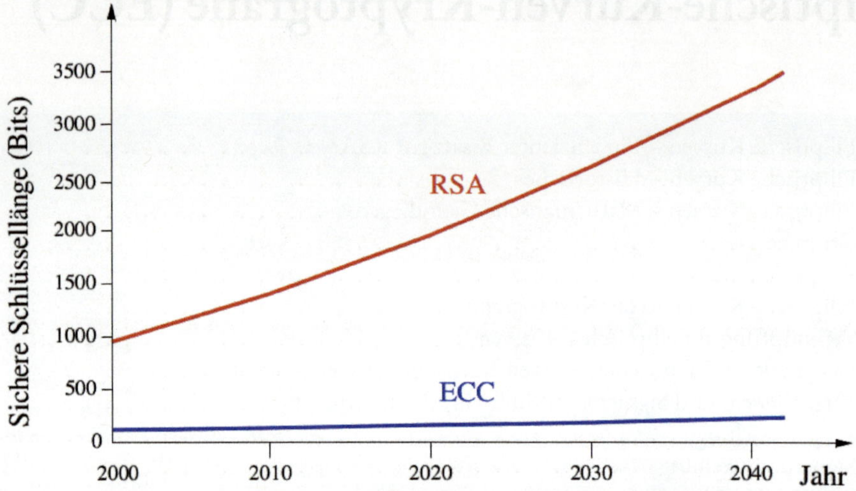

Abb. 8.1: Prognose für die Entwicklung der als sicher betrachteten Schlüssellängen bei RSA und bei elliptischen Kurven

Bei der digitalen Signatur muss man differenzieren: Für die *Erstellung* einer digitalen Signatur benötigen auf elliptischen Kurven basierende Verfahren im Vergleich zu RSA nur gut ein Zehntel des Rechenaufwands (66 zu 515 Ganzzahlmultiplikationen). Siehe hierzu Abb. 8.2 auf der nächsten Seite [2]. Betrachtet man die für eine *Verifikation* durchzuführenden Rechenschritte, dreht sich dieses Bild jedoch zu Gunsten von RSA um (112 zu 17 Ganzzahlmultiplikationen). Der Grund liegt darin, dass es bei Verwendung des RSA möglich ist, einen sehr kurzen Exponenten für den öffentlichen Schlüssel zu wählen, solange der private Exponent hinreichend lang ist.

Da bei Smartcards, die auf RSA basieren, stets der lange (private) Schlüssel auf der Karte gespeichert werden muss und die Erstellung der digitalen Signatur, nicht aber die Verifikation, auf der Karte stattfindet, treten hier deutlich die Vorteile elliptischer Kurven zutage.

Ein Problem bei der Implementierung von ECC-Verfahren ist bislang noch die mangelnde *Standardisierung*. Es gibt nur einen RSA-Algorithmus, aber viele Varianten von elliptischen Kurven. So können verschiedene Zahlkörper zugrunde gelegt, eine Vielzahl von (elliptischen) Kurven – durch Parameter beschrieben[3] – eingesetzt und unterschiedliche Darstellungen der Kurvenpunkte verwendet werden. Jede Wahl hat ihre Vorzüge, so dass für jede Anwendung eine andere Implementierung optimal sein kann. Dies hat jedoch zur Konsequenz, dass Systeme, die auf elliptischen Kurven beruhen, oftmals nicht interoperabel sind. Um mit einer beliebigen auf elliptischen Kurven basierenden Anwendung kommunizieren zu können, müsste man

[1] Das Mooresche Gesetz formuliert die empirische Beobachtung und die darauf aufbauende Prognose, dass sich die Anzahl der Komponenten bzw. Transistoren in einer integrierten Schaltung alle zwei Jahre verdoppelt. Es bezog sich ursprünglich nur auf die Transistorendichte in einer integrierten Schaltung, aber bspw. nicht auf den Zuwachs bei der Speicherdichte. Diese Erkenntnis zur Transistorendichte wurde 1965 (mit einer Korrektur 1975) von Gordon Moore, einem Mitbegründer von Intel, geäußert.

[2] Weitere Informationen zum Schlüssellängen-Vergleich von Arjen Lenstra und Eric Verheul, aber auch zu neueren Untersuchungen finden sich in der interaktiven Darstellung auf der BlueKrypt-Seite. [1]. Siehe auch Abb. 13.1 auf Seite 745.

[3] Siehe Abschnitt 8.4 auf Seite 475.

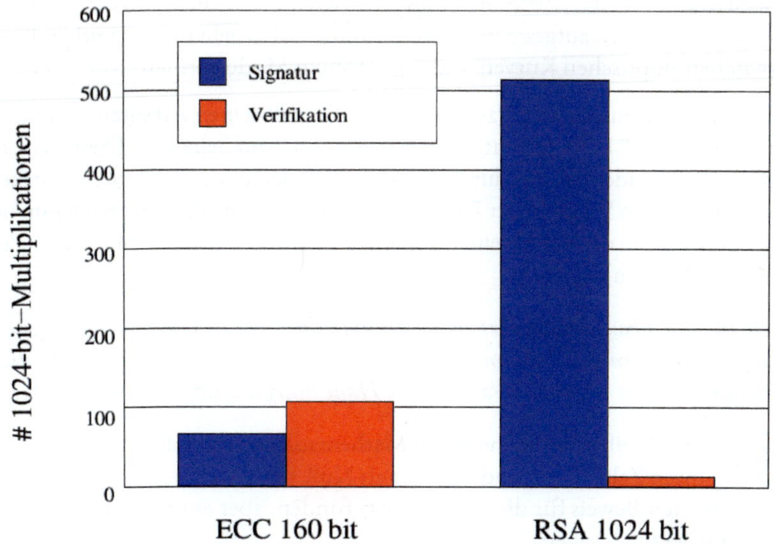

Abb. 8.2: Gegenüberstellung des Aufwands der Operationen Signieren und Verifizieren bei RSA und bei elliptischen Kurven

eine Vielzahl von Implementierungen vorhalten, was den Effizienzvorteil gegenüber der Verwendung von RSA zunichte macht.

Deshalb bemühen sich internationale Organisationen um Standardisierung, bspw. IEEE (P1363), ASC (ANSI X9.62, X9.63), ISO/IEC sowie RSA Laboratories und Certicom. Im Gegensatz zur IEEE, die bisher nur eine Beschreibung der verschiedenen Implementierungen vorgenommen hat, hat die ASC konkret 10 Kurven ausgewählt und empfiehlt deren Verwendung. Der Vorteil des ASC-Ansatzes ist, dass ein einziges Byte ausreicht, um die verwendete Kurve zu spezifizieren.

Obwohl aktuell kein Handlungsbedarf besteht, laufende RSA-Anwendungen umzustellen, sollte man in Fällen, wo der Platz für den Schlüssel begrenzt ist, den Einsatz von elliptischen Kurven erwägen.[4] Aktuelle Informationen zur Sicherheit des RSA-Verfahrens finden Sie in Abschnitt 5.12 auf Seite 309 und in Kapitel 12 auf Seite 717. Diskussionen zur Sicherheit von ECC finden Sie in Kapitel 12 auf Seite 717.

8.2 Elliptische Kurven – Historisches

Elliptische Kurven werden von Mathematikern seit über 100 Jahren erforscht. Im Laufe der Zeit hat man viele weitläufige und mathematisch tiefgründige Resultate im Zusammenhang mit elliptischen Kurven gefunden und veröffentlicht. Ein Mathematiker würde sagen, dass die elliptischen Kurven (bzw. die dahinterstehende Mathematik) gut verstanden sind. Ursprünglich war diese Forschung reine Mathematik, das heißt elliptische Kurven wurden zum Beispiel in den mathematischen Teilgebieten Zahlentheorie und algebraische Geometrie untersucht, die allgemein sehr abstrakt sind. Auch in der nahen Vergangenheit spielten elliptische Kurven eine bedeutende Rolle in der reinen Mathematik. In den Jahren 1993 und 1994[5] veröffentlichte Andrew Wiles mathematische Arbeiten, die weit über das Fachpublikum hinaus auf große

[4] Siehe die Technische Richtlinie des BSI *Kryptografische Verfahren: Empfehlungen und Schlüssellängen* ([3]).

[5] 1994 wurden die Beweislücken durch Wiles und Richard Taylor geschlossen.

Begeisterung gestoßen sind. In diesen Arbeiten bewies er die Richtigkeit einer – in den sechziger Jahren des 20. Jahrhunderts von zwei Japanern aufgestellten – Vermutung. Dabei geht es kurz und grob gesagt um den Zusammenhang zwischen elliptischen Kurven und sogenannten Modulformen.

Das für die meisten eigentlich Interessante daran ist, dass Wiles mit seinen Arbeiten auch den berühmten zweiten/letzten Satz von Fermat[6] bewiesen hat. Siehe Abschnitt 5.2 auf Seite 272. Dieser Satz hatte sich seit Jahrhunderten einem umfassenden Beweis durch die Mathematik entzogen. Dementsprechend groß war die Resonanz auf den Beweis von Wiles. In der Formulierung von Fermat lautet der nach ihm benannte Satz so (Fermat hat folgende Worte an den Rand seiner Kopie des 1621 von Bachet de Meziriac herausgegebenen Werks von Diophant geschrieben):

> *Cubum autem in duos cubos, aut quadratoquadratum in duos quadratoquadratos, et generaliter nullam in infinitum ultra quadratum potestatem in duos ejusdem nominis fas est dividere: cujus rei demonstrationem mirabilem sane detexi. Hanc marginis exiguitas non caperet. [4]*

Frei übersetzt und mit der Schreibweise der heutigen Mathematik bedeutet dies:
Es gibt keine positiven ganzen Zahlen x, y und z größer als Null, so dass $x^n + y^n = z^n$ für $n > 2$ gilt. Ich habe einen bemerkenswerten Beweis für diese Tatsache gefunden, aber es ist nicht genug Platz am Rand [des Buches], um ihn niederzuschreiben.

Dies ist schon bemerkenswert: Eine relativ einfach zu verstehende Aussage (gemeint ist Fermats zweiter Satz) konnte erst nach so langer Zeit bewiesen werden, obwohl Fermat selber angab, schon einen Beweis gefunden zu haben. Im übrigen ist der Beweis von Wiles sehr umfangreich (alle im Zusammenhang mit dem Beweis stehenden Veröffentlichungen von Wiles ergeben schon ein eigenes Buch). Man sollte sich daher im klaren sein, dass die elliptischen Kurven im allgemeinen sehr tiefgreifende Mathematik berühren.

Soweit zur Rolle der elliptischen Kurven in der reinen Mathematik. Im Jahr 1985 haben Neal Koblitz und Victor Miller unabhängig voneinander vorgeschlagen, elliptische Kurven in der Kryptografie einzusetzen. Damit haben die elliptischen Kurven auch eine ganz konkrete praktische Anwendung gefunden. Ein weiteres interessantes Einsatzgebiet für elliptische Kurven ist die Faktorisierung von ganzen Zahlen (auf der Schwierigkeit/Komplexität, die Primfaktoren einer sehr großen Zahl zu finden, beruht das RSA-Kryptosystem: vergleiche Abschnitt 5.12 auf Seite 309). In diesem Bereich werden seit 1987 Verfahren untersucht und eingesetzt, die auf elliptischen Kurven basieren (vergleiche Abschnitt 8.8 auf Seite 483). Es gibt auch Primzahltests, die auf elliptischen Kurven basieren.

Elliptische Kurven werden also in den verschiedenen Gebieten unterschiedlich eingesetzt: Verschlüsselungsverfahren auf Basis von elliptischen Kurven beruhen auf der Schwierigkeit des als diskreter Logarithmus bei elliptischen Kurven bekannten Problems. Zur Faktorisierung ganzer Zahlen wird die Tatsache benutzt, dass man eine große Zahl elliptischer Kurven für eine natürliche zusammengesetzte Zahl n erzeugen kann.

8.3 Elliptische Kurven – Mathematische Grundlagen

In diesem Abschnitt erhalten Sie Informationen über *Gruppen* und *Körper*. Vergleiche auch Abschnitt 5.7 auf Seite 289. Didaktisch schöne Einführungen in elliptische Kurven finden Sie in [5] und [6] und mittels des CTO-Plugins „Elliptische Kurven“, das in Abb. 8.5 auf Seite 480 zu sehen ist.

---

[6] Pierre de Fermat, französischer Mathematiker, 17.8.1601 – 12.1.1665.

8.3.1 Gruppen

Da der Begriff der *Gruppe* umgangssprachlich anders als in der Mathematik eingesetzt wird, soll der Vollständigkeit halber an dieser Stelle die wesentliche Aussage der formalen Definition einer Gruppe kurz eingeführt werden:

- Eine Gruppe ist eine nichtleere Menge G mit einer Verknüpfung $\cdot$. Die Menge G ist unter der Verknüpfung $\cdot$ abgeschlossen, d.h, sind a, b Elemente aus G, so ist auch ihre Verknüpfung $ab = a \cdot b$ ein Element aus G.
- Für alle Elemente a, b und c aus G gilt: $(ab)c = a(bc)$ (Assoziativgesetz).
- Es gibt ein Element e in G, das sich bezüglich der Verknüpfung $\cdot$ neutral verhält, d. h. für alle a aus der Menge G : gilt $ae = ea = a$.
- Zu jedem Element a aus G gibt es ein eindeutiges *inverses Element* a^{-1}(in G), so dass gilt: $aa^{-1} = a^{-1}a = e$. Das inverse Element ist eindeutig bestimmt, denn sind $x, y \in G$ zwei Inverse zu a, d. h. es gilt $ax = xa = e$ und $ay = ya = e$, so folgt $x = xe = x(ay) = (xa)y = ey = y$.

Gilt zusätzlich noch $ab = ba$ (Kommutativgesetz) für alle a, b aus G, so nennt man die Gruppe G eine *abelsche* Gruppe.

Da man auf derselben Menge mehrere Verknüpfung erklären kann, unterscheidet man diese durch verschiedene Namensgebungen und Zeichen (z. B. $+$ Addition oder $\cdot$ Multiplikation).

Als einfachstes Beispiel einer (abelschen) Gruppe sei die Gruppe der ganzen Zahlen mit der üblichen Addition genannt. Die Menge der ganzen Zahlen wird mit $\mathbb{Z}$ bezeichnet. $\mathbb{Z}$ hat unendlich viele Elemente: $\mathbb{Z} = \{\cdots, -4, -3, -2, -1, 0, 1, 2, 3, 4, \cdots\}$. Die Verknüpfung von zum Beispiel $1 + 2$ liegt in $\mathbb{Z}$, denn $1 + 2 = 3$ und 3 liegt in $\mathbb{Z}$. Das neutrale Element der Gruppe $\mathbb{Z}$ ist 0. Das inverse Element von 3 ist -3, denn $3 + (-3) = 0$.

Für unsere Zwecke besonders interessant sind sogenannte *endliche* Gruppen. D. h. es gibt die zugrundeliegende Menge $\mathcal{M}$ mit einer endlichen Anzahl von Elementen und die Operation $+$, so dass die obigen Bedingungen erfüllt sind. Beispiele sind die Gruppen $\mathbb{Z}_n = \{0, 1, 2, 3, \cdots, n-1\}$ der Teilerreste bei der Division durch $n \in \mathbb{N}$, mit der Addition mod n als Verknüpfung.

Zyklische Gruppen Als *zyklische Gruppen* bezeichnet man solche Gruppen G', die ein Element g besitzen, aus dem man mittels der Gruppen-Verknüpfung alle anderen Elemente der Gruppe erzeugen kann. Es gibt also für jedes Element a aus G' eine positive, ganze Zahl i, so dass die i-fache Verknüpfung von g mit sich selbst $g^i = g \cdot g \cdots g = a$. Das Element g ist ein *Generator* der zyklischen Gruppe – jedes Element in G' lässt sich mittels g und der Verknüpfung erzeugen. Bemerkung: Grundsätzlich können zyklische Gruppen auch unendlich sein wie z.B. die additive Gruppe der ganzen Zahlen. Wir betrachten hier jedoch nur endliche zyklische Gruppen.

Ordnung von Elementen einer Gruppe Nun zur Ordnung eines Elements der Gruppe: Sei a aus G. Die kleinste positive ganze Zahl r für die gilt, dass a^r, also r mal a mit sich selbst verknüpft, das neutrale Element der Gruppe G' ist (d. h. $a^r = e$), nennt man *Ordnung* von a.

Die *Ordnung der Gruppe* ist die Anzahl der Elemente in der Menge G. Ist die Gruppe G zyklisch und g ein Generator, so stimmt die Ordnung von g mit der Gruppenordnung überein. Man kann leicht zeigen, dass die Ordnung eines Gruppenelements stets die Gruppenordnung teilt. Hieraus folgt insbesondere, dass Gruppen mit Primzahlordnung (d. h. die Ordnung der Gruppe ist eine Primzahl) zyklisch sind.

8.3.2 Körper

In praktischen Anwendungen betrachtet man häufig Mengen, auf denen nicht nur eine (Gruppen-)Verknüpfung, sondern zwei Verknüpfungen definiert sind. Diese nennt man oft Addition und Multiplikation. Die mathematisch interessantesten Mengen dieser Art sind sogenannte Körper, wie z.B. die Menge der reellen Zahlen.

Unter einem Körper versteht man in der Mathematik eine Menge K mit den zwei Verknüpfungen Addition und Multiplikation (mit $+$ und $\cdot$ bezeichnet), so dass die folgenden Bedingungen erfüllt sind:

- Die Menge K ist zusammen mit der Verknüpfung $+$ (Addition) eine abelsche Gruppe. Dabei sei 0 das neutrale Element der Verknüpfung $+$.
- Die Menge $K \setminus \{0\}$ (d.h. K ohne das Element 0) ist zusammen mit der Verknüpfung $\cdot$ (Multiplikation) ebenfalls eine abelsche Gruppe. Dabei sei 1 das neutrale Element der Verknüpfung $\cdot$.
- Für alle Elemente a, b und c aus K gilt $c \cdot (a+b) = c \cdot a + c \cdot b$ und $(a+b) \cdot c = a \cdot c + b \cdot c$ (Distributivgesetz).

Körper können endlich viele oder unendliche viele Elemente enthalten – je nachdem nennt man den Körper *endlich* oder *unendlich*. So sind die uns vertrauten Körper der rationalen bzw. der reellen Zahlen unendlich. Beispiele für endliche Körper sind die Primkörper $\mathbb{Z}_p = \{0, 1, 2, 3, \cdots, p-1\}$, wobei p eine Primzahl ist, versehen mit der Addition modulo p und der Multiplikation modulo p (auch Restklassenkörper genannt).

Charakteristik eines Körpers Die Charakteristik eines Körper K ist die Ordnung des neutralen Elements der Multiplikation (1-Element) bezüglich der Addition, d. h. die kleinste natürliche Zahl n, so dass gilt

$$\underbrace{1+1+\cdots+1}_{n \text{ mal}} = 0$$

wobei 0 das neutrale Element der Addition ist. Gibt es keine solche natürliche Zahl, d. h. ergibt $1+1+\cdots+1$ unabhängig von der Zahl der Summanden nie das neutrale Element der Addition 0, so sagt man, der Körper habe Charakteristik 0.

Körper mit Charakteristik 0 haben daher stets die (paarweise verschiedenen) Elemente $1, 1{+}1, 1{+}1{+}1, \ldots$ und sind folglich stets unendlich; andererseits können Körper mit endlicher Charakteristik durchaus endlich oder auch unendlich sein. Ist die Charakteristik n endlich, so muss sie eine Primzahl sein, denn wäre sie zusammengesetzt, d.h. $n = pq$, so sind $p, q < n$ und aufgrund der Minimalität der Charakteristik ist keines der Körperelemente $\bar{p} = \underbrace{1+1+\cdots+1}_{p \text{ mal}}, \bar{q} = \underbrace{1+1+\cdots+1}_{q \text{ mal}}$ gleich 0. Folglich existieren Inverse $\bar{p}^{-1}, \bar{q}^{-1}$ bezüglich der Multiplikation. Dann ist aber $(\bar{p}\bar{q})(\bar{p}^{-1}\bar{q}^{-1}) = 1$, andererseits ist nach Definition der Charakteristik $\bar{p}\bar{q} = \bar{n} = \underbrace{1+1+\cdots+1}_{n \text{ times}} = 0$ und somit $\underbrace{(\bar{p}\bar{q})}_{=0}(\bar{p}^{-1}\bar{q}^{-1}) = 0$, was zu einem Widerspruch führt.

Beispiel: Der Körper $\mathbb{Z}_p$, p prim, hat die Charakteristik p. Ist p nicht prim, so ist $\mathbb{Z}_p$ gar kein Körper.

Der einfachste, denkbare Körper ist $\mathbb{Z}_2 = \{0, 1\}$, der nur Null- und Einselement enthält. Dabei ist $0+0=0, 0+1=1+0=1, 1+1=0, 1\cdot 1=1, 0\cdot 0=0\cdot 1=1\cdot 0=0$.

Endliche Körper Wie bereits erwähnt, hat jeder endliche Körper eine Charakteristik $p \neq 0$, wobei p eine Primzahl ist. Zu jeder Primzahl p gibt es einen Körper mit p Elementen, nämlich $\mathbb{Z}_p$.

Die Anzahl der Elemente eines Körpers muss jedoch im allgemeinen keine Primzahl sein. So ist es nicht schwer, einen Körper mit 4 Elementen zu konstruieren: Die Menge $K = \{0, 1, a, b\}$ ist mit den Verknüpfungen der folgenden Tabellen ein Körper:

$+$	0	1	a	b
0	0	1	a	b
1	1	0	b	a
a	a	b	0	1
b	b	a	1	0

und

$\cdot$	0	1	a	b
0	0	0	0	0
1	0	1	a	b
a	0	a	b	1
b	0	b	1	a

Man kann zeigen, dass die Ordnung jedes Körpers eine Primzahlpotenz (d. h. die Potenz einer Primzahl) ist. Andererseits kann man zu jeder Primzahlpotenz p^n einen Körper mit p^n Elementen konstruieren, der die Ordnung p^n hat, und bezeichnet diesen mit $GF(p^n)$ oder im Amerikanischen mit $\mathbb{F}_p^n$. Dabei steht GF für *Galois Feld* in Erinnerung an den französischen Mathematiker Galois.

Zwei endliche Körper mit gleicher Zahl von Elementen sind in folgender Weise nicht unterscheidbar: Sind K, K' zwei Körper mit $k = p^n$ Elementen, so gibt es eine eineindeutige Abbildung $\varphi : K \to K'$, die sich mit der Körperarithmetik verträgt. Eine solche Abbildung nennt man Isomorphismus. Isomorphe Körper verhalten sich mathematisch gleich, so dass es keinen Sinn macht, zwischen ihnen zu unterscheiden. Z. B. sind $\mathbb{Z}_2$ und $K' = \{NULL, EINS\}$ mit Nullelement $NULL$ und Einselement $EINS$ isomorph. Hierbei sei darauf hingewiesen, dass mathematische Objekte ausschließlich über ihre Eigenschaften definiert sind.

Eine besondere Rolle spielen die Körper $GF(p)$, deren Ordnung eine Primzahl ist. Man nennt solche Körper Primkörper zur Primzahl p und bezeichnet sie meist mit $\mathbb{Z}_p$. Für Primkörper sind sowohl die additive Gruppe wie die multiplikative Gruppe zyklisch. Ferner enthält jeder Körper $GF(p^n)$ einen zu $\mathbb{Z}_p$ isomorphen Primkörper.

8.4 Elliptische Kurven in der Kryptografie

Man bezeichnet allgemein Ausdrücke der Form $P = \sum_{i_1,\ldots,i_n \in \mathbb{N}} a_{i_1 \ldots i_n} x_1^{i_1} \ldots x_n^{i_n}$ mit Koeffizienten $a_{i_1 \ldots i_n} \in K$ als **Polynome** in n Variablen $x_1, \ldots, x_n$ über dem Körper K, wenn $\deg P := \max\{i_1 + \cdots + i_n : a_{i_1 \ldots i_n} \neq 0\}$ einen endlichen Wert hat, die Summe also nur aus endlich vielen Summanden (Monomen) besteht. Die Summe der Exponenten der Variablen jedes einzelnen Summanden ist maximal 3, und bei mindestens einem Summanden kommt 3 als Exponentwert einer Variablen auch wirklich vor.

Wir betrachten nun eine Kurve, die man erhält als Nullstellen des *Polynoms* F vom Grad 3 in 3 Variablen.

In der Kryptografie sind elliptische Kurven ein nützliches Werkzeug. Solche Kurven ergeben sich als Lösungen einer Gleichung der Form

$$F(x_1, x_2, x_3) = -x_1^3 + x_2^2 x_3 + a_1 x_1 x_2 x_3 - a_2 x_1^2 x_3 + a_3 x_2 x_3^2 - a_4 x_1 x_3^2 - a_6 x_3^3 = 0. \quad (8.4.1)$$

Dabei sind die Variablen x_1, x_2, x_3 sowie die Parameter $a_1, \ldots, a_4, a_6$ Elemente eines gegebenen Körpers K. Körper und Parameter müssen so gewählt werden, dass die Kurve bestimmte, für die Kryptografie relevante Eigenschaften besitzt. Der zugrunde liegende Körper K kann einfach die bekannte Menge der reellen Zahlen oder auch ein endlicher Körper sein (vgl. Abschnitt 8.3.2). Damit sich eine sinnvolle Kurve ergibt, müssen die Parameter so gewählt sein, dass die folgenden Nebenbedingungen gelten

$$\frac{\partial F}{\partial x_1} \neq 0, \qquad \frac{\partial F}{\partial x_2} \neq 0, \qquad \frac{\partial F}{\partial x_3} \neq 0.$$

Ferner betrachten wir Punkte, die sich nur durch eine Vervielfachung jeder Komponente ergeben, als identisch, denn mit (x_1, x_2, x_3) erfüllt stets auch $\alpha(x_1, x_2, x_3)$ $(\alpha \neq 0)$ die Ausgangsgleichung (Gleichung (8.4.1) auf der vorherigen Seite). Formal betrachten wir daher Äquivalenzklassen von Punkten (x_1, x_2, x_3), wobei wir zwei Punkte als gleich ansehen, wenn sie durch Multiplikation mit einer skalaren Konstante $\alpha \neq 0$ auseinander hervorgehen.

Setzt man $x_3 = 0$ in der Ausgangsgleichung (Gleichung (8.4.1) auf der vorherigen Seite), so kollabiert diese zu $-x_1^3 = 0$, also $x_1 = 0$. Folglich ist die Äquivalenzklasse, die das Element $(0, 1, 0)$ enthält, die einzige, die einen Punkt mit $x_3 = 0$ enthält. Für alle anderen Lösungspunkte können wir die Transformation

$$K \times K \times (K \setminus \{0\}) \ni (x_1, x_2, x_3) \mapsto (x, y) := \left(\frac{x_1}{x_3}, \frac{x_2}{x_3}\right) \in K \times K$$

vornehmen, die die Anzahl der Variablen von drei auf zwei reduziert. Die Ausgangsgleichung (8.4.1) $F(x_1, x_2, x_3) = 0$ war so gewählt, dass sich auf diese Weise die sogenannte Weierstrass-Gleichung ergibt:[7]

$$y^2 + a_1xy + a_3y = x^3 + a_2x^2 + a_4x + a_6 \tag{8.4.2}$$

Da alle bis auf einen Lösungspunkt durch die Gleichung (8.4.2) beschrieben werden können, bezeichnet man diese Gleichung auch oft als die elliptische Gleichung, ihre Lösungsmenge folglich mit

$$\mathbf{E} = \left\{(x, y) \in K \times K \mid y^2 + a_1xy + a_3y = x^3 + a_2x^2 + a_4x + a_6\right\} \cup \{\mathcal{O}\}.$$

Dabei soll $\mathcal{O}$ den auf diese Weise nicht beschriebenen Punkt $(0, 1, 0)$ darstellen, der durch die Projektion (Division durch x_3) quasi in den unendlich fernen Punkt abgebildet wird.

Als zugrunde liegenden Körper für eine elliptische Kurve verwendet man in der Kryptografie stets endliche Körper $K = GF(p^n)$, also nicht wie in Abb. 8.3 auf der nächsten Seite die zu einer stetigen Kurve führenden reellen Zahlen. Der Grund liegt, einfach gesagt, darin, dass wir bei der Verarbeitung und Übertragung von Nachrichten stets nur endlich viele Zustände zur Verfügung haben (aufgrund der Arbeitsweise moderner Computer), Körper mit unendlich vielen Elementen wie z.B. die reellen Zahlen daher stets nur unvollständig darstellen können.

In der Praxis hat es sich als sinnvoll erwiesen, entweder $GF(p)$ mit einer großen Primzahl p oder $GF(2^n)$ mit einer (großen) natürlichen Zahl n zu betrachten. Der Grund für die Verwendung des Primkörpers $GF(p)$ liegt in seiner einfachen Arithmetik; andererseits kommt $GF(2^n)$ der binären Darstellung in Computersystemen entgegen. Andere Körper wie z.B. $GF(7^n)$ bieten keiner dieser beiden Vorteile und werden daher in der Praxis nicht verwendet, ohne dass dies theoretische Gründe hätte.

Eine Koordinatentransformation ist anschaulich eine Drehung bzw. Streckung der Koordinatenachsen, ohne dass die zugrunde liegende Kurve selbst verändert wird. Durch Koordinatentransformation kann man

[7] Karl Weierstrass, 31.10.1815—19.12.1897, deutscher Mathematiker, Verfechter der streng formalen Ausrichtung der Mathematik.

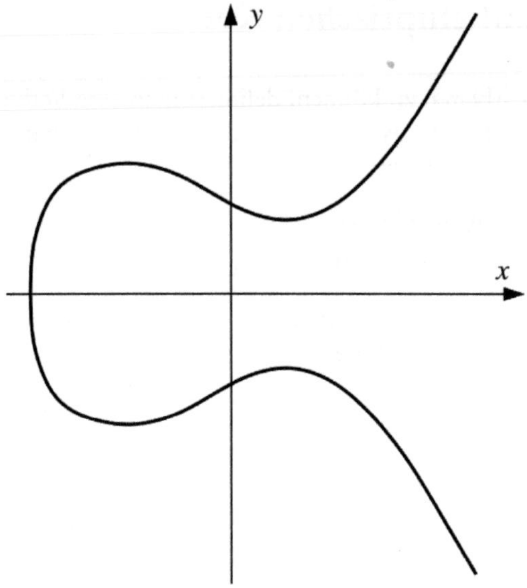

Abb. 8.3: Beispiel einer elliptischen Kurve über dem Körper der reellen Zahlen

die Weierstrass-Gleichung in einer einfacheren Form schreiben. Je nachdem, ob $p > 3$ ist, verwendet man unterschiedliche Transformationen und erhält so

- im Fall $GF(p), p > 3$, die elliptische Kurven-Gleichung der Form

$$y^2 = x^3 + ax + b \tag{8.4.3}$$

  mit $4a^3 + 27b^2 \neq 0$

- im Fall $GF(2^n)$ die elliptische Kurven-Gleichung der Form

$$y^2 + xy = x^3 + ax^2 + b$$

  mit $b \neq 0$

Durch diese Bedingungen an die Parameter a, b ist gewährleistet, dass die elliptische Gleichung für kryptografische Anwendungen geeignet ist. Formal sagt man, die Kurve ist nicht singulär.

Die Form (8.4.3) ist die Standardform der Weierstrass-Gleichung. Ist die Charakteristik des Körpers jedoch 2 oder 3, so ist $4 = 0$ bzw. $27 = 0$, was dazu führt, dass man in der Bedingung an die Parameter a, b wesentliche Informationen verliert. Dies ist ein Hinweis darauf, dass die Transformation auf die Standardform in diesen Fällen nicht zu befriedigenden Ergebnissen führt.

Für die Anzahl $|E|$ der Elemente einer elliptischen Kurve E über einem Körper $GF(k)$ (praktisch $k = p$ prim oder $k = 2^n$) gilt nach dem Satz von Hasse [7] die einfache Beziehung $|\,|E| - k - 1\,| \leq 2 \cdot \sqrt{k}$. Diese Ungleichung ist äquivalent zu $k + 1 - 2\sqrt{k} < |E| < k + 1 + 2\sqrt{k}$. Dies bedeutet, dass die Anzahl der Elemente der elliptischen Kurve mit der Größe k gut abgeschätzt werden kann.

8.5 Verknüpfung auf elliptischen Kurven

Um mit elliptischen Kurven arbeiten zu können, definiert man eine Verknüpfung (meist additiv als + geschrieben) auf den Punkten der elliptischen Kurve. Dabei definiert man bei elliptischen Kurven über $GF(p)$ die kommutative Verknüpfung durch

1. $P + \mathcal{O} = \mathcal{O} + P = P$ für alle $P \in E$,
2. für $P = (x, y)$ und $Q = (x, -y)$ ist $P + Q = \mathcal{O}$,
3. für $P_1 = (x_1, y_1), P_2 = (x_2, y_2) \in E$ mit $P_1, P_2 \neq \mathcal{O}$ und $(x_2, y_2) \neq (x_1, -y_1)$ ist $P_3 := P_1 + P_2, P_3 = (x_3, y_3)$ definiert durch

$$x_3 := -x_1 - x_2 + \lambda^2 , \qquad y_3 := -y_1 + \lambda(x_1 - x_3)$$

mit dem Hilfsquotienten

$$\lambda := \begin{cases} \frac{y_1 - y_2}{x_1 - x_2} & \text{falls } P_1 \neq P_2, \\ \frac{3x_1^2 + a}{2y_1} & \text{falls } P_1 = P_2. \end{cases}$$

Hieraus folgt insbesondere für $P = (x, y) \in E$, dass gilt $-P = (x, -y)$.

Über $GF(2^n)$ definiert man analog die Verknüpfung durch

1. $P + \mathcal{O} = \mathcal{O} + P = P$ für alle $P \in E$,
2. für $P = (x, y)$ und $Q = (x, x + y)$ ist $P + Q = \mathcal{O}$,
3. für $P_1 = (x_1, x_2), P_2 = (x_2, y_2) \in E$ mit $P_1, P_2 \neq \mathcal{O}$ und $(x_2, y_2) \neq (x_1, x_1 + y_1)$ ist $P_3 := P_1 + P_2, P_3 = (x_3, y_3)$ definiert durch

$$x_3 := -x_1 + x_2 + \lambda + \lambda^2 + a , \qquad y_3 := y_1 + x_3 + \lambda(x_1 + x_3)$$

mit

$$\lambda := \begin{cases} \frac{y_1 + y_2}{x_1 + x_2} & \text{falls } P_1 \neq P_2, \\ x_1 + \frac{y_1}{x_1} & \text{falls } P_1 = P_2. \end{cases}$$

Hieraus folgt insbesondere für $P = (x, y) \in E$, dass gilt $-P = (x, x + y)$.

Beachte: $-(-P) = (x, x + (x + y)) = (x, 2x + y) = (x, y)$, da der zugrunde liegende Körper Charakteristik 2 hat.

Man kann nachrechnen, dass die Menge $E \cup \{\mathcal{O}\}$ mit der so definierten Addition eine Gruppe bildet. Dies bedeutet insbesondere, dass die Summe zweier Kurvenpunkte stets wieder ein Punkt auf der elliptische Kurve ist. Diese Addition läßt sich auch geometrisch veranschaulichen, wie der folgende Abschnitt zeigt.

Addieren von Punkten auf einer elliptischen Kurve

Abbildung 8.4 zeigt, wie bei einer elliptischen Kurve über den reellen Zahlen in affinen Koordinaten zwei Punkte addiert werden. Der unendlich ferne Punkt $\mathcal{O}$ kann nicht in der affinen Ebene dargestellt werden.

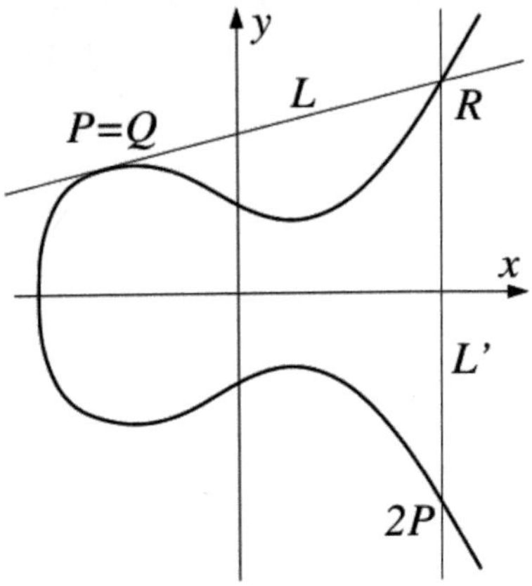

(a) Verdoppelung eines Punktes P

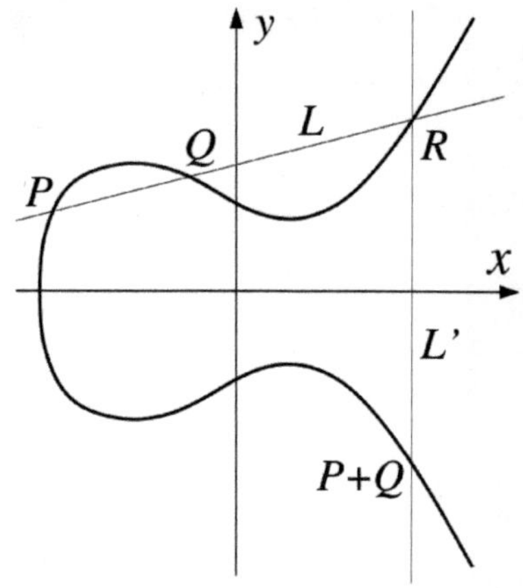

(b) Addition zweier verschiedener Punkte P und Q im Körper der reellen Zahlen

Abb. 8.4: Operationen auf stetigen elliptischen Kurven (Veranschaulichung)

Web-Programme mit Animationen zum Addieren von Punkten auf einer elliptischen Kurve

Die besten interaktiven Animationen zu Operationen auf elliptischen Kurven findet man im Internet im:

- Online-Tutorial der Firma Certicom (alles in Englisch) [8]
  `https://www.certicom.com/content/certicom/en/ecc-tutorial.html`
- Tutorial mit Java Applets – Krypto-Verfahren basierend auf elliptischen Kurven von Thomas Laubrock [9] `https://laubrock.de/diplom/frame.html`
- ECC-Tutorial von Johannes Bauer [6]
  `https://www.johannes-bauer.com/compsci/ecc/`
- Elliptic Curve Plotter von Stefan Kebekus [10]
  `https://cplx.vm.uni-freiburg.de/storage/software/ellipticcurve/wasm/ellipticcurve.html`
- Elliptic Curve-Tutorial zur Punkt-Addition und -Multiplikation von Andrea Corbellini [11]
  `https://andrea.corbellini.name/ecc/interactive/reals-add.html`
- Animated Elliptic Curve von Michael Driscoll [12]
  `https://curves.xargs.org/`
- Elliptische Kurven-Plugin von CTO (siehe Abb. 8.5)[8]

[8] CTO-Plugin „Elliptische Kurven": `https://www.cryptool.org/de/cto/elliptic-curve`

Abb. 8.5 zeigt einen Screenshot aus CTO: In der GUI kann man den Kurventyp auswählen und Operationen auf elliptischen Kurven ausführen. Der Screenshot zeigt eine Verkettung: Zunächst werden zwei Punkte P und Q addiert. Dann wird der resultierende Punkt R mit einem Skalar multipliziert, was zu dem Punkt R_2 führt. Alle resultierenden Punkte liegen wieder auf der Kurve.

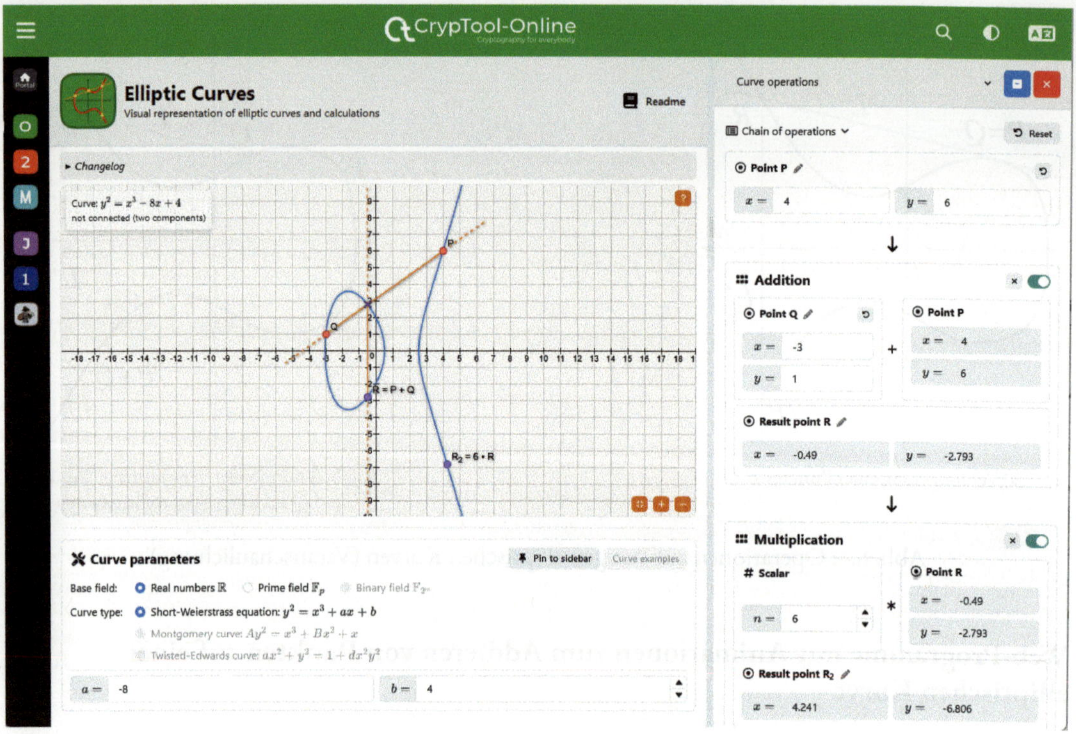

Abb. 8.5: CrypTool-Online: Operationen auf elliptischen Kurven

8.6 Sicherheit der Elliptischen-Kurven-Kryptografie: das ECDLP

Wie bereits in Abschnitt 8.4 auf Seite 475 erwähnt, betrachten wir in der Kryptografie elliptische Kurven über diskreten[9] Körpern $GF(2^n)$ oder $GF(p)$ (für große Primzahlen p). Dies bedeutet, dass alle Parameter, die zur Beschreibung der elliptischen Kurve notwendig sind, aus diesem zugrunde liegenden Körper stammen. Ist nun E eine elliptische Kurve über einem solchen Körper und P ein Punkt auf der Kurve E, so kann man für jede natürliche Zahl m

$$mP := \underbrace{P + P + \cdots + P}_{m \text{ mal}}$$

bilden. Diese Operation ist aus kryptografischer Sicht deshalb besonders interessant, weil man einerseits um mP zu berechnen im allgemeinen nur $\log m$ Additionen durchführen muss – man bildet einfach P, $2P$, 2^2P, 2^3P, ..., schreibt m binär und addiert schließlich entsprechend der Binärdarstellung von m auf – es andererseits sehr aufwändig zu sein scheint, zu gegebenen Punkten P und $Q = mP$ auf E die Zahl m zu bestimmen. Natürlich kann man die Folge $P, 2P, 3P, 4P, 5P, \ldots$ bilden und jeweils mit Q vergleichen. Hierzu benötigt man jedoch m Additionen.

[9]Diskret im Gegensatz zu kontinuierlich.

Bisher ist noch kein Algorithmus bekannt, der effizient m aus P und Q berechnet. Die bisher besten Verfahren liegen z.B. im Fall $GF(p)$ in der Größenordnung $\sqrt{q}$, wobei q ein (großer) Primfaktor von $p-1$ ist; m selbst sollte in diesem Fall zwischen 1 und q liegen, so dass man für die Multiplikation mP maximal $\log q$ Schritte benötigt. Der Quotient $\frac{\sqrt{q}}{\log q}$ strebt jedoch (schnell) gegen $+\infty$.

Sind die Parameter hinreichend groß (ist zum Beispiel p prim und mehr als 160 Bit lang) ist der Computer ohne weiteres in der Lage, sehr schnell (in wenigen Bruchteilen einer Sekunden) den Punkt mP zu bestimmen. Das *inverse Problem*, m aus mP und P zu erhalten, ist jedoch nicht in akzeptabler Zeit möglich.

Dies wird als das *diskrete Logarithmus-Problem über elliptischen Kurven* bezeichnet (auch ECDLP – Elliptic Curve Discrete Logarithm Problem – abgekürzt).

Formal betrachten wir in der Elliptischen-Kurven-Kryptografie die Punkte der Kurve als Elemente einer Gruppe mit der Addition als Verknüpfung. Allerdings sind nur solche elliptischen Kurven für kryptografische Anwendungen geeignet, bei der die Anzahl der Kurvenpunkte hinreichend groß ist. Ferner können in Spezialfällen elliptische Kurven auch aus anderen Gründen ungeeignet sein. Das bedeutet, dass man bei der Definition einer Kurve auf die Wahl der Parameter achten muss. Denn für bestimmte Klassen von elliptischen Kurven ist es möglich, das ECDLP leichter zu lösen als im allgemeinen Fall. Kryptografisch ungeeignete elliptische Kurven sind die sogenannten *anormalen* Kurven (das sind Kurven über $\mathbb{Z}_p$, für die die Menge $\mathbf{E}$ genau p Elemente hat) und die *supersingulären* Kurven (das sind Kurven, für die man das Berechnen des ECDLP auf das Berechnen des normalen diskreten Logarithmus in anderen endlichen Körpern reduzieren, d. h. vereinfachen, kann). Daher gibt es kryptografisch gute und schlechte Kurven. Allerdings kann man für gegebene Parameter a und b mit etwas Aufwand feststellen, ob die resultierende elliptische Kurve kryptografisch brauchbar ist oder nicht. Die in der Kryptografie eingesetzten Kurven werden meist von Fachleuten zur Verfügung gestellt. Sie gewährleisten, dass die von ihnen als sicher eingestuften elliptischen Kurven den aktuellen Sicherheitsanforderungen genügen.

Bei sicheren Kurven wird hauptsächlich durch den Parameter p im Fall des zugrunde liegenden Körpers $GF(p)$ bzw. n im Fall des zugrunde liegenden Körpers $GF(2^n)$ bestimmt, wie lange es dauert, das ECDLP auf dieser Kurve zu lösen. Je größer diese Parameter sind, desto länger nimmt das Lösen des Problems in Anspruch. Von Fachleuten wird z.B. eine Bitlänge von über 200 Bit für den Parameter p empfohlen. Ein Vergleich mit der Länge des RSA-Moduls macht deutlich, warum die elliptischen Kurven so interessant für die Kryptografie sind. Denn die Parameter bestimmen auch den Signatur-/Verschlüsselungsaufwand, wenn mit elliptischen Kurven Kryptografie betrieben wird. Die Dauer einer Schlüsselpaar-Erzeugung ist ebenfalls von den Parametern abhängig. Daher sind kleine Werte (wenige Bits) wünschenswert (möglichst schnelle Laufzeiten der Verfahren); allerdings muss die geforderte Sicherheit dabei eingehalten werden. Mit einer Länge von zum Beispiel 200 Bit für p ist eine *gute* elliptische Kurve genau so sicher wie ein RSA-Modul von über 1024 Bit Länge (zumindest nach dem heutigen Forschungsstand). Der Grund dafür ist, dass die schnellsten Algorithmen zum Lösen des *elliptische Kurven diskreter Logarithmus-Problems* eine exponentielle Laufzeit haben – im Gegensatz zu den subexponentiellen Laufzeiten, die die zur Zeit besten Faktorisierungsalgorithmen haben (Zahlkörpersieb, Quadratisches Sieb oder Faktorisieren mit elliptischen Kurven). Dies erklärt, warum die Parameter von Kryptoverfahren, die auf dem Problem *Faktorisieren von ganzen Zahlen* beruhen, größer sind als die Parameter von Kryptoverfahren, die auf dem ECDL-Problem basieren.

8.7 Verschlüsseln und Signieren mithilfe elliptischer Kurven

Das *elliptische Kurven diskreter Logarithmus-Problem* (ECDLP) ist die Grundlage für die Elliptische-Kurven-Kryptografie. Darauf basierend gibt es verschiedene Signaturverfahren. Um ein solches Signaturverfahren anzuwenden, benötigt man:

- Eine elliptische Kurve **E**, beschrieben durch den zugrunde liegenden Körper $GF(p^n)$.
- Eine Primzahl $q \neq p$ sowie einen Punkt G auf der elliptischen Kurve **E** mit Ordnung q. D. h., es gilt $qG = \mathcal{O}$ und $rG \neq \mathcal{O}$ für alle $r \in \{1, 2, \ldots, q-1\}$. Die Zahl q muss dann ein Teiler der Gruppenordnung (entspricht der Anzahl der Elemente) #**E** sein. Aufgrund der Primordnung, erzeugt G eine zyklischen Untergruppe von **E** mit Ordnung q.

Die genannten Parameter bezeichnet man als *Domain*-Parameter. Durch sie wird festgelegt, auf welcher elliptischen Kurve **E** und in welcher zyklischen Untergruppe von **E** ein Signaturverfahren eingesetzt wurde.

8.7.1 Verschlüsselung

Mithilfe elliptischer Kurven kann ein sicherer Schlüsselaustausch nach dem Diffie-Hellman-Protokoll erfolgen (siehe Abschnitt 6.4.2 auf Seite 400). Dieser Schlüssel kann dann für eine anschließende symmetrische Verschlüsselung verwendet werden. Ein Schlüsselpaar mit privatem und öffentlichem Schlüssel wird im Gegensatz zum RSA-Algorithmus nicht erzeugt!

In der Schreibweise der elliptischen Kurven liest sich das Diffie-Hellman Verfahren wie folgt: Zunächst einigen sich beide Partner (A und B) öffentlich auf eine Gruppe G und eine ganze Zahl q. Danach wählen sie zufällig $r_A, r_B \in \{1, 2, \ldots, q-1\}$, bilden die Punkte $R_A = r_A G$, $R_B = r_B G$ auf der elliptischen Kurve und tauschen diese aus. Danach berechnet A leicht $R = r_A R_B$. Denselben Punkt (nämlich $r_A r_B G$) erhält auch B, indem er $r_B R_A = r_B r_A G = r_A r_B G = R$ bildet. Dabei ist die Berechnung von R_A, R_B als r_A bzw. r_B-faches des Kurvenpunktes G leicht durchzuführen; die umgekehrte Operation, aus R_A bzw. R_B den Wert r_A bzw. r_B zu erhalten, ist jedoch sehr aufwändig.
Für einen Dritten ist es nach heutigen Kenntnisstand nicht möglich, R zu berechnen, wenn er nicht mindestens einen der Werte r_A oder r_B ermitteln kann, d. h. das ECDLP löst.

Um einen *Man-in-the-Middle*-Angriff zu verhindern, kann man auch hier – wie schon in Abschnitt 7.4.1 auf Seite 461 beschrieben – die übertragenen Werte G, q, R_A, R_B digital signieren.

8.7.2 Signatur-Erstellung

Mit dem DSA-Signatur-Verfahren kann man wie folgt eine digitale Signatur erzeugen: Man wählt vorab eine (nicht-triviale) Zahl $s \in \mathbb{Z}_q$. Diese bildet den privaten Schlüssel. Hingegen werden q, G und $R = sG$ veröffentlicht. Aus G und R lässt sich jedoch s nicht ermitteln, worauf die Sicherheit des Signaturverfahrens beruht.

Für eine Nachricht m wird zunächst mithilfe eines Hashverfahrens h ein digitaler Fingerabdruck erstellt, wobei $h(m)$ im Wertebereich $\{0, 1, 2, \ldots, q-1\}$ liegt und $h(m)$ somit als Element von $\mathbb{Z}_q$ interpretiert werden kann. Dann wird ein zufälliges $r \in \mathbb{Z}_q$ gewählt und $R = (r_1, r_2) = rG$ berechnet. Die erste Komponente r_1 von R ist ein Element von $GF(p^n)$. Diese wird auf $\mathbb{Z}_q$ abgebildet, z.B. im Fall $n = 1$ als Element von $\{0, 1, \ldots, p-1\}$ interpretiert und dann der Teilerrest modulo q gebildet. Das so erhaltene Element von $\mathbb{Z}_q$ bezeichnen wir mit $\bar{r}_1$. Nun bestimmt man $x \in \mathbb{Z}_q$ mit

$$rx - s\bar{r}_1 - h(m) = 0.$$

Das Tripel (m, r_1, x) bildet nun die digitale Signatur.

8.7.3 Signatur-Verifikation

Zur Verifikation muss zunächst $u_1 = h(m)/x, u_2 = \bar{r}_1/x$ (in $\mathbb{Z}_q$ gebildet werden). Dann bestimmt man

$$V = u_1 G + u_2 Q.$$

Wegen $Q = sG$ ist $V = (v_1, v_2)$ mit $v_1 = u_1 + u_2 s$. Diese Addition findet formal im Raum $GF(p^n)$ statt. Die Projektion von $GF(p^n)$ auf $\mathbb{Z}_q$ sollte jedoch so gewählt sein, dass $\bar{v}_1 = u_1 + u_2 s$ in $\mathbb{Z}_q$ ist. Dann gilt nämlich

$$\bar{v}_1 = u_1 + u_2 s = h(m)/x + \bar{r}_1 s/x = (h(m) + \bar{r}_1 s)/x = rx/x = r.$$

Nun ist $R = rG$. Also folgt hier $\bar{v}_1 = \bar{r}_1$, d. h. R und V stimmen modulo der Projektion auf $\mathbb{Z}_q$ überein.

8.8 Faktorisieren mit elliptischen Kurven

Es gibt Faktorisierungsalgorithmen[10], die auf elliptischen Kurven basieren[11]. Genauer gesagt, machen sich diese Verfahren zunutze, dass man auch über $\mathbb{Z}_n$ (n zusammengesetzte Zahl) elliptische Kurven definieren kann. Elliptische Kurven über $\mathbb{Z}_n$ bilden keine Gruppe, da es nicht zu jedem Punkt auf solchen elliptischen Kurven einen inversen Punkt geben muss. Dies hängt damit zusammen, dass es – falls n eine zusammengesetzte Zahl ist – in $\mathbb{Z}_n$ Elemente gibt, die kein Inverses bezüglich der Multiplikation modulo n haben. Um zwei Punkte auf einer elliptischen Kurve über $\mathbb{Z}_n$ zu addieren, kann prinzipiell genauso gerechnet werden wie auf elliptischen Kurven über $\mathbb{Z}_p$.

Eine Addition von zwei Punkten (auf einer elliptischen Kurve über $\mathbb{Z}_n$) scheitert aber genau dann, wenn man einen Teiler von n gefunden hat. Der Grund dafür ist, dass das Verfahren zum Addieren von Punkten auf elliptischen Kurven Elemente in $\mathbb{Z}_n$ ermittelt und zu diesen Elementen die inversen Elemente (bezüglich der Multiplikation modulo n) in $\mathbb{Z}_n$ berechnet. Dazu wird der erweiterte Euklidsche Algorithmus benutzt. Ergibt sich nun bei der Addition zweier Punkte (die auf einer elliptischen Kurve über $\mathbb{Z}_n$ liegen) ein Element aus $\mathbb{Z}_n$, das kein inverses Element in $\mathbb{Z}_n$ hat, so gibt der erweiterte Euklidsche Algorithmus einen echten Teiler von n aus.

Das Faktorisieren mit elliptischen Kurven funktioniert somit prinzipiell so: Man wählt zufällige Kurven über $\mathbb{Z}_n$, sowie zufällig irgendwelche Punkte (die auf diesen Kurve liegen) und addiert diese; dabei bekommt man wieder Punkte, die auf der Kurve liegen oder findet einen Teiler von n. Die Faktorisierungsalgorithmen auf Basis von elliptischen Kurven arbeiten also probabilistisch. Durch die Möglichkeit, sehr viele elliptische Kurven über $\mathbb{Z}_n$ zu definieren, kann man die Wahrscheinlichkeit erhöhen, zwei Punkte zu finden, bei deren Addition ein Teiler von n gefunden wird. Daher eignen sich diese Verfahren auch sehr gut für eine Parallelisierung.

---

[10] John M. Pollard war an der Entwicklung vieler verschiedener Algorithmen beteiligt; auch beim Faktorisieren mit ECC war er einer der führenden Köpfe. Als Mitarbeiter von British Telekom hat er leider nie viel selbst publiziert. Auf der RSA-Konferenz 1999 wurde er für seine „outstanding contributions in mathematics“ ausgezeichnet. Im Jahr 1987 stellte H.W. Lenstra einen häufig genutzten Faktorisierungsalgorithmus vor, der auf elliptischen Kurven basiert (siehe [13]).

[11] Der größte Faktor, der bisher bei Faktorisieren zusammengesetzter Zahlen mit elliptischen Kurven (GMP-ECM) gefunden wurde, hat 83 Dezimalstellen (Stand Juli 2023):
`https://members.loria.fr/PZimmermann/records/top50.html`. Siehe auch das ECMNET-Projekt. [14]

8.9 Implementierung elliptischer Kurven zu Lehrzwecken

Neben den in Abschnitt 8.5 auf Seite 479 aufgeführten Web-Programmen, gibt es relativ wenig freie didaktische Programme mit grafischer Oberfläche, die speziell ECC implementieren. Im Folgenden wird kurz aufgezeigt, welche Funktionalität dazu in CrypTool und in SageMath vorhanden ist.[12]

8.9.1 CrypTool

CT1 enthält elliptische Kurven, um digitale Signaturen zu erzeugen[13] und um die ECC-AES-Hybridverschlüsselung durchzuführen.[14] Implementiert sind auch die Basisalgorithmen für Gruppenoperationen, für das Erzeugen von elliptischen Kurven und für das Ein- und Auslesen von Parametern für elliptische Kurven über endlichen Körpern $GF(p)$ mit p Elementen (p prim). Die Implementierung in CT1 richtete sich nach dem Entwurf Nr. 8 der Arbeitsgruppe IEEE P1363 *Standard Specifications for Public-Key Cryptography*. [15] Visualisiert ist die Punkt-Addition auf zwei Typen elliptischer Kurven in CT1 und auf drei Typen in JCT.[15]

Abb. 8.6 auf der nächsten Seite zeigt die Visualisierung der Punktaddition in **JCT** (die Implementierung in JCT ist deutlich ausgereifter als die in CT1). Zur Erinnerung: Oben zeigte Abb. 8.5 auf Seite 480 eine Visualisierung von elliptischen Kurven in CrypTool-Online **(CTO)**.

8.9.2 SageMath

In SageMath gibt es viele Funktionen rund um elliptische Kurven. Siehe [16], [17], [18], [19], [20], [21].

Von Johannes Bauer gibt es ein sehr umfangreiches Tutorial auf Englisch (Stand 2015) mit SageMath- und OpenSSL-Code. [6]

8.10 Patentaspekte

Wenn man statt des Primkörpers $GF(p)$ einen Körper der Form $GF(2^n)$ zugrunde legt, ergeben sich wesentliche Unterschiede in der Implementierung. Der Vorteil einer Implementierung unter Verwendung von $GF(2^n)$ liegt darin, dass Rechnungen aufgrund der binären Darstellung effizienter durchgeführt werden können. Dies betrifft insbesondere die Division, die in $GF(p)$ vergleichsweise aufwändig ist (was z.B. bei dem oben beschriebenen Signaturverfahren sowohl die Erstellung der Signatur als auch ihre spätere Verifikation betrifft, da beide eine Divisionsoperation enthalten).

Um das Potenzial der Effizienzsteigerung möglichst optimal zu nutzen, kann man z.B. Körper wählen, die besondere Basen besitzen, wie Polynomialbasen (besonders geeignet für Software-Implementierungen) oder Normalbasen (bevorzugt bei Hardware-Implementierungen). Für bestimmte Werte von n (wie z.B.

---

[12] Ein weiteres schönes Programm war **ECvisual**, das elliptische Kurven und endliche Körper visualisiert, aber seit 2012 nicht mehr weiter gepflegt wird. Auf aktuellen Ubuntu-Versionen lassen sich momentan weder die statische noch die dynamische Version starten: `https://pages.mtu.edu/~shene/NSF-4/EC-Downloads/index.html`
Dies unterstreicht einmal mehr, wie wichtig es ist, dass Lernprogramme dauerhaft und zuverlässig gepflegt werden, damit sich Studenten und Lehrkräfte darauf verlassen können.

[13] Die Dialogbox in `CT1 Digitale Signaturen/PKI ▷ Dokument signieren` bietet die EC-Verfahren ECSP-DSA und ECSP-NR (auf elliptischen Kurven basierende Nyberg-Rueppel- und DSA-Signaturen).

[14] Siehe `CT1 Ver-/Entschlüsseln ▷ Hybrid`

[15] - `CT1 Einzelverfahren ▷ Zahlentheorie interaktiv ▷ Punktaddition auf elliptischen Kurven`
- `JCT Standard-Perspektive ▷ Visualisierungen ▷ Elliptische Kurven-Berechnungen`

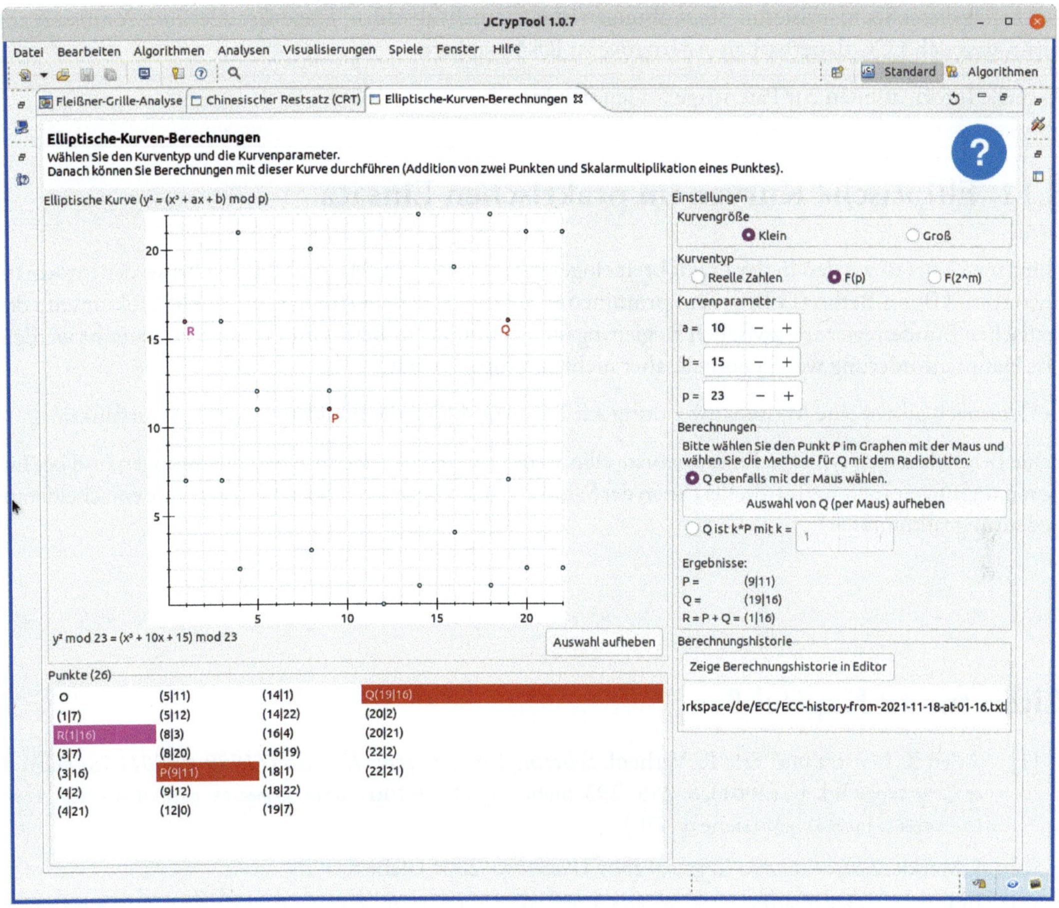

Abb. 8.6: Addition auf einem $\mathbb{F}_p$-Typ einer elliptischen Kurve in JCT

$n = 163\,179\,181$) lassen sich sogar beide Vorteile kombinieren. Allerdings sind spezielle Darstellungen oft nicht Standard.

Um Speicherplatz zu sparen, wird zuweilen nur die erste Komponente sowie ein weiteres Bit für jeden Punkt auf der elliptischen Kurve gespeichert. Hieraus kann jeweils der gesamte Punkt errechnet werden. Dies ist besonders bei Verwendung von Normalbasen effizient. Selbst bei der Durchführung der kryptografischen Protokolle kann eine signifikante Beschleunigung erreicht werden. Diese sogenannte *Punkt-Kompression*, die bei der Hälfte aller Kurven einsetzbar ist, ist jedoch patentiert (US Patent 6141420, Certicon) und daher nicht ohne weiteres frei einsetzbar.

Im allgemeinen Fall $GF(p^n)$ (aber auch für $n = 1$) werden oft sogenannte affine oder projektive Koordinaten eingesetzt, was je nach Anwendung zu Effizienzgewinnen führt.

Eine vollständige Beschreibung aller Implementierungen unter Abwägung ihrer Vor- und Nachteile würde an dieser Stelle zu weit führen. Abschließend kann festgehalten werden, dass die Vielfalt möglicher Implementierungen bei elliptischen Kurven z.B. im Vergleich zu RSA-Implementierungen sehr groß ist. Aus diesem Grund gibt es Bestrebungen, sich auf wenige Standardimplementierungen, ja sogar auf eine kleine Schar fest vorgegebener Kurven zu beschränken (ASC-Ansatz).

Der Erfolg dieser Standardisierungsbemühungen ist noch nicht absehbar. Dies wäre aber eine Voraussetzung dafür, dass sich ECC dauerhaft als Alternative zu RSA etabliert.

Aktuelle Informationen zur Patentlage finden sich hier.[16]

8.11 Elliptische Kurven im praktischen Einsatz

Elliptische Kurven werden in der Praxis breit eingesetzt. Neben S/MIME und TLS ist bspw. der Informationsverbund Bonn-Berlin (IVBB)[17] ein prominentes Beispiel, bei dem streng vertrauliche Dokumente der deutschen Bundesregierung zwischen Regierungsstellen mit Sitz in Berlin und Bonn ausgetauscht werden. Die Hauptanforderung war Sicherheit, aber nicht Interoperabilität.

In Österreich gibt es eine Massenanwendung auf Basis von ECC: die Bankkarte mit Signaturfunktion.

Beide Beispiele zeigen typische Einsatzgebiete elliptischer Kurven: Als Hochsicherheitslösungen und bei Implementierungen auf Smartcards, bei denen der Schlüssellänge (begrenzter Speicherplatz) eine entscheidende Bedeutung zukommt.

Literatur zu Kapitel 8

[1] Arjen K. Lenstra und Eric R. Verheul. *Selecting Cryptographic Key Sizes (1999 + 2001)*. In: *Journal of Cryptology* Bd. 14 (2001), S. 255–293. Siehe auch [22]. URL: `https://www.cs.ru.nl/E.Verheul/papers/Joc2001/joc2001.pdf` (siehe S. 470)

[2] J. Merkle. *Elliptic-Curve Cryptography Workshop*. 2001 (siehe S. 470)

[3] BSI. *Technische Richtlinie TR-02102-1, Kryptographische Verfahren: Empfehlungen und Schlüssellängen (Version 2024-01)*. Techn. Ber. 2024. URL: `https://www.bsi.bund.de/SharedDocs/Downloads/DE/BSI/Publikationen/TechnischeRichtlinien/TR02102/BSI-TR-02102.pdf` (siehe S. 471)

[4] Trygve Nagell. *Introduction to Number Theory*. Wiley, 1951 (siehe S. 472)

[5] Ralph-Hardo Schulz, Helmut Witten und Bernhard Esslinger. „Rechnen mit Punkten einer elliptischen Kurve". In: *LOG IN* 181/182 (2015). Geschrieben für Lehrer; didaktisch aufbereitet, leicht verständlich, mit vielen SageMath-Beispielen., S. 103–115. URL: `https://informatik.schule.de/krypto/` (siehe S. 472)

[6] Johannes Bauer. *ECC-Tutorial (with Python and Sagemath code)*. 2015. URL: `https://www.johannes-bauer.com/compsci/ecc/` (besucht am 26. 07. 2023) (siehe S. 472, 479, 484)

[7] Joe Silverman. *The Arithmetic of Elliptic Curves*. 2. Aufl. Graduate Texts in Mathematics 106. Springer, 2009 (siehe S. 477)

[8] Certicom. *ECC Tutorial*. URL: `https://www.certicom.com/content/certicom/en/ecc-tutorial.html` (besucht am 26. 07. 2023) (siehe S. 479)

[16] `https://en.wikipedia.org/wiki/Elliptic_curve_cryptography`
`https://en.wikipedia.org/wiki/ECC_patents`
`https://cr.yp.to/ecdh/patents.html` Bernstein, Daniel J. (2006-05-23): *Irrelevant patents on elliptic-curve cryptography*. Abgerufen 2016-07-14.

[17] Der IVBB verbindet Regierungsstellen in der alten und neuen deutschen Hauptstadt.

[9] Thomas Laubrock. *Tutorial mit Java Applets – Krypto-Verfahren basierend auf elliptischen Kurven*. 1999. URL: http://www.warendorf-freckenhorst.de/elliptische-kurven/frame.html (besucht am 26. 07. 2023) (siehe S. 479)

[10] Stefan Kebekus. *Elliptic Curve Plotter*. This is a restricted version of the Elliptic Curve Plotter to run inside your web browser. URL: https://cplx.vm.uni-freiburg.de/storage/software/ellipticcurve/wasm/ellipticcurve.html (besucht am 26. 07. 2023) (siehe S. 479)

[11] Andrea Corbellini. *Elliptic curve point addition and multiplication in R and F_p*. URL: https://andrea.corbellini.name/ecc/interactive/reals-add.html (besucht am 26. 07. 2023) (siehe S. 479)

[12] Michael Driscoll. *The Animated Elliptic Curve (the curve25519 in TLS 1.3)*. URL: https://curves.xargs.org/ (besucht am 26. 07. 2023) (siehe S. 479)

[13] H. W. Lenstra. „Factoring Integers with Elliptic Curves“. In: *Annals of Mathematics* 126 (1987), S. 649–673 (siehe S. 483)

[14] Paul Zimmermann. *The ECMNET Project*. Eine informative Seite zum Faktorisieren mit elliptischen Kurven. 2023. URL: https://members.loria.fr/PZimmermann/records/ecmnet.html (besucht am 28. 07. 2023) (siehe S. 483)

[15] Working group P1363. *The IEEE P1363 Home Page: Standard Specifications for Public-Key Cryptography*. IEEE P1363 war ein IEEE Standardisierungs-Projekt für Public-Key-Kryptografie. Elliptische Kurven waren Teil von sogenannten established oder traditional Public-Key-Dokumenten. Das Projekt begann 1993 und endete 2009. 2008. URL: https://web.archive.org/web/20150405005140/http://grouper.ieee.org/groups/1363/ (besucht am 07. 05. 2023) (siehe S. 484)

[16] The Sage Development Team. *Constructions: Elliptic curves*. URL: https://doc.sagemath.org/html/en/constructions/elliptic_curves.html (besucht am 28. 07. 2023) (siehe S. 484)

[17] William Stein. *An Elliptic Curve Cryptography (ECC) Tutorial*. 2006. URL: http://www.williamstein.org/simuw06/notes/notes/node12.html (besucht am 28. 07. 2023) (siehe S. 484)

[18] The Sage Development Team. *Thematic Tutorials: Elliptic Curves*. URL: https://doc.sagemath.org/html/en/thematic_tutorials/explicit_methods_in_number_theory/elliptic_curves.html (besucht am 28. 07. 2024) (siehe S. 484)

[19] William Stein. *Elliptic Curves in Sage – Presentation at Microsoft Research*. 2011. URL: https://www.youtube.com/watch?v=9j_Lj07lvek (besucht am 28. 07. 2023) (siehe S. 484)

[20] Luca De Feo. *Using elliptic curves and isogenies in Sage – in Jupyter notebook*. 2017. URL: https://defeo.lu/jupyter/notebooks/example.html (besucht am 28. 07. 2023) (siehe S. 484)

[21] Mastermath. *Elliptic curves – Worksheet with exercises*. 2011. URL: https://cocalc.com/share/public_paths/9ba3432cea2b7afaa75e400a2bf7815f8c6e64ee/3701-3801%2F3755-Elliptic%20curves.sagews (besucht am 28. 07. 2023) (siehe S. 484)

[22] Damien Giry. *BlueKrypt: Cryptographic Key Length Recommendation*. Version 32.3. Mai 2020. URL: https://www.keylength.com/ (siehe S. 486)

9 Grundlagen der modernen symmetrischen Verschlüsselung

Während asymmetrische Verschlüsselung meistens zahlentheoretische Methoden verwendet, beruhen die heutigen symmetrischen Verschlüsselungsverfahren in der Regel auf Boolescher Algebra, d. h. auf Manipulationen von Bits. Das ist eine ganz andere Art von Mathematik, für Einsteiger vielleicht ungewohnt, so dass dieses Kapitel eine sanfte Einführung in dieses mathematische Gebiet sein soll. Ohne weitere Erklärung als bekannt vorausgesetzt werden Begriffe wie *Variable* und *Funktion*, und geringe Kenntnisse in elementarer Algebra und Zahlentheorie.

Trotzdem wird dieses Kapitel schnell sehr mathematisch – und mathematischer als die meisten anderen Kapitel dieses Buchs. Wir versuchen das dadurch auszugleichen, dass wir die Ideen herausarbeiten und anhand von Beispielen nachvollziehbar machen, so dass man sich als Leser auch erlauben kann, die Mathematik zu überspringen und die Zusammenhänge trotzdem zu verstehen. Dazu wird ausgiebig von SageMath Gebrauch gemacht. Auf der Webseite (siehe Abschnitt 9.5 auf Seite 618) gibt es dann noch etliches weitere Material zur Vertiefung.

Beginnen wir also mit der Beschreibung, wie Bits interpretiert, verknüpft und durch Funktionen, sogenannte Boolesche Funktionen, verarbeitet werden. Namenspatron dieses Fachgebiets ist George Boole[1], der durch die Einführung der elementaren logischen Operationen die Logik mathematisch formalisierte (*Logikkalkül*). Moderne symmetrische Verschlüsselungsverfahren, wie auch Hash-Funktionen, können durch Systeme von Booleschen Funktionen beschrieben werden.

Der Schwerpunkt dieses Kapitels liegt in der Einführung in die mathematischen Grundlagen der Verschlüsselungstechniken, die auf Bits operieren. Einzelne Verfahren werden nicht detailliert beschrieben; hierfür sei auf die Bücher von Menezes/Orschot/Vanstone [1], Oppliger [2, 3], Paar und Pelzl [4], Schmeh [5, 6] und Stamp [7] verwiesen.

Noch ein Wort zur Nomenklatur: Die Verfahren werden in der Literatur meist als *Block-Chiffren* oder *Strom-Chiffren* bezeichnet, ohne das Präfix „Bit“. Das ist manchmal missverständlich, da – besonders bei Stromchiffren – auch andere Zeichensätze (Alphabete, Buchstaben) als kleinste Einheiten verwendet werden. Der Deutlichkeit halber sollte man im Zweifelsfall also die „Bits“ mit in die Bezeichnung aufnehmen.

Unterstützt werden die Erläuterungen in diesem Kapitel mit rund 30 Code-Beispielen in SageMath. Diese liegen in eigenständigen SageMath-Skripten der Form `chap09_sample<nnn>.sage` vor, die direkt ausführbar sind

[1]George Boole, englischer Mathematiker, Logiker und Philosoph, 2.11.1815–8.12.1864.

(siehe Abschnitt 9.4.2 auf Seite 609). Darin werden selbst geschriebene Funktionen und Klassen benutzt, die in der kleinen „Bibliothek“ `bitciphers.sage` vorliegen (diese wird bei Bedarf in die SageMath-Beispiele inkludiert). Siehe Abschnitt 9.5 auf Seite 618.

Das Thema dieses Kapitels sind also (Bit-)Block-Chiffren und (Bit-)Stromchiffren – oder mit anderen Worten **symmetrische Verschlüsselung von mit Bits dargestellten Informationen.**

Die mathematischen Grundlagen und Methoden gehören zu den Gebieten **Boolesche Algebra**[2] und **endliche Körper.**

9.1 Boolesche Funktionen

In Boolschen Funktionen können die unabhängigen Variablen x_i nur die Werte 0 und 1 annehmen und das Ergebnis ist 1 bit. n verschiedene unabhängige Variablen können auf höchstens 2^{2^n} verschiedene Weisen miteinander verknüpft werden. Ist das Ergebnis ein Bitvektor (statt ein Bit), spricht man von Vektor-Boolscher Funktion (wie z. B. der S-Box in der Kryptografie).

9.1.1 Bits und ihre Verknüpfung

Die Objekte, mit denen Computer auf der untersten Software-Ebene operieren, sind Bits oder Gruppen von Bits (z. B. Bytes, oder „Wörter“, je nach Computer-Architektur meist 32 oder 64 bit). Der Umgang mit den Bits 0 und 1 und mit den elementaren logischen Operationen wie „und“ (AND), „oder“ (OR), „nicht“ (NOT) und „exklusives oder“ (XOR) ist zwar den meisten vertraut, soll aber hier kurz beschrieben werden, auch um die verwendete Terminologie einzuführen.

Bits können logisch interpretiert werden als die Wahrheitswerte „wahr“ (True, T) und „falsch“ (False, F). Sie können auch algebraisch interpretiert werden als die Werte 0 (entspricht F) und 1 (entspricht T). Mathematisch gesprochen sind sie dann Elemente der zwei-elementigen Menge $\{0, 1\}$, die wir hinfort in diesem Kapitel mit $\mathbb{F}_2$ bezeichnen werden; warum, wird gleich erklärt:

Betrachtet man nämlich den Restklassenring von $\mathbb{Z}$ modulo 2, so hat dieser zwei Elemente und ist ein Körper, da 2 eine Primzahl ist. Die Addition in diesem Körper entspricht genau der logischen Verknüpfung XOR, die Multiplikation der logischen Verknüpfung AND, wie man in Tabelle 9.1 sieht. Tabelle 9.2 auf der nächsten Seite listet die Umrechnungsformeln zwischen den elementaren logischen und algebraischen Operationen auf.

logisch					algebraisch			
Bits		Verknüpfung			Bits		Verknüpfung	
x	y	OR	AND	XOR	x	y	$+$	$\cdot$
F	F	F	F	F	0	0	0	0
F	T	T	F	T	0	1	1	0
T	F	T	F	T	1	0	1	0
T	T	T	T	F	1	1	0	1

Tab. 9.1: Die wichtigsten Verknüpfungen von Bits. Dabei ist das logische XOR identisch mit dem algebraischen +, das logische AND mit dem algebraischen · (Multiplikation).

[2] Eine sehr gute, einfache Einführung in Boolesche Algebra findet sich in `https://ryanstutorials.net/boolean-algebra-tutorial/`.

algebraisch nach logisch		
$x + y$	$=$	$(x \vee y) \wedge (\neg x \vee \neg y)$
$x \cdot y$	$=$	$x \wedge y$
logisch nach algebraisch		
$x \vee y$	$=$	$x + y + x \cdot y$
$x \wedge y$	$=$	$x \cdot y$
$\neg x$	$=$	$1 + x$

Tab. 9.2: Umrechnung der algebraischen Operationen in logische und umgekehrt

Da die algebraische Struktur als Körper für die Kryptografie eine herausragende Rolle spielt, wird hier die in der Algebra übliche Bezeichnung für endliche Körper $\mathbb{F}_q$ (oft auch $\mathrm{GF}(q)$ für „Galois[3] Field“, dabei ist q die Anzahl der Elemente) übernommen.[4] In diesem Kontext ist es sinnvoll, für die Verknüpfungen die algebraischen Symbole $+$ (für XOR) und $\cdot$ (für AND) zu verwenden, wobei der Multiplikationspunkt wie auch sonst in der Mathematik oft weggelassen wird. Kryptografen benutzen gerne auch die Symbole $\oplus$ und $\otimes$, die allerdings in der Mathematik mit ganz anderen Bedeutungen (wie direkte Summe und Tensorprodukt von Vektorräumen) belegt sind und daher in diesem Kapitel – abgesehen von Diagrammen – meist vermieden werden.

Zur Verdeutlichung sei noch explizit auf einige Besonderheiten des algebraischen Rechnens im binären Fall (d. h., in Charakteristik 2) hingewiesen:

- In einer Summe heben sich zwei gleiche Summanden gegenseitig weg, d. h., sie ergeben zusammen 0. Allgemeine Regel: $x + x = 0$ oder $2x = 0$.
- Allgemeiner ergibt eine gerade Anzahl gleicher Summanden immer 0, während eine ungerade Anzahl gleicher Summanden genau diesen Summanden ergibt. Allgemeine Regel:

$$m\,x := \underbrace{x + \cdots + x}_{m} \quad = \quad \begin{cases} 0 & \text{für gerades } m \\ x & \text{für ungerades } m. \end{cases}$$

- Bei algebraischen Umformungen ist eine Subtraktion dasselbe wie eine Addition; man kann Plus- und Minuszeichen beliebig gegeneinander austauschen. Allgemeine Regel: $x + y = x - y$.
- Alle drei binomischen Formeln, also für $(x+y)^2$, $(x-y)^2$, $(x+y)(x-y)$, fallen zu einer einzigen zusammen:

$$(x+y)^2 = x^2 + y^2.$$

  Denn das doppelte Produkt ist 0.

9.1.2 Beschreibung Boolescher Funktionen

Definieren wir zunächst ganz naiv: Eine **Boolesche Funktion** ist eine Vorschrift (oder eine Rechenregel oder ein Algorithmus), die aus einer bestimmten Anzahl von Bits ein neues Bit erzeugt. Bevor wir diese Definition mathematisch präzise fassen (siehe Definition 9.1.1 auf Seite 495), soll sie zunächst etwas anschaulicher gemacht werden.

[3] Évariste Galois, französischer Mathematiker, 25.10.1811–31.5.1832.

[4] SageMath verwendet die Bezeichnung $\mathrm{GF}(q)$.

Für eine vertiefte Darstellung sei auf [8] oder [9, 10, 11] sowie die beiden Artikel von Claude Carlet[5] in [12][6] verwiesen.

Als ganz einfaches Musterbeispiel dient die Funktion AND: Sie nimmt zwei bit entgegen und erzeugt daraus ein neues Bit nach der bekannten Verknüpfungsregel des logischen „und", siehe Tabelle 9.1 auf Seite 491.

Als etwas komplizierteres Beispiel möge die Funktion f_0 dienen, die aus drei Bits x_1, x_2 und x_3 den Wert

$$f_0(x_1, x_2, x_3) = x_1 \text{ AND } (x_2 \text{ OR } x_3) \tag{9.1.1}$$

berechnet.

Veranschaulichen kann man sich eine Boolesche Funktion durch eine „Black Box" (Abb. 9.1):

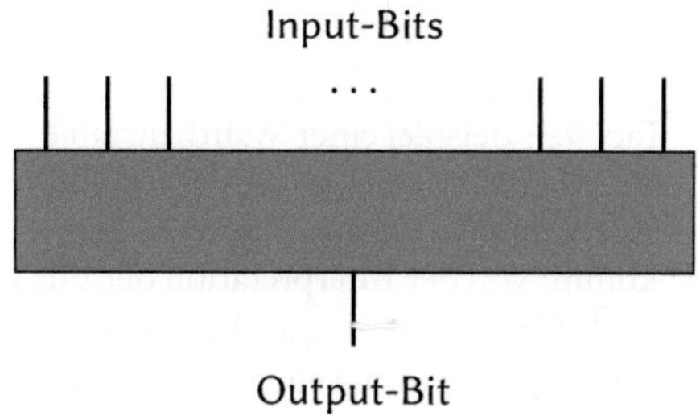

Abb. 9.1: Boolesche Funktion als Black Box

Was innerhalb dieser Black Box passiert, kann man auf verschiedene Arten beschreiben:

- **mathematisch** durch eine Formel,
- **informatisch** durch einen Algorithmus,
- **technisch** durch ein Schaltnetz (oder Schaltdiagramm),
- **pragmatisch** durch eine Wahrheitstafel (das ist die Wertetabelle).

Die Beispielfunktion f_0 ist mathematisch definiert in Gleichung (9.1.1). Der entsprechende Algorithmus wird hier am besten ebenfalls durch diese Formel beschrieben, da keinerlei Verzweigungen oder bedingte Anweisungen nötig sind. Als Schaltnetz kann man f_0 etwa wie in Abb. 9.2 visualisieren. Die Wahrheitstafel gibt zu jedem Input-Tripel einfach den Wert von f_0 an, siehe Tabelle 9.3 auf der nächsten Seite.

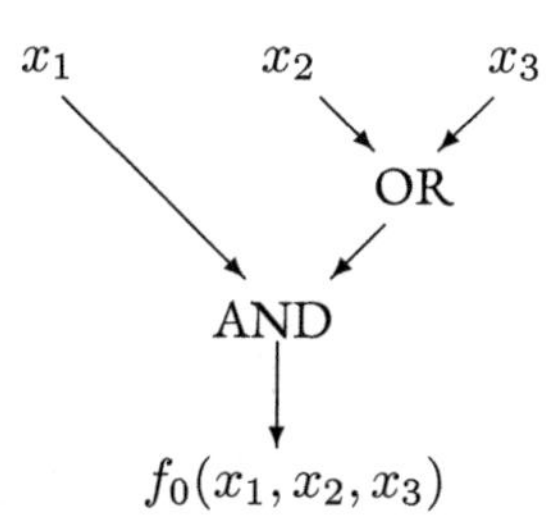

Abb. 9.2: Beispiel eines Schaltnetzes

[5] siehe auch dessen Publikationsverzeichnis unter https://www.math.univ-paris13.fr/~carlet/pubs.html

[6] online zu finden unter https://www.math.univ-paris13.fr/~carlet/chap-fcts-Bool-corr.pdf, 186 Seiten und https://www.math.univ-paris13.fr/~carlet/chap-vectorial-fcts-corr.pdf, 95 Seiten

x_1	x_2	x_3	$f_0(x_1, x_2, x_3)$
0	0	0	0
0	0	1	0
0	1	0	0
0	1	1	0
1	0	0	0
1	0	1	1
1	1	0	1
1	1	1	1

Tab. 9.3: Beispiel einer Wahrheitstafel

Die Bezeichnung „Wahrheitstafel" kommt von der Interpretation der Bits im Logikkalkül: 0 (= F) bedeutet „falsch", 1 (= T) bedeutet „wahr". Der Wert $f(x_1, \ldots, x_n)$ einer Booleschen Funktion f sagt dann, ob der gesamte Ausdruck wahr oder falsch ist, wenn die einzelnen Input-Bits $x_1, \ldots, x_n$ die angegebenen Wahrheitswerte haben.

Die Verbindung zur Technik, also die Beziehung zwischen Logikkalkül und elektrischen Schaltungen, wurde im Wesentlichen von Shannon[7] entwickelt.

9.1.3 Die Anzahl Boolescher Funktionen

Die obige Wahrheitstafel für f_0, Tabelle 9.3, suggeriert eine einfache Abzählung aller Booleschen Funktionen: Bei drei Variablen gibt es $8 = 2^3$ verschiedene Input-Tripel, denn jedes einzelne Input-Bit kann unabhängig von den beiden anderen Bits die Werte 0 oder 1 annehmen. Eine Boolesche Funktion f wiederum kann für jedes Input-Tripel unabhängig von den sieben anderen Tripeln 0 oder 1 werden, das sind 8 unabhängige Möglichkeiten für 0 oder 1, also insgesamt 2^8. Also gibt es $256 = 2^8$ Boolesche Funktionen von drei Variablen.

Im allgemeinen Fall haben wir $N = 2^n$ verschiedene Besetzungen für die n Input-Variablen, und für jeden dieser N Inputs kann die Funktion 0 oder 1 werden, das macht 2^N verschiedene Möglichkeiten. Die allgemeine Formel ist also:

Satz 9.1.1. *Es gibt genau 2^{2^n} verschiedene Boolesche Funktionen von n Variablen.*

Bei vier Variablen sind das schon $2^{16} = 65536$ Stück, und die Formel sagt, dass die Anzahl superexponentiell anwächst: Der Exponent wächst ja selbst schon exponentiell.

Alle 16 Booleschen Funktionen von zwei Variablen sind in Tabelle 9.4 auf Seite 500, aufgelistet.

[7] Claude Elwood Shannon, amerikanischer Mathematiker und Elektrotechniker, 30.4.1916–24.2.2001.

9.1.4 Bitblöcke und Boolesche Funktionen

Für Gruppierungen von Bits gibt es je nach Kontext verschiedene Bezeichnungen[8]: Vektoren, Listen, n-Tupel, ..., bei bestimmten Größen auch spezielle Bezeichnungen wie Bytes (für 8 bit), Wörter (für 32 oder 64 Bytes, je nach Prozessorarchitektur). In diesem Kapitel wird überwiegend die in der Kryptografie gängige Bezeichnung „Bitblöcke" verwendet. Ein **Bitblock** der Länge n ist also eine Liste $(x_1, \ldots, x_n)$ von Bits. Hierbei kommt es auf die Reihenfolge an. Es gibt acht verschiedene Bitblöcke der Länge 3. Dies sind sie:

$$(0,0,0), (0,0,1), (0,1,0), (0,1,1), (1,0,0), (1,0,1), (1,1,0), (1,1,1).$$

Gelegentlich werden sie, wenn dadurch kein Missverständnis zu befürchten ist, auch ohne Klammern und Kommas als Bitketten geschrieben[9]:

$$000, 001, 010, 011, 100, 101, 110, 111. \tag{9.1.2}$$

Oft wird die abgekürzte Schreibweise x für $(x_1, \ldots, x_n)$ verwendet, die ausdrückt, dass Bitblöcke Objekte „eigenen Rechts" sind. Die 2^n verschiedenen Bitblöcke der Länge n sind genau die Elemente des kartesischen Produkts $\mathbb{F}_2^n = \mathbb{F}_2 \times \cdots \times \mathbb{F}_2$. Dieses kartesische Produkt hat eine „natürliche" Vektorraum-Struktur – man kann Bitblöcke x und $y \in \mathbb{F}_2^n$ addieren und mit Skalaren $a \in \mathbb{F}_2$ multiplizieren:

$$(x_1, \ldots, x_n) + (y_1, \ldots, y_n) = (x_1 + y_1, \ldots, x_n + y_n),$$

$$a \cdot (x_1, \ldots, x_n) = (a \cdot x_1, \ldots, a \cdot x_n).$$

Damit können wir nun die mathematisch exakte Definition formulieren:

Definition 9.1.1. *Eine **Boolesche Funktion von n Variablen** ist eine Abbildung*

$$f\colon \mathbb{F}_2^n \longrightarrow \mathbb{F}_2.$$

Eine solche nimmt als Argument also einen Bitblock der Länge n und produziert daraus ein Bit.

Die Menge aller Booleschen Funktionen auf $\mathbb{F}_2^n$ wird im Folgenden gelegentlich mit $\mathcal{F}_n$ bezeichnet. Nach Satz 9.1.1 hat sie 2^{2^n} Elemente.

Konvention: Beschreibt man eine Boolesche Funktion durch ihre Wahrheitstafel, so ordnet man diese, wie auch oben im Beispiel schon gesehen, in der Regel lexikografisch[10] nach $x \in \mathbb{F}_2^n$; diese Ordnung ist, anders ausgedrückt, die natürliche Ordnung der Zahlen $a = 0, \ldots, 2^n - 1$, wenn diese binär als

$$a = x_1 \cdot 2^{n-1} + \cdots + x_{n-1} \cdot 2 + x_n$$

dargestellt und auf diese Weise den Bitblöcken $(x_1, \ldots, x_n) \in \mathbb{F}_2^n$ zugeordnet werden.

---

[8] Begrifflich beschreiben sie das gleiche. In Python bzw. SageMath entsprechen den verschiedenen Bezeichnungen aber z. T. unterschiedliche Typen.

[9] Manchmal werden sie auch in Spaltenform, als $n \times 1$-Matrizen, geschrieben, wenn die Interpretation als Vektor im Vordergrund steht.

[10] Bei einer **lexikografischen Ordnung** werden die zu ordnenden Zeichenketten (wie in einem Lexikon) nach der Größe des ersten Zeichens – hier 0 oder 1 mit $0 < 1$ – geordnet. Falls dieses gleich ist, nach der Ordnung des zweiten Zeichens usw. Lexikografisch geordnet ist die Folge 011, 100, 101. Nicht lexikografisch geordnet ist die Folge 100, 101, 011, weil hier die dritte Zeichenkette mit einer 0 beginnt, die kleiner ist als das Anfangszeichen der davor stehenden Zeichenkette. Die Reihenfolge der acht Bitblöcke der Länge 3 in Zeile 9.1.2 folgt der lexikografischen Ordnung.

9.1.5 Logische Ausdrücke und disjunktive Normalform

Für die mathematische Beschreibung Boolescher Funktionen, also die Beschreibung durch eine Formel, sind im wesentlichen außer der Wahrheitstafel zwei Ansätze gebräuchlich:

- In der Logik werden Boolesche Funktionen durch Disjunktionen (die Operation OR, auch $\vee$ geschrieben), Konjunktionen (die Operation AND, auch $\wedge$ geschrieben) und Negationen (die Operation NOT, auch $\neg$ geschrieben) ausgedrückt. Zusammensetzungen dieser Operationen heißen **logische Ausdrücke.**
- In der Algebra werden Boolesche Funktionen durch die Addition $+$ und die Multiplikation $\cdot$ des Körpers $\mathbb{F}_2$ ausgedrückt. Zusammensetzungen dieser Operationen heißen **(binäre) polynomiale Ausdrücke.**[11]

In Satz 9.1.2 und Satz 9.1.3 sehen wir, dass man auf beide Weisen alle Booleschen Funktionen beschreiben kann und dass dabei sogar zusätzliche Anforderungen an die Gestalt der Formeln, sogenannte Normalformen, gestellt werden können. Selbstverständlich kann man auch für jede Boolesche Funktion zwischen den drei Darstellungsarten Wahrheitstafel, logischer Ausdruck und binärer polynomialer Ausdruck hin- und herwechseln. Dass die Algorithmen dafür bei großer Zahl n von Variablen effizient sind, ist aber nicht zu erwarten, denn schon allein das Aufschreiben einer Wahrheitstafel erfordert 2^n bit. Für die algorithmische Behandlung Boolescher Funktionen in SageMath siehe auch Anhang 9.4.

Die algebraische Form scheint für kryptologische Zwecke aufgrund ihrer (noch zu erkundenden) Strukturiertheit etwas besser zu handhaben sein. Die logische Form führt dagegen einfacher zu einer Hardware-Realisierung durch ein Schaltnetz, weil die elementaren Booleschen Operationen direkte Entsprechungen in Schaltelementen („Gatter") haben.

Da die logische Form in diesem Unterkapitel eine geringere Rolle spielt, wird das Ergebnis hier ohne weitere Begründung angegeben; die bloße Möglichkeit der Darstellung durch die logischen Operationen (ohne Normalisierung) folgt in Abschnitt 9.1.7 auf Seite 500 noch einmal als Nebenergebnis, siehe Satz 9.1.5.

Satz 9.1.2. *Jede Boolesche Funktion von n Variablen $x_1, \ldots, x_n$ lässt sich mit einem geeigneten r in der Form (Konjunktion)*

$$f(x) = s_1(x) \wedge \ldots \wedge s_r(x)$$

schreiben, wobei die $s_j(x)$ für $j = 1, \ldots, r$ jeweils die Gestalt (Disjunktionen)

$$s_j(x) = t_{j1}(x) \vee \ldots \vee t_{jn_j}(x)$$

mit einer Anzahl n_j von Termen $t_{jk}(x)$ ($j = 1, \ldots, r$ und $k = 1, \ldots, n_j$) haben, die selbst jeweils von der Gestalt x_i (Input-Bit) oder $\neg x_i$ (negiertes Input-Bit) für jeweils einen Index i sind[12].

Mit anderen Worten: Man kann jede Boolesche Funktion aufbauen, indem man einige Ausdrücke (die $s_j(x)$) durch OR-Verknüpfung von einigen der Input-Bits oder deren Negation bildet, und diese Ausdrücke dann mit AND verbindet („Konjunktion von Disjunktionen"). Die AND- und OR-Verknüpfungen sind

[11] Nicht polynomial wären Ausdrücke, in denen andere Verknüpfungen vorkommen. Bei Zahlen könnte man hier auch daran denken, Inputvariablen als Exponenten zu verwenden, das ergibt bei den Booleschen Variablen 0 und 1 allerdings keinen rechten Sinn.

[12] Insbesondere ist $n_j \leq n$ für $j = 1, \ldots, r$. Ein einzelnes Input-Bit x_i kommt in jedem der $t_{jk}(x)$ entweder direkt oder negiert oder gar nicht vor.

in dieser „Normalform" also sauber in zwei Schichten getrennt, eine weitere Vermischung kommt nicht vor. Die Beispielfunktion f_0 aus Abschnitt 9.1.2 auf Seite 492 hat die Definitionsgleichung

$$f_0(x_1, x_2, x_3) = \underbrace{x_1}_{s_1(x)} \wedge \underbrace{(x_2 \vee x_3)}_{s_2(x)}.$$

Diese hat schon die gewünschte „konjunktive" Form aus Satz 9.1.2 mit

$$n_1 = 1, \; s_1(x) = t_{11}(x) = x_1, \quad n_2 = 2, \; t_{21}(x) = x_2, \; t_{22}(x) = x_3.$$

Das gilt nicht mehr, wenn man sie in expandiert:

$$f_0(x) = (x_1 \wedge x_2) \vee (x_1 \wedge x_3).$$

Negierte Input-Bits kommen in diesem Beispiel nicht vor. Solche sieht man aber in Tabelle 9.4 auf Seite 500 recht häufig.

Die Gestalt einer Booleschen Funktion nach Satz 9.1.2 heißt **konjunktive Normalform (CNF)**. Sie ist *nicht* eindeutig[13,14]. Ohne weitere Erklärung sei vermerkt, dass man sie weiter zu einer „kanonischen CNF" vereinfachen kann und damit eine gewisse Eindeutigkeit erhält. Auch eine analoge disjunktive Normalform (**DNF**) ist möglich („Disjunktion von Konjunktionen").

9.1.6 Polynomiale Ausdrücke und algebraische Normalform

Betrachten wir (binäre) polynomiale Ausdrücke in den Variablen $x_1, \ldots, x_n$, wie etwa $x_1^2 x_2 + x_2 x_3 + x_3^2$, so verwenden wir als Koeffizienten, da wir im Körper $\mathbb{F}_2$ rechnen, nur die Konstanten 0 und 1, und diese brauchen in einem solchen Ausdruck gar nicht explizit hingeschrieben zu werden.

Eine weitere Vereinfachung beruht auf der Beobachtung, dass $a^2 = a$ für alle Elemente $a \in \mathbb{F}_2$ (denn $0^2 = 0$ und $1^2 = 1$). Daher gilt sogar stets $a^e = a$ für alle Exponenten $e \geq 1$. Für binäre polynomiale Ausdrücke bedeutet das, dass wir die Variablen $x_1, \ldots, x_n$ nur höchstens in der ersten Potenz zu berücksichtigen brauchen. Den Beispielausdruck können wir also auch als $x_1x_2 + x_2x_3 + x_3$ schreiben. Ein anderes Beispiel: $x_1^3 x_2 + x_1 x_2^2 = x_1x_2 + x_1x_2 = 0$.

Allgemein hat ein **monomialer Ausdruck** (oder einfach nur „Monom") die Gestalt

$$x^I := \prod_{i \in I} x_i \quad \text{mit einer Teilmenge } I \subseteq \{1, \ldots, n\},$$

d. h., er ist ein Produkt aus einigen der Variablen, wobei die Teilmenge I die Auswahl der „einigen" angibt. Ein Beispiel mit $n = 3$ soll das illustrieren:

$$I = \{2, 3\} \Longrightarrow x^I = x_2 x_3.$$

Solche monomialen Ausdrücke gibt es also genau 2^n Stück, nämlich so viele, wie man Teilmengen aus einer n-elementigen Mengen bzw. Teilprodukte aus n potenziellen Faktoren bilden kann – die leere Menge

[13] Z. B. könnte man der Normalform von f_0 noch die Terme $\wedge (x_1 \vee x_2) \wedge (x_1 \vee x_3)$ hinzufügen.

[14] Die Umwandlung eines logischen Ausdrucks in die CNF wird von der Funktion `convert_cnf()` in der mitgelieferten SageMath-Klasse `sage.logic.boolformula.BooleanFormula` geleistet, die Bestimmung der zugehörigen Wahrheitstafel durch die Funktion `truthtable()` dieser Klasse.

entspricht dem Produkt aus 0 Faktoren, und das wird hier, wie auch sonst üblich, gleich 1 gesetzt, während man „leere" Summen üblicherweise gleich 0 setzt. Also:

$$I = \emptyset \Longrightarrow x^I = 1.$$

Einen monomialen Ausdruck kann man direkt als Boolesche Funktion interpretieren. Ob diese Funktionen alle verschieden sind, wissen wir noch nicht, werden es aber gleich sehen.

Ein polynomialer Ausdruck ist eine Summe von monomialen Ausdrücken (die Koeffizienten können hier im binären Fall ja nur 0 oder 1 sein). Der allgemeinst mögliche (binäre) polynomiale Ausdruck hat also die Gestalt

$$\sum_{I \subseteq \{1,\ldots,n\}} a_I x^I,$$

wobei die Koeffizienten a_I alle 0 oder 1 sind. D. h., es wird eine Teilmenge aller 2^n möglichen monomialen Ausdrücke aufaddiert, und dafür gibt es 2^{2^n} Möglichkeiten. Die dadurch beschriebenen Booleschen Funktionen sind alle verschieden, aber das müssen wir erst noch zeigen. Zunächst wird bewiesen, dass sich jede Boolesche Funktion so ausdrücken lässt.

Satz 9.1.3 (ANF). *Für jede Boolesche Funktion $f : \mathbb{F}_2^n \longrightarrow \mathbb{F}_2$ gibt es Koeffizienten $a_I \in \mathbb{F}_2$ (also $= 0$ oder 1), wobei I alle Teilmengen von $\{1, \ldots, n\}$ durchläuft, so dass f sich als polynomialer Ausdruck in n Variablen so schreiben lässt:*

$$f(x_1, \ldots, x_n) = \sum_{I \subseteq \{1,\ldots,n\}} a_I x^I. \tag{9.1.3}$$

Beweis
(Induktion über n) Nehmen wir $n = 1$ als Induktionsanfang[15]. Die vier möglichen Booleschen Funktionen von einer Variablen x sind die Konstanten 0 und 1 sowie x und $1 + x$ (= die Negation von x). Sie haben alle die behauptete Form.

Sei also jetzt $n \geq 1$. Ist $x = (x_1, \ldots, x_n) \in \mathbb{F}_2^n$, so wird im Folgenden abgekürzt: $x' = (x_2, \ldots, x_n) \in \mathbb{F}_2^{n-1}$. Man kann dann auch $x = (x_1, x')$ statt $x = (x_1, \ldots, x_n)$ schreiben.

Sei nun eine Funktion $f \in \mathcal{F}_n$ gegeben. Für jeden festen Wert b an Stelle der ersten Variablen x_1, also $b = 0$ oder 1, betrachten wir die Funktion $x' \mapsto f(b, x')$ von den $n - 1$ Variablen, die in x' stecken. Für diese ist aufgrund der Induktionsannahme (sowohl für $b = 0$ als auch für $b = 1$) jeweils

$$f(b, x') = p_b(x') \qquad \text{für alle } x' \in \mathbb{F}_2^{n-1}$$

mit polynomialen Ausdrücken p_0, p_1 in x' von der behaupteten Form, also

$$p_0(x') = \sum_{J \subseteq \{2,\ldots,n\}} b_J x^J, \qquad p_1(x') = \sum_{J \subseteq \{2,\ldots,n\}} c_J x^J.$$

Damit ist

$$f(x_1, x') = \begin{cases} p_0(x'), & \text{wenn } x_1 = 0, \\ p_1(x'), & \text{wenn } x_1 = 1, \end{cases} \qquad \text{für alle } x = (x_1, x') \in \mathbb{F}_2^n,$$

da x_1 ja nur 0 oder 1 sein kann. Das kann man auch als

$$f(x_1, x') = (1 + x_1) p_0(x') + x_1 p_1(x') \qquad \text{für alle } x \in \mathbb{F}_2^n, \tag{9.1.4}$$

[15] Eine „typische mathematische Spitzfindigkeit", aber dennoch korrekt, wäre es auch, den Trivialfall $n = 0$ als Induktionsanfang zu nehmen – die beiden konstanten polynomialen Ausdrücke 0 und 1 entsprechen den beiden konstanten Funktionen von 0 Variablen.

schreiben, wie man sofort sieht, wenn man in Gleichung (9.1.4) auf der vorherigen Seite $x_1 = 0$ bzw. $x_1 = 1$ einsetzt. Durch Ausmultiplizieren und Entfernen doppelt vorkommender Monome erhält man somit wieder einen polynomialen Ausdruck in x von der behaupteten Form:

$$\begin{aligned} f(x_1, x') &= p_0(x') + x_1(p_0(x') + p_1(x')) \\ &= \underbrace{\sum_{J \subseteq \{2,\ldots,n\}} b_J x^J}_{\text{alle Monome ohne } x_1} + \underbrace{\sum_{J \subseteq \{2,\ldots,n\}} (b_J + c_J) x_1 x^J}_{\text{alle Monome mit } x_1}. \end{aligned}$$

□

Die mathematisch kompakte Formulierung dieses Satzes wird durch die zweite Spalte der Tabelle 9.4 auf der nächsten Seite veranschaulicht, wobei die Variablen dort x und y statt x_1 und x_2 heißen und die Koeffizienten a, b, c und d statt $a_\emptyset$, $a_{\{1\}}$, $a_{\{2\}}$ und $a_{\{1,2\}}$. Jede Zeile der Tabelle beschreibt eine Boolesche Funktion in zwei Variablen, und diese ist die Summe derjenigen der Terme $1, x, y, xy$, die in der Darstellung nach 9.1.3 den Koeffizienten 1 haben, während man Terme mit Koeffizienten 0 natürlich nicht hinzuschreiben braucht.

Die durch Satz 9.1.3 garantierte Darstellung einer Booleschen Funktion als polynomialer Ausdruck heißt **algebraische Normalform (ANF).**[16] Bemerkenswert ist, dass diese sogar eindeutig ist: Da es 2^{2^n} polynomiale Ausdrücke gibt und diese alle 2^{2^n} verschiedenen Booleschen Funktionen darstellen, müssen erstens diese polynomialen Ausdrücke als Funktionen alle verschieden sein, und zweitens muss diese Darstellung einer Booleschen Funktion als polynomialer Ausdruck eindeutig sein. Damit ist gezeigt:

Satz 9.1.4. *Die Darstellung einer Booleschen Funktion in algebraischer Normalform ist eindeutig.*

Definition 9.1.2. *Der Grad einer Booleschen Funktion $f \in \mathcal{F}_n$ als polynomialer Ausdruck in algebraischer Normalform,*

$$\deg f = \max\{\#I \mid a_I \neq 0\},$$

*wird als **(algebraischer) Grad** von f bezeichnet. Er ist stets $\leq n$.*

Der Grad gibt also an, wie viele verschiedene Variablen in einem Monom der ANF maximal miteinander multipliziert werden.

Beispiel: Es gibt (unabhängig von der Variablenzahl) genau zwei Boolesche Funktionen vom Grad 0: die beiden Booleschen Konstanten 0 und 1.

Funktionen vom Grad ≤ 1 werden auch als affine Funktionen bezeichnet; sie sind die Summe einer Konstanten und einer Booleschen Linearform, siehe dazu Abschnitt 9.1.9 auf Seite 503. Ist der Grad > 1, spricht man auch von nicht-linearen Funktionen, obwohl die Bezeichnung „nicht-affin“ korrekt wäre.

Beispiel: Die durch $x \mapsto x_1x_2 + x_2x_3 + x_3$ gegebene Boolesche Funktion hat den Grad 2.

Bemerkung: Ein hoher Grad von Booleschen Funktionen wird also nicht durch höhere Potenzen von Variablen, sondern „nur“ durch Produkte verschiedener Variablen erreicht. Jede einzelne Variable kommt in jedem Monom der ANF stets nur maximal in der ersten Potenz vor. Man sagt auch, sämtliche partiellen Grade – das sind die Grade in den einzelnen Variablen x_i ohne Berücksichtigung der anderen Variablen – seien ≤ 1.

[16] Die Umwandlung zwischen ANF und Wahrheitstafel wird von der (internen) Funktion `_convert()` der Klasse `BoolF()` geleistet, siehe das SageMath-Beispiel 9.4.5 auf Seite 612. Das in SageMath enthaltene Modul `sage.crypto.boolean_function` bietet ebenfalls die Initialisierung durch eine Wahrheitstafel oder durch ein Boolesches Polynom sowie Funktionen `algebraic_normal_form()` und `truth_table()` zur Umwandlung.

9.1.7 Boolesche Funktionen von zwei Variablen

Die $2^4 = 16$ Booleschen Funktionen in zwei Variablen x und y sind alle in Tabelle 9.4 aufgezählt. Sie werden als polynomiale Ausdrücke in algebraischer Normalform $a + bx + cy + dxy$ sowie als logische Ausdrücke beschrieben. Die in Satz 9.1.3 verwendeten Parameter a_I sind hier $a = a_\emptyset$, $b = a_{\{1\}}$, $c = a_{\{2\}}$, $d = a_{\{1,2\}}$, die Inputvariablen $x = x_1$, $y = x_2$.

a	b	c	d	ANF	logische Operation		CNF
0	0	0	0	0	False	Konstante	$x \wedge \neg x$
1	0	0	0	1	True	Konstante	$x \vee \neg x$
0	1	0	0	x	x	Projektion	x
1	1	0	0	$1 + x$	$\neg x$	Negation	$\neg x$
0	0	1	0	y	y	Projektion	y
1	0	1	0	$1 + y$	$\neg y$	Negation	$\neg y$
0	1	1	0	$x + y$	x XOR y	XOR	$(x \vee y) \wedge (\neg x \vee \neg y)$
1	1	1	0	$1 + x + y$	$x \iff y$	Äquivalenz	$(\neg x \vee y) \wedge (x \vee \neg y)$
0	0	0	1	xy	$x \wedge y$	AND	$x \wedge y$
1	0	0	1	$1 + xy$	$\neg(x \wedge y)$	NAND	$(\neg x) \vee (\neg y)$
0	1	0	1	$x + xy$	$x \wedge (\neg y)$		$x \wedge (\neg y)$
1	1	0	1	$1 + x + xy$	$x \Longrightarrow y$	Implikation	$(\neg x) \vee y$
0	0	1	1	$y + xy$	$(\neg x) \wedge y$		$(\neg x) \wedge y$
1	0	1	1	$1 + y + xy$	$x \Longleftarrow y$	Implikation	$x \vee (\neg y)$
0	1	1	1	$x + y + xy$	$x \vee y$	OR	$x \vee y$
1	1	1	1	$1 + x + y + xy$	$\neg(x \vee y)$	NOR	$(\neg x) \wedge (\neg y)$

Tab. 9.4: Die 16 zweistelligen Bitoperationen (= Boolesche Funktionen von 2 Variablen) unter Benutzung von Tabelle 9.2 auf Seite 492 (Die Anordnung in der ersten Spalte ist lexikografisch, wenn man die Reihenfolge a, b, c, d umkehrt.)

Wir haben bereits gesehen, dass sich jede Boolesche Funktion in beliebig vielen Variablen als polynomialer Ausdruck schreiben lässt. Um die Darstellbarkeit aller Booleschen Funktionen als logische Ausdrücke zu beweisen, muss man sich nur noch vergewissern, dass die algebraischen Operationen $+$ und $\cdot$ durch die logischen Operationen $\vee$, $\wedge$ und $\neg$ ausgedrückt werden können. Das liest man aus den entsprechenden Zeilen von Tabelle 9.4 ab. Damit ist auch (als schwache Form des hier unbewiesenen Satzes 9.1.2) gezeigt:

Satz 9.1.5. *Jede Boolesche Funktion lässt sich durch einen logischen Ausdruck, d. h. als Formel in den logischen Operationen $\vee$, $\wedge$ und $\neg$ darstellen.*

Hinweis. Die logische Verneinung $\neg$ entspricht in der algebraischen Interpretation der Addition von 1.

Bemerkung. Analog kann man die ANF einer Booleschen Funktion von drei Variablen x, y, z in der folgenden Form

$$(x, y, z) \mapsto a + bx + cy + dz + exy + fxz + gyz + hxyz$$

schreiben.[17] Hier kommen also 8 Koeffizienten $a, \ldots, h$ vor. Das passt zu der Erkenntnis, dass

- eine Boolesche Funktion von drei Variablen bis zu $8 = 2^3$ Monome enthalten kann
- und es $2^{2^3} = 2^8 = 256$ solche Funktionen gibt.

Beispiel. Wie sieht die ANF der Funktion f_0 aus Abschnitt 9.1.2 auf Seite 492, hier mit den Variablen x, y, z als $f_0(x, y, z) = x \wedge (y \vee z)$ geschrieben, aus? Nach Tabelle 9.4 auf der vorherigen Seite ist $(y \vee z) = y + z + yz$, während die AND-Verknüpfung $\wedge$ einfach nur das Produkt im Körper $\mathbb{F}_2$ ist. Daher ist

$$f_0(x, y, z) = x \cdot (y + z + yz) = xy + xz + xyz,$$

und daran sieht man, dass f_0 den Grad 3 hat.

Bemerkung. Aus der Tabelle 9.4 auf der vorherigen Seite kann man direkt einen naiven Algorithmus zur Umwandlung von logischen Ausdrücken in (binäre) polynomiale und umgekehrt ablesen.

9.1.8 Boolesche Abbildungen

In der Kryptografie braucht man meistens Prozesse, die nicht nur ein Bit, sondern gleich mehrere produzieren. Dies wird durch das Konzept einer **Booleschen Abbildung** abstrakt beschrieben, also als Abbildung[18]

$$f \colon \mathbb{F}_2^n \longrightarrow \mathbb{F}_2^q$$

mit natürlichen Zahlen n und q, illustriert durch die folgende Grafik

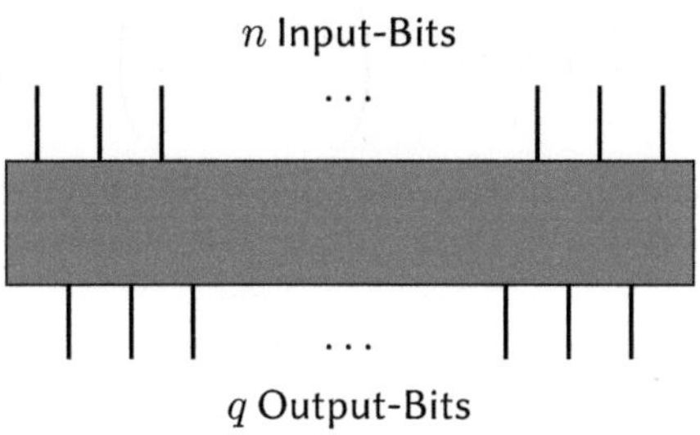

Die Bilder von f sind also Bitblöcke der Länge q. Zerlegt man diese in ihre Komponenten,

$$f(x) = (f_1(x), \ldots, f_q(x)) \in \mathbb{F}_2^q,$$

[17] In dieser Formel hat der Buchstabe f – abweichend vom sonst üblichen Gebrauch in diesem Text – die Bedeutung eines Koeffizienten, nicht einer Funktion. In der Mathematik werden Buchstaben als Symbole fast immer relativ zum Kontext und nur ganz selten in absoluter Bedeutung gebraucht. Solche Ausnahmen sind etwa die Zahlen e, i und π. Aber auch i wird oft, wenn im Kontext keine komplexen Zahlen vorkommen, anders, z. B. als Summationsindex, verwendet. Oder e als Exponent oder Koeffizient.

[18] Die begriffliche Unterscheidung zwischen „Funktion" und „Abbildung" ist etwas willkürlich, wird aber in der Mathematik oft so wie hier getroffen, um auszudrücken, ob ein Wertebereich ein- oder evtl. mehrdimensional ist. Boolesche Abbildungen werden in Form von Systemen Boolescher Funktionen oft auch als „vektorwertige Boolesche Funktionen", englisch „Vector Boolean Functions" (VBF) bezeichnet.

so sieht man, dass eine Boolesche Abbildung nach $\mathbb{F}_2^q$ auch einfach als q-Tupel (oder System) von Booleschen Funktionen

$$f_1, \ldots, f_q \colon \mathbb{F}_2^n \longrightarrow \mathbb{F}_2$$

beschrieben werden kann.

Definition 9.1.3. *Der* ***(algebraische) Grad*** *einer Booleschen Abbildung $f \colon \mathbb{F}_2^n \longrightarrow \mathbb{F}_2^q$ ist das Maximum der algebraischen Grade ihrer Komponenten,*

$$\deg f = \max\{\deg f_i \mid i = 1, \ldots, q\}.$$

Satz 9.1.6. *Jede Boolesche Abbildung $f \colon \mathbb{F}_2^n \longrightarrow \mathbb{F}_2^q$ hat eine eindeutige Darstellung als*

$$f(x_1, \ldots, x_n) = \sum_{I \subseteq \{1,\ldots,n\}} x^I a_I$$

mit $a_I \in \mathbb{F}_2^q$ und Monomen x^I wie in Satz 9.1.3.

Diese Darstellung einer Booleschen Abbildung wird natürlich ebenfalls **algebraische Normalform** genannt. Sie entsteht aus der Zusammenfassung der algebraischen Normalformen der Komponentenfunktionen $f_1, \ldots, f_q$. Im Vergleich zu Satz 9.1.3 sind die x^I und a_I in umgekehrter Reihenfolge geschrieben, weil man per Konvention meistens die „Skalare" (hier $x^I \in \mathbb{F}_2$) vor die „Vektoren" (hier $a_I \in \mathbb{F}_2^q$) schreibt. Die a_I sind einfach die Zusammenfassungen der jeweiligen Koeffizienten der Komponentenfunktionen.

Beispiel

Eine Boolesche Abbildung $g \colon \mathbb{F}_2^3 \longrightarrow \mathbb{F}_2^2$ sei durch ein Paar von logischen Ausdrücken in drei Variablen x, y, z definiert:

$$g(x, y, z) := \begin{pmatrix} x \wedge (y \vee z) \\ x \wedge z \end{pmatrix},$$

wobei die Komponenten übersichtlich untereinander, also in Spaltenform geschrieben sind. In der ersten Komponente erkennen wir die Funktion f_0 wieder, in der zweiten das Produkt $x \cdot z$. Die ANF von g ist also

$$g(x, y, z) = \begin{pmatrix} xy + xz + xyz \\ xz \end{pmatrix} = xy \cdot \begin{pmatrix} 1 \\ 0 \end{pmatrix} + xz \cdot \begin{pmatrix} 1 \\ 1 \end{pmatrix} + xyz \cdot \begin{pmatrix} 1 \\ 0 \end{pmatrix}.$$

Der algebraische Grad ist 3, und die Wertetabelle steht in Tabelle 9.5 auf der nächsten Seite. Die Werte $g(x, y, z) \in \mathbb{F}_2^2$ von g sind dabei als Bitketten der Länge 2 geschrieben[19].

[19] Die verschiedenen Schreibweisen von Bitblöcken, hier einmal untereinander zwischen Klammern – als Spaltenvektoren – und einmal nebeneinander als Zeichenketten der Länge 2, sollen nicht die Verwirrung befördern, sondern darauf hinweisen, dass verschiedene Schreibweisen möglich und üblich sind, die in unterschiedlichen Situationen je nach Zweckmäßigkeit gewählt werden.

x	y	z	$g(x,y,z)$
0	0	0	00
0	0	1	00
0	1	0	00
0	1	1	00
1	0	0	00
1	0	1	11
1	1	0	10
1	1	1	11

Tab. 9.5: Beispiel der Wertetabelle einer Booleschen Abbildung

9.1.9 Linearformen und lineare Abbildungen

Eine Boolesche Funktion $f\colon \mathbb{F}_2^n \longrightarrow \mathbb{F}_2$ heißt **Linearform**, wenn sie vom Grad 1 und ihr absolutes Glied 0 ist. Insbesondere kommen in ihrer algebraischen Normalform nur lineare Terme vor, d. h., sie hat die Gestalt

$$f(x) = \sum_{i=1}^{n} s_i x_i \qquad \text{für alle } x = (x_1, \ldots, x_n) \in \mathbb{F}_2^n$$

mit $s_i \in \mathbb{F}_2$ für $i = 1, \ldots, n$. Da alle s_i nur 0 oder 1 sein können, hat jede Linearform also die Gestalt einer Teilsumme

$$\alpha_I(x) = \sum_{i \in I} x_i \qquad \text{für alle } x = (x_1, \ldots, x_n) \in \mathbb{F}_2^n$$

über eine Teilmenge $I \subseteq \{1, \ldots, n\}$ der Menge aller Indizes, nämlich

$$I = \{i \mid s_i = 1\}.$$

Es gibt also genau 2^n Boolesche Linearformen in n Variablen, und diese entsprechen auf natürliche Weise genau der Potenzmenge $\mathfrak{P}(\{1, \ldots, n\})$.

Andere übliche Schreibweisen sind für $I = \{i_1, \ldots, i_r\}$:

$$\alpha_I(x) = x[I] = x[i_1, \ldots, i_r] = x_{i_1} + \cdots + x_{i_r}.$$

Der folgende Satz sagt, dass die Linearformen genau dem in der linearen Algebra üblichen Begriff entsprechen:

Satz 9.1.7. *Eine Boolesche Funktion $f\colon \mathbb{F}_2^n \longrightarrow \mathbb{F}_2$ ist genau dann Linearform, wenn die folgenden beiden Bedingungen erfüllt sind:*

(i) $f(x+y) = f(x) + f(y)$ für alle $x, y \in \mathbb{F}_2^n$.

(ii) $f(ax) = af(x)$ für alle $a \in \mathbb{F}_2$ und alle $x \in \mathbb{F}_2^n$.

Beweis
Dass jede Linearform diese beiden Bedingungen erfüllt, folgt direkt aus der Darstellung als Teilsumme.

Sei nun umgekehrt f eine Boolesche Funktion, die (i) und (ii) erfüllt. Seien $e_1 = (1, 0, \ldots, 0)$, ..., $e_n = (0, \ldots, 1)$ die „kanonischen Einheitsvektoren". Jedes $x = (x_1, \ldots, x_n) \in \mathbb{F}_2^n$ lässt sich dann als Summe

$$x = x_1 e_1 + \cdots + x_n e_n$$

schreiben. Damit ist

$$f(x) = f(x_1 e_1) + \cdots + f(x_n e_n) = x_1 f(e_1) + \cdots + x_n f(e_n)$$

die Teilsumme der x_i über die Indexmenge derjenigen i, für die der konstante Wert $f(e_i)$ nicht 0, also 1 ist. Also ist f eine Linearform im Sinne der obigen Definition. □

Eine Boolesche Abbildung $f\colon \mathbb{F}_2^n \longrightarrow \mathbb{F}_2^q$ heißt linear Abbildung, wenn alle ihre Komponentenfunktionen $f_1, \ldots, f_q$ Linearformen sind. Genau wie im Fall $q = 1$ zeigt man:

Satz 9.1.8. *Eine Boolesche Abbildung $f\colon \mathbb{F}_2^n \longrightarrow \mathbb{F}_2^q$ ist genau dann linear, wenn die folgenden beiden Bedingungen erfüllt sind:*

(i) $f(x + y) = f(x) + f(y)$ für alle $x, y \in \mathbb{F}_2^n$.

(ii) $f(ax) = af(x)$ für alle $a \in \mathbb{F}_2$ und alle $x \in \mathbb{F}_2^n$.

Satz 9.1.9. *Eine Boolesche Abbildung $f\colon \mathbb{F}_2^n \longrightarrow \mathbb{F}_2^q$ ist genau dann linear, wenn sie die Gestalt*

$$f(x) = \sum_{i=1}^{n} x_i s_i$$

mit $s_i \in \mathbb{F}_2^q$ hat.

(Hier sind x_i und s_i wieder in umgekehrter Reihenfolge geschrieben.)

Affine (Boolesche) Abbildungen sind solche, deren algebraischer Grad ≤ 1 ist. Das sind genau die, die sich durch Addition einer linearen Abbildung und einer Konstanten bilden lassen.

Im Fall $q = 1$, also bei Funktionen, gibt es als mögliche Konstanten nur 0 und 1. Die Addition der Konstanten 1 entspricht genau der logischen Negation, d. h. dem „Umkippen" aller Bits. Daher kann man auch sagen: *Die affinen Booleschen Funktionen sind genau die Linearformen und deren Negationen.*

9.1.10 Boolesche lineare Gleichungssysteme

Die Algebra über dem Körper $\mathbb{F}_2$ ist so einfach, dass manche Komplikation, die man aus anderen mathematischen Fachgebieten kennt, hier in sich zusammenfällt. Das gilt auch für das Lösen linearer Gleichungssysteme. Ein solches hat die Gestalt

$$\begin{array}{ccccccc} a_{11}x_1 & + & \cdots & + & a_{1n}x_n & = & b_1 \\ \vdots & & & & \vdots & & \vdots \\ a_{m1}x_1 & + & \cdots & + & a_{mn}x_n & = & b_m \end{array}$$

mit gegebenen a_{ij} und $b_i \in \mathbb{F}_2$ und unbekannten x_j, für die eine Lösung gefunden werden soll. In Matrix-Schreibweise drückt man das eleganter durch die Gleichung

$$Ax = b$$

aus, wobei hier x und b wieder als Spaltenvektoren, also als $(n \times 1)$- bzw. $(m \times 1)$-Matrizen gedacht werden.

Lineare Gleichungssysteme in SageMath

Um die Verbindung mit der „gewöhnlichen" linearen Algebra herzustellen, betrachten wir ein Beispiel über den rationalen Zahlen, das Gleichungssystem

x_1	$+$	$2x_2$	$+$	$3x_3$	$=$	0
$3x_1$	$+$	$2x_2$	$+$	x_3	$=$	-4
x_1	$+$	x_2	$+$	x_3	$=$	-1

und sehen, wie man das in SageMath behandeln kann; die fertige Lösung steht im SageMath-Beispiel 9.1.1. Die einzelnen Schritte sind:

1. Wir definieren die „Koeffizienten-Matrix" $A = \begin{pmatrix} 1 & 2 & 3 \\ 3 & 2 & 1 \\ 1 & 1 & 1 \end{pmatrix}$.
2. Wir definieren den „Bildvektor" $b = (0, -4, 1)$.
3. Wir lassen SageMath einen „Lösungsvektor" x ausrechnen. Da wir die linke Seite des Gleichungssystems als Matrix-Produkt Ax geschrieben haben, müssen wir die Methode `solve_right()` verwenden.
4. Das lineare Gleichungssystem könnte noch weitere Lösungen haben. Diese findet man, indem man das zugehörige „homogene"[20] Gleichungssystem $Az = 0$ löst, d. h., die rechte Seite b wird gleich 0 gesetzt. Ist z eine Lösung, so ist $A \cdot (x + z) = Ax + Az = b + 0 = b$, also $x + z$ eine weitere Lösung des ursprünglichen („inhomogenen") Gleichungssystems. Auf diese Weise erhält man alle Lösungen, denn ist $Ax = b$ und $Ay = b$, so $A \cdot (y - x) = 0$, also die Differenz $y - x$ Lösung des homogenen Systems. Die Lösung des homogenen Systems bestimmt man mit der SageMath-Methode `right_kernel()`.
5. Die etwas kryptische Ausgabe besagt, dass alle Lösungen des homogenen Systems Vielfache des Vektors $z = (1, -2, 1)$ sind. Da alle Koeffizienten ganzzahlig waren, hat SageMath sogar in $\mathbb{Z}$ (= `Integer Ring`) gerechnet.
6. Zur Probe prüfen wir, ob $y = x - 4z$ tatsächlich Lösung ist, d. h., ob $Ay = b$.

SageMath-Beispiel 9.1.1: Auflösung eines linearen Gleichungssystems über $\mathbb{Q}$

```
print("\n# CHAP09 -- Sage-Script-SAMPLE 010: =========")

A = Matrix([[1,2,3],[3,2,1],[1,1,1]])
b = vector([0,-4,-1])
x = A.solve_right(b)
print("x =  ", x)
```

[20] In SageMath ist der Kern (Kernel) einer Matrix A der „linke Kern", d. h. der Raum der Vektoren z mit $zA = 0$ ist. Deshalb ist hier der rechte Kernel zu benutzen. Vergleiche `https://doc.sagemath.org/html/de/tutorial/tour_linalg.html`.

Fortsetzung SageMath-Beispiel 9.1.1

```
LK = A.kernel()          # left kernel: just for information
print("LK = ", LK)

RK = A.right_kernel()  # right kernel: this is needed here
print("RK = ", RK)

## LEBM = A.kernel().matrix()
## print("lvvv", vector(LEBM))
## y = x - 4*vector(LEBM)
REBM = A.right_kernel().matrix()   # calculate REBM dynamically, instead
print("vec_REBM =", vector(REBM))  # of setting the known solution like
y = x - 4*vector(REBM)             # y = x - 4*vector([1,-2,1])

print("y =  ", y)
print("A*y =", A*y)
print("A*y==b :", A*y == b )

#------------------------------------
# CHAP09 -- Sage-Script-SAMPLE 010: =========
# x =    (-2, 1, 0)
# LK =  Free module of degree 3 and rank 1 over Integer Ring
#    Echelon basis matrix:
#    [ 1  1 -4]
# RK =  Free module of degree 3 and rank 1 over Integer Ring
#    Echelon basis matrix:
#    [ 1 -2  1]
# vec_REBM = (1, -2, 1)
# y =    (-6, 9, -4)
# A*y = (0, -4, -1)
# A*y==b : True
```

Lineare Gleichungssysteme im Booleschen Fall

Im allgemeinen Fall (über einem beliebigen Körper) findet man die Lösung eines linearen Gleichungssystems durch Gaußsche[21] Elimination; dieser Algorithmus steckt natürlich auch in der SageMath-Methode `solve_right()`.

Im Booleschen Fall (über dem Körper $\mathbb{F}_2$) ist die Lösung linearer Gleichungssysteme mit Gaußscher Elimination extrem einfach, da nur Koeffizienten 0 und 1 vorkommen und Multiplikationen oder Divisionen völlig entfallen; auch komplizierte Koeffizienten (wie Brüche über $\mathbb{Q}$) oder ungenaue Koeffizienten (wie Gleitkommazahlen über $\mathbb{R}$) gibt es hier nicht. Die Methode ist so einfach, dass selbst für sechs Unbekannte das Rechnen per „Papier und Bleistift" fast noch schneller geht, als dem zugehörigen SageMath-Progrämmchen die richtigen Werte zu übergeben. Dies wird durch ein Beispiel illustriert.

Die Startidee der Elimination ist die Reduktion eines Gleichungssystems aus m Gleichungen mit n Unbekannten auf ein Gleichungssystem mit nur $n-1$ Unbekannten – eine Unbekannte wird „eliminiert".

1. Fall: x_n kommt nur mit Koeffizienten $a_{in} = 0$ für $i = 1, \ldots, m$, d. h., de facto gar nicht vor. Dann ist das System schon reduziert.

2. Fall: x_n kommt in einer der Gleichungen mit Koeffizient 1 vor. Dann wird diese[22] nach x_n aufgelöst und der resultierende Wert für x_n in die übrigen $m-1$ Gleichungen eingesetzt, die dann höchstens noch die Unbekannten $x_1, \ldots, x_{n-1}$ enthalten:

---

[21] Johann Carl Friedrich Gauß, deutscher Mathematiker, Astronom, Geodät und Physiker, 30.4.1777–23.2.1855

[22] Wenn es mehrere gibt, ist es egal, welche man nimmt – im Gegensatz zur Situation über anderen Grundkörpern, wo die Suche nach einem geeigneten „Pivotelement" ein wesentlicher Bestandteil des Verfahrens ist.

$$x_n = a_{i1}x_1 + \cdots a_{i,n-1}x_{n-1} + b_i.$$

Das wird rekursiv fortgesetzt, bis nur noch eine Unbekannte oder eine Gleichung übrig ist. Jetzt zu dem Beispiel, das zeigt, wie einfach es geht.

Beispiel mit $m = 5$ und $n = 6$

$$\begin{array}{cccccccc}
x_1 & & +x_3 & & & +x_6 & = & 1 \\
x_1 & +x_2 & & +x_4 & & +x_6 & = & 0 \\
& x_2 & +x_3 & & +x_5 & +x_6 & = & 0 \\
x_1 & & & +x_4 & +x_5 & & = & 1 \\
& x_2 & & +x_4 & +x_5 & & = & 1
\end{array}$$

Aus der ersten Gleichung folgt $x_6 = x_1 + x_3 + 1$ (unter Verwendung der Regel, dass Plus und Minus dasselbe bedeuten). Elimination ergibt als Restsystem aus den Gleichungen 2 bis 5 (da z. B. $x_1 + x_1 = 0$ usw.):

$$\begin{array}{ccccccc}
& x_2 & +x_3 & +x_4 & & = & 1 \\
x_1 & +x_2 & & & +x_5 & = & 1 \\
x_1 & & & +x_4 & +x_5 & = & 1 \\
& x_2 & & +x_4 & +x_5 & = & 1
\end{array}$$

Wird die zweite Gleichung des Restsystems nach $x_5 = x_1 + x_2 + 1$ aufgelöst und das in die übrigen eingesetzt, so bleibt

$$\begin{array}{cccccc}
& x_2 & +x_3 & +x_4 & = & 1 \\
& x_2 & & +x_4 & = & 0 \\
x_1 & & & +x_4 & = & 0
\end{array}$$

Die beiden letzten Gleichungen ergeben $x_4 = x_2 = x_1$ und die erste dann noch $x_3 = 1$. Damit ist die komplette Lösung

$$x_1 = x_2 = x_4 = x_6 = a \quad \text{mit } a \in \mathbb{F}_2 \text{ beliebig}, \quad x_3 = 1, \quad x_5 = 1.$$

Da a die Werte 0 und 1 annehmen kann, sind das also insgesamt genau zwei Lösungen: $(0, 0, 1, 0, 1, 0)$ und $(1, 1, 1, 1, 1, 1)$.

Das Beispiel in SageMath

Das Gleiche ist im SageMath-Beispiel 9.1.2 zu finden. Die SageMath-Methode `solve_right()` liefert nur eine Lösung $(0, 0, 1, 0, 1, 0)$. Um alle Lösungen zu erhalten, muss man noch die Lösung der homogenen Gleichung bestimmen: Das sind alle Vielfachen des Vektors $v = (1, 1, 0, 1, 0, 1)$, also die beiden Vektoren $(0, 0, 0, 0, 0, 0) = 0 \cdot v$ und $(1, 1, 0, 1, 0, 1) = 1 \cdot v$. Die zweite Lösung ist dann $(0, 0, 1, 0, 1, 0) + (1, 1, 0, 1, 0, 1) = (1, 1, 1, 1, 1, 1)$.

SageMath-Beispiel 9.1.2: Auflösung eines Booleschen linearen Gleichungssystems

```
print("\n# CHAP09 -- Sage-Script-SAMPLE 020: =========")

M = MatrixSpace(GF(2), 5, 6) # GF(2) = field with two elements
A = M([[1,0,1,0,0,1],[1,1,0,1,0,1],[0,1,1,0,1,1],[1,0,0,1,1,0],\
      [0,1,0,1,1,0]])
```

Fortsetzung SageMath-Beispiel 9.1.2

```
print("A  :\n", A, sep="") # sep="" prevents print adding a space between arguments
b = vector(GF(2),[1,0,0,1,1])
x1= A.solve_right(b)
print("x1 :", x1)
K = A.right_kernel()
print("K  :", K)
REBM = A.right_kernel().matrix()
x2 = x1 + vector(REBM)
print("x2 :", x2)

#----------------------------------
# CHAP09 -- Sage-Script-SAMPLE 020: =========
# A  :
# [1 0 1 0 0 1]
# [1 1 0 1 0 1]
# [0 1 1 0 1 1]
# [1 0 0 1 1 0]
# [0 1 0 1 1 0]
# x1 : (0, 0, 1, 0, 1, 0)
# K  : Vector space of degree 6 and dimension 1 over Finite Field of size 2
#    Basis matrix:
#    [1 1 0 1 0 1]
# x2 : (1, 1, 1, 1, 1, 1)
```

Aufwandsabschätzung

Was kann man allgemein über den Aufwand zur Lösung eines Booleschen linearen Gleichungssystems sagen? Betrachten wir m Gleichungen für n Unbekannte, also eine Koeffizientenmatrix A der Größe $m \cdot n$ bzw. die erweiterte Matrix (A, b) der Größe $m \cdot (n+1)$.

Da es hier nur auf eine grobe Abschätzung ankommt, machen wir uns über Optimierungen des Ablaufs keine weiteren Gedanken und nehmen auch o. B. d. A. an, dass $m = n$. Im Fall $m > n$ würden wir überzählige Gleichungen ignorieren (man muss dann allerdings nachprüfen, ob die gefundenen Lösungen auch die überzähligen Gleichungen erfüllen). Im Fall $m < n$ „Null-Gleichungen" (der Art $0 \cdot x_1 + \cdots + 0 \cdot x_n = 0$) anfügen.

Der Eliminationsschritt, also die Reduktion der Problemgröße von n auf $n-1$, bedeutet genau einen Durchlauf durch alle n Zeilen der *erweiterten* Matrix:

- Zunächst wird in der Spalte n, also bei den Koeffizienten von x_n der erste Eintrag 1 gesucht. Dazu ist jeweils ein Bit-Vergleich nötig.
- Danach wird die gefundene Zeile (die mit dem ersten Eintrag 1 in Spalte n) auf alle diejenigen unter ihr folgenden Zeilen aufaddiert, die ebenfalls eine 1 in Spalte n haben. Das bedeutet jeweils wieder einen Bit-Vergleich und gegebenenfalls n Bit-Additionen – den n-ten Eintrag können wir dabei übergehen, da schon klar ist, dass dort eine 0 hinkommt.

Insgesamt haben wir dazu n Bit-Vergleiche und höchstens $n \cdot (n-1)$ Bit-Additionen auszuführen, zusammen also höchstens n^2 solcher Bit-Operationen. Bezeichnen wir die Anzahl der nötigen derartigen Operationen, die wir bis zur völligen Auflösung des Gleichungssystems brauchen, mit $N(n)$, so gilt also folgende Ungleichung:

$$N(n) \leq n^2 + N(n-1) \quad \text{für alle } n \geq 2.$$

Nun ist $N(1) = 1$: Wir prüfen den einen Koeffizienten der einen Unbekannten, ob er 0 oder 1 ist; das führt zur Entscheidung, ob die Gleichung eine eindeutige Lösung hat (Koeffizient 1), oder ob sie für keinen oder für beliebige Werte der Unbekannten erfüllt ist (Koeffizient 0, rechte Seite $b = 1$ oder 0).

Damit folgt dann $N(2) \leq 2^2 + 1$, $N(3) \leq 3^2 + 2^2 + 1$ usw. Mit vollständiger Induktion ergibt sich daraus sofort

$$N(n) \leq \sum_{i=1}^{n} i^2.$$

Der explizite Wert dieser Summe ist bekannt, und wir haben bewiesen:

Satz 9.1.10. *Die Anzahl $N(n)$ der nötigen Bit-Vergleiche und Bit-Additionen zur Lösung eines Booleschen linearen Gleichungssystems aus n Gleichungen mit n Unbekannten wird abgeschätzt durch*

$$N(n) \leq \frac{1}{6} \cdot n \cdot (n+1) \cdot (2n+1).$$

Etwas vergröbernd sagt man dazu, der Aufwand sei $\mathcal{O}(n^3)$. Auf jeden Fall ist er „polynomial von kleinem Grad" in Abhängigkeit von der Größe n des Problems.

Bemerkung: Die $\mathcal{O}$-Notation verschleiert den Unterschied zum Aufwand über anderen Körpern, der ebenfalls mit $\mathcal{O}(n^3)$ abgeschätzt wird. Die „gefühlt" wesentlich höhere Effizienz im Booleschen Fall begründet sich zum ersten durch die genaue Abschätzung im Satz 9.1.10, die selbst im schlechtesten Fall nur unwesentlich größer als $\frac{1}{3} \cdot n^3$ ist. Zum zweiten handelt es sich dabei um Bit-Operationen, nicht etwa um deutlich kompliziertere arithmetische oder gar Gleitkomma-Operationen.

9.1.11 Die Repräsentation Boolescher Funktionen und Abbildungen

Wir gehen hier darauf ein, was genau mit den verschiedenen Repräsentationsformen von Boolschen Funktionen gemeint ist.

Verschiedene Interpretationen von Bitblöcken

Ein Bitblock $b = (b_1, \ldots, b_n) \in \mathbb{F}_2^n$ hat uns bis jetzt zur Beschreibung ganz unterschiedlicher Objekte gedient. Er beschreibt:

- einen Bitblock (oder Vektor) $b \in \mathbb{F}_2^n$ (also sich selbst, in Zeilen- oder Spaltenform geschrieben),
- ein Argument einer Booleschen Funktion oder Abbildung, z. B. als Zeilenschlüssel in einer Wertetabelle (Wahrheitstafel),
- eine Bitkette (Bitstring) der Länge n,
- eine Teilmenge $I \subseteq \{1, \ldots, n\}$, die definiert ist durch b als Indikator: $i \in I \Leftrightarrow b_i = 1$,
- eine Linearform auf $\mathbb{F}_2^n$, ausgedrückt als Summe der Variablen x_i, für die $b_i = 1$ ist,
- ein Monom in n Variablen $x_1, \ldots, x_n$ mit allen partiellen Graden ≤ 1; hier gibt b_i den Exponenten 0 oder 1 der Variablen x_i an,
- eine ganze Zahl zwischen 0 und $2^n - 1$ in Binärdarstellung (also im Dual- oder Zweiersystem); die Folge der binären „Ziffern" (= Bits) stimmt genau mit der entsprechenden Bitkette überein[23]. Umgekehrt entspricht die Zahl dem Index (beginnend ab 0) der Bitkette, wenn diese aufsteigend alphabetisch angeordnet werden.

[23] Die SageMath-Methode `binary()` wandelt eine Zahl in eine Bitkette um, wobei führende Nullen unterdrückt werden. Beispiel: `10.binary()` ergibt `'1010'`.

Natürlich sind auch noch andere Interpretationen möglich – schließlich lässt sich ja jede Information binär codieren. Die Bitblöcke im Beispiel $n = 3$ sind in Tabelle 9.6 aufgelistet. Einige Umwandlungsroutinen stehen in Abschnitt 9.4.3 auf Seite 609.

Zahl	Bitkette	Teilmenge	Linearform	Monom
0	000	$\emptyset$	0	1
1	001	$\{3\}$	x_3	x_3
2	010	$\{2\}$	x_2	x_2
3	011	$\{2,3\}$	$x_2 + x_3$	x_2x_3
4	100	$\{1\}$	x_1	x_1
5	101	$\{1,3\}$	$x_1 + x_3$	x_1x_3
6	110	$\{1,2\}$	$x_1 + x_2$	x_1x_2
7	111	$\{1,2,3\}$	$x_1 + x_2 + x_3$	$x_1x_2x_3$

Tab. 9.6: Interpretationen der Bitblöcke der Länge 3

Repräsentation der Wahrheitstafel einer Booleschen Funktion

x_1	x_2	x_3	$i(x)$	$f_0(x_1, x_2, x_3)$
0	0	0	0	0
0	0	1	1	0
0	1	0	2	0
0	1	1	3	0
1	0	0	4	0
1	0	1	5	1
1	1	0	6	1
1	1	1	7	1

Tab. 9.7: Erweiterte Wahrheitstafel [für $f_0(x_1, x_2, x_3) = x_1 \wedge (x_2 \vee x_3)$] mit $n = 3$ und $2^n = 8$

Wie im vorigen Unterabschnitt beschrieben und in Tabelle 9.6 für das Beispiel der Blocklänge $n = 3$ exemplarisch dargestellt, können wir alle Bitblöcke $x = (x_1, \ldots, x_n)$ der Länge n als binär dargestellte ganze Zahlen $i(x) = 0, 1, \ldots, 2^n - 1$ interpretieren. Das Beispiel in Tabelle 9.7 legt dann nahe, wie man die Wahrheitstafel einer Booleschen Funktion $f : \mathbb{F}_2^n \longrightarrow \mathbb{F}_2$ sehr sparsam durch einen Bitblock $b = (b_0, \ldots, b_{2^n-1})$ der Länge 2^n beschreiben kann: Man liest dazu einfach die letzte Spalte in der Reihenfolge der Indizes $i(x)$ ab. Die allgemeine Prozedur bei beliebigem n läuft dann so ab:

$$b_{i(x)} = f(x), \quad \text{wobei } i(x) = x_1 \cdot 2^{n-1} + \cdots + x_{n-1} \cdot 2 + x_n$$
$$\text{für} \quad x = (x_1, \ldots, x_n) \in \mathbb{F}_2^n.$$

Das sieht vielleicht kompliziert aus, bedeutet aber einfach: *Deute x als Binärdarstellung einer ganzen Zahl $i(x)$ und suche aus dem Bitblock b das Bit heraus, das an der Stelle $i(x)$ steht.* Eine zusätzliche Spalte für $i(x)$ in der Wahrheitstafel der Funktion f_0 (f_0 wurde definiert in Gleichung (9.1.1) auf Seite 493) macht das beispielhaft deutlich – siehe Tabelle 9.7 auf der vorherigen Seite. Die letzte Spalte dieser Tabelle, zeilenweise geschrieben, ist dann der Bitblock b.

Die Wahrheitstafel von f_0 kann also einfach durch den Bitblock $(0, 0, 0, 0, 0, 1, 1, 1)$ oder noch sparsamer durch die Bitkette

$$00000111$$

der Länge $2^3 = 8$ vollständig beschrieben werden.[24]

Repräsentation der algebraischen Normalform

Die algebraische Normalform (ANF) ist eine Summe von Monomen. Jedes Monom ist Produkt einer Teilmenge von $\{x_1, \ldots, x_n\}$. Die ANF kann also durch eine ganze Zahl zwischen 0 und $2^n - 1$ repräsentiert werden. Die ANF kann also durch 2^n bit beschrieben werden, nämlich durch die Koeffizienten der 2^n verschiedenen Monome (siehe Satz 9.1.3, Seite 498). Daher können wir einen Bitblock $a = (a_0, \ldots, a_{2^n-1})$ als Repräsentation der ANF einer Booleschen Funktion $f : \mathbb{F}_2^n \longrightarrow \mathbb{F}_2$ ansehen:

$$f(x) = \sum_{i=0}^{2^n-1} a_i x_1^{e_1(i)} \cdots x_n^{e_n(i)}, \quad \text{wobei } i = e_1(i) \cdot 2^{n-1} + \cdots + e_n(i)$$
$$\text{mit} \quad e_1(i), \ldots, e_n(i) = 0 \text{ oder } 1.$$

Verbal beschrieben heißt das: *Interpretiere das n-Tupel e der Exponenten eines Monoms als Binärdarstellung einer ganzen Zahl i. An der Stelle i steht im Bitblock a, ob das Monom in der ANF von f vorkommt oder nicht.*

Für das Beispiel f_0 (siehe Tabelle 9.7 auf der vorherigen Seite) haben wir schon gesehen (oder prüfen durch Einsetzen leicht nach[25]), dass die ANF durch

$$f_0(x) = x_1x_3 + x_1x_2 + x_1x_2x_3$$

gegeben ist. Es kommen also genau die Monome mit den Exponenten-Tripeln $101, 110, 111$ vor, entsprechend den ganzen Zahlen $5, 6, 7$. Setzt man also die Bits an den Stellen $5, 6, 7$ auf 1 und die übrigen auf 0, erhält man die sparsame Darstellung der ANF durch eine Bitkette:

$$00000111.$$

Achtung: Dass das die gleiche Bitkette wie für die Wahrheitstafel ist, ist *Zufall* – eine spezielle Eigenschaft der Funktion f_0! Die Funktion $f(x_1, x_2) = x_1$ hat die Wahrheitstafel 0011 (sie hat genau dann den Wert 1, wenn $x_1 = 1$ bzw. $x = (x_1, \text{beliebig})$) und die ANF 0010 (weil genau das Monom x_1 mit Koeffizient 1 auftritt).

Für die Bestimmung der ANF im Allgemeinen kann man die SageMath-Klasse `BoolF()` verwenden, die im folgenden Unterabschnitt und im Anhang 9.4 beschrieben wird[26], zusammen mit einer Anleitung zur

---

[24] Bitblöcke werden in Python/SageMath als Liste implementiert.

[25] Nicht vergessen: $f(1, 1, 1) = 1 + 1 + 1 = 1$, da mod 2 gerechnet wird.

[26] Diese Transformation, die eine Bitkette der Länge 2^n – die Wahrheitstafel – in eine andere Bitkette der Länge 2^n – die Liste der Koeffizienten der ANF – umwandelt, wird gelegentlich als Reed-Muller-Transformation oder als binäre Möbius-Transformation bezeichnet.

Nutzung. Die Anwendung auf f_0 wird im SageMath-Beispiel 9.1.3 demonstriert.

SageMath-Beispiel 9.1.3: Boolesche Funktion mit Wahrheitstafel und ANF

```
print("\n# CHAP09 -- Sage-Script-SAMPLE 030: =========")

load("./bitciphers.sage")
bits = "00000111"
x = str2bbl(bits)
print("x :", x)
f = BoolF(x)
y = f.getTT()
print("y :", y)
z = f.getANF()
print("z :", z)

#------------------------------------
# CHAP09 -- Sage-Script-SAMPLE 030: =========
# x : [0, 0, 0, 0, 0, 1, 1, 1]
# y : [0, 0, 0, 0, 0, 1, 1, 1]
# z : [0, 0, 0, 0, 0, 1, 1, 1]
```

Bemerkung: Die naive Auswertung einer Booleschen Funktion f an allen Stellen $x \in \mathbb{F}_2^n$ bedeutet 2^n Auswertungen $f(x)$ mit je maximal 2^n Summanden à maximal $n-1$ Multiplikationen. Der Aufwand liegt also in der Größenordnung $n \cdot 2^n \cdot 2^n$. Fairerweise muss man den Aufwand aber auf die Größe des Inputs beziehen, die hier $N = 2^n$ ist. So gesehen ist der Aufwand im wesentlichen quadratisch: $N^2 \cdot \log_2(N)$. Wie so oft führt auch hier eine binäre Rekursion, also eine Aufteilung in zwei Teilprobleme von halber Inputgröße zu einem wesentlich effizienteren Algorithmus. Hierzu startet man mit Gleichung (9.1.4) auf Seite 498 und benötigt im Endeffekt nur noch den fast linearen Aufwand $3N \cdot \log_2 N$. Dieser Algorithmus, auch als schnelle binäre Möbius-Transformation bezeichnet, ist in der Klasse `BoolF()` implementiert, siehe Abschnitt 9.4.6 auf Seite 612.

Objektorientierte Implementierung

Im Anhang 9.4.6 (Klasse `BoolF()`). finden Sie den Code zu den in SageMath (bzw. Python) implementierten Booleschen Funktionen. SageMath selbst bringt schon eine Klasse `sage.crypto.boolean_function` mit, die viele der benötigten Methoden, auch die Umwandlung von Wahrheitstafel in ANF, enthält. Die folgende Implementierung ist davon unabhängig.

Allgemein kann man in einer objektorientierten Programmiersprache eine Klasse definieren, die die Struktur eines Objekts „Boolesche Funktion" abstrahiert:

Klasse `BoolF`:

Attribute:

- `blist`: Wahrheitstafel als Liste der Bits (= Bitblock in der „natürlichen" Reihenfolge wie in Abschnitt 9.1.4 auf Seite 495 beschrieben); diese wird als interne Repräsentation der Booleschen Funktion verwendet.

- `dim`: die Dimension des Urbildraums

Methoden:

- `setTT`: Besetzung der Wahrheitstafel mit einem Bitblock („TT" für Truth Table = Wahrheitstafel)

- `setANF`: Eingabe der ANF und interne Umwandlung in eine Wahrheitstafel
- `setDim`: Eingabe der Dimension des Urbildraums
- `getTT`: Ausgabe der Wahrheitstafel als Bitblock
- `valueAt`: Wert der Booleschen Funktion für ein gegebenes Argument
- `getDim`: Ausgabe der Dimension des Urbildraums
- `getANF`: Ausgabe der algebraischen Normalform (ANF) als Bitblock (in der „natürlichen“ Reihenfolge wie oben beschrieben)
- `deg`: Ausgabe des algebraischen Grads

Die ersten drei davon, die „`set`-Methoden“, werden nur implizit bei der Initialisierung benötigt. Für eine leicht „menschenlesbare“ Ausgabe fügen wir noch die Methoden `printTT` und `printANF` hinzu.

Die nötigen Funktionen zur Umwandlung von Bitlisten in Zahlen oder Bitketten und umgekehrt stehen im Anhang 9.4.3.

Die Implementierung Boolescher Abbildungen leitet sich daraus ab: Man definiert eine Klasse `BoolMap` als Liste von Objekten der Klasse `BoolF` mit (mindestens) den analogen Methoden. Einige davon sind auch im SageMath-eigenen Modul `sage.crypto.mq.sbox`[27] zu finden.

9.2 Block-Chiffren

In der klassischen Kryptografie wurde die Schwäche der einfachen monoalphabetischen Substitution auf zwei Arten behoben: einmal durch polygraphische Substitutionen, bei denen Gruppen von Buchstaben gemeinsam verschlüsselt werden, zum zweiten durch polyalphabetische Substitutionen, bei denen sich das Substitutionsalphabet mit der Position im Text ändert.

Geht man von Buchstaben zu Bits über, kann man die beiden Prinzipien zur Verstärkung der monoalphabetischen Substitution überführen zu zwei Klassen brauchbarer Verschlüsselungsverfahren für binär codierte Informationen:

- Block-Chiffren teilen die Bitketten in Blöcke fester Länge auf. Diese Blöcke werden dann jeweils als Ganzes substituiert.
- Strom-Chiffren verschlüsseln der Reihe nach jedes Bit nach einer (anderen) Vorschrift (d. h., die einzelnen Bits werden entweder unverändert gelassen oder negiert).

Ein mathematisch vollständiger Sicherheitsbeweis für Block- oder Strom-Chiffren existiert genauso wenig wie für asymmetrische Verfahren. Im Gegenteil kommt dort die Reduktion auf die Schwierigkeit gut untersuchter mathematischer Probleme einem glaubhaften Sicherheitsbeweis sogar wesentlich näher. Ein symmetrisches Block-Verschlüsselungsverfahren wird als *nach menschlichem Ermessen* sicher angesehen, wenn keine der bekannten Angriffsmethoden wesentlich effizienter ist als die Exhaustion (vollständige Durchsuchung) des Schlüsselraums („Brute-Force-Attacke“)[28].

[27] In der Kryptografie werden Boolesche Abbildungen bei kleiner Dimension oft „S-Boxen“ genannt.

[28] Dabei würde man einen Faktor von unter 10 noch nicht als „wesentlich effizienter“ ansehen.

9.2.1 Allgemeine Beschreibung

Block-Chiffren transformieren Bitblöcke fester Länge n längentreu in Bitblöcke gleicher Länge in Abhängigkeit von einem Schlüssel, der seinerseits als Bitblock einer bestimmten Länge l gegeben ist. Die Verallgemeinerung auf Input-Bitketten beliebiger Länge ist Thema von Abschnitt 9.2.4 auf Seite 519 und kümmert uns vorläufig nicht, ebensowenig wie wie die Frage, wie man zu kurze Blöcke auffüllt („Padding").

Eine solche Chiffre wird also beschrieben durch eine Boolesche Abbildung

$$F: \mathbb{F}_2^n \times \mathbb{F}_2^l \longrightarrow \mathbb{F}_2^n$$

bzw. als Familie $(F_k)_{k \in K}$ von Booleschen Abbildungen

$$F_k: \mathbb{F}_2^n \longrightarrow \mathbb{F}_2^n \quad \text{für alle } k \in K = \mathbb{F}_2^l$$

mit $F_k(a) = F(a, k)$.

Wahl der Schlüssellänge

Für die Schlüssellänge l gibt es ein sehr einleuchtendes Kriterium: Sie soll so groß sein, dass eine Exhaustion des Schlüsselraums, also eine „Brute-Force-Attacke", aussichtslos ist. Da der Schlüsselraum die Menge $\mathbb{F}_2^l$ bildet, gibt es 2^l verschiedene Schlüssel. Die Wahrscheinlichkeit, einen bestimmten Schlüssel zu wählen, sollte für alle Schlüssel gleich, also $= 1/2^l$ sein. D. h. wir nehmen eine Schlüsselauswahl nach reinem Zufall an.

Unter diesen Voraussetzungen gilt eine Schlüssellänge von etwa 80 Bits heute als gerade noch sicher [13]. Mit der meistens gewählten Schlüssellänge von 128 bit ist man auf der sicheren Seite. Das überholte, lange Jahre als Standard geltende DES-Verfahren hat nur einen 56-bit-Schlüssel und ist daher heute durch Exhaustion (vollständige Schlüsselsuche) relativ schnell zu brechen.

Wahl der Blocklänge

Die Blocklänge n soll groß genug sein, um Muster- und Häufigkeitsanalysen unmöglich zu machen; noch besser ist es, jede Art von Informationspreisgabe über den Klartext, z. B. jede Wiederholung, im Geheimtext zu vermeiden.

Falls die Gegnerin ca. $2^{n/2}$ Geheimtexte von zufälligen Klartextblöcken zum gleichen Schlüssel beobachten kann, ist die Wahrscheinlichkeit einer „Kollision" (nach dem „Geburtstagsphänomen" schon etwa $\frac{1}{2}$. Daher sollte diese Zahl $2^{n/2}$ die Zahl der verfügbaren Speicherplätze überschreiten; und auch Schlüssel sollten oft genug gewechselt werden – deutlich vor dieser Anzahl verschlüsselter Blöcke.

Die bisher meist verwendete Blocklänge 64 ist so gesehen also schon bedenklich; sie ist allenfalls noch bei häufigem Schlüsselwechsel zu rechtfertigen, und auch nur, wenn der Klartext nicht überdurchschnittlich viele Wiederholungen enthält[29]. Besser ist eine Blocklänge von 128 bit, wie sie auch im neuen Standard AES vorgesehen ist.

Die Überlegungen zur Schlüssel- und Blocklänge sind typische Beispiele für die Sicherheitsabwägungen in der modernen Kryptografie: Es wird mit breiten Sicherheitsabständen gearbeitet; erkennbare Schwächen werden vermieden, selbst wenn sie noch weit von einer praktischen Auswertbarkeit für die Gegnerin entfernt sind. Da

[29] Durch die „Betriebsarten" werden diese vermieden, siehe Abschnitt 9.2.4 auf Seite 519.

es aber tatsächlich gute und schnelle Verschlüsselungsverfahren gibt, die diese Sicherheitsabstände einhalten, besteht überhaupt keine Notwendigkeit, weniger starke („übertrieben strenge“) Verfahren einzusetzen.

9.2.2 Algebraische Kryptoanalyse

Die Kryptoanalyse befasst sich mit der Analyse von Chiffren, um versteckte Strukturen zu entdecken oder den Schlüssel zu finden. Die algebraische Kryptoanalyse ist eine Methode der Kryptoanalyse, die hauptsächlich algebraische Techniken wie Gleichungs-Lösungs-Algorithmen anwendet. Es geht also darum, die Operationen in der Chiffre als System von Gleichungen auszudrücken und einige der Variablen durch bekannte Daten zu ersetzen, um den Schlüssel zu finden. [14]

Ein algebraischer Angriff ist ähnlich wie ein Brute-Force-Angriff, da er theoretisch jede symmetrische Chiffre brechen kann, aber in der Praxis ist er gegen jede vernünftige Chiffre völlig unbrauchbar.

Der Angriff mit bekanntem Klartext[30]

Sei eine Block-Chiffre durch eine Boolesche Abbildung

$$F\colon \mathbb{F}_2^n \times \mathbb{F}_2^l \longrightarrow \mathbb{F}_2^n$$

beschrieben. Dann ist F nach Satz 9.1.6 ein n-Tupel $F = (F_1, \ldots F_n)$ von polynomialen Ausdrücken in $n + l$ Variablen, deren sämtliche partiellen Grade ≤ 1 sind.

Ein Angriff mit bekanntem Klartext $a \in \mathbb{F}_2^n$ und zugehörigem Geheimtext $c \in \mathbb{F}_2^n$ ergibt ein Gleichungssystem

$$F(a, x) = c$$

von n Polynomgleichungen für den unbekannten Schlüssel $x \in \mathbb{F}_2^l$.

Solche Gleichungssysteme (über beliebigen Körpern) sind Gegenstand der algebraischen Geometrie. Die allgemeine Theorie hierzu ist hochkompliziert, insbesondere, wenn man konkrete Lösungsverfahren haben will. Aber vielleicht hilft die Beobachtung, dass man nur partielle Grade ≤ 1 benötigt?

Beispiel 1, Linearität: Ist F eine *lineare* Abbildung, so ist das Gleichungssystem mit den Methoden der linearen Algebra effizient lösbar, siehe Abschnitt 9.1.10 auf Seite 504 (n lineare Gleichungen in l Unbekannten – ist $l < n$, braucht man natürlich mehrere bekannte Klartextblöcke, oder man führt eine Exhaustion (vollständige Durchsuchung) über die verbliebenen $n - l$ Schlüsselbits durch). Es reicht dazu schon, wenn F linear in x ist.

Beispiel 2, nichtlinear in x: Sei $n = l = 2$,

$$F(a_1, a_2, x_1, x_2) = (a_1 + a_2x_1, a_2 + a_1x_2 + x_1x_2),$$

$a = (0, 1), c = (1, 1) \in \mathbb{F}_2^2$. Dann sieht das Gleichungssystem für den Schlüssel $(x_1, x_2) \in \mathbb{F}_2^2$ so aus:

$$\begin{pmatrix} 1 \\ 1 \end{pmatrix} = \begin{pmatrix} 0 + x_1 \\ 1 + 0 + x_1x_2 \end{pmatrix},$$

die Lösung ist offensichtlich $x_1 = 1, x_2 = 0$.

[30] Bei einem solchen Angriff mit bekanntem Klartext nimmt man an, dass die Angreiferin ein kleines Stück Klartext kennt oder vermutet, und dann daraus den Schlüssel oder weiteren, ihr bisher unbekannten Klartext ermitteln will. In diesem Abschnitt nehmen wir an, dass der bekannte Klartext ein ganzer Bitblock ist.

Beispiel 3, Substitution: Dass man Polynomgleichungen nicht immer auf den ersten Blick ihre Komplexität ansieht, zeigt das Beispiel (über $\mathbb{F}_2$)

$$x_1x_2x_3 + x_1x_2 + x_1x_3 + x_2x_3 + x_2 + x_3 = 0.$$

Es geht durch die Substitutionen $x_i = z_i + 1$ über in

$$z_1z_2z_3 + z_1 = 0$$

(umgekehrt sieht man das leichter) mit der Lösungsmenge

$$z_1 = 0,\ z_2, z_3 \text{ beliebig } \textit{oder } z_1 = z_2 = z_3 = 1.$$

Die vollständige Lösung der ursprünglichen Gleichung ist also

$$x_1 = 1,\ x_2, x_3 \text{ beliebig } \textit{oder } x_1 = x_2 = x_3 = 0.$$

Als allgemeine Lösungsmethoden für Gleichungssysteme über $\mathbb{F}_2$ stehen zur Verfügung

- SAT-Solver [15]
  Mit SAT wird das Erfüllbarkeitsproblem der Aussagenlogik bezeichnet. Man betrachtet einen logischen Ausdruck in Booleschen Variablen $x_1, \ldots, x_n$ und fragt, ob es Werte für die Variablen gibt, die den Ausdruck „wahr" machen. Anders ausgedrückt betrachtet man eine Boolesche Funktion f und fragt, ob sie den Wert 1 annimmt. Ein **SAT-Solver** ist ein Algorithmus, der einen solchen logischen Ausdruck in CNF nimmt und die Erfüllbarkeit entscheidet, indem er eine Lösung für x findet oder eben nicht. Das naive Verfahren ist die Aufstellung der Wahrheitstafel für alle möglichen 2^n Argumente. Es gibt allerdings deutlich effizientere Verfahren, die gängigsten sind der DPLL-Algorithmus (nach Davis, Putnam, Logemann und Loveland) und BDD-basierte Verfahren (Binary Decision Diagram). Einiges davon findet man in den SageMath-Modulen `sage.sat.solvers` und `sage.sat.boolean\_polynomials`.
- Elimination, am effizientesten mithilfe von Gröbner-Basen
  (siehe die Dissertation [16], die Lehrbücher [14, 17, 18] sowie das Skript [19] und der Artikel [20])

Beide Methoden funktionieren gut, wenn die Zahl der Unbekannten klein ist. Sie stoßen mit wachsender Zahl von Unbekannten aber bald an Komplexitätsgrenzen[31]. Natürlich lassen sich die Lösungen immer durch Aufstellen der kompletten Wertetabelle finden, aber das ist sehr ineffizient (exponentiell in der Zahl der Unbekannten, und damit spätestens für 80 Unbekannte hoffnungslos). Aber auch der Aufwand von SAT-Solvern und Gröbner-Basis-Methoden ist immer noch im wesentlichen exponentiell in der Zahl der Unbekannten. Selbst die Tatsache, dass man nur partielle Grade ≤ 1 berücksichtigen muss, hilft da nicht weiter.

Die Komplexität des algebraischen Angriffs

Die theoretische Analyse des Aufwands für das Finden einer Lösung führt auf einen der zentralen Begriffe der Komplexitätstheorie, die **NP**-Vollständigkeit.

Satz 9.2.1 (Garey/Johnson). *Das Problem, eine Lösung eines Systems von Polynomgleichungen über $\mathbb{F}_2$ zu finden, ist **NP**-vollständig.*

[31] In der Tat ist SAT das historisch erste Problem, für das die **NP**-Vollständigkeit gezeigt wurde.

Für den Beweis siehe das Buch von Garey/Johnson [15].[32]

Der Begriff „**NP**-vollständig" wird hier nicht erklärt. Er bedeutet nach der bisher unbewiesenen „$\mathbf{P} \neq \mathbf{NP}$"-Vermutung, dass ein Problem algorithmisch nicht effizient lösbar ist, also dass kein Lösungsalgorithmus bekannt ist, dessen Zeitbedarf höchstens polynomial mit der Anzahl n der Input-Variablen wächst.

Diesen Satz deutet man gerne so: Bei günstig gewählter Blockverschlüsselungs-Abbildung $F : \mathbb{F}_2^n \times \mathbb{F}_2^l \longrightarrow \mathbb{F}_2^n$ ist ein Angriff mit bekanntem Klartext (auf den Schlüssel $k \in \mathbb{F}_2^l$) nicht effizient durchführbar. Mathematisch streng genommen besagt der Satz für die praktische Anwendung aber *gar nichts*:

1. Er bezieht sich nur auf den Fall eines Algorithmus für *beliebige* Polynomgleichungen (über $\mathbb{F}_2$). Er macht keine Aussage für spezielle Klassen von Polynomen oder gar für ein bestimmtes Polynomsystem.
2. Er ist ein reiner (Nicht-) Existenzbeweis und liefert kein konkretes Beispiel eines „schwierigen" Polynomsystems. Einzelne konkrete Systeme sind ja durchaus leicht zu lösen.
3. Und selbst wenn man konkrete Beispiele für „schwierige" Systeme kennen würde, würde der Satz doch nichts darüber sagen, ob nur einzelne, wenige Instanzen schwierig sind oder – was der Kryptologe eigentlich braucht – fast alle. Es könnte ja immer noch einen Algorithmus geben, der ein Polynomsystem für fast alle Tupel von Unbekannten effizient löst und nur an wenigen Tupeln scheitert.

Dennoch beruht auf diesem Satz die Hoffnung, dass es „sichere" Block-Chiffren gibt, und die Konstruktion von Block-Chiffren folgt der

Faustregel: *Lineare Gleichungssysteme für Bits sind sehr effizient lösbar, nichtlineare Gleichungssysteme für Bits sind dagegen in so gut wie allen Fällen nicht effizient lösbar.*

9.2.3 Aufbau von Block-Chiffren

Mangels einer konkreten, allgemein anwendbaren Sicherheitsaussage hat sich für die Konstruktion von Block-Chiffren ein Aufbau eingebürgert, der zwar nicht zwingend ist, aber in der Praxis z. Zt. der beste bekannte Weg ist, um plausible Sicherheit zu erreichen. Auch die anerkannten Standard-Verschlüsselungsverfahren DES und AES wurden so konstruiert.

Ideal wäre, wenn man Sicherheitseigenschaften von Booleschen Abbildungen

$$F : \mathbb{F}_2^n \times \mathbb{F}_2^l \longrightarrow \mathbb{F}_2^n$$

für realistische Werte der Blocklänge n und der Schlüssellänge l leicht messen könnte, etwa für n und l in der Größenordnung von 128 bit oder mehr.

Nun gibt es tatsächlich solche Maße für die Sicherheit – wie das lineare Potenzial und das differenzielle Potenzial, die die Abweichung von der Linearität beschreiben; ferner die algebraische Immunität und andere. Diese sind allerdings nur für kleine Blocklängen n, etwa in der Größenordnung bis 8, effizient bestimmbar und liefern nur notwendige, nicht aber hinreichende Bedingungen für die Sicherheit.

Daher beginnt man die Konstruktion mit Booleschen Abbildungen kleiner Blocklänge und baut diese schrittweise bis zu den gewünschten Blocklängen aus. Die Schritte dahin sind:

[32] Ein Artikel über die Schwierigkeit, Systeme von Polynom-Gleichungen zu lösen ist [21].

1. Definition von einer oder mehreren Booleschen Abbildungen in kleiner Dimension q (= Blocklänge des Definitionsbereichs), etwa 4, 6 oder 8, die bezüglich aller bekannten und messbaren Sicherheitseigenschaften hinreichend gut sind. Diese werden **S-Boxen** genannt und bilden die elementaren Bausteine des Verschlüsselungsverfahrens. („S" steht für Substitution.)
2. Nach „Einmischen" einiger Schlüsselbits wird durch parallele Anwendung der S-Boxen (oft wird auch dieselbe S-Box parallel angewendet) eine Abbildung auf der gewünschten Input-Breite erzeugt.
3. Dann wird der gesamte Bitblock auf voller Breite permutiert.
4. Diese Schritte zusammen bilden eine **„Runde"** des gesamten Schemas. Die Schwächen dieser Runde, die hauptsächlich aus der zu niedrigen Dimension der S-Boxen resultieren, werden analysiert. Durch Iteration über mehrere gleichartige Runden – mit wechselnder Auswahl der jeweiligen Schlüsselbits – werden diese Schwächen in (halbwegs) kontrollierter Weise sukzessive abgebaut.
5. Hat man die gewünschte Sicherheit erreicht, legt man als Sicherheitsreserve noch ein paar Runden drauf.

In Abb. 9.3 ist das Schema für eine Runde skizziert.

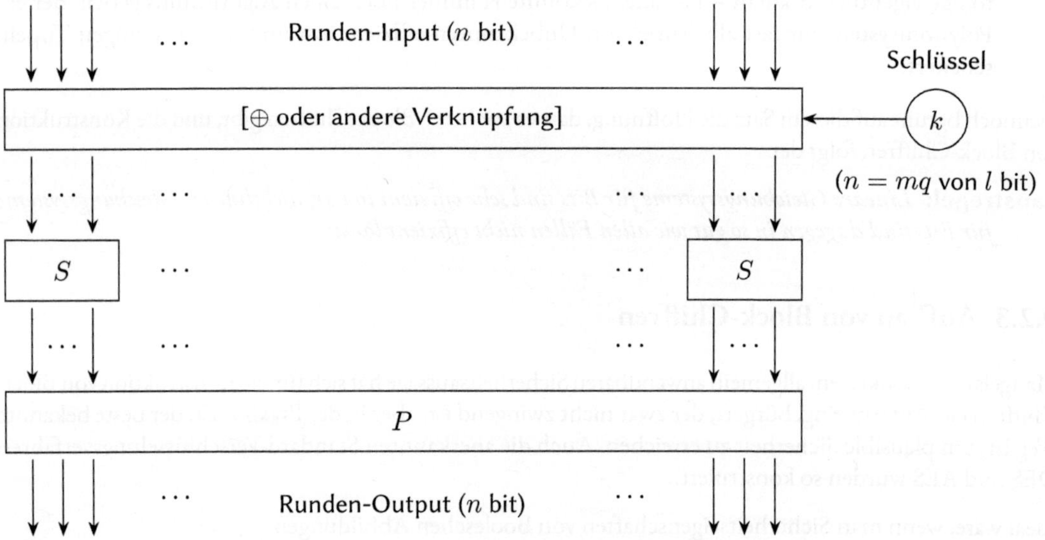

Abb. 9.3: Eine Runde einer Block-Chiffre (S ist je eine S-Box, P eine Permutation, k der Schlüssel)

Das gesamte Schema ist eine Version eines etwas allgemeineren Ansatzes, der auf Shannon zurückgeht. Nach Shannon sollen Block-Chiffren Folgendes leisten:

Diffusion (Durchmischung): Die Bits des Klartextblocks werden über den gesamten Block „verschmiert". Grundbausteine zur Erreichung von Diffusion sind Permutationen .

Konfusion (Komplexität des Zusammenhangs): Die Beziehung zwischen Klartextblock und Schüssel einerseits sowie Geheimtextblock andererseits soll möglichst kompliziert sein (insbesondere hochgradig nichtlinear). Grundbausteine hierfür sind vor allem Substitutionen.

Beides zusammen soll insbesondere bewirken, dass sich bei Änderung eines Schlüsselbits möglichst viele Geheimtextbits ändern, und zwar möglichst unvorhersagbar.

Es soll für die Angreiferin unmöglich sein zu erkennen, dass sie einen Schlüssel „fast" richtig geraten hat.

Shannon schlug daher als Konstruktionsprinzip für starke Block-Chiffren vor, diese aus einer wechselnden Folge von **S**ubstitutionen und **P**ermutationen zu bilden – sogenannte **SP-Netze**. Das sieht so aus:

$$\mathbb{F}_2^n \xrightarrow{S_1(\bullet,k)} \mathbb{F}_2^n \xrightarrow{P_1(\bullet,k)} \mathbb{F}_2^n \longrightarrow \dots$$
$$\dots \longrightarrow \mathbb{F}_2^n \xrightarrow{S_r(\bullet,k)} \mathbb{F}_2^n \xrightarrow{P_r(\bullet,k)} \mathbb{F}_2^n$$

abhängig von einem Schlüssel $k \in \mathbb{F}_2^l$. Dabei ist

$$\begin{aligned} S_i &= i\text{-te Substitution,} \\ P_i &= i\text{-te Permutation,} \\ P_i \circ S_i &= i\text{-te } \textbf{Runde,} \end{aligned}$$

wobei insgesamt r Runden nacheinander ausgeführt werden.

Die Permutationen sind spezielle lineare Abbildungen $P\colon \mathbb{F}_2^n \longrightarrow \mathbb{F}_2^n$. In neueren Block-Chiffren wie AES werden sie oft durch allgemeinere lineare Abbildungen ersetzt, die eine noch bessere Diffusion bewirken. Der passende Begriff **LP-Netz** hat sich bisher aber nicht eingebürgert.

9.2.4 Betriebsarten

Die Abhängigkeit vom Schlüssel k spielt in diesem Abschnitt keine Rolle und deshalb wird er in der Notation weggelassen. Eine Block-Chiffre-Funktion $f\colon \mathbb{F}_2^n \longrightarrow \mathbb{F}_2^n$ soll auch auf längere (oder kürzere) Bitfolgen angewendet werden können. Das erfordert zwei Maßnahmen:

1. Die Bitfolge a wird in n-bit-Blöcke a_1, ..., a_r aufgespalten.
2. Der letzte Block a_r wird bei Bedarf auf die Länge n aufgefüllt („padding") mit
   - Nullen oder
   - Zufallswerten oder
   - Strukturinformationen.

Das nächstliegende Verfahren ist dann, jeden Block der Reihe nach einzeln zu verschlüsseln. Das nennt man ECB-Modus (für „Electronic Code Book") oder -Betriebsart. Das Verfahren ist in Abb. 9.4 dargestellt.

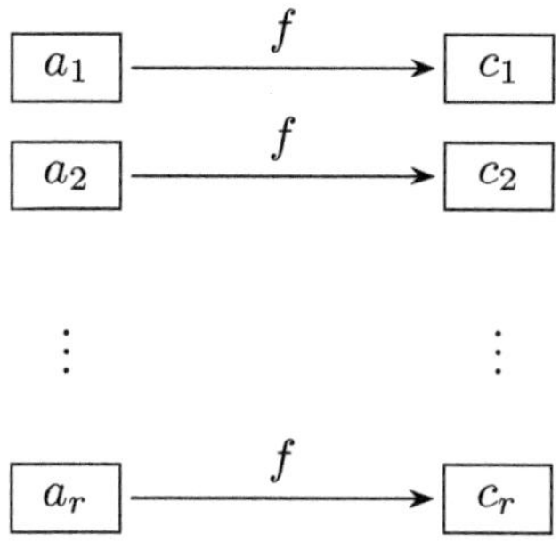

Abb. 9.4: ECB-Modus

Man kann das als monoalphabetische Substitution interpretieren, wenn man die Bitblöcke aus $\mathbb{F}_2^n$ als „Buchstaben" ansieht. Falls n sehr groß ist, wirkt das zunächst hinreichend sicher. Nachteilig ist aber, dass

Information über identische Blöcke preisgegeben wird. Bei manchen Dateien kommt das durchaus vor, z. B. enthalten MS-Word-Dateien lange Ketten aus den Bytes `00000000` und `00000001`. Es geht aber auch krasser: Bilddateien aus grafischen Darstellungen mit großen einfarbigen Flächen enthalten so viele identische Blöcke, dass die Struktur des Bildes im Geheimtext durchscheinen kann. Ein deutliches Beispiel findet man im Wikipedia-Artikel Electronic Code Book Mode.[33]

Besser ist es daher, eine Diffusion über die Klartextblöcke hinweg zu erzeugen. Ein einfacher, aber wirksamer Ansatz dazu ist die Betriebsart CBC (= Cipher Block Chaining). Mit einem zufällig gewählten Startwert c_0 (auch IV = „Initialisierungsvektor" genannt) sieht das Verfahren so aus, wie in Abb. 9.5 dargestellt.

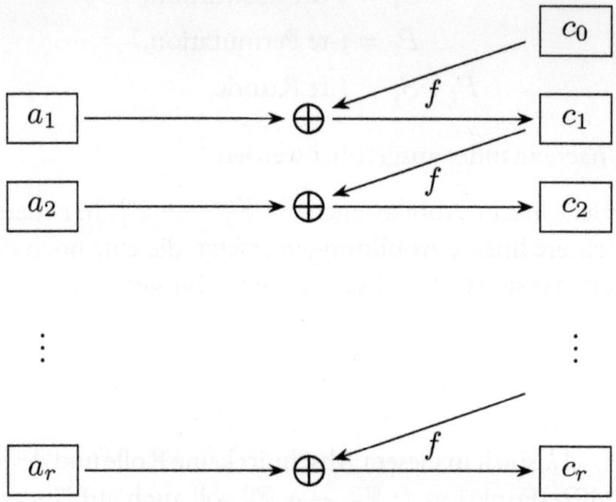

Abb. 9.5: CBC-Modus

Beim CBC-Modus wird also nach folgender Formel verschlüsselt:

$$\begin{aligned} c_i &:= f(a_i + c_{i-1}) \quad \text{für } i = 1, \ldots, r \\ &= f(a_i + f(a_{i-1} + \cdots f(a_1 + c_0) \ldots)). \end{aligned}$$

Hier hängt nun jeder Geheimtextblock von *allen vorhergehenden* Klartextblöcken ab (Diffusion), und gleiche Klartextblöcke werden im allgemeinen verschieden chiffriert.

Die Formel für die Entschlüsselung ist

$$a_i = f^{-1}(c_i) + c_{i-1} \quad \text{für } i = 1, \ldots, r.$$

Frage: *Kann der Startwert c_0 bei Geheimhaltung als zusätzlicher Schlüssel dienen?* (Das wären im Beispiel DES 56 bit des eigentlichen Schlüssels plus 64 bit des Startwerts, also insgesamt 120 bit.)

Antwort: Nein!

Begründung: Nur a_1 hängt beim Entschlüsseln von c_0 ab, d. h., es wird lediglich bekannter Klartext am Anfang etwas besser verschleiert, wenn c_0 geheim bleibt. Ist der zweite oder ein späterer Klartextblock bekannt, kann die Angreiferin wie bei ECB den Schlüssel bestimmen (durch vollständige Suche oder einen weiteren Angriff mit bekanntem Klartext).

[33] Mit der Vorlage in `CT2 Startcenter ▷ Vorlagen ▷ Kryptografie ▷ Modern ▷ Symmetrisch ▷ Block-Modi von symmetrischen Chiffren` können Sie dies mit eigenen Bildern ausprobieren.

Für weitere Betriebsarten kann man den Wikipedia-Eintrag Betriebsmodus (Kryptografie) nachlesen. Erwähnt werden soll noch, dass die Betriebsarten OFB (= Output Feedback) und CTR (= Counter) aus einer Block-Verschlüsselung eine Strom-Verschlüsselung machen.

9.2.5 Statistische Analysen

Für die Kryptoanalyse von Block-Chiffren sind folgende allgemeine Ansätze bekannt:

1. Exhaustion = vollständige Schlüsselsuche
2. algebraischer Angriff, siehe Abschnitt 9.2.2 auf Seite 515
3. statistische Angriffe auf versteckte Linearität:
   a) Lineare Kryptoanalyse (LKA) (Matsui/Yamagishi 1992). Sie ist das Thema der Abschnitt 9.2.7 auf Seite 523 ff.
   b) Differenzielle Kryptoanalyse (DKA) (Murphy, Shamir, Biham 1990)[34]
   c) Verallgemeinerungen und Mischformen der Ansätze (a) und (b).

Die statistischen Angriffe sind allerdings kaum konkret zum Brechen einer Chiffre im Sinne der klassischen Kryptoanalyse geeignet. Sie setzen meist so viele bekannte Klartexte voraus, wie man in realistischen Situationen kaum je erhalten kann. Daher sollte man tatsächlich eher von Analysen als von Angriffen sprechen. Ihr Sinn liegt vor allem darin, sinnvolle Maße für Teilaspekte der Sicherheit von Block-Chiffren zu gewinnen. Ein solches Sicherheitsmaß ist z. B. die Anzahl bekannter Klartextblöcke, die man für einen Angriff benötigt. Chiffren, die selbst unter unrealistischen Annahmen über die Kenntnisse der Angreiferin sicher sind, können als in der Praxis besonders sicher gelten.

Bei SP-Netzen startet man die Analyse bei den nichtlinearen Bestandteilen der einzelnen Runden, insbesondere bei den S-Boxen, und versucht, einen potenziellen Angriff über mehrere Runden auszudehnen. Dabei sieht man oft, wie die Schwierigkeit des Angriffs mit der Rundenzahl zunimmt. So erhält man Kriterien, ab wievielen Runden eine Chiffre „sicher“ ist – zumindest vor diesem speziellen Angriff.

SageMath-Skripte, die Methoden der linearen Kryptoanalyse auf die S-Box von Lucifer, auf Mini-Lucifer und zwei weitere Toy-Block-Chiffren anwenden, finden Sie unter `https://www.cryptool.org/de/ctbook/sagemath`.

In CT2 kann man die differentielle Kryptoanalyse an drei Toy-Chiffren ausführlich nachvollziehen (je in einem automatischen und einem Tutorial-Modus).[35] Die CT2-Vorlage „Differentielle Kryptoanalyse Tutorial 3 (Automatischer Modus)“ führt einen voll-automatischen Angriff gegen eine 96-bit Toy-Chiffre durch – siehe Abb. 9.6 auf der nächsten Seite:

- Die Komponenten DKA-Orakel und Toy-Chiffre erzeugen die Klartext-Geheimtext-Paare, die die Komponente DKA-KeyRecovery benötigt, um per DKA den geheimen Schlüssel zu ermitteln.
- Die Komponente DKA-PfadVisualisierer findet Charakteristiken und Pfade durch die Toy-Chiffre, die von der Komponente DKA-KeyRecovery benötigt werden, um die tatsächliche differentielle Kryptoanalyse auszuführen.

---

[34] Differenzielle Kryptoanalyse war bei IBM und NSA schon 1974 bekannt. Obwohl die lineare Kryptoanalyse vom Konzept her einfacher ist, war sie den Designern von DES offenbar nicht bekannt. Dementsprechend ist DES auch nicht besonders resistent gegen lineare Kryptoanalyse.

[35] Siehe unter `CT2 Vorlagen ▷ Kryptoanalyse ▷ Modern`

- Nach fünf Runden und insgesamt 160 010 Nachrichten (siehe Abb. 9.7 auf der nächsten Seite), konnte der benutzte Schlüssel gefunden werden. Dieser Schlüssel wird in der Textausgabe-Komponente „Ausgabe des Schlüssels" in Abb. 9.6 angezeigt. Dass es der richtige ist, kann man sehen, wenn man ihn mit dem Schlüssel in der Texteingabe-Komponente „Eingabe des Schlüssels" vergleicht, der benutzt wurde, um die über 160 000 Klartext-Geheimtext-Paare zu erzeugen.

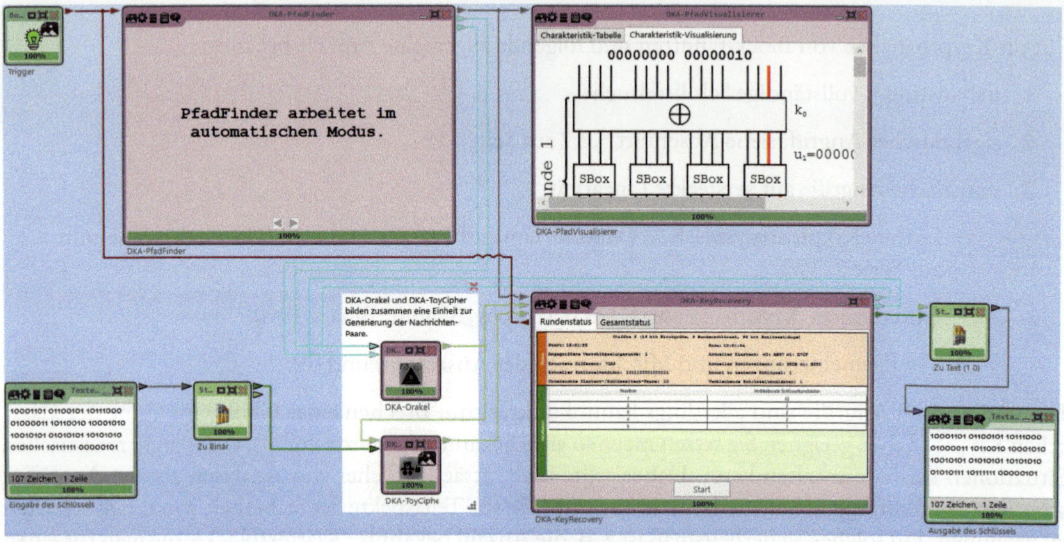

Abb. 9.6: CT2-Vorlage „Differentielle Kryptoanalyse Tutorial 3" gegen eine Toy-Chiffre

9.2.6 Sicherheitskriterien für Block-Chiffren

Zur Vermeidung der Angriffe sollten Block-Chiffren bzw. deren Runden-Abbildungen oder deren nichtlineare Bausteine, die S-Boxen, einige Kriterien erfüllen.

- **Balanciertheit:** Alle Urbildmengen sind gleich groß, d. h., die Werte der Abbildung sind gleichmäßig verteilt. Unregelmäßigkeiten in der Verteilung würden einen Ansatz zu statistischen Auswertungen bieten.
- **Diffusion/Lawineneffekt:** Bei Änderung eines Klartextbits ändern sich sehr viele, am besten ca. 50 %, der Geheimtextbits. Hierdurch soll die Ähnlichkeit von Klartexten (und Schlüsseln) verschleiert werden, d. h., die Angreiferin soll nicht erkennen, wenn sie den Klartext (oder Schlüssel) fast richtig geraten hat.
- **Algebraische Komplexität:** Die Bestimmung von Urbildern oder Teilen davon soll auf möglichst schwer lösbare Gleichungen führen. Diese Forderung hängt mit der Nichtlinearität der Abbildung zusammen. Eine genauere Untersuchung führt auf den Begriff der algebraischen Immunität.
- **Nichtlinearität:** Hier gibt es Kriterien, die auch „versteckte" Nichtlinearität messen und vergleichsweise leicht zu beschreiben und handzuhaben sind; sie zeigen u. a., ob die Abbildungen anfällig für lineare oder differenzielle Kryptoanalyse sind [9].
  - Das lineare Potenzial soll möglichst gering, das lineare Profil möglichst ausgeglichen sein.
  - Das differenzielle Potenzial soll möglichst gering, das Differenzenprofil möglichst ausgeglichen sein.

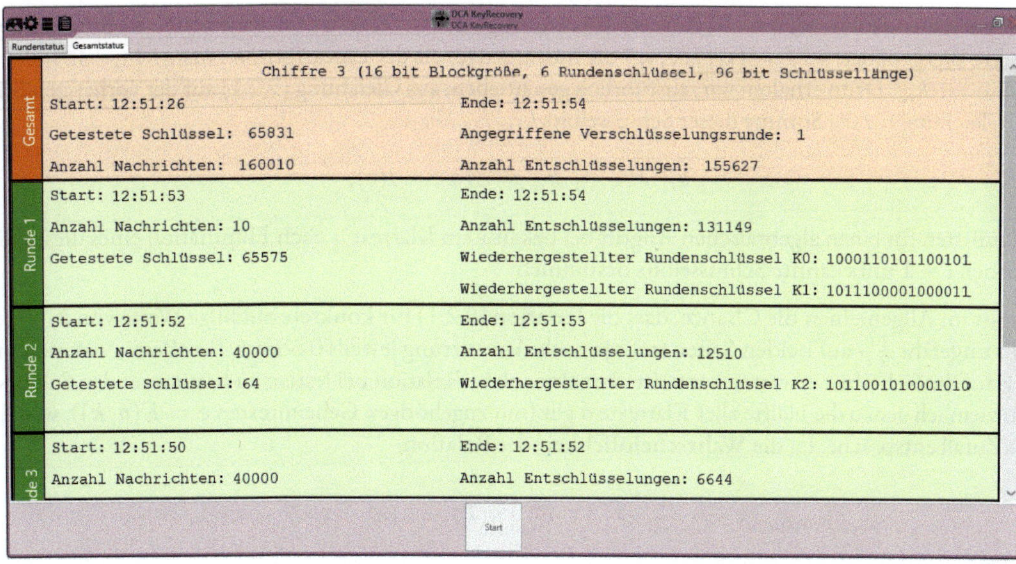

Abb. 9.7: Präsentations-Ansicht der DKA-KeyRecovery-Komponente. Sie zeigt den finalen Status nach einer erfolgreichen differentiellen Kryptoanalyse gegen eine Toy-Chiffre (in CT2)

Einige dieser Kriterien lassen sich gleichzeitig erfüllen, andere widersprechen sich teilweise, so dass das Design einer Block-Chiffre eine Abwägung der verschiedenen Kriterien erfordert; statt der Optimierung nach einem Kriterium ist ein möglichst gleichmäßig hohes Niveau bezüglich aller Kriterien anzustreben.

9.2.7 Die Idee der linearen Kryptoanalyse

Die genauere Beschreibung der statistischen Angriffe würde jeweils umfangreiche Extra-Kapitel erfordern. Am leichtesten zugänglich ist die lineare Kryptoanalyse, deren Anfangsgründe wir wenigstens exemplarisch etwas näher ansehen wollen.

Wir betrachten eine Block-Chiffre F mit Blocklänge n und Schlüssellänge l,

$$F\colon \mathbb{F}_2^n \times \mathbb{F}_2^l \longrightarrow \mathbb{F}_2^n,$$

und stellen uns die Argumente von F als Klartexte $a \in \mathbb{F}_2^n$ und Schlüssel $k \in \mathbb{F}_2^l$, die Werte von F als Geheimtexte $c \in \mathbb{F}_2^n$ vor.

Eine **lineare Relation** zwischen Klartext $a \in \mathbb{F}_2^n$, Schlüssel $k \in \mathbb{F}_2^l$ und Geheimtext $c = F(a,k) \in \mathbb{F}_2^n$ kann man durch drei Linearformen

$$\alpha\colon \mathbb{F}_2^n \longrightarrow \mathbb{F}_2, \quad \beta\colon \mathbb{F}_2^n \longrightarrow \mathbb{F}_2 \quad \text{und} \quad \kappa\colon \mathbb{F}_2^l \longrightarrow \mathbb{F}_2$$

als

$$\kappa(k) = \alpha(a) + \beta(c) \tag{9.2.1}$$

beschreiben. Im einfachsten Fall würden α, β und κ jeweils ein bestimmtes Bit aus den jeweiligen Bitblöcken herauspicken, und Gleichung (9.2.1) würde ein Bit des Schlüssels als Summe bestimmter Bits von Klartext und Geheimtext ausdrücken.

Im allgemeinen Fall werden nicht einzelne Bits herausgepickt, sondern es wird jeweils eine Summe über mehrere Bits gebildet. Sei $I = (i_1, \ldots, i_r)$ die Indexmenge, die der Linearform κ entspricht, d. h. $\kappa(k) = k_{i_1} + \cdots + k_{i_r}$. Dann erhalten wir, ausführlich geschrieben, aus Gleichung (9.2.1) auf der vorherigen Seite eine Gleichung für die Summe dieser Schlüsselbits $k_{i_1}, \ldots, k_{i_r}$:

$$k_{i_1} + \cdots + k_{i_r} = \alpha(a) + \beta(c),$$

und müssten für einen algebraischen Angriff bei bekanntem Klartext a nach Elimination eines dieser Bits nur noch $l - 1$ unbekannte Schlüsselbits bestimmen.

Nun ist im Allgemeinen die Chance, dass die Relation (9.2.1) für konkrete zufällige Werte von k, a und c gilt, ungefähr $\frac{1}{2}$ – auf beiden Seiten steht ja nach Auswertung jeweils 0 oder 1. Das Beste, was man mit Blick auf die Sicherheit erwarten kann, ist, dass eine solche Relation bei festem zu bestimmenden Schlüssel k für ziemlich genau die Hälfte aller Klartexte a gilt (mit zugehörigen Geheimtexten $c = F(a, k)$), weil das dem Zufall entspräche. Ist die **Wahrscheinlichkeit** der Relation,

$$p_{F,\alpha,\beta,\kappa}(k) := \frac{1}{2^n} \cdot \#\{a \in \mathbb{F}_2^n \mid \kappa(k) = \alpha(a) + \beta(F(a, k))\},$$

deutlich größer als $\frac{1}{2}$, gilt die Relation überzufällig oft. Das ergäbe eine auffällige Wahrscheinlichkeit für die Werte der Bits von k und würde für die Kryptoanalyse einen kleinen Vorteil mit sich bringen. Ist die Wahrscheinlichkeit andererseits deutlich kleiner als $\frac{1}{2}$, gilt die komplementäre Relation $\kappa(k) = \alpha(a) + \beta(c) + 1$ überzufällig oft – das wäre ein ebenso ausnützbares Ungleichgewicht.

Weil die Situation hinsichtlich der Abweichung der Wahrscheinlichkeit vom Idealwert $\frac{1}{2}$ also symmetrisch ist[36], ist es oft zweckmäßig, symmetrische Größen zu verwenden[37], die **Input-Output-Korrelation** (kurz: I/O-Korrelation)[38]:

$$\tau_{F,\alpha,\beta,\kappa}(k) := 2p_{F,\alpha,\beta,\kappa}(k) - 1$$

und das **Potenzial** der linearen Relation[39]:

$$\lambda_{F,\alpha,\beta,\kappa}(k) := \tau_{F,\alpha,\beta,\kappa}(k)^2.$$

Die I/O-Korrelation liegt zwischen -1 und 1. Das Potenzial liegt zwischen 0 und 1 und misst die Abweichung der Wahrscheinlichkeit vom Wert $\frac{1}{2}$. Es ist im guten Fall 0, im schlechten Fall 1. Dieser „schlechte" Extremfall würde eine exakte und direkt nutzbare Relation für die Schlüsselbits implizieren. Abb. 9.8 auf der nächsten Seite zeigt den Zusammenhang. Sie wurde mit dem SageMath-Beispiel 9.2.1 auf der nächsten Seite erzeugt.

---

36 und weil I/O-Korrelation und Potenzial eine multiplikative Eigenschaft haben, siehe Satz 9.2.6.

37 Diese kommen in der Literatur meist ohne explizite Namensgebung vor, so z. B. in den Originalarbeiten von Matsui.

38 Das ist die Korrelation zwischen zwei Booleschen Funktionen auf $\mathbb{F}_2^n$, nämlich $\alpha + \kappa(k)$ und $\beta \circ F_k$. (Bei festem k ist $\kappa(k)$ eine Konstante, also 0 oder 1). Die erstere Funktion pickt Input-Bits heraus, die letztere Output-Bits. Allgemein bezeichnet man als Korrelation zweier Boolescher Funktionen $f, g \colon \mathbb{F}_2^n \longrightarrow \mathbb{F}_2$ die Differenz

$$c(f, g) := \frac{1}{2^n} \cdot [\#\{x \in \mathbb{F}_2^n \mid f(x) = g(x)\} - \#\{x \in \mathbb{F}_2^n \mid f(x) \neq g(x)\}]$$

39 Für diese Bezeichnung („potential") ist der älteste bekannte Nachweis der Beitrag von Kaisa Nyberg auf der EUROCRYPT 1994. Mathematisch weniger elegant, aber oft verwendet, ist der „Bias" $|p - \frac{1}{2}| = \sqrt{\lambda}/2$.

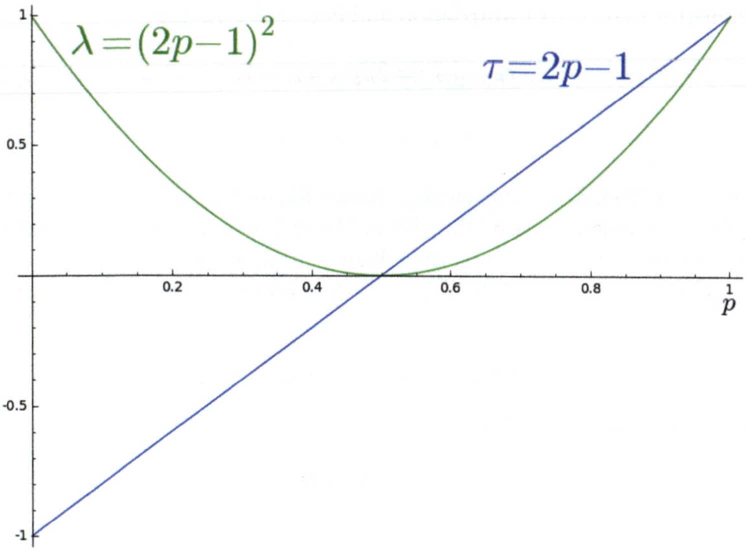

Abb. 9.8: Zusammenhang zwischen Wahrscheinlichkeit p, I/O-Korrelation τ und Potenzial λ

SageMath-Beispiel 9.2.1: Plot von I/O-Korrelation und Potenzial

```
print("\n# CHAP09 -- Sage-Script-SAMPLE 040: =========")

def Display(F,fname):
    ### Same function as in chap04_sample030.sage
    pngfile='/tmp/'+fname+'.png'; # print("pngfile=", pngfile)
    F.save(pngfile,axes=True)
    imv = 'feh ' # 'okular ' # 'gwenview ' # 'eog '  ## image viewer to start from the terminal under ▶
      ▶Linux
    # imv = 'open -a preview '  ## image viewer to start from the terminal under macOS
    oscommand = imv + pngfile + ' &'; # print("oscommand=", oscommand)
    os.system(oscommand)
    return

print("... Creating one graphics")
plot1 = plot(2*x-1, (x,0,1))
plot2 = plot((2*x - 1)**2, (x,0,1), color = 'green')
xlabel = text('$p$', (1.0, -0.1), fontsize = 20, color = 'black')
legend1 = text('$\tau = 2p - 1$', (0.75,0.8), fontsize = 30)
legend2 = text('$\lambda = (2p - 1)^2$', (0.2,0.9), fontsize = 30, color = 'green')
Display(plot1 + plot2 + xlabel + legend1 + legend2, "Plot_relation-probability-correlation")
```

Der Schlüssel k ist allerdings das Ziel des Angriffs und die Wahrscheinlichkeit $p_{F,\alpha,\beta,\kappa}(k)$ in der Angriffssituation unbekannt. Für die Kryptoanalyse ist es daher angebracht, die Wahrscheinlichkeit einer linearen Relation noch über alle Schlüssel zu mitteln:

$$p_{F,\alpha,\beta,\kappa} := \frac{1}{2^{n+l}} \#\{(a,k) \in \mathbb{F}_2^n \times \mathbb{F}_2^l \mid \kappa(k) = \alpha(a) + \beta(F(a,k))\}. \qquad (9.2.2)$$

Diese Größe ist, zumindest theoretisch, wenn man die Effizienzfrage außer Acht lässt, allein aus der Definition der Chiffre F bestimmbar. Ihre Bestimmung läuft allerdings auf eine Exhaustion aller Klartexte und Schlüssel hinaus und ist daher bei einer realen Chiffre mit genügend großen Blocklängen oft wirklich nur theoretisch. Auch hierfür werden I/O-Korrelation und Potenzial definiert:

$$\tau_{F,\alpha,\beta,\kappa} := 2p_{F,\alpha,\beta,\kappa} - 1,$$

$$\lambda_{F,\alpha,\beta,\kappa} := \tau^2_{F,\alpha,\beta,\kappa}.$$

Shamir[40] bemerkte schon 1985, dass es überzufällige lineare Relationen für die S-Boxen des DES-Verfahrens gibt. Es dauerte allerdings weitere sieben Jahre, bis es Matsui[41] (nach ersten Versuchen von Gilbert und Chassé 1990 mit der Chiffre FEAL) gelang, diese Beobachtung systematisch auszunutzen. Er ging zur Schätzung[42] von $\kappa(k)$ wie folgt vor (im Fall $p_{F,\alpha,\beta,\kappa} > \frac{1}{2}$, sonst muss man bei der Entscheidung die Werte 0 und 1 vertauschen[43]):

1. **Sammelphase** Man sammelt N Klartext-Geheimtextpaare $(a_1, c_1), \ldots, (a_N, c_N)$.
2. **Auszählung** Man bestimmt die Anzahl

$$t := \#\{i = 1, \ldots, N \mid \alpha(a_i) + \beta(c_i) = 0\}.$$

3. **Mehrheitsentscheidung** aufgrund von t:
   - Ist $t > \frac{N}{2}$, schätzt man $\kappa(k) = 0$.
   - Ist $t < \frac{N}{2}$, schätzt man $\kappa(k) = 1$.

Der Fall $t = \frac{N}{2}$ ist unergiebig, kommt aber selten vor – man entscheidet zufällig zwischen 0 und 1 oder gibt eine entsprechende Rückmeldung.[44]

Im SageMath-Beispiel 9.4.3 auf Seite 611 stehen die Variablen `a` und `b` für die Linearformen α und β. Die Liste `pc` enthält `N` Paare von Klartext und Geheimtext. Der Boolesche Wert `compl` gibt an, ob das als Ergebnis geschätzte Bit invertiert werden soll. Die Ausgabe ist ein Tripel aus der Anzahl `t` der gezählten Nullen, dem geschätzten Bit und einem Booleschen Wert, der angibt, ob das Bit deterministisch bestimmt (`True`) oder im Grenzfall zufällig bestimmt (`False`) wurde. Verwendet wird die Funktion `binScPr` („binäres Skalarprodukt") aus dem SageMath-Beispiel 9.4.2 auf Seite 610 im Anhang 9.4.3.

Eine konkrete Anwendung folgt gleich als Beispiel im nächsten Abschnitt „Beispiel S-Box Lucifer" und in Abschnitt 9.2.13 auf Seite 551.

Wenn man eine lineare Relation mit hinreichend großem Potenzial, d. h. hinreichend weit von $\frac{1}{2}$ abweichender Wahrscheinlichkeit, erwischt hat, wird die Erfolgswahrscheinlichkeit dieses Verfahrens bei hinreichend großem N gut sein. Das erlaubt dann, die Anzahl der unbekannten Schlüsselbits durch Elimination um 1 zu verringern.

Als theoretisches Ergebnis aus diesen Überlegungen werden wir einen Zusammenhang zwischen der Anzahl N von benötigten Klartextblöcken und der Erfolgswahrscheinlichkeit erhalten, siehe Tabelle 9.11 auf Seite 533.

Je mehr solcher linearen Relationen die Angreiferin mit genügend hoher Gewissheit findet, desto stärker kann sie die Größe des Schlüsselraums einschränken, bis schließlich eine Exhaustion über die noch in Frage

[40] Adi Shamir, israelischer Kryptologe, Miterfinder des RSA-Verfahrens, *6.7.1952.

[41] Mitsuru Matsui, japanischer Kryptologe, *16.9.1961.

[42] Das ist eine sogenannte Maximum-Likelihood-Schätzung, d. h. man wählt diejenige von mehreren Hypothesen (hier sind es nur zwei), unter deren Annahme das Beobachtungsergebnis die höchste Wahrscheinlichkeit hat.

[43] Im Fall $p_{F,\alpha,\beta,\kappa} = \frac{1}{2}$ ist die Methode in dieser Form unbrauchbar.

[44] Am besten beides wie im SageMath-Beispiel 9.4.3 auf Seite 611

kommenden Schlüssel in den Bereich des Machbaren rückt. Ein konkretes Beispiel in Abschnitt 9.2.13 auf Seite 551 wird dies illustrieren.

Beispiel S-Box Lucifer

Für ein konkretes Beispiel mit $n = l = 4$ betrachten wir die Boolesche Abbildung[45] f, die durch die Wertetabelle 9.8 gegeben ist, und bilden damit die Block-Chiffre (s. a. Abb. 9.9 auf Seite 530)

$$F: \mathbb{F}_2^4 \times \mathbb{F}_2^4 \longrightarrow \mathbb{F}_2^4, \quad F(a,k) := f(a+k).$$

Das SageMath-Beispiel 9.2.2 definiert diese Boolesche Abbildung f unter dem Namen `S0` und verwendet die Klassen `BoolF` und `BoolMap` aus dem Anhang 9.4.6. Dabei geben die Spalten der (impliziten) definierenden Matrix genau die Werte der Abbildung an, wie man sie auch in Tabelle 9.8 auf der nächsten Seite in der Spalte $y = f(x)$ wiederfindet. D. h., SageMath-Beispiel 9.2.2 und Tabelle 9.8 auf der nächsten Seite enthalten äquivalente Definitionen der Abbildung f. Eine exemplarische Evaluation in dem SageMath-Beispiel illustriert das (für die dritte Spalte, entsprechend dem Argument `0010`).

SageMath-Beispiel 9.2.2: Eine Boolesche Abbildung (S-Box S_0 von LUCIFER)

```
print("\n# CHAP09 -- Sage-Script-SAMPLE 050: =========")

load("./bitciphers.sage")
f1 = BoolF([1,1,0,1,1,1,1,0,0,0,0,0,1,0,0,1])
f2 = BoolF([1,1,1,0,1,1,0,0,0,1,0,0,0,1,1,0])
f3 = BoolF([0,1,1,1,1,0,1,0,1,1,1,0,0,0,0,0])
f4 = BoolF([0,1,1,0,0,1,1,0,0,0,1,1,1,0,1,0])
S0 = BoolMap([f1,f2,f3,f4])
# Sample evaluation
print(S0.valueAt([0,0,1,0]))

#----------------------------------
# CHAP09 -- Sage-Script-SAMPLE 050: =========
# [0, 1, 1, 1]
```

Im Folgenden führen wir den Matsui-Test durch. Wir verschlüsseln mit dem Schlüssel $k =$ `1000`, den wir später zur Probe angreifen wollen. Für eine lineare Relation betrachten wir die Linearformen

$$\alpha(a) = a_4, \quad \beta(c) = c_1 + c_2 + c_4, \quad \kappa(k) = k_4;$$

wir werden in Abschnitt 9.2.8 auf Seite 529 sehen, dass mit diesen Linearformen die Relation $\kappa(k) = \alpha(a) + \beta(c)$ für F eine Wahrscheinlichkeit deutlich $> \frac{1}{2}$ hat. Tabelle 9.9 auf der nächsten Seite zeigt die Verschlüsselung dreier Klartexte a, die wir später als bekannte Klartexte annehmen wollen. Die Werte für c wurden aus der Wertetabelle 9.8 abgelesen. Die Anzahl t der beobachteten Werte 0 von $\alpha(a) + \beta(c)$ ist $t = 2$. Die Mehrheitsentscheidung führt also zu der Schätzung $k_4 = 0$ (von der wir wissen, dass sie korrekt ist).

Das war mit dem Bleistift auf Papier ganz leicht auszuzählen. Dennoch ist der Nachvollzug in SageMath im Hinblick auf kompliziertere Beispiele instruktiv. Das geschieht im SageMath-Beispiel 9.2.3 auf der nächsten Seite. Dabei wird die Funktion `xor` aus dem SageMath-Beispiel 9.4.2 auf Seite 610 im Anhang 9.4.3 sowie die im SageMath-Beispiel 9.2.2 definierte Abbildung `S0` verwendet. Das Ergebnis `[2, 0, True]` besagt, dass 2

[45] f ist die S-Box S_0 von LUCIFER, das um 1970 als Vorgänger-Verfahren von DES entwickelt wurde.

x	$y = f(x)$	$\alpha(x) = x_4$	$\beta(y) = y_1 + y_2 + y_4$
0000	1100	0	0
0001	1111	1	1
0010	0111	0	0
0011	1010	1	1
0100	1110	0	0
0101	1101	1	1
0110	1011	0	0
0111	0000	1	0
1000	0010	0	0
1001	0110	1	1
1010	0011	0	1
1011	0001	1	1
1100	1001	0	0
1101	0100	1	1
1110	0101	0	0
1111	1000	1	1

Tab. 9.8: Wertetabelle einer Booleschen Abbildung $f : \mathbb{F}_2^4 \longrightarrow \mathbb{F}_2^4$ und zwei Linearformen

a	$a + k$	c	$\alpha(a)$	$\beta(c)$	$\alpha(a) + \beta(c)$
0010	1010	0011	0	1	1
0101	1101	0100	1	1	0
1010	0010	0111	0	0	0

Tab. 9.9: Schätzung eines Schlüsselbits nach Matsui unter Verwendung von drei bekannten Klartexten

Nullen unter den ausgezählten Werten waren, was zur Mehrheitsentscheidung 0 führt, die (wegen `True`) nicht durch zufällige Auslosung bei Gleichstand ermittelt wurde.

SageMath-Beispiel 9.2.3: Ein Beispiel für den Matsui-Test

```
print("\n# CHAP09 -- Sage-Script-SAMPLE 060: =========")

load("./bitciphers.sage")
k = [1,0,0,0]
alpha = [0,0,0,1]
beta = [1,1,0,1]
plist = [[0,0,1,0],[0,1,0,1],[1,0,1,0]]
xlist = []; xclist = []; pclist = []
for i in range(0,len(plist)):
```

Fortsetzung SageMath-Beispiel 9.2.3

```
    x = xor(plist[i],k)
    xlist.append(x)
print(xlist)
for i in range(0,len(plist)):
    val = S0.valueAt(xlist[i])
    xclist.append([xlist[i],val])
    pclist.append([plist[i],val])
print(Matsui_Test(alpha,beta,pclist,False))

#-----------------------------------
# CHAP09 -- Sage-Script-SAMPLE 060: =========
[[1, 0, 1, 0], [1, 1, 0, 1], [0, 0, 1, 0]]
[2, 0, True]
```

Damit das Verfahren im allgemeinen Fall Erfolg verspricht, sind folgende Fragen zu klären:

1. Wie findet man lineare Relationen von möglichst auffälliger Wahrscheinlichkeit? Insbesondere im Hinblick darauf, dass die Auswertung der Formel (9.2.2) am Effizienzproblem scheitert.
2. Da Block-Chiffren meistens aus vielen Runden zusammengesetzt sind, fragt man weiter:
   a) Wie findet man bei einer iterierten Block-Chiffre brauchbare lineare Relationen für die Rundenfunktion?
   b) Wie setzt man diese über die Runden hinweg zu linearen Relationen für die ganze Chiffre zusammen?
   c) Wie bestimmt man die Wahrscheinlichkeit einer zusammengesetzten linearen Relation für die ganze Chiffre aus der für die einzelnen Runden?

Die Antwort auf die erste Frage und Teil (a) der zweiten heißt: Aus dem linearen Profil, siehe Abschnitt 9.2.9 auf Seite 533. Die anschließenden Teilfragen führen zur Untersuchung von linearen Pfaden, siehe Abschnitt 9.2.11 auf Seite 547, und zur Kumulation von Wahrscheinlichkeiten, siehe Satz 9.2.7. Für (c) kommt dabei letztendlich eine brauchbare Faustregel heraus.

9.2.8 Beispiel A: eine Einrunden-Chiffre

Es werden Beispiele betrachtet, die als ernsthafte Block-Chiffren viel zu einfach sind, aber das Prinzip der linearen Kryptoanalyse anschaulich und nachvollziehbar demonstrieren. Dabei werden stets Rundenfunktionen der Gestalt $f(a+k)$ betrachtet, d. h., der Schlüssel bzw. ein n-bittiger Teil davon wird vor der Anwendung einer bijektiven S-Box $f: \mathbb{F}_2^n \longrightarrow \mathbb{F}_2^n$ binär auf den Klartext aufaddiert.[46] Das einfachste denkbare Modell, die Verschlüsselung nach der Vorschrift

$$c = f(a+k)$$

wie im Beispiel in Abschnitt 9.2.7 auf Seite 523, siehe Abb. 9.9 auf der nächsten Seite[47], ist dabei witzlos, da bei bekanntem Klartext die Gleichung nach dem Schlüssel k auflösbar ist[48]:

$$k = f^{-1}(c) + a.$$

[46] Das ist zwar eine sehr spezielle Art, den Schlüssel in das Verfahren einzubringen, aber dennoch realistisch. Die Beispiel-Chiffren LUCIFER, DES und AES verfahren so. Bei AES [22] heißt das *key-alternating cipher structure*.

[47] In den grafischen Darstellungen hier und später wird die Abbildung f auf der elementweisen Ebene durch die S-Box S repräsentiert.

[48] Die Umkehrabbildung f^{-1} wird hier als der Angreiferin bekannt angenommen. Sie ist ja Teil des Algorithmus zur Entschlüsselung. Einweg-Verschlüsselungen, bei denen f^{-1} aus f nicht effizient herleitbar ist, bilden ein anderes Kapitel der Kryptografie.

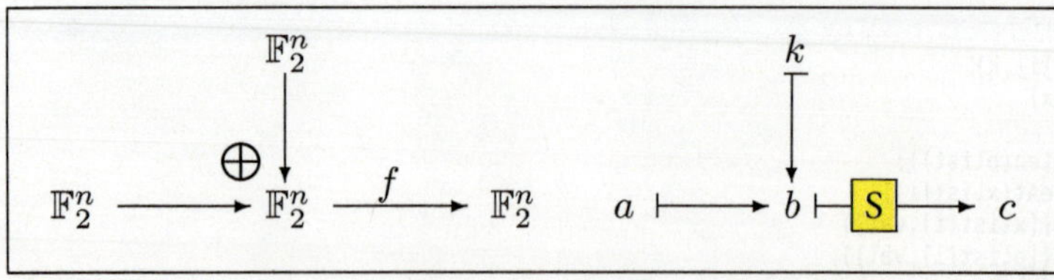

Abb. 9.9: Ein (viel) zu einfaches Beispiel

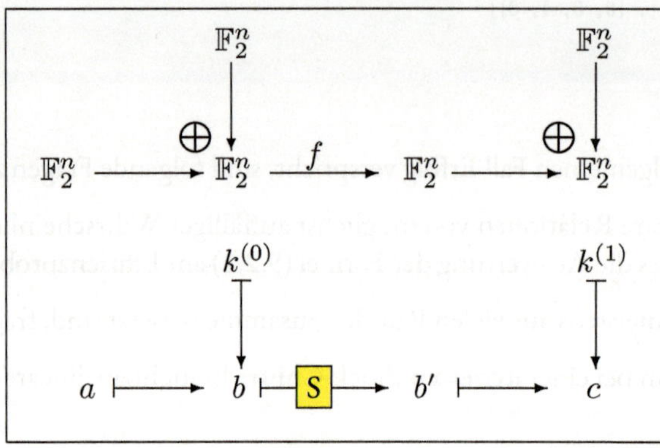

Abb. 9.10: Beispiel A: Eine Einrunden-Chiffre

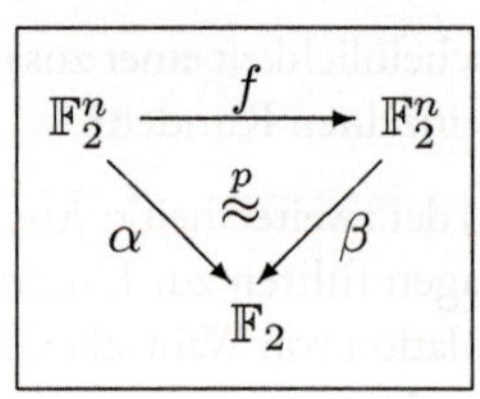

Abb. 9.11: Diagramm für eine „approximate" lineare Relation

Dieser einfache Angriff wird bei dem etwas komplizierteren Beispiel A mit

$$c = f(a + k^{(0)}) + k^{(1)}$$

verhindert (siehe Abb. 9.10); hier ist der Ansatz der linearen Kryptoanalyse bereits sinnvoll: Sei (α, β) ein Paar von Linearformen mit

$$\beta \circ f(x) \overset{p}{\approx} \alpha(x), \tag{9.2.3}$$

wobei das Symbol $\overset{p}{\approx}$ zu lesen ist als „gleich mit Wahrscheinlichkeit p", also

$$p = p_{f,\alpha,\beta} := \frac{1}{2^n} \cdot \#\{x \in \mathbb{F}_2^n \mid \beta \circ f(x) = \alpha(x)\}.$$

Repräsentiert wird die Formel (9.2.3) durch das Diagramm in Abb. 9.11. Die Linearform κ der allgemeinen Theorie tritt hier nicht explizit auf: Da die Schlüsselbits auf Klartext und („intermediären") Geheimtext einfach aufaddiert werden, ist $\kappa = \alpha$ für $k^{(0)}$ und $\kappa = \beta$ für $k^{(1)}$, also $\kappa(k^{(0)}, k^{(1)}) = \alpha(k^{(0)}) + \beta(k^{(1)})$.

Wie hängt das mit der allgemeinen Situation aus Abschnitt 9.2.7 auf Seite 523 zusammen? Für das Beispiel A ist

- die Schlüssellänge $l = 2n$, der Schlüsselraum ist $\mathbb{F}_2^{2n}$, und Schlüssel haben die Gestalt $k = (k^{(0)}, k^{(1)})$ mit $k^{(0)}, k^{(1)} \in \mathbb{F}_2^n$.
- Die Chiffre ist durch die Abbildung

$$F\colon \mathbb{F}_2^n \times \mathbb{F}_2^n \times \mathbb{F}_2^n \longrightarrow \mathbb{F}_2^n, \quad (a, k^{(0)}, k^{(1)}) \mapsto f(a + k^{(0)}) + k^{(1)},$$

  definiert.
- Die Linearform $\kappa\colon \mathbb{F}_2^n \times \mathbb{F}_2^n \longrightarrow \mathbb{F}_2$ ist durch $\kappa(k^{(0)}, k^{(1)}) = \alpha(k^{(0)}) + \beta(k^{(1)})$ gegeben.

Die Wahrscheinlichkeit einer linearen Relation für einen festen Schlüssel $k = (k^{(0)}, k^{(1)})$ ist damit

$$\begin{aligned} p_{F,\alpha,\beta,\kappa}(k) &= \frac{1}{2^n} \cdot \#\{a \in \mathbb{F}_2^n \mid \kappa(k) = \alpha(a) + \beta(F(a,k))\} \\ &= \frac{1}{2^n} \cdot \#\{a \in \mathbb{F}_2^n \mid \alpha(k^{(0)}) + \beta(k^{(1)}) = \alpha(a) + \beta(f(a + k^{(0)}) + k^{(1)})\} \\ &= \frac{1}{2^n} \cdot \#\{a \in \mathbb{F}_2^n \mid \alpha(k^{(0)}) = \alpha(a) + \beta(f(a + k^{(0)}))\}, \end{aligned}$$

da $\beta(k^{(1)})$ auf beiden Seiten der Gleichung innerhalb der Mengenklammern vorkommt und daher einfach weggelassen werden kann.

Dieser Ausdruck ist unabhängig von $k^{(1)}$, und an der leicht umgeformten Gleichung

$$p_{F,\alpha,\beta,\kappa}(k) = \frac{1}{2^n} \cdot \#\{a \in \mathbb{F}_2^n \mid \alpha(a + k^{(0)}) = \beta(f(a + k^{(0)}))\}$$

sieht man, dass er für alle $k^{(0)}$ den gleichen Wert hat, da bei festem $k^{(0)}$ mit a auch $a + k^{(0)}$ ganz $\mathbb{F}_2^n$ durchläuft. Dieser Wert muss daher mit dem Mittelwert über alle k übereinstimmen:

$$p_{F,\alpha,\beta,\kappa}(k) = p_{F,\alpha,\beta,\kappa} = \frac{1}{2^n} \cdot \#\{x \in \mathbb{F}_2^n \mid \alpha(x) = \beta(f(x))\} = p.$$

Mit dieser Überlegung ist gezeigt:

Satz 9.2.2. *In der Situation des Beispiels A nimmt die Wahrscheinlichkeit $p_{F,\alpha,\beta,\kappa}(k)$ für jeden Schlüssel $k \in \mathbb{F}_2^{2n}$ den gleichen Wert*

$$p = \frac{1}{2^n} \cdot \#\{x \in \mathbb{F}_2^n \mid \alpha(x) = \beta(f(x))\}$$

an, insbesondere ist p auch der Mittelwert nach Gleichung (9.2.2) *auf Seite 525.*

Mit den Bezeichnungen aus Abb. 9.10 auf der vorherigen Seite gilt nun

$$\begin{aligned} \beta(c) &= \beta(b' + k^{(1)}) = \beta(b') + \beta(k^{(1)}) \\ &\overset{p}{\approx} \alpha(b) + \beta(k^{(1)}) = \alpha(a + k^{(0)}) + \beta(k^{(1)}) = \alpha(a) + \alpha(k^{(0)}) + \beta(k^{(1)}). \end{aligned}$$

Als lineare Relation für die Bits des Schlüssels $k = (k^{(0)}, k^{(1)})$ erhalten wir

$$\alpha(k^{(0)}) + \beta(k^{(1)}) \overset{p}{\approx} \alpha(a) + \beta(c).$$

Ein analoger Schluss lässt sich für die komplementäre Relation

$$\beta \circ f(x) \overset{1-p}{\approx} \alpha(x) + 1$$

durchführen. Insgesamt ist damit gezeigt:

Satz 9.2.3. *Im Beispiel A sei (α, β) ein Paar von Linearformen für f mit der Wahrscheinlichkeit p wie in Formel (9.2.3). Dann ist $\hat{p} = \max\{p, 1-p\}$ die Erfolgswahrscheinlichkeit für die Bestimmung eines Schlüsselbits aus* einem *bekannten Klartext durch diese lineare Relation.*

Beispiel

Nehmen wir als konkretes Beispiel $n = 4$ und für f wieder die S-Box S_0 von LUCIFER. Die beiden rechten Spalten der Tabelle 9.8 auf Seite 528 zeigen, dass die durch (α, β) mit $\alpha(x) = x_4$ und $\beta(y) = y_1 + y_2 + y_4$ definierte lineare Relation die Wahrscheinlichkeit $p_{f,\alpha,\beta} = \frac{14}{16} = \frac{7}{8}$ hat[49].

Die konkreten Rundenschlüssel seien $k^{(0)} = 1000$ und $k^{(1)} = 0001$. Die Tabelle 9.10 auf der nächsten Seite über alle 16 möglichen Klartexte zeigt, dass $\alpha(a) + \beta(c)$ den Wert $1 = \alpha(k^{(0)}) + \beta(k^{(1)})$ für die Summe der Schlüsselbits genau 14-mal annimmt, wie es sein soll.

Wie groß ist nun die Erfolgswahrscheinlichkeit p_N dafür, diesen Wert richtig zu schätzen, wenn man $N = 1, 2, \ldots$ zufällige bekannte Klartexte aus der Menge der 2^n möglichen zur Verfügung hat (zu gegebenen festen Linearformen α und β mit $p = p_{f,\alpha,\beta}$)? Das ist genau eine konkrete Einkleidung der Fragestellung der hypergeometrischen Verteilung, und daher gilt (ohne Beweis und ohne Erklärung der hypergeometrischen Verteilung):

Satz 9.2.4. *Im Beispiel A sei (α, β) ein Paar von Linearformen, das eine lineare Relation für f mit der Wahrscheinlichkeit p definiert. Dann ist die Erfolgswahrscheinlichkeit für die Bestimmung eines Schlüsselbits aus N bekannten Klartexten durch diese lineare Relation gerade die kumulierte Wahrscheinlichkeit $p_N = p_N^{(s)}$ der hypergeometrischen Verteilung zu den Parametern 2^n, $s = \hat{p} \cdot 2^n$ und N mit $\hat{p} = \max\{p, 1-p\}$.*

Verlässt man die exakte Mathematik und geht, wie oft in der angewandten Statistik, zu asymptotischen Näherungsformeln über, so kann man unter den (sehr vage formulierten) Voraussetzungen „p nicht zu weit von $\frac{1}{2}$ entfernt, $N \ll 2^n$, aber N nicht zu klein," die hypergeometrische Verteilung durch die Normalverteilung approximieren und erhält

$$p_N \approx \frac{1}{\sqrt{2\pi}} \cdot \int_{-\infty}^{\sqrt{N\lambda}} e^{-t^2/2}\, dt, \tag{9.2.4}$$

wobei $\lambda = (2p-1)^2$ das Potenzial der linearen Relation ist. Zusammen mit den bekannten Werten für die Normalverteilung[50] ergibt das die Tabelle 9.11 auf der nächsten Seite. D. h., um eine Erfolgswahrscheinlichkeit von etwa 95 % zu erreichen, braucht man $N \approx \frac{3}{\lambda}$ bekannte Klartexte .

Im obigen konkreten Beispiel war $p = \frac{7}{8}$, also $\lambda = \frac{9}{16}$, und die Zahl der nötigen bekannten Klartexte für die 95-prozentige Erfolgswahrscheinlichkeit ist nach der Formel $N \approx 5$. Wir waren, siehe Tabelle 9.9 auf Seite 528, schon mit $N = 3$ erfolgreich gewesen; das ist nicht sehr überraschend, denn wie wir jetzt sehen, war die Erfolgswahrscheinlichkeit dafür immerhin knapp 90 % (hier ist nämlich $N\lambda = \frac{27}{16} \approx 1{,}68\ldots$)[51].

---

[49] Deren Größe ist ein starkes Indiz dafür, dass die Designer von LUCIFER die lineare Kryptoanalyse noch nicht kannten.

[50] Man kann statt mit der Approximation durch die Normalverteilung auch direkt mit der hypergeometrischen Verteilung rechnen. Dann erhält man, besonders bei kleinem N, einen genaueren Wert, aber keine so einfache geschlossene Formel wie (9.2.4).

[51] Hier wird man die Voraussetzung „N nicht zu klein" der Approximation durch die Normalverteilung zu Recht anzweifeln müssen. In

a	b	b'	c	$\alpha(a) + \beta(c) = a_4 + c_1 + c_2 + c_4$
0000	1000	0010	0011	1
0001	1001	0110	0111	1
0010	1010	0011	0010	0
0011	1011	0001	0000	1
0100	1100	1001	1000	1
0101	1101	0100	0101	1
0110	1110	0101	0100	1
0111	1111	1000	1001	1
1000	0000	1100	1101	1
1001	0001	1111	1110	1
1010	0010	0111	0110	1
1011	0011	1010	1011	1
1100	0100	1110	1111	1
1101	0101	1101	1100	1
1110	0110	1011	1010	1
1111	0111	0000	0001	0

Tab. 9.10: Eine lineare Relation für die Schlüsselbits (b entsteht aus a durch Addition von $k^{(0)}$, also „Umkippen" des ersten Bits, b' aus b durch Anwendung von f, c aus b' durch Addition von $k^{(1)}$)

$N\lambda$	1	2	3	4	...	8	9
p_N	84,1 %	92,1 %	95,8 %	97,7 %	...	99,8 %	99,9 %

Tab. 9.11: Zusammenhang zwischen der Anzahl der bekannten Klartexte und der Erfolgswahrscheinlichkeit

9.2.9 Approximationstabelle, Korrelationsmatrix und lineares Profil

Die Häufigkeiten, mit denen lineare Relationen für eine Boolesche Abbildung (oder S-Box) $f\colon \mathbb{F}_2^n \longrightarrow \mathbb{F}_2^q$ gelten, werden in einer $2^n \cdot 2^q$-Matrix zusammengefasst, die zu jedem Paar von Linearformen (α, β) die Anzahl der Argumente x mit $\beta \circ f(x) = \alpha(x)$ angibt und **Approximationstabelle** genannt wird[52]. Für die oben verwendete S-Box S_0 von LUCIFER ist sie in Tabelle 9.12 auf der nächsten Seite wiedergegeben. Der Eintrag 16 in der linken oberen Ecke besagt, dass die Relation $0 = 0$ immer, also in allen 16 Fällen gilt, und

der Tat kann man leicht die exakten Werte für die hypergeometrische Verteilung bestimmen: Zieht man aus einer Urne mit 16 Kugeln, von denen 14 schwarz und 2 weiß sind, zufällig 3 Kugeln, so werden diese mit Wahrscheinlichkeit $\frac{26}{40}$ alle drei schwarz sein, und mit Wahrscheinlichkeit $\frac{13}{40}$ zwei davon schwarz und eine weiß, also mit Wahrscheinlichkeit $\frac{39}{40} = 97{,}5\,\%$ mindestens zwei schwarz. Das ist also deutlich mehr als die aus der Approximationsformel (9.2.4) bestimmten 90 %. Die übrigen Wahrscheinlichkeiten sind $\frac{1}{40}$ für genau eine schwarze Kugel und 0 für drei weiße.

[52] Vorsicht mit den Literatur-Referenzen: Oft wird von allen Einträgen noch der Wert 2^{n-1} abgezogen, so z. B. bei der SageMath-Funktion `linear_approximation_matrix()`.

ist gleichzeitig der Hauptnenner, durch den man alle Einträge teilen muss, um die Wahrscheinlichkeiten zu erhalten; im allgemeinen Fall würde dort 2^n stehen.

Die übrigen Einträge in der ersten Spalte (entsprechend $\beta = 0$) sind 8, weil jede von Null verschiedene Linearform α den Wert 0 in genau der Hälfte aller Fälle, hier also 8-mal, annimmt.[53] Für die erste Zeile gilt das analoge Argument – vorausgesetzt, f ist bijektiv.[54]

	0	1	2	3	4	5	6	7	8	9	10	11	12	13	14	15
0	16	8	8	8	8	8	8	8	8	8	8	8	8	8	8	8
1	8	6	6	8	8	6	6	8	8	6	6	8	8	14	6	8
2	8	10	8	6	4	6	8	6	6	12	6	8	10	8	6	8
3	8	12	10	6	12	8	10	6	6	6	8	8	10	10	8	8
4	8	8	4	8	8	8	8	4	10	6	6	6	10	6	10	10
5	8	10	10	12	8	10	6	8	10	8	4	10	10	8	8	6
6	8	10	8	10	8	10	8	10	8	10	8	2	8	10	8	10
7	8	8	10	6	8	8	2	6	8	8	10	6	8	8	10	6
8	8	8	6	10	6	10	8	8	4	8	10	10	10	10	12	8
9	8	10	8	10	6	4	10	8	8	6	8	6	6	8	10	4
10	8	6	10	8	6	8	8	10	6	4	8	6	12	6	6	8
11	8	12	8	8	6	6	6	10	10	6	10	10	8	8	8	12
12	8	8	10	10	6	10	8	4	6	6	8	8	4	8	6	10
13	8	6	12	6	6	8	10	8	10	8	6	8	8	10	12	8
14	8	6	10	12	10	4	8	6	8	10	10	8	10	8	8	10
15	8	8	8	8	10	6	6	10	4	8	4	8	6	6	10	10

Tab. 9.12: Approximationstabelle der S-Box S_0 von LUCIFER – Zeilen- und Spaltenindizes sind durch Zahlen repräsentierte Linearformen, siehe Abschnitt 9.1.11 auf Seite 509. Die Wahrscheinlichkeiten erhält man nach Division durch 16.

Die **Korrelationsmatrix** und das **lineare Profil**[55] sind die entsprechenden Matrizen, deren Einträge jeweils die I/O-Korrelation bzw. das Potenzial der linearen Relation enthalten. Man erhält die Korrelationsmatrix aus der Approximationstabelle, indem man erst die Einträge durch 2^n dividiert, um die jeweiligen Wahrscheinlichkeiten p zu erhalten; dann muss man noch die Wahrscheinlichkeiten nach der Formel $\tau = 2p - 1$ in I/O-Korrelationen umrechnen. Das lineare Profil entsteht dann, indem man die Einträge der Korrelationsmatrix einzeln quadriert.

Für S_0 ist die Korrelationsmatrix in Tabelle 9.13 auf der nächsten Seite und das lineare Profil in Tabelle 9.14 auf Seite 536 wiedergegeben. Auch hier sind die erste Zeile und die erste Spalte auffällig; die Nullen besagen,

[53] In der Sprache der linearen Algebra: Der Kern einer Linearform $\neq 0$ ist ein $(n-1)$-dimensionaler Unterraum.

[54] Im allgemeinen Fall, wo $q \neq n$ sein kann, müsste man hier „balanciert" sagen, d. h., alle Urbildmengen sind gleich groß. Das geht natürlich nur im Fall $q \leq n$ wirklich.

[55] oder auch Linearitätsprofil; nicht zu verwechseln mit dem linearen Komplexitätsprofil einer Bitfolge, das mithilfe von linearen Schieberegistern definiert wird und auch oft Linearitätsprofil genannt wird.

	0	1	2	3	4	5	6	7	8	9	10	11	12	13	14	15
0	1	0	0	0	0	0	0	0	0	0	0	0	0	0	0	0
1	0	−1/4	−1/4	0	0	−1/4	−1/4	0	0	−1/4	−1/4	0	0	3/4	−1/4	0
2	0	1/4	0	−1/4	−1/2	−1/4	0	−1/4	−1/4	1/2	−1/4	0	1/4	0	−1/4	0
3	0	1/2	1/4	−1/4	1/2	0	1/4	−1/4	−1/4	−1/4	0	0	1/4	1/4	0	0
4	0	0	−1/2	0	0	0	0	−1/2	1/4	−1/4	−1/4	−1/4	1/4	−1/4	1/4	1/4
5	0	1/4	1/4	1/2	0	1/4	−1/4	0	1/4	0	−1/2	1/4	1/4	0	0	−1/4
6	0	1/4	0	1/4	0	1/4	0	1/4	0	1/4	0	−3/4	0	1/4	0	1/4
7	0	0	1/4	−1/4	0	0	−3/4	−1/4	0	0	1/4	−1/4	0	0	1/4	−1/4
8	0	0	−1/4	1/4	−1/4	1/4	0	0	−1/2	0	1/4	1/4	1/4	1/4	1/2	0
9	0	1/4	0	1/4	−1/4	−1/2	1/4	0	0	−1/4	0	−1/4	−1/4	0	1/4	−1/2
10	0	−1/4	1/4	0	−1/4	0	0	1/4	−1/4	−1/2	0	−1/4	1/2	−1/4	−1/4	0
11	0	1/2	0	0	−1/4	−1/4	−1/4	1/4	1/4	−1/4	1/4	1/4	0	0	0	1/2
12	0	0	1/4	1/4	−1/4	1/4	0	−1/2	−1/4	−1/4	0	0	−1/2	0	−1/4	1/4
13	0	−1/4	1/2	−1/4	−1/4	0	1/4	0	1/4	0	−1/4	0	0	1/4	1/2	0
14	0	−1/4	1/4	1/2	1/4	−1/2	0	−1/4	0	1/4	1/4	0	1/4	0	0	1/4
15	0	0	0	0	1/4	−1/4	−1/4	1/4	−1/2	0	−1/2	0	−1/4	−1/4	1/4	1/4

Tab. 9.13: Korrelationsmatrix der S-Box S_0 von LUCIFER – Zeilen- und Spaltenindizes sind durch Zahlen repräsentierte Linearformen.

dass eine lineare Relation, an der die Linearform 0 beteiligt ist, das Potenzial 0 hat, also nutzlos ist. Die 1 links oben in der Ecke drückt aus, dass die Relation $0 = 0$ immer gilt, ist aber ebenso nutzlos. Das oben herausgepickte Paar (α, β) mit $\alpha(x) = x_4$ (repräsentiert durch `0001` $\mathrel{\hat{=}} 1$) und $\beta(y) = y_1 + y_2 + y_4$ (repräsentiert durch `1101` $\mathrel{\hat{=}} 13$) in Zeile 1, Spalte 13, hat den Maximalwert[56] $\frac{9}{16}$ für das Potenzial, der aber auch noch an den Stellen $(6, 11)$ und $(7, 6)$ des linearen Profils vorkommt.

Effiziente Berechnung per Fourier-Transformation

Man kann die Approximationstabelle „naiv" durch Auszählen gewinnen und daraus die Korrelationsmatrix und das lineare Profil durch einfache (elementweise) Umrechnung herleiten. Ein effizienterer Algorithmus verwendet die Fourier[57]-Transformation, die im uns betreffenden binären Fall besonders einfach ist und wegen historisch unabhängiger Erfindungen hier auch Hadamard[58]-Transformation oder Walsh[59]-Transformation genannt wird. Diese Transformation wandelt eine *reellwertige* (!) Funktion $\varphi \colon \mathbb{F}_2^m \longrightarrow \mathbb{R}$

[56] Der eigentliche Maximalwert 1 in der linken oberen Ecke wird ignoriert, da er nutzlos ist.
[57] Joseph Fourier, französischer Mathematiker und Physiker, 21.3.1768–16.5.1830
[58] Jacques Hadamard, französischer Mathematiker, 8.12.1865–17.10.1963
[59] Joseph L. Walsh, US-amerikanischer Mathematiker, 21.9.1895–6.12.1973

	0	1	2	3	4	5	6	7	8	9	10	11	12	13	14	15
0	1	0	0	0	0	0	0	0	0	0	0	0	0	0	0	0
1	0	1/16	1/16	0	0	1/16	1/16	0	0	1/16	1/16	0	0	9/16	1/16	0
2	0	1/16	0	1/16	1/4	1/16	0	1/16	1/16	1/4	1/16	0	1/16	0	1/16	0
3	0	1/4	1/16	1/16	1/4	0	1/16	1/16	1/16	1/16	0	0	1/16	1/16	0	0
4	0	0	1/4	0	0	0	0	1/4	1/16	1/16	1/16	1/16	1/16	1/16	1/16	1/16
5	0	1/16	1/16	1/4	0	1/16	1/16	0	1/16	0	1/4	1/16	1/16	0	0	1/16
6	0	1/16	0	1/16	0	1/16	0	1/16	0	1/16	0	9/16	0	1/16	0	1/16
7	0	0	1/16	1/16	0	0	9/16	1/16	0	0	1/16	1/16	0	0	1/16	1/16
8	0	0	1/16	1/16	1/16	1/16	0	0	1/4	0	1/16	1/16	1/16	1/16	1/4	0
9	0	1/16	0	1/16	1/16	1/4	1/16	0	0	1/16	0	1/16	1/16	0	1/16	1/4
10	0	1/16	1/16	0	1/16	0	0	1/16	1/16	1/4	0	1/16	1/4	1/16	1/16	0
11	0	1/4	0	0	1/16	1/16	1/16	1/16	1/16	1/16	1/16	1/16	0	0	0	1/4
12	0	0	1/16	1/16	1/16	1/16	0	1/4	1/16	1/16	0	0	1/4	0	1/16	1/16
13	0	1/16	1/4	1/16	1/16	0	1/16	0	1/16	0	1/16	0	0	1/16	1/4	0
14	0	1/16	1/16	1/4	1/16	1/4	0	1/16	0	1/16	1/16	0	1/16	0	0	1/16
15	0	0	0	0	1/16	1/16	1/16	1/16	1/4	0	1/4	0	1/16	1/16	1/16	1/16

Tab. 9.14: Lineares Profil der S-Box S_0 von LUCIFER – Zeilen- und Spaltenindizes sind durch Zahlen repräsentierte Linearformen.

wieder in eine reellwertige Funktion $\hat{\varphi}\colon \mathbb{F}_2^m \longrightarrow \mathbb{R}$ um, die durch

$$\hat{\varphi}(u) := \sum_{x \in \mathbb{F}_2^m} \varphi(x) \cdot (-1)^{u \cdot x}.$$

definiert ist.[60]

Dabei ist $u \cdot x$ das kanonische Skalarprodukt in $\mathbb{F}_2^m$. Der Exponent ist also ein Bit, aber das passt schon, da über der Basis -1 für jeden ganzzahligen Exponenten nur die Restklasse modulo 2 relevant ist.

Wir betrachten nun eine Boolesche Abbildung $f\colon \mathbb{F}_2^n \longrightarrow \mathbb{F}_2^q$ und ihre **Indikatorfunktion** $\vartheta_f : \mathbb{F}_2^n \times \mathbb{F}_2^q \longrightarrow \mathbb{R}$,

$$\vartheta_f(x, y) := \begin{cases} 1, & \text{wenn } y = f(x), \\ 0 & \text{sonst.} \end{cases}$$

Bestimmen wir davon die Fourier-Transformation (mit $m = n + q$, wobei die Variablen auf Blöcke der

[60] Das ist ein Spezialfall der diskreten Fourier-Transformation. Im allgemeinen Fall würde man statt -1 die komplexe N-te Einheitswurzel $\zeta = e^{2\pi i/N}$ verwenden und komplexwertige Funktionen über dem Ring $\mathbb{Z}/N\mathbb{Z}$ statt über $\mathbb{F}_2 = \mathbb{Z}/2\mathbb{Z}$ transformieren – oder Funktionen auf $\mathbb{Z}^m$, die in jeder Variablen die Periode N haben. Im binären Fall ist $N = 2$, und weil die zweite Einheitswurzel -1 reell ist, reicht es hier, die Diskussion auf reellwertige Funktionen zu beschränken.

Längen n und q verteilt werden):

$$\begin{aligned}\hat{\vartheta}_f(u,v) &= \sum_{x\in\mathbb{F}_2^n}\sum_{y\in\mathbb{F}_2^q}\vartheta_f(x,y)(-1)^{u\cdot x+v\cdot y}\\ &= \sum_{x\in\mathbb{F}_2^n}(-1)^{u\cdot x+v\cdot f(x)}.\end{aligned}$$

Im Exponenten stehen die Linearformen $x \mapsto u\cdot x$ auf $\mathbb{F}_2^n$, die wir mit α bezeichnen wollen, und $y \mapsto v\cdot y$ auf $\mathbb{F}_2^q$, der wir den Namen β geben. Dann ist u die Bitblock-Interpretation von α und v die von β, und wir sehen im Exponenten etwas Bekanntes, das uns an die lineare Kryptoanalyse erinnert:

$$\alpha(x) + \beta \circ f(x).$$

Ist $\alpha(x) = \beta \circ f(x)$, so ist der Exponent 0, der Summand also 1. Andernfalls ist der Exponent 1 und der Summand -1. Es werden also $2^n \cdot p_{f,\alpha,\beta}$ Einsen und $2^n - 2^n \cdot p_{f,\alpha,\beta}$ „Minus-Einsen" aufsummiert, d. h., die Summe ist

$$2^n \cdot [p_{f,\alpha,\beta} - (1 - p_{f,\alpha,\beta})] = 2^n \cdot \tau_{f,\alpha,\beta}.$$

Somit ist $\hat{\vartheta}_f$ bis auf den Normierungsfaktor 2^n die I/O-Korrelation von (α,β).

Die Fourier-Transformierte der Indikatorfunktion einer Booleschen Abbildung $f\colon \mathbb{F}_2^n \longrightarrow \mathbb{F}_2^q$, also $\hat{\vartheta}_f\colon \mathbb{F}_2^n \times \mathbb{F}_2^q \longrightarrow \mathbb{R}$, wird oft das (Walsh-)**Spektrum** von f genannt. Wir haben also gezeigt:

Satz 9.2.5. *Für eine Boolesche Abbildung $f\colon \mathbb{F}_2^n \longrightarrow \mathbb{F}_2^q$ ist das Spektrum genau das 2^n-fache der Korrelationsmatrix.*

Dieser Satz hat große theoretische und praktische Bedeutung:

- Auf der theoretischen Seite führt er zu sehr eleganten und knappen Beweisen von Aussagen über die Korrelationsmatrix und die mit ihr verwandten Objekte [9].
- Auf der praktischen Seite ermöglicht er die Berechnung der Korrelationsmatrix (und damit auch der Approximationstabelle und des linearen Profils) durch die *schnelle Fourier-Transformation*[61], die mithilfe binärer Rekursion den Aufwand (fast) um einen Faktor 2^n drückt.

Wie effizient ist das? Der Einfachheit halber beschränken wir uns auf den wichtigsten Fall $n = q$. Der naive Aufwand erfordert zur Bestimmung von $p_{f,\alpha,\beta}$ (und damit auch von $\tau_{f,\alpha,\beta}$) bei festen α und β das Durchzählen von 2^n Argumenten, wenn die Abbildung durch die Wertetabelle gegeben ist. Der gesamte Aufwand dafür ist also $2^n \cdot 2^n \cdot 2^n$.

Die Erklärung der schnellen Fourier-Transformation würde hier zu weit führen (siehe dazu [9]). Sie steckt in der Funktion `wtr()` aus dem Anhang 9.4.5. Ohne Beweis sei vermerkt, dass die schnelle Fourier-Transformation einer reellwertigen Funktion $\mathbb{F}_2^m \longrightarrow \mathbb{R}$ insgesamt $3m \cdot 2^m$ einfache reelle Operationen erfordert, die man für Funktionen mit Werten in $\{-1, 1\}$ naiv zählen kann, denn es kommen nur ganze Zahlen vor, die nicht allzu groß werden. Das macht hier also $3 \cdot 2n \cdot 2^{2n}$ Operationen.

Eigentlich sollte man den Aufwand eines Algorithmus aber durch die Größe N des Inputs beschreiben. Dieser besteht hier aus der Wertetabelle einer Booleschen Abbildung $\mathbb{F}_2^n \longrightarrow \mathbb{F}_2^n$, also ist $N = n \cdot 2^n$ – es müssen n Komponentenfunktionen für je 2^n Argumente definiert werden. So gesehen ist der naive Aufwand (fast) kubisch, der Aufwand des schnellen Algorithmus nur noch (im wesentlichen) quadratisch.

[61] englisch: Fast Fourier Transformation, abgekürzt FFT

Für den Kryptografen ist allerdings die Blocklänge der relevante Parameter. Unter diesem Gesichtspunkt wächst der Aufwand so oder so mehr oder weniger stark exponentiell. Immerhin ist die Berechnung für „kleine" S-Boxen, mindestens bis zur Blocklänge 8, algorithmisch sehr effizient.

Die Berechnung von Korrelationsmatrix, Approximationstabelle[62] und linearem Profil von S_0 wird im SageMath-Beispiel 9.2.4 wiedergegeben. (Die Einträge der Ergebnismatrix `Spec` sind durch 16, die von `linProf` durch 256 zu dividieren.)

SageMath-Beispiel 9.2.4: Korrelationsmatrix, Approximationstabelle und lineares Profil der S-Box S_0

```
print("\n# CHAP09 -- Sage-Script-SAMPLE 070: =========")

load("./bitciphers.sage")
Spec = S0.wspec()
ApprT = S0.linApprTable()
linProf = S0.linProf()
print(Spec); print(ApprT); print(linProf)

#------------------------------------
# CHAP09 -- Sage-Script-SAMPLE 070: =========
# [[16, 0, 0, 0, 0, 0, 0, 0, 0, 0, 0, 0, 0, 0, 0, 0],
#  ...,
#  [0, 0, 0, 0, 4, -4, -4, 4, -8, 0, -8, 0, -4, -4, 4, 4]]
#
# [[16, 8, 8, 8, 8, 8, 8, 8, 8, 8, 8, 8, 8, 8, 8, 8],
#  ...,
#  [8, 8, 8, 8, 10, 6, 6, 10, 4, 8, 4, 8, 6, 6, 10, 10]]
#
# [[256, 0, 0, 0, 0, 0, 0, 0, 0, 0, 0, 0, 0, 0, 0, 0],
#  ...,
#  [0, 0, 0, 0, 16, 16, 16, 16, 64, 0, 64, 0, 16, 16, 16, 16]]
```

Wird die Methode `linProf()` mit dem zusätzlichen Parameter `extended=True` aufgerufen (SageMath-Beispiel 9.2.5), gibt sie auch den maximalen Eintrag aus, zusammen mit allen Index-Paaren, bei denen dieser auftritt. In der Approximationstabelle oder der Korrelationsmatrix kann man dann nachsehen, ob die entsprechende Relation eine Wahrscheinlichkeit größer oder kleiner als $\frac{1}{2}$ hat, ob also bei der Schätzung eines Bits nach Matsui das Komplement zu wählen ist.

SageMath-Beispiel 9.2.5: Lineares Profil der S-Box S_0 mit Auswertung

```
print("\n# CHAP09 -- Sage-Script-SAMPLE 080: =========")

load("./bitciphers.sage")

lProf = S0.linProf(extended=True)
print("lProf[0]:\n", lProf[0], sep="")
print("Maximum entry:", lProf[1], "| with denominator:", lProf[2])
print("at indices:", lProf[3])

Spec = S0.wspec()
for coord in lProf[3]:
    if (Spec[coord[0]][coord[1]] < 0):
        print ("For relation at", coord, "take complement.")
#------------------------------------
# CHAP09 -- Sage-Script-SAMPLE 080: =========
```

[62] Die Approximationstabelle kann man auch mit der Funktion `S0.linear_approximation_matrix()` der SageMath-Klasse `sage.crypto.mq.sbox.SBox` berechnen, wenn man zuvor `S0= mq.SBox(12,15,7,10,14,13,11,0,2,6,3,1,9,4,5,8)` definiert. Beachte Fußnote 52 auf Seite 533.

Fortsetzung SageMath-Beispiel 9.2.5

```
# lProf[0]:
# [[256,  0,  0, 0,  0,  0,  0,  0,  0,  0,  0, 0,  0,   0,  0,  0],
# [  0, 16, 16, 0,  0, 16, 16,  0,  0, 16, 16, 0,  0, 144, 16,  0],
#  ...,
# [  0,  0,  0, 0, 16, 16, 16, 16, 64,  0, 64, 0, 16,  16, 16, 16]]
# Maximum entry: 144 | with denominator: 256
# at indices: [[1, 13], [6, 11], [7, 6]]
# For relation at [6, 11] take complement.
# For relation at [7, 6] take complement.
```

9.2.10 Beispiel B: eine Zweirunden-Chiffre

Die Rundenabbildung

$$f\colon \mathbb{F}_2^n \times \mathbb{F}_2^q \longrightarrow \mathbb{F}_2^n$$

einer Block-Chiffre wird jetzt über zwei Runden iteriert mit Rundenschlüsseln $k^{(i)} \in \mathbb{F}_2^q$ wie in Abb. 9.12 grafisch dargestellt.[63]

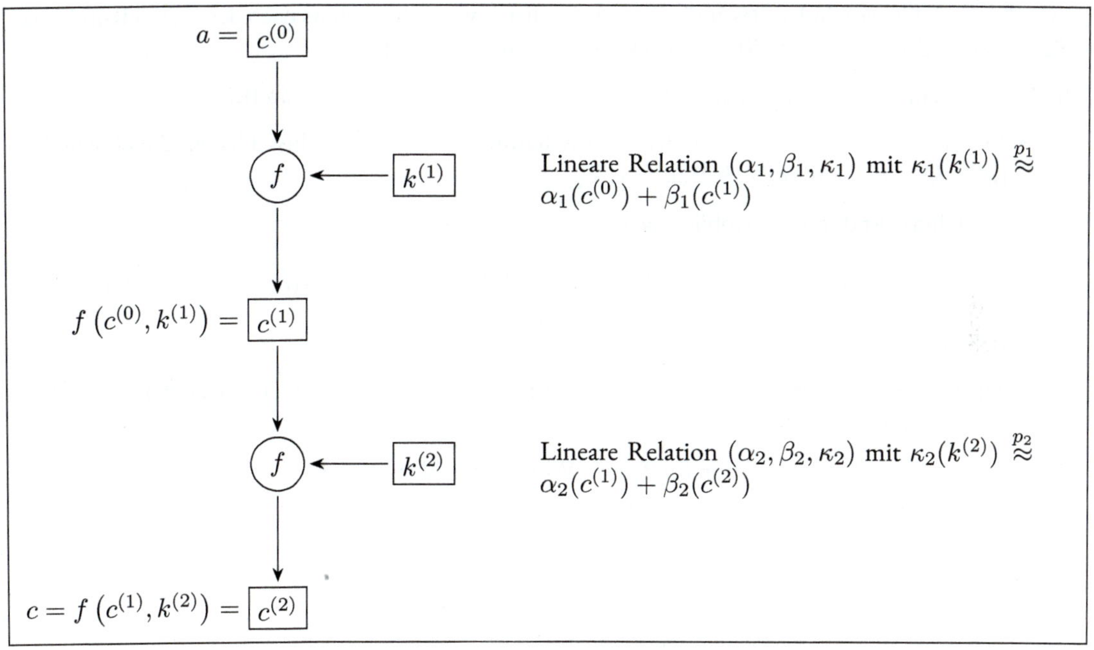

Abb. 9.12: Allgemeine Zweirunden-Chiffre

Es gelten also die linearen Relationen

$$\kappa_1(k^{(1)}) \overset{p_1}{\approx} \alpha_1(c^{(0)}) + \beta_1(c^{(1)})$$

[63] Im Grunde genommen war das Beispiel A schon eine Zweirunden-Chiffre: Man könnte in Abb. 9.10 auf Seite 530 am Ende noch eine weitere S-Box anfügen; diese wäre kryptologisch irrelevant, da sie als nicht-geheimer Teil des Algorithmus der Kryptoanalytikerin bekannt wäre und einfach „abgestreift" (d. h., ihre Inverse auf den Geheimtext angewendet) werden könnte. Dem entspricht, dass in Beispiel A ja zwei Teilschlüssel verwendet werden. Analog ist das Beispiel B in diesem Abschnitt auch schon als Dreirunden-Chiffre interpretierbar. Wir schließen uns hier aber der üblichen Rundenzählung an.

mit Wahrscheinlichkeit p_1, I/O-Korrelation $\tau_1 = 2p_1 - 1$ und Potenzial $\lambda_1 = \tau_1^2$ und

$$\kappa_2(k^{(2)}) \overset{p_2}{\approx} \alpha_2(c^{(1)}) + \beta_2(c^{(2)})$$

mit Wahrscheinlichkeit p_2, I/O-Korrelation $\tau_2 = 2p_2 - 1$ und Potenzial $\lambda_2 = \tau_2^2$. Die beiden linearen Relationen sind **kombinierbar**, wenn $\alpha_2 = \beta_1$. Dann gilt eine lineare Relation für Schlüsselbits, ausgedrückt durch den (bekannten) Klartext $c^{(0)} = a$ und den Geheimtext $c^{(2)} = c$:

$$\kappa_1(k^{(1)}) + \kappa_2(k^{(2)}) \overset{p}{\approx} \alpha_1(c^{(0)}) + \beta_2(c^{(2)})$$

mit einer gewissen Wahrscheinlichkeit p, einer I/O-Korrelation τ und einem Potenzial λ, die im Allgemeinen von $k = (k^{(1)}, k^{(2)})$ abhängen und nicht leicht zu bestimmen sind. Daher betrachten wir wieder ein vereinfachtes Beispiel, das Beispiel B aus Abb. 9.13 auf der nächsten Seite.

Die Verschlüsselung geschieht also sukzessive nach den Formeln

$$b^{(0)} = a + k^{(0)},\ a^{(1)} = f_1(b^{(0)}),\ b^{(1)} = a^{(1)} + k^{(1)},\ a^{(2)} = f_2(b^{(1)}),\ c = a^{(2)} + k^{(2)}.$$

(Dabei wird f_1 durch die S-Box S_0 und f_2 durch die S-Box S_1 beschrieben, die auch mit S_0 identisch sein kann[64].) Auch hier verhindert das zusätzliche Aufaddieren von Schlüsselbits nach der letzten Runde, dass diese, also f_2, einfach „abgestreift" werden kann, wie schon bei Beispiel A.

Im Vergleich zur allgemeinen Situation aus Abschnitt 9.2.7 auf Seite 523 gilt im Beispiel B:

- Die Schlüssellänge ist $l = 3n$, der Schlüsselraum ist $\mathbb{F}_2^{3n}$, und Schlüssel haben die Gestalt $k = (k^{(0)}, k^{(1)}, k^{(2)})$ mit $k^{(0)}, k^{(1)}, k^{(2)} \in \mathbb{F}_2^n$.
- Die Chiffre ist durch die Abbildung

  $$F\colon \mathbb{F}_2^n \times \mathbb{F}_2^n \times \mathbb{F}_2^n \times \mathbb{F}_2^n \longrightarrow \mathbb{F}_2^n, \quad (a, k^{(0)}, k^{(1)}, k^{(2)}) \mapsto f_2(f_1(a + k^{(0)}) + k^{(1)}) + k^{(2)},$$

  definiert.
- Die Linearform $\kappa\colon \mathbb{F}_2^n \times \mathbb{F}_2^n \times \mathbb{F}_2^n \longrightarrow \mathbb{F}_2$ ist durch $\kappa(k^{(0)}, k^{(1)}, k^{(2)}) = \alpha(k^{(0)}) + \beta(k^{(1)}) + \gamma(k^{(2)})$ gegeben.

Dabei ist (α, β) eine lineare Relation für f_1 mit Wahrscheinlichkeit p_1, I/O-Korrelation τ_1 und Potenzial λ_1 und (β, γ) eine für f_2 mit Wahrscheinlichkeit p_2, I/O-Korrelation τ_2 und Potenzial λ_2 (das gleiche β, d. h., die linearen Relationen sind kombinierbar), und

$$\begin{aligned} p_1 &= \frac{1}{2^n} \cdot \#\{x \in \mathbb{F}_2^n \mid \beta \circ f_1(x) = \alpha(x)\} \\ p_2 &= \frac{1}{2^n} \cdot \#\{y \in \mathbb{F}_2^n \mid \gamma \circ f_2(y) = \beta(y)\} \end{aligned}$$

Dann gilt mit den Bezeichnungen aus Abb. 9.13 auf der nächsten Seite

$$\begin{aligned} \gamma(c) = \gamma(a^{(2)}) + \gamma(k^{(2)}) &\overset{p_2}{\approx} \beta(b^{(1)}) + \gamma(k^{(2)}) = \beta(a^{(1)}) + \beta(k^{(1)}) + \gamma(k^{(2)}) \\ &\overset{p_1}{\approx} \alpha(b^{(0)}) + \beta(k^{(1)}) + \gamma(k^{(2)}) = \alpha(a) + \alpha(k^{(0)}) + \beta(k^{(1)}) + \gamma(k^{(2)}) \end{aligned}$$

[64] D. h., wir lassen hier zu, dass die Rundenfunktionen der verschiedenen Runden unterschiedlich sind. Das hat den Grund, dass in den praktisch wichtigen Chiffren die Rundenfunktion aus mehreren parallelen S-Boxen besteht und wegen der zwischengeschalteten Permutationen ein Input-Bit auf seinem Weg durch die Runden durch verschiedene S-Boxen geleitet werden kann, siehe Abschnitt 9.2.13 auf Seite 551.

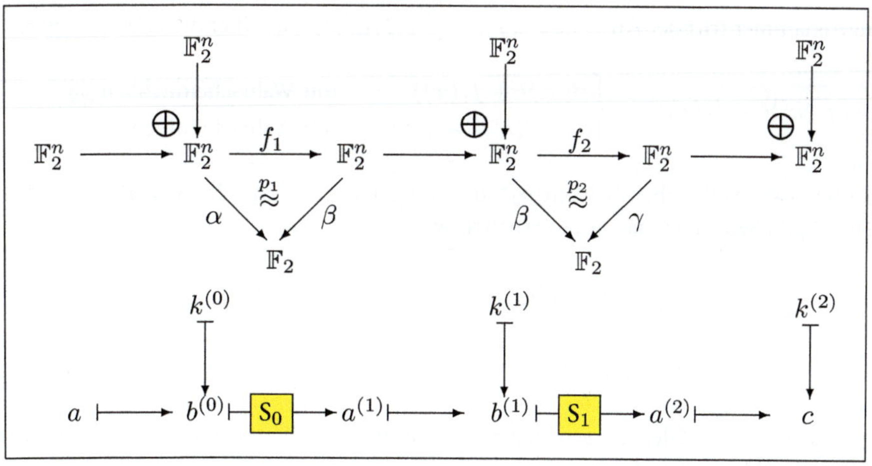

Abb. 9.13: Beispiel B: Eine Zweirunden-Chiffre

Wir erhalten also eine lineare Relation für die Schlüsselbits als Spezialfall von Gleichung (9.2.1) auf Seite 523 in der Form

$$\alpha(k^{(0)}) + \beta(k^{(1)}) + \gamma(k^{(2)}) \overset{p}{\approx} \alpha(a) + \gamma(c)$$

mit einer gewissen Wahrscheinlichkeit p, die durch die folgende Formel gegeben ist:

$$\begin{aligned} p &= p_{F,\alpha,\beta,\gamma}(k) \\ &= \frac{1}{2^n} \cdot \#\{a \in \mathbb{F}_2^n \mid \alpha(k^{(0)}) + \beta(k^{(1)}) + \gamma(k^{(2)}) = \alpha(a) + \gamma(F(a,k))\}. \end{aligned}$$

Wir versuchen, in diesem vereinfachten Fall p explizit zu bestimmen. Wie im Einrunden-Fall fragen wir zunächst, wie weit p von k abhängt. Wird in der definierenden Gleichung in der Mengenklammer die Definition von $F(a,k)$ eingesetzt, so hebt sich $\gamma(k^{(2)})$ weg, und es bleibt

$$p_{F,\alpha,\beta,\gamma}(k) = \frac{1}{2^n} \cdot \#\{a \in \mathbb{F}_2^n \mid \alpha(k^{(0)} + a) + \beta(k^{(1)}) = \gamma(f_2(k^{(1)} + f_1(k^{(0)} + a)))\}.$$

Dies ist von $k^{(2)}$ unabhängig und hat für alle $k^{(0)}$ den gleichen Wert

$$p_{F,\alpha,\beta,\gamma}(k) = \frac{1}{2^n} \cdot \#\{x \in \mathbb{F}_2^n \mid \alpha(x) = \beta(k^{(1)}) + \gamma(f_2(k^{(1)} + f_1(x)))\},$$

denn mit a durchläuft auch $x = k^{(0)} + a$ ganz $\mathbb{F}_2^n$. Dieser Wert hängt also tatsächlich noch von k, aber immerhin nur von der mittleren Komponente $k^{(1)}$ ab. Was geschieht, wenn wir den Mittelwert $\bar{p} := p_{F,\alpha,\beta,\gamma}$ über die möglichen Schlüssel bilden, also

$$\bar{p} = \frac{1}{2^{2n}} \cdot \#\{(x, k^{(1)}) \in \mathbb{F}_2^{2n} \mid \alpha(x) = \beta(k^{(1)}) + \gamma(f_2(k^{(1)} + f_1(x)))\}?$$

In der Mengenklammer tritt der Ausdruck $\gamma(f_2(k^{(1)} + f_1(x)))$ auf. Über diesen wissen wir:

$$\gamma(f_2(k^{(1)} + f_1(x))) = \begin{cases} \beta(k^{(1)} + f_1(x)) & \text{mit Wahrscheinlichkeit } p_2, \\ 1 + \beta(k^{(1)} + f_1(x)) & \text{mit Wahrscheinlichkeit } 1 - p_2. \end{cases}$$

Dabei bedeutet etwa „Wahrscheinlichkeit p_2", dass die Aussage in $p_2 \cdot 2^{2n}$ von allen möglichen Fällen $(x, k^{(1)}) \in \mathbb{F}_2^{2n}$ gilt. Setzen wir das ein, so erhalten wir

$$\bar{p} = \frac{1}{2^{2n}} \cdot \Big[p_2 \cdot \#\{(x, k^{(1)}) \in \mathbb{F}_2^{2n} \mid \alpha(x) = \beta(f_1(x))\}$$
$$+(1 - p_2) \cdot \#\{(x, k^{(1)}) \in \mathbb{F}_2^{2n} \mid \alpha(x) \neq \beta(f_1(x))\}\Big]$$

wobei jetzt die definierenden Gleichungen beider Mengen auch von $k^{(1)}$ unabhängig sind. Und wir erkennen die Definition von p_1 wieder und setzen sie ein:

$$\bar{p} = p_1 p_2 + (1 - p_1)(1 - p_2) = 2p_1 p_2 - p_1 - p_2 + 1$$

Eingängiger wird diese Formel, wenn man sie durch die I/O-Korrelationen $\bar{\tau} = 2\bar{p} - 1$ und $\tau_i = 2p_i - 1$ für $i = 1$ und 2 ausdrückt:

$$\bar{\tau} = 2\bar{p} - 1 = 4p_1 p_2 - 2p_1 - 2p_2 + 1 = (2p_1 - 1)(2p_2 - 1) = \tau_1 \tau_2.$$

Zusammengefasst:

Satz 9.2.6. *In der Situation des Beispiels B gilt:*

(i) Die Wahrscheinlichkeit $p_{F,\alpha,\beta,\gamma}(k)$ hängt nur von der mittleren Komponente $k^{(1)}$ des Schlüssels $k = (k^{(0)}, k^{(1)}, k^{(2)}) \in \mathbb{F}_2^n \times \mathbb{F}_2^n \times \mathbb{F}_2^n$ ab.

(ii) Der Mittelwert dieser Wahrscheinlichkeiten über alle Schlüssel k ist $p_{F,\alpha,\beta,\gamma} = \bar{p} = 2p_1 p_2 - p_1 - p_2 + 1$.

(iii) Für die I/O-Korrelation und das Potenzial gelten die multiplikativen Formeln

$$\tau_{F,\alpha,\beta,\gamma} = \tau_1 \tau_2 \quad \textit{und} \quad \lambda_{F,\alpha,\beta,\gamma} = \lambda_1 \lambda_2.$$

Bei der Entscheidung im Matsui-Test, ob die lineare Relation selbst oder ihre Negation zur Schätzung des Bits verwendet werden sollte, greift man, da der Schlüssel ja noch unbekannt ist, auf diesen Mittelwert $p_{F,\alpha,\beta,\gamma}$ zurück. Dabei kann man natürlich einen Fehler machen, weil für den konkreten gesuchten Schlüssel k die tatsächliche Wahrscheinlichkeit $p_{F,\alpha,\beta,\gamma}(k)$ auf der anderen Seite von $\frac{1}{2}$ liegen kann als der verwendete Mittelwert.

SageMath-Beispiel 9.2.6: Eine Boolesche Abbildung (S-Box S_1 von LUCIFER)

```
print("\n# CHAP09 -- Sage-Script-SAMPLE 090: =========")

load("./bitciphers.sage")
g1 = BoolF([0,0,1,1,0,1,0,0,1,1,0,1,0,1,1,0])
g2 = BoolF([1,0,1,0,0,0,0,1,1,1,0,0,1,1,0,1])
g3 = BoolF([1,1,1,0,1,1,0,0,0,0,0,1,1,1,0,0])
g4 = BoolF([1,0,0,1,1,1,0,0,0,1,1,0,0,1,0,1])
S1 = BoolMap([g1,g2,g3,g4])
print("BoolF print(g1.getTT()):"); print(g1.getTT())
```

a	$b^{(0)}$	$a^{(1)}$	$b^{(1)}$	$a^{(2)}$	c	$\beta(b^{(1)})$	$\gamma(a^{(2)})$	$\alpha(a)+\gamma(c)$
0000	1000	0010	0011	1001	1111	1	1	0
0001	1001	0110	0111	0100	0010	0	1	1
0010	1010	0011	0010	1110	1000	0	0	1
0011	1011	0001	0000	0111	0001	0	1	1
0100	1100	1001	1000	1100	1010	1	0	1
0101	1101	0100	0101	1011	1101	0	1	1
0110	1110	0101	0100	0011	0101	1	0	1
0111	1111	1000	1001	1101	1011	0	0	0
1000	0000	1100	1101	1111	1001	1	0	1
1001	0001	1111	1110	1000	1110	0	1	1
1010	0010	0111	0110	0000	0110	1	0	1
1011	0011	1010	1011	1010	1100	0	1	1
1100	0100	1110	1111	0101	0011	1	1	0
1101	0101	1101	1100	0110	0000	0	1	1
1110	0110	1011	1010	0001	0111	1	0	1
1111	0111	0000	0001	0010	0100	1	0	0

Tab. 9.15: Der Datenfluss für das konkrete Beispiel zu B und einige Linearformen

Fortsetzung SageMath-Beispiel 9.2.6

```
print("\nBoolF g1.printTT():"); g1.printTT()
print("\nBoolF g1.printANF():"); g1.printANF()
print("\nBoolMap S1.printTT():"); S1.printTT()

#-----------------------------------
# CHAP09 -- Sage-Script-SAMPLE 090: =========
# BoolF g1.getTT():
# [0, 0, 1, 1, 0, 1, 0, 0, 1, 1, 0, 1, 0, 1, 1, 0]
#
# BoolF g1.printTT():
# Value at 0000 is 0
# Value at 0001 is 0
# ...
#
# BoolF g1.printANF():
# Coefficient at 0000 is 0
# Coefficient at 0001 is 0
# ...
#
# BoolMap S1.printTT():
# Dimensions of truth table: 16 by 4
# Value at [0, 0, 0, 0] is [0, 1, 1, 1]
# Value at [0, 0, 0, 1] is [0, 0, 1, 0]
# ...
# Value at [1, 1, 1, 0] is [1, 0, 0, 0]
# Value at [1, 1, 1, 1] is [0, 1, 0, 1]
```

Beispiel Betrachten wir das folgende konkrete Beispiel: Es sei $n = 4$, S_0 sei wie in Abschnitt 9.2.8 auf Seite 529 gewählt und S_1 so, wie es in SageMath-Beispiel 9.2.6 auf Seite 542 definiert[65] ist und wie man es in Tabelle 9.15 auf der vorherigen Seite in umgeordneter Form als Übergang von $b^{(1)}$ nach $a^{(2)}$ sieht. (Diese Tabelle kann man leicht von Hand berechnen oder mit dem SageMath-Beispiel 9.2.7.) Die Linearformen $\alpha \mathrel{\hat{=}}$ `0001` und $\beta \mathrel{\hat{=}}$ `1101` seien wie in Abschnitt 9.2.8 auf Seite 529 definiert, also $p_1 = \frac{7}{8}, \tau_1 = \frac{3}{4}, \lambda_1 = \frac{9}{16}$. Ferner sei $\gamma \mathrel{\hat{=}}$ `1100`, so dass die zum Paar (β, γ) gehörige lineare Relation für f_2 (nach Tabelle 9.16 auf der nächsten Seite, Zeilenindex 13 und Spaltenindex 12) die Wahrscheinlichkeit $p_2 = \frac{1}{4}$, die I/O-Korrelation $\tau_2 = -\frac{1}{2}$ und das Potenzial $\lambda_2 = \frac{1}{4}$ hat, was nach Tabelle 9.17 auf Seite 546 der maximal mögliche Wert ist.[66]

SageMath-Beispiel 9.2.7: Berechnungen für das Beispiel B (Zweirunden-Chiffre)

```
print("\n# CHAP09 -- Sage-Script-SAMPLE 100: =========")

load("./bitciphers.sage")
n = 4
alpha = [0,0,0,1]; beta = [1,1,0,1]; gamma = [1,1,0,0]
k0 = [1,0,0,0]; k1 = [0,0,0,1]; k2 = [0,1,1,0]
for i in range(0,2**n):
    a = int2bbl(i,n); b0 = xor(a,k0); a1 = S0.valueAt(b0)
    b1 = xor(k1,a1); a2 = S1.valueAt(b1); c = xor(a2,k2)
    bit1 = binScPr(beta,b1); bit2 = binScPr(gamma,a2)
    bit3 = (binScPr(alpha,a) + binScPr(gamma,c)) % 2
    print(a, b0, a1, b1, a2, c, bit1, bit2, bit3)

#-----------------------------------
# CHAP09 -- Sage-Script-SAMPLE 100: =========
# [0, 0, 0, 0] [1, 0, 0, 0] [0, 0, 1, 0] [0, 0, 1, 1] [1, 0, 0, 1] [1, 1, 1, 1] 1 1 0
# ...
# [1, 1, 1, 1] [0, 1, 1, 1] [0, 0, 0, 0] [0, 0, 0, 1] [0, 0, 1, 0] [0, 1, 0, 0] 1 0 0
```

Die konkreten Rundenschlüssel seien $k^{(0)} =$ `1000`, $k^{(1)} =$ `0001` – wie schon in Abschnitt 9.2.8 auf Seite 529 – und $k^{(2)} =$ `0110`. Wir wollen das Bit $\alpha(k^{(0)}) + \beta(k^{(1)}) + \gamma(k^{(2)})$ finden (dessen Wert 0 wir im „Cheat-Modus" ja schon kennen). Da $\tau_1\tau_2 < 0$, sollte der dazu verwendete Wert $\alpha(a) + \gamma(c)$ in der Mehrzahl der Fälle das komplementäre Bit 1 ergeben. Die Tabelle 9.17 auf Seite 546 sagt, dass dies in 12 von 16 Fällen korrekt geschieht. Also ist $1 - p = \frac{3}{4}, p = \frac{1}{4}, \tau = -\frac{1}{2}, \lambda = \frac{1}{4}$. Wir erinnern uns aber, dass dieser Wert von der Schlüsselkomponente $k^{(1)}$ abhängt. Tatsächlich stimmt er nicht ganz mit dem Mittelwert

$$\bar{p} = 2 \cdot \frac{7}{8} \cdot \frac{1}{4} - \frac{7}{8} - \frac{1}{4} + 1 = \frac{7}{16} - \frac{14}{16} - \frac{4}{16} + \frac{16}{16} = \frac{5}{16}$$

überein; das zu diesem Mittelwert gehörige Potenzial wäre $\frac{9}{16} \cdot \frac{1}{4} = \frac{9}{64}$.

Die Variation der Wahrscheinlichkeit in Abhängigkeit vom Teilschlüssel $k^{(1)}$ wird mit dem SageMath-Beispiel 9.2.8 ermittelt. Im Ergebnis erscheinen je 8-mal die Wahrscheinlichkeiten $\frac{1}{4}$ und $\frac{3}{8}$, alle auf der gleichen Seite von $\frac{1}{2}$ und mit dem korrekten Mittelwert $\frac{5}{16}$.

SageMath-Beispiel 9.2.8: Abhängigkeit der Wahrscheinlichkeit vom Schlüssel

```
print("\n# CHAP09 -- Sage-Script-SAMPLE 110: =========")

load("./bitciphers.sage")
n = 4; NN = 2**n
alpha = [0,0,0,1]; beta = [1,1,0,1]; gamma = [1,1,0,0]
```

[65] Das ist übrigens die zweite S-Box von Lucifer.

[66] Das lineare Profil von S_1 ist deutlich ausgeglichener als das von S_0.

	0	1	2	3	4	5	6	7	8	9	10	11	12	13	14	15
0	16	8	8	8	8	8	8	8	8	8	8	8	8	8	8	8
1	8	10	8	10	8	6	12	10	10	4	6	8	10	8	10	8
2	8	6	4	10	6	8	6	8	8	10	4	6	10	8	10	8
3	8	8	8	8	6	6	6	6	10	6	6	10	4	8	8	12
4	8	8	8	4	8	8	8	4	6	6	6	10	10	10	10	6
5	8	6	8	10	4	6	8	6	8	6	12	6	8	10	8	6
6	8	10	12	10	6	12	6	8	10	8	6	8	8	10	8	6
7	8	8	8	12	10	10	10	6	4	8	8	8	6	10	10	10
8	8	8	6	10	10	6	8	8	10	10	8	12	8	12	6	6
9	8	6	6	8	6	12	8	10	8	6	10	12	10	8	8	10
10	8	6	6	8	12	10	6	8	10	4	8	6	6	8	8	6
11	8	4	10	10	8	8	10	6	8	8	6	10	8	4	6	6
12	8	8	6	6	6	10	12	8	8	8	6	6	6	10	4	8
13	8	10	6	8	6	8	8	10	6	8	8	10	4	6	10	4
14	8	10	6	8	8	10	10	4	12	10	10	8	8	6	10	8
15	8	4	10	6	8	8	10	10	10	10	8	8	6	10	12	8

Tab. 9.16: Approximationstabelle der S-Box S_1 von LUCIFER – Zeilen- und Spaltenindizes sind durch Zahlen repräsentierte Linearformen, siehe Abschnitt 9.1.11 auf Seite 509. Die Wahrscheinlichkeiten erhält man nach Division durch 16.

Fortsetzung SageMath-Beispiel 9.2.8

```
reslist = []
sum = 0
for j in range(0,NN):
    k1 = int2bbl(j,n)
    ctr = 0
    for i in range(0,NN):
        x = int2bbl(i,n)
        u = S0.valueAt(x); y = xor(k1,u); z = S1.valueAt(y)
        bit1 = binScPr(alpha,x)
        bit2 = binScPr(beta,k1); bit3 = binScPr(gamma,z)
        if (bit1 == (bit2 + bit3) % 2):
            ctr += 1
    prob = ctr/NN
    reslist.append([k1, ctr, prob])
    sum += ctr
print(reslist)
meanprob = sum/(NN*NN)
print("Sum of counters:", sum, "| Mean probability:", meanprob)

#------------------------------------
# CHAP09 -- Sage-Script-SAMPLE 110: =========
# [[[0, 0, 0, 0], 4, 1/4],
#  [[0, 0, 0, 1], 4, 1/4],
#  [[0, 0, 1, 0], 4, 1/4],
#  [[0, 0, 1, 1], 4, 1/4],
#  [[0, 1, 0, 0], 6, 3/8],
```

	0	1	2	3	4	5	6	7	8	9	10	11	12	13	14	15
0	1	0	0	0	0	0	0	0	0	0	0	0	0	0	0	0
1	0	1/16	0	1/16	0	1/16	1/4	1/16	1/16	1/4	1/16	0	1/16	0	1/16	0
2	0	1/16	1/4	1/16	1/16	0	1/16	0	0	1/16	1/4	1/16	1/16	0	1/16	0
3	0	0	0	0	1/16	1/16	1/16	1/16	1/16	1/16	1/16	1/16	1/4	0	0	1/4
4	0	0	0	1/4	0	0	0	1/4	1/16	1/16	1/16	1/16	1/16	1/16	1/16	1/16
5	0	1/16	0	1/16	1/4	1/16	0	1/16	0	1/16	1/4	1/16	0	1/16	0	1/16
6	0	1/16	1/4	1/16	1/16	1/4	1/16	0	1/16	0	1/16	0	0	1/16	0	1/16
7	0	0	0	1/4	1/16	1/16	1/16	1/16	1/4	0	0	0	1/16	1/16	1/16	1/16
8	0	0	1/16	1/16	1/16	1/16	0	0	1/16	1/16	0	1/4	0	1/4	1/16	1/16
9	0	1/16	1/16	0	1/16	1/4	0	1/16	0	1/16	1/16	1/4	1/16	0	0	1/16
10	0	1/16	1/16	0	1/4	1/16	1/16	0	1/16	1/4	0	1/16	1/16	0	0	1/16
11	0	1/4	1/16	1/16	0	0	1/16	1/16	0	0	1/16	1/16	0	1/4	1/16	1/16
12	0	0	1/16	1/16	1/16	1/16	1/4	0	0	0	1/16	1/16	1/16	1/16	1/4	0
13	0	1/16	1/16	0	1/16	0	0	1/16	1/16	0	0	1/16	1/4	1/16	1/16	1/4
14	0	1/16	1/16	0	0	1/16	1/16	1/4	1/4	1/16	1/16	0	0	1/16	1/16	0
15	0	1/4	1/16	1/16	0	0	1/16	1/16	1/16	1/16	0	0	1/16	1/16	1/4	0

Tab. 9.17: Lineares Profil der S-Box S_1 von LUCIFER – Zeilen- und Spaltenindizes sind durch Zahlen repräsentierte Linearformen.

Fortsetzung SageMath-Beispiel 9.2.8

```
# [[0, 1, 0, 1], 6, 3/8],
# [[0, 1, 1, 0], 6, 3/8],
# [[0, 1, 1, 1], 6, 3/8],
# [[1, 0, 0, 0], 6, 3/8],
# [[1, 0, 0, 1], 4, 1/4],
# [[1, 0, 1, 0], 4, 1/4],
# [[1, 0, 1, 1], 6, 3/8],
# [[1, 1, 0, 0], 4, 1/4],
# [[1, 1, 0, 1], 6, 3/8],
# [[1, 1, 1, 0], 6, 3/8],
# [[1, 1, 1, 1], 4, 1/4]]
# ('Sum of counters:', 80, '| Mean probability:', 5/16)
```

Es gibt auch andere „Pfade" von α nach γ, man kann ja jedes β dazwischen schieben. Die durchschnittlichen Wahrscheinlichkeiten (die man in SageMath mit einer zusätzlichen Programmschleife ermitteln kann) sind außer der schon bekannten $\frac{5}{16}$ dreimal die $\frac{15}{32}$, elfmal genau $\frac{1}{2}$ und einmal sogar $\frac{17}{32}$, also auf der „falschen" Seite von $\frac{1}{2}$. Wirklich gut ist also nur der eine optimale Fall, den wir ausführlich behandelt haben.

Als konkretes anderes Beispiel nehmen wir $\beta \mathrel{\hat{=}} \texttt{0001}$. Dafür ist $\lambda_1 = \frac{1}{16}$, $p_1 = \frac{3}{8}$, $\tau_1 = -\frac{1}{4}$ und $\lambda_2 = \frac{1}{16}$, $p_2 = \frac{5}{8}$, $\tau_2 = \frac{1}{4}$. Also ist $\tau = -\frac{1}{16}$ und $p = \frac{15}{32}$. Hier wird versucht, das Bit $\alpha(k^{(0)}) + \beta(k^{(1)}) + \gamma(k^{(2)}) + 1 = 1$ zu finden, und die Erfolgswahrscheinlichkeit dafür ist $1 - p = \frac{17}{32}$. Der Mittelwert von p für dieses β über alle Schlüssel ist $\frac{15}{32}$, also mit dem schlüsselspezifischen Wert in Übereinstimmung.

9.2.11 Lineare Pfade

Betrachten wir nun den allgemeinen Fall, in dem die Rundenabbildung $f\colon \mathbb{F}_2^n \times \mathbb{F}_2^q \longrightarrow \mathbb{F}_2^n$ über mehrere Runden iteriert wird mit Rundenschlüsseln $k^{(i)} \in \mathbb{F}_2^q$ analog zu Abb. 9.12 auf Seite 539. Um den begrifflichen Rahmen zu präzisieren, definiert man: Gegeben sei eine über r Runden iterierte Block-Chiffre. Sei $(\alpha_i, \beta_i, \kappa_i)$ eine lineare Relation für die i-te Runde. Es sei $\alpha_i = \beta_{i-1}$ für $i = 2, \ldots, r$. Sei $\beta_0 := \alpha_1$. Dann heißt die Kette $\beta = (\beta_0, \ldots, \beta_r)$ ein **linearer Pfad** für die Chiffre.

Auch hier lässt sich in einem vereinfachten Szenario, nennen wir es Beispiel C – als Verallgemeinerung von Beispiel B –, eine nützliche Aussage über die Wahrscheinlichkeiten herleiten. Wir betrachten also wieder den speziellen, aber praktisch relevanten Fall, in dem die Rundenschlüssel nur additiv ins Verfahren eingebracht werden, siehe Abb. 9.14.

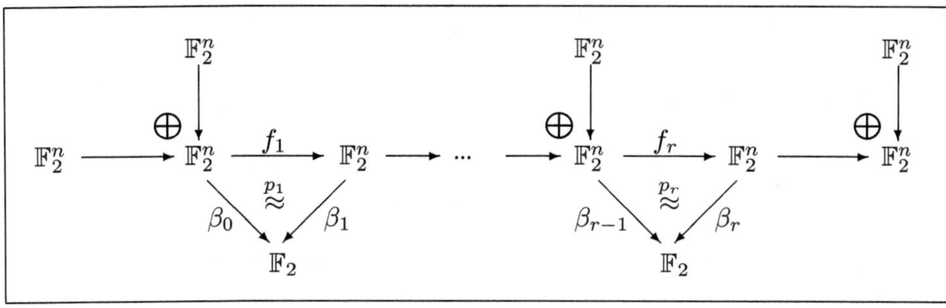

Abb. 9.14: Beispiel C: Mehrere Runden, Schlüssel kommen additiv in den Algorithmus

Für einen Schlüssel $k = (k^{(0)}, \ldots, k^{(r)}) \in \mathbb{F}_2^{n\cdot(r+1)}$ bilden wir die Verschlüsselungsfunktion F sukzessive über die Zwischenergebnisse

$$a^{(0)} = a \mid b^{(0)} = a^{(0)} + k^{(0)} \mid a^{(1)} = f_1(b^{(0)}) \mid b^{(1)} = a^{(1)} + k^{(1)} \mid \ldots$$

$$b^{(r-1)} = a^{(r-1)} + k^{(r-1)} \mid a^{(r)} = f_r(b^{(r-1)}) \mid b^{(r)} = a^{(r)} + k^{(r)} = c =: F(a,k)$$

Die allgemeine Formel ist also

$$b^{(i)} = a^{(i)} + k^{(i)} \;\text{ für } i = 0, \ldots, r,$$

$$a^{(0)} = a \;\text{ und }\; a^{(i)} = f_i(b^{(i-1)}) \;\text{ für } i = 1, \ldots, r.$$

Zielobjekt ist die lineare Relation

$$\kappa(k) \overset{p}{\approx} \beta_0(a) + \beta_r(c),$$

wobei

$$\kappa(k) = \beta_0(k^{(0)}) + \cdots + \beta_r(k^{(r)})$$

und p die vom Schlüssel k abhängige Wahrscheinlichkeit

$$p_{F,\beta}(k) = \frac{1}{2^n} \cdot \#\{a \in \mathbb{F}_2^n \mid \sum_{i=0}^{r} \beta_i(k^{(i)}) = \beta_0(a) + \beta_r(F(a,k))\}$$

ist. Den Mittelwert dieser Wahrscheinlichkeiten über alle k bezeichnen wir hier mit q_r; er hängt von

$(f_1, \ldots, f_r)$ und vom linearen Pfad $\beta = (\beta_0, \ldots, \beta_r)$ ab:

$$q_r := \frac{1}{2^{n\cdot(r+2)}} \cdot \#\{a, k^{(0)}, \ldots, k^{(r)} \in \mathbb{F}_2^n \mid \sum_{i=0}^{r} \beta_i(k^{(i)}) = \beta_0(a) + \beta_r(F(a,k))\}.$$

Setzen wir in der definierenden Gleichung dieser Menge $F(a,k) = a^{(r)} + k^{(r)} = f_r(b^{(r-1)}) + k^{(r)}$ ein:

$$\beta_0(k^{(0)}) + \cdots + \beta_r(k^{(r)}) = \beta_0(a) + \beta_r(f_r(b^{(r-1)})) + \beta_r(k^{(r)}),$$

so kürzt sich $\beta_r(k^{(r)})$ heraus, und wir sehen, dass die Zählung von $k^{(r)}$ unabhängig ist; es bleibt also

$$q_r = \frac{1}{2^{n\cdot(r+1)}} \cdot \#\{a, k^{(0)}, \ldots, k^{(r-1)} \in \mathbb{F}_2^n \mid \sum_{i=0}^{r-1} \beta_i(k^{(i)}) = \beta_0(a) + \beta_r(f_r(b^{(r-1)}))\}.$$

Hierin steckt die Wahrscheinlichkeit p_r: Es ist

$$\beta_r(f_r(b^{(r-1)})) = \begin{cases} \beta_{r-1}(b^{(r-1)}) & \text{mit Wahrscheinlichkeit } p_r, \\ 1 + \beta_{r-1}(b^{(r-1)}) & \text{mit Wahrscheinlichkeit } 1 - p_r, \end{cases}$$

wobei „mit Wahrscheinlichkeit p_r" hier bedeutet: in $p_r \cdot 2^{n\cdot(r+1)}$ von allen $2^{n\cdot(r+1)}$ möglichen Fällen. Also folgt

$$\begin{aligned} q_r &= \frac{1}{2^{n\cdot(r+1)}} \cdot \Big[p_r \cdot \#\{a, k^{(0)}, \ldots, k^{(r-1)} \mid \sum_{i=0}^{r-1} \beta_i(k^{(i)}) = \beta_0(a) + \beta_{r-1}(b^{(r-1)})\} \\ &\qquad + (1-p_r) \cdot \#\{a, k^{(0)}, \ldots, k^{(r-1)} \mid \sum_{i=0}^{r-1} \beta_i(k^{(i)}) = 1 + \beta_0(a) + \beta_{r-1}(b^{(r-1)})\} \Big] \\ &= p_r \cdot q_{r-1} + (1-p_r) \cdot (1 - q_{r-1}), \end{aligned}$$

denn die übrig gebliebenen Mengenzählungen entsprechen genau den analog gebildeten Wahrscheinlichkeiten über die reduzierte Rundenzahl $r - 1$.

Damit haben wir den perfekten Ansatz für eine vollständige Induktion, um zu beweisen:

Satz 9.2.7 (Matsuis Piling-Up-Theorem). *In der Situation des Beispiels C gilt für den Mittelwert $p_{F,\beta}$ der Wahrscheinlichkeiten $p_{F,\beta}(k)$ über alle Schlüssel $k \in \mathbb{F}_2^{n(r+1)}$*

$$2p_{F,\beta} - 1 = \prod_{i=1}^{r} (2p_i - 1).$$

Insbesondere multiplizieren sich die I/O-Korrelationen und die Potenziale.

Beweis
Der Induktionsanfang $r = 1$ ist trivial.[67]

[67] Im Satz 9.2.6 steht der Fall $r = 2$, der hier noch einmal mit erledigt wird. Trotzdem war die separate Behandlung nützlich zur Vorbereitung und zur Motivation.

Aus der Vorbetrachtung folgt

$$2q_r - 1 = 4p_r q_{r-1} - 2p_r - 2q_{r-1} + 1 = (2p_r - 1)(2q_{r-1} - 1),$$

und daraus die Behauptung durch Induktion. □

Bei der Anwendung auf reale Verschlüsselungsverfahren sind im Allgemeinen die Rundenschlüssel nicht unabhängig, sondern werden aus einem „Generalschlüssel“ nach einem Schlüsselauswahlverfahren (engl. key derivation) abgeleitet. In der Praxis macht das aber kaum etwas aus. Die Methode der linearen Kryptoanalyse beruht also auf der Faustregel:

Entlang eines linearen Pfades multiplizieren sich die Potenziale.

Satz 9.2.7, obwohl nur eine spezielle Situation betreffend und in der konkreten Anwendung nicht unbedingt genau, vermittelt doch eine gute Vorstellung davon, wie der kryptoanalytische Nutzen (also das Potenzial) von linearen Approximationen mit jeder Runde weiter abnimmt, d. h., wie die Sicherheit der Chiffre vor linearer Kryptoanalyse mit zunehmender Rundenzahl steigt, denn das Produkt von Zahlen kleiner 1 (und größer 0) wird ja mit zunehmender Länge immer kleiner. Die ungefähre Anzahl N benötigter bekannter Klartexte ergibt sich aus der Formel (9.2.4) für p_N.

9.2.12 Parallelschaltung von S-Boxen

Für die Rundenabbildung eines SP-Netzes werden in der Praxis mehrere „kleine“ S-Boxen parallel betrieben. Zur Analyse dieser Situation betrachten wir wieder ein einfaches Beispiel, Beispiel D, siehe Abb. 9.15 auf der nächsten Seite.

Satz 9.2.8. *Seien* $S_1, \ldots, S_m \colon \mathbb{F}_2^q \longrightarrow \mathbb{F}_2^q$ *Boolesche Abbildungen,* $n = m \cdot q$ *und* f *die Boolesche Abbildung*

$$f \colon \mathbb{F}_2^n \longrightarrow \mathbb{F}_2^n, \quad f(x_1, \ldots, x_m) = (S_1(x_1), \ldots, S_m(x_m)) \text{ für } x_1, \ldots, x_m \in \mathbb{F}_2^q.$$

Sei (α_i, β_i) *für* $i = 1, \ldots, m$ *je eine lineare Relation für* S_i *mit Wahrscheinlichkeit* p_i. *Dann ist* (α, β) *mit*

$$\begin{aligned} \alpha(x_1, \ldots, x_m) &= \alpha_1(x_1) + \cdots + \alpha_m(x_m) \\ \beta(y_1, \ldots, y_m) &= \beta_1(y_1) + \cdots + \beta_m(y_m) \end{aligned}$$

eine lineare Relation für f *mit einer Wahrscheinlichkeit* p, *die gegeben ist durch*

$$2p - 1 = (2p_1 - 1) \cdots (2p_m - 1).$$

Beweis
Wir beschränken uns auf den Fall $m = 2$; der allgemeine Fall folgt durch eine einfache Induktion wie beim Satz 9.2.7.

Im Fall $m = 2$ ist $\beta \circ f(x_1, x_2) = \alpha(x_1, x_2)$ genau dann, wenn

- *entweder* $\beta_1 \circ S_1(x_1) = \alpha_1(x_1)$ und $\beta_2 \circ S_2(x_2) = \alpha_2(x_2)$
- *oder* $\beta_1 \circ S_1(x_1) = 1 + \alpha_1(x_1)$ und $\beta_2 \circ S_2(x_2) = 1 + \alpha_2(x_2)$.

Also ist $p = p_1 p_2 + (1 - p_1)(1 - p_2)$, und daraus folgt die Behauptung wie bei Satz 9.2.6. □

Also verhalten sich die I/O-Korrelationen und die Potenziale bei Parallelschaltung ebenfalls multiplikativ. Das sieht auf den ersten Blick aus, als ob dadurch eine Verstärkung der Sicherheit gegeben wäre, dieser

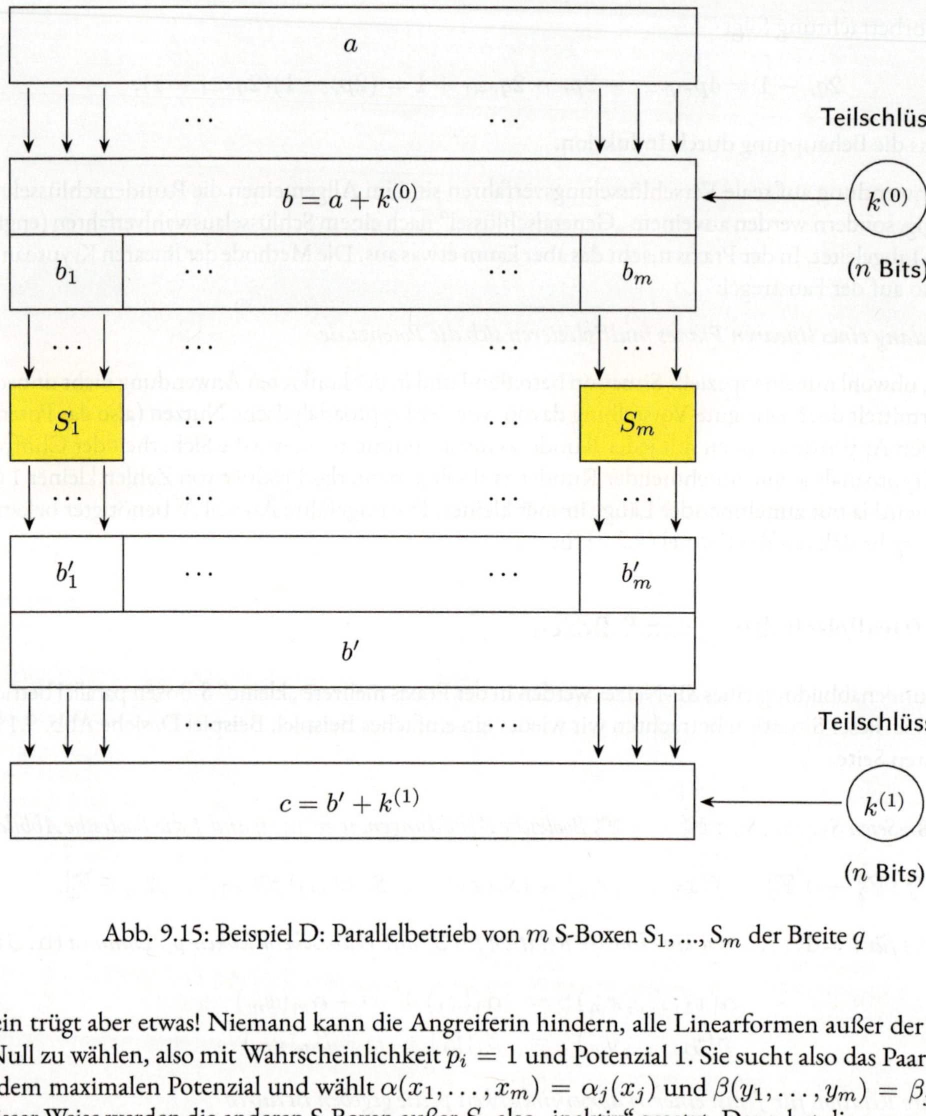

Abb. 9.15: Beispiel D: Parallelbetrieb von m S-Boxen S_1, ..., S_m der Breite q

Schein trügt aber etwas! Niemand kann die Angreiferin hindern, alle Linearformen außer der „besten" als Null zu wählen, also mit Wahrscheinlichkeit $p_i = 1$ und Potenzial 1. Sie sucht also das Paar (α_j, β_j) mit dem maximalen Potenzial und wählt $\alpha(x_1, \ldots, x_m) = \alpha_j(x_j)$ und $\beta(y_1, \ldots, y_m) = \beta_j(y_j)$. In gewisser Weise werden die anderen S-Boxen außer S_j also „inaktiv" gesetzt. Dann hat die gesamte lineare Relation genau die Wahrscheinlichkeit und das Potenzial der „aktiven" S-Box S_j.

Beispiel Auch hierzu wieder ein konkretes Rechenbeispiel mit $m = 2$ und $q = 4$, also $n = 8$. Als S-Boxen nehmen wir die beiden von LUCIFER, S_0 links und S_1 rechts (vergleiche Abb. 9.15). Für die linke S-Box S_0 nehmen wir wieder die lineare Relation mit $\alpha \hat{=}$ `0001` und $\beta \hat{=}$ `1101`, von der wir wissen, dass sie die Wahrscheinlichkeit $p_1 = \frac{7}{8}$ hat. Für die rechte S-Box S_1 nehmen wir die Relation $(0, 0)$, wo also beide beteiligten Linearformen 0 sind; da $0 = 0$ immer gilt, ist ihre Wahrscheinlichkeit 1. Die zusammengesetzte lineare Relation für $f = (S_0, S_1)$ hat dann nach Satz 9.2.8 ebenfalls die Wahrscheinlichkeit $p = \frac{7}{8}$ und das Potenzial $\lambda = \frac{9}{16}$, und wir wissen, dass die lineare Kryptoanalyse mit $N = 5$ Klartext-Geheimtext-Paaren schon eine (mehr als) 95-prozentige Erfolgswahrscheinlichkeit erreicht. Wir zerlegen alle relevanten Bitblöcke in Bits:

Klartext: $a = (a_0, \ldots, a_7) \in \mathbb{F}_2^8$,

Geheimtext: $c = (c_0, \ldots, c_7) \in \mathbb{F}_2^8$,

Schlüssel: $k = (k_0, \ldots, k_{15}) \in \mathbb{F}_2^{16}$, davon $(k_0, \ldots, k_7)$ als „Eingangsschlüssel" (entspricht dem $k^{(0)}$ in Abb. 9.15 auf der vorherigen Seite) und $(k_8, \ldots, k_{15})$ als „Ausgangsschlüssel" (entspricht $k^{(1)}$).

Dann ist $\alpha(a) = a_3$, $\beta(c) = c_0 + c_1 + c_3$ und $\kappa(k) = \alpha(k_0, \ldots, k_7) + \beta(k_8, \ldots, k_{15}) = k_3 + k_8 + k_9 + k_{11}$. Die anzugreifende Relation ist also

$$k_3 + k_8 + k_9 + k_{11} = a_3 + c_0 + c_1 + c_3.$$

Wir wählen jetzt konkret den Schlüssel $k =$ `1001011000101110`, dessen zu schätzendes Bit also $k_3 + k_8 + k_9 + k_{11} = 1$ ist. Damit erzeugen wir fünf zufällige Klartext-Geheimtext-Paare[68], siehe Tabelle 9.18, und stellen fest, dass in diesem konkreten Fall das fragliche Schlüsselbit durch den Matsui-Algorithmus einstimmig ohne Gegenstimme korrekt geschätzt wird.

a	a_3	c	$c_0 + c_1 + c_3$	Schätzung
00011110	1	00000010	0	1
00101100	0	00111111	1	1
10110010	1	01011101	0	1
10110100	1	01010000	0	1
10110101	1	01010111	0	1

Tab. 9.18: Rechenbeispiel zu Beispiel D (Parallelbetrieb von m S-Boxen)

9.2.13 Mini-Lucifer

Im nächsten Schritt soll die Überlegung aus dem vorigen Abschnitt über mehrere Runden ausgedehnt werden. Dazu definieren wir eine Spiel-Chiffre unter dem Namen *Mini-Lucifer*, die die S-Boxen und eine Permutation von Lucifer verwendet. Wir bauen sie wie folgt auf:

- Vor und nach jeder Runden-Abbildung wird ein Teilschüssel aufaddiert. Wir verwenden abwechselnd die Schlüssel $k^{(0)}$ und $k^{(1)}$ (d. h., die ersten oder letzten 8 bit des 16-bittigen Gesamtschlüssels). Insbesondere sind die Rundenschlüssel dann nicht mehr unabhängig.
- Die Rundenfunktion besteht aus der Parallelschaltung der beiden S-Boxen wie im Beispiel von Abschnitt 9.2.12 auf Seite 549, gefolgt von der Permutation P.
- Die Permutation P permutiert ein Byte (Oktett) in sich – siehe ihre Definition in SageMath-Beispiel 9.2.9 auf der nächsten Seite. Diese Funktionsdefinition stammt aus der Datei `bitciphers.sage`. Die Permutation wird in der letzten Runde, wie bei SP-Netzen üblich, weggelassen.

Das gesamte Schema ist in Abb. 9.16 auf Seite 553 veranschaulicht, das SageMath-Beispiel 9.2.10 auf der nächsten Seite enthält den SageMath-/Python-Code dafür. Wie zuvor stammt diese Funktionsdefinition aus der Datei `bitciphers.sage`.

[68] D. h. wir simulieren eine Angreiferin, die fünf Klartext-Geheimtextpaare aufgefangen hat, indem wir (zufällig, willkürlich) fünf solche erzeugen und verwenden. Damit haben wir eine gute Chance, das gesuchte Schlüsselbit richtig zu bestimmen.

SageMath-Beispiel 9.2.9: Die Bit-Permutation P von LUCIFER

```
def P(b):
  """Lucifer's permutation"""
  pb = [b[2],b[5],b[4],b[0],b[3],b[1],b[7],b[6]]
  return pb
```

SageMath-Beispiel 9.2.10: Mini-Lucifer über r Runden

```
def miniLuc(a,k,r):
  """Mini-Lucifer, encrypts 8-bit a with 16-bit key k over r rounds."""
  k0 = k[0:8]           # split into subkeys
  k1 = k[8:16]
  aa = a                # round input
  # --- begin round
  for i in range(0,r): # round number is i+1
    if (i % 2 == 0):   # select round key
      rndkey = k0
    else:
      rndkey = k1
    b = xor(aa,rndkey)     # add round key
    bleft = b[0:4]         # begin substitution
    bright = b[4:8]
    bbleft = S0.valueAt(bleft)
    bbright = S1.valueAt(bright)
    bb = bbleft + bbright  # end substitution
    if (i+1 == r):         # omit permutation in last round
      aa = bb
    else:
      aa = P(bb)
  # --- end round
  if (r % 2 == 0):         # add subkey after last round
    finkey = k0
  else:
    finkey = k1
  c = xor(aa,finkey)
  return c
```

Bisher hatten wir bei der linearen Kryptoanalyse nicht mit Permutationen zu tun. Können diese das Vorgehen beeinträchtigen?

Nun, sei f eine Boolesche Abbildung, (α, β) eine lineare Relation für f mit Wahrscheinlichkeit p und P eine Permutation im Bildbereich von f. Dann setzen wir $\beta' = \beta \circ \mathrm{P}^{-1}$ und sehen sofort, dass (β', α) eine lineare Relation für $\mathrm{P} \circ f$ mit der gleichen Wahrscheinlichkeit p ist:

$$\begin{aligned} p &= \frac{1}{2^n} \cdot \#\{x \in \mathbb{F}_2^n \mid \beta(f(x)) = \alpha(x)\} \\ &= \frac{1}{2^n} \cdot \#\{x \in \mathbb{F}_2^n \mid (\beta \circ \mathrm{P}^{-1})(\mathrm{P} \circ f(x)) = \alpha(x)\}. \end{aligned}$$

Die Zuordnung $\beta \mapsto \beta'$ ist einfach eine Permutation der Linearformen β. D. h., durch das Anfügen einer Permutation werden in der Approximationstabelle und im linearen Profil von f einfach nur die Spalten permutiert[69].

[69]Das gilt übrigens genauso, wenn man statt einer Permutation allgemeiner eine bijektive lineare Abbildung anfügt.

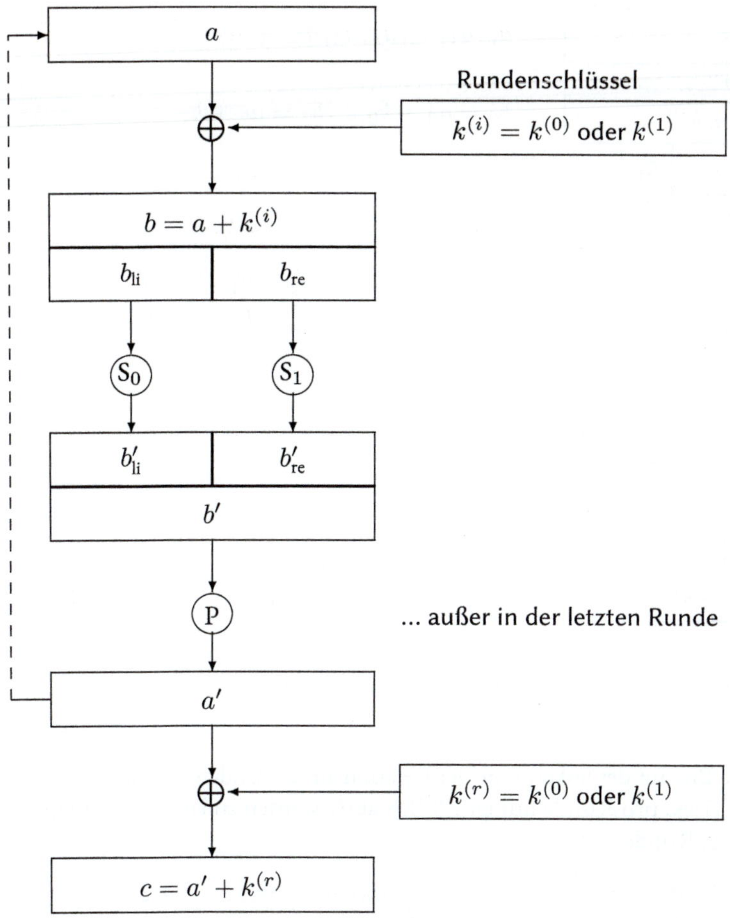

Abb. 9.16: Mini-Lucifer über r Runden

Das Einschieben der Permutationen in die Rundenfunktion eines SP-Netzes beeinträchtigt die lineare Kryptoanalyse nicht wesentlich.

Wir werden das gleich am konkreten Beispiel nachvollziehen und dabei auch sehen, was „nicht wesentlich" bedeutet.

Beispiel

Das konkrete Beispiel (als Fortsetzung des Beispiels in Abschnitt 9.2.12 auf Seite 549) ist in Abb. 9.17 auf der nächsten Seite beschrieben. Die Relation 1, nämlich

$$\beta(b') \overset{p_1}{\approx} \alpha(a + k^{(0)}) \quad \text{oder explizit} \quad b'_0 + b'_1 + b'_3 \overset{p_1}{\approx} a_3 + k_3$$

besteht zwischen $\alpha \mathrel{\hat{=}}$ `0001` und $\beta \mathrel{\hat{=}}$ `1101` mit Wahrscheinlichkeit $p_1 = \frac{7}{8}$. Die Permutation P macht daraus die Relation 2, nämlich

$$\beta \circ \mathrm{P}^{-1}(a') \overset{p_1}{\approx} \alpha(a + k^{(0)}) = \alpha(a) + \alpha(k^{(0)}), \quad \text{explizit} \quad a'_3 + a'_4 + a'_5 \overset{p_1}{\approx} a_3 + k_3.$$

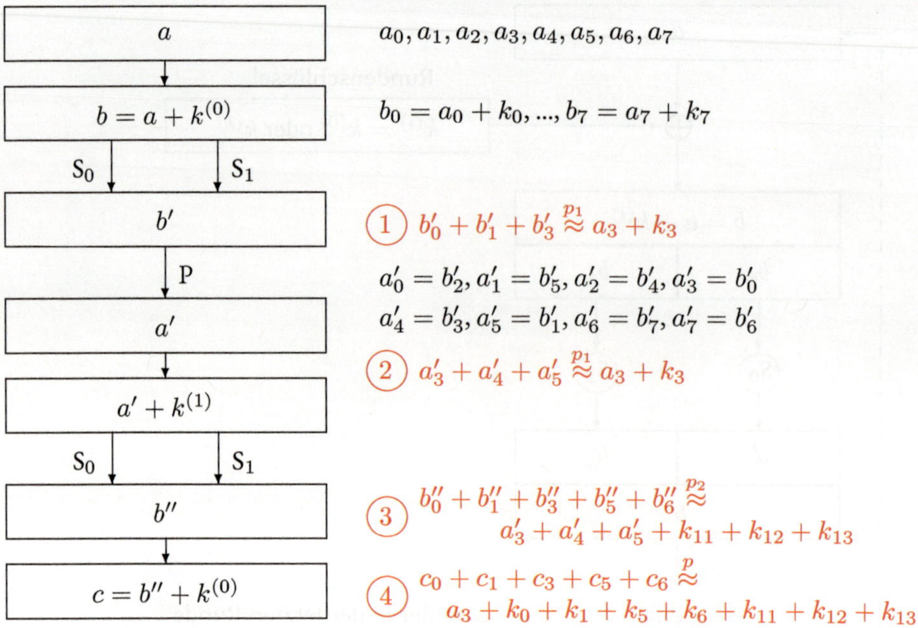

Abb. 9.17: Mini-Lucifer mit 2 Runden

Sie verteilt aber auch die Bits auf der linken Seite der Relation auf die beiden S-Boxen der nächsten Runde. Der kryptoanalytische Trick, pro Runde nur eine S-Box aktiv werden zu lassen, beschränkt sich also im Wesentlichen auf die erste Runde.

Das Einschieben der Permutationen in die Rundenfunktion eines SP-Netzes sorgt dafür, dass bei der linearen Kryptoanalyse in späteren Runden mehrere parallele S-Boxen aktiv sind.

Wie wir gleich im Beispiel sehen werden, wird das Potenzial dadurch verringert. Die relevanten Bits a'_3, a'_4, a'_5, bzw. nach Schlüsseladdition $a'_3 + k_{11}$, $a'_4 + k_{12}$, $a'_5 + k_{13}$, werden als Input auf die linke S-Box S_0 der zweiten Runde (nämlich $a'_3 + k_{11}$) und auf die rechte, S_1, (nämlich $a'_4 + k_{12}$ und $a'_5 + k_{13}$) aufgeteilt. Auf der linken Seite, für S_0, ist die Linearform für den Input $\beta'_1 \mathrel{\hat{=}} \texttt{0001} \mathrel{\hat{=}} 1$, auf der rechten Seite, für S_1, müssen wir $\beta'_2 \mathrel{\hat{=}} \texttt{1100} \mathrel{\hat{=}} 12$ setzen. Aus dem linearen Profil von S_0 sehen wir, dass wir bei β'_1 das Potenzial $\lambda'_2 = \frac{9}{16}$ mit $p'_2 = \frac{7}{8}$ für $\gamma_1 \mathrel{\hat{=}} 13 \mathrel{\hat{=}} \texttt{1101}$ erreichen können. Bei β'_2 erreichen wir maximal das Potenzial $\lambda''_2 = \frac{1}{4}$. Dafür gibt es zwei Möglichkeiten; wir wählen etwa $\gamma_2 \mathrel{\hat{=}} 6 \mathrel{\hat{=}} \texttt{0110}$ mit Wahrscheinlichkeit $p''_2 = \frac{3}{4}$. Die kombinierte lineare Relation mit $\beta'(x) = \beta'_1(x_0, \ldots, x_3) + \beta'_2(x_4, \ldots, x_7)$ und auf der Output-Seite $\gamma(y) = \gamma_1(y_0, \ldots, y_3) + \gamma_2(y_4, \ldots, y_7)$ hat dann nach Satz 9.2.8 die I/O-Korrelation $2p_2 - 1 = (2p'_2 - 1)(2p''_2 - 1) = \frac{3}{8}$, also $p_2 = \frac{11}{16}$, $\lambda_2 = \frac{9}{64}$.

Die Relation zwischen $\beta'(a' + k^{(1)})$ und $\gamma(b'')$ ist die in Abb. 9.17 mit 3 markierte und explizit ausgeschriebene, nämlich

$$\gamma(b'') \overset{p_2}{\approx} \beta'(a' + k^{(1)}) = \beta'(a') + \beta'(k^{(1)}).$$

Die Kombination von 2 und 3 ergibt (nach Kürzung von k_3) die Relation

$$\gamma(c) + \gamma(k^{(0)}) = \gamma(c + k^{(0)}) = \gamma(b'') \overset{p}{\approx} \alpha(a) + \alpha(k^{(0)}) + \beta'(k^{(1)}),$$

in der Abbildung mit 4 markiert und explizit ausgeschrieben, deren Wahrscheinlichkeit p nach Satz 9.2.7 bestimmt werden kann, da die beiden verwendeten Rundenschlüssel unabhängig sind. Es ergibt sich $2p -$

$1 = (2p_1 - 1)(2p_2 - 1) = \frac{3}{4} \cdot \frac{3}{8} = \frac{9}{32}$, also $p = \frac{41}{64}$. Das zugehörige Potenzial ist $\lambda = \frac{81}{1024}$.

Die Anzahl N der für 95-prozentige Erfolgswahrscheinlichkeit benötigten Klartexte erhalten wir nach der Näherungsformel aus Tabelle 9.11 auf Seite 533 als

$$N = \frac{3}{\lambda} = \frac{1024}{27} \approx 38$$

(von 256 überhaupt möglichen).

Im Beispiel ergab sich die Erfolgswahrscheinlichkeit durch Multiplikation der I/O-Korrelationen (oder der Potenziale) aller aktiven S-Boxen. Wir hatten das Glück, dass hier die jeweils verwendeten Teilschlüssel unabhängig waren. Im Allgemeinen wird das nicht der Fall sein. Dass man mit dieser Unabhängigkeitsannahme trotzdem arbeiten kann, ist nur empirisch belegt, und daraus folgt die Faustregel:

> *Die Erfolgswahrscheinlichkeit der linearen Kryptoanalyse bestimmt sich (ungefähr) durch die Multiplikativität der I/O-Korrelationen (oder der Potenziale) aller entlang des betrachteten Pfades (samt seiner Verzweigungen) aktiven S-Boxen.*

Die Einschränkung in dieser Faustregel betrifft aber nicht das *Vorgehen* bei der linearen Kryptoanalyse, sondern nur die *Erfolgswahrscheinlichkeit*. Die Kryptoanalytikerin hat genau dann Recht, wenn sie Erfolg hat, egal ob ihre Methode in allen Details mathematisch exakt begründet war oder nicht.

Wir haben jetzt ein Bit bestimmt. Und was nun? Wir finden natürlich weitere Relationen und können damit weitere Schlüsselbits aufdecken, aber wir müssen dabei immer geringere Potenziale zulassen und laufen auch zunehmend in die Gefahr, dass die Wahrscheinlichkeit für den konkreten (gesuchten) Schlüssel auf der „falschen" Seite von $\frac{1}{2}$ liegt. Außerdem werden natürlich die Erfolgswahrscheinlichkeiten durch Multiplikation immer kleiner. Und drittens laufen wir zunehmend in das Problem des multiplen Testens, wenn wir immer wieder die gleichen bekannten Klartexte verwenden, was eine weitere Korrektur der Erfolgswahrscheinlichkeit nach unten bewirkt.

Die systematische Suche nach linearen Relationen

Das Finden nutzbarer linearer Relationen über mehrere Runden ist algorithmisch im Allgemeinen nicht elegant lösbar; in den publizierten Beispielen werden oft mehr oder weniger zufällig gefundene lineare Pfade verwendet, ohne dass klar ist, ob es nicht wesentlich besser geeignete gibt.

Ist n die Blocklänge der Chiffre und r die Zahl der Runden, so hat man in jeder Runde 2^n Linearformen zur Auswahl, insgesamt also $2^{n(r+1)}$. Diesen Aufwand muss man treiben, wenn man gute Relationen durch vollständige Suche bestimmen will. Es gibt Vereinfachungen, die aber die Größenordnung des Gesamtaufwands nicht wesentlich verringern:

- Man kann sich in der ersten Runde auf Linearformen beschränken, die nur eine S-Box aktivieren.
- Und dann kann man die nächste Linearform so wählen, dass sie möglichst wenige weitere S-Boxen aktiviert (bei hohem, wenn auch vielleicht nicht maximalem Potenzial).
- Hat eine der Relationen in einem linearen Pfad die Wahrscheinlichkeit $\frac{1}{2}$, also die I/O-Korrelation 0, so ist die Gesamtkorrelation wegen der Multiplikativität ebenfalls 0, der Pfad kann also ignoriert werden. Das gilt auch komponentenweise, wenn die betrachteten Linearformen auf die einzelnen S-Boxen der Runde aufgesplittert werden. Allerdings können in dieser Vernachlässigung auch Schwächen liegen, da wir ja immer mit den durchschnittlichen Wahrscheinlichkeiten rechnen, aber eigentlich die schlüsselabhängigen bräuchten.

Für unser 2-Runden-Beispiel mit Mini-Lucifer ist die systematische Suche noch leicht durchführbar; selbstverständlich kann man sich dabei auch mit SageMath (oder einem Python-Programm) behelfen, das soll hier aber nicht vertieft werden. Das obige Beispiel hatte folgende Kenngrößen:

- $\alpha = (\alpha_1, \alpha_2)$[70] mit $\alpha_1 \mathrel{\hat=} 1 \mathrel{\hat=}$ `0001` und $\alpha_2 \mathrel{\hat=} 0 \mathrel{\hat=}$ `0000`
- $\beta = (\beta_1, \beta_2)$ mit $\beta_1 \mathrel{\hat=} 13 \mathrel{\hat=}$ `1101` und $\beta_2 \mathrel{\hat=} 0 \mathrel{\hat=}$ `0000`
- $\beta' = (\beta_1', \beta_2')$ mit $\beta_1' \mathrel{\hat=} 1 \mathrel{\hat=}$ `0001`, $\beta_2' \mathrel{\hat=} 12 \mathrel{\hat=}$ `1100`
- $\gamma = (\gamma_1, \gamma_2)$ mit $\gamma_1 \mathrel{\hat=} 13 \mathrel{\hat=}$ `1101`, $\gamma_2 \mathrel{\hat=} 6 \mathrel{\hat=}$ `0110`
- $\tau_1 = \frac{3}{4}, \tau_2' = \frac{3}{4}, \tau_2'' = \frac{1}{2}, \tau_2 = \frac{3}{8}, \tau = \frac{9}{32}, p = \frac{41}{64} = 0{,}640\,625$
- $c_0 + c_1 + c_3 + c_5 + c_6 \overset{p}{\approx} a_3 + k_0 + k_1 + k_5 + k_6 + k_{11} + k_{12} + k_{13}$

Für γ_2 hätten wir noch die Möglichkeit $\gamma_2 \mathrel{\hat=} 14 \mathrel{\hat=}$ `1110` gehabt; das ergibt einen linearen Pfad mit den Kenngrößen

- $\alpha \mathrel{\hat=} (1,0), \beta \mathrel{\hat=} (13,0), \beta' \mathrel{\hat=} (1,12), \gamma \mathrel{\hat=} (13,14)$
  - wobei $\tau = -\frac{9}{32}, p = \frac{23}{64} = 0{,}359\,375$
  - $c_0 + c_1 + c_3 + c_4 + c_5 + c_6 \overset{p}{\approx} a_3 + k_0 + k_1 + k_4 + k_5 + k_6 + k_{11} + k_{12} + k_{13}$

Die systematische Suche ergibt zwei noch bessere lineare Pfade, charakterisiert durch

- $\alpha \mathrel{\hat=} (8,0), \beta \mathrel{\hat=} (8,0), \beta' \mathrel{\hat=} (1,0), \gamma \mathrel{\hat=} (13,0)$
  - wobei $\tau = -\frac{3}{8}, p = \frac{5}{16} = 0{,}3125$
  - $c_0 + c_1 + c_3 \overset{p}{\approx} a_0 + k_1 + k_3 + k_{11}$
- $\alpha \mathrel{\hat=} (15,0), \beta \mathrel{\hat=} (8,0), \beta' \mathrel{\hat=} (1,0), \gamma \mathrel{\hat=} (13,0)$
  - wobei $\tau = -\frac{3}{8}, p = \frac{5}{16} = 0{,}3125$
  - $c_0 + c_1 + c_3 \overset{p}{\approx} a_0 + a_1 + a_2 + a_3 + k_2 + k_{11}$

die zwar das Potenzial der einzelnen S-Boxen nicht voll ausschöpfen, aber dafür jeweils nur eine S-Box der zweiten Runde aktivieren und damit insgesamt das höhere Potenzial $\lambda = \frac{9}{64}$ erreichen. Dieses führt zu einer 95-prozentigen Erfolgswahrscheinlichkeit schon mit

$$N = \frac{3}{\lambda} = \frac{64}{3} \approx 21$$

bekannten Klartexten zur Bestimmung eines Bits.

Umgekehrt wird der Designer einer Chiffre darauf achten, dass die Permutation in jeder Runde die aktiven Bits auf möglichst viele S-Boxen verteilt; die Erfinder von AES, Daemen[71] und Rijmen[72], nennen diesen Konstruktionsansatz die *Wide-Trail*-Strategie[73]. Abb. 9.18 auf Seite 560 zeigt ein Beispiel eines solchen verzweigten linearen Pfads.

---

[70] Oben war α_1 als α bezeichnet worden. Hier werden jetzt der Einheitlichkeit halber bei allen Linearformen beide Komponenten aufgeführt und mit 1 und 2 indiziert.

[71] Joan Daemen, belgischer Kryptologe, Miterfinder des AES-Verfahrens, *1965

[72] Vincent Rijmen, belgischer Kryptologe, Miterfinder des AES-Verfahrens, *1970

[73] Dieser Effekt wird bei AES noch dadurch verstärkt, dass das „P“ des SP-Netzes zu einem „L“ verallgemeinert wird, nämlich zu einer linearen Abbildung.

Beispiel (Fortsetzung)

Zur Illustration des konkreten Vorgehens erzeugen wir 25 Paare von bekanntem Klartext und zugehörigem Geheimtext mit dem Schlüssel $k \hat{=}$ `1001011000101110`. Das geschieht im ersten Teil von SageMath-Beispiel 9.2.12. Die dabei verwendete Funktion `randsel()` steht im SageMath-Beispiel 9.2.11. Wie zuvor stammt diese Funktionsdefinition aus der Datei `bitciphers.sage`. Die Funktion `randsel()` liefert `NN` verschiedene ganze Zahlen[74] im Intervall $[0, 255]$. Die Klartext-Geheimtext-Paare eines Beispiel-Laufs sind im SageMath-Beispiel 9.2.13 auf der nächsten Seite wiedergegeben.

SageMath-Beispiel 9.2.11: Erzeugung *verschiedener* Zufallszahlen

```
def randsel(max,NN):
  """Generates NN different random integers between 0 and max."""
  rndlist = []
  while (len(rndlist) < NN):
    new = randint(0,max)
    if (not(new in rndlist)):
      rndlist.append(new)
  rndlist.sort()
  return rndlist
```

SageMath-Beispiel 9.2.12: Lineare Kryptoanalyse von Mini-Lucifer über 2 Runden

```
print("\n# CHAP09 -- Sage-Script-SAMPLE 120: =========")

load("./bitciphers.sage")

key = str2bbl("1001011000101110")
bit = [0,0,0,0]
bit[0] = (key[0]+key[1]+key[5]+key[6]+key[11]+key[12]+key[13]) % 2
bit[1] = (key[0]+key[1]+key[4]+key[5]+key[6]+key[11]+key[12]+key[13])%2
bit[2] = (key[1]+key[3]+key[11]) % 2
bit[3] = (key[2]+key[11]) % 2
NN = 25
plist = randsel(255,NN)
klist = [[], [], [], []]

print("25 random pairs of plaintexts and ciphertexts")
for i in range (0,NN):
    plain = int2bbl(plist[i],8)
    ciph = miniLuc(plain,key,2)
    print("pc pair no %2d is %s %s" % (i+1, plain, ciph))
    kbit = (plain[3]+ciph[0]+ciph[1]+ciph[3]+ciph[5]+ciph[6]) % 2
    klist[0].append(kbit)
    kbit = (1+plain[3]+ciph[0]+ciph[1]+ciph[3]+ciph[4]+ciph[5]+ciph[6])%2
    klist[1].append(kbit)
    kbit = (1+plain[0]+ciph[0]+ciph[1]+ciph[3]) % 2
    klist[2].append(kbit)
    kbit=(1+plain[0]+plain[1]+plain[2]+plain[3]+ciph[0]+ciph[1]+ciph[3])%2
    klist[3].append(kbit)

print("Linear cryptanalysis of Mini-Lucifer over 2 rounds")
for j in range(0,4):
    sum = 0
    for jj in range(0,NN):
        sum += klist[j][jj]
    if (bit[j] == 0):
        sum = NN - sum
    print("True bit:", bit[j], klist[j])
    print("    Relation", j+1, ":", sum, "of", NN ,"guesses are correct.")

#-----------------------------------
```

[74] in der Tat Pseudo-Zufallszahlen. Mehr zu diesem Thema in Abschnitt 9.3 auf Seite 563.

Fortsetzung SageMath-Beispiel 9.2.12

```
# CHAP09 -- Sage-Script-SAMPLE 120: =========
# 25 random pairs of plaintexts and ciphertexts
# pc pair no  1 is [0, 0, 0, 0, 1, 0, 0, 0] [1, 0, 1, 1, 0, 1, 1, 1]
# pc pair no  2 is [0, 0, 0, 0, 1, 1, 0, 1] [1, 0, 1, 1, 1, 1, 0, 0]
# ...
# pc pair no 24 is [1, 1, 1, 0, 0, 1, 1, 0] [0, 0, 1, 0, 1, 0, 0, 1]
# pc pair no 25 is [1, 1, 1, 1, 0, 0, 1, 0] [1, 0, 0, 0, 1, 1, 0, 1]
# Linear cryptanalysis of Mini-Lucifer over 2 rounds
# True bit: 1 [0, 1, 0, 1, 1, 0, 0, 0, 1, 1, 1, 1, 1, 1, 1, 0, 1, 1, 1, 0, 1, 1, 1, 0, 1]
#     Relation 1 : 17 of 25 guesses are correct.
# True bit: 1 [1, 1, 0, 1, 1, 1, 0, 1, 0, 0, 0, 1, 1, 1, 1, 1, 1, 1, 1, 1, 1, 0, 1, 0, 1]
#     Relation 2 : 18 of 25 guesses are correct.
# True bit: 1 [1, 1, 0, 1, 1, 1, 1, 1, 0, 0, 1, 1, 1, 1, 1, 1, 1, 1, 0, 0, 1, 1, 1, 0, 1]
#     Relation 3 : 19 of 25 guesses are correct.
# True bit: 0 [1, 1, 1, 0, 0, 1, 1, 0, 0, 0, 0, 0, 1, 0, 0, 0, 0, 0, 0, 0, 0, 0, 1, 0, 0]
#     Relation 4 : 18 of 25 guesses are correct.
```

SageMath-Beispiel 9.2.13: 25 zufällige Klartext-Geheimtext-Paare von Mini-Lucifer über 2 Runden

```
pc pair no  1 is [0,0,0,0,1,1,1,1] [0,0,0,0,1,0,1,0]
pc pair no  2 is [0,0,0,1,0,0,0,1] [1,1,0,0,1,1,1,0]
pc pair no  3 is [0,0,0,1,0,1,1,0] [1,1,0,0,1,0,0,1]
pc pair no  4 is [0,0,1,1,1,1,0,1] [1,0,1,1,0,0,1,0]
pc pair no  5 is [0,1,0,0,0,0,0,0] [1,1,1,0,0,1,1,1]
pc pair no  6 is [0,1,0,0,1,0,0,0] [0,1,0,1,0,1,1,1]
pc pair no  7 is [0,1,0,0,1,1,0,0] [1,1,1,0,1,0,1,0]
pc pair no  8 is [0,1,0,0,1,1,0,1] [0,1,0,1,1,1,0,0]
pc pair no  9 is [0,1,0,0,1,1,1,1] [0,1,1,1,1,0,1,0]
pc pair no 10 is [0,1,1,0,0,1,1,1] [0,0,1,1,0,0,1,1]
pc pair no 11 is [1,0,0,0,0,0,1,1] [1,1,1,1,0,1,0,0]
pc pair no 12 is [1,0,0,1,0,0,1,1] [0,1,1,0,1,0,1,1]
pc pair no 13 is [1,0,0,1,1,0,0,0] [0,1,1,0,0,1,1,1]
pc pair no 14 is [1,0,1,0,1,0,1,1] [1,1,0,1,1,0,0,1]
pc pair no 15 is [1,0,1,1,0,0,0,1] [1,1,0,0,1,0,0,0]
pc pair no 16 is [1,0,1,1,0,0,1,0] [1,0,1,0,0,1,0,0]
pc pair no 17 is [1,0,1,1,0,1,1,0] [1,1,0,0,0,1,0,0]
pc pair no 18 is [1,0,1,1,1,0,0,1] [1,1,0,0,0,0,0,1]
pc pair no 19 is [1,0,1,1,1,1,0,1] [1,0,1,1,1,1,1,1]
pc pair no 20 is [1,1,0,0,0,1,0,0] [0,1,0,0,1,1,1,1]
pc pair no 21 is [1,1,0,0,0,1,1,1] [0,0,1,1,1,1,1,1]
pc pair no 22 is [1,1,0,1,1,1,1,1] [1,1,0,1,1,0,1,0]
pc pair no 23 is [1,1,1,0,0,0,0,0] [1,1,1,0,1,1,1,0]
pc pair no 24 is [1,1,1,0,0,1,0,0] [0,1,1,1,0,0,1,1]
pc pair no 25 is [1,1,1,1,0,1,0,1] [1,1,1,1,0,1,0,1]
```

Die zu bestimmenden Schlüssel-Bits, die wir im Cheat-Modus kennen, sind `bit[j]` für $j = 0, 1, 2, 3$ – wir verwenden alle vier oben identifizierten Relationen gleichzeitig ohne Furcht vor der eventuell verringerten Erfolgswahrscheinlichkeit. Diese Relationen behaupten die wahrscheinliche Gleichheit der Bits `bit[j]` mit den in den Zeilen `kbit` angegebenen Summen von Klartext- und Geheimtextbits. Die letzten drei dieser Summen sind zu komplementieren, da die entsprechende I/O-Korrelation negativ (bzw. die Wahrscheinlichkeit $< \frac{1}{2}$) ist; das geschieht durch die zusätzliche Addition des Bits `1`.

Das Ergebnis der Analyse steht im SageMath-Beispiel 9.2.14 auf der nächsten Seite: alle vier Bits wurden richtig geschätzt.[75]

[75] Wir haben die Funktion `Matsui_Test()` nicht verwendet, weil wir etwas Einblick in die Zwischenergebnisse haben wollten.

SageMath-Beispiel 9.2.14: Lineare Kryptoanalyse von Mini-Lucifer über 2 Runden

```
True bit: 1 [1,1,1,0,0,0,1,1,1,0,0,1,0,1,1,1,0,1,1,1,1,1,0,1,1]
     Relation 1 : 17 of 25 guesses are correct.
True bit: 1 [1,1,1,1,1,1,1,1,1,1,1,1,1,1,1,0,1,0,1,1,1,1,0,0,0]
     Relation 2 : 20 of 25 guesses are correct.
True bit: 1 [1,1,1,1,1,1,1,1,1,0,1,1,1,1,0,1,0,0,0,1,1,1,0,0,1]
     Relation 3 : 18 of 25 guesses are correct.
True bit: 0 [1,0,0,1,0,0,0,0,0,0,1,0,0,0,0,1,0,0,0,0,0,1,0,0,0]
     Relation 4 : 20 of 25 guesses are correct.
```

Als Folge dieser Analyse haben wir ein lineares Gleichungssystem aus vier Gleichungen für die 16 unbekannten Schlüsselbits:

$$
\begin{aligned}
1 &= k_0 + k_1 + k_5 + k_6 + k_{11} + k_{12} + k_{13} \\
1 &= k_0 + k_1 + k_4 + k_5 + k_6 + k_{11} + k_{12} + k_{13} \\
1 &= k_1 + k_3 + k_{11} \\
0 &= k_2 + k_{11}
\end{aligned}
$$

wodurch die Anzahl der bei einer Exhaustion (vollständigen Durchsuchung) zu probierenden Schlüssel von $2^{16} = 65536$ auf $2^{12} = 4096$ reduziert wird. Zwei direkte Vereinfachungen sind $k_{11} = k_2$ aus der letzten Gleichung und $k_4 = 0$ aus den beiden ersten. Vier weitere Simulationsläufe ergeben

- $15, 16, 19, 16$
- $15, 16, 13, 17$
- $15, 20, 19, 17$
- $19, 19, 20, 18$

korrekte Schätzungen, also stets korrekte Ergebnisse. In unserer Simulation ergab erst der zehnte Lauf ein falsches Bit (das zweite):

- $17, 12, 14, 17$

danach erst wieder der 25. Lauf. Der empirische Eindruck ist also, dass die Erfolgswahrscheinlichkeit in dieser Situation über 90 % liegt.

Analyse über vier Runden

Wir wollen uns nun vergewissern, wie eine Erhöhung der Rundenzahl die lineare Kryptoanalyse entscheidend behindert.

Dazu betrachten wir unsere Spiel-Chiffre Mini-Lucifer über vier Runden. Die Suche nach einem optimalen linearen Pfad über vier Runden ist schon etwas aufwändig, wir begnügen uns daher exemplarisch mit der Ausdehnung des besten Beispiels für zwei Runden, nämlich des obigen dritten, über weitere zwei Runden. Mit einer auf die jetzige Situation angepassten Bezeichnung haben wir:

- für die erste Runde $\beta_0 = \alpha \mathrel{\hat{=}} (8, 0)$ und $\beta_1 \mathrel{\hat{=}} (8, 0)$ (das „alte" β) mit $\tau_1 = -\frac{1}{2}$,
- für die zweite Runde (die Permutation P auf β_1 angewendet) $\beta'_1 \mathrel{\hat{=}} (1, 0)$ und $\beta_2 \mathrel{\hat{=}} (13, 0)$ (das „alte" γ) mit $\tau_2 = \frac{3}{4}$,
- für die dritte Runde $\beta'_2 \mathrel{\hat{=}} (1, 12)$ und $\beta_3 \mathrel{\hat{=}} (13, 6)$ mit $\tau_3 = \frac{3}{8}$,

- für die vierte Runde $\beta'_3 \mathrel{\hat=} (5,13)$ und $\beta = \beta_4 \mathrel{\hat=} (3,12)$ (das „neue" β) mit $\tau_4 = -\frac{1}{4}$.

Dieser lineare Pfad mit seinen Verzweigungen ist in Abb. 9.18 skizziert.

Da wir Rundenschlüssel wiederholt haben, sind diese nicht unabhängig. Die Multiplikativität der I/O-Korrelationen ist also nur durch die Faustregel begründet. Sie ergibt daher für die I/O-Korrelation der linearen Relation (α, β) über die gesamten vier Runden nur einen ungefähren Wert

$$\tau \approx \frac{1}{2} \cdot \frac{3}{4} \cdot \frac{3}{8} \cdot \frac{1}{4} = \frac{9}{256} \approx 0{,}035.$$

Die übrigen Kennzahlen sind

$$p \approx \frac{265}{512} \approx 0{,}518, \quad \lambda \approx \frac{81}{65536} \approx 0{,}0012, \quad N \approx \frac{65536}{27} \approx 2427,$$

letzteres als die Zahl der für den 95-prozentigen Erfolg benötigten bekannten Klartexte .

Das wäre im Aufwand immer noch geringer als die Exhaustion über alle 65536 möglichen Schlüssel – aber es gibt ja insgesamt nur 256 verschiedene mögliche Klartexte, so dass wir gar keinen Ansatzpunkt für die Analyse finden – die lineare Kryptoanalyse hat durch die Erhöhung der Rundenzahl ihren Sinn verloren.

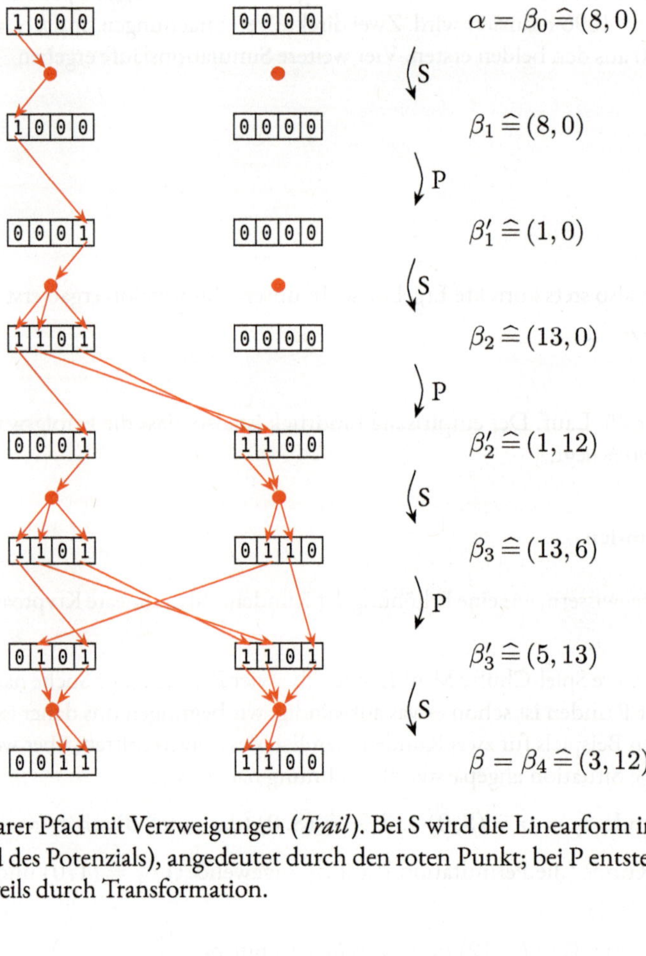

Abb. 9.18: Ein linearer Pfad mit Verzweigungen (*Trail*). Bei S wird die Linearform im Bild jeweils *gewählt* (anhand des Potenzials), angedeutet durch den roten Punkt; bei P entsteht die Linearform im Bild jeweils durch Transformation.

9.2.14 AES

Der aktuelle Standard unter den modernen symmetrischen Verfahren ist AES. Siehe Abschnitt 1.3.1 auf Seite 26.

Die Abbildungen 9.19 und 9.20 zeigen grob den Aufbau des AES-Verfahrens[76] und wie dabei die in Abschnitt 9.2.3 auf Seite 517 hergeleiteten Konstruktionsprinzipien umgesetzt wurden.

- Die Blocklänge ist $n = 128$, die Schlüssellänge $l = 128, 192$ oder 256, die Zahl der Runden $r = 10$, 12 oder 14.
- Zu Beginn jeder Runde und am Ende des Verfahrens wird ein Teilschlüssel auf den aktuellen Bitblock aufaddiert wie in den Beispielen A, B und C der Abbildungen 9.10, 9.13 und 9.14, insgesamt also $r + 1$ Teilschlüssel.
- Die 128-bit-„Teilschlüssel" $k^{(i)}$ sind nicht wirklich Teilschlüssel, sondern werden aus dem Gesamtschlüssel k nach einem etwas komplizierten Verfahren („Schlüsselauswahl") extrahiert. Insbesondere sind sie nicht unabhängig.
- Zu Beginn jeder Runde wird der aktuelle 128-Bitblock in 16 Teilblöcke zu 8-bit zerlegt. Auf jeden dieser Teilblöcke wird die gleiche S-Box $S\colon \mathbb{F}_2^8 \longrightarrow \mathbb{F}_2^8$ angewendet. Diese hat eine mathematisch sehr elegante Beschreibung, für die aber einige zusätzliche Kenntnisse in abstrakter Algebra nötig sind, weshalb sie hier nicht angegeben wird. Das lineare Potenzial der S-Box von AES ist $\frac{1}{64}$. Dies kann man mit der Methode `linProf()` der Klasse `boolMap`, im SageMath-Beispiel 9.4.7 auf Seite 613, explizit bestimmen, es gibt aber auch eine „tiefliegende" mathematische Herleitung davon.[77]
- Der Permutationsschritt besteht aus einer Permutation gefolgt von einer linearen Abbildung. Dieser „Diffusionsschritt" ist also etwas komplexer als bei einem reinen SP-Netz nach Abb. 9.3 auf Seite 518.

Eine Bemerkung noch zur Schlüsselauswahl: Werden die „Rundenschlüssel", die wir mit $k^{(i)}$ bezeichnet haben, nicht einfach durch eine Teilauswahl von Bits bestimmt, sondern nach einem komplizierteren Verfahren, so wird der „wahre" Schlüssel verschleiert. Die kryptoanalytischen Angriffe richten sich gegen den „effektiven" Schlüssel, also gegen die Rundenschlüssel $k^{(i)}$. Diese reichen der Kryptoanalytikerin, um die Chiffre zu brechen. Ein kompliziertes Schlüsselauswahlverfahren kann aber verhindern, dass die Angreiferin eine Abhängigkeit der verschiedenen Rundenschlüssel ausnützt, etwa wenn diese als überlappende Teilblöcke aus dem „wahren" Schlüssel gebildet werden.

9.2.15 Ausblick Block-Chiffren

Wir haben gesehen, dass die lineare Kryptoanalyse Anhaltspunkte für die Sicherheit einer Chiffre gibt, insbesondere für die Zunahme der Sicherheit durch Erhöhung der Rundenzahl. Eine mathematisch befriedigende Grundlage gibt es aber nur für einen Teil der Theorie. Die vorhandenen Publikationen beschäftigen sich meist mit ad-hoc-Analysen konkreter Verschlüsselungsverfahren. So hat etwa Matsui gezeigt, wie man beim DES-Verfahren mit 2^{43} bekannten Klartexten 14 Schlüsselbits mit hoher Gewissheit bestimmen kann, was die Exhaustion auf die übrigen $42 = 56 - 14$ Schlüsselbits reduzierte und somit auch praktisch

[76]- Über `CTO (www.cryptool-online.org)` kann man sich im Browser den AES in 2 Plugins ansehen: als Animation und per „AES (Schritt-für-Schritt)".
- Über `CT1 Einzelverfahren ▷ Visualisierung von Algorithmen ▷ AES` finden Sie 3 Visualisierungen dieses Verfahrens.
- M.H. des Suchstrings `AES` bei `CT2 Startcenter ▷ Vorlagen` können Sie ein Plugin finden, das den Algorithmus Schritt-für-Schritt visualisiert.

[77]bei der als „mathematisches Wunder" die Zählung von Punkten elliptischer Kurven über endlichen Körpern der Charakteristik 2 vorkommt

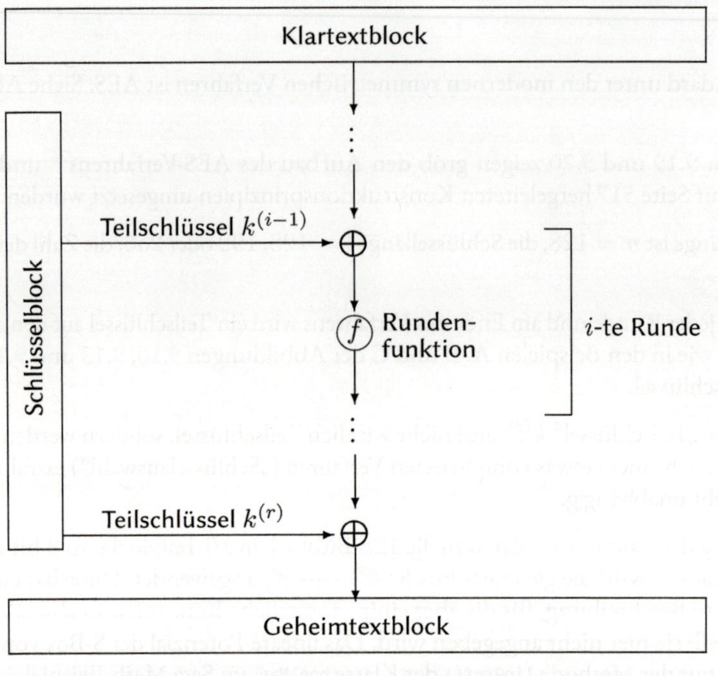

Abb. 9.19: Grobe Struktur des AES-Verfahrens

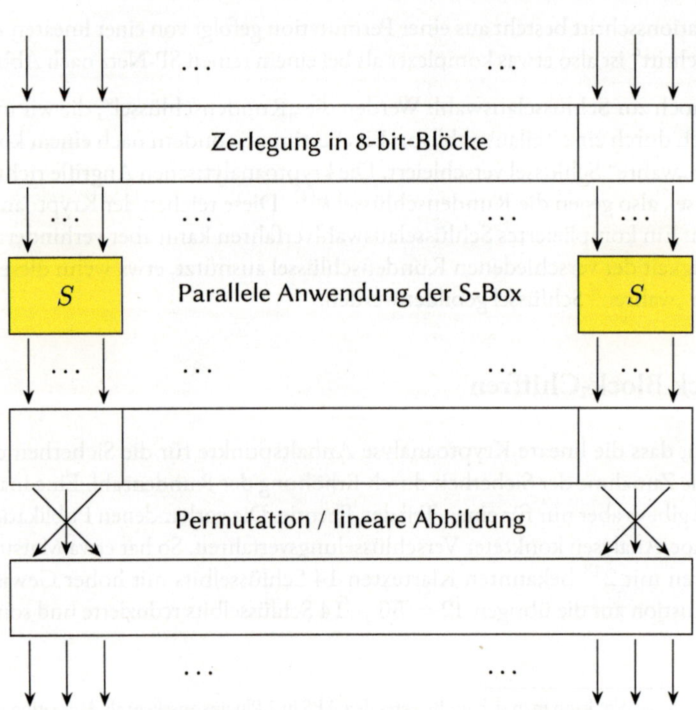

Abb. 9.20: Die Rundenfunktion f des AES-Verfahrens

durchführbar war (vorausgesetzt, man kennt so viele Klartexte). Die Betrachtung der linearen Kryptoanalyse ist als Beispiel zu sehen.

Für die differenzielle Kryptoanalyse sowie die verallgemeinerten und gemischten Varianten laufen die Überlegungen einen analogen Gang. Zum Weiterlesen sei das Buch [23] empfohlen. Dort werden auch die wichtigen Block-Chiffren DES und AES beschrieben.

Mit der Arbeit von Gohr [24] wurde im Jahr 2019 ein interessanter Forschungsansatz für die Kryptoanalyse ins Leben gerufen: **differential-neural cryptanalysis** als durch maschinelles Lernen unterstützte differentielle Kryptoanalyse von Block-Chiffren. Die Idee ist, Geheimtext-Paare, die zu einer festen Klartext-Differenz gehören, von zufälligen zu unterscheiden. Dazu wurden neuronale Netze eingesetzt, was zu einem 11-Runden-Schlüsselwiederherstellungsangriff auf Speck32/64 führte, der mit der bisherigen differentiellen Kryptoanalyse mindestens konkurrenzfähig ist.

Seitdem sind viele Folgearbeiten veröffentlicht worden. In dem 42-seitigen Artikel [25] untersuchten Gohr et al. verschiedene differentiell-neuronale Unterscheider (Distinguishers) für eine Vielzahl von Chiffren und lieferten zusätzlich verallgemeinerte Einsichten.

Ein sehr umfangreicher Bericht [26] mit 200 Seiten, verfasst von Leander et al. wurde vom BSI im Jahr 2022 veröffentlicht (als ich dieses Buch im Jahr 2023 schrieb, fand Google Scholar diesen Bericht nicht ☺). In dem Bericht wurde die Anwendbarkeit von Verfahren des maschinellen Lernens auf die symmetrischen Chiffren Simon und Speck untersucht, und die vielversprechendsten Verfahren wurden auf die Chiffren Present, Katan, ChaCha und Skinny angewandt. Zu diesem Zweck wurden rundenreduzierte Versionen dieser Chiffren sowie Versionen mit kleinerer Blocklänge verwendet.

9.3 Strom-Chiffren

Bei einer Strom-Chiffre wird der Reihe nach jedes einzelne Bit einer Bitkette nach einer anderen Vorschrift verschlüsselt, entweder unverändert gelassen oder negiert. Da man das Unverändert-Lassen als (algebraische) Addition (also XOR) von 0, das Negieren als Addition von 1 beschreiben kann, ist jede Strom-Chiffre als XOR-Verschlüsselung im Sinne des folgenden Abschnitts interpretierbar.[78] Allerdings macht es einen Unterschied, ob der zu addierende Schlüsselstrom unabhängig vom Klartext vorher festgelegt wird – man spricht dann auch von einer **synchronen Strom-Chiffre** –, oder ob er sich abhängig vom Klartext oder anderen Kontext-Parametern ändern kann – dann handelt es sich um eine **asynchrone Strom-Chiffre**.

In diesem Abschnitt werden nur synchrone Strom-Chiffren behandelt. Auch Strom-Chiffren für andere Zeichenvorräte als die Bits 0, 1 bleiben hier außen vor.

9.3.1 XOR-Verschlüsselung

Die einfachste und gängigste Art von Strom-Chiffren ist die XOR-Verschlüsselung. Hierbei wird der Klartext als Folge von Bits aufgefasst.[79] Auch der Schlüssel ist eine Folge von Bits, die **Schlüsselstrom** genannt wird. Verschlüsselt wird, indem das jeweils nächste Bit des Klartextes mit dem nächsten Bit des Schlüsselstroms

---

[78] Der Schlüssel wäre die „Differenz“ zwischen Geheimtext und Klartext wie in Abb. 9.21 auf der nächsten Seite.

[79] „Gewöhnliche“ Texte kann man mit der Standard-SageMath-Methode `ascii_to_bin()` aus dem Modul `sage.crypto.util` in Bitketten umwandeln. Für den Rückweg dient die Methode `bin_to_ascii()`. Diese Bitketten gehören aber zur Klasse `StringMonoidElement` und sind umständlich weiter zu verarbeiten. Wir definieren daher in SageMath-Beispiel 9.4.1 auf Seite 609 eine Funktion `txt2bbl`, die ASCII-Texte als Bitblöcke wiedergibt. Für die weitere Verwandlung in Bitketten kann man `bbl2str` anschließen.

binär addiert wird. Abb. 9.21 auf der nächsten Seite illustriert dieses Vorgehen[80], Abb. 9.22 auf der nächsten Seite zeigt ein Beispiel.

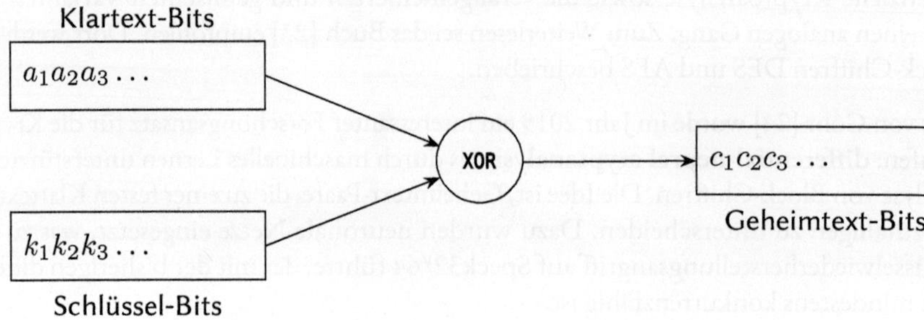

Abb. 9.21: Das Prinzip der XOR-Verschlüsselung

```
a: 01000100011101 ...
k: 10010110100101 ...
   -----------------
c: 11010010111000 ...
```

Abb. 9.22: Ein Beispiel zur XOR-Verschlüsselung

Historisch wurde die XOR-Verschlüsselung in den Zwanzigerjahren des 20. Jahrhunderts zur Verschlüsselung von Fernschreiber-Nachrichten eingesetzt. Solche Nachrichten wurden auf Lochstreifen gestanzt, jeweils 5 bit untereinander (siehe Abb. 9.23). Als Schlüssel diente ein weiterer Lochstreifen. Die entsprechenden Verschlüsselungsgeräte hießen Chiffrier-Fernschreiber und Schlüsselzusätze. Zum US-Patent angemeldet wurde das Verfahren 1918 von Vernam[81], zunächst mit periodischem Schlüssel, der aus einem an den Enden zusammengeklebten Lochstreifen bestand. Dass man unbedingt einen nichtperiodischen Schlüssel verwenden sollte, wurde von Mauborgne[82], einem Offizier und späteren Chief Signal Officer der US Army, bemerkt.

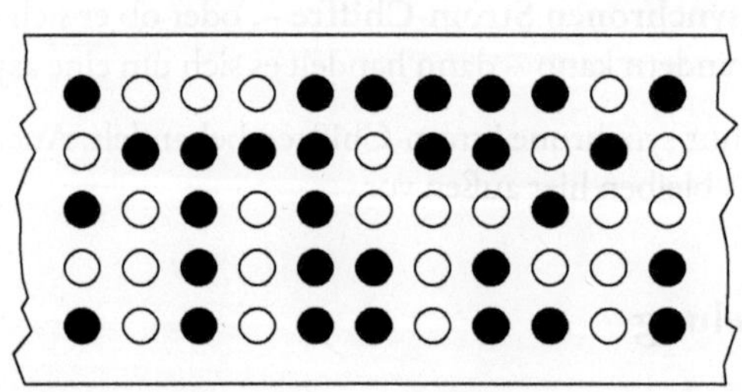

Abb. 9.23: Lochstreifen (Punched tape) – jede Spalte repräsentiert ein 5-bit-Zeichen

Als One-Time-Pad (OTP) lieferte die XOR-Chiffre später ein Beispiel für perfekte Sicherheit im Sinne von Shannon. Als Algorithmus A5 bzw. E_0 wirkt sie mit, die Mobil-Telefonie bzw. das Bluetooth-Protokoll für Datenübertragung per Funk scheinbar sicher zu machen. Sie kam als RC4 im SSL-Protokoll vor, das

[80] In `CT2 Vorlagen ▷ Kryptografie ▷ Klassisch ▷ XOR-Chiffre` kann man das direkt ausprobieren; ebenso im Anhang 9.4.3 als Funktion `xor`, siehe SageMath-Beispiel 9.4.2 auf Seite 610.

[81] Gilbert Vernam, US-amerikanischer Ingenieur, 4.4.1890–7.2.1960.

[82] Joseph Mauborgne, US-amerikanischer Offizier, 26.2.1881–7.7.1971.

die Client-Server-Kommunikation zwischen Browser und Webserver verschlüsselt, und in der PKZIP-Verschlüsselung. Es gibt viele weitere aktuelle Anwendungen, und viele davon erfüllen nicht die erwarteten Sicherheitsansprüche.

Die Spannweite der XOR-Verschlüsselung reicht von trivial zu brechenden Verfahren bis hin zu unbrechbaren Chiffren.

Vorteile der XOR-Verschlüsselung:

- Der Verschlüsselungsalgorithmus und der Entschlüsselungsalgorithmus sind identisch: Da $c_i = a_i + k_i$, ist $a_i = c_i + k_i$, d. h. zur Entschlüsselung wird der Schlüsselstrom auf den Geheimtext addiert (elementweise binär).
- Das Verfahren ist extrem einfach zu verstehen und zu implementieren ...
- ... und sehr schnell – vorausgesetzt, der Schlüsselstrom ist schon vorhanden. Für hohe Datenübertragungsraten kann man den Schlüsselstrom auf beiden Seiten vorherberechnen.
- Bei gut gewähltem Schlüsselstrom ist eine sehr hohe Sicherheit möglich.

Nachteile der XOR-Verschlüsselung:

- Das Verfahren ist anfällig gegen bekannten Klartext ; jedes erratene Klartextbit ergibt ein Schlüsselbit.
- Die Angreiferin kann bei bekanntem Klartextstück das entsprechende Schlüsselstück ermitteln und dann diesen Klartext beliebig austauschen – z. B. „ich liebe dich“ durch „ich hasse dich“ ersetzen oder einen Geldbetrag von 1000 € auf 9999 € ändern. D. h., die Integrität der Nachricht ist unzureichend geschützt und muss durch zusätzliche Maßnahmen gesichert werden.
- Es gibt keine Diffusion im Sinne der Shannonschen Kriterien, da jedes Klartext-Bit nur das entsprechende Geheimtext-Bit beeinflusst.[83]
- Jegliche Wiederverwendung eines Teils der Schlüsselfolge (auch in Gestalt einer Periode) macht die betroffenen Geheimtexte angreifbar. Die historischen Erfolge beim Brechen von Strom-Chiffren beruhen meist auf diesem Effekt, so zum Beispiel bei Chiffrier-Fernschreibern und Schlüsselzusätzen im zweiten Weltkrieg oder beim Projekt Venona im Kalten Krieg.

Im Zusammenhang mit dem ersten Nachteil, der Anfälligkeit für Angriffe mit bekanntem Klartext , hat der gewöhnliche ISO-Zeichensatz für Texte eine systematische Schwachstelle: Die Kleinbuchstaben `a...z` beginnen im 8-bit-Code alle mit `011`, die Großbuchstaben `A...Z` alle mit `010`. Eine vermutete Folge von sechs Kleinbuchstaben (egal welche das sind) enthüllt schon $6 \cdot 3 = 18$ Schlüsselbits. Das Auftreten vieler Nullen in den Leitbits der Bytes ist ein wichtiges Erkennungsmerkmal für natürlich-sprachigen Text in europäischen Sprachen.

Mit anderen Worten: Dass die Angreiferin eine gute Portion Klartext kennt oder erraten kann, ist bei einer XOR-Chiffre gar nicht zu vermeiden. Die Sicherheit vor einem Angriff mit bekanntem Klartext ist hier noch wichtiger als bei anderen kryptografischen Verfahren.

[83] Bei Block-Chiffren war die Diffusion eines der grundlegenden Kriterien.

9.3.2 Erzeugung des Schlüsselstroms

Für die Erzeugung des Schlüsselstroms sind drei naive Methoden gängig:

- periodische Bitfolge,
- Lauftext,
- „echte" Zufallsfolge.

Eine bessere Methode verwendet eine

- Pseudozufallsfolge

und führt zu wirklich praktikablen Verfahren. Hierbei ist allerdings die Qualität des Schlüsselstroms sehr kritisch.

Periodische Bitfolgen

Beispiel: Schlüsselfolge der Periode 8 mit k = `10010110`. Die Buchstaben werden nach dem ISO-Zeichensatz durch Bytes repräsentiert.

```
      D    |    u    |         |    b    |    i    |    s    |
a: 01000100|01110101|00100000|01100010|01101001|01110011|
k: 10010110|10010110|10010110|10010110|10010110|10010110|
   -------- -------- -------- -------- -------- --------
c: 11010010|11100011|10110110|11110100|11111111|11100101|

      t    |         |    d    |    o    |    o    |    f
   01110100|00100000|01100100|01101111|01101111|01100110
   10010110|10010110|10010110|10010110|10010110|10010110
   -------- -------- -------- -------- -------- --------
   11100010|10110110|11110010|11111001|11111001|11110000
```

Das kann man leicht per Hand ausführen, aber auch mit dem SageMath-Beispiel 9.3.1 nachvollziehen.

Werden in diesem Beispiel die Geheimtext-Bytes in Zeichen des ISO-9960-1-Zeichensatzes zurückgewandelt, sieht der Geheimtext so aus

Ò ã ¶ ô œ å â ¶ ò ù ù ð

und kann Laien vielleicht beeindrucken. Einem Fachmann fällt sofort auf, dass alle Zeichen in der oberen Hälfte der möglichen 256 Bytes liegen. Das legt die Vermutung nahe, dass ein gewöhnlicher Text mit einem Schlüssel behandelt wurde, dessen Leitbit eine 1 ist. Versucht er, das auffällig wiederholte Zeichen ¶ = `10110110` als Leerzeichen `00100000` zu deuten, kann er sofort den Schlüssel als Differenz `10010110` bestimmen und hat die Verschlüsselung gebrochen.

> *Bekannter oder vermuteter Klartext führt leicht zu einem erfolgreichen Angriff auf die periodische XOR-Verschlüsselung.*

SageMath-Beispiel 9.3.1: XOR-Verschlüsselung in Python/SageMath

```
print("\n# CHAP09 -- Sage-Script-SAMPLE 130: =========")

load("./bitciphers.sage") # for txt2bbl() + bbl2str()

plaintext = "Du bist doof"
bintext = txt2bbl(plaintext)  # array
binstr = bbl2str(bintext)
print(binstr)
testkey = [1,0,0,1,0,1,1,0]
keystr = bbl2str(testkey)
print("key:", keystr)
ciphertext = xor(bintext,testkey)
ciphstr = bbl2str(ciphertext)
print(ciphstr)

#----------------------------------
# CHAP09 -- Sage-Script-SAMPLE 130: =========
# 010001000111010100100000011000100110100101110011
# 011101000010000001100100011011110110111101100110
# key: 10010110
# 110100101110001110110110111101001111111111100101
# 111000101011011011110010111110011111100111110000
```

MS-Word und periodisches XOR

Tabelle 9.19 (selbst erzeugt durch einfaches Zeichen-Zählen) gibt typische Häufigkeiten an für die häufigsten Bytes in MS-Word-Dokumenten.

Byte (hexadezimal)	**Bits**	**Häufigkeit**
`00`	00000000	7–70 %
`01`	00000001	0,8–17 %
`20` (Leerzeichen)	00100000	0,8–12 %
`65` (e)	01100101	1–10 %
`FF`	11111111	1–10 %

Tab. 9.19: Häufigste Zeichen in MS-Word

Die Häufigkeiten hängen allerdings sehr stark von der Art des Dokuments ab und ändern sich mit jeder Version. Die Schwankungen sind sehr groß, es gibt immer wieder unerwartete Spitzen, und alle Bytes `00`–`FF` können vorkommen. Aber darauf kommt es hier gar nicht an. Jedenfalls beobachtet man:

Es gibt lange Ketten von `00`-Bytes.

Ist ein Word-Dokument XOR-verschlüsselt mit periodisch wiederholtem Schlüssel, so ergibt sich aus der Häufung von Nullen eine effiziente Analyse-Methode: den Strom der Geheimtext-Bits in Blöcke entsprechend der Periodenlänge[84] einteilen und die Blöcke paarweise addieren. Besteht der eine Block im Klartext im wesentlichen aus Nullen, entsteht als Summe lesbarer Klartext. Wir betrachten also die Situation in Tabelle 9.20

[84] Falls die Periodenlänge nicht schon bekannt ist, kann man sie oft mit den nach Kasiski, Friedman oder Sinkov benannten Methoden ermitteln, die in der klassischen Kryptoanalyse auf periodische polyalphabetische Chiffren angewendet werden. Ansonsten hilft Durchprobieren.

	...	Block 1			...	Block 2			...
Klartext:	...	a_1	...	a_s	...	0	...	0	...
Schlüssel:	...	k_1	...	k_s	...	k_1	...	k_s	...
Geheimtext:	...	c_1	...	c_s	...	c'_1	...	c'_s	...

Tab. 9.20: Periodische XOR-Verschlüsselung (Blöcklänge = Periodenlänge

mit $c_i = a_i + k_i$ und $c'_i = 0 + k_i = k_i$ für $i = 1, \ldots, s$. D. h., der Schlüssel scheint bei Block 2 durch, aber das muss die Angreiferin erst mal merken. Bei der versuchsweisen paarweisen Addition aller Blöcke erhält sie unter anderem

$$c_i + c'_i = a_i + k_i + k_i = a_i \quad \text{für } i = 1, \ldots, s,$$

also einen Klartextblock. Falls sie das erkennt (an typischen Strukturen), hat sie auch den Schlüssel $k_1, \ldots, k_s$.

Sollte aber bei der Addition zweier Geheimtextblöcke sogar ein Nullblock herauskommen, d. h., sind zwei Geheimtextblöcke gleich, so waren auch beide Klartextblöcke gleich. Dann ist die Wahrscheinlichkeit groß, dass beide Klartextblöcke nur aus Nullen bestanden. Auch in diesem Fall ist der Schlüssel enthüllt. Wir halten fest:

> *Die XOR-Verschlüsselung mit periodischem Schlüssel ist für Dateien mit bekannter Struktur ziemlich einfach zu brechen.*

Das gilt auch bei einer großen Periode, etwa von 512 Bytes = 4096 bit, trotz des überastronomisch riesigen Schlüsselraums aus 2^{4096} verschiedenen potenziellen Schlüsseln.

Lauftext-Verschlüsselung

Eine Möglichkeit, die Periodizität zu vermeiden, besteht darin, als Schlüssel eine Datei zu verwenden, die mindestens die gleiche Länge wie der Klartext hat. Die Bezeichnung als Lauftext-Verschlüsselung entstand in der klassischen Kryptografie, weil als Schlüssel oft der Text eines Buches ab einer bestimmten Stelle gewählt wurde. Gebrochen wurden solche Verschlüsselungen meistens dadurch, dass das Buch erraten wurde. Das ist auch der offensichtlichste Schwachpunkt, wenn man diese Idee auf die XOR-Verschlüsselung von Dateien überträgt. Sobald die Quelle der Bits, etwa eine Datei oder eine CD oder DVD, der Gegnerin bekannt ist, ist der Schlüsselraum viel zu klein – das (lineare!) Durchprobieren von mehreren Gigabyte Daten, um die richtige Anfangsstelle zu finden, ist mit Computer-Hilfe wenig aufwendig.

Aber auch wenn die Schlüsselquelle nicht erraten wird, ist die Kryptoanalyse möglich, da sowohl Klartext als auch Schlüssel Strukturen haben, die durch die Verschlüsselung nicht völlig verschleiert werden. Darauf soll hier aber nicht weiter eingegangen werden.[85] Festzuhalten ist jedenfalls:

> *Die XOR-Verschlüsselung mit Lauftext ist für Dateien mit bekannter Struktur nicht allzu schwer zu brechen.*

[85] In `JCT Standard-Perspektive ▷ Analysen ▷ Viterbi-Analyse` ist eine automatische Erkennung der beiden Klartexte zu finden, die nur das per Lauftext-Verschlüsselung erzeugte Chiffrat benötigt.

Echte Zufallsfolgen

Das andere Extrem ist, als Schlüsselstrom eine rein zufällige Folge von Bits zu verwenden. Dann heißt das Verfahren **(binäres) One-Time-Pad (OTP)**. Vergleiche Fußnote 35 auf Seite 89. Insbesondere darf kein Teil des Schlüsselstroms irgendwann wiederholt verwendet werden. Die Bezeichnung „Pad“ rührt daher, dass man sich die Bits wie auf einem Abreißkalender vorstellt – jedes Blatt wird nach Benutzung sofort vernichtet. Eine solche Verschlüsselung kann nicht gebrochen werden, d. h., das Verfahren ist perfekt sicher. Shannon hat das formal bewiesen, siehe etwa [23].

Man kann die Sicherheit aber auch ohne mathematischen Formalismus wie folgt begründen: Der Geheimtext gibt – außer der Länge – keinerlei Informationen über den Klartext preis. Er kann aus *jedem beliebigen* Klartext gleicher Länge entstanden sein. Man muss nur die Differenz zwischen dem Geheimtext und dem beliebigen Text als Schlüssel verwenden: Der Geheimtext sei $c = a + k$ mit dem Klartext a und dem Schlüssel k, alles als Bitströme gedacht und Bit für Bit addiert wie in Abb. 9.21 auf Seite 564. Für einen beliebigen anderen Klartext b ist dann $c = b + k'$ ebenfalls eine mögliche gültige Verschlüsselung, wenn man als Schlüssel einfach $k' = b + c$ verwendet.

Diese Eigenschaft des OTP kann man ausnutzen, um bei erzwungener Entschlüsselung einen unverfänglichen Klartext zu produzieren, wie in Abb. 9.24 demonstriert oder wie in Abb. 1.7 auf Seite 40 visualisiert.

Wenn das One-Time-Pad so perfekt ist – warum wird es denn nicht generell verwendet?

- Unhandliches Schlüssel-Management: Die Vereinbarung eines Schlüssels wird zum Problem – er ist ja ebenso lang wie der Klartext und schwer zu merken. Die Kommunikationspartner müssen also im Voraus den Schlüsselstrom vereinbaren und aufzeichnen. Wollen sie die Schlüssel erst bei Bedarf vereinbaren, benötigen sie dazu einen sicheren Kommunikationsweg, aber dann können sie den (auch nicht längeren) Klartext gleich direkt verschicken.

- Keine Eignung zur Massenanwendung: Das Verfahren ist bestenfalls zur Kommunikation zwischen *zwei* Partnern geeignet, wegen des Aufwands bei der Schlüsselverwaltung nicht für eine Mehr-Parteien-Kommunikation.

- Das Problem der Nachrichtenintegrität besteht beim OTP wie bei jeder XOR-Verschlüsselung.

Ein weiteres praktisches Problem stellt sich bei der Verschlüsselung am Computer: Woher erhält man „echten Zufall“? Als echter Zufall gelten physikalische Ereignisse wie der radioaktive Zerfall oder das Rauschen auf einem optischen Sensor. Aber auch die vermeintlich deterministische Maschine „Computer“ produziert solchen Zufall. Es gibt spezielle Chips, die auslesbares Rauschen produzieren; es gibt aber auch unvorhersehbare Ereignisse, z. B. die genauen Mausbewegungen eines Nutzers oder eingehende Netzpakete, die zwar nicht völlig zufällig sind, aus denen man aber zufällige Anteile extrahieren und etwa auf Unix-Systemen von `/dev/random` abrufen kann.

Solche wie „echt“ auch immer erzeugten Zufallsbits sind aber zur direkten Verschlüsselung per OTP kaum brauchbar. Das Problem ist, dass der Empfänger sie nicht reproduzieren kann, also auf eine explizite Schlüsselvereinbarung angewiesen ist. Dennoch hat auch der „echte“ Zufall wichtige kryptografische Anwendungen: Schlüssel für beliebige Verschlüsselungsverfahren sollen möglichst zufällig und damit für die Gegnerin nicht erratbar erzeugt werden. Viele kryptografische Protokolle verwenden sogenannte Nonces, die außer ihrer Zufälligkeit keine Bedeutung haben wie z. B. die Initialisierungsvektoren der Betriebsarten bei Blockverschlüsselung oder die „Challenge“ bei einem starken Authentisierungsverfahren (*Challenge-Response-Verfahren*).

Für die XOR-Verschlüsselung als Approximation an das OTP sind dagegen algorithmisch erzeugte Bitfolgen viel praktikabler. Diese sollen aber für die Gegnerin nach Möglichkeit nicht von echt zufälligen Folgen

```
Klartext-Bits und Text:
01000100 01101001 01100101 01110011 01100101 01110010  Dieser
00100000 01010100 01100101 01111000 01110100 00100000   Text
01101001 01110011 01110100 00100000 01100010 01110010  ist br
01101001 01110011 01100001 01101110 01110100 00101110  isant.

Schlüssel-Bits:
11001000 11010110 00110011 11000000 00111011 10001110
00001000 11101111 01001001 11100101 10111100 10111001
00010010 11000110 01110011 11010111 11000100 01100000
11100110 00010111 01101010 10111011 00010101 11011000

Geheimtext-Bits:
10001100 10111111 01010110 10110011 01011110 11111100
00101000 10111011 00101100 10011101 11001000 10011001
01111011 10110101 00000111 11110111 10100110 00010010
10001111 01100100 00001011 11010101 01100001 11110110

Pseudoschlüssel-Bits:
11001000 11010110 00110011 11000000 00111011 10001110
00001000 11101111 01001001 11100101 10111100 10111001
00010010 11000110 01110011 11010111 11001110 01110011
11111101 00001001 01100111 10111010 00010010 11011000

Pseudo-entschlüsselte Bits und Text:
01000100 01101001 01100101 01110011 01100101 01110010  Dieser
00100000 01010100 01100101 01111000 01110100 00100000   Text
01101001 01110011 01110100 00100000 01101000 01100001  ist ha
01110010 01101101 01101100 01101111 01110011 00101110  rmlos.
```

Abb. 9.24: Eine XOR-Verschlüsselung und ein vorgetäuschter passender Klartext

unterscheidbar sein. Man spricht dann von „Pseudozufall", und die Erzeugung solcher Folgen ist von hoher kryptologischer Relevanz.

Wenn die XOR-Verschlüsselung statt mit einer Zufallsfolge mit einer Pseudozufallsfolge durchgeführt wird, geht die perfekte Sicherheit des One-Time-Pad verloren. Wenn die Pseudozufallsfolge allerdings kryptografisch sicher ist (siehe Abschnitt 9.3.9 auf Seite 598), hat die Gegnerin keine Chance, das auszunutzen.

9.3.3 Pseudozufallsgeneratoren

Man versucht, die idealen Eigenschaften des One-Time-Pad zu approximieren, indem man statt einer „echten" Zufallsfolge eine von einem Algorithmus („Zufallsgenerator") aus einem „effektiven Schlüssel" (= kurzen Startwert) erzeugte „pseudozufällige" Bitfolge verwendet. Ein wesentlicher Unterschied zu einer echten Zufallsfolge besteht also in der leichten Reproduzierbarkeit.

Dennoch ist sogar bei mäßiger Qualität des Zufallsgenerators der Geheimtext resistent gegen statistische Analysen. Es bleibt das Problem, die Sicherheit gegen einen Angriff mit bekanntem Klartext in den Griff zu bekommen. Die entscheidende Frage an eine Pseudozufallsfolge bzw. an den sie erzeugenden Zufallsgenerator[86] ist:

> Kann man aus einem bekannten (auch fragmentierten) Stück der Folge weitere Bits – vorwärts oder rückwärts – bestimmen?

Die Antwort für die „klassischen“, in statistischen Anwendungen und Simulationen verwendeten Zufallsgeneratoren ist JA, siehe etwa Abschnitt 9.3.4 auf Seite 581. Wir werden aber auch Zufallsgeneratoren kennen lernen, die in diesem Sinne – vermutlich – kryptografisch sicher sind. Ein wesentliches Problem ist dabei, einen akzeptablen Kompromiss zwischen der Geschwindigkeit der Erzeugung und der Sicherheit zu finden. [87]

Methodisch gibt es zwei ernsthaft praktizierte Hauptrichtungen zur Erzeugung eines Schlüsselstroms:

- (rückgekoppelte) Schieberegister und Kombinationen davon als Anwendung der Booleschen Algebra,
- perfekte Zufallsgeneratoren als Anwendung zahlentheoretischer Methoden.

Die schematische Funktionsweise eines Zufallsgenerators ist in Abb. 9.25 skizziert. Er verbirgt einen Zustand, der sich von Schritt zu Schritt nach einem vorgegebenen Algorithmus ändert. Dieser Algorithmus wird von Parametern gesteuert, die z. T. „öffentlich“ bekannt sein können, z. T. als Komponente des Schlüssels geheim gehalten werden. Der Anfangszustand (= Startwert) wird echt zufällig gewählt und ebenfalls geheim gehalten. In jedem Schritt gibt der Zufallsgenerator, abhängig von seinem momentanen Zustand, einen Wert aus, solange bis er durch externen Eingriff gestoppt wird.

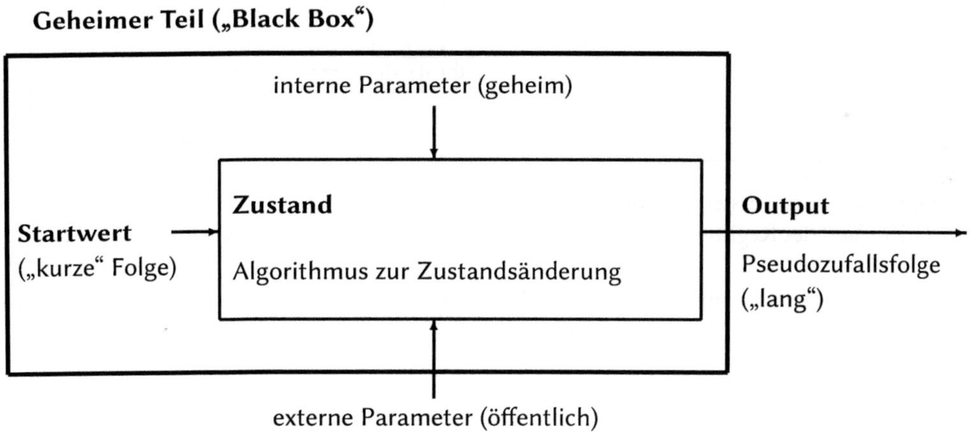

Abb. 9.25: Das Prinzip des (Pseudo-)Zufallsgenerators

Der Zufallsgenerator wandelt also eine kurze, echt zufällige, Bitfolge, den Startwert, in eine lange pseudozufällige Folge um. Man nennt diesen Vorgang in der Kryptologie auch „Schlüsselexpansion“.

[86] Der Vorsatz „Pseudo-“ wird beim Zufallsgenerator meist weggelassen, wenn aus dem Kontext keine Missverständnisse zu befürchten sind.

[87] Die Generierung und das Testen von Zufälligkeit ist ein eigenes Thema. Für robuste Zufallstests gibt es bspw. DieHarder (`http://www.phy.duke.edu/~rgb/General/dieharder.php`), und die moderneren Bibliotheken TestU01 (`https://simul.iro.umontreal.ca/testu01/`) und PractRand (`https://pracrand.sourceforge.net`).

Rückgekoppelte Schieberegister

Eine klassische und weit verbreitete Methode zur Erzeugung von Pseudozufallsfolgen ist die Schieberegister-Methode. Im Englischen heißen rückgekoppelte Schieberegister Feedback shift registers und werden mit „FSR" abgekürzt. Diese Methode wurde von Golomb[88] 1955 erstmals vorgeschlagen, wird aber oft nach Tausworthe benannt, der die Idee 1965 in einer Arbeit aufgriff. Sie ist besonders leicht in Hardware zu realisieren.

Hat das Register die Länge l, wird es durch eine Boolesche Funktion $f\colon \mathbb{F}_2^l \longrightarrow \mathbb{F}_2$, die „Rückkopplungsfunktion", repräsentiert. Die Funktionsweise ist in Abb. 9.26 auf der nächsten Seite skizziert. Das rechte Bit u_0 wird ausgegeben, alle anderen Bits rücken eine Zelle nach rechts, und von links wird das Bit $u_l = f(u_{l-1}, \ldots, u_0)$ nachgeschoben. Die gesamte Folge wird also nach der Rekursionsformel

$$u_n = f(u_{n-1}, \ldots, u_{n-l}) \quad \text{für } n \geq l \tag{9.3.1}$$

berechnet. Für die Nutzung in SageMath definieren wir ein allgemeines rückgekoppeltes Schieberegister mit Rückkopplungsfunktion f, indem wir zur Klasse `BoolF` eine Methode `fsr()` wie in SageMath-Beispiel 9.3.2 hinzufügen (enthalten in der Datei `bitciphers.sage`).

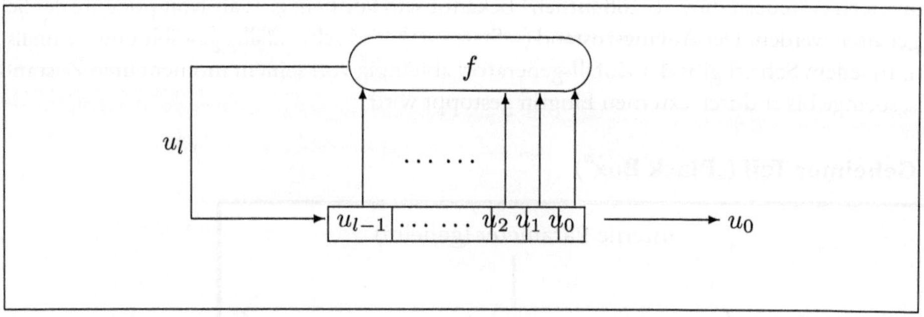

Abb. 9.26: Ein FSR beim ersten Iterationsschritt. Die Boolesche Funktion f berechnet aus dem aktuellen Zustand des Registers ein neues Bit, das von links nachgeschoben wird.

In SageMath-Beispiel 9.3.3 auf Seite 574 wird das Schieberegister mit einer konkreten exemplarischen Rückkopplungsfunktion $f : \mathbb{F}_2^4 \longrightarrow \mathbb{F}_2$ eingesetzt, um eine Bitfolge zu erzeugen.

Die Wahrheitstafel von f wird in Kurzform durch die Bitkette `bits = "1000010111001001"` definiert, die in den Bitblock `x` umgewandelt und dann zur Instanziierung von f eingesetzt wird. Diese Wahrheitstafel von f ist in Tabelle 9.21 auf der nächsten Seite in Langform wiedergegeben.

Die Fortschaltung des Registers in diesem konkreten Beispiel wird in Tabelle 9.22 auf der nächsten Seite wiedergegeben.In der Spalte „Zustand" steht der aktuelle Zustand des Registers; der Initialzustand ist `start = [0,1,1,1]`. In jedem Schritt wird das rechte Bit des Zustands ausgegeben – in der Spalte „Output" symbolisiert durch einen Pfeil. Dafür wird von links der aktuelle Wert von f für den (jetzt alten) Zustand nachgeschoben – in der Tabelle unter „Rückkopplung" ebenfalls durch einen Pfeil symbolisiert.

Die Nummern (1) bis (4) in der linken Spalte der Wahrheitstafel, Tabelle 9.21 auf der nächsten Seite, geben die Reihenfolge der Schritte an. Schritt 5 ist dann wieder mit Schritt 3 identisch, Schritt 6 mit Schritt 4 usw.

Dass das Ergebnis nicht besonders zufällig aussieht, ist ein Warnhinweis darauf, dass man bei der Wahl der Parameter größere Sorgfalt walten lassen sollte.

[88] Solomon W. Golomb, amerikanischer Mathematiker und Ingenieur, *30.5.1932.

	$a \in \mathbb{F}_2^4$	$f(a) \in \mathbb{F}_2$
	0000	1
	0001	0
	0010	0
	0011	0
	0100	0
(3)	0101	1
	0110	0
(1)	0111	1
	1000	1
	1001	1
(4)	1010	0
(2)	1011	0
	1100	1
	1101	0
	1110	0
	1111	1

Tab. 9.21: Wahrheitstafel der Booleschen Beispielfunktion f

Die Bits u_0, ..., u_{l-1} dienen als Startwerte. Die Schlüsselexpansion besteht also darin, dass aus dem kurzen Startwert $u = (u_0, \ldots, u_{l-1})$ als effektivem Schlüssel der Länge l ein beliebig langer Schlüsselstrom $u_0, u_1, \ldots$ erzeugt wird. Allerdings kann man in diesem Kontext auch die internen Parameter, das ist hier die Rückkopplungsfunktion f oder zumindest einige ihrer Parameter, als Komponente des Schlüssels ansehen, so dass die tatsächliche effektive Schlüssellänge dann größer als l ist.

Rückkopplung		Zustand		Output
Start		0111	$\longrightarrow$	1
$f(0111) = 1$	$\longrightarrow$	1011	$\longrightarrow$	1
$f(1011) = 0$	$\longrightarrow$	0101	$\longrightarrow$	1
$f(0101) = 1$	$\longrightarrow$	1010	$\longrightarrow$	0
$f(1010) = 0$	$\longrightarrow$	0101	ab hier	periodisch

Tab. 9.22: Fortschaltung eines (rückgekoppelten) Schieberegisters

Hierin unterscheidet sich eine Implementierung in Hardware von einer in Software: In Hardware wird man nur mit zusätzlichen Schaltkreisen die Rückkopplungsfunktion als veränderlich implementieren können, so dass man sie hier in der Regel als konstant und damit auch (zumindest langfristig) als der Gegnerin bekannt annehmen muss. In Software dagegen ist die Rückkopplungsfunktion jederzeit leicht änderbar und damit als Bestandteil des Schlüssels geeignet.

SageMath-Beispiel 9.3.2: Rückgekoppeltes Schieberegister in Python/SageMath

```
def fsr(self,u,n):
  """Generate a feedback shift register sequence
  using the actual Boolean function (repres. by self).
  Parameters: start vector u, number n of output bits.
  Caution: The vector u is modified by this function."""
  outlist = []
  for i in range (0,n):
    b = self.valueAt(u)
    c = u.pop()
    u.insert(0,b)
    outlist.append(c)
  return outlist
```

SageMath-Beispiel 9.3.3: Eine (schwache) Pseudozufallsfolge in Python/SageMath

```
print("\n# CHAP09 -- Sage-Script-SAMPLE 140: =========")

load("./bitciphers.sage")  # for txt2bbl() and classes BoolF + LFSR

print("\n--------- Using f.fsr(): ----------")
bits = "1000010111001001" # truth table as bitstring
x = str2bbl(bits)         # truth table as list (= bitblock)
print("Input x (same as truth table of Bool function f):"); print(x)
f = BoolF(x)
# print("Truth table of Bool function f:")
# print(f.getTT())  # return truth table as bitlist
start = [0,1,1,1]   # initial state of the register
print("Input start:"); print(start)
bitlist = f.fsr(start, 32)  # output sequence
print("f.fsr() output:")
# print(bitlist)  #  array
print(bbl2str(bitlist))
print("New state of the register:", start)

print("\n--------- Using LFSR(): ----------")
# Sage Example 1.4 from https://www.staff.uni-mainz.de/pommeren/Cryptology/Bitstream/Bitstream.pdf
coeff = [0,1,1,0,1,0,0,0,0,0,0,0,0,0,0,1]
print("Input coeff:"); print(coeff)
reg = LFSR(coeff)
## start = [0,1,1,1]  # AssertionError: LFSR_Error: Bitblock has wrong length (sl=4; __length=16).
start = [0,1,1,0,1,0,1,1,0,0,0,1,0,0,1,1]  # original
print("Input start:"); print(start)
reg.setState(start)
bitlist = reg.nextBits(20)
print("LFSR() output:")
print(bbl2str(bitlist))

print("\n-- Using f.fsr() with coeff from LFSR() as input x: --")
x = coeff
print("Input x:"); print(x)
f = BoolF(x)
start = [0,1,1,1]
## start = [0,1,1,0,1,0,1,1,0,0,0,1,0,0,1,1]  # AssertionError: boolF_Error: Block has false length (ll=16; ▶
  ▶__dim=4).
print("Input start:"); print(start)
bitlist = f.fsr(start, 32)  # output sequence
print("f.fsr() output:")
print(bbl2str(bitlist))
print("New state of the register:", start)

#-----------------------------------
```

Fortsetzung SageMath-Beispiel 9.3.3

```
# CHAP09 -- Sage-Script-SAMPLE 140: =========
#
# ---------- Using f.fsr(): ----------
# Input x (same as truth table of Bool function f):
# [1, 0, 0, 0, 0, 1, 0, 1, 1, 1, 0, 0, 1, 0, 0, 1]
# Input start:
# [0, 1, 1, 1]
# f.fsr() output:
# 11101010101010101010101010101010
# New state of the register: [0, 1, 0, 1]
#
# ---------- Using LFSR(): ----------
# Input coeff:
# [0, 1, 1, 0, 1, 0, 0, 0, 0, 0, 0, 0, 0, 0, 0, 1]
# Input start:
# [0, 1, 1, 0, 1, 0, 1, 1, 0, 0, 0, 1, 0, 0, 1, 1]
# LFSR() output:
# 11001000110101100011
#
# -- Using f.fsr() with coeff from LFSR() as input x: --
# Input x:
# [0, 1, 1, 0, 1, 0, 0, 0, 0, 0, 0, 0, 0, 0, 0, 1]
# Input start:
# [0, 1, 1, 1]
# f.fsr() output:
# 11100010100101001010010100101001
# New state of the register: [0, 0, 1, 0]
```

Perioden endlicher Automaten

Ein rückgekoppeltes Schieberegister ist für den Informatiker ein Spezialfall eines endlichen Zustandsautomaten. Die Abfolge seiner Zustände ist periodisch oder zyklisch, d. h. er hat stets eine Periode. Das sieht man wie folgt.

Sei M eine endliche Menge mit $m = \#M$ Elementen. Wir stellen uns M als die Menge der möglichen „Zustände" eines Automaten vor. Dazu sei eine Abbildung („Zustandsänderung") gegeben:

$$g\colon M \longrightarrow M.$$

Für jedes Element („Anfangszustand") $x_0 \in M$ definieren wir eine Folge $(x_i)_{i\geq 0}$ in M durch die Rekursionsformel $x_i = g(x_{i-1})$ für $i \geq 1$. Nach einer Vorperiode der Länge μ wird diese Folge periodisch mit einer Periode ν, siehe Abb. 9.27, die Erklärung folgt gleich.

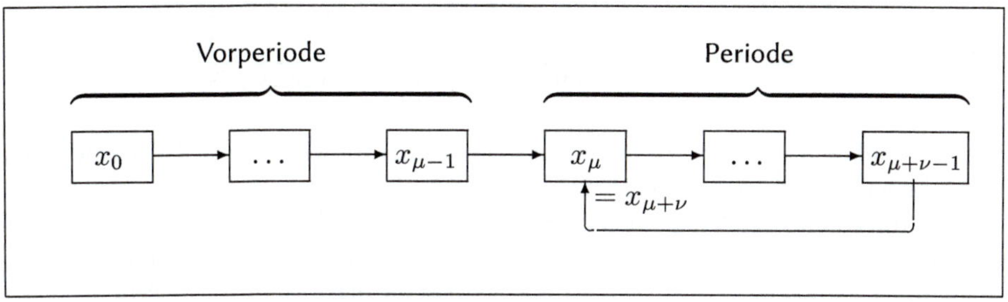

Abb. 9.27: Periode und Vorperiode

Da die Menge M der möglichen Zustände endlich ist, müssen diese sich irgendwann wiederholen. D. h., es gibt kleinste ganze Zahlen $\mu \geq 0$ und $\nu \geq 1$, so dass $x_{\mu+\nu} = x_\mu$: Um das zu sehen, nimmt man einfach als

μ den kleinsten Index, für den das Element x_μ irgendwo in der Folge noch einmal auftritt, und als $\mu + \nu$ den Index, bei dem diese erste Wiederholung auftritt. Dann ist auch

$$x_{i+\nu} = x_i \quad \text{für } i \geq \mu.$$

Dabei ist $0 \leq \mu \leq m-1, 1 \leq \nu \leq m, \mu + \nu \leq m$. Die Werte $x_0, \ldots, x_{\mu+\nu-1}$ sind alle verschieden, und die Werte $x_0, \ldots, x_{\mu-1}$ erscheinen niemals wieder in der Folge.

Definition: μ heißt die (Länge der) **Vorperiode**, ν die (Länge der) **Periode**.

Pseudozufallsgeneratoren im Sinne von Abb. 9.25 auf Seite 571 erzeugen immer periodische Folgen. Die Periode sollte aber so riesig sein, dass ihre Größenordnung in der praktischen Anwendung nie erreicht wird.

Lineare Schieberegister

Der einfachste und am besten verstandene Spezialfall rückgekoppelter Schieberegister sind die linearen.[89] Hier ist die Rückkopplungsfunktion f linear, also nach Abschnitt 9.1.9 auf Seite 503 nichts anderes als eine Vorschrift, aus einem l-bit-Block eine Teilsumme zu bilden:

$$f(u_{n-1}, \ldots, u_{n-l}) = \sum_{j=1}^{l} s_j u_{n-j}, \tag{9.3.2}$$

wobei als Koeffizienten s_j ja nur 0 oder 1 vorkommen. Ist I die Teilmenge der Indizes j mit $s_j = 1$, so lässt sich die Iterationsformel (9.3.1) in folgender Form schreiben:

$$u_n = \sum_{j \in I} u_{n-j} \tag{9.3.3}$$

Eine einfache grafische Repräsentation eines LFSR zeigt Abb. 9.28. Hier definiert die Teilmenge I die Kontakte („Taps"), die die entsprechenden Zellen der Rückgabe-Summe definieren.

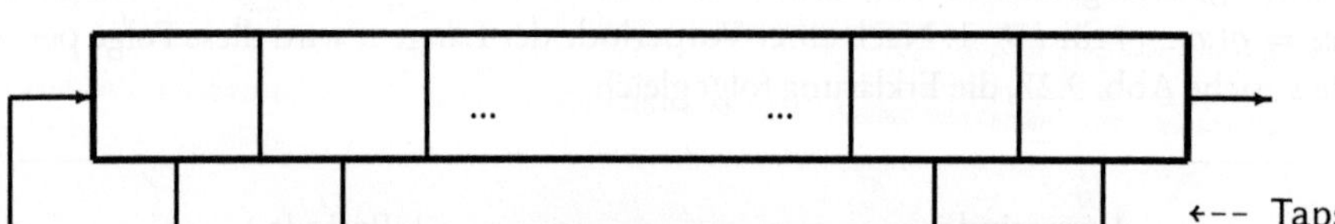

Abb. 9.28: Einfache grafische Repräsentation eines LFSR

Bei geschickter Wahl der Parameter, die hier nicht weiter behandelt wird, hat die Folge eine Periode nahe 2^l – der Anzahl der möglichen verschiedenen Zustände des Registers – und ist durch statistische Tests praktisch nicht von einer gleichverteilten Zufallsfolge zu unterscheiden [27] – erstaunlich, dass man mit einem so simplen Ansatz schon so guten Pseudozufall erzeugen kann. Den Startblock $u = (0, \ldots, 0)$ sollte man natürlich vermeiden. Für einen Startblock $\neq 0$ ist die maximal mögliche Periode $2^l - 1$. Ohne das hier näher auszuführen sei erwähnt, dass diese Periode leicht zu erreichen ist. Genau dann, wenn das „Rückkopplungspolynom" $1 + s_1x + s_2x^2 + \cdots + s_lx^l$ als Polynom über dem Körper $\mathbb{F}_2$ primitiv ist, ist die Periode $2^l - 1$. Achtung: Nicht das Rückkopplungspolynom mit der Rückkopplungsfunktion

[89] abgekürzt LFSR für Linear Feedback Shift Register; im Deutschen wird der Zusatz „rückgekoppelt" meistens implizit angenommen.

verwechseln: Ersteres ist ein (formales) Polynom in einer Variablen, letztere eine Boolesche Linearform in l Variablen.

Bei der Anwendung für die Strom-Verschlüsselung werden die geheimen internen Parameter, also die Koeffizienten $s_1, \ldots, s_l$, sowie die Startwerte $u_0, \ldots, u_{l-1}$ als Schlüssel betrachtet. Die Länge l des Registers wird dagegen meist als der Gegnerin bekannt angenommen.

SageMath-Beispiel 9.3.4 auf der nächsten Seite implementiert ein lineares Schieberegister (LFSR) als Funktion `lfsr()`[90,91,92,93]; Ausgabe ist ein pseudozufälliger Bitstrom. Die Klasse `LFSR` aus der Datei `bitciphers.sage` implementiert ebenfalls ein lineares Schieberegister. Ein exemplarischer Aufruf mit einem Schieberegister der Länge 16, aus dem 1024 bit erzeugt werden sollen, ist in SageMath-Beispiel 9.3.5 zu finden. Zunächst wird das Register `reg` als Objekt der Klasse `LFSR` initialisiert, indem die Taps durch den Bitblock `coeff` gesetzt werden. Dann wird der Anfangszustand des Registers durch den Bitblock `start` besetzt, und aus dem Register werden 1024 bit gewonnen. Dieser Output ist in Abb. 9.29 auf Seite 579 (ohne Klammern und Kommata) wiedergegeben.

Man könnte auf diesen Bitstrom jetzt eine Reihe statistischer Tests, z. B. auf Gleichverteilung, anwenden und würde stets gute Ergebnisse sehen. Statt dessen wird die Folge in Abb. 9.30 auf Seite 579 zur optischen Inspektion visualisiert – was natürlich noch weniger beweist. Man sieht aber, dass zumindest der äußere Eindruck der einer ziemlich zufälligen Bitfolge ist. Die Grafik wurde mit der Funktion `visualize()` in SageMath-Beispiel 9.3.5 erzeugt. An den 9 aufeinanderfolgenden (schwarzen) Einsen in der drittletzten Zeile der Grafik sollte man sich nicht stören: Die Wahrscheinlichkeit für 9 Einsen bei 9 bit ist $(1/2)^9 = 1/512$. Bei einem zufälligen Bitstrom der Länge 1024 ist ein solcher „Run" also mit hoher Wahrscheinlichkeit zu erwarten.

Über die kryptografische Eignung einer Pseudozufallsfolge sagen weder die üblichen statistischen Tests noch der visuelle Eindruck etwas aus.

Wie wir bald sehen werden, sind die kryptografischen Eigenschaften von LFSR-Folgen schwach. Mit der Kryptoanalyse kann man Schwächen entdecken, die statistische Standardtests nicht erkennen.

SageMath-Beispiel 9.3.4: Lineares Schieberegister (LFSR) in Python/SageMath

```
def lfsr(s,x,n):
  """Generate a linear feedback shift register sequence.
  Parameters: Coefficient vector s, start vector x, number n of output bits."""
  l = len(s)
  assert l == len(x), "lfsr_Error: Bad length of start vector."
  u = x                         # in Python use u = x.copy()
  outlist = []
  for i in range (0,n):
    b = binScPr(s, u);  c = u.pop();  u.insert(0,b)
    outlist.append(c)
  return outlist
```

[90] Die darin benutzte Funktion `binScPr()` stammt aus der Datei `bitciphers.sage` und definiert das „Skalarprodukt" zweier binärer Vektoren, also die Auswertung der durch `s` definierten Linearform für den Bitblock `u` (vergleiche SageMath-Beispiel 9.4.2 auf Seite 610).

[91] In SageMath-Beispiel 9.4.10 auf Seite 616 wird ein systematischerer Zugang durch Definition einer geeigneten Klasse `LFSR` angeboten (zu finden in der Datei `bitciphers.sage`).

[92] Will man mit `fsr()` das Ergebnis von `lfsr()` produzieren, muss man die lineare Rückkopplungsfunktion durch ihre Wahrheitstafel oder ihre ANF ausdrücken und damit eine Boolesche Funktion der Klasse `BoolF` instanziieren. Statt n bit (die die Taps beschreiben) braucht man dann also 2^n bit für die Wahrheitstafel. Das ist so unökonomisch, dass die separate Definition von `lfsr()` sinnvoll ist.

[93] Eine weitere Alternative ist die Funktion `sage.crypto.lfsr.lfsr_sequence` von SageMath.

SageMath-Beispiel 9.3.5: Eine Pseudozufallsfolge in Python/SageMath

```
print("\n# CHAP09 -- Sage-Script-SAMPLE 150: =========")

load("./bitciphers.sage")  # for bbl2str() and class LFSR

print("\n---------- Using LFSR(): ----------")
coeff = [0,1,1,0,1,0,0,0,0,0,0,0,0,0,0,1] # define the taps of the LFSR
print("Input coeff:"); print(coeff)
reg = LFSR(coeff)                          # initialize the register
start = [0,1,1,0,1,0,1,1,0,0,0,1,0,0,1,1] # seed the register
print("Input start:"); print(start)
reg.setState(start)
bitlist = reg.nextBits(1024)               # ... and make it work
print("LFSR() output:")
print(bbl2str(bitlist))

print("\n---------- Visualize bit sequence: ----------")
def visualize(lst,w,h):
  """Arrange the list lst as a rectangle of width w and height h, row
  by row, as far as lst has entries, and discarding excess entries.
  Then plot a 'checkerboard' showing a white square for zero entries,
  and a black square otherwise. If lst has less than w*h entries,
  the remaining squares are left gray."""

  l = len(lst)
  p = polygon([(0,0), (w,0), (w,h), (0,h)], color = "grey")
  for j in range(h+1):
    p += line([(0,j),(w,j)], color="black")
  for i in range(w+1):
    p += line([(i,0),(i,h)], color="black")
  for j in range(h):
    for i in range(w):
      if (j*w + i < l):
        if (lst[j*w + i] == 0):
          p += polygon([(i,h-1-j),(i+1,h-1-j),(i+1,h-j),(i,h-j)], color = "white")
        else:
          p += polygon([(i,h-1-j),(i+1,h-1-j),(i+1,h-j),(i,h-j)], color = "black")
  p.axes(False)
  return p

p2 = visualize(bitlist,32,32)
# show(p2)                      # works in Jupyter notebook
# Display(p2, "LFSRsquare") # works in script called from CLI if Display() is defined
p2.save("LFSRseq.png"); print("Graphic saved to LFSRseq.png")

#-----------------------------------
# CHAP09 -- Sage-Script-SAMPLE 150: =========
#
# ---------- Using LFSR(): ----------
# Input coeff:
# [0, 1, 1, 0, 1, 0, 0, 0, 0, 0, 0, 0, 0, 0, 0, 1]
# Input start:
# [0, 1, 1, 0, 1, 0, 1, 1, 0, 0, 0, 1, 0, 0, 1, 1]
# LFSR() output:
# 1100100011010110001100111100000000111011100011100000100011101111010010011110010110111100101110010001001011 00▶
  ▶01100111001111010111110001000110000011100110000101110110101010111011000101011101100011110000010000100010111▶
  ▶10001111010100111000000111100010000101100001010101000101111110110011011101110010011101111110001011000100010 11▶
  ▶1001001011111100110110010100110000110010000110011010001110010011101000100101110110011011001010110111001 0011▶
  ▶011100101110000000110010001011110111100011000000100010111010000111001111110100010010100111010001111000100000 0▶
  ▶001101101000010111010111000110000000100011101101101111011100100011010100110001111110110101010011111100001111▶
  ▶0111011110101100101011000101000000100001001100110001110100110000101001011101000000010101100100100101101010 11▶
  ▶1111101111110111011100101001010001001011011111111010100101001111110110100100010001011110001100111100101111▶
  ▶1010110011101110101001000101001011011110110011101100000011101111101000011011101111111111000000100010001001001▶
  ▶0111111110101011101110111111101110010110000001000111100110 0111
#
# ---------- Visualize bit sequence: ----------
# Matplotlib created ... Graphic saved to LFSRseq.png
```

```
11001000110101100011001111000000 00111011100011100000100011101111 01001001111001011011110010111001
00010010110001100111001111010111 11000100011000001110011000010111 01101010101110110001010111011000
11110000010000100010111100011110 10100111000001111000100001011000 01010101000101111110110011011101
11001001110111110001011000100010 11100100101111110011011001010011 00001100100001100110100011100100
11101000100101110110011011001010 11011100100110111001011100000011 00100010111101111000110000010001
01110100001110011111101000100101 00111010001111000100000000110110 10000101110101110001100000010001
11011011011110111001000110101001 10001111110110101010011111100001 11101110111101011001010110001010
00000100001001100110001110100110 00010100101110100000010101100100 10010110101011111110111111011101
11001010010100010010110111111110 10100101001111110110100100010001 10111100011001111001011111010110
01110111010100100010100101101111 01100111011000000111011111010000 11011101111111110000010001000100
                 10010111111110101011101110111111 01110010110000010001111001100111
```

Abb. 9.29: Eine pseudozufällige Bitfolge aus einem linearen Schieberegister (LFSR)

Abb. 9.30: Visualisierung der pseudozufälligen Bitfolge aus Abb. 9.29, erzeugt mit dem SageMath-Beispiel 9.3.5 auf Seite 577 (1 = schwarz, 0 = weiß)

Abb. 9.31 auf Seite 581 zeigt, wie das LFSR in CT2 implementiert ist. Rechts im Screenshot sieht man die Einstellungen zur LFSR-Komponente.

LFSRs sind vielfach implementiert worden. Eine sehr schöne Implementierung gibt es im Python-Paket „pylfsr“ [28]. Python-Beispiel 9.3.1 auf der nächsten Seite zeigt ein Beispiel mit pylfsr. Dieser Code enthält auch die Konvertierungen zwischen der Eingabe bei CT2 und bei pylfsr – denn es gibt keinen überall akzeptierten Standard, in welcher Reihenfolge die Bits des Seed und wie die Koeffizienten des Rückkopplungs-Polynoms einzugeben sind.

Python-Beispiel 9.3.1: LFSR mit dem pylfsr-Paket in Python

```
print("\n# CHAP09 -- Python-Script-SAMPLE 153: =========")
print("---------- Apply LFSR using Python package pyLFSR ----------")
# Output sequence by pyLFSR using state = [0,0,1,1,1,0,0,1] and fpoly = [8,6,4,3]
# - script creates the same result as CT2, which needs fpoly and state just in reversed order.
# - see https://lfsr.readthedocs.io/en/latest/dispViz.html

from pylfsr import LFSR

# Give bitsequence for seed as in CT2; reverse it and offer it as list for pyLFSR ......
seed = '10011100'  # seed here is a string. This bit sequence is given in CT2 as state.
width = len(seed)  # length of register
num = int(seed, 2)  # you also could enter it directly as 0b10011100 or 15 or 0x15 or 0xAAAA

output = [int(x) for x in '{:0{size}b}'.format(num, size=width)]  # width for potentially leeding bits
print('1a: given seed    =', output)
output.reverse()  # reverse, as pyLFSR needs state in reverse order as CT2
print('1b: reversed seed =', output)
state = output  # state = seed = initial value
statecheck = [0,0,1,1,1,0,0,1]; assert state == statecheck

# Give bitsequence for tap sequence as in CT2; create list of polynomial orders for pyLFSR .......
fpoly = '00110101'  # tap sequence
num = int(fpoly, 2)
output = [int(x) for x in '{:0{size}b}'.format(num, size=width)]
print('2a: fpoly = ', output)
fpoly = [i+1 for i, val in enumerate(output) if val]
fpoly.reverse()
print("2b: fpoly = ",fpoly)
fpolycheck = [8,6,4,3]; assert fpoly == fpolycheck

# Calculate the binary LFSR output sequence
L = LFSR(initstate=state,fpoly=fpoly,counter_start_zero=True)
print('-'*50)
print('count \tstate \t\t\t\toutbit \tseq')
print('-'*50)
for _ in range(15):
    print(L.count,L.state,'',L.outbit,L.seq,sep='\t')
    L.next()
print('-'*50)
print('Output: ',L.seq)

# --------------------------------------------------
# CHAP09 -- Python-Script-SAMPLE 153: =========
# ---------- Apply LFSR using Python package pyLFSR ----------
# 1a: given seed    = [1, 0, 0, 1, 1, 1, 0, 0]
# 1b: reversed seed = [0, 0, 1, 1, 1, 0, 0, 1]
# 2a: fpoly =  [0, 0, 1, 1, 0, 1, 0, 1]
# 2b: fpoly =  [8, 6, 4, 3]
# --------------------------------------------------
# count   state                           outbit  seq
# --------------------------------------------------
# 0       [0 0 1 1 1 0 0 1]               -1      [-1]
# 1       [1 0 0 1 1 1 0 0]               1       [1]
# 2       [0 1 0 0 1 1 1 0]               0       [1 0]
# 3       [1 0 1 0 0 1 1 1]               0       [1 0 0]
# 4       [1 1 0 1 0 0 1 1]               1       [1 0 0 1]
# 5       [0 1 1 0 1 0 0 1]               1       [1 0 0 1 1]
# 6       [0 0 1 1 0 1 0 0]               1       [1 0 0 1 1 1]
# 7       [1 0 0 1 1 0 1 0]               0       [1 0 0 1 1 1 0]
# 8       [1 1 0 0 1 1 0 1]               0       [1 0 0 1 1 1 0 0]
# 9       [0 1 1 0 0 1 1 0]               1       [1 0 0 1 1 1 0 0 1]
# 10      [0 0 1 1 0 0 1 1]               0       [1 0 0 1 1 1 0 0 1 0]
# 11      [1 0 0 1 1 0 0 1]               1       [1 0 0 1 1 1 0 0 1 0 1]
# 12      [0 1 0 0 1 1 0 0]               1       [1 0 0 1 1 1 0 0 1 0 1 1]
# 13      [1 0 1 0 0 1 1 0]               0       [1 0 0 1 1 1 0 0 1 0 1 1 0]
# 14      [0 1 0 1 0 0 1 1]               0       [1 0 0 1 1 1 0 0 1 0 1 1 0 0]
# --------------------------------------------------
# Output:  [1 0 0 1 1 1 0 0 1 0 1 1 0 0 1]
```

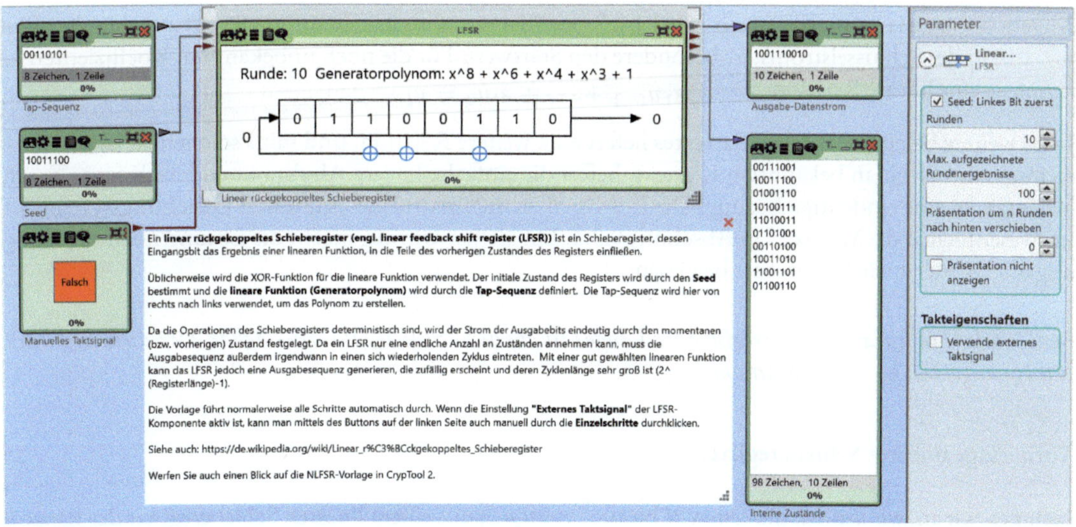

Abb. 9.31: Beispiel-LFSR $x^8 + x^6 + x^4 + x^3 + 1$ in CT2

Die Klasse LFSR statt der Funktion lfsr

Um das Ergebnis von SageMath-Beispiel 9.3.5 auf Seite 577 mithilfe der Klasse LFSR (aus dem SageMath-Beispiel 9.4.10 auf Seite 616) zu reproduzieren, ist statt des Aufrufs `bitlist = lfsr(coeff, start, 1024)` so vorzugehen:

- Instanziieren eines linearen Schieberegisters mit `reg = LFSR(coeff)`
- Initialisierung dieses Registers mit `reg.setState(start)`
- Erzeugung der Output-Folge mit `bitlist = reg.nextBits(1024)`

9.3.4 Algebraischer Angriff auf lineare Schieberegister

Auch einfache Zufallsgeneratoren wie die linearen Schieberegister liefern, wie gesehen, Bitfolgen, die mit statistischen Mitteln nicht ohne weiteres von „echtem" Zufall unterschieden werden können und für statistische Methoden der Kryptoanalyse keinen unmittelbar erfolgversprechenden Ansatz bieten. Anders sieht es aus, wenn man bekannten Klartext annimmt – dann erhält man Gleichungen für die Schlüsselbits. Werden die Schlüsselbits nach einem einfachen Algorithmus erzeugt, kann man mit algebraischer Kryptoanalyse, d. h. durch Auflösung dieser Gleichungen, auf Erfolg hoffen. Dies ist besonders für lineare Schieberegister[94] der Fall.

Nehmen wir an, ein lineares Schieberegister hat den Schlüsselbitstrom $u_0, u_1, \ldots$ nach den Formeln (9.3.2) und (9.3.3) erzeugt. Mit diesem Schlüsselstrom wurde ein Klartext a per XOR zum Geheimtext c verschlüsselt, $c_i = a_i + u_i$ für $i = 0, 1, \ldots$ Was kann die Gegnerin erreichen, wenn sie ein Stück vom Anfang des Klartextes kennt?

[94] Die „Rückkopplung" wird in der Bezeichnungsweise meistens weggelassen, wenn keine Missverständnisse zu befürchten sind, ist hier aber implizit immer mit gemeint.

Angenommen, sie kennt die ersten $l+1$ bit[95] des Klartextes, so hat sie sofort die entsprechenden Bits $u_0, \ldots, u_l$ des Schlüsselstroms, insbesondere den Startwert. Für die noch unbekannten Koeffizienten s_i kennt sie eine lineare Relation:
$$s_1 u_{l-1} + \cdots + s_l u_0 = u_l .$$

Jedes weitere bekannte Bit des Klartextes liefert eine weitere Relation, und mit l solchen Relationen, also insgesamt $2l$ bit an bekanntem Klartext, liefert die einfache lineare Algebra über dem Körper $\mathbb{F}_2$ im allgemeinen eine eindeutige Lösung. Die $l \cdot l$-Koeffizientenmatrix dieses linearen Gleichungssystems ist im Wesentlichen die Matrix U in Abschnitt 9.3.4. Ein kleiner Umweg macht die Lösung noch ein wenig eleganter – zuerst wird der ff. Satz bewiesen:

Satz 9.3.1. *Ein lineares Schieberegister der Länge l ist aus den ersten $2l$ bit vorhersagbar. Der Aufwand dazu beträgt ungefähr $\frac{1}{3} \cdot l^3$ Bitoperationen.*

Vorhersage linearer Schieberegister

Nehmen wir an, wir kennen die ersten $2l$ bit $u_0, \ldots, u_{2l-1}$ aus einem linearen Schieberegister der Länge l. Die lineare Algebra lässt sich eleganter formulieren, wenn man die **Zustandsvektoren**

$$u_{(i)} = (u_i, \ldots, u_{i+l-1}) \quad \text{für } i = 0, 1, \ldots$$

verwendet. Dabei ist $u_{(i)}$ gerade der Inhalt des Registers beim Schritt Nummer i (in umgekehrter Reihenfolge) – d. h., die Analyse konzentriert sich nicht auf den Output, sondern setzt bei den Zuständen an. Die Rekursionsformel (9.3.2) kann man dann für $n \geq l$ in Matrixform als

$$\begin{pmatrix} u_{n-l+1} \\ \vdots \\ u_{n-1} \\ u_n \end{pmatrix} = \begin{pmatrix} 0 & 1 & \ldots & 0 \\ \vdots & \vdots & \ddots & \vdots \\ 0 & 0 & \ldots & 1 \\ s_l & s_{l-1} & \ldots & s_1 \end{pmatrix} \begin{pmatrix} u_{n-l} \\ \vdots \\ u_{n-2} \\ u_{n-1} \end{pmatrix}$$

schreiben oder sehr knapp und übersichtlich in der Form (mit substituierten Indizes $m = n - l + 1$)

$$u_{(m)} = S \cdot u_{(m-1)} \quad \text{für } m \geq 1 ,$$

wobei S die Koeffizientenmatrix ist. Noch einen Schritt weiter gehend fasst man l aufeinanderfolgende Zustandsvektoren $u_{(i)}, \ldots, u_{(i+l-1)}$ zu einer Zustandsmatrix

$$U_{(i)} = \begin{pmatrix} u_i & u_{i+1} & \cdots & u_{i+l-1} \\ u_{i+1} & u_{i+2} & \cdots & u_{i+l} \\ \vdots & \vdots & \ddots & \vdots \\ u_{i+l-1} & u_{i+l} & \cdots & u_{2l-2} \end{pmatrix}$$

zusammen, setzt $U = U_{(0)}$, $V = U_{(1)}$, und erhält damit die Formel

$$V = S \cdot U,$$

die die unbekannten Koeffizienten $s_1, \ldots, s_l$ durch die bekannten Klartextbits $u_0, \ldots, u_{2l-1}$ ausdrückt. Vor allem aber gestattet sie, als Lohn für die Bemühungen sofort die Lösung hinzuschreiben – vorausgesetzt,

[95] Wenn sie statt genau der ersten irgendwelche $l+1$ bit kennt (egal welche, auch nicht-zusammenhängende) ist die Idee des Angriffs dieselbe, nur der Formalismus ist etwas anspruchsvoller.

die Matrix U ist invertierbar:

$$S = V \cdot U^{-1},$$

denn aus der Matrix S kann man ja die Koeffizienten s_j auslesen. Mehr zur Invertierbarkeit später.

Beispiel

Wir haben einen Geheimtext vorliegen:

```
10011100 10100100 01010110 10100110 01011101 10101110
01100101 10000000 00111011 10000010 11011001 11010111
00110010 11111110 01010011 10000010 10101100 00010010
11000110 01010101 00001011 11010011 01111011 10110000
10011111 00100100 00001111 01010011 11111101
```

Wir vermuten, dass er XOR-chiffriert ist mit einem Schlüsselstrom, der durch ein lineares Schieberegister der Länge $l = 16$ erzeugt wurde. Der Kontext lässt vermuten, dass der Text mit dem Wort „Treffpunkt" beginnt. Zum Brechen benötigen wir nach der Theorie 32 bit, also nur die ersten vier Buchstaben. Daraus ermitteln wir 32 bit des Schlüsselstroms:

```
01010100 01110010 01100101 01100110 = T r e f
10011100 10100100 01010110 10100110   cipher bits
-------- -------- -------- --------
11001000 11010110 00110011 11000000   key bits
```

In SageMath-Beispiel 9.3.6 wird die Koeffizientenmatrix bestimmt. Die letzte Zeile sagt uns, dass die $s_i = 0$ sind außer $s_{16} = s_5 = s_3 = s_2 = 1$. Damit kennen wir das Schieberegister und den Startwert, können den gesamten Schlüsselstrom berechnen – ja, es ist der aus Abb. 9.29 auf Seite 579 – und damit den Klartext herstellen (der übrigens nicht ganz so beginnt wie vermutet).

SageMath-Beispiel 9.3.6: Bestimmung einer Koeffizientenmatrix

```
print("\n# CHAP09 -- Sage-Script-SAMPLE 160: =========")

l = 16
kbits = [1,1,0,0,1,0,0,0,1,1,0,1,0,1,1,0,0,0,1,1,0,0,1,1,1,1,0,0,0,0,0,0]
ulist = []
for i in range(0,l):
  state = kbits[i:(l+i)]
  ulist.append(state)
U = matrix(GF(2),ulist)
print("det(U) =", det(U))
W = U.inverse()
vlist = []
for i in range(1,l+1):
  state = kbits[i:(l+i)]
  vlist.append(state)
V = matrix(GF(2),vlist)
S = V*W
print(S)

#------------------------------------
# CHAP09 -- Sage-Script-SAMPLE 160: =========
# det(U) = 1
# [0 1 0 0 0 0 0 0 0 0 0 0 0 0 0 0]
# ...
# [1 0 0 0 0 0 0 0 0 0 0 1 0 1 1 0]
```

Beweis von Satz 9.3.1 auf Seite 582 – Wieviele Bits muss man kennen, um das LFSR vorherzusagen

Für den Fall, dass die Zustandsmatrix $U = U_{(0)}$ invertierbar ist, haben wir oben schon gezeigt, dass die Koeffizienten eindeutig bestimmbar sind. Insbesondere ist dann das Schieberegister bekannt und aller weitere Output vorhersagbar. Wir müssen uns also noch mit der Möglichkeit auseinandersetzen, dass die Matrix U nicht invertierbar sein könnte.

Falls einer der ersten l Zustandsvektoren (= Zeilen der Matrix U) Null ist, sind auch alle weiteren Null, die Vorhersage ist also trivial.

Wir können also annehmen, dass diese Vektoren alle nicht Null, aber linear abhängig sind. Dann gibt es einen kleinsten Index $k \geq 1$, so dass $u_{(k)}$ in dem von $u_{(0)}, \ldots, u_{(k-1)}$ aufgespannten Unterraum liegt. D. h., es gibt Koeffizienten $t_1, \ldots, t_k \in \mathbb{F}_2$ mit

$$u_{(k)} = t_1 u_{(k-1)} + \cdots + t_k u_{(0)}.$$

Dann gilt aber auch $u_{(k+1)} = S \cdot u_{(k)} = t_1 S \cdot u_{(k-1)} + \cdots + t_k S \cdot u_{(0)} = t_1 u_{(k)} + \cdots + t_k u_{(1)}$ und weiter durch Induktion

$$u_{(n)} = t_1 u_{(n-1)} + \cdots + t_k u_{(n-k)} \quad \text{für alle } n \geq k.$$

Durch diese Formel werden also auch alle weiteren Bits vorhergesagt.

Die Aussage über den Aufwand folgt aus Satz 9.1.10.

Diskussion:

- Diese Überlegung ergibt für den Fall einer nicht invertierbaren Zustandsmatrix ein kürzeres lineares Schieberegisters (der Länge $k < l$), das die gleiche Folge erzeugt. In diesem Fall werden die Koeffizienten des originalen Registers also nicht bestimmt, aber die weitere Folge trotzdem korrekt vorhergesagt.
- Wenn nicht die ersten Bits, sondern $2l$ zusammenhängende Bits an späterer Stelle bekannt sind, ergibt der Satz zunächst nur eine Berechnung der späteren Bits. Im Regelfall, wo die Zustandsmatrix U invertierbar ist, ist das Register aber dann völlig bekannt und kann natürlich auch rückwärts zur Bestimmung der Vorgängerbits eingesetzt werden. Ist die Zustandsmatrix nicht invertierbar, kann man das gleiche mit dem eben konstruierten kürzeren linearen Schieberegister erreichen.
- Etwas komplizierter wird die Situation, wenn man zwar $2l$ bit des Schlüsselstroms kennt, diese aber nicht zusammenhängen. Auch dann erhält man lineare Relationen, in denen aber zusätzlich unbekannte Zwischenbits vorkommen. Ist m die Zahl der Lücken, so hat man dann insgesamt $l + m$ lineare Gleichungen für $l + m$ unbekannte Bits.
- Was aber, wenn auch die Länge l des Registers unbekannt ist? Das Durchprobieren aller Werte $l = 1, 2, 3, \ldots$ ist sicher lästig, aber machbar. Es gibt aber auch den Algorithmus von Berlekamp-Massey[96], der ohne vorherige Kenntnis von l sehr effizient ist. Dessen Behandlung würde aber hier zu weit führen.

Fazit

Kryptoanalyse bedeutet für Zufallsgeneratoren wie in Abb. 9.25 auf Seite 571, dass man aus einem Teil ihres Outputs eine der folgenden Informationen bestimmt:

---

[96] Berlekamp-Massey ist in SageMath als `sage.crypto.lfsr.berlekamp_massey` enthalten. Mit `CT2 Vorlagen ▷ Kryptoanalyse ▷ Generisch ▷ Berlekamp-Massey-Algorithmus` kann man diesen Algorithmus direkt ausprobieren.

- die geheimen Parameter,
- den Startwert,
- weitere Teile des Outputs („Vorhersageproblem").

Wie wir bei den linearen Schieberegistern gesehen haben, ist es realistisch, das Vorhersageproblem anzugehen, das auch lösbar sein kann, wenn die Bestimmung der internen Parameter nicht gelingt. Wir halten fest:

> *Die Kryptoanalyse eines Zufallsgenerators bedeutet in erster Linie die Lösung des Vorhersageproblems. Ein Zufallsgenerator ist kryptografisch sicher, wenn sein Vorhersageproblem nicht effizient lösbar ist.*
>
> *Lineare Schieberegister (LFSR) sind kryptografisch nicht sicher.*

9.3.5 Nichtlinearität für Schieberegister – Ansätze

Lineare Schieberegister sind beliebt – vor allem bei Elektro-Ingenieuren und beim Militär – denn sie sind

- sehr einfach zu realisieren,
- extrem effizient in Hardware,
- als Zufallsgeneratoren für statistische Zwecke sehr gut geeignet,
- problemlos in großer Anzahl parallel zu betreiben,
- aber leider kryptologisch völlig unsicher.

Um die positiven Eigenschaften zu nutzen und die kryptologische Schwäche zu vermeiden, gibt es verschiedene Ansätze.

Ansatz 1: Nichtlineare Rückkopplung

Die nichtlineare Rückkopplung folgt dem Schema aus Abb. 9.26 auf Seite 572 mit einer nichtlinearen Booleschen Funktion f. Sie wird hier nicht weiter behandelt. Ein ganz einfaches, kryptografisch ungeeignetes Beispiel war SageMath-Beispiel 9.3.3 auf Seite 574. Man kann aber auch allgemein zeigen, dass solche nichtlinearen Schieberegister (NLFSR[97]), für sich allein genommen, unter realistischen Annahmen im praktischen Einsatz nicht kryptografisch sicher sind [29].

NLFSRs werden in Stromchiffren vielfach benutzt, freie Implementierungen des Grundprinzips finden sich selten. Abb. 9.32 auf der nächsten Seite zeigt, wie ein einfaches NLFSR in CT2 implementiert ist.[98] Rechts im Screenshot sieht man die Einstellungen zur NLFSR-Komponente.

Ansatz 2: Nichtlineare Ausgabefilter

Der nichtlineare Ausgabefilter (Non-Linear Feedforward) folgt dem Schema aus Abb. 9.33 auf der nächsten Seite. Das Schieberegister selbst ist linear. Der nichtlineare Ausgabefilter ist ein Spezialfall des nächsten Ansatzes.

[97] NLFSR = Non-Linear Feedback Shift Register

[98] Mit `CT2 Vorlagen ▷ Mathematik ▷ LFSR bzw. NLFSR` kann man das direkt ausprobieren.

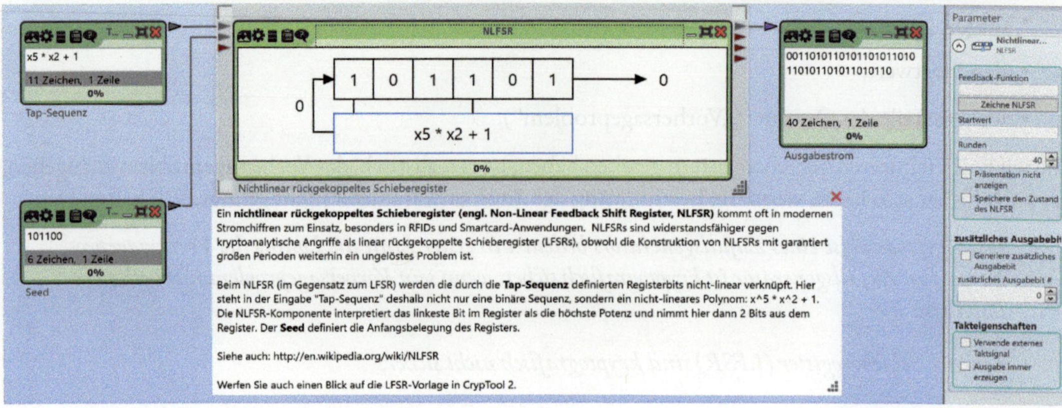

Abb. 9.32: Einfaches NLFSR $x^5 * x^2 + 1$ in CT2

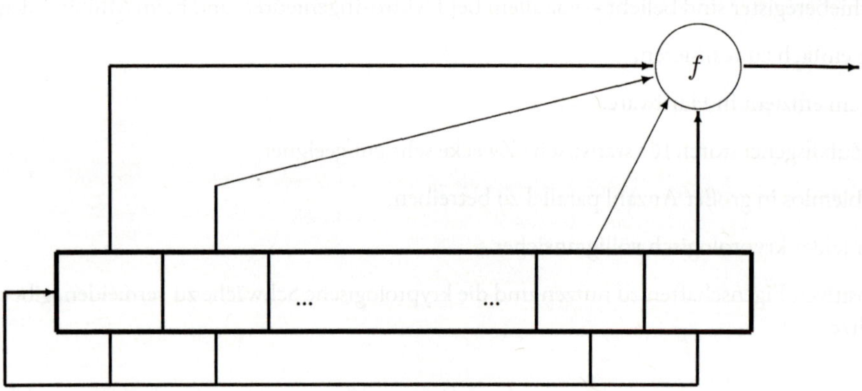

Abb. 9.33: Nichtlinearer Ausgabefilter für ein lineares Schieberegister

Ansatz 3: Nichtlineare Kombinierer

Hier wird eine „Batterie" aus n linearen Schieberegistern – die durchaus unterschiedliche Länge haben können und sollen – parallel betrieben. Ihre Outputfolgen werden in eine Boolesche Funktion $f\colon \mathbb{F}_2^n \longrightarrow \mathbb{F}_2$ gefüttert[99], siehe Abb. 9.34 auf der nächsten Seite. Ein Ansatz zur Analyse dieses Verfahrens folgt in Abschnitt 9.3.7 auf Seite 591.

Ansatz 4: Auswahlsteuerung/Dezimierung/Taktung

Weitere Möglichkeiten bestehen in verschiedenen Methoden zur Steuerung einer Batterie von n parallel betriebenen linearen Schieberegistern durch ein weiteres lineares Schieberegister:

- Bei der **Auswahlsteuerung** wird je nach Zustand des „Hilfsregisters" das aktuelle Output-Bit von genau einem der „Batterie-Register" als Output des Zufallsgenerators ausgewählt. Allgemeiner kann man auch eine Auswahl „r aus n" treffen.

[99] daher auch hierfür gelegentlich die Bezeichnung Non-Linear Feedforward

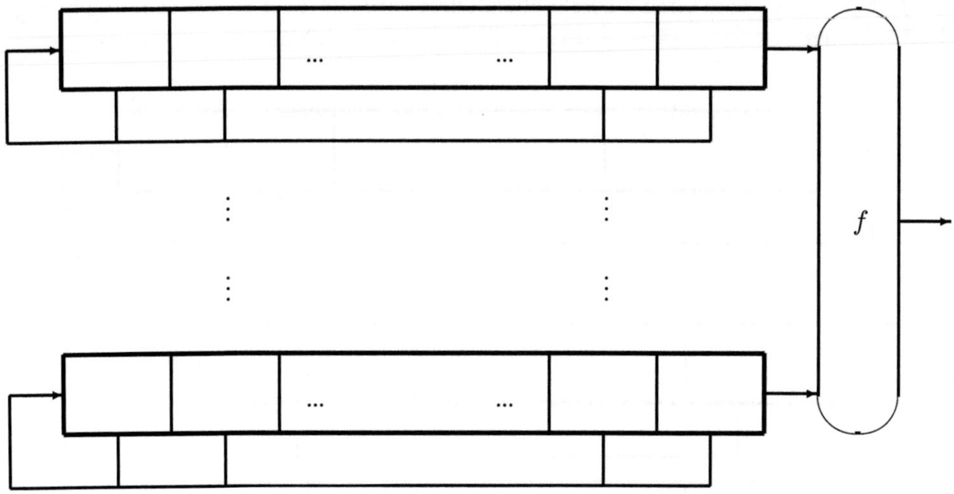

Abb. 9.34: Nichtlinearer Kombinierer

- Bei der **Dezimierung** nimmt man im allgemeinen $n = 1$ an und gibt das Output-Bit des einen Batterie-Registers nur dann aus, wenn das Hilfsregister einen bestimmten Zustand hat. Diese Art der Dezimierung kann man natürlich analog auf jede Bitfolge anwenden.
- Bei der **Taktung** gibt der Zustand des Hilfsregisters an, welche der Batterie-Register im aktuellen Taktzyklus weitergeschoben werden (und um wie viele Positionen) und welche in ihrem momentanen Zustand bleiben. Das ist vergleichbar mit der Steuerlogik von Rotor-Maschinen.

Diese Ansätze lassen sich oft bequem auch als nichtlineare Kombinierer schreiben, so dass Ansatz 3 als der gängigste Ansatz zur Rettung der linearen Schieberegister angesehen werden kann.

Der Mobilfunk-Verschlüsselungsstandard A5/1[100] verwendet drei leicht unterschiedlich getaktete lineare Schieberegister der Längen 19, 22 und 23 mit jeweils maximaler Periode, deren Outputströme linear (nämlich einfach durch binäre Addition) kombiniert werden. Bei A5/2 – das noch schwächer ist – wird die Taktung durch ein Hilfsregister geregelt. Beide Varianten lassen sich auf handelsüblichen PCs in Echtzeit brechen.

Der Bluetooth-Verschlüsselungsstandard E_0 verwendet vier lineare Schieberegister, die nichtlinear kombiniert werden. Dieses Verfahren ist etwas stärker als A5, aber auch zu schwach für echte Sicherheit [6].

Beispiel: Der Geffe-Generator

Das einfachste Beispiel für die Auswahlsteuerung ist der Geffe-Generator, der durch das Schema in Abb. 9.35 auf der nächsten Seite beschrieben wird. Die Ausgabe ist x, wenn $z = 0$, und y, wenn $z = 1$. Das kann man so als Formel ausdrücken:

$$\begin{aligned} u &= \begin{cases} x, & \text{wenn } z = 0, \\ y, & \text{wenn } z = 1 \end{cases} \\ &= (1-z)x + zy = x + zx + zy. \end{aligned}$$

[100] Siehe `https://de.wikipedia.org/wiki/A5_(Algorithmus)`

Also lässt sich der Geffe-Generator auch durch einen nichtlinearen Kombinierer mit einer Booleschen Funktion $f\colon \mathbb{F}_2^3 \longrightarrow \mathbb{F}_2$ vom Grad 2 beschreiben. Diese wird zur späteren Verwendung in SageMath-Beispiel 9.3.7 erzeugt.

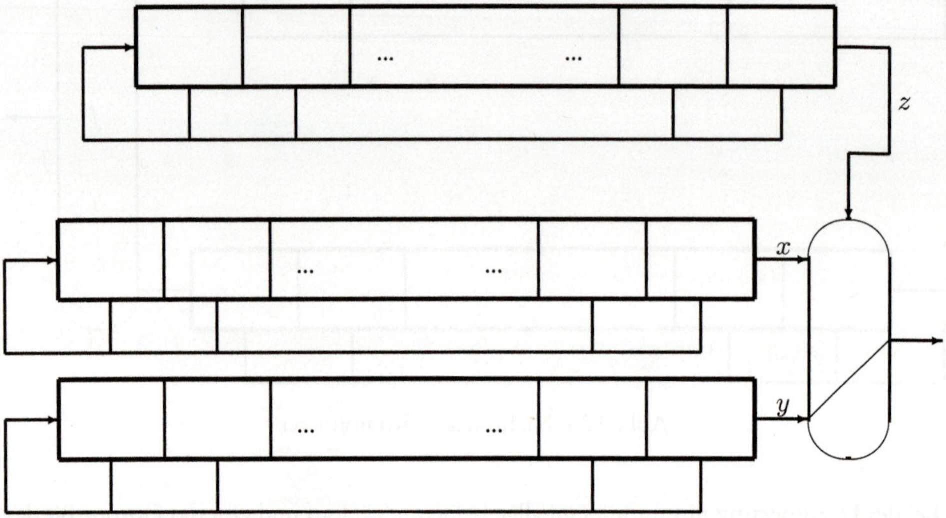

Abb. 9.35: Geffe-Generator

SageMath-Beispiel 9.3.7: Die Geffe-Funktion

```
print("\n# CHAP09 -- Sage-Script-SAMPLE 170: =========")

load("./bitciphers.sage")
geff = BoolF(str2bbl("00011100"),method="ANF")
geff.printTT()
#------------------------------------
# CHAP09 -- Sage-Script-SAMPLE 170: =========
# Value at 000 is 0
# Value at 001 is 0
# Value at 010 is 0
# Value at 011 is 1
# Value at 100 is 1
# Value at 101 is 0
# Value at 110 is 1
# Value at 111 is 1
```

9.3.6 Implementierung eines nichtlinearen Kombinierers mit der Klasse LFSR

Ein nichtlinearer Kombinierer benötigt mehrere parallel betriebene lineare Schieberegister. Dies legt nahe, diese als Objekte zu implementieren, d. h. eine Klasse `LFSR` zu definieren.

Klasse `LFSR`:

Attribute:

- `length`: die Länge des Registers

- `taplist`: die Liste der Koeffizienten („Taps"[101]), die die rückzukoppelnden Bits definieren (konstant)
- `state`: der Zustand des Registers (veränderbar)

Methoden:

- `setLength`: Definition der Länge (nur implizit bei der Initialisierung verwendet)
- `setTaps`: Besetzung der Tap- (= Koeffizienten-) Liste (nur implizit bei der Initialisierung verwendet)
- `setState`: Belegung des Registers mit einem Zustand
- `getLength`: Ausgabe der Länge
- `nextBits`: Erzeugung einer vorgegebenen Anzahl von Ausgabebits und kontinuierliche Weiterschaltung des Zustands

Dazu ist es zur Überwachung des Registers praktisch, noch eine Methode (die in Python generisch `__str__` heißt) zu haben, die die Attribute in lesbarer Form ausgibt.

Implementiert ist das in SageMath-Beispiel 9.4.10 auf Seite 616 in Abschnitt 9.4.9 auf Seite 616.

Beispiel: Kompletter Geffe-Generator

Zunächst wählen wir drei lineare Schieberegister der Längen 15, 16 und 17, deren Perioden[102] $2^{15} - 1 = 32\,767$, $2^{16} - 1 = 65\,535$ und $2^{17} - 1 = 131\,071$ sind, und diese sind paarweise teilerfremd, siehe SageMath-Beispiel 9.3.8. Fasst man ihren Output in jedem Takt zu Bitblöcken der Länge 3 zusammen, so hat diese Folge eine Periode der eindrucksvollen Länge 281 459 944 554 495, also knapp $300 \cdot 10^{12}$ (300 Billionen für Europäer sind 300 Trillionen für Amerikaner).

Die drei Register werden in SageMath-Beispiel 9.3.9 auf der nächsten Seite definiert; die Rekursionsformel für das dritte davon, das Steuerungsregister `reg17`, ist z. B. $u_n = u_{n-3} + u_{n-17}$, da genau die Taps 3 und 17 gesetzt sind. Mit jedem von ihnen wird eine Folge der Länge 100 erzeugt, siehe SageMath-Beispiel 9.3.10 auf der nächsten Seite. Diese werden in SageMath-Beispiel 9.3.11 auf Seite 591 mithilfe der Geffe-Funktion kombiniert. Das ist das vollständige Beispiel.

SageMath-Beispiel 9.3.8: Eine Periodenberechnung

```
print("\n# CHAP09 -- Sage-Script-SAMPLE 180: =========")

n15 = 2**15 - 1; print("n15 =", n15, "=", n15.factor())
n16 = 2**16 - 1; print("n16 =", n16, "=", n16.factor())
n17 = 2**17 - 1; print("n17 =", n17, "=", n17.factor())
print("lcm   =", lcm([n15,n16,n17]))
period = n15 * n16 * n17; print("period =", period)

#------------------------------------
# CHAP09 -- Sage-Script-SAMPLE 180: =========
# n15 = 32767 = 7 * 31 * 151
# n16 = 65535 = 3 * 5 * 17 * 257
# n17 = 131071 = 131071
# lcm    = 281459944554495
# period = 281459944554495
```

[101] auf deutsch etwa *Abzweig* oder *Abgriff*, weil bei einer Hardware-Implementierung genau an diesen Stellen die für die Rückkopplung verwendeten Bits abgegriffen werden

[102] nach den Listen primitiver Polynome in [1]

SageMath-Beispiel 9.3.9: Drei lineare Schieberegister

```
print("\n# CHAP09 -- Sage-Script-SAMPLE 190: =========")

load("./bitciphers.sage")

reg15 = LFSR([1,0,0,0,0,0,0,0,0,0,0,0,0,0,1])
reg15.setState([0,1,1,0,1,0,1,1,0,0,0,1,0,0,1])
print(reg15)
reg16 = LFSR([0,1,1,0,1,0,0,0,0,0,0,0,0,0,0,1])
reg16.setState([0,1,1,0,1,0,1,1,0,0,0,1,0,0,1,1])
print(reg16)
reg17 = LFSR([0,0,1,0,0,0,0,0,0,0,0,0,0,0,0,0,1])
reg17.setState([0,1,1,0,1,0,1,1,0,0,0,1,0,0,1,1,1])
print(reg17)

#------------------------------------
# CHAP09 -- Sage-Script-SAMPLE 190: =========
# Length: 15 | Taps: 100000000000001 | State: 011010110001001
# Length: 16 | Taps: 0110100000000001 | State: 0110101100010011
# Length: 17 | Taps: 00100000000000001 | State: 01101011000100111
```

SageMath-Beispiel 9.3.10: Drei LFSR-Folgen

```
print("\n# CHAP09 -- Sage-Script-SAMPLE 200: =========")

load("./bitciphers.sage")

reg15 = LFSR([1,0,0,0,0,0,0,0,0,0,0,0,0,0,1])
reg15.setState([0,1,1,0,1,0,1,1,0,0,0,1,0,0,1])
reg16 = LFSR([0,1,1,0,1,0,0,0,0,0,0,0,0,0,0,1])
reg16.setState([0,1,1,0,1,0,1,1,0,0,0,1,0,0,1,1])
reg17 = LFSR([0,0,1,0,0,0,0,0,0,0,0,0,0,0,0,0,1])
reg17.setState([0,1,1,0,1,0,1,1,0,0,0,1,0,0,1,1,1])

nofBits = 100
outlist15 = reg15.nextBits(nofBits)
print("outlist15:\n", outlist15)
outlist16 = reg16.nextBits(nofBits)
print("outlist16:\n", outlist16)
outlist17 = reg17.nextBits(nofBits)
print("outlist17:\n", outlist17)

#------------------------------------
# CHAP09 -- Sage-Script-SAMPLE 200: =========
# outlist15:
# [1, 0, 0, 1, 0, 0, 0, 1, 1, 0, 1, 0, 1, 1, 0, 1, 1, 1, 0, 0,
#  0, 0, 1, 0, 0, 1, 1, 0, 1, 1, 0, 1, 0, 0, 0, 0, 0, 1, 1, 1,
#  0, 1, 1, 0, 1, 1, 0, 0, 0, 0, 0, 0, 1, 0, 1, 1, 0, 1, 1, 0,
#  1, 1, 1, 1, 1, 1, 1, 0, 0, 1, 0, 0, 1, 0, 0, 1, 0, 1, 0, 1,
#  0, 1, 1, 1, 0, 0, 0, 1, 1, 1, 0, 0, 1, 1, 0, 0, 1, 0, 1, 1]
# outlist16:
# [1, 1, 0, 0, 1, 0, 0, 0, 1, 1, 0, 1, 0, 1, 1, 0, 0, 0, 1, 1,
#  0, 0, 1, 1, 1, 1, 0, 0, 0, 0, 0, 0, 0, 0, 1, 1, 1, 0, 1, 1,
#  1, 0, 0, 0, 1, 1, 1, 0, 0, 0, 0, 0, 1, 0, 0, 0, 1, 1, 1, 0,
#  1, 1, 1, 1, 0, 1, 0, 0, 1, 0, 0, 1, 1, 1, 1, 0, 0, 1, 0, 1,
#  1, 0, 1, 1, 1, 1, 0, 0, 1, 0, 1, 1, 1, 0, 0, 1, 0, 0, 0, 1]
# outlist17:
# [1, 1, 1, 0, 0, 1, 0, 0, 0, 1, 1, 0, 1, 0, 1, 1, 0, 0, 0, 1,
#  0, 0, 0, 0, 0, 0, 1, 1, 0, 0, 1, 1, 1, 1, 1, 1, 0, 1, 1, 0,
#  1, 1, 0, 0, 0, 0, 0, 1, 1, 1, 0, 0, 0, 0, 1, 1, 0, 0, 0, 0,
#  0, 0, 0, 0, 1, 1, 1, 1, 1, 1, 1, 0, 0, 1, 0, 0, 1, 0, 0, 1,
#  0, 1, 0, 1, 0, 1, 0, 1, 1, 0, 0, 1, 0, 1, 1, 0, 0, 1, 1, 0]
```

SageMath-Beispiel 9.3.11: Die kombinierte Folge

```
print("\n# CHAP09 -- Sage-Script-SAMPLE 210: =========")

load("./bitciphers.sage")

reg15 = LFSR([1,0,0,0,0,0,0,0,0,0,0,0,0,0,1])
reg15.setState([0,1,1,0,1,0,1,1,0,0,0,1,0,0,1])

reg16 = LFSR([0,1,1,0,1,0,0,0,0,0,0,0,0,0,0,1])
reg16.setState([0,1,1,0,1,0,1,1,0,0,0,1,0,0,1,1])

reg17 = LFSR([0,0,1,0,0,0,0,0,0,0,0,0,0,0,0,0,1])
reg17.setState([0,1,1,0,1,0,1,1,0,0,0,1,0,0,1,1,1])

nofBits = 100
outlist15 = reg15.nextBits(nofBits)
outlist16 = reg16.nextBits(nofBits)
outlist17 = reg17.nextBits(nofBits)

geff = BoolF(str2bbl("00011100"),method="ANF")

outlist = []
for i in range(0,nofBits):
    x = [outlist15[i], outlist16[i], outlist17[i]]
    outlist.append(geff.valueAt(x))
print(outlist)

#-----------------------------------
# CHAP09 -- Sage-Script-SAMPLE 210: =========
# [1, 1, 0, 1, 0, 0, 0, 1, 1, 1, 0, 0, 0, 1, 1, 0, 1, 1, 0, 1,
#  0, 0, 1, 0, 0, 1, 0, 0, 1, 1, 0, 0, 0, 0, 1, 1, 0, 0, 1, 1,
#  1, 0, 1, 0, 1, 1, 0, 0, 0, 0, 0, 0, 1, 0, 0, 0, 0, 1, 1, 0,
#  1, 1, 1, 1, 0, 1, 0, 0, 1, 0, 0, 0, 1, 1, 0, 1, 0, 1, 0, 1,
#  0, 0, 1, 1, 0, 1, 0, 0, 1, 1, 0, 1, 1, 0, 0, 0, 1, 0, 0, 1]
```

9.3.7 Korrelationsattacken – die Achillesferse der Kombinierer

Sei $f\colon \mathbb{F}_2^n \longrightarrow \mathbb{F}_2$ die Kombinierfunktion eines nichtlinearen Kombinierers. Die Anzahl

$$K_f := \#\{x = (x_1, \ldots, x_n) \in \mathbb{F}_2^n \mid f(x) = x_1\}$$

gibt an, wie oft der Funktionswert mit dem ersten Argument übereinstimmt. Ist sie $> 2^{n-1}$, so ist die Wahrscheinlichkeit für diese Übereinstimmung,

$$p = \frac{1}{2^n} \cdot K_f > \frac{1}{2},$$

also überdurchschnittlich. Die kombinierte Outputfolge „korreliert“ also stärker mit dem Output des ersten linearen Schieberegisters, als zufällig zu erwarten wäre. Ist $p < \frac{1}{2}$, so weicht die Korrelation nach unten vom zufälligen Wert ab.

Diesen Effekt kann sich die Kryptoanalytikerin bei einem Angriff mit bekanntem Klartext zunutze machen. Angenommen wird, dass ihr die „Hardware“, also die Rekursionsformeln für die Register (die Taps) und auch die Kombinierfunktion f, bekannt ist. Gesucht sind die `als Schlüssel betrachteten Startvektoren` aller Register. Die Bits $k_0, \ldots, k_{r-1}$ des Schlüsselstroms seien bekannt.[103] Mit einer Exhaustion (vollständigen

[103] Der Einfachheit der Darstellung halber die ersten r – für irgendwelche r bekannten Schlüsselbits funktioniert die Argumentation genauso.

Durchsuchung) über die 2^{l_1} Startvektoren des ersten Registers erzeugt man jedesmal die Folge $u_0, \ldots, u_{r-1}$ und zählt die Übereinstimmungen. Zu erwarten ist

$$\frac{1}{r} \cdot \#\{i \mid u_i = k_i\} \approx \begin{cases} p & \text{beim richtigen Startvektor,} \\ \frac{1}{2} & \text{sonst.} \end{cases}$$

Falls r groß genug ist, kann man also den echten Startvektor des ersten Registers mit einem Aufwand $\sim 2^{l_1}$ (mit hoher Wahrscheinlichkeit) bestimmen. Macht man dann mit den anderen Registern genauso weiter, gelingt die Identifikation des gesamten Schlüssels mit einem Aufwand $\sim 2^{l_1} + \cdots + 2^{l_n}$. Das ist zwar exponentiell, aber wesentlich geringer als der Aufwand $\sim 2^{l_1} \cdots 2^{l_n}$ für die naive vollständige Schlüsselsuche.

In der Sprache der linearen Kryptoanalyse aus Abschnitt 9.2.7 auf Seite 523 haben wir hier die lineare Relation

$$f(x_1, \ldots, x_n) \overset{p}{\approx} x_1$$

für f ausgenutzt. Klar ist, dass man analog jede lineare Relation ausnutzen kann, um die Komplexität der vollständigen Schlüsselsuche zu reduzieren.[104]

Korrelationen des Geffe-Generators

Für den Geffe-Generator kann man die Korrelationen aus der Wahrheitstafel, Tabelle 9.23, ablesen: Als Wahrscheinlichkeit für die Übereinstimmung erhält man also

$$p = \begin{cases} \frac{3}{4} & \text{für das Register 1 } (x), \\ \frac{3}{4} & \text{für das Register 2 } (y), \\ \frac{1}{2} & \text{für das Register 3 } (z = \text{Steuerung}). \end{cases}$$

Daher lassen sich bei einer Korrelationsattacke die Startwerte für die Register 1 und 2 – die Batterieregister – leicht schon aus kurzen Outputfolgen bestimmen; den Startwert für Register 3, das Steuerungsregister, findet man dann auch leicht durch Exhaustion.

x	0	0	0	0	1	1	1	1
y	0	0	1	1	0	0	1	1
z	0	1	0	1	0	1	0	1
$f(x,y,z)$	0	0	0	1	1	0	1	1

Tab. 9.23: Wahrheitstafel der Geffe-Funktion (waagerecht angeordnet)

Diese Schwachstelle des Geffe-Generators wird in SageMath-Beispiel 9.3.12 auf der nächsten Seite nachvollzogen, das SageMath-Beispiel 9.3.7 auf Seite 588 fortsetzt. Da wir das lineare Profil nur in der Klasse `BoolMap` definiert haben, müssen wir zuerst die Funktion `geff` als Boolesche Abbildung interpretieren – also als Liste der Länge 1 von Booleschen Funktionen. Das lineare Profil wird als Matrix mit 2 Spalten und 8 Zeilen gedacht. Die erste Spalte `[64, 0, 0, 0, 0, 0, 0, 0]` misst die Übereinstimmung mit der Linearform 0 des Bildbereichs. Sie enthält also keine nennenswerte Information, außer dass alles durch 64 zu dividieren ist. Die zweite Spalte `[0, 0, 16, 16, 16, 16, 0, 0]` wird (nach dieser Division) in Tabelle 9.24 als Liste der

[104] Eine genauere Analyse der Situation führt auf den Begriff der Korrelationsimmunität, die mit dem linearen Potenzial verwandt ist.

Korrelationswahrscheinlichkeiten p interpretiert. Dabei wird die Formel

$$p = \frac{1}{2} \cdot (\pm\sqrt{\lambda} + 1)$$

verwendet. Ist $\lambda = 0$, so $p = 1/2$. Ist $\lambda = 1/4$, so $p = 1/4$ oder $3/4$. Die Entscheidung zwischen diesen beiden Werten für p kann man anhand der Tabelle 9.23 auf der vorherigen Seite treffen.

Linearform	0	z	y	$y+z$	x	$x+z$	$x+y$	$x+y+z$
Repräsentation	000	001	010	011	100	101	110	111
Potenzial	0	0	$1/4$	$1/4$	$1/4$	$1/4$	0	0
Wahrsch. p	$1/2$	$1/2$	$3/4$	$1/4$	$3/4$	$3/4$	$1/2$	$1/2$

Tab. 9.24: Korrelationswahrscheinlichkeiten der Geffe-Funktion

SageMath-Beispiel 9.3.12: Lineares Profil der Geffe-Funktion

```
print("\n# CHAP09 -- Sage-Script-SAMPLE 220: =========")

load("./bitciphers.sage")

geff = BoolF(str2bbl ("00011100"),method="ANF")
g = BoolMap([geff])
linProf = g.linProf()
print(linProf)

#------------------------------------
# CHAP09 -- Sage-Script-SAMPLE 220: =========
# [[64, 0], [0, 0], [0, 16], [0, 16], [0, 16], [0, 16], [0, 0], [0, 0]]
```

In SageMath-Beispiel 9.3.13 wird diese Erkenntnis auf die mit dem Geffe-Generator erzeugte Folge der Länge 100 angewendet. Zur Zählung der Koinzidenzen (= Übereinstimmungen) wird die Funktion `coinc` aus SageMath-Beispiel 9.4.2 auf Seite 610 (im Anhang) verwendet. Mit dem ersten Register gibt es 73, mit dem zweiten 76 Koinzidenzen, mit dem dritten dagegen nur 41. Das passt sehr gut zu den im Rahmen statistischer Schwankungen theoretisch erwarteten Werten 75, 75, 50.

SageMath-Beispiel 9.3.13: Koinzidenzen des Geffe-Generators

```
print("\n# CHAP09 -- Sage-Script-SAMPLE 230: =========")

load("./bitciphers.sage")
load("./chap09_sample210_without-prints.sage")

print(coinc(outlist15,outlist))
print(coinc(outlist16,outlist))
print(coinc(outlist17,outlist))

#------------------------------------
# CHAP09 -- Sage-Script-SAMPLE 230: =========
# 73
# 76
# 41
```

Analyse des Geffe-Generators

Diese deutlichen Ergebnisse legen nahe, dass die Analyse der beispielhaft erzeugten Folge leicht sein sollte. Für eine grobe Erfolgsabschätzung kann man auf mathematische Strenge verzichten.

Betrachtet wird ein fest vorgegebener Bitblock $b \in \mathbb{F}_2^r$. Wir fragen zunächst, wie groß die Wahrscheinlichkeit für einen zufälligen Bitblock $u \in \mathbb{F}_2^r$ ist, an genau t Stellen mit b übereinzustimmen, also t Koinzidenzen zu haben. Das ist genau die Fragestellung der symmetrischen Binomialverteilung (also mit $p = \frac{1}{2}$ als Wahrscheinlichkeit einer einzelnen Übereinstimmung): Die Wahrscheinlichkeit für genau t Koinzidenzen ist

$$B_{r,\frac{1}{2}}(t) = \frac{\binom{r}{t}}{2^r}.$$

Die Wahrscheinlichkeit für bis zu T Koinzidenzen ist also

$$\sum_{t=0}^{T} B_{r,\frac{1}{2}}(t) = \frac{1}{2^r} \cdot \sum_{t=0}^{T} \binom{r}{t}.$$

Wenn r nicht zu groß ist, kann man diesen Wert für eine konkrete Schranke T explizit ausrechnen. Wenn r nicht zu klein ist, approximiert man ihn mithilfe der Normalverteilung. Dazu benötigt man den Erwartungswert für die Anzahl der Koinzidenzen, der $r/2$ ist, die Varianz $r/4$ und die Standardabweichung $\sqrt{r}/2$.

Wenn man also testweise mit einer Serie von zufällig gewählten Bitfolgen der Länge r die Koinzidenzen mit der Output-Folge zählt, kann man erwarten, dass die Ergebnisse in etwa symmetrisch um den Mittelwert $r/2$ streuen. Das zugehörige Histogramm zeigt zu jeder Zahl t an, wie häufig in der Testserie genau t Koinzidenzen gezählt wurden; es sollte also ungefähr wie die Gaußsche Glockenkurve der Normalverteilung aussehen.

Wenn man statt der Serie zufälliger Tests eine Exhaustion über alle Startwerte des Registers 1 durchführt, erwartet man also, dass sich die Output-Folge dieses Registers jeweils wie eine zufällige Folge verhält, also im Histogramm zur glockenförmigen Verteilung beiträgt – mit einer Ausnahme: Der echte Startwert sollte zu einem Ausreißer führen, da er eine abweichende Zahl von Korrelationen erwarten lässt. Dieser Ausreißer könnte sich, etwas Glück vorausgesetzt, im Histogramm als Solitärwert herausheben.

Wie auch immer man das macht, im Fall $r = 100$ ist (exemplarisch) die Wahrscheinlichkeit, maximal 65 Koinzidenzen zu finden, ziemlich genau 0,999, die Überschreitungswahrscheinlichkeit also 1 ‰. Die Exhaustion der Startwerte des Registers 1 umfasst $2^{15} = 32\,786$ Möglichkeiten (den eigentlich ausgeschlossenen Startwert $0 \in \mathbb{F}_2^{15}$ zählen wir großzügig mit). Dabei können wir also etwa 33 „Grenzüberschreitungen" mit mindestens 66 Koinzidenzen erwarten. Darunter sollte der wahre Startwert von Register 1 sein, der etwa 75 Koinzidenzen produzieren sollte und sich vielleicht sogar durch das Maximum der Koinzidenzen verrät.

SageMath-Beispiel 9.3.14 zeigt, dass das tatsächlich so ist. Das Maximum der Koinzidenzen, 73, ist im Histogramm allerdings zweimal vertreten. Zum ersten Mal tritt es beim Index 13705, also beim Startwert 011010110001001 auf, den wir damit korrekt identifiziert haben. Das zweite Auftreten, in 9.3.14 ermittelt, liefert das falsche Ergebnis 111100110001011, das letztlich durch Ausprobieren ausgesondert werden muss.

SageMath-Beispiel 9.3.14: Analyse des Geffe-Generators – Register 1

```
print("\n# CHAP09 -- Sage-Script-SAMPLE 240: =========")

load("./bitciphers.sage")
load("./chap09_sample210_without-prints.sage") # outlist = Geffe sequence
```

Fortsetzung SageMath-Beispiel 9.3.14

```
clist = [] # List the coincidences for each test run in order
histogr = [0] * (nofBits + 1) # How often does a certain number of
                              # coincidences occur during the total
                              # number of test runs? The number of
                              # coincidences lies between 0 (no
                              # coincidence) and nofBits (all bits
                              # coincide). histogr[i] = h means that
                              # exactly h test runs yielded i
                              # coincidences. We expect the histogram
                              # to be symmetric around nofBits/2.
for i in range(0,2**15): # run LFSR with all possible initial states
    start = int2bbl(i,15) # Initialize the register with the bitblock
                          #   corresponding to the integer index i
    reg15.setState(start)
    testlist = reg15.nextBits(nofBits)
    c = coinc(outlist,testlist)
    histogr[c] += 1 # Keep in mind that the number of coincidences was c
    clist.append(c)
print("clist (len=%d):" % (len(clist)))   # temporary output
print(clist[0:10], "...",  clist[13700:13710], "...",  clist[-10:])
print("histogr (len=%d):\n%s"% (len(histogr), histogr))

mm = max(clist)
print("Maximum value in clist = mm =", mm)
start = 0    # Search for all occurences of the maximum
while mm in clist[start:]:   # There is another occurence of mm?
  ix = clist.index(mm,start) # Then find the corresponding index
  block = int2bbl(ix,15)     # block is the bitblock corresponding
                             # to the integer index ix.
  print("... at index", ix, "\n    corresponding to start value:", block)
  start = ix+1

#------------------------------------
# CHAP09 -- Sage-Script-SAMPLE 240: =========
# clist (len=32768):
# [54, 47, 53, 52, 43, 44, 44, 55, 55, 58] ...
# [44, 49, 55, 54, 50, 73, 55, 44, 49, 48] ...
# [52, 47, 55, 54, 48, 49, 44, 63, 47, 48]
# histogr (len=101):
# [0, 0, 0, 0, 0, 0, 0, 0, 0, 0, 0, 0, 0, 0, 0, 0, 0, 0, 0, 0, 0,
#  0, 0, 0, 0, 0, 0, 0, 0, 0, 0, 0, 0, 4, 12, 12, 37, 78, 116, 216,
#  329, 472, 722, 1003, 1369, 1746, 1976, 2266, 2472, 2531, 2600,
#  2483, 2355, 2149, 1836, 1574, 1218, 928, 726, 521, 343, 228,
#  164, 102, 60, 47, 36, 13, 8, 7, 4, 2, 1, 2, 0, 0, 0, 0, 0, 0, 0,
#  0, 0, 0, 0, 0, 0, 0, 0, 0, 0, 0, 0, 0, 0, 0, 0, 0, 0, 0, 0]
# Maximum value in clist = mm = 73
# ... at index 13705
#     corresponding to start value: [0, 1, 1, 0, 1, 0, 1, 1, 0, 0, 0, 1, 0, 0, 1]
# ... at index 31115
#     corresponding to start value: [1, 1, 1, 1, 0, 0, 1, 1, 0, 0, 0, 1, 0, 1, 1]
```

Die analoge Analyse von Register 2 wird in SageMath-Beispiel 9.3.15 durchgeführt. Hier ist das Maximum der Koinzidenzen, 76, tatsächlich deutlich herausgehoben. Es tritt beim Index 27411, also beim Startwert 0110101100010011 auf, den wir damit ebenfalls korrekt identifiziert haben.

SageMath-Beispiel 9.3.15: Analyse des Geffe-Generators – Register 2

```
print("\n# CHAP09 -- Sage-Script-SAMPLE 250: =========")

load("./bitciphers.sage")
load("./chap09_sample210_without-prints.sage")

clist = []
histogr = [0] * (nofBits + 1)
for i in range(0,2**16):
```

Fortsetzung SageMath-Beispiel 9.3.15

```
        start = int2bbl(i,16)
        reg16.setState(start)
        testlist = reg16.nextBits(nofBits)
        c = coinc(outlist,testlist)
        histogr[c] += 1
        clist.append(c)
    print("clist (len=%d):" % (len(clist)))   # temporary output
    print(clist[0:10], "...",  clist[27406:27416], "...",  clist[-10:])
    print("histogr (len=%d):\n%s"% (len(histogr), histogr))

    mm = max(clist)
    print("Maximum value in clist = mm =", mm)
    start = 0
    while mm in clist[start:]:
      ix = clist.index(mm,start)
      block = int2bbl(ix,15)
      print("... at index", ix, "\n    corresponding to start value:", block)
      start = ix+1

    #------------------------------------
    # CHAP09 -- Sage-Script-SAMPLE 250: =========
    # clist (len=65536):
    # [54, 50, 48, 56, 44, 56, 58, 58, 44, 62] ...
    # [49, 57, 58, 48, 50, 76, 48, 54, 56, 50] ...
    # [47, 47, 39, 49, 43, 49, 59, 45, 51, 41]
    # histogr (len=101):
    # [0, 0, 0, 0, 0, 0, 0, 0, 0, 0, 0, 0, 0, 0, 0, 0, 0, 0, 0, 0,
    #  0, 0, 0, 0, 0, 0, 0, 1, 0, 2, 3, 4, 8, 17, 25, 51, 92, 171,
    #  309, 477, 750, 1014, 1423, 1977, 2578, 3174, 3721, 4452, 4821,
    #  5061, 5215, 5074, 4882, 4344, 3797, 3228, 2602, 1974, 1419,
    #  1054, 669, 434, 306, 174, 99, 62, 38, 19, 10, 3, 0, 1, 0, 0,
    #  0, 0, 1, 0, 0, 0, 0, 0, 0, 0, 0, 0, 0, 0, 0, 0, 0, 0, 0, 0,
    #  0, 0, 0, 0, 0, 0, 0]
    # Maximum value in clist = mm = 76
    # ... at index 27411
    #     corresponding to start value: [1, 1, 0, 1, 0, 1, 1, 0, 0, 0, 1, 0, 0, 1, 1]
```

Zur vollständigen Analyse ist jetzt noch der Startwert von Register 3, dem Steuerungsregister, zu bestimmen. Das könnte durch Exhaustion über die 2^{17} verschiedenen Möglichkeiten geschehen. Man kann das deutlich verkürzen, denn von den ersten 100 bit des Steuerungsregisters sind 51 bereits bekannt: Nur wenn die Werte von Register 1 und 2 übereinstimmen, ist das entsprechende Bit des (Steuerungs-)Registers 3 unbestimmt. Sind sie aber verschieden, so ist das Bit 0, wenn der Gesamt-Output mit Register 1 übereinstimmt, und sonst 1.

```
Register 1: 1001000110101101110000100110110100000111011011000
Register 2: 1100100011010110001100111100000000111011100011100
Register 3: -1-00--0-1101-110001---00-1-00-1--1101--110---0---
Bitfolge:   1101000111000110110100100100110000110011101011000

        ... 001011011011111110010010010101011100011100110010 11
        ... 0010001110111101001001111001011011110010111001 0001
        ... ----110-------1-1-11-0-100----01--01-1-001-1-00-1-
        ... 00100001101111010010001101010100110100110110001001
```

Insbesondere sind 11 der 17 Bits des Startwerts schon bekannt und daher nur noch $2^6 = 64$ Möglichkeiten durchzuprobieren.

Aber auch das geht noch einfacher, da zwischen den bekannten und den unbekannten Bits lineare Relationen der Art $u_n = u_{n-3} + u_{n-17}$ bestehen. Unbekannt von der Startbelegung sind die Bits u_0, u_2, u_5, u_6,

u_8, u_{13}. Ihre Berechnung folgt spaltenweise der Tabelle 9.25, in der schon $u_0 = 1, u_2 = 1$ und $u_6 = 0$ abzulesen sind. Die übrigen Ergebnisse liefern $u_8 = u_{22} = u_{39} = 0, u_5 = u_{22} + 1 = u_8 + 1 = 1$ und $u_{13} = u_{30} + 1 = 0$. Der Startwert des Steuerungsregisters ist also als `01101011000100111` (und somit korrekt) bestimmt. Eigentlich müssten wir jetzt noch die zweite mögliche Lösung für das Register 1 durchprobieren, aber da in der jetzt bestimmten Konstellation die Folge korrekt reproduziert wird, ist das überflüssig.

$u_{17} = u_{14} + u_0$	$0 = 1 + u_0$	$u_0 = 1$	
$u_{19} = u_{16} + u_2$	$1 = 0 + u_2$	$u_2 = 1$	
$u_{20} = u_{17} + u_3$	$u_{20} = 0 + 0$	$u_{20} = 0$	
$u_{22} = u_{19} + u_5$	$u_{22} = u_5 + 1$	$u_5 = u_{22} + 1$	
$u_{23} = u_{20} + u_6$	$0 = u_{20} + u_6$	$u_6 = u_{20}$	$u_6 = 0$
$u_{25} = u_{22} + u_8$	$u_{25} = u_{22} + u_8$	$u_8 = u_{22} + u_{25}$	$u_8 = u_{22}$
$u_{27} = u_{24} + u_{10}$	$u_{27} = 0 + 1$	$u_{27} = 1$	
$u_{28} = u_{25} + u_{11}$	$0 = u_{25} + 0$	$u_{25} = 0$	
$u_{30} = u_{27} + u_{13}$	$u_{30} = u_{27} + u_{13}$	$u_{13} = u_{27} + u_{30}$	$u_{13} = u_{30} + 1$
$u_{33} = u_{30} + u_{16}$	$u_{33} = u_{30} + 0$	$u_{30} = u_{33}$	$u_{30} = 1$
$u_{36} = u_{33} + u_{19}$	$0 = u_{33} + 1$	$u_{33} = 1$	
$u_{39} = u_{36} + u_{22}$	$u_{39} = 0 + u_{22}$	$u_{22} = u_{39}$	
$u_{42} = u_{39} + u_{25}$	$0 = u_{39} + u_{25}$	$u_{39} = u_{25}$	$u_{39} = 0$

Tab. 9.25: Bestimmung des Steuerungsregisters

9.3.8 Design-Kriterien für nichtlineare Kombinierer

Aus der bisherigen Diskussion lassen sich als Design-Kriterien für nichtlineare Kombinierer herleiten:

- Die einzelnen Batterieregister müssen möglichst lang sein.
- Die Kombinierfunktion f soll ein möglichst geringes lineares Potenzial haben.

Wie lang sollen die Batterieregister sein? Es gibt verschiedene Ansätze zu „schnellen" Korrelationsattacken, z. B. mithilfe der Walsh-Transformation, besonders gegen dünn besetzte lineare Rückkopplungsfunktionen [30]. Diese reduzieren zwar nicht die Komplexitätsklasse des Angriffs („mindestens exponentiell in der Länge des kürzesten Registers"), aber der Aufwand wird um einen beträchtlichen Proportionalitätsfaktor verringert. Auf diese Weise werden Register angreifbar, deren Rückkopplungsfunktion in der ANF weniger als 100 Monome mit Koeffizienten 1 enthält. Folgerung:

- Die einzelnen linearen Schieberegister sollten mindestens 200 Bits lang sein und eine „dicht besetzte" Rückkopplung besitzen.

Für die Anzahl n der zu kombinierenden linearen Schieberegister muss man beachten, dass die Kombinationsfunktion möglichst „korrelationsimmun" sein, insbesondere ein möglichst geringes lineares Potenzial haben soll. Hier sollte man mit einer Booleschen Funktion von 16 Variablen gut hinkommen.[105]

[105] Empfehlungen hierfür aus der Literatur sind nicht bekannt.

Ein eleganter Ausweg, der die Korrelationsattacke zusammenbrechen lässt, wurde von Rueppel[106] vorgeschlagen: eine „zeitabhängige" Kombinierfunktion, also eine Familie $(f_t)_{t \in \mathbb{N}}$ zu verwenden. D. h., zur Berechnung des Bits u_t des Schlüsselstroms wird die Kombinierfunktion f_t verwendet. Die Sicherheit dieses Ansatzes wird hier nicht weiter analysiert.

Man kann aber auch daran denken, dass die Korrelationsattacke darauf angewiesen ist, dass die Rückkopplungskoeffizienten, die Taps, bekannt sind. Sind sie das nicht, so muss auch für sie eine Exhaustion durchgeführt werden, was die Komplexität z. B. für das erste Schieberegister um einen weiteren Faktor 2^{l_1} vergrößert. In dieser Situation kann man die Anforderungen an die Länge der einzelnen Register etwas abmildern. Es sei aber daran erinnert, dass bei einer Hardware-Implementierung die Rückkopplungskoeffizienten eher als Teil des Algorithmus und eher nicht als Teil des Schlüssels anzusehen sind, also im Sinne von Abb. 9.25 auf Seite 571 zu den öffentlich bekannten externen Parametern zu rechnen sind.

Effizienz

Lineare Schieberegister und nichtlineare Kombinierer lassen sich mit speziell dafür gefertigter Hardware effizient realisieren, so dass pro Prozessortakt ein Bit herauspurzelt, durch Parallelisierung auch mehrere. Eine Aufwandsabschätzung für einen gängigen PC-Prozessor ist insofern etwas unfair. Hier müsste man jedes der 16 Register à ≥ 200 bit auf 4 Stücke mit bis zu 64 bit aufteilen, so dass allein das Weiterschieben eines der Register schon mindestens 4 Takte beansprucht, für 16 Register also 64 Takte. Selbst wenn die Kombinierfunktion ihre Aufgabe in einem Takt erledigt, hätten wir 65 Takte pro Bit benötigt, würden auf einem 2-GHz-Prozessor also bei maschinennaher Implementierung und optimistischer Schätzung maximal $2 \cdot 10^9/65 \approx 30$ Millionen Bits pro Sekunde produzieren.

Als Fazit kann man festhalten:

> *Mit linearen Schieberegistern und nichtlinearen Kombinierern lassen sich brauchbare, ziemlich schnelle Pseudozufallsgeneratoren aufbauen, besonders in Hardware.*

Für die kryptologische Sicherheit dieser Pseudozufallsgeneratoren gibt es zwar keine umfassende befriedigende Theorie und schon gar keinen mathematischen Beweis, aber durchaus eine plausible Absicherung, die – ähnlich wie bei Block-Chiffren – mit der Nichtlinearität Boolescher Funktionen zu tun hat.

9.3.9 Perfekte Pseudozufallsgeneratoren

Anfang der 1980er Jahre entwickelte sich im Umkreis der asymmetrischen Kryptografie eine Vorstellung davon, wie man die Unvorhersagbarkeit eines Zufallsgenerators mathematisch modellieren könnte, nämlich im Rahmen der Komplexitätstheorie: Die Vorhersage soll nicht effizient möglich sein, d. h., auf ein bekanntes „hartes" Problem zurückgeführt werden können. Dadurch wurde ein neuer Qualitätsstandard für Zufallsgeneratoren gesetzt, der allerdings letztlich auf der mathematisch völlig unbewiesenen Grundlage aufbaut, dass es für gewisse zahlentheoretische Probleme wie die Primzerlegung oder den diskreten Logarithmus keine effizienten Algorithmen gibt. – Die Situation ist also die gleiche wie bei der Sicherheit der asymmetrischen Verschlüsselung.

Interessanterweise stellte sich bald heraus, dass die scheinbar viel stärkere Forderung, die erzeugte Zufallsfolge solle sich durch *überhaupt keinen* effizienten Algorithmus von einer echten Zufallsfolge unterscheiden lassen, zur Unvorhersagbarkeit äquivalent ist, siehe Satz 9.3.2 (Satz von Yao). Dadurch ist die Bezeichnung „perfekt" für die entsprechenden Zufallsgeneratoren gerechtfertigt. Insbesondere gibt es keinen effizienten statistischen Test, der in der Lage ist, eine Folge aus einem perfekten Zufallsgenerator von einer echt zufälligen Folge zu

[106] Rainer A. Rueppel, Schweizer Kryptologe

unterscheiden. Auf der theoretischen Seite ist damit ein sehr gutes Modell für Zufallsgeneratoren vorhanden, die statistisch absolut einwandfrei und kryptologisch unangreifbar sind. – Also:

> *Perfekte Zufallsgeneratoren sind kryptografisch sicher und statistisch nicht von echten Zufallsquellen zu unterscheiden.*
>
> *Es gibt vermutlich perfekte Zufallsgeneratoren, aber ein vollständiger mathematischer Beweis dafür steht noch aus.*

Die ersten konkreten Ansätze, von denen der BBS- (= Blum[107]-Blum[108]-Shub[109]-) Generator der bekannteste ist, lieferten Zufallsgeneratoren, die für den praktischen Einsatz (mit damaligen Prozessoren) meist zu langsam waren. Modifizierte Ansätze führten aber bald zu einigermaßen schnellen und trotzdem (vermutlich) kryptografisch sicheren Zufallsgeneratoren.

9.3.10 Der BBS-Generator

Wie beim RSA-Verfahren betrachtet man einen ganzzahligen Modul m, der Produkt zweier großer Primzahlen ist. Für den BBS-Generator wählt man – aus technischen Gründen, die hier nicht weiter erläutert werden – **Blum-Primzahlen**; das sind solche, die $\equiv 3 \bmod 4$ sind. Ein Produkt zweier Blum-Primzahlen heißt **Blum-Zahl**.

Der BBS-Generator funktioniert dann so: Als ersten Schritt bildet man eine große Blum-Zahl m als Produkt zweier zufälliger Blum-Primzahlen p und q. Als zweites wählt man dann einen (zufälligen) ganzzahligen Ausgangswert s mit $1 \leq s \leq m-1$, der zu m teilerfremd ist.[110,111]

Nun kann man an die Erzeugung einer Zufallsfolge gehen: Man wählt $x_0 = s^2 \bmod m$ als Startwert (d. h. x_0 ist ein quadratischer Rest) und bildet die Folge $x_i = x_{i-1}^2 \bmod m$ für $i = 1, 2, 3, \ldots$ als Folge der inneren Zustände des Zufallsgenerators. Ausgegeben wird nur das jeweils letzte Bit der Binärdarstellung, nämlich $u_i = x_i \bmod 2$ für $i = 0, 1, 2, \ldots$, also die Parität von x_i.

Beispiel:

Ein Beispiel mit ganz kleinen Zahlen ist natürlich nicht praxistauglich, erdeutlicht aber das Vorgehen: $p = 7, q = 11, m = 77, s = 53$. Dann ist $s^2 = 2809$, also $x_0 = 37$ und $u_0 = 1$, da x_0 ungerade. Die Fortsetzung entnimmt man dem ganz naiven SageMath-Beispiel 9.3.16 auf der nächsten Seite:

i	0	1	2	3	...
x_i	37	60	58	53	...
u_i	1	0	0	1	...

107 Lenore Blum, US-amerikanische Mathematikerin und Informatikerin, *18.12.1942

108 Manuel Blum, US-amerikanischer Mathematiker und Informatiker, *26.4.1938

109 Michael Shub, US-amerikanischer Mathematiker, *17.8.1943

110 Falls man ein s erwischt, das nicht zu m teilerfremd ist, hat man m per Zufall faktorisiert. Dass das vorkommt, ist äußerst unwahrscheinlich, kann aber natürlich bei der Initialisierung abgefangen werden.

111 Falls man s im Bereich $< \sqrt{m}$ wählt, kann es passieren, dass man beim ganzzahligen Quadrieren eine Zeitlang die Grenze m nicht überschreitet. Dann sind die Ausgabebits so lange konstant, weil das Quadrat einer natürlichen Zahl dieselbe Parität hat wie die Zahl selbst. Ähnlich sieht es für s im Bereich ab $m - \sqrt{m}$ aus. Wird s aber tatsächlich zufällig gewählt, so ist es extrem unwahrscheinlich, dass es in diesen Randbereichen liegt. Wenn man es ganz sicher vermeiden möchte, kann man die Randbereiche natürlich schon bei der Wahl ausschließen.

SageMath-Beispiel 9.3.16: (Viel zu) einfaches Beispiel für BBS

```
print("\n# CHAP09 -- Sage-Script-SAMPLE 260: =========")

p = 7; q = 11; m = p*q; s = 53
print("m =", m, ", s =", s)
x0 = (s^2) % m; print("x0 =", x0)
x1 = (x0^2) % m; print("x1 =", x1)
x2 = (x1^2) % m; print("x2 =", x2)
x3 = (x2^2) % m; print("x3 =", x3)

#------------------------------------
# CHAP09 -- Sage-Script-SAMPLE 260: =========
# m = 77 , s = 53
# x0 = 37
# x1 = 60
# x2 = 58
# x3 = 53
```

Die Zahlen p und q werden nur zur Bildung von m gebraucht und können dann sogar vernichtet werden, da sie im Gegensatz zum RSA-Verfahren nicht weiter benötigt werden; insbesondere sind sie als Geheimnis des Zufallsgenerators zu behandeln. Ebenso bleiben alle nicht ausgegebenen Bits der Folgenglieder x_i, also des inneren Zustands, geheim.

Der BBS-Generator wird von SageMath schon in der Standard-Distribution mitgebracht. Man benötigt die Prozeduren:

- `random_blum_prime()` aus dem Modul `sage.crypto.util`. Um eine zufällige Blum-Primzahl p mit einer vorgegebenen Zahl k von Bits (= Stellen in der Binärdarstellung) zu erzeugen, ruft man sie in der Form `p = random_blum_prime(2**(k-1), 2**k)` auf. Die Korrektheit des Algorithmus ist nur empirisch gesichert: Zwischen 2^{k-1} und 2^k gibt es zwar für $k \geq 2$ immer eine Primzahl[112], aber das muss keine Blum-Primzahl sein. Die Empirie sagt aber, dass es sogar sehr viele solche gibt, nämlich um die $2^k/(k \log(2))$, so dass eine Angreiferin mit vollständiger Suche keinen Erfolg erwarten kann.

- `blum_blum_shub()` aus `sage.crypto.stream`. Um eine Folge von r Pseudozufallsbits zu erzeugen, ruft man diese Prozedur in der Form `blum_blum_shub(r,x\_0,p,q)` auf, nachdem man zuvor zwei zufällige Blum-Primzahlen p und q sowie einen Startwert $x_0 = s^2 \bmod pq$ erzeugt hat.

SageMath-Beispiel 9.3.17 demonstriert das Vorgehen. Die Zwischenergebnisse p, q und x_0 sind in den Tabellen 9.26, 9.27 und 9.28 wiedergegeben, das Ergebnis in Tabelle 9.29 auf Seite 602. Gemäß der Konvention sind s und die Faktoren p und q geheim zu halten, es gibt aber auch keinen Grund, das Produkt $m = pq$ herauszugeben. Im Hinblick auf den Fortschritt der Faktorisierungsalgorithmen sollte man allerdings lieber Blum-Zahlen in der Größenordnung ab 2048 bit verwenden (siehe Abschnitt 9.3.11 auf Seite 602). Und in jedem Fall sollte s zufällig gewählt werden! Gegen diese Pflicht haben wir im Beispiel verstoßen, denn unser s ist eine reine Potenz.

SageMath-Beispiel 9.3.17: Erzeugung einer Folge von BBS-Pseudozufallsbits

```
print("\n# CHAP09 -- Sage-Script-SAMPLE 270: =========")

from sage.crypto.util   import random_blum_prime
from sage.crypto.stream import blum_blum_shub

sl = 1000  # Number of bits to generate in the pseudo random bit sequence
print("Using random start values (1000 bit length):")
p = random_blum_prime(2^511, 2^512)
```

[112] Das ist ein Spezialfall des Bertrandschen Postulats, das 1850 von Tschebyschow bewiesen wurde: Zwischen n und $2n$ gibt es stets eine Primzahl (wenn $n \geq 2$).

Fortsetzung SageMath-Beispiel 9.3.17

```
q = random_blum_prime(2^511, 2^512)
x0 = 11^248 % (p*q)                 # s = 11^124 % (p*q)
print(blum_blum_shub(sl,x0,p,q))

print("\nUsing the fixed values from the given table as start values:")
no = "8 445 834 617 855 090 512 176 000 413 196 767 417 799 332\
626 936 992 170 472 089 385 128 414 279 550 732 184 808 226\
736 683 775 727 426 619 339 706 269 080 823 255 441 520 165\
438 397 334 657 231 839 251"
p = ZZ(no.replace("\n", "").replace("\r", "").replace(" ", ""))

no = "12 580 605 326 957 495 732 854 671 722 855 802 182 952 894\
  232 088 903 111 155 705 856 898 413 602 721 771 810 991 595\
  365 229 641 230 483 180 760 744 910 366 324 916 344 823 400\
  588 340 927 883 444 616 787"
q = ZZ(no.replace("\n", "").replace("\r", "").replace(" ", ""))

no = "1 842 408 460 334 540 507 430 929 434 383 083 145 786 026\
  412 146 359 363 362 017 837 922 966 741 162 861 257 645 571\
  680 482 798 249 771 263 305 761 292 545 408 040 659 753 561\
  970 871 645 393 254 757 072 936 076 922 069 587 163 804 708\
  256 246 366 137 431 776 175 309 050 064 068 198 002 904 756\
  218 898 942 856 431 647 438 473 529 312 261 281"
x0 = ZZ(no.replace("\n", "").replace("\r", "").replace(" ", ""))

s= str(blum_blum_shub(sl,x0,p,q))
bl=4 # blocklength
split = [s[i:i+bl] for i in range (0, len(s), bl)]
print("Number of blocks = len(split) =", len(split))

for i in range(len(split)):
  print("%s " % (split[i]), end = '' )
print()

#-----------------------------------
# CHAP09 -- Sage-Script-SAMPLE 270: =========
# Using random start values (1000 bit length):
# 00001010001101010001101010000011 ...
#
# Using the fixed values from the given table as start values:
# Number of blocks = len(split) = 250
# 1010 0110 0011 0100 0000 0111 1111 0100 ...
```

```
  8 445 834 617 855 090 512 176 000 413 196 767 417 799 332
626 936 992 170 472 089 385 128 414 279 550 732 184 808 226
736 683 775 727 426 619 339 706 269 080 823 255 441 520 165
438 397 334 657 231 839 251
```

Tab. 9.26: Eine Blum-Primzahl p mit 512 bit (154 Dezimalstellen)

```
 12 580 605 326 957 495 732 854 671 722 855 802 182 952 894
232 088 903 111 155 705 856 898 413 602 721 771 810 991 595
365 229 641 230 483 180 760 744 910 366 324 916 344 823 400
588 340 927 883 444 616 787
```

Tab. 9.27: Eine Blum-Primzahl q mit 512 bit (155 Dezimalstellen)

```
  1 842 408 460 334 540 507 430 929 434 383 083 145 786 026
412 146 359 363 362 017 837 922 966 741 162 861 257 645 571
680 482 798 249 771 263 305 761 292 545 408 040 659 753 561
970 871 645 393 254 757 072 936 076 922 069 587 163 804 708
256 246 366 137 431 776 175 309 050 064 068 198 002 904 756
218 898 942 856 431 647 438 473 529 312 261 281
```

Tab. 9.28: Ein Startwert x_0

```
1010 0110 0011 0100 0000 0111 1111 0100 1111 0111 0010 1001
0000 0100 1111 0000 0010 1010 1011 1111 1000 0101 1110 0011
1110 1000 1001 1100 1000 1000 0110 0111 0011 0011 1010 0011
1100 1111 0011 1000 1011 0110 1011 1110 0110 1110 0111 1000
1101 0011 1101 0010 1000 1101 0000 1100 0100 1011 1110 0011
0110 0010 1011 0000 1010 1001 0110 0000 0011 1010 0011 1111
1010 0110 0101 1000 1011 0100 0100 1111 1010 1011 0001 1100
0000 0011 1101 1001 0001 0000 1111 1010 1001 0111 0111 0111
0000 1010 0101 0111 0111 0001 0110 1001 0011 1011 0000 0011
1000 0000 0111 0110 0110 1010 0110 0011 0111 1100 0010 0110
0011 1001 1010 1111 0001 0010 1111 0010 1100 1111 0110 0100
0001 1000 0101 0011 0000 0101 1111 1100 0101 0000 0100 0100
0100 0101 0010 1110 1010 1011 1011 0110 0101 1011 1111 1110
1100 1001 1011 0110 1001 0111 0111 1110 0101 0111 0011 0100
1101 1110 0011 1111 1101 0100 1111 1011 1010 0010 0111 1111
1010 1000 1100 1001 1010 1001 1010 0111 0100 0100 1010 0110
0011 0010 1110 0111 0101 0111 1101 0000 0110 0000 1110 1100
0101 1010 0111 1000 0101 1111 0010 1101 0110 0100 0010 1101
0000 1101 0111 1011 0010 1010 1000 0110 0100 0111 1100 0000
1101 0000 1011 1111 0101 1011 0011 1110 0010 1110 1101 0001
1110 1111 1000 0111 1010 0000 1100 0101 0110 0001
```

Tab. 9.29: 1000 BBS-Pseudozufallsbits

9.3.11 Perfektheit und Faktorisierungsvermutung

Informell definiert man einen **Pseudozufallsgenerator** (kurz: einen Zufallsgenerator) als einen effizienten Algorithmus, der eine „kurze" Bitkette $s \in \mathbb{F}_2^n$ in eine „lange" Bitkette $s \in \mathbb{F}_2^r$ umwandelt.

Mathematisch exakt kann man das in der Terminologie der Komplexitätstheorie formulieren, indem man parameterabhängige Familien von Booleschen Abbildungen $G_n : \mathbb{F}_2^n \longrightarrow \mathbb{F}_2^{r(n)}$ betrachtet und den Parameter n gegen unendlich gehen lässt. Damit ein solcher Algorithmus – repräsentiert durch die Familie (G_n) Boolescher Abbildungen – überhaupt effizient sein kann, darf die „Streckungsfunktion" $r : \mathbb{N} \longrightarrow \mathbb{N}$ höchstens polynomial mit dem Parameter n wachsen, sonst wäre ja schon das Hinschreiben der Output-Folge nicht mehr effizient möglich. Dann misst man den Aufwand in einer irgendwie sinnvollen Weise – z. B. die Anzahl der notwendigen Bit-Operationen – und betrachtet dessen Asymptotik, die eben auch ein höchstens polynomiales Wachstum zeigen darf.

Auch der Aufwand von Algorithmen, die weitere Bits vorhersagen oder sonstwie Schwächen des Zufallsgenerators aufdecken sollen, wird in Abhängigkeit von n betrachtet. Wächst dieser Aufwand stärker als jedes Polynom, z. B. exponentiell, so gilt der Angriff über einen solchen Algorithmus als nicht effizient. Dieser

Zugang liefert allerdings nur qualitative Aussagen und ist daher nicht sehr befriedigend, ist aber wie auch sonst oft in der Komplexitätstheorie das Beste, was man beweisen kann.

Diesen Ansatz weiter zu verfolgen, würde hier bei weitem zu viel zusätzlichen Formalismus erfordern, zumal für kryptoanalytische Angriffe auch probabilistische Algorithmen zuzulassen sind. Es ist aber gut zu wissen, dass man die intuitive Vorstellung von Effizienz mathematisch korrekt formulieren kann. Es ist also durchaus sinnvoll mit dem naiven Ansatz zu argumentieren. Das gilt auch für die folgende Definition, die in dieser Form mathematisch nicht korrekt ist, aber eben korrekt gemacht werden kann.

Definition 9.3.1. *Gegeben sei ein Pseudozufallsgenerator. Ein* ***Vorhersageverfahren***[113] *ist ein Algorithmus, der aus einem Anfangsstück* $u_0, \ldots, u_{r-1}$ *der erzeugten Folge das nächste Bit* u_r *berechnet, ohne dabei auf die internen Parameter des Pseudozufallsgenerators zuzugreifen.*

Der Pseudozufallsgenerator ***besteht den Vorhersagetest****, wenn es kein effizientes Vorhersageverfahren gibt.*

Zum Beispiel bestehen lineare Schieberegister wegen des effizienten Vorhersageverfahrens aus Satz 9.3.1 den Vorhersagetest nicht.

Definition 9.3.2. *Gegeben sei ein Pseudozufallsgenerator. Ein* ***Unterscheidungsverfahren***[114] *ist ein Algorithmus, der, ohne dabei auf die internen Parameter des Pseudozufallsgenerators zuzugreifen, eine davon erzeugte Folge von einer echten Zufallsfolge unterscheiden kann.*

Der Pseudozufallsgenerator ist ***perfekt****, wenn es kein effizientes Unterscheidungsverfahren gibt.*

Ein perfekter Pseudozufallsgenerator ist insbesondere durch keinen effizienten statistischen Test von einer echten Zufallsquelle zu unterscheiden. Überraschenderweise reicht das Bestehen des Vorhersagetests für die Perfektheit schon aus, d. h., der Vorhersagetest ist „universell".

Satz 9.3.2. *(Yaos*[115] *Kriterium) Für einen Pseudozufallsgenerator sind folgende Aussagen äquivalent:*

(i) Er besteht den Vorhersagetest.

(ii) Er ist perfekt.

Hier ohne Beweis. Leider liefert dieser Ansatz nur qualitative Ergebnisse, so dass er etwas unbefriedigend ist. Wie so oft in der Komplexitätstheorie ist dies jedoch das Beste, was wir erreichen können.

Die (vermutete) Perfektheit des BBS-Generators

Die **Faktorisierungsvermutung** besagt, dass sich große natürliche Zahlen nicht effizient in Primfaktoren zerlegen lassen. Diese Vermutung ist die Begründung für die Sicherheit des RSA-Verfahrens, und auch, wie Satz 9.3.3 sagt, für die Perfektheit des BBS-Generators.

Satz 9.3.3. *(Blum/Blum/Shub/Vazirani/Vazirani) Wenn die Faktorisierungsvermutung richtig ist, ist der BBS-Generator perfekt.*

Der (ziemlich komplizierte) Beweis wird hier nicht ausgeführt. Salopp kann man den Satz so formulieren:

---

[113] englisch: next bit predictor

[114] englisch: distinguisher

[115] Andrew Yao, chinesisch-amerikanischer Informatiker, *24.12.1946

> *Wer in der Lage ist, aus einer Teilfolge des BBS-Generators auch nur ein einziges weiteres Bit vorherzusagen, kann auch den Modul faktorisieren.*

Das gilt freilich unter der Annahme, dass die Gegnerin den Modul m des BBS-Generators überhaupt kennt. Dieser kann aber auch geheim gehalten, d. h., als Teil des Schlüssels behandelt werden. Unter dieser Annahme sollte die kryptografische Sicherheit noch größer sein – aber hierfür scheint es keine Beweise, auch keine heuristischen, zu geben.

9.3.12 Beispiele und praktische Überlegungen

Der BBS-Generator ist also perfekt unter einer plausiblen, aber unbewiesenen Annahme, nämlich der Faktorisierungsvermutung. Wir wissen aber nichts Konkretes, z. B., welche Parameter möglicherweise schlecht sind. So gibt es Startwerte, die eine Output-Folge von kurzer Periode erzeugen. Dafür kennt man zwar einige Kriterien, die aber weit von einer vollständigen Antwort entfernt sind. Der Sicherheitsbeweis (relativ zur Faktorisierungsvermutung) erfordert allerdings keine zusätzlichen Annahmen. Man darf daher den BBS-Generator getrost mit der pragmatischen Einstellung verwenden: Es ist bei zufälliger Wahl der Parameter (Primfaktoren und Startwert) extrem unwahrscheinlich, dass man schlechte Werte erwischt. Jedenfalls wesentlich unwahrscheinlicher als das bekannte „Glücksspiel kann süchtig machen – Chance auf einen Hauptgewinn 1 zu 140 Millionen".

Relevante Fragen für die Sicherheit des BBS-Generators sind aber jedenfalls:

- Wie groß muss man den Parameter m wählen?
- Wie viele Bits am Stück darf man verwenden bei gegebenem Modul und Startwert, ohne die Sicherheit zu gefährden?

Die beweisbaren Aussagen – relativ zur Faktorisierungsvermutung – sind qualitativ, nicht quantitativ. Die Empfehlung, den Modul so groß zu wählen, dass er nicht mit den bekannten Methoden faktorisiert werden kann, basiert auch nur auf heuristischen Überlegungen und ist nicht ganz zwingend, wenn der Modul auch noch geheim gehalten wird. Die tatsächliche Qualität der erzeugten Zufallsbits, sei es für statistische oder kryptografische Anwendungen, kann bis auf weiteres nur empirisch beurteilt werden. Man kann davon ausgehen, dass für Moduli, die sich den gegenwärtigen Faktorisierungsalgorithmen noch sicher entziehen, also etwa ab 2048 bit Länge, bei zufälliger Wahl des Moduls und des Startwerts die Gefahr extrem gering, auf jeden Fall vernachlässigbar, ist, eine „schlechte" Bitfolge zu erzeugen.[116]

Für die Länge der nutzbaren Folge gibt es nur die qualitative Aussage „höchstens polynomial", mit der man in der konkreten Anwendung nichts anfangen kann. Aber selbst wenn man nur „quadratisch viele" Bits zulässt, kann man bei einem $\geq$ 2000-bit-Modul ohne weiteres 4 Millionen erzeugte Bits verwenden; bei wesentlich höherem Bedarf sollte man dann irgendwann mit neuen Parametern weitermachen.

Als weitere Frage könnte man stellen: Darf man, um die praktische Verwertbarkeit des Generators zu verbessern, in jedem Iterationsschritt mehr als nur ein Bit des inneren Zustands ausgeben? Wenigstens 2? Diese Frage wurde durch Vazirani[117]/Vazirani[118] und unabhängig von ihnen durch Alexi/Chor/Goldreich[119]/Schnorr[120] teilweise, aber auch wieder nur qualitativ, beantwortet: Wenigstens $\mathcal{O}(\log_2 \log_2 m)$ der

[116] Auf Émile Borel (französischer Mathematiker und Politiker, 7.1.1871 – 3.2.1956) geht die folgende informelle Abstufung der Vernachlässigbarkeit extrem kleiner Wahrscheinlichkeiten zurück: aus menschlicher Perspektive $\leq 10^{-6}$, aus irdischer Perspektive $\leq 10^{-15}$, aus kosmischer Perspektive $\leq 10^{-45}$. Diese Schranken werden bei genügend großer Wahl des Moduls m für das BBS- (oder RSA-)Verfahren mühelos unterboten.

[117] Umesh Vazirani, indisch-US-amerikanischer Informatiker

[118] Vijay Vazirani, indisch-US-amerikanischer Informatiker, *20.4.1957

[119] Oded Goldreich, israelischer Mathematiker und Informatiker, *4.2.1957

[120] Claus-Peter Schnorr, deutscher Mathematiker und Informatiker, *4.8.1943

niedrigsten Bits sind „sicher". Je nach Wahl der Konstanten, die in dem „$\mathcal{O}$" steckt, muss man die Bitzahl des Moduls genügend groß machen und auf empirische Erfahrungen vertrauen. Üblicherweise entscheidet man sich für genau $\lfloor \log_2 \log_2 m \rfloor$ bit.

Hat m 2048 bit, also etwa 600 Dezimalstellen, so kann man also in jedem Schritt 11 bit verwenden. Um $x^2 \bmod m$ zu berechnen, wenn m eine n-bit-Zahl ist, braucht man $(\frac{n}{64})^2$ Multiplikationen von 64-bit-Zahlen und anschließend ebensoviele Divisionen „128 bit durch 64 bit". Bei $n = 2048$ sind das $2 \cdot (2^5)^2 = 2048$ solcher elementaren Operationen, um 11 bit zu erzeugen, also etwa 200 Operationen pro Bit. Als gängige Faustregel kann man heute annehmen, dass ein Prozessor eine Multiplikation pro Takt erledigt.[121] Auf einem 2-GHz-Prozessor mit 64-bit-Architektur sind das dann $2 \cdot 10^9/200 \approx 10$ Millionen Bits pro Sekunde, allerdings nur bei maschinennaher, optimierter Implementierung. Der BBS-Generator ist also mit der Software-Implementatierung eines hinreichend sicheren nichtlinearen Kombinierers fast schon konkurrenzfähig und auf heutigen Prozessoren für viele Zwecke durchaus schnell genug.

In der Literatur werden einige weitere Pseudozufallsgeneratoren betrachtet, die nach ähnlichen Prinzipien funktionieren wie der BBS-Generator.

Der RSA-Generator (Shamir) Man wählt einen zufälligen Modul m der Stellenzahl n, der ein Produkt zweier großer Primzahlen p, q ist, und einen Exponenten d, der teilerfremd zu $(p-1)(q-1)$ ist, ferner einen zufälligen Startwert $x = x_0$. Die interne Transformation ist $x \mapsto x^d \bmod m$. Man bildet also $x_i = x_{i-1}^d \bmod m$ und gibt das letzte Bit oder auch die letzten $\lfloor \log_2 \log_2 m \rfloor$ Bits aus. Wenn dieser Pseudozufallsgenerator nicht perfekt ist, dann gibt es einen effizienten Algorithmus zum Brechen der RSA-Verschlüsselung. Der Rechenaufwand ist größer als beim BBS-Generator in dem Maße, wie das Potenzieren mit d aufwändiger als das Quadrieren ist; ist d zufällig gewählt, so ist der Zeitbedarf pro Bit $\mathcal{O}(n^3)$, da das Potenzieren mit einer n-bit-Zahl im Vergleich zum schlichten Quadrieren in jedem Schritt den Aufwand mit dem Faktor n vergrößert.

Der Index-Generator (Blum/Micali) Man wählt als Modul zufällig eine große Primzahl p und bestimmt dazu eine Primitivwurzel[122] a. Ferner wählt man einen zufälligen Startwert $x = x_0$, teilerfremd zu $p-1$. Dann bildet man $x_i = a^{x_{i-1}} \bmod p$ und gibt das erste oder die ersten $\lfloor \log_2 \log_2 p \rfloor$ Bits aus. Die Perfektheit dieses Pseudozufallsgenerators beruht auf der Vermutung, dass die Berechnung diskreter Logarithmen mod$p$ hart ist. Auch hier ist der Zeitbedarf pro Bit $\mathcal{O}(n^3)$.

Der elliptische Index-Generator (Kaliski) Er funktioniert wie der Index-Generator, nur dass man die Gruppe der invertierbaren Elemente des Körpers $\mathbb{F}_p$ durch eine elliptische Kurve über $\mathbb{F}_p$ ersetzt (eine solche Kurve ist auf kanonische Weise eine endliche Gruppe).

9.3.13 Der Micali-Schnorr-Generator

Ein von Micali[123] und Schnorr vorgeschlagener Pseudozufallsgenerator ist ein Abkömmling des RSA-Generators. Sei dazu $d \geq 3$ ungerade. Als Parametermenge dient die Menge aller Produkte m von zwei Primzahlen p und q, die sich in ihrer Bitanzahl höchstens um 1 unterscheiden und für die d zu $(p-1)(q-1)$ teilerfremd ist. Wenn m eine n-bit-Zahl ist, sei $h(n) \approx \frac{2n}{d}$ ganzzahlig; die d-te Potenz einer $h(n)$-bit-Zahl ist dann (ungefähr) eine $2n$-bit-Zahl.

Im i-ten Schritt wird $z_i = x_{i-1}^d \bmod m$ gebildet; davon werden die ersten $h(n)$ bit, also $\lfloor z_i/2^{n-h(n)} \rfloor$, als x_i genommen, die übrigen Bits, also $y_i = z_i \bmod 2^{n-h(n)}$ werden ausgegeben. Bemerkenswert ist, dass

[121] Es geht auch wesentlich schneller auf speziellen Prozessoren, etwa durch „Pipelining" und Parallelisierung.

[122] Das ist eine Zahl, deren Potenzen alle Restklassen $\neq 0 \bmod p$ durchlaufen, oder, algebraisch ausgedrückt, ein erzeugendes Element der multiplikativen Gruppe mod p.

[123] Silvio Micali, US-amerikanischer Informatiker, *13.10.1954

die Bits auf zwei *disjunkte* Teile verteilt werden: den Wert x_i für den nächsten Schritt und die Ausgabe y_i. Abb. 9.36 macht das deutlich.

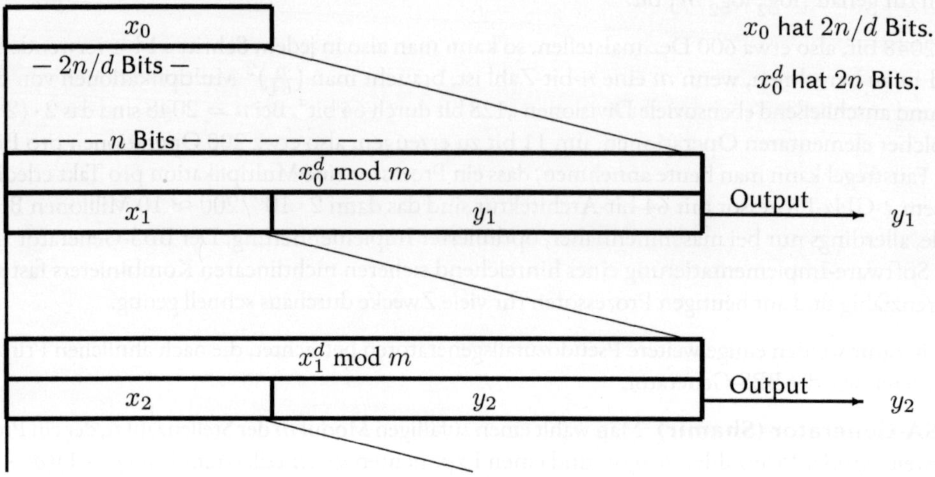

Abb. 9.36: Micali-Schnorr-Generator

Mit welcher Rechtfertigung wird dieser Zufallsgenerator als perfekt vermutet? Dazu wird Folgendes angenommen: Kein effizienter Test kann die Gleichverteilung auf $\{1, \ldots, m-1\}$ von der Verteilung von x^d mod m für gleichverteiltes $x \in \{1, \ldots, 2^{h(n)}\}$ unterscheiden. Ist diese Annahme richtig, so ist der Micali-Schnorr-Generator perfekt. Es gibt heuristische Überlegungen, die die Annahme in enge Beziehung zur Sicherheit des RSA-Verschlüsselungsverfahrens und zur Primzerlegung bringen, man muss aber konstatieren, dass der „Sicherheitsbeweis" doch deutlich dünner als der für das BBS-Verfahren ist.

Wie schnell purzeln nun die Pseudozufallsbits aus der Maschine? Als elementare Operationen gezählt werden sollen wieder die Multiplikation zweier 64-bit-Zahlen und die Division einer 128-bit-Zahl durch eine 64-bit-Zahl mit 64-bit-Quotient. Multipliziert und dividiert wird nach der klassischen Methode[124]; das Produkt von s (64-bit-)Wörtern mit t Wörtern kostet also $s \cdot t$ elementare Operationen, bei der Division ist der Aufwand das Produkt der Wortzahlen von Divisor und Quotient.

Die Erfinder machten einen konkreten Vorschlag: $d = 7$, $n = 512$. Heute würde man n wesentlich größer wählen. Ausgegeben werden jeweils 384 bit, zurückbehalten werden 128 bit. Das binäre Potenzieren einer 128-bit-Zahl x mit 7 kostet eine Reihe elementarer Operationen:

- x hat 128 bit, also 2 Wörter.
- x^2 hat 256 bit, also 4 Wörter, und kostet $2 \cdot 2 = 4$ elementare Operationen.
- x^3 hat 384 bit, also 6 Wörter, und kostet $2 \cdot 4 = 8$ elementare Operationen.
- x^4 hat 512 bit, also 8 Wörter, und kostet $4 \cdot 4 = 16$ elementare Operationen.
- x^7 hat 896 bit, also 14 Wörter, und kostet $6 \cdot 8 = 48$ elementare Operationen.
- x^7 mod m hat ≤ 512 bit und kostet ebenfalls $6 \cdot 8 = 48$ elementare Operationen.

Insgesamt braucht man also 124 elementare Operationen; es war nur eine Reduktion mod m nötig. Die Belohnung besteht aus 384 bit. Man erhält also etwa 3 bit pro elementarer Operation, also nach der Annahme

[124] Die Multiplikation mithilfe der schnellen Fourier-Transformation (FFT) bringt erst bei viel größeren Stellenzahlen Vorteile.

in Abschnitt 9.3.12 auf Seite 604 etwa 6 Milliarden Bits pro Sekunde. Gegenüber dem BBS-Generator ist das ein Faktor von fast 1000.

Eine fast beliebige Geschwindigkeitssteigerung ergibt sich durch Parallelisierung: Der Micali-Schnorr-Generator ist vollständig parallelisierbar; das bedeutet, dass eine Verteilung der Arbeit auf k Prozessoren einen Gewinn um den echten Faktor k bedeutet: Die Prozessoren können unabhängig voneinander arbeiten ohne Notwendigkeit zur Kommunikation.

9.3.14 Zusammenfassung und Ausblick Strom-Chiffren

Strom-Chiffren brauchen kryptografisch sichere Zufallsgeneratoren. Diese scheint es zu geben, auch wenn deren Sicherheit – wie auch die aller anderen Verschlüsselungsverfahren – mathematisch nicht vollständig bewiesen ist.

Ein guter Zufallsgenerator reicht aber nicht aus, um eine praxistaugliche Strom-Chiffre zu implementieren:

- Für die Nachrichten-Integrität sind zusätzliche Überlegungen erforderlich, z. B. die Kombination mit einer kryptografischen Hash-Funktion.
- Bei der Benutzung muss zuverlässig verhindert werden, dass der gleiche Schlüsselstrom irgendwann noch einmal vorkommt, d. h., das Schlüsselmanagement erfordert zusätzliche Sorgfalt. Ein möglicher Ansatz dafür ist es, einen längerfristig gültigen Schlüssel aus internen Parametern des Zufallsgenerators zusammenzusetzen und die übrigen Parameter einschließlich Startwert als einmaligen, OTP-Nachrichtenschlüssel zu verwenden. Somit sollte man den Startwert als Teil des Schlüssels behandeln, also geheim halten und nur einmal verwenden. Dies war der übliche Ansatz bei den Verschlüsselungsmaschinen im zweiten Weltkrieg.

Im Gegensatz zu Block-Chiffren mit ihrem akzeptierten Standard AES (und davor dem Standard DES) gibt es für Strom-Chiffren kein gleichermaßen etabliertes Verfahren. Einer Standardisierung am nächsten kommt das eSTREAM-Portfolio, das von 2004 bis 2008 in einem europäischen Projekt erarbeitet wurde und mehrere Verfahren empfiehlt [6].

Leider wurden gerade im Bereich der Strom-Chiffren in der Vergangenheit viele im Hinterzimmer entwickelte („proprietäre") Verfahren in sicherheitsrelevante Anwendungen eingebracht, deren Funktionsweise geheim gehalten wurde, aber durch „Reverse Engineering" ermittelt werden konnte, und deren Sicherheit dann von Kryptologen (leicht) zerpflückt werden konnte. Daher schließt dieses Kapitel mit dem guten Rat, der hier wie überall in der Kryptografie gilt:

> *Traue keinem Zufallsgenerator, dessen Algorithmus dir vorenthalten wird und für den es keine öffentlich zugänglichen Analyse-Informationen gibt. Statistische Analysen reichen als Sicherheitsnachweis nicht aus, ebensowenig wie eine gigantische Periode oder eine riesige Auswahl an Startwerten.*

9.4 Anhang: Boolesche Abbildungen in SageMath

In diesem Anhang werden die SageMath-Funktionen erläutert, die in diesem Kapitel benutzt wurden.

9.4.1 Was liefert SageMath mit?

SageMath bietet einige Funktionen zur Behandlung von Bitblöcken und Booleschen Funktionen. Diese sind allerdings etwas unsystematisch über unterschiedliche Module verteilt und operieren mit unterschiedlichen Datentypen und Einschränkungen. Man könnte sich damit behelfen. In diesem Text stützen wir uns allerdings überwiegend auf eine eigene unabhängige (freie) Implementatierung.[125]

Bitblöcke

Die SageMath-Funktion `binary()` wandelt Zahlen in Bitketten um.
Anwendung: `123456789.binary()`
Ergebnis: `'111010110111100110100010101'`

Im Modul `sage.crypto.util` gibt es die Funktionen `ascii_to_bin()`, `bin_to_ascii()` und `ascii_integer()`. Außerdem gibt es ganz woanders, in `sage.crypto.block_cipher.sdes`, noch die Funktion `sdes.string_to_list()`, die eine Bitkette in eine Liste umwandelt.

Logische Ausdrücke

Funktionen zur Behandlung logischer Ausdrücke sind in den Modulen `sage.logic.boolformula`, `sage.sat.converters`, `sage.sat.solvers` und `sage.sat.boolean_polynomials` enthalten, die allerdings eine ganz andere Denkweise als die in diesem Text vorherrschende, für kryptografische Überlegungen zweckmäßige, erfordern.

Boolesche Funktionen und Abbildungen

Zum Umgang mit Booleschen Funktionen kann man aus dem Modul `sage.crypto.boolean_function` die Funktionen `truth_table()`, `algebraic_normal_form()` und `walsh_hadamard_transform()` heranziehen, die als Methoden der Klasse `BooleanFunction` implementiert sind.

Zur Behandlung von Booleschen Abbildungen dienen die Funktionen `cnf()`, `linear_approximation_matrix()` und `difference_distribution_matrix()` als Methoden der Klasse `SBox` aus dem Modul `sage.crypto.mq.sbox`.

[125] Man nennt das „das Rad neu erfinden". Die angestrebte Einheitlichkeit und Vollständigkeit mögen es entschuldigen. Auch sollte das Durcharbeiten der SageMath-Beispiele einen Lerneffekt mit sich bringen. Weiterer Aspekt: Die folgenden Module sind reines Python und deshalb auch ohne eine SageMath-Implementatierung verwendbar.

9.4.2 Neu implementierte SageMath-Funktionen

Die im Folgenden beschriebenen SageMath-Klassen und -Funktionen sind im Modul `bitciphers.sage` zusammengefasst. Sie wurden mit Python 3.4.1[126] unter macOS entwickelt und mit SageMath 9.3 und Python 3.8.10 getestet (auch unter Linux).

Zur Nutzung benötigt man eine entsprechende SageMath-Installation. Dann hat man u.a. folgende Optionen:

- Entweder bindet man das Modul in einem Kommando-Fenster von SageMath ein mit den SageMath-Kommandos

  ```
  load_attach_path(path='/mein/Pfad', replace=False)

  attach('bitciphers.sage')
  ```

- oder man ruft die SageMath-Skripte direkt von einer Bash-Shell auf wie im ff. Beispiel:

  ```
  $ sage chap09_sample250.sage
  ```

9.4.3 Umwandlung von Bitblöcken

Ab hier folgen Funktions- und Klassendefinitionen aus der Datei `bitciphers.sage`.

SageMath-Beispiel 9.4.1: Umwandlung von Bitblöcken

```
def int2bbl(number,dim):
  """Converts number to bitblock of length dim via base-2
  representation."""
  n = number                        # catch input
  b = []                            # initialize output
  for i in range(0,dim):
    bit = n % 2                     # next base-2 bit
    b = [bit] + b                   # prepend
    n = (n - bit)//2
  return b

def bbl2int(bbl):
  """Converts bitblock to number via base-2 representation."""
  ll = len(bbl)
  nn = 0                            # initialize output
  for i in range(0,ll):
    nn = nn + bbl[i]*(2**(ll-1-i))  # build base-2 representation
  return nn

def str2bbl(bitstr):
  """Converts bitstring to bitblock."""
  ll = len(bitstr)
  xbl = []
  for k in range(0,ll):
    xbl.append(int(bitstr[k]))
  return xbl

def bbl2str(bbl):
  """Converts bitblock to bitstring."""
  bitstr = ""
  for i in range(0,len(bbl)):
    bitstr += str(bbl[i])
  return bitstr

def txt2bbl(text):
```

[126] Der einzige Unterschied zu Python, der verwendet wurde, ist der Operator // für die Ganzzahl-Division.

Fortsetzung SageMath-Beispiel 9.4.1

```
  """Converts ASCII-text to bitblock."""
  ll = len(text)
  xbl = []
  for k in range(0,ll):
    n = ord(text[k])
    by = int2bbl(n,8)
    xbl.extend(by)
  return xbl

def bbl2sub(bbl):
  """Converts bitblock to subset."""
  ll = len(bbl)
  set = []
  for i in range(0,ll):
    if (bbl[i] == 1):
      set.append(i+1)
  return set
```

SageMath-Beispiel 9.4.2: Diverse Verknüpfungen von Bitblöcken

```
def coinc(x,y):
  """Counts coincidences between 2 lists."""
  ll = len(x)
  assert ll <= len(y), "coinc_Error: Second bitblock too short."
  nn = 0
  for i in range(0,ll):
    if (x[i] == y[i]):
      nn += 1
  return nn

def binScPr(x,y):
  """Scalar product of two binary vectors (lists) mod 2."""
  l = len(x)
  assert l == len(y), "binScPr_Error: Blocks have different lengths."
  res = 0
  for i in range (0,l):
    res += x[i] * y[i]
  return res %2

def xor(plain,key):
  """Binary addition of bitblocks.
  Crops key if longer than plain.
  Repeats key if shorter than plain.
  """
  lk = len(key)
  lp = len(plain)
  ciph = []
  i = 0
  for k in range(0,lp):
    cbit = (plain[k] + key[i]) % 2
    ciph.append(cbit)
    i += 1
    if i >= lk:
      i = i-lk
  return ciph
```

9.4.4 Matsui-Test

SageMath-Beispiel 9.4.3: Matsui-Test

```
def Matsui_Test(a, b, pc, compl = False):
  """Matsui's test for linear cryptanalysis"""
  N = len(pc)
  results = []
  for pair in pc:
    ax = binScPr(a,pair[0])
    by = binScPr(b,pair[1])
    result = (ax + by) % 2
    results.append(result)
  t = 0
  for bb in results:
    if bb == 0:
      t = t + 1
  if 2*t > N:
    if compl:
      return [t,1,True]
    else:
      return [t,0,True]
  elif 2*t_0 < N:
    if compl:
      return [t,0,True]
    else:
      return [t,1,True]
  else:
    return [t,randint(0,1),False]
```

9.4.5 Walsh-Transformation

SageMath-Beispiel 9.4.4: Walsh-Transformation von Bitblöcken

```
def wtr(xx):
  """Fast Walsh transform of a list of numbers"""
  max = 4096                   # max dim = 12
  ll = len(xx)
  assert ll <= max, "wtr_Error: Bitblock too long."
  dim = 0                      # dimension
  m = 1                        # 2**dimension
  while m < ll:
    dim = dim+1
    m = 2*m
  assert ll == m, "wtr_Error: Block length not a power of 2."
  x = copy(xx)                 # initialize auxiliary bitblock
  y = copy(xx)                 # initialize auxiliary bitblock
  mi = 1                       # actual power of 2
  for i in range(0,dim):       # binary recursion
    for k in range(0,ll):
      if ((k//mi) % 2 == 1):  # picks bit nr i
        y[k] = x[k-mi] - x[k]
      else:
        y[k] = x[k+mi] + x[k]
    for k in range(0,ll):
      x[k] = y[k]
    mi = 2*mi                  # equals 2**i in the next step
  return x
```

9.4.6 Klasse für Boolesche Funktionen

SageMath-Beispiel 9.4.5: Klasse für Boolesche Funktionen

```
class BoolF(object):
  """Boolean function
  Attribute: a list of bits describing the truth table of the function
  Attribute: the dimension of the domain"""

  __max = 4096                              # max dim = 12

  def __init__(self,blist,method="TT"):
    """Initializes a Boolean function with a truth table
    or by its algebraic normal form if method is ANF."""
    ll = len(blist)
    assert ll <= self.__max, "BoolF_Error: Bitblock too long."
    dim = 0                                 # dimension
    m = 1                                   # 2**dim
    while m < ll:
      dim = dim+1
      m = 2*m
    assert ll == m, "booltestError: Block length not a power of 2."
    self.__dim = dim
    if method=="TT":
      self.__tlist = blist
    else:
      self.__tlist=self.__convert(blist)

  def __convert(self,xx):
    """Converts a truth table to an ANF or vice versa."""
    x = copy(xx)                  # initialize auxiliary bitblock
    y = copy(xx)                  # initialize auxiliary bitblock
    mi = 1                        # actual power of 2
    for i in range(0,self.__dim): # binary recursion
      for k in range(0,2**(self.__dim)):
        if ((k//mi) % 2 == 1): # picks bit nr i
          y[k] = (x[k-mi] + x[k]) % 2 # XOR
        else:
          y[k] = x[k]
      for k in range(0,2**(self.__dim)):
        x[k] = y[k]
      mi = 2*mi                   # equals 2**i in the next step
    return x

  def getTT(self):
    """Returns truth table as bitlist."""
    return self.__tlist

  def valueAt(self,xx):
    """Evaluates Boolean function."""
    ll = len(xx)
    assert ll == self.__dim, "booltestError: Block has false length."
    index = bbl2int(xx)
    return self.__tlist[index]

  def getDim(self):
    """Returns dimension of definition domain."""
    return self.__dim

  def getANF(self):
    """Returns algebraic normal form as bitlist."""
    y = self.__convert(self.__tlist)
    return y

  def deg(self):
    """Algebraic degree of Boolean function"""
    y = self.__convert(self.__tlist)
    max = 0
    for i in range (0,len(y)):
      if y[i] != 0:
        b = int2bbl(i,self.__dim)
```

Fortsetzung SageMath-Beispiel 9.4.5

```
      wt = sum(b)
      if wt > max:
        max = wt
  return max
```

SageMath-Beispiel 9.4.6: Boolesche Funktionen – Walsh-Spektrum und menschenlesbare Ausgabe

```
def wspec(self):
  """Calculate Walsh spectrum."""
  ff = copy(self.__tlist)
  ll = len(ff)
  gg = []
  for i in range(0,ll):
    bit = ff[i]
    if (bit):
      gg.append(-1)
    else:
      gg.append(1)
  ff = wtr(gg)
  return ff

def printTT(self):
  """Prints truth table to stdout."""
  for i in range(0,2**(self.__dim)):
    bb = int2bbl(i,self.__dim)
    print("Value at " + bbl2str(bb) + " is " + repr(self.__tlist[i]))

def printANF(self):
  """Prints algebraic normal form to stdout."""
  y = self.__convert(self.__tlist)
  for i in range(0,2**(self.__dim)):
    monom = int2bbl(i,self.__dim)
    print("Coefficient at " + bbl2str(monom) + " is " + repr(y[i]))
```

9.4.7 Klasse für Boolesche Abbildungen

SageMath-Beispiel 9.4.7: Klasse für Boolesche Abbildungen

```
class BoolMap(object):
  """Boolean map
  Attribute: a list of Boolean functions
  Attribute: the dimensions of domain and range"""

  __max = 8                              # max dim = 8

  def __init__(self,flist):
    """Initializes a Boolean map with a list of Boolean functions."""
    qq = len(flist)
    assert qq <= self.__max, "BoolMap_Error: Too many components."
    ll = len(flist[0].getTT())
    dim = 0                              # dimension
    m = 1                                # 2**dim
    while m < ll:
      dim = dim+1
      m = 2*m
    assert ll == m, "BoolMap_Error: Block length not a power of 2."
    assert dim <= self.__max, "BoolMap_Error: Block length exceeds maximum."
    self.__dimd = dim
    self.__dimr = qq
    for i in range(1,qq):
```

Fortsetzung SageMath-Beispiel 9.4.7

```
      li = len(flist[i].getTT())
      assert li == ll,  "BoolMap_Error: Blocks of different lengths."
    self.__flist = flist

  def getFList(self):
    """Returns component list."""
    return self.__flist

  def getDim(self):
    """Returns dimension of preimage and image domain."""
    return [self.__dimd, self.__dimr]

  def getTT(self):
    """Returns truth table as list of bitlists."""
    nn = 2**(self.__dimd)
    qq = self.__dimr
    clist = []
    for j in range(0,qq):
      clist.append(self.__flist[j].getTT())
    transp = []
    for j in range(0,nn):
      trrow = []
      for i in range(0,qq):
        trrow.append(clist[i][j])
      transp.append(trrow)
    return transp

  def printTT(self):
    """Prints truth table to stdout."""
    nn = 2**(self.__dimd)
    qq = self.__dimr
    print("Dimensions of truth table:", nn, "by", qq)
    clist = []
    for j in range(0,qq):
      clist.append(self.__flist[j].getTT())
    transp = []
    for j in range(0,nn):
      trrow = []
      for i in range(0,qq):
        trrow.append(clist[i][j])
      transp.append(trrow)
    for j in range(0,nn):
      bb = int2bbl(j,self.__dimd)
      print("Value at", bb, "is", transp[j])

  def valueAt(self,xx):
    """Evaluates Boolean map."""
    ll = len(xx)
    assert ll == self.__dimd, "boolF_Error: Block has false length."
    index = bbl2int(xx)
    vlist = []
    for j in range(0,self.__dimr):
      vlist.append(self.__flist[j].getTT()[index])
    return vlist

  def wspec(self):
    """Calculate Walsh spectrum."""
    dd = self.getDim()
    tt = self.getTT()
    m = 2**(dd[0])
    t = 2**(dd[1])
    nullv = [0] * t
    charF = []
    for k in range(0,m):
      charF.append(copy(nullv))
    for k in range(0,m):
      index = bbl2int(tt[k])
      charF[k][index] = 1
    blist = []
    for k in range(0,m):
      blist.extend(charF[k])
    speclist = wtr(blist)
```

Fortsetzung SageMath-Beispiel 9.4.7

```
    specmat = []
    for k in range(0,m):
      specmat.append(speclist[k*t:k*t+t])
    return specmat

  def linApprTable(self):
    """Calculate the linear approximation table."""
    lpr = self.wspec()
    dd = self.getDim()
    m = 2**(dd[0])
    t = 2**(dd[1])
    for k in range(0,m):
      for i in range(0,t):
        lpr[k][i] = (lpr[k][i] + m)//2
    return lpr

  def linProf(self, extended=False):
    """Calculate linear profile. If extended is True, also
       calculate maximum potential and corresponding linear forms."""
    lpr = self.wspec()
    dd = self.getDim()
    m = 2**(dd[0])
    t = 2**(dd[1])
    for k in range(0,m):
      for i in range(0,t):
        lpr[k][i] = lpr[k][i] * lpr[k][i]
    if extended:
      flatlist = []
      for row in lpr:
        flatlist.extend(row)
      denominator = flatlist.pop(0)
      mm = max(flatlist)
      ixlist = []
      for k in range(0,m):
        for i in range(0,t):
          if lpr[k][i] == mm:
            ixlist.append([k,i])
      return [lpr, mm, denominator, ixlist]
    else:
      return lpr
```

9.4.8 Lucifer und Mini-Lucifer

SageMath-Beispiel 9.4.8: S-Boxen und Bitpermutation von Lucifer

```
#-------------- Define S0 ----------------------------
f1 = BoolF([1,1,0,1,1,1,1,0,0,0,0,0,1,0,0,1])
f2 = BoolF([1,1,1,0,1,1,0,0,0,1,0,0,0,1,1,0])
f3 = BoolF([0,1,1,1,1,0,1,0,1,1,1,0,0,0,0,0])
f4 = BoolF([0,1,1,0,0,1,1,0,0,0,1,1,1,0,1,0])
S0 = BoolMap([f1,f2,f3,f4])

#-------------- Define S0 inverse -------------------
fi1 = BoolF([0,1,1,1,1,1,1,0,1,1,0,0,0,0,0,0])
fi2 = BoolF([1,0,0,0,1,1,0,0,1,1,0,1,0,1,1,0])
fi3 = BoolF([1,1,0,1,0,1,0,1,1,0,1,1,0,0,0,0])
fi4 = BoolF([1,1,0,0,1,0,1,0,1,0,1,0,0,1,0,1])
S0inv = BoolMap([fi1,fi2,fi3,fi4])

#-------------- Define S1 ----------------------------
g1 = BoolF([0,0,1,1,0,1,0,0,1,1,0,1,0,1,1,0])
g2 = BoolF([1,0,1,0,0,0,0,1,1,1,0,0,1,1,0,1])
g3 = BoolF([1,1,1,0,1,1,0,0,0,0,0,1,1,1,0,0])
g4 = BoolF([1,0,0,1,1,1,0,0,0,1,1,0,0,1,0,1])
S1 = BoolMap([g1,g2,g3,g4])
```

Fortsetzung SageMath-Beispiel 9.4.8

```
#------------- Define S1 inverse ------------------
gi1 = BoolF([0,1,0,0,0,1,1,0,1,0,1,0,1,1,0,1])
gi2 = BoolF([1,0,0,1,1,1,1,0,1,0,0,1,0,0,0,1])
gi3 = BoolF([1,1,0,0,1,1,0,0,1,1,1,0,0,0,1,0])
gi4 = BoolF([0,0,1,0,1,1,0,0,0,1,1,1,0,1,0,1])
S1inv = BoolMap([gi1,gi2,gi3,gi4])

def P(b):
  """Lucifer's bit permutation"""
  pb = [b[2],b[5],b[4],b[0],b[3],b[1],b[7],b[6]]
  return pb
```

SageMath-Beispiel 9.4.9: Mini-Lucifer über r Runden

```
def miniLuc(a,k,r):
  """Mini-Lucifer, encrypts 8-bit a with 16-bit key k over r rounds."""
  ll = len(a)
  assert ll == 8, "miniLuc_Error: Only blocks of length 8 allowed."
  lk = len(k)
  assert lk == 16, "miniLuc_Error: Only keys of length 16 allowed."
  k0 = k[0:8]          # split into subkeys
  k1 = k[8:16]
  aa = a               # round input
  # --- begin round
  for i in range(0,r): # round number is i+1
    if (i % 2 == 0):   # select round key
      rndkey = k0
    else:
      rndkey = k1
    b = xor(aa,rndkey)      # add round key
    bleft = b[0:4]          # begin substitution
    bright = b[4:8]
    bbleft = S0.valueAt(bleft)
    bbright = S1.valueAt(bright)
    bb = bbleft + bbright  # end substitution
    if (i+1 == r):          # omit permutation in last round
      aa = bb
    else:
      aa = P(bb)
  # --- end round
  if (r % 2 == 0):          # add subkey after last round
    finkey = k0
  else:
    finkey = k1
  c = xor(aa,finkey)
  return c
```

9.4.9 Klasse für lineare Schieberegister

Diese Klassendefinition stammt aus der Datei `bitciphers.sage`. Beschrieben wird diese Klasse in Abschnitt 9.3.6 auf Seite 588.

SageMath-Beispiel 9.4.10: LFSR: Klasse für linear rückgekoppelte Schieberegister

```
class LFSR(object):
  """Linear Feedback Shift Register
  Attributes: the length of the register
```

Fortsetzung SageMath-Beispiel 9.4.10

```
        a list of bits describing the taps of the register
        the state
"""

__max = 1024                              # max length

def __init__(self,blist):
  """Initializes a LFSR with a list of taps
  and the all 0 state."""
  ll = len(blist)
  assert ll <= self.__max, "LFSR_Error: Bitblock too long."
  self.__length = ll
  self.__taplist = blist
  self.__state = [0] * ll

def __str__(self):
  """Defines a printable string telling the internals of
  the register."""
  outstr = "Length: " + str(self.__length)
  outstr += " | Taps: " + bbl2str(self.__taplist)
  outstr += " | State: " + bbl2str(self.__state)
  return outstr

def getLength(self):
  """Returns the length of the LFSR."""
  return self.__length

def setState(self,slist):
  """Sets the state."""
  sl = len(slist)
  assert sl == self.__length, "LFSR_Error: Bitblock has wrong length."
  self.__state = slist

def nextBits(self,n):
  """Returns the next n bits as a list and updates the state."""
  outlist = []
  a = self.__taplist
  u = self.__state
  for i in range (0,n):
    b = binScPr(a,u)
    c = u.pop()
    u.insert(0,b)
    outlist.append(c)
  self.__state = u
  return outlist
```

9.5 Anhang: Tabelle der SageMath-Beispiele in diesem Kapitel

Tabelle 9.30 enthält alle SageMath-Skripten aus diesem Kapitel.

Die in der dritten Spalte aufgeführten Dateien (incl. der kleinen Bibliotheken `bitciphers.sage` und `FSR.sage`) kann man herunterladen von: `https://www.cryptool.org/de/ctbook/sagemath`

#	Titel	Dateiname
9.1.1	Auflösung eines linearen Gleichungssystems über $\mathbb{Q}$	`chap09_sample010.sage`
9.1.2	Auflösung eines Booleschen linearen Gleichungssystems	`chap09_sample020.sage`
9.1.3	Boolesche Funktion mit Wahrheitstafel und ANF	`chap09_sample030.sage`
9.2.1	Plot von I/O-Korrelation und Potenzial	`chap09_sample040.sage`
9.2.2	Eine Boolesche Abbildung (S-Box S_0 von LUCIFER)	`chap09_sample050.sage`
9.2.3	Ein Beispiel für den Matsui-Test	`chap09_sample060.sage`
9.2.4	Korrelationsmatrix, Approximationstabelle und lineares Profil der S-Box S_0	`chap09_sample070.sage`
9.2.5	Lineares Profil der S-Box S_0 mit Auswertung	`chap09_sample080.sage`
9.2.6	Eine Boolesche Abbildung (S-Box S_1 von LUCIFER)	`chap09_sample090.sage`
9.2.7	Berechnungen für das Beispiel B (Zweirunden-Chiffre)	`chap09_sample100.sage`
9.2.8	Abhängigkeit der Wahrscheinlichkeit vom Schlüssel	`chap09_sample110.sage`
9.2.9	Die Bit-Permutation P von LUCIFER	`bitciphers.sage`
9.2.10	Mini-Lucifer über r Runden	`bitciphers.sage`
9.2.11	Erzeugung *verschiedener* Zufallszahlen	`bitciphers.sage`
9.2.12	Lineare Kryptoanalyse von Mini-Lucifer über 2 Runden	`chap09_sample120.sage`
9.2.13	25 zufällige Klartext-Geheimtext-Paare von Mini-Lucifer über 2 Runden	– output –
9.2.14	Lineare Kryptoanalyse von Mini-Lucifer über 2 Runden	– output–
9.3.1	XOR-Verschlüsselung in Python/SageMath	`chap09_sample130.sage`
9.3.2	Rückgekoppeltes Schieberegister in Python/SageMath	`bitciphers.sage`
9.3.3	Eine (schwache) Pseudozufallsfolge in Python/SageMath	`chap09_sample140.sage`
9.3.4	Lineares Schieberegister (LFSR) in Python/SageMath	`FSR.sage`
9.3.5	Eine Pseudozufallsfolge in Python/SageMath	`chap09_sample150.sage`
9.3.6	Bestimmung einer Koeffizientenmatrix	`chap09_sample160.sage`
9.3.7	Die Geffe-Funktion	`chap09_sample170.sage`
9.3.8	Eine Periodenberechnung	`chap09_sample180.sage`
9.3.9	Drei lineare Schieberegister	`chap09_sample190.sage`
9.3.10	Drei LFSR-Folgen	`chap09_sample200.sage`
9.3.11	Die kombinierte Folge	`chap09_sample210.sage`
9.3.12	Lineares Profil der Geffe-Funktion	`chap09_sample220.sage`
9.3.13	Koinzidenzen des Geffe-Generators	`chap09_sample230.sage`
9.3.14	Analyse des Geffe-Generators – Register 1	`chap09_sample240.sage`
9.3.15	Analyse des Geffe-Generators – Register 2	`chap09_sample250.sage`
9.3.16	(Viel zu) einfaches Beispiel für BBS	`chap09_sample260.sage`
9.3.17	Erzeugung einer Folge von BBS-Pseudozufallsbits	`chap09_sample270.sage`
9.4.1	Umwandlung von Bitblöcken	`bitciphers.sage`
9.4.2	Diverse Verknüpfungen von Bitblöcken	`bitciphers.sage`
9.4.3	Matsui-Test	`bitciphers.sage`
9.4.4	Walsh-Transformation von Bitblöcken	`bitciphers.sage`
9.4.5	Klasse für Boolesche Funktionen	`bitciphers.sage`
9.4.6	Boolesche Funktionen – Walsh-Spektrum und menschenlesbare Ausgabe	`bitciphers.sage`
9.4.7	Klasse für Boolesche Abbildungen	`bitciphers.sage`
9.4.8	S-Boxen und Bitpermutation von Lucifer	`bitciphers.sage`
9.4.9	Mini-Lucifer über r Runden	`bitciphers.sage`
9.4.10	LFSR: Klasse für linear rückgekoppelte Schieberegister	`bitciphers.sage`

Tab. 9.30: SageMath-Beispiele in diesem Kapitel

Literatur zu Kapitel 9

[1] Alfred J. Menezes, Paul C. van Oorschot und Scott A. Vanstone. *Handbook of Applied Cryptography*. 5. Aufl. Series on Discrete Mathematics and Its Application. CRC Press, 2001. URL: `https://cacr.uwaterloo.ca/hac/` (siehe S. 490, 589)

[2] Rolf Oppliger. *Contemporary Cryptography, Second Edition*. 2. Aufl. Artech House, 2011. URL: `https://www.esecurity.ch/Books/cryptography2e.html` (siehe S. 490)

[3] Rolf Oppliger. *Cryptography 101: From Theory to Practice*. 1. Aufl. Mit Slides zu allen 18 Kapiteln. Artech House, 2021. URL: `https://rolf.esecurity.ch/?page_id=465` (siehe S. 490)

[4] Christof Paar und Jan Pelzl. *Understanding Cryptography – A Textbook for Students and Practioners*. Springer, 2009. URL: `https://www.crypto-textbook.com/` (siehe S. 490)

[5] Klaus Schmeh. *Cryptography and Public Key Infrastructure on the Internet*. Im Gegensatz zum Englischen gibt es das Buch im Deutschen schon in der 6. Auflage. John Wiley, 2003 (siehe S. 490)

[6] Klaus Schmeh. *Kryptographie – Verfahren, Protokolle, Infrastrukturen*. 6. Aufl. Sehr gut lesbares, aktuelles und umfangreiches Buch über Kryptografie. Geht auch auf praktische Probleme (wie Standardisierung oder real existierende Software) ein. dpunkt.verlag, 2016 (siehe S. 490, 587, 607)

[7] Mark Stamp und Richard M. Low. *Applied Cryptanalysis: Breaking Ciphers in the Real World*. Wiley-IEEE Press, 2007. URL: `https://www.cs.sjsu.edu/~stamp/crypto/` (siehe S. 490)

[8] Thomas W. Cusick und Pantelimon Stănică. *Cryptographic Boolean Functions and Applications*. Elsevier Academic Press, 2009 (siehe S. 493)

[9] Klaus Pommerening. *Linearitätsmaße für Boolesche Abbildungen*. Manuskript, 30. Mai 2000. Letzte Revision 4. Juli 2008; English equivalent: *Fourier Analysis of Boolean Maps – A Tutorial*. 2008. URL: `http://web.archive.org/web/20231116213248/https://www.staff.uni-mainz.de/pommeren/Kryptologie/Bitblock/A_Nonlin/nonlin.pdf` (siehe S. 493, 522, 537)

[10] Klaus Pommerening. *Fourier Analysis of Boolean Maps – A Tutorial*. Manuscript: May 30, 2000. Last revision August 11, 2014; German aequivalent: *Linearitätsmaße für Boolesche Abbildungen*. 2014. URL: `http://web.archive.org/web/20231116213248/https://www.staff.uni-mainz.de/pommeren/Cryptology/Bitblock/Fourier/Fourier.pdf` (siehe S. 493)

[11] Klaus Pommerening. *Cryptology Part IV: Bitstream Ciphers*. last revision Sep. 22, 2021. 2021. URL: `http://web.archive.org/web/20231116213248/https://www.staff.uni-mainz.de/pommeren/Cryptology/Bitstream/Bitstream.pdf` (siehe S. 493)

[12] Yves Crama und Peter L. Hammer, Hrsg. *Boolean Models and Methods in Mathematics, Computer Science, and Engineering*. Cambridge University Press, 2010 (siehe S. 493)

[13] Arjen K. Lenstra und Eric R. Verheul. „Selecting Cryptographic Key Sizes“. In: *Lecture Notes in Computer Science 558 – PKC*. 2000, S. 446–465 (siehe S. 514)

[14] Gregory V. Bard. *Algebraic Cryptanalysis*. Springer, 2009 (siehe S. 515, 516)

[15] Michael R. Garey und David S. Johnson. *Computers and Intractability*. Freeman, 1979 (siehe S. 516, 517)

[16] Michael Brickenstein. „Boolean Gröbner Bases – Theory, Algorithms and Applications“. Siehe auch *BRiAl, der Nachfolger von PolyBoRi (Polynomials over Boolean Rings)*. 2010. URL: `https://github.com/BRiAl/BRiAl` (siehe S. 516)

[17] David Cox, John Little und Donal O'Shea. *Ideals, Varieties, and Algorithms*. 3. Aufl. Springer, 2007 (siehe S. 516)

[18] Joachim von zur Gathen und Jürgen Gerhard. *Modern Computer Algebra*. Cambridge University Press, 1999 (siehe S. 516)

[19] A. J. M. Segers. „Algebraic Attacks from a Gröbner Basis Perspective". TU Eindhoven, 2004. URL: https://www.win.tue.nl/~henkvt/images/ReportSegersGB2-11-04.pdf (siehe S. 516)

[20] Daniel Lazard. „Gröbner bases, Gaussian elimination and resolution of systems of algebraic equations". In: *Lecture Notes in Computer Science 162*. EUROCAL '83. Springer, 1983, S. 146–156 (siehe S. 516)

[21] D. Castro u. a. „The hardness of polynomial equation solving". In: *Found. Comput. Math.* 3 (2003), S. 347–420 (siehe S. 517)

[22] Joan Daemen und Vincent Rijmen. *The Design of Rijndael. AES – The Advanced Encryption Standard*. Springer, 2002 (siehe S. 529)

[23] Douglas R. Stinson. *Cryptography – Theory and Practice*. 3. Aufl. Chapman & Hall/CRC, 2006 (siehe S. 563, 568)

[24] Aron Gohr. „Improving Attacks on Round-Reduced Speck32/64 Using Deep Learning". In: *Advances in Cryptology–CRYPTO 2019: 39th Annual International Cryptology Conference, Santa Barbara, CA, USA, August 18–22, 2019, Proceedings, Part II 39*. Bd. 11693. Springer. 2019, S. 150–179. URL: https://eprint.iacr.org/2019/037.pdf (siehe S. 563)

[25] Aron Gohr, Gregor Leander und Patrick Neumann. „An Assessment of Differential-Neural Distinguishers". In: *Cryptology ePrint Archive* (2022). URL: https://eprint.iacr.org/2022/1521.pdf (siehe S. 563)

[26] BSI und Leander et al. *AI-supported Analysis Methods for Symmetric Cryptography*. Techn. Ber. 2022. URL: https://www.bsi.bund.de/SharedDocs/Downloads/EN/BSI/Publications/Studies/Cryptography/KIMSK_Final-Report.html (siehe S. 563)

[27] Solomon W. Golomb. *Shift Register Sequences*. Revised Edition. Aegean Park Press, 1982 (siehe S. 576)

[28] Nikesh Bajaj. *Nikeshbajaj/Linear_Feedback_Shift_Register: 1.0.7*. Version 1.0.7. Jan. 2023. URL: https://zenodo.org/record/7501241 (siehe S. 579)

[29] Klaus Pommerening. „Cryptanalysis of nonlinear shift registers". In: *Cryptologia* 30 (4 2016). URL: https://www.tandfonline.com/doi/abs/10.1080/01611194.2015.1055385 (siehe S. 585)

[30] W. Meier und O. Staffelbach. „Fast correlation attacks on certain stream ciphers". In: *Journal of Cryptology* 1 (1989), S. 159–176 (siehe S. 597)

10 Homomorphe Chiffren

Homomorphe Chiffren sind Public-Key-Verfahren mit besonderen Eigenschaften. Sie erlauben es, bestimmte Berechnungen auf verschlüsselten Daten durchzuführen, ohne die Daten selbst zu kennen oder diese entschlüsseln zu müssen. Dies findet in der Praxis relevante Anwendungen, z. B. im Bereich Cloud-Computing. Ein sehr bekanntes homomorphes Kryptosystem ist das von Paillier (1999). Aber auch noch ältere Kryptosysteme wie das von ElGamal (1985) oder RSA (1977) besitzen homomorphe Eigenschaften. Inzwischen sind wir bei der dritten FHE-Generation homomorpher Verfahren angelangt. Die typischen Vertreter sind FHEW (2014) und TFHE (2016).

Dieses Kapitel führt auf eine leicht zu lesende Weise in dieses Thema ein und arbeitet die Ideen dieses neuen Kryptokonzepts heraus, ohne auf die schwierige Mathematik der neueren Verfahren einzugehen.

10.1 Ursprung und Begriff *homomorph*

Zunächst klären wir den Ursprung des Begriffs *homomorph*. Dieser stammt aus der Mathematik: Hier bezeichnet ein Homomorphismus eine Struktur-erhaltende Abbildung zwischen zwei algebraischen Strukturen. Umgangssprachlich gesagt bildet ein Homomorphismus $f : X \to Y$ dabei die Struktur von X auf die von Y ab. An einem Beispiel lässt sich dies sehr gut verdeutlichen. Seien $(X, +)$ und $(Y, *)$ zwei Gruppen mit den Operationen $+$ bzw. $*$. Ein Homomorphismus $f : X \to Y$ bildet nun jedes $x \in X$ so auf ein $y \in Y$ ab, dass gilt (additiv homomorphes System):

$$f(x_1 + x_2) = f(x_1) * f(x_2) \tag{10.1.1}$$

für beliebige x_1, x_2 aus X. Es spielt also für die beiden Werte x_1, x_2 keine Rolle, ob man sie zunächst addiert (Gruppenoperation von X) und dann f anwendet (linke Seite von Gleichung (10.1.1) auf der vorherigen Seite); oder ob man zuerst f auf die beiden Werte x_1, x_2 anwendet, und dann die Gruppenoperation von Y, die Multiplikation, anwendet. Die Operationen $+$ bzw. $*$ wurden hier nur beispielhaft verwendet, sie hängen immer von der jeweiligen Gruppe ab. Beispielsweise gibt es auch Homomorphismen zwischen Gruppen mit derselben Gruppenoperation.

Beispiel: Nehmen wir für X die Menge der ganzen Zahlen $\mathbb{Z}$, diese bilden zusammen mit der Addition eine Gruppe $G_1 = (\mathbb{Z}, +)$. Genauso bilden die reellen Zahlen ohne Null zusammen mit der Multiplikation eine Gruppe $G_2 = (\mathbb{R}\backslash\{0\}, *)$. Die Funktion $f : \mathbb{Z} \rightarrow \mathbb{R}\backslash\{0\}, z \rightarrow e^z$ ist ein Homomorphismus, denn für alle $z_1, z_2 \in \mathbb{Z}$ gilt: $f(z_1 + z_2) = e^{(z_1+z_2)} = f(z_1) * f(z_2)$. Die Funktion $f : \mathbb{Z} \rightarrow \mathbb{R}\backslash\{0\}, z \rightarrow z^2$ dagegen ist kein Gruppenhomomorphismus.

10.2 Entschlüsselungsfunktion ist Homomorphismus

Wir betrachten im Folgenden Public-Key-Kryptosysteme mit einer besonderen Eigenschaft: Eine Public-Key-Chiffre wird homomorph genannt, wenn ihre Entschlüsselungsfunktion ein Homomorphismus ist.

Sei nun angenommen, der beschriebene Homomorphismus f (siehe Gleichung (10.1.1) auf der vorherigen Seite) sei die Entschlüsselungsfunktion eines Kryptosystems. Das bedeutet, dass wir in der Algebra der Geheimtexte Operationen durchführen können und dabei wissen, welche Auswirkungen dies auf die Klartexte hat. Angewendet auf das obige Beispiel gilt:

Y ist die Menge der Geheimtexte, X die Menge der Klartexte. Für zwei Klartexte x_1, x_2 mit zugehörigen Geheimtexten y_1, y_2 gilt (multiplikativ homomorphes System):

$$f(y_1 * y_2) = f(y_1) + f(y_2) = x_1 + x_2 \qquad (10.2.1)$$

Übersetzt bedeutet Gleichung (10.2.1): Multipliziere ich zwei Geheimtexte y_1, y_2 miteinander und entschlüssele dann deren Produkt, so erhalte ich die Summe der ursprünglich verschlüsselten Werte x_1 und x_2. Jedermann kann – ohne Kenntnis der Klartexte und ohne Kenntnis der Entschlüsselungsfunktion – ein Produkt zweier Geheimtexte berechnen und weiß, dass der autorisierte Entschlüsseler aus dem berechneten Produkt die Summe der beiden ursprünglichen Klartexte erhalten wird.

10.3 Einordnung homomorpher Verfahren

Homomorphe Verschlüsselung kann von verschiedenen Verschlüsselungsverfahren durchgeführt werden. Eingeteilt werden die Verfahren nach dem Ausmaß ihrer Homomorphie in:

1. **teilweise homomorph**,
2. **etwas homomorph**,
3. **abgestuft-vollständige homomorph** und
4. **vollständig homomorphe Verschlüsselung (FHE).**[1]

[1]Siehe `https://de.wikipedia.org/wiki/Homomorphe_Verschl%C3%BCsselung`.

Voll-homomorphe Systeme besitzen sowohl additiv als auch multiplikativ homomorphe Eigenschaften.

Das erste voll-homomorphe Verfahren stellte Craig Gentry 2009 in seiner Dissertation [1] vor. Es war ein Gitter-basiertes Verfahren (siehe Kapitel 11 auf Seite 631).

Die ersten Kryptosysteme, die voll-homomorphe Verschlüsselung erlaubten, benötigten einen viel zu hohen Aufwand, um praktisch eingesetzt zu werden. Nach ihrer Praktikabilität werden diese FHE-Verfahren in (bisher vier) Generationen eingeteilt, wobei nur die ersten drei jeweils einen wirklichen Durchbruch bedeuten:

1. First-generation FHE, z. B. Gentry-Halevi ab 2010. Die Idee dieser Systeme ist es, zunächst ein etwas homomorphes Kryptosystem zu konstruieren und es dann mittels Bootstrapping in ein vollständig homomorphes Kryptosystem umzuwandeln.

2. Second-generation FHE, z. B. Brakerski-Gentry-Vaikuntanathan (BGV) ab 2011. Die Sicherheit der meisten dieser 2nd-Gen-Verfahren basiert auf der Schwierigkeit des (Ring-)Learning-with-Errors-Problems (RLWE).

3. Third-generation FHE, z. B. Gentry-Sahai-Waters (GSW) ab 2013 [2], FHEW ab 2014 [3] und TFHE ab 2016 [4]. Sie reduzierten drastisch die Zeit für das Bootstrapping.

4. Fourth-generation FHE, z. B. Cheon-Kim-Kim-Song (CKKS) ab 2016 [5].

Seit 2017 versucht das „Homomorphic Encryption Standardization"-Konsortium (`https://homomorphicencryption.org/`), homomorphe Verschlüsselung zu standardisieren. Eine Liste von quelloffenen FHE-Bibliotheken findet sich in Wikipedia (`https://en.wikipedia.org/wiki/Homomorphic_encryption`), GitHub (`https://github.com/jonaschn/awesome-he`), und bei FHE ([6]).

Einen sehr guten Überblick incl. Einordnung – nicht nur über voll-homomorphe Verschlüsselung (FHE), sondern auch über den aktuellen Stand bei Techniken wie sicheren Mehrparteien-Berechnungen (MPC) – bietet der Ende 2022 von KIT und CISPA erstellte und 2023 von der Cyberagentur veröffentlichte, 100-seitige Report „Encrypted Computing Compass". [7]

Bemerkung: Die Kryptosysteme auf Basis von Gitter-Problemen, die für die Post-Quanten-Kryptografie diskutiert werden, sind normalerweise vollständig homomorph.

10.4 Beispiele für homomorphe Prä-FHE-Chiffren

Hier werden als Einführung die homomorphen Eigenschaften der drei Prä-FHE-Verfahren Paillier, RSA und ElGamal beschrieben.

10.4.1 Paillier-Kryptosystem

Eines der ältesten Kryptosysteme mit solchen homomorphen Eigenschaften ist das von Paillier[8]. Wir sehen zunächst, wie die Schlüsselerzeugung, die Verschlüsselung und die Entschlüsselung funktionieren, und zeigen dann, dass das Paillier-Kryptosystem homomorphe Eigenschaften besitzt.

10.4.1.1 Schlüsselerzeugung

Zuerst werden zwei zufällige Primzahlen p, q erzeugt, so dass das Produkt $n = pq$ einen gültigen RSA-Modul formt. Hierbei sollte n eine Bitlänge haben, die dem aktuellen Sicherheitsstandard für RSA-Module entspricht (Stand Januar 2022: 2048 Bit). Damit kann der private Schlüssel $\lambda = kgV(p-1, q-1)$ berechnet werden. *kgV* bezeichnet hierbei das kleinste gemeinsame Vielfache. Der öffentliche Schlüssel besteht nur aus dem RSA-Modul n.

10.4.1.2 Verschlüsselung

Sei m die zu verschlüsselnde Nachricht aus dem Klartextraum $\mathbb{Z}_n$. Für jeden Verschlüsselungsvorgang wählen wir zunächst ein zufälliges Element r aus $\mathbb{Z}_n$ und berechnen dann mithilfe des öffentlichen Schlüssels n den Geheimtext:

$$c = E(m, r) = (n + 1)^m * r^n \bmod n^2$$

10.4.1.3 Entschlüsselung

Sind der private Schlüssel λ und ein Geheimtext $c \in \mathbb{Z}_{n^2}^*$ gegeben, berechnen wir zunächst

$$S = c^\lambda \bmod n^2 \text{ und } T = \phi(n)^{(-1)} \bmod n^2,$$

wobei ϕ die Eulersche Funktion ist. Und dann $m = D(c) = (S - 1)/n \cdot T \bmod n$.

10.4.1.4 Homomorphe Eigenschaft

Um die homomorphe Eigenschaft nachzuweisen, betrachten wir die Verschlüsselungsfunktion E und die Entschlüsselungsfunktion D des Paillier-Kryptosystems. Zur Vereinfachung setzen wir im Folgenden $g := n + 1$. Aus zwei Klartexten m_1, m_2 ergeben sich die dazugehörigen Geheimtexte c_1, c_2 als

$$c_1 = g^{m_1} \cdot {r_1}^n \bmod n^2 \text{ bzw. } c_2 = g^{m_2} \cdot {r_2}^n \bmod n^2$$

Wir sehen, dass für das Produkt $c_3 = c_1 \cdot c_2$ gilt

$$c_3 = (g^{m_1} \cdot {r_1}^n \bmod n^2) \cdot (g^{m_2} \cdot {r_2}^n \bmod n^2) = g^{m_1+m_2} \cdot (r_1 \cdot r_2)^n \bmod n^2 = E(m_1+m_2, r_1 \cdot r_2)$$

Das Produkt zweier Geheimtexte ist also wieder ein Geheimtext, und zwar eine Verschlüsselung der Summe der ursprünglichen Nachrichten. Nun ist es leicht zu sehen, dass die Entschlüsselungsfunktion ein Homomorphismus ist: Gegeben zwei Klartexte m_1, m_2 dann gilt

$$D(E(m_1, r_1) \cdot E(m_2, r_2)) = D(E(m_1+m_2, r_1 r_2)) = m_1+m_2 = D(E(m_1, r_1)) + D(E(m_2, r_2))$$

10.4.2 Weitere Kryptosysteme

Auch ältere Public-Key-Kryptosysteme können homomorphe Eigenschaften haben. Das ElGamal-Kryptosystem und das Standard RSA-Kryptosystem sind bekannte Beispiele dafür. Wir zeigen diese homomorphen Eigenschaften anhand einfacher Beispiele auf.

10.4.2.1 RSA

Sei (e, n) der öffentliche RSA-Schlüssel (e der Verschlüsselungskoeffizient, n der RSA-Modul). Für zwei Nachrichten m_1, m_2 erhält man die Geheimtexte $c_1 = {m_1}^e \bmod n$ und $c_2 = {m_2}^e \bmod n$. Nun gilt für das Produkt dieser beiden Geheimtexte: $c_1 \cdot c_2 = {m_1}^e \cdot {m_2}^e \bmod n = (m_1 \cdot m_2)^e \bmod n$. Man erhält also eine Verschlüsselung des Produkts der ursprünglichen Nachrichten. Wie man leicht nachprüfen kann gilt diese Eigenschaft für beliebige Nachrichten m_1, m_2, somit ist die Entschlüsselungsfunktion ein Homomorphismus. RSA ist dabei ein Beispiel für einen Homomorphismus, bei dem in beiden Gruppen die gleiche Gruppenoperation verwendet wird.

10.4.2.2 ElGamal

Ähnlich wie bei RSA verhält es sich auch im ElGamal-Kryptosystem. Sei (p, g, K) der öffentliche Schlüssel, der private Schlüssel sei k (es gilt also $g^k \bmod p = K$). Für Nachrichten m_1, m_2 erhält man nun Verschlüsselungen $(R, c_1) = (K^r \bmod p, m_1 \cdot g^r \bmod p)$ und $(S, c_2) = (K^s \bmod p, m_2 \cdot g^s \bmod p)$. Auch hier ist das Produkt $(R \cdot S, c_1 \cdot c_2)$ eine Verschlüsselung von $m_1 \cdot m_2$ und man kann leicht überprüfen, dass die Entschlüsselungsfunktion ein Homomorphismus ist.

10.5 Anwendungen

Die homomorphe Eigenschaft lässt sich dazu verwenden, um verschlüsselte Werte zu addieren oder verschlüsselte Werte mit unverschlüsselten Werten zu multiplizieren (dies entspricht einer wiederholten Anwendung der Addition). Damit werden homomorphe Chiffren zu einer wichtigen Funktion in vielen kryptografischen Anwendungen.

1. Eine dieser Anwendungen ist das *Electronic Voting*. Hierbei wird es mehreren Wahlberechtigten ermöglicht, ihre Stimme verschlüsselt abzugeben. Dies ist wichtig in Situationen, in denen die Wahlberechtigten nicht direkt zusammen kommen können. Z. B. könnte es sein, dass die Wahlberechtigten nur per Email über das Internet kommunizieren können. Wenn die Abstimmung geheim bleiben soll, und es niemanden gibt, dem alle Wahlberechtigten uneingeschränkt vertrauen, bieten homomorphe Chiffren eine gute Lösung für dieses Problem. Im Wesentlichen funktioniert Electronic Voting mittels homomorpher Chiffren so:

   - Alle Wahlberechtigen (links in Abb. 10.1 auf der nächsten Seite) verschlüsseln ihre Stimme. Sie verschlüsseln den Wert 1, wenn sie für die Entscheidung sind, und den Wert 0, wenn sie dagegen sind.
   - Über die homomorphe Eigenschaft wird die Summe der abgegebenen Stimmen berechnet. Da dies auf den verschlüsselten Werten passiert, bleiben die Stimmen der einzelnen Wahlberechtigten geheim.
   - Am Ende werden die Stimmen ausgezählt, indem nur die Summe der Stimmen entschlüsselt wird.

2. Ein weiteres Anwendungsgebiet für homomorphe Chiffren ist *Secure Multiparty Computation* (MPC). Hierbei berechnen mehrere Parteien gemeinsam eine vorgegebene Funktion. Jede der Parteien steuert einen Input für die zu berechnende Funktion bei. Das Ziel der Berechnung ist es, alle Inputs und auch die Zwischenergebnisse geheim zu halten, während nur das Ergebnis der Funktion bekannt wird. Die Verwendung homomorpher Chiffren hilft dabei, diese Berechnungen auf verschlüsselten

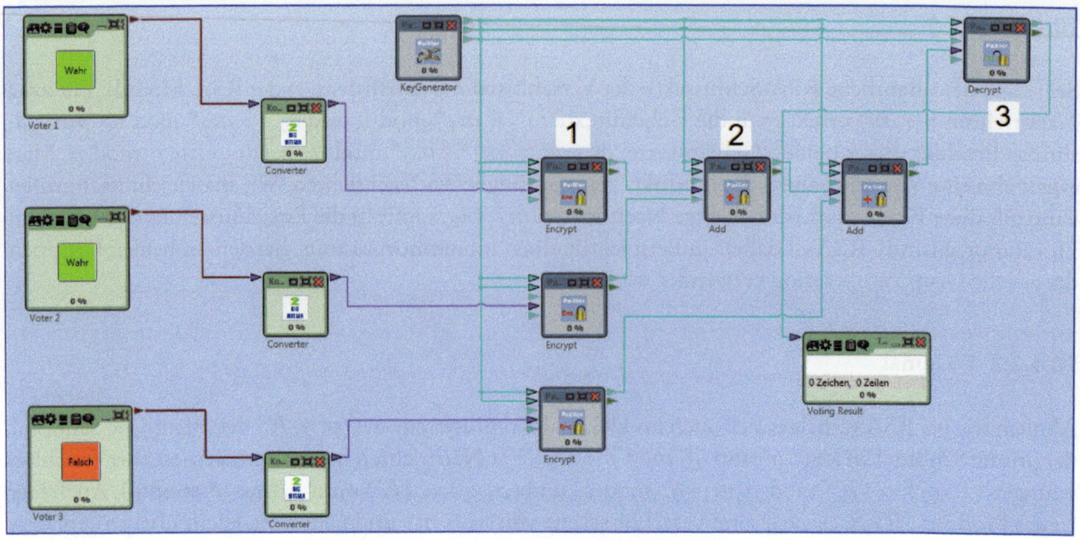

Abb. 10.1: Voting-Beispiel für Paillier

Daten durchzuführen. Da sich allerdings unter der homomorphen Chiffre von Paillier nur Additionen (und z. B. keine Multiplikationen durchführen lassen), müssen noch weitere geeignete Methoden verwendet werden. Einen guten Einstieg in dieses Thema bietet Wikipedia [9].

3. Weiterhin wird erwartet, dass homomorphe Chiffren im Bereich Cloud Computing enorme Vorteile bringen können. Mittels sogenannter voll-homomorpher Kryptosysteme [10] ist es möglich sein, Anwendungen nur auf verschlüsselten Daten durchzuführen. Hierzu ist es notwendig, dass unter der homomorphen Verschlüsselung die beiden Operationen Addition und Multiplikation durchgeführt werden können (im Gegensatz zum Paillier-Kryptosystem, welches nur die Addition unterstützt). Ein solches Kryptosystem wurde erstmals 2009 von Craig Gentry vorgestellt [11] und seitdem immer wieder verbessert [10].

10.6 Homomorphe Verfahren in CrypTool

Homomorphe Verfahren sind in den drei CrypTool-Varianten CT2, JCT und CTO enthalten. Weitere Implementierungen in Python oder SageMath finden sich im Internet. Eine kuratierte Liste von Bibliotheken zu homomorpher Verschlüsselung finden Sie unter `https://github.com/jonaschn/awesome-he`, beispielsweise die Open-Source-Bibliotheken HEAAN, HElib, SEAL, TFHE, PALISADE.

10.6.1 CrypTool 2 mit Paillier und DGK

CrypTool 2 enthält eine Implementierung des **Paillier**-Kryptosystems (siehe Abb. 10.2 auf der nächsten Seite). Unter den fertigen Vorlagen finden sich Methoden zur Erzeugung der kryptografischen Schlüssel, ein Beispiel für eine Ver- und Entschlüsselung von Text mittels Paillier, sowie Beispiele, die die homomorphen Eigenschaften von Paillier aufzeigen (Addition, Blinding und Voting).[2]

[2] Hier die Pfade zu den entsprechenden Vorlagen in CT2:
- `CT2 ▷ Kryptografie ▷ Modern ▷ Asymmetrisch ▷ Blinde Signatur Paillier`
- `CT2 ▷ Kryptografie ▷ Modern ▷ Asymmetrisch ▷ Paillier-Schlüsselgenerator`

2008 haben Damgard et al. ein homomorphes Verschlüsselungsverfahren (**DGK**) [12] vorgeschlagen, das als Grundlage einer effizienten und sicheren Mehrparteien-Berechnung (MPC) benutzt werden kann. Sie verwendeten es in einem Protokoll zum sicheren Vergleich von ganzen Zahlen, um mit diesem Protokoll die Sicherheit von Online-Auktionen zu verbessern.[3]

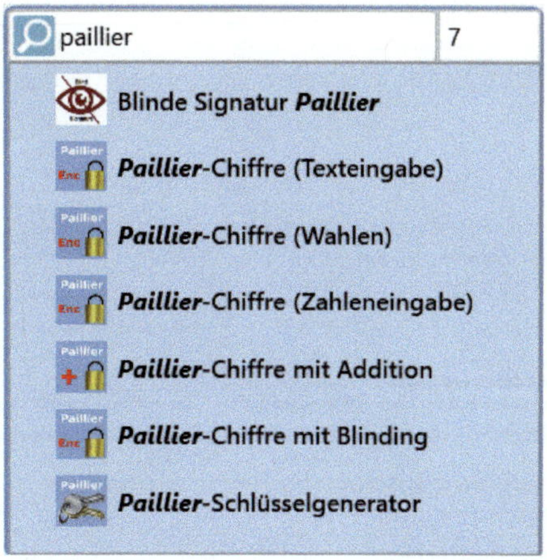

Abb. 10.2: Vorlagen zum Paillier-Kryptosystem in CrypTool 2 (CT2)

10.6.2 JCrypTool mit RSA, Paillier und Gentry/Halevi

Im JCrypTool gibt es eine Implementierung (siehe Abb. 10.3 auf der nächsten Seite), die die homomorphen Eigenschaften verschiedener Kryptosysteme visualisiert:

- Für **RSA** und **Paillier** wird gezeigt, dass jeweils Operationen einer Art (Multiplikationen für RSA und Additionen für Paillier) auf verschlüsselten Werten möglich sind.
- Für das voll-homomorphe Kryptosystem von **Gentry-Halevi** können sowohl Multiplikationen als auch Additionen auf verschlüsselten Werten durchgeführt werden.[4]

10.6.3 Umfrage-Demo mit homomorpher Verschlüsselung in CTO

Die Umfrage-Demo in CTO veranschaulicht, wie eine Doodle-ähnliche Anwendung mit einem homomorphen Verschlüsselungsalgorithmus so aufgebaut werden kann, dass Security by Design erfüllt ist. Diese Implementierung verwendet das voll homomorphe BFV-Verfahren aus der Bibliothek node-seal. Wenn eine Umfrage auf diese Weise online durchgeführt wird, bleiben Eingaben, Berechnungen und Ergebnisse vor dem Aggregationsserver verborgen. Abb. 10.4 auf Seite 629 zeigt oben, was der zweite Teilnehmer sieht, nachdem der erste Teilnehmer seine Daten eingegeben hat. Und unten sieht man die Auswertung.[5]

- `CT2 ▷ Kryptografie ▷ Modern ▷ Asymmetrisch ▷ Paillier-Chiffre (Zahleneingabe)`
- `CT2 ▷ Kryptografie ▷ Modern ▷ Asymmetrisch ▷ Paillier-Chiffre (Texteingabe)`
- `CT2 ▷ Kryptografie ▷ Modern ▷ Asymmetrisch ▷ Paillier-Chiffre mit Addition`
- `CT2 ▷ Kryptografie ▷ Modern ▷ Asymmetrisch ▷ Paillier-Chiffre mit Blinding`
- `CT2 ▷ Kryptografie ▷ Modern ▷ Asymmetrisch ▷ Paillier-Chiffre (Wahlen)`

[3] `CT2 ▷ Kryptografie ▷ Modern ▷ Asymmetrisch ▷ DGK-Chiffre (Texteingabe)`

[4] `JCT Standard-Perspektive ▷ Visualisierungen ▷ Homomorphe Verschlüsselung (HE)`

[5] Siehe „Umfrage-Demo mit homomorpher Verschlüsselung“ in CTO: `https://www.cryptool.org/de/cto/he-poll` und die zugehörige Bachelorarbeit [13].

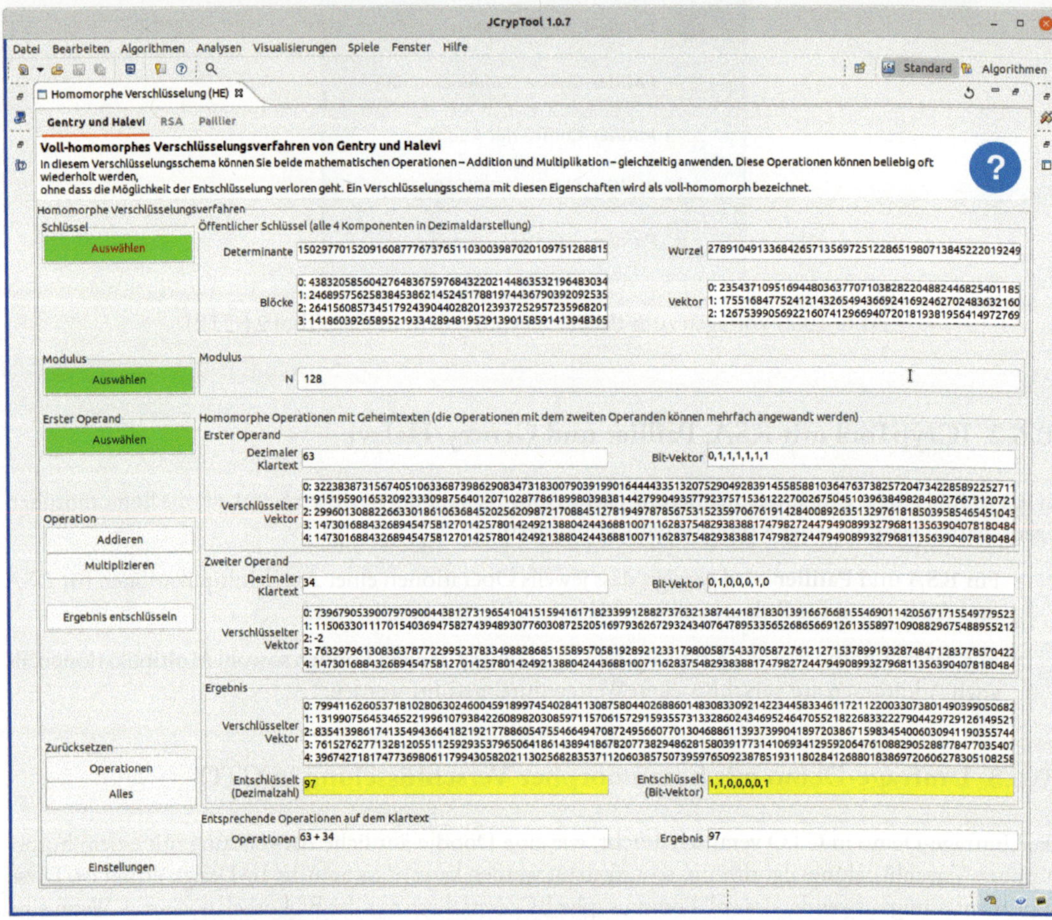

Abb. 10.3: Kryptosysteme mit homomorphen Eigenschaften in JCrypTool (JCT)

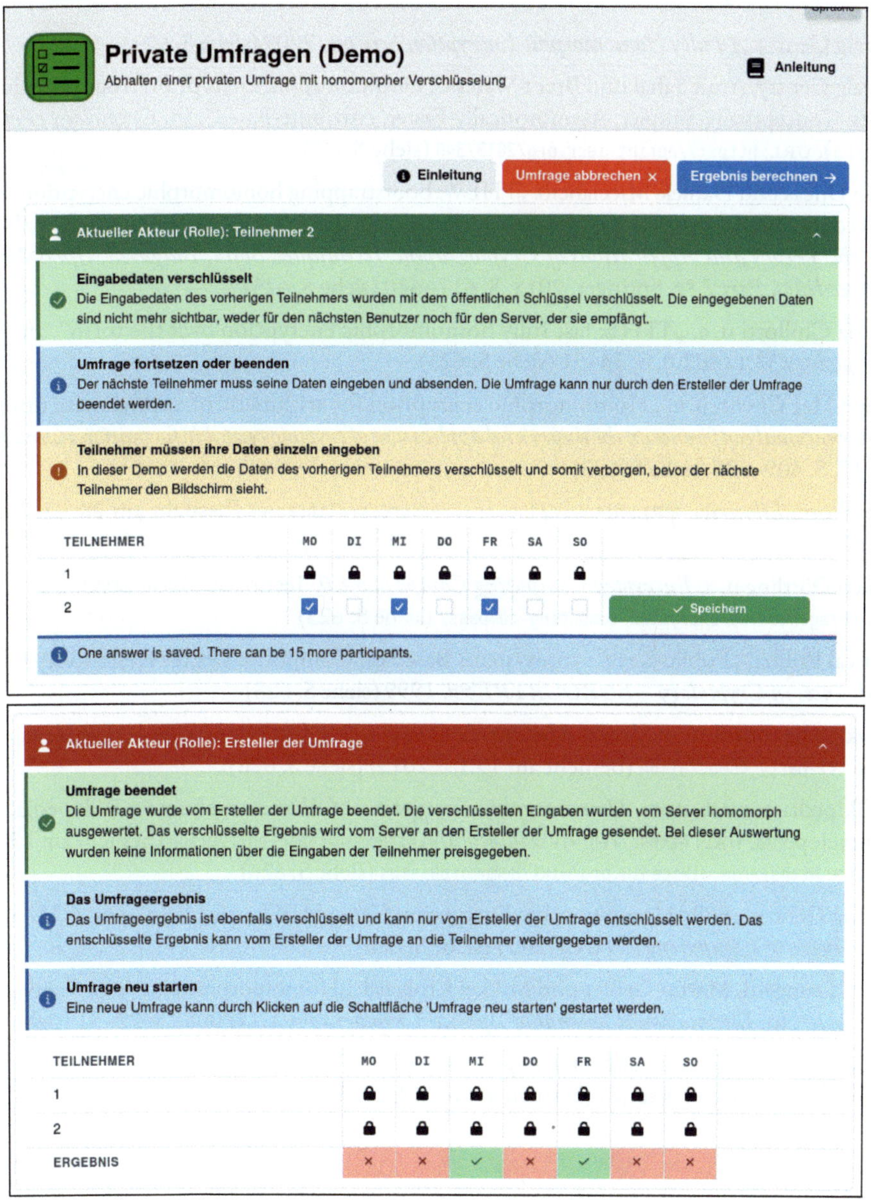

Abb. 10.4: Umfrage-Demo mit homomorpher Verschlüsselung in CTO

Literatur zu Kapitel 10

[1] Craig Gentry. *A Fully Homomorphic Encryption Scheme*. 2009 (siehe S. 623)

[2] Craig Gentry, Amit Sahai und Brent Waters. „Homomorphic Encryption from Learning with Errors: Conceptually-Simpler, Asymptotically-Faster, Attribute-Based". In: *Cryptology ePrint Archive* (2013). URL: `https://eprint.iacr.org/2013/340` (siehe S. 623)

[3] Léo Ducas und Daniele Micciancio. „FHEW: bootstrapping homomorphic encryption in less than a second". In: *Advances in Cryptology–EUROCRYPT 2015: 34th Annual International Conference on the Theory and Applications of Cryptographic Techniques, Sofia, Bulgaria, April 26-30, 2015, Proceedings, Part I 34*. Springer, 2015, S. 617–640 (siehe S. 623)

[4] Ilaria Chillotti u. a. „TFHE: fast fully homomorphic encryption over the torus". In: *Journal of Cryptology* 33.1 (2020), S. 34–91 (siehe S. 623)

[5] Jung Hee Cheon u. a. „Homomorphic encryption for arithmetic of approximate numbers". In: *International conference on the theory and application of cryptology and information security*. Springer, 2017, S. 409–437 (siehe S. 623)

[6] FHE.org. *Libraries*. URL: `https://fhe.org/resources/#libraries` (besucht am 28. 07. 2024) (siehe S. 623)

[7] Nico Döttling u. a. *Encrypted Computing Compass, v 1.0*. Techn. Ber. Nov. 2022. URL: `https://www.cyberagentur.de/encrypted-computing-compass/` (siehe S. 623)

[8] Pascal Paillier. „Public-Key Cryptosystems Based on Composite Degree Residuosity Classes". In: *Advances in Cryptology – EUROCRYPT'99*. 1999 (siehe S. 623)

[9] Wikipedia contributors. *Secure Multiparty Computation*. URL: `https://en.wikipedia.org/wiki/Secure_multi-party_computation` (besucht am 19. 01. 2019) (siehe S. 626)

[10] Wikipedia contributors. *Homomorphic Encryption & Homomorphismus*. Wikipedia, The Free Encyclopedia. URL: `https://en.wikipedia.org/wiki/Homomorphic_encryption` (besucht am 19. 01. 2019) URL2: `https://de.wikipedia.org/wiki/Homomorphismus` (siehe S. 626)

[11] Craig Gentry. „Fully Homomorphic Encryption Using Ideal Lattices". In: *41st ACM Symposium on Theory of Computing (STOC)*. 2009 (siehe S. 626)

[12] Ivan Damgard, Martin Geisler und Mikkel Kroigard. „Homomorphic encryption and secure comparison". In: *International Journal of Applied Cryptography* 1.1 (2008), S. 22–31 (siehe S. 627)

[13] Michael Heep. *The State of Homomorphic Encryption*. 2023. URL: `https://www.cryptool.org/media/publications/theses/BA_Heep.pdf` (besucht am 09. 08. 2023) (siehe S. 627)

11 Einführung in die Gitterkryptografie

Im vorliegenden Kapitel verfolgen wir das Ziel, die Grundzüge der Gittertheorie niederschwellig aufzubereiten. Die behandelten Inhalte werden begleitet von zahlreichen Beispielen, SageMath-Listings und kryptografischen Rätseln.

Die Abschnitte 11.1 bis 11.7 führen in die üblichen Notationen und Methoden ein, die man braucht, um mit Gittern umgehen und sie verstehen zu können (dies macht ca. ein Drittel des Umfangs des Kapitels aus). In den Abschnitten 11.8 bis 11.9 beschäftigen wir uns etwas tiefergehender mit Gittern und damit, wie man sie anwendet, um RSA zu attackieren. Der – mathematisch etwas anspruchsvollere – Abschnitt 11.10 enthält verschiedene Algorithmen zur Reduktion von Gitterbasen und zeigt, wie man sie zum Brechen von Kryptosystemen heranziehen kann. Danach folgt Abschnitt 11.11 zum Stand der Standardisierung. Der Anhang enthält Screenshots, die zeigen, wo man gitterbasierte Algorithmen in den CrypTool-Programmen findet.

11.1 Vorbemerkungen

Über Grundkenntnisse hinausgehende mathematische oder programmiertechnische Kenntnisse sind zum Verständnis der ersten Unterkapitel nicht erforderlich. Wenn Sie Ihr Wissen erweitern und neue mathematische Konzepte und Programmiertechniken erlernen, bringt Sie das Ihrem Ziel, ein zukünftiger Experte für Kryptologie zu werden, ein großes Stück näher Das vorliegende Kapitel ist unabhängig von den anderen Kapiteln dieses Buches. Die Beispiele und praktischen Anwendungen wurden implementiert mit SageMath (ein Computeralgebrasystem (CAS), das Python als Skriptsprache verwendet – siehe Anhang A.7). Wir glauben, dass die Code-Beispiele dieses Kapitels sehr intuitiv gehalten sind, so dass man auch ohne viel Erfahrung mit Python-Syntax die dahinterstehenden Ideen nachvollziehen kann. Falls man aber Python lernen oder seine Python-Kenntnisse verbessern will, sei z. B. ein Blick in die Materialien von Charles Severance empfohlen.[1]

11.2 Gleichungen

Gleichungen helfen uns, Beziehungen zwischen mathematischen Objekten zu beschreiben. Eine mögliche Definition des Begriffs **Gleichung**[2] ist folgende: Die Aussage, dass die Werte zweier mathematischer Ausdrücke gleich sind (gekennzeichnet durch das Gleichheitszeichen „="), nennt man Gleichung.

Gleichungen können trivial sein (wenn keine unbekannte Variable darin vorkommt) ...

$$\begin{aligned} 0 &= 0 \\ 1 &= 1 \\ 1+1 &= 2 \\ 1,\overline{9} &= 2 \end{aligned}$$

... oder eine oder mehrere Variablen (auch „Unbekannte" genannt) enthalten, was zu einer nichtleeren **Lösungsmenge** (genannt „die" Lösung) führt oder aber keine Lösung hat (in diesem Fall ist die Gleichung unlösbar):[3]

$$\begin{aligned} x+x &= 10 \\ x+y &= 10 \\ x+y &= z \\ x_1+x_2+x_3+\dots+x_{10} &= z \end{aligned}$$

In einigen Fällen ist die Lösung offensichtlich und eindeutig, aber in einigen anderen Fällen haben wir eine Menge möglicher Lösungen. Mit der **Grundmenge** definieren wir die Menge der Eingabewerte, für die die Gleichung definiert ist. Die Gleichung $x+1=-10$ beispielsweise hat keine Lösung über der

[1] PDFs, Audio-, Video- und Beispielmaterial zum Python 2 Kurs *Python for Informatics* findet man noch auf `http://www.py4inf.com`. Eine Version für Python 3 namens *Python vor Everybody* gibt es auf `https://www.py4e.com/`. Es scheint so zu sein, dass man an die Python 3-Materialien nur herankommt, wenn man vorher einen Account auf der genannten Webseite oder einer ihrer Partner erstellt. Das Open-Source-CAS SageMath basiert schon seit längerem auf Python 3.

[2] Hier wird die Definition aus dem (ehemaligen) Oxford Dictionary verwendet, siehe `https://www.lexico.com/definition/equation`. Gleichungen sind mathematische Aussagen, die richtig oder falsch sein können. Z. B. ist $1.\overline{9}=2$ richtig, obwohl viele Menschen das auf den ersten Blick nicht sehen. Man kann das auf folgende Weise begründen: $0,\overline{3}=\frac{1}{3} \Rightarrow 0,\overline{9}=3\cdot 0,\overline{3}=3\cdot\frac{1}{3}=1$

[3] Als Lösungsmenge bezeichnet man die Menge der Belegungen dieser Variablen, sodass alle Aussagen wahr sind. Dabei hängt die Lösungsmenge auch von den „Randbedingungen" ab, also welche Werte die Variablen annehmen dürfen (oder anders formuliert, über welcher Grundmenge die Variablen betrachtet werden.)

Grundmenge $\mathbb{N}$, über $\mathbb{Z}$ allerdings schon. Von nun an bis zum Ende dieses Kapitels werden wir die Menge $\mathbb{Z}$ als Grundmenge bzw. Definitionsbereich unserer Gleichungen voraussetzen. In SageMath können wir einfach Variablen definieren. Die folgende Deklaration definiert das Zeichen x als Variable:

```
sage: x = var('x')
```

Hier ein Beispiel eines Polynoms:[4] Wird ein Koeffizient explizit hingeschrieben (normalerweise nur die von 1 abweichenden wie hier 5), darf man das Multiplikationszeichen $*$ zwischen Koeffizient- und Variablen-Term nicht weglassen. Die Symbole $**$ stehen für „hoch" (Potenzieren) sowohl in SageMath als auch in Python.

```
sage: pol = x + 5*x**2 + x**3
```

Nun können wir unsere Gleichung aufstellen. Angenommen, wir wollen die Lösung für die Gleichung $x + x^2 + x^3 = 100$ bestimmen. Dazu müssen wir zuerst die linke Seite der Gleichung definieren. Mit SageMath ist das nicht schwer, wir nennen die linke Seite **leq** („l" für engl. „left" und „eq" für engl. „equation").

Für unser Beispiel nehmen wir einen Term ohne explizit hingeschriebene Koeffizienten (d. h. die Koeffizienten sind 1 oder 0):

```
sage: leq = x + x**2 + x**3
```

Nun sind wir soweit, dass wir die Gleichung lösen und ihre Lösungsmenge angeben können:

```
sage: eq_sol = solve(leq==100, x)
```

Der SageMath-Befehl `solve()` hier generiert die Menge aller x, für die $x + x^2 + x^3 = 100$ ist. Wenn man das auf seinem Rechner nachvollzieht, wird man eine Liste von Lösungen angezeigt bekommen, die nicht wie ganze Zahlen aussehen. Das liegt daran, dass wir bei der Definition von x keine Beschränkungen vorgenommen hatten. Deshalb definieren wir das Symbol x als Variable so, dass sie nur mit ganzen Zahlen belegt werden darf:[5]

```
sage: x = var('x', domain=ZZ)
```

Wenn wir jetzt versuchen, diese Gleichung zu lösen, erhalten wir die leere Menge als Lösungsmenge. `[]` in Python bezeichnet eine leere Liste. Das bedeutet, dass es keine Zahl x gibt, die die vorliegende Gleichung erfüllt.

Statt mit **solve()** kann man einfacher und stabiler mit dem Polynomring arbeiten: **x = polygen(ZZ)**. Das ist äqivalent zu `PolynomialRing(ZZ, 'x').gen()`.

```
sage: x = polygen(ZZ)
sage: p = x + x^2 + x^3
sage: (p - 10^2).roots(ZZ, multiplicities=False)
[]
sage: (p - 14).roots(ZZ, multiplicities=False)
[2]
```

[4]Der Ausdruck hier auf der rechten Seite heißt Polynom. Ein **Polynom** P besteht aus Variablen und Koeffizienten, die lediglich durch Addition, Subtraktion, Multiplikation und Potenzierung der Variablen mit nicht-negativen Exponenten gebildet werden. Ein Beispiel eines Polynoms mit nur einer Variablen x ist $x^2 - 4x + 7$. Der höchste vorkommende Exponent einer Variable wird als Grad des Polynoms bezeichnet. Jedes Polynom P in einer Variablen x definiert eine sog. polynomiale Funktion $x \rightarrow P(x)$, die oft (fälschlicherweise) auch als Polynom bezeichnet wird. Ein „ganzzahliges" Polynom erlaubt nur ganzzahlige Koeffizienten, oft nimmt man zusätzlich an, dass die Werte, die man für x einsetzen darf, auch nur ganzzahlig sein dürfen. Siehe `https://de.wikipedia.org/wiki/Polynom`.

[5]**ZZ** steht für die ganzen Zahlen $\mathbb{Z}$. Man kann den Definitionsbereich für x noch weiter einschränken, z. B. hin zu Boolschen Werten (wahr oder falsch) oder den ganzen Zahlen modulo n (`IntegerModRing(n)` oder `GF(n)`, falls n prim ist).

Hier ist eine Begründung, dass die Lösungsmenge leer ist, dass es kein ganzzahliges x gibt, das die Gleichung `leq==100` erfüllt. Wir schauen uns die Funktionswerte der Funktion $x \mapsto x+x^2+x^3$ für aufeinanderfolgende x an:

```
sage: for i in range(-6,6):
....:         print(leq(x=i), "for", "x =", i)
-186  for x = -6
-105  for x = -5
 -52  for x = -4
 -21  for x = -3
  -6  for x = -2
  -1  for x = -1
   0  for x = 0
   3  for x = 1
  14  for x = 2
  39  for x = 3
  84  for x = 4
 155  for x = 5
 258  for x = 6
```

Zwei Dinge kann man aus obiger Zahlenreihe ableiten. Zuerst fällt auf, dass die Werte links immer größer werden mit wachsendem x. Zweitens kann man schließen, dass die reellwertige Lösung der gegebenen Gleichung $x^3 + x^2 + x = 100$ zwischen 4 und 5 liegt.

Bemerkung: Normalerweise bringt man bei so einer Gleichung alles nach links und schreibt: $x^3 + x^2 + x - 100 = 0$.

Rätsel 11.2.1: Gleichungen

Wir haben eine sonderbare Liste (unabhängiger) Gleichungen gefunden. Kannst du die versteckte Nachricht finden? Interpretiere dazu die Zahlenwerte für die Lösungen als ASCII-Zeichen. Sie bilden ein Lösungswort, wenn man sie in derselben Reihenfolge anordnet, wie die 8 Gleichungen hier. Eine kopierfähige Version des Gleichungssystems steht als Textdatei innerhalb einer zip-Datei zum Download bereit, siehe Seite 885.

$$
\begin{aligned}
x_0^4 - 150x_0^3 + 4389\,x_0^2 - 43000\,x_0 + 131100 &= 0\\
x_1^{10} - 177\,x_1^9 + 9143\,x_1^8 - 228909\,x_1^7 + 3264597\,x_1^6 - 28298835\,x_1^5 + &\\
+152170893\,x_1^4 - 502513551\,x_1^3 + 974729862\,x_1^2 - 995312448\,x_1 + 396179424 &= 0\\
x_2^{10} - 196\,x_2^9 + 12537\,x_2^8 - 397764\,x_2^7 + 7189071\,x_2^6 - 77789724\,x_2^5 + &\\
+506733203\,x_2^4 - 1941451916\,x_2^3 + 4165661988\,x_2^2 - 4501832400\,x_2 + 1841875200 &= 0\\
x_3^5 - 153\,x_3^4 + 5317\,x_3^3 - 77199\,x_3^2 + 510274\,x_3 - 1269840 &= 0\\
x_4^8 - 194\,x_4^7 + 11791\,x_4^6 - 352754\,x_4^5 + 6011644\,x_4^4 - &\\
-61295576\,x_4^3 + 370272864\,x_4^2 - 1222050816\,x_4 + 1696757760 &= 0\\
x_5^6 - 169\,x_5^5 + 7702\,x_5^4 - 153082\,x_5^3 + 1477573\,x_5^2 - 6672349\,x_5 + 11042724 &= 0\\
x_6^8 - 202\,x_6^7 + 12936\,x_6^6 - 406082\,x_6^5 + 7170059\,x_6^4 - &\\
-74124708\,x_6^3 + 439747164\,x_6^2 - 1365683328\,x_6 + 1701311040 &= 0\\
x_7^9 - 206\,x_7^8 + 13919\,x_7^7 - 467924\,x_7^6 + 8975099\,x_7^5 - 102829454\,x_7^4 + &\\
+699732361\,x_7^3 - 2673468816\,x_7^2 + 4956440220\,x_7 - 2888395200 &= 0
\end{aligned}
$$

11.3 Lineare Gleichungssysteme

Wir haben bereits Variablen, Gleichungen und die Grundmenge bzw. den Definitionsbereich von Gleichungen eingeführt. Wir haben gezeigt, wie man Variablen in SageMath deklariert und wie man Lösungen von Gleichungen mit nur einer Variablen mit SageMath bestimmt, indem man `solve()` verwendet. Wie sieht es aus, wenn man zwei verschiedene Variablen in einer Gleichung hat? Nehmen wir als Beispiel die Gleichung $x + y = 10$. Wir versuchen, diese Gleichung mit SageMath zu lösen. Dieses Mal erwarten wir als Lösung von `solve()` das Tupel (x, y).

```
sage: x = var('x', domain=ZZ)
sage: y = var('y', domain=ZZ)
sage: solve(x+y==10, (x,y))
(t_0, -t_0 + 10)
```

Als Lösung erhalten wir $x = t_0$ und $y = -t_0 + 10$ und in der Tat ist $x + y = t_0 + (-t_0 + 10) = t_0 - t_0 + 10 = 10$. Diese Notation mit t_0 wird von SageMath verwendet, um anzuzeigen, dass es unendlich viele Lösungen der gegebenen Gleichung gibt. Mathematisch korrekt notiert man das als sog. parametrisierte Menge. Der Parameter t_0 wird von SageMath so bezeichnet, weil es nur einen Freiheitsgrad gibt, und das erste Element einer Menge wird bekanntermaßen von SageMath mit dem Zählindex Null versehen. Den Index braucht man für die rein mathematische Beschreibung dieser Menge nicht, es genügt einfach nur t:

$$\mathbb{L} = \left\{(x, y) \in \mathbb{Z}^2 \,\middle|\, x = t,\ y = -t + 10,\ t \in \mathbb{Z}\right\} \text{ bzw. } \mathbb{L} = \left\{(t, -t + 10) \in \mathbb{Z}^2 \,\middle|\, t \in \mathbb{Z}\right\}$$

Was, wenn es weitere Einschränkungen für x und y gibt? Es könnte beispielsweise gefordert werden, dass x und y gleich sind. Diese Forderung schlägt sich in einer weiteren Gleichung nieder, die mit der ersten zusammenhängt, so dass wir ein Gleichungssystem erhalten (in einem **Gleichungssystem** sind die einzelnen Gleichungen nicht unabhängig voneinander):

$$\begin{cases} x + y = 10 \\ x = y \end{cases}$$

Nun wollen wir dieses Gleichungssystem lösen. Das geht sehr einfach, indem man die beiden Gleichungen der `solve()`-Funktion in Form einer Liste übergibt.

```
sage: x,y = var('x y', domain=ZZ)
sage: solve([x+y==10,x==y], (x,y))
[[x == 5, y == 5]]
```

Wie man sieht, gibt es nun nur eine Lösung, nämlich $(x, y) = (5, 5)$.

Sehr viele mathematische Probleme kann man mithilfe von linearen Gleichungssystemen lösen. Das recht einfache Beispiel in Abb. 11.1 auf der nächsten Seite können wir mit SageMath bearbeiten.

Jede Zeile besteht aus drei Objekten und deren Gesamtpreis. Wie bei solchen Aufgaben üblich, soll man den Einzelpreis für jedes der drei Objekte bestimmen. Wir haben 3 verschiedene Objekte. Fangen wir an und bezeichnen den Preis für einen Stift mit x, den Preis eines Bildschirms mit y und den Preis einer Dreiergruppe von PCs mit z. Mit diesen Bezeichnungen erhält man dann das folgende lineare Gleichungssystem:

$$\begin{cases} 2x + y = 15 \\ x + y + z = 20 \\ 3z = 30 \end{cases}$$

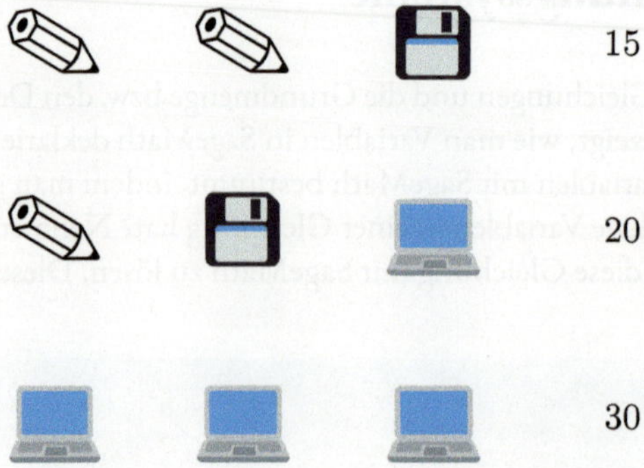

Abb. 11.1: Rätsel mit Bildern

Sicherlich kann man dieses Rätsel auch mit Bleistift und Papier alleine lösen. Die letzte Gleichung liefert sofort $z = 10$. Setzen wir das in die mittlere Gleichung ein, können wir z aus dem System eliminieren und es bleibt ein lineares Gleichungssystem mit zwei Variablen und zwei Gleichungen übrig:

$$\begin{cases} 2x + y = 15 \\ \;\; x + y = 10 \\ \qquad (z = 10 \text{ nicht mehr unbekannt}) \end{cases}$$

Nun kann man die zweite Gleichung von der ersten abziehen:

$$2x + y - (x + y) = 15 - 10 = 5$$
$$\Rightarrow \quad x = 5$$

Setzt man das nun in die mittlere zweite Gleichung $x + y = 10$ ein, folgt sofort $y = 5$. Insgesamt dann:

$$\begin{cases} x = 5 \\ y = 5 \\ z = 10 \end{cases}$$

Nun werden wir dieses Rätsel mit SageMath angehen.

```
sage: x,y,z = var('x y z', domain=ZZ)
sage: solve([x + x + y == 15, x+y+z == 20, z+z+z == 30], (x,y,z))
[[x == 5, y == 5, z == 10]]
```

Rätsel 11.3.1: Lineares Gleichungssystem als Bilderrätsel

Wer kann die in diesem Bilderrätsel versteckte Botschaft finden? Jedes Symbol steht für eine andere Dezimalzahl. Die linken und rechten Seiten sind jeweils im Gleichgewicht. Mithilfe von SageMath soll die Lösung gefunden werden. Tipp: ASCII (American Standard Code for Information Interchange).

Fortsetzung des Rätsels 11.3.1

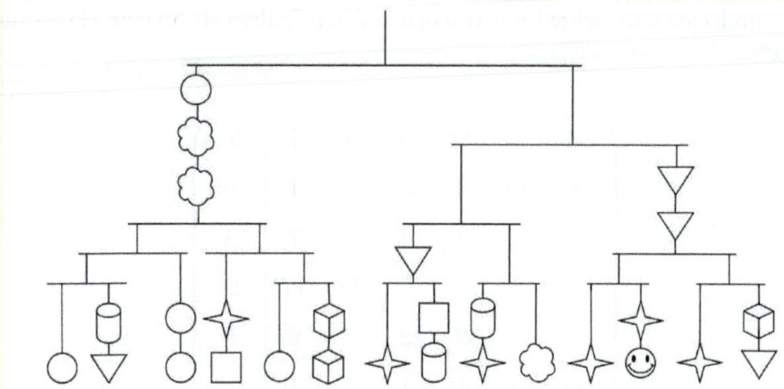

Abb. 11.2: Bilderrätsel (Bild vom Autor)

In den nächsten Abschnitten werden wir Matrizen einführen, die es ermöglichen, lineare Gleichungssysteme wesentlich kompakter aufzuschreiben.

11.4 Matrizen

Ist es möglich, sehr große Gleichungssysteme etwas platzsparender niederzuschreiben? Dazu verwenden wir erweiterte Matrizen. Das sind rechteckige oder quadratische Anordnungen von Zahlen, mit i. d. R. mehreren Zeilen und Spalten. Hier ein Beispiel:

$$M = \begin{bmatrix} 1 & 2 & 3 \\ 3 & 4 & 5 \end{bmatrix}$$

Hier haben wir 2 Zeilen und 3 Spalten, also insgesamt 6 Einträge. Wir definieren einen Eintrag $a_{i,j}$ als denjenigen in der i-ten Zeile und j-ten Spalte[6]. Beispielsweise ist $a_{11} = 1, a_{13} = 3$ und $a_{22} = 4$.

Im folgenden linearen Gleichungssystem heißen die unabhängigen Variablen a, b, c, d, e und f.

$$\begin{cases} 6a + 7b + 11c + 18d + 4e + 7f = 5 \\ 8a + 14b + 2c + 13d + 2e + f = 19 \\ a + b + 3c + 4d + 4e + 7f = 15 \\ 3a + 4b + c + d + 14e + 17f = 1 \\ 5a + 5b + 2c + 2d + 2e + 6f = 2 \\ 11a + 17b + c + d + e + f = 9 \end{cases}$$

Es ist ganz einfach, dieses lineare Gleichungssystem in Form einer Matrix aufzuschreiben. Dazu notieren wir in der ersten Spalte jeweils die Koeffizienten der ersten Variable a, in der zweiten die der zweiten Variable b und so weiter. Wir erhalten die „Koeffizientenmatrix".

[6] Wir fangen das Zählen an bei 1 wie in der Mathematik üblich. In SageMath ist das anders, hier startet die Indizierung der Zeilen und Spalten mit 0 wie bei Programmiersprachen wie C oder Python üblich.

Die rechte Seite jeder Gleichung bildet eine weitere – die letzte – Spalte. Der Übersichtlichkeit halber trennen wir diese durch eine senkrechte Linie von den anderen Spalten ab. So eine Matrix nennen wir dann „erweiterte Matrix".

$$\left(\begin{array}{cccccc|c} 6 & 7 & 11 & 18 & 4 & 7 & 5 \\ 8 & 14 & 2 & 13 & 2 & 1 & 19 \\ 1 & 1 & 3 & 4 & 4 & 7 & 15 \\ 3 & 4 & 1 & 1 & 14 & 17 & 1 \\ 5 & 5 & 2 & 2 & 2 & 6 & 2 \\ 11 & 17 & 1 & 1 & 1 & 1 & 9 \end{array}\right)$$

Nun wollen wir das Verhalten eines linearen Gleichungssystems analysieren. Folgendes kann man feststellen:

- Die Reihenfolge, in der man die Gleichungen aufschreibt, hat keinen Einfluss auf die Beschaffenheit der Lösungsmenge.
- Ersetzt man eine der Gleichungen durch ein von Null verschiedenes multiplikatives Vielfaches der Gleichung, so bleibt die Lösungsmenge des Gleichungssystems dieselbe.
- Ersetzt man eine – egal welche – der Gleichungen durch eine zweite, die entsteht, indem man zur der einen Gleichung ein Vielfaches einer der anderen gegebenen Gleichungen hinzuaddiert, so ändert sich die Lösungsmenge des ursprünglichen Systems nicht.

Problemlos kann man diese Eigenschaften auf eine erweiterte Matrix übertragen. Außerdem kann man auf der Grundlage dieser Eigenschaften sogar ein automatisiertes Lösungsverfahren zur Bestimmung der Lösungsmenge eines Gleichungssystems mit entsprechender erweiterter Matrix entwickeln. In der linearen Algebra ist dieses Verfahren als **Gaußsches Eliminationsverfahren** bekannt. Hierbei wird eine Folge von sog. elementaren Operationen auf die erweiterte Matrix angewandt. Dabei versucht man, die Matrix auf die sog. Treppenform zu bringen. Diese besteht aus Nullen links unten, Einsen entlang der Treppenstufen (maximal eine Eins pro Spalte) und ansonsten beliebigen Einträgen rechts oben. Man sagt dann, die Matrix hat **Zeilenstufenform**[7].

Wir wenden nun das Gaußsche Eliminationsverfahren auf das folgende Gleichungssystem an:

$$\begin{cases} 4x + 8y + 3z = 10 \\ 5x + 6y + 2z = 15 \\ 9x + 5y + z = 20 \end{cases}$$

Hierzu bilden wir die erweiterte Matrix.

$$\left(\begin{array}{ccc|c} 4 & 8 & 3 & 10 \\ 5 & 6 & 2 & 15 \\ 9 & 5 & 1 & 20 \end{array}\right)$$

[7] vgl. `https://de.wikipedia.org/wiki/Lineares_Gleichungssystem#Stufenform,_Treppenform`.

Jetzt stellen wir schrittweise die Zeilenstufenform her. Dazu dividieren wir zuerst die erste Zeile durch 4.

$$\left(\begin{array}{ccc|c} 4 & 8 & 3 & 10 \\ 5 & 6 & 2 & 15 \\ 9 & 5 & 1 & 20 \end{array}\right) \to \left(\begin{array}{ccr|c} 1 & 2 & 0,75 & 2,5 \\ 5 & 6 & 2 & 15 \\ 9 & 5 & 1 & 20 \end{array}\right)$$

Warum wir oben durch 4 dividieren, ist leicht einzusehen: Der erste Eintrag der ersten Zeile muss gleich 1 sein, damit wir das 5-fache bzw. 9-fache der ersten Zeile von der zweiten bzw. dritten Zeile abziehen können. Wir wollen ja die Zeilenstufenform herstellen, dazu müssen wir links unten Nullen erzeugen. Dazu nutzen wir die vorher gemachten Beobachtungen.

$$\left(\begin{array}{ccr|r} 1 & 2 & 0,75 & 2,5 \\ 5 & 6 & 2 & 15 \\ 9 & 5 & 1 & 20 \end{array}\right) \to \left(\begin{array}{crr|c} 1 & 2 & 0,75 & 2,5 \\ 0 & -4 & -1,75 & 2,5 \\ 9 & 5 & 1 & 20 \end{array}\right) \to \left(\begin{array}{crr|r} 1 & 2 & 0,75 & 2,5 \\ 0 & -4 & -1,75 & 2,5 \\ 0 & -13 & -5,75 & -2,5 \end{array}\right)$$

Jetzt dividieren wir die zweite Zeile durch -4. Dadurch entsteht als zweiter Eintrag der zweiten Zeile eine 1 und wir können wieder darunter und darüber Nullen erzeugen, auf diese Weise fahren wir fort mit unserer Strategie, die gegebene erweiterte Matrix auf Zeilenstufenform zu bringen.

$$\left(\begin{array}{crr|r} 1 & 2 & 0,75 & 2,5 \\ 0 & -4 & -1,75 & 2,5 \\ 0 & -13 & -5,75 & -2,5 \end{array}\right) \to \left(\begin{array}{crr|r} 1 & 2 & 0,75 & 2,5 \\ 0 & 1 & 0,4375 & -0,625 \\ 0 & -13 & -5,75 & -2,5 \end{array}\right)$$

Nun addieren wir das 13-fache der zweiten Zeile zur dritten und subtrahieren das Doppelte der zweiten Zeile von der ersten.

$$\left(\begin{array}{crr|r} 1 & 2 & 0.75 & 2.5 \\ 0 & 1 & 0.4375 & -0.625 \\ 0 & -13 & -5.75 & -2.5 \end{array}\right) \to \left(\begin{array}{crr|r} 1 & 0 & -0.125 & 3.75 \\ 0 & 1 & 0.4375 & -0.625 \\ 0 & -13 & -5.75 & -2.5 \end{array}\right)$$

$$\left(\begin{array}{crr|r} 1 & 0 & -0.125 & 3.75 \\ 0 & 1 & 0.4375 & -0.625 \\ 0 & -13 & -5.75 & -2.5 \end{array}\right) \to \left(\begin{array}{ccr|r} 1 & 0 & -0.125 & 3.75 \\ 0 & 1 & 0.4375 & -0.625 \\ 0 & 0 & -0.0625 & -10.625 \end{array}\right)$$

Wir sind fast fertig. Nun normieren wir noch die letzte Zeile, indem wir durch $-0{,}0625$ dividieren.

$$\left(\begin{array}{ccr|r} 1 & 0 & -0.125 & 3.75 \\ 0 & 1 & 0.4375 & -0.625 \\ 0 & 0 & -0.0625 & -10.625 \end{array}\right) \to \left(\begin{array}{ccr|r} 1 & 0 & -0.125 & 3.75 \\ 0 & 1 & 0.4375 & -0.625 \\ 0 & 0 & 1 & 170 \end{array}\right)$$

Wir machen genauso weiter wie bisher. Zuerst addieren wir das 0,125-fache der dritten Zeile zur ersten, dann subtrahieren wir das 0,4375-fache der dritten Zeile von der zweiten.

$$\left(\begin{array}{ccc|c} 1 & 0 & -0.125 & 3.75 \\ 0 & 1 & 0.4375 & -0.625 \\ 0 & 0 & 1 & 170 \end{array}\right) \rightarrow \left(\begin{array}{ccc|c} 1 & 0 & 0 & 25 \\ 0 & 1 & 0.4375 & -0.625 \\ 0 & 0 & 1 & 170 \end{array}\right)$$

$$\left(\begin{array}{ccc|c} 1 & 0 & 0 & 25 \\ 0 & 1 & 0.4375 & -0.625 \\ 0 & 0 & 1 & 170 \end{array}\right) \rightarrow \left(\begin{array}{ccc|c} 1 & 0 & 0 & 25 \\ 0 & 1 & 0 & -75 \\ 0 & 0 & 1 & 170 \end{array}\right)$$

Nun haben wir die gegebene erweiterte Matrix erfolgreich in die Zeilenstufenform übergeführt. Nun kann man die erhaltene Matrix wieder als Gleichungssystem schreiben.

$$\begin{cases} 1 \cdot x + 0 \cdot y + 0 \cdot z = x = 25 \\ 0 \cdot x + 1 \cdot y + 0 \cdot z = y = -75 \\ 0 \cdot x + 0 \cdot y + 1 \cdot z = z = 170 \end{cases}$$

Wir kennen nun ein Werkzeug (Algorithmus), mit dem wir ein lineares Gleichungssystem lösen können.[8]

Rätsel 11.4.1: Lineares Gleichungssystem

Wir fanden die Lösungsmenge eines linearen Gleichungssystems, indem wir nach einem Algorithmus vorgegangen sind und dabei brauchten wir nur drei Typen von Operationen. Als kleine Übung soll nun die hier neu eingeführte Methode zum Lösen von linearen Gleichungen auf ein Rätsel angewandt werden. Kannst du es lösen?

$$\begin{cases} 115\,b + 111\,h + 108\,f = 2209 \\ 118\,b + 101\,h + 115\,f = 2214 \\ 111\,b + 114\,h + 116\,f = 2286 \end{cases}$$

$$\begin{cases} 97\,q + 100\,m + 100\,a = 1582 \\ 111\,q + 110\,m + 101\,a = 1748 \\ 116\,q + 111\,m + 101\,a = 1786 \end{cases}$$

$$\begin{cases} 97\,r + 99\,n + 104\,t = 910 \\ 108\,r + 101\,n + 116\,t = 1005 \\ 116\,r + 101\,n + 114\,t = 1019 \end{cases}$$

[8] Wie man das mit SageMath macht, wird später in Abschnitt 11.6 auf Seite 645 gezeigt.

Definition 11.4.1. *Einige, aber nicht alle, quadratischen Matrizen haben Inverse. Für eine Matrix* $A = (a_{i,j})$ *heißt eine Matrix* A^{-1}, *für die*

$$A \cdot A^{-1} = \begin{pmatrix} 1 & 0 & \dots & 0 \\ 0 & 1 & \dots & 0 \\ \vdots & \vdots & \ddots & \vdots \\ 0 & 0 & \dots & 1 \end{pmatrix}$$

ist, die ***Inverse*** *von A. Besitzt A eine Inverse, so sagt man, A ist* ***invertierbar****.*

Falls A eine Inverse besitzt, ist diese Inverse eindeutig und das Produkt $A \cdot A^{-1}$ ergibt dasselbe wie $A^{-1} \cdot A$, unabhängig von der Reihenfolge. Im ganz allgemeinen Fall ist Matrixmultiplikation aber nicht kommutativ.

Natürlich kann man ganz einfach die Inverse einer Matrix mit SageMath ausrechnen lassen, falls sie denn existiert:

```
sage: A=matrix([[0,2,0,0],[3,0,0,0],[0,0,5,0],[0,0,0,7]]); A
[0 2 0 0]
[3 0 0 0]
[0 0 5 0]
[0 0 0 7]
sage: A.inverse()
[  0 1/3   0   0]
[1/2   0   0   0]
[  0   0 1/5   0]
[  0   0   0 1/7]
sage: ~A
[  0 1/3   0   0]
[1/2   0   0   0]
[  0   0 1/5   0]
[  0   0   0 1/7]
sage: B=matrix([[1,0],[0,0]])
sage: B.inverse()
#... lines of error info, ending with:
ZeroDivisionError: matrix must be nonsingular
```

Definition 11.4.2. *Eine* ***Diagonalmatrix*** *ist eine Matrix* $A = (a_{ij})$, *die von Null verschiedene Einträge nur auf der Hauptdiagonalen haben darf, sonst steht überall die Null:* $a_{ij} = 0 \; \forall \, i, j, \; i \neq j$.

Leicht sieht man ein, dass Matrixmultiplikation für Diagonalmatrizen kommutativ ist. Die Operation des Transponierens $A \mapsto A^T$ ist für Diagonalmatrizen trivial, für solche Matrizen gilt immer: $A = A^T$.

Das nächste mathematische Konzept, mit dem wir uns auf unserem Weg hin zum Thema Gitter beschäftigen müssen, sind Vektoren. Man kann Vektoren als Spezialfall von Matrizen auffassen, und zwar Zeilenvektoren als Matrix mit n Spalten und genau einer Zeile oder aber Spaltenvektoren als Matrix mit genau einer Spalte und n Zeilen.

11.5 Vektoren

Eine **skalare** Größe ist ein Maß für eine Größe mit nur einem Freiheitsgrad, z. B. die Temperatur oder die Masse. Ein **Vektor** wird durch mehr als einen Zahlenwert bestimmt. Ein einfaches Beispiel ist die

Geschwindigkeit. Sie hat einen Betrag (wieviel km/h) und eine Richtung, beispielsweise „nach Norden" oder „Südwesten" oder „von Norden aus 10 Grad in westliche Richtung". Natürlich gibt es auch Vektoren mit mehr als zwei Freiheitsgraden. [1] Oft veranschaulichen wir Vektoren durch Pfeile wie in Abb. 11.3. Hier wurde ein Vektor v gezeichnet mit Fuß in $(0, 0)$ und Spitze in $(1, 1)$. Welche Schreibweise wird für solche Pfeile verwendet?

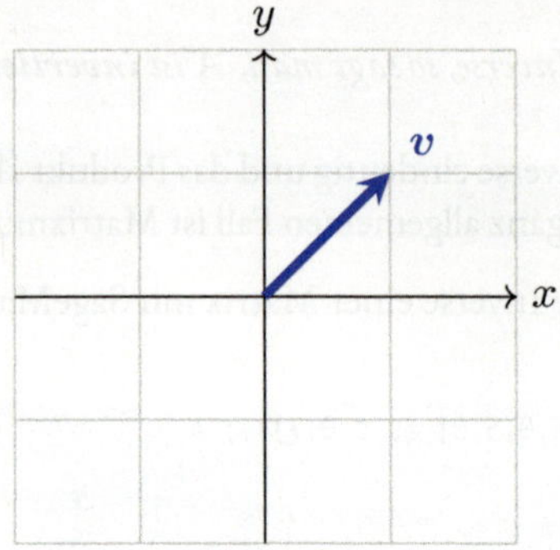

Abb. 11.3: Beispiel eines Vektors

Definition 11.5.1. *Eine gerichtete Strecke von einem Punkt $P(x_1, x_2)$ hin zu einem Punkt $Q(y_1, y_2)$ heißt **Vektor** mit den folgenden Komponenten: $\overrightarrow{PQ} = \overrightarrow{OS} = (s_1, s_2) = (y_1 - x_1, y_2 - x_2)$.*

Der Fußpunkt des Vektors $\overrightarrow{OP} = (x_1, x_2)$ ist der Ursprung[9] $O = (0, 0)$ und der Endpunkt ist $P = (x_1, x_2)$.[10]

Nun wollen wir die Vektoren $\overrightarrow{PQ}$ und $\overrightarrow{RQ}$ mithilfe der drei Punkte $P(0, 1)$, $Q(2, 2)$ und $R(1{,}5, 1{,}5)$ ausdrücken, vgl. Abb. 11.4.

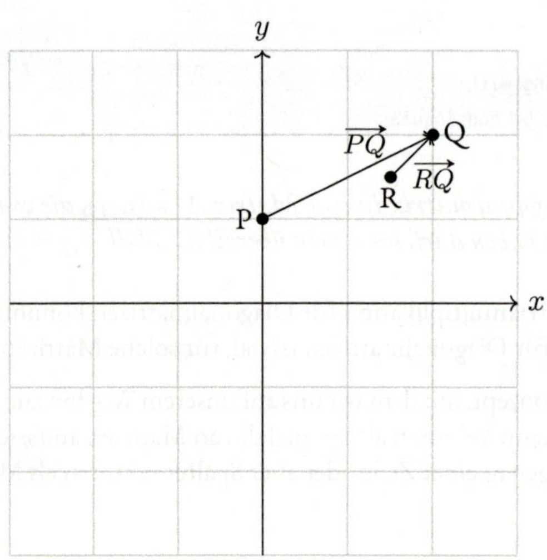

Abb. 11.4: Definition von Vektoren über Anfangs- und Endpunkt

[9] O für engl. „origin", Ursprung

[10] Diese und einige weitere nützliche Definitionen und Notationen stammen aus dem frei erhältlichen Buch „Linear Algebra with Sage" von Sang-Gu Lee [2].

Dies ist nicht schwer, wenn man sich an die Definition hält:

$$\overrightarrow{PQ} = (2 - 0; 2 - 1) = (2; 1)$$

$$\overrightarrow{RQ} = (2 - 1{,}5; 2 - 1{,}5) = (0{,}5; 0{,}5)$$

Darüber hinaus können wir für einen beliebigen Punkt $Z(x, y)$ problemlos den Vektor $\overrightarrow{OZ} = (x - 0, y - 0) = (x, y)$ definieren, der vom Ursprung $O(0, 0)$ zum Punkt Z hinführt. In SageMath kann man sich das zunutze machen, um sich Vektoren berechnen zu lassen.

```
sage: vOP = vector([0,1])
sage: vOQ = vector([2,2])
sage: vOR = vector([1.5,1.5])
sage: vPQ = vOQ - vOP
sage: vRQ = vOQ - vOR
sage: print(vPQ, vRQ)
(2,1) (0.5, 0.5)
```

Diese Ergebnisse können wir leicht nachvollziehen. $\overrightarrow{PQ} = (2; 1)$ bedeutet, vom Punkt P aus zwei Einheiten nach rechts und dann eine Einheit nach oben zu gehen, dann landen wir im Punkt Q. Analog macht man sich klar, dass $\overrightarrow{RQ} = (0{,}5; 0{,}5)$ bedeutet, vom Punkt R aus eine halbe Einheit nach rechts und genauso weit nach oben zu gehen, um zu Q zu gelangen.

Rätsel 11.5.1: Verstecktes ASCII

Hier eine Übung: Finde das berühmte englische Zitat, das in Abb. 11.5 versteckt ist. Tipp: 0xASCII, Vektoren.

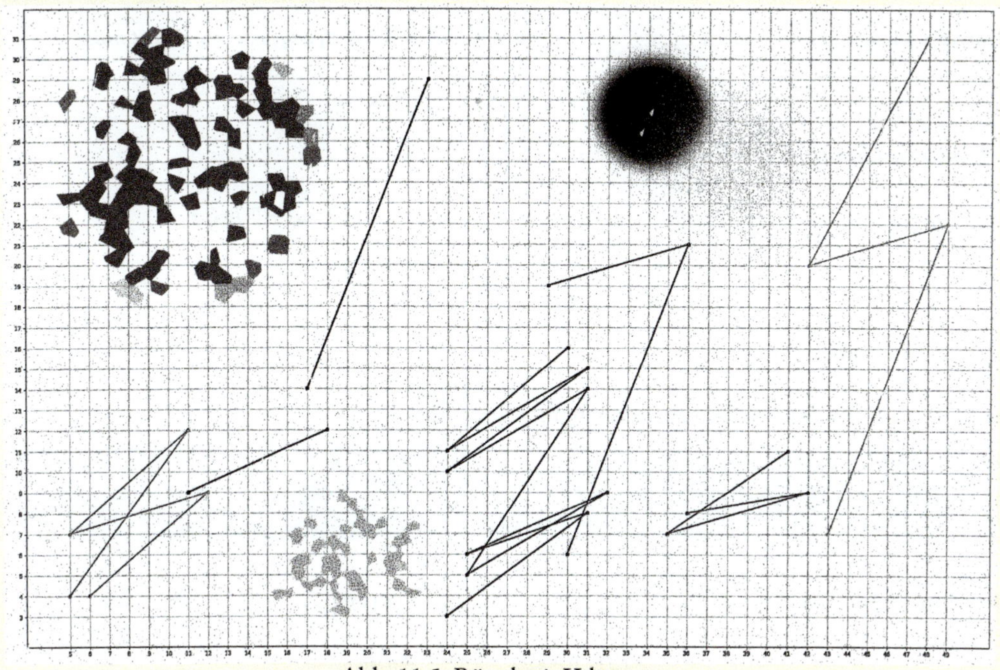

Abb. 11.5: Rätsel mit Vektoren

Definition 11.5.2. ***(Vektoraddition, Multiplikation eines Vektors mit einem Skalar)***

Für zwei Vektoren $x = \begin{bmatrix} x_1 \\ x_2 \end{bmatrix}, y = \begin{bmatrix} y_1 \\ y_2 \end{bmatrix}$ *in* R^2 *und einen Skalar* k*, werden die Summe* $x + y$ *und das Produkt* kx *definiert wie folgt:* $x + y = \begin{bmatrix} x_1 + y_1 \\ x_2 + y_2 \end{bmatrix}$ *und* $kx = \begin{bmatrix} kx_1 \\ kx_2 \end{bmatrix}$.

Definition 11.5.3. *Der* ***Nullvektor*** *ist derjenige Vektor, dessen Komponenten sämtlich gleich* 0 *sind (sein Fußpunkt ist dabei der Ursprung des Koordinatensystems).*

Definition 11.5.4. *Ein* ***geordnetes*** n***-Tupel*** *aus (reellen) Zahlen* $(x_1, x_2, \ldots, x_n)$ *heißt* n*-dimensionaler Vektor und kann geschrieben werden wie folgt:*

$$x = (x_1, x_2, \ldots x_n) = \begin{bmatrix} x_1 \\ x_2 \\ x_3 \\ \ldots \\ x_n \end{bmatrix}$$

Die Zahlen $x_1, x_2, \ldots, x_n$ *heißen* ***Komponenten*** *von* x.

Die Addition n-dimensionaler Vektoren erfolgt komponentenweise, genauso, wie zweidimensionalen Vektoren. Für die Multiplikation eines solchen Vektors mit einem skalaren Faktor gilt dasselbe.

Definition 11.5.5. *Für Vektoren* $v_1, v_2, \ldots, v_k$ *im* $\mathbb{R}^n$ *und Skalare* $c_1, c_2, \ldots, c_k$ *nennt man*

$$x = c_1v_1 + c_2v_2 + \cdots + c_kv_k$$

eine ***Linearkombination*** *der Vektoren* $v_1, v_2, \ldots, v_k$.

Definition 11.5.6. *Für einen gegebenen Vektor* $x = (x_1, x_2, \ldots, x_n)$ *aus* $\mathbb{R}^n$ *heißt*

$$\|x\| = \sqrt{x_1^2 + x_2^2 + \cdots + x_n^2}$$

die ***Norm (oder Länge)*** *von* x.

Man kann die Norm ganz einfach ausrechnen mit SageMath:

```
sage: v = vector([3,6,2])
sage: v.norm()   # square root of (9 + 36  + 4)
7
```

Definition 11.5.7. *Für Vektoren* $x = (x_1, x_2, \ldots, x_n)$, $y = (y_1, y_2, \ldots, y_n)$ *aus* $\mathbb{R}^n$ *heißt*

$$x_1y_1 + x_2y_2 + \cdots + x_ny_n$$

Skalarprodukt *oder* ***inneres (Vektor-)Produkt*** *von* x *und* y *und man schreibt* $x \cdot y$.

Wir werden die drei Definitionen 11.5.8, 11.5.9, und 11.5.10 im weiteren Verlauf zwar nicht brauchen, aber sie sind allgemein bekannte Konsequenzen aus den vorangegangenen Definitionen.

Definition 11.5.8. *Für von Null verschiedene Vektoren* $x = (x_1, x_2, \ldots, x_n), y = (y_1, y_2, \ldots, y_n)$ *in* $\mathbb{R}^n$ *existiert ein Winkel* θ *mit* $0 \leq \theta \leq \pi$ *oder* $0° \leq \theta \leq 180°$ *und* $\frac{x \cdot y}{||x|| \cdot ||y||} = \cos\theta$. *Dann heißt* θ *der* ***Winkel*** *zwischen* x *und* y.

Definition 11.5.9. *Wenn* $x \cdot y = 0$ *gilt, dann sind* x *und* y ***orthogonal****. Falls* x *ein skalares Vielfaches von* y *ist, sind* x *und* y ***parallel****.*

Wie man mit SageMath das Skalarprodukt zweier Vektoren berechnen kann, zeigt das nächste Programmlisting:

```
sage: x = vector([5,4,1,3])
sage: y = vector([6,1,2,3])
sage: x*y
45
sage: x.inner_product(y)
45
```

Man kann entweder das in SageMath übliche Multiplikationszeichen (der Stern) verwenden oder die zweite Variante `inner_product`. Wie man leicht nachrechnet, ist in der Tat $x \cdot y = 5 \cdot 6 + 4 \cdot 1 + 1 \cdot 2 + 3 \cdot 3 = 45$.

Für die Definition des Vektorraumes später müssen wir noch den Begriff des Einheitsvektors einführen.

Definition 11.5.10. *Für einen beliebigen von Null verschiedenen Vektor* $v \in \mathbb{R}^n$ *bezeichnet man* $u = \frac{1}{||v||} \cdot v$ *als* ***Einheitsvektor****. Ein Spezialfall sind hier die Vektoren*

$$e_1 = (1, 0, 0, \ldots, 0), e_2 = (0, 1, 0, \ldots, 0), \ldots, e_n = (0, 0, 0, \ldots, 1),$$

diese heißen ***kanonische Einheitsvektoren****.*

Diese Definition ermöglicht nun die Darstellbarkeit eines jeden Vektors aus $\mathbb{R}^n$ als Linearkombination dieser kanonischen Einheitsvektoren:

$$x = x_1e_1 + x_2e_2 + \cdots + x_ne_n$$

11.6 Gleichungen – Fortsetzung

Wir hatten bereits das Konzept von Matrizen – genauer: Koeffizientenmatrix und erweiterte Matrix, siehe Abschnitt 11.4 auf Seite 637 – eingeführt. Dabei waren wir auch auf das Gaußsche Eliminationsverfahren eingegangen und wie man damit lineare Gleichungssysteme löst.

Nun wollen wir das folgende lineare Gleichungssystem mit SageMath lösen:

$$\begin{cases} 96x_1 + 11x_2 + 101x_3 = 634 \\ 97x_1 + 15x_2 + 99x_3 = 637 \\ 88x_1 + 22x_2 + 100x_3 = 654 \end{cases}$$

Zuerst definieren wir die Koeffizientenmatrix A:

```
sage: A = matrix([[96, 11, 101],[97, 15, 99],[88, 22, 100]])
sage: A
[ 96  11 101]
[ 97  15  99]
[ 88  22 100]
```

Nun schreiben wir die Werte rechts von den Gleichheitszeichen als Vektor b und stellen die erweiterte Matrix auf:

```
sage: b = vector([634, 637, 654])
sage: b
(634, 637, 654)
sage: B = A.augment(b)
sage: B
[ 96  11 101 634]
[ 97  15  99 637]
[ 88  22 100 654]
```

Nun müssen wir nur noch die Zeilenstufenform herstellen. Der Befehl `rref` steht für *reduced row echelon form*.

```
sage: B.rref()
[1 0 0 1]
[0 1 0 3]
[0 0 1 5]
```

Die Lösung ist dann $x_1 = 1, x_2 = 3, x_3 = 5.$

Wir haben bereits die Operationen „Addieren" und „Vervielfachen" (siehe Definition 11.5.2 auf Seite 644 und Definition 11.5.7 auf Seite 644) für Vektoren eingeführt. Dieselben Operationen kann man auch für Matrizen definieren.

Definition 11.6.1. *(Addition) Für zwei Matrizen $A = [a_{ij}]_{m\times n}$ und $B = [b_{ij}]_{m\times n}$ definiert man $A + B$ einfach komponentenweise:*

$$A + B = [a_{ij} + b_{ij}]_{m\times n}$$

Definition 11.6.2. *Für eine Matrix $A = [a_{ij}]_{m\times n}$ und eine reelle Zahl number k definiert man das **skalare Vielfache** kA ebenfalls komponentenweise:*

$$kA = [ka_{ij}]_{m\times n}$$

```
sage: A = matrix([[9,7,0],[0,5,6],[1,3,3]])
sage: B = matrix([[8,5,2],[8,2,2],[0,0,1]])
sage: A
[9 7 0]
[0 5 6]
[1 3 3]
sage: B
[8 5 2]
[8 2 2]
```

```
[0 0 1]
sage: A+B
[17 12  2]
[ 8  7  8]
[ 1  3  4]
sage: A-B
[ 1  2 -2]
[-8  3  4]
[ 1  3  2]
sage: 2*A
[18 14  0]
[ 0 10 12]
[ 2  6  6]
sage: A.row(0)    # get first row of a matrix
(9, 7, 0)
sage: A.column(0)    # get first col of a matrix
(9, 0, 1)
```

Definition 11.6.3. *Für zwei Matrizen $A = [a_{ij}]_{m\times p}$ und $B = [b_{ij}]_{p\times n}$ definieren wir ihr* ***Produkt*** *$AB = [c_{ij}]_{m\times n} = C$ wie folgt:*

$$c_{ij} = a_{i1}b_{1j} + a_{i2}b_{2j} + a_{i3}b_{3j} + \cdots + a_{ip}b_{pj}$$

Bemerkung: Sinnvoll ist das nur, wenn die Anzahl der Spalten des ersten Faktors gleich der Anzahl der Zeilen des zweiten Faktors ist.

```
sage: A*B
[128  59  32]
[ 40  10  16]
[ 32  11  11]
```

Das auf diese Weise definierte Matrixprodukt gibt Anlass zu folgender Beobachtung: Das Skalarprodukt (siehe Definition 11.5.7 auf Seite 644) des i-ten Zeilenvektors von A mit dem j-ten Spaltenvektor von B ist genau der Eintrag c_{ij} der Matrix $C = AB$. Um das zu verdeutlichen, führen wir das Konzept der transponierten Matrix ein:

Definition 11.6.4. *Die* ***Transponierte*** *einer Matrix ist diejenige Matrix, die man erhält, wenn man die Spaltenvektoren der gegebenen Matrix zeilenweise aufschreibt, also für $A = [a_{ij}]_{m\times n}$ dann $A^T = [a_{ji}]_{n\times m}$.*

```
sage: B.transpose() # alternative command doing the same: B.T
[8 8 0]
[5 2 0]
[2 2 1]
```

Mit diesem Trick können wir SageMath die Einträge des Produktes zweier Matrizen auch „zu Fuß“ ausrechnen lassen:

```
sage: for a in A:
....:     for b in B.transpose():
....:         print(a*b)
....:     print()
....:
128
59
32

40
10
16

32
11
11
```

Vorsicht mit der Reihenfolge der *SageMath*-Operatoren:
`A*B.transpose() = A*(B.transpose())` und nicht `(A*B).transpose()`

Bevor wir definieren können, was ein **Gitter** ist, brauchen wir aber noch einige weitere Definitionen. Dazu betrachten wir das folgende Gleichungssystem, für das wir jede der Variablen x, y und z ausdrücken wollen durch die Koeffizienten $a, b, c, d, e, f, g, h, i, r_1, r_2, r_3$.

$$\begin{aligned} ax + by + cz &= r_1 \\ dx + ey + fz &= r_2 \\ gx + hy + iz &= r_3 \end{aligned} \tag{11.6.1}$$

Wir multiplizieren nun die erste Gleichung des Systems 11.6.1 mit $e \cdot i$, die zweite mit $h \cdot c$ und die letzte mit $b \cdot f$.

$$\begin{aligned} aeix + beiy + ceiz &= eir_1 \\ dhcx + ehcy + fhcz &= hcr_2 \\ gbfx + hbfy + ibfz &= bfr_3 \end{aligned} \tag{11.6.2}$$

Wieder ausgehend von 11.6.1 multiplizieren wir die erste Gleichung mit $f \cdot h$, die zweite mit $b \cdot i$ und die dritte mit $c \cdot e$.

$$\begin{aligned} afhx + bfhy + cfhz &= fhr_1 \\ dbix + ebiy + fbiz &= bir_2 \\ gcex + hcey + icez &= cer_3 \end{aligned} \tag{11.6.3}$$

Nun leiten wir eine neue Gleichung ab, indem wir von der Summe der drei Gleichungen aus 11.6.2 die

Summe der drei Gleichungen von System 11.6.3 abziehen:

$$\begin{aligned}(aei + dhc + gbf - afh - dbi - gce) \cdot x + \\ + (bei + ehc + hbf - bfh - ebi - hce) \cdot y + \\ + (cei + fhc + ibf - cfh - fbi - ice) \cdot z = \\ = (ei - fh) \cdot r_1 + (hc - bi) \cdot r_2 + (bf - ce) \cdot r_3\end{aligned}$$

Einige der Koeffizientenprodukte heben sich weg, so dass man vereinfachen kann zu:

$$\begin{aligned}(aei + dhc + gbf - afh - dbi - gce) \cdot x = \\ = (ei - fh) \cdot r_1 + (hc - bi) \cdot r_2 + (bf - ce) \cdot r_3\end{aligned}$$

Nun können wir also x als Term der Koeffizienten vom Anfang ausdrücken bzw. nach x auflösen:

$$x = \frac{(ei - fh) \cdot r_1 + (hc - bi) \cdot r_2 + (bf - ce) \cdot r_3}{aei + dhc + gbf - afh - dbi - gce} \tag{11.6.4}$$

Auf genau dieselbe Weise kann man, wenn man die Koeffizienten, mit denen man die Ausgangsgleichungen multipliziert, richtig wählt, nach x oder z auflösen bzw. x oder y durch die in den Anfangsgleichungen gegebenen Koeffizienten ausdrücken. Es stellt sich die Frage, wie man an dieses Problem herangehen kann, wenn man ein System von 100 Gleichungen mit 100 Variablen hat. Gibt es eine allgemeine, elegante Vorgehensweise, um die vorhandenen Variablen durch die gegebenen Koeffizienten auszudrücken? Diese Frage kann man beantworten mithilfe von **Determinanten** und **Unterdeterminanten** – Begriffe, die einzuführen es nun an der Zeit ist.

Definition 11.6.5. *Eine **Unterdeterminante** M_{ij} einer quadratischen $n \times n$-Matrix A ist diejenige $(n-1) \times (n-1)$-Matrix, die aus A entsteht, wenn man alle Einträge der i-ten Zeile und j-ten Spalte weglässt und die restlichen Einträge abschreibt.*

Beispiel

Wir betrachten eine Matrix $A = \begin{pmatrix} a & b & c \\ d & e & f \\ g & h & i \end{pmatrix}$. Gemäß der Definition von Unterdeterminanten erhalten wir $M_{11} = \left(\begin{smallmatrix} e & f \\ h & i \end{smallmatrix}\right)$, $M_{12} = \left(\begin{smallmatrix} d & f \\ g & i \end{smallmatrix}\right)$ oder $M_{22} = \left(\begin{smallmatrix} a & c \\ g & i \end{smallmatrix}\right)$.

Wenden wir uns nun dem allgemeinen Fall einer $n \times n$-Matrix zu.

$$A = \begin{pmatrix} a_{1,1} & a_{1,2} & a_{1,3} & \cdots & a_{1,j} & \cdots & a_{1,n} \\ a_{2,1} & a_{2,2} & a_{2,3} & \cdots & a_{2,j} & \cdots & a_{2,n} \\ a_{3,1} & a_{3,2} & a_{3,3} & \cdots & a_{3,j} & \cdots & a_{3,n} \\ \cdots & \cdots & \cdots & \cdots & \cdots & \cdots & \cdots \\ a_{i,1} & a_{i,2} & a_{i,3} & \cdots & a_{i,j} & \cdots & a_{i,n} \\ \cdots & \cdots & \cdots & \cdots & \cdots & \cdots & \cdots \\ a_{n,1} & a_{n,2} & a_{n,3} & \cdots & a_{n,j} & \cdots & a_{n,n} \end{pmatrix}$$

Die Unterdeterminante M_{ij} von A ist dann gegeben durch

$$M_{ij} = \begin{pmatrix} a_{1,1} & a_{1,2} & a_{1,3} & \cdots & a_{1,j-1} & a_{1,j+1} & \cdots & a_{1,n} \\ a_{2,1} & a_{2,2} & a_{2,3} & \cdots & a_{2,j-1} & a_{2,j+1} & \cdots & a_{2,n} \\ a_{3,1} & a_{3,2} & a_{3,3} & \cdots & a_{3,j-1} & a_{3,j+1} & \cdots & a_{3,n} \\ \cdots & \cdots & \cdots & \cdots & \cdots & \cdots & \cdots & \cdots \\ a_{i-1,1} & a_{i-1,2} & a_{i-1,3} & \cdots & a_{i-1,j-1} & a_{i-1,j+1} & \cdots & a_{i-1,n} \\ a_{i+1,1} & a_{i+1,2} & a_{i+1,3} & \cdots & a_{i+1,j-1} & a_{i+1,j+1} & \cdots & a_{i+1,n} \\ \cdots & \cdots & \cdots & \cdots & \cdots & \cdots & \cdots & \cdots \\ a_{n,1} & a_{n,2} & a_{n,3} & \cdots & a_{n,j-1} & a_{n,j+1} & \cdots & a_{n,n} \end{pmatrix}.$$

Nun können wir nach den Unterdeterminanten die eigentliche **Determinante** einer Matrix definieren.

Definition 11.6.6. *Gegeben seien eine quadratische Matrix A mit reellen Einträgen und zwei ganze Zahlen* $rin\{1, \ldots, n\}$ *und* $c \in \{1, \ldots, n\}$. *Die* ***Determinante*** *von A, bezeichnet mit* $\det(A) = |A|$, *ist eine reelle Zahl, deren Berechnung aus den Einträgen der Matrix* X *auf verschiedene Weise erfolgen kann. Man sagt, man kann* $\det(A)$ *nach der c-ten Spalte* entwickeln *oder aber nach der* r*-ten Zeile:*

$$\left|A\right| = \sum_{i=1}^{n} (-1)^{i+c} a_{i,c} \left|M_{ic}\right| \qquad \textit{(Entwicklung nach Spalte c)}$$

$$\left|A\right| = \sum_{i=1}^{n} (-1)^{r+i} a_{r,i} \left|M_{ri}\right| \qquad \textit{(Entwicklung nach Zeile r)}$$

Wir wollen nun die Determinanten einer 2×2-Matrix B und einer 3×3-Matrix C ausrechnen, indem wir bei B nach der ersten Zeile und bei C nach der zweiten Spalte entwickeln.

Beispiel Entwicklung nach Zeile 1:

$$det(B) = \begin{vmatrix} a & b \\ c & d \end{vmatrix} = (-1)^{1+1} \cdot a \cdot \left|d\right| + (-1)^{1+2} \cdot b \cdot \left|c\right| = ad - bc$$

Die Betragsstriche in obiger Rechnung bezeichnen hier *nicht* den Betrag der Zahlen d und c, vielmehr stehen sie für die Determinante der 1×1-Matrizen mit dem einzigen Eintrag d bzw. c, also der Unterdeterminanten $d = M_{11}$ und $c = M_{12}$ der Matrix B. Man beachte, dass $\det(x) = x$ für jede 1×1-Matrix mit dem Eintrag x gilt, deshalb gilt oben auch $|d| = d$ und $|c| = c$ im letzten Rechenschritt.

Beispiel Entwicklung nach Spalte 2:

$$
\begin{aligned}
det(C) &= \begin{vmatrix} a & b & c \\ d & e & f \\ g & h & i \end{vmatrix} \\
&= (-1)^{1+2} \cdot b \cdot \begin{vmatrix} d & f \\ g & i \end{vmatrix} + (-1)^{2+2} \cdot e \cdot \begin{vmatrix} a & c \\ g & i \end{vmatrix} + (-1)^{3+2} \cdot h \cdot \begin{vmatrix} a & c \\ d & f \end{vmatrix} \\
&= -b(di - fg) + e(ai - cg) - h(af - cd) = \\
&= aei + dhc + gbf - afh - dbi - gce
\end{aligned}
$$

Die Determinante in diesem Beispiel ist exakt gleich dem Nenner des Terms auf der rechten Seite der Gleichung 11.6.4 auf Seite 649. Wie verhält es sich mit dem Zähler? Wie man leicht nachrechnet, ist der Zähler gleich der Determinante der Matrix $B_1 = \begin{vmatrix} r_1 & b & c \\ r_2 & e & f \\ r_3 & h & i \end{vmatrix}$. Wenn wir Matrizen $B_2 = \begin{vmatrix} a & r_1 & c \\ d & r_2 & f \\ g & r_3 & i \end{vmatrix}$ und $B_3 = \begin{vmatrix} a & b & r_1 \\ d & e & r_2 \\ g & h & r_3 \end{vmatrix}$ definieren, können wir die Lösungen x, y und z des gegebenen linearen Gleichungssystems leicht berechnen:

$$
x = \frac{det(B_1)}{det(C)}, \quad y = \frac{det(B_2)}{det(C)}, \quad z = \frac{det(B_3)}{det(C)} \tag{11.6.5}
$$

Wie man sieht, kann man also lineare Gleichungssystem mithilfe von Determinanten lösen. SageMath erlaubt es, Determinanten und Unterdeterminanten zu berechnen.

```
sage: M = matrix([[1,2,3], [4,5,6], [7,8,9]])
sage: M
[1 2 3]
[4 5 6]
[7 8 9]
sage: M.determinant()
0
sage: det(M)
0
sage: M.det()
0
# consider row 1 and 3, and col 1 and 3 (row 1 has index 0]
sage: M.matrix_from_rows_and_columns([0,2],[0,2])
```

```
[1 3]
[7 9]
```

$$M_{22} = \begin{pmatrix} 1 & 3 \\ 7 & 9 \end{pmatrix}$$

Der Konstruktor `matrix_from_rows_and_columns` akzeptiert zwei Listen als Argumente. Die erste Liste definiert, welche Zeilen einer gegebenen Matrix übernommen werden sollen, die zweite Liste definiert, welche Spalten dabei mitgenommen werden. Eine Unterdeterminante (vgl. Definition 11.6.5) M_{ij} einer $n \times n$-Matrix A erhalten wir so:

```
A.matrix_from_rows_and_columns([0,\dots ,i-1,i+1,\dots
,n-1],[0,\dots ,j-1,j+1,\dots ,n-1])
```

Nachdem wir nun all diese Informationen haben, können wir den Prozess des Lösens eines linearen Gleichungssystems automatisieren.

Als Beispiel betrachten wir folgendes lineares Gleichungssystem:

$$\begin{cases} x + 9y + 3z = 61 \\ 2x + 4y + 8z = 94 \\ 5x + 7y + 6z = 128 \end{cases}$$

Wir schreiben das um als Matrixgleichung:

$$\begin{pmatrix} 1 & 9 & 3 \\ 2 & 4 & 8 \\ 5 & 7 & 6 \end{pmatrix} \cdot \begin{pmatrix} x \\ y \\ z \end{pmatrix} = \begin{pmatrix} 61 \\ 94 \\ 128 \end{pmatrix}$$

Wir lösen diese Gleichung mit SageMath:

```
sage: M = matrix([[1,9,3], [2,4,8], [5,7,6]])
sage: M
```

$$\begin{pmatrix} 1 & 9 & 3 \\ 2 & 4 & 8 \\ 5 & 7 & 6 \end{pmatrix}$$

```
sage: r = matrix([[61],[94],[128]])
sage: r
```

$$\begin{pmatrix} 61 \\ 94 \\ 128 \end{pmatrix}$$

```
sage: M.solve_right(r)
```

$$\begin{pmatrix} 13 \\ 3 \\ 7 \end{pmatrix}$$

Das liefert schließlich die Lösung $x = 13, y = 3$ und $z = 7$.

Rätsel 11.6.1: Leetspeak

Alice und Bob haben sich ein interessantes (aber unsicheres) Verschlüsselungsverfahren ausgedacht. Alice generiert n Gleichungen mit n Variablen und schickt sie über einen unsicheren Kanal an Bob. Sie verschickt zwei Pakete. Das erste Paket besteht aus der Koeffizientenmatrix. Das zweite besteht aus der rechten Seite der Matrixgleichung, allerdings mit in der Reihenfolge vertauschten Einträgen. Der von Bob und Alice geteilte geheime Schlüssel besteht aus der Kenntnis der ursprünglichen Reihenfolge der Werte auf der rechten Seite des gegebenen Gleichungssystems.

In Kenntnis des geheimen Schlüssels kann Bob die rechte Seite in der richtigen Reihenfolge wiederherstellen und damit die Unbekannten bestimmen. Anschließend multipliziert er die erhaltenen Lösungen und erhält eine Zahl. Diese liest er dann in `Leetspeak`. *Das Wort* `sage` *in Leetspeak ist z. B.* `5463`.

Eve fing folgende zwei Pakete P_1 und P_2 ab:

$$P_1 = \begin{pmatrix} 33 & 79 & 29 & 41 & 47 \\ 79 & 27 & 39 & 79 & 44 \\ 90 & 83 & 58 & 1 & 90 \\ 38 & 32 & 13 & 15 & 96 \\ 72 & 82 & 88 & 83 & 23 \end{pmatrix} \; ; \; P_2 = [\,73\,300,\ 167\,887,\ 243\,754,\ 254\,984,\ 458\,756\,]$$

Kannst du die Originalnachricht finden?

11.7 Vektorräume

Wir müssen jetzt einen weiteren wichtigen Baustein der Linearen Algebra – *den Vektorraum* – einführen. Hier folgt dessen Definition, wie man sie in jedem gängigen Erstsemesterbuch zur Linearen Algebra findet:

Definition 11.7.1. *Ein* ***Vektorraum*** *über den reellen Zahlen $\mathbb{R}$ besteht aus einer Menge V und zwei Operationen $\oplus$ und $\odot$, die folgende Bedingungen/Axiome erfüllen bzw. Eigenschaften haben:*

1. *Abgeschlossenheit bzgl. der Addition:* $\forall \vec{x}\, \forall \vec{y} \in V : \vec{x} \oplus \vec{y} \in V$
2. *Kommutativität der Addition:* $\forall \vec{x}\, \forall \vec{y} \in V : \vec{x} \oplus \vec{y} = \vec{y} \oplus \vec{x}$
3. *Assoziativität bzgl. der Addition:* $\forall \vec{x}\, \forall \vec{y}\, \forall \vec{z} \in V : (\vec{x} \oplus \vec{y}) \oplus \vec{z} = \vec{x} \oplus (\vec{y} \oplus \vec{z})$
4. *Existenz eines neutralen Elements bzgl. der Addition:* $\exists\, \vec{o} \in V : (\forall \vec{x} \in V : \vec{x} \oplus \vec{o} = \vec{x})$
   Wir nennen $\vec{o}$ den Nullvektor.
5. *Existenz der additiven Inversen:* $\forall \vec{x} \in V\, \exists \vec{y} \in V : \vec{x} \oplus \vec{y} = \vec{o}$
   Wir nennen $\vec{y}$ das additive Inverse *von $\vec{x}$ und umgekehrt.*

6. *Abgeschlossenheit bzgl. der Skalarmultiplikation:* $\forall r \in \mathbb{R}, \forall \vec{x} \in V : r \odot \vec{x} \in V$
7. *Distributivität 1:* $\forall r, s \in \mathbb{R}, \forall \vec{x} \in V : (r + s) \odot \vec{x} = r \odot \vec{x} \oplus s \odot \vec{x}$
8. *Distributivität 2:* $\forall r \in \mathbb{R}, \forall \vec{x}, \vec{y} \in V : r \odot (\vec{x} \oplus \vec{y}) = r \odot \vec{x} \oplus r \odot \vec{y}$
9. *Assoziativität:* $\forall r, s \in \mathbb{R}, \forall \vec{x} \in V : (rs) \odot \vec{x} = r \odot (s \odot \vec{x})$
10. *neutrale Wirkung der Multiplikation mit* 1: $\forall \vec{x} \in V : 1 \odot \vec{x} = \vec{x}$

Normalerweise wird das Zeichen $\odot$ nicht für die skalare Multiplikation verwendet, sondern einfach nur der normale Malpunkt bzw. gar kein Punkt. Manchmal allerdings, wie in der obigen Definition, will man hervorheben, dass die skalare Multiplikation eine Abbildung von $\mathbb{R} \times V$ nach V ist, wohingegen die „normale" Multiplikation etwas anderes ist, und zwar eine Abbildung von $\mathbb{R} \times \mathbb{R}$ nach $\mathbb{R}$. Desweiteren kann es zu Verwechslungen kommen, wenn man für die Multiplikation eines Vektors mit einer Zahl/einem Skalar dasselbe Multiplikationszeichen verwendet wie für das Skalarprodukt zweier Vektoren (vgl. S. 644). Bei komplexeren Formeln, die beide Arten von Produkten enthalten, muss man also etwas aufpassen.

Die Menge der Skalare kann auch größer als $\mathbb{R}$ sein, etwa $\mathbb{C}$. Außerdem kann man die Definition des Vektorraums auch auf kleinere Mengen, vor allem $\mathbb{Z}$, übertragen. In diesem Fall – wenn die Menge der Skalare einen sog. *Ring*[11] bilden und keinen sog. *Körper* – nennt man so eine Struktur nicht Vektorraum, sondern *Modul*. Unsere Vektoren, ebenso wie unsere Wahl der Operationen $\oplus$ und $\odot$ spielen eine wichtige Rolle, unabhängig davon, ob ein Vektorraum vorliegt oder nur ein Modul.

Beispiel Es sei M die Menge aller 2×2-Matrizen mit reellen Einträgen, weiter $\oplus$ die normale Matrizenaddition, also

$$\begin{pmatrix} a_1 & a_2 \\ a_3 & a_4 \end{pmatrix} \oplus \begin{pmatrix} b_1 & b_2 \\ b_3 & b_4 \end{pmatrix} = \begin{pmatrix} a_1 + b_1 & a_2 + b_2 \\ a_3 + b_3 & a_4 + b_4 \end{pmatrix}.$$

Wir wählen für die Operation $\odot$ die bereits bekannte skalare Multiplikation der Matrizen, also

$$r \odot \begin{pmatrix} a_1 & a_2 \\ a_3 & a_4 \end{pmatrix} = \begin{pmatrix} ra_1 & ra_2 \\ ra_3 & ra_4 \end{pmatrix}.$$

Es ist leicht nachzuprüfen, dass damit alle Vektorraumaxiome erfüllt sind, dabei ist das neutrale Element bezüglich $\oplus$ gegeben durch $\left(\begin{smallmatrix} 0 & 0 \\ 0 & 0 \end{smallmatrix}\right)$.

Beispiel Die Menge P aller Polynome mit reellen Koeffizienten ist ein Vektorraum, wenn man für $\oplus$ die normale Addition zugrunde legt und den Operator $\odot$ definiert über $r \odot (\sum a_i x^i) := \sum r a_i x^i$. Z. B. für $a_i, b_i, r \in \mathbb{R}$ gilt:

$$\begin{aligned} (a_0 + a_1 x + \cdots + a_n x^n) &\oplus (b_0 + b_1 x + \cdots + b_n x^n) = \\ &= (a_0 + b_0) + (a_1 + b_1)x + \cdots + (a_n + b_n)x^n \\ r \odot (a_0 + a_1 x + \cdots + a_n x^n) &= (ra_0) + (ra_1)x + \cdots + (ra_n)x^n \end{aligned}$$

[11] Wir wollen hier nicht ins Detail gehen und Ringe und Körper axiomatisch definieren. Im Prinzip ist ein Körper so etwas wie $\mathbb{R}$ und ein Ring so etwas wie $\mathbb{Z}$. Der Hauptunterschied ist, dass ein Körper für jedes von Null verschiedene Element ein Inverses besitzt, ein Ring hingegen nicht unbedingt.

Definition 11.7.2. *Für jeden Vektorraum V mit Operationen $\oplus$ und $\odot$ heißt eine Teilmenge U von V* ***Untervektorraum*** *oder kurz* ***Unterraum*** *von V, wenn U selbst ein Vektorraum ist mit derselben Menge von Skalaren und den geerbten Operationen $\oplus$ und $\odot$. Das bedeutet, dass U abgeschlossen ist unter $\oplus$ und $\odot$.*

Beispiel Ein **trivialer Unterraum** von $\mathbb{R}^2$ ist die einelementige Menge $\{(0,0)\}$, die nur aus dem Nullvektor besteht.

Beispiel Sei C_u der Vektorraum von kubischen Polynomen

$$C_\text{u} = \{a + bx + cx^2 + dx^3 \mid a, b, c, d \in \mathbb{R}\}$$

und L_i der Vektorraum von linearen Polynomen $L_\text{i} = \{e + fx \mid e, f \in \mathbb{R}\}$. Dann gilt: L_i ist ein Untervektorraum von C_u.

Definition 11.7.3. *Das* ***Erzeugnis*** *oder auch der* ***Span*** *oder manchmal auch der* ***Abschluss*** *einer nichtleeren Teilmenge S eines Vektorraumes V ist die Menge aller Linearkombinationen von Vektoren aus S.*

Kurz gesagt, der Span einer Teilmenge eines Vektorraumes V kann ausgedrückt werden wie folgt:

$$span(S) = \{c_1\vec{v_1} \oplus \cdots \oplus c_n\vec{v_n} \mid c_i \in \mathbb{R},\ \vec{v_i} \in S\}$$

Man mache sich klar, dass S selbst kein Unterraum sein muss, aber $\text{span}(S)$ ist per Definition immer ein Untervektorraum von V. Wenn $\text{span}(S) = U$ ist, sagt man, „S erzeugt U" oder auch „S spannt U auf".

Beispiel Für jeden von Null verschiedenen Vektor $\vec{x} \in \mathbb{R}^3$ ist das Erzeugnis von $\vec{x}$ eine „Gerade durch den Ursprung", genauer, ein ein-dimensionaler Unterraum, der den Nullvektor enthält. Wir erinnern daran, dass ein Punkt (z. B. der Ursprung) genau genommen zu unterscheiden ist von einem Vektor (z. B. dem Nullvektor).

Beispiel Wir definieren $S = \{\left(\begin{smallmatrix}2\\2\end{smallmatrix}\right), \left(\begin{smallmatrix}2\\-2\end{smallmatrix}\right)\}$. Wir werden zeigen, dass $\text{span}(S) = \mathbb{R}^2$ gilt.

Wenn das der Fall ist, kann man jeden Vektor $\left(\begin{smallmatrix}x\\y\end{smallmatrix}\right) \in \mathbb{R}^2$ ausdrücken als Linearkombination von Vektoren aus S. Also existieren $r_1, r_2 \in \mathbb{R}$, so dass gilt:

$$r_1 \cdot \begin{pmatrix}2\\2\end{pmatrix} + r_2 \cdot \begin{pmatrix}2\\-2\end{pmatrix} = \begin{pmatrix}x\\y\end{pmatrix}$$

Also können wir jeden möglichen Vektor $\left(\begin{smallmatrix}x\\y\end{smallmatrix}\right) \in \mathbb{R}^2$ darstellen, indem wir r_1 und r_2 so wählen, dass $r_1 = \frac{x+y}{4}$ und $r_2 = \frac{x-y}{4}$ ist. Zum Beispiel für $x = 9$ und $y = 1$ ergibt sich $r_1 = \frac{5}{2}$ und $r_2 = 2$.

$$\frac{5}{2} \cdot \begin{pmatrix}2\\2\end{pmatrix} + 2 \cdot \begin{pmatrix}2\\-2\end{pmatrix} = \begin{pmatrix}5\\5\end{pmatrix} + \begin{pmatrix}4\\-4\end{pmatrix} = \begin{pmatrix}9\\1\end{pmatrix}$$

Das obige Beispiel ist eine Möglichkeit, den $\mathbb{R}^2$ aufzuspannen. Kann man $\mathbb{R}^2$ auch mit drei oder mehr Vektoren aufspannen? Das geht ganz einfach, wenn man ein Element aus der Menge der Erzeuger doppelt in die Menge schreibt: $\{\left(\begin{smallmatrix}2\\2\end{smallmatrix}\right), \left(\begin{smallmatrix}2\\-2\end{smallmatrix}\right), \left(\begin{smallmatrix}1\\-1\end{smallmatrix}\right)\}$ Aber kann man den $\mathbb{R}^2$ auch mit einem Vektor allein aufspannen? Die Antwort ist natürlich nein, weil ein Vektor alleine nur einen ein-dimensionalen Raum aufspannen kann.

Definition 11.7.4. *Eine Teilmenge eines Vektorraums heißt* ***linear unabhängig****, wenn keines seiner Elemente eine Linearkombination der anderen ist. Andernfalls sind die Vektoren der gegebenen Menge* ***linear abhängig****.*

Definition 11.7.5. *Eine* ***Basis*** *eines Vektorraumes V ist eine Menge $B \subseteq V$, deren Vektoren linear unabhängig sind und die V aufspannen. Falls $|B| = n$ ist für eine natürliche Zahl n, nennt man n die* ***Dimension*** *von V. Für $|B| = \infty$ ist das Konzept der Dimension ebenfalls definiert, aber die Theorie dahinter ist etwas komplizierter aufgrund der verschiedenen „Arten" der Kardinalität unendlicher Mengen. Wir verzichten hier auf die Details.*

Beispiel Wir haben bereits gezeigt, dass die Menge $\{\binom{2}{2}, \binom{2}{-2}\}$ eine Basis des $\mathbb{R}^2$ ist. Eine andere Basis ist $\{\binom{1}{0}, \binom{0}{1}\}$.

Beispiel Wir können für jedes $n \in \mathbb{N}$ sofort eine Basis ξ_n des $\mathbb{R}^2$ angeben:

$$\xi_n = \left\{ \begin{pmatrix} 1 \\ 0 \\ 0 \\ \vdots \\ 0 \end{pmatrix}, \begin{pmatrix} 0 \\ 1 \\ 0 \\ \vdots \\ 0 \end{pmatrix}, \ldots, \begin{pmatrix} 0 \\ 0 \\ 0 \\ \vdots \\ 1 \end{pmatrix} \right\} =: \{e_1, \ldots, e_n\}$$

Diese spezielle Basis heißt die **kanonische** Basis oder Standardbasis des $\mathbb{R}^n$.

Jede invertierbare Matrix $B = (b_{ij})$ induziert eine Abbildung von dieser Standardbasis auf eine andere Basis, gegeben durch $\{b_1, \ldots, b_n\}$ mit $b_i = \begin{pmatrix} b_{1i} \\ \vdots \\ b_{ni} \end{pmatrix}$, das heißt, jede Spalte der Matrix B kann als Bild des entsprechenden kanonischen Basisvektors aufgefasst werden. Mit Matrizenmultiplikation kann man dann $B \cdot e_i = b_i$ schreiben.

Ein Spezialfall von Abbildungen zwischen Basen sind Permutationen. Wenn wir lediglich die Reihenfolge der kanonischen Basisvektoren e_i vertauschen, nennt man das **Permutation** und die zugehörige Matrix enthält nur die Einträge 0 oder 1, wobei die 1 pro Zeile und Spalte genau einmal auftritt. Beispielsweise wird die Abbildung, die e_1 auf e_3, e_3 auf e_2 und e_2 auf e_1 abbildet, durch die folgende Matrix dargestellt.

$$\begin{pmatrix} 0 & 1 & 0 \\ 0 & 0 & 1 \\ 1 & 0 & 0 \end{pmatrix}$$

So eine Matrix heißt Permutationsmatrix. In der reinen Algebra ist die übliche Notation für Permutationen ein Tupel mit paarweise verschiedenen Einträgen in runden Klammern. Z. B. bedeutet $(1, 3, 2)$, dass das erste Element einer in einer festen Reihenfolge vorliegenden Menge auf das dritte Element abgebildet wird, das dritte auf das zweite und das zweite auf das erste. Diese Notation wird auch von SageMath verwendet: `[1,3,2]` Allerdings ist Vorsicht angebracht, denn manchmal wird das Tupel $(1, 3, 2)$ auch so interpretiert, dass das erste Element auf das erste, das zweite Element auf das dritte und das dritte Element auf das zweite abgebildet werden soll.

```
sage: Permutation([3, 1, 2])
[3, 1, 2]
```

```
sage: per=Permutation((1,3,2))
sage: per  # alternative: per.show() displays the permutation as a drawing
[3, 1, 2]
sage: per.reverse()  # not available: per.transpose() and per.T
[2, 1, 3]
sage: per.inverse()
[2, 3, 1]
sage: per.complement()
[1, 3, 2]
sage: matrix(per)
[0 1 0]
[0 0 1]
[1 0 0]
sage: grelt=PermutationGroupElement([1,3,2])
sage: grelt.matrix()
[1 0 0]
[0 0 1]
[0 1 0]
```

Eine interessante Beobachtung in diesem Zusammenhang ist, dass die Inverse einer gegebenen Permutationsmatrix identisch ist mit der Transponierten dieser Matrix:

```
sage: matrix(per).inverse()==matrix(per).T
True
```

Rätsel 11.7.1: Vektorraum

Inspiriert vom Konzept der Vektorraumbasen erfinden Alice und Bob ein weiteres Kryptosystem. Dieses Mal verwenden Sie eine Codierung encode*, die in einem ersten Schritt jedem Buchstaben eine vorher festgelegte Zahl zuordnet, und zwar die Nummer dieses Buchstabens im englischen Alphabet. Beispielsweise wird das Wort* ***Bob*** *zu* `[2,15,2]`.
Alice und Bob wählen dann einen Satz privater Schlüssel K, die beiden vorher bekannt sind. Abhängig von der Länge der zu verschlüsselnden Nachricht werden verschiedene Schlüssel verwendet. Wir bezeichnen den Schlüssel $k_m \in K$ als einen Schlüssel, der Nachrichten den Länge m verschlüsseln soll. Jeder Schlüssel k_m ist eine $m \times m$-Matrix, die wie folgt erzeugt wird:

- *Jeder Eintrag ist entweder gleich Null oder aber eine Primzahl zwischen 100 und 999.*
- *Die Zeilenvektoren der Matrix sind linear unabhängig.*
- *Es gibt genau m von Null verschiedene Einträge.*

Das Prozedere bei der Verschlüsselung E einer Nachricht M der Länge m ist nun offensichtlich:

1. *Alice codiert M und erhält die codierte Nachricht* $\text{encode}(M)$.
2. *Alice verschlüsselt* $\text{encode}(M)$ *mit dem passenden Schlüssel k_m, also*

$$E(\text{encode}(M), k_m) = k_m \cdot \text{encode}(M).$$

3. *Die Nachricht $E(\text{encode}(M), k_m)$ wird über einen unsicheren Kanal an Bob verschickt.*

Fortsetzung des Rätsels 11.7.1

Bob entschlüsselt mit der Funktion D anschließend die Nachricht $E(\text{encode}(M), k_m)$, indem er folgende Schritte ausführt:

1. *Die Länge der verschlüsselten Nachricht definiert eindeutig den Schlüssel k_m, den Bob benutzen muss.*
2. *Bob konstruiert den für die Entschlüsselung nötigen Schlüssel d_m, indem er jeden von Null verschiedenen Eintrag von k_m durch seinen Kehrwert ersetzt.*
3. *Anschließend entschlüsselt Bob durch $D(E(\text{encode}(M), k_m)) = E(\text{encode}(M), k_m) \cdot d_m$.*
4. *Bob muss nun nur noch die Codierung rückgängig machen, um die Originalnachricht zu erhalten.*

Kann man die Korrektheit dieses Verschlüsselungsverfahrens verifizieren? Ist dieses Vorgehen sinnvoll und warum bzw. warum nicht? Wie lautet der Klartext, der zu folgendem verschlüsselten „Wort" gehört?
(6852, 3475, 17 540, 3076, 12 217, 6383, 745, 1347, 661, 6088,
15 354, 2384, 2097, 11 415, 3143)

Bemerkung zu Schritt 3 von Bob in der Rätsel 11.7.1:
Die Matrix d_m ist nicht die Inverse von k_m. Die Matrix k_m kann man schreiben als Produkt $k_m = P \cdot D$ mit einer Diagonalmatrix D und einer Permutationsmatrix P. Dann gilt $k_m^{-1} = (P \cdot D)^{-1} = D^{-1} \cdot P^{-1} = D^{-1} \cdot P^T$. Wenn man nun die Matrix d_m konstruiert, indem man in k_m jeden von Null verschiedenen Eintrag durch seinen Kehrwert ersetzt, erhält man $d_m = P \cdot D^{-1}$. Wenn man nun die transponierte Matrix d_m^T betrachtet, hat man $d_m^T = (P \cdot D^{-1})^T = (D^{-1})^T \cdot P^T = D^{-1} \cdot P^{-1} = (P \cdot D)^{-1} = k_m^{-1}$. Anstatt die Matrix d_m^T von links auf einen Spaltenvektor anzuwenden, kann man genauso gut die Matrix d_m von rechts auf einen Zeilenvektor anwenden, da ja für Matrizen A und Spaltenvektoren v und b ganz allgemein folgende Äquivalenz gilt: $Av = b \Leftrightarrow (Av)^T = b^T \Leftrightarrow v^T A^T = b^T$. Das entspricht der Notation von oben, wobei bei der Verschlüsselung $E(\text{encode}(M), k_m) = k_m \cdot \text{encode}(M)$ bedeutet, dass sowohl $k_m \cdot \text{encode}(M)$ als auch $\text{encode}(M)$ wie Spaltenvektoren behandelt werden wohingegen bei der Entschlüsselung d_m rechts von $E(\text{encode}(M), k_m)$ steht, so dass in diesem Fall $E(\text{encode}(M), k_m)$ und $E(\text{encode}(M), k_m) \cdot d_m$ als Zeilenvektoren aufgefasst werden.

11.8 Gitter

Nun haben wir alles beisammen, was wir für die Einführung von Gittern brauchen.

Definition 11.8.1. *Es seien $v_1, \ldots, v_n \in \mathbb{Z}^m$ mit $m \geq n$ linear unabhängige Vektoren. Ein **ganzzahliges Gitter** L ist dann die Menge aller „ganzzahligen" Linearkombinationen aus $\{v_1, \ldots, v_n\}$, also:*

$$L = \left\{ v \in \mathbb{Z}^m \mid v = \sum_{i=1}^{n} a_i v_i,\ a_i \in \mathbb{Z} \right\} \tag{11.8.1}$$

Bemerkung: **Linearkombination** bedeutet hier, dass alle a_i ganzzahlig sind. **Ganzzahliges Gitter** setzt voraus, dass alle v_{ij} (die Komponenten der Vektoren v_i) ganze Zahlen sind, so dass alle Punkte im unendlichen Graphen ganzzahlige Koordinaten haben.

SageMath benutzt den Begriff **integrales Gitter** (integral lattice), in der deutschsprachigen Literatur **ganzes Gitter**, der etwas allgemeiner gefasst ist. Grob gesagt müssen dabei die Komponenten der Vektoren $v_1, \ldots, v_n$ nicht unbedingt aus $\mathbb{Z}$ stammen, sondern können auch reell sein, gleichzeitig sind aber nur Linearkombinationen $\sum_{i=1}^{n} a_i v_i$ mit ganzzahligen Koeffizienten $a_i \in \mathbb{Z}$ erlaubt. Ein ganzzahliges Gitter ist natürlich auch ganz/integral, aber nicht unbedingt umgekehrt.

Die Menge der Vektoren $B = \{v_1, \ldots, v_n\}$ heißt **Basis des Gitters** bzw. **Gitterbasis** des Gitters L. Man sagt auch, $L = L(B)$ wird von den Vektoren der Basis aufgespannt.

Wir definieren die **Dimension** von L zu $\dim(L) := n$.

Für den Fall $n = m$ kann man auf kanonische Weise eine quadratische Matrix aus den Basisvektoren eines Gitters konstruieren, indem man sie zeilenweise oder spaltenweise aufschreibt. Wenn wir die auf diese Weise gebildete Matrix M nennen, können wir das Produkt $M \cdot M^T$ bilden, welches als **Gram-Matrix** von L bezeichnet wird. Wenn diese Gram-Matrix nur ganzzahlige Einträge hat, liegt ein integrales/ganzes Gitter vor. Wir wollen hier nicht weiter ins Detail gehen, denn dann müssten wir weiteres mathematisches Rüstzeug einführen wie quadratische Formen oder symmetrische Bilinearformen, das sind Verallgemeinerungen des auf Seite 644 definierten Skalarprodukts.

Das Beispiel aus Abb. 11.6a zeigt ein zwei-dimensionales Gitter mit

$$B_a = \{v_1, v_2\} = \{(1,2), (-1,1)\},$$

wohingegen das Beispiel von Abb. 11.6b ein zwei-dimensionales Gitter mit

$$B_b = \{v_1, v_2\} = \{(-1,-2), (-1,-1)\}.$$

zeigt.

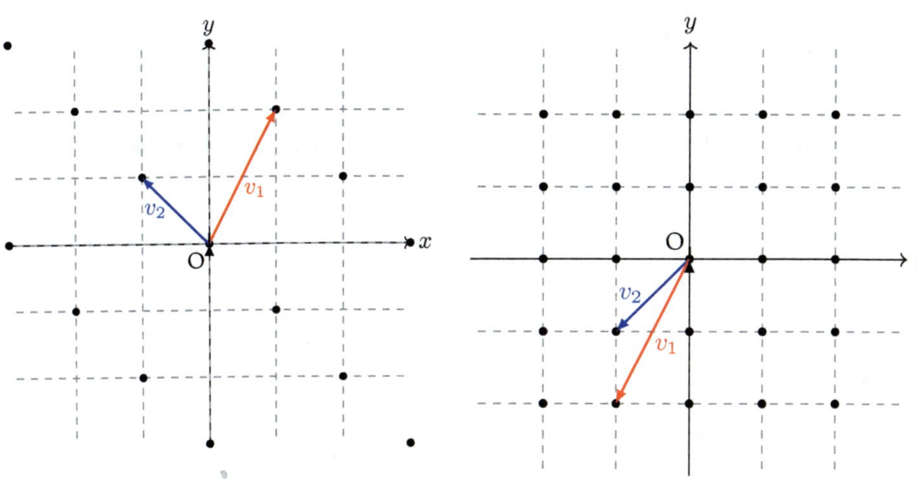

(a) Ein zwei-dimensionales Gitter mit Basis B_a

(b) Ein zwei-dimensionales Gitter mit Basis B_b

Abb. 11.6: Beispiel von Gittern mit verschiedener Basis

Schauen wir uns an, wie man mit *SageMath* ein Gitter konstruiert:

```
sage: M = matrix(ZZ, [[1,2], [-1,1]])
sage: M
```

$$\begin{pmatrix} 1 & 2 \\ -1 & 1 \end{pmatrix}$$

Nun kann man prüfen, ob ein gegebener Punkt (z_1, z_2) zum Gitter gehört. Wenn $(z_1, z_2) \in L$ enthalten ist, dann auch im Span von M.[12]

```
# The span of a matrix in SageMath is by default the span of the row
# vectors of the matrix.
sage: vector([1,1]) in span(M)
False

sage: vector([1,2]) in span(M)  # true because [1,2]=1*x+0*y
True

sage: vector([-1,2]) in span(M)
False

sage: vector([-101,5]) in span(M)
True
```

Was müssen wir in SageMath eingeben, wenn wir die konkrete Linearkombination angezeigt bekommen möchten, die zum Punkt (z_1, z_2) führt? Wir wollen also wissen, welche ganzzahligen Vielfachen der Basisvektoren `x=[1,2]` und `y=[-1,1]` man braucht, um z zu erhalten.

```
sage: M.solve_left(vector([-101,5]))
(-32, 69)
```

Probe:

```
sage: -32*M[0] + 69*M[1]
(-101, 5)
```

Wir können dasselbe Gitter auch mit anderen Basen aufspannen. Dazu nehmen wir z. B. die Matrix $M2$ wie folgt:

```
sage: M2 = matrix(ZZ, [[1,2], [0,3]])
sage: M2
```

$$\begin{pmatrix} 1 & 2 \\ 0 & 3 \end{pmatrix}$$

Die Identität des Erzeugnisses von M und $M2$ kann man mit dem `span`-Befehl von SageMath vergleichen.

```
sage: span(M) == span(M2)
True
```

Auf Seite 703 findet man Screenshots aus CT2, die verschiedene Gitter zeigen.

[12] Der Span einer Matrix ist in SageMath das Erzeugnis der Zeilenvektoren dieser Matrix.

11.8.1 Das Merkle-Hellman-Kryptosystem

Zuerst definieren wir die nötigen Fachbegriffe, bevor wir uns dem Merkle-Hellman-Kryptosystem widmen, welches auf sog. Rucksackproblemen (engl. „knapsack") aufsetzt. Der Begriff *Knapsack* ist auch in der deutschsprachigen Fachliteratur üblich. Zwar nicht auf deutsch, aber doch sehr umfassend, kann man mehr dazu in [3, Seite 472 ff] nachlesen.

Definition 11.8.2. *Eine Menge paarweise verschiedener positiver natürlicher Zahlen heißt* ***Knapsack****. Wenn man diese Menge der Größe nach aufsteigend anordnet und jede der beteiligten Zahlen dabei echt größer ist, als die Summe aller vorhergehenden, spricht man von einem* ***superansteigenden*** *Knapsack.*

Rätsel 11.8.1: Superwachsende Knapsacks

Inspiriert durch die Definition eines superansteigenden Knapsacks haben sich Alice und Bob ein weiteres, leider auch unsicheres Kryptosystem ausgedacht. Kannst du das Wort, das in der abgefangenen Nachricht, die aus der hier gezeigten Zahlenkolonne besteht, versteckt ist, finden? Hinweis: Ist der Knapsack wirklich superwachsend? Warum bzw. warum nicht? Jede Zahl codiert ein geheimes Bit. (In einer besser herauskopierbaren Fassung findest du die Zahlenkolonne auch in einer Textdatei. Der Link zur zip-Datei dazu ist auf Seite 885 zu finden.)

0, 0, 1, 2, 3, 6, 12, 25, 49, 98, 197, 394, 787, 1574, 3148, 6296,
12 593, 25 185, 50 371, 100 742, 201 484, 402 967, 805 935, 1 611 870,
3 223 740, 6 447 479, 12 894 959, 25 789 918, 51 579 835, 103 159 670,
206 319 340, 412 638 681, 825 277 361, 1 650 554 722, 3 301 109 445,
6 602 218 890, 13 204 437 779, 26 408 875 558, 52 817 751 117, 105 635 502 233,
211 271 004 467, 422 542 008 933, 845 084 017 867, 1 690 168 035 734,
3 380 336 071 467, 6 760 672 142 934, 13 521 344 285 869, 27 042 688 571 737,
54 085 377 143 475

Das **Merkle-Hellman-Kryptosystem** ist ein **asymmetrisches** Kryptosystem, das es theoretisch auf den ersten Blick gestattet, geheime Informationen über einen unsicheren Kanal zu senden.

Es besteht aus zwei Knapsackschlüsseln:

- Der öffentliche Schlüssel, der **nur** für die **Ver**schlüsselung genutzt wird. Dieser wird als **harter** Knapsack bezeichnet.
- Der private Schlüssel, der **nur** für die **Ent**schlüsselung da ist. Er besteht aus einem superwachsenden Knapsack, einem Multiplikator und einem Modul. Der Multiplikator und der Modul werden benutzt, um den superwachsenden Knapsack in den harten Knapsack umzurechnen.

Die Schlüsselerzeugung vollzieht sich nacheinander wie folgt:

1. Zuerst wird ein superwachsender Knapsack generiert: $W = [w_1, w_2, \ldots, w_n]$.

2. Man wählt nun $q \in \mathbb{N}$ mit
$$q > \sum_{i=1}^{n} w_i.$$
Die Zahl q muss also größer sein, als die Summe aller Knapsackelemente. Diese Zahl wird dann der **Modul** des Kryptosystems.

3. Man wählt eine ganze Zahl r so, dass
$$r \in [1, q)$$
$$(r, q) = 1$$
gilt. Dabei steht (r, q) wie üblich für das ggT und $[1, q) = \{1, 2, \ldots, q-1\}$. Wir nennen r den **Multiplikator** des Kryptosystems.

4. Der **private Schlüssel** sei dann das Tripel (W, r, q).

5. Wir erzeugen die Folge $H = [h_1, h_2, \ldots, h_n]$ durch $h_j = w_j * r \bmod q$, for $1 \leq j \leq n$. Diese Folge H bildet dann den **öffentlichen Schlüssel** des Kryptosystems.

Um die Nachricht m zu verschlüsseln, ziehen wir zuerst ihre Binärdarstellung $B_m = \overline{m_1 m_2 \ldots m_n}$ heran, in der m_i das i-te Bit darstellt, also $m_i \in \{0, 1\}$. Für die Korrektheit des Algorithmus ist es notwendig, dass unser superwachsender Knapsack K mindestens n Elemente hat. Deshalb definieren wir W zu $W = [w_1, w_2, \ldots, w_n, \ldots]$. Dann erzeugen wir gemäß des oben angegebenen Verfahrens (Multiplikation eines jeden w_i mit r und anschließender Restbildung nach Division durch q) den zugehörigen öffentlichen Schlüssel $H = [h_1, h_2, \ldots, h_n, \ldots]$ mit geeignetem q und r. Dann ergibt sich das Chiffrat c von m zu

$$c = \sum_{i=1}^{n} m_i h_i.$$

Wenn wir den Geheimtext c wieder entschlüsseln wollen, müssen wir zuerst $c' = c \cdot r^{-1} \bmod q$ berechnen, wobei $r^{-1} \cdot r \equiv 1 \bmod q$ sein muss. Anschließend zerlegen wir c' schrittweise, indem wir jeweils die größten Elemente von W, die kleiner oder gleich dem jeweils aktuell zu zerlegenden Wert sind, auswählen. Zum Schluss erhalten wir $m = \overline{m_1 m_2 \ldots m_n}$, indem wir für m_j eine 1 schreiben, falls das Element w_j im vorherigen Schritt ausgewählt wurde, und eine 0, falls nicht.

Wir beschreiben hier bewusst nur den reinen kryptografischen Algorithmus, da er gitterbasierten Angriffen nicht standhält. Deshalb verzichten wir auch darauf, praktische Fragen der Implementierung anzusprechen, wie z. B. die Länge von B_m (sie muss kürzer oder gleich der Länge von H sein) oder die Frage nach eventuellem Padding.

Beispiel Angenommen, Alice will die Nachricht **crypto** an Bob schicken, und zwar verschlüsselt nach dem Merkle-Hellman-Verfahren. In diesem Beispiel werden alle Buchstaben unabhängig voneinander behandelt, also ist n immer gleich 8 und jeder Buchstabe hat eine 8-Bit-Darstellung.

Zuerst muss nun Bob seinen privaten und öffentlichen Schlüssel generieren. Dazu erzeugt er zuerst einen superwachsenden Knapsack W, um seinen privaten Schlüssel zu erhalten:

$$W = [11, 28, 97, 274, 865, 2567, 7776, 23253]$$

Dann sucht er einen geeigneten Modul q und einen dazu passenden Multiplikator r:

$$q = 48433 > \sum_{i=1}^{n} w_i = 34871$$

$$r = 2333 < q$$

$$(2333, 48433) = 1$$

Nun fügt er alles zu seinem privaten Schlüssel $P_r = (W, r, q)$ zusammen:

$$P_r = ([11, 28, 97, 274, 865, 2567, 7776, 23253], 2333, 48433)$$

Der letzte Schritt für Bob besteht darin, einen „harten" Knapsack H zu produzieren und den öffentlichen Schlüssel $P_u = (H)$ an Alice zu schicken:

$$H = [25663, 16891, 32569, 9613, 32292, 31552, 27466, 4289]$$

$$P_u = ([25663, 16891, 32569, 9613, 32292, 31552, 27466, 4289])$$

Bevor Alice die Nachricht $M =$ **crypto** verschlüsselt, zerlegt Alice die Nachricht in ihre Buchstaben und ersetzt jeden Buchstaben durch seine 8-Bit-Darstellung, also:

$$c = 01100011$$
$$r = 01110010$$
$$y = 01111001$$
$$p = 01110000$$
$$t = 01110100$$
$$o = 01101111$$

Nun berechnet Alice für jedes Element dieses 8-Tupel die zugehörige verschlüsselte Zahl, indem sie den öffentlichen Schlüssel H benutzt. Der Algorithmus muss also sechsmal angewandt werden. Zum Schluss ergibt sich aus **crypto** also die folgende Liste von Zahlen C:

$$C = [81215, 86539, 95654, 59073, 90625, 145059]$$

Wenn nun Bob die Nachricht C erhalten hat, berechnet er zuerst C' mithilfe von r und q aus P_r.

$$C' = [31154, 8175, 24517, 399, 2966, 34586]$$

Dann stellt er jedes Element aus C' als Summe von Elementen aus W dar, so wie oben beschrieben. Wir führen das jetzt für die erste Zahl 31154 aus der Liste vor. Mit ✓ markieren wir diejenigen Elemente aus W, die in der Zerlegung vorkommen, mit ✗ die, die nicht vorkommen. Das Zeichen * steht für die Unbekannten.

$[\,11, 28, 97, 274, 865, 2567, 7776, 23253\,]$

$[\;*\quad *\quad *\quad *\quad *\quad *\quad *\quad *\;]$, 31154

Die größte Zahl aus W, die kleiner als 31154 ist, ist 23253. Deshalb markieren wir sie als „benutztes" Element und fahren fort, indem wir die Differenz $7901 = 31154 - 23253$ berechnen:

[11, 28, 97, 274, 865, 2567, 7776, 23253]

[* * * * * * * ✓], 7901

Die größte Zahl, die kleiner oder gleich 7901 ist, ist 7776. Wir machen so weiter, bis wir zur 0 gelangen.

[11, 28, 97, 274, 865, 2567, 7776, 23253]

[* * * * * * ✓ ✓], 125

[* * * * * ✗ ✓ ✓], 125

[* * * * ✗ ✗ ✓ ✓], 125

[* * * ✗ ✗ ✗ ✓ ✓], 125

[* * ✓ ✗ ✗ ✗ ✓ ✓], 28

[* ✓ ✓ ✗ ✗ ✗ ✓ ✓], 0

Also wurde 31154 so zerlegt, dass wir 01100011 erhalten haben, was genau der 8-Bit-ASCII-Darstellung des Buchstaben **c** entspricht. Wenn wir genauso für die anderen Elemente von C verfahren, kann Bob den Klartext **crypto** komplett rekonstruieren.

Rätsel 11.8.2: Verschlüsselung mit Knapsacks

Lange Nachrichten wiederholt mithilfe von kurzen harten Knapsacks zu verschlüsseln, birgt Risiken. Im nächsten Rätsel soll die verschlüsselte Nachricht, die Alice an Bob geschickt hat, geknackt werden. Der öffentliche und private Schlüssel sind verschieden von dem aus dem letzten Beispiel. Für die Länge von H verhält es sich hier aber genauso wie dort: $n = 8$. *Kannst du die Nachricht entschlüsseln, auch wenn du den öffentlichen Schlüssel nicht kennst?*

333644, 560458, 138874, 389938, 472518, 394128, 138874, 472518, 560458,
138874, 465914, 384730, 550286, 138874, 462498, 472518, 638226, 560458,
138874, 634810, 389938, 138874, 628828, 472518, 465914, 384730, 550286,
628828, 472518, 465914, 551060, 478500, 560458, 138874, 394128, 550286,
389938, 550286, 394128, 138874, 465914, 634810, 138874, 394128, 550286,
472518, 462498, 551060, 465914, 633018, 295184, 138874, 465914, 384730,
550286, 633018, 138874, 472518, 394128, 550286, 138874, 468480, 634810,
465914, 138874, 478500, 550286, 394128, 465914, 472518, 551060, 468480,
295184, 138874, 472518, 468480, 383956, 138874, 472518, 560458, 138874,
389938, 472518, 394128, 138874, 472518, 560458, 138874, 465914, 384730,
550286, 633018, 138874, 472518, 394128, 550286, 138874, 478500, 550286,
394128, 465914, 472518, 551060, 468480, 295184, 138874, 465914, 384730,
550286, 633018, 138874, 383956, 634810, 138874, 468480, 634810, 465914,
138874, 394128, 550286, 389938, 550286, 394128, 138874, 465914, 634810,
138874, 394128, 550286, 472518, 462498, 551060, 465914, 633018, 301166

In Abb. 11.20 auf Seite 708 zeigt ein Screenshot, wie das Merkle-Hellman-Kryptosystem in JCT veranschaulicht wird.

Ein Screenshot aus CT2 (Abb. 11.16 auf Seite 705) zeigt einen sofort ausführbaren Gitter-basierten Angriff gegen das Merkle-Hellman Knapsack-Kryptosystem.

11.8.2 Gitterbasierte Kryptoanalyse

Eine Nachricht mithilfe eines harten Knapsacks, dessen Länge mindestens gleich der Länge der Nachricht ist, zu verschlüsseln, ist wesentlich sicherer, aber noch lange nicht sicher genug. Dazu werden wir ein ganz spezielles Gitter verwenden, um dies aufzuzeigen.

Wenn wir einen öffentlichen Schlüssel mit einem harten Knapsack H haben und dazu eine verschlüsselte Nachricht c, können wir jedes Element aus H als Vektor eines $|H|$-dimensionalen Gitters auffassen. Wir brauchen $|H|$ Dimensionen, um sicherzustellen, dass eine Basis von L vorliegt. Um die lineare Unabhängigkeit zu garantieren, erweitern wir die identische Matrix mit $|H| - 1$ Spalten um eine weitere, und zwar H als Spaltenvektor.

Nehmen wir beispielsweise einen Knapsack H der Länge 8:

$$H = [h_1, h_2, \cdots, h_8]$$

Dann hat das bisher konstruierte Gitter folgende Form:

$$L = \begin{pmatrix} 1 & 0 & 0 & 0 & 0 & 0 & 0 & 0 & h_1 \\ 0 & 1 & 0 & 0 & 0 & 0 & 0 & 0 & h_2 \\ 0 & 0 & 1 & 0 & 0 & 0 & 0 & 0 & h_3 \\ 0 & 0 & 0 & 1 & 0 & 0 & 0 & 0 & h_4 \\ 0 & 0 & 0 & 0 & 1 & 0 & 0 & 0 & h_5 \\ 0 & 0 & 0 & 0 & 0 & 1 & 0 & 0 & h_6 \\ 0 & 0 & 0 & 0 & 0 & 0 & 1 & 0 & h_7 \\ 0 & 0 & 0 & 0 & 0 & 0 & 0 & 1 & h_8 \end{pmatrix}$$

Alle Zeilen sind linear unabhängig. Wir fügen jetzt noch eine weitere Zeile hinzu, die als letztes Element die verschlüsselte Nachricht c enthält und sonst nur Nullen.

$$L = \begin{pmatrix} 1 & 0 & 0 & 0 & 0 & 0 & 0 & 0 & h_1 \\ 0 & 1 & 0 & 0 & 0 & 0 & 0 & 0 & h_2 \\ 0 & 0 & 1 & 0 & 0 & 0 & 0 & 0 & h_3 \\ 0 & 0 & 0 & 1 & 0 & 0 & 0 & 0 & h_4 \\ 0 & 0 & 0 & 0 & 1 & 0 & 0 & 0 & h_5 \\ 0 & 0 & 0 & 0 & 0 & 1 & 0 & 0 & h_6 \\ 0 & 0 & 0 & 0 & 0 & 0 & 1 & 0 & h_7 \\ 0 & 0 & 0 & 0 & 0 & 0 & 0 & 1 & h_8 \\ 0 & 0 & 0 & 0 & 0 & 0 & 0 & 0 & c \end{pmatrix}$$

Es sind immer noch alle Zeilen linear unabhängig. Wir wissen aber, dass c gleich der Summe einiger der h's ist. Unsere Strategie ist nun, eine andere Basis für das vorliegende Gitter zu suchen, die mindestens einen Basisvektor enthält, der auf der letzten Stelle eine Null hat. Über einen solchen Vektor wissen wir, dass er nur Einträge gleich 0 oder gleich -1 haben kann, da er ja als Linearkombination der Vektoren, die die ursprüngliche Basis bilden, entsteht. Ein Eintrag 0 in Spalte i zeigt an, dass h_i nicht zur Darstellung von c gehört, wohingegen -1 auftritt, wenn h_i für die Darstellung von c benutzt wird.

Aber wie findet man so eine Basis? Der folgende Algorithmus ermöglicht das:

Satz 11.8.1. *(Lenstra, Lenstra, Lovász [4] [5]) Es sei $L \in \mathbb{Z}^n$ das von $B = \{b_1, \dots, b_n\}$ aufgespannte Gitter. Der L^3-Algorithmus oder LLL-Algorithmus generiert eine reduzierte Gitterbasis $\{v_1, \dots, v_n\}$ mit*

$$\|v_i\| \leq 2^{\frac{n(n-1)}{4(n-i+1)}} \det(L)^{\frac{1}{n-i+1}} \text{ für } i = 1, \dots, n \tag{11.8.2}$$

in Polynomialzeit bzgl. sowohl n als auch der Bitlänge der Einträge der Basismatrix B.

Nehmen wir an, Eve fängt eine Nachricht ab, die von Alice an Bob geschickt wurde, und von der sie annimmt, dass sie mit Merkle-Hellman verschlüsselt wurde. Da jedermann Zugang zum öffentlichen Schlüssel des Kryptosystems hat, besitzt Eve diesen auch. Die abgefangene Nachricht C lautet:

Beispiel Nehmen wir an, Eve fängt eine Nachricht ab, die von Alice an Bob geschickt wurde, und von der sie annimmt, dass sie mit Merkle-Hellman verschlüsselt wurde. Da jedermann Zugang zum öffentlichen Schlüssel des Kryptosystems hat, besitzt Eve diesen auch. Die abgefangene Nachricht C lautet:

$$C = [318668, 317632, 226697, 388930, 357448, 297811,$$
$$344670, 219717, 388930, 307414, 220516, 281175]$$

Der zugehörige öffentliche Schlüssel ist der harte Knapsack H, als Vektor:

$$H = [106507, 31482, 107518, 60659, 80717, 81516, 117973, 87697]$$

Um die Nachricht C zu entschlüsseln, muss Eve jedes Element c aus C einzeln bearbeiten. Fangen wir beispielsweise mit $c = 318668$ an.

```
sage: H = [106507, 31482, 107518, 60659,
           80717, 81516, 117973, 87697]
```

```
sage: c = 318668
```

Wir fangen an mit der Konstruktion des Gitters, indem wir zuerst die Einheitsmatrix aufstellen:

```
sage: I = identity_matrix(8)
sage: I
```

$$\begin{pmatrix} 1 & 0 & 0 & 0 & 0 & 0 & 0 & 0 \\ 0 & 1 & 0 & 0 & 0 & 0 & 0 & 0 \\ 0 & 0 & 1 & 0 & 0 & 0 & 0 & 0 \\ 0 & 0 & 0 & 1 & 0 & 0 & 0 & 0 \\ 0 & 0 & 0 & 0 & 1 & 0 & 0 & 0 \\ 0 & 0 & 0 & 0 & 0 & 1 & 0 & 0 \\ 0 & 0 & 0 & 0 & 0 & 0 & 1 & 0 \\ 0 & 0 & 0 & 0 & 0 & 0 & 0 & 1 \end{pmatrix}$$

Wir fügen eine Zeile mit Nullen hinzu:

```
sage: I = I.insert_row(8, [0 for x in range(8)])
sage: I
```

$$\begin{pmatrix} 1 & 0 & 0 & 0 & 0 & 0 & 0 & 0 \\ 0 & 1 & 0 & 0 & 0 & 0 & 0 & 0 \\ 0 & 0 & 1 & 0 & 0 & 0 & 0 & 0 \\ 0 & 0 & 0 & 1 & 0 & 0 & 0 & 0 \\ 0 & 0 & 0 & 0 & 1 & 0 & 0 & 0 \\ 0 & 0 & 0 & 0 & 0 & 1 & 0 & 0 \\ 0 & 0 & 0 & 0 & 0 & 0 & 1 & 0 \\ 0 & 0 & 0 & 0 & 0 & 0 & 0 & 1 \\ 0 & 0 & 0 & 0 & 0 & 0 & 0 & 0 \end{pmatrix}$$

Zum Schluss fügen wir als letzte Spalte den Spaltenvektor H, ergänzt um $-c$, an. Auf diese Weise erreichen wir, dass der erste Vektor der reduzierten Basis als letzten Eintrag eine Null hat und sonst nur Einträge 1 (anstelle von -1).

```
sage: L_helper = [[x] for x in H]   # vector of vectors
sage: L_helper.append([-c])
sage: L = I.augment(matrix(L_helper))
sage: L
```

$$\begin{pmatrix} 1 & 0 & 0 & 0 & 0 & 0 & 0 & 0 & 106507 \\ 0 & 1 & 0 & 0 & 0 & 0 & 0 & 0 & 31482 \\ 0 & 0 & 1 & 0 & 0 & 0 & 0 & 0 & 107518 \\ 0 & 0 & 0 & 1 & 0 & 0 & 0 & 0 & 60659 \\ 0 & 0 & 0 & 0 & 1 & 0 & 0 & 0 & 80717 \\ 0 & 0 & 0 & 0 & 0 & 1 & 0 & 0 & 81516 \\ 0 & 0 & 0 & 0 & 0 & 0 & 1 & 0 & 117973 \\ 0 & 0 & 0 & 0 & 0 & 0 & 0 & 1 & 87697 \\ 0 & 0 & 0 & 0 & 0 & 0 & 0 & 0 & -318668 \end{pmatrix}$$

Nun muss man nur noch den L^3-Algorithmus anwenden, um die vorhandene Basis zu reduzieren[13], wofür man in SageMath den Befehl `LLL()` zur Verfügung hat.

```
sage: L.LLL()
```

$$\begin{pmatrix} 0 & 1 & 0 & 0 & 0 & 1 & 1 & 1 & 0 \\ -1 & 1 & 0 & 1 & -1 & -2 & -2 & 2 & 1 \\ 3 & 1 & 2 & -1 & 1 & 1 & -1 & 1 & 1 \\ 1 & -1 & -2 & -1 & -3 & -1 & 1 & 1 & 1 \\ 2 & -2 & -1 & 1 & 0 & 2 & -3 & 1 & 1 \\ 0 & 0 & 3 & -4 & -2 & 1 & 0 & 0 & 0 \\ -1 & 3 & -1 & 3 & 0 & 0 & -1 & -3 & 2 \\ 0 & -1 & 1 & 4 & 0 & 0 & 0 & 0 & 4 \\ -2 & -1 & -2 & -3 & 1 & -1 & 2 & 1 & 3 \end{pmatrix}$$

Die obere Zeile (der kürzeste Vektor unter den neuen Basisvektoren) ist das, was wir brauchen:

```
sage: L.LLL()[0][:-1].dot_product(vector(H))
318668
```

Damit ergibt sich die Binärdarstellung des verschlüsselten Buchstabens zu 01000111. Wieder mit SageMath können wir den zugehörigen Buchstaben erhalten:

```
sage: bs = ''.join([str(x) for x in L.LLL()[0][:-1]])
sage: bs
'01000111'

sage: chr(int(bs,2))
'G'
```

[13] Vgl. `https://en.wikipedia.org/wiki/Lenstra-Lenstra-Lovász_lattice_basis_reduction_algorithm` sowie `https://de.wikipedia.org/wiki/LLL-Algorithmus`. Der deutsche Wikipediaeintrag ist leider weniger ausführlich als der englischsprachige.

Rätsel 11.8.3: LLL

*Wir kennen den ersten Buchstaben **G** aus dem Beispiel in Abschnitt 11.8.2. Nun sollen mithilfe von SageMath unter Verwendung des LLL-Algorithmus die restlichen Klartext-Buchstaben bestimmt werden.*

Die Screenshots Abb. 11.13 und 11.14 aus CT2 in Abschnitt 11.12.2 auf Seite 703 zeigen, wie man einerseits mit der Maus unter Benutzung des Gaußverfahrens eine 2D-Basis reduzieren kann, außerdem gibt es eine fertige LLL-Implementierung um höher-dimensionale Basen zu reduzieren.

11.9 Gitter und RSA

RSA ist eines der ältesten asymmetrischen Kryptosysteme. Die theoretischen Hintergründe dazu werden ausführlich im Kapitel 5 des CrypTool-Buchs behandelt. Das vorliegende Kapitel setzt die Kenntnis des RSA-Kryptosystems voraus. Trotzdem wiederholen wir kurz die grundlegende Vorgehensweise bei der Schlüsselgenerierung mithilfe von SageMath. Dann zeigen wir, wie man RSA mit Gittern angreifen kann.

11.9.1 Textbook-RSA

Das reine RSA-Verfahren (raw RSA, ohne Padding) wird auch Textbook-RSA genannt und ist weder als Verschlüsselungs- noch als Signaturverfahren für die Praxis geeignet. [6] Es besteht aus folgenden Schritten (genauer in Abschnitt 5.10.2).

- Zwei große verschiedene Primzahlen p und q werden erzeugt.
- Ihr Produkt $n = pq$ wird gebildet, die Zahl n ist der **Modul**.
- Dann wählt man eine Zahl e, die mit $\phi(n)$ keinen gemeinsamen Teiler hat.[14] Die Zahl e heißt **Exponent des öffentlichen Schlüssels**.
- Wir bestimmen d so, dass $de \equiv 1 \mod \phi(n)$ ist. Die Zahl d heißt **Exponent des privaten Schlüssels**.
- Das Paar (n, e) bildet den öffentlichen Schlüssel.
- Das Paar (n, d) bildet den privaten Schlüssel.

Um einige bekannte Angriffe auf RSA zu vermeiden, müssen die nötigen Parameter mit Bedacht gewählt werden. Einige der nötigen Anforderungen und Empfehlungen findet man in [7].

Nun wollen wir das Wort „asymmetrisch“ mit SageMath und RSA verschlüsseln. Dazu müssen wir zuerst die Codierung von Textstrings hin zu Zahlen bewerkstelligen. Das werden wir wie folgt tun:

- Wir bezeichnen die zu codierende Zeichenkette mit $S = s_1 s_2 \cdots s_n$.
- Wir ersetzen jedes Symbol s_i der Zeichenkette durch seine dezimale ASCII-Darstellung. Zum Beispiel wird der Kleinbuchstabe „g“ mit „103“ codiert.
- Anschließend wird jeder dieser Dezimalzahlen ihre Binärdarstellung zugeordnet. Im Fall von weniger als 8 Bit wird vorne mit Nullen aufgefüllt. Die Zahl „103“ beispielsweise ist im 7-Bit-ASCII zu „1100111“ codiert, also fügen wir vorne eine Null an, so dass wir „01100111“ erhalten.

[14] $\phi(n)$ steht für die Eulerfunktion. Da p und q Primzahlen sind, gilt $\phi(n) = (p-1)(q-1)$.

- Wir bilden aus den n Stück 8-Bit-Strings aus Nullen und Einsen durch Aneinanderhängen einen $8n$-Bit-String, der erste (links) entspricht dem ersten Buchstaben der Nachricht S.
- Zum Schluss wandeln wir diesen $8n$-Bit-String in eine Zahl um und geben sie im Zehnersystem an.

Wir führen vor, wie man das Wort „asymmetrisch" codiert. Dazu wird jeder Buchstabe von S durch seinen dezimalen ASCII-Wert ersetzt:

```
sage: S = "asymmetrisch"
sage: S_ascii = [ord(x) for x in S]
sage: S_ascii
[97, 115, 121, 109, 109, 101, 116, 114, 105, 115, 99, 104]
```

Dann wird jedes Element aus `S_ascii` durch das binäre Äquivalent ersetzt.[15]

```
sage: S_bin = [bin(x)[2:].zfill(8) for x in S_ascii]
sage: S_bin
['01100001', '01110011', '01111001', '01101101', '01101101',
 '01100101', '01110100', '01110010', '01101001', '01110011',
 '01100011', '01101000']
```

Jetzt hängen wir alle Binärstrings aus `S_bin` aneinander und konvertieren diese Konkatenation in eine Dezimaldarstellung:

```
sage: SS = Integer(''.join(S_bin),2)
sage: SS
30159645846848520040333140840
```

Um die Umkehrbarkeit dieses Codierungsverfahrens zu prüfen, führen wir eine Rückumwandlung durch:

```
sage: SS_bin = bin(SS)[2:]
sage: SS_bin
'11000010111001101111001011011010110110101100101011101000111001001101001011100110110001101101000'
sage: len(SS_bin)
95
sage: while len(SS_bin) % 8 != 0:
....:     SS_bin = '0' + SS_bin
sage: SS_ascii = [chr(int(SS_bin[x*8:8*(x+1)],2))
....:      for x in range(len(SS_bin)/8)]
sage: ''.join(SS_ascii)
'asymmetrisch'
```

Nach dem Codieren initialisieren wir die RSA-Schlüsselgenerierung und generieren nun die RSA-Parameter p, q und n:

```
sage: b = 512
sage: p = random_prime(2**b-1, lbound=2**(b-1)+2**(b-2))
```

Wir haben soeben eine zufällige Primzahl aus dem Intervall $\left[2^{b-1}+2^{b-2}, 2^b-1\right]$ erzeugt. Angenommen, wir haben zwei Primzahlen aus diesem Intervall, also z. B.

$$p = 2^{b-1} + 2^{b-2} + \rho_1$$

[15] Um die den Binärstring anführende Zeichenkette `0b` loszuwerden, nutzen wir `[2:]`.

$$q = 2^{b-1} + 2^{b-2} + \rho_2$$

für ein ρ_1 und ρ_2. Das Produkt dieser Primzahlen ist:

$$\begin{aligned} p \cdot q &= (2^{b-1} + 2^{b-2} + \rho_1)(2^{b-1} + 2^{b-2} + \rho_2) = \\ &= 2^{2b-2} + 2^{2b-3} + 2^{b-1}\rho_2 + 2^{2b-3} + 2^{2b-4} + \\ &+ 2^{b-2}\rho_2 + \rho_1 2^{b-1} + \rho_1 2^{b-2} + \rho_1\rho_2 = \\ &= 2^{2b-2} + 2 \cdot 2^{2b-3} + \Omega = \\ &= 2^{2b-2} + 2^{2b-2} + \Omega = \\ &= 2 \cdot 2^{2b-2} + \Omega = 2^{2b-1} + \Omega > 2^{2b-1} \end{aligned}$$

Deshalb ist gesichert, dass die Binärdarstellung des Produktes dieser beiden Primzahlen aus genau $2b$ Bit besteht. Der Befehl `nbits()` gibt die Bitlänge einer Zahl zurück.

```
sage: p.nbits()
512
sage: q = random_prime(2**b-1, lbound=2**(b-1)+2**(b-2)); q.nbits()
512
sage: N = p*q; N.nbits()
1024
```

Jetzt wird der öffentliche Exponent e gewählt. Es ist üblich, $e = 2^{16} + 1$ zu nehmen.

```
sage: e = 2**16 + 1; e
65537
```

SageMath hat eine eingebaute (built-in) Funktion `euler_phi()`. Wenn man allerdings `euler_phi(N)` eingibt, wird SageMath versuchen, die Zahl $N = pq$ zu faktorisieren.[16] Es ist besser, die Anzahl der zu N teilerfremden Zahlen $\leq N$ händisch zu berechnen (was leicht ist, da wir die Faktoren von N kennen und die Formel nutzen – siehe Abschnitt 5.8.2):

```
sage: phi_N = (p-1)*(q-1)
```

Da wir nun $\phi(n)$ kennen, können wir d mit der Funktion `inverse_mod()` berechnen:

```
sage: d = inverse_mod(e,phi_N)
```

Wir prüfen, dass $ed \equiv 1 \mod \phi(n)$ ist:

```
sage: assert d < phi_N
sage: e*d % phi_N
1
```

Jetzt sind wir soweit, dass wir die bereits codierte Nachricht `SS` des Klartextes „asymmetrisch" verschlüsseln können, und zwar einfach mit `SS**e%n`. Wir werden allerdings die eingebaute Funktion `power_mod()` verwenden, die wesentlich schneller ist als die direkte Berechnung.[17]

[16] Man bräuchte ein „bisschen" ☺ Zeit, falls man kein Botnet und keinen Quantencomputer hat, siehe `https://crypto.stackexchange.com/questions/8687/security-strength-of-rsa-in-relation-with-the-modulus-size/8692` oder `https://crypto.stackexchange.com/questions/70829/how-long-does-it-take-to-crack-rsa-1024-with-a-pc`.

[17] Auf einem 2020 Mac Mini brauchte die direkte Berechnung 62 ms CPU-Zeit, wohingegen die Rechnung mit `power_mod` weniger als 1 ns dauerte. Also trifft „wesentlich schneller" in der Tat zu, wenn vielleicht auch nicht in unserem menschlichen Zeiterleben.

```
sage: encrypted = power_mod(SS,e,N)
```

Für die Entschlüsselung dann:

```
sage: decrypted = power_mod(encrypted,d,N)
sage: decrypted
301596458468485200403331408 40
```

Rätsel 11.9.1: RSA

Alice und Bob wollen erneut ihr eigenes Codierungsverfahren und ihre eigene RSA-Implementierung benutzen, um ihre Kommunikation abzusichern. Die Codierung vollzieht sich nahezu selbsterklärend – Alice ordnet jedem Buchstaben seine dezimale ASCII-Nummer zu. Auf diese Weise verschickt Alice genauso viele verschlüsselte Nachrichten wie die Länge der unverschlüsselten Originalnachricht. Dieses Verfahren hat einen großen Nachteil – wenn ein längerer Klartext verschlüsselt werden soll, bildet die Gesamtmenge der abgefangenen Nachrichten ein angreifbares Ziel für Frequenzanalyse-Angriffe. Um dem vorzubeugen, erneuern Alice und Bob ihre RSA-Schlüssel nach einer gewissen Anzahl von verschickten Nachrichten.
Allerdings haben sie einen Fehler gemacht. Der öffentliche RSA-Schlüssel ist:

N = 68421763258426820318471259682647346897299270457991365227523187215179279937768782117
901469556159380911527267431206861529333842025857168541446464704428050808114500301719380
6309189089357804891172726923520981641104138226426702986578473122258017557843998645949751
16547815856011474793429956418177277806187836101061

$e = 127$

Eve hat die folgenden 11 Nachrichten in der Reihenfolge, in der sie hier erscheinen, abgefangen:

$c1$ = 20842273115788965044434568911351496365025941709963878891654635864614247250595415337
877670412884297380645809556224513056164981861313077151294657843754553657687729573741274
32690792899122124637176422529566934586476544916325439742396928355234712078183

$c2$ = 20893454506753506195646780042379588087816651548061669824679147298111722465210531962
697364936758882446841738989887223022907938140873068062126260148654403891017812919490588
53550159423562152992240869808574085962263942173316863362277246322130097359903249313

$c3$ = 15351988337964905099701960376347076532439043589617467841763029200910162258670083394
997893897566293618070669709960876401857858929595090590610409163098252906678940270348578
645367087079347216129233790173543224953780408040213693490500724979084761978285646999197
843456

$c4$ = 27904208858505919506689042950498726643957813119400643293322771534900822430923585848
781848455603612081226575100801226570484212026594858252089217840328837906708276016306114
842897236574701434742246311142664328247890170520592851161647470983489359620795002699

$c5$ = 14562438053393942865563565506076319964337086564418653275680839364685346358348263872
708128968423412681687735816462730409112745256517215618953897227627256898533454858045297
931958376394955610471867756244498725191655684274134657700794939801031701760045360349184

$c6$ = 37370666535363066168961624931547694539547602092327751979114535130065929115448532953
082477972777170290304404725670126936586698604529648793581659263060970546938259944838952
911170478265448614822495177677220252704340545251785434955476627944717241828329

$c7$ = 57018830572739461491984788995673407709179639540390781558806685226845173001582252740
946299992152591496992831944316269907785235915676185879264232465783672876342034636885982
343764812696958235155060812119686263202672834115657789006658553081283546825372990992701
071

$c8$ = 45667206025566800148122417818312587397117202643844088800399634507595677539812531804
389800633373563635203026530295808267186537869501854999997585813165610459945099323041449
8900762580089539033609899986220988174975272614559184976902471047255941225650820350576211
75773

$c9$ = 16862273135393186478865050591393354467469966242203319758781467127096457948108889467
619633506282224651511348513130613164713603622844197532314784054159853644772397257957431
077887146712893548225102037664810557100757780577122589408625865295995709433038414101390
29504

Fortsetzung des Rätsels 11.9.1

$c10$ = 341849165158053526832505863192782931224162822759788612832891748659486026106737910383076021602844922593096922368623753010447251025423582399396141954459468286768770464472831982875580635659918156592765109749350304246573018358473129678989

$c11$ = 5112410579669852183534608382871115572785704026088086397778432135886054190982581109427995967742224987294310956529550255351980372648223511404048486808382051821395722995189698471430744248012819713379428438493366462166096818135752055667353488388471305370330810546875

Kannst du jede dieser Nachrichten entschlüsseln und die Originalnachricht rekonstruieren?

Screenshots aus CT1 von einer fertig benutzbaren Implementierung eines Angriffs auf Textbook-RSA finden sich in Abschnitt 11.12.1 auf Seite 698.

11.9.2 Gitter vs. RSA

In [8] und [9] veröffentlichen die Autoren Coppersmith und Howgrave-Graham eine ganze Familie neuer Attacken auf RSA – Attacken, die auf Gittern beruhen und Gitterreduktionsalgorithmen verwenden.

Wir haben weiter vorne auf Seite 634 gezeigt, dass es (mit SageMath) einfach ist, die Nullstellen eines Polynoms in einer Variablen über $\mathbb{Z}$ zu finden. Im Gegensatz hierzu ist die Bestimmung der Nullstellen eines **modularen** Polynoms schwer:

$$f(x) \equiv 0 \mod N$$

Es sei N eine große zusammengesetzte Zahl, deren Faktoren unbekannt[18] sind. Weiter sei f ein Polynom in einer Variablen x und mit dem Grad r, z. B.:

$$f(x) = x^r + a_{r-1}x^{r-1} + a_{r-2}x^{r-2} + \cdots + a_1 x + a_0$$

Nun nehmen wir an, dass mindestens eine ganzzahlige Lösung der modularen Gleichung $f(x) \equiv 0 \mod N$ existiert und bezeichnen diese mit x_0. Zusätzlich setzen wir voraus, dass $x_0 < N^{\frac{1}{r}}$ ist. D. Coppersmith hat gezeigt, dass man x_0 in Polynomialzeit berechnen kann, indem man den folgendes Theorem 11.9.1 von Howgrave-Graham nutzt (wir wählen die Formulierung, die Alexander May auf Seite 6 seines surveys [10] verwendet):

Satz 11.9.1. *Es seien $n, m \in \mathbb{N}$ und g ein Polynom in einer Variablen x bestehend aus n Monomen*[19]*. Zudem sei X eine obere Schranke für $|x|$ und es seien folgende Bedingungen erfüllt:*

$$g(x_0) \equiv 0 \mod N^m \text{ und } |x_0| \leq X$$

$$||g(xX)|| < \frac{N^m}{\sqrt{n}} \tag{11.9.1}$$

Dann gilt $g(x_0) = 0$ über $\mathbb{Z}$.

[18] Wären die Faktoren bekannt, könnte man andere Angriffe fahren und bräuchte keine Gitter.

[19] Ein Monom ist ein Summand eines Polynoms.

Bemerkungen:

- In der Regel wird man annehmen, dass $n-1$ gleich dem Grad des Polynoms g ist. Es ist aber lediglich verlangt, dass g aus höchstens n von Null verschiedenen Summanden besteht, der Grad kann höher als $n-1$ sein.
- Die hier verwendete Schreibweise $||g(xX)||$ steht für die auf Polynomen aus $\mathbb{R}[x]$ definierte Norm, dabei ist allgemein für $f \in \mathbb{R}[x]$ mit $f(x) = \sum_{i=0}^{k} c_i x^i$ die Norm gleich $||f|| = \sqrt{\sum_{i=0}^{k} c_i^2}$. Wenn man also $g(xX)$ anders schreibt, etwa $f(x) = g(xX)$, dann entsteht der Graph der Funktion f durch Stauchen des Graphen von g um den Faktor X (es war $X > 1$) in waagrechter Richtung. Die Norm von $g(xX)$ ist dann $||f|| = ||g(xX)|| = \sqrt{\sum(a_i X^i)^2}$ und $a_i X^i = c_i$.

Die Gründe für die Verwendung von Gittern:

- Wenn wir mehrere Polynome betrachten, die die Nullstelle x_0 über N^m gemeinsam haben, können wir jedes Polynom als Zeile einer ein Gitter repräsentierenden Matrix darstellen. In diesem Fall wird jede Linearkombination von Zeilen der Gittermatrix ein neues Polynom definieren, welches ebenfalls die Nullstelle x_0 hat.
- Wenn wir nun den LLL-Algorithmus auf ein derartig entstandenes Gitter anwenden, können wir in Polynomialzeit eine andere, reduzierte Gitterbasis berechnen, deren kürzester Basisvektor die Ungleichung 11.9.1 von Satz 11.9.1 erfüllt.
- Wir bezeichnen nun den kürzestmöglichen Vektor unserer reduzierten Basis mit $v = (v_0, v_1, \cdots, v_n)$. Wir konstruieren weiter das Polynom g so, dass

$$g(x) = v_0 + \frac{v_1}{X}x + \frac{v_2}{X^2}x^2 + \cdots + \frac{v_n}{X^n}x^n = \sum_{i=0}^{N} v_i \left(\frac{x}{X}\right)^i \tag{11.9.2}$$

  gilt. Da g bzw. genauer der seinem Koeffiziententupel zugeordnete Vektor $n+1$ Koordinaten hat und ein Vektor aus dem Gitter ist, haben wir:

$$\begin{aligned} g(x_0) &\equiv 0 \mod N^m \\ |x_0| &\leq X \\ \deg(g) &= n \\ ||g(xX)|| &< \frac{N^m}{\sqrt{n+1}} \end{aligned}$$

  Mit Satz 11.9.1 folgt dann $g(x_0) = 0$ über den ganzen Zahlen.

Es ist nicht schwer, Polynome zu finden, die eine gemeinsame Nullstelle x_0 modulo N^m haben (wir halten uns hier an [9] S. 69 in Kombination mit S. 80). Betrachten wir die Familie der Polynome $g_{i,j}(x)$ mit folgender Eigenschaft:

$$g_{i,j}(x) = x^j N^{m-i} f^i(x) \text{ for } i \in \{0, \ldots, m-1\}, j \in \{0, \ldots, \deg f - 1\} \tag{11.9.3}$$

Gemäß Konstruktion haben sie alle die gemeinsame Wurzel x_0 über N^m, also $g_{i,j}(x_0) \equiv 0 \mod N^m$. Je größer die Zahl m, desto mehr Polynome können wir generieren. Je mehr Polynome wir generiert haben, desto größer ist das Gitter und desto länger wird es dauern, das Gitter zu reduzieren.

Nun nehmen wir an, Eve hat eine Reihe von Klartext-Nachrichten zwischen Alice und Bob abgefangen. Die Nachrichten waren:

The password for AES usage is: `4{8dXY!`
The password for AES usage is: `31kTbwj`
The password for AES usage is: `2rr#ETh`
...
The password for AES usage is: `&H,45zU`

Anschließend beginnen Alice und Bob, Nachrichten auszutauschen, die AES-verschlüsselt wurden mit dem jeweils kommunizierten Passwort. Sobald ein neues Passwort empfangen wird, wird es sofort benutzt. Allerdings merken Alice und Bob, dass dieses Verfahren nicht sicher ist und erhöhen ihren Schutz, indem sie zusätzlich RSA verwenden.

Dabei ziehen sie die Codierungsprozedur heran, die zu Beginn dieses Abschnittes auf Seite 670 erläutert wurde. Wir hatten gezeigt, dass das Wort `asymmetrisch` durch die Zahl `30159645846848520040333140840` codiert wurde.

Angenommen, Alice möchte die mit RSA verschlüsselte Zeichenkette `S` an Bob schicken. Dazu codiert sie zuerst das Zeichen `S` zur Dezimalzahl[20] D. Dann verschlüsselt sie diese Zahl D mithilfe von Bobs öffentlichem Schlüssel (N, e) zu $c = (D^e) \mod N$ und schickt den Geheimtext c über einen unsicheren Kanal zu Bob. Dieser rekonstruiert die Dezimalzahl D mithilfe seines privaten Schlüssels, d. h. er berechnet $c^d = D \mod N$. Eve fängt c ab.

Der öffentliche Schlüssel von Bob hat die Parameter $(N, 3)$, wobei N eine Bitlänge von 512 hat. Die teilweise vorhersagbare Struktur der Nachricht (bekannt als „stereotype Nachricht") kann zu einem verheerenden Angriff führen. Eve kennt die Struktur der Textnachricht S, sie lautet

$$S = \texttt{"The password for AES usage is: C}_1\texttt{C}_2\texttt{C}_3\texttt{C}_4\texttt{C}_5\texttt{C}_6\texttt{C}_7\texttt{"}$$

für gewisse Zeichen $\texttt{C}_i$. Vor dem Verschlüsseln muss Alice jedes Zeichen in seine ASCII-Darstellung konvertieren. Wir bezeichnen die Funktion, die einem Buchstaben oder einer Zeichenkette seine/ihre Binärdarstellung zuordnet, mit T_1. Für längere Zeichenketten schreibt man $T_1(\text{"*y"}) = T_1(\text{"*"})||T_1(\text{"y"})$, wobei das Symbol $||$ die Konkatenation (Aneinanderhängen) von Zeichenketten bezeichnet.

Mit dieser Schreibweise ergibt sich dann:

$$S' = T_1(S) = T_1(\texttt{"The password for AES usage is: "})||T_1(\texttt{"C}_1\texttt{C}_2\cdots\texttt{C}_7\texttt{"})$$

Nach diesem Übergang zu einem Binärstring konvertiert Alice diesen in eine natürliche Zahl in Dezimaldarstellung. Diese Funktion schreiben wir als $T_2(S')$.

Jede einem ASCII-Zeichen `C_i` zugeordnete natürliche Zahl liegt im Bereich von 0 bis 255. Wir bezeichnen mit C_{00} das Symbol, dem in der ASCII-Darstellung die Null entspricht, und mit C_{ff} das Symbol mit der ASCII-Darstellung 255 im Dezimalsystem. Wir verwenden für die Indizes also hexadezimale Notation. Der Einfachheit halber sei

$$B = \texttt{"The password for AES usage is: "}$$

Zusammen mit dem Codierungsverfahren ergibt sich dann:

$$T_2(T_1(B||C_{00}C_{00}\cdots C_{00})) < T_2(T_1(B||C_1C_2\cdots C_7)) < T_2(T_1(B||C_{ff}C_{ff}\cdots C_{ff}))$$

[20] Wir verwenden für „die Message" den Großbuchstaben D und nicht wie sonst bei RSA üblich klein m, da m hier für den Exponenten von N verwendet wird. Auch groß M ist keine gute Wahl, da M später in den Codebeispielen für eine Matrix verwendet wird.

Wir führen zwei neue Variablen a und X ein wie folgt:

$$a = T_2(T_1(B||C_{00}C_{00}\cdots C_{00}))$$
$$X = T_2(T_1(C_{ff}C_{ff}\cdots C_{ff}))$$

Da Eve c und a kennt, kann sie D rekonstruieren, wenn sie eine natürliche Zahl $x < X$ finden kann, die der Gleichung

$$(a+x)^3 \equiv c \mod N$$

genügt.

Also suchen wir ein x, so dass gilt:

$$(a+x)^3 - c \equiv 0 \mod N$$

Gemäß der Definition von a bezeichnet x die Differenz zwischen

$$T_2(T_1(C_1C_2\cdots C_7)) \quad \text{und} \quad T_2(T_1(C_{00}C_{00}\cdots C_{00})).$$

Unterbrechen wir für einen Moment und implementieren das vorliegende Polynom mithilfe von SageMath. Zuerst führen wir die Funktion `encode()` ein, die genau der Abbildung $T_2(T_1(D))$ entspricht. Hier ist ein Beispiel, wie diese Funktion aufgerufen wird und was sie ausgibt:
`encode("A"): 65,  encode("AB"): 16706,  encode("ABC"): 4276803`

```
sage: def encode(D):
....:     return Integer(''.join([bin(ord(x))[2:].
....:     zfill(8) for x in D]),2)
```

Wir schreiben die Startzeichenkette der verschlüsselten Nachricht in eine Variable.

```
sage: B = "The password for AES usage is: "
```

Jetzt setzen wir die Werte für $C_{00}C_{00}\cdots C_{00}$ und $C_{ff}C_{ff}\cdots C_{ff}$ ein.

```
sage: padding = ''.join(['\x00' for x in range(7)])
sage: X_str = ''.join(['\xff' for x in range(7)])
```

Wir fahren fort und berechnen die Werte von a und X:

```
sage: a_str = B + padding
sage: a_const = encode(a_str)
sage: X_const = encode(X_str)
```

Wir müssen auch $e = 3$, $c = 533\ldots455$ und $\texttt{N}_{\texttt{const}} = 871\ldots499$ definieren. Man kann die langen Zahlen aus dem Rätsel 11.9.2 auf Seite 679 entnehmen oder aus der zugehörigen Helper-Textdatei. Der Link zur zip-Datei dazu ist auf Kapitel C auf Seite 885 zu finden.

```
sage: e=3
sage: c=533...
sage: N_const=871...
```

Wir führen das Polynom f mit den drei Variablen X, N und a ein, für die später `X_const`, `N_const` und `a_const` eingesetzt wird.

```
sage: R.<X,N,a> = ZZ[]
```

Jetzt sind wir soweit, dass wir das Polynom $f(X)$ konstruieren können:

```
sage: f = (X+a)**3 - c
sage: f
X^3 + 3*X^2*a + 3*X*a^2 + a^3 - c
```

Wir kennen zwar x_0 nicht, aber eine recht gute obere Schranke X für x_0, also $x_0 < X$. Wegen $e = 3$ ist der Grad unseres Polynoms 3. Für den Fall unseres Beispiels nehmen wir für m den kleinstmöglichen Wert, das ist $m = 1$:

```
sage: f.degree()
3
sage: m = 1
```

Unser Gitter wird Dimension 4 haben – wir haben genau 3 Polynome $g_{i,j}$ und noch das Polynom f.

```
sage: dim = 4
sage: M = matrix(dim,dim)
```

Wir konstruieren die Polynome gemäß Gleichung (11.9.3) von Seite 674. Das ergibt 3 Polynome $g_{0,j}$ ($j = 0, 1, 2$) und f in der letzten Zeile. Das liefert dann folgende Matrix für ein Gitter:

$$\begin{pmatrix} N & 0 & 0 & 0 \\ 0 & NX & 0 & 0 \\ 0 & 0 & NX^2 & 0 \\ a^3 - c & 3a^2X & 3aX^2 & X^3 \end{pmatrix}$$

Um diese Matrix in SageMath zu erhalten, führen wir zuerst die Hilfsfunktion `get_ext_monoms()` ein. Sie dient dazu, eine Liste zu definieren, die alle Monome des gegebenen Polynoms inklusive ihres zugehörigen Koeffizienten enthält.

```
sage: def get_ext_monoms(ff):
....:     ff_m = ff.monomials()
....:     ff_coefs = [ff.monomial_coefficient(x) for x in ff_m]
....:     ff_monoms_ext = [ff_m[x]*ff_coefs[x]
....:     for x in range(len(ff_m))]
....:     return ff_monoms_ext
```

Zum Beispiel:

```
sage: get_ext_monoms(f)
[X^3, 3*X^2*a, 3*X*a^2, a^3, -c]
```

Da später nach Potenzen von X sortiert wird, wollen wir eigentlich nicht, dass a^3 und $-c$ als zwei verschiedene Monome geführt werden. Deshalb setzen wir `N_const` und `a_const` ein, bevor wir `get_ext_monoms()` aufrufen:

```
sage: for i in range(m):
....:    for j in range(e):
....:      g = X**j * N**(m-i) * (f**i)
....:      g = g.subs({N:N_const, a:a_const})
....:      g_monoms_ext = get_ext_monoms(g)
....:      for monom in g_monoms_ext:
....:        row_pos = e*i+j ; column_pos = monom.degree()
....:        M[row_pos,column_pos] = monom.subs({X:X_const})
```

Die erste Codezeile in obigem Programmlisting ist hier eigentlich überflüssig, da $m = 1$ ist. In dem Beispiel, das später betrachtet wird, wird diese Codezeile allerdings benötigt. Dasselbe gilt für die erste Codezeile des nächsten Listings.

Zum Schluss ergänzen wir die letzte Zeile der Gittermatrix – die Werte, die man jeweils erhält, wenn man in die entsprechenden Monome `N_const` für N, `a_const` für a und `X_const` für X einsetzt.

```
sage: fg=f**m
sage: fg = fg.subs({N:N_const, a:a_const})
sage: fg_monoms_ext = get_ext_monoms(fg)
sage: for fg_monom in fg_monoms_ext:
....:     pos = fg_monom.degree()
....:     M[dim-1, pos] = fg_monom.subs({X:X_const})
```

Unser Gitter ist nun fertig und wir können den Reduktionsalgorithmus starten:

```
sage: B = M.LLL()
```

Der kürzeste Vektor `B[0]` unserer reduzierten Basis enthält die Koeffizienten, die wir brauchen, um das Polynom g über den rationalen Zahlen zu erzeugen[21]. Mit *SageMath* können wir es einfach konstruieren:

```
sage: R.<x> = QQ[]
sage: g = sum([B[0][i]*(x**i)/(X_const**i) for i in range(dim)])
```

Nach Satz 11.9.1 sollte dieses Polynom eine Nullstelle über den ganzen Zahlen haben. Und in der Tat:

```
sage: sol = g.roots(ring=ZZ)[0][0]
sage: type(sol)
<type 'sage.rings.integer.Integer'>
```

Nun brauchen wir noch die Hilfsfunktion `decode()`, um eine codierte Nachricht $Z \in \mathbb{N}$ in einen Text zurückzuverwandeln, also $T_1^{-1}(T_2^{-1}(Z))$:

```
sage: def decode(n):
....:  nn = str(bin(n)[2:])
....:  while len(nn) % 8 != 0:
....:    nn = '0' + nn
....:    return ''.join([chr(int(nn[x*8:8*(x+1)],2))
....:    for x in range(len(nn)/8)])
```

Der letzte Schritt ist die Decodierung der gefundenen Nullstelle:

```
sage: decode(sol)
```

[21] Wir hatten $g(x) = v_0 + \frac{v_1}{X}x + \frac{v_2}{X^2}x^2 + \cdots + \frac{v_n}{X^n}x^n = \sum_{i=0}^{N} v_i \left(\frac{x}{X}\right)^i$ auf Seite 674 eingeführt.

Rätsel 11.9.2: RSA-Attacke für kleine Exponenten

Eve hat sich den öffentlichen Schlüssel von Bob besorgt und die verschlüsselte Nachricht c abgefangen:
$N = 87105263120665488502276714807618005091167547295414522403403858260445937978202584195976927011541286969726503590767189236676742077646358458219594112 62760499$
$e = 3$
$c = 53324798259879463395628746557109686362316082380119849133012624471422613225752245493713055662721650611249304697332495775034762824144533122780929199 5164455$
Zu Übungszwecken soll der oben beschriebene Angriff ausgeführt und das AES-Passwort gefunden werden.

Nach diesem ersten Beispiel, für das man mit $m = 1$ (siehe Gleichung (11.9.3) auf Seite 674) zum Ziel kam, betrachten wir nun ein zweites, bei dem das nicht mehr genügt.

Rätsel 11.9.3: Erschwerte RSA-Attacke für kleine Exponenten

Bald nach Eves erfolgreicher Attacke mithilfe von Gittern haben Alice und Bob gemerkt, dass ihr Verfahren unsicher ist. Sie dachten, der Grund dafür sei gewesen, dass ihre Passwörter zu kurz waren. Deshalb erhöhten sie die Passwortlänge von sieben Zeichen auf 13.
Alles andere ließen Alice und Bob unverändert und Eve fing folgende verschlüsselte Nachricht auf:
$c = 74875898628081924295230958863232737993265641657662214847638483603488006886812559351998510022388544254768721487918947883514843899598628979968735140 56282948$
Kannst du das neu verschickte Passwort herausfinden? Hier einige Anregungen:

- *Probiere zuerst mit* $m = 1$. *Wieso schlägt die Attacke fehl?*
- *Probiere mit* $m = 2$. *Die Dimension des neuen Gitters ist dann* $em + 1$.
- *Das Polynom* f *ist immer das gleiche. Aber wir brauchen mehr Hilfspolynome* $g_{i,j}$, *um ein größeres Gitter zu konstruieren. Gleichung (11.9.3) auf Seite 674 liefert 6 Polynome* g_{ij} *und die Koeffizienten des ausmultiplizierten Polynoms* $(f(x))^2$ *für die letzte Zeile. Zum Schluss sollte folgendes Gitter entstehen:*

$$\begin{pmatrix} N^2 & 0 & 0 & 0 & 0 & 0 & 0 \\ 0 & N^2X & 0 & 0 & 0 & 0 & 0 \\ 0 & 0 & N^2X^2 & 0 & 0 & 0 & 0 \\ N(a^3-c) & 3Na^2X & 3NaX^2 & NX^3 & 0 & 0 & 0 \\ 0 & N(a^3-c)X & 3Na^2X^2 & 3NaX^3 & NX^4 & 0 & 0 \\ 0 & 0 & N(a^3-c)X^2 & 3Na^2X^3 & 3NaX^4 & NX^5 & 0 \\ f_0 & f_1 & f_2 & f_3 & 15a^2X^4 & 6aX^5 & X^6 \end{pmatrix}$$

Fortsetzung des Rätsels 11.9.3

$$\begin{aligned} f_0 &= (a^3 - c)^2 \\ f_1 &= 6a^2(a^3 - c)X \\ f_2 &= a(15a^3 - 6c)X^2 \\ f_3 &= (20a^3 - 2c)X^3 \end{aligned}$$

Rätsel 11.9.4: Noch schwerere RSA-Attacke für kleine Exponenten

Für die nächste stereotype Nachricht sollen folgende Parameter vorhanden sein:

$N =$ 112253548525312293127058215420189381448421298659648873026595274541091007268113866348307461893512826545138756097372484729708503789427516009398582733865515455177790394159554613094757808985408328307994023228782530102763869568783560935903077468369489872109334310118979950207071108280219620362737467760308227448837

$e = 7$

$c =$ 106706540962449303066961088771648119758177846211060908301336144240289688371542323203416362927402148262781911367870967243769195413172934392928573792227220715311417443875713814254018959243132752860619587402124893248451467838920273794758310827554392841573679450441556883666302722319029010463140829183505391092171

Dieses Mal hat das Polynom f den Grad 7 *und das Passwort besteht aus* 14 *ASCII-Zeichen. Man muss verschiedene Werte für* m *durchprobieren, um ein hinreichend großes aber trotzdem nicht zu großes Gitter zu konstruieren.*

Als wesentliche Kennzahl für das Funktionieren dieser Art von Angriff nennt Howgrave-Graham den Wert von $\frac{e-1}{e}$: Wenn der Exponent zur Verschlüsselung e ist, muss Eve den Bruchteil $\frac{e-1}{e}$ von Bobs Nachricht kennen, um Erfolg zu haben, vgl. [9], Seite 96.

In Abschnitte 11.12.1 und 11.12.2 auf Seite 698 und auf Seite 703 findet man Screenshots aus CT1 und CT2, die eine lauffähige Implementierung gitterbasierter Angriffe gegen RSA zeigen.

11.10 Gitterbasenreduktion

Dieses Kapitel ist mathematisch anspruchsvoller und enthält verschiedene Algorithmen zur Reduktion von Gitterbasen und zeigt, wie man sie zum Brechen von Kryptosystemen heranziehen kann. Am Ende wird kurz auf die Gitter-basierten Verfahren der NIST-Standardisierung für PQC eingegangen.

Ein gegebenes Gitter gestattet unendlich viele verschiedene Basen. Das Hauptziel der Gitterbasenreduktion ist es, ausgehend von einer vorgegebenen Basis eine andere Basis zu finden, die aus möglichst kurzen Vektoren besteht. Dies wiederum ist äquivalent dazu, eine Menge von Basisvektoren zu finden, deren je zwei einen Winkel einschließen, der einem rechten möglichst nahe kommt. Mithilfe so einer reduzierten Basis ist es möglich, Antworten auf Fragen zu finden, die sich im Kontext der ursprünglich gegebenen Basis stellen. In Abschnitt 11.8.2 auf Seite 665 haben wir bereits gezeigt, wie man ein Knapsack Kryptosystem mithilfe einer reduzierten Gitterbasis bricht.

Wir führen zuerst das Gram-Schmidtsche Orthogonalisierungsverfahren ein, benannt nach den beiden Mathematikern Jørgen Pedersen Gram und Erhard Schmidt.

Definition 11.10.1. *Zu je m linear unabhängigen Vektoren $b_1, \cdots, b_m \in \mathbb{R}^n$ gibt es m paarweise aufeinander senkrecht stehende Vektoren $\hat{b}_1, \ldots, \hat{b}_m \in \mathbb{R}^n$, so dass $\hat{b}_i$ von den $b_1, \ldots, b_i$ linear abhängt. Die $\hat{b}_i$ können rekursiv mithilfe der sog. Gram-Schmidt-Koeffizienten $\mu_{i,j} = \frac{b_i \cdot \hat{b}_j}{\hat{b}_j \cdot \hat{b}_j}$ berechnet werden:*

$$\begin{aligned} \hat{b}_1 &= b_1 \\ \hat{b}_i &= b_i - \textstyle\sum_{j=1}^{i-1} \mu_{i,j} \hat{b}_j \quad i = 2, \ldots, m \end{aligned}$$

Es sei $\operatorname{span}(b_1, \ldots, b_{i-1})^\perp$ *die Menge aller Vektoren, die auf* $\operatorname{span}(b_1, \ldots, b_{i-1})$ *senkrecht stehen, also*

$$\operatorname{span}(b_1, \ldots, b_{i-1})^\perp = \{v \in \mathbb{R}^n \;\Big|\; v \cdot \sum_{j=1}^{i-1} x_j b_j = 0 \,\forall x_j \in \mathbb{R}\}.$$

Die Senkrechtprojektionen der Vektoren b_j auf $\operatorname{span}(b_1, \ldots, b_{i-1})^\perp$ *bezeichnen wir mit π_i*

$$\pi_i : \left\{ \begin{array}{ccc} \mathbb{R}^n & \to & \operatorname{span}(b_1, \ldots, b_{i-1})^\perp \\ \pi_i(b_j) & := & \sum_{t=i}^{j} \mu_{j,t} \hat{b}_t \end{array} \right\} \qquad i = 1, \cdots, m$$

Es gilt $\mu_{i,i} = 1$ und $\mu_{i,j} = 0$ für $i < j$. Wenn die vorliegende Basis $b_1, \cdots, b_m$ ein ganzes Gitter erzeugt, dann sind die Vektoren $\hat{b}_1, \cdots, \hat{b}_m$ rational und die Gram-Schmidt-Koeffizienten auch. Formuliert man obige Gleichungen mithilfe von Matrizen, so erhält man:

$$(b_1, \cdots, b_m) = (\hat{b}_1, \cdots, \hat{b}_m)(\mu_{i,j})^T_{1 \le i,j \le m}$$

Definition 11.10.2. *Das i-te sukzessive Minimum λ_i eines Gitters L ist der kleinstmögliche Radius $r \in \mathbb{R}$ einer n-dimensionalen Kugel B mit Mittelpunkt O, die i Stück linear unabhängige Gittervektoren enthält:*

$$\lambda_i(L) = \min\{r \in \mathbb{R} \mid \dim(\operatorname{span} L \cap B_{r,0}) \ge i\}.$$

Offensichtlich ist λ_1 die Norm des kürzesten von Null verschiedenen Gittervektors.

Einer der stärksten Reduktionsbegriffe geht auf Hermite [11] sowie Korkine und Zolotarev [12, 13, 14] zurück, daher der Begriff „HKZ"-reduziert:

Definition 11.10.3. *Eine Gitterbasis $b_1, \ldots, b_m$ heißt reduziert im Sinne von Hermite, Korkine und Zolotareff oder kurz HKZ-reduziert, wenn gilt:*

1. $|\mu_{i,j}| \le \frac{1}{2}$ *for* $1 \le j < i \le m$,

2. $||\hat{b}_i|| = \lambda_1(L(\pi_i(b_i), \ldots, \pi_i(b_m)))$ *für* $1 \le i \le m$.

Der erste Vektor einer HKZ-reduzierten Gitterbasis ist stets ein kürzester Gittervektor.

Wir betrachten zuerst den Fall eines zwei-dimensionalen Gitters. Hier kann man leicht einen bezüglich der Euklidischen Norm kürzesten Gittervektor finden, indem man die Gauß-Reduktion anwendet (siehe Krypto-Verfahren 11.10.1). Dieses Verfahren ist ähnlich dem Verfahren der Berechnung des ggT zweier ganzer Zahlen mithilfe des Euklidischen Algorithmus.

Krypto-Verfahren 11.10.1: Gauß

input Gitterbasis $\{a, b\}$
repeat
$\{a, b\} = \{b - \lceil \frac{a \cdot b}{a \cdot a} \rfloor \cdot a, a\}$
until $||a|| \leq ||b|| \leq ||a - b||$
output Gauß-reduzierte Gitterbasis $\{a, b\}$

Für eine reelle Zahl x sei $\lceil x \rfloor$ diejenige ganze Zahl, der x am nächsten liegt, also $\lceil x \rfloor = \lfloor x + 0{,}5 \rfloor$.

Beispiel Als Beispiel wenden wir das Gaußsche Eliminationsverfahren auf die Basis $B = \{a, b\} = \{(1, 7), (-1, 1)\}$ eines gegebenen Gitters $L \subset \mathbb{Z}^2$ an.

Input: Gitterbasis $\{a, b\} = \{(1, 7), (-1, 1)\}$

$$\begin{aligned}
\{a, b\} &= \{b - \left\lceil \frac{a \cdot b}{a \cdot a} \right\rfloor \cdot a, a\} \\
&= \{(-1, 1) - \left\lceil \frac{(1, 7) \cdot (-1, 1)}{(1, 7) \cdot (1, 7)} \right\rfloor \cdot (1, 7), (1, 7)\} \\
&= \{(-1, 1) - \left\lceil \frac{6}{50} \right\rfloor \cdot (1, 7), (1, 7)\} \\
&= \{(-1, 1), (1, 7)\}
\end{aligned}$$

Da $||b|| = \sqrt{50} > \sqrt{40} = ||a - b||$ ist, müssen wir eine weitere Iteration starten:

$$\begin{aligned}
\{a, b\} &= \{b - \left\lceil \frac{a \cdot b}{a \cdot a} \right\rfloor \cdot a, a\} \\
&= \{(1, 7) - \left\lceil \frac{(-1, 1) \cdot (1, 7)}{(-1, 1) \cdot (-1, 1)} \right\rfloor \cdot (-1, 1), (-1, 1)\} \\
&= \{(1, 7) - \left\lceil \frac{6}{2} \right\rfloor \cdot (-1, 1), (-1, 1)\} \\
&= \{(1, 7) - 3 \cdot (-1, 1), (-1, 1)\} \\
&= \{(4, 4), (-1, 1)\}
\end{aligned}$$

Nun ist $||a|| = \sqrt{32} > \sqrt{2} = ||b||$, deshalb noch eine weitere Iteration:

$$\begin{aligned}\{a,b\} &= \{b - \left\lceil \frac{a \cdot b}{a \cdot a} \right\rfloor \cdot a, a\} \\ &= \{(-1,1) - \left\lceil \frac{(4,4) \cdot (-1,1)}{(4,4) \cdot (4,4)} \right\rfloor \cdot (4,4), (4,4)\} \\ &= \{(-1,1) - \left\lceil \frac{0}{32} \right\rfloor \cdot (-1,1), (4,4)\} \\ &= \{(-1,1), (4,4)\}\end{aligned}$$

Da $||a|| = \sqrt{2} < \sqrt{32} = ||b|| < \sqrt{34} = ||a - b||$ ist, sind wir nun fertig.

Output: $\{a, b\} = \{(-1, 1), (4, 4)\}$

Der Vektor $(-1, 1)$ ist ein kürzester, von Null verschiedener Vektor aus L und $(4, 4)$ ist ein kürzestmöglicher Vektor aus L, der von $(-1, 1)$ verschieden ist.

Es ist kein Verfahren bekannt, dass für höhere Dimensionen aus einer beliebige Basis eines Gitters eine HKZ-reduzierte Basis (vgl. S. 681) desselben Gitters in polynomial (in der Größe der Eingabe) vielen Schritten konstruiert. Wir führen nun eine Reihe von Begriffen ein, die zumindest die Approximation einer HKZ-reduzierten Basis in kürzerer Zeit ermöglichen.

Definition 11.10.4. *Eine geordnete Basis* $b_1, \cdots, b_m \in \mathbb{R}^n$ *heißt* längenreduziert, *wenn* $|\mu_{i,j}| \leq \frac{1}{2}$ *für* $1 \leq j < i \leq m$ *gilt. Ein einzelner Basisvektor* b_i *heißt* längenreduziert, *wenn* $|\mu_{i,j}| \leq \frac{1}{2}$ *für* $1 \leq j < i$ *gilt.*

Eine längenreduzierte Gitterbasis besteht aus Vektoren, die fast paarweise aufeinander senkrecht stehen.

In Abschnitt 11.8.2 auf Seite 665 wurde bereits der LLL-Algorithmus von SageMath benutzt, um eine Basis zu reduzieren und damit ein Knapsackproblem zu lösen (vgl. S. 666 ff.). Wir führen nun die formale Definition der LLL-Reduktion ein und betrachten den Reduktionsalgorithmus im Detail, da wir Teile davon später wieder brauchen, wenn wir weitere Algorithmen untersuchen.

Definition 11.10.5. *Es sei* δ *eine Konstante,* $0 < \delta \leq 1$. *Wir nennen eine Basis* $b_1, \ldots, b_m \in \mathbb{R}^n$ LLL-reduziert mit δ, *wenn sie längenreduziert ist, so dass gilt:*

$$\delta||\hat{b}_{k-1}||^2 \leq ||\hat{b}_k + \mu_{k,k-1}\hat{b}_{k-1}||^2 \text{ für } k = 2, \cdots, m$$

Die folgenden zwei Pseudocode-Listings 11.10.2 und Krypto-Verfahren 11.10.3 auf der nächsten Seite zeigen, wie man eine geordnete Gitterbasis und eine LLL-reduzierte δ-Basis berechnet.

Krypto-Verfahren 11.10.2: Algorithmus zur Größenreduktion des Basisvektors b_k

input $b_1, \ldots, b_m \in \mathbb{R}^n$ (Gitterbasis)
    $\mu_{i,j}$ für $1 \leq j < i \leq m$ (ihre Gram-Schmidt Koeffizienten)

for $j = k-1, \ldots, 1$ **do**
  if $|\mu_{k,j}| > \frac{1}{2}$ **then**
    $b_k \leftarrow b_k - \lceil \mu_{k,j} \rfloor b_j$
    for $i = 1, \ldots, k-1$ **do**

Fortsetzung Krypto-Verfahren 11.10.2

$\mu_{k,i} \leftarrow \mu_{k,i} - \lceil \mu_{k,j} \rfloor \cdot \mu_{j,i}$

output $b_1, \ldots, b_m \in \mathbb{R}^n$ (Gitterbasis, bei der b_k größenreduziert ist)
$\mu_{i,j}$ für $1 \le j < i \le m$ (ihre Gram-Schmidt Koeffizienten)

Krypto-Verfahren 11.10.3: Algorithmus zur LLL-Reduktion

input $b_1, \ldots, b_m \in \mathbb{R}^n$ (Gitterbasis), δ mit $0 \le \delta \le 1$

Schritt 1

$k \leftarrow 2$ (k bezeichnet die Stufe. Bei Eintritt in Stufe k ist die Basis $b_1, \ldots, b_{k-1}$ bereits L^3-reduziert mit δ und es liegen die Gram-Schmidt-Koeffizienten $\mu_{i,j}$ für $1 \le j < i < k$ sowie die Höhenquadrate $c_i = ||\hat{b}_i||_2^2$ für $i = 1, \ldots, k-1$ vor.)

Schritt 2

while $k \le m$ **do**
  for $j = 1, \ldots, k-1$ **do**
    $\mu_{k,j} \leftarrow \frac{b_k \cdot b_j - \sum_{i=1}^{j-1} \mu_{j,i}\mu_{k,i}c_i}{c_j}$
  $c_k \leftarrow b_k \cdot b_k - \sum_{j=1}^{k-1} \mu_{k,j} c_j$
  Schritt 3 (längenreduziere b_k)
  for $j = k-1, \ldots, 1$ **do**
    $\mu \leftarrow \lceil \mu_{k,j} \rfloor$
    for $i = 1, \ldots, j-1$ **do**
      $\mu_{k,i} \leftarrow \mu_{k,i} - \mu\mu_{j,i}$
    $\mu_{k,j} \leftarrow \mu_{k,j} - \mu$
    $b_k \leftarrow b_k - \mu b_j$
  Schritt 4
  if $\delta c_{k-1} > c_k + \mu_{k,k-1}^2 c_{k-1}$ **then**
    vertausche b_k and b_{k-1}
    $k \leftarrow \max(k-1, 2)$
  else
    $k \leftarrow k+1$

output mit δ LLL-reduzierte Basis $b_1, \ldots, b_m$
Gram-Schmidt Koeffizienten $\mu_{i,j}$ für $1 \le j < i \le m$
Höhenquadrate $c_i = ||\hat{b}_i||_2^2$ für $i = 1, \ldots, m$

In der Praxis hat sich die Ersetzung von Schritt 4 durch die von Schnorr und Euchner [15] vorgeschlagene Regel der „tiefen Einfügungen“ als effizienter erwiesen. Für festes t bleibt die Laufzeit des Algorithmus polynomial in n, m und der Länge der Eingabe:

Krypto-Verfahren 11.10.4: t tiefe Einfügungen

Schritt 4, alternativ

$c \leftarrow ||b_k||_2^2$, $T \leftarrow \min(t, k-1)$, $i \leftarrow 1$
while $i < T$ **do**
  if $\delta c_i > c$ **then**
    $(b_1, \ldots, b_k) \leftarrow (b_1, \ldots, b_{i-1}, b_k, b_i, \ldots, b_{k-1})$
    $k \leftarrow \max(i-1, 2)$
    goto Schritt 2
  else
    $c \leftarrow c - \mu_{k,i}^2 c_i$
    $i \leftarrow i+1$
if $\delta c_{k-1} > c_k + \mu_{k,k-1}^2 c_{k-1}$ **then**
  vertausche b_k und b_{k-1}
  $k \leftarrow \max(k-1, 2)$
else
  $k \leftarrow k+1$

Außerdem haben Schnorr und Euchner [15] den Begriff der *blockweise Korine-Zolotarev-reduzierten Basen* mit Blockgröße β eingeführt. Für eine Gitterbasis $b_1, \ldots, b_m$ und $\beta = 2$ ist dieser Begriff äquivalent zu dem der LLL-reduzierten Basis und für $\beta = m$ äquivalent zum Begriff der HKZ-reduzierten Basis.

Definition 11.10.6. *Es seien $\beta \geq 2$ eine ganze Zahl und $\delta \in (0,1]$ reell. Eine Basis $b_1, \ldots, b_m$ eines Gitters $L \subset \mathbb{R}^n$ heißt (β, δ)-blockreduziert*[22]*, wenn für $i = 1, \ldots, m$ gilt:*

1. $|\mu_{i,j}| \leq \frac{1}{2}$ *für alle $j < i$,*
2. $\delta ||\hat{b}_i||^2 \leq \lambda_1^2(L(\pi_i(b_i), \ldots, \pi_i(b_{\min(i+\beta-1,m)})))$.

Für $\beta > 2$ ist kein Verfahren zur (β, δ)-Blockreduktion mit bewiesener polynomialer Laufzeitschranke bekannt. Lediglich für $\beta = 3$ und $\delta \in [\frac{1}{2}, \frac{1}{2}\sqrt{3})$ können wir einen Algorithmus mit polynomialer Laufzeitschranke angeben; siehe [16]). In der Praxis hat sich der folgende Algorithmus von Schnorr [15] zur $\beta, \delta)$-Blockreduktion für kleine Blockgrößen ($\beta \leq 30$) als effizient erwiesen. Der Kern des Algorithmus ist das Aufzählungsverfahren `enum(j,k)`, das eine ganzzahlige, von Null verschiedene Minimalstelle $(u_j, \ldots, u_k)$ des folgenden Ausdrucks bestimmt:

$$c_j(\tilde{u}_j, \ldots, \tilde{u}_k) := ||\pi_j(\sum_{i=j}^{k} \tilde{u}_i b_i)||_2^2,\ (\tilde{u}_j, \ldots, \tilde{u}_k) \in \mathbb{Z}^{k-j+1}$$

Bevor wir `enum(j,k)` behandeln, wollen wir den Algorithmus zur Blockreduzierung im Pseudocode-Listing 11.10.5 betrachten. Hierin wird zyklisch über alle Positionen j iteriert und dabei sichergestellt, dass die Basis größenreduziert ist und für alle j gilt:

$$\delta ||\hat{b}_j||^2 \leq \lambda_1^2(L(\pi_j(b_j), \ldots, \pi_j(b_{min(j+\beta-1,m)})))$$

[22] In der Literatur findet sich auch der Begriff BKZ-reduzierte Basis statt blockreduzierte Basis.

Krypto-Verfahren 11.10.5: Algorithmus (β, δ)-Blockreduktion

input Basis $b_1, \ldots, b_m \in \mathbb{R}^n$ von L, $\beta \in \mathbb{N}$, $2 \leq \beta \leq m$, $\delta \in \mathbb{R}$, $0 \leq \delta \leq 1$

Schritt 1

LLL-reduziere $b_1, \ldots, b_\beta$, $j \leftarrow m$, $z \leftarrow 0$

Schritt 2

while $z < m - 1$ **do**

  $j \leftarrow j + 1$

  if $j = m$ **then**

    $j \leftarrow 1$

  $k \leftarrow \min(j + \beta - 1, m)$

  enum(j, k) bestimmt die ganzzahligen Koeffizienten $(u_j, \ldots, u_k)$ der Darstellung eines Vektors $b_j^{\text{new}} = \sum_{i=j}^{k} u_i b_i$ mit $\overline{c}_j := ||\pi_j(b_j^{\text{new}})||^2 = \lambda_1^2\,(L(\pi_j(b_j), \ldots, \pi_j(b_k)))$

  $h \leftarrow \min(k + 1, m)$

  if $\overline{c}_j < \delta c_j$ **then**

    ergänze $b_1, \ldots, b_{j-1}, b_j^{\text{new}}$ zu einer Basis $b_1, \ldots, b_{j-1}, b_j^{\text{new}}, \ldots, b_k^{\text{new}}, b_{k+1}, \ldots, b_m$ von L,

    LLL-reduziere $b_1, \ldots, b_h^{\text{new}}$

    $z \leftarrow 0$

  else

    LLL-reduziere $b_1, \ldots, b_h$

    $z \leftarrow z + 1$

output (β, δ) blockreduzierte Basis $b_1, \ldots, b_m$

Zur Ergänzung von $b_1, \ldots, b_{j-1}, b_j^{\text{new}}$ zu einer Basis $b_1, \ldots, b_{j-1}, b_j^{\text{new}}, \ldots, b_k^{\text{new}}, b_{k+1}, \ldots, b_m$ von L verwendet man den Algorithmus in Krypto-Verfahren 11.10.6:

Krypto-Verfahren 11.10.6: Algorithmus BASIS

input basis $b_1, \ldots, b_m, (u_j, \ldots, u_k)$

Schritt 1

$b_j^{\text{new}} = \sum_{i=j}^{k} u_i b_i$

Schritt 2

$g \leftarrow \max\{t : j \leq t \leq k, u_t \neq 0\}$

Schritt 3

while $|u_g| > 1$ **do**

  $i \leftarrow \max\{t : j \leq t < g : u_t \neq 0\}$

  $q \leftarrow \lceil u_g / u_i \rfloor$

  $u_i \leftarrow u_g - q \cdot u_i$

Fortsetzung Krypto-Verfahren 11.10.6

$u_g \leftarrow u_i^{old}$

$b_g \leftarrow q \cdot b_g + b_i$

$b_i \leftarrow b_g^{old}$

Schritt 4

for $i = g, \ldots, j+1$ **do**

$b_i \leftarrow b_{i-1}$

Schritt 5

$b_j \leftarrow b_j^{\text{new}}$

output $b_1, \ldots, b_m$

Wenn wir die Notationen $\tilde{c}_t := ||\pi_t(\sum_{i=t}^k \tilde{u}_i b_i||^2$ und $c_t := ||\hat{b}_t||^2 = ||\pi_t(b_t)||^2$ einführen, erhalten wir $\tilde{c}_t = \tilde{c}_{t+1} + (\tilde{u}_t + \sum_{i=t+1}^k \tilde{u}_i \mu_{i,t})^2 c_t$. Wenn wir weiter $(\tilde{u}_{t+1}, \ldots, \tilde{u}_k)$ fixieren, können wir ganz einfach alle ganzen Zahlen $\tilde{u}_t$ durchnummerieren, so dass die zugehörigen Werte $\tilde{c}_t$ nicht abnehmen, beginnend mit $\tilde{u}_t = \left\lceil -\sum_{i=t+1}^k \tilde{u}_i \mu_{i,t} \right\rfloor$. Die folgende Basisvariante des Algorithmus `enum` in Krypto-Verfahren 11.10.7 durchläuft den resultierenden Suchbaum mit dem Verfahren der Tiefensuche. Andere Varianten, z. B. die Breitensuche oder die sog. geschnittene Aufzählung – engl. *pruning* – findet man in [16].

Krypto-Verfahren 11.10.7: Algorithmus `enum(j,k)`

input j, k, c_i for $i = j, \ldots, k$ und $\mu_{i,t}$ für $j \leq t < i \leq k$

Schritt 1

$s \leftarrow t \leftarrow j, \overline{c}_j \leftarrow c_j, \tilde{u}_j \leftarrow u_j \leftarrow 1,$

$v_j \leftarrow y_j \leftarrow \Delta_j \leftarrow 0, \delta_j \leftarrow 1,$

for $i = j+1, \ldots, k+1$ **do**

$\tilde{c}_i \leftarrow u_i \leftarrow \tilde{u}_i \leftarrow v_i \leftarrow y_i \leftarrow \Delta_i \leftarrow 0, \delta_i \leftarrow 1$

Schritt 2

while $t \leq k$ **do**

$\tilde{c}_t \leftarrow \tilde{c}_{t+1} + (y_t + \tilde{u}_t)^2 c_t$

if $\tilde{c}_t < \overline{c}_j$ **then**

if $t > j$ **then**

$t \leftarrow t - 1, y_t \leftarrow \sum_{i=t+1}^s \tilde{u}_i \mu_{i,t},$

$\tilde{u}_t \leftarrow v_t \leftarrow \lceil -y_t \rfloor, \Delta_t \leftarrow 0$

if $\tilde{u}_t > -y_t$ **then**

$\delta_t \leftarrow -1$

else

$\delta_t \leftarrow 1$

else

$\overline{c}_j \leftarrow \tilde{c}_j, u_i \leftarrow \tilde{u}_i$ for $i = j, \ldots, k$

else

Fortsetzung Krypto-Verfahren 11.10.7

$t \leftarrow t+1$
$s \leftarrow \max(s,t)$
if $t < s$ **then**
$\Delta_t \leftarrow -\Delta_t$
if $\Delta_t\delta_t \geq 0$ **then**
$\Delta_t \leftarrow -\Delta_t + \delta_t$
$\tilde{u}_t \leftarrow v_t + \Delta_t$
output $(u_j, \ldots, u_k), \overline{c}_j$

11.10.1 Angriffe auf Rucksack-Kryptosysteme mithilfe von Gitterreduktions-Algorithmen

Für eine gegebene Menge natürlicher Zahlen $n, a_1, \ldots, a_n$ und s bezeichnen wir als Rucksackproblem das Problem, entweder einen Vektor $(x_1, \ldots, x_n) \in \{0,1\}^n$ zu finden mit $\sum_{i=1}^n x_i a_i = s$ oder aber zu zeigen, dass es keinen solchen Vektor gibt. Der Vektor $x = (x_1, \ldots, x_n)$ heißt, falls er existiert, eine Lösung des Rucksackproblems $(n, a_1, \ldots, a_n, s)$. Aufgrund der NP-Vollständigkeit des Rucksackproblems bestand die Hoffnung, sichere und effiziente Public-Key-Kryptosysteme auf der Grundlage dieses Problems entwickeln zu können. Im Abschnitt 11.8.1 wurde bereits ein Angriff auf das Merkle-Hellman Rucksackproblem beschrieben. Im Folgenden geben wir einen Einblick in die Attacken auf Kryptosysteme von Chor und Rivest sowie Orton (siehe [17] und [18]).

11.10.1.1 Angriff auf das Kryptosystem von Chor und Rivest

Chor und Rivest verwenden n speziell konstruierte Gewichte a_i und codieren eine binäre Nachricht $x = x_1 \ldots x_n$ mit q Einsen und $n-q$ Nullen durch $s := \sum_{i=1}^n x_i a_i$. Wir betrachten dazu die folgende Gitterbasis B:

$$B := \begin{pmatrix} b_1 \\ \\ \vdots \\ \\ b_{n+1} \end{pmatrix} := \begin{pmatrix} 1 & q & q & \ldots & q & n^2 s & n^2 q \\ 0 & n & 0 & \ldots & 0 & n^2 a_1 & n^2 \\ 0 & 0 & n & & 0 & n^2 a_2 & n^2 \\ \vdots & & \ddots & \ddots & \vdots & \vdots & \vdots \\ 0 & \ldots & & & n & n^2 a_n & n^2 \end{pmatrix}$$

Jeder Gittervektor $v = (v_0, \ldots, v_{n+2}) = \sum_{i=1}^{n+1} u_i b_i$ mit $v_0 = \pm 1$ and $v_{n+1} = v_{n+2} = 0$ liefert die entschlüsselte Nachricht x, falls die Koeffizienten v_j genau q-mal den Wert $v_0 \cdot (q-n)$ und genau $(n-q)$-mal den Wert $v_0 \cdot q$ haben. Es gilt dann

$$x_i = \begin{cases} 1, & \text{für } v_i = v_0 \cdot (q-n), \\ 0, & \text{für } v_i = v_0 \cdot q \end{cases}$$

In der Diplomarbeit von H. Hörner werden Varianten der Blockreduktionsalgorithmen angewandt, um solche Vektoren für die Parameter $(n, q) = (103, 12)$ und $(151, 16)$ zu finden. Die Ergebnisse findet man in [19], wir verzichten an dieser Stelle auf Details.

11.10.1.2 Angriff auf das Orton-Kryptosystem

Orton [18] schlägt ein Public-Key-Kryptosystem vor, das auf sog. dichten, kompakten und modularen Rucksackproblemen basiert:

Öffentliche Parameter:

Natürliche Zahlen r, n, s. (Nachrichten bestehen aus n Blöcken mit jeweils s bit; r ist die Anzahl der Runden für die Erzeugung der Schlüssel.)

Geheimer Schlüssel:

Ganze Zahlen $a_i^{(0)}$ mit $a_1^{(0)} = 1, a_i^{(0)} > (2^s - 1)\sum_{j=1}^{i-1} a_j^{(0)}$ for $i = 1, \ldots, n$ und natürliche Zahlen $q_2, p^{(k)}, w^{(k)}$ für $k = 1, \ldots, r$, wobei $q_1 := p^{(r)}/q_2$ eine ganze Zahl ist.

Der Teil $\{a_i^{(0)}\}$ des geheimen Schlüssels repräsentiert einen „einfachen" Rucksack. Durch die folgenden Operationen wird er in einen „schwierigen" Rucksack transformiert, der durch den öffentlichen Schlüssel repräsentiert wird.

$$
\begin{aligned}
a_i^{(k)} &:= a_i^{(k-1)} w(k) \mod p^{(k)} \text{ für } i = 1, \ldots, n+k-1, \qquad a_{n+k}^{(k)} := -p^{(k)}, \\
f_i^{(k)} &:= 2^{-\text{prec}(k)} \left\lfloor a_i^{(k)} 2^{\text{prec}(k)} / p^{(k)} \right\rfloor \text{ für } i = 1, \ldots, n+k-1, \qquad k = 1, \ldots, r, \\
a_{i,j} &:= a_i^{(r)} \mod q_j \text{ für } i = 1, \ldots, n+r-1, \qquad j = 1, 2.
\end{aligned}
$$

Hierbei wird die geheime „Falltür" $q_2, p^{(k)}, w^{(k)}$ $(k = 1, \ldots, r)$ verwendet. $\text{prec}(k)$ ist die Bitgenauigkeit für die Berechnung der Quotienten $f_i^{(k)}$ in der k-ten Runde, d. h. die Binärdarstellung der rationalen Zahlen $f_i^{(k)}$ wird nach $\text{prec}(k)$ Nachkommabits abgeschnitten. Orton schlägt vor, $\text{prec}(k) = s + \log_2 n + k + 2$ zu verwenden. Diese Wahl garantiert eine eindeutige Entschlüsselung und verhindert gleichzeitig bekannte Attacken von Brickell ([20]) und Shamir ([21]).

Öffentlicher Schlüssel:

- natürliche Zahlen $q_1, \text{prec}(k)$ für $k = 1, \ldots, r-1$
- nicht-negative ganze Zahlen $a_{i,j}$ für $i = 1, \ldots, n+r-1, \quad j = 1, 2$
- rationale Zahlen $f_i^{(k)} \in 2^{-\text{prec}(k)}[0, 2^{\text{prec}(k)})$ für $k = 1, \ldots, r-1, \quad i = 1, \ldots, n+k-1$.

Krypto-Verfahren 11.10.8: Verschlüsselung nach Orton

input öffentlicher Schlüssel, Nachricht $(x_1, \ldots, x_n) \in [0, 2^s)^n$

1: $x_{n+k} \leftarrow \left\lfloor \sum_{i=1}^{n+k-1} x_i f_i^{(k)} \right\rfloor$ für $k = 1, \ldots, r-1$

Fortsetzung Krypto-Verfahren 11.10.8

2: $y_1 \leftarrow \sum_{i=1}^{n+r-1} x_i a_{i,1} \mod q_1, \quad y_2 \leftarrow \sum_{i=1}^{n+r-1} x_i a_{i,2}$

output verschlüsselte Nachricht (y_1, y_2)

Krypto-Verfahren 11.10.9: Entschlüsselung nach Orton

input öffentlicher und geheimer Schlüssel, verschlüsselte Nachricht (y_1, y_2)

1: rekombiniere $y^{(r)} \equiv y_j \mod q_j$ (j=1,2) mit Chinesischem Restsatz:

$y^{(r)} \leftarrow q_2((y_1 - y_2)q_2^{-1} \mod q_1) + y_2$

2: $y^{(k-1)} \leftarrow y^{(k)}(w^{(k)})^{-1} \mod p^{(k)}$ für $k = r, \ldots, 1$

3: löse $\sum_{i=1}^{n} x_i a_i^{(0)} = y^{(0)}$ mit $x_i \in [0, 2^s)$ (dies ist einfach wegen $a_i^{(0)} > (2^s - 1)\sum_{j=1}^{i-1} a_j^{(0)}$)

output entschlüsselte Nachricht $(x_1, \ldots, x_n)$

Im Folgenden zeigen wir, wie man mithilfe von Gitteralgorithmen jede beliebige Nachricht entschlüsseln kann, die über das Orton-Kryptosystem verschlüsselt wurde. Zuerst konstruieren wir dazu eine Gitterbasis $b_1, \ldots, b_{m+2} \in \mathbb{Z}^{m+r+2}$, so dass aus jedem Gittervektor mit l_∞-Norm 1 die ursprüngliche Nachricht rekonstruiert werden kann. Die l_∞-Norm $||v||_\infty$ eines Vektors $v = (v_1, \ldots, v_n)$ ist definiert als das Maximum der Beträge der Koeffizienten v_i.

$$||v||_\infty = \max(|v_1|, \ldots, |v_n|), \; v \in \mathbb{R}^n$$

Danach zeigen wir, wie so ein Gittervektor effizient gefunden werden kann.

Wir beschreiben das Entschlüsselungsproblem wie folgt: Gegeben seien die öffentlichen Parameter (r, n, s) und der öffentliche Schlüssel $(q_1, \text{prec}(k), a_{i,j}, f_i^k)$ und die verschlüsselte Nachricht (y_1, y_2). Es soll der Klartext $(x_1, \ldots, x_n)$ gefunden werden, d. h. ganze Zahlen $x_1, \ldots, x_n \in [0, 2^s)$, $x_{n+k} \in [0, 2^{s+k+\log_2 n+1})$, die den folgenden Gleichungen genügen:

$$\sum_{i=1}^{n+r-1} x_i a_{i,1} = y_1 \mod q_1 \tag{11.10.1}$$

$$\sum_{i=1}^{n+r-1} x_i a_{i,2} = y_2 \tag{11.10.2}$$

$$x_{n+k} = \left\lfloor \sum_{i=1}^{n+k-1} x_i f_i^{(k)} \right\rfloor \text{ ür } k = 1, \ldots, r-1 \tag{11.10.3}$$

Nun transformieren wir diese Gleichungen in ein System von $r+1$ ganzzahligen linearen Gleichungen mit $m := ns + (r-1)(r/2 + s + \lceil \log_2 n \rceil - 1) + \sum_{k=1}^{r-1} \text{prec}(k)$.

Weil $f_i^{(k)} 2^{\text{prec}(k)} \in [0, 2^{\text{prec}(k)})$ ganzzahlig ist, können wir die Gleichungen (11.10.3) umschreiben zu

$$x_{n+k} 2^{\text{prec}(k)} = \sum_{i=1}^{n+k-1} x_i f_i^{(k)} 2^{\text{prec}(k)} - x_{n+r+k-1} \text{ for } k = 1, \ldots, r-1, \tag{11.10.4}$$

wobei die zusätzlichen Variablen $x_{n+r+k-1}$ ganze Zahlen in $[0, 2^{\text{prec}(k)})$ sind.

Mit

$$a_{i,k+2} := \begin{cases} f_i^{(k)} 2^{\text{prec}(k)} & \text{for } i = 1, \ldots, n+k-1 \\ -2^{\text{prec}(k)} & \text{for } i = n+k \\ 0 & \text{for } i = n+k+1, \ldots, n+r+k-2 \\ -1 & \text{for } i = n+r+k-1 \\ 0 & \text{for } i = n+r+k, \ldots, n+2r-2 \end{cases}$$

vereinfachen sich die Gleichungen (11.10.4) zu:

$$\sum_{i=1}^{n+2r-2} x_i a_{i,k+2} = 0 \text{ für } k = 1, \ldots, r-1 \tag{11.10.5}$$

Die eindeutige Lösung von (11.10.1), (11.10.2) und (11.10.5) lässt sich direkt auf die eindeutige Lösung von (11.10.1), (11.10.2) und (11.10.3) transformieren. Um zu `0 − 1`-Variablen zu gelangen, ziehen wir die Binärdarstellung heran.

Wir setzen

$$d_i := \begin{cases} s & \text{für } 1 \le i \le n \\ s + i + \lceil \log_2 n \rceil - n - 1 & \text{für } n+1 \le i \le n+r-1 \\ \text{prec}(i - (n+r-1)) & \text{für } n+r \le i \le n+2r-2 \end{cases}$$

und $D_i := \sum_{j=1}^{i-1} d_j$.

Es sei $t_{D_i+1}, \ldots, t_{D_i+d_i} \in \{0,1\}$ die Binärdarstellung von x_i, also

$$x_i = \sum_{l=0}^{d_i-1} t_{D_i+l+1} 2^l,$$

weiter sei

$$A_{D_i+l+1,j} := a_{i,j} 2^l \text{ für } i = 1, \ldots, n+2r-2,\ j = 1, \ldots, r+1,\ l = 0, \ldots, d_i - 1,$$
$$\text{mit } a_{i,1} := a_{i,2} := 0 \text{ für } i > n+r-1.$$

Mit $y_3 := \cdots := y_{r+1} := 0$ vereinfachen sich die Gleichungen (11.10.1), (11.10.2), (11.10.5) zu

$$\begin{aligned} \sum_{i=1}^{m} t_i A_{i,1} &= y_1 + z q_1 \\ \sum_{i=1}^{m} t_i A_{i,j} &= y_j \text{ für } j = 2, \ldots, r+1, \\ & t_i \in \{0,1\},\ z \in \mathbb{Z} \end{aligned} \tag{11.10.6}$$

Die Zeilenvektoren $b_1, \ldots, b_{m+2} \in \mathbb{Z}^{m+r+2}$ der folgenden Matrix bilden eine Basis des Gitters L:

$$\begin{pmatrix} 0 & 2 & 0 & \cdots & 0 & NA_{1,1} & NA_{1,2} & \cdots & NA_{1,r+1} \\ 0 & 0 & 2 & \ddots & 0 & NA_{2,1} & NA_{2,2} & \cdots & NA_{2,r+1} \\ \vdots & \vdots & \ddots & \ddots & \vdots & \vdots & & \vdots & \vdots \\ 0 & 0 & \ddots & 0 & 2 & NA_{2,1} & NA_{2,2} & \cdots & NA_{2,r+1} \\ 0 & 0 & \ddots & 0 & 0 & Nq_1 & 0 & \cdots & 0 \\ 1 & 1 & \cdots & 1 & 1 & Ny_1 & Ny_2 & \cdots & Ny_{r+1} \end{pmatrix} \tag{11.10.7}$$

Für jede ganze Zahl $N \geq 2$ ergibt sich eindeutig eine Lösung $t_1, \ldots, t_m$ von (11.10.6) für jeden Vektor $v = (v_0, \ldots, v_{m+r+1}) = \sum_{i=1}^{m+2} c_i b_i$ mit l_∞-Norm gleich 1:

Der Vektor v hat die Form $\{\pm 1\}^{m+1} \times \{0\}^{r+1}$, wobei $c_{m+2} \in \{\pm 1\}$, $c_{m+1} \in \mathbb{Z}$ und $c_1, \ldots, c_m \in \{0, -c_{m+2}\}$. Die Nullen in den letzten $r + 1$ Koeffizienten implizieren

$$\sum_{i=1}^{m} c_i A_{i,1} + c_{m+2} y_1 = 0 \mod q_1$$
$$\sum_{i=1}^{m} c_i A_{i,j} + c_{m+2} y_j = 0 \text{ für} j = 1, \ldots, r+1.$$

Mit $t_i := |c_i| = (|v_i - v_0|)/2$ für $i = 1, \ldots, m$ erhalten wir die eindeutige Lösung von (11.10.6), die wir über v direkt in die entschlüsselte Nachricht transformieren können.

$$x_i := \sum_{j=0}^{s-1} |v_{s(i-1)+j+1} - v_0| 2^{j-1} \text{ für } i = 1, \ldots, n.$$

Um einen Vektor mit l_∞-Norm 1 zu finden, modifizieren wir den Algorithmus `enum` so, dass er nach bzgl. der l_∞-Norm kurzen Vektoren sucht und nicht mehr nach bzgl. der Euklidischen Norm $||.||_2$ kurzen Vektoren. Hier hilft die *Höldersche Ungleichung*: [22, S. 347]

$$|x \cdot y| \leq ||x||_\infty ||y||_1 \text{ für alle } x, y \in \mathbb{R}^n.$$

Der Ausdruck $||y||_1$ bezeichnet die l_1-Norm von y, definiert zu $||y||_1 := \sum_{i=1}^{n} |y_i|,\ y \in \mathbb{R}^n$.

Für $t = m, \ldots, 1$ definieren wir die folgenden Funktionen w_t, $\tilde{c}_t$ mit ganzzahligen Argumenten $\tilde{u}_t, \ldots, \tilde{u}_m$:[23]

$$w_t := w_t(\tilde{u}_t, \ldots, \tilde{u}_m) := \pi_t \left(\sum_{i=t}^{m} \tilde{u}_i b_i \right) = w_{t+1} + \left(\sum_{i=t}^{m} \tilde{u}_i \mu_{i,t} \right) \hat{b}_t$$

$$\tilde{c}_t := \tilde{c}_t(\tilde{u}_t, \ldots, \tilde{u}_m) := ||w_t||_2^2 = \tilde{c}_{t+1} + \left(\sum_{i=t}^{m} \tilde{u}_i \mu_{i,t} \right)^2 ||\hat{b}_t||_2^2$$

[23] unter Benutzung der in 11.10.1 eingeführten Notationen

Wir betrachten den Algorithmus `enum` von Seite 687. Er zählt mithilfe des Verfahrens der Tiefensuche alle von Null verschiedenen ganzzahligen Vektoren $(\tilde{u}_t, \ldots, \tilde{u}_m)$ für $t = m, \ldots, 1$ auf, die $\tilde{c}_t(\tilde{u}_t, \ldots, \tilde{u}_m) < \overline{c}_1$ erfüllen, wobei $\overline{c}_1$ das aktuelle Minimum der Funktion $\tilde{c}_1(\tilde{u}_1, \ldots, \tilde{u}_m)$ ist. Um einen kürzesten Gittervektor bezüglich der l_∞-Norm zu finden, modifizieren wir dies und zählen rekursiv alle von Null verschiedenen ganzzahligen Vektoren $(\tilde{u}_t, \ldots, \tilde{u}_m)$ auf, die $\tilde{c}_t(\tilde{u}_t, \ldots, \tilde{u}_m) < n \cdot \overline{B}^2$ erfüllen, wobei $\overline{B}$ die aktuell kleinste auftretende l_∞-Norm der bisher aufgezählten Gittervektoren w_1 ist. Die resultierende Aufzählungsumgebung wird in Abb. 11.7 veranschaulicht. Wir zählen alle Vektoren w_t auf, die innerhalb der Kugel B mit Radius $\sqrt{n} \cdot \overline{B}$ und dem Ursprung als Mittelpunkt liegen. Anschließend kann man die Aufzählung abbrechen, wenn man folgende Überlegungen macht:

Da man für gegebene $\tilde{u}_t, \ldots, \tilde{u}_m$ nur solche Gittervektoren erreichen kann, die in derjenigen Hyperebene H liegen, die senkrecht auf w_t steht, kann man die Aufzählung abbrechen, sobald diese Hyperebene einen leeren Schnitt mit der Menge M all derjenigen Punkte hat, deren l_∞-Norm kleiner oder gleich $\overline{B}$ ist. Die Höldersche Ungleichung liefert $\tilde{c}_t > \overline{B}||w_t||_1$ im Fall der leeren Menge. Diese Ungleichung kann linear in der Zeit überprüft werden und beschränkt die Aufzählung auf das schraffierte Gebiet U, also die Vereinigung aller Kugeln mit Radius $\frac{1}{2}\sqrt{n}\overline{B}$ und Mittelpunkt $\{\pm\overline{B}/2\}^n$.

Die Anzahl der Vektoren w_t, die aufgezählt werden müssen und die daraus resultierende Laufzeit des Aufzählungsverfahrens kann grob abgeschätzt werden durch das Volumen des Gebietes, das durchlaufen werden muss. Es folgt, dass die Laufzeit des abbrechenden Aufzählungsalgorithmus `enum`$_\infty$ (siehe Pseudocode-Listing 11.10.11) um den Faktor volume(U)/ volume(B) kürzer ist. Im zwei-dimensionalen Fall ist dieser Faktor exakt gleich $\frac{\pi+2}{2\pi}$ und allgemein für Dimension n wird er ungefähr gleich $(\frac{\pi+2}{2\pi})^{n-1}$. Das heißt, dass `enum`$_\infty$ um einen Faktor schneller ist, der exponentiell mit der Gitterdimension wächst. Weitere Details hierzu findet man in [16].

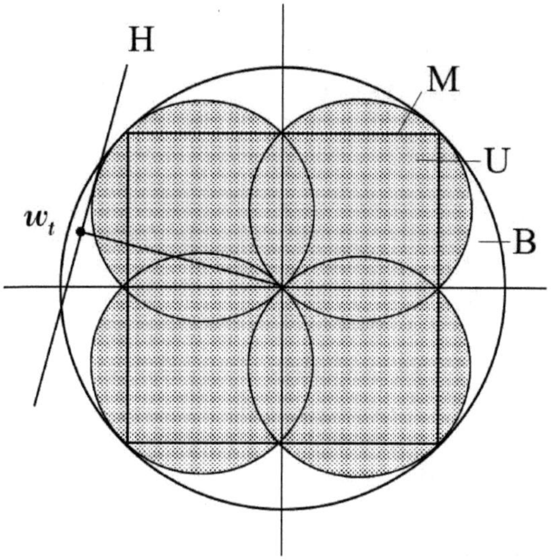

Abb. 11.7: Abbruch basierend auf der Hölderschen Ungleichung

Nun können wir den Algorithmus für den Angriff formulieren:

Krypto-Verfahren 11.10.10: Algorithmus zum Orton-Angriff

input öffentlicher Schlüssel, verschlüsselte Nachricht y_1, y_2

konstruiere die Basis $b_1, \ldots, b_{m+2}$ mit $N := n^2$ gemäß Matrix (11.10.7) , S. 692

LLL-reduziere $b_1, \ldots, b_{m+2}$ mit $\delta = 0.99$

rufe **enum**$_\infty$ auf; wir erhalten einen Vektor v mit $||v||_\infty = 1$

$x_i \leftarrow \sum_{l=0}^{s-1} |v_{s(i-1)+l+1} - v_0| 2^{l-1}$ für $i = 1, \ldots, n$

output Klartext $x_1, \ldots, x_n$

Krypto-Verfahren 11.10.11: Algorithmus enum$_\infty$

input $\hat{b}_i$, $c_i \leftarrow ||\hat{b}_i||_2^2$, $\mu_{i,t}$ für $1 \leq t \leq i \leq m$

Schritt 1

$s \leftarrow t \leftarrow 1$

$\tilde{u}_1 \leftarrow u_1 \leftarrow 1$

$\overline{b} \leftarrow b_1$

$\overline{c} \leftarrow n||b_1||_\infty^2$

$\overline{B} \leftarrow ||b_1||_\infty$

$v_j \leftarrow y_j \leftarrow \Delta_j \leftarrow 0$

$\delta_j \leftarrow 1$

for $i = 1, \ldots, m+1$ **do**

  $\tilde{c}_i \leftarrow u_i \leftarrow \tilde{u}_i \leftarrow v_i \leftarrow y_i \leftarrow \Delta_i \leftarrow 0$

  $\eta_i \leftarrow \delta_i \leftarrow 1$

  $w_i \leftarrow (0, \ldots, 0)$

Schritt 2

while $t \leq m$ **do**

  $\tilde{c}_t \leftarrow \tilde{c}_{t+1} + (y_t + \tilde{u}_t)^2 c_t$

  if $\tilde{c}_t < \overline{c}$ **then**

    $w_t \leftarrow w_{t+1} + (y_t + \tilde{u}_t)\hat{b}_t$

    if $t > 1$ **then**

      if $\tilde{c}_t \geq \overline{B}||w_t||_1$ **then**

        if $\eta_t = 1$ **then**

          increase_t()

        else

          $\eta_t \leftarrow 1, \Delta_t \leftarrow -\Delta_t$

          if $\Delta_t \delta_t \geq 0$ **then**

            $\Delta_t \leftarrow \Delta_t + \delta_t$

          $\tilde{u}_t \leftarrow v_t + \Delta_t$

      else

Fortsetzung Krypto-Verfahren 11.10.11

$t \leftarrow t-1, \eta_t \leftarrow \Delta_t \leftarrow 0, y_t \leftarrow \sum_{i=t+1}^{s} \tilde{u}_i \mu_{i,t}, \tilde{u}_t \leftarrow v_t \leftarrow \lceil -y_t \rfloor$
if $\tilde{u}_t > -y_t$ **then**
$\delta_t \leftarrow -1$
else
$\delta_t \leftarrow 1$
else
if $||w_1||_\infty < \overline{B}$ **then**
$\overline{b} \leftarrow w_1, \overline{c} \leftarrow n||\overline{b}||_\infty^2,$
$u_i \leftarrow \tilde{u}_i$ for $i = 1, \ldots, m$
else
increase_t()
output $(u_j, \ldots, u_k), \overline{b}$

Krypto-Verfahren 11.10.12: Subroutine **increase_(t)**

$t \leftarrow t+1$
$s \leftarrow \max(t, s)$
if $\eta_t = 0$ **then**
$\Delta_t \leftarrow -\Delta_t$
if $\Delta_t \delta_t \geq 0$ **then**
$\Delta_t \leftarrow \Delta_t + \delta_t$
else
$\Delta_t \leftarrow \Delta_t + \delta_t$
$\tilde{u}_t \leftarrow v_t + \Delta_t$

Mit den folgenden Änderungen von enum_∞ kann man die Laufzeit des Angriffs noch weiter verkürzen:

Wegen $||v||_2^2 = m+1$ und $||v||_\infty = 1$ initialisieren wir $\overline{c} := m + 1{,}0001$, $\overline{B} := 1{,}0001$ und stoppen den Algorithmus, sobald v gefunden wurde. Wir brechen das Aufzählverfahren für $\tilde{u}_t$ ab, sobald es einen Index $j \in [0, m]$ gibt mit $b_{i,j} = 0$ für $i = 1, \ldots, t-1$ und $b_{t,j} \neq 0$, $|w_{t,j}| \neq 1$. Dabei verfehlen wir die Lösung nicht, da $w_{1,j} = w_{t,j} \neq \pm 1$ ist für jede Wahl von $\tilde{u}_1, \ldots, \tilde{u}_{t-1}$. Da die ursprünglich gegebenen Basisvektoren $b_1, \ldots, b_{m+1}$ nur vom öffentlichen Schlüssel abhängen, müssen wir eine LLL-reduzierte Basis $b'_1, \ldots, b'_{m+1}$ zu $b_1, \ldots, b_{m+1}$ nur einmal für jeden öffentlichen Schlüssel, den wir angreifen wollen, berechnen. Für alle Nachrichten, die mit demselben öffentlichen Schlüssel verschlüsselt wurden, können wir dann diese Vektoren $b'_1, \ldots, b'_{m+1}$ zusammen mit b_{m+1} verwenden – anstelle der ursprünglichen Basis. Weitere Details hierzu, insbesondere Laufzeitanalysen und konkrete Beispiele, findet man in [23] und [16].

11.10.2 Faktorisierung

Viele Public-Key-Kryptosysteme basieren auf der Annahme, dass es nicht möglich ist, große natürliche Zahlen effizient in ihre Primfaktoren zu zerlegen. Im Jahr 1993 schlug C. P. Schnorr [24] vor, Gitterbasenreduktionen heranzuziehen, um natürliche Zahlen zu faktorisieren:

Krypto-Verfahren 11.10.13: Faktorisierung

input N (eine zusammengesetzte Zahl mit mindestens 2 verschiedenen Primfaktoren) und $\alpha, c \in \mathbb{Q}$ mit $\alpha, c > 1$

Schritt 1

Berechne die Liste $p_1, \ldots, p_t$ der ersten t Primzahlen, $p_t = (\ln N)^\alpha$

Schritt 2

Erzeuge mittels Gitterbasenreduktion eine Liste von $m \geq t+2$ Paaren $(u_i, v_i) \in \mathbb{N}^2$ mit

$$u_i = \prod_{j=1}^{t} p_j^{a_{i,j}} \; mit \; a_{i,j} \in \mathbb{N}$$

und

$$|u_i - v_i N| \text{ ist über den Primzahlen } p_1, \ldots, p_t \text{ faktorisierbar}$$

Schritt 3

Faktorisiere $u_i - v_i N$ über den Primzahlen $p_1, \ldots, p_t$ und $p_0 = -1$.
Setze $u_i - v_i N = \prod_{j=0}^{t} p_j^{b_{i,j}}$, $b_i = (b_{i,0}, \ldots, b_{i,t})$ und $a_i = (a_{i,0}, \ldots, a_{i,t})$ mit $a_{i,0} = 0$

Schritt 4

Finde eine `0-1`-Lösung $(c_1, \ldots, c_m) \neq (0, \ldots, 0)$ der Gleichung

$$\sum_{i=1}^{m} c_i(a_i + b_i) = 0 \pmod 2$$

Schritt 5

$$x \leftarrow \prod_{j=0}^{t} p_j^{\sum_{i=1}^{m} c_i(a_{i,j}+b_{i,j})/2} \pmod N$$

$$y \leftarrow \prod_{j=0}^{t} p_j^{\sum_{i=1}^{m} c_i b_{i,j}} \pmod N = \prod_{j=0}^{t} p_j^{\sum_{i=1}^{m} c_i a_{i,j}} \pmod N$$

(Die Konstruktion impliziert $x^2 = y^2 \pmod N$.)

Schritt 6

Falls $x \neq \pm y \pmod N$ ist, gib $\mathrm{ggT}(x+y, N)$ aus und stoppe. Sonst gehe zu Schritt 4 und erzeuge eine andere Lösung $(c_1, \ldots, c_m)$.

In [25] wird die Aufzählung kurzer Gittervektoren bzgl. l_1-Norm (ähnlich zu $\mathtt{enum}_\infty$) benutzt, um die Lösungen effizienter zu finden. Jedoch sind diese Algorithmen nicht annähernd effizient für große Zahlen.

11.10.3 Gitteralgorithmen in der Post-Quanten-Kryptografie und neuere Entwicklungen (z. B. Eurocrypt 2019)

Da es schwer ist, den kürzesten Vektor eines höher-dimensionalen Gitters zu finden (wenn der Fall auftritt, dass keine speziellen „Strukturen“ wie beim Chor-Rivest- oder dem Orton-Kryptosystem vorliegen), werden verschiedene Kryptosysteme vorgeschlagen, die auf dem Problem des Auffindens eines kürzesten Vektors basieren.

Die grundlegende Idee hinter der Konstruktion von gitterbasierten Public-Key-Verschlüsselungsverfahren ist die, dass man eine „wohlgeformte“ höher-dimensionale Gitterbasis B als geheimen Schlüssel verwendet und eine transformierte Version P von B als öffentlichen Schlüssel. Der Sender der Nachricht m ordnet dieser Nachricht einen Punkt $\overline{m}$ des Gitters zu mithilfe der öffentlichen Basis P und fügt diesem Punkt einen zufälligen Fehler hinzu, so dass der resultierende Punkt c immer noch näher bei $\overline{m}$ liegt, als jeder andere Gitterpunkt. Anschließend wird c an den Empfänger geschickt, der die „wohlgeformte“ Basis B benutzt, um $\overline{m}$ effizient zu bestimmen und damit die Originalnachricht zu erhalten.

Die Sicherheit dieses Verfahrens basiert auf der Annahme, dass der Angreifer, der die „wohlgeformte“ Basis B nicht kennt, es selbst mit Quantencomputern nicht schafft, in vertretbarer Rechenzeit die Nachricht zu entschlüsseln. Allerdings ist die Frage nach der Sicherheit von gitterbasierten Verfahren gegen Quantencomputerattacken noch nicht vollständig beantwortet worden und Gegenstand aktueller Forschung. Beispielsweise wurden auf der Eurocrypt 2019 verschiedene Aspekte der auf Gittern basierenden Quantenkryptografie diskutiert:

A. Pellet-Mary, G. Hanrot, und D. Stehlé [26] beschreiben einen Algorithmus zur Lösung des Kürzester-Gittervektor-Problems für Gitter, die Idealen, die von ganzen Elementen eines beliebigen Zahlkörpers K erzeugt werden, entsprechen. Die Laufzeit wächst hier zwar auch exponentiell mit der Länge der Eingabe, aber weniger stark als bei den bisher bekannten Algorithmen.

C. Băetu, F. B. Durak, L. Huguenin-Dumittan, A. Talayhan und S. Vaudenay [27] beschreiben „misuse attacks“ auf verschiedene Kryptosysteme, die beim *National Institute of Standards and Technology (NIST)* in die engere Auswahl gekommen waren, darunter auch einige gitterbasierte Kryptosysteme.

M.R. Albrecht, L. Ducas, G. Herold, E. Kirshanova, E.W. Postlethwaite und M. Stevens [28] schlagen als Alternative zu den im Vorliegenden Kapitel vorgestellten Aufzählungsalgorithmen eine Siebmethode vor, um einen kürzesten Gittervektor zu finden oder auch einen Gittervektor, der einem gegebenen Vektor (außerhalb des Gitters) am nächsten liegt. Es wäre sicher interessant, die Performanz dieser Aufzählungsalgorithmen auf modernen Computern zu testen und mit dem Stand Ende der 90er Jahre zu vergleichen, siehe [16].

11.11 PQC-Standardisierung

Das NIST startete 2016 einen Wettbewerb, um geeignete Ersatzverfahren für die aktuelle Generation von Kryptoverfahren (wie RSA oder ECDSA) zu identifizieren und schließlich zu standardisieren. Diese nächste Generation kryptografischer Algorithmen wird als „Post-Quanten-Kryptografie“ (PQC) bezeichnet. Insgesamt wurden 82 Vorschläge eingereicht. Im Juli 2022 verkündete das NIST als Ergebnis der dritten Runde, welche Verfahren es standardisieren will: [29]

- für Public-Key-Verschlüsselung und Schlüsselaustausch: CRYSTALS-Kyber[24]
- für Digitale Signaturen: CRYSTALS-Dilithium, Falcon, SPHINCS+

[24]CrypTool-Online hat eine sehr ausführliche Web-App mit einer didaktischen Implementierung von Kyber, dem Algorithmus darin und seinen mathematischen Grundlagen: `https://www.cryptool.org/de/cto/kyber/`. Siehe Screenshots dazu in Abschnitt 11.12.4.

Dort empfiehlt das NIST, für die meisten Anwendungsfälle die Algorithmen CRYSTALS-Kyber als Verschlüsselungsalgorithmus und CRYSTALS-Dilithium für Signaturen zu verwenden. Beide Verfahren gehören zur Gruppe der Gitter-basierten Algorithmen. Falcon hat kürzere Signaturen als CRYSTALS-Dilithium; SPHINCS+ ist Hash-basiert.

Mehr dazu in Abschnitt 13.6 auf Seite 748.

11.12 Anhang: Screenshots und entsprechende Plugins in den CrypTool-Programmen

Die folgenden Abschnitte enthalten Screenshots aus CrypTool 1 (CT1), CrypTool 2 (CT2) und JavaCrypTool (JCT). Diese zeigen sowohl Plugins, die Gittern didaktisch beschreiben, als Plugins mit Angriffen (wie die in CT1 implementierten Angriffe in Abschnitt 5.12.2 auf Seite 312). Alle diese CrypTool-Programme werden weiterhin gepflegt; die allermeiste Software-Weiterentwicklung findet in CT2 und CTO statt.

Den kompletten Funktionsumfang aller CrypTool-Programme kann man hier `https://www.cryptool.org/de/functions/` ersehen. Man kann gezielt nach einem Suchbegriff suchen, eine kryptografische Kategorie auswählen und bspw. die Suche auf nur eine der vier CrypTool-Programme einschränken. Siehe Abschnitt A.1 auf Seite 757.

Abbildung 11.8 auf der nächsten Seite zeigt das Ergebnis der Suche, wenn man die Auswahl auf die zwei Programme CT1 und CT2 einschränkt und den Suchfilter auf „gitter" setzt.

11.12.1 Dialoge in CrypTool 1 (CT1)

CT1 enthält 4 Dialoge, die sich mit Angriffen auf RSA befassen: Der erste ist ein typischer Orakel-Angriff (ermöglicht dadurch, dass in sogenannten Textbook-RSA-Implementierungen kein Padding gemacht wird). Die drei anderen benutzen Gitter, um RSA unter gewissen Zusatzbedingungen anzugreifen:[25]

- Angriff auf stereotype Nachrichten
- Faktorisierung mit einem Hinweis
- Angriff auf kleine private Exponenten

---

[25] Diese drei Angriffe findet man unter dem Menü
`CT1 Einzelverfahren ▷ RSA-Kryptosystem ▷ Gitterbasierte Angriffe auf RSA`
oder unter dem Menü
`CT1 Analyse ▷ Asymmetrische Verfahren ▷ Gitterbasierte Angriffe auf RSA`

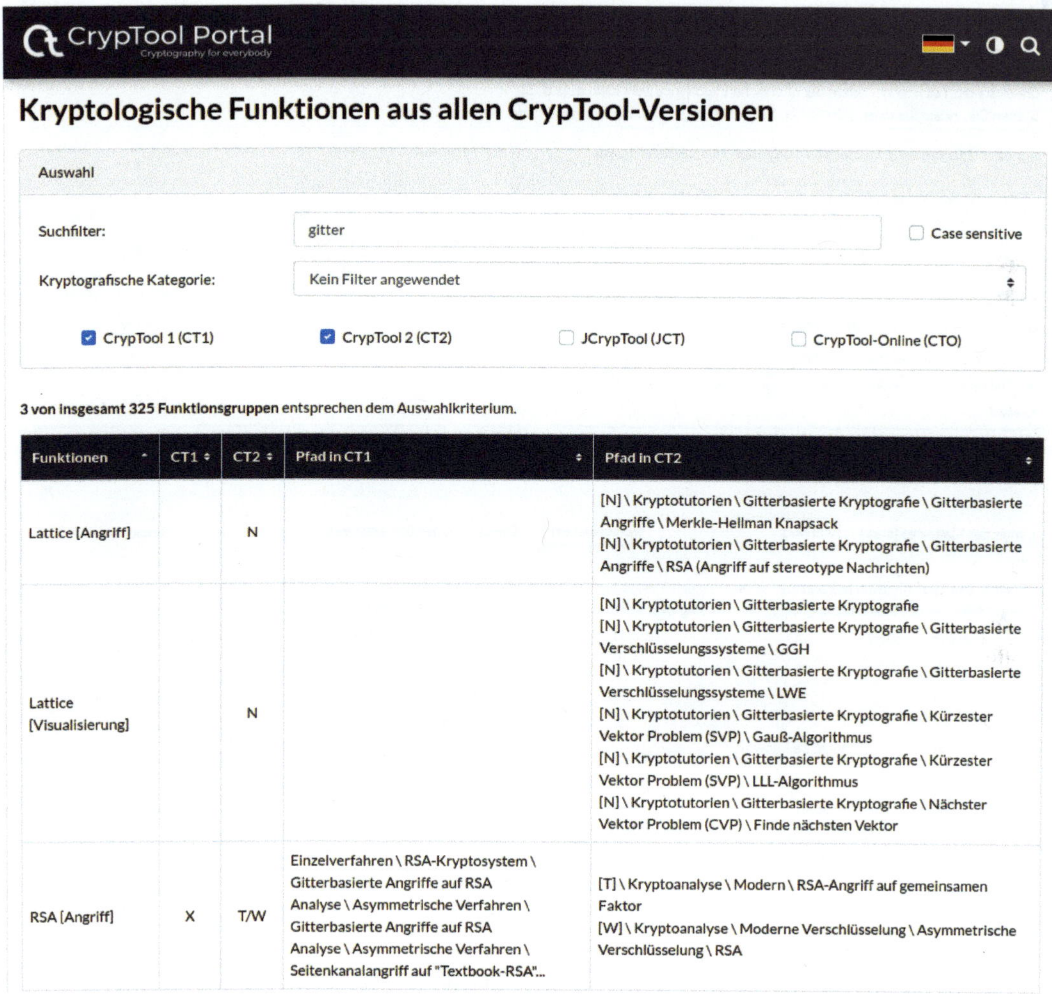

CrypTool Portal
Cryptography for everybody

Kryptologische Funktionen aus allen CrypTool-Versionen

Auswahl

Suchfilter: gitter ☐ Case sensitive

Kryptografische Kategorie: Kein Filter angewendet

☑ CrypTool 1 (CT1) ☑ CrypTool 2 (CT2) ☐ JCrypTool (JCT) ☐ CrypTool-Online (CTO)

3 von insgesamt 325 Funktionsgruppen entsprechen dem Auswahlkriterium.

Funktionen	CT1	CT2	Pfad in CT1	Pfad in CT2
Lattice [Angriff]		N		[N] \ Kryptotutorien \ Gitterbasierte Kryptografie \ Gitterbasierte Angriffe \ Merkle-Hellman Knapsack [N] \ Kryptotutorien \ Gitterbasierte Kryptografie \ Gitterbasierte Angriffe \ RSA (Angriff auf stereotype Nachrichten)
Lattice [Visualisierung]		N		[N] \ Kryptotutorien \ Gitterbasierte Kryptografie [N] \ Kryptotutorien \ Gitterbasierte Kryptografie \ Gitterbasierte Verschlüsselungssysteme \ GGH [N] \ Kryptotutorien \ Gitterbasierte Kryptografie \ Gitterbasierte Verschlüsselungssysteme \ LWE [N] \ Kryptotutorien \ Gitterbasierte Kryptografie \ Kürzester Vektor Problem (SVP) \ Gauß-Algorithmus [N] \ Kryptotutorien \ Gitterbasierte Kryptografie \ Kürzester Vektor Problem (SVP) \ LLL-Algorithmus [N] \ Kryptotutorien \ Gitterbasierte Kryptografie \ Nächster Vektor Problem (CVP) \ Finde nächsten Vektor
RSA [Angriff]	X	T/W	Einzelverfahren \ RSA-Kryptosystem \ Gitterbasierte Angriffe auf RSA Analyse \ Asymmetrische Verfahren \ Gitterbasierte Angriffe auf RSA Analyse \ Asymmetrische Verfahren \ Seitenkanalangriff auf "Textbook-RSA"...	[T] \ Kryptoanalyse \ Modern \ RSA-Angriff auf gemeinsamen Faktor [W] \ Kryptoanalyse \ Moderne Verschlüsselung \ Asymmetrische Verschlüsselung \ RSA

Abb. 11.8: Suche mit Filter „gitter“ im Überblick über alle CrypTool-Funktionen

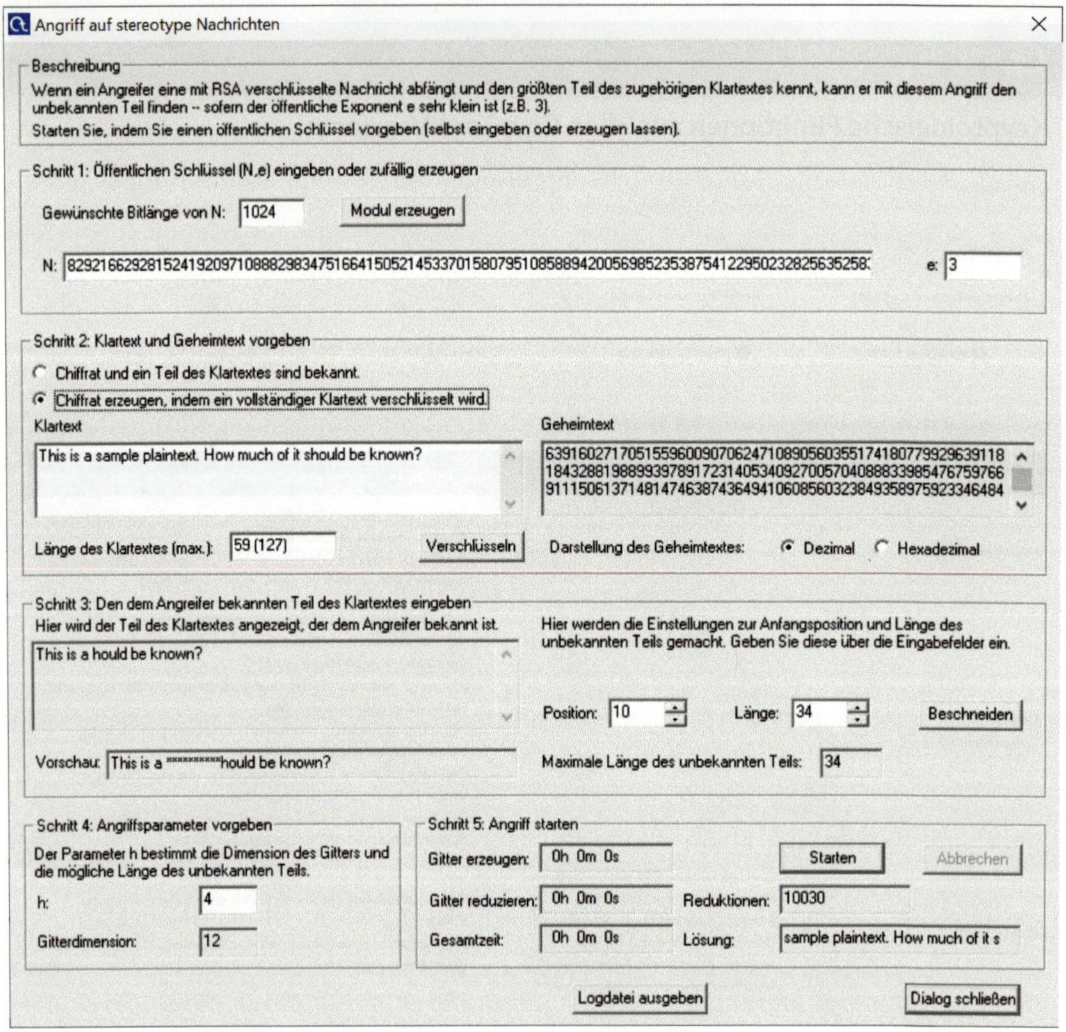

Abb. 11.9: CT1-Dialog: Angriff auf stereotype Nachrichten (man kennt einen Teil des Klartextes)

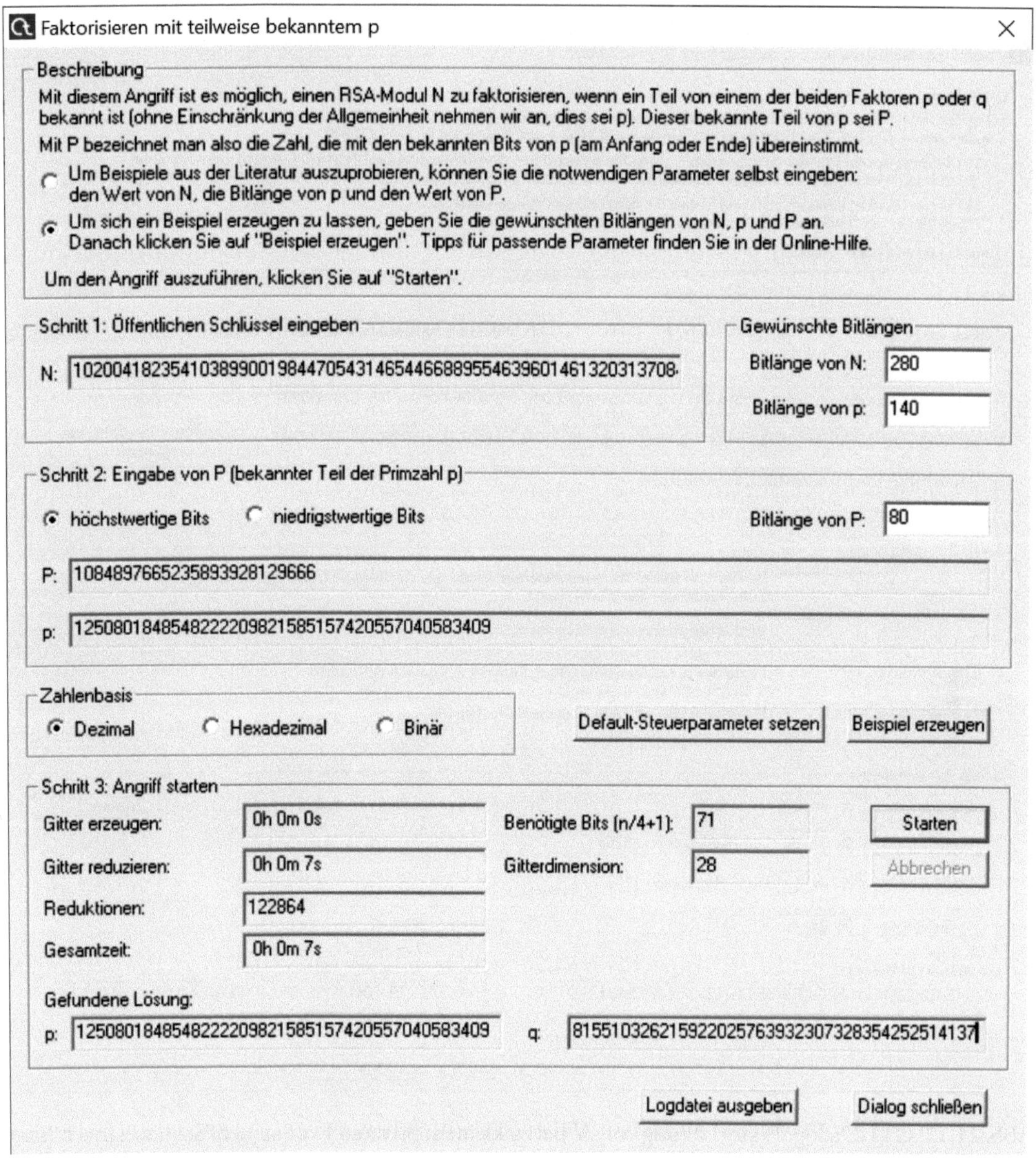

Abb. 11.10: CT1-Dialog: Faktorisierung von N mit Hinweis (man kennt einen Teil von p)

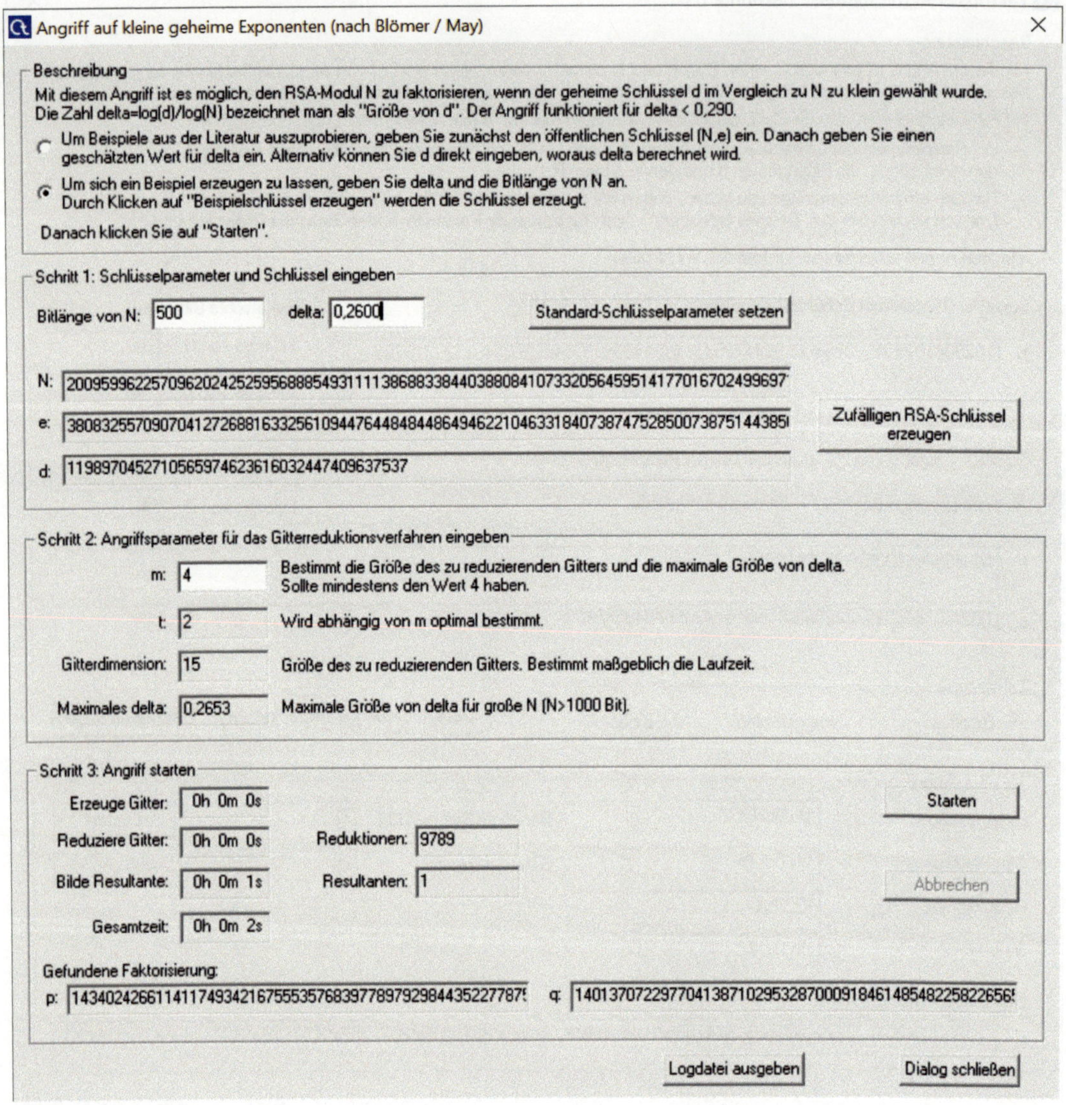

Abb. 11.11: CT1-Dialog: Faktorisierung von N bei zu kleinem privaten Exponenten/Schlüssel (nach Bloemer/May 2001)

11.12.2 Gitter-Tutorium in CrypTool 2 (CT2)

Das Plugin *Gitterbasierte Kryptografie*[26] bietet die folgenden Verfahren als Einführung:

- Algorithmen zur Reduktion von Gitterbasen, um das *Kürzester-Vektor-Problem* zu lösen (engl. *shortest vector problem*) SVP:
  - Gauß (anschaulich in 2D)
  - LLL
- *Nächster-Vektor-Problem* (engl. *closest vector problem* CVP)
  - Finde nächsten Vektor (anschaulich in 2D)
- Gitterbasierte Angriffe gegen:
  - Merkle-Hellman-Knapsack
  - RSA (Angriff auf stereotype Nachrichten)
- Gitterbasierte Verschlüsselungssysteme
  - GGH (Goldreich-Goldwasser-Halevi)
  - LWE (aus Fehlern lernen, engl. *learning with errors*)

[26] `CT2 Kryptotutorien ▷ Gitterbasierte Kryptografie`
Die meisten Plugins in CT2 erscheinen als Komponenten im Workspace Manager und werden als Vorlage vom **Startcenter** aus gestartet. Die hier benutzten **Kryptotutorien** dagegen starten über das CT2-Hauptmenü.

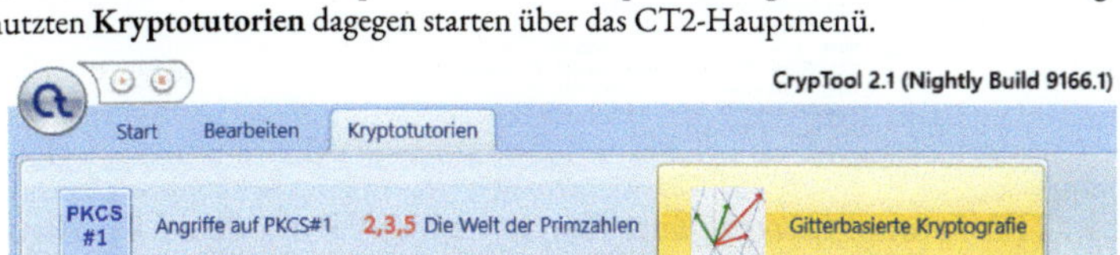

Abb. 11.12: Tutorial *Gitterbasierte Kryptografie* im CT2-Haupt-Menü

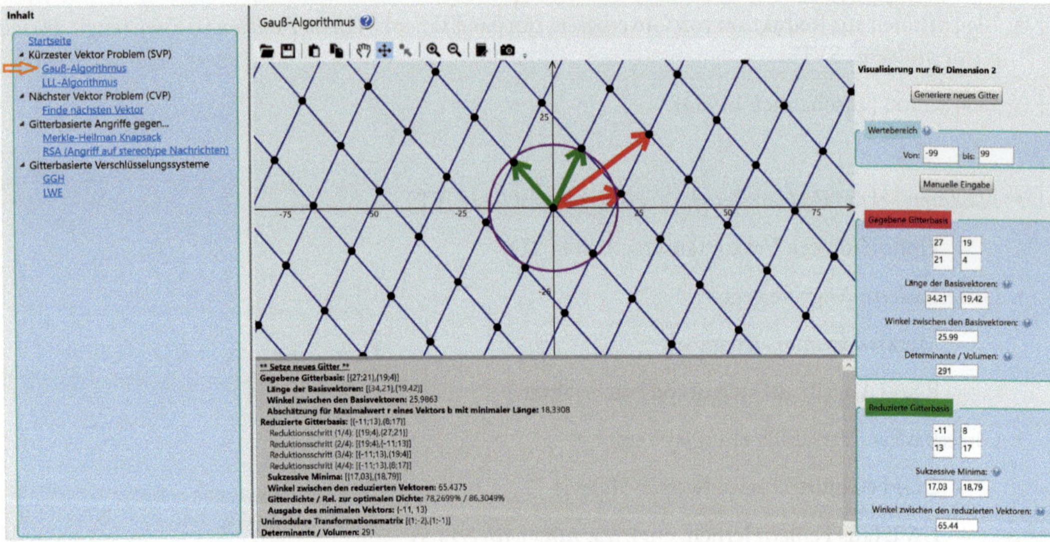

Abb. 11.13: CT2-Tutorial *Gitterbasierte Kryptografie*: SVP mit Gauß

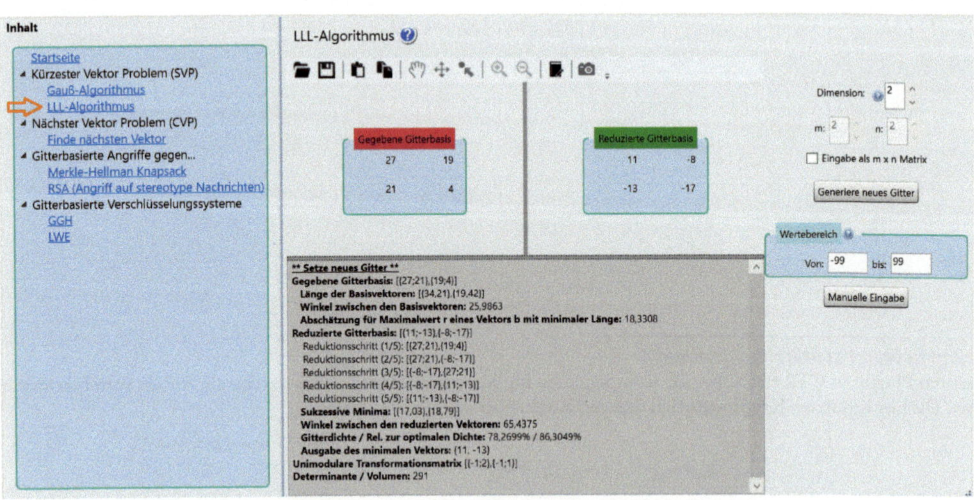

Abb. 11.14: CT2-Tutorial *Gitterbasierte Kryptografie*: SVP mit dem LLL-Algorithmus

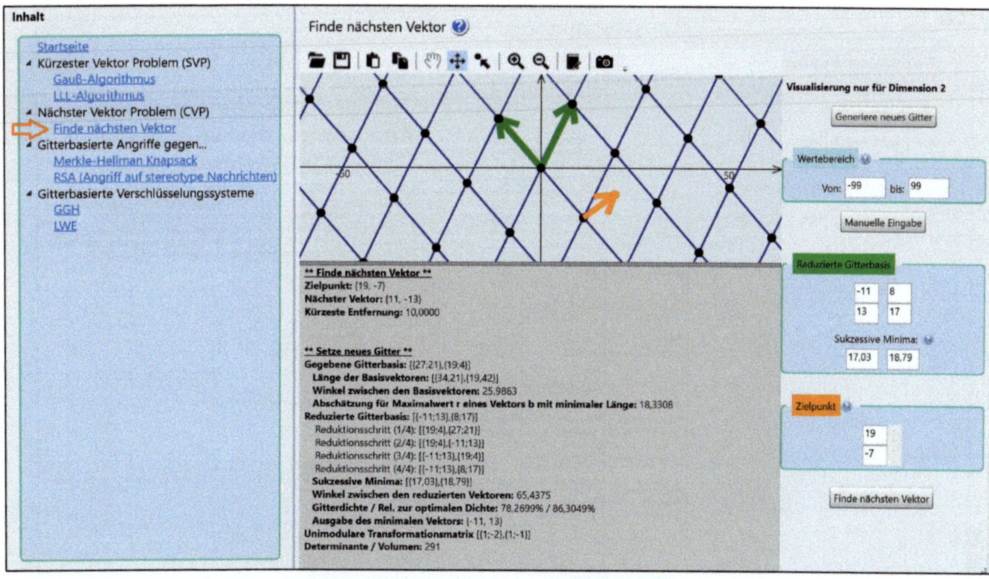

Abb. 11.15: CT2-Tutorial *Gitterbasierte Kryptografie*: CVP – Nächster-Vektor-Problem

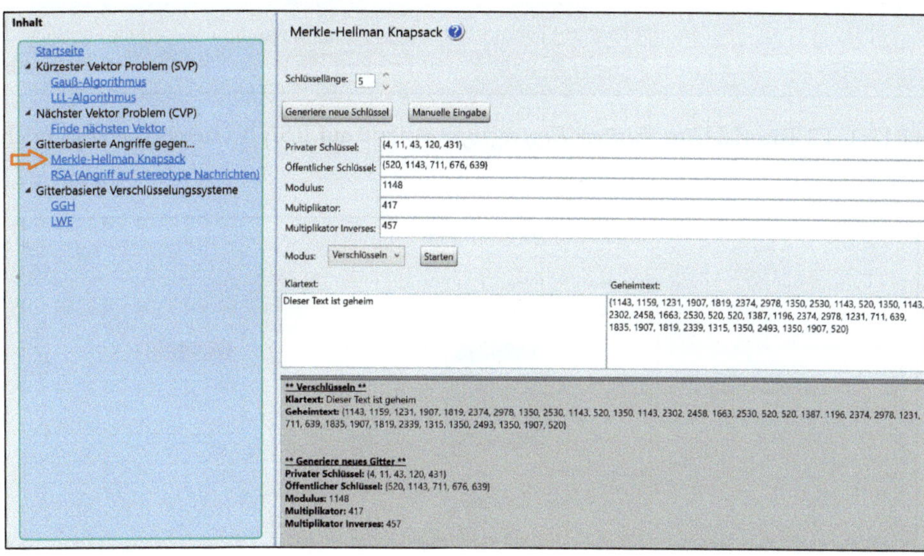

Abb. 11.16: CT2-Tutorial *Gitterbasierte Kryptografie*: Angriff auf das Merkle-Hellman Knapsack-Kryptosystem

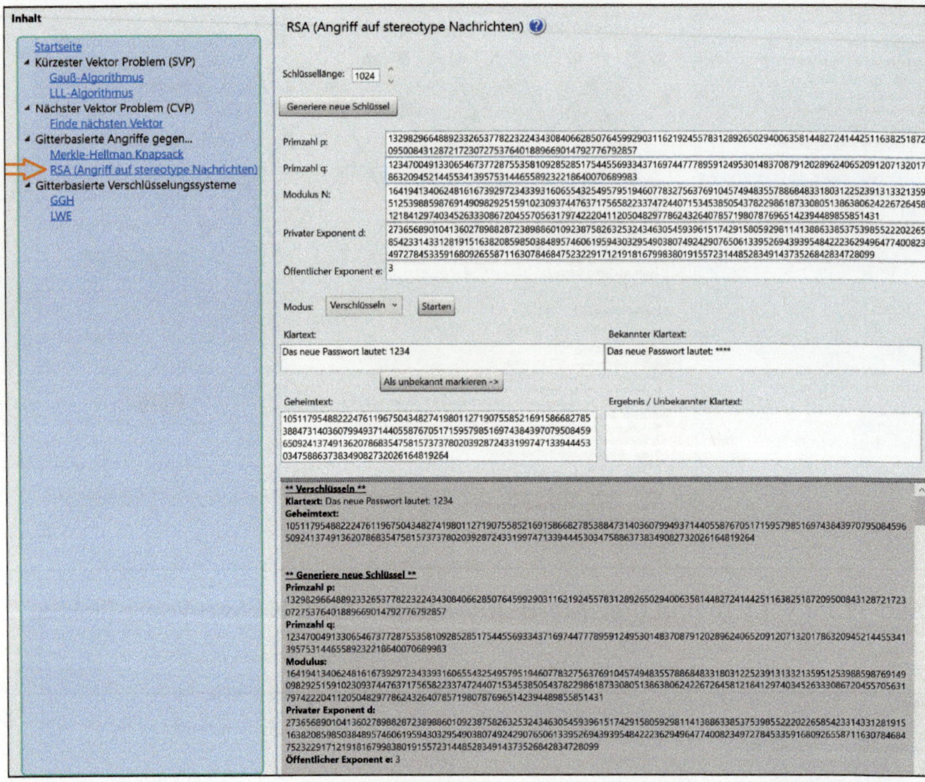

Abb. 11.17: CT2-Tutorial *Gitterbasierte Kryptografie:* Angriff auf RSA bei stereotypen Nachrichten

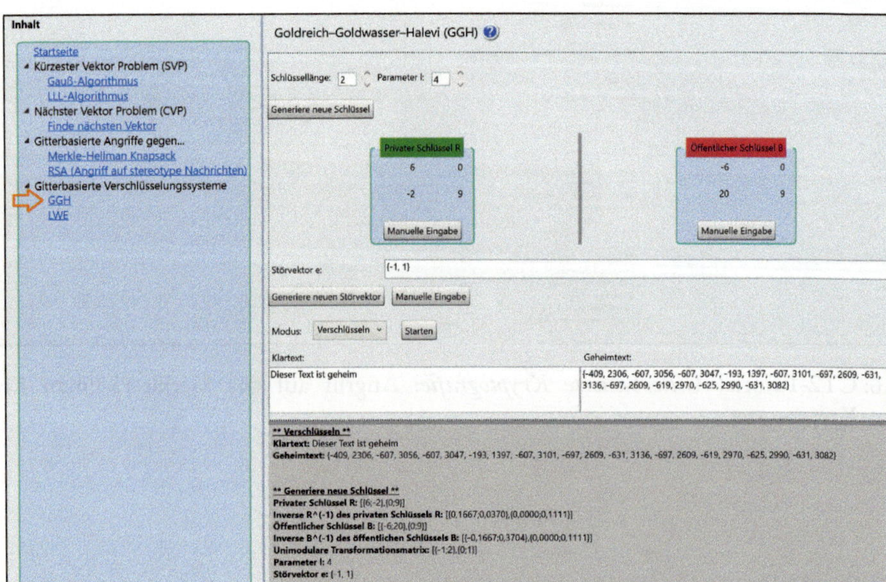

Abb. 11.18: CT2-Tutorial *Gitterbasierte Kryptografie*: Das GGH-Kryptosystem

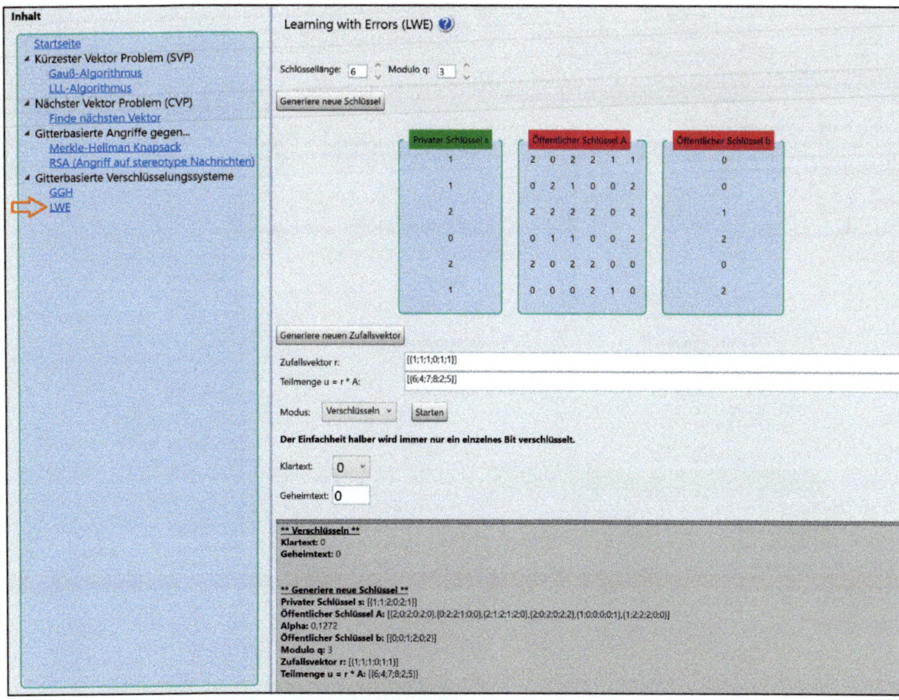

Abb. 11.19: CT2-Tutorial *Gitterbasierte Kryptografie*: Das LWE-Kryptosystem

11.12.3 Plugin in JCrypTool (JCT)

JCT enthält eine Visualisierung des Merkle-Hellman Knapsack-Kryptosystems.[27] Dieses Plugin ist eine didaktisch aufbereitete Veranschaulichung aller nötigen Schritte für private Schlüssel mit höchstens 20 Elementen. Das Merkle-Hellman Knapsack-Kryptosystem ist anfällig gegen Shamir's Gitter-Reduktions-Angriff. [30]

11.12.4 Plugin in CrypTool-Online (CTO)

Als Standard-PQC-Algorithmus für Public-Key-Verschlüsselung (PKE) und Schlüsselaustausch (KEM) wurde vom NIST das Verfahren CRYSTALS-Kyber festgelegt – siehe FIPS-203 [31].

Eine didaktische Demo des Algorithmus CRYSTALS-Kyber (siehe Abschnitt 11.11 und Abschnitt 13.6) ist Teil von CTO: `https://www.cryptool.org/de/cto/kyber/`. Diese sehr ausführliche Web-App zeigt den Algorithmus und seine mathematischen Grundlagen.

Zwei Parteien wollen auf sichere Weise einen gemeinsamen geheimen Schlüssel (Sitzungsschlüssel) für die spätere Verwendung in einem anderen, symmetrischen Kryptographiesystem festlegen. Beide Parteien verfügen über ein gitterbasiertes asymmetrisches Kryptosystem, das zur Verschlüsselung des Sitzungsschlüssels verwendet wird. Das Protokoll, wie der verschlüsselte Sitzungsschlüssel übertragen werden muss, wird als Key-Encapsulation-Mechanismus (KEM) bezeichnet. Die FO-Transformation (Fujisaki-Okamoto) legt fest, wie ein Public-Key-Verschlüsselungsverfahren (PKE) verwendet werden kann, um eine sichere KEM zu

[27] `JCT Standard-Perspektive ▷ Visualisierungen ▷ Merkle-Hellman Rucksack-Verschlüsselung`

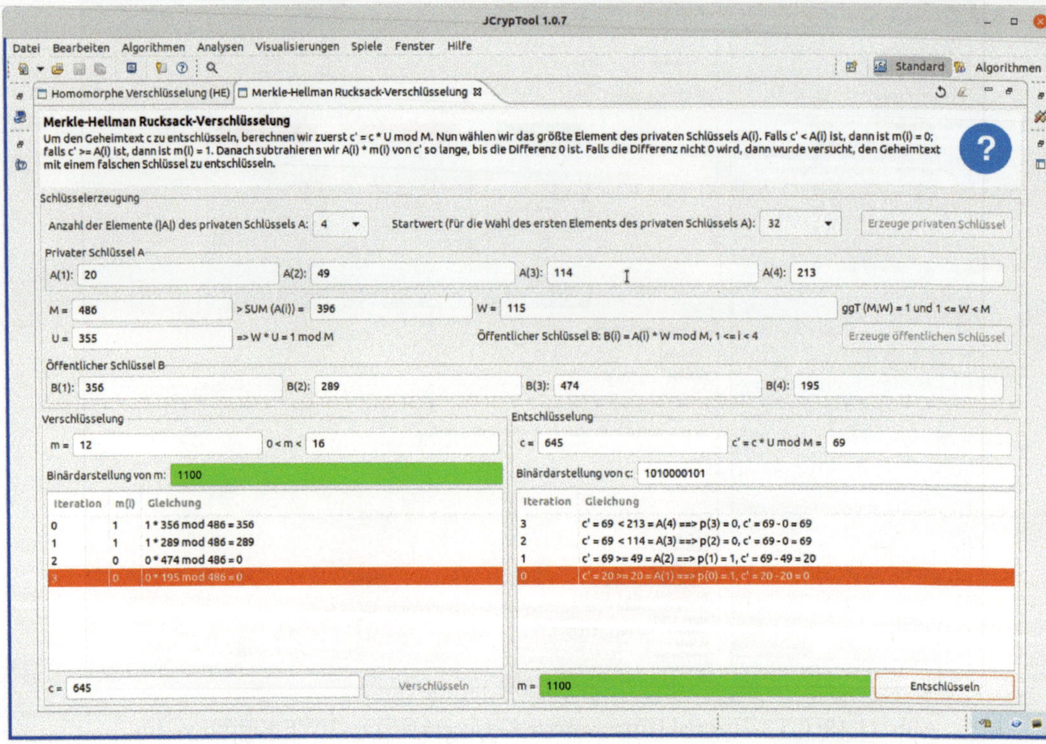

Abb. 11.20: JCT-Plugin: Merkle-Hellman Knapsack-Kryptosystem: Berechnungen Schritt für Schritt

konstruieren, die stärkere Sicherheitsgarantien bietet. Um genau zu sein, ist die FO-Transformation in der Lage, eine IND-CPA PKE in eine IND-CCA2 KEM zu transformieren.

Die NTT-Transformation (zahlentheoretische Transformation) in der Legende des Graphen ist eine Art „Basisänderung" eines Polynoms, um die Polynom-Multiplikation effizient zu berechnen. Die NTT ist ein Analogon der diskreten Fourier-Transformation für endliche Felder. [32]

Die App arbeitet mit Reitern und Unterreitern:

- Graph
  - Kyber step-by-step → siehe Abb. 11.22
  - Kyber vs Diffie-Hellman
  - FO transform
- Live demo
  - Overview → siehe Abb. 11.23
  - KeyGen → siehe Abb. 11.24
  - Encap
  - Decap
- Explanations
  - Calculations → siehe Abb. 11.25
  - FO transform

– Design choices

In dem gleich zum Einstieg erscheinenden Popup-Fenster namens „Guide“ werden die wichtigsten Einstiegspunkte aufgelistet. Siehe Abb. 11.21.

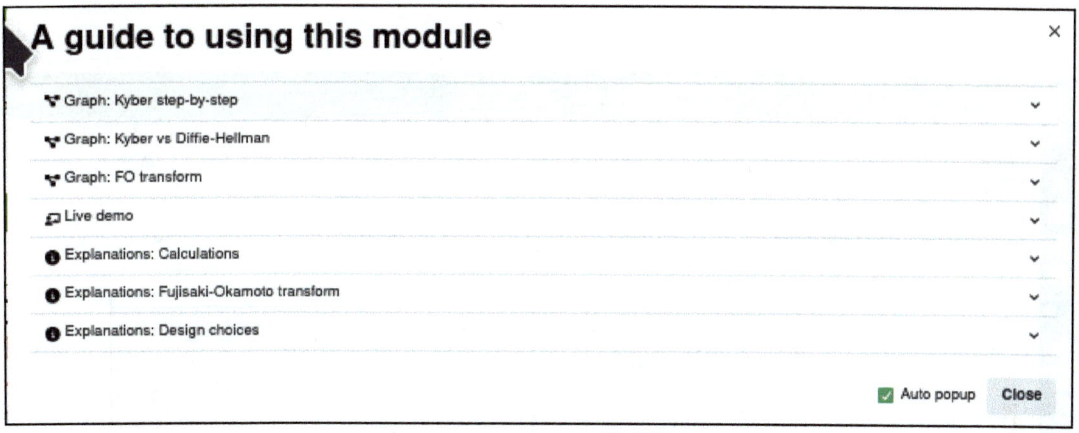

Abb. 11.21: CTO Kyber-App: Der Guide zeigt mögliche Wege durch die App: Die Reiter „Graph“ und „Explanations“ haben jeweils drei Unterreiter.

Die erste Registerkarte der Kyber-App („Graph“) zeigt verschiedene Diagramme an.

- Auf der ersten Unterregisterkarte „Kyber Schritt-für-Schritt“ wird das gesamte Kyber-Verfahren in einfach zu befolgende Schritte aufgeteilt (siehe Abb. 11.21). Es empfiehlt sich, zuerst einen Blick auf dieses Diagramm zu werfen, um sich einen Überblick über den Umfang und die Komplexität des Systems zu verschaffen, bevor Sie die schrittweisen Erklärungen auf der Registerkarte „Live-Demo“ lesen. Jeder der „Prozess“-Knoten im Diagramm (in dieser Abbildung lila) kann angeklickt werden, um zu dem entsprechenden Abschnitt in den schrittweisen Erläuterungen auf der Registerkarte „Live-Demo“ zu springen.
- Die zweite Unterregisterkarte „Kyber vs Diffie-Hellman“ hebt den Hauptunterschied zwischen den Schlüsselaustausch-Protokollen von Diffie-Hellman und Kyber hervor.
- Die dritte Unterregisterkarte von Graph zeigt eine einfache Version der Fujisaki-Okamoto-Transformation, wie sie in Kyber verwendet wird.

Die zweite Registerkarte der Kyber-App („Live-Demo“) verwendet Live-Daten, die von echten Kyber-Läufen stammen, um zu zeigen, wie das System funktioniert. Siehe Abb. 11.23 und Abb. 11.24.

Auf der dritten Registerkarte der Kyber-App („Erläuterungen“) werden bestimmte Teile des Kyber-Verfahrens näher erläutert. Dabei handelt es sich um die Berechnungen, die Fujisaki-Okamoto-Transformation und einige Design-Entscheidungen des Systems.

Die hier gezeigten Screenshots in CTO zu Kyber sind in Englisch, da die deutsche Fassung Ende 2024 noch nicht fertig war. Anfang 2025 erscheint auch die deutsche Fassung der Kyber-App.

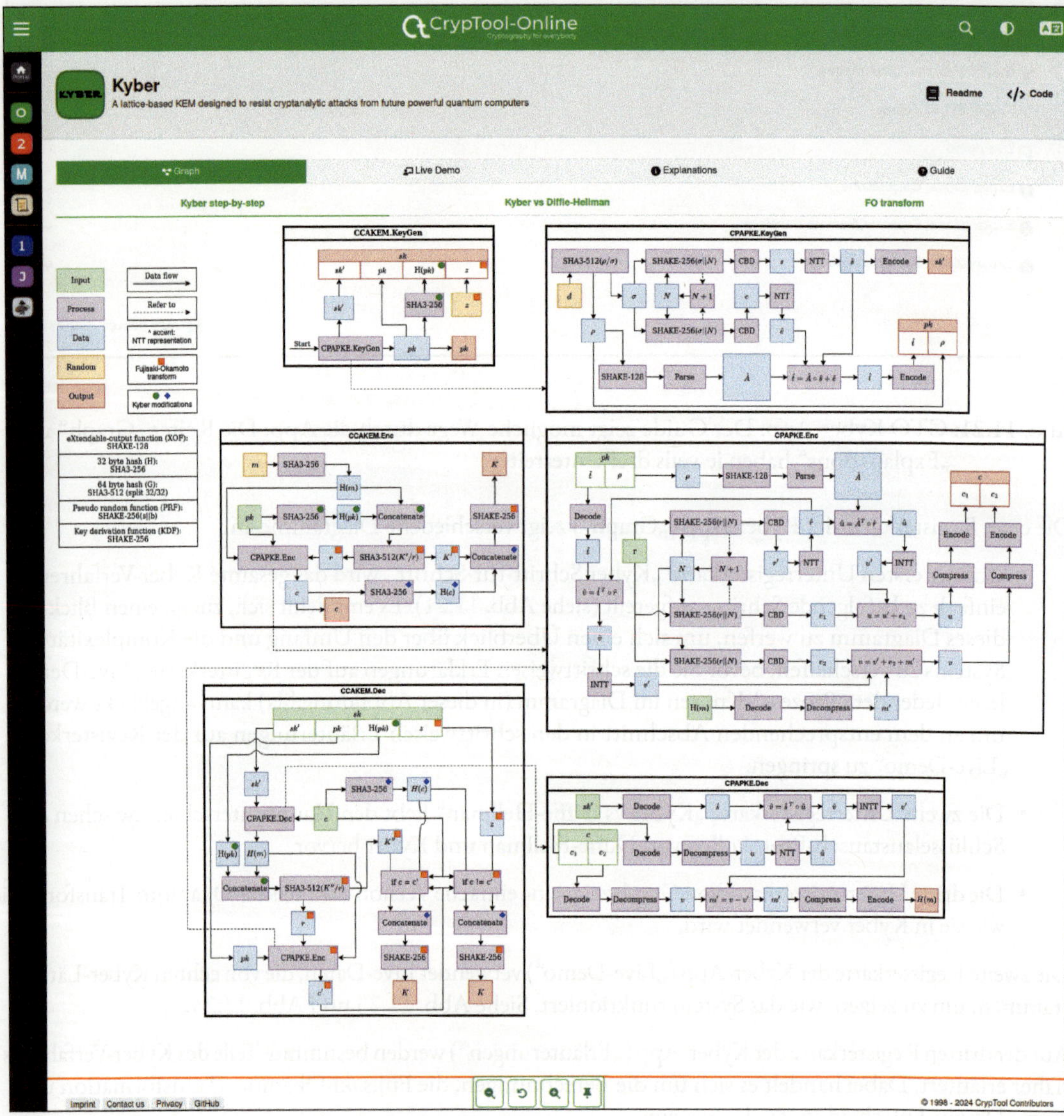

Abb. 11.22: CTO Kyber-App: Reiter „Graph“, Unterreiter „Kyber step-by-step“

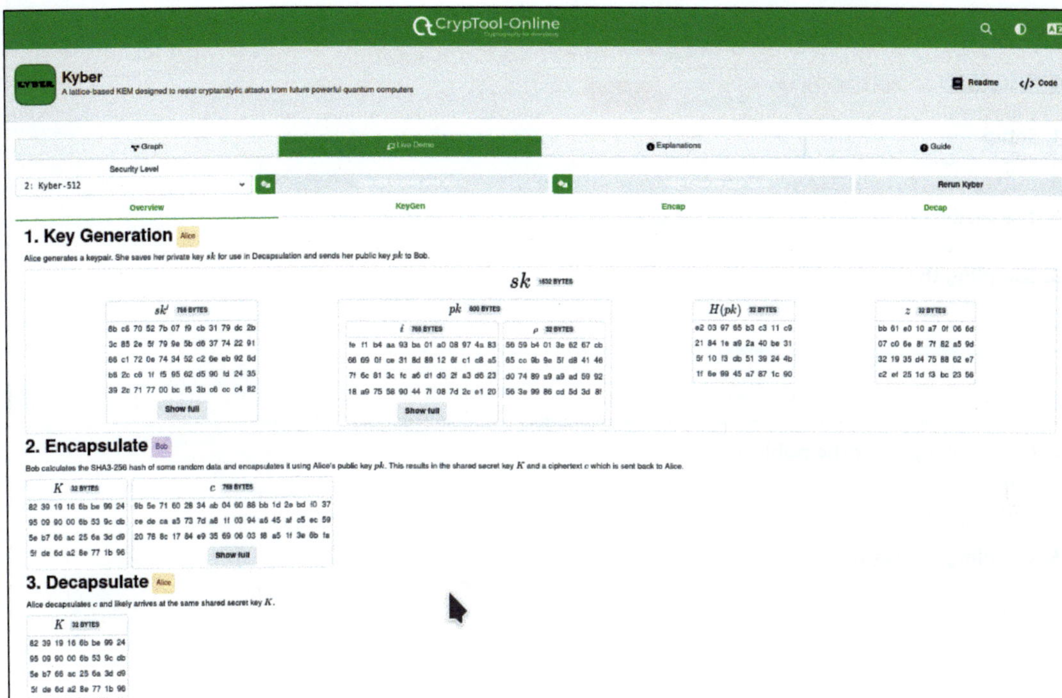

Abb. 11.23: CTO Kyber-App: Reiter „Live demo“, Unterreiter „Overview“

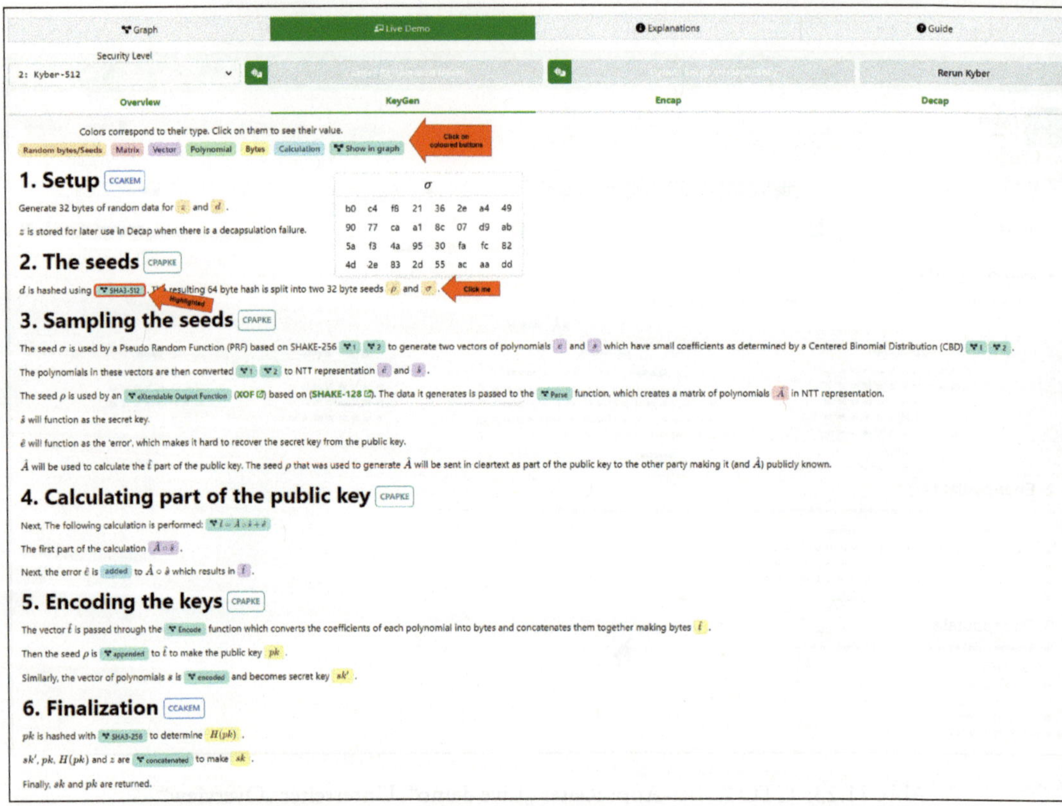

Abb. 11.24: CTO Kyber-App: Reiter „Live demo", Unterreiter „KeyGen"

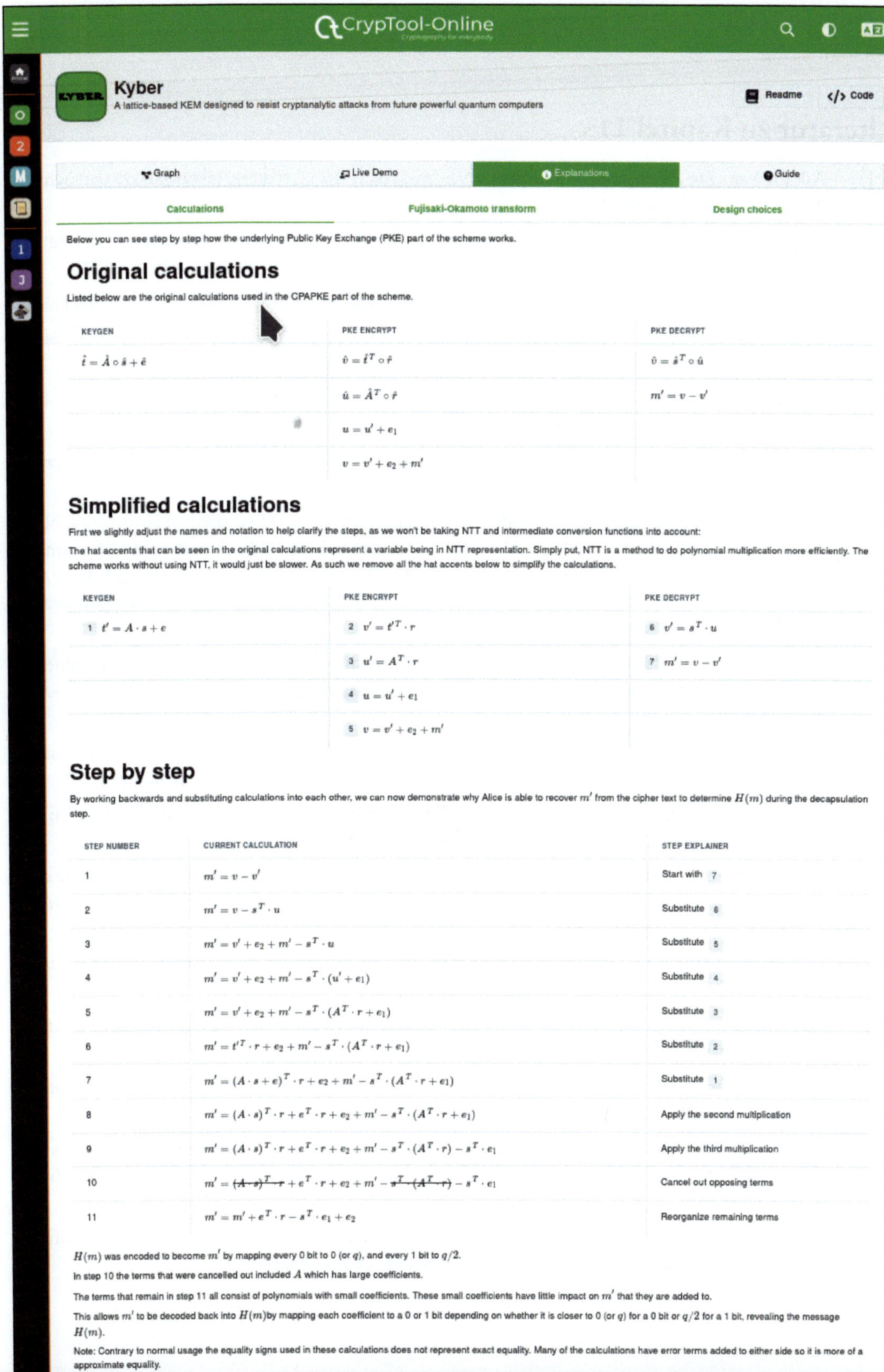

CrypTool-Online

Kyber

A lattice-based KEM designed to resist cryptanalytic attacks from future powerful quantum computers

Readme | </> Code

Graph | Live Demo | Explanations | Guide

Calculations | Fujisaki-Okamoto transform | Design choices

Below you can see step by step how the underlying Public Key Exchange (PKE) part of the scheme works.

Original calculations

Listed below are the original calculations used in the CPAPKE part of the scheme.

KEYGEN	PKE ENCRYPT	PKE DECRYPT
$\hat{t} = \hat{A} \circ \hat{s} + \hat{e}$	$\hat{v} = \hat{t}^T \circ \hat{r}$	$\hat{v} = \hat{s}^T \circ \hat{u}$
	$\hat{u} = \hat{A}^T \circ \hat{r}$	$m' = v - v'$
	$u = u' + e_1$	
	$v = v' + e_2 + m'$	

Simplified calculations

First we slightly adjust the names and notation to help clarify the steps, as we won't be taking NTT and intermediate conversion functions into account:

The hat accents that can be seen in the original calculations represent a variable being in NTT representation. Simply put, NTT is a method to do polynomial multiplication more efficiently. The scheme works without using NTT, it would just be slower. As such we remove all the hat accents below to simplify the calculations.

KEYGEN	PKE ENCRYPT	PKE DECRYPT
1 $t' = A \cdot s + e$	2 $v' = t'^T \cdot r$	6 $v' = s^T \cdot u$
	3 $u' = A^T \cdot r$	7 $m' = v - v'$
	4 $u = u' + e_1$	
	5 $v = v' + e_2 + m'$	

Step by step

By working backwards and substituting calculations into each other, we can now demonstrate why Alice is able to recover m' from the cipher text to determine $H(m)$ during the decapsulation step.

STEP NUMBER	CURRENT CALCULATION	STEP EXPLAINER
1	$m' = v - v'$	Start with 7
2	$m' = v - s^T \cdot u$	Substitute 6
3	$m' = v' + e_2 + m' - s^T \cdot u$	Substitute 5
4	$m' = v' + e_2 + m' - s^T \cdot (u' + e_1)$	Substitute 4
5	$m' = v' + e_2 + m' - s^T \cdot (A^T \cdot r + e_1)$	Substitute 3
6	$m' = t'^T \cdot r + e_2 + m' - s^T \cdot (A^T \cdot r + e_1)$	Substitute 2
7	$m' = (A \cdot s + e)^T \cdot r + e_2 + m' - s^T \cdot (A^T \cdot r + e_1)$	Substitute 1
8	$m' = (A \cdot s)^T \cdot r + e^T \cdot r + e_2 + m' - s^T \cdot (A^T \cdot r + e_1)$	Apply the second multiplication
9	$m' = (A \cdot s)^T \cdot r + e^T \cdot r + e_2 + m' - s^T \cdot (A^T \cdot r) - s^T \cdot e_1$	Apply the third multiplication
10	$m' = \cancel{(A \cdot s)^T \cdot r} + e^T \cdot r + e_2 + m' - \cancel{s^T \cdot (A^T \cdot r)} - s^T \cdot e_1$	Cancel out opposing terms
11	$m' = m' + e^T \cdot r - s^T \cdot e_1 + e_2$	Reorganize remaining terms

$H(m)$ was encoded to become m' by mapping every 0 bit to 0 (or q), and every 1 bit to $q/2$.

In step 10 the terms that were cancelled out included A which has large coefficients.

The terms that remain in step 11 all consist of polynomials with small coefficients. These small coefficients have little impact on m' that they are added to.

This allows m' to be decoded back into $H(m)$by mapping each coefficient to a 0 or 1 bit depending on whether it is closer to 0 (or q) for a 0 bit or $q/2$ for a 1 bit, revealing the message $H(m)$.

Note: Contrary to normal usage the equality signs used in these calculations does not represent exact equality. Many of the calculations have error terms added to either side so it is more of a approximate equality.

Literatur zu Kapitel 11

[1] Ask the Van. *The Physics Van*. URL: https://van.physics.illinois.edu/ask/listing/14225 (besucht am 02. 06. 2023) (siehe S. 642)

[2] Sang-Gu Lee. *Linear Algebra with Sage*. Kyobo Books, 2018. URL: https://www.researchgate.net/publication/327362474_Linear_Algebra_seonhyeongdaesuhag_e-_book_-_2018_version (siehe S. 642)

[3] H. Kellerer, U. Pferschy und D. Pisinger. *Knapsack Problems*. Springer, 2004 (siehe S. 661)

[4] A. K. Lenstra, H. W. Lenstra und László Lovász. „Factoring polynomials with rational coefficients". In: *Mathematische Annalen* 261.4 (1982), S. 515–534 (siehe S. 666)

[5] Alexander May. *Using LLL-Reduction for Solving RSA and Factorization Problems. The LLL algorithm.* Springer, 2009, S. 315–348 (siehe S. 666)

[6] Dan Boneh. „Twenty Years of Attacks on the RSA Cryptosystem". In: *Notices of the American Mathematical Society (AMS)* 46.2 (1999), S. 203–213 (siehe S. 669)

[7] *Digital Signature Standard (DSS)*. Federal Information Processing Standards (FIPS) 186-4. National Institute of Standards und Technology (NIST). Gaithersburg: U.S. Department of Commerce, 19. Juli 2013. URL: https://nvlpubs.nist.gov/nistpubs/FIPS/NIST.FIPS.186-4.pdf URL2: https://csrc.nist.gov/publications/fips URL3: https://www.nist.gov/publications/digital-signature-standard-dss-2 (siehe S. 669)

[8] Don Coppersmith. „Small Solutions to Polynomial Equations, and Low Exponent RSA Vulnerabilities". In: *Journal of Cryptology* 10 (1997), S. 233–260. URL: https://link.springer.com/article/10.1007/s001459900030 (siehe S. 673)

[9] N. A. Howgrave-Graham. „Computational Mathematics Inspired by RSA". Diss. University of Bath, 1998. URL: https://cr.yp.to/bib/1998/howgrave-graham.pdf (siehe S. 673, 674, 680)

[10] Alexander May. „Using LLL-Reduction for Solving RSA and Factorization Problems". In: Feb. 2009, S. 315–348. DOI: 10.1007/978-3-642-02295-1_10 (siehe S. 673)

[11] C. Hermite. „26. Extraits de lettres de M. Ch. Hermite à M. Jacobi sur différents objets de de la théorie des nombres, deuxième lettre". In: *Journal für die reine und angewandte Mathematik* 40 (1850), S. 279–290 (siehe S. 681)

[12] A. Korkine und G. Zolotarev. „Sur les formes quadratiques positives quaternaires". In: *Mathematische Annalen* 5 (1872), S. 581–583 (siehe S. 681)

[13] A. Korkine und G. Zolotarev. „Sur les formes quadratiques". In: *Mathematische Annalen* 6 (1873), S. 366–389 (siehe S. 681)

[14] A. Korkine und G. Zolotarev. „Sur les formes quadratiques positives". In: *Mathematische Annalen* 11 (1877), S. 242–292 (siehe S. 681)

[15] C.-P. Schnorr und M. Euchner. „Lattice Basis Reduction: Improved Practical Algorithms and Solving Subset Sum Problems". In: *Mathematical Programming* 66 (1-3 1994), S. 181–199 (siehe S. 684, 685)

[16] Harald Ritter. „Aufzählung von kurzen Gittervektoren in allgemeiner Norm". Diss. Johan Wolfgang Goethe-Universität Frankfurt, 1997 (siehe S. 685, 687, 693, 695, 697)

[17] Benny Chor und Ronald L. Rivest. „A Knapsack Type Public-Key Cryptosystem Based on Arithmetic in Finite Fields“. In: *IEEE Transactions on Information Theory* 34 (5 1988), S. 901–909 (siehe S. 688)

[18] Glenn A. Orton. „A Multiple-Iterated Trapdoor for Dense Compact Knapsacks“. In: *EUROCRYPT* 950 (1994), S. 112–130 (siehe S. 688, 689)

[19] Claus-Peter Schnorr und Horst Helmut Hörner. „Attacking the Chor-Rivest Cryptosystem by Improved Lattice Reduction“. In: *EUROCRYPT* 921 (1995), S. 1–12 (siehe S. 689)

[20] E. F. Brickell. „Breaking iterated knapsacks“. In: *Proc. CRYPTO 84* (1984), S. 342–358 (siehe S. 689)

[21] A. Shamir. „On the cryptocomplexity of knapsack systems“. In: *Proc. 11th ACM Symp. on Theory of Computing* (1979), S. 118–129 (siehe S. 689)

[22] Harro Heuser. *Lehrbuch der Analysis, Teil 1*. 11. Aufl. Stuttgart: Teubner, 1994 (siehe S. 692)

[23] Harald Ritter. „Breaking knapsack cryptosystems by l_∞-norm enumeration“. In: *Proceedings of the 1st International Conference on the Theory and Applications of Cryptology*. Prague, Czech Republic: CTU Publishing House, 1996, S. 480–492 (siehe S. 695)

[24] Claus-Peter Schnorr. „Factoring Integers and Computing Discrete Logarithms via Diophantine Approximations“. In: *Advances of Computational Complexity, DIMACS Series in Discrete Mathematics and Theoretical Science* 13 (1993), S. 171–182 (siehe S. 696)

[25] Harald Ritter und Carsten Rössner. *Factoring via Strong Lattice Reduction Algorithms*. Techn. Ber. 1997. URL: https://www.researchgate.net/publication/2266562_Factoring_via_Strong_Lattice_Reduction_Algorithms (siehe S. 696)

[26] Alice Pellet-Mary, Guillaume Hanrot und Damien Stehlé. *Approx-SVP in Ideal Lattices with Preprocessing*. Cryptology ePrint Archive, Report 2019/2015. 2019. URL: https://eprint.iacr.org/2019/215 (siehe S. 697)

[27] Ciprian Băetu u. a. *Misuse Attacks on Post-Quantum Cryptosystems*. Cryptology ePrint Archive, Report 2019/525. 2019. URL: https://ia.cr/2019/525 (siehe S. 697)

[28] Martin R. Albrecht u. a. *The General Sieve Kernel and New Records in Lattice Reduction*. Cryptology ePrint Archive, Report 2019/089. 2019. URL: https://ia.cr/2019/089 (siehe S. 697)

[29] *Report on the Third Round of the NIST Post-Quantum Cryptography Standardization Process*. 99 pages, July 2022 (updated 2022-09-26). National Institute of Standards und Technology (NIST), Juli 2022. URL: https://nvlpubs.nist.gov/nistpubs/ir/2022/NIST.IR.8413.pdf (siehe S. 697)

[30] Mark Stamp. *Lattice Reduction Attack on the Knapsack*. URL: http://www.cs.sjsu.edu/faculty/stamp/papers/topics/topic16/Knapsack.pdf (siehe S. 707)

[31] Gina M. Raimondo und Laurie E. Locascio. *Module-Lattice-Based Key-Encapsulation Mechanism Standard*. Federal Information Processing Standards (FIPS) 203. National Institute of Standards und Technology (NIST). Gaithersburg: U.S. Department of Commerce, 13. Aug. 2024. URL: https://nvlpubs.nist.gov/nistpubs/FIPS/NIST.FIPS.203.pdf (siehe S. 707)

[32] Ardianto Satriawan, Rella Mareta und Hanho Lee. *A Complete Beginner Guide to the Number Theoretic Transform (NTT)*. 2024. URL: https://eprint.iacr.org/2024/585.pdf (siehe S. 708)

12 Diskrete Logarithmen und Faktorisierung

Neuere algorithmische Entwicklungen für das Lösen diskreter Logarithmen in endlichen Körpern mit kleiner Charakteristik führten zu einer gewissen (publizistisch beförderten) Unsicherheit bei kryptografischen Nutzern bezüglich des Einflusses auf die Sicherheit neu entwickelter Kryptoverfahren (siehe dazu beispielsweise die Diskussion in [1] unter dem Stichwort *Cryptocalypse*).

Dieses Kapitel gibt einen Überblick über die zur Zeit besten Algorithmen für das Berechnen diskreter Logarithmen in verschiedenen Gruppen und über den Status des Faktorisierungsproblems.

Das Thema bedingt eine sehr mathematische Darstellungsweise – mathematischer als die meisten anderen Kapitel dieses Buchs. Wir versuchen das dadurch auszugleichen, dass wir auch die Ideen herausarbeiten.

Unser Ziel ist zu klären, was im Moment algorithmisch machbar ist und wofür erst weitere bedeutende Durchbrüche nötig sind. Zusammenfassend sehen wir im Moment keinen Weg, wie man die bestehenden algorithmischen Prozesse für endliche Körper mit kleiner Charakteristik entweder auf Körper mit großer Charakteristik oder auf das ganzzahlige Faktorisierungsproblem erweitern könnte. Damit besteht für die aktuell eingesetzten Verfahren (RSA, DHKE, DSA, ECC) auch keine Gefahr, wenn die Parameter korrekt gewählt sind und es weder algorithmisch noch bei Quantencomputern Durchbrüche gibt.

Die Empfehlungen betrachten auch die Möglichkeit des Einbettens von Falltüren in kryptografische Schlüssel durch staatliche Entitäten.

12.1 Generische Algorithmen für das Dlog-Problem in beliebigen Gruppen

Management Summary: Die Widerstandsfähigkeit des diskreten Logarithmus-Problems hängt von der Gruppe ab, über der es definiert ist. In diesem Kapitel betrachten wir kryptoanalytische Algorithmen, die für beliebige Gruppen funktionieren. Aus kryptografischem Blickwinkel ist es erstrebenswert, solche Gruppen zu identifizieren, für die sich keine besseren Algorithmen finden lassen. Ein Kandidat dafür sind Gruppen über elliptischen Kurven.

In diesem Kapitel beschreiben wir *allgemeine* kryptoanalytische Algorithmen, die sich auf *jede* endliche abelsche Gruppe anwenden lassen. Das heißt, jede in der Kryptografie verwendete Gruppe – z. B. multiplikative Gruppen über endlichen Körpern oder über elliptischen Kurven – ist für diese Algorithmen anfällig. Wir werden sehen, dass wir mit der Pollard-Rho-Methode in einer Gruppe der Ordnung n immer einen diskreten Logarithmus in $\mathcal{O}(\sqrt{n})$ Schritten berechnen können. Umgekehrt bedeutet das, dass man eine Gruppe mit einer Ordnung von mindestens 2^{2k} wählen muss, um ein Sicherheitslevel von 2^k zu erreichen. Z.B. muss man für ein Sicherheitslevel von 80 bit eine Gruppe der Ordnung 160 bit oder mehr wählen. Das erklärt, warum wir in der Praxis üblicherweise Gruppen über elliptischen Kurven mit einer Ordnung von mindestens 160 bit wählen.

Des Weiteren sei G eine Gruppe der Ordnung n und sei $n = p_1^{e_1} \cdot \ldots \cdot p_\ell^{e_\ell}$ die Primfaktorzerlegung von n. Wir werden sehen, dass diskrete Logarithmen in G in Zeit $\mathcal{O}(e_1\sqrt{p_1} + \ldots + e_\ell\sqrt{p_\ell})$ berechnet werden können. Man bemerke, dass diese Beschränkung äquivalent ist zu Pollards Beschränkung $O(\sqrt{n})$ g.d.w. n prim ist. Andernfalls wird die Komplexität der Berechnung des diskreten Logarithmus hauptsächlich beschränkt durch die Größe des größten Primteilers der Gruppenordnung. Dies erklärt, warum z. B. Schnorr-/DSA-Signaturen in Gruppen implementiert werden, die per Konstruktion einen Primfaktor von mindestens 160 bit Länge enthalten. Das erklärt außerdem, warum Gruppen über elliptischen Kurven üblicherweise primer Ordnung sind oder deren Ordnung nur einen sehr kleinen **glatten Cofaktor** enthält.

12.1.1 Die Pollard-Rho-Methode

Sei G eine endliche abelsche Gruppe. Sei g ein erzeugendes Element einer großen Untergruppe $G' = \{g, g^2, \ldots, g^n\} \subseteq G$ (z.B. könnte g die Gruppe G selbst generieren). Sei $y = g^x$. Dann beschreibt das diskrete Logarithmus-Problem den Versuch, bei Eingabe von g und y den Wert $x \mod n$ auszugeben. Wir schreiben $x = \text{dlog}_g(y)$.

Die Pollard-Rho-Methode versucht, Elemente $g^{a_i}y^{b_i} \in G'$ mit $a_i, b_i \in \mathbb{N}$ in einer pseudozufälligen, aber deterministischen Art und Weise zu erzeugen. Der Einfachheit halber nehmen wir an, dass wir zufällige

Elemente von den n Elementen in G' erzeugen. Dann erwarten wir wegen des Geburtstagsparadoxons nach höchstens $\mathcal{O}(\sqrt{n})$ Schritten zwei identische Elemente zu erhalten. In unserem Fall bedeutet das

$$g^{a_i} y^{b_i} = g^{a_j} y^{b_j}.$$

Dies kann umgeschrieben werden als $g^{\frac{a_i - a_j}{b_j - b_i}} = y$. Daraus wiederum folgt, dass wir unseren diskreten Logarithmus aus $x \equiv \frac{a_i - a_j}{b_j - b_i} \bmod n$ erhalten können.

Somit kann man mit der Pollard-Rho-Methode den diskreten Logarithmus in jeder endlichen abelschen Gruppe der Ordnung n in $\mathcal{O}(\sqrt{n})$ Schritten berechnen. Durch die Nutzung von Techniken zum Auffinden von Schleifen (sogenannter cycle-finding techniques) kann man außerdem zeigen, dass die Pollard-Rho-Methode mit konstantem Speicherbedarf implementiert werden kann.

Außerdem ist es auch möglich, die Effizienz von Quadratwurzel-Algorithmen zu verbessern, wenn mehrere diskrete Logarithmen in derselben Gruppe erwünscht sind: Bei der Berechnung von L verschiedenen Logarithmen kann man die globalen Kosten von $\mathcal{O}(L\sqrt{n})$ auf $\mathcal{O}(\sqrt{Ln})$ reduzieren [2].

12.1.2 Der Silver-Pohlig-Hellman-Algorithmus

Wie zuvor sei $y = g^x$ für einen Erzeuger g der Ordnung n. Wir wollen den diskreten Logarithmus $x \bmod n$ berechnen. Außerdem sei $n = p_1^{e_1} \cdot \ldots \cdot p_\ell^{e_\ell}$ die Primfaktorzerlegung von n. Dann gilt nach dem Chinesischen Restsatz, dass $x \bmod n$ eindeutig definiert wird durch folgendes System von Kongruenzen:

$$\begin{aligned} x &\equiv x_1 \bmod p_1^{e_1} \\ &\vdots \\ x &\equiv x_\ell \bmod p_\ell^{e_\ell}. \end{aligned} \tag{12.1.1}$$

Der Algorithmus von Silver-Pohlig-Hellman berechnet alle diskreten Logarithmen $x_i \bmod p_i$ in den Untergruppen mit den Ordnungen p_i in $\mathcal{O}(\sqrt{p_i})$ Schritten durch Verwendung der Pollard-Rho-Methode. Danach ist es relativ einfach einen Logarithmus modulo der Primzahlpotenz $x_i \bmod p_i^{e_i}$ mittels eines **Hensel-Lift-Prozesses** zu finden, der e_i Aufrufe an die diskrete Logarithmus-Prozedur modulo p_i ausführt. In einem **Hensel-Lift-Prozess** starten wir mit einer Lösung $x_i \bmod p_i$ und berechnen dann nacheinander $x_i \bmod p_i^2$, $x_i \bmod p_i^3$ usw. bis zu $x_i \bmod p_i^{e_i}$ (siehe [3] für Hensels Schema).

Schlussendlich berechnet man den gewünschten diskreten Logarithmus $x \bmod n$ aus dem obigen System von Gleichungen (12.1.1) über den Chinesischen Restsatz. Insgesamt wird die Laufzeit hauptsächlich festgelegt durch die Berechnung von $x_i \bmod p_i$ für den größten Primfaktor p_i. Damit ist die Laufzeit ungefähr $\mathcal{O}(\max_i\{\sqrt{p_i}\})$.

12.1.3 Wie man Laufzeiten misst

Im Verlauf dieses Kapitels wollen wir die Laufzeit von Analyse-Algorithmen für diskrete Logarithmen abschätzen als Funktion der Bitgröße n. Es gilt, dass jede Ganzzahl n mit (ungefähr) $\log n$ bit geschrieben werden kann, wobei der Logarithmus zur Basis 2 gewählt wird. Die *Bitgröße* von n ist damit $\log n$.

Um unsere Laufzeiten auszudrücken nutzen wir die Notation $L_n[b, c] = \exp^{c \cdot (\ln n)^b (\ln \ln n)^{1-b}}$ für Konstanten $b \in [0, 1]$ und $c > 0$. Bemerke, dass $L_n[1, c] = e^{c \cdot \ln n} = n^c$ eine Funktion ist, die für konstantes c polynomiell in n ist. Deshalb sagen wir, dass $L_n[1, c]$ *polynomiell* in n ist. Bemerke außerdem, dass

$L_n[1,c] = n^c = (2^c)^{\log_2 n}$ eine in $\log n$ exponentielle Funktion ist. Deshalb sagen wir, dass $L_n[1,c]$ *exponentiell* in der Bitgröße $\log n$ von n ist. Damit erreicht unser Pollard-Rho-Algorithmus eine erwartete Laufzeit von $L[1, \frac{1}{2}]$.

Auf der anderen Seite ist $L_n[0,c] = e^{c \cdot \ln \ln n} = (\ln n)^c$ *polynomiell* in der Bitgröße von n. Merke, dass der erste Parameter b für die Laufzeit wichtiger ist als der zweite Parameter c, da b zwischen polynomieller und exponentieller Laufzeit interpoliert. Als Kurzschreibweise definieren wir $L_n[b]$, wenn wir die Konstante c nicht spezifizieren wollen.

Einige der wichtigsten Algorithmen, die wir in den nachfolgenden Kapitels besprechen, erreichen eine Laufzeit von $L_n[\frac{1}{2} + o(1)]$ oder $L_n[\frac{1}{3} + o(1)]$ (wobei das $o(1)$ für $n \to \infty$ verschwindet), welche eine Funktion ist die schneller wächst als jedes Polynom, aber langsamer als exponentiell. Für kryptografische Verfahren sind solche Angriffe völlig akzeptabel, da das gewünschte Sicherheitslevel einfach erreicht werden kann durch moderates Anpassen der Schlüsselgrößen.

Der aktuelle Algorithmus von Joux et al. für die Berechnung diskreter Logarithmen in endlichen Körpern mit kleiner Charakteristik erreicht jedoch eine Laufzeit von $L_n[o(1)]$, wobei $o(1)$ gegen 0 geht für $n \to \infty$. Das bedeutet, dass diese Algorithmen in quasi-polynomieller Zeit laufen, und dass die zugrunde liegenden Körper nicht länger akzeptabel sind für kryptografische Anwendungen. Ein endlicher Körper $\mathbb{F}_{p^n}$ hat eine kleine Charakteristik, wenn p klein ist, d. h. der Basiskörper (base field) $\mathbb{F}_p$ ist klein und der Grad n der Körpererweiterung ist üblicherweise groß. In den aktuellen Algorithmen brauchen wir ein kleines p, da diese Algorithmen über alle p Elemente im Basiskörper $\mathbb{F}_p$ laufen.

12.1.4 Unsicherheit durch Quantencomputer

In 1995 veröffentlichte Shor einen Algorithmus für die Berechnung diskreter Logarithmen und Faktorisierungen auf einem Quantencomputer. Er zeigte, dass die Berechnung diskreter Logarithmen in *jeder* Gruppe der Ordnung n in polynomieller Zeit durchgeführt werden kann, die fast $\mathcal{O}(\log n^2)$ entspricht. Dieselbe Laufzeit gilt für die Berechnung der Faktorisierung einer Ganzzahl n. Diese Laufzeit ist nicht nur polynomiell, die Angriffe sind sogar noch effizienter als die kryptografischen Verfahren selbst! Das wiederum bedeutet, dass das Problem nicht durch bloßes Anpassen der Schlüsselgrößen behoben werden kann.

Sollten wir also in den nächsten Jahrzehnten die Entwicklung groß angelegter Quantencomputer miterleben, muss folglich die ganze klassische, auf Dlog oder Faktorisierung basierende Kryptografie ersetzt werden. Man sollte allerdings betonen, dass die Konstruktion großer Quantencomputer mit vielen Qubits sehr viel schwieriger zu sein scheint als die seines klassischen Gegenstücks, da die meisten kleinen Quantensysteme nicht gut skalieren und ein Problem mit Dekohärenz haben.

Empfehlung: Es scheint schwierig zu sein, die Entwicklungen in der Konstruktion von Quantencomputern vorherzusagen. Experten der Quantenphysik sehen aber derzeit keine unüberwindbaren Hindernisse, die die Entwicklung großer Quantencomputer auf lange Sicht behindern würden. Es dürfte sehr wichtig sein, den aktuellen Fortschritt in diesem Gebiet im Blick zu behalten und in den nächsten 15 Jahren alternative quanten-resistente Kryptoverfahren zur Hand zu haben.

Referenzen und weiterführende Literatur: Wir empfehlen die Bücher von Menezes, van Oorschot und Vanstone [4], Joux [5] und Galbraith [6] zur Studie kryptoanalytischer Techniken. Einen einführenden Kurs in Kryptoanalyse stellt Mays Vorlesungsskript zur Kryptoanalyse zur Verfügung [7, 8]. Eine Einleitung zu Quantenalgorithmen findet sich in den Büchern von Homeister [9] und Mermin [10].

Die Algorithmen in diesem Kapitel wurden ursprünglich in den hervorragenden Arbeiten von Pollard [11, 12] und Shor [13] vorgestellt. Generische Algorithmen für viele Dlogs wurden kürzlich untersucht in [2].

12.2 Beste Algorithmen für Primkörper $\mathbb{F}_p$

Management Summary: Primkörper $\mathbb{F}_p$ sind – neben elliptischen Kurven – die Standardgruppe für das diskrete Logarithmus-Problem. In den letzten 20 Jahren gab es für diese Gruppen keinen signifikanten algorithmischen Fortschritt. Sie sind immer noch eine gute Wahl für Kryptografie.

In Kapitel 12.1 haben wir gelernt, dass wir in jeder endlichen abelschen Gruppe der Ordnung n den diskreten Logarithmus in $\mathcal{O}(\sqrt{n})$ Schritten bestimmen können. Merke, dass sowohl die Pollard-Rho-Methode als auch der Silver-Pohlig-Hellman-Algorithmus aus Kapitel 12.1 keine andere Eigenschaften der *Repräsentation* von Gruppenelementen nutzen als ihre Eindeutigkeit. In diesen Methoden werden Gruppenelemente einfach durch Gruppenoperationen und Test auf Gleichheit von Elementen berechnet. Algorithmen dieser Art werden in der Literatur als *generisch* bezeichnet.

Es ist bekannt, dass generische Algorithmen diskrete Logarithmen nicht in besserer Zeit als der Silver-Pohlig-Hellman-Algorithmus [14] berechnen können. Damit können die Algorithmen aus Kapitel 12.1 als optimal betrachtet werden, wenn keine weitere Information über die Gruppenelemente bekannt ist.

Wenn wir unsere Gruppe G spezifizieren als die multiplikative Gruppe über den endlichen Körper $\mathbb{F}_p$ mit p prim, können wir sogar die Repräsentation der Gruppenelemente ausnutzen. Natürliche Repräsentanten von $\mathbb{F}_p$ sind die Ganzzahlen $0, \ldots, p-1$. Damit können wir z.B. die Primfaktorzerlegung dieser Ganzzahlen verwenden. Dies wird gemacht in den Algorithmen des sogenannten Typs *Index-Calculus* für diskrete Logarithmen. Dieser Typ von Algorithmen bildet derzeit die Klasse mit den besten Laufzeiten für diskrete Logarithmen über Primkörper, prime Körpererweiterungen (Kapitel 12.3) und für das Faktorisierungsproblem (Kapitel 12.4).

Wir werden jetzt einen Index-Calculus-Algorithmus an Hand eines sehr einfachen Beispiels veranschaulichen.

12.2.1 Eine Einleitung zu Index-Calculus-Algorithmen

Ein Index-Calculus-Algorithmus besteht aus drei grundlegenden Schritten.

Faktorbasis: Definition der Faktorbasis $F = \{f_1, \ldots, f_k\}$. Wir wollen die Gruppenelemente ausdrücken als Potenzen von Elementen der Faktorbasis.

Relationen finden: Finde Elemente $z_i := g^{x_i} \in G$ für eine ganze Zahl x_i, die mit der Faktorbasis bestimmt werden können. Das bedeutet

$$g^{x_i} = \prod_{j=1}^{k} f_j^{e_{ij}}.$$

Schreiben wir diese Gleichung zur Basis g erhalten wir eine *Relation*

$$x_i \equiv \sum_{j=1}^{k} e_{ij} \mathrm{dlog}_g(f_j) \bmod n,$$

wobei n die Ordnung von g ist. Dies ist eine lineare Gleichung in den k Unbekannten $\mathrm{dlog}_g(f_1), \ldots, \mathrm{dlog}_g(f_k)$. Sobald wir k linear unabhängige Relationen dieses Typs haben, können wir die Unbekannten mit Linearer Algebra berechnen. Das bedeutet, dass wir erst alle diskreten Logarithmen der Faktorbasis berechnen müssen, bevor wir den gewünschten individuellen Logarithmus von y bestimmen.

Dlog-Berechnung: Drücke $yg^r = g^{x+r} = \prod_{j=1}^{k} f_j^{e_j}$ in der Faktorbasis für eine ganze Zahl r aus. Das gibt uns eine neue Relation

$$x + r \equiv \sum_{j=1}^{k} e_j \mathrm{dlog}_g(f_j) \bmod n,$$

die in der einzigen Unbekannten $x = \mathrm{dlog}_g y$ einfach gelöst werden kann.

Lassen Sie uns ein einfaches Beispiel für einen Index-Calculus-Algorithmus geben, das $x = \mathrm{dlog}_2(5)$ in $\mathbb{F}_{11}^*$ berechnet. Da 2 die multiplikative Gruppe $\mathbb{F}_{11}^*$ generiert, ist 2 von der Ordnung 10.

Faktorbasis: Definiere $F = \{-1, 2\}$.

Relationen finden: $2^1 = (-1)^0 2^1$ gibt uns eine erste triviale Relation

$$1 \equiv 0 \cdot \mathrm{dlog}_2(-1) + 1 \cdot \mathrm{dlog}_2(2) \bmod 10.$$

Wenn wir $2^6 = 64 \equiv -2 \bmod 11$ berechnen, erhalten wir eine zweite Relation

$$6 \equiv 1 \cdot \mathrm{dlog}_2(-1) + 1 \cdot \mathrm{dlog}_2(2) \bmod 10.$$

Damit können wir das System von linearen Gleichungen lösen:

$$\begin{pmatrix} 0 & 1 \\ 1 & 1 \end{pmatrix} \cdot \begin{pmatrix} \mathrm{dlog}_2(-1) \\ \mathrm{dlog}_2(2) \end{pmatrix} \equiv \begin{pmatrix} 1 \\ 6 \end{pmatrix} \bmod 10.$$

Als eindeutige Lösung erhalten wir $\mathrm{dlog}_2(-1) \equiv 5$ und $\mathrm{dlog}_2(2) \equiv 1$.

Dlog-Berechnung: Wegen $5 \cdot 2^1 = 10 \equiv -1 \bmod 11$ erhalten wir

$$x + 1 \equiv 1 \cdot \mathrm{dlog}(-1) + 0 \cdot \mathrm{dlog}(2) \bmod 10.$$

Dies führt zu der Lösung $x \equiv 4 \bmod 10$.

Laufzeit: Eine große Faktorbasis zu wählen macht es einfacher, Relationen zu finden, da es die Wahrscheinlichkeit erhöht, dass sich eine bestimmte Zahl in der Faktorbasis aufteilt. Auf der anderen Seite müssen wir für eine große Faktorbasis mehr Relationen finden, um die Dlogs aller Faktorbasis-Elemente zu berechnen. Eine Optimierung dieses Kompromisses führt zu einer Laufzeit von $L_p[\frac{1}{2}]$ für den *relation finding*-Schritt und ebenfalls $L_p[\frac{1}{2}]$ für die Berechnung des individuellen diskreten Logarithmus in Schritt 3.

Lasst uns kurz die Vor- und Nachteile des obigen, simplen Index-Calculus-Algorithmus aus der Sicht eines Kryptoanalysten diskutieren.

Vorteile:

- Für $g^{x_i} = \prod_{j=1}^{k} f_j^{e_{ij}}$ ist es trivial, den diskreten Logarithmus auf der linken Seite zu berechnen.

Nachteile:

- Wir müssen relativ große Zahlen g^{x_i} über die ganzen Zahlen mit einbeziehen. Man kann zeigen, dass dies zwangsläufig zu einer Laufzeit von $L_p[\frac{1}{2}]$ führt, und dass es keine Hoffnung gibt, unter die Konstante $\frac{1}{2}$ zu kommen.

- Wir müssen alle diskreten Logarithmen für die Faktorbasis-Elemente berechnen. Dies ist allen Index-Calculus-Algorithmen zu eigen.

Wir werden den ersten Nachteil eliminieren, indem wir Faktorisierung über Zahlkörpern erlauben. Der zweite Nachteil wird eliminiert, indem man eine Faktorbasis wählt, bei der man die Dlogs ihrer Elemente sehr effizient berechnen kann.

12.2.2 Das Zahlkörpersieb zur Berechnung des Dlog[1]

Ein Zahlkörper $\mathbb{Q}[\alpha]$ ist ein k-dimensionaler Vektorraum über $\mathbb{Q}$ und kann erzeugt werden durch Anfügen einer Nullstelle α eines irreduziblen Polynoms f vom Grad k an $\mathbb{Q}$. Das bedeutet, wir können jedes Element von $\mathbb{Q}[\alpha]$ schreiben als $a_0 + a_1\alpha + \ldots a_{k-1}\alpha^{k-1}$ mit $a_i \in \mathbb{Q}$. Wenn wir die a_i auf die ganzen Zahlen beschränken, befinden wir uns im Ring $\mathbb{Z}[\alpha]$.

Das Zahlkörpersieb ist ebenfalls ein Index-Calculus-Algorithmus. Verglichen mit dem vorigen Ansatz hat er den Vorteil, kleinere Zahlen zu verwenden. Das wird erreicht durch die Wahl einer spezifischen Repräsentation des Primkörpers $\mathbb{F}_p$, der implizit definiert ist als endlicher Körper, bei dem zwei Polynome kleinen Grades mit kleinen Koeffizienten eine gemeinsame Nullstelle besitzen. Es gibt mehrere Methoden, mit denen man solche Polynome mit einer gemeinsamen Nullstelle modulo p konstruieren kann. Insbesondere mit Primzahlen einer speziellen Form, *d. h.* mit einer dünn besetzten Präsentation, ist es möglich, Polynome zu konstruieren, die viel besser sind als im allgemeinen Fall. Eine typische Konstruktion, die gut funktioniert, ist eine Zahl m zu wählen und p mit Basis m als $\sum_{i=0}^{t} a_i m^i$ zu schreiben. Dann haben $f_1(X) = X - m$ und $f_2(X) = \sum_{i=0}^{t} a_i m^i$ den Wert m als gemeinsame Nullstelle modulo p.

Ausgerüstet mit zwei Polynomen f_1 und f_2 von dieser Form, mit m als gemeinsamer Nullstelle modulo p, erhalten wir das kommutative Diagramm in Abb. 12.1:

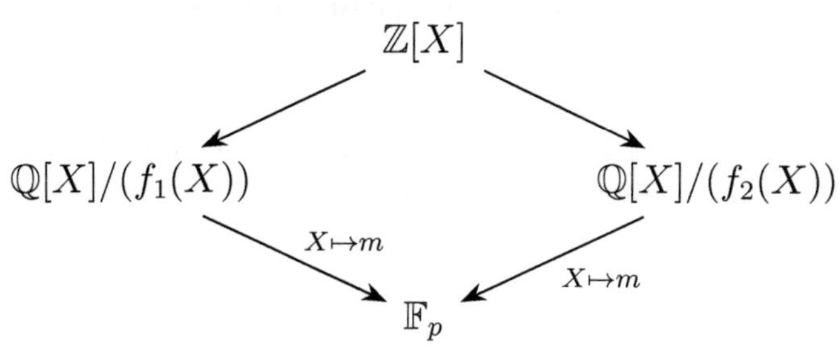

Abb. 12.1: NFS in $\mathbb{F}_p$ mit Polynomen mit gemeinsamen Nullstellen, dargestellt als kommutatives Diagramm

Seien r_1, r_2 die Nullstellen von f_1, f_2. Wir betrachten die Zahlkörper $\mathbb{Q}[r_1] \simeq \mathbb{Q}[X]/(f_1(X))$ und $\mathbb{Q}[r_2] \simeq \mathbb{Q}[X]/(f_2(X))$.

Faktorbasis: Besteht aus primen Elementen mit kleiner Norm aus beiden Zahlkörpern.

Relationen finden: Das grundlegende Prinzip des Zahlkörpersiebs besteht darin, Elemente der Form $a + bX$ an beide Seiten des Diagramms zu senden und eine Relation zu schreiben, wenn sich beide Seiten in die Faktorbasis faktorisieren lassen. Technisch ist das ziemlich herausfordernd, weil wir mehrere Werkzeuge einführen müssen, um zu erklären, dass die linken und rechten Seiten nicht notwendigerweise *Faktorielle Ringe* (unique factorization domains) sind. Als Konsequenz müssen

[1] Beim Zahlkörpersieb zur Berechnung des Dlog gibt es – im Gegensatz zum Zahlkörpersieb zur Faktorisierung in Abschnitt 12.4.1 auf Seite 730 – nur **das** „Zahlkörpersieb". Die Unterscheidung „Special" versus „General" fällt hier weg.

wir die Elemente in Ideale faktorisieren und uns um die Hindernisse kümmern, die aus den Idealklassengruppen und Einheitsklassen resultieren. Diese Prozedur gibt uns den diskreten Logarithmus der Faktorbasis-Elemente.

Dlog-Berechnung: Drücke den gesuchten Logarithmus als Linearkombination der Faktorbasis-Elemente aus.

Laufzeit: Das Zahlkörpersieb ist der derzeit effizienteste bekannte Algorithmus für das diskrete Logarithmus-Problem mit großer Charakteristik. Im allgemeinen Fall – d.h. p hat keine spezielle Form, z.B. nah an einer Primzahlpotenz – ist seine Komplexität $L_p[\frac{1}{3}, (\frac{64}{9})^{1/3}]$.

Referenzen und weiterführende Literatur: Für eine Einleitung zu Index-Calculus und die damit verbundenen mathematischen Werkzeuge siehe Mays Vorlesungsskript zur Zahlentheorie [3] und das Buch zur Zahlentheorie von Müller-Stach, Piontkowski [15]. Um ein tieferes Verständnis des Zahlkörpersiebs zu erlangen, sollte man das Buch von Lenstra und Lenstra [16] studieren, das alle Originalarbeiten enthält, die zur Entwicklung des Zahlkörpersieb-Algorithmus in den späten 80ern und frühen 90ern geführt haben. Als guten Start, um das Zahlkörpersieb zu verstehen, empfehlen wir, zunächst seine Vorgänger zu studieren, die in den Originalarbeiten von Adleman [17], Coppersmith [18] und Pomerance [19, 20] beschrieben sind.

12.3 Beste bekannte Algorithmen für Erweiterungskörper $\mathbb{F}_{p^n}$

Management Summary: Die Gruppen über Erweiterungskörpern werden von neuen Algorithmen von Joux et al. angegriffen. Vor der Erfindung dieser Angriffe schien die Sicherheit von Körpererweiterungsgruppen ähnlich der Sicherheit der Gruppen primer Ordnung aus dem letzten Kapitel zu sein. Die neuen Angriffe ließen diese Gruppen völlig unsicher werden, beeinflussten allerdings nicht die Sicherheit der Gruppen primer Ordnung.

Als erstes werden wir den ehemals besten Algorithmus von 2006 von Joux und Lercier besprechen, der eine Laufzeit von $L_n[\frac{1}{3}]$ erreicht. Anschließend beschreiben wir aktuelle Entwicklungen, die zu einer dramatischen Verbesserung der Laufzeit zu $L_n[o(1)]$ geführt haben, was quasi polynomiell ist.

12.3.1 Der Joux-Lercier Function-Field-Sieve (FFS)

Jeder endliche Körper $\mathbb{F}_{p^n}$ kann repräsentiert werden durch einen Polynomring $\mathbb{F}_p[x]/f(x)$, wobei $f(x)$ ein irreduzibles Polynom über $\mathbb{F}_p$ vom Grad n ist. Damit kann jedes Element in $\mathbb{F}_{p^n}$ durch ein univariates Polynom mit Koeffizienten in $\mathbb{F}_p$ und einem Grad kleiner als n repräsentiert werden. Addition zweier Elemente ist die übliche Addition von Polynomen, wobei die Koeffizienten modulo p genommen werden. Die Multiplikation zweier Elemente ist die übliche Multiplikation von Polynomen, wobei das Ergebnis modulo $f(x)$ reduziert wird, um erneut ein Polynom mit einem Grad kleiner als n zu erhalten.

Es ist wichtig zu bemerken, dass die **Beschreibungslänge** eines Elementes $n\mathcal{O}(\log p)$ ist. Damit erreicht ein polynomieller Algorithmus eine Laufzeit, die polynomiell in n und $\log p$ ist. Wir werden außerdem Körper mit kleiner Charakteristik p in Betracht ziehen, wobei p konstant ist. Dann bedeutet polynomielle Laufzeit polynomiell in n.

Es ist bekannt, dass es für jedes p immer Polynome $f(x)$ mit Grad n gibt, die irreduzibel über $\mathbb{F}_p$ sind. Üblicherweise gibt es viele solcher Polynome, was umgekehrt bedeutet, dass wir für verschiedene Polynome

$f(x)$ verschiedene Repräsentationen eines endlichen Körpers erhalten. Es ist jedoch ebenfalls bekannt, dass all diese Repräsentationen isomorph sind, und dass Isomorphismen effizient berechenbar sind.

Diese Tatsache wird im Algorithmus von Joux und Lercier verwendet, die verschiedene Repräsentationen $\mathbb{F}_p[x]/f(x)$ und $\mathbb{F}_p[y]/g(y)$ desselben Körpers ausnutzen. Dies wird veranschaulicht durch das kommutative Diagramm in Abb. 12.2.

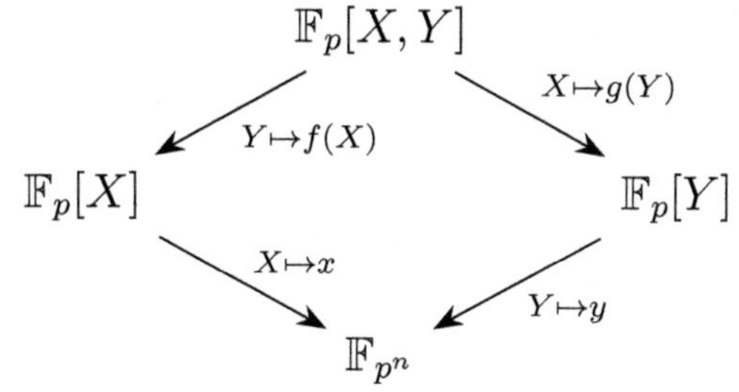

Abb. 12.2: Isomorphe Repräsentationen in $\mathbb{F}_{p^n}$ als kommutatives Diagramm

Faktorbasis: Wir wählen alle Grad-1 Polynome $x - a$ und $y - b$ aus $\mathbb{F}_p[x] \cup \mathbb{F}_p[y]$. Damit besitzt die Faktorbasis $2p$ Elemente.

Relationen finden: Auf beiden Seiten, also für Polynome h aus $\mathbb{F}_p[x]/f(x)$ und aus $\mathbb{F}_p[y]/g(y)$, versuchen wir in Linearfaktoren aus der Faktorbasis zu faktorisieren. Das kann für jedes Polynom durch eine einfache ggT-Berechnung $\gcd(h, x^p - x)$ in Zeit $\mathcal{O}(p)$ gemacht werden. Man kann zeigen, dass die Anzahl der Polynome, die getestet werden müssen, begrenzt ist durch $L_{p^n}[\frac{1}{3}]$.

Dlog-Berechnung: Dieser Schritt wird durchgeführt, indem ein Polynom als Linearkombination von Polynomen kleineren Grades geschrieben und dies rekursiv wiederholt wird, bis Grad-1 gefunden ist. Diese Rekursion wird (Grad-)Abstieg (degree decent) genannt und erfordert ebenso wie der *relation finding*-Schritt eine Laufzeit von $L_{p^n}[\frac{1}{3}]$.

12.3.2 Kürzliche Verbesserungen für den Function Field Sieve

Die erste kürzliche Verbesserung für den Joux-Lercier-FFS wurde präsentiert bei der Eurocrypt 2013 von Joux, der zeigte, dass es möglich ist, die Komplexität für das Finden der Relationen drastisch zu reduzieren, indem man den klassischen siebenden Ansatz durch eine neue Technik ersetzt, die auf der linearen Änderung von Variablen basiert und *pinpointing* genannt wird.

Auf der Crypto Conference 2013 präsentierten Göloglu, Granger, McGuire und Zumbrägel einen weiteren Ansatz, der mit dem pinpointing verwandt ist und sehr effizient mit Unterkörpern mit Charakteristik 2 arbeitet. Ihr Paper wurde von der kryptografischen Community als so wichtig eingestuft, dass sie den Preis für das beste Paper erhielten.

Die neuen Ergebnisse gelten für endliche Körper $\mathbb{F}_{q^n}$ mit Charakteristik zwei, d. h. $q = 2^\ell$. Bemerke, dass wir die Standardkonvention verwenden, die Primzahlen mit p und Primzahlpotenzen mit $q = p^\ell$ bezeichnet. Für diese Körper $\mathbb{F}_{q^n}$ wird der *relation finding*-Schritt im Joux-Lercier-Algorithmus einfacher, da man Polynome konstruieren kann, die sich mit einer höheren Wahrscheinlichkeit teilen lassen als allgemeine Polynome desselben Grades.

Lassen Sie uns eine high-level Beschreibung der Ideen zu ihrer Verbesserungen geben.

Faktorbasis: Alle Grad-1 Polynome wie im Joux-Lercier-Algorithmus.

Relationen finden: Gölo glu, Granger, McGuire und Zumbrägel zeigen, dass man einen speziellen Typ von Polynomen über $\mathbb{F}_q[x]$ konstruieren kann – die sogenannten Bluher-Polynome – die sich per Konstruktion über $\mathbb{F}_q[x]$ teilen lassen. Somit erhalten wir ähnlich zu unserer simplen Version des Index-Calculus für ganze Zahlen in Abschnitt 12.2.1 kostenlos eine Seite der Gleichung. Die Kosten für das Teilen der Polynome in $\mathbb{F}_q[y]$ sind ungefähr $\mathcal{O}(q)$, und die Kosten für das Finden des diskreten Logarithmus der Faktorbasis-Elemente sind ungefähr $\mathcal{O}(n \cdot q^2)$. Wir werden weiter unten erklären, warum uns das – für geeignet gewählte Parameter – die diskreten Logarithmen der Faktorbasis in *polynomieller Zeit* verschafft.

Dlog-Berechnung: Die Berechnung des individuellen diskreten Logarithmus ist ähnlich wie im Joux-Lercier-Algorithmus.

Laufzeit: Wir rechnen in einem Körper $\mathbb{F}_{q^n}$, mit $q = 2^\ell$. Somit würde ein Polynomialzeit-Algorithmus eine Laufzeit erfordern, die polynomiell in den Parametern n und $\log q$ ist. Das *relation finding* oben benötigt jedoch eine Zeit von $\mathcal{O}(n \cdot q^2)$, was polynomiell in n ist, aber exponentiell in $\log q$. Damit arbeitet der Algorithmus aber nur unzureichend, wenn man den Basiskörper $\mathbb{F}_q = \mathbb{F}_{2^\ell}$ in Betracht zieht.

Der Trick, um das zu umgehen, ist die Größe der Basis q auf q' zu reduzieren, während man den Erweiterungsgrad n etwas auf n' erhöht. Unser Ziel dabei ist, dass die neue Basiskörpergröße q' ungefähr dem neuen Erweiterungsgrad n' entspricht, also $q' \approx n'$. In diesem Fall erhalten wir erneut eine Laufzeit, die polynomiell in n' und q' ist, aber jetzt ist q' ebenfalls polynomiell beschränkt durch n'. Insgesamt ist unsere Laufzeit für Schritt 2 damit polynomiell beschränkt durch n'.

Lassen Sie uns ein einfaches Beispiel angeben, wie das für konkrete Parameter gehandhabt wird. Angenommen wir wollen einen diskreten Logarithmus in $\mathbb{F}_{(2^{100})^{100}}$ berechnen. Dann würden wir den Basiskörper zu $q' = 2^{10}$ verringern und gleichzeitig den Erweiterungsgrad zu $n' = 1000$ erhöhen, d. h. wir rechnen in $\mathbb{F}_{(2^{10})^{1000}}$. Bemerke, dass dies immer gemacht werden kann durch Nutzung effizient berechenbarer Isomorphismen zwischen endlichen Körpern gleicher Kardinalität.

Warnung: Man könnte versucht sein, das Obige mit der Wahl von Exponenten zu umgehen, die sich nicht geeignet teilen lassen, d. h. durch Wahl von $\mathbb{F}_{2^p}$ mit p prim. Man kann jedoch immer den endlichen Körper in einen größeren Körper einbetten – ebenso wie die entsprechenden diskreten Logarithmen. Deshalb werden endliche Körper mit kleiner Charakteristik als unsicher angesehen, unabhängig von der speziellen Form des Erweiterungsgrades n.

Während das *relation finding* in Schritt 2 von Gölo glu, Granger, McGuire und Zumbrägel in *polynomieller Zeit* erledigt werden kann, ist die Berechnung des individuellen Logarithmus immer noch zeitraubend. Macht man dies auf naive Art und Weise, ist Schritt 3 wegen des erhöhten Erweiterungsgrades n' sogar noch zeitintensiver als in Joux-Lercier. Balanciert man die Laufzeiten von Schritt 2 und Schritt 3 aus, erhält man eine verbesserte Gesamtlaufzeit von $L_{q^n}[\frac{1}{3}, (\frac{4}{9})^{\frac{1}{3}}]$.

12.3.3 Quasi-polynomielle Dlog-Berechnung von Joux et al

Im vorigen Abschnitt wurde gezeigt, dass der diskrete Logarithmus von allen Elementen einer Faktorbasis in polynomieller Zeit berechnet werden kann. Es blieb jedoch ein hartes Problem, diese Tatsache für die Berechnung individueller Logarithmen zu verwenden.

Dieses Problem wurde kürzlich gelöst von Joux [21] und Barbulescu, Gaudry, Joux und Thomé [22]. Im Paper von Joux wurde gezeigt, dass der individuelle Logarithmus-Schritt in $L[\frac{1}{4}]$ durchgeführt werden kann. Kurz danach wurde dies verbessert zu $L[o(1)]$ durch Barbulescu, Gaudry, Joux und Thomé, was eine Funktion ist, die langsamer wächst als $L[\epsilon]$ für jedes $\epsilon > 0$. Damit erreichen sie quasi-polynomielle Zeit.

Lasst uns kurz die Modifikationen dieser beiden Papers für den Function-Field-Sieve-Algorithmus beschreiben.

Faktorbasis: Besteht wie zuvor aus den Grad-1 Polynomen.

Relationen finden: Man startet mit dem trivialen initialen Polynom

$$h(x) = x^q - x = \prod_{\alpha \in \mathbb{F}_q} (x - \alpha)$$

das sich offensichtlich in die Faktorbasis faktorisieren lässt. Jetzt wendet man lineare und rationale Transformationen (Homographien genannt) auf $h(x)$ an, die seine Eigenschaft, sich über der Faktorbasis faktorisieren zu lassen, erhalten. Man kann zeigen, dass es genügend viele Homographien gibt, um ausreichend viele Relationen zu konstruieren. Somit können wir aus einem trivialen Polynom $h(x)$ kostenfrei alle $\mathcal{O}(q)$ Relationen erhalten. Das befähigt uns dazu, die diskreten Logarithmen der Faktorbasis-Elemente in Zeit $\mathcal{O}(q)$ zu berechnen.

Dlog-Berechnung: Barbulescu et al präsentieren einen effizienten *Gradabstiegs*-Algorithmus, der bei Eingabe eines Polynoms $p(x)$ von Grad n eine lineare Relation zwischen dem diskreten Logarithmus von $p(x)$ und $\mathcal{O}(nq^2)$ Polynomen von Grad $\frac{n}{2}$ ausgibt, in einer Zeit, die polynomiell in q und D ist. Das bedeutet, dass wir einen Baum von Polynomen bekommen, bei dem der Grad mit jedem Level um den Faktor zwei fällt, was umgekehrt eine Baumtiefe von $\log n$ impliziert. Das resultiert in einer Laufzeit von $\mathcal{O}(q^{\mathcal{O}(\log n)})$.

Laufzeit: Wie in Abschnitt 12.3.2 auf Seite 725 nehmen wir an, dass die Größe q des Basiskörpers die gleiche Größe hat wie der Erweiterungsgrad n, d.h. $q = \mathcal{O}(n)$. Dann läuft Schritt 2 in Zeit $\mathcal{O}(q) = \mathcal{O}(n)$, was polynomiell in n ist. Schritt 3 läuft in Zeit $\mathcal{O}(q^{\mathcal{O}(\log n)}) = \mathcal{O}(n^{\mathcal{O}(\log n)}) = L_{q^n}[o(1)]$. Bemerke, dass $n^{\log n} = 2^{\log^2 n}$ schneller wächst als jede polynomielle Funktion in n, aber langsamer als jede subexponentielle Funktion 2^{n^c} für ein $c > 0$.

12.3.4 Schlussfolgerungen für endliche Körper mit kleiner Charakteristik

Um einige Beispiele zu nennen, was die theoretische quasi-polynomielle Laufzeit der vorigen Ergebnisse in der Praxis bedeutet, veranschaulicht Tabelle 12.1 auf der nächsten Seite, was derzeit bei der Berechnung diskreter Logarithmen erreicht werden kann. Stand Oktober 2024 sind 2^{30750} und $3^{6 \cdot 509}$ immer noch die Rekorde für ihre jeweiligen Merkmale.

Empfehlung: Der Gebrauch von Körpern mit kleiner Charakteristik für Dlog-basierte Verfahren auf Basis diskreter Logarithmen ist **gänzlich unsicher**, unabhängig davon welche Schlüsselgröße verwendet wird. Glücklicherweise wird davon – nach unserem Wissen – in weit verbreiteten/standardisierten kryptografischen Verfahren kein Gebrauch gemacht.

12.3.5 Lassen sich diese Ergebnisse auf andere Index-Calculus-Algorithmen übertragen?

Aus der Sicht eines Kryptoanwenders würde man sich sorgen, dass sich die aktuellen bahnbrechenden Ergebnisse, die die Komplexität für die Berechnung diskreter Logarithmen in Körpern mit kleiner Charakteristik von $L[\frac{1}{3}]$ auf $L[o(1)]$ senken, auch auf diskrete Logarithmen in anderen Gruppen anwenden lassen. Man könnte zum Beispiel besorgt sein über das tatsächliche Sicherheitslevel von auf diskreten Logarithmen basierender Kryptografie in endlichen Körpern $\mathbb{F}_p$ mit *großer* Charakteristik.

Datum	Körper	Bitgröße	Kosten (CPU-Stunden)	Algorithmus
2012/06/17	$3^{6\cdot 97}$	923	895 000	[23]
2012/12/24	p^{47}	1175	32 000	[24]
2013/01/06	p^{57}	1425	32 000	[24]
2013/02/11	2^{1778}	1778	220	[21]
2013/02/19	2^{1971}	1971	2200	[25]
2013/03/22	2^{4080}	4080	14 100	[21]
2013/04/11	2^{6120}	6120	750	[21]
2013/05/21	2^{6168}	6168	550	[21]
2014/01/31	2^{9234}	9234	400 000	[26]
2016/09/22	$3^{6\cdot 509}$	4841	1 927 200	[27]
2020/08/11	2^{30750}	30750	25 404 000	[28]

Tab. 12.1: Rekorde für Dlog endlicher Körper kleiner Charakteristik

Vermutung: Wir glauben, dass sich die neuen Techniken nicht auf endliche Körper mit großer Charakteristik oder auf elliptische Kurven übertragen lassen, die gegenwärtig den Standard für kryptografische Konstruktionen darstellen.

Lasst uns kurz einige Gründe sammeln, warum sich die aktuellen Techniken nicht auf diese Gruppen übertragen lassen, und welche Probleme gelöst werden müssen, bevor wir einen signifikanten Fortschritt in der Laufzeit für diese Gruppen sehen.

- **Laufzeit:** Man bemerke, dass alle in diesem Abschnitt beschriebenen Index-Calculus-Algorithmen polynomiell in der Größe q des Basiskörpers sind und somit exponentiell in der Bitlänge $\mathcal{O}(\log q)$. Damit scheint sich die Härte des diskreten Logarithmus-Problems von der Härte im Basiskörper abzuleiten, wobei der Erweiterungsgrad n nicht dazu beiträgt das Problem erheblich schwieriger zu machen.

  Insbesondere merken wir an, dass jede – wie in den Algorithmen für kleine Charakteristik aus dem Polynom $x^q - x$ konstruierte – Gleichung mindestens q Terme enthält. Damit würde, sobald q größer als $L[1/3]$ wird, sogar das Schreiben einer einzigen Gleichung dieses Typs mehr kosten als die volle Komplexität des Zahlkörpersiebs aus Abschnitt 12.2.2.

  Bemerke, dass es eine ähnliche Situation für diskrete Logarithmen in Gruppen elliptischer Kurven gibt. Nutzen wir eine elliptische Kurve über $\mathbb{F}_q$, ist im Allgemeinen der beste bekannte Algorithmus der generische Pollard-Rho-Algorithmus aus Kapitel 12.1 mit der Laufzeit $\mathcal{O}(\sqrt{q})$. Allerdings benötigt Gaudry's Algorithmus – den wir in Abschnitt 12.5.2 besprachen – für elliptische Kurven über $\mathbb{F}_{q^n}$ nur eine Laufzeit von $q^{2-\frac{2}{n}}$, was wesentlich besser ist als die generische Grenze $\mathcal{O}(q^{\frac{n}{2}})$. Wie die Algorithmen in diesem Kapitel ist auch Gaudry's Algorithmus ein Index-Calculus-Algorithmus. Und ähnlich wie bei den Algorithmen in diesem Kapitel scheint die Komplexität des diskreten Logarithmus-Problems im Parameter q statt im Parameter n konzentriert zu sein.

- **Polynome versus Zahlen:** Bemerke, dass die aktuellen Ergebnisse starken Gebrauch von polynomieller Arithmetik und Unterkörpern von $\mathbb{F}_{q^n}$ machen. Allerdings ist weder die polynomielle Arithmetik verfügbar für $\mathbb{F}_p$ noch existieren Unterkörper für Gruppen primer Ordnung. Wir möchten argumentieren, dass viele Probleme für Polynome effizient lösbar sind, während sie bekanntermaßen hart für ganze Zahlen zu sein scheinen. Es ist zum Beispiel bekannt, dass Polynome über endliche Körper und über rationale Zahlen von den Algorithmen von Berlekamp und Lenstra-Lenstra-Lovasz effizient faktorisiert werden können, während es keinen äquivalenten Algorithmus für ganze Zahlen gibt. Nach von zur Gathen gibt es auch einen effizienten Algorithmus um kürzeste Vektoren in Polynomringen zu finden, während das Gegenstück in Ganzahlgittern (integer lattice) NP-hart ist.

Was ganze Zahlen eigentlich härter macht als Polynome ist der Effekt der Übertragsbits. Multiplizieren wir zwei Polynome, dann wissen wir durch das Konvolutionsprodukt genau, welche Koeffizienten bei welchen Koeffizienten des Produktes mitwirken, was aber bei der Multiplikation ganzer Zahlen wegen der Übertragsbits nicht der Fall ist.

- **Komplexität der Schritte 2 & 3:** Jeglicher algorithmische Durchbruch für diskrete Logarithmen vom Typ Index-Calculus müsste die diskreten Logarithmen einer wohldefinierten Faktorbasis effizient lösen *und* den gewünschten Logarithmus in Termen aus dieser Faktorbasis ausdrücken. Zur Zeit haben wir aber im Fall großer Primkörper $\mathbb{F}_p$ für keinen dieser Schritte eine effiziente Methode.

Referenzen und weiterführende Literatur: Coppersmiths Algorithmus [29] aus der Mitte der 80er war lange Zeit die Referenzmethode für die Berechnung diskreter Logarithmen in Körpern mit kleiner Charakteristik. Der Joux-Lercier-Function-Field-Sieve wurde 2006 in [23] vorgestellt.

Die aktuellen Fortschritte begannen auf der Eurocrypt 2013 mit Jouxs Pinpointing-Technik [24]. Auf der Crypto 2013 verbesserten Göloglu, Granger, McGuire und Jens Zumbrägel [25] bereits die Konstante c in der $L[\frac{1}{3}, c]$-Laufzeit. Die Verbesserung zur Laufzeit $L[\frac{1}{4}]$ wurde dann vorgestellt in der Arbeit von Joux [21]. Letztendlich schlugen Barbulescu, Gaudry, Joux und Thomé [22] einen Algorithmus für den Abstieg vor, der zur Laufzeit $L[o(1)]$ führte.

12.4 Beste bekannte Algorithmen für die Faktorisierung natürlicher Zahlen

Management Summary: Der beste Algorithmus zur Faktorisierung zeigt starke Ähnlichkeit zum besten Algorithmus für die Berechnung diskreter Logarithmen in Gruppen primer Ordnung. Es scheint, dass die neuen Angriffe nicht dabei helfen, einen der beiden Algorithmen zu verbessern.

Der beste Algorithmus für die Berechnung der Primfaktorzerlegung einer ganzen Zahl, das sogenannte Zahlkörpersieb, ist dem besten Algorithmus für die Berechnung diskreter Logarithmen in $\mathbb{F}_p$ aus Abschnitt 12.2.2 sehr ähnlich. Sehr viel weniger ähnelt er dem Algorithmus für $\mathbb{F}_{q^n}$ aus Kapitel 12.3.

Kurz gesagt beruhen alle bekannten, komplexen Algorithmen, die RSA-Moduli $n = pq$ für p, q prim faktorisieren, auf derselben simplen, grundlegenden Idee. Unser Ziel ist es, $x, y \in \mathbb{Z}/n\mathbb{Z}$ zu konstruieren so dass

$$x^2 \equiv y^2 \bmod n \text{ und } x \not\equiv \pm y \bmod n.$$

Dies liefert sofort die Faktorisierung von n, da n wegen der ersten Eigenschaft das Produkt $x^2 - y^2 = (x+y)(x-y)$ teilt, aber wegen der zweiten Eigenschaft teilt n weder $x + y$ noch $x - y$. Damit teilt ein Primfaktor von n den Term $x + y$, während der andere $x - y$ teilen muss. Das bedeutet umgekehrt, dass $\gcd(x \pm y, n) = \{p, q\}$.

Die Faktorisierungsalgorithmen unterscheiden sich nur in der Art, in der die x, y berechnet werden. Die Absicht ist, x, y mit $x^2 \equiv y^2 \mod n$ in einer „unabhängigen" Art und Weise zu berechnen. Falls diese Unabhängigkeit gegeben ist, ist es einfach zu zeigen, dass $x \not\equiv \pm y \mod n$ mit Wahrscheinlichkeit $\frac{1}{2}$ gilt, da nach dem Chinesischen Restsatz jedes Quadrat in $\mathbb{Z}/n\mathbb{Z}$ 4 Quadratwurzel besitzt – zwei verschiedene Wurzeln modulo p und zwei verschiedene Wurzeln modulo q.

12.4.1 Das Zahlkörpersieb zur Faktorisierung (GNFS)[2]

Sei $n \in \mathbb{N}$ die ganze Zahl, die wir faktorisieren wollen. Der Zahlkörpersieb-Algorithmus startet damit, zwei Polynome f, g zu konstruieren, die eine gemeinsame Nullstelle m modulo N teilen. Üblicherweise wird das gemacht, indem man $g(X) = X - m \mod n$ definiert und ein Polynom $f(X)$ kleinen Grades konstruiert mit $f(m) \equiv 0 \mod n$ (z.B. durch Erweitern von n zur Basis m wie in Abschnitt 12.2.2).

Da f und g verschieden sind, definieren sie verschiedene Ringe $\mathbb{Z}[X]/f(X)$ und $\mathbb{Z}[X]/g(X)$. Da aber f und g die gleiche Nullstelle m modulo n teilen, sind beide Ringe isomorph zu $\mathbb{Z}/n\mathbb{Z}$; und dieser Isomorphismus kann explizit berechnet werden durch Mappen von $X \mapsto m$. Dies wird im kommutativen Diagramm in Abb. 12.3 illustriert.

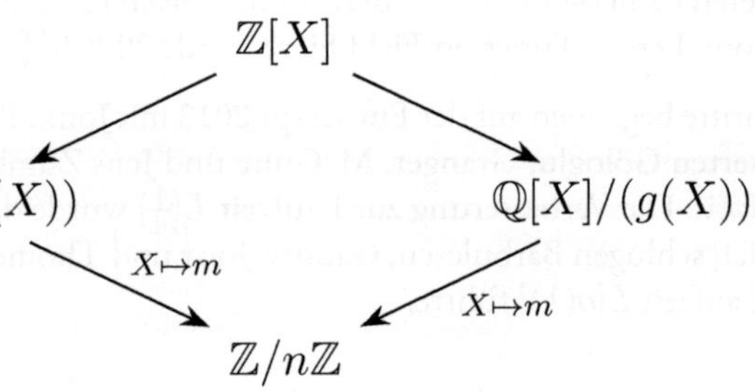

Abb. 12.3: Isomorph zu $\mathbb{Z}/n\mathbb{Z}$ als kommutatives Diagramm

Faktor base: Besteht aus primen Elementen mit kleiner Norm aus beiden Zahlkörpern.

Relationen finden: Wir suchen nach Argumenten $\tilde{x}$, so dass sich gleichzeitig $\pi_f := f(\tilde{x})$ in $\mathbb{Q}[X]/(f(X))$ und $\pi_g := g(\tilde{x})$ in $\mathbb{Q}[X]/(g(X))$ in die Faktorbasis-Elemente teilen lassen. Solche Elemente werden Relationen genannt.

Lineare Algebra: Mithilfe linearer Algebra suchen wir ein Produkt der Elemente π_f, das ein Quadrat ist und dessen korrespondierendes Produkt der π_g ebenfalls ein Quadrat ist. Bilden wir diese Elemente mit unserem Homomorphismus $X \mapsto m$ auf $\mathbb{Z}/n\mathbb{Z}$ ab, so erhalten wir Elemente $x^2, y^2 \in \mathbb{Z}/n\mathbb{Z}$, so dass $x^2 \equiv y^2 \mod n$. Berechnen wir erst die Quadratwurzeln von π_f und π_g in deren entsprechenden Zahlkörpern, ohne vorher den Homomorphismus anzuwenden, so erhalten wir wie gewünscht $x, y \in \mathbb{Z}/n\mathbb{Z}$ mit $x^2 \equiv y^2 \mod N$. Die Unabhängigkeit von x, y leitet sich ab aus den verschiedenen Repräsentationen in beiden Zahlkörpern.

Laufzeit: Der obige Algorithmus ist bis auf manche Details – z.B. die Quadratwurzelberechnung im Zahlkörper – identisch zum Algorithmus aus Abschnitt 12.2.2 und besitzt die gleiche Laufzeit $L[\frac{1}{3}, (\frac{64}{9})^{1/3}]$.

[2] Mit Zahlkörpersieb (Number Field Sieve) ist hier immer das **Allgemeine** Zahlkörpersieb (GNFS) gemeint. Im Gegensatz zu Abschnitt 12.2.2 auf Seite 723 unterscheidet man bei der Faktorisierung zwischen einem „Special" und „General" Number Field Sieve.

12.4.2 Die Verbindung zum Index-Calculus-Algorithmus in $\mathbb{F}_p$

Erstens wissen wir, dass die Berechnung diskreter Logarithmen in Gruppen $\mathbb{Z}/n\mathbb{Z}$ mit zusammengesetzter Ordnung mindestens so hart ist wie das Faktorisieren von $n = pq$. Das bedeutet umgekehrt, dass jeder Algorithmus, der diskrete Logarithmen in $\mathbb{Z}/n\mathbb{Z}$ berechnet, im Prinzip die Faktorisierung von n berechnet:

$$\text{Dlogs in } \mathbb{Z}/n\mathbb{Z} \Rightarrow \text{Faktorisierung von } n.$$

Lasst uns kurz die Idee dieser Faktorisierung beschreiben. Wir berechnen die Ordnung $k = \text{ord}(a)$ für ein beliebiges $a \in \mathbb{Z}/n\mathbb{Z}$ durch unseren Dlog-Algorithmus, d.h. wir berechnen die kleinste positive Ganzzahl k, s.d. $a^k \equiv 1 \bmod n$. Ist k gerade, dann ist $a^{\frac{k}{2}} \not\equiv 1$ eine Quadratwurzel von 1. Wir haben $a^{\frac{k}{2}} \not\equiv -1$ mit einer Wahrscheinlichkeit von mindestens $\frac{1}{2}$, da die 1 genau 4 Quadratwurzeln modulo n besitzt. Setze $x \equiv a^{\frac{k}{2}} \bmod n$ und $y = 1$. Dann erhalten wir $x^2 \equiv 1 \equiv y^2 \bmod n$ und $x \not\equiv \pm y \bmod n$. Laut der Diskussion am Beginn des Kapitels erlaubt uns das, n zu faktorisieren.

Zweitens wissen wir außerdem, dass beide Probleme, das Faktorisieren und das Berechnen diskreter Logarithmen in $\mathbb{F}_p$, zusammen mindestens so hart sind wie das Berechnen diskreter Logarithmen in $\mathbb{Z}/n\mathbb{Z}$. Kurz gesagt:

$$\text{Faktorisierung + Dlogs in } \mathbb{F}_p \Rightarrow \text{Dlogs in } \mathbb{Z}/n\mathbb{Z}.$$

Diese Tatsache kann einfach gesehen werden, indem man bemerkt, dass Faktorisierung und Dlogs in $\mathbb{F}_p$ zusammen direkt eine effiziente Version des Silver-Pohlig-Hellman-Algorithmus aus Abschnitt 12.1 geben. Erst faktorisieren wir die Gruppenordnung n in die Primzahlpotenzen $p_i^{e_i}$ und berechnen dann den diskreten Logarithmus in $\mathbb{F}_{p_i}$ für jedes i. Genau wie im Silver-Pohlig-Hellman-Algorithmus heben wir die Lösung modulo $p_i^{e_i}$ und kombinieren diese gehobenen Lösungen mittels Chinesischem Restsatz.

Wir möchten betonen, dass diese zwei bekannten Relationen nicht viel darüber aussagen, ob es eine Reduktion

$$\text{Faktorisierung} \Rightarrow \text{Dlog in } \mathbb{F}_p \qquad \text{oder} \qquad \text{Dlog in } \mathbb{F}_p \Rightarrow \text{Faktorisierung.}$$

gibt. Beide Richtungen sind ein lang bekanntes offenes Problem in der Kryptografie. Merke jedoch, dass die besten Algorithmen für Faktorisierung und Dlog in $\mathbb{F}_p$ aus den Abschnitten 12.2.2 und 12.4.1 bemerkenswert ähnlich sind. Außerdem bedeutete ein Fortschritt bei einem Problem historisch immer auch Fortschritt beim anderen. Obwohl wir keinen formellen Beweis haben, dürfte es fair sein zu sagen, dass beide Probleme aus algorithmischer Sicht eng verknüpft zu sein scheinen.

12.4.3 Integer-Faktorisierung in der Praxis

Gegeben den aktuellen Stand der Technik der akademischen Forschung über Integer-Faktorisierung stellen selbst RSA-Moduli moderater – aber sorgfältig gewählter – Größe einen angemessenen Grad an Sicherheit gegen offene kryptoanalytische Anstrengungen der Community dar. Die größte RSA-Challenge, die 2009 durch öffentliche Anstrengungen faktorisiert wurde, hatte lediglich 768 bit [30] und erforderte ein Äquivalent von etwa 2000 Jahren Berechnung auf einem einzelnen 2 GHz-Kern (die aktuellen Rekorde finden Sie in der Tabelle 5.12 auf Seite 315). Ein Angriff auf ein 1024-bit RSA-Modul ist etwa tausendmal härter. Ein solcher Aufwand sollte für akademische Anstrengungen für mehrere weitere Jahre außer Reichweite sein. Eine Verdopplung der Größe zu 2048-bit Moduli erhöht den rechnerischen Aufwand um einen weiteren Faktor von 10^9. Ohne substantielle neue, mathematische oder algorithmische Erkenntnisse muss 2048-bit RSA für mindestens zwei weitere Jahrzehnte (ab 2013) als außer Reichweite betrachtet werden.

12.4.4 Schlüsselgröße versus Sicherheit für Dlog in $\mathbb{F}_p$ und Faktorisierung

Die Laufzeit des besten Algorithmus für ein Problem definiert den Sicherheitslevel eines Kryptosystems. Z. B. brauchen wir für 80-bit Sicherheit, dass der beste Algorithmus mindestens 2^{80} Schritte benötigt.

Wie wir bereits anmerkten, ist die beste Laufzeit für diskrete Logarithmen in $\mathbb{F}_p$ und für Faktorisierung $L[\frac{1}{3}, (\frac{64}{9})^{1/3}]$. Der akkurateste Weg, diese Formel zu nutzen, ist in der Tat, die Laufzeit für eine große reale Faktorisierung/Dlog-Berechnung zu messen und dann große Werte zu extrapolieren. Angenommen wir wissen, dass es Zeit T brauchte, eine Zahl n_1 zu faktorisieren. Dann extrapolieren wir die Laufzeit für ein $n_2 > n_1$ mit der Formel

$$T \cdot \frac{L_{n_1}[\frac{1}{3}, (\frac{64}{9})^{1/3}]}{L_{n_2}[\frac{1}{3}, (\frac{64}{9})^{1/3}]}.$$

Somit nutzen wir die L-Formel, um den relativen Faktor abzuschätzen, den wir zusätzlich aufwenden müssen. Merke, dass dies die Sicherheit (geringfügig) überschätzt, da die L-Formel asymptotisch ist und somit im Zähler akkurater ist als im Nenner – der Nenner sollte einen größeren Fehler-Term beinhalten. Somit erhält man in der Praxis eine (nur geringfügig) kleinere Sicherheit als von der Formel vorhergesagt.

Wir berechneten die Formel für mehrere Bitgrößen einer RSA-Zahl n, beziehungsweise eine Dlog Primzahl p, in Tabelle 12.2. Man erinnere sich von Abschnitt 12.4.1, dass die Laufzeit des Number-Field-Sieve-Algorithmus für Faktorisierung tatsächlich eine Funktion in n und nicht in den Primfaktoren von n ist.

Wir beginnen mit RSA-768, das 2009 erfolgreich faktorisiert wurde [30]. Um die Anzahl der Instruktionen für die Faktorisierung von RSA-768 zu zählen, muss man definieren, was eine *Instruktionseinheit* (instruction unit) ist. In der Kryptografie ist es ein bewährtes Verfahren, die Zeit für die Berechnung von DES als Maßeinheit zu definieren, um eine Vergleichbarkeit von Sicherheitsleveln zwischen Secret- und Public-Key-Primitiven zu erhalten. Dann bietet DES nach Definition dieser Maßeinheit 56-bit Sicherheit gegen Brute-force-Schlüsselangriffe.

In Bezug auf diese Maßeinheit benötigt die Faktorisierung von RSA-768 $T = 2^{67}$ Instruktionen. Von diesem Startpunkt aus extrapolierten wir das Sicherheitslevel für größere Bitgrößen in Tabelle 12.2.

Wir erhöhten nacheinander die Bitgröße um 128 bis zu 2048 bit. Wir sehen, dass dies zu Beginn zu einem Anstieg der Sicherheit um etwa 5 bit pro 128-bit Schritt führt, während wir gegen Ende nur einen Anstieg von etwa 3 bit pro 128-bit Schritt haben.

Nach Moores Gesetz verdoppelt sich die Geschwindigkeit von Computern alle 1,5 Jahre. Damit haben wir nach $5 \cdot 1{,}5 = 7{,}5$ Jahren einen Anstieg von 2^5, was bedeutet, dass wir derzeit alle 7,5 Jahre unsere Bitgröße um etwa 128 bit erhöhen sollten; und wenn wir uns den 2000 bit nähern, sollten die Intervalle unserer Erhöhung in 128-bit Schritten nicht länger sein als 4,5 Jahre. Für vorsichtigere Wahlen, die außerdem einen gewissen algorithmischen Fortschritt voraussetzt statt nur einen Anstieg in der Geschwindigkeit von Computern, siehe die Empfehlungen in Kapitel 12.7.

Referenzen und weiterführende Literatur: Eine Einleitung zu mehreren Faktorisierungsalgorithmen inklusive des Quadratic Sieve – dem Vorgänger des Zahlkörpersiebs – findet sich in Mays Skript zur Zahlentheorie [3]. Wir empfehlen Blömers Skript zur Algorithmischen Zahlentheorie [31] als Einleitung zum Zahlkörpersieb.

Die Entwicklung des Zahlkörpersiebs wird beschrieben im Lehrbuch von Lenstra und Lenstra [16], das alle Originalarbeiten beinhaltet. Die Relation von diskreten Logarithmen und Faktorisierung wurde diskutiert von Bach [32]. Details zum aktuellen Faktorisierungsrekord für RSA-768 kann man in [30] finden.

Bitlänge	Sicherheit
768	67,0
896	72,4
1024	77,3
1152	81,8
1280	86,1
1408	90,1
1536	93,9
1664	97,5
1792	100,9
1920	104,2
2048	107,4

Tab. 12.2: Bitlänge von n bei RSA versus Sicherheitslevel

12.5 Beste bekannte Algorithmen für elliptische Kurven E

Management Summary: Elliptische Kurven sind die zweite Standardgruppe für das diskrete Logarithmus-Problem. Die neuen Angriffe betreffen diese Gruppen nicht, und ihre Sicherheit bleibt unverändert.

Wir möchten elliptische Kurven $E[p^n]$ über endlichen Erweiterungskörpern $\mathbb{F}_{p^n}$ und elliptische Kurven $E[p]$ über Primkörpern $\mathbb{F}_p$ diskutieren. Die letzteren werden üblicherweise für kryptografische Zwecke verwendet. Der Grund, aus dem wir auch die ersteren diskutieren, ist – ähnlich wie in den vorigen Abschnitten – dass wir auch die Schwächen von Erweiterungskörpern $\mathbb{F}_{p^n}$ gegenüber Primkörpern $\mathbb{F}_p$ illustrieren wollen. Wir möchten jedoch darauf hinweisen, dass wir im Folgenden – im Gegensatz zu den vorigen Abschnitten – annehmen, dass n fest ist. Das liegt daran, dass anders als im Algorithmus von Joux et al die Algorithmen für $E[p^n]$ Komplexitäten besitzen, die exponentiell von n abhängen.

Wir präsentieren zwei verschiedene Ansätze für elliptische Kurven über Erweiterungskörpern: zum einen die von Gaundry, Hess und Smart (GHS) vorgestellten Cover- (oder Weil-Descent-)Angriffe, und zum zweiten die von Semaev and Gaudry vorgeschlagenen Dekompositionsangriffe. In manchen Fällen ist es möglich, die beiden Ansätze zu einem noch effizienteren Algorithmus zu kombinieren, wie von Joux und Vitse gezeigt wurde [33].

12.5.1 Der GHS-Ansatz für elliptische Kurven $E[p^n]$

Dieser von Gaudry, Hess und Smart vorgestellte Ansatz zielt darauf ab, das diskrete Logarithmus-Problem von einer über einem Erweiterungskörper $\mathbb{F}_{p^n}$ definierten elliptischen Kurve E zu einer über einem kleineren Körper, z.B. $\mathbb{F}_p$, definierten Kurve mit höherem Geschlecht zu transportieren. Dies kann erreicht werden durch das Finden einer Kurve H über $\mathbb{F}_p$ zusammen mit einem surjektiven Morphismus von H nach E. In diesem Kontext sagen wir, H ist eine Überdeckung von E. Sobald wir eine solche Kurve H gefunden haben, ist es möglich, die sogenannte coNorm-Technik anzuwenden, um das diskrete Logarithmus-Problem auf E

auf ein diskretes Logarithmus-Problem auf der Jacobischen von H zurückzuführen. Falls das Geschlecht g der Zielkurve nicht zu groß ist, kann dies zu einem effizienten Algorithmus für diskrete Logarithmen führen. Dies verwendet die Tatsache, dass es einen Index-Calculus-Algorithmus für Kurven mit hohem Geschlecht g über $\mathbb{F}_p$ gibt mit Komplexität $\max(g!\, p, p^2)$. Das wurde vorgestellt von Enge, Gaudry und Thomé [34].

Idealerweise hätte man gern, dass das Geschlecht g gleich ist zu n. Das ist im Allgemeinen jedoch nicht möglich. Die möglichen Überdeckungen für elliptische Kurven zu klassifizieren scheint eine schwierige Aufgabe zu sein.

12.5.2 Der Gaudry-Semaev-Algorithmus für elliptische Kurven $E[p^n]$

Sei $Q = \alpha P$ ein diskreter Logarithmus auf einer elliptischen Kurve $E[p^n]$. Das Ziel ist es, eine ganze Zahl $\alpha \in \mathbb{N}$ zu finden, so dass k-maliges Addieren des Punktes $P \in E[p^n]$ zu sich selbst gleich ist zu dem Punkt $Q \in E[p^n]$.

Gaudry's Diskreter-Logarithmus-Algorithmus ist vom Typ Index-Calculus. Wir umreißen kurz die grundlegenden Schritte.

Faktorbasis: Besteht aus allen Punkten (x, y) auf der elliptischen Kurve $E[p^n]$ mit $x \in \mathbb{F}_p$. Somit liegt x im Basiskörper $\mathbb{F}_p$ statt in der Erweiterung.

Relationen finden: Gegeben einen zufälligen Punkt $R = aP$ mit $a \in \mathbb{N}$, versuchen wir R als Summe von exakt n Punkten der Faktorbasis zu schreiben, wobei n der Erweiterungsgrad ist. Dies wird erzielt durch Nutzen des n-ten Semaevpolynoms f_{n+1}. Dieses Polynom ist ein symmetrisches Polynom von Grad 2^{n-2} in $n+1$ Unbekannten $x_1, ..., x_{n+1}$, welche die Tatsache kodieren, dass es Punkte mit entsprechenden Abszissen $x_1, ..., x_{n+1}$ gibt, die zu Null summieren. Die Koeffizienten von f hängen natürlich von der Kurve E ab. Das Ersetzen von x_{n+1} durch die Abszisse von R ermöglicht das Finden einer Dekomposition von R als Summe von Punkten aus der Faktorbasis, indem man eine Lösung $(x_1, \cdots, x_n)$ im Basiskörper $\mathbb{F}_p$ sucht. Um das zu tun, schreibt man f in ein multivariates System aus n Gleichungen um, indem man die Konstanten, die im Polynom auftauchen, über einer Basis von $\mathbb{F}_{p^n}$ über $\mathbb{F}_p$ zerlegt. Dieses System von n Gleichungen in n Unbekannten kann mithilfe der Berechnung einer Gröbnerbasis gelöst werden.

Individuelle Dlog-Berechnung: Um den diskreten Logarithmus von Q zu berechnen, genügt es, eine zusätzliche Relation zu finden, die ein zufälliges Multiplikatives von Q darstellt, sprich $R = aQ$ in Bezug auf die Punkte der Faktorbasis. Dies wird erreicht in genau derselben Weise wie die Erzeugung von Relationen im vorigen Schritt.

Laufzeit: Die Faktorbasis kann in Zeit $\mathcal{O}(p)$ berechnet werden. Jedes R kann geschrieben werden als Summe von n Faktorbasis-Elementen, d. h. es liefert eine Relation mit einer Wahrscheinlichkeit, die exponentiell klein ist in n (aber unabhängig von p). Falls es eine Lösung liefert, ist die Laufzeit für die Berechnung einer Gröbnerbasis ebenfalls exponentiell in n (aber polynomiell in $\log p$). Insgesamt benötigen wir ungefähr p Relationen, die berechnet werden können in einer Zeit, die linear in p und exponentiell in n ist. Da wir annehmen, dass n fest ist, müssen wir uns nicht um das schlechte Verhalten in n kümmern. Der Schritt mit Linearer Algebra auf einer $(p \times p)$-Matrix kann in $\mathcal{O}(p^2)$ durchgeführt werden, da die Matrix dünn besetzt ist – jede Zeile enthält genau n Einträge, die nicht Null sind. Mithilfe zusätzlicher Tricks erzielt man eine Laufzeit von $\mathcal{O}(p^{2-\frac{2}{n}})$ für Gaudry's Algorithmus.

Dies sollte verglichen werden mit der generischen Schranke von $\mathcal{O}(p^{\frac{n}{2}})$, die wir erreichen, wenn wir den Pollard-Rho-Algorithmus aus Kapitel 12.1 verwenden. Ähnlich wie in Kapitel 12.3 scheint sich fast die ganze

Komplexität des Problems in der Größe des Basiskörpers p zu konzentrieren, und nicht im Erweiterungsgrad n. Bemerke, dass in Kapitel 12.3 Gaudry's Algorithmus exponentiell ist in $\log p$.

12.5.3 Beste bekannte Algorithmen für elliptische Kurven $E[p]$ über Primkörpern

Generisches Lösen diskreter Logarithmen: Allgemein ist der beste uns bekannte Algorithmus für beliebige elliptische Kurven $E[p]$ die Pollard-Rho-Methode mit einer Laufzeit von $\mathcal{O}(\sqrt{p})$. Für den Moment scheint niemand zu wissen, wie man die Struktur einer Gruppe elliptischer Kurven oder seiner Elemente ausnutzt, um die generische Schranke zu verbessern.

Wir möchten außerdem betonen, dass *zufällige* elliptische Kurven, d.h. deren Parameter a, b aus der definierenden Weierstrassgleichung $y^2 \equiv x^3 + ax + b \bmod p$ zufällig gleichverteilt gewählt werden, zu den harten Instanzen gehören. Um elliptische Kurven noch härter zu machen, wählt man für die Standardisierung nur solche Kurven, die (nahezu) Primordnung haben. Das bedeutet, dass der Co-Faktor der größten Primzahl in der Gruppenordnung üblicherweise 1 ist, so dass die Nutzung des Silver-Pohlig-Hellman-Algorithmus nichts nützt.

Einbetten von $E[p]$ in $\mathbb{F}_{p^k}$: Es ist bekannt, dass im Allgemeinen elliptische Kurven $E[p]$ in einen endlichen Körper $\mathbb{F}_{p^k}$ eingebettet werden können, wobei k der sogenannte *Grad der Einbettung* ist. In $\mathbb{F}_{p^k}$ könnten wir das Zahlkörpersieb für die Berechnung diskreter Logarithmen verwenden. Damit wäre solch eine Einbettung attraktiv, wenn $L_{p^k}[\frac{1}{3}]$ kleiner ist als $\sqrt{p}$, was nur der Fall ist, wenn der Grad der Einbettung k sehr klein ist. Allerdings ist für fast alle elliptischen Kurven der Grad der Einbettung bekannterweise groß, nämlich vergleichbar zu p selbst.

Manche Konstruktionen in der Kryptografie, z.B. solche, die bilineare Paarungen (bilinear pairings) verwenden, nutzen die Vorteile eines kleinen Einbettungsgrades aus. Damit werden in diesen Verfahren elliptische Kurven explizit mit kleinem Einbettungsgrad gewählt, z.B. $k = 6$, was die Härte des diskreten Logarithmus-Problems auf $E[p]$ und in $\mathbb{F}_p^k$ ausbalanciert.

Der Xedni-Calculus-Algorithmus: In 2000 veröffentlichte Silverman den *Xedni-Calculus-Algorithmus* (man lese Xedni rückwärts), der die Gruppenstruktur von $E[p]$ für die Berechnung diskreter Logarithmen verwendet, und der somit der einzige bekannte nicht-generische Algorithmus ist, der direkt auf $E[p]$ arbeitet. Allerdings wurde kurz nach seiner Veröffentlichung entdeckt, dass der sogenannte Hebungsprozess in Silvermans Algorithmus nur mit vernachlässigbarer Wahrscheinlichkeit erfolgreich einen diskreten Logarithmus berechnet.

12.5.4 Schlüsselgröße versus Sicherheit für elliptische Kurven $E[p]$

Ähnlich wie in der Diskussion in Abschnitt 12.4.4 über Schlüsselgrößen für Dlog in $\mathbb{F}_p$ und für Faktorisierung, möchten wir evaluieren, wie die Schlüsselgrößen für elliptische Kurven $E[p]$ angepasst werden müssen, um vor einem Anstieg der Computergeschwindigkeit zu schützen. Für elliptische Kurven ist eine solche Analyse vergleichsweise simpel. Der beste Algorithmus für Dlog in $E[p]$, den wir kennen, ist die Pollard-Rho-Methode mit der Laufzeit

$$L_p[1, \frac{1}{2}] = \sqrt{p} = 2^{\frac{\log p}{2}}.$$

Das bedeutet, dass wir für ein Sicherheitslevel von k bit eine Primzahl p mit $2k$ bit wählen müssen. Mit anderen Worten bewirkt das Erhöhen der Bitgröße unserer Gruppe um 2 bit eine Erhöhung der Sicherheit um 1 Bit. Nach Moores Gesetz verlieren wir alle 1,5 Jahre 1 bit an Sicherheit nur durch den Anstieg der Computergeschwindigkeit. Um diesem Verlust über 10 Jahre vorzubeugen, sollte es somit ausreichen, die

Gruppengröße um $10/1{,}5 \cdot 2 = 7 \cdot 2 = 14$ bit zu erhöhen. Bemerke, dass dieser Anstieg im Gegensatz zum Fall von Dlog in $\mathbb{F}_p$ und der Faktorisierung in Abschnitt 12.4.4 linear ist und unabhängig vom Startpunkt. Das bedeutet, dass ein Anstieg von 28 Bit ausreicht, um der technologischen Beschleunigung über 20 Jahre vorzubeugen.

Natürlich gilt diese Analyse nur, wenn wir keinen großen Durchbruch in der Computertechnologie oder den Algorithmen erleben. Für eine konservativere Wahl siehe den Hinweis in Kapitel 12.7.

12.5.5 Wie man sichere Parameter für elliptische Kurven wählt

Eine umfangreiche Beschreibung, wie man die Domain-Parameter für elliptische Kurven über endlichen Körpern wählt, kann man in dem RFC 5639 „ECC Brainpool Standard Curves and Curve Generation“ von Manfred Lochter und Johannes Merkle [35, 36] finden. Dieser RFC definiert einen öffentlich verifizierbaren Weg, pseudozufällige Parameter für die Parameter elliptischer Kurven zu wählen, und schließt damit eine Hauptquelle für das Einfügen einer Trapdoor in die Gruppendefinition aus. Die Autoren besprechen alle *bekannten* Eigenschaften einer Kurve $E[p]$, die ihre Sicherheit potenziell schwächen könnten:

- **Ein kleiner Einbettungsgrad** für die Einbettung in einen endlichen Körper. Dies würde die Nutzung effizienterer Algorithmen für endliche Körper erlauben. Insbesondere schließt diese Voraussetzung supersinguläre Kurven der Ordnung $p + 1$ aus.
- **Kurven mit Spur 1** mit der Ordnung $|E[p]| = p$. Diese Kurven sind bekannterweise schwach durch die Algorithmen für diskrete Logarithmen von Satoh-Araki [37], Semaev [38] und Smart [39].
- **Eine große Klassenzahl**. Dies schließt aus, dass $E[p]$ effizient zu einer über einen algebraischen Zahlkörper definierten Kurve gehoben werden kann. Diese Voraussetzung ist recht konservativ, da derzeit sogar für kleine Klassenzahlen kein effizienter Angriff bekannt ist.

Außerdem bestehen die Autoren auf folgenden nützlichen Eigenschaften.

- **Primzahlordnung**. Dies schließt einfach Untergruppenangriffe aus.
- **Verifizierbare Pseudozufallszahlengeneration**. Die Seeds für einen Pseudozufallsgenerator werden in einer systematischen Art nach Lochter und Merkle gewählt, die in ihrer Konstruktion die ersten 7 Substrings mit Länge 160 Bit der fundamentalen Konstante $\pi = 3{,}141\ldots$ verwenden.

Zusätzlich spezifizieren Lochter und Merkle mehrere Kurven für p's mit Bitlängen zwischen 160 und 512. Für TLS/SSL gibt es außerdem ein neues Set von vorgeschlagenen Brainpool-Kurven [40].

Die Arbeit von Bos, Costello, Longa und Naehrig [41] gibt eine wertvolle Einleitung für Anwender dazu, wie man Parameter für elliptische Kurven wählt, die sicher sind und eine effiziente Implementierung in mehreren Koordinatensystemen (Weierstrass, Edwards, Montgomery) erlauben. Zusätzlich konzentrieren sich Bos et al auf Seitenkanalabwehr gegen Timing-Angriffe durch das Vorschlagen skalarer Multiplikationen in konstanter Zeit.

Wir empfehlen sehr das SafeCurve-Projekt von Daniel Bernstein und Tanja Lange [42], das einen exzellenten Überblick für verschiedene Auswahlmethoden und deren Vor- und Nachteile zur Verfügung stellt. Das Ziel von Bernstein und Lange ist es, Sicherheit für die Kryptografie mit elliptischen Kurven (ECC) zu liefern – und nicht nur höhere Widerstandsfähigkeit elliptischer Kurven gegenüber Angriffen auf diskrete Logarithmen. Deshalb berücksichtigen sie verschiedene Typen von Seitenkanälen, die Geheimnisse in einer Implementierung durchsickern lassen könnten.

Referenzen und weiterführende Literatur: Für eine Einleitung zur Mathematik elliptischer Kurven und deren kryptografische Anwendungen beziehen wir uns auf die Lehrbücher von Washington [43], Galbraith [6] und Silverman [44].

Dieser Abschnitt beschrieb die Ergebnisse der Originalarbeiten von Gaudry, Hess und Smart [45], Gaudry [46], Semaev [47] und den Xedni-Algorithmus von Silverman [44].

12.6 Die Möglichkeit des Einbettens von Falltüren in kryptografische Schlüssel

Management Summary: Alle Kryptografie scheint die Möglichkeit zu bieten, Falltüren einzubetten. Dlog-Verfahren haben einen gewissen Vorteil gegenüber Faktorisierungs-basierten Verfahren in dem Sinne, dass sorgfältig gewählte systemweite Parameter *alle* Nutzer beschützen.

Die Möglichkeit des Einbettens von Falltüren in kryptografische Verfahren und damit des Entschlüsselns/-Signierens/Authentifizierens ohne die Nutzung eines geheimen Schlüssels ist ein lange bekanntes Problem, das intensiv in der kryptografischen Gemeinschaft diskutiert wurde – z. B. bei der Podiumsdiskussion der Eurocrypt 1990. Allerdings hat die weitgestreute Nutzung von Falltüren der NSA, die von Edward Snowden aufgedeckt wurde, das Interesse an diesem Thema erneuert.

Es scheint, dass manche Verfahren per Konstruktion wesentlich anfälliger sind als andere. Für auf diskreten Logarithmen basierten Verfahren ist z. B. die Definition der Gruppenparameter ein systemweiter Parameter, der von jedem Nutzer im System verwendet wird. Damit kann ein Beteiligter, der in der Lage ist, die Definition einer Gruppe so zu manipulieren, dass er diskrete Logarithmen in dieser Gruppe effizient berechnen kann, *jegliche* Kommunikation entschlüsseln. Auf der anderen Seite bietet eine sorgfältig definierte sichere Gruppe Sicherheit für *alle* Anwender.

Derzeit gibt es einige Spekulationen darüber, ob die NSA das amerikanische Institut für Standards und Technologie NIST dahingehend beeinflusst hat, bestimmte elliptische Kurven zu standardisieren. Aber die Definition einer Gruppe ist nicht der einzige Weg, Falltüren einzubetten. Alle bekannten kryptografischen Verfahren hängen grundsätzlich von einer guten Quelle (pseudo-)zufälliger Bits ab. Es ist bekannt, dass die sogenannte semantische Sicherheit von Verschlüsselungsverfahren nicht ohne Zufälligkeit erreicht werden kann, und angenommen wird, dass jeder kryptografische, geheime Schlüssel zufällig gewählt wird. Damit öffnet ein schwacher Pseudozufallsgenerator die Tür, um Kryptografie zu umgehen. Solch ein schwacher Pseudozufallsgenerator wurde vom NIST standardisiert als Special Publication 800-90, obwohl es Warnungen von der kryptografischen Gemeinschaft gab.

Für auf Faktorisierung basierende Verfahren ist die Situation etwas anders als bei solchen, die auf diskreten Logarithmen basieren. Im Gegensatz zu auf diskreten Logarithmen basierenden Verfahren gibt es keine systemweiten Parameter, die eine Gruppe definieren. Dennoch gibt es bekannte Wege, um z. B. Informationen über die Faktorisierung des RSA-Moduls N in den öffentlichen RSA-Exponenten e einzubetten. Außerdem zeigen neuere Angriffe auf die Infrastrukturen der öffentlichen RSA-Schlüssel [48, 49], dass es ein schwieriges Problem zu sein scheint, öffentliche RSA-Schlüssel mit verschiedenen Primzahlen in der Öffentlichkeit zu generieren, hauptsächlich wegen schlechter Initialisierungen von Pseudozufallsgeneratoren. Dies betrifft natürlich nur schlecht gewählte Schlüssel von einzelnen anstatt von allen Anwendern eines kryptografischen Verfahrens.

Empfehlung: Dlog-basierte Verfahren scheinen aus der Sicht eines Krypto-Designers einfacher zu kontrollieren zu sein, da hier alle Anwender die gleichen systemweiten Parameter nehmen müssen.

Wir diskutieren an dieser Stelle nicht die Möglichkeit von Malware – welche jeglichen kryptografischen Versuch des Schutzes hinfällig machen könnte – oder wie man sich dagegen schützt. Aber wir möchten folgende (einigermaßen triviale) Warnung betonen, die sich auf einen bedeutenden Punkt in der Praxis bezieht.

Warnung: Kryptografie kann Daten nur beschützen, wenn sie korrekt implementiert ist und ihr immanentes Geheimnis nicht preisgibt. Somit müssen wir zusätzlich zur mathematischen Härte des zugrunde liegenden Problems auch dem Implementierer des kryptografischen Verfahrens vertrauen. Dieses Vertrauen beinhaltet nicht nur, dass das Verfahren so implementiert ist wie es ursprünglich designed wurde – ohne das Einbetten einer Falltür – sondern auch, dass der Implementierer einer dritten Partei nicht die generierten geheimen Schlüssel offenlegt.

Es scheint, dass in der NSA-Affäre manche Firmen gezwungen wurden, geheime Schlüssel zu offenbaren. Somit sollte man bedenken, dass man kryptografische Verfahren von einer völlig verlässlichen Firma kaufen muss, die nicht kompromittiert wurde.

Referenzen und weiterführende Literatur: Für eine nette Diskussion, wie man unaufspürbare Falltüren in verschiedene kryptografische Verfahren einbettet, siehe die Originalarbeiten von Young und Yung [50, 51]. Siehe [48] für einen aktuellen Angriff auf eine signifikant große Menge von RSA-Schlüsseln in der Praxis infolge schlechter Pseudozufallsgeneration.

12.7 Abschluss: Vorschlag für die kryptografische Infrastruktur

Management Summary: Trotz der aktuellen Dlog-Angriffe bleiben auf diskreten Logarithmen basierende Verfahren über *Gruppen primer Ordnung* und über *Gruppen über elliptischen Kurven* weiterhin sicher. Das Gleiche gilt für auf Faktorisierung basierende Verfahren. Alle Dlog-basierten Gruppen mit kleiner Charakteristik sind komplett unsicher. Unsere Empfehlung ist die Wahl von Gruppen über elliptischen Kurven.

12.7.1 Empfehlung für die Wahl des Verfahrens

Wie wir in den vorangegangenen Abschnitten dieses Kapitels sahen, bleiben Dlog-basierte Verfahren über $\mathbb{F}_p$ und über $E[p]$ sicher, ebenso wie Faktorisierungs-basierte Verfahren. Im Folgenden empfehlen wir Schlüsselgrößen für diese Verfahren, die ein ausreichendes Sicherheitslevel **für die nächsten zwei Jahrzehnte** liefern unter der Voraussetzung, dass kein bedeutender algorithmischer Durchbruch erzielt wird.

System	Schlüsselgröße in Bits
Dlog in $\mathbb{F}_p$	2000 bis 2019, danach 3000
Faktorisierung	2000 bis 2019, danach 3000
Dlog in $E[p]$	224 bis 2015, danach 250

Tab. 12.3: Sicherheitslevel 100 bit, Quelle: BSI [52],ANSSI [53]

Unsere Präferenz ist, **Gruppen über elliptischen Kurven** $E[p]$ zu verwenden, da sie die folgenden Vorteile bieten:

- Algorithmen für diskrete Logarithmen in $\mathbb{F}_p$ und Faktorisierung sind eng miteinander verbunden. Somit könnte jeglicher Fortschritt bei einem der beiden auch Fortschritt für das andere bedeuten. Es ist aber unwahrscheinlich, dass solch ein Fortschritt auch die Sicherheit von Gruppen über elliptische Kurven beeinflusst.
- Die besten Algorithmen für $E[p]$ sind solche generischen Typs aus Kapitel 12.1, die den besten Algorithmen für diskrete Logarithmen mit Primordnung und Faktorisierung mit einer Laufzeit von $L[\frac{1}{3}]$ unterlegen sind. Dies bedeutet umgekehrt, dass das Schlüsselwachstum, welches den technologischen Fortschritt schnellerer Computer kompensiert, für $E[p]$ viel kleiner ist – ungefähr 2 bit alle 1,5 Jahre laut Moores Gesetz.
- Algorithmischen Fortschritt durch die Nutzung der Gruppenstruktur von $E[p]$ zu erhalten, scheint härter zu sein als für $\mathbb{F}_p$, da wir im Gegensatz zu $\mathbb{F}_p$ nicht einmal einen initial beginnenden Index-Calculus-Algorithmus für die Gruppenstruktur haben, den wir verbessern könnten.
- Falls eine elliptische Kurve $E[p]$ sorgfältig gewählt ist, d.h. dass die Gruppe rechnerisch hart und ohne Hintertür ist, dann profitieren alle Anwender von der Härte des diskreten Logarithmus-Problems. Man merke, dass diese Wahl entscheidend ist: Falls die Gruppe nicht sicher ist, dann leiden auch alle Anwender durch ihre Unsicherheit.

Warnung: Man sollte bedenken, dass obige Empfehlungen nur in einer Welt ohne große Quantencomputer gelten. Es scheint sehr wichtig zu sein, den aktuellen Fortschritt auf diesem Gebiet zu verfolgen und innerhalb der nächsten 15 Jahre einige alternative, Quantencomputer-resistente Kryptoverfahren bereit zu haben.

Referenzen und weiterführende Literatur: Für eine gute und konservative Wahl von Schlüsselgrößen empfehlen wir, den Vorschlägen des Bundesamtes für Sicherheit in der Informationstechnik (BSI) [52] und der Agence nationale de la sécurité des systèmes d'information [53] zu folgen. Beide Quellen bieten außerdem mehrere wertvolle Empfehlungen, wie man verschiedene kryptografische Primitive korrekt implementiert und kombiniert.

12.7.2 Zukunft: Anmerkungen zum Abschluss

Seit der ersten Empfehlung im April 2014 haben sich viele Dinge geändert (es gab neue Rekorde bei dlog-endlichen Körpern und kleinere Verbesserungen des L(1/3)-Algorithmus in einigen Kontexten). Trotzdem bleibt die Gesamtaussage bestehen, dass (nur) endliche Körper mit kleiner Charakteristik nicht mehr sicher sind.

Die Empfehlungen dieses Kapitels sind weiterhin gültig. Vergleiche

- BSI: „TR-02102-1: Kryptografische Verfahren: Empfehlungen und Schlüssellängen“ in 2024 [52],
- NIST: „SP 800-186 (Final) Recommendations for Discrete Logarithm-Based Cryptography: Elliptic Curve Domain Parameters“ in 2023 [54] und
- NIST: „SP 800-56B Recommendation for Pair-Wise Key-Establishment Schemes Using Integer Factorization Cryptography“ in 2019 [55].

Fabrice Boudot et al. haben im April 2022 in „IEEE Security & Privacy“ den sehr guten Artikel „The State of the Art in Integer Factoring and Breaking Public-Key Cryptography“ veröffentlicht. Sie bewerten die drei zahlentheoretischen Probleme ganzzahlige Faktorisierung, diskrete Logarithmen in endlichen Körpern und diskrete Logarithmen über elliptischen Kurven und kommen zu sehr ähnlichen Ergebnissen. [56]

Literatur zu Kapitel 12

[1] Thomas Ptacek u. a. „The Factoring Dead – Preparing for the Cryptopocalypse". In: *Black Hat Conference* (2013) (siehe S. 717)

[2] Pierre-Alain Fouque, Antoine Joux und Chrysanthi Mavromati. „Multi-user collisions: Applications to Discrete Logarithm, Even-Mansour and Prince". In: *Cryptology ePrint Archive* (2014). URL: `https://eprint.iacr.org/2013/761` (siehe S. 719, 720)

[3] Alexander May. *Vorlesungsskript Zahlentheorie*. 2013. URL: `https://www.cits.ruhr-uni-bochum.de/imperia/md/content/may/13/ss13/zahlenss13/zahlentheorie.pdf` (siehe S. 719, 724, 732)

[4] Alfred J. Menezes, Paul C. van Oorschot und Scott A. Vanstone. *Handbook of Applied Cryptography*. 5. Aufl. Series on Discrete Mathematics and Its Application. CRC Press, 2001. URL: `https://cacr.uwaterloo.ca/hac/` (siehe S. 720)

[5] Antoine Joux. *Algorithmic Cryptanalysis*. CRC Cryptography and Network Security Series. Chapman & Hall, 2009 (siehe S. 720)

[6] Steven D. Galbraith. *Mathematics of Public Key Cryptography*. Cambridge University Press, 2012 (siehe S. 720, 737)

[7] Alexander May. *Vorlesungsskript Kryptanalyse 1*. 2008. URL: `https://www.cits.ruhr-uni-bochum.de/imperia/md/content/may/pkk08/skript.pdf` (siehe S. 720)

[8] Alexander May. *Vorlesungsskript Kryptanalyse 2*. 2012. URL: `https://www.cits.ruhr-uni-bochum.de/imperia/md/content/may/12/ws1213/kryptanal12/kryptanalyse_2013.pdf` (siehe S. 720)

[9] Matthias Homeister. *Quantum Computer Science: An Introduction*. Vieweg+Teubner Verlag, 2007 (siehe S. 720)

[10] David N. Mermin. *Quantum Computing verstehen*. Cambridge University Press, 2008 (siehe S. 720)

[11] John M. Pollard. „A Monte Carlo method for factorization". In: *BIT Numerical Mathematics 15* 3 (1975), S. 331–334 (siehe S. 720)

[12] John M. Pollard. „Kangaroos, Monopoly and Discrete Logarithms". In: *J. Cryptology* 13.4 (2000), S. 437–447 (siehe S. 720)

[13] Peter W. Shor. „Algorithms for Quantum Computation: Discrete Logarithms and Factoring". In: *FOCS*. 1994, S. 124–134 (siehe S. 720)

[14] Victor Shoup. „Lower Bounds for Discrete Logarithms and Related Problems". In: *EUROCRYPT*. 1997, S. 256–266 (siehe S. 721)

[15] Müller-Stach und Piontkowski. *Elementare und Algebraische Zahlentheorie*. Vieweg Studium, 2011 (siehe S. 724)

[16] A. K. Lenstra und H. W. Jr. Lenstra. *The Development of the Number Field Sieve*. Lecture Notes in Mathematics. Springer Verlag, 1993 (siehe S. 724, 732)

[17] Leonard M. Adleman. „A Subexponential Algorithm for the Discrete Logarithm Problem with Applications to Cryptography (Abstract)". In: *FOCS*. 1979, S. 55–60 (siehe S. 724)

[18] Don Coppersmith, Andrew M. Odlyzko und Richard Schroeppel. „Discrete Logarithms in GF(p)". In: *Algorithmica* 1.1 (1986), S. 1–15. URL: `http://dx.doi.org/10.1007/BF01840433` (siehe S. 724)

[19] Carl Pomerance. „The Quadratic Sieve Factoring Algorithm". In: *Proceedings of Crypto '84, LNCS 196*. Hrsg. von G.R. Blakley und D. Chaum. Springer, 1984, S. 169–182 (siehe S. 724)

[20] Carl Pomerance. „A tale of two sieves". In: *Notices Amer. Math. Soc* 43 (1996), S. 1473–1485 (siehe S. 724)

[21] Antoine Joux. „A new index calculus algorithm with complexity L(1/4+o(1)) in very small characteristic". In: *IACR Cryptology ePrint Archive* 2013 (2013), S. 95 (siehe S. 726, 728, 729)

[22] Razvan Barbulescu u. a. „A quasi-polynomial algorithm for discrete logarithm in finite fields of small characteristic". In: *CoRR* abs/1306.4244 (2013) (siehe S. 726, 729)

[23] Antoine Joux und Reynald Lercier. „The Function Field Sieve in the Medium Prime Case". In: *EUROCRYPT*. 2006, S. 254–270 (siehe S. 728, 729)

[24] Antoine Joux. „Faster Index Calculus for the Medium Prime Case Application to 1175-bit and 1425-bit Finite Fields". In: *EUROCRYPT*. 2013, S. 177–193 (siehe S. 728, 729)

[25] Faruk Gölöglu u. a. „On the Function Field Sieve and the Impact of Higher Splitting Probabilities – Application to Discrete Logarithms". In: *CRYPTO (2)*. 2013, S. 109–128 (siehe S. 728, 729)

[26] Jens Zumbrägel. *Discrete Logarithms in* $GF(2^{9234})$. 2014. URL: https://listserv.nodak.edu/cgi-bin/wa.exe?A2=NMBRTHRY;9aa2b043.1401 (besucht am 08. 10. 2024) (siehe S. 728)

[27] Gora Adj u. a. „Computing discrete logarithms in cryptographically-interesting characteristic-three finite fields". In: *Cryptology ePrint Archive* (2016) (siehe S. 728)

[28] Robert Granger u. a. „Computation of a 30750-bit binary field discrete logarithm". In: *Mathematics of Computation* 90.332 (2020), S. 2997–3022 (siehe S. 728)

[29] Don Coppersmith. „Evaluating Logarithms in $GF(2^n)$". In: *STOC*. 1984, S. 201–207. URL: https://dl.acm.org/doi/10.1145/800057.808682 (siehe S. 729)

[30] Thorsten Kleinjung u. a. „Factorization of a 768-Bit RSA Modulus". In: *CRYPTO*. 2010, S. 333–350. URL: http://dx.doi.org/10.1007/978-3-642-14623-7_18 (siehe S. 731, 732)

[31] J. Blömer. *Vorlesungsskript Algorithmische Zahlentheorie*. 1999 (siehe S. 732)

[32] Eric Bach. *Discrete Logarithms and Factoring*. UCB/CSD-84-186. Juni 1984. URL: https://www2.eecs.berkeley.edu/Pubs/TechRpts/1984/5973.html URL2: https://www2.eecs.berkeley.edu/Pubs/TechRpts/1984/CSD-84-186.pdf (siehe S. 732)

[33] Antoine Joux und Vanessa Vitse. „Cover and Decomposition Index Calculus on Elliptic Curves made practical. Application to a seemingly secure curve over F_{p^6}". In: *IACR Cryptology ePrint Archive* 2011 (2011), S. 20 (siehe S. 733)

[34] Andreas Enge, Pierrick Gaudry und Emmanuel Thomé. „An $L(1/3)$ Discrete Logarithm Algorithm for Low Degree Curves". In: *J. Cryptology* 24.1 (2011), S. 24–41 (siehe S. 734)

[35] Manfred Lochter und Johannes Merkle. *Elliptic Curve Cryptography (ECC) Brainpool Standard Curves and Curve Generation*. RFC 5639. 2010. URL: https://datatracker.ietf.org/doc/html/rfc5639 (siehe S. 736)

[36] Manfred Lochter und Johannes Merkle. *ECC Brainpool Standard Curves and Curve Generation v. 1.0*. 2005. URL: https://www.teletrust.de/fileadmin/files/oid/oid_ECC-Brainpool-Standard-curves-V1.pdf (siehe S. 736)

[37] T. Satoh und K. Araki. „Fermat Quotients and the Polynomial Time Discrete Log Algorithm for Anomalous Elliptic Curves". In: *Commentarii Mathematici Universitatis Sancti Pauli 47* (1998) (siehe S. 736)

[38] I. Semaev. „Evaluation of Discrete Logarithms on Some Elliptic Curves". In: *Mathematics of Computation 67* (1998) (siehe S. 736)

[39] N. Smart. „The Discrete Logarithm Problem on Elliptic Curves of Trace One". In: *Journal of Cryptology 12* (1999) (siehe S. 736)

[40] Manfred Lochter und Johannes Merkle. *Elliptic Curve Cryptography (ECC) Brainpool Curves for Transport Layer Security (TLS)*. RFC 7027. 2013. URL: https://datatracker.ietf.org/doc/html/rfc7027 (siehe S. 736)

[41] Joppe W. Bos u. a. *Selecting Elliptic Curves for Cryptography: An Efficiency and Security Analysis*. 2014. URL: https://www.microsoft.com/en-us/research/wp-content/uploads/2016/02/selecting.pdf (siehe S. 736)

[42] Daniel Bernstein und Tanja Lange. *SafeCurves: choosing safe curves for elliptic-curve cryptography*. 2014. URL: https://safecurves.cr.yp.to (siehe S. 736)

[43] Lawrence C. Washington. *Elliptic Curves: Number Theory and Cryptography*. Discrete Mathematics and its Applications. Chapman und Hall/CRC, 2008 (siehe S. 737)

[44] Joseph H. Silverman. „The Xedni Calculus And The Elliptic Curve Discrete Logarithm Problem". In: *Designs, Codes and Cryptography* 20 (1999), S. 5–40 (siehe S. 737)

[45] Pierrick Gaudry, Florian Hess und Nigel P. Smart. „Constructive and Destructive Facets of Weil Descent on Elliptic Curves". In: *J. Cryptology* 15.1 (2002), S. 19–46 (siehe S. 737)

[46] Pierrick Gaudry. „Index calculus for abelian varieties of small dimension and the elliptic curve discrete logarithm problem". In: *J. Symb. Comput.* 44.12 (2009), S. 1690–1702 (siehe S. 737)

[47] Igor Semaev. „Summation polynomials and the discrete logarithm problem on elliptic curves". In: *IACR Cryptology ePrint Archive* 2004 (2004), S. 31 (siehe S. 737)

[48] Arjen K. Lenstra u. a. „Public Keys". In: *CRYPTO*. 2012, S. 626–642. URL: http://dx.doi.org/10.1007/978-3-642-32009-5_37 (siehe S. 737, 738)

[49] Nadia Heninger u. a. „Mining Your Ps and Qs: Detection of Widespread Weak Keys in Network Devices". In: *Proceedings of the 21st USENIX Security Symposium*. Aug. 2012. URL: https://factorable.net/paper.html (siehe S. 737)

[50] Adam L. Young und Moti Yung. „The Dark Side of Black-Box Cryptography, or: Should We Trust Capstone?" In: *CRYPTO*. 1996, S. 89–103 (siehe S. 738)

[51] Adam L. Young und Moti Yung. „Kleptography: Using Cryptography against Cryptography". In: *EUROCRYPT*. 1997, S. 62–74 (siehe S. 738)

[52] BSI. *Technische Richtlinie TR-02102-1, Kryptographische Verfahren: Empfehlungen und Schlüssellängen (Version 2024-01)*. Techn. Ber. 2024. URL: https://www.bsi.bund.de/SharedDocs/Downloads/DE/BSI/Publikationen/TechnischeRichtlinien/TR02102/BSI-TR-02102.pdf (siehe S. 738, 739)

[53] Agence nationale de la sécurité des systèmes d'information. *Référentiel général de sécurité Version 2.02*. 2013. URL: https://cyber.gouv.fr/le-referentiel-general-de-securite-rgs (siehe S. 738, 739)

[54] Lily Chen u. a. *Recommendations for Discrete Logarithm-based Cryptography: Elliptic Curve Domain Parameters*. Special Publication (NIST SP), National Institute of Standards und Technology, 2023. URL: https://csrc.nist.gov/publications/detail/sp/800-186/final (siehe S. 739)

[55] Elaine Barker u. a. *Recommendation for Pair-Wise Key-Establishment Schemes Using Integer Factorization Cryptography*. Special Publication (NIST SP), National Institute of Standards und Technology, 2019. URL: https://nvlpubs.nist.gov/nistpubs/SpecialPublications/NIST.SP.800-56Br2.pdf (siehe S. 739)

[56] Fabrice Boudot u. a. „The State of the Art in Integer Factoring and Breaking Public-Key Cryptography". In: *IEEE Security & Privacy* 20.2 (2022), S. 80–86. URL: https://ieeexplore.ieee.org/document/9740707 (siehe S. 739)

13 Zukünftige Kryptografie

Kryptografie ist ein Grundbaustein aller IT-Sicherheitslösungen. Aber wie lange sind die heute benutzten kryptografischen Verfahren noch sicher? Reicht diese Zeit, um zum Beispiel medizinische Daten lang genug geheim zu halten? Doch auch kurzfristig ließe sich großer Schaden anrichten, wenn bestimmte Schlüssel gebrochen würden: Etwa bei den digitalen Signaturen, welche die Authentizität von automatischen Windows-Updates sichern oder die von kritischen Geschäftsanwendungen.

Gleichzeitig antizipiert die Krypto-Community die kommenden Fortschritte und liefert Verfahren, die auch Quantencomputern widerstehen (PQC) oder die auch in der Cloud vertrauenswürdiges Rechnen ermöglichen (MPC).

Dieses Kapitel vermittelt Ihnen eine Vorstellung und ein grundlegendes Verständnis der neuen Methoden, ohne in die Mathematik einzutauchen.

13.1 Verbreitete Verfahren

In ihrer berühmten Arbeit aus dem Jahr 1978 stellten Rivest, Shamir und Adleman [1] das RSA Public-Key-Verschlüsselungs- und Signaturverfahren vor. RSA ist auch heute noch das in der Praxis meistverwendete Public-Key-System. Die Sicherheit von RSA beruht auf der Schwierigkeit, sogenannte RSA-Moduli $N = pq$ in ihre (großen) Primfaktoren p und q zu zerlegen. In ihrer Arbeit schlugen die Erfinder von RSA damals vor, für langfristige Sicherheit 200-stellige RSA-Moduli zu verwenden. Später veröffentlichte die Firma RSA Security eine Liste von RSA-Moduli wachsender Größe (RSA Challenge numbers) und setzte Preise von insgesamt 635 000 US-$ für das Faktorisieren dieser Zahlen aus (siehe Abschnitt 5.12.4 auf Seite 314 und `https://web.archive.org/web/20010805210445/http://www.rsa.com/rsalabs/challenges/factoring/numbers.html`).

Im Jahr 2005, also 27 Jahre nach der Erfindung von RSA, gelang es Bahr, Boehm, Franke und Kleinjung von der Universität Bonn bereits innerhalb von fünf Monaten, eine 200-stellige RSA-Challenge-Dezimalzahl zu faktorisieren und damit die ursprüngliche Empfehlung langfristiger Sicherheit zu brechen (siehe Abschnitt 5.12.4 auf Seite 317 und `http://www.mat.uniroma2.it/~eal/rsa640.txt`). Dies belegt anschaulich die Fortschritte bei der Faktorisierung von RSA-Moduli in den 30 Jahren seit Erfindung des RSA-Verfahrens. Die Fortschritte beruhen sowohl auf bahnbrechenden mathematischen Ideen, z. B. der Entwicklung des

Zahlkörpersiebs durch John Pollard, als auch auf bedeutenden Fortschritten in der Computer- und Implementierungstechnik.[1]

Lenstra und Verheul [2] entwickelten 2000 eine Interpolationsformel zur Voraussage der Sicherheit von RSA und anderen wichtigen kryptografischen Verfahren.[2] Dieser Formel zufolge muss man derzeit schon 850-stellige RSA-Moduli (also eine Bitlänge von 3072) verwenden, um Sicherheit bis 2038 zu gewährleisten. RSA-2048 hat eine effektive Sicherheit von etwa 88 bit, was es bis ca. zum Jahr 2023 sicher macht, wenn Sie den Lenstra/Verheul-Gleichungen von 2000 folgen. Wenn Sie den Lenstra-Gleichungen von 2004 folgen, hat es eine effektive Sicherheit von etwa 95 bit, was es bis ca. zum Jahr 2040 sicher macht. Die Experten haben ihre Meinungen also im Laufe der Zeit angepasst.

Auf der Webseite von Bluekrypt [3] werden diese Ergebnisse und die Empfehlungen von sieben weiteren Autoritäten dynamisch aufbereitet. Siehe Abb. 13.1 auf der nächsten Seite und Abb. 13.2 auf Seite 746.

Aber auch eine solche Interpolationsformel ist keine Sicherheitsgarantie. Brillante mathematische Ideen könnten jederzeit dazu führen, dass das Lösen des Faktorisierungsproblems leicht und RSA damit generell unbrauchbar wird. So bewies beispielsweise Peter Shor 1996, dass ein Quantencomputer – ein neuer Computertyp, der die Gesetze der Quantenmechanik ausnutzt – große Zahlen im Prinzip sehr schnell faktorisieren könnte. [4] Wenn Shors Algorithmus praktisch angewandt werden könnte, müsste man für dieselbe Sicherheit die Bitlänge eines RSA-Schlüssels verdoppeln. Trotz intensiver Forschungsbemühungen ist es aber auch heute noch unklar, ob sich jemals hinreichend leistungsfähige Quantencomputer bauen lassen. Vergleiche Abschnitt 5.12.3 auf Seite 312.

Frühe Verlautbarungen der Firma D-Wave (`https://www.dwavesys.com`) zur Leistungsfähigkeit ihres „Quantencomputers“ trafen auf verbreitete Skepsis, ja Spott. Seitdem große Firmen massiv in QC investieren hat sich die Skepsis gegenüber QC in einen Hype verwandelt.

Analog zu RSA verläuft die Entwicklung bei Angriffen auf die meistverwendeten Public-Key-Alternativen, den Digital Signature Algorithm (DSA) und Elliptic Curve Cryptography (ECC), die beide auf der Schwierigkeit der Berechnung diskreter Logarithmen beruhen. Es gibt schon heute deutliche algorithmische Fortschritte und Quantencomputer würden auch diese Verfahren unsicher machen.

Und wie steht es um die langfristige Sicherheit der symmetrischen Verschlüsselungsverfahren? DES wurde 1977 als Data Encryption Standard eingeführt [5] – 21 Jahre später stellte die Electronic Frontier Foundation (EFF) den Spezialcomputer Deep Crack vor, der DES in 56 Stunden brach. Das Problem von DES war die zu kurz gewählte Schlüssellänge: Offenbar hatten seine Erfinder die rasante Entwicklung bei der Hardware nicht richtig einkalkuliert. Der DES-Nachfolger Advanced Encryption Standard (AES) [6] gilt heute als sicher, wenngleich interessante Angriffsversuche mit algebraischen Methoden existieren.

AES ist nach wie vor der Goldstandard für alle symmetrischen Verschlüsselungen – und da es inzwischen leistungsfähigere und billigere Chips gibt, wird AES sogar in energiearmen und Ressourcen-beschränkten Geräten wie Sensoren verwendet.

13.2 Vorsorge für morgen

Ist die heutige Kryptografie angesichts ihrer wachsenden Bedeutung noch sicher genug? Die Erfahrung zeigt: Sorgfältig konzipierte und implementierte kryptografische Verfahren haben eine Lebensdauer von 5 bis 20 Jahren. Wer heute RSA, ECC oder AES zur kurzfristigen Absicherung verwendet, darf sich sicher fühlen. Und langfristige Verbindlichkeit lässt sich beispielsweise mit multiplen Signaturen lösen.

[1] Vergleiche Abschnitt 5.12 Zur Sicherheit des RSA-Verfahrens, und speziell die Abschnitte 5.12.4 und 5.12.5. Details zu aktuelleren kryptoanalytischen Ergebnissen gegen RSA und Dlog finden Sie in Kapitel 12.

[2] Eine andere Darstellung findet sich in Abb. 8.1 auf Seite 470.

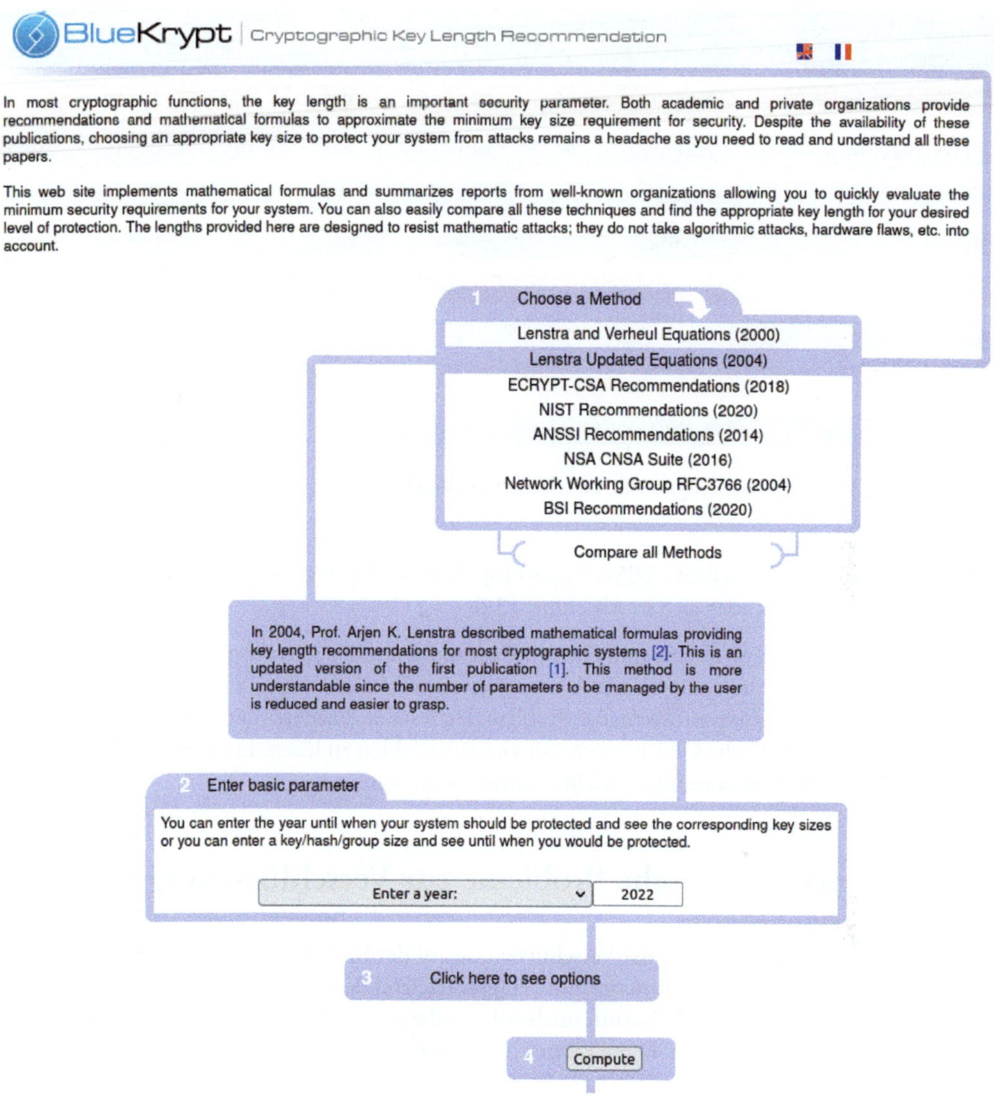

Abb. 13.1: Graph zur Auswahl sicherer Schlüssellängen bis zu einem bestimmten Jahr

Aber langfristige Vertraulichkeit können wir heute mit den genannten Verfahren nicht garantieren. Und was ist in 20 Jahren? Was kann man tun, wenn ein unerwarteter mathematischer Fortschritt ein wichtiges Kryptoverfahren plötzlich – quasi über Nacht – unsicher macht? Drei Dinge sind zur Vorbereitung nötig:

- ein Pool alternativer sicherer Kryptoverfahren,
- Infrastrukturen, die es ermöglichen, unsichere kryptografische Verfahren leicht gegen sichere auszutauschen (agile APIs), und
- Verfahren, die langfristige Vertraulichkeit sicherstellen.

Intensiv geforscht wird zur *Post-Quantum Cryptography* (PQC): Kryptografie, die auch dann noch sicher bleibt, wenn es (leistungsfähige) Quantencomputer tatsächlich gibt. Gute Übersichten über den aktuellen

Method	Date	Symmetric	Factoring Modulus	Discrete Logarithm Key	Discrete Logarithm Group	Elliptic Curve	Hash
[1] Lenstra / Verheul	2024	89	2113 1696	157	2113	167	177
[2] Lenstra Updated	2024	84	1507 1756	168	1507	168	168
[3] ECRYPT	2018 - 2028	128	3072	256	3072	256	256
[4] NIST	2019 - 2030	112	2048	224	2048	224	224
[5] ANSSI	2021 - 2030	128	2048	200	2048	256	256
[6] NSA	-	256	3072	-	-	384	384
[7] RFC3766	-	-	-	-	-	-	-
[8] BSI	2023 - 2026	128	3000	250	3000	250	256

Abb. 13.2: Sichere Schlüssellängen mit verschiedenen Methoden für das Jahr 2024 (von BlueKrypt)

Stand finden sich in [7] und in dem ENISA-Report [8]. Weitere Details auch zum vom NIST organisierten Standardisierungsprozess finden sich in Abschnitt 13.6.

Die Sicherheit der Public-Key-Kryptografie beruht traditionell auf der Schwierigkeit, bestimmte mathematische Probleme zu lösen. Heute diskutierte Alternativen zum Faktorisierungs- und Diskrete-Logarithmen-Problem sind: das Decodierungsproblem, das Problem, kürzeste und nächste Gittervektoren zu berechnen, und das Problem, quadratische Gleichungen mit vielen Variablen zu lösen. Es wird vermutet, dass diese Probleme auch von Quantencomputern nicht effizient lösbar sind.

13.3 Neue mathematische Probleme zur Verschlüsselung

Wie sehen diese Alternativen näher aus? Verschlüsselung auf der Basis des Decodierungsproblems wurde von **McEliece** erfunden [9].[3] Der Hintergrund: Fehlerkorrigierende Codes dienen dazu, digitale Informationen so zu speichern, dass sie selbst dann noch vollständig lesbar bleiben, wenn einzelne Bits auf dem Speichermedium verändert werden. Diese Eigenschaft nutzen z. B. CDs, sodass Informationen auf leicht verkratzten Datenträgern immer noch vollständig rekonstruierbar sind.

Bei der codebasierten Verschlüsselung werden Daten verschlüsselt, indem zu ihrer Codierung mit einem öffentlich bekannten Code gezielt Fehler addiert werden, das heißt einzelne Bits werden verändert. Die Entschlüsselung erfordert die Kenntnis einer geeigneten Decodierungsmethode, welche diese Fehler effizient zu entfernen vermag. Diese Methode ist der geheime Schlüssel – nur wer sie kennt, kann dechiffrieren. Codebasierte Public-Key-Verschlüsselung ist im Allgemeinen sehr effizient durchführbar. Derzeit wird daran geforscht, welche Codes zu sicheren Verschlüsselungsverfahren mit möglichst kleinen Schlüsseln führen.

Verschlüsselung auf der Grundlage von Gitterproblemen ist den codebasierten Verschlüsselungsverfahren ähnlich. Gitter sind regelmäßige Strukturen von Punkten im Raum. Zum Beispiel bilden die Eckpunkte der Quadrate auf kariertem Papier ein 2-dimensionales Gitter. In der Kryptografie verwendet man jedoch Gitter in viel höheren Dimensionen. Verschlüsselt wird nach dem folgenden Prinzip: Aus dem Klartext wird zunächst ein Gitterpunkt konstruiert und anschließend geringfügig verschoben, sodass er kein Gitterpunkt mehr ist, aber in der Nähe eines solchen liegt. Wer ein Geheimnis über das Gitter kennt, kann diesen

[3] McEliece findet sich in `JCT Algorithmen-Perspektive` und in `JCT Standard-Perspektive ▷ Visualisierungen ▷ McEliece-Kryptosystem`.

Gitterpunkt in der Nähe finden und damit entschlüsseln. Ein praktikables Gitterverschlüsselungsverfahren ist bspw. NTRU Encrypt. Dieses Verfahren hat es im Jahr 2020 bis in die dritte Runde des NIST-Prozesses zur Auswahl von Quantencomputer-resistenten Verfahren geschafft, siehe `https://ntru.org`. Kapitel 11 gibt eine „Einführung in die Gitterkryptografie".

13.4 Neue mathematische Probleme für digitale Signaturen

1979 schlug Ralph Merkle in seiner Dissertation [10] einen bemerkenswerten Ansatz für die Konstruktion von Signaturverfahren vor. Im Gegensatz zu allen anderen Signaturverfahren beruht seine Sicherheit nicht darauf, dass ein zahlentheoretisches, algebraisches oder geometrisches Problem schwer lösbar ist. Benötigt wird ausschließlich, was andere Signaturverfahren ebenfalls voraussetzen: eine sichere kryptografische Hash-Funktion und ein sicherer Pseudozufallszahlengenerator. Jede neue Hash-Funktion führt somit zu einem neuen Signaturalgorithmus, wodurch das Merkle-Verfahren das Potential hat, das Problem der langfristigen Verfügbarkeit digitaler Signaturverfahren zu lösen.

Merkle verwendet in seiner Konstruktion sogenannte Einmal-Signaturen: Dabei benötigt jede neue Signatur einen neuen Signierschlüssel und einen neuen Verifikationsschlüssel. Die Idee von Merkle ist es, die Gültigkeit vieler Verifikationsschlüssel mittels eines Hash-Baums auf die Gültigkeit eines einzelnen öffentlichen Schlüssels zurückzuführen. Im Merkle-Verfahren muss man bei der Schlüsselerzeugung eine Maximalzahl möglicher Signaturen festlegen, was lange wie ein gravierender Nachteil aussah. In [11] wurde jedoch eine Variante des Merkle-Verfahrens vorgestellt, die es ermöglicht, äußerst effizient mit einem einzigen Schlüsselpaar bis zu 2^{40} Signaturen zu erzeugen und zu verifizieren.[4]

Ein anderes neues Signaturschema nutzt multivariate Kryptografie. Bei diesem asymmetrischen Verfahren kommen Systeme von Polynomen in endlichen Körpern mit mehreren Variablen zum Einsatz.[5]

13.5 Quantenkryptografie (QKD) versus Post-Quanten-Kryptografie (PQC)

Ungelöst bleibt aus Sicht der heutigen Kryptografie das Problem der langfristigen Vertraulichkeit: Ein praktikables Verfahren, das die Vertraulichkeit einer verschlüsselten Nachricht über einen sehr langen Zeitraum sicherstellt, ist derzeit nicht bekannt.

Einen Ausweg kann hier teilweise die Quantenkryptografie liefern: Diese Quantentechnologien etablieren einen sicheren Kanal zum Schlüsselaustausch (z. B. gemeinsame Zufallszahlen für zwei Parteien, Sessionkeys für moderne symmetrische Verfahren oder sehr lange Schlüssel für One-Time-Pads) und werden deshalb auch als Quantenschlüsselaustausch-Verfahren oder QKD-Verfahren (quantum key distribution) bezeichnet.

Ein Verfahren in der Quantenkryptografie, das den sicheren Austausch eines Schlüssels ermöglicht, ist das BB84-Protokoll.[6]

---

[4] Unter `JCT Standard-Perspektive ▷ Visualisierungen` finden sich verschiedene Komponenten und Ausprägungen davon: die Winternitz-Einmalsignatur WOTS+, die normale Merkle-Signatur (MSS), die Extended-Merkle-Signatur (XMSS) und die Multi-Tree Merkle-Signatur (XMSS_MT).
Außerdem ist die SPHINCS+-Signatur in JCT aufwändig visualisiert. **SPHINCS+** war einer der „second track"-Kandidaten des NIST Post-Quantum-Computing-Wettbewerbs in Runde 3 (2020) und wurde in FIPS 205 [12] standardisiert.
Viele Varianten aus der BouncyCastle werden per `JCT Algorithmen-Perspektive` angeboten.

[5] In `JCT Standard-Perspektive ▷ Visualisierungen ▷ Multivariate Kryptografie` kommt die Rainbow-Signatur-Variante von Jintai Ding and Dieter Schmidt [13] zum Einsatz, die mehrere Ebenen linearer Gleichungssysteme verwendet.

[6] In `CT2 Startcenter ▷ Vorlagen ▷ Protokolle ▷ BB84-Schlüsselaustausch` und `CT2 Startcenter ▷ Vorlagen ▷ Protokolle ▷ BB84-Schlüsselaustausch mit Lauschangriff` ist das Protokoll mit einer aufwändigen Grafik implementiert.

Die Sicherheit der QKD beruht auf der Gültigkeit der Gesetze der Quantenmechanik, vgl. z. B. [14]. Jedoch sind bekannte Verfahren der Quantenkryptografie derzeit noch sehr ineffizient und damit werden nur symmetrische Verfahren ermöglicht, mit denen bspw. Regierungen streng geheime Inhalte austauschen. Für viele Anwendungen wie bspw. Signaturen reicht die symmetrische Kryptografie allein aber nicht aus. „Quantenkryptografie" ist vielleicht auch ein schlecht gewählter Name, denn es ist mehr ein sicherer physikalischer Kanal als ein kryptografischer Algorithmus.

Zur quantensicheren Verschlüsselung werden zwei grundlegend verschiedene Ansätze diskutiert. Das ist zum einen die gerade vorgestellte Quantenkryptografie (QKD). Die zweite Technologie ist die Post-Quanten-Kryptografie (PQC). Beachten Sie, dass QKD nichts mit der im ff. Kapitel behandelten PQC zu tun hat.

Vier europäische Cybersicherheits-Behörden sprechen sich in dem Positionspapier [15] aus 2024 eindeutig dafür aus, den Fokus bei der Migration zu quantensicherer Verschlüsselung auf PQC zu legen.

13.6 Post-Quanten-Kryptografie (PQC)

Um IT-Sicherheit auch für die Zukunft zu garantieren, müssen wir ein Portfolio sicherer kryptografischer Funktionen vorbereiten. Es werden Verfahren benötigt, die sowohl für die Welt der allgegenwärtigen (weniger leistungsfähigen) Computer geeignet sind als auch dann sicher bleiben, wenn es leistungsfähige Quantencomputer gibt. Einige viel versprechende Kandidaten für ein solches Portfolio wurden in diesem Kapitel vorgestellt. Die Frage nach Verfahren zur Sicherung langfristiger Vertraulichkeit bleibt weiterhin ein offenes Problem.

Das NIST startete 2016 einen Wettbewerb mit weltweiter Beteiligung, um geeignete Ersatzverfahren für die aktuelle Generation von Kryptoverfahren (wie RSA oder ECDSA) zu identifizieren. NISTPQC konzentriert sich also auf asymmetrische Verfahren. Diese nächste Generation kryptografischer Algorithmen wird als „Post-Quanten-Kryptografie" bezeichnet.

In Runde 3 kamen 7 Finalisten (drei davon waren Signatur-Algorithmen) und 8 Alternativen. Im Juli 2022 verkündete das NIST dann als Ergebnis der dritten Wettbewerbs-Runde, welche vier Verfahren es nun standardisieren will: [16]

- für Public-Key-Verschlüsselung (PKE) und Schlüsselaustausch (KEM): CRYSTALS-Kyber (siehe Abschnitt 11.11) [7]
- für Digitale Signaturen: CRYSTALS-Dilithium, Falcon, SPHINCS+

Drei Methoden sind Gitter-basiert, die vierte (SPHINCS+) ist Hash-basiert. Siehe Tabelle 13.1.

Typ	PKE/KEM	Signatur
Gitter-basiert	CRYSTALS-Kyber	CRYSTALS-Dilithium FALCON
Hash-basiert		SPHINCS+

Tab. 13.1: PQC-Algorithmen mit Typ und Einsatzzweck (vom NIST 2022 am Ende von Runde 3 gewählt)

Im Anschluss wurden vier weitere PQC-Kandidaten für Runde 4 benannt. Diese beruhen auf anderen mathematischen Problemen (Typ) und erhöhen damit die Diversität der Verfahren.

[7] Vergleiche die didaktische Implementierung von Kyber in CTO: `https://www.cryptool.org/de/cto/kyber/`.

Typ	PKE/KEM
Code-basiert	BIKE Classic McEliece HQC
Supersingular elliptic curve isogeny	SIKE

Tab. 13.2: Vier PQC-Kandidaten für Runde 4 (vom NIST im Juli 2022 verkündet)

Der Kandidat SIKE wurde schon im August 2022 gebrochen und zurückgezogen. Runde 4 ist im Juli 2024 noch zugange.

Am 13.8.2024 veröffentlichte die US-amerikanische Standardisierungsbehörde NIST (National Institute of Standards and Technology) drei US-Bundesstandards zur Informationsverarbeitung (FIPS, Federal Information Processing Standard) für quantensichere Kryptoverfahren:

- FIPS-203 [17]
  ist der primäre Verschlüsselungsstandard. Er basiert auf dem CRYSTALS-Kyber-Algorithmus mit Schlüssellängen von 512, 768 und 1024 bit. Der Algorithmus wird nun als **ML-KEM** (module lattice-based key-encapsulation mechanism) bezeichnet. Die Sicherheit von ML-KEM hängt mit der Schwierigkeit des Problems „Lernen mit Fehlern" (LWE) zusammen.
- FIPS-204 [18]
  ist der primäre Standard für digitale Unterschriften und basiert auf dem CRYSTALS-Dilithium-Algorithmus, nun als **ML-DSA** (module-lattice-based digital signature algorithm) bezeichnet.
- FIPS-205 [12]
  dient als Backup, falls sich die Algorithmen in FIPS 204 als angreifbar entpuppen sollten. Er basiert auf dem SPHINCS+-Algorithmus, nun als **SLH-DSA** bezeichnet (stateless hash-based digital signature algorithm).

Einen sehr guten Überblick über die vom NIST organisierte Standardisierung der Post-Quanten-Kryptografie bieten die vier folgenden Links – auch für Einsteiger:

- `https://en.wikipedia.org/wiki/NIST_Post-Quantum_Cryptography_Standardization` : „NIST Post-Quantum Cryptography Standardization"
- `https://csrc.nist.gov/projects/post-quantum-cryptography/post-quantum-cryptography-standardization` : „Post-Quantum Cryptography"
- `https://www.nist.gov/cryptography` : „Cryptography"
- `https://www.nist.gov/cybersecurity/what-post-quantum-cryptography` : „What Is Post-Quantum Cryptography?"

Als „hybrid" bezeichnet man in dem Zusammenhang Verfahren, die sowohl einen „klassischen" als auch eine PQC-Algorithmus verwenden. Um sowohl von der hohen Sicherheit des ersten Algorithmus gegen klassische Angriffe als auch von der vermuteten Resistenz des zweiten Algorithmus gegen Quantenangriffe zu profitieren, muss man hybride Mechanismen einrichten. Siehe Frankreichs Erklärung zum hybriden PQC-Übergang. [19] Ein hybrider Mechanismus kombiniert die Berechnungen eines anerkannten prä-Quanten Public-Key-Verfahrens und eines zusätzlichen Algorithmus, von dem angenommen wird, dass er Post-Quantum-sicher ist.

Algorithmische (oder kryptografische) Agilität wird benötigt, aber in sicherer Form, insbesondere in der Industrie. Es gibt viele Protokolle im Banken- oder Automobilsektor, in Versorgungsketten oder in industriellen Kontrollsystemen (ICS), die Produktionsanlagen betreiben und immer mehr Dinge durch nicht verdrahtete Kommunikation verbinden. Diese haben Protokoll-Lebensdauern von bis zu 30 Jahren oder sind in Hardware implementiert. Die Befürchtung der Industrie ist, dass Angreifer die Flexibilität der Algorithmen missbrauchen, um beim Aushandeln der Verfahren die Sicherheit auf den am wenigsten sicheren Algorithmus zu reduzieren.

13.7 Fazit

Die heutige Kryptografie liefert gute Werkzeuge, um kurzfristige und mittelfristige Sicherheit zu gewährleisten. Anwendungen können diese Werkzeuge ruhigen Gewissens verwenden, solange sie in der Lage sind, unsichere Komponenten schnell und verlässlich gegen Alternativen auszutauschen (Krypto-Agilität).

Kryptografie ist wichtig und macht viel Arbeit, aber Kryptografie ist auch intellektuell herausfordernd und macht Spaß.

Für den Anwender – sowohl privat wie im Business – ist Kryptografie meist ein unsichtbarer Teil der IT-Sicherheit und des unternehmerischen Risikomanagements wie in Abb. 13.3 skizziert.[8]

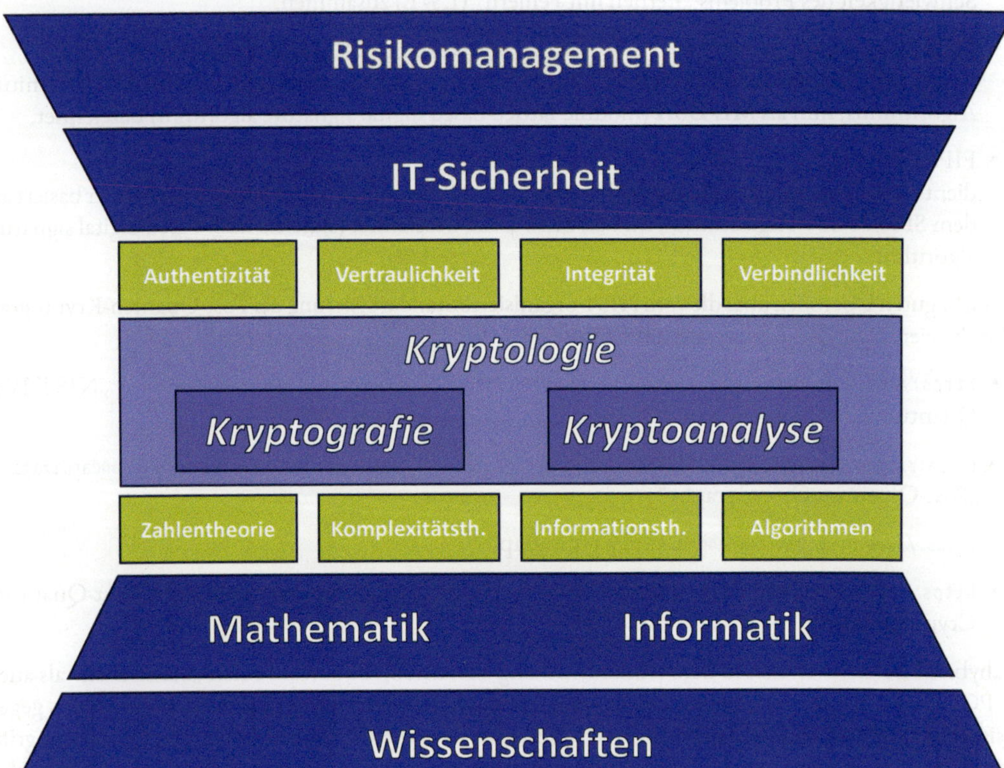

Abb. 13.3: Kryptologie zwischen betrieblichem Risikomanagement und Wissenschaft

[8] Siehe „CrypTool im Awareness-Bereich“ `https://www.cryptool.org/de/education/awareness`

Wir sehen immer mehr Ende-zu-Ende-Verschlüsselung und ausgeklügelte Protokolle in Produkten. Messenger sind hier ein gutes Beispiel: Signal[9] war das erste weit verbreitete Protokoll für Post-Compromise-Sicherheit, und der Nachfolger Messaging Layer Security (MLS) wird sogar Chat-Gruppen sicher machen. MLS ist ein neuer Standard, der eine Ende-zu-Ende-Verschlüsselung in Messaging-Anwendungen unterstützt, und im Juli 2023 als RFC 9420 veröffentlicht wurde. [20]

Somit ist IT-Sicherheit inzwischen weniger durch schlechte Krypto-Algorithmen gefährdet als durch:

- Angreifer, die nur ein schwaches Kettenglied finden müssen. Z. B. ein Server mit schwachem Passwort-Hashing, ein Computer in einem Netzwerk ohne Updates, ein Router mit falscher Konfiguration, eine „alte" Komponente, ...
- Nutzer, die vor allem Geschwindigkeit und gute Usability wollen, sich aber um Sicherheit keine Gedanken machen (nötig sind Awareness, Backups und gesunder Menschenverstand auch am Computer)
- Monokulturen und digitale Abhängigkeiten: Dazu gehören Hardware mit Subsystemen wie „Management Engine" oder „Secure Technology" und Betriebssysteme oder Antivirensoftware, die ständig online sind und möglicherweise sensible Daten zurücksenden oder Hintertüren haben.
- Last but not least: Rechtsdurchsetzung und Überwachung. Trotz allen berechtigten Gründen konnten Behörden bisher die gesammelten Daten nie sicher für sich behalten. Laut einer ungenannten Quelle aus Geheimdienstkreisen wurden alle von ihnen gesammelten Zero-Day-Exploits dem organisierten Verbrechen im Durchschnitt nach zwei Jahren bekannt.

Literatur zu Kapitel 13

[1] Ron L. Rivest, Adi Shamir und Leonard Adleman. „A Method for Obtaining Digital Signatures and Public-Key Cryptosystems". In: *Communications of the ACM* 21.2 (Apr. 1978), S. 120–126 (siehe S. 743)

[2] Arjen K. Lenstra und Eric R. Verheul. *Selecting Cryptographic Key Sizes (1999 + 2001).* In: *Journal of Cryptology* Bd. 14 (2001), S. 255–293. Siehe auch [3]. URL: `https://www.cs.ru.nl/E.Verheul/papers/Joc2001/joc2001.pdf` (siehe S. 744)

[3] Damien Giry. *BlueKrypt: Cryptographic Key Length Recommendation*. Version 32.3. Mai 2020. URL: `https://www.keylength.com/` (siehe S. 744, 751)

[4] Peter W. Shor. „Polynomial time algorithms for prime factorization and discrete logarithms on a quantum computer". In: *SIAM Journal on Computing* 26.5 (1997), S. 1484–1509 (siehe S. 744)

[5] *Data Encryption Standard (DES)*. Federal Information Processing Standards (FIPS) 46. National Bureau of Standards, National Technical Information Service. Springfield, Virginia: U.S. Department of Commerce, 1977 (siehe S. 744)

[6] M. J. Dworkin u. a. *Advanced Encyption Standard (AES)*. Federal Information Processing Standards (FIPS) 197. National Institute of Standards und Technology (NIST). Gaithersburg: U.S. Department of Commerce, 26. Nov. 2001. URL: `https://nvlpubs.nist.gov/nistpubs/FIPS/NIST.FIPS.197.pdf` (siehe S. 744)

[9] In `JCT Standard-Perspektive ▷ Visualisierungen ▷ Signal-Verschlüsselung` ist das Double-Ratchet-Verfahren im Signal-Protokoll Schritt-für-Schritt visualisiert.

[7] Daniel Bernstein und Tanja Lange. *Post-quantum cryptography – dealing with the fallout of physics success*. In: *Nature* (2017). URL: http://www.readcube.com/articles/10.1038/nature23461 URL2: https://eprint.iacr.org/2017/314.pdf (siehe S. 746)

[8] Ward Beullens u. a. *Post-Quantum Cryptography: Current state and quantum mitigation*. Techn. Ber. 2021. URL: https://www.enisa.europa.eu/publications/post-quantum-cryptography-current-state-and-quantum-mitigation/@@download/fullReport (siehe S. 746)

[9] Robert J. McEliece. „A public key cryptosystem based on algebraic coding theory". In: *DSN progress report* 42–44 (1978), S. 114–116 (siehe S. 746)

[10] Ralph C. Merkle. „Secrecy, authentication, and public key systems". Diss. Department of Electrical Engineering, Stanford University, 1979 (siehe S. 747)

[11] Johannes Buchmann u. a. „CMSS – An Improved Merkle Signature Scheme". In: *7th International Conference on Cryptology in India - Indocrypt'06*. Hrsg. von Rana Barua und Tanja Lange. Lecture Notes in Computer Science 4392. Springer-Verlag, 2006, S. 349–363 (siehe S. 747)

[12] Gina M. Raimondo und Laurie E. Locascio. *Stateless Hash-Based Digital Signature Standard*. Federal Information Processing Standards (FIPS) 205. National Institute of Standards und Technology (NIST). Gaithersburg: U.S. Department of Commerce, 13. Aug. 2024. URL: https://nvlpubs.nist.gov/nistpubs/FIPS/NIST.FIPS.205.pdf (siehe S. 747, 749)

[13] Jintai Ding und Dieter Schmidt. „Rainbow, a New Multivariable Polynomial Signature Scheme". In: *Applied Cryptography and Network Security*. Hrsg. von John Ioannidis, Angelos Keromytis und Moti Yung. Springer, 2005, S. 164–175 (siehe S. 747)

[14] Charles H. Bennett und Gilles Brassard. „An Update on Quantum Cryptography". In: *Advances in Cryptology – CRYPTO '84*. Hrsg. von G. R. Blakley und David Chaum. Bd. 196. Lecture Notes in Computer Science. Springer-Verlag, 1985, S. 475–480 (siehe S. 748)

[15] French Cybersecurity Agency (ANSSI) u. a. *Position Paper on Quantum Key Distribution*. 26. Jan. 2024. URL: https://www.bsi.bund.de/SharedDocs/Downloads/EN/BSI/Crypto/Quantum_Positionspapier.pdf (siehe S. 748)

[16] *Report on the Third Round of the NIST Post-Quantum Cryptography Standardization Process*. 99 pages, July 2022 (updated 2022-09-26). National Institute of Standards und Technology (NIST), Juli 2022. URL: https://nvlpubs.nist.gov/nistpubs/ir/2022/NIST.IR.8413.pdf (siehe S. 748)

[17] Gina M. Raimondo und Laurie E. Locascio. *Module-Lattice-Based Key-Encapsulation Mechanism Standard*. Federal Information Processing Standards (FIPS) 203. National Institute of Standards und Technology (NIST). Gaithersburg: U.S. Department of Commerce, 13. Aug. 2024. URL: https://nvlpubs.nist.gov/nistpubs/FIPS/NIST.FIPS.203.pdf (siehe S. 749)

[18] Gina M. Raimondo und Laurie E. Locascio. *Module-Lattice-Based Digital Signature Standard*. Federal Information Processing Standards (FIPS) 204. National Institute of Standards und Technology (NIST). Gaithersburg: U.S. Department of Commerce, 13. Aug. 2024. URL: https://nvlpubs.nist.gov/nistpubs/FIPS/NIST.FIPS.204.pdf (siehe S. 749)

[19] ANSSI. *ANSSI views on the Post-Quantum Cryptography transition*. Techn. Ber. 2022. URL: https://cyber.gouv.fr/sites/default/files/document/EN_Position.pdf (siehe S. 749)

[20] IETF. *The Messaging Layer Security (MLS) Protocol RFC 9420*. URL: https://datatracker.ietf.org/doc/rfc9420/ (besucht am 02. 08. 2023) (siehe S. 751)

Teil III

Anhänge

A Software

Die Anhänge A.1 bis A.5 betreffen die vier CT-Varianten CT1, CT2, JCT und CTO.[1] Zuerst wird die Übersichtsseite zum Suchen im Funktionsumfang dieser vier CrypTool-Varianten beschrieben. Dann werden für die einzelnen CT-Varianten jeweils die angebotenen Funktionen (per Menüs, Vorlagen oder Plugins) aufgezeigt.

Im Anschluss gibt es eine Einführung in ein kleines E-Learning-Programm zur Zahlentheorie, das CT1 beigelegt ist und nicht mehr weiter gepflegt werden kann.

Danach gibt es zwei weitere Unterkapitel mit etwas ausführlicheren Einführungen in die Programme **SageMath** und **OpenSSL**. Beide Programme wurden ausgiebig für die Beispiele in diesem Buch benutzt.

[1] Ab 2011 beschränkten sich Änderungen an CrypTool 1 (**CT1**) auf Bugfixes und pure Maintenance (Wartung). Dagegen flossen stetig Neuerungen in die beiden CT1-Nachfolger CrypTool 2 (**CT2**) und JCrypTool (**JCT**), deren Funktionsumfang inzwischen den von CT1 übersteigt. Ab 2023 kam JCT in die pure Maintenance. CT2 wird weiterhin aktiv weiter entwickelt. Stark ausgebaut wurde und wird weiterhin die Web-Version CrypTool-Online (**CTO**).
- CT1: `https://www.cryptool.org/de/ct1/features`
- JCT: `https://www.cryptool.org/de/jct/resources`
- CT2: `https://www.cryptool.org/de/ct2/resources`
- CTO: `https://www.cryptool.org/de/cto/`
Seit 2023 ist das Tool CTTS (CrypTool Transcriber & Solver) Teil des CrypTool-Projekts:
- CTTS: `https://www.cryptool.org/de/ctts/` Transkription und Kryptoanalyse

A.1 Komplett-Übersicht aller Krypto-Funktionen im CT-Projekt

Im CrypTool-Portal (CTP), der Einstiegsseite des CT-Projekts, gibt es die Unterseite „Funktionsumfang“, auf der man sich einen Überblick verschaffen kann, welche Funktionen in welchen CT-Varianten enthalten sind. Die Funktionsumfang-Seite im CrypTool-Portal hat den Link: `https://www.cryptool.org/de/functions`

Öffnet man dort den „Filter“, kann man darin:

- im Suchfeld gezielt nach einer bestimmten Funktion suchen,
- eine oder mehrere Varianten (die „Tools“ CT1, CT2, JCT oder CTO) auswählen,
- eine oder mehrere der derzeit 9 Kategorien auswählen, oder
- die Sortierung der Zeilen anhand der Namen in der ersten Spalte („Funktion“) einstellen.

Abb. A.1 zeigt den ausgeklappten Filter auf der CT-Funktionsumfang-Seite.

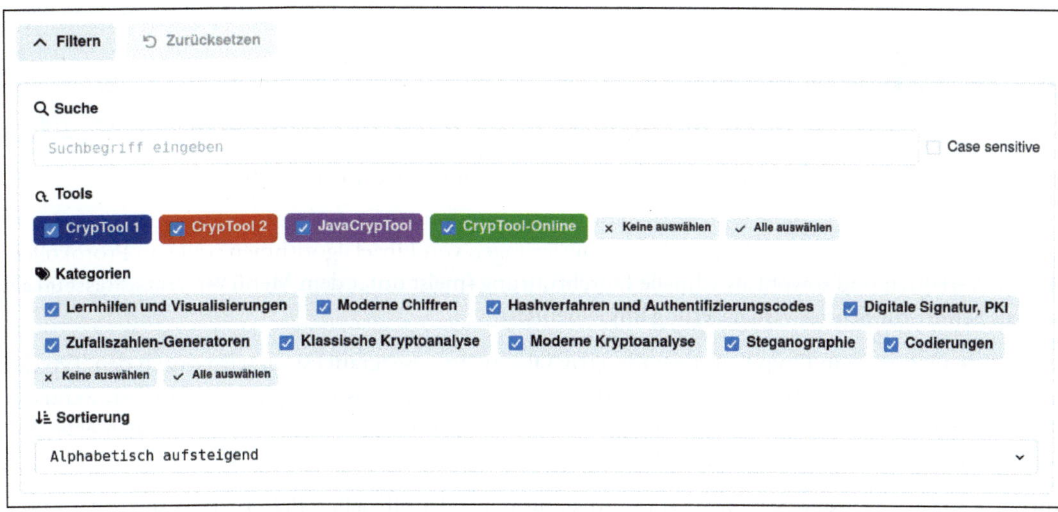

Abb. A.1: Filtermöglichkeiten im CT-Funktionsumfang (Juli 2024)

Kryptofunktionen können auf unterschiedliche Weise geclustert werden – deshalb schwankten die erhaltenen Werte zwischen 150 und 500 Funktionen. Wir haben uns dafür entschieden, Verschlüsselung (default) von Analyse und reiner Visualisierung zu trennen (also jeweils als extra Funktion auszuweisen), dafür werden Funktionen wie Caesar/Rot13, ADFGX/ADFGVX oder alle cyclic redundancy checks (CRCs) und alle OpenSSL-Funktionen jeweils in einer „Funktion“ auf dieser Webseite zusammen gefasst. Momentan stehen rund 300 Funktionen zur Verfügung.

Die vier CT-Varianten bilden die Spalten und die Funktionen die Zeilen. In jeder Zelle steht dann, ob und wie die Funktion verfügbar ist. Beispielsweise kann unter CT2 ein grau hinterlegtes „T“ stehen, das besagt, dass diese Funktion in einem CT2-Template (Vorlage) benutzt wird. Auf das „T“ kann man auch klicken, um die Bedeutung der Abkürzung zu erfahren. Analog ist es mit anderen grau hinterlegten Buttons mit Texten wie „MPC“ oder „Analyse“. Wenn eine Funktion in CTO vorhanden ist, kann man die zugehörige App in CTO auch gleich über einen grün hinterlegten Button öffnen.

A.2 Menüs von CrypTool 1

Das Haupt-Menü (siehe Abb. A.2) von CrypTool 1 (CT1)[2] enthält die generellen Service-Funktionen in den sechs Haupt-Menü-Einträgen

- Datei
- Bearbeiten
- Ansicht
- Optionen
- Fenster
- Hilfe,

und die eigentlichen Krypto-Funktionen in den vier Haupt-Menü-Einträgen

- Ver-/Entschlüsseln
- Digitale Signaturen/PKI
- Einzelverfahren
- Analyse.

Abb. A.2: Haupt-Menü-Leiste des Programms CT1 (Dez. 2021)

Unter `Einzelverfahren` finden sich auch die Visualisierungen von Einzelalgorithmen und von Protokollen. Manche Verfahren sind sowohl als schnelle Durchführung (meist unter dem Menü `Ver-/Entschlüsseln`) als auch als Schritt-für-Schritt-Visualisierung implementiert.

Welche Menüeinträge in CrypTool 1 gerade aktiv (also nicht ausgegraut) sind, wird durch den Typ des aktiven Dokumentfensters bestimmt: So ist z. B. die Brute-Force-Analyse für DES nur verfügbar, wenn das aktive Fenster in Hexadezimal-Darstellung geöffnet ist, während der Menüeintrag `Zufallsdaten erzeugen...` immer verfügbar ist (auch wenn kein Dokument geöffnet ist).

Abb. A.3 auf der nächsten Seite zeigt einen Ausschnitt aus der offiziellen Präsentation zu CT1.[3] Diese Präsentation enthält 26 ausgewählte Beispiele zur Kryptografie, die man mit CT1 demonstrieren kann: Diese Beispiele reichen von RSA-Verschlüsselung über die Analyse des alten PSION-5-Gerätes, Zufallsanalyse mit 3-D Visualisierung, Anwendung des Chinesischen Restsatzes in der Astronomie bis zur Demonstration eines Seitenkanalangriffs.

Will man nur eine Liste aller Funktionen in CT1, kann man auf der „Funktionsumfang"-Seite „CT1" auswählen oder folgenden Direktlink nutzen:
`https://www.cryptool.org/de/functions?tools=ct1`

Abb. A.4 auf Seite 761 enthält den grafisch aufbereiteten kompletten Menübaum von CT1.

Screenshots zu CT1 finden sich unter
`https://www.cryptool.org/de/ct1/screenshots/`

[2] Seit 2011 wird die langjährig stabile Version CrypTool 1 (**CT1**) nicht mehr weiter entwickelt. Die Ressourcen flossen dafür in CT2, JCT und CTO. Es werden keine „Nightly oder Weekly Builds" für CT1 mehr erzeugt. Von Zeit zu Zeit werden neue Wartungsversionen bereitgestellt.

[3] `https://www.cryptool.org/media/presentations/cryptool1-presentation-german.pdf`

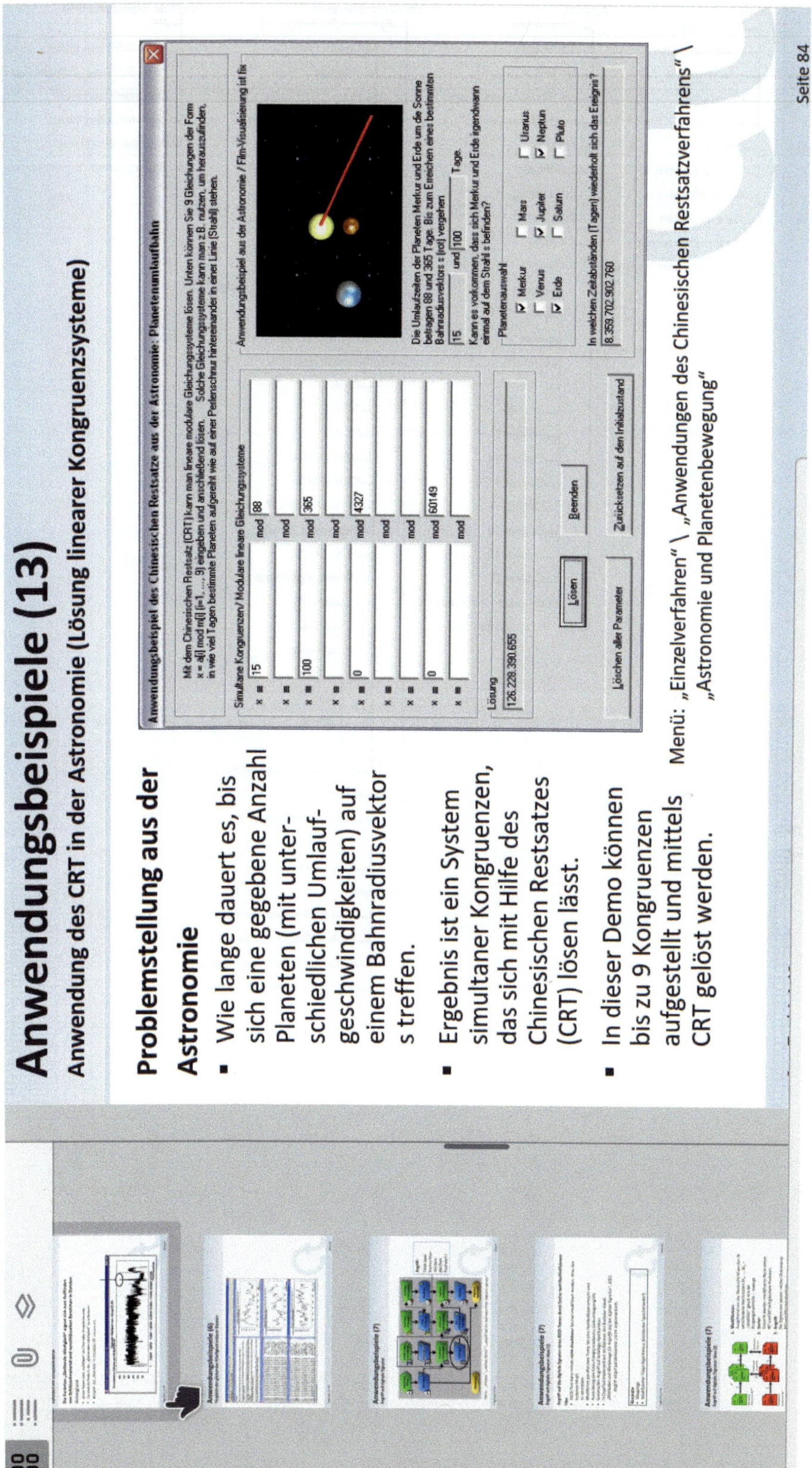

Abb. A.3: Ausschnitt aus der offiziellen Präsentation zu CT1 (CrypTool 1.4.40)

- **Datei**
  - Neu
  - Öffnen...
  - Schließen
  - Speichern
  - Speichern als...
  - Dokument-Eigenschaften...
  - Drucken...
  - Drucker einstellen...
  - Zuletzt geöffnete Dateien
  - Beenden
- **Bearbeiten**
  - Rückgängig
  - Wiederherstellen
  - Ausschneiden
  - Kopieren
  - Einfügen
  - Löschen
  - Suchen/Ersetzen...
  - Suche nächstes
  - Alles markieren
  - Schlüssel anzeigen...
  - Übergeordnetes Fenster
- **Ansicht**
  - Symbolleiste
  - Statusleiste
  - Als Text anzeigen
  - Als HexDump anzeigen
  - Balkendiagramm
  - Alphabet
  - Zeilenende
  - Zeilenumbruch
  - Leerzeichen
  - Schriftart
    - Arial 8
    - Arial 10
    - Arial 12
    - Arial 14
    - Arial 16
    - Arial 18
    - Arial 20
    - Courier 8
    - Courier 10
    - Courier 12
    - Courier 14
    - Courier 16
    - Courier 18
    - Courier 20
  - Textdokument formatieren...
  - Box (Würfelkanten zeigen)
- **Ver-/Entschlüsseln**
  - Symmetrisch (klassisch)
    - Caesar / Rot-13...
    - Vigenère...
    - Hill...
    - Substitution / Atbash...
    - Playfair...
    - ADFGVX...
    - Byteweise Addition...
    - XOR...
    - Vernam / OTP...
    - Homophone...
    - Permutation / Transposition...
    - Solitaire...
    - Skytale / Gartenzaun...
  - Symmetrisch (modern)
    - IDEA...
    - RC2...
    - RC4...
    - DES (ECB)...
    - DES (CBC)...
    - Triple DES (ECB)...
    - Triple DES (CBC)...
    - AES (CBC)...
    - Weitere Algorithmen
      - MARS...
      - RC6...
      - Serpent...
      - Twofish...
      - DESX...
      - DESL...
      - DESXL...
    - AES (selbstextrahierend)...
  - Asymmetrisch
    - RSA-Verschlüsselung...
    - RSA-Entschlüsselung...
    - RSA-Demo...
  - Hybrid
    - RSA-AES-Verschlüsselung...
    - RSA-AES-Entschlüsselung...
    - ECC-AES-Verschlüsselung...
    - ECC-AES-Entschlüsselung...
- **Digitale Signaturen/PKI**
  - PKI
    - Schlüssel erzeugen/importieren..
    - Schlüssel anzeigen/exportieren...
  - Dokument signieren...
  - Signatur überprüfen...
  - Signatur extrahieren
  - Signaturdemo (Signaturerzeugung)...

- **Einzelverfahren**
  - Hashverfahren
    - MD2
    - MD4
    - MD5
    - SHA
    - SHA-1
    - SHA-256
    - SHA-512
    - RIPEMD-160
    - Hashwert einer Datei...
    - Hash-Demo...
    - Schlüssel aus Passwort generieren (PKCS #5)...
    - Generieren von HMACs...
  - RSA-Kryptosystem
    - Primzahltest...
    - Primzahlen generieren...
    - Faktorisieren einer Zahl...
    - RSA-Demo...
    - Signaturdemo (Signaturerzeugung)...
    - Gitterbasierte Angriffe auf RSA
      - Faktorisieren mit teilweise bekanntem p...
      - Angriff auf stereotype Nachrichten...
      - Angriff auf kleine geheime Schlüssel...
  - Protokolle
    - Diffie-Hellman-Demo...
    - Authentisierungsverfahren im Netz...
    - Sichere E-Mail mit S/MIME...
  - Anwendungen des Chinesischen Restsatzes
    - Astronomie und Planetenbewegung...
    - Modulare Hin- und Rücktransformation...
    - Secret-Sharing mittels CRT...
  - Visualisierung von Algorithmen
    - Caesar...
    - Vigenère...
    - Nihilist...
    - DES...
    - AES
      - Rijndael-Animation...
      - Rijndael-Inspektor...
      - Rijndael-Flussvisualisierung...
    - Enigma...
  - Secret-Sharing-Demo (nach Shamir)...
  - Tools
    - Codierungen
      - Base64-Codierung/Decodierung
        - Base64 codieren
        - Base64 decodieren
      - UU-Codierung/Decodierung
        - UU codieren
        - UU decodieren
      - ASN.1-Decodieren eines Dokuments
    - Komprimieren
      - Zip
      - UnZip
    - Zufallsdaten erzeugen...
    - Passwort-Qualitätsmesser...
    - Passwort-Entropie...
    - Länge einer Zahl...
  - Lernspiele
    - Der Zahlenhai
  - Zahlentheorie interaktiv
    - Lernprogramm für Zahlentheorie...
    - Punktaddition auf Elliptischen Kurven...
    - Mersenne-Zahlen berechnen...
    - Generischer t-adic-NAF-Schlüsselgenerator...

- **Analyse**
  - Werkzeuge zur Analyse
    - Entropie
    - Gleitende Häufigkeit
    - Histogramm
    - N-Gramm...
    - Autokorrelation
    - Periode
  - Symmetrische Verschlüsselung (klassisch)
    - Ciphertext-Only
      - Caesar
      - Vigenère
      - Vigenère (Analyse nach Schrödel)...
      - ADFGVX...
      - Substitution...
      - Solitaire...
      - Byteweise Addition
      - XOR / Vernam
    - Known Plaintext
      - Hill...
      - Einstufige Spaltentransposition...
    - Manuelle Analyse
      - Substitution...
      - Playfair...
      - Solitaire...
  - Symmetrische Verschlüsselung (modern)
    - IDEA...
    - RC2...
    - RC4...
    - DES (ECB)...
    - DES (CBC)...
    - Triple DES (ECB)...
    - Triple DES (CBC)...
    - AES (CBC)...
    - Weitere Algorithmen
      - MARS...
      - RC6...
      - Serpent...
      - Twofish...
      - DESX...
      - DESL...
      - DESXL...
  - Asymmetrische Verfahren
    - Faktorisieren einer Zahl...
    - Gitterbasierte Angriffe auf RSA
      - Faktorisieren mit teilweise bekanntem p...
      - Angriff auf stereotype Nachrichten...
      - Angriff auf kleine geheime Schlüssel...
    - Seitenkanalangriff auf "Textbook-RSA"...
  - Hashverfahren
    - Angriff auf den Hashwert der digitalen Signatur...
  - Zufallsanalyse
    - Frequency-Test...
    - Poker-Test...
    - Runs-Test...
    - Serial-Test...
    - FIPS PUB-140-1 Testbatterie
    - Vitányi
    - 3D-Visualisierung...

- **Optionen**
  - Grafikoptionen...
  - Analyseoptionen...
  - Textoptionen...
  - Startoptionen...

- **Fenster**
  - Überlappend anordnen
  - Nichtüberlappend anordnen
  - Symbole anordnen
  - Alle schließen

- **Hilfe**
  - Startseite
  - Index
  - Szenarien (Tutorials)
  - Readme
  - CT-Buch
  - Präsentation
  - Über CrypTool...

Abb. A.4: Komplett-Übersicht über den Menü-Baum von CT1 (CrypTool 1.4.31)

A.3 CrypTool 2-Vorlagen und der WorkspaceManager

Dieser Teil des Anhangs enthält Informationen zu den in CT2 mitgelieferten Vorlagen (englisch Templates), in denen grafische Programme ablaufen, sowie zum grafischen Editor (WorkspaceManager) von CT2.

Beim Start von CT2 öffnet sich zuerst der Startcenter-Reiter (siehe Abb. A.5).[4] Darin kann man die mitgelieferten CT2-Vorlagen auf zwei verschiedenen Wegen aufrufen:

- Über den Wizard (zweites Icon mit Zauberstab, unter den „Hauptfunktionen"): Er führt einen zu den mitgelieferten Vorlagen.
- Über den Vorlagen-Baum (Fenster mittig im Startcenter), aus dem man fertige kryptografische Workflows auswählen kann.

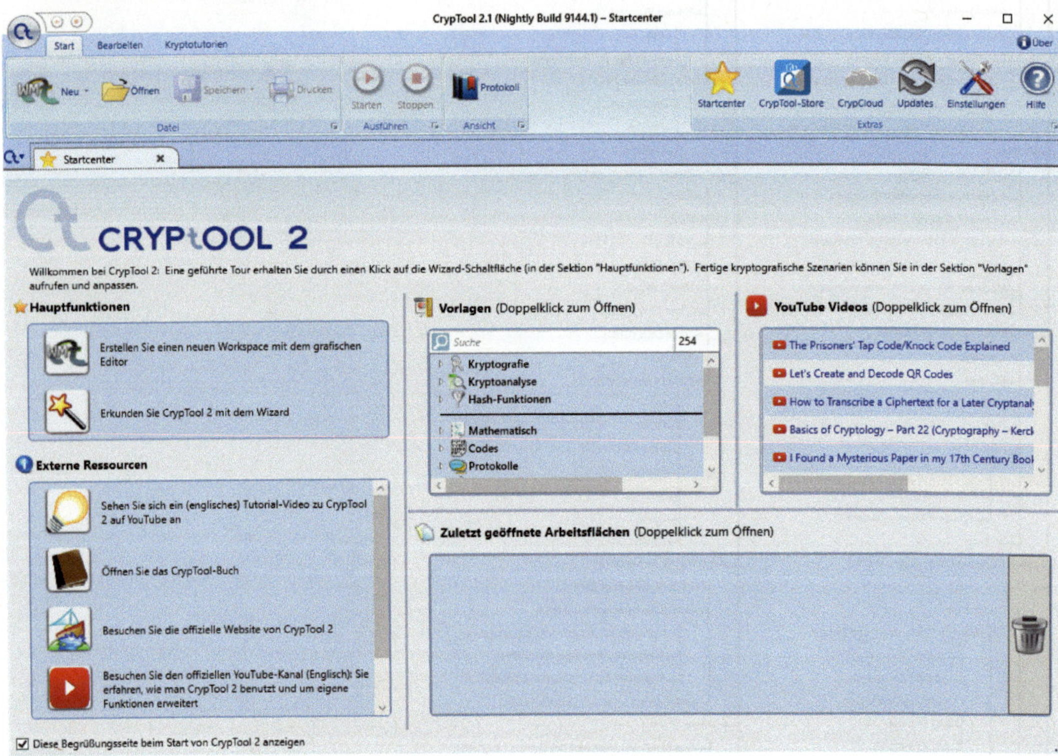

Abb. A.5: Startcenter in CT2 (Nightly Build, Nov. 2021)

Der Wizard bietet thematisch geschachtelte Auswahlmöglichkeiten, um gewünschte kryptografische Szenarien auszuwählen, z. B. „Verschlüsselungsfunktionen ▷ Klassische Verschlüsselungsfunktionen ▷ Caesar", und führt den Benutzer dann final zu der entsprechenden Vorlage. Das gewählte Szenario mit den eigenen Eingaben kann man anschließend auch als grafisches Programm im WorkspaceManager öffnen (kleines WorkspaceManager-Symbol mit Plus-Zeichen oben rechts auf der jeweils letzten Wizard-Seite) und in einer eigenen cwm-Datei (eigene Vorlage) abspeichern.

Alternativ zu den mitgelieferten Vorlagen kann man auch selbst komplett eigene grafische Programme erstellen. Dafür gibt es den WorkspaceManager, der eine Arbeitsfläche zur Verfügung stellt, auf der man die

[4] Das aktuelle CT2-Release ist CT 2.1 (Release 2024.1 vom Jan. 2024). Während neue CT2-Release normalerweise zweimal pro Jahr erscheinen, gibt es zusätzlich sofort am nächsten Tag ein „Nightly Build", wenn ein autorisierter Entwickler neuen Code hochlädt.

CT2-**Komponenten** (z. B. eine Verschlüsselungsfunktion, eine Texteingabefunktion) selbst miteinander kombinieren kann. Der WorkspaceManager kann im Startcenter mittels des ersten Icons unter Hauptfunktionen aufgerufen werden. Auf die leere Arbeitsfläche kann man aus der linken Navigationsleiste mittels Drag&Drop jede Komponente ziehen und diese dann wie gewünscht miteinander verbinden. Die implementierte Krypto-Funktionalität steckt in diesen Komponenten (z. B. Enigma, AES).

Im Vorlagen-Baum im Startcenter gibt es zu fast jeder CT2-Komponente mindestens eine Vorlage. Die angebotenen Vorlagen enthalten direkt lauffähige kryptografische Workflows. Wenn man z. B. in der Vorlage zu AES seine **Ein**gaben ändert, sieht man dynamisch und sofort, wie sich **Aus**gaben entsprechend auch ändern (wie z. B. durch Padding ein Block hinzukommt, wie sich das Chaining auswirkt, etc).

Abb. A.7 auf Seite 765 zeigt einen Ausschnitt aus dem Vorlagenbaum des Startcenters von CT2.

Abb. A.6 auf der nächsten Seite zeigt den Anfang einer Liste aller Funktionen in CrypTool 2 (CT2). Diese Liste wurde mit dem folgenden Direktlink erstellt:
`https://www.cryptool.org/de/functions?tools=ct2`

Screenshots zu CT2 finden sich unter
`https://www.cryptool.org/de/ct2/screenshots`

Resourcen und Entwicklermaterial zu CT2 finden sich unter
`https://www.cryptool.org/de/ct2/resources`

Wie man CT2 bedient oder eigene Workspaces erstellt wird auf dem CT2-YouTube-Kanal ausführlich erläutert:
`https://www.youtube.com/c/CrypTool2`

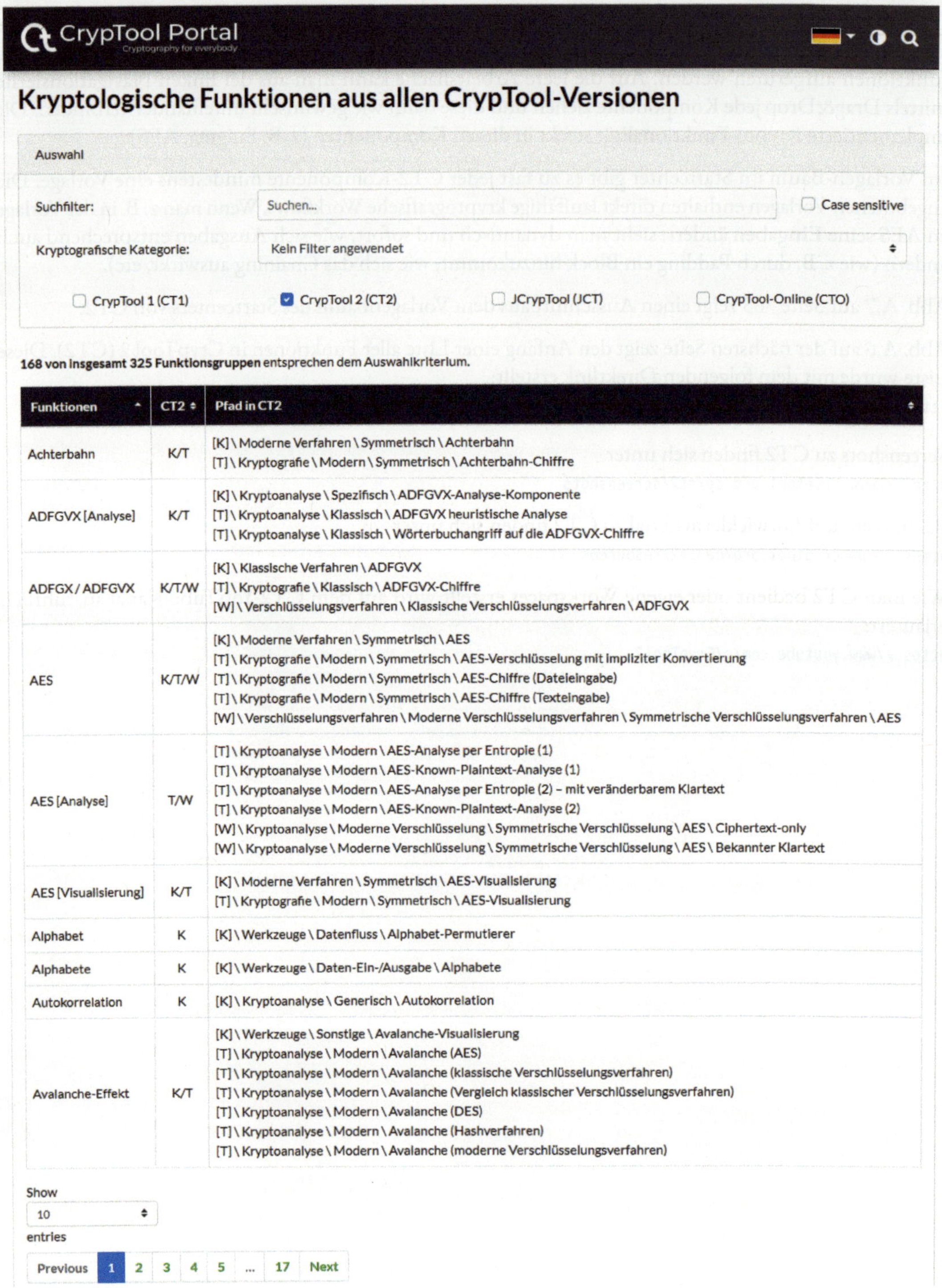

CrypTool Portal
Cryptography for everybody

Kryptologische Funktionen aus allen CrypTool-Versionen

Auswahl

Suchfilter: Suchen... ☐ Case sensitive

Kryptografische Kategorie: Kein Filter angewendet

☐ CrypTool 1 (CT1) ☑ CrypTool 2 (CT2) ☐ JCrypTool (JCT) ☐ CrypTool-Online (CTO)

168 von insgesamt 325 Funktionsgruppen entsprechen dem Auswahlkriterium.

Funktionen	CT2	Pfad in CT2
Achterbahn	K/T	[K] \ Moderne Verfahren \ Symmetrisch \ Achterbahn [T] \ Kryptografie \ Modern \ Symmetrisch \ Achterbahn-Chiffre
ADFGVX [Analyse]	K/T	[K] \ Kryptoanalyse \ Spezifisch \ ADFGVX-Analyse-Komponente [T] \ Kryptoanalyse \ Klassisch \ ADFGVX heuristische Analyse [T] \ Kryptoanalyse \ Klassisch \ Wörterbuchangriff auf die ADFGVX-Chiffre
ADFGX / ADFGVX	K/T/W	[K] \ Klassische Verfahren \ ADFGVX [T] \ Kryptografie \ Klassisch \ ADFGVX-Chiffre [W] \ Verschlüsselungsverfahren \ Klassische Verschlüsselungsverfahren \ ADFGVX
AES	K/T/W	[K] \ Moderne Verfahren \ Symmetrisch \ AES [T] \ Kryptografie \ Modern \ Symmetrisch \ AES-Verschlüsselung mit impliziter Konvertierung [T] \ Kryptografie \ Modern \ Symmetrisch \ AES-Chiffre (Dateieingabe) [T] \ Kryptografie \ Modern \ Symmetrisch \ AES-Chiffre (Texteingabe) [W] \ Verschlüsselungsverfahren \ Moderne Verschlüsselungsverfahren \ Symmetrische Verschlüsselungsverfahren \ AES
AES [Analyse]	T/W	[T] \ Kryptoanalyse \ Modern \ AES-Analyse per Entropie (1) [T] \ Kryptoanalyse \ Modern \ AES-Known-Plaintext-Analyse (1) [T] \ Kryptoanalyse \ Modern \ AES-Analyse per Entropie (2) – mit veränderbarem Klartext [T] \ Kryptoanalyse \ Modern \ AES-Known-Plaintext-Analyse (2) [W] \ Kryptoanalyse \ Moderne Verschlüsselung \ Symmetrische Verschlüsselung \ AES \ Ciphertext-only [W] \ Kryptoanalyse \ Moderne Verschlüsselung \ Symmetrische Verschlüsselung \ AES \ Bekannter Klartext
AES [Visualisierung]	K/T	[K] \ Moderne Verfahren \ Symmetrisch \ AES-Visualisierung [T] \ Kryptografie \ Modern \ Symmetrisch \ AES-Visualisierung
Alphabet	K	[K] \ Werkzeuge \ Datenfluss \ Alphabet-Permutierer
Alphabete	K	[K] \ Werkzeuge \ Daten-Ein-/Ausgabe \ Alphabete
Autokorrelation	K	[K] \ Kryptoanalyse \ Generisch \ Autokorrelation
Avalanche-Effekt	K/T	[K] \ Werkzeuge \ Sonstige \ Avalanche-Visualisierung [T] \ Kryptoanalyse \ Modern \ Avalanche (AES) [T] \ Kryptoanalyse \ Modern \ Avalanche (klassische Verschlüsselungsverfahren) [T] \ Kryptoanalyse \ Modern \ Avalanche (Vergleich klassischer Verschlüsselungsverfahren) [T] \ Kryptoanalyse \ Modern \ Avalanche (DES) [T] \ Kryptoanalyse \ Modern \ Avalanche (Hashverfahren) [T] \ Kryptoanalyse \ Modern \ Avalanche (moderne Verschlüsselungsverfahren)

Show 10 entries

Previous 1 2 3 4 5 ... 17 Next

Abb. A.6: Anzeige im CTP (`https://www.cryptool.org/de/functions`): die ersten Funktionen in CT2

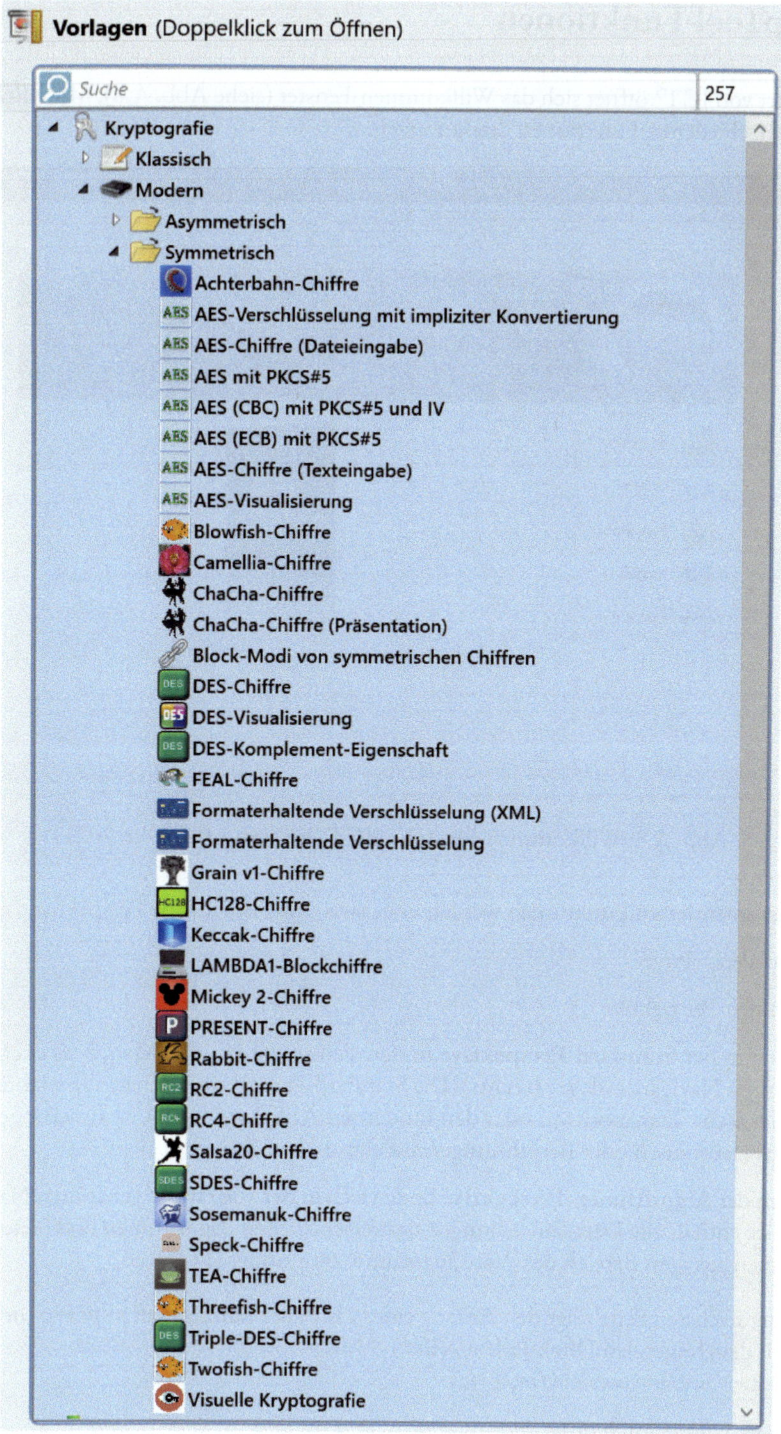

Abb. A.7: Ausschnitt aus dem ausgeklappten Vorlagen-Baum in CT2

A.4 JCrypTool-Funktionen

Beim ersten Start von JCT[5] öffnet sich das Willkommen-Fenster (siehe Abb. A.8). Mit Klick auf `Start JCT` kann man die verschiedenen Funktionen direkt nutzen.

Abb. A.8: Willkommen-Fenster in JCT (Version 1.0.7, Okt. 2021)

Die in JCT implementierten Funktionen werden über zwei unterschiedliche Perspektiven angeboten:

- Standard-Perspektive
- Algorithmen-Perspektive

Alle Funktionen in der **Standard-Perspektive** finden sich sowohl in den Menüs als auch in der `Krypto-Explorer` genannten Navigationsleiste (rechts). Die Standard-Perspektive enthält alle wichtigen Verfahren (wie z.B. die klassische Transposition oder den modernen AES) und viele Visualisierungen (z. B. Diffie-Hellman-Schlüsselaustausch oder Berechnungen auf elliptischen Kurven).

Alle Funktionen der **Algorithmen-Perspektive** finden sich in der `Algorithmen` genannten Navigationsleiste. Diese Perspektive enthält alle Detaileinstellungen der verschiedenen Algorithmen und bietet insbesondere auch Algorithmen aus dem Bereich des Post-Quantum-Computings (PQC) an.

Abb. A.9 auf der nächsten Seite zeigt den Anfang einer Liste aller Funktionen in JCrypTool (JCT). Diese Liste wurde mit dem folgenden Direktlink erstellt:
`https://www.cryptool.org/de/functions?tools=jct`

Screenshots zu JCT finden sich unter
`https://www.cryptool.org/de/jct/screenshots`

[5] Das aktuelle JCT-Release ist JCT 1.0.9 (Sep. 2023). Außerdem wird gelegentlich ein neues „Weekly Build" erzeugt. Weitere Informationen zu JCT finden Sie auf: `https://www.cryptool.org/de/jct/`

Eine ausführliche Präsentation zu JCT finden Sie unter
`https://www.cryptool.org/de/jct/presentations`

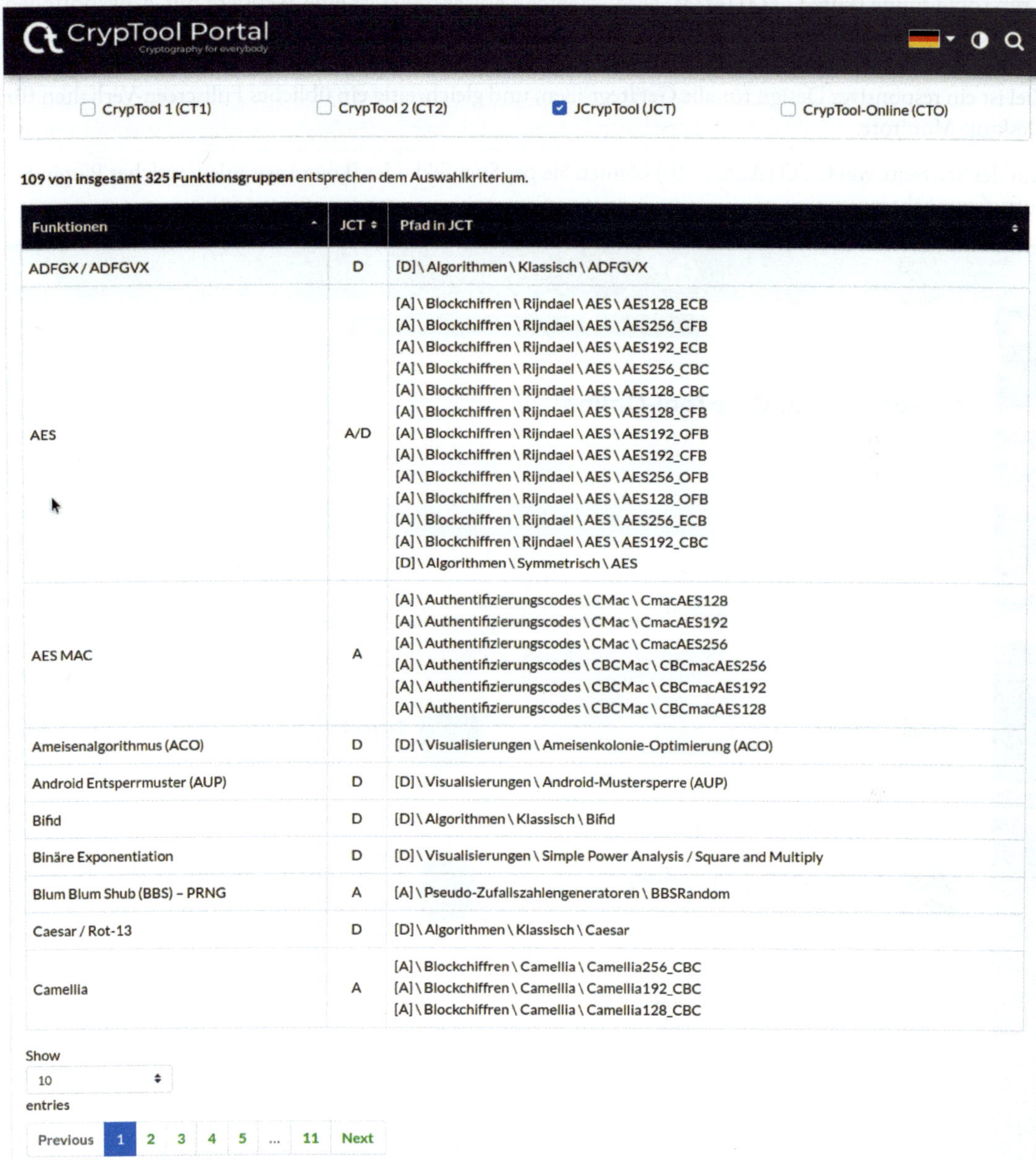

Funktionen	JCT	Pfad in JCT
ADFGX / ADFGVX	D	[D] \ Algorithmen \ Klassisch \ ADFGVX
AES	A/D	[A] \ Blockchiffren \ Rijndael \ AES \ AES128_ECB [A] \ Blockchiffren \ Rijndael \ AES \ AES256_CFB [A] \ Blockchiffren \ Rijndael \ AES \ AES192_ECB [A] \ Blockchiffren \ Rijndael \ AES \ AES256_CBC [A] \ Blockchiffren \ Rijndael \ AES \ AES128_CBC [A] \ Blockchiffren \ Rijndael \ AES \ AES128_CFB [A] \ Blockchiffren \ Rijndael \ AES \ AES192_OFB [A] \ Blockchiffren \ Rijndael \ AES \ AES192_CFB [A] \ Blockchiffren \ Rijndael \ AES \ AES256_OFB [A] \ Blockchiffren \ Rijndael \ AES \ AES128_OFB [A] \ Blockchiffren \ Rijndael \ AES \ AES256_ECB [A] \ Blockchiffren \ Rijndael \ AES \ AES192_CBC [D] \ Algorithmen \ Symmetrisch \ AES
AES MAC	A	[A] \ Authentifizierungscodes \ CMac \ CmacAES128 [A] \ Authentifizierungscodes \ CMac \ CmacAES192 [A] \ Authentifizierungscodes \ CMac \ CmacAES256 [A] \ Authentifizierungscodes \ CBCMac \ CBCmacAES256 [A] \ Authentifizierungscodes \ CBCMac \ CBCmacAES192 [A] \ Authentifizierungscodes \ CBCMac \ CBCmacAES128
Ameisenalgorithmus (ACO)	D	[D] \ Visualisierungen \ Ameisenkolonie-Optimierung (ACO)
Android Entsperrmuster (AUP)	D	[D] \ Visualisierungen \ Android-Mustersperre (AUP)
Bifid	D	[D] \ Algorithmen \ Klassisch \ Bifid
Binäre Exponentiation	D	[D] \ Visualisierungen \ Simple Power Analysis / Square and Multiply
Blum Blum Shub (BBS) – PRNG	A	[A] \ Pseudo-Zufallszahlengeneratoren \ BBSRandom
Caesar / Rot-13	D	[D] \ Algorithmen \ Klassisch \ Caesar
Camellia	A	[A] \ Blockchiffren \ Camellia \ Camellia256_CBC [A] \ Blockchiffren \ Camellia \ Camellia192_CBC [A] \ Blockchiffren \ Camellia \ Camellia128_CBC

Abb. A.9: Anzeige im CTP: die ersten Funktionen in JCT

A.5 CrypTool-Online-Funktionen

CrypTool-Online (kurz CTO) (`https://www.cryptool.org/de/cto/`) ist eine Webseite mit Anwendungen (sogenannten Plugins) zum Testen, Lernen und Entdecken von alter und moderner Kryptografie. Verwendet werden aktuelle Web-Technologien wie React, Chakra UI, Bootstrap und WebAssembly. Technologisches Ziel ist ein responsives Design für alle Gerätegrößen, und gleichzeitig ein übliches Fullscreen-Verhalten für Desktop-Monitore.

Auf der Startseite von CTO (Abb. A.10) können Sie per Suchfeld oder Ikone auswählen, welches Plugin Sie aufrufen möchten.

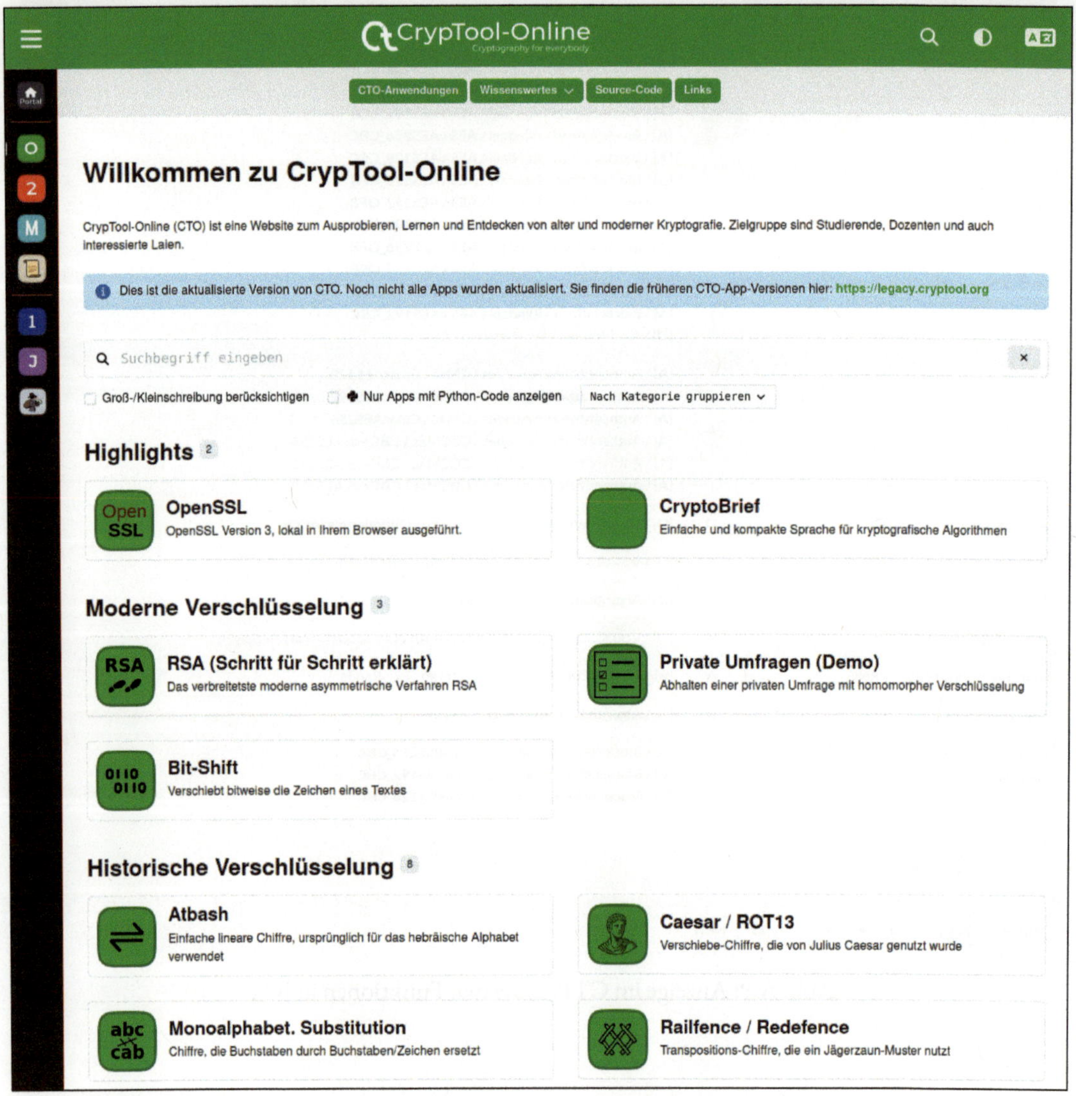

Abb. A.10: Startseite von CTO (Juli 2024)

Abb. A.11 auf der nächsten Seite zeigt den Anfang einer Liste aller Funktionen in CTO. Diese Liste wurde erstellt mit dem folgenden Direktlink: `https://www.cryptool.org/de/functions?tools=cto`

CrypTool Portal
Cryptography for everybody

☐ CrypTool 1 (CT1) ☐ CrypTool 2 (CT2) ☐ JCrypTool (JCT) ☑ CrypTool-Online (CTO)

40 von insgesamt 325 Funktionsgruppen entsprechen dem Auswahlkriterium.

Funktionen	CTO	Pfad in CTO
ADFGX / ADFGVX	X	ADFG(V)X
AES [Analyse]	X	Verteilte AES-Analyse
AES [Visualisierung]	X	AES-Animation AES (Schritt-für-Schritt)
ASCII	X	ASCII
ATBASH	X	ATBASH
Autokorrelation	X	Autokorrelation
Barcode	X	Barcode-Generator
Base64	X	Base64
Beaufort-Chiffre	X	Beaufort
Bit-Shift	X	Bit-Shift
Caesar / Rot-13 [Analyse]	X	Caesar / Rot13
Cipher identifier	X	NCID
Corona / COVID	X	Corona-Tracing
Enigma [Visualisierung]	X	Enigma (Schritt-für-Schritt)
Gronsfeld-Chiffre	X	Gronsfeld
Hill-Chiffre	X	Hill
Huffman	X	Huffman
Häufigkeitstest [Analyse]	X	Grafische Häufigkeitsanalyse
Kamasutra-Chiffre	X	Kamasutra
Morse-Code	X	Morsecode
Multiplikationschiffre	X	Multiplikativ
N-Gramm-Analyse	X	Tabellarische N-Gramm-Analyse
OpenSSL	X	OpenSSL
Porta	X	Porta
Railfence	X	Railfence
Redefence	X	Redefence
Rotationschiffre	X	Rotation
RSA [Visualisierung]	X	RSA (Schritt-für-Schritt)
Skytale	X	Skytale
Steganographie	X	Bacon
Substitution	X	Monoalphabetische Substitution
Transposition (ein-stufige Spaltentransposition)	X	Transposition
Trithemius	X	Trithemius
Vernam	X	Vernam
Vigenère [Analyse]	X	Vigenère-Analyse
Vigenère-Chiffre	X	Autokey Vigenère
Werkzeuge	X	Zahlenkonverter Passwort-Check Passwort-Generator Passwort-Messer
XOR	X	XOR
Zahlenhai (Number Shark, Taxman)	X	Taxman
Zahlentheorie (siehe auch Primzahlen)	X	Msieve-Faktorisierung

Abb. A.11: Anzeige im CTP: die Funktionen in CTO (Stand Jan. 2022)

☐ Case sensitive ☐ Enthält Python-Code

Chiffren 25

ADFG(V)X		Chiffre aus dem 1. Weltkrieg, die substituiert und transponiert
AES (Schritt-für-Schritt)		Das verbreitetste moderne Verschlüsselungs-Verfahren AES
ATBASH		Einfache lineare Chiffre, ursprünglich für das hebräische Alphabet verwendet
Autokey		Variante von Vigenère, die auch Klartext als Schlüssel nutzt
Beaufort		Vigenère-Chiffre, die ein umgedrehtes Alphabet nutzt
Bit-Shift		Verschiebt bitweise die Zeichen eines Textes
Caesar / Rot13	Python	Verschiebechiffre, welche von Julius Caesar genutzt wurde
Einfache Spalten-Transposition	Python	Chiffre, die Spalten des Klartexts untereinander vertauscht
Enigma (Schritt-für-Schritt)		Rotorverschlüsselungsmaschine aus dem 2. Weltkrieg
Gronsfeld		Variante von Vigenère mit einer Zahl als Schlüssel
Hill		Polygrafische Substitution, basierend auf linearer Algebra
Kamasutra		Im Kamasutra (400 v. Chr.) beschriebene Substitutions-Chiffre
Monoalphabet. Substitution	Python	Chiffre, die Buchstaben durch Buchstaben/Zeichen ersetzt
Multiplikativ		Vereinfachte Variante der affinen Chiffre
Porta		Vigenère-Chiffre mit halb so großem Schlüsselraum
RSA (Schritt-für-Schritt)		Das verbreitetste moderne asymmetrische Verfahren RSA
RSA visuell und mehr		Didaktische Aufbereitung von RSA
Railfence		Transpositions-Chiffre, die ein Jägerzaun-Muster nutzt
Redefence		Variante von Railfence, die Zeilen in beliebiger Reihenfolge ausliest
Rotation		Diese Chiffre schreibt Klartext in Blöcke und rotiert sie
Skytale		Chiffre, die Nachrichten auf einen Gürtel schreibt
Trithemius		Vorläufer des Vigenère-Tableaus (mit festem Schlüssel)
Vernam		Verwendet XOR zur Implementierung eines One-Time-Pad (OTP)
Vigenère		Erste starke polyalphabetische Chiffre
XOR		Einzelbits werden XOR-verknüpft (typische Komponente komplexerer Chiffren)

Kodierungen 6

ASCII	Buchstaben werden durch Zahlen des ASCII-Codes ersetzt
Bacon	Codierung, die verschlüsselt und Buchstaben in Sätzen versteckt
Barcode-Generator	Zeichen werden durch verschieden dicke Striche codiert
Base64	Codierung, welche auf einem 64er Zahlensystem basiert
Huffman	Codiert Zeichen mit minimal langen binären Wörtern

Abb. A.12: Anzeige der ersten Funktionen in CTO auf der CTO-Startseite (Feb. 2022)

Teil von CTO sind

- einfache Chiffren wie Caesar und ADFGVX,
- ein Solver für homophone und monoalphabetische Substitutions-Chiffren (`https://www.cryptool.org/de/cto/homophonic-substitution-analyzer/`, siehe Screenshots in Abschnitt 3.5.2.1 auf Seite 175),
- ein Solver für Transpositions-Chiffren (`https://www.cryptool.org/en/cto/transposition-analyzer/`),
- anspruchsvolle Visualisierungen (wie AES mit PixiJS in `https://www.cryptool.org/de/cto/aes-animation`),
- das Zahlenhai-Spiel (`https://www.cryptool.org/de/cto/taxman`)
- ein Passwort-Messer (`https://www.cryptool.org/de/cto/password-meter`),
- eine Demonstration des kryptografischen Protokolls DP-3T (`https://www.cryptool.org/de/cto/corona-tracing` und `https://corona-tracing.cryptool.org/`),
- eine vielfach von Lehrern benutzte didaktische Aufbereitung von RSA (`https://www.cryptool.org/de/cto/rsa-visual`)
- eine Demo des PQC-Algorithmus CRYSTALS-Kyber für Public-Key-Verschlüsselung und Schlüsselaustausch (`https://www.cryptool.org/de/cto/kyber`).
  Siehe Screenshots in Abschnitt 11.12.4 auf Seite 707.
- eine Browser-Implementierung von **CryptoBrief** (ehemals Sunset/FFapl).
  Das CryptoBrief-System abstrahiert von ggf. komplexen kryptografischen Algorithmen, erzwingt aber die mathematische Wohldefiniertheit aller Operationen bei der Implementierung (etwa Division in endlichen Körpern, Addition von Punkten auf elliptischen Kurven). [1] Die in CryptoBrief verwendete Programmiersprache hat sowohl ein starkes Typsystem als auch Kenntnis über typische algebraische Strukturen (wie Restklassengruppen, Ringe, endliche Körper) als native Datentypen. Sie wurde an der Universität Klagenfurt von Prof. Stefan Rass entwickelt. Damit kann man – nach etwas Eingewöhnung – Protokolle und Public-Key-Verfahren so hinschreiben, wie sie in Lehrbüchern notiert werden, denn der Interpreter stellt die algebraische Kompatibilität der Objekte sicher (`https://www.cryptool.org/de/cto/cryptobrief`). Siehe Abb. A.13 auf der nächsten Seite.
- eine auf maschinelles Lernen (KI) gestützte Erkennung des Verschlüsselungstyps, nur durch die Eingabe eines kurzen Geheimtexts (`https://www.cryptool.org/de/cto/ncid`),
- und verschiedene Anwendungen von WebAssembly (wasm), die alle rein lokal im Browser laufen:
  - eine Python-Entwicklungsumgebung (Pyodide), die z. B. in `https://www.cryptool.org/en/cto/monoalpha` benutzt wird,
  - eine Portierung von Msieve nach wasm (`https://www.cryptool.org/de/cto/msieve`),
  - eine Demo für eine Umfrage (wie Doodle), basierend auf einem FHE-Algorithmus (voll homomorphe Verschlüsselung) aus der wasm-Bibliothek node-seal (`https://www.cryptool.org/de/cto/he-poll`),
  - die erste Portierung von OpenSSL 3 nach wasm, genannt „OpenSSL for Web“ (`https://www.cryptool.org/de/cto/openssl` und `https://wiki.openssl.org/index.php/Binaries`). Siehe Abschnitt A.8 auf Seite 819.

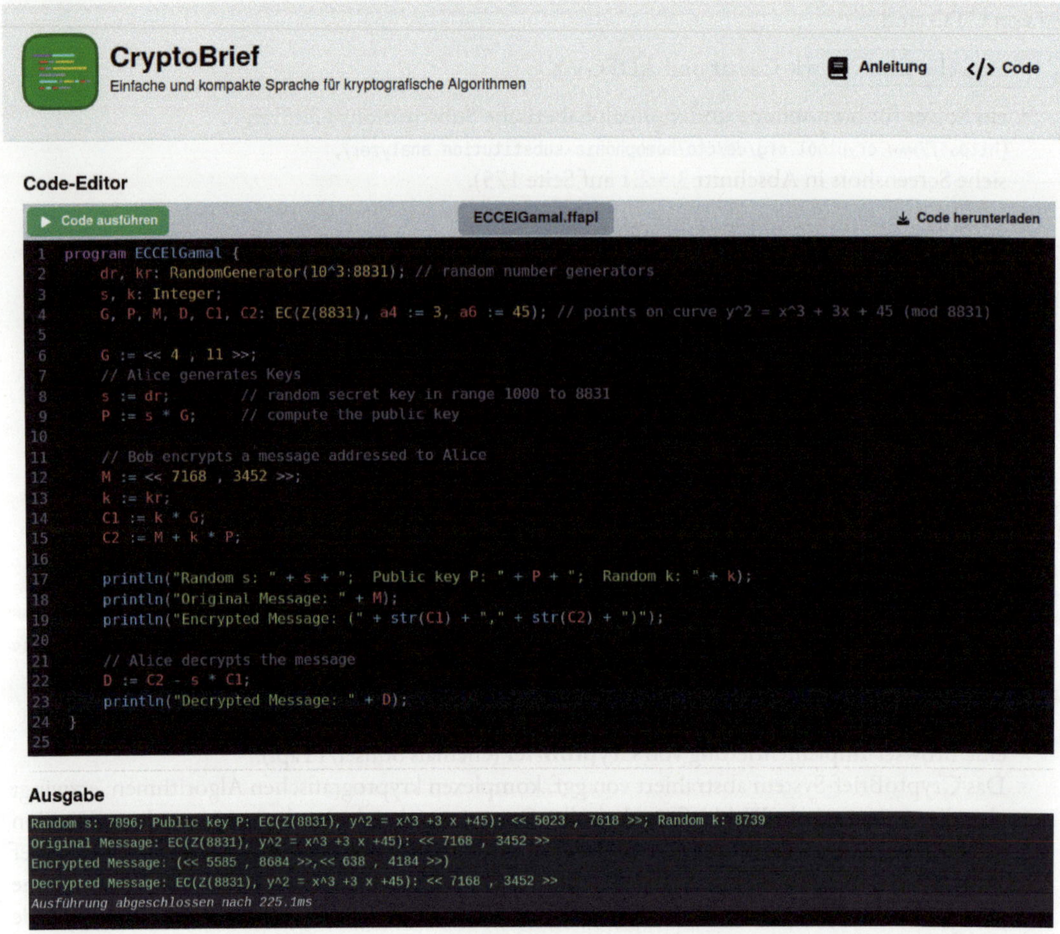

Abb. A.13: CryptoBrief mit Code zur Ausführung von ECC ElGamal im Editorfenster (Okt. 2024)

FFapl (Finite Field Application Language), die in CryptoBrief verwendete Programmiersprache, erzwingt aus didaktischen Gründen, dass Programme drei Teile des Programms trennen müssen: zuerst die Deklaration der Konstanten, dann die Deklaration der Variablen und dann der prozedurale Teil. Das bedeutet, dass Sie innerhalb des Deklarationsteils keinen „println()“-Befehl verwenden können.

A.6 Lernprogramm Elementare Zahlentheorie

Enthalten in CT1 ist ein interaktives Lernprogramm zur elementaren *Zahlentheorie*, genannt ZT.[6]

Das Lernprogramm ZT (Zahlentheorie) ist von Martin Ramberger und führt in die Zahlentheorie ein, indem es viele der Verfahren und Konzepte visualisiert. Wo nötig zeigt es auch die entsprechenden mathematischen Formeln. Oftmals können die mathematischen Verfahren dynamisch mit eigenen kleinen Zahlenbeispielen ausprobiert werden.

ZT gibt es in Deutsch und Englisch.

Die Inhalte basieren vor allem auf den Büchern von [2] und [3].

Dieses visualisierte Lernprogramm wurde mit Authorware 4 erstellt.[7]

Bitte um Portierung: Eine Portierung auf eine andere Entwicklungsplattform wäre wünschenswert. Wenn sich hierzu Interessenten finden, würde ich mich sehr freuen (bitte E-Mail an den Editor des CrypTool-Buchs). Moderne Web-Technologie ist inzwischen dafür gut geeignet.

Abbildungen: Die Abbildungen A.14 bis A.21 vermitteln einen Eindruck von ZT.

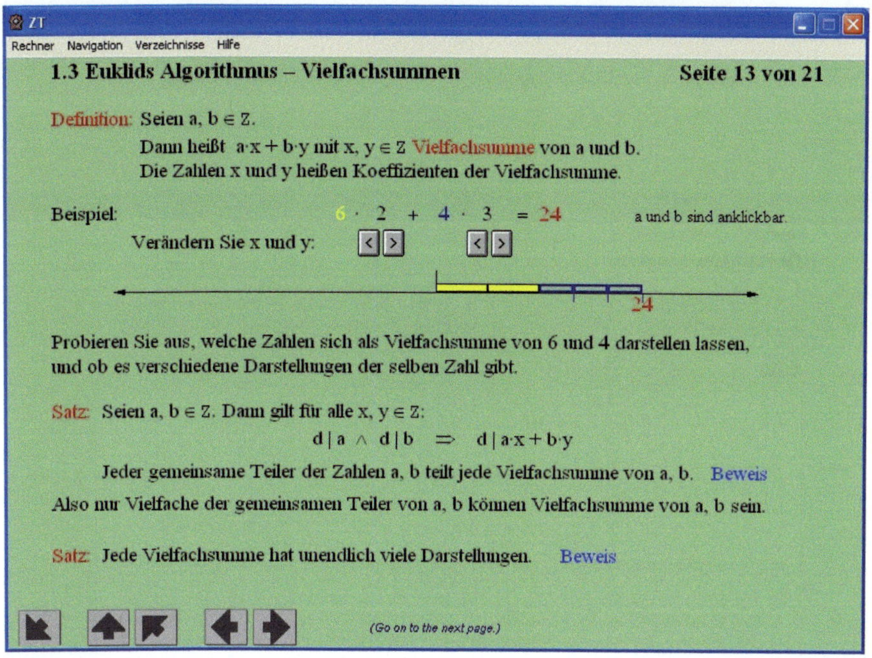

Abb. A.14: Jeder gemeinsame Teiler zweier Zahlen teilt auch alle ihre Linearkombinationen

[6] ZT können Sie per `CT1 Einzelverfahren ▷ Zahlentheorie interaktiv ▷ Lernprogramm für Zahlentheorie` aufrufen

[7] Da Authorware veraltet ist und der Hersteller keine Portierungswerkzeuge auf seine Nachfolgeprodukte zur Verfügung stellte, wird das ZT-Programm nicht mehr weiter entwickelt.

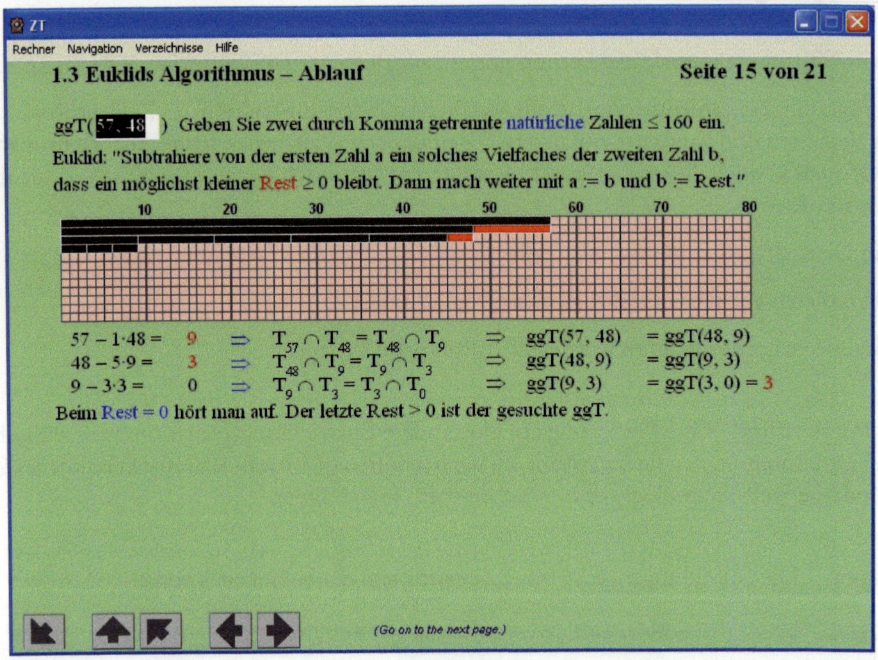

Abb. A.15: Euklids Algorithmus zur Bestimmung des ggT

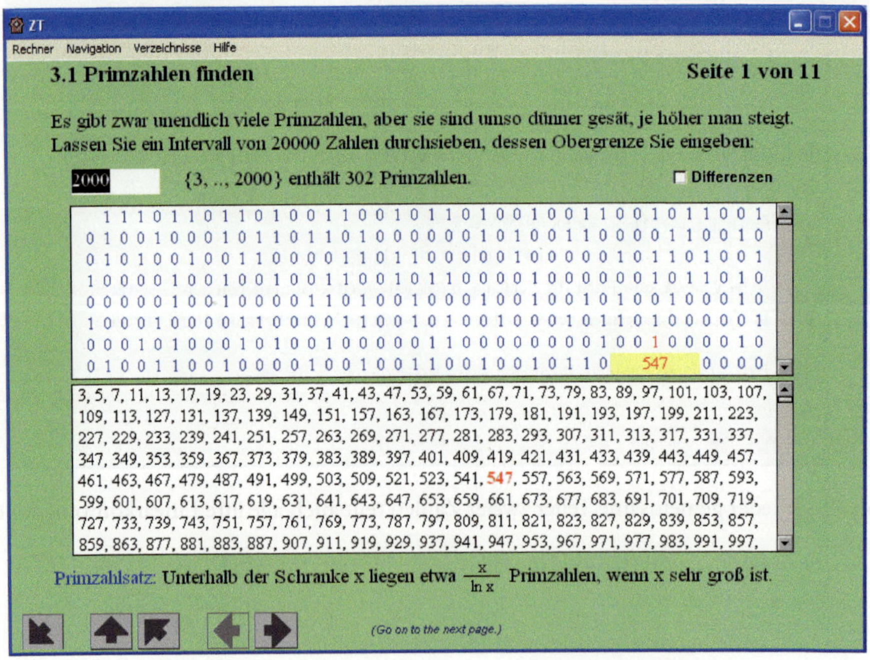

Abb. A.16: Verteilung der Primzahlen und ihrer Differenzen

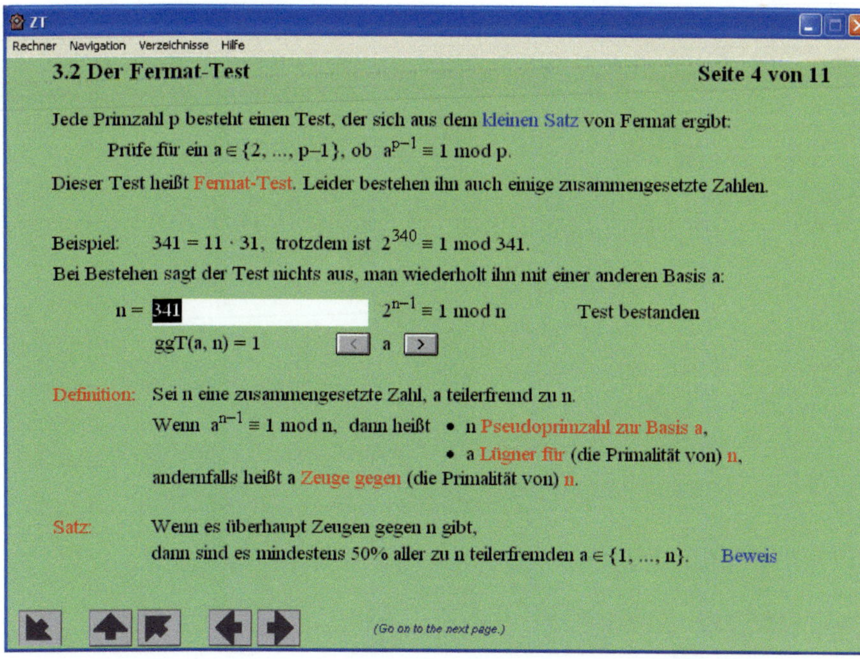

Abb. A.17: Primzahlen finden mit dem Primzahltest nach Fermat

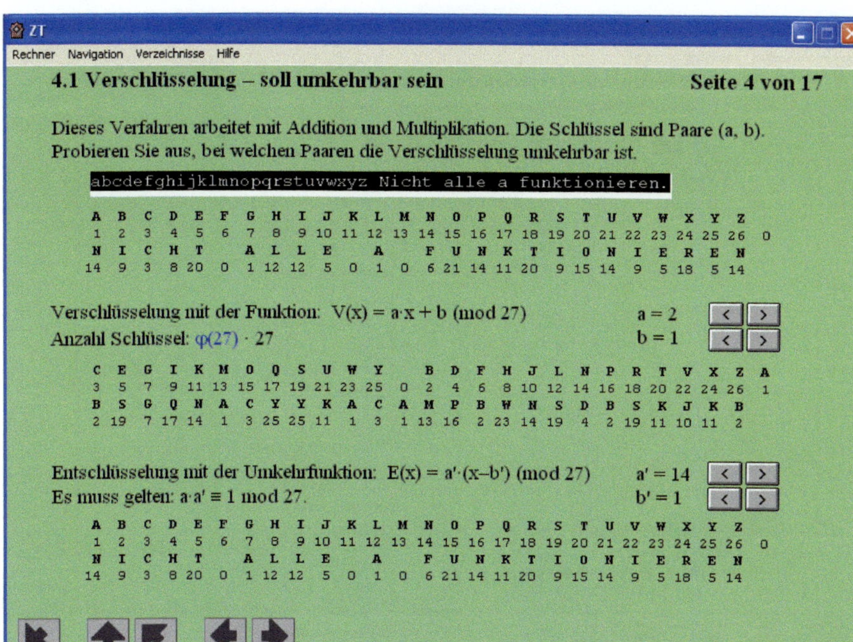

Abb. A.18: Umkehrbarkeit von Verschlüsselungsalgorithmen am Beispiel additiver Chiffren

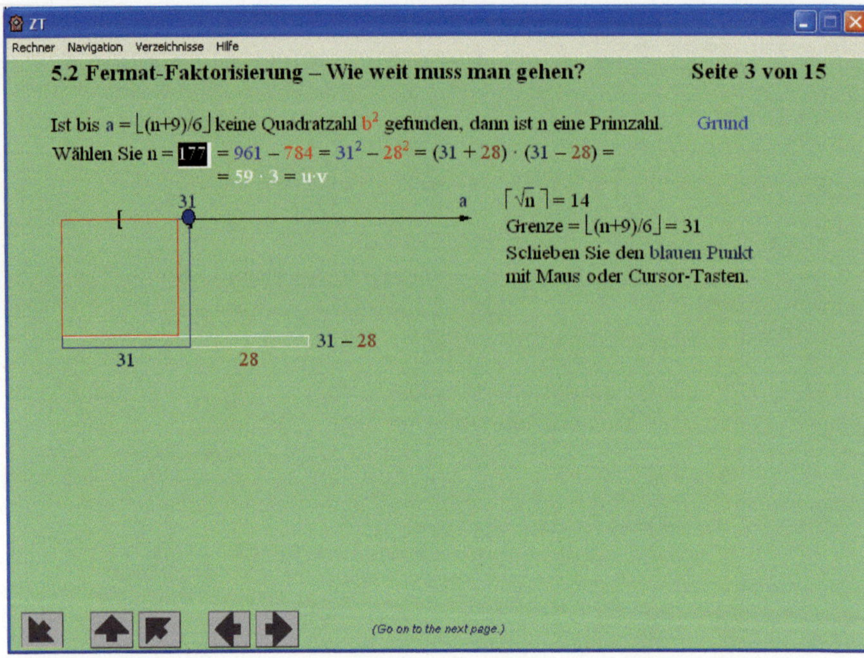

Abb. A.19: Fermat-Faktorisierung m.H. der 3. Binomischen Formel

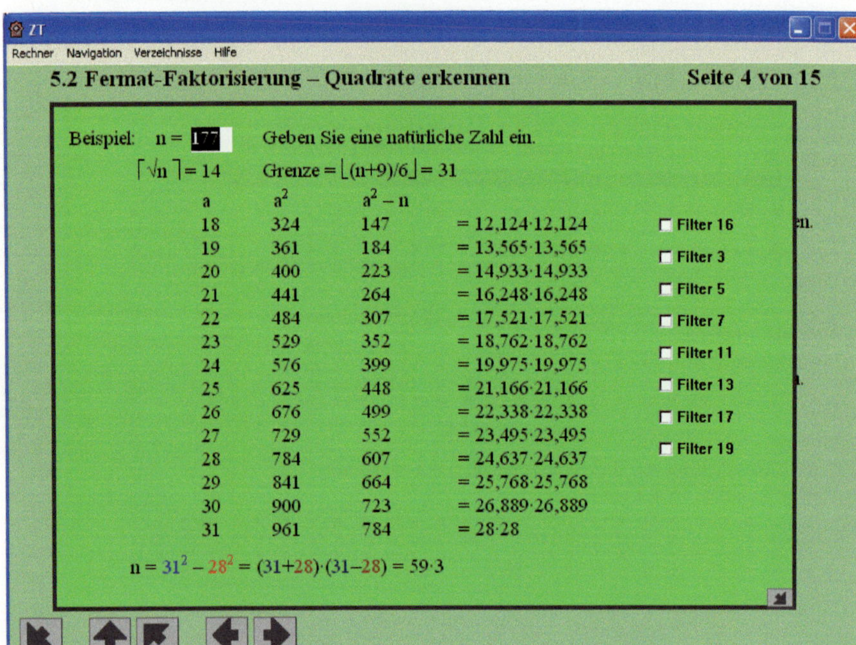

Abb. A.20: Fermat-Faktorisierung: Quadrate erkennen

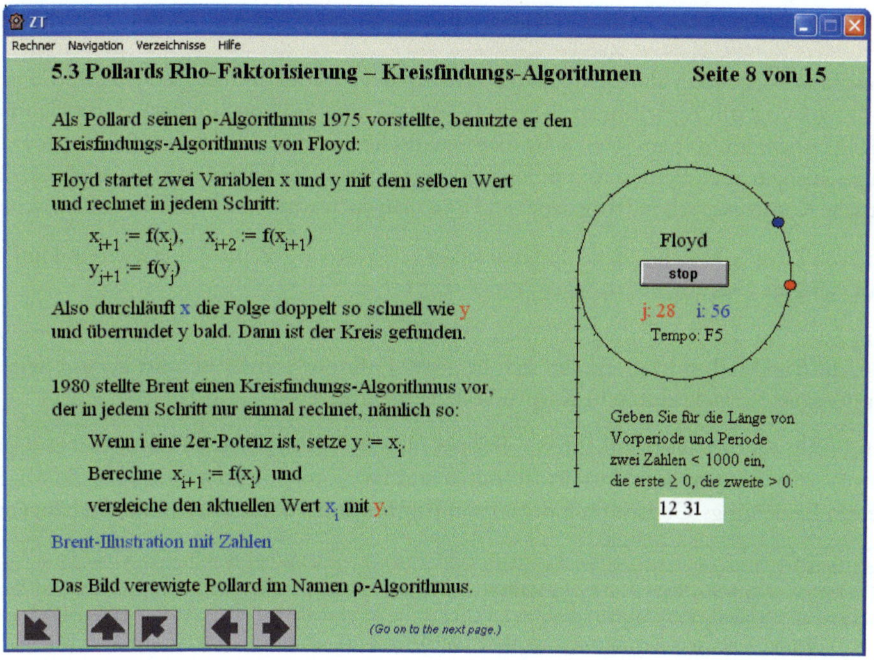

Abb. A.21: Pollard-Rho-Faktorisierung: Kreisfindungsalgorithmus nach Floyd

A.7 Einführung in das CAS SageMath

Dieses Kapitel, das als Anhang zum CrypTool-Buch konzipiert wurde, beschreibt vor allem das Ökosystem von SageMath, also wie benutzt man SageMath in verschiedenen Umgebungen und wie spielen diese zusammen. Einsteiger sind von den vielen Varianten oft verwirrt – hier hilft dieses Kapitel mit Beispielen und einem systematischen Überblick, der in den Tabellen A.1 und A.2 zusammengefasst wird.

Das CrypTool-Buch enthält zahlreiche mit SageMath erstellte Programmbeispiele. Dieser Anhang kann aber auch eigenständig als Einführung in SageMath gelesen werden. SageMath ist ein Computer-Algebra-System (CAS) wie Mathematica, Maple oder MATLAB. SageMath wird für Lehre, Studium und Forschung eingesetzt. Es kombiniert viele weitere hochwertige Open-Source-Pakete[8] und liefert den Zugang zu deren Funktionalität über ein gemeinsames, auf der Programmiersprache Python basierendes Interface.[9]

SageMath ist kostenlos und kann von folgender Webseite herunter geladen werden:

`https://www.sagemath.org`

Verwendung findet SageMath als mächtiger Taschenrechner; als Tool für das Mathematikstudium; als Programmier-Umgebung, um Algorithmen zu prototypen und um Forschung im Bereich der algorithmischen Aspekte der Mathematik zu betreiben. Statt mathematische Aufgaben mit SageMath zu programmieren, kann man genausogut auch Python und Bibliotheken benutzen. Der Vorteil von SageMath ist, dass etliche mathematische Konstrukte schon fertig dabei sind und man auch symbolische Mathematik machen kann.[10]

Einen schnellen Einstieg bieten z. B. die Referenzen in Fußnote 11.[11] Zum Weiterlesen sind in Fußnote 12 beispielhaft vier gute Dokumente zu SageMath genannt.[12]

Auch beim Studium der Kryptologie können SageMath-Module genutzt werden.[13] Kryptografie-Einführungen, die SageMath nutzen, finden sich in dieser Fußnote[14]. In Abschnitt 2.9 auf Seite 114 sind SageMath-Beispiele für viele klassische Krypto-Verfahren enthalten.

Diese Einführung zeigt vor allem anhand von Beispielen, was SageMath leisten kann, aber es zeigt auch die Umgebungen, also wie man SageMath im Terminal und im Notebook verwendet; wie die von SageMath mitgelieferten Bedienungs-Controls mit denen von Jupyter und Matplotlib zusammen hängen; oder wie

[8] Normalerweise installiert man nur die Binaries von SageMath. Compiliert man es selbst, erhält man einen Eindruck von der Größe von SageMath: Die heruntergeladenen Sourcen von SageMath 4.1 brauchten zur Compilierung auf einem durchschnittlichen Linux-PC rund 5 h (inklusive aller Bibliotheken). Danach nahm es 1,8 GB Plattenplatz ein. Bei SageMath 9.0 war das bz2-File rund 2 GB, und ausgepackt $>$ 7 GB groß. Die Compilierung von SageMath 10.3 dauerte bei mir unter Ubuntu 22.04 rund 40 min – anhand der Anweisungen von `https://sagemanifolds.obspm.fr/install_ubuntu.html`.

[9] Es gibt auch ein Interface für die Sprache C, genannt Cython, mit dem man eigene Funktionen in SageMath beschleunigen kann. Siehe `https://openwetware.org/wiki/Open_writing_projects/Sage_and_cython_a_brief_introduction`.
SageMath läuft unter den Betriebssystemen Linux, macOS und Windows. Seit SageMath-Version 8 gibt es einen eigenen Windows-Installer; seit SageMath 9 (released am 1.1.2020) nutzt SageMath Python 3 (statt Python 2).

[10] `https://doc.sagemath.org/html/en/reference/calculus/sage/calculus/calculus.html`

[11]
- *The SDSU Sage Tutorial*,
  `https://mosullivan.sdsu.edu/sagetutorial/`
  `https://mosullivan.sdsu.edu/sagetutorial/sagecalc.html`
- *Sage Quick Reference Cards*, `https://wiki.sagemath.org/quickref`

[12]
- „Bibliothek“: `https://www.sagemath.org/library.html`,
- *Dokumentationsprojekt*: `https://wiki.sagemath.org/DocumentationProject`,
- *Lehrmaterial*: `https://wiki.sagemath.org/Teaching_with_SAGE`,
- „Sage als Taschenrechner im Gymnasium“: `https://doc.sagemath.org/html/de/thematische_anleitungen/sage_gymnasium.html`. Dies ist ein sehr guter Einstieg.

[13]
- Überblick, welche Kryptografie momentan in SageMath enthalten ist:
  `https://doc.sagemath.org/html/en/reference/cryptography/index.html`
- Lernaspekte beim Entwickeln weiterer Krypto-Module in SageMath:
  `https://groups.google.com/g/sage-devel/c/xVcsTY1C0IE`

[14]
- Ein ganzer Kryptografie-Kurs von David Kohel aus 2015: `https://www.sagemath.org/files/kohel-book-2008.pdf`
- *Introduction to Cryptography with Open-Source Software*, ein hervorragendes Buch von Alasdair McAndrew, CRC, 2011

LaTeX und SageMath zusammen wirken können. Diese Gesamtschau fehlte in vielen anderen Einführungen. Ergänzt wird es mit vielen kommentierten Verweisen, die sich als nützlich für Lehre und Lernen erwiesen.

Alle SageMath-Beispiele dieser Einführung sind auf der CrypTool-Website zu finden:
`https://www.cryptool.org/de/ctbook/sagemath`

A.7.1 Die drei üblichen SageMath-Benutzerschnittstellen

Tabelle A.1 führt drei Arten auf, wie SageMath meist genutzt wird: für das Terminal und das Jupyter-Notebook jeweils zwei (lokale) Arten und zwei Beispiele per Webseite.[15]

1) Terminal-basiert	a) Sage-Konsole	$ sage sage: factor(35) sage: ... sage: attach datei.sage	Text-Ausgabe in die Zeilen nach dem Kommando. Grafik-Ausgabe in eine Datei.
	b) Sage-Programm	$ sage skript.sage	
2) Jupyter-Notebook	a) ausgeführt im Browser	Starten des Kernels: $ sage -n jupyter <datei.ipynb>	Text- und Grafik-Ausgabe in die Zellen-Ausgabe. Grafik-Ausgabe auch in eine Datei.
	b) per VS Code		
3) Externe Webseite	Per Browser Remote-Zugriff auf eine externe Webseite	https://sagecell.sagemath.org/ oder https://cocalc.com/	Ausgabe im Browser

Tab. A.1: Überblick über die SageMath-Aufrufmöglichkeiten (Benutzerschnittstellen)

1. Die erste Benutzer-Schnittstelle ist **Kommandozeilen**- oder **Terminal**-basiert (siehe Abb. A.22 auf der nächsten Seite). Dies wird normalerweise verwendet, wenn man SageMath lokal installiert hat.

   Von der Kommandozeile (Terminal, Shell) des Betriebssystems aus hat man zwei Möglichkeiten:[16]

   a) Entweder wird die interaktive Sage-Konsole (`sage:`)[17] aufgerufen. Textausgaben erscheinen unterhalb des eingegebenen Befehls. Wenn Sie hier eine grafische Ausgabe generieren, erzeugt SageMath eine Datei und ruft asynchron ein Bildverarbeitungs-Programm auf, um das Bild anzuzeigen.

   b) Als zweite Möglichkeit im Terminal kann man SageMath-Programme (`Skripte`) schreiben und diese wie eine Batchdatei ausführen (`$ sage skript.sage`). Dies wird genutzt für längere Berechnungen und typische Aufgaben in Programmen.

2. Zweitens gibt es für SageMath auch eine grafische Benutzeroberfläche (genannt Notebook). Am beliebtesten sind heutzutage das **Jupyter-Notebook** und das modernere **JupyterLab** (siehe Abb. A.23). Diese Möglichkeit ist gut geeignet für interaktive oder didaktische Aufgaben, und wird häufig auch von den Datenanalysten benutzt. Jupyter-Notebooks sind ähnlich zum REPL-Modell (Read-Evaluate-Print-Loop). Mehr zu Jupyter findet man im Abschnitt A.7.7.2 auf Seite 800 und in A.7.4 auf Seite 789.

[15] Siehe `https://doc.sagemath.org/html/en/installation/launching.html`.
[16] Die Unterschiede sind zusammengefasst in Abschnitt 5.12.5.4 auf Seite 323.
[17] `https://doc.sagemath.org/html/de/tutorial/interactive_shell.html`

Die zwei häufigsten Varianten, ein Jupyter-Notebook zu nutzen, sind:

a) im Browser

b) in Visual Studio Code (abgekürzt VS Code oder VSC)

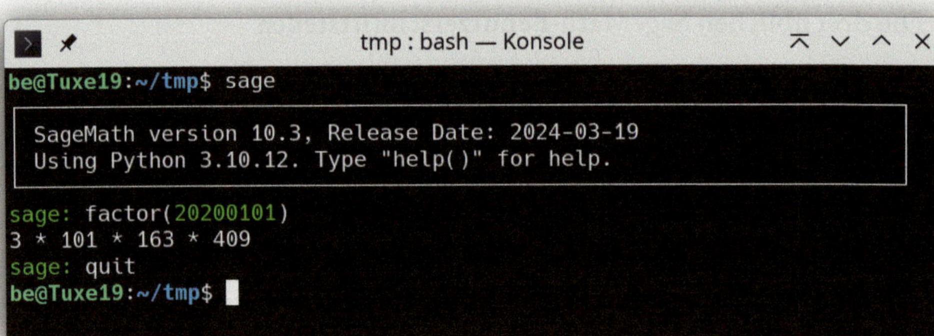

Abb. A.22: SageMath-Konsole von der Kommandozeile (Terminal)

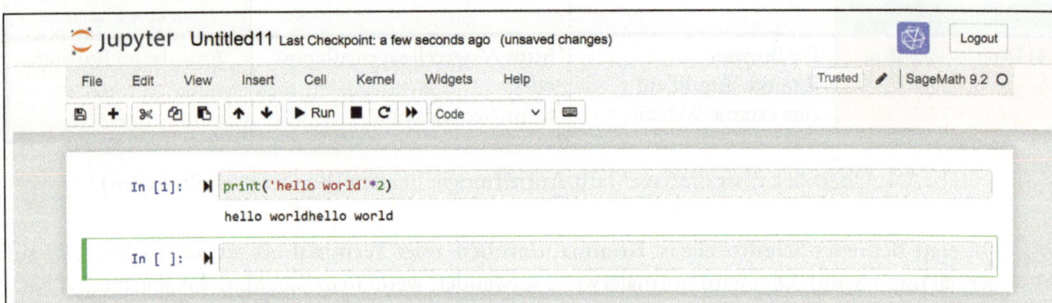

Abb. A.23: Ausführen einer sage-Datei mit dem Jupyter-Notebook im Browser (JupyterLab sieht ähnlich aus)

Anmerkung 1: VS Code mit selbstgebauter SageMath-Installation

Baut man sich seine SageMath-Installation selbst, bspw. weil die vorhandenen Binaries in den Distributionen nicht neu genug sind[18] und hat noch eine alte SageMath-Version installiert, kann es vorkommen, dass VS Code als möglichen Kernel nur die alte Sage-Version anzeigt.

Wird der neue Kernel in VS Code nicht aufgeführt, kann man folgendermaßen vorgehen. Voraussetzung, um das zu beheben: Der Kernel (Jupyter-Server) ist gestartet per `$ sage -n jupyter`. Man klickt auf die Kernel-Ikone (oder klickt Strg+Shift+P und wählt „Select Kernel"). Dann wählt man nacheinander: `Select Another Kernel --> Existing Jupyter Server` und gibt die URL des laufenden Jupyter-Servers ein, bspw. `http://127.0.0.1:8888/tree?token=...` Danach steht auch der aktuelle SageMath-Kernel (bspw. 10.3) zur Verfügung.

[18] Im Mai 2024 gab es auf macOS per brew die SageMath-Release-Version 10.3, aber unter Ubuntu hatte das neueste Pre-Built Binary nur die Version 9.5. Auch im Windows Subsystem for Linux WSL bekam man 9.5 (die früheren Pre-Built-Binaries für Windows auf Basis von Cygwin sind veraltet). Siehe auch `https://doc.sagemath.org/html/en/installation/`.

Anmerkung 2: SageMath-Funktionen in einer Python-Datei nutzen

Wenn SageMath lokal installiert ist, kann man in einer Python-Datei auch SageMath-Funktionen nutzen. Dazu fügt man `from sage.all import *` an den Anfang der Python-Datei ein. Die Operatoren bleiben aber die von Python, d. h. ** bewirkt Exponentiation und ^ bedeutet XOR; während bei SageMath ^ die Exponentiation bewirkt. Ein Minimalbeispiel (`test_sage-in-py-file.py`) dazu finden Sie auf der CrypTool-Webseite: `https://www.cryptool.org/de/ctbook/sagemath/`.

Anmerkung 3: Evtl. Zukunft: SageMath rein lokal im Browser

Es gibt erste Versuche, auch eine WebAssembly-basierte Version von SageMath zu erstellen, so dass SageMath auch im Browser lokal laufen kann (also nicht nur das Frontend, sondern auch der Kernel). Von in SageMath genutzten Bibliotheken gibt es schon WebAssembly-basierte Versionen, die man im Internet ausprobieren kann, z. B. von Pari-GP: `https://github.com/sagemathinc/wasm-pari`.

A.7.2 Beispiele für in SageMath eingebaute mathematische Funktionen

Nachdem die grundsätzlichen Möglichkeiten der Installation und Nutzung von SageMath gezeigt wurden, soll kurz beschrieben werden, was SageMath bietet. SageMath-Beispiele A.7.1 und A.7.2 auf dieser Seite und auf der nächsten Seite zeigen exemplarisch, was man auf der Kommandozeile mit SageMath machen kann.[19]

SageMath-Beispiel A.7.1 enthält Aufrufe zum Umgang mit Zahlen (z. B. Länge bestimmen), aus der Zahlentheorie (z. B. Primzahlen, zu einer gegebenen Zahl teilerfremde Zahlen oder auch Primitivwurzeln finden), der Trigonometrie und dem Umgang mit Polynomen (Analysis, symbolische Ausdrücke).

Interessant ist, wie SageMath mit symbolischen Ausdrücken umgeht. Wenn Sie eine mathematische Funktion als symbolischen Ausdruck mit symbolischen Variablen definieren, kann SageMath unterscheiden zwischen „Argumenten" als unabhängigen Variablen einerseits und Parametern, also Variablen, von denen erwartet wird, dass sie feste Werte annehmen, andererseits.

SageMath-Beispiel A.7.1: Kleine Beispiele aus verschiedenen Gebieten der Mathematik (1)

```
print("\n# SageAppendix--SAMPLE 010: =========")

# Allgemein: Bestimmen der Länge der dezimalen und der binären Darstellung von 26!
# General: Determine the length of the decimal and the binary representation of 26!

print("14.digits():", 14.digits())  # Show the digits of an integer number

b=factorial(26)
print("Factorial b:", b)
print("Factorial b.n():", b.n())
print("Factorial b.n(prec=16):", b.n(prec=16))
print("Factorial b.ndigits():", b.ndigits())
print("Factorial b.ndigits(base=2):", b.ndigits(base=2))
print("Factorial b.nbits():", b.nbits())

# Zahlentheorie / Number theory:
print("\n14.coprime_integers(max=16):", 14.coprime_integers(16))
i=randint(2^49,2^50); p=next_prime(i)
print("Next prime of %d: p=%d" % (i,p))
# p=1022095718672689 # for testing
r=primitive_root(p)
print("Primitive_root(p):", r)
pl=log(mod(10^15,p),r)
print("pl:", pl)
print("mod(r,p)^pl", mod(r,p)^pl)
```

[19] Diese Beispiele stammen größtenteils aus einem nicht mehr existierenden Blog von Alasdair McAndrew.

Fortsetzung SageMath-Beispiel A.7.1

```
# Trigonometrie (SageMaths Trigonometrie-Funktionen nutzen Bogenmaß statt Grad; pi=180°)
# Trigonometry (Sage's trigonometry functions use radians instead of degrees; pi=180°)
print("\nsin(pi/6):", sin(pi/6)) # 30° (Grad / degrees)

# Analysis (Infinitesimalrechnung) / Calculus // Symbolic expression:
# x=var('x')
var('a, x') # symbolic variables (can be parameters or independent variables)
p1=a*exp(x^2)
print("\nExpression p1: ", p1)
p2=diff(p1,x,10) # compute tenth derivative
print("Expression p2: ", p2)
p(x)=diff(p1,x,10)*exp(-x^2) # via "(x)" only x is considered independent variable
print("Expression p: ", p)
print("Polynom p simplified:", p.simplify_full())# now a polynomial since exp canceled out
print("Variables in p: {0}; Arguments in p: {1}".format(
    p.variables(), p.arguments())) # an "argument" is an independent variable
print("Type of p: {0}".format(type(p)))

#------------------------------------
# SageAppendix--SAMPLE 010: =========
# 14.digits(): [4, 1]
# Factorial b: 403291461126605635584000000
# Factorial b.n(): 4.03291461126606e26
# Factorial b.n(prec=16): 4.033e26
# Factorial b.ndigits(): 27
# Factorial b.ndigits(base=2): 89
# Factorial b.nbits(): 89
#
# 14.coprime_integers(max=16): [1, 3, 5, 9, 11, 13, 15]
# Next prime of 816414536954577: p=816414536954609
# Primitive_root(p): 3
# pl: 171454160901578
# mod(r,p)^pl 183585463045391
#
# sin(pi/6): 1/2
#
# Expression p1:  a*e^(x^2)
# Expression p2:  1024*a*x^10*e^(x^2) + 23040*a*x^8*e^(x^2) + 161280*a*x^6*e^(x^2) + 403200*a*x^4*e^(x^2) + 30▶
▶2400*a*x^2*e^(x^2) + 30240*a*e^(x^2)
# Expression p:  x |--> 32*(32*a*x^10*e^(x^2) + 720*a*x^8*e^(x^2) + 5040*a*x^6*e^(x^2) + 12600*a*x^4*e^(x^2) +▶
▶ 9450*a*x^2*e^(x^2) + 945*a*e^(x^2))*e^(-x^2)
# Polynom p simplified: 1024*a*x^10 + 23040*a*x^8 + 161280*a*x^6 + 403200*a*x^4 + 302400*a*x^2 + 30240*a
# Variables in p: (a, x);  Arguments in p: (x,)
# Type of p: <class 'sage.symbolic.expression.Expression'>
```

SageMath-Beispiel A.7.2 enthält Aufrufe aus der Linearen Algebra (LA) und Funktionen zu endlichen Körpern.

Vektoren werden in der linearen Algebra manchmal als Zeilenvektoren und manchmal als Spaltenvektoren dargestellt. Beide Darstellungen sind äquivalent und treten in der mathematischen Literatur auf. SageMath kann mit beiden Darstellungen umgehen, da es mit sog. „generischen“ Vektoren arbeitet. Definiert man etwa einen Vektor `v=vector([1,2])` und eine Matrix `A=([[3,4],[5,6]])`, so kann man v sowohl von links als auch von rechts an A multiplizieren. Der Ausdruck $A*v$ verwendet v als Spaltenvektor und $v*A$ verwendet v als Zeilenvektor. Der Vektor muss nur die richtige Länge haben. Um einen expliziten Zeilenvektor aus einem „generischen“ Vektor zu erstellen, verwenden Sie einfach die Methode `row()`. Das Ergebnis hat dann aber den Typ `Matrix`. Und nur auf den Typ Matrix kann man die `transpose()`-Methode anwenden. Gibt man `v.transpose()` ein, erhält man eine Fehlermeldung – bei `v.row().transpose()` dagegen nicht.

SageMath-Beispiel A.7.2: Kleine Beispiele aus verschiedenen Gebieten der Mathematik (2)

```
print("\n# SageAppendix--SAMPLE 020: =========")

# Lineare Algebra / Linear algebra:

u = zero_vector(SR, 10)  # create a zeros vector (Nullvektor); SR = Symbolic Ring
print("Zero vector u:\n", u, sep="")

O = matrix.ones(SR, 2, 10)  # create 2 ones vectors. As there is no function like ones_vector(),
                            # define the vector as the first row of a matrix of ones, or
print("Ones matrix O:\n", O, sep="")

v = vector(SR, [1]*10)  # [1]*10 is the Python way to construct a list with 10 repeats of 1.
print("Ones vector v:\n", v, sep="")

M=matrix([[1,2,3],[4,5,6],[7,8,10]])
print("M echo:\n", M.echelon_form(), sep="")  # show the echelon basis matrix

c=random_matrix(ZZ,3,1)
print("Random vector c:\n", c, sep="")
print("Random vector c.transpose():\n", c.transpose(), sep="")
b=M*c
print("Matrix * vector: b = M*c:\n", b, sep="")
print("Using inverse matrix M^-1 * b:\n", M^-1*b, sep="")

A = matrix([[1,1,0],[0,2,0], [0,0,3],])  # 3*3
print("A:", type(A))
print("rows:", A.nrows()) # 3  # find out the number of rows of a matrix
print("cols:", A.ncols()) # 3  # find out the number of cols of a matrix
print("A echo:\n", A.echelon_form(), sep="")  # show the echelon basis matrix

v = A.column(1)  # (1, 2, 0)  # get the 2nd column (results in a 3*1 vector)
print("v:", type(v))
print("len(v):", v.length()) # Alternative: len(v)
print(v)

print("A*v:", A * v)  # (3, 4, 0) # results in a 3*1 vector
print("v*A:", v * A)  # (1, 5, 0) # results in a 1*3 vector

r = v.row()  # [1 2 0]   # REMARK: Vector.row() and .column() create a matrix type
print("r:", type(r))
print("r=v.row():", r)   # Remark: len(r) doesn't work, as r is a matrix (1*3)
c = r.transpose()  # [1] [2] [0]   # REMARK: r,c are type matrix (not vector).
print("c:", type(c))
print("c=transposed r:\n", c, sep='')

# vector multiplication
print("r*c:", r * c)  # [5]
print("c*r:\n", c * r, sep='')  # [1 2 0] [2 4 0] [0 0 0]

# multiplication of matrix and vector (explicit a row or col one)
# What does not work is:  A * r  and  c * A
print("r*A:", r * A)  # (1, 5, 0) # results in a 1*3 vector
print("A*c:\n", A * c, sep='')  # (3, 4, 0) # results in a 3*1 vector

# Create LaTeX command to typset a matrix equation
# print('$$ A*c=b: %s * %s = %s $$'%(latex(A), latex(c), latex(A*c)))

# Endliche Körper (\url{http://de.wikipedia.org/wiki/Endlicher_K%C3%B6rper})
# Finite Fields (\url{http://en.wikipedia.org/wiki/Finite_field})
F.<x>=GF(2)[]
G.<a>=GF(2^4,name='a',modulus=x^4+x+1)
print("\nIn GF: a^2/(a^2+1): ", a^2/(a^2+1))
print("a^100:                ", a^100)
print("log(a^2,a^3+1):       ", log(a^2,a^3+1))
print("(a^3+1)^13:           ", (a^3+1)^13)

#------------------------------------
# SageAppendix--SAMPLE 020: =========
# Zero vector u:
# (0, 0, 0, 0, 0, 0, 0, 0, 0, 0)
# Ones matrix O:
# [1 1 1 1 1 1 1 1 1 1]
```

Fortsetzung SageMath-Beispiel A.7.2

```
# [1 1 1 1 1 1 1 1 1 1]
# Ones vector v:
# (1, 1, 1, 1, 1, 1, 1, 1, 1, 1)
# M echo:
# [1 2 0]
# [0 3 0]
# [0 0 1]
# Random vector c:
# [-1]
# [ 0]
# [-5]
# Random vector c.transpose():
# [-1  0 -5]
# Matrix * vector: b = M*c:
# [-16]
# [-34]
# [-57]
# Using inverse matrix M^-1 * b:
# [-1]
# [ 0]
# [-5]
# A: <class 'sage.matrix.matrix_integer_dense.Matrix_integer_dense'>
# rows: 3
# cols: 3
# A echo:
# [1 1 0]
# [0 2 0]
# [0 0 3]
# v: <class 'sage.modules.vector_integer_dense.Vector_integer_dense'>
# len(v): 3
# (1, 2, 0)
# A*v: (3, 4, 0)
# v*A: (1, 5, 0)
# r: <class 'sage.matrix.matrix_integer_dense.Matrix_integer_dense'>
# r=v.row(): [1 2 0]
# c: <class 'sage.matrix.matrix_integer_dense.Matrix_integer_dense'>
# c=transposed r:
# [1]
# [2]
# [0]
# r*c: [5]
# c*r:
# [1 2 0]
# [2 4 0]
# [0 0 0]
# r*A: [1 5 0]
# A*c:
# [3]
# [4]
# [0]
#
# In GF: a^2/(a^2+1):  a^3 + a
# a^100:               a^2 + a + 1
# log(a^2,a^3+1):      13
# (a^3+1)^13:          a^2
```

A.7.3 Hilfe beim Benutzen von SageMath

Wenn man SageMath auf der Kommandozeile startet und `help()` eingibt, erhält man Ausgaben wie in SageMath-Beispiel A.7.3:

SageMath-Beispiel A.7.3: SageMath-Hilfe (Welcome)

```
sage: help()
Welcome to Sage 10.3!

To view the Sage tutorial in your web browser, type "tutorial()", and
to view the (very detailed) Sage reference manual, type "manual()".
For help on any Sage function, for example "matrix_plot", type
"matrix_plot?" to see a help message, type "help(matrix_plot)" to see
a very similar message, type "browse_sage_doc(matrix_plot)" to view a
help message in a web browser, and type "matrix_plot??" to look at the
function's source code.

(When you type something like "matrix_plot?", "help(matrix_plot)", or
"matrix_plot??", Sage may start a paging program to display the
requested message. Type a space to scroll to the next page, type "h"
to get help on the paging program, and type "q" to quit it and return
to the "sage:" prompt.)

For license information for Sage and its components, read the file
"COPYING.txt" in the top-level directory of the Sage installation,
or type "license()".

To enter Python's interactive online help utility, type "python_help()".
To get help on a Python function, module or package, type "help(MODULE)" or
"python_help(MODULE)".
```

A.7.3.1 Hilfe von Webseiten

Die offizielle SageMath-Dokumentation (`https://doc.sagemath.org/html/en/`) wird mit jedem Release von SageMath verteilt (siehe Abb. A.24). Dazu gehören folgende Dokumente:

- Tutorial – Das Tutorial ist für SageMath-Einsteiger. Es ist dafür gedacht, sich in ein bis drei Stunden mit den wichtigsten Funktionen vertraut zu machen.
- Constructions – Dieses Dokument ist im Stil eines „Kochbuchs“ mit einer Sammlung von Antworten auf Fragen zur Konstruktion von SageMath-Objekten.
- Developers’ Guide – Dieser Führer ist für Entwickler, die selbst SageMath mit weiter entwickeln wollen. Enthalten sind darin z. B. Hinweise zum Stil und zu Konventionen beim Programmieren, zur Modifikation von SageMath-Kern-Bibliotheken oder von SageMath-Standard-Dokumentation, und zum Code-Review und zur Software-Verteilung.
- Reference Manual – Dieses Handbuch enthält die komplette Dokumentation aller wichtigen SageMath-Funktionen. Zu jeder Klassen-Beschreibung gibt es normalerweise mehrere Code-Beispiele. Alle Code-Beispiele im Referenz-Handbuch werden erneut getestet, wenn ein neues SageMath-Release veröffentlicht wird.
- Installation Guide – Dieser Führer erklärt, wie man SageMath auf verschiedenen Plattformen installiert.
- A Tour of Sage – Diese Tour durch SageMath zeigt exemplarisch verschiedene Funktionen, die für Einsteiger sinnvoll sind.
- Numerical Sage – Dieses Dokument führt Werkzeuge auf, die in SageMath für numerische Mathematik verfügbar sind.

- Three Lectures about Explicit Methods in Number Theory Using Sage – Drei Vorlesungen über Methoden der Zahlentheorie, die explizit SageMath nutzen. Dieses Dokument zeigt wie man mit SageMath Berechnungen in fortgeschrittener Zahlentheorie durchführt.

Abb. A.24: Webseite zur Standard-Dokumentation von SageMath

Weitere Unterstützung für spezifische Probleme gibt es in

- den Archiven der `sage-support` Mailing-Liste unter `https://groups.google.com/g/sage-support`
- `https://ask.sagemath.org/questions/`
- `https://math.stackexchange.com/questions/tagged/sagemath`
- `https://doc.sagemath.org/html/en/reference/genindex.html`

A.7.3.2 Hilfe per `help()`, `?`, `??` oder `search_src`

Kennt man den genauen Namen einer Funktion, kann man `help` oder das Fragezeichen „?“ nutzen. Zum Beispiel liefern die Kommandos `help(SubstitutionCryptosystem)` bzw. `SubstitutionCryptosystem?` die Dokumentation zu der angegebenen eingebauten Klasse (siehe SageMath-Beispiel A.7.4). In beiden Fällen blättert man im Dokumentationsmodus weiter, indem man die Leertaste betätigt und man verlässt den Dokumentationsmodus mit „q“. Bei `help(fname)` wird der Hilfetext nicht auf den Bildschirm der aktuellen Session ausgegeben sondern in einem Extrafenster, das man nach dem Lesen wieder schließt. So wird die aktuelle Session nicht „zugemüllt“.

Man kann das Fragezeichen auch *vor* den Suchbegriff schreiben, also `?fname`. Außerdem kann man statt einem auch zwei Fragezeichen verwenden, also `fname??` oder `??fname`. In diesem Fall erhält man dann zusätzlich noch den Quellcode, der `fname` definiert.

Zuletzt sei noch auf die verschiedenen Funktionen hingewiesen, die man auf `https://doc.sagemath.org/html/en/reference/misc/sage/misc/sagedoc.html` findet, insbesondere `search_src`, `my_getsource` oder `search_def`. Diese können hilfreich sein, wenn die normale Hilfe nicht weiterhilft.

SageMath-Beispiel A.7.4: SageMath-Hilfe (zu Einzelfunktion)

```
sage: help(SubstitutionCryptosystem)

SubstitutionCryptosystem(...)
    Create a substitution cryptosystem.

    INPUT:
    - "S" - a string monoid over some alphabet

    OUTPUT:
    - A substitution cryptosystem over the alphabet "S".

    EXAMPLES::
        sage: M = AlphabeticStrings()
        sage: E = SubstitutionCryptosystem(M)
        sage: E
        Substitution cryptosystem on Free alphabetic string monoid on A-Z
        sage: K = M([ 25-i for i in range(26) ])
        sage: K
        ZYXWVUTSRQPONMLKJIHGFEDCBA
        sage: e = E(K)
        sage: m = M("THECATINTHEHAT")
        sage: e(m)
        GSVXZGRMGSVSZG

    TESTS::
        sage: M = AlphabeticStrings()
        sage: E = SubstitutionCryptosystem(M)
        sage: E == loads(dumps(E))
        True
```

A.7.3.3 Nutzen der Tab-Vervollständigung (Tab-Completion)

Wir stellen hier die Vervollständigung mithilfe der [Tab]-Taste für die Suche nach zwei unterschiedlichen Suchbegriffen vor: zum Finden der Standard-Kommandos und zum Finden der Methoden der Sage-Objekte.

Tab-Completion zum Finden eines Kommandos Von der SageMath-Kommandozeile erhält man eine Liste aller verfügbaren Kommandos (Standardbefehle, Funktionsnamen etc.), die ein bestimmtes Muster haben, wenn man die ersten Zeichen tippt, und dann die [Tab]-Taste drückt wie in SageMath-Beispiel A.7.5:

SageMath-Beispiel A.7.5: SageMath-Hilfe (Ausdehnen mit Tab-Taste)

```
sage: Su[TAB]
   Subsets                   Subwords           SuperPartitions
   SubstitutionCryptosystem  Sudoku             SupersingularModule
   SubwordComplex            SuperPartition     SuzukiGroup

sage: su[TAB]
        subfactorial     sum               supersingular_D
        subsets          sum_of_k_squares  supersingular_j
        sudoku           super             surfaces
```

Tab-Completion zum Finden der Methoden eines Sage-Objekts Um alle Methoden (member functions, Attribute) eines Sage-Objekts `AA` aufzulisten, geben Sie einfach `AA.` ein und drücken dann die [Tab]-Taste auf der Tastatur. Einen möglichen Output zeigt Abb. A.25.

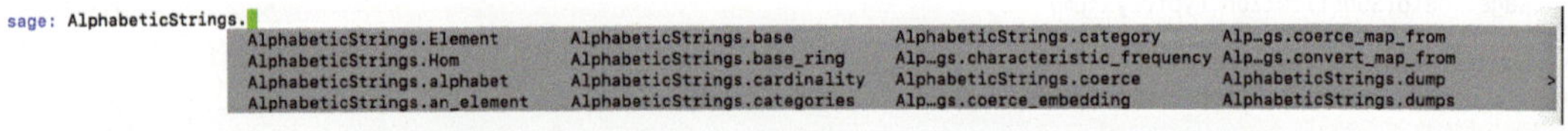

Abb. A.25: Output nach Punkt bei Tab-Vervollständigung

Auflisten der Methoden eines Sage-Objekts per Programm Anstatt die [Tab]-Taste zu verwenden, kann man auch ein kleines Programm schreiben, das alle Methoden eines Sage-Objekts (hier `AA`) ausgibt – wie in SageMath-Beispiel A.7.6.

SageMath-Beispiel A.7.6: Programm, um alle Methoden eines SageMath-Objekts auszugeben

```
sage: AA = AlphabeticStrings()
sage: object_methods = [method_name for method_name in dir(AA)
....:                   if callable(getattr(AA, method_name))]; object_methods
['CartesianProduct',
 'Element',
 'Hom',
 '__bool__',
 ...
 'unrank',
 'unrank_range',
 'variable_name',
 'variable_names']
```

A.7.3.4 Die vollständige Befehlsliste: Der SageMath-Index

Es gibt auch eine komplette, alphabetisch geordnete Befehlsübersicht zu SageMath im Internet. Abb. A.26 zeigt diese Seite, den sog. Index. Klickt man oben einen der Buchstaben an, erhält man alle Befehle, die mit diesem Buchstaben beginnen und kann darin weiter suchen wie in Abb. A.27. Alternativ kann man die umfangreiche Liste aller Befehle anzeigen.

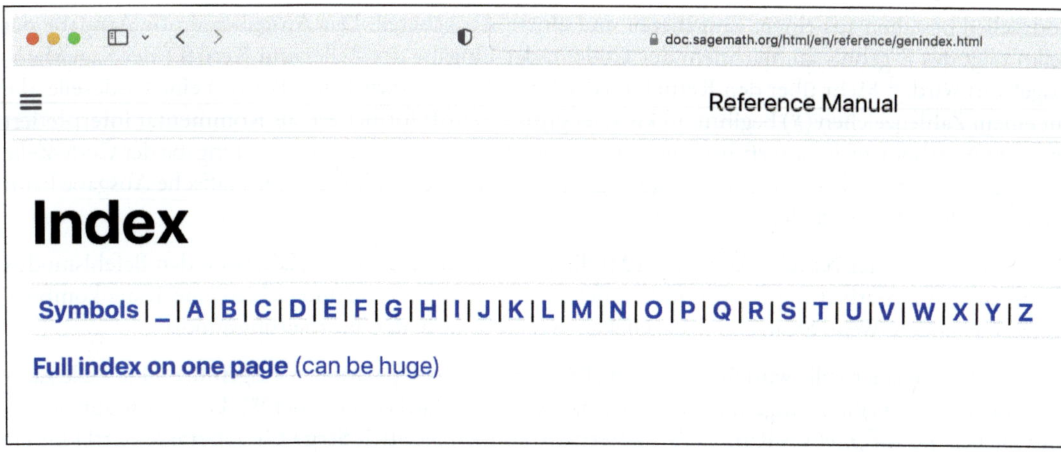

Abb. A.26: Screenshot zum Index des SageMath-Referenz-Handbuchs

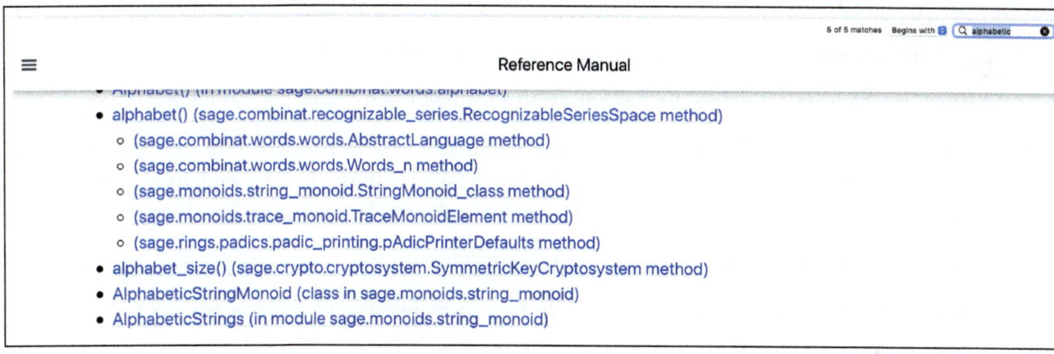

Abb. A.27: Suche innerhalb der Befehle, die mit dem Buchstaben a beginnen.

A.7.4 Bedienen des Jupyter-Notebooks

Bisher haben wir die Funktionen von SageMath im Terminal gezeigt. Hier beschreiben wir, was ein Jupyter-Notebook ist und wie man es im Browser und in Visual Studio Code (VSC) verwendet.[20]

Ein Jupyter-Notebook (früher IPython Notebook) ist eine Browser-basierte interaktive Umgebung, mit der Jupyter-Notebook-Dokumente erstellt werden können. Die Dateinamens-Endung ist „.ipynb“. IPython wurde ursprünglich als erweiterter Python-Terminal-Interpreter entwickelt.[21]

Formal ist ein Jupyter-Notebook eine JSON-Datei und besteht aus einer Reihe von Zellen – siehe Abb. A.28.

Es gibt drei Arten von Zellen: Code-Zellen, Markdown-Zellen und Roh-Zellen. Die Standardeinstellung ist zunächst „Code“. Roh-Zellen werden eher selten verwendet. Markdown-Zellen (selten auch Textzellen genannt) werden für die Dokumentation verwendet. Pro Zelle wird der Zelltyp angezeigt und kann dort oder über das Menü geändert werden.

[20] Wenn die Jupyter-Extension installiert ist, reicht es, eine Datei mit der Endung „ipynb“ zu laden, damit VS Code in die Notebook-Ansicht umschaltet.

[21] `https://de.wikipedia.org/wiki/Project_Jupyter`, `https://jupyter.org/` und `https://www.tutorialspoint.com/jupyter/ipython_introduction.htm`

Codezellen bestehen aus einem Eingabeteil und einem Ausgabeteil. Der Ausgabeteil (die Ausgabe der Zelle) zeigt das Ergebnis an, nachdem der Code in der Eingabe der Zelle vom Kernel (hier SageMath) ausgeführt wird.[22] Mehr über den Kernel in Abschnitt A.7.5. So wird zum Beispiel eine Codezeile, die mit einem Zahlenzeichen (#) beginnt, in kursiver grüner Schrift formatiert, als Kommentar interpretiert und vom Notebook nicht ausgeführt. Die Ausgabe der Zelle wird direkt unter der Eingabe der Code-Zelle angezeigt und kann sowohl Text und als auch grafische Ausgaben enthalten. Die grafische Ausgabe kann auch interaktive Teile enthalten. Siehe Abb. A.29 und A.30.

Der Editor des Jupyter-Notebooks hat zwei Modi: den Bearbeitungsmodus (Edit) und den Befehlsmodus (Command). Im Bearbeitungsmodus und im Befehlsmodus können Sie unterschiedliche Tastenkombinationen verwenden. Wenn Sie in eine Zelle klicken, wechseln Sie in den Bearbeitungsmodus.

Beim Ausführen einer Zelle wird ihr Code mit allen zugehörigen Operationen ausgeführt. Eine Zelle kann also immer nur im Ganzen ausgeführt werden. Zum Ausführen klicken Sie in der Werkzeugleiste auf „Run", oder klicken Sie auf „Cells > Run Cells". Alternativ können Sie auch **Strg+Eingabetaste** (Ctrl+Enter) drücken, was sowohl im Editier- wie im Kommando-Modus geht: Dann wird die Zelle ausgeführt, in der sich der Mauszeiger befindet. Diese Tastenkombination ist gegenüber dem Mausklick die bevorzugte Methode zum Ausführen einer Zelle:[23]

- **Strg+Eingabe** wertet die aktuelle Zelle aus und hält den Fokus in der aktuellen Zelle.
- **Shift+Eingabe** wertet die aktuelle Zelle aus und verschiebt den Fokus auf die nächste Zelle.

Im Befehlsmodus (Command Mode) sind spezielle Tastaturbefehle verfügbar. Um den Befehlsmodus aufzurufen, drücken Sie **Esc** oder klicken Sie mit der Maus außerhalb des Editorbereichs einer Zelle. Der Kommandomodus wird durch einen grauen Zellenrand mit einem blauen linken Rand angezeigt.

Ein paar nützliche Tastatur-Kurzbefehle im Kommandomodus:

- **Eingabe+O** schaltet ein- und aus, ob die folgende Ausgabezelle angezeigt wird oder nicht
- **a** fügt eine Zelle vor der aktiven Zelle ein
- **b** fügt eine Zelle nach der aktiven Zelle ein
- **d d** löscht die ausgewählte(n) Zellen

Wenn man ein Jupyter-Notebook (wieder) öffnet, empfiehlt es sich, zuerst alle Zellen auszuführen, indem man in die erste Zelle geht und auf den Befehl „Execute cell and all below" klickt.

Anmerkung: Für das Zurücksetzen der Variablen in einer Zelle gibt es drei Kommandos:

reset()
: Löscht selbst definierte Variablen und setzt alle globalen Variablen zurück auf ihre Standardwerte.

restore()
: Setzt alle vordefinierten globalen Variablen wie QQ zurück auf ihre Standardwerte.

clear_vars()
: Löscht alle symbolischen 1-Zeichen-Variablen, die beim Start von SageMath schon definiert sind.

[22] `https://jupyter-notebook.readthedocs.io/en/stable/notebook.html`

[23] Es gibt viele Shortcuts, die die Bedienung deutlich flüssiger gestalten. Siehe `https://jupyter-tutorial.readthedocs.io/de/latest/workspace/jupyter/notebook/shortcuts.html`

Markdown Cell

Language: Markdown

```
# This is a header
Here is some text.
```

Code Cell

Language: Python

```
print("Hello World")
```

Mit Codezellen können Sie Programmiercode schreiben und ausführen. Am häufigsten wird Python verwendet, aber Jupyter unterstützt durch die verschiedenen Kernel auch viele andere Sprachen wie R, Julia, SQL und SageMath.

Cell's output

Hello World

Die Zellen-Ausgabe zeigt die Ergebnisse der Codeausführung an. Dazu gehören Textausgaben, Diagramme, Tabellen und Visualisierungen.

Abb. A.28: Typische generelle Abfolge von Zellen in einem Jupyter-Notebook

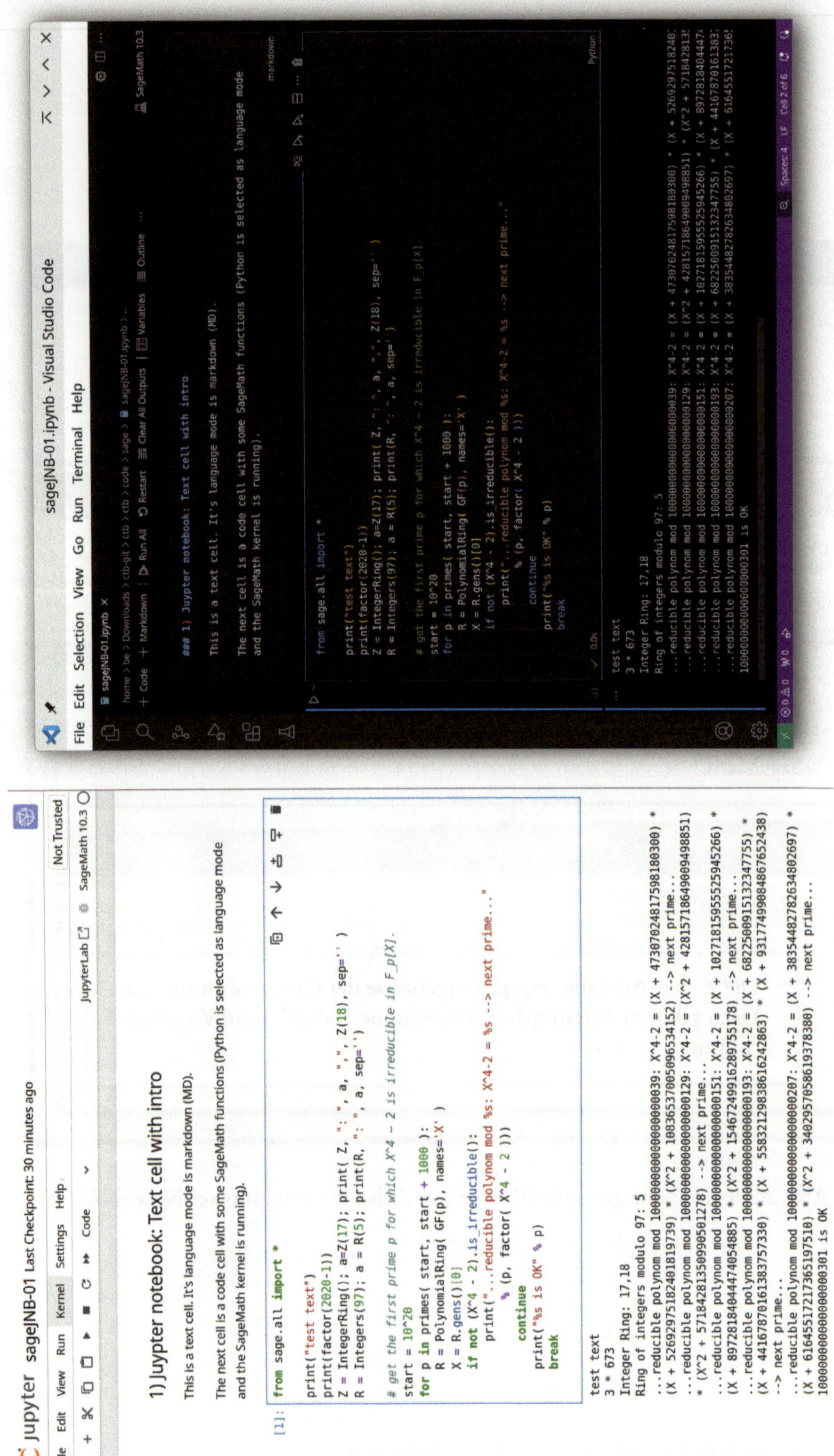

Abb. A.29: Typische Abfolge von Zellen in einem Jupyter-Notebook für Sage-Code mit Text-Output im Browser und in VSC

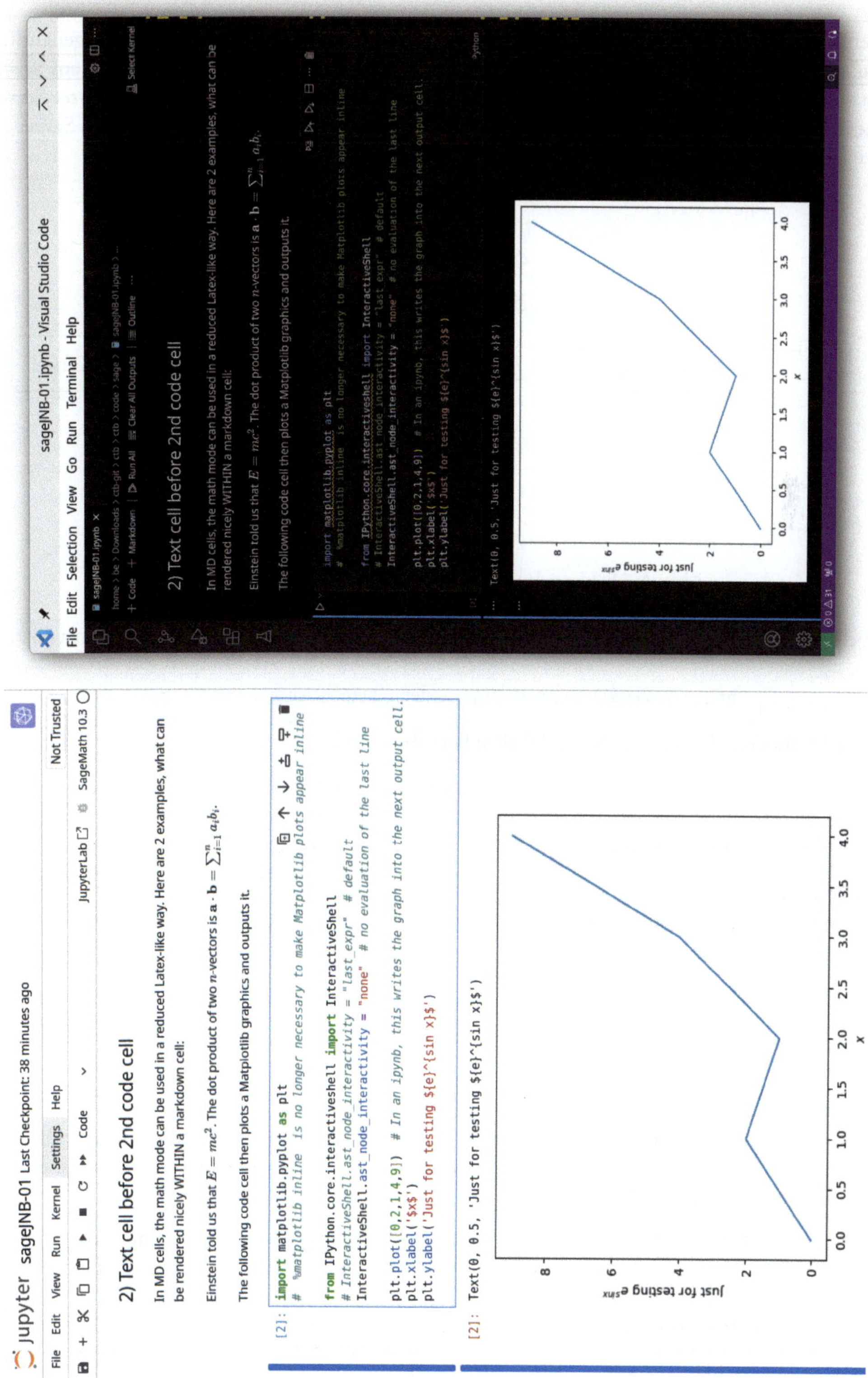

Abb. A.30: Typische Abfolge von Zellen in einem Jupyter-Notebook für Sage-Code mit grafischem Output im Browser und in VSC

A.7.5 Der Kernel eines Jupyter-Notebooks

Das Jupyter-Notebook, egal ob es im Browser oder in VS Code läuft, zeigt nur die Ergebnisse des sogenannten Kernels an, also hier des SageMath-Servers. Der Kernel kann lokal oder auch remote auf einem Server ausgeführt werden. Genau genommen ist zwischen Jupyter-Notebook und Kernel noch ein Jupyter-Server, der entweder lokal oder remote laufen kann. In beiden Fällen muss SageMath dem Notebook-Server als „Kernel" zugänglich sein.[24] Dies wird in Abb. A.31 dargestellt.

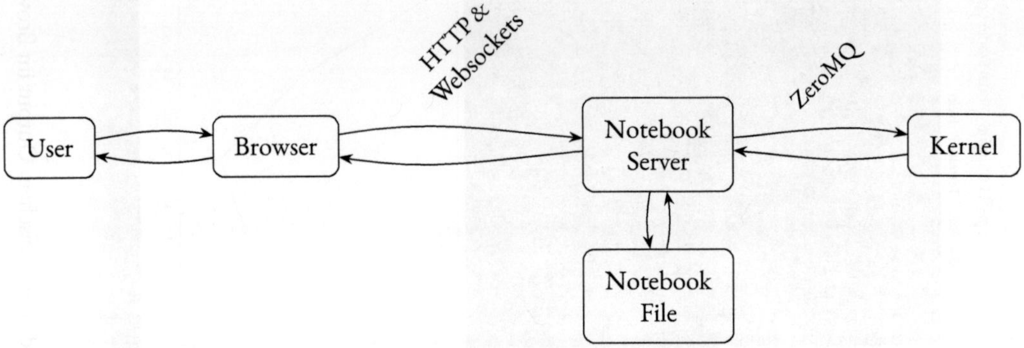

Abb. A.31: Umgebung eines Jupyter-Notebooks[25]

Wie in Tabelle A.1 aufgeführt, kann man SageMath auch remote nutzen, ohne SageMath lokal zu installieren:

`https://sagecell.sagemath.org/` oder `https://cocalc.com/`

Zwei übliche Methoden, den Jupyter-Server lokal zu betreiben, sind:

- Mit auf Ihrem Computer installiertem Anaconda aktivieren Sie zuerst die SageMath-Umgebung und starten dann im gleichen Terminal den Jupyter-Server, der dann das angegebene Notebook `Untitled.ipynb` im Browser startet:

```
$ conda activate sage
$ jupyter notebook Untitled.ipynb
```
[26]

- Ohne Anaconda, aber mit installiertem lokalem SageMath, kann man unter Linux das Notebook normalerweise so vom Terminal aus starten:

```
$ sage -n jupyter
```
oder
```
$ sage -n jupyterlab
```

Führt man `$ sage -n jupyter` auf der Kommandozeile aus, öffnet sich ein Browserfenster, das alle Dateien des aktuellen Verzeichnisses zeigt. Per Doppelklick auf eine ipynb-Datei erscheint diese dann in einem weiteren Browser-Tab als Jupyter-Notebook.

Manchmal kommt bei ersten Klick auf den „Run"-Button die Meldung „Error displaying widget: model not found". Den Button nochmal drücken löst das Problem bei einer korrekten Installation meist.

[24] Es kann vorkommen, dass das Notebook eine Funktion wie `interact` nicht kennt: Dann bitte erst prüfen, dass es eine Code-Zelle ist und dass SageMath als Kernel gesetzt ist, und dann auf die Ikone „restart the kernel" klicken.

[25] Leicht verändert übernommen von `https://mlsummit.ai/blog/jupyter-notebooks-fuer-lehre-und-entwicklung-alles-im-blick-notizbuch-fuer-entwickler/`

[26] Im Browser steht dann als Link etwas wie `http://127.0.0.1:8888/notebooks/Untitled1.ipynb?kernel_name=sagemath`

A.7.6 Programmieren mit SageMath innerhalb der Sage-Konsole oder per Start eines Sage-Skripts im Terminal

Wenn man anfängt, ein CAS (Computer-Algebra-System) zu bedienen, wird man fertige Befehle aufrufen – so wie für die Kommandozeile im SageMath-Beispiel A.7.1 auf Seite 781.[27]

Wenn man eigene Funktionen entwickelt, sie ändert und erneut aufruft, dann ist es viel einfacher, die Entwicklung der Funktionen in einem Editor vorzunehmen (einfacher im Vergleich zur puren Nutzung der Sage-Konsole). Hierzu sind drei Vorgehensweisen üblich:

- Nutzen des Jupyter-Notebooks. Dies wird ausführlich beschrieben in A.7.7.2 und in A.7.8.
- Ausführen des editierten Skripts innerhalb der Sage-Konsole
- Ausführen des editierten Skripts als Sage-Programm durch das Terminal (z. B. in der Bash-Shell)

Die letzten beiden Fälle werden in diesem Unterkapitel näher erläutert.

Alle drei Arten, Code zu entwickeln, wurden in den Kapiteln 1.13 (Anhang: Didaktische Beispiele für symmetrische Chiffren mit SageMath), 2.9 (Anhang: Beispiele mit SageMath), 4.16 (Anhang: Beispiele mit SageMath), 5.20 (Anhang: Beispiele mit SageMath) und 9.4 (Anhang: Boolesche Abbildungen in SageMath) angewandt.

A.7.6.1 Programmieren mit SageMath in der Sage-Konsole

Um den in Programmdateien gespeicherten SageMath-Code zu testen und zu laden, gibt es zwei nützliche Befehle: `load()` und `attach()`.[28]

Angenommen Sie haben die folgende Funktions-Definition, die in der Datei `primroots.sage` gespeichert wurde:

SageMath-Beispiel A.7.7: Funktionsdefinition in einer Datei mit Endung `.sage`

```
def somefunction(var1): # inside file with name e.g. primroots.sage
    r"""
    DocText.
    """
    ...
    return (L)
```

[27] Code für die Sage-Konsole wird so präsentiert, dass die Zeilen mit „sage:“ und „....“ beginnen:

```
sage: m = 11
sage: for a in range(1, m):
....:     print( [power_mod(a, i, m) for i in range(1, m)] )
....:
```

Code in SageMath-Skriptdateien oder Jupyter-Zellen wird genau so wiedergegeben, wie er dort vorkommt.

[28] Vergleiche das SageMath-Tutorial über Programmierung, Kapitel *Loading and Attaching Sage files*, `https://doc.sagemath.org/html/en/tutorial/programming.html`

Load Der Befehl `load()` kann in allen drei in Tabelle A.1 auf Seite 779 aufgeführten Fällen benutzt werden: auf der Sage-Kommandozeile, in einem im Terminal aufgerufenen Sage-Skript und in einem Jupyter-Notebook.

Im SageMath-Beispiel A.7.8 wird die obige Funktion aus SageMath-Beispiel A.7.7 auf der vorherigen Seite mit dem Befehl `load()` geladen.

SageMath-Beispiel A.7.8: load

```
sage: load("primroots.sage")
```

Danach kann man auf der Kommandozeile alle Variablen und Funktionen nutzen, die im SageMath-Skript `primroots.sage` definiert wurden.[29]

Der Befehl `load` führt erst mal alle Befehle aus, unabhängig davon, ob er auf der Sage-Kommandozeile oder in einem Sage-Skript aufgerufen wird. Danach stehen die Funktionen aus der mit `load` geladenen Datei weiterhin zur Verfügung. Leider kann man nicht wie in Python nur die Funktionen aus einer SageMath-Datei bekannt machen. Diese Funktionalität wurde mit der eigenen Funktion `my_import` verfügbar gemacht (siehe Punkt (c) auf Seite 357).

Attach Der Befehl `attach()` kann nur auf der Sage-Kommandozeile (direkt oder in einem darin geladenen Sage-Skript) benutzt werden, aber nicht in einem im Terminal aufgerufenen Sage-Skript und in einem Jupyter-Notebook (dort geht nur `load()`).

Normalerweise möchte man ein eigenes SageMath-Skript editieren und den Inhalt des geänderten Skripts wieder in SageMath laden. Um eine Datei automatisch nach jeder Änderung neu zu laden, wird einmalig der Befehl `attach()` benutzt:[30]

SageMath-Beispiel A.7.9: attach

```
sage: attach("primroots.sage")
```

Nun kann man das SageMath-Skript ändern und die geänderte Funktionsdefinition wird – solange man die SageMath-Session nicht beendet – beim nächsten Enter in SageMath geladen (und syntaktisch gleich geprüft). Der Befehl attach() lässt SageMath also permanent die genannte Datei auf Änderungen überwachen.

[29] Anmerkungen/Hinweise für SageMath-Skripte:

- Bitte keine Leerzeichen oder White Spaces im Dateinamen.
- Es empfiehlt sich, der SageMath-Skriptdatei die Datei-Extension `.sage` statt `.py` zu geben. Hat ein SageMath-Skript die Dateinamens-Endung `.sage`, dann wird beim Laden der Datei in SageMath auch gleich die normale SageMath-Umgebung mit geladen, um die Syntax zu prüfen.
- Statt ein SageMath-Skript vom SageMath-Prompt zu laden, kann man es auch gleich beim Start von SageMath mitaufrufen, bspw. von der Bash-Shell mit `$ sage primroots.sage`. Auch dann wird sofort ein Syntaxcheck durchgeführt und, wenn der erfolgreich ist, das Skript ausgeführt.
- Beim Laden des obigen SageMath-Skripts wird es von SageMath zuerst geparst, und dann in eine andere Datei mit der Endung „py“ kopiert. SageMath ergänzt dann alle notwendigen Variablen in `primroots.py` und alle Import-Statements. Somit wird das SageMath-Skript genauso ausgeführt, als hätte man die Befehle einzeln auf der Kommandozeile eingetippt.
- Ein bedeutender Unterschied zwischen Befehlen in einer Skript-Datei und der händischen Eingabe nach dem SageMath-Prompt ist, dass alle Ausgaben ein `print()` benötigen. Beispielsweise muss man statt „m=11; m“ also „m=11; print(m)“ schreiben.

[30] `attach()` kann man auch direkt nach dem `load()` aufrufen, und nicht erst, wenn man das Skript ändert; man kann `load()` sogar weglassen und gleich `attach()` aufrufen, da `load()` in `attach()` enthalten ist.

Abb. A.32 zeigt SageMath-Code im Editor VS Code – mit aktiviertem Syntax-Highlighting für Python. Genausogut können Sie andere Editoren wie GVim oder Notepad++ verwenden.

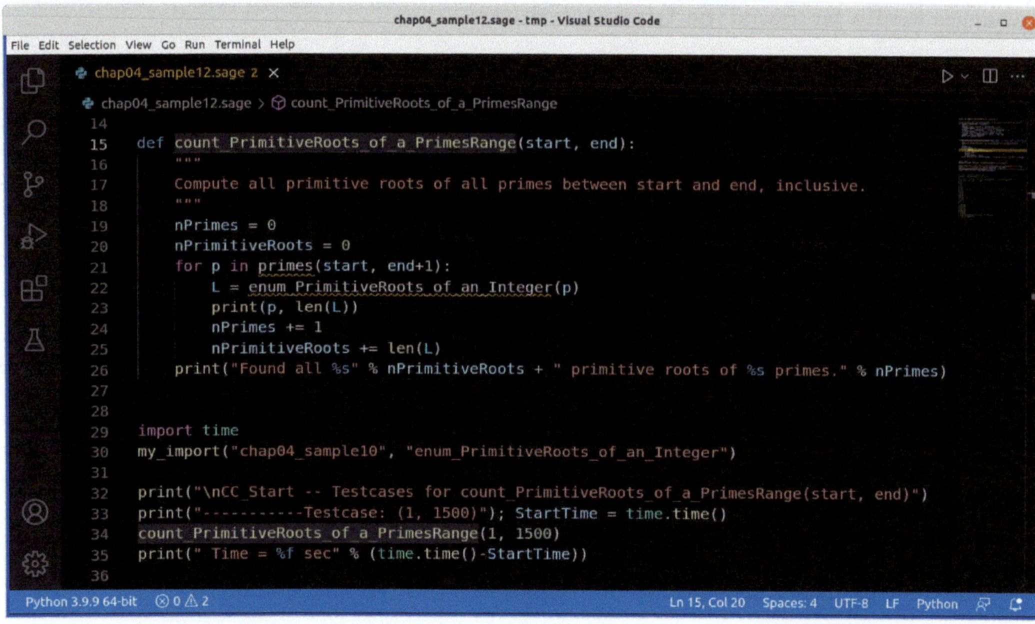

Abb. A.32: SageMath-Beispiel in einem Editor mit aktiviertem Code-Highlighting[31]

Falls man die Ausgabe einer attachten Datei so angezeigt haben möchte, wie wenn man die Einzelbefehle direkt auf der Kommandozeile eingibt (also nicht nur das, was per `print()` ausgegeben wird), kann man den Befehl `iload()` verwenden: Jede Zeile wird dann einzeln geladen. Um die nächste Zeile zu laden, muss man die `Enter`-Taste drücken. Das muss man so lange wiederholen, bis alle Zeilen des SageMath-Skripts in die SageMath-Session geladen sind.

SageMath-Beispiel A.7.10: iload

```
sage: iload("primroots.sage")
```

A.7.6.2 Start eines Sage-Skripts im Terminal

Das Ausführen eines Sage-Skripts (SageMath-Programms) innerhalb eines Terminals (z. B. mit der Bash-Shell) ist ganz einfach: `sage skript.sage`.

SageMath-Beispiel 4.10.2 auf Seite 242 ist ein einfaches Skript, das zeigt, wie man auf der Kommandozeile Argumente übergibt – in Python und SageMath.

Professioneller ist das SageMath-Beispiel 2.9.19 auf Seite 136.

[31] Den in diesem Editor gezeigten Quellcode finden Sie in SageMath-Beispiel 5.20.11 auf Seite 360 und in der Datei „chap05_sample120.sage" (wo diese zu finden ist, steht am Ende von Kapitel C auf Seite 885).

A.7.7 SageMath und LaTeX

„Sage und der TeX-Dialekt LaTeX haben eine intensive synergetische Beziehung."[32] Die für uns wesentlichen Beziehungen werden wir anhand von Tabelle A.2 erläutern.

Mit SageMath	Sage-Konsole Sage-Programm	latex()
	Jupyter-Notebook	Markdown-Zelle: `$...$`
		Code-Zelle: latex(<<Latex code>>) Latex(r«<Latex code>>") view oder show(<<Latex code>>)
Innerhalb eines LaTeX-Dokuments	Das SageMath-Ergebnis von latex() nutzen	z. B. `$ \frac{1}{5}  z^{5} $`
	Im Mathematik-Modus SageTeX-Makros nutzen	Aufruf-Reihenfolge: pdflatex → sage → pdflatex (siehe Abb. A.39)

Tab. A.2: Überblick über das Zusammenwirken SageMath und LaTeX

Anmerkung: LaTeX trennt die Aufgaben, Mathematik oder normalen Text zu setzen. Dies wird durch die Verwendung von zwei Betriebsmodi erreicht, dem Text- und dem Mathematik-Modus. Der Textmodus ist der Standardmodus für die Dokumentumgebung und muss nicht explizit aufgerufen werden. In LaTeX muss sich die gesamte Mathematik in einer Konstruktion des Mathematik-Modus befinden, und viele Symbole, darunter `\circ` oder `\sum_{n=1}^\infty`, sind so definiert, dass sie nur im Mathematik-Modus funktionieren. Die gebräuchlichste Art, den Mathematik-Modus aufzurufen, ist `$ ... $`, wobei sich der Text innerhalb der Dollarzeichen im Mathematik-Modus befindet. Zwei weitere Möglichkeiten zum Aufrufen des Mathematik-Modus sind `\begin{equation} ... \end{equation}` und `\[ ... \]` (wird auch Doppel-Dollar- oder Display-Stil genannt und für abgesetzte Formeln benutzt). Der Mathematik-Modus ignoriert Leerzeichen. Wenn wir Text in die Mathematik einfügen wollen, müssen wir LaTeX mitteilen, dass wir Text schreiben, da es sonst annimmt, dass das Wort in Wirklichkeit eine Folge von Symbolen ist, die kursiv dargestellt werden. Es gibt zwei Möglichkeiten, einen solchen Text korrekt zu formatieren, zum einen mit dem Befehl `\mbox` und zum anderen mit dem Befehl `\text{}`, der das Paket `amsmath` erfordert.

Um den LaTeX-Code eines Sage-Ausdrucks innerhalb von SageMath-Code zu erhalten, wird normalerweise die Funktion `latex()` verwendet. Diese Funktion erwartet, dass die Eingabe im Mathematik-Modus erfolgt, wie innerhalb von `$ ... $`. Bitte beachten Sie, dass dann die normalen LaTeX-Textmakros wie `\texttt{}` nicht funktionieren.

A.7.7.1 LaTeX und SageMath auf der Konsole

Von innerhalb SageMath ist der einfachste Weg, SageMath's LaTeX-Unterstützung zu nutzen, die latex()-Funktion. Die erzeugten Zeichenketten können dann direkt in LaTeX-Dokumenten genutzt werden. Das funktioniert sowohl in einer Code-Zelle im Notebook als auch mit der SageMath-Kommandozeile. Mit

[32] Zitat aus dem Kapitel „Sage, LaTeX und ihre Freunde" zu SageMath 9.4, https://doc.sagemath.org/html/de/tutorial/latex.html, einer Übersetzung aus dem englischen Artikel von Rob Beezer (2010-05-23).

`latex()` können SageMath-Objekte auf zwei Arten in der üblichen mathematischen Form ausgegeben werden: Wir können die Objekte an den Befehl `latex()` übergeben; alternativ liefern manche SageMath-Objekte die SageMath-Beschreibung selbst, indem man ihre eigene latex()-Methode aufruft. Die erzeugte Textform (LaTeX-Code) kann dann über eine LaTeX-Anzeigesoftware in die übliche mathematische Form umgewandelt werden.

Mit anderen Worten: Man übergibt einen SageMath-Ausdruck an die Funktion latex(), um einen LaTeX-Ausdruck zu bekommen. So wandelt einem SageMath die LaTeX-relevanten Bestandteile direkt in LaTeX-Syntax um und man kann diese 1:1 in ein LaTeX-Dokument einbetten.

Beispiel 1: Aufruf des Kommandos `latex(y)` (manchmal auch `y.latex()`):[33]

```
sage: z=var('z'); latex(z^12)
z^{12}
sage: latex(integrate(z^4, z))
\frac{1}{5} \, z^{5}
sage: latex('This is a string')
\text{\texttt{This{ }is{ }a{ }string}}
sage: latex(QQ)
\Bold{Q}
```

Beispiel 2: Jedes Objekt hat eine LaTeX-Repräsentation. Übergibt man `$y = (a*x^2)/5$` an `latex()`, so erhält man eine Fehlermeldung, denn eine Zuweisung (dem y wird der Term rechts vom Gleichheitszeichen zugewiesen) ist kein Objekt in SageMath. Die rechte Seite alleine ist ein Objekt und dann kann man `latex()` darauf ausführen:

```
sage: var('a,x,y')
(a, x, y)

sage: latex(y=(a*x^2)/5)
TypeError                                 Traceback (most recent call last)
<ipython-input-4-23375ccb8aef> in <module>
----> 1 latex(y=(a*x**Integer(2))/Integer(5))
TypeError: LatexCall.__call__() got an unexpected keyword argument 'y'

sage: latex((a*x^2)/5)
\frac{1}{5} \, a x^{2}

sage: y=(a*x^2)/5

sage: latex(y)
\frac{1}{5} \, a x^{2}
```

[33] Ganz fehlerfrei ist das Kommando `latex()` nicht. Zum Beispiel ist `\Bold` nicht in normalem LaTeX verfügbar, sondern wird über `\newcommand{\Bold}` in `sage.misc.latex_macros` definiert. Verwenden Sie also `\Bold` nur interaktiv oder verwenden Sie es in einer TeX-Datei nur nach Einfügen der Definition von `\newcommand`. Einfacher wäre `$\mathbb{Q}$` für $\mathbb{Q}$, wobei `\mathbb` das Paket `amsfonts` erfordert.

Beispiel 3: Der letzte Befehl in dem Teil zur linearen Algebra von SageMath-Beispiel A.7.2 auf Seite 782 enthält auch `latex()`-Aufrufe, um **automatisch** den Code für eine Matrixgleichung zu generieren. Siehe die dort auskommentierte Zeile:

```
# print('$$ A*c=b: %s * %s = %s $$'%(latex(A), latex(c), latex(A*c)))
```

Führt man diese aus, erhält man das folgende Ergebnis:

$$A * c = b : \begin{pmatrix} 1 & 1 & 0 \\ 0 & 2 & 0 \\ 0 & 0 & 3 \end{pmatrix} * \begin{pmatrix} 1 \\ 2 \\ 0 \end{pmatrix} = \begin{pmatrix} 3 \\ 4 \\ 0 \end{pmatrix}$$

A.7.7.2 LaTeX und SageMath im Jupyter-Notebook

Die Abb. A.29 und A.30 auf Seite 792 und auf Seite 793 zeigen die ersten beiden Teile des Notebooks `sageJNB-01.ipynb`. In jedem dieser zwei Teile ist eine Markdown- und eine Code-Zelle (incl. ihrer Ausgabe) enthalten. Diese beiden Code-Zellen mit Sage-Code enthalten noch keine „LaTeX-Kommandos“.

Der dritte Teil dieses Notebooks enthält in der Code-Zelle mehrere Varianten verschiedener „LaTeX-Kommandos“ – siehe Abb. A.34 auf der nächsten Seite.

Die mit `latex()` gerenderten Sage-Ausdrücke werden per `print()`, `show()` und `view()` ausgegeben. Die Unterschiede sieht man im Zellen-Output. `show()` kann man auch ohne vorheriges `latex()` aufrufen und erhält in der Zellen-Output eine Ausgabe wie in einem LaTeX-Dokument.

Die in Abb. A.33 gezeigten drei Einzelfenster werden mit dem `view`-Kommando erzeugt.

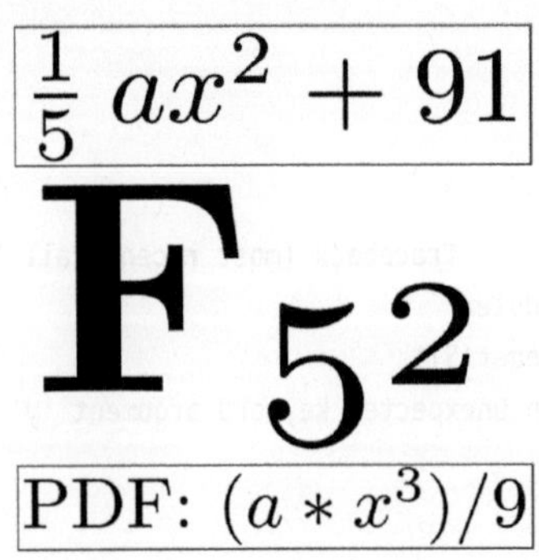

Abb. A.33: Plotausgaben mit dem Code in Abb. A.34 in drei extra Fenstern

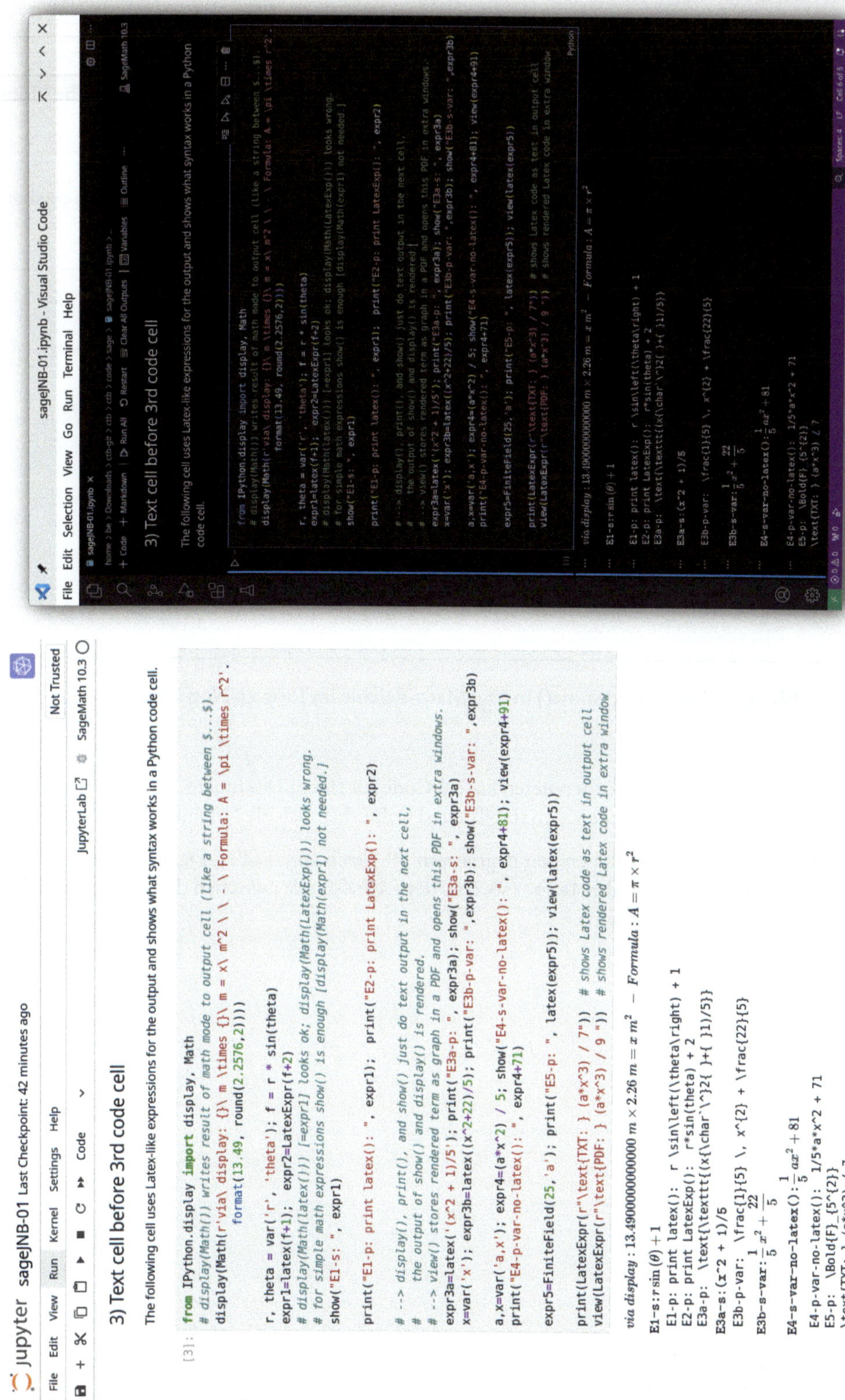

Abb. A.34: In Jupyter-Notebook: Typische Abfolge von Zellen für Sage-Code mit LaTeX-Ausdrücken im Browser und in VSC

Im Groben hat man drei Möglichkeiten, um in einem Jupyter-Notebook mit SageMath-Code LaTeX zu nutzen.

a) latex() Der Befehl `latex()` bietet hier dieselben Möglichkeiten wie auf der Sage-Konsole – siehe Unterkapitel A.7.7.1 und Abb. A.35.

b) view() oder show() Wir nutzen show(), um aus dem Sage-Ausdruck einen LaTeX-Ausdruck zu erzeugen und diesen in einer schön formatierten Ausgabe anzuzeigen.[34,35] Siehe Abb. A.35.

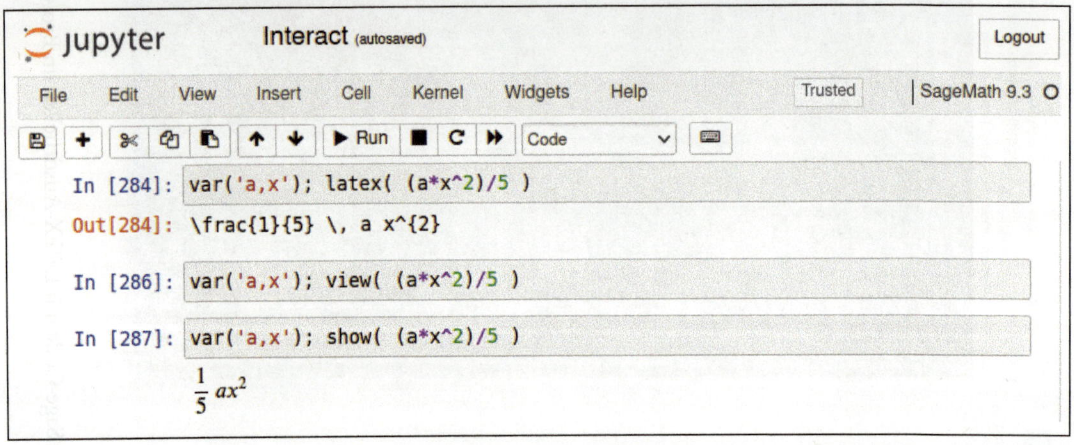

Abb. A.35: latex() und show() in SageMath-Befehle im Jupyter-Notebook

c) Latex() Wenn man schon schön aufbereiteten LaTeX-Code aus einem Dokument hat, kann man diesen auch in der Zelle für Sage-Code verwenden. Am stabilsten ist wahrscheinlich die Nutzung der `Latex`-Befehl.[36]

Per `Latex()` wird der LaTeX-Code zwischen den Begrenzern `"""` gleich vom LaTeX-Display im Mathemode gerendert. Im Unterschied dazu verfährt `latex()` so, dass der LaTeX-Code zwischen den `"""` nur in LaTeX-Code im Mathemode umgewandelt wird.

```
from IPython.display import Latex
Latex(r"""
\begin{align}
c = \sqrt{a^2 + b^2}
\end{align}
""")
```

[34] Weitere, nicht immer ganz aktuelle Details finden Sie unter `https://doc.sagemath.org/html/de/tutorial/latex.html`.
[35] LaTeX muss installiert sein, um das show()-Kommando zu nutzen.
[36] Weniger häufig genutzt wird die weitere Display-Möglichkeit, die für das Mathe-Objekt einen Raw-String übergeben bekommt.

Built-in magic commands für LaTeX in einem Jupyter-Notebook Diese weitere Variante ist eher unüblich geworden. Hier wird (statt mit display() zu arbeiten) das sogenannte „magische“[37] Kommando `%%latex` benutzt. Dieses Kommando verwandelt die gesamte Zelle in eine LaTeX-Zelle. Siehe Abb. A.36.

```
%%latex
\begin{align}
c = \sqrt{a^2 + b^2}
\end{align}
```

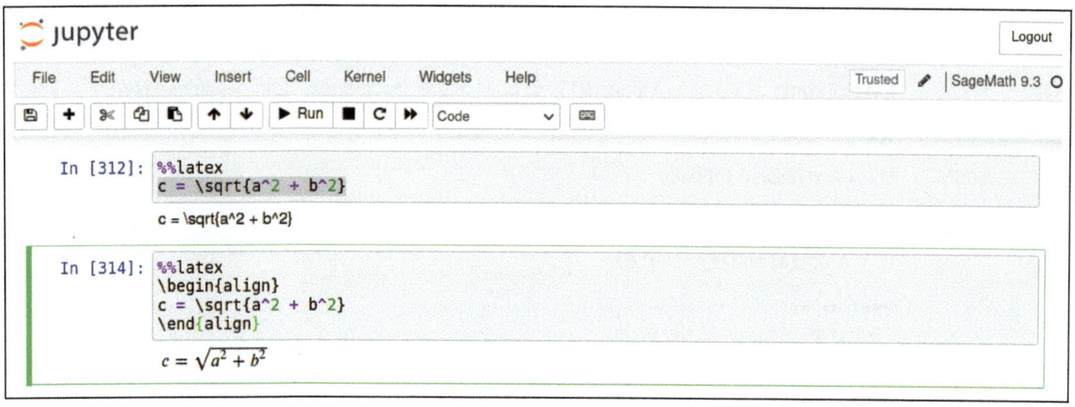

Abb. A.36: Verwendung von `%%latex()` im Jupyter-Notebook

Zwei weitere Beispiele:[38] Hier werden Text und Sage-Code auf unterschiedliche Weise miteinander verbunden. Siehe Abb. A.37 auf der nächsten Seite.

1) Verbinden mit `LatexExpr()`

```
var('A, x, y, alpha, beta')
U = A*x^(alpha) * y^(beta)    # typical Sage code
show(U)                       # output Sage code in rendered form
LatexExpr("U(x)=" + latex(U)) # build another Sage code expression
```

2) Erzeugen von html-Code mit eingebetteten Sage-Ausdrücken und eingebetteten LaTeX-Befehlen

SageMath-Beispiel A.7.11: Erzeugen von html-Code mit eingebetteten Sage- und LaTeX-Befehlen

```
# SageJupyter_sample010.sage: SageMath within a Jupyter notebook
var('A, x, y, alpha, beta')
U = A*x^(alpha)*y^(beta)
text = fr"""
<h3>This is a title</h3>
<p>This is some text explaining several interesting
   things. <strong>HTML</strong> can be used to
```

[37] Jupyter-Notebooks haben eingebaute magische Kommandos („Magics“), die mit `%` beginnen. So erweitert der Kernel IPython bspw. die Python-Syntax. Dabei wird zwischen zwei verschiedenen Arten von Magics unterschieden:

- Zeilen-Magics, die durch einen einzelnen %-Präfix gekennzeichnet sind und auf einer einzelnen Eingabezeile ausgeführt werden
- Zellen-Magics, denen ein doppeltes Symbol `%%` vorangestellt wird. Damit kann man eine einzelne Notebook-Zelle in einem Unterprozess eines anderen Interpreters (wie bash, R oder latex) ausführen (statt im eingestellten Kernel).

Ob und welche Erweiterungen verfügbar sind, hängt vom eingestellten Kernel ab (SageMath bietet weniger Magics als IPython).

[38] Aus `https://ask.sagemath.org/question/47978/add-a-text-in-latex-in-front-of-a-result/`

Fortsetzung SageMath-Beispiel A.7.11

```
    format these lines.</p>
<p>Now we write an inline mathematical expression
    $U(x,y)={latex(U)}$, as well as a displayed one:
    $$\frac{{\partial^2 U}}{{\partial x \partial y}}(x,y)
    = {latex(diff(U,x,y))}$$</p>
"""
show(html(text))
```

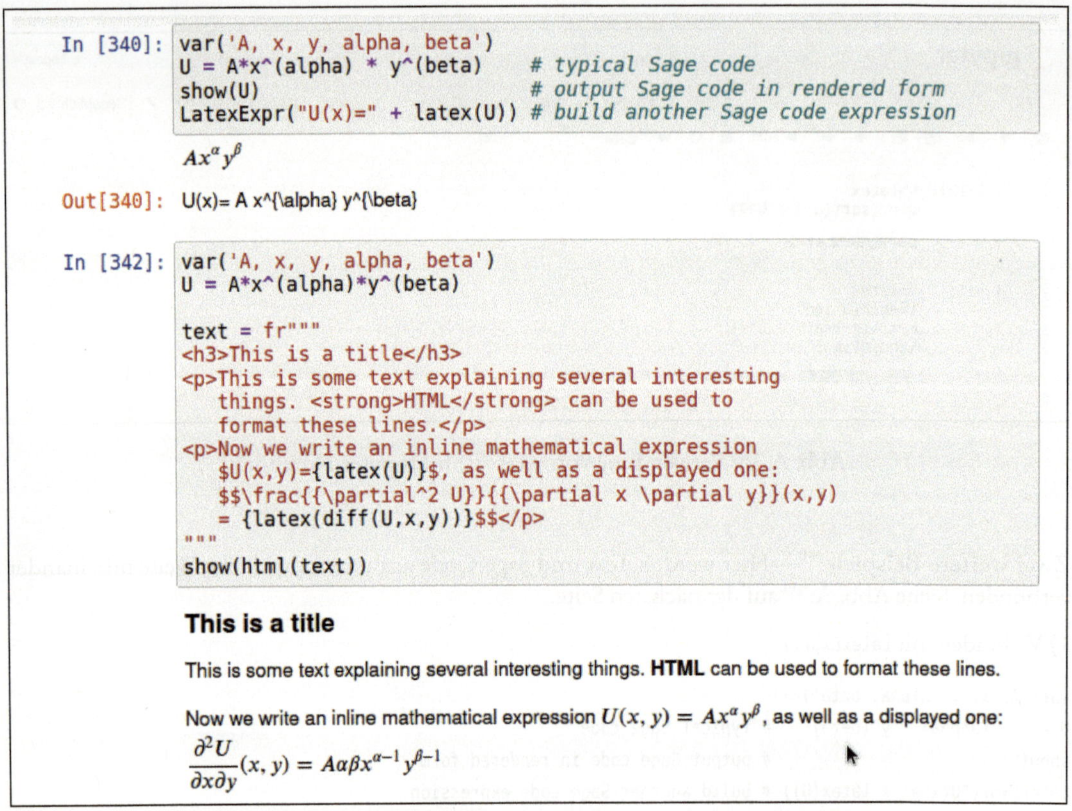

Abb. A.37: Verwendung von Text und Code in einer Code-Zelle des Jupyter-Notebooks

Die Ausgaben der Jupyter-Zellen werden mit MathJax[39] gerendert. MathJax ist eine Browser-übergreifende JavaScript-Bibliothek, die mathematische Notationen in Browsern anzeigt. Die Ausgabe kann in verschiedenen Formaten erzeugt werden, darunter HTML mit CSS-Styling oder skalierbare Vektorgrafiken (SVG). MathJax kann nur eine Teilmenge von TeX and LaTeX abbilden.

Abschnitt A.7.8 auf Seite 808 (mit Jupyter und interact) beschreibt einige weitere Anwendungsfälle, in denen automatisierter LaTeX-Schriftsatz per `$...$` verwendet wird, z. B. für Labels. Dadurch sehen diese Labels in der Ausgabe im **Jupyter-Notebook** schöner aus.

[39] `https://www.mathjax.org/`

A.7.7.3 Im LaTeX-Dokument den vorher von `latex()` erzeugten Sage-Befehl nutzen

Wenn man in SageMath Sage-Objekte an den Befehl `latex()` übergibt, erhält man LaTeX-Code. Diesen kann man einfach in ein LaTeX-Dokument kopieren (Einschränkung siehe A.7.7.1 auf Seite 799).

Im SageMath-Beispiel A.7.12 wird eine Matrix-Gleichung[40] gelöst und anschließend per show() die Gleichung ausgegeben. Am Ende werden die LaTeX-Befehle erzeugt, mit denen man die gelöste Gleichung ausgeben kann (siehe unten). Das zugehörige Jupyter-Notebook ist in Abb. A.38 auf der nächsten Seite zu sehen.

SageMath-Beispiel A.7.12: Code zur Ausgabe des LaTeX-Befehls einer Gleichung

```
# SageJupyter_sample070.sage: SageMath within a Jupyter notebook
# Solve a matrix equation and generate LaTeX code to show the solved equation e.g. in a pdf.

M4= MatrixSpace(ZZ, 4)
A = M4.matrix([[0, -1, -1, 1], [1, 1, 1, 1], [2, 4, 1, -2], [3, 1, -2, 2]])
b = vector(ZZ, [0, 6, -1, 3])
bT= b.column()

var('x1 x2 x3 x4')
x = vector( [x1, x2, x3, x4] )
xT= x.column()

print('$$ A*x=b:~~~ %s * %s = %s $$'%(latex(A), latex(xT), latex(bT)))

solution = A.solve_right(b)
solutionT= solution.column()

show('s:  $$A*x=b:~~~ %s * %s = %s $$'%(latex(A), latex(solutionT), latex(bT)))   # 'show' is an alias for ▶
  ▶pretty_print
        # which should choose the "best" output supported by the user interface; but showed only escaped text ▶
          ▶on console
print('p:  $$A*x=b:~~~ %s * %s = %s $$'%(latex(A), latex(solutionT), latex(bT)))  # 'print' shows text for ▶
  ▶LateX on console; 'view' had no effect.

import matplotlib.pyplot as plt
plt.plot([0,2,1,4,9])   # In a sage file (e.g. in VSC with sage extension), this has no effect.
```

Hier folgt das Ergebnis aus dem von `latex()` erzeugten LaTeX-Befehlen:

$$A*x=b: \left(\begin{array}{rrrr} 0 & -1 & -1 & 1 \\ 1 & 1 & 1 & 1 \\ 2 & 4 & 1 & -2 \\ 3 & 1 & -2 & 2 \end{array}\right) * \left(\begin{array}{r} x_1 \\ x_2 \\ x_3 \\ x_4 \end{array}\right) = \left(\begin{array}{r} 0 \\ 6 \\ -1 \\ 3 \end{array}\right)$$

$$A*x=b: \left(\begin{array}{rrrr} 0 & -1 & -1 & 1 \\ 1 & 1 & 1 & 1 \\ 2 & 4 & 1 & -2 \\ 3 & 1 & -2 & 2 \end{array}\right) * \left(\begin{array}{r} 2 \\ -1 \\ 3 \\ 2 \end{array}\right) = \left(\begin{array}{r} 0 \\ 6 \\ -1 \\ 3 \end{array}\right)$$

[40] Die Gleichung stammt aus dem Buch von Craig Finch, S. 118. Der Code wurde stark angepasst.

```
In [38]: M4 = MatrixSpace(ZZ, 4)
         A = M4.matrix([[0, -1, -1, 1], [1, 1, 1, 1], [2, 4, 1, -2], [3, 1, -2, 2]])
         b = vector(ZZ, [0, 6, -1, 3])
         bT=b.column()

         var('x1 x2 x3 x4')
         x = vector( [x1, x2, x3, x4] )
         xT=xx.column()

         show('$$ A*x=b:~~~ %s * %s = %s $$'%(latex(A), latex(xT), latex(bT)))

         solution = A.solve_right(b)

         show('$$ A*x=b:~~~ %s * %s = %s $$'%(latex(A), latex(solutionT), latex(bT)))
         print('$$ A*x=b:~~~ %s * %s = %s $$'%(latex(A), latex(solutionT), latex(bT)))
```

$$A * x = b:\quad \begin{pmatrix} 0 & -1 & -1 & 1 \\ 1 & 1 & 1 & 1 \\ 2 & 4 & 1 & -2 \\ 3 & 1 & -2 & 2 \end{pmatrix} * \begin{pmatrix} x_1 \\ x_2 \\ x_3 \\ x_4 \end{pmatrix} = \begin{pmatrix} 0 \\ 6 \\ -1 \\ 3 \end{pmatrix}$$

$$A * x = b:\quad \begin{pmatrix} 0 & -1 & -1 & 1 \\ 1 & 1 & 1 & 1 \\ 2 & 4 & 1 & -2 \\ 3 & 1 & -2 & 2 \end{pmatrix} * \begin{pmatrix} 2 \\ -1 \\ 3 \\ 2 \end{pmatrix} = \begin{pmatrix} 0 \\ 6 \\ -1 \\ 3 \end{pmatrix}$$

```
$$ A*x=b:~~~ \left(\begin{array}{rrrr}
0 & -1 & -1 & 1 \\
1 & 1 & 1 & 1 \\
2 & 4 & 1 & -2 \\
3 & 1 & -2 & 2
\end{array}\right) * \left(\begin{array}{r}
2 \\
-1 \\
3 \\
2
\end{array}\right) = \left(\begin{array}{r}
0 \\
6 \\
-1 \\
3
\end{array}\right) $$
```

Abb. A.38: Löse Matrixgleichung und erzeuge den LaTeX-Code der Gleichung

A.7.7.4 Im LaTeX-Dokument direkt den von `SageTeX()` ausgeführten Sage-Code nutzen

Dies ist – im Vergleich zu Unterkapitel A.7.7.3 – der spannendere Teil.

Hat man eine TEX-Distribution auf seinem Rechner, kann man direkt in LATEX-Dokumenten Sage-Code hinein schreiben, diesen ausführen lassen und das Ergebnis automatisch in das erzeugte (normalerweise: PDF) Dokument einbinden.

Dazu muss braucht man das Paket **SageTeX**, welches per `\usepackage{sagetex}` im Header der TEX-Datei eingebunden wird. MikTEX bringt `sagetex` bereits mit; wer TEXLive oder MacTEX hat, kann sich das Paket und die Dokumentation hier `https://ctan.org/pkg/sagetex?lang=de` holen.

Die TEX-Datei, in der man SageTeX verwenden will, sollte im selben Ordner liegen, wie die SageTeX-Dateien, die man als .zip heruntergeladen und entpackt hat. Die SageTeX-Installation bringt das Paket auch mit, hier muss man aber noch etwas Zusatzarbeit leisten, um es verwenden zu können (siehe hier `https://doc.sagemath.org/html/en/reference/misc/sagetex.html`).

Verwendet ein LaTeX-Dokument dieses Paket, vollzieht sich die PDF-Dokumentenerstellung in drei Schritten:

- `pdflatex datei.tex` ⟶ es entsteht `datei.sagetex.sage` sowie `datei.aux, datei.log, datei.pdf.`
- `sage datei.sagetex.sage` ⟶ `sage` wird angewendet, um den SageMath-Code, der beim vorherigen Schritt in die Datei `datei.sagetex.sage` geschrieben wurde, auszuführen. Dabei entstehen die drei Dateien `datei.sagetex.[sage.py, scmd, sout]`.
- Erneuter Lauf `pdflatex datei.tex` ⟶ fertige pdf-Datei `datei.pdf`

Den Workflow kurz zusammengefasst zeigt Abb. A.39.

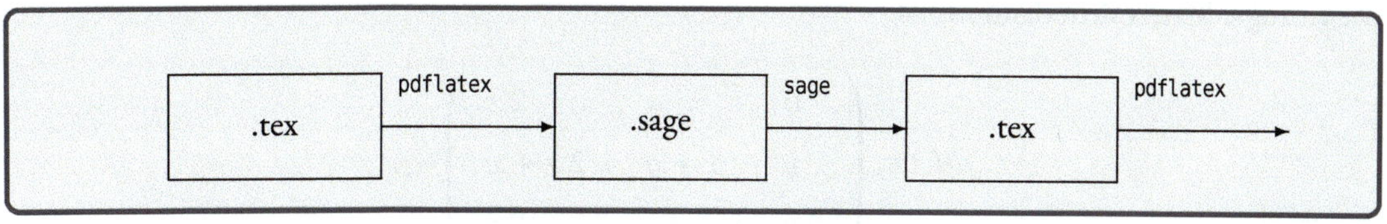

Abb. A.39: Workflow mit SageTeX

Anmerkung: Für erfahrene LaTeX-Benutzer und größere LaTeX-Projekte empfehlen wir die Verwendung von **arara**[41], um solche Workflows wie in Abb. A.39 abzubilden. Vorstellen wollen wir arara anhand eines Minimalbeispiels (minimal working example MWE) – siehe SageMath-Beispiel A.7.13. Rufen Sie hierzu im Terminal `arara -w mwe.tex` auf, nachdem Sie das Minimalbeispiel als Datei mit dem Namen `mwe.tex` abgespeichert haben. Das Ergebnis dieses Aufrufs ist, dass die Zahl 32 im PDF gedruckt wird.

Voraussetzung ist, dass „pdflatex" Zugriff auf die Datei „sagetex.sty" aus der installierten SageMath-Version hat. Falls das nicht gegeben ist, finden Sie eine Anleitung unter `https://doc.sagemath.org/html/en/tutorial/sagetex.html#sec-sagetex-install`.

SageMath-Beispiel A.7.13: Arara und sagetex

```
\documentclass{scrartcl}
% arara: pdflatex
% arara: sage: { files: [mwe.sagetex.sage]}
% arara: pdflatex
\usepackage{sagetex}
\begin{document}
$$\sage{2^5}$$
\end{document}
```

[41] arara von Paulo Cereda ist ein TeX-Automatisierungs-Tool, das auf Regeln basiert, die am Anfang der Main-TeX-Datei eines LaTeX-Projekts stehen. Diese Regeln, was arara machen soll, muss man selbst in sein Latex-Dokument schreiben. arara bestimmt dann seine Aktionen anhand dieser gegebenen Regeln – anstatt sich die Regeln automatisch aus indirekten Ressourcen wie der Analyse von Protokolldateien herzuleiten. arara benötigt eine Java-Runtime. Siehe `https://gitlab.com/islandoftex/arara` und `https://islandoftex.gitlab.io/arara/`. Seit 2024 ist arara nicht mehr Teil der MacTeX-Auslieferung, kann dort aber nachinstalliert werden.

Mit SageTeX können alle Rechen- und LaTeX-Formatierungsfunktionen von SageMath automatisch gehandhabt werden. Das SageTeX-Paket ist eine Sammlung von TeX-Makros[42], die es einem LaTeX-Dokument ermöglichen, Anweisungen einzuschließen, um SageMath verschiedene Objekte berechnen und/oder formatieren zu lassen.

Im folgenden Beispiel wird der LaTeX-Code für eine Matrix aus Sage-Code erzeugt – die LaTeX-Datei enthält nur die folgenden vier Zeilen:[43]

```
\begin{sagesilent}
   var('x,y')
   M = matrix([[i*x+j*y for i in range(3)] for j in range(3)])
\end{sagesilent}
```

Die erzeugte Matrix sieht dann so aus:

$$M := \begin{pmatrix} 0 & x & 2x \\ y & x+y & 2x+y \\ 2y & x+2y & 2x+2y \end{pmatrix}$$

SageMath-Befehle kann man auch in interact-Beispielen einbinden (vergleiche Anhang A.7.8.3 auf Seite 811 und Anhang A.7.8.4 auf Seite 812).

A.7.8 SageMath mit Jupyter und interact

Mit `interact` werden SageMath-Programme interaktiv – der Einfluss von Parametern auf die Berechnungen kann dynamisch visualisiert werden. Dies geschieht auf sehr allgemeine Weise unter Verwendung von Python-Funktionalität. „Daher könnte fast jede mögliche Abhängigkeit gezeigt werden."[44]

Man kann also nicht nur das Ergebnis als Text, Grafik oder animiertes GIF zeigen: Mit interact kann der Benutzer die vorgegebenen Parameter manipulieren und die veränderten Ergebnisse sofort sehen.

A.7.8.1 Ein typisches `interact()`-Beispiel

Abb. A.40 auf der nächsten Seite zeigt ein leicht verändertes Beispiel aus den SageMath-Tutorials[45]: In den zwei Dropdown-Controls kann man die Längen der beiden Rechteck-Seiten `n` und `m` ändern. Dann wird das geänderte Rechteck angezeigt, seine Fläche dynamisch berechnet und die Faktoren der Flächenmaßzahl (Flächengröße) werden in Textform ausgegeben.

---

[42] Weitere Details zu SageTeX-Makros finden Sie unter: `https://ctan.org/pkg/sagetex`, `https://doc.sagemath.org/html/de/tutorial/latex.html` und `https://doc.sagemath.org/html/de/tutorial/sagetex.html`.
Neben **SageTeX** gibt es noch andere Python-Pakete, mit denen man Dinge in einem LaTeX-Dokument automatisieren kann. Das bekannteste ist **PythonTeX** (`https://ctan.org/pkg/pythontex`).
In dem knapp 60-seitigen englischen Dokument `https://cryptool.org/download/ctb/PythonTex-by-Examples.pdf` sind viele Beispiele und Testfälle enthalten. PythonTeX wird oft zusammen mit SymPy benutzt, einem LaTeX-Paket, mit dem man die Ergebnisse eines symbolischen Mathe-Paketes in ein LaTeX-Dokument einbetten kann.
Alternativ-Pakete wie `pyLaTeX` von Jelte Fennema, v1.3.4, 2020 und `hybrid-latex` von Leo Brewin, v0.1, 2018 werden nicht mehr gepflegt.

[43] aus `https://phubert.github.io/sagetex-tutorial.pdf`, Seite 8

[44] `https://www.sagemath.org/tour-graphics.html`

[45] `https://more-sagemath-tutorials.readthedocs.io/en/latest/tutorial-start-here.html`

SageMath-Beispiel A.7.14: Startbeispiel zur Nutzung von interact im Jupyter-Notebook

```
# SageJupyter_sample020.sage: SageMath within a Jupyter notebook
@interact
def f( n=(1..10),  m=selector([1..15],default=6) ):
    print("Area: n * m = {} = {}".format(n * m, factor(n * m)))
    P = polygon([(0, 0), (0, n), (m, n), (m, 0)])
    P.show(aspect_ratio=1, gridlines='minor', figsize=[3, 3], xmax=15, ymax=10)
```

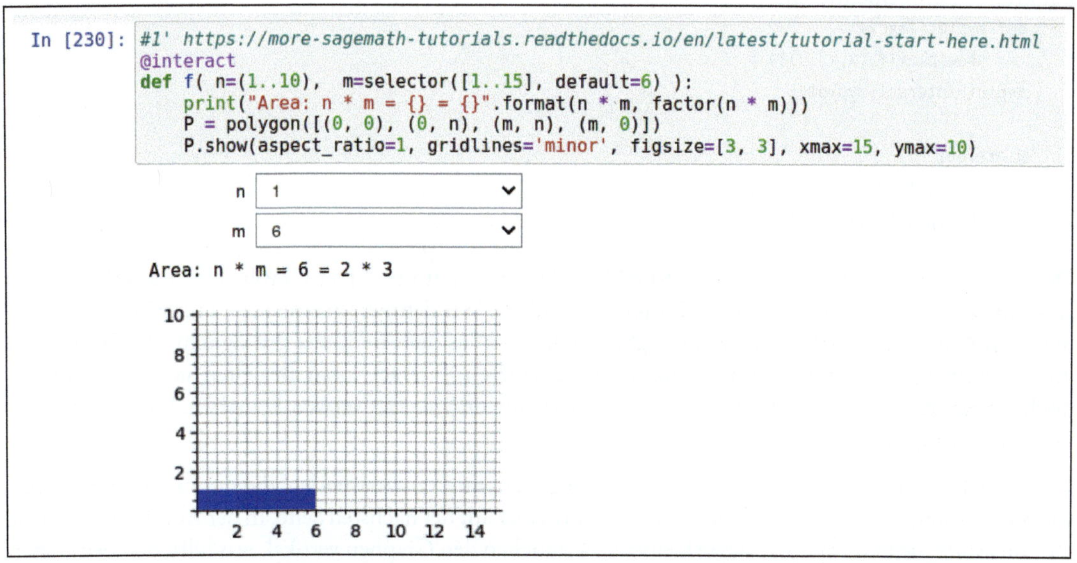

Abb. A.40: Ein Startbeispiel zur Nutzung von `interact` im Jupyter-Notebook

Für die Interaktion mit dem Benutzer gibt es derzeit acht Steuerelemente (Sage-Widget-Controls):

- Rechtecke (Boxes)
- Slider
- Bereichs-Slider
- Kästchen (Checkboxes)
- Selektoren (Drop-down-Listen oder Buttons)
- Grid mit Boxen
- Farb-Selektoren
- Einfacher Text

In Abb. A.40 werden zwei Drop-down-Selektoren verwendet. Der erste Selektor für `n` wird implizit durch das Tupel `(1..10)` erzeugt; der zweite für `m` wird explizit per `selector()` erzeugt, um per Option einen Initialwert (6) zu setzen (macht man das nicht, wird der erste Wert in der Liste als Default verwendet).

Viele weitere Details finden sich auf den folgenden Seiten und bei den Links in der Fußnote.[46]

---

[46] `https://more-sagemath-tutorials.readthedocs.io/en/latest/tutorial-start-here.html`,
`https://doc.sagemath.org/html/en/prep/Quickstarts/Interact.html`,
`https://wiki.sagemath.org/interact/`,
`https://wiki.sagemath.org/interact/graphics`

A.7.8.2 Technisches – was sind Decorators

Decorators sind ein Konstrukt in Python 3, mit dem man eine existierende Funktion (oder Methode) um eine bestimmte Funktionalität erweitern kann. Ein Decorator nimmt eine Funktion auf, fügt Funktionalität hinzu und gibt sie zurück. Decorators fungieren also als Wrapper.[47]

Die beiden folgenden Kurzbeispiele sind – trotz unterschiedlicher Schreibweisen – identisch. Aufgrund der besseren Lesbarkeit wird jedoch nur die @-Schreibweise genutzt („syntactic sugar"), um die Decorator-Funktion zu implementieren.

```
def myplot(f=x^2):
    show(plot(f,(x,-3,3)))
myplot=interact(myplot)

@interact
def myplot(f=x^2):
    show(plot(f,(x,-3,3)))
```

Diese Kurz-Beispiele stammen aus der SageMath-Dokumentation.[48] Der Graph einer Funktion `f` wird gezeichnet und der Benutzer kann die Funktion `f` ändern. Wir definierten eine neue Funktion `myplot` und machten `f` zu einer Variablen. Damit ein „Steuerelement" es dem Benutzer ermöglicht, die Funktion `f` interaktiv einzugeben, stellen wir der Funktion `myplot` einfach `@interact` voran. Beachten Sie, dass wir immer noch die `myplot`-Funktion aufrufen können, selbst wenn wir `@interact` verwendet haben. Dies ist oft beim Debuggen nützlich: `myplot(x^4)`.

Es ist eine Konvention, den Underscore „_" für Wegwerfnamen zu verwenden, die uns nicht interessieren, wie bspw. `myplot`. Siehe das nächste Beispiel und Abb. A.41 auf der nächsten Seite. In der Abbildung wird die Option `aspect_ratio` verwendet: Werte kleiner als `1` stauchen den Graphen vertikal, was hilft, den benötigten vertikalen Platz zu reduzieren. Dann wird einmal `_(x^2)` und einmal `_(x^3)` geplottet.

```
@interact
def _(f=x^2):
    show(plot(f,(x,-3,3)))
_(x^3)
```

`@interact` bewirkt „wie ein Zauber", dass in der nächsten Zelle für jedes Argument der unbenannten Funktion ein Control (Steuerelement) verfügbar ist, mit dem der Benutzer das zugehörige Argument ändern kann. Das Ergebnis (Berechnung oder Plot) wird angepasst, ohne dass erneut auf „Ausführen" geklickt werden muss.

Mithilfe der interact-Methode können Basis-Widgets (sind in SageMath schon enthaltene grafische Steuerelemente) automatisch angezeigt und mit den Parametern von benutzerdefinierten Funktionen verknüpft werden. Widgets aus Matplotlib oder aus dem Jupyter-Notebook sind noch flexibler – ihr Einsatz ist in SageMath-Beispiel A.7.17 auf Seite 815 zu sehen.

Widgets können entweder direkt oder über die interact-Funktion erstellt werden. Da es bequem ist für eine schnelle Verwendung, wird meistens die interact-Methode verwendet. Interact nimmt eine Funktion als erstes Argument, gefolgt von den Argumenten dieser Funktion mit ihren möglichen Werten. Dadurch werden Widgets erstellt, mit denen diese Werte ausgewählt werden können, wobei für jede Auswahl ein Callback mit dem aktuellen Wert durchgeführt wird.

[47] Die Parameter der Decorator-Funktion sind dieselben wie die Parameter der Funktion, die sie dekoriert. Es können also beliebig viele Parameter verwendet werden. In Python wird diese „Magie/Zauber" über function(*args, **kwargs) ausgeführt, wobei args ein Tupel von Positionsargumenten ist und kwargs ist ein Dictionary von Schlüsselwort-Argumenten. Siehe `https://docs.python.org/3/tutorial/controlflow.html#defining-functions`.

[48] `https://doc.sagemath.org/html/en/prep/Quickstarts/Interact.html`

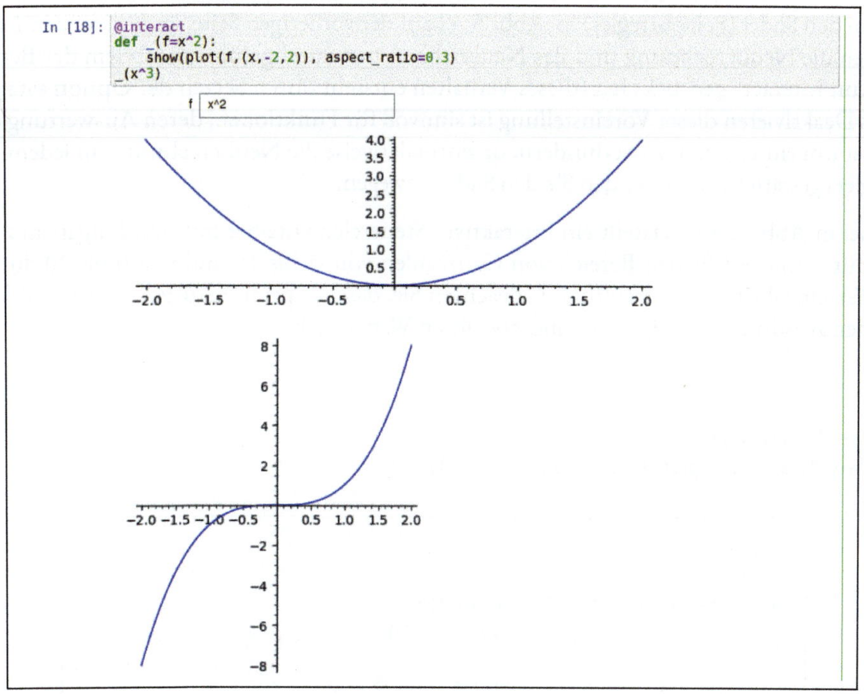

Abb. A.41: Aufruf einer unbenannten Funktion per interact – erst automatisch, dann direkt
Aufruf einer unbenannten Funktion per interact automatisch und anschließend nochmal direkt

A.7.8.3 Interact-Beispiele ohne Grafik

`@interact` wird meist benutzt, um interaktive Grafiken anzuzeigen, aber man kann es auch nutzen, um parametrisierte Textausgaben anzuzeigen.

Das folgende Beispiel[49] faktorisiert (multipliziert aus) einen symbolischen Ausdruck, der vom Exponenten `n` abhängt.

```
@interact
def _(n=(2,100,1), auto_update=False):
    show(factor(x^n - 1))
```

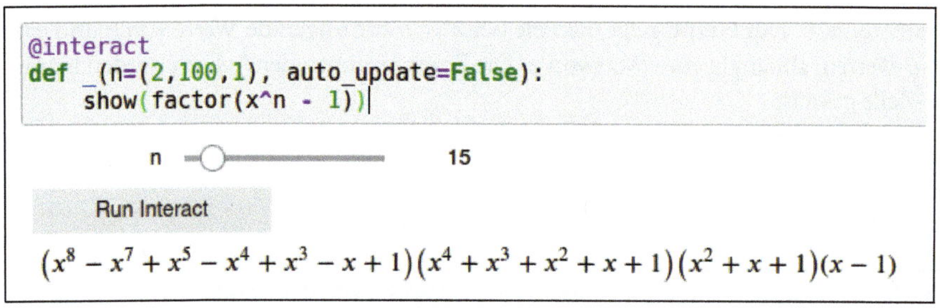

Abb. A.42: Aufruf einer Funktion ohne Graph per interact (mit auto_update)

[49] aus `http://fe.math.kobe-u.ac.jp/icms2010-dvd/SAGE/www.sagemath.org/doc/reference/sagenb/notebook/interact.html`

Bewegt man den Slider (Schieberegler) in Abb. A.42 auf der vorherigen Seite, ändert das den Exponenten. Hier werden die Neuberechnung und das Neuzeichnen nur durchgeführt, nachdem der Benutzer den Button „Run Interact" gedrückt hat (dieses Verhalten entsteht durch Setzen der Option `auto_update` auf False). Das Deaktivieren dieser Voreinstellung ist sinnvoll für Funktionen, deren Auswertung eine Weile dauert, oder um ein Flackern zu verhindern, da normalerweise die Neuberechnung an jedem Punkt des Schiebereglers gestartet wird, über den Sie den Slider bewegen.

Das Beispiel in Abb. A.43[50] erstellt ein interaktives Steuerelemente-Set mit drei Eingaben: zwei Slider-Eingaben für `a` und `y` (die den Bereich von Ganzzahlen von -5 bis 15 und von 0 bis 20 durchlaufen), und eine Texteingabe für den Ausdruck `c`. Beachten Sie, dass die print()-Ausgabe der Variablen `c` ihren symbolischen Ausdruck `y+2` zeigt, während `c(y)` ihren Wert ausgibt.

```
var('y')
@interact
def _(a=5, y=(0..20), c=y+2):
    print("a+y:", a + y);  print("c:  ", c, "=", c(y))
```

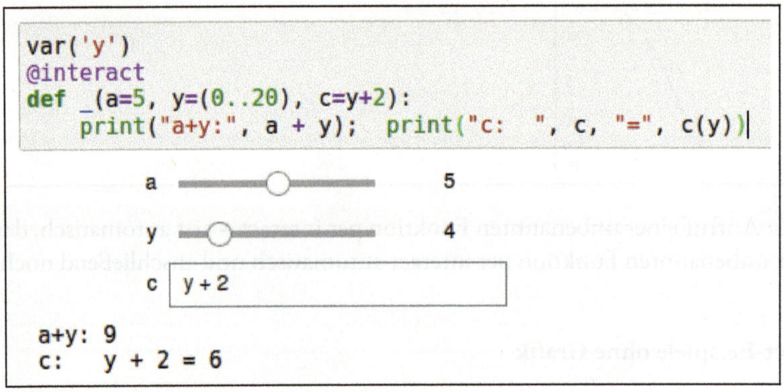

Abb. A.43: Funktion mit 2 Eingaben und Evaluierung eines symbolischen Ausdrucks per interact

A.7.8.4 Interact-Beispiele mit Grafik

In den folgenden Beispielen werden Grafiken mit interact manipuliert.[51]

Das Beispiel in Abb. A.44 auf der nächsten Seite und in SageMath-Beispiel A.7.15 auf der nächsten Seite ist angepasst und erweitert – nach dem sehr guten Buch [4]. Die Kurve $1/((x-a)^e) = (x-a)^{-e}$ hat zwei interact-Parameter a, e. Der Graph zeigt die Pole bei $x = a$ für ungerade Werte von e und einen flexiblen Bereich von y-Werten, abhängig vom Wert von e. Die Bezeichnungen der Achsen werden manuell in LaTeX in der Code-Zelle gesetzt.

---

[50] modifiziert aus `http://fe.math.kobe-u.ac.jp/icms2010-dvd/SAGE/www.sagemath.org/doc/reference/sagenb/notebook/interact.html`

[51] Viele weitere Beispiele finden sich bei:
`https://wiki.sagemath.org/interact/misc`
`https://wiki.sagemath.org/interact/games`
`https://wiki.sagemath.org/interact/graph_theory`
`https://www.sagemath.org/tour-graphics.html`
`https://wiki.sagemath.org/art`

SageMath-Beispiel A.7.15: Graph mit Asymptote und Parametern (siehe Abb. A.44)

```
# SageJupyter_sample030.sage: SageMath within a Jupyter notebook
@interact
def _(a=slider([-5..5], default=2, label='Param a: '),
      e=slider([-5..5], default=1, label='Param e: ')):
    xs=0.15  # space in x direction shown left an right of the pole
    pole_plot = plot( 1 / ((x - a)^e),  (x, a-(xs), a+(xs)),  detect_poles='show' )
    pole_plot.ymax((100.0)^e)
    pole_plot.ymin(-(100.0)^e)
    print("min y = {0:.3f} // max y = {1:.3f}".format( pole_plot.ymin(), pole_plot.ymax() ))
    print("min x = {0:.3f} // max x = {1:.3f}".format( pole_plot.xmin(), pole_plot.xmax() ))
    pole_plot.axes_labels([r'$x$', r'$1/(x-a)^e$'])
    pole_plot.show()
```

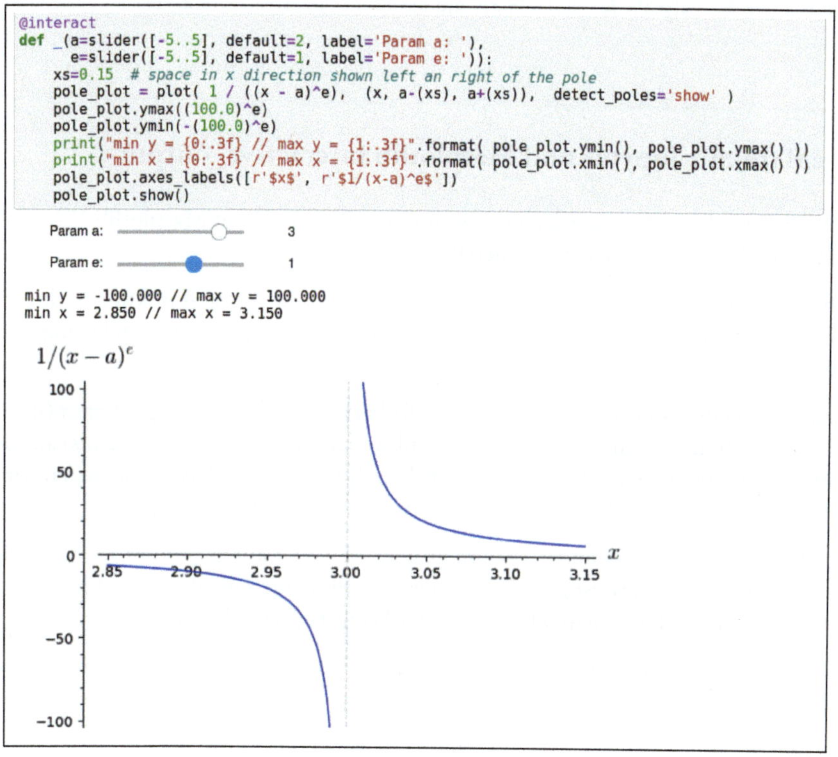

Abb. A.44: Graph mit Asymptote und Parametern (vgl. Abb. A.45)

Noch etwas flexibler als SageMath-Beispiel A.7.15 ist das SageMath-Beispiel A.7.16 auf der nächsten Seite (ohne Abbildung): Es hat eine ähnliche Funktionalität, aber die Funktion $g()$ wird **vor** der unbenannten Funktion definiert und daher kann der Funktionsname g in der unbenannten Funktion verwendet werden anstatt mehrfach seinen Ausdruck hinzuschreiben. Innerhalb von `plot()` funktioniert das problemlos – und auch innerhalb von `axes_labels` wird die kursive LaTeX-Darstellung für die ausgewertete g-Funktion angezeigt: Der Trick (gefunden in `ask.sagemath.org`) hier ist, dass man den String für die Beschriftung der y-Achse verkettet erzeugt: `'$'+latex(g(a,e,x))+'$'`.[52]

[52] Einige Parameter im SageMath-Plot sind noch etwas unflexibel. Die direkte Verwendung der zugrunde liegenden Mathplotlib kann für mehr Robustheit sorgen.

SageMath-Beispiel A.7.16: Graph mit Asymptote und Parametern und generischer Funktion (ohne Abb.)

```
# SageJupyter_sample040.sage: SageMath within a Jupyter notebook
var('a, x')
g(a,x) = a*x^3
@interact
def _(a=slider([-5..5], default=2, label='Param a: ')):
    p = plot(g(a,x),(x,-3,3), color='purple')  # make the plot line purple
    # p.axes_labels([ '$x$', '$a*x^3$' ])
    # p.axes_labels([ '$x$', eval('g()') ])
    p.axes_labels([ '$x$', '$'+latex(g())+'$' ])
    show(p)
    print("g: %s,   g()=%s,  g(a)=%s,  g(a,x)=%s,  g(a,1)=%d,  g(a,2)=%d" % ( g, g(), g(a), g(a,x), g(a,1), g(
    a,2) ))
#
# g: (a, x) |--> a*x^3,   g()=a*x^3,  g(a)=2*x^3,  g(a,x)=2*x^3,  g(a,1)=2,  g(a,2)=16
```

A.7.9 SageMath mit Jupyter und Matplotlib interactive_output

Die Grafiken (Plots) in SageMath werden erstellt mit dem Python-Paket Matplotlib.[53] Matplotlib ist die verbreitetste Grafikbibliothek für Python generell.

Die am häufigsten verwendeten Funktionen von matplotlib sind über Sage-Funktionen direkt zugänglich. Bisher beschränkten wir uns in den Beispielen auf die in SageMath eingebauten Grafikfunktionen (siehe die Sage-Widgets in A.7.8.1 auf Seite 809).

Alternativ kann man entweder das ganze Mathplotlib-Paket in SageMath importieren (und dann seine komplette Funktionalität nutzen) oder die Grafikfunktionen (Widgets oder Controls) aus dem Jupyter-Notebook nutzen, die ebenfalls auf Mathplotlib beruhen. Im folgenden Beispiel benutzen wir die Jupyter-Widgets und erzielen damit ein schöneres Layout als mit den Sage-Widgets.

Das bisherige Beispiel in Abb. A.44 und in SageMath-Beispiel A.7.15 auf der vorherigen Seite zeigte die Controls einfach untereinander an. Das ist praktisch für ein schnelles Ergebnis, aber nicht für eine ansprechende GUI. Nun bauen wir dieses Beispiel m. H. von Jupyter-Widgets (ipywidgets)[54] um.

Als Eingabe fungieren die beiden ipywidgets.IntSlider; als Ausgabe (statt print) wird ipywidgets.Label genutzt. Alle vier Widgets werden zunächst unabhängig voneinander erzeugt. Dann werden die Widgets in ein Grid eingefügt, das aus $2 \cdot 3 = 6$ Zellen besteht. Die Slider nehmen jeweils die ersten beiden Spalten ein, die Labels nehmen die letzte Spalte; Slider haben also die doppelte Breite wie die Labels. Labels gibt es also nicht nur bei Koordinatenachsen (so wie in den bisherigen Beispielen), sondern frei auch platzierbar. Label-Widgets zeigen den Value-Text an, sind aber nicht editierbar, was hier gewollt ist.

Nicht nur g(), sondern auch myplot() ist extra definiert, so dass die interaktive Funktion relativ klein ist: Sie ruft myplot() und ordnet die Slider-Eingabecontrols aa und ee den Eingabevariablen a und e der Funktion myplot() zu.

Mithilfe von interactive_output wird die Grafik nicht sofort ausgegeben, sondern in einem Output-Widget erzeugt. Dadurch könnte die Grafik später per display auch mehrfach ausgegeben werden.

[53] `https://matplotlib.org/`

[54] Siehe `https://ipywidgets.readthedocs.io/en/latest/examples/Using%20Interact.html`. Zwei sehr schöne Einführungen in Jupyter-Widgets findet sich in `https://www.elab2go.de/demo-py1/jupyter-notebook-widgets.php` und `https://kapernikov.com/ipywidgets-with-matplotlib/` (2020).

Insgesamt erlauben die ipywidgets ein viel flexibleres Layout als die Basic-Widgets, die in SageMath integriert sind. Dafür ist der Code länger 😃.

SageMath-Beispiel A.7.17: Code für Graph mit Controls von ipywidgets (siehe Abb. A.45)

```
# SageJupyter_sample060.sage: SageMath within a Jupyter notebook
# Widgets from ipywidgets and called via interactive_output

from ipywidgets import GridspecLayout, Layout, IntSlider, Label, interactive_output

var('a, e, x')
g(a,e,x) = 1 / ((x - a)^e)

# Create the controls
aa = IntSlider(min=-5, max=5, value=2, description='Param a: ', layout=Layout(width='auto', height='auto'))
ee = IntSlider(min=-5, max=5, value=1, description='Param e: ', layout=Layout(width='auto', height='auto'))

label1 = Label(description="for_x", layout=Layout(display='flex', justify_content="center", border='1px solid ▶
  ▶green'))
label2 = Label(description="for_y", layout=Layout(display='flex', justify_content="center", border='1px solid ▶
  ▶green'))

# Distribute the controls into a grid for better layout
grid = GridspecLayout(int(2), int(3))
grid[0,0:2]  = aa
grid[1,0:2]  = ee
grid[0,-1] = label1
grid[1,-1] = label2

def myplot(a, e):
    xs=0.15 # space in x direction shown to the left and right of the pole
    pole_plot = plot( g(a,e,x),  (x, a-(xs), a+(xs)),  detect_poles='show' )
    pole_plot.ymax((100.0)^e)
    pole_plot.ymin(-(100.0)^e)
    # Add spaces via the unicode character \xa0 ("nonbreaking space")
    skip = ':\xa0\xa0\xa0\xa0'
    s1 = 'x' + skip + "min = {0:.2f} \xa0 // \xa0 max = {1:.2f}".format( pole_plot.xmin(), pole_plot.xmax() )
    s2 = 'y' + skip + \
        ( "min = {0:.0f} \xa0 // \xa0 max = {1:.0f}".format(pole_plot.ymin(), pole_plot.ymax()) if (pole_plot▶
          ▶.ymin()>100 or pole_plot.ymin()<-100)
          else "min = {0:.2f} \xa0 // \xa0 max = {1:.2f}".format(pole_plot.ymin(), pole_plot.ymax()) )
    label1.value = s1
    label2.value = s2
    pole_plot.axes_labels([ '$x$', '$'+latex(g())+'$' ])
    pole_plot.show()

out = interactive_output( myplot, {'a': aa,  'e': ee} )
display(grid, out)
```

A.7.10 Weitere interact SageMath-Beispiele zur Kryptografie

Neben den Beispielen in diesem Buch finden Sie unter dem Link in Fußnote 55 viele einfache Beispiele, die die Befehle aus dem Gebiet der Kryptografie in SageMath mit interact darstellen:[55]

1. Verschiebe-Chiffre (Ver- und Entschlüsselung)
2. Affine Chiffre (Ver- und Entschlüsselung)
3. Substitutions-Chiffre
4. Playfair-Chiffre (Ver- und Entschlüsselung)
5. Häufigkeitsanalyse
    a) Häufigkeitsanalyse

[55] https://wiki.sagemath.org/interact/cryptography (erstellt zuerst auf den „Sage Days 103“, August 2019)

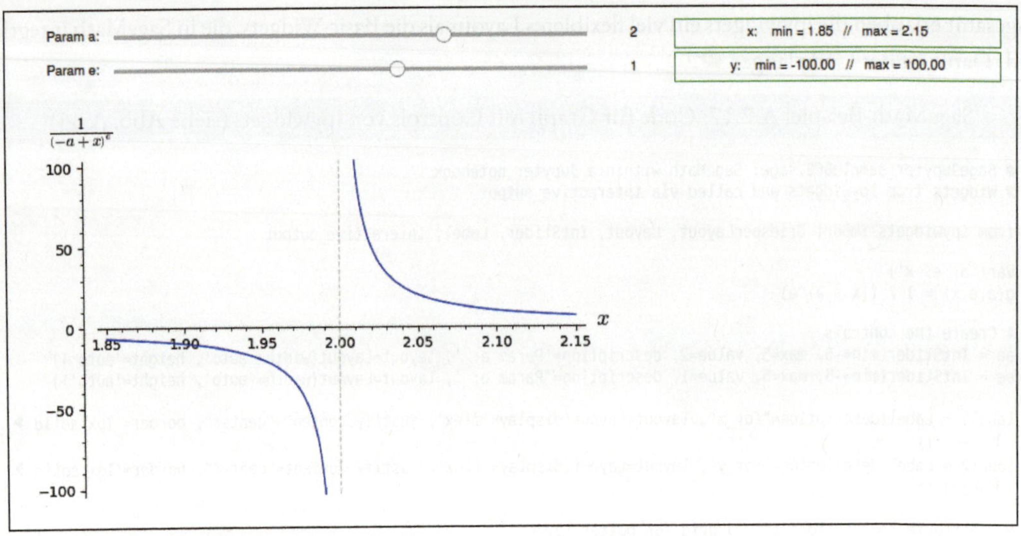

Abb. A.45: Graph mit Controls von ipywidgets (vgl. Abb. A.44)

   b) Raten mithilfe der Frequenzanalyse

6. Vigenère-Chiffre (Ver- und Entschlüsselung)
7. One-Time-Pad (OTP)
8. Hill-Chiffre (Ver- und Entschlüsselung)
9. Modulare Arithmetik (Voraussetzungen für RSA, Diffie-Hellman, ElGamal)
   a) Modulare Arithmetik Multiplikationstabelle
   b) Modulare Exponentiation
   c) Diskretes Logarithmus-Problem (Lösen nach x und nach b)
10. RSA
   a) RSA, aus der Perspektive von Alice
   b) RSA, aus der Perspektive von Babette
   c) Digitale Signaturen mit RSA

A.7.11 Der Verlauf der MTW-Punkteverteilungs-Kurven mit SageMath

Im Krypto-Rätsel-Wettbewerb MysteryTwister[56] (MTW, früher MTC3) gibt es drei Level, in denen Punkte für eine gelöste Aufgabe automatisch anhand einer Formel berechnet werden. Durch das Level ist eine Basis-Punktzahl vorgegeben, die man mindestens erreicht und der sich die erhaltene Punktzahl immer mehr annähert, je länger die Aufgabe schon publiziert ist. Wie schnell diese Annäherung erfolgt hängt vom Level ab: Je niedriger das Level, desto schneller (siehe `https://mysterytwister.org/challenges/points-calculation/`).

Der zugehörige Graph wird in Abb. A.46 auf der nächsten Seite für die ersten 500 Tage verdeutlicht. Erzeugt wird er mit dem SageMath-Beispiel A.7.18 auf der nächsten Seite.

In blau sind die 3 Kurven der 3 Levels zu sehen – normalisiert auf einen Basiswert von 100. Mit dem Slider kann man das Gewicht c in kleinen Schritten auswählen, um in einer roten Kurve zu sehen, wie schnell sich

[56] `https://mysterytwister.org/`

die „Fallgeschwindigkeit" gegen den Basiswert anpasst. Die rote Kurve bewegt sich immer über den anderen Kurven; in Abb. A.46 verdeckt sie die blaue Kurve von Level 1, denn c hat in Level 1 den Wert 1,00.

Der Basiswert ist 50 % des Maximalwerts (hier in der Grafik immer 200; in MTW sind es 200, 2000 und 20000). Jedes der drei Level L1, L2 und L3 startet mit seinem Maximalwert. Nach 10 Tagen sind (L1/L2/L3) jeweils bei (55/74/86) % des Maximalwerts. Level 1 (L1) erreicht nach 101 Tagen schon 50 %. Nach 500 Tagen sind (L2/L3) jeweils bei (57/70) % des Maximalwerts.

SageMath-Beispiel A.7.18: Code zum Graph der MTW-Punkte im Zeitverlauf

```
# SageJupyter_sample050.sage: SageMath within a Jupyter notebook
# MTW formular: points for one challenge after d days

c,d  = var('c, d')

def f(c, d):
    r = 1 - ( 1 / (( 2^(1-c)) * ((d+1)^c)) )
    return ( r )

def g(c,d):
    100 / f(c,d)

@interact
def _( c = slider( 0, 2, step_size=0.05, default=1 ) ):
    g1 = 100 / f(1, d)
    p1 = plot(g1, (1, 500), thickness=1, color='blue' )

    g025 = 100 / f(0.25, d)
    p025 = plot(g025, (1, 500), thickness=1, color='blue' )

    g01 = 100 / f(0.1, d)
    p01 = plot(g01, (1, 500), thickness=1, color='blue' )

    g = 100 / f(c, d)  # 100 = 10*10^i, where i=1 (so all curves use level 1 base value)
    # the x-axis variable is d and runs from day 1 to 500
    p = plot(g, (1, 500), thickness=2, color='red' )

    (p1+p025+p01+p).show(title='MTW curve courses for level L1, L2, and L3')
```

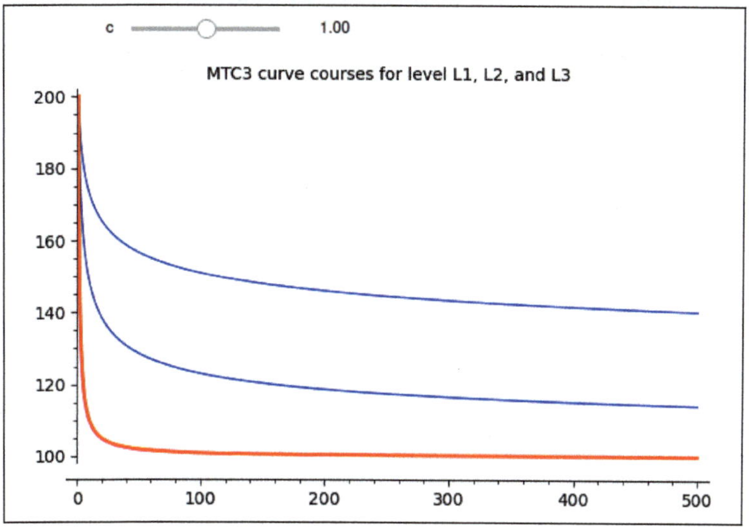

Abb. A.46: Graph der MTW-Punkte im Zeitverlauf

A.7.12 Professionellere Sage-Programme

In der Literatur und auch hier findet man zu SageMath oft kurze Code-Beispiele. Man kann mit SageMath aber auch ganz professionelle Programme schreiben. Das liegt vor allem daran, dass man in Sage alle Möglichkeiten von Python 3 nutzen kann.

In SageMath-Beispiel 2.9.19 auf Seite 136 kann man das ansatzweise erkennen. Das Analyse-Programm dort

- hat den typischen Aufbau eines Python-Programms mit einer übersichtlichen main-Funktion am Ende.
- verteilt alle Tasks in handhabbare Funktionen.
- parst die Kommandozeile mit `argparse`.
- enthält Testdaten (hier in einem `dictionary`).
- unterstützt einen Verbose-Modus, mit dem man sich innere Abläufe und Log-Informationen ad-hoc ausgeben kann.
- enthält Kommentare, usage-Infos und Versionierung.

A.7.13 Weitere Hinweise zu SageMath in diesem Buch

Weitere Hinweise:

- Abfrage der Version Ihrer SageMath-Umgebung mit: `version()`
- Um schnell die SageMath-Programmbeispiele in diesem Buch zu finden, können Sie
  - im Index nach `SageMath -> Programmbeispiele` schauen, oder
  - sich diese in Kapitel C auf Seite 885 ansehen.
- Die SageMath-Beispiele aus diesem Buch finden sich zum Download auf der CrypTool-Webseite. Weitere Details dazu am Ende der Übersicht in Kapitel C auf Seite 885.

A.8 Kurzeinführung in das CLI openssl

OpenSSL[57] ist eine weit verbreitete, freie Open-Source-Kryptobibliothek, die bspw. produktiv benutzt wird, um auf Webservern TLS-/SSL-Funktionalität zur Verfügung zu stellen. OpenSSL ist das erste nach FIPS 140-2 zertifizierte Open-Source-Programm.

Aber man kann mit dem Kommandozeilenprogramm nicht nur das TLS-Protokoll abbilden und Zertifikate verwalten, sondern auch viele kryptografische Einzelfunktionen ausführen (immer aber nur für produktive Parametersets, nicht für kleine Werte, wie sie in didaktischen Lernprogrammen verwendet werden). Unter Unix ist OpenSSL normalerweise gleich mitinstalliert.[58]

Zu OpenSSL gehört auch das englisch-sprachige Kommandozeilentool[59] `openssl`, mit dem man die Funktionalität auf vielen Betriebssystemen direkt ausprobieren kann.[60]

Im Folgenden werden viele Beispiele aus der Kryptografie mit dem CLI `openssl` implementiert und bei Bedarf mit einem Python-Skript erweitert. Der Code ist lauffähig und getestet mit den OpenSSL-Versionen 1.1.1 (unter Ubuntu 20.04) und 3.0 (unter Ubuntu 22.04). Zu OpenSSL im Browser siehe Abschnitt A.8.14 auf Seite 845.

Abfrage der OpenSSL-Version

Um die Versionsnummer der bei Ihnen installierten Version von OpenSSL abzufragen, können Sie einen der folgenden drei Befehle eingeben:

```
$ openssl version
$ python -c "import ssl; print(ssl.OPENSSL_VERSION)"
$ openssl
OpenSSL> version
```

Das Ergebnis ist immer dasselbe, beispielsweise:

```
OpenSSL 3.3.0 9 Apr 2024 (Library: OpenSSL 3.3.0 9 Apr 2024)
```

Eine komplette Versionsausgabe inkl. der beim Bauen von OpenSSL verwendeten Compiler-Flags erhält man mit der Option `-a`. Die Versionsausgabe sieht auf verschiedenen Betriebssystemen unterschiedlich aus. Am ausführlichsten ist sie unter Linux. Hier die Ausgabe der WebAssembly-Version von OpenSSL in CTO:

```
$ openssl version -a
OpenSSL 3.3.0 9 Apr 2024 (Library: OpenSSL 3.3.0 9 Apr 2024)
built on: Tue Apr 16 06:02:16 2024 UTC
platform: linux-x32
options:  bn(64,64)
compiler: /emsdk/upstream/emscripten/emcc -mx32 -Wall -O3 -DOPENSSL_USE_NODELETE -DL_ENDIAN -▶
  ▶DOPENSSL_BUILDING_OPENSSL -DNDEBUG
OPENSSLDIR: "/usr/local/ssl"
```

[57] Siehe auch `https://www.openssl.org/` und `https://de.wikipedia.org/wiki/OpenSSL`. Weitere kommentierte Links zur Vertiefung finden sich am Ende dieses Anhangs auf Seite 850.

[58] Updaten kann man OpenSSL per `sudo apt-get install openssl`, wobei die vorgepackte Version meist deutlich älter ist als die neueste stabile Version, die man sich aus den Sourcen selbst erstellen muss (beim Schreiben der ersten Version dieses Anhangs gab es unter Ubuntu 18.04 per `apt-get` die OpenSSL-Major-Version 1.1.1 vom 11.9.2019, während die letzte Stable die Minor-Version 1.1.1g vom 21.4.2020 war. Im April 2024 gab es unter Ubuntu 22.04 standardmäßig die Version OpenSSL 3.0.2 vom 15.3.2022, obwohl OpenSSL 3.3.0 schon verfügbar war).

[59] Kommandozeilenprogramm = command line interface = CLI

[60] Im Gegensatz zum ebenfalls sehr verbreiteten Kommandozeilentool `gpg` von GNU Privacy Guard (`https://de.wikipedia.org/wiki/GNU_Privacy_Guard`) erlaubt `openssl` auch Aufrufe, die sehr ins Detail gehen.
Bei `gpg` liegt der Schwerpunkt nur auf den im praktischen Einsatz befindlichen Cipher-Suites. Einfach genau einen Block ohne Padding zu verschlüsseln wie im OpenSSL-Beispiel 1.12.1 auf Seite 58 geht unseres Wissens mit `gpg` nicht. Andererseits kann man auch bei OpenSSL bspw. RSA und TLS nur mit bestimmten Mindestgrößen aufrufen (bspw. 512 bit für die Länge des RSA-Moduls).

```
ENGINESDIR: "/usr/local/libx32/engines-3"
MODULESDIR: "/usr/local/libx32/ossl-modules"
Seeding source: os-specific
CPUINFO: N/A
```

A.8.1 Ausgabe aller openssl-Kommandos

Was an Funktionen in openssl verfügbar ist, erhält man per:

```
$ openssl help
```

Die Ausgabe, die diesem Befehl folgt, ist in drei Gruppen unterteilt: die sogenannten Standard-Befehle, die Befehle mit Hash-Funktionen („Message-Digest") und die Befehle mit Verschlüsselungs- und Codierungsfunktionen („Cipher")[61].

```
Standard commands
asn1parse         ca                ciphers           cms
crl               crl2pkcs7         dgst              dhparam
dsa               dsaparam          ec                ecparam
enc               engine            errstr            gendsa
genpkey           genrsa            help              list
nseq              ocsp              passwd            pkcs12
pkcs7             pkcs8             pkey              pkeyparam
pkeyutl           prime             rand              rehash
req               rsa               rsautl            s_client
s_server          s_time            sess_id           smime
speed             spkac             srp               storeutl
ts                verify            version           x509

Message Digest commands (see the 'dgst' command for more details)
blake2b512        blake2s256        gost              md4
md5               rmd160            sha1              sha224
sha256            sha3-224          sha3-256          sha3-384
sha3-512          sha384            sha512            sha512-224
sha512-256        shake128          shake256          sm3

Cipher commands (see the 'enc' command for more details)
aes-128-cbc       aes-128-ecb       aes-192-cbc       aes-192-ecb
aes-256-cbc       aes-256-ecb       aria-128-cbc      aria-128-cfb
aria-128-cfb1     aria-128-cfb8     aria-128-ctr      aria-128-ecb
aria-128-ofb      aria-192-cbc      aria-192-cfb      aria-192-cfb1
aria-192-cfb8     aria-192-ctr      aria-192-ecb      aria-192-ofb
aria-256-cbc      aria-256-cfb      aria-256-cfb1     aria-256-cfb8
aria-256-ctr      aria-256-ecb      aria-256-ofb      base64
bf                bf-cbc            bf-cfb            bf-ecb
bf-ofb            camellia-128-cbc  camellia-128-ecb  camellia-192-cbc
camellia-192-ecb  camellia-256-cbc  camellia-256-ecb  cast
cast-cbc          cast5-cbc         cast5-cfb         cast5-ecb
cast5-ofb         des               des-cbc           des-cfb
des-ecb           des-ede           des-ede-cbc       des-ede-cfb
des-ede-ofb       des-ede3          des-ede3-cbc      des-ede3-cfb
des-ede3-ofb      des-ofb           des3              desx
rc2               rc2-40-cbc        rc2-64-cbc        rc2-cbc
rc2-cfb           rc2-ecb           rc2-ofb           rc4
rc4-40            seed              seed-cbc          seed-cfb
seed-ecb          seed-ofb          sm4-cbc           sm4-cfb
sm4-ctr           sm4-ecb           sm4-ofb
```

Alle Kommandos haben wieder Optionen, die man sich bspw. folgendermaßen anzeigen lassen kann:

```
$ openssl x509 -help
$ openssl enc -help
$ openssl sha3-512 -help
```

[61] Nicht dabei in der Cipher-Liste ist bspw. das Verschlüsselungsverfahren ChaCha20, das man in openssl nur in Cipher-Suites und in Kombination mit dem MAC Poly1305 aufrufen kann.

A.8.2 Symmetrische Verschlüsselung mit `openssl`

Das symmetrische Verschlüsselungsverfahren AES braucht als Eingabe eine Nachricht m, einen Schlüssel (Sessionkey) k und einen Initialisierungs-Vektor (IV).[62]

Es gibt verschiedene Arten, wie man AES mit OpenSSL aufrufen kann. Hier werden zwei Varianten vorgestellt: Einmal werden die Parameter explizit übergeben, einmal werden sie aus dem übergebenen Passwort intern hergeleitet (dazu benutzt OpenSSL eine eingebaute Schlüsselherleitungsfunktion wie PBKDF2). Die Nutzung eines Passworts und einer Schlüsselherleitungsfunktion ist der übliche Weg.

Der Sessionkey kann sowohl direkt auf der Kommandozeile stehen als auch aus einer Datei gelesen werden. Beim Passwort gibt es sogar drei Möglichkeiten: Es kann direkt auf der Kommandozeile stehen oder aus einer Datei gelesen werden oder man wird nach einem Passwort gefragt.

A.8.2.1 Zufälligen Sessionkey für AES erzeugen

Zuerst erzeugen wir einen 256-bit langen Schlüssel und speichern ihn in `symkey.bin`. Das Argument 32 bedeutet, dass man 32 byte, also 256 bit Länge haben möchte.

```
$ openssl rand -out symkey.bin 32
```

Dann erzeugen wir einen zufälligen IV von 16 byte = 128 bit = 32 Hexzeichen Länge. Beispiel-Output könnte sein:

```
$ openssl rand -hex 16
cbff22e0ae27abf4892c1437c54dc4ca
```

Die im Vorhinein erzeugten zufälligen Werte für den Sessionkey und den IV braucht man nur in der ersten Variante, wo die Parameter explizit an OpenSSL übergeben werden. In der ersten Variante müssen sowohl Sessionkey als auch IV explizit angegeben werden.

A.8.2.2 Eine Nachricht mit AES und einem zufälligen Sessionkey (Variante 1) verschlüsseln

Wir verschlüsseln die Datei `message.txt` mit AES-256 im CFB8-Blockmodus und benutzen den oben erzeugten IV als weiteren Input. Als Output erhalten wir eine Datei namens `message.txt.enc`, die den Geheimtext enthält. Mit der Option `-p` kann man sich anzeigen lassen, welche Parameter dieses OpenSSL-Kommando nutzte. Der Sessionkey wird nach `-K` eingegeben – einmal direkt als Hexwert und einmal, nachdem er aus der Datei `symkey.bin` ausgelesen wurde.

```
$ openssl enc -aes-256-cfb8 -in message.txt -out message.txt.enc -K F8ED266E40B5534E04EC3F0C688B84E9168E8DF8C64F1598C▸
  ▸3D905DD68BBD860 -iv cbff22e0ae27abf4892c1437c54dc4ca  -p

$ variable=$(xxd -p -c 1000 symkey.bin)
$ openssl aes-256-cfb8 -in message.txt -out message.txt.enc -K $variable -iv cbff22e0ae27abf4892c1437c54dc4ca -p

salt=0000000000000000
key=F8ED266E40B5534E04EC3F0C688B84E9168E8DF8C64F1598C3D905DD68BBD860
iv =CBFF22E0AE27ABF4892C1437C54DC4CA
```

[62] Mit `-iter` kann man den Iterationszähler spezifizieren, den die Schlüsselherleitungsfunktion (KDF) nutzt. Weiterhin nutzt die KDF per Default einen Saltwert, den man mit `-nosalt` abschalten kann.

A.8.2.3 Eine Nachricht mit AES und einem Passwort verschlüsseln (Variante 2)

Wir verschlüsseln die Datei `message.txt` wie zuvor, benutzen aber statt der expliziten Parameter ein Passwort. Dies ist der empfohlene Weg. Zum Passwort kommt der Befehl auf eine von drei verschiedenen Arten: Der Befehl fragt danach, oder das Passwort wird nach der Option `-pass pass:` auf der Kommandozeile eingegeben, oder es wird nach der Option `-pass file:` aus der Datei `symkey.bin` ausgelesen.[63] Diese Datei wurde zuvor (wie in A.8.2.1) als zufällige Passwort-Datei erzeugt. Eine Option `-iv` ist optional in allen Fällen möglich.

```
$ openssl enc -aes-256-cfb8 -in message.txt -out message.txt.enc -pbkdf2

$ openssl aes-256-cfb8 -in message.txt -out message.txt.enc -pass pass:foobar -pbkdf2

$ openssl rand -out symkey.bin 32
$ openssl aes-256-cfb8 -in message.txt -out message.txt.enc -pass file:symkey.bin -pbkdf2
```

Nachlesen kann man das auch in der OpenSSL-Online-Doku: `https://wiki.openssl.org/index.php/Enc`

A.8.2.4 Entschlüsseln einer Datei mit AES-256

Wir entschlüsseln die Datei `message.txt.enc`. Hierzu braucht man die zusätzliche Option `-d`. Als Output erhalten wir eine Datei namens `message.txt.enc.dec`, die wieder den Klartext enthält.

```
$ openssl aes-256-cfb8 -d -in message.txt.enc -out message.txt.enc.dec -pbkdf2
```

Die Dateien `message.txt` und `message.txt.enc.dec` müssen dann gleich sein.[64,65]

A.8.3 Asymmetrische Verschlüsselung mit openssl: Schlüsselerzeugung

Für das asymmetrische Verschlüsselungsverfahren RSA benötigt jeder Teilnehmer zuerst ein Schlüsselpaar, das aus einem öffentlichen und einem privaten Schlüssel besteht. Dann müssen beide Seiten ihren öffentlichen Schlüssel austauschen. So entsteht die nötige „Public-Key-Infrastruktur“.

Der Sender verschlüsselt dann mit dem öffentlichen Schlüssel des Empfängers, der Empfänger entschlüsselt mit seinem privaten Schlüssel.

A.8.3.1 Einen privaten RSA-Schlüssel der Länge 2048 bit erzeugen

Als Länge eines RSA-Schlüssels wird die Länge des Moduls[66] genommen.

---

[63] Veraltete Optionen zur Passwortübergabe sind `-k` und `-kfile`. Nach `https://wiki.openssl.org/index.php/Enc` sind diese Optionen überholt und sollten ersetzt werden durch `-pass pass:` and `-pass file:`.

[64] Es ist egal, ob man `enc -aes` oder `aes` als Option für `openssl` verwendet, also `aes` *ohne* das vorgestellte „-“, vgl. Codebeispiel auf S. 827.

[65] Für das Tagesgeschäft eines Endusers empfehlen sich für die symmetrische Verschlüsselung statt openssl eher die Programme GnuPG (ist in (Mail-)Anwendungen eingebunden) oder VeraCrypt (beherrscht Festplattenverschlüsselung unter verschiedenen Betriebssystemen).

[66] Im Singular verwenden wir im Deutschen „Modul“ und im Plural „Moduli“. So macht es bspw. auch Wikipedia für „RSA-Modul“ und „RSA-Moduli“ in `https://de.wikipedia.org/wiki/RSA-Kryptosystem`.
Im Englischen wird als Einzahl „modulus“ und im Plural ebenfalls „moduli“ verwendet. Siehe `https://en.wikipedia.org/wiki/RSA_(cryptosystem)`.

Mit dem folgenden Befehl wird der private Schlüssel erzeugt und im PKCS#8-Format[67] in der Datei privatekey.pem gespeichert (base64-codiert). Bei diesem Format wird in der Datei neben dem Schlüssel auch die OID[68], die den Schlüsseltyp identifiziert, abgelegt.[69,70]

```
$ openssl genpkey -algorithm RSA -pkeyopt rsa_keygen_bits:2048 -out privatekey.pem
```

Alternativ[71]:

```
$ openssl genrsa -out rsa.key 2048
```

Die beiden obigen Aufrufe sind äquivalent: `openssl genpkey -algorithm RSA` und `openssl genrsa` erzeugen beide eine Datei im Base64-codierten, plattformunabhängigen PEM-Format[72].

Man kann beim Erzeugen den privaten Schlüssel auch gleich AES-verschlüsselt ablegen. Die Passphrase (4 bis 1023 Zeichen) kann man entweder nach einem Prompt eingeben oder direkt auf der Kommandozeile:

a) Hier fragt openssl nach der Passphrase, die man zweimal eingeben muss:

```
$ openssl genpkey -algorithm RSA -pkeyopt rsa_keygen_bits:2048 -out privatekey2.pem -aes256
```

b) Hier wird die Passphrase „test“ direkt auf der Kommandozeile angegeben (kein Prompt):

```
$ openssl genpkey -algorithm RSA -pkeyopt rsa_keygen_bits:2048 -out privatekey2.pem -aes256 -pass pass:test
```

A.8.3.2 OpenSSL-Datei „Privater Schlüssel“

In der Mathematik wird es so dargestellt, dass der private RSA-Schlüssel genau aus dem Modul n und dem Entschlüsselungs-Exponenten d besteht. Das ist auch richtig so.

Aus Implementierungsgründen enthält die „privater Schlüssel“ genannte Datei in openssl aber alle relevanten Informationen, die bei der Schlüsselgenerierung anfielen: also nicht nur n und d, sondern auch die Werte des öffentlichen Schlüssels (n und den Verschlüsselungs-Exponenten e), die beiden Primzahlen p und q, die Länge des Moduls und drei weitere Werte, die man benutzt, um die Entschlüsselung zu beschleunigen.[73]

Die tatsächlichen Inhalte des privaten Schlüssels kann man sich mit dem folgenden Befehl ansehen:[74,75]

---

[67] PKCS steht für „public-key cryptography standards“, siehe RFC 5208 (https://datatracker.ietf.org/doc/html/rfc5208).

[68] Object Identifier, siehe https://www.ietf.org/rfc/rfc3447.txt

[69] Kleine Schlüssellängen wie in Übungsaufgaben sind bei openssl nicht erlaubt. OpenSSL 1.1.1 erfordert wenigstens eine RSA-Schlüssellänge von 512 bit.

[70] genrsa hat auch eine Option, um als öffentlichen Exponenten die Zahl 3 statt 65537 zu nutzen. Und mit der Option -primes kann man einen sogenannten „multi-prime“ RSA-Schlüssel erstellen. Siehe die Originaldoku https://www.openssl.org/docs/manmaster/man1/genrsa.html.

[71] Auf der Webseite von OpenSSL wird allerdings dazu geraten, diese Alternative **nicht** zu verwenden, siehe https://www.openssl.org/docs/manmaster/man1/openssl-genpkey.html: “NOTES: The use of the genpkey program is encouraged over the algorithm specific utilities because additional algorithm options and ENGINE provided algorithms can be used.”

[72] PEM steht für *privacy enhanced mail*, vgl. https://datatracker.ietf.org/doc/html/rfc1421.

[73] Weitere Informationen zu den zusätzlichen Exponenten finden sich z. B. im Absatz zum Chinesischen Restsatz im RSA-Artikel in der Wikipedia:

- d = privateExponent
- n = modulus
- e = publicExponent
- p = prime1
- q = prime2
- d_p = exponent1
- d_q = exponent2
- q_inv = coefficient

[74] Ergänzt man die Option -noout, erhält man dieselbe Ausgabe, aber ohne den base64-Vorspann zwischen BEGIN PRIVATE KEY und END ▸ ▸PRIVATE KEY.

[75] Wie man die Werte als ganzzahlige Dezimalzahlen erhält, wird in Abschnitt A.8.6 auf Seite 827 erläutert.

```
$ openssl pkey -in privatekey.pem -text
-----BEGIN PRIVATE KEY-----
MIIEwAIBADANBgkqhkiG9w0BAQEFAASCBKowggSmAgEAAoIBAQDNKnRwj+TRx5ru
...
-----END PRIVATE KEY-----
Private-Key: (2048 bit)
modulus:
    00:cd:2a:74:70:8f:e4:d1:c7:9a:ee:89:c0:eb:c2:
    50:54:53:45:1d:3f:d1:c9:3b:1c:85:8f:3b:2e:cb:
    ...
    09:f8:4f:e8:9b:65:b7:78:87:5f:2f:73:49:f4:6c:
    e6:17
publicExponent: 65537 (0x10001)
privateExponent:
    00:b9:af:3c:e7:4b:34:3b:30:be:66:39:c2:a3:1d:
    a0:7a:51:4a:f2:27:fa:84:77:bd:5e:9b:bd:62:a3:
    ...
    33:d5:fe:40:9c:04:90:71:91:a5:cd:99:10:f9:dd:
    be:c1
prime1:
    00:f0:7e:2c:8e:03:5a:55:c3:47:3a:98:e4:8e:d7:
    ...
    b1:9a:76:02:2b:bc:e7:f6:11
prime2:
    00:da:65:22:d4:24:d6:08:da:cc:64:38:44:56:0e:
    ...
    27:ff:f5:ea:01:d0:40:51:a7
exponent1:
    00:da:bb:77:9c:a6:b2:07:e4:f7:a8:f5:1c:94:4a:
    ...
    a0:eb:82:bf:90:b6:5d:27:71
exponent2:
    00:bd:42:8b:ee:40:85:e3:62:89:62:08:88:df:f2:
    ...
    08:73:fe:ce:6e:07:e4:d5:5d
coefficient:
    00:ce:bc:f6:f1:fd:64:c3:8f:36:7c:c9:da:64:3a:
    ...
    45:2a:a9:f6:bb:da:f0:12:cd
```

A.8.3.3 OpenSSL-Datei „Öffentlicher Schlüssel"

Bei der Schlüsselerzeugung erstellt `openssl` nur den privaten Schlüssel, den wir unter dem Dateinamen `privatekey.pem` gespeichert hatten. Dieser sogenannte private Schlüssel enthält bei `openssl` auch alle Informationen des öffentlichen Schlüssels. Deshalb kann man bei `openssl` (aber nicht generell bei RSA) den öffentlichen Schlüssel aus der Datei mit dem privaten Schlüssel „extrahieren".[76]

Um das Schlüsselpaar zu vervollständigen, erzeugen wir nun aus dem privaten Schlüssel den öffentlichen Schlüssel (nur dieser wird dann verteilt). Für den öffentlichen Schlüssel ist ein eigener Name anzugeben.[77]

```
$ openssl pkey -in privatekey.pem -out publickey.pem -pubout
```

Mit dem folgenden Befehl kann man sich die Details des öffentlichen Schlüssels ansehen (er enthält nur die Länge des Moduls, dessen Wert in Hex-Darstellung und den Wert des öffentlichen Exponenten):[78]

[76] Beachte: Natürlich kann man aus dem öffentlichen Schlüssel auch bei `openssl` nicht den privaten Schlüssel herleiten.

[77] Es ist immer besser die interne Option `-out` zu nutzen als ein Redirect auf eine Datei zu machen:
`openssl pkey -in privatekey.pem -pubout > publickey.pem`
Alternativ geht der veraltete Befehl: `$ openssl rsa -in privatekey.pem -out publickey.pem -pubout`

[78] Wie man alle Werte eines Schlüssels als ganzzahlige Dezimalzahl erhält, wird in Abschnitt A.8.6 auf Seite 827 erläutert. Im Einzelfall kann man Hexzahlen folgendermaßen in Dezimalzahlen umwandeln:
- in Python:
  `s="6a48f82d8e828ce82b82"; i = int(s, 16); s=str(i); i; s`
- auf der Kommandozeile mit dem BC-Tool:
  ```
  $ echo "ibase=16; 6A48F82D8E828CE82B82"|bc
  501916895863876199394178
  ```

```
$ openssl pkey -in publickey.pem -pubin -text -noout
Public-Key: (2048 bit)
Modulus:
    00:cd ...
Exponent: 65537 (0x10001)
```

Will man nur den Modul, kann man sich diesen so ausgeben lassen:

```
$ openssl rsa -in publickey.pem -pubin -noout -modulus
Modulus=CD2A74708FE4D1C79AEE89 ... F46CE617
```

Mit derselben Option kann man sich den Modul auch aus dem privaten Schlüssel ausgeben lassen:

```
$ openssl rsa -in privatekey.pem -noout -modulus
```

A.8.4 Asymmetrische Ver- und Entschlüsselung mit `openssl` (noch nicht hybrid)

Hier wird nun das in Abschnitt A.8.3 erzeugte Schlüsselpaar genutzt, um eine Datei zu verschlüsseln.

A.8.4.1 Verschlüsselung mit RSA (kein Textbook-RSA)

Wir wollen mit `openssl` eine Datei `message.txt` verschlüsseln und benutzen dazu den öffentlichen Schlüssel `publickey.pem`. Die verschlüsselte Datei nennen wir `message.txt.rsaenc`.

Führt man die Verschlüsselung mit demselben Befehl zweimal durch, sind die verschlüsselten Dateien verschieden, die entschlüsselten Dateien aber wieder gleich. Das liegt daran, dass das genutzte RSA-Verfahren kein Textbook-RSA ist, sondern padded (z. B. mit OAEP). Was gepadded wird enthält Zufall und daher ist das, was verschlüsselt wird, verschieden.[79,80]

```
$ openssl pkeyutl -encrypt -inkey publickey.pem -pubin -in message.txt -out message.txt.rsaenc
```

[79] Generell muss beim Verschlüsseln mit RSA die Länge von `message.txt` kleiner sein als die Länge des RSA-Moduls – sofern man die Message-Datei nicht in kleinere Teile aufteilt. `openssl` nutzt als Default jedoch RSA-OAEP statt Textbook-RSA, so dass der Input noch kleiner sein muss. OAEP steht für „Optimal Asymmetric Encryption Padding" und soll laut RFC 8017 (`https://datatracker.ietf.org/doc/html/rfc8017`) verwendet werden, um den deterministischen RSA-Algorithmus um eine Zufallskomponente zu erweitern. Dadurch entsteht ein kleiner Overhead, der die maximal verschlüsselbare Nachrichtengröße, die bei Textbook-RSA möglich ist, um einige Bytes verringert. Genaueres findet man hierzu etwa auf `crypto.stackexchange.com` (`https://crypto.stackexchange.com/questions/42097/what-is-the-maximum-size-of-the-plaintext-message-for-rsa-oaep`). Dort steht u. a. folgender Post aus 2017 (Maarten Bodewes): „*For PKCS#1 v1.5 padding for encryption the overhead is simply 11 bytes (three bytes static values and 8 bytes filled with random numbers 1...255).*"
Beispiel: Hat der Modul des öffentlichen Schlüssels eine Länge von `2048 bit`, kann man mit `openssl` eine Datei der Länge $245\ \mathrm{B} = (256 - 11)\ \mathrm{B} = 1960$ bit noch verschlüsseln, aber eine Datei der Länge $(256 - 10)\ \mathrm{B} = 246\ \mathrm{B} = 1968$ bit schon nicht mehr. Im folgenden Codebeispiel wird einmal eine Zufallsnachricht von 245 B (genannt `x245`, per Default im Binärformat) und einmal eine von 246 B (genannt `y246`, auch binär) mit dem Befehl `rand` erzeugt und anschließend verschlüsselt bzw. es zumindest versucht:

```
$ openssl rand -out x245 245
$ openssl rand -out y246 246
$ openssl genrsa -out key.pem 2048
$ openssl pkey -in key.pem -out pubkey.pem -pubout
$ openssl pkeyutl -encrypt -pubin -inkey pubkey.pem -in x245 -out x245enc
# no error
$ openssl pkeyutl -encrypt -pubin -inkey pubkey.pem -in y246 -out y246enc
RSA operation error
4354178496:error:0406D06E:rsa routines:RSA_padding_add_PKCS1_type_2:data too large for key size:crypto/rsa/rsa_pk1.▸
  ▸c:125:
```

[80] Wie man auch mit `openssl` das unsichere Textbook-RSA für didaktische Zwecke durchführen kann, wird in Abschnitt A.8.9 beschrieben.

A.8.4.2 Entschlüsselung mit RSA (kein Textbook-RSA)

Wir wollen mit `openssl` die Datei `message.txt.rsaenc` entschlüsseln. Dazu brauchen wir den zugehörigen privaten Schlüssel aus `privatekey.pem`. Die entschlüsselte Datei nennen wir `message.decrypted.txt`.

```
$ openssl pkeyutl -decrypt -inkey privatekey.pem -in message.txt.rsaenc -out message.decrypted.txt
```

A.8.5 Hybride Ver- und Entschlüsselung mit openssl

Unter hybrider Verschlüsselung versteht man eine Kombination aus asymmetrischer und symmetrischer Verschlüsselung. Dabei wählt der Sender einen zufälligen symmetrischen Schlüssel (genannt Sessionkey oder Sitzungsschlüssel). Mit diesem Sessionkey werden die zu schützenden (evtl. sehr langen) Daten symmetrisch (z. B. mit AES) verschlüsselt. Anschließend wird der Sessionkey asymmetrisch (z. B. mit RSA) mit dem öffentlichen Schlüssel des Empfängers verschlüsselt. Dieses Vorgehen löst das Schlüsselverteilungsproblem und erhält dabei den Geschwindigkeitsvorteil der symmetrischen Verschlüsselung. Siehe auch `https://de.wikipedia.org/wiki/Hybride_Verschl%C3%BCsselung`.

Varianten der hybriden Verschlüsselung werden bspw. bei sicherer Email und in HTTPS benutzt.

Vorbemerkung zur hybriden Ver- und Entschlüsselung

Alle Kommandos dieses Unterkapitels A.8.5 sind in dem Shell-Skript `hybrid-openssl-enc-dec.sh` zum direkten Ausführen enthalten. Sein Listing (A.8.2) finden Sie am Ende dieses Abschnitts oder auf der Webseite: `https://www.cryptool.org/de/ctbook/openssl`

In unserem Szenario kommunizieren Alice und Bob.

A.8.5.1 Vorbereitung beim Empfänger Bob: RSA-Schlüsselgenerierung

Bob erzeugt sein Schlüsselpaar und speichert seinen privaten Schlüssel in einer Datei. Danach erzeugt er aus seinem privaten Schlüssel seinen öffentlichen Schlüssel:

```
$ openssl genpkey -algorithm RSA -pkeyopt rsa_keygen_bits:2048
  -out privatekey.Bob.pem
$ openssl pkey -in privatekey.Bob.pem -out publickey.Bob.pem -pubout
```

Bob sendet seinen öffentlichen Schlüssel an Alice.

A.8.5.2 Verschlüsselung: Drei Aufgaben auf der Seite der Senderin Alice

1. Alice erzeugt einen zufälligen Sesssionkey und speichert ihn in der Datei `symkey.bin`.

```
openssl rand -out symkey.bin  32
```

2. Alice verschlüsselt den Sessionkey mithilfe von RSA unter Verwendung von Bobs öffentlichem Schlüssel.

```
$ openssl pkeyutl -encrypt -pubin -inkey publickey.Bob.pem -in symkey.bin -out symkey.bin.rsa-encrypted-for-bob
```

3. Alice verschlüsselt die eigentliche Nachricht mit AES und `symkey.bin` als Sessionkey.

```
$ openssl enc -aes-256-cfb8 -in message.txt -out message.txt.enc -pass file:symkey.bin -pbkdf2
```

Alice sendet dann zwei Dinge an Bob:

- die mit dem Sessionkey symmetrisch verschlüsselte Nachricht als Datei „message.txt.enc",
- den Sessionkey, asymmetrisch verschlüsselt mit Bobs öffentlichem Schlüssel, als Datei `symkey.bin.rsa-encrypted-for-bob`

Anschließend sollte Alice den Sessionkey löschen.

A.8.5.3 Entschlüsselung: Zwei Aufgaben auf der Seite des Empfängers Bob

1. Bob entschlüsselt den Sessionkey mit seinem privaten RSA-Schlüssel.

```
openssl pkeyutl -decrypt -inkey privatekey.Bob.pem -in symkey.bin.rsa-encrypted-for-bob -out symkey-decrypted.bin
```

2. Bob entschlüsselt die eigentlichen Daten (Nachricht) mit AES

```
openssl aes-256-cfb8 -d -in message.txt.enc -out message.txt.enc.dec  -pass file:symkey.bin.rsa-encrypted-for-bob -▶
 ▶pbkdf2
```

A.8.6 Alle Schlüssel einer privaten PEM-Datei als Dezimalzahl ausgeben – eigenes Python-Skript

Das mitgelieferte Skript `convert-pem-dec.py` konvertiert die gefundenen Hexzahlen in einer privaten oder öffentlichen PEM-Datei in Dezimalzahlen. Dazu durchsucht es die Textform der jeweiligen Schlüsseldatei nach den Suchstrings „RSA Private-Key" und „RSA Public-Key".

Bemerkung: Die von OpenSSL erzeugte private PEM-Datei wird bei OpenSSL oft auch „privater Schlüssel" genannt. Siehe Unterkapitel A.8.3.2.

Aufruf für die private PEM-Datei:

```
$ openssl pkey -in privatekey.Bob.pem -noout -text > privatekey.Bob.txt
$ ./convert-pem-dec.py privatekey.Bob.txt
```

Analog geht es für die öffentliche PEM-Datei mit dem folgenden Aufruf:

```
$ openssl pkey -in publickey.Bob.pem -pubin -noout -text > publickey.Bob.txt
$ ./convert-pem-dec.py publickey.Bob.txt -pubin
```

Hier ein beispielhafter Output des öffentlichen Schlüssels (Modulus N, Exponent e):

```
$ ls -l *.Bob.txt
-rw-r--r-- 1 bet bet 4010 Jun 13 23:45 privatekey.Bob.txt
-rw-r--r-- 1 bet bet  922 Jun 13 23:50 publickey.Bob.txt

$ cat publickey.Bob.txt
RSA Public-Key: (2048 bit)
Modulus:
    00:cb:e8:77:13:ac:77:67:de:bc:57:b4:5c:73:4b:
    99:49:92:92:71:95:8a:b8:3b:a3:c5:9b:30:e7:b0:
    4d:5a:b7:e5:af:ea:b0:92:43:db:7c:39:90:c6:dd:
    96:a0:de:2d:61:4d:73:51:fa:9c:35:c0:76:1b:ac:
    2c:b1:da:e5:f9:26:22:0d:2d:c4:56:5f:7e:aa:84:
    87:0e:84:a5:11:68:47:9a:5b:d7:6b:e8:2a:b0:79:
    35:8d:cf:17:d7:56:42:f8:57:39:c9:96:23:1c:b0:
    9c:19:c2:3e:62:67:de:06:b7:66:65:b0:70:6d:5a:
    b7:2b:20:13:df:5a:a0:65:fd:59:bd:7f:d9:71:fd:
    01:3e:e8:43:b3:6f:56:14:54:a6:77:b6:3c:e5:19:
    46:6b:0d:7b:10:ca:72:b8:2a:41:05:9e:5c:73:d1:
    e2:46:b6:b3:dc:4a:21:a1:af:08:80:ae:2c:9f:52:
```

```
    68:83:c1:7b:04:05:ab:13:f3:e9:fb:ca:8e:9a:d6:
    11:29:28:ac:aa:dd:7b:58:e1:4b:2e:d2:53:fd:f0:
    e4:1d:96:90:07:cd:5c:a0:a6:e6:fe:f0:8c:c5:72:
    73:e3:10:73:16:21:80:31:90:9c:eb:07:d0:98:47:
    16:77:78:bb:00:0b:f2:e6:61:24:78:b2:39:00:bb:
    76:63
Exponent: 65537 (0x10001)

$ ./convert-pem-dec.py publickey.Bob.txt -pubin
Modulus:
    n =257410087430143296021300759449269423938158404
63882852482920558426679866327952824599118760618782
59658850320492882235375131870650095604556532228132
84918948830115504812526890838762947330915974400563
92676782832418868550497092915089476440069013656369
91958067421569948637172344862564367860481525403589
49445216237760406351141055446157307562800240485991
59857254792990232718018797025000784068035797549400
27584133355614742986888643828833692155604696172500
66050430142562761998013547411040821215343867157313
44850439112419539584983157934660693325340884464951
05840432581716757579981700370832452879603918850204
7526399151614669321827
Exponent:
    e = 65537
```

A.8.7 Schlüssel einer PEM-Datei als Dezimalzahl ausgeben – per RsaCtfTool

Das sogenannte „RSA-Angriffswerkzeug“ RsaCtfTool[81] wird hauptsächlich für CTFs[82] verwendet, um einen privaten Schlüssel aus einem schwachen öffentlichen Schlüssel zu gewinnen oder einen mit Textbook-RSA verschlüsselten Geheimtext zu entschlüsseln. Es kann auch verwendet werden, um die Parameter (Zahlen) eines Schlüssels im PEM- oder DER-Format auszulesen.

RsaCtfTool kennt auch das von OpenSSL benutzte PEM-Format zum Abspeichern von asymmetrischen Schlüsseln.

Die zwei Befehle von oben

```
$ openssl pkey -in privatekey.pem -noout -text > privatekey.txt
$ ./convert-pem-dec.py privatekey.txt
```

entsprechen dem folgenden Befehl:

```
$ ./RsaCtfTool/RsaCtfTool.py --dumpkey --key privatekey.pem --private
```

A.8.8 Überblick über alle vorhergehenden OpenSSL-Befehle (als Liste und als Shell-Skript)

In den bisherigen Beispielen wurden ein zufälliger Sessionkey, ein zufälliger IV und RSA-Schlüsselpaare für Alice und Bob erzeugt. Dann wurde damit eine verschlüsselte Datei von Alice für Bob erzeugt (einmal wurde nur RSA verwendet, einmal die Hybridverschlüsselung). Zum Schluss wurden die Werte der Parameter in den PEM-Dateien in hex und dezimal ausgegeben. Dies ist zusammengefasst in den folgenden beiden Beispielen: Das Skript im OpenSSL-Beispiel A.8.2 macht noch etwas mehr als die Befehlsliste im OpenSSL-Beispiel A.8.1.

---

[81] https://github.com/RsaCtfTool/RsaCtfTool

[82] https://en.wikipedia.org/wiki/Capture_the_flag_(cybersecurity)

OpenSSL-Beispiel A.8.1: Die bisherigen Tasks als Aufruf-Folge

```
echo "sultans of swing meet sympathy for the devil" > message.txt

openssl rand -out symkey.bin 32
openssl rand -hex 16  > IV.hex
cat IV.hex
openssl enc -aes-256-cfb8 -in message.txt -out message.txt.enc -pass file:symkey.bin -pbkdf2 -iv "$(cat IV.hex)"
openssl enc -d -aes-256-cfb8 -in message.txt.enc -out message.txt.enc.dec -pass file:symkey.bin -pbkdf2 -iv "$(cat IV.hex)"

openssl genpkey -algorithm RSA -pkeyopt rsa_keygen_bits:4096 -out privatekey.pem
openssl pkey -in privatekey.pem -text
openssl pkey -in privatekey.pem -out publickey.pem -pubout
openssl pkey -in publickey.pem -pubin -text

openssl pkeyutl -encrypt -inkey publickey.pem -pubin -in message.txt -out message.txt.rsaenc
openssl pkeyutl -decrypt -inkey privatekey.pem -in message.txt.rsaenc -out message.decrypted.txt

openssl genpkey -algorithm RSA -pkeyopt rsa_keygen_bits:2048 -out privatekey.Bob.pem
openssl pkey -in privatekey.Bob.pem -out publickey.Bob.pem -pubout

echo "- A creates a random symmetric password and stores it in the file symkey.bin"
openssl rand -out symkey.bin  32
openssl pkeyutl -encrypt -pubin -inkey publickey.Bob.pem -in symkey.bin -out symkey.bin.rsa-encrypted-for-bob
openssl enc -aes-256-cfb8 -in message.txt -out message.txt.enc -pass file:symkey.bin -pbkdf2

echo "- B decrypts the random symmetric password and stores it in the file symkey.bin.rsa-encrypted-for-bob.dec"
openssl pkeyutl -decrypt -inkey privatekey.Bob.pem -in symkey.bin.rsa-encrypted-for-bob -out symkey.bin.rsa-encrypted-for-bob.dec
openssl aes-256-cfb8 -d -in message.txt.enc -out message.txt.enc.dec -pass file:symkey.bin.rsa-encrypted-for-bob.dec -pbkdf2
openssl pkey -in privatekey.Bob.pem -noout -text > privatekey.Bob.txt
./convert-pem-dec.py privatekey.Bob.txt
```

OpenSSL-Beispiel A.8.2: Shell-Skript hybrid-openssl-enc-dec.sh

```
#!/bin/bash
# BE 2024-04-13 for OpenSSL 3
#
# Apply some typical OpenSSL commands.

echo
openssl version


# create a message
echo "sultans of swing meet sympathy for the devil" > message.txt


printf "\r\n### (1) Symmetric Encryption and Decryption with OpenSSL\n"

echo "- Generate a random symmetric key (= sessionkey) to be used for AES (32 byte = 256 bit)"
openssl rand -out symkey.bin 32

echo "- Generate a random initialization vector (IV) of length 16 byte = 128 bit = 64 hex digits"
openssl rand -hex 16  > IV.hex
cat IV.hex

echo "- Encrypt file with AES using the session key (here IV is read from file)"
openssl enc -aes-256-cfb8 -in message.txt -out message.txt.enc -k file:symkey.bin -pbkdf2 -iv "$(cat IV.hex)"

echo "- Decrypt file using AES. Needs additional option -d"
openssl enc -d -aes-256-cfb8 -in message.txt.enc -out message.txt.enc.dec -k file:symkey.bin -pbkdf2 -iv "$(▶
  ▶cat IV.hex)"

echo "- Check AES correctness: message.txt ?= message.txt.enc.dec"
```

Fortsetzung OpenSSL-Beispiel A.8.2

```
cmp -s "message.txt" "message.txt.enc.dec"
CMPRESULT=$?
if [ $CMPRESULT -eq 0 ]; then
  echo "files are equal"
  cat message.txt
elif [ $CMPRESULT -eq 1 ]; then
  echo "files are not equal"
  cat message.txt
  cat message.txt.enc.dec
else
  echo "file cmp error"
fi


printf "\r\n### (2) Asymmetric Encryption and Decryption with OpenSSL: Key Generation\n"

echo "- Create an RSA 4096 bit key pair. The private keys is stored in PKCS#8 format in the file privatekey.▶
  ▶pem."
openssl genpkey -algorithm RSA -pkeyopt rsa_keygen_bits:4096 -out privatekey.pem

# You also can AES-encrypt the privatekey at once.
# - Here the pass phrase (4 to 1023 characters) is prompted and has to be entered twice:
#   openssl genpkey -algorithm RSA -pkeyopt rsa_keygen_bits:4096 -out privatekey2.pem -aes256
# - Here the pass phrase ("test") is delivered in the script itself (no prompt):
# openssl genpkey -algorithm RSA -pkeyopt rsa_keygen_bits:4096 -out privatekey2.pem -aes256 -pass pass:test

echo "- Look at the details of the private key file, which in openssl also contains the public values and some▶
  ▶ more values for faster calculations (output only in base64 and/or hex)"
openssl pkey -in privatekey.pem -text

echo "- Create the public key (from the private key)"
openssl pkey -in privatekey.pem -out publickey.pem -pubout

echo "- View the details of the public key (it only contains n and e as usual in maths)"
openssl pkey -in publickey.pem -pubin -text



printf "\r\n### (3) Asymmetric Encryption and Decryption with OpenSSL: Textbook RSA\n"

echo "- Encrypt a file called message.txt via RSA and public key"
openssl pkeyutl -encrypt -inkey publickey.pem -pubin -in message.txt -out message.txt.rsaenc

echo "- Decrypt file with the RSA and private key (privatekey.pem)"
openssl pkeyutl -decrypt -inkey privatekey.pem -in message.txt.rsaenc -out message.decrypted.txt

echo "- Check correctness: message.txt ?= message.decrypted.txt"
cmp -s "message.txt" "message.decrypted.txt"
CMPRESULT=$?
if [ $CMPRESULT -eq 0 ]; then
  echo "files are equal"
  cat message.txt
elif [ $CMPRESULT -eq 1 ]; then
  echo "files are not equal"
  cat message.txt
  cat message.decrypted.txt
else
  echo "file cmp error"
fi


printf "\n\n### (4) Hybrid Encryption Using RSA for Sessionkey and AES for (Long) Message File\n"
echo
echo "# Pre-tasks at the receiver Bob (B): Key generation (RSA)"

echo "- B creates his keypair and stores the private key in a file"
openssl genpkey -algorithm RSA -pkeyopt rsa_keygen_bits:2048 -out privatekey.Bob.pem

echo "- B creates a public key from his private key"
openssl pkey -in privatekey.Bob.pem -out publickey.Bob.pem -pubout
```

Fortsetzung OpenSSL-Beispiel A.8.2

```
# echo "- view the details on the public key with this command"
# $ openssl pkey -in publickey.Bob.pem -pubin -text

echo "- B sends his public key to Alice (A)"


echo
echo "# Tasks at the sender Alice: Encryption"
# Prerequisite: message.txt given

echo "- A creates a random symmetric key and stores it in the file symkey.bin"
openssl rand -out symkey.bin  32

echo "- A encrypts symkey.bin using RSA with B's public key"
openssl pkeyutl -encrypt -pubin -inkey publickey.Bob.pem -in symkey.bin -out symkey.bin.rsa-encrypted-for-bob

echo "- A encrypts message.txt with AES using symkey.bin as sessionkey"
# Im ff. keinen IV anggb: -iv 021afbb5928ac15fa4503d90959ed139
openssl enc -aes-256-cfb8 -in message.txt -out message.txt.enc -k file:symkey.bin -pbkdf2

# remove the sessionkey afterwards
# rm symkey.bin


echo
echo "# Tasks at the receiver Bob: Decryption"

echo "- B decrypts the sessionkey with his private key"
openssl pkeyutl -decrypt -inkey privatekey.Bob.pem -in symkey.bin.rsa-encrypted-for-bob -out symkey-decrypted.▶
  ▶bin

echo "- B uses the sessionkey to decrypt the data with AES"
openssl aes-256-cfb8 -d -in message.txt.enc -out message.txt.enc.dec -k file:symkey.bin -pbkdf2

# remove the sessionkey afterwards
# rm symkey.bin


echo
echo "- Check correctness: message.txt ?= message.txt.enc.dec"
cmp -s "message.txt" "message.txt.enc.dec"
CMPRESULT=$?
if [ $CMPRESULT -eq 0 ]; then
  echo "files are equal"
  cat message.txt
elif [ $CMPRESULT -eq 1 ]; then
  echo "files are not equal"
  cat message.txt
  cat message.txt.enc.dec
else
  echo "file cmp error"
fi



printf "\n\n### (5) Show Numbers of Bob's Private Key as Decimals (Using a Python Script)\n"
openssl pkey -in privatekey.Bob.pem -noout -text > privatekey.Bob.txt
./convert-pem-dec.py privatekey.Bob.txt




printf "\n\n### (6) Generate Random Data\n"

echo "- Generate 32 byte = 256-bit and write them to a file called testkey.bin"
openssl rand -out testkey.bin 32

echo "- Generate 100 byte of random data and write to a file called file.bin"
openssl rand -out file.bin 100

echo "- Generate 100 byte of random data in hexadecimal and redirect output to file.hex"
openssl rand -hex 100 > file.hex
```

Fortsetzung OpenSSL-Beispiel A.8.2

```
echo "- Generate 100 byte of random data in base64 and redirect output to file.b64"
openssl rand -base64 100 > file.b64

echo "- Show different file sizes"
ls -l file.*


printf "\n\n### (7) Generate Prime Numbers\n"

echo "- Generate a random 4096-bit prime number (takes about 3 sec)"
openssl prime -generate -bits 4096

echo "- Generate small primes (doesn't create all of the given bit length)"
openssl prime -generate -bits 2
openssl prime -generate -bits 3
openssl prime -generate -bits 4
openssl prime -generate -bits 5
openssl prime -generate -bits 6
openssl prime -generate -bits 7
openssl prime -generate -bits 8

echo

: <<KOMMENTARIO
Files initially required in an empty directory:
-rwx--x--x 1 bet bet 3222 Jun  1 17:35 convert-pem-dec.py
-rwxr-xr-x 1 bet bet 8051 Jun  2 04:14 hybrid-openssl-enc-dec.sh
Files created during running the script hybrid-openssl-enc-dec.sh:
-rw-r--r-- 1 bet bet  139 Jun  2 04:18 file.b64
-rw-r--r-- 1 bet bet  100 Jun  2 04:18 file.bin
-rw-r--r-- 1 bet bet  201 Jun  2 04:18 file.hex
-rw-r--r-- 1 bet bet   33 Jun  2 04:18 IV.hex
-rw-r--r-- 1 bet bet   45 Jun  2 04:18 message.decrypted.txt
-rw-r--r-- 1 bet bet   45 Jun  2 04:18 message.txt
-rw-r--r-- 1 bet bet   61 Jun  2 04:18 message.txt.enc
-rw-r--r-- 1 bet bet   45 Jun  2 04:18 message.txt.enc.dec
-rw-r--r-- 1 bet bet  512 Jun  2 04:18 message.txt.rsaenc
-rw------- 1 bet bet 1704 Jun  2 04:18 privatekey.Bob.pem
-rw-r--r-- 1 bet bet 4013 Jun  2 04:18 privatekey.Bob.txt
-rw------- 1 bet bet 3272 Jun  2 04:18 privatekey.pem
-rw-r--r-- 1 bet bet  451 Jun  2 04:18 publickey.Bob.pem
-rw-r--r-- 1 bet bet  800 Jun  2 04:18 publickey.pem
-rw-r--r-- 1 bet bet   32 Jun  2 04:18 symkey.bin
-rw-r--r-- 1 bet bet  256 Jun  2 04:18 symkey.bin.rsa-encrypted-for-bob
-rw-r--r-- 1 bet bet   32 Jun  2 04:18 symkey-decrypted.bin
-rw-r--r-- 1 bet bet   32 Jun  2 04:18 testkey.bin

KOMMENTARIO
```

A.8.9 Textbook-RSA mit `openssl` und eigenem Python-Skript

Vorbereitung

Im Weiteren nutzen wir das Python-Skript `int2bin.py`. Dieses wandelt eine natürliche Zahl in das binäre Format um, das openssl für eine bestimmte Länge benutzt. Die Länge muss dieselbe sein wie die des RSA-Moduls im benutzten Public Key. Der folgende Befehl zeigt die Bitlänge (key size) des Moduls:

```
$ openssl pkey -in publickey.pem -pubin -noout -text
RSA Public-Key: (4096 bit)
...
```

Schritt 1: Ganze Zahl in openssl-Format umwandeln

Der folgende Aufruf speichert die Zahl m=25 in derselben Länge wie der zu benutzende RSA-Modul (4096 bit) und zwar in der Datei „message.bin" (deren Länge in Byte (512) sind genau 4096 bit):

```
$ ./int2bin.py -enc  25  4096  message.bin
$ ls -l message.bin
-rw-r--r-- 1 bet bet 512 Jun 17 21:31 message.bin
```

Schritt 2: Die ganze Zahl mit openssl verschlüsseln

Damit das Verschlüsselungs-Ergebnis die pure Zahl ohne Padding ist, braucht man die Option -raw. Das Ergebnis wird in der Datei „message.bin.enc" abgespeichert.

```
$ openssl pkeyutl -encrypt -raw -inkey publickey.pem -pubin -in message.bin -out message.bin.enc
```

Schritt 3: Die verschlüsselte Zahl in eine ganze Zahl verwandeln

Das Python-Skript int2bin.py konvertiert das Ergebnis von openssl zurück in eine ganze Zahl c:

```
$ ./int2bin.py -dec message.bin.enc
252491 ... 316805
```

Schritt 4: Die verschlüsselte Zahl mit openssl wieder entschlüsseln

Das Ergebnis von openssl ist die entschlüsselte Zahl. Sie wird in der Datei „message.bin.enc.dec" abgespeichert.

```
$ openssl pkeyutl -decrypt -raw -inkey privatekey.pem -in message.bin.enc -out message.bin.enc.dec
$ ls -l message.bin.enc.dec
-rw-r--r-- 1 bet bet 512 Jun 15 23:42 message.bin.enc.dec
```

Schritt 5: Die entschlüsselte Zahl in eine ganze Zahl verwandeln

Das Python-Skript int2bin.py konvertiert das Ergebnis von openssl zurück in eine ganze Zahl m:

```
$ ./int2bin.py -dec message.bin.enc.dec
25
```

Schritt 6: Nachvollziehen des Ganzen mit der Python-Funktion pow()

Mithilfe von openssl und dem Python-Skript convert-pem-dec.py holen wir uns die RSA-Parameter n, e und d aus dem privaten Schlüssel.

```
$ openssl pkey -in privatekey.pem -noout -text > privatekey.txt
$ ./convert-pem-dec.py privatekey.txt
n = 793291 ... 187789
e = 65537
d = 214891 ... 510429
```

Man könnte dann in Python die Potenzierung wie gewohnt vornehmen:

```
>>> m=25
>>> c = m**e % n
>>> m = c**d  % n
```

Stattdessen sollte man jedoch unbedingt die pow()-Funktion nutzen, sonst dauert zumindest die Entschlüsselungs-Operation bei großen Zahlen viel zu lange oder bricht ab.[83]

```
>>> c = pow(m, e, n)
>>> m = pow(c, d, n)
```

[83] a) SageMath erwartet ^ statt ** als Potenzierungsoperator.

Bemerkung

Alle Kommandos dieses Unterkapitels A.8.9 finden sich in dem Shell-Skript OpenSSL-Beispiel A.8.3. Dieses Skript ist verfügbar unter `https://www.cryptool.org/de/ctbook/openssl`.

OpenSSL-Beispiel A.8.3: Textbook-RSA mit `openssl` und Python-Skript (ausführlich kommentiert in `zahl-direkt-openssl-enc-dec.sh`)

```
NUMBER=25
KEYSIZE=4096
openssl pkey -in publickey.pem -pubin -noout -text
./int2bin.py -enc  $NUMBER  $KEYSIZE  message.bin
openssl pkeyutl -encrypt -raw -inkey publickey.pem -pubin -in message.bin -out message.bin.enc
./int2bin.py -dec message.bin.enc
openssl pkeyutl -decrypt -raw -inkey privatekey.pem -in message.bin.enc -out message.bin.enc.dec
./int2bin.py -dec message.bin.enc.dec
openssl pkey -in privatekey.pem -noout -text > privatekey.txt
./convert-pem-dec.py privatekey.txt
```

A.8.10 Zufallswerte erzeugen

Hier einige Befehle, um Zufallsdaten in verschiedener Länge und Form zu erzeugen:

1) 32 B = 256 bit erzeugen und in eine Datei namens `testkey.bin` schreiben:

```
openssl rand -out testkey.bin 32
```

2) 100 zufällige Bytes in Hex-Form erzeugen und in eine Datei namens `file.hex` abspeichern:

```
openssl rand -hex 100 > file.hex
```

3) 100 zufällige Bytes in Base64-Form erzeugen und in eine Datei namens `file.b64` abspeichern:

```
$ openssl rand -base64 100 > file.b64
$ more file.b64
32zjqFBi1jl3IyHkXoZ2PMLb7kWEO4Qqsqc9pja3zb1xQEUjYOaWSG5c9ZpBD7UE
18KOM4ZyVBKxmN1ywCjjMIxqRqoFmpV87GvRshfCxhX7s5DyCSX1Vznr0OWjTEMS
Gkz9kg==
```

Die Dateien sind in Byte unterschiedlich lang:

```
$ ls -l testkey.bin file.hex file.b64
-rw-r--r-- 1 bet bet  32 Jun  8 19:41 testkey.bin
-rw-r--r-- 1 bet bet 201 Jun  2 04:45 file.hex
-rw-r--r-- 1 bet bet 139 Jun  2 04:45 file.b64
```

b) SageMath meldet beim Entschlüsseln ohne `pow()`:
`exponent must be at most 9223372036854775807`

c) Schnell geht die Entschlüsselung nur, wenn man von vornherein sagt, man rechnet in einem endlichen Integerring, was auch per `pow()` geht: Dann steht das Ergebnis sowohl in Python als auch in Sage sofort da: 25 (in Python gibt er `25L` aus)

d) `pow()` ist so schnell, dass bei einem 4096-bit n auf der Kommandozeile noch kein Bedarf besteht, das CRT zu verwenden. Siehe `https://en.wikipedia.org/wiki/RSA_(cryptosystem)`: „Practical implementations use the Chinese remainder theorem to speed up the calculation using modulus of factors (mod pq using mod p and mod q).“

A.8.11 Primzahlen mit OpenSSL erzeugen

OpenSSL wird produktiv benutzt, um große Primzahlen zu erzeugen. Für eine 4096-bit lange Primzahl benötigt ein moderner PC unter einer Sekunde.[84]

```
$ openssl prime -generate -bits 4096
```

Auch kleinere Primzahlen lassen sich generieren, aber es werden nicht alle Primzahlen der jeweiligen Bitlänge ausgegeben (bei 2, 3 und 4 bit wird immer nur ein und dieselbe Primzahl erzeugt).[85]

```
$ openssl prime -generate -bits 2
3
$ openssl prime -generate -bits 3
7
$ openssl prime -generate -bits 4
13
$ openssl prime -generate -bits 5
29 or 31
$ openssl prime -generate -bits 6
53, 59, 61
$ openssl prime -generate -bits 7
127, 113, 103, 101, 107, 109, 97
$ openssl prime -generate -bits 8
211, 227, 239, 223, 251, ...
```

OpenSSL kann nicht nur pseudozufällige Primzahlen generieren, sondern auch überprüfen, ob eine gegebene Zahl prim ist. Die Ausgabe zeigt die eingegebene Zahl zuerst in hex, dann dezimal:

```
$ openssl prime 17
11 (17) is prime
$ openssl prime 717
2CD (717) is not prime
```

OpenSSL-Beispiel A.8.4: Zufall und Primzahlen erzeugen (siehe auch A.8.2 `hybrid-openssl-enc-dec.sh`)

```
openssl rand -out testkey.bin 32
openssl rand -out file.bin 100
openssl rand -hex 100 > file.hex
openssl rand -base64 100 > file.b64
openssl prime -generate -bits 4096
openssl prime 17
```

A.8.12 Geschwindigkeitsvergleiche mit `openssl`

Mit `OpenSSL` kann man die Geschwindigkeit der Verschlüsselungsverfahren auf dem PC testen und vergleichen.

[84] Will man die Ausgabe nicht dezimal, sondern hexadezimal, hängt man die Option `-hex` an:
`openssl prime -generate -hex -bits 200`
Mit der Option `-safe` kann man sich auch sogenannte sichere (englisch „safe“) oder starke Primzahlen erzeugen lassen. Diese braucht man nicht unbedingt für RSA, aber für den Diffie-Hellman-Schlüsselaustausch.
Die Liste der Optionen findet man in der Originaldoku: `https://www.openssl.org/docs/manmaster/man1/openssl-prime.html`

[85] Warum unter OpenSSL 1.1.1 die Primzahlen 5, 11, 17, 19, 23, 37, 41, 43, 47, 67, 71, 73, 79, 83, 89, 131, 137, 139, 149, 151, 157, 163, 167, 173, 179, 181, 191, 193, 197, 199, ... nie angeboten wurden, ist mir noch nicht klar.

Testen einer einzelnen Chiffre[86]

```
$ openssl speed -evp aes-256-gcm
Doing aes-256-gcm for 3s on 16 size blocks: 121185279 aes-256-gcm's in 3.00s
Doing aes-256-gcm for 3s on 64 size blocks: 81302940 aes-256-gcm's in 3.00s
...
$ openssl speed aes-256-ige
...
$ openssl speed aes-256-cbc
...
$ openssl speed md4
Doing md4 for 3s on 16 size blocks: 24896959 md4's in 3.00s
Doing md4 for 3s on 64 size blocks: 18766727 md4's in 3.00s
Doing md4 for 3s on 256 size blocks: 10853787 md4's in 3.00s
...
```

Das bedeutet: Das jeweilige Verfahren wurde drei Sekunden lang in einem Loop auf je einen 16 B bzw. 64 B etc. langen Input angewandt. Beim Hashverfahren `md4` für den Fall 16 B beispielsweise wurden in 3 s über 24 Millionen Iterationen durchgeführt. Am Ende der Konsolenausgabe (hier oben weggelassen, denn sie ist recht lang) wird noch eine Liste ausgegeben, in der steht, wie viele Bytes hierbei verarbeitet wurden, beim Hashverfahren `md4` für den Fall 16 B waren das über 384 Millionen Bytes in 3 s, pro Sekunde also über 128 Millionen Bytes.

Testen aller unterstützten Verfahren

Der Gesamttest aller Funktionen dauerte auf einem modernen PC rund 20 Minuten. Dies leistet der Aufruf `openssl speed`.

```
$ openssl speed
Doing md4 for 3s on 16 size blocks: 24484712 md4's in 3.00s
...
Doing md5 for 3s on 16 size blocks: 33106733 md5's in 3.00s
...
Doing hmac(md5) for 3s on 16 size blocks: 14207977 hmac(md5)'s in 3.00s
...
Doing sha1 for 3s on 16 size blocks: 34526550 sha1's in 3.00s
...
Doing sha256 for 3s on 16 size blocks: 20655948 sha256's in 3.00s
Doing sha256 for 3s on 64 size blocks: 11635481 sha256's in 3.00s
Doing sha256 for 3s on 256 size blocks: 5362737 sha256's in 3.00s
Doing sha256 for 3s on 1024 size blocks: 1660351 sha256's in 3.00s
Doing sha256 for 3s on 8192 size blocks: 225299 sha256's in 3.00s
Doing sha256 for 3s on 16384 size blocks: 113748 sha256's in 3.00s
...
Doing sha512 for 3s on 16 size blocks: 14328104 sha512's in 3.00s
...
Doing whirlpool for 3s on 16 size blocks: 9988996 whirlpool's in 3.00s
...
Doing rmd160 for 3s on 16 size blocks: 11843755 rmd160's in 3.00s
...
Doing rc4 for 3s on 16 size blocks: 170249167 rc4's in 3.00s
...
Doing des cbc for 3s on 16 size blocks: 19706910 des cbc's in 3.00s
...
Doing des ede3 for 3s on 16 size blocks: 7503733 des ede3's in 3.00s
...
Doing aes-128 cbc for 3s on 16 size blocks: 35527030 aes-128 cbc's in 3.00s
...
Doing aes-192 cbc for 3s on 16 size blocks: 30236871 aes-192 cbc's in 3.00s
...
Doing aes-256 cbc for 3s on 16 size blocks: 26267630 aes-256 cbc's in 3.00s
...
Doing aes-128 ige for 3s on 16 size blocks: 35425097 aes-128 ige's in 3.00s
...
Doing aes-192 ige for 3s on 16 size blocks: 30067762 aes-192 ige's in 3.00s
...
Doing aes-256 ige for 3s on 16 size blocks: 26229118 aes-256 ige's in 3.00s
...
```

[86] Der Blockmodus GCM von AES ist nur über den EVP-Namen (hier bspw. „aes-256-gcm") zugänglich (EVP = „Envelope" = „the Digital EnVeloPe library", ein high-level Interface zu den Krypto-Funktionen von OpenSSL für Programmierer).

```
Doing ghash for 3s on 16 size blocks: 362653379 ghash's in 3.00s
...
Doing camellia-128 cbc for 3s on 16 size blocks: 29850364 camellia-128 cbc's in 3.00s
...
Doing camellia-192 cbc for 3s on 16 size blocks: 25589359 camellia-192 cbc's in 3.00s
...
Doing camellia-256 cbc for 3s on 16 size blocks: 25915761 camellia-256 cbc's in 3.00s
...
Doing seed cbc for 3s on 16 size blocks: 24155793 seed cbc's in 3.00s
...
Doing rc2 cbc for 3s on 16 size blocks: 13304928 rc2 cbc's in 3.00s
...
Doing blowfish cbc for 3s on 16 size blocks: 34147133 blowfish cbc's in 3.00s
...
Doing cast cbc for 3s on 16 size blocks: 30905984 cast cbc's in 3.00s
...
Doing rand for 3s on 16 size blocks: 3144269 rand's in 2.93s
...
Doing 512 bits private rsa's for 10s: 323981 512 bits private RSA's in 10.00s
Doing 512 bits public rsa's for 10s: 5723802 512 bits public RSA's in 10.00s
...
Doing 512 bits sign dsa's for 10s: 219602 512 bits DSA signs in 9.99s
Doing 512 bits verify dsa's for 10s: 417515 512 bits DSA verify in 10.00s
...
Doing 160 bits sign ecdsa's for 10s: 65977 160 bits ECDSA signs in 9.99s
Doing 160 bits verify ecdsa's for 10s: 73865 160 bits ECDSA verify in 10.00s
..
Doing 512 bits sign ecdsa's for 10s: 9819 512 bits ECDSA signs in 10.00s
Doing 512 bits verify ecdsa's for 10s: 13214 512 bits ECDSA verify in 10.00s
...
Doing 160 bits  ecdh's for 10s: 69874 160-bits ECDH ops in 9.99s
..
Doing 448 bits  ecdh's for 10s: 24944 448-bits ECDH ops in 10.00s
...
Doing 253 bits sign Ed25519's for 10s: 325591 253 bits Ed25519 signs in 10.00s
Doing 253 bits verify Ed25519's for 10s: 119356 253 bits Ed25519 verify in 10.00s
Doing 456 bits sign Ed448's for 10s: 28164 456 bits Ed448 signs in 10.00s
Doing 456 bits verify Ed448's for 10s: 22268 456 bits Ed448 verify in 10.00s
...
OpenSSL 1.1.1  11 Sep 2018
built on: Wed May 27 19:15:54 2020 UTC
options:bn(64,64) rc4(16x,int) des(int) aes(partial) blowfish(ptr)
compiler: gcc -fPIC -pthread -m64 -Wa,--noexecstack -Wall -Wa,--noexecstack -g -O2
-fdebug-prefix-map=/build/openssl-dyPhHZ/openssl-1.1.1=. -fstack-protector-strong
-Wformat -Werror=format-security -DOPENSSL_USE_NODELETE -DL_ENDIAN
-DOPENSSL_PIC -DOPENSSL_CPUID_OBJ -DOPENSSL_IA32_SSE2
-DOPENSSL_BN_ASM_MONT -DOPENSSL_BN_ASM_MONT5
-DOPENSSL_BN_ASM_GF2m -DSHA1_ASM -DSHA256_ASM -DSHA512_ASM
-DKECCAK1600_ASM -DRC4_ASM -DMD5_ASM -DAES_ASM -DVPAES_ASM
-DBSAES_ASM -DGHASH_ASM -DECP_NISTZ256_ASM -DX25519_ASM
-DPADLOCK_ASM -DPOLY1305_ASM -DNDEBUG -Wdate-time -D_FORTIFY_SOURCE=2
...
The 'numbers' are in 1000s of bytes per second processed.

type             16 bytes     64 bytes    256 bytes   1024 bytes   8192 bytes  16384 bytes
md2                  0.00         0.00         0.00         0.00         0.00         0.00
mdc2                 0.00         0.00         0.00         0.00         0.00         0.00
md4            130585.13k   398696.92k   910739.20k  1345290.92k  1548752.21k  1572099.41k
md5            176569.24k   406777.28k   713249.45k   878841.51k   940930.39k   946765.82k
hmac(md5)       75775.88k   231158.85k   535103.06k   767268.18k   912558.76k   936700.59k
sha1           184141.60k   452444.01k   906871.81k  1217873.92k  1349842.26k  1359686.31k
rmd160          63166.69k   151465.28k   273872.98k   339738.97k   373060.95k   378328.41k
rc4            907995.56k   958468.46k   768643.33k   730315.78k   721253.72k   717357.06k
des cbc        105103.52k   107784.15k   107826.26k   108655.62k   108079.79k   108030.63k
des ede3        40019.91k    40663.00k    40784.30k    40932.69k    40970.92k    40932.69k
idea cbc             0.00         0.00         0.00         0.00         0.00         0.00
seed cbc       128830.90k   129395.80k   129792.34k   129607.68k   129791.32k   129531.90k
rc2 cbc         70959.62k    72832.68k    73396.91k    73166.85k    73430.36k    73362.09k
rc5-32/12 cbc        0.00         0.00         0.00         0.00         0.00         0.00
blowfish cbc   182118.04k   196655.51k   199951.19k   201562.11k   201695.23k   202265.94k
cast cbc       164831.91k   176574.40k   179900.84k   180461.23k   180718.25k   181114.20k
aes-128 cbc    189477.49k   211289.05k   216948.14k   219875.33k   219941.55k   219703.98k
aes-192 cbc    161263.31k   175736.53k   181192.87k   182700.71k   184015.88k   182867.29k
aes-256 cbc    140094.03k   152293.46k   154599.94k   156222.46k   156969.64k   156652.89k
camellia-128 cbc   159201.94k   239704.73k   272104.62k   279830.19k   283238.40k   281204.05k
camellia-192 cbc   136476.58k   188461.03k   205451.26k   211486.38k   211664.90k   212516.86k
```

```
camellia-256 cbc   138217.39k   186853.99k   205037.65k   211876.86k   214119.77k   214553.94k
sha256             110165.06k   248223.59k   457620.22k   566733.14k   615216.47k   621215.74k
sha512              76416.55k   303715.82k   518181.63k   774714.71k   918227.63k   931921.92k
whirlpool           53274.65k   114055.74k   190728.70k   230286.68k   245000.87k   246338.90k
aes-128 ige        188933.85k   201223.36k   202676.57k   205343.40k   205739.35k   206067.03k
aes-192 ige        160361.40k   168854.02k   171212.89k   172596.57k   173197.99k   172900.35k
aes-256 ige        139888.63k   146539.63k   148333.31k   149011.11k   148886.87k   148799.49k
ghash             1934151.35k  7725503.27k 11779075.84k 12840266.07k 13200414.04k 13222084.61k
rand                17170.07k    65357.57k   215719.23k   503646.39k   850989.89k   888807.34k

                    sign      verify     sign/s  verify/s
rsa   512 bits 0.000031s 0.000002s  32398.1 572380.2
rsa  1024 bits 0.000067s 0.000004s  14992.9 240760.0
rsa  2048 bits 0.000426s 0.000013s   2344.9  78532.9
rsa  3072 bits 0.001293s 0.000026s    773.5  38368.9
rsa  4096 bits 0.002889s 0.000045s    346.1  22114.9
rsa  7680 bits 0.026368s 0.000149s     37.9   6704.6
rsa 15360 bits 0.134533s 0.000579s      7.4   1728.4

                    sign      verify     sign/s  verify/s
dsa   512 bits 0.000045s 0.000024s  21982.2  41751.5
dsa  1024 bits 0.000075s 0.000053s  13330.1  18825.3
dsa  2048 bits 0.000185s 0.000158s   5410.0   6345.1

                                 sign     verify    sign/s verify/s
 160 bits ecdsa (secp160r1)    0.0002s   0.0001s    6604.3   7386.5
 192 bits ecdsa (nistp192)    0.0002s   0.0002s    5374.1   5928.7
 224 bits ecdsa (nistp224)    0.0000s   0.0001s   23458.6  10054.1
 256 bits ecdsa (nistp256)    0.0000s   0.0000s   62271.3  20989.1
 384 bits ecdsa (nistp384)    0.0007s   0.0005s    1407.2   1923.6
 521 bits ecdsa (nistp521)    0.0002s   0.0004s    4625.7   2388.0
 163 bits ecdsa (nistk163)    0.0002s   0.0003s    6041.7   3051.9
 233 bits ecdsa (nistk233)    0.0002s   0.0005s    4388.5   2215.0
 283 bits ecdsa (nistk283)    0.0004s   0.0008s    2567.7   1304.6
 409 bits ecdsa (nistk409)    0.0007s   0.0013s    1528.8    778.3
 571 bits ecdsa (nistk571)    0.0015s   0.0029s     676.6    348.6
 163 bits ecdsa (nistb163)    0.0002s   0.0003s    5757.6   2910.1
 233 bits ecdsa (nistb233)    0.0002s   0.0005s    4222.7   2148.0
 283 bits ecdsa (nistb283)    0.0004s   0.0008s    2452.6   1248.4
 409 bits ecdsa (nistb409)    0.0007s   0.0013s    1456.3    746.6
 571 bits ecdsa (nistb571)    0.0016s   0.0031s     631.0    324.5
 256 bits ecdsa (brainpoolP256r1)   0.0003s   0.0003s    3332.4   3747.2
 256 bits ecdsa (brainpoolP256t1)   0.0003s   0.0003s    3339.5   3876.2
 384 bits ecdsa (brainpoolP384r1)   0.0007s   0.0006s    1388.1   1775.2
 384 bits ecdsa (brainpoolP384t1)   0.0007s   0.0005s    1406.3   1908.6
 512 bits ecdsa (brainpoolP512r1)   0.0010s   0.0008s     965.5   1243.1
 512 bits ecdsa (brainpoolP512t1)   0.0010s   0.0008s     981.9   1321.4

                                op      op/s
 160 bits ecdh (secp160r1)   0.0001s   6994.4
 192 bits ecdh (nistp192)   0.0002s   5659.3
 224 bits ecdh (nistp224)   0.0001s  14945.8
 256 bits ecdh (nistp256)   0.0000s  27865.6
 384 bits ecdh (nistp384)   0.0007s   1449.0
 521 bits ecdh (nistp521)   0.0003s   3882.4
 163 bits ecdh (nistk163)   0.0002s   6230.6
 233 bits ecdh (nistk233)   0.0002s   4584.6
 283 bits ecdh (nistk283)   0.0004s   2691.5
 409 bits ecdh (nistk409)   0.0006s   1626.3
 571 bits ecdh (nistk571)   0.0014s    716.0
 163 bits ecdh (nistb163)   0.0002s   5995.4
 233 bits ecdh (nistb233)   0.0002s   4445.4
 283 bits ecdh (nistb283)   0.0004s   2564.5
 409 bits ecdh (nistb409)   0.0007s   1532.7
 571 bits ecdh (nistb571)   0.0015s    659.9
 256 bits ecdh (brainpoolP256r1)   0.0003s   3513.3
 256 bits ecdh (brainpoolP256t1)   0.0003s   3501.7
 384 bits ecdh (brainpoolP384r1)   0.0007s   1460.7
 384 bits ecdh (brainpoolP384t1)   0.0007s   1478.0
 512 bits ecdh (brainpoolP512r1)   0.0010s    998.7
 512 bits ecdh (brainpoolP512t1)   0.0010s   1022.6
 253 bits ecdh (X25519)   0.0000s  40491.7
 448 bits ecdh (X448)   0.0004s   2494.4
```

```
                           sign    verify    sign/s verify/s
 253 bits EdDSA (Ed25519)  0.0000s  0.0001s  32559.1  11935.6
 456 bits EdDSA (Ed448)   0.0004s  0.0004s   2816.4   2226.8
```

A.8.13 Zertifikate abrufen und evaluieren

Hier noch ein paar Einzelbefehle, um Protokolldetails verbundener Server abzurufen.

Parameter von Webserver-Zertifikaten von Google

Der folgende `openssl`-Befehl nutzt das Argument `s_client`, um eine sichere Verbindung zu `https://www.google.com` aufzubauen und Details zur Verbindung auszugeben[87]: Port 443 ist der Standard bei Webservern für HTTPS-Verbindungen (der Standard-Port für HTTP ist 80). Wenn die Verbindung erfolgreich ist, werden mehrere Zertifikate von Google angezeigt zusammen mit Infos zur sicheren Verbindung und zur benutzten Cipher-Suite. Wenn Sie den Befehl jetzt neu aufrufen, erhalten Sie die aktuellen Google-Zertifikate, die sich von den hier angezeigten „leicht“ unterscheiden werden.

```
$ openssl s_client -connect www.google.com:443 -showcerts
CONNECTED(00000005)
depth=2 OU = GlobalSign Root CA - R2, O = GlobalSign, CN = GlobalSign
verify return:1
depth=1 C = US, O = Google Trust Services, CN = GTS CA 101
verify return:1
depth=0 C = US, ST = California, L = Mountain View, O = Google LLC, CN = www.google.com
verify return:1
---
Certificate chain
 0 s:C = US, ST = California, L = Mountain View, O = Google LLC, CN = www.google.com
   i:C = US, O = Google Trust Services, CN = GTS CA 101
-----BEGIN CERTIFICATE-----
MIIExzCCA6+gAwIBAgIRALJsaMAobZ6SCAAAAABDVSUwDQYJKoZIhvcNAQELBQAw
QjELMAkGA1UEBhMCVVMxHjAcBgNVBAoTFUdvb2dsZSBUcnVzdCBTZXJ2aWNlczET
MBEGA1UEAxMKR1RTIENBIDFPMTAeFw0yMDA1MjYxNTMwMDNaFw0yMDA4MTgxNTMw
MDNaMGgxCzAJBgNVBAYTAlVTMRMwEQYDVQQIEwpDYWxpZm9ybmlhMRYwFAYDVQQH
Ew1Nb3VudGFpbiBWaWV3MRMwEQYDVQQKEwpHb29nbGUgTExDMRcwFQYDVQQDEw53
d3cuZ29vZ2xlLmNvbTBZMBMGByqGSM49AgEGCCqGSM49AwEHA0IABPpZHiiNrjXN
5KoWOrWQjIHzVW5hW0yPa4NH9O6oqjUZPidUIQZmR9Or5+Yx5dLJDzBuEhCoxw6i
9elNnOnwl7ujggJbMIICVzAOBgNVHQ8BAf8EBAMCB4AwEwYDVR0lBAwwCgYIKwYB
BQUHAwEwDAYDVR0TAQH/BAIwADAdBgNVHQ4EFgQUvYFt35OUFFMLkjkidJ8zmSL4
8RUwHwYDVR0jBBgwFoAUmNH4bhDrz5vsYJ8YkBug630J/SswaAYIKwYBBQUHAQEE
XDBaMCsGCCsGAQUFBzABhh9odHRwOi8vb2NzcC5wa2kuZ29vZy9ndHMxbzFjb3Jl
MCsGCCsGAQUFBzAChh9odHRwOi8vcGtpLmdvb2cvZ3NyMi9HVFMxTzEuY3J0MBkG
A1UdEQQSMBCCDnd3dy5nb29nbGUuY29tMCEGA1UdIAQaMBgwCAYGZ4EMAQICMAwG
CisGAQQB1nkCBQMwMwYDVR0fBCwwKjAooCagJIYiaHR0cDovL2NybC5wa2kuZ29v
Zy9HVFMxTzFjb3JlLmNybDCCAQMGCisGAQQB1nkCBAIEgfQEgfEA7wB1AAe3XBvl
fWj/8bDGHSMVx7rmV3xXlLdq7rxhOhpp06IcAAABclHRz04AAAQDAEYwRAIgWz74
kj8TOayaBwRBQs3Ot1xAomxpiqmpq1WV7RqkujECIAax+O9FRc5EMUwOyt/ZCVuj
EqrAq1iwBkmh4+Ht2SmoAHYA5xLysDd+GmL7jskMYYTx6ns3y1YdESZb8+DzS/JB
VG4AAAFyUdHNBQAABAMARzBFAiEA58Y8iumnVpkgGAbJOYOqAwAYmHUn739SBFx0
g8Cwis0CIGyha0ERmcA4Z8exj3GGgqy5c/0OQOmIuFGxtb8TraTZMA0GCSqGSIb3
DQEBCwUAA4IBAQAEZanMYZDcVkdppa6PRuLXMRKSL2J9eGjw4wBNIQqyN0wvxTVx
QvQv4M7Horc4zCsinfM6jYUy5DpYZWec770+SbOSK7wkRsW0BiJZ5DyxDMSZV4Wc
eQvA939Ys9pw+0FkoZZ/pvITUXsPWbywcwHWUoiR56Wtnj51I8VaS06Z45GflkAl
R9VIqdXX6EOlT+s6vtLVD65bth5ZYnpLgLfzNixEV4GcRXFvy9G5RHCeQKJMbyJx
kgmPH0eGL0pvB5IWFmUI7Ny4WkAobnsDNpyeuuxhDHQXYbIkue6tnW2Pb0khdsQ+
mKgE9Xo0YKd5jsqtsD421wnxeVnMKYLICw7c
-----END CERTIFICATE-----
 1 s:C = US, O = Google Trust Services, CN = GTS CA 101
   i:OU = GlobalSign Root CA - R2, O = GlobalSign, CN = GlobalSign
-----BEGIN CERTIFICATE-----
MIIESjCCAzKgAwIBAgINAeO0mqGNiqmBJWlQuDANBgkqhkiG9w0BAQsFADBMMSAw
HgYDVQQLExdHbG9iYWxTaWduIFJvb3QgQ0EgLSBSMjETMBEGA1UEChMKR2xvYmFs
U2lnbjETMBEGA1UEAxMKR2xvYmFsU2lnbjAeFw0xNzA2MTUwMDAwNDJaFw0yMTEy
MTUwMDAwNDJaMEIxCzAJBgNVBAYTAlVTMR4wHAYDVQQKExVHb29nbGUgVHJ1c3Qg
```

[87] vgl. `https://opensource.com/article/19/6/cryptography-basics-openssl-part-1`

```
U2VydmljZXMxEzARBgNVBAMTCkdUUyBDQSAxTzEwggEiMA0GCSqGSIb3DQEBAQUA
A4IBDwAwggEKAoIBAQDQGM9F1IvN05zkQO9+tN1pIRvJzzyOTHW5DzEZhD2ePCnv
UA0Qk28FgICfKqC9EksC4T2fWBYk/jCfC3R3VZMdS/dN4ZKCEPZRrAzDsiKUDzRr
mBBJ5wudgzndIMYcLe/RGGFl5yODIKgjEv/SJH/UL+dEaltN11BmsK+eQmMF++Ac
xGNhr59qM/9il71I2dN8FGfcddwuaej4bXhp0LcQBbjxMcI7JP0aM3T4I+DsaxmK
FsbjzaTNC9uzpFlgOIg7rR25xoynUxv8vNmkq7zdPGHXkxWY7oG9j+JkRyBABk7X
rJfoucBZEqFJJSPk7XA0LKW0Y3z5oz2D0c1tJKwHAgMBAAGjggEzMIIBLzAOBgNV
HQ8BAf8EBAMCAYYwHQYDVR0lBBYwFAYIKwYBBQUHAwEGCCsGAQUFBwMCMBIGA1Ud
EwEB/wQIMAYBAf8CAQAwHQYDVR0OBBYEFJjR+G4Q68+b7GCfGJAboOt9Cf0rMB8G
A1UdIwQYMBaAFJviB1dnHB7AagbeWbSaLd/cGYYuMDUGCCsGAQUFBwEBBCkwJzAl
BggrBgEFBQcwAYYZaHR0cDovL29jc3AucGtpLmdvb2cvZ3NyMjAyBgNVHR8EKzAp
MCegJaAjhiFodHRwOi8vY3JsLnBraS5nb29nL2dzcjIvZ3NyMi5jcmwwPwYDVR0g
BDgwNjA0BgZngQwBAgIwKjAoBggrBgEFBQcCARYcaHR0cHM6Ly9wa2kuZ29vZy9y
ZXBvc2l0b3J5LzANBgkqhkiG9w0BAQsFAAOCAQEAGoA+Nnn78y6pRjd9XlQWNa7H
TgiZ/r3RNGkmUmYHPQq6Scti9PEajvwRT2iWTHQr02fesqOqBY2ETUwgZQ+lltoN
FvhsO9tvBCOIazpswWC9aJ9xju4tWDQH8NVU6YZZ/XteDSGU9YzJqPjY8q3MDxrz
mqepBCf5o8mw/wJ4a2G6xzUr6Fb6T8McDO22PLRL6u3M4Tzs3A2M1j6bykJYi8wW
IRdAvKLWZu/axBVbzYmqmwkm5zLSDW5nIAJbELCQCZwMH56t2Dvqofxs6BBcCFIZ
USpxu6x6td0V7SvJCCosirSmIatj/9dSSVDQibet8q/7UK4v4ZUN80atnZz1yg==
-----END CERTIFICATE-----
---
Server certificate
subject=C = US, ST = California, L = Mountain View, O = Google LLC, CN = www.google.com

issuer=C = US, O = Google Trust Services, CN = GTS CA 1O1

---
No client certificate CA names sent
Peer signing digest: SHA256
Peer signature type: ECDSA
Server Temp Key: X25519, 253 bits
---
SSL handshake has read 2638 bytes and written 396 bytes
Verification: OK
---
New, TLSv1.3, Cipher is TLS_AES_256_GCM_SHA384
Server public key is 256 bit
Secure Renegotiation IS NOT supported
Compression: NONE
Expansion: NONE
No ALPN negotiated
Early data was not sent
Verify return code: 0 (ok)
---
read:errno=0
```

Eine gut verständliche Beschreibung, was der Output bedeutet, findet sich bspw. auf der Webseite von Marty Kalin, woher auch das obige Beispiel stammt: `https://opensource.com/article/19/6/cryptography-basics-openssl-part-1`

Mit dem folgenden Kommando sieht man die Zertifikatskette und erhält die beiden Nicht-Root-Zertifikate im Base64-Format (den Befehl mit `Enter` abschließen): depth = 2,1,0

```
$ openssl s_client -showcerts -connect www.google.com:443 | sed -ne '/-BEGIN CERTIFICATE-/,/-END CERTIFICATE-/p' > ▶
  ▶google_server_certs.crt
depth=2 OU = GlobalSign Root CA - R2, O = GlobalSign, CN = GlobalSign
verify return:1
depth=1 C = US, O = Google Trust Services, CN = GTS CA 1O1
verify return:1
depth=0 C = US, ST = California, L = Mountain View, O = Google LLC, CN = www.google.com
verify return:1
read:errno=0
```

Man kann sich ein Server-Zertifikat auch herunterladen, alles Überflüssige abschneiden und als Datei im PEM-Format abspeichern. Eine Option zur Ausgabe nur der Algorithmen gibt es offenbar nicht. Mit der Option `-dates` oder `-enddate` kann man das Expiration-Date des Zertifikats aus der erzeugten PEM-Datei bekommen. Sie können sehen, dass das Google-Zertifikat einen Gültigkeits-Zeitraum von rund 3 Monaten hat.

```
$ openssl s_client -showcerts -connect www.google.com:443 </dev/null 2>/dev/null | openssl x509 -outform PEM >▶
  ▶google_server_certs.pem
$ openssl x509 -in google_server_certs.pem -pubkey -noout
-----BEGIN PUBLIC KEY-----
MFkwEwYHKoZIzj0CAQYIKoZIzj0DAQcDQgAE+lkeKI2uNc3kqhY6tZCMgfNVbmFb
TI9rg0f07qiqNRk+J1QhBmZH06vn5jHl0skPMG4SEKjHDqL16U2c6fCXuw==
-----END PUBLIC KEY-----

$ openssl x509 -in google_server_certs.pem -noout -dates
notBefore=May 26 15:30:03 2020 GMT
notAfter=Aug 18 15:30:03 2020 GMT

$ openssl x509 -in google_server_certs.pem -noout -enddate
notAfter=Aug 18 15:30:03 2020 GMT
```

Eine gut verständliche Beschreibung, wie man bspw. die unterstützten Cipher-Suites eines Servers checken kann, finden sich in dem Buch-Kapitel: `https://www.feistyduck.com/library/openssl-cookbook/online/testing-with-openssl/index.html`

Automatisches Extrahieren der Einzel-Zertifikate aus einem Organisations-Zertifikat, um dann aus jedem Einzel-Zertifikat den Modul auszugeben

Auf folgende Weise könnte man sich den Modul eines Zertifikats ansehen, wenn RSA zum Signieren verwendet wird. Beim Zertifikat von Google vom 26.5.2020 (siehe oben) steht aber „Public Key Algorithm: id-ecPublicKey“ statt „Public Key Algorithm: rsaEncryption“, so dass die Option `-modulus` zu einem Fehler führt:

```
$ openssl x509 -in google_server_certs.crt -text -pubkey -noout -modulus
Modulus=Wrong Algorithm type
```

Im folgenden betrachten wir das Zertifikat von Let's Encrypt, das RSA statt ECDSA verwendet. Wir holen uns das Zertifikat mit `openssl s_client`, extrahieren daraus per `sed` nur die darin enthaltenen Einzel-Zertifikate (im Base64-Format) und schreiben m. H. von `awk` jedes Einzel-Zertifikat in eine eigene Datei (awk sucht die Zeilen, die mit dem Inhalt der `awk`-Außenvariable `RS` anfangen. Hat awk eine solche Zeile gefunden, schreibt es diese und alle folgenden Zeilen bis zum nächsten Vorkommen des Suchstrings in eine Datei mit dem Namen der Innenvariablen `FileName`). Am Ende gibt es noch aus, wieviele solcher `BEGIN CERT ... END CERT`-Konstrukte es fand.[88]

```
$ echo | openssl s_client -showcerts -connect www.letsencrypt.org:443 > all.crt

$ cat all.crt | sed -ne '/-BEGIN CERTIFICATE-/,/-END CERTIFICATE-/p'
  > all_base64-only.crt

$ cat all_base64-only.crt | awk -v RS="-----BEGIN CERT" 'NR>1  {++cnt;
  FileName="Cert_"(NR-1)".crt"; print RS $0 > FileName; print "Created "
  FileName} END {print "Number of certs found in base64 format = " cnt}'
Created Cert_1.crt
Created Cert_2.crt
Number of certs found in base64 format = 2

$ ls -l *.crt
-rw-r--r-- 1 bet bet 4395 Jun 25 00:27 all.crt
-rw-r--r-- 1 bet bet 1940 Jun 25 00:28 Cert_1.crt
-rw-r--r-- 1 bet bet 1648 Jun 25 00:28 Cert_2.crt
```

Da diese Let's Encrypt-Zertifikate RSA nutzen, kann man für jede Einzeldatei mittels `openssl` den Modul des Zertifikats-Owners (Subject Public Key Info) ausgeben.

```
openssl x509 -in Cert_1.crt -noout -modulus
Modulus=DEB5AF ... CD6F51
```

[88] Man könnte die 3 Befehle auch direkt hintereinander (per Pipe statt mit Zwischendateien) ausführen. Der erste Befehl nutzte `openssl`; die Auswertung des Ergebnisses mit sed und awk wurde in der Bash-Shell vorgenommen.

Passen privater und öffentlicher Schlüssel zusammen

Will man prüfen, ob der öffentliche Schlüssel aus einem Zertifikat und der öffentliche Schlüssel aus der Datei mit dem privaten Schlüssel zusammen passen, kann man das mit den folgenden Befehlen machen:

```
$ openssl x509 -in ssl.crt -pubkey -noout > from_crt.pub
$ openssl rsa -in ssl.privkey -pubout > from_privkey.pub
$ diff from_crt.pub from_privkey.pub
```

Das geht auch analog für ECDSA-Schlüssel.[89]

Testen der Verfügbarkeit und Abruf der benutzten Algorithmen des Mail-Servers der Uni Siegen

```
$ openssl s_client -connect mail.uni-siegen.de:993 -showcerts
bet@tux19:~/D/openssl$ openssl s_client -connect mail.uni-siegen.de:993 -showcerts
CONNECTED(00000005)
depth=3 C = DE, O = T-Systems Enterprise Services GmbH, OU = T-Systems Trust Center, CN = T-TeleSec GlobalRoot Class ▶
 ▶2
verify return:1
depth=2 C = DE, O = Verein zur Foerderung eines Deutschen Forschungsnetzes e. V., OU = DFN-PKI, CN = DFN-Verein ▶
 ▶Certification Authority 2
verify return:1
depth=1 C = DE, O = Verein zur Foerderung eines Deutschen Forschungsnetzes e. V., OU = DFN-PKI, CN = DFN-Verein ▶
 ▶Global Issuing CA
verify return:1
depth=0 C = DE, ST = Nordrhein-Westfalen, L = Siegen, O = Universitaet Siegen, CN = mail.uni-siegen.de
verify return:1
---
Certificate chain
 0 s:C = DE, ST = Nordrhein-Westfalen, L = Siegen, O = Universitaet Siegen, CN = mail.uni-siegen.de
   i:C = DE, O = Verein zur Foerderung eines Deutschen Forschungsnetzes e. V., OU = DFN-PKI, CN = DFN-Verein Global ▶
    ▶Issuing CA
-----BEGIN CERTIFICATE-----
MIIIujCCB6KgAwIBAgIMIwfrEZso2bJu9A95MA0GCSqGSIb3DQEBCwUAMIGNMQsw
CQYDVQQGEwJERTFFMEMGA1UECgw8VmVyZWluIHp1ciBGb2VyZGVydW5nIGVpbmVz
IERldXRzY2hlbiBGb3JzY2h1bmdzbmV0emVzIGUuIFYuMRAwDgYDVQQLDAdERk4t
UEtJMSUwIwYDVQQDDBxERk4tVmVyZWluIEdsb2JhbCBJc3N1aW5nIENBMB4XDTIw
MDYxNjA2NTgxMloXDTIyMDkxODA2NTgxMlowdzELMAkGA1UEBhMCREUxHDAaBgNV
BAgME05vcmRyaGVpbi1XZXN0ZmFsZW4xDzANBgNVBAcMBlNpZWdlbjEcMBoGA1UE
CgwTVW5pdmVyc2l0YWV0IFNpZWdlbjEbMBkGA1UEAwwSbWFpbC51bmktc2llZ2Vu
LmRlMIIBIjANBgkqhkiG9w0BAQEFAAOCAQ8AMIIBCgKCAQEAowx01PYGm+fXc5/V
1YUc2U7Vnd2W1RM/l6thk+M174Ba8RI0Rd3Eiz4735xta+QaDtQIOG2J3o6bmRw3
Jw2WASuxLJameDF3bxJETuwHkq0uL2NSKOtDcQaf9M2BID38jmMFbfLV3eKf7L4c
ZcZ/MlZ+Ugmh171Qm+UUNliIGZQadO/7skYx1oHqvhW4B6PRjbVLjkA/F5gT+1u4
ORojID8rTY9c+8qdhG+C7BMX44kkWe3buKlkDJPIh67D5byepoKFH5f9x7dUuAKy
mxB9n4c+g6xQEZfLJkIzSOlCM4vRSVsU2ecLer7DsRw4Q5bqmOhtPoD+wcW76BMx
2oZOmQIDAQABo4IFLTCCBSkwVwYDVR0gBFAwTjAIBgZngQwBAgIwDQYLKwYBBAGB
rSGCLB4wDwYNKwYBBAGBrSGCLAEBBDAQBg4rBgEEAYGtIYIsAQEEBzAQBg4rBgEE
AYGtIYIsAgEEBzAJBgNVHRMEAjAAMA4GA1UdDwEB/wQEAwIFoDATBgNVHSUEDDAK
BggrBgEFBQcDATAdBgNVHQ4EFgQU0s2Ru8znB01n/Yhh/lEQOLhH0gIwHwYDVR0j
BBgwFoAUazqYi/nyU4na4K2yMh4JH+iqO3QwgfQGA1UdEQSB7DCB6YIXYXV0aC5t
YWlsLnVuaS1zaWVnZW4uZGWCF2RpbmtlbC5hZC51bmktc2llZ2VuLmRlghdnZXJz
dGUuYWQudW5pLXNpZWdlbi5kZYISaW1hcC51bmktc2llZ2VuLmRlghJtYWlsLnVu
aS1zaWVnZW4uZGWCFW91dGxvb2sudW5pLXNpZWdlbi5kZYIXb3V0bG9va2NzLnVu
aS1zaWVnZW4uZGWCF3JvZ2dlbi5hZC51bmktc2llZ2VuLmRlghJzbXRwLnVuaS1z
aWVnZW4uZGWCF3dlaXplbi5hZC51bmktc2llZ2VuLmRlMIGNBgNVHR8EgYUwgYIw
P6A9oDuGOWh0dHA6Ly9jZHAxLnBjYS5kZm4uZGUvZGZuLWNhLWdsb2JhbC1nMi9w
dWIvY3JsL2NhY3JsLmNybDA/oD2gO4Y5aHR0cDovL2NkcDIucGNhLmRmbi5kZS9k
Zm4tY2EtZ2xvYmFsLWcyL3B1Yi9jcmwvY2FjcmwuY3JsMIHbBggrBgEFBQcBAQSB
zjCByzAzBggrBgEFBQcwAYYnaHR0cDovL29jc3AucGNhLmRmbi5kZS9PQ1NQLVNl
cnZlci9PQ1NQMEkGCCsGAQUFBzAChj1odHRwOi8vY2RwMS5wY2EuZGZuLmRlL2Rm
bi1jYS1nbG9iYWwtZzIvcHViL2NhY2VydC9jYWNlcnQuY3J0MEkGCCsGAQUFBzAC
hj1odHRwOi8vY2RwMi5wY2EuZGZuLmRlL2Rmbi1jYS1nbG9iYWwtZzIvcHViL2Nh
Y2VydC9jYWNlcnQuY3J0MIIB9wYKKwYBBAHWeQIEAgSCAecEggHjAeEAdwBGpVXr
dfqRIDC1oolp9PN9ESxBdL79SbiFq/L8cP5tRwAAAXK769yOAAAEAwBIMEYCIQDn
```

[89]https://security.stackexchange.com/questions/73127/how-can-you-check-if-a-private-key-and-certificate-match-in-openssl-with-ecdsa

```
6UkxQRveDHHyTxxdvkZNnTkx36+fccP0mdS0zpYhrgIhAOgKdcGNve/UpSPg09/t
Hhv3/Ur5TQCW0EcLIArRbV2qAHUAKXm+8J45OSHwVnOfY6V35b5XfZxgCvj5TV0m
XCVdx4QAAAFyu+vgcQAABAMARjBEAiAtPCEJdS40/4xN5s2z2t94aLGNJAFIb2zq
RCbIrzUaDAIgb5xcvzut8aOLGs9FaS9rUe+DFzoQqUkpc5yh3HVeTgwAdwBvU3as
MfAxGdiZAKRRFf93FRwR2QLBACkGjbIImjfZEwAAAXK76912AAAEAwBIMEYCIQCh
zyqPMhMoLK3k/BiweeRm8Sj+DybAEgN5Zm7tZJko2AIhAPK1DcB6fSarvYLZxEWG
+EvXJa/WfT+0gTdSicaG7VAYAHYAVYHUwhaQNgFK6gubVzxT8MDkOHhwJQgXL6Oq
HQcT0wwAAAFyu+veUAAABAMARzBFAiAWOwjw+5+GOjpuChHVfO6qhXJaDZIsarpB
mbyBBA4iGgIhANXqSeotxdFyeqULQpQDUjOJ9Vhb6C/Tlh2SmBHyhd2xMA0GCSqG
SIb3DQEBCwUAA4IBAQCTzy1S1xiSFjvzpHRCo2lQGdMx2OD161++gEArBCVu/P2f
TcwbI2dv5Xip62Ty7kK3wOBby+JceYET3+VeZ/X2/o89wg2QCyO4rRPiU5WwbEUE
/truWU/YKxkt1wBvMxDljdstxlmfyxYPwG/nmqs0AVqZ2GJMAbtIJSJDu3aMFNGJ
TvWsivpiTg+E8wiGK8t11j/0fJHpqSATXhDbzAF4KUu8NTtuyzFvW1j8Q3iLGx+S
fzSwCeYZNEEKI+WQO1gt6iJ1eCN7FXrQXCkRsYSh9Yyi0pVIj2EhvVeDe77NIN0b
IM6tU3qblo0Vcae05pQ61fYQ+dBJJUxJPIA0g2/u
-----END CERTIFICATE-----
 1 s:C = DE, O = Verein zur Foerderung eines Deutschen Forschungsnetzes e. V., OU = DFN-PKI, CN = DFN-Verein Global ▶
   ▶Issuing CA
   i:C = DE, O = Verein zur Foerderung eines Deutschen Forschungsnetzes e. V., OU = DFN-PKI, CN = DFN-Verein ▶
     ▶Certification Authority 2
-----BEGIN CERTIFICATE-----
MIIFrDCCBJSgAwIBAgIHG2O60B4sPTANBgkqhkiG9w0BAQsFADCBlTELMAkGA1UE
BhMCREUxRTBDBgNVBAoTPFZlcmVpbiB6dXIgRm9lcmRlcnVuZyBlaW5lcyBEZXV0
c2NoZW4gRm9yc2NodW5nc25ldHplcyBlLiBWLjEQMA4GA1UECxMHREZOLVBLSTEt
MCsGA1UEAxMkREZOLVZlcmVpbiBDZXJ0aWZpY2F0aW9uIEF1dGhvcml0eSAyMB4X
DTE2MDUyNDExMzg0MFoXDTMxMDIyMjIzNTk1OVowgY0xCzAJBgNVBAYTAkRFMUUw
QwYDVQQKDDxWZXJlaW4genVyIEZvZXJkZXJ1bmcgZWluZXMgRGV1dHNjaGVuIEZv
cnNjaHVuZ3NuZXR6ZXMgZS4gVi4xEDAOBgNVBAsMB0RGTi1QS0kxJTAjBgNVBAMM
HERGTi1WZXJlaW4gR2xvYmFsIElzc3VpbmcgQ0EwggEiMA0GCSqGSIb3DQEBAQUA
A4IBDwAwggEKAoIBAQCdO3kcR94fhsvGadcQnjnX2aIw23IcBX8pX0to8a0Z1kzh
axuxC3+hq+B7i4vYLc5uiDoQ7lflHn8EUTbrunBtY6C+li5A4dGDTGY9HGRp5Zuk
rXKuaDlRh3nMF9OuL11jcUs5eutCp5eQaQW/kP+kQHC9A+e/nhiIH5+ZiE0OR41I
X2WZENLZKkntwbktHZ8SyxXTP38eVC86rpNXp354ytVK4hrl7UF9U1/Isyr1ijCs
7RcFJD+2oAsH/U0amgNSoDac3iSHZeTn+seWcyQUzdDoG2ieGFmudn73OQp4PIdL
sDfPU8o6OBDzy0dtjGQ9PFpFSrrKgHy48+enTEzNAgMBAAGjggIFMIICATASBgNV
HRMBAf8ECDAGAQH/AgEBMA4GA1UdDwEB/wQEAwIBBjApBgNVHSAEIjAgMA0GCysG
AQQBga0hgiweMA8GDSsGAQQBga0hgiwBAQQwHQYDVR0OBBYEFGs6mIv58lOJ2uCt
sjIeCR/oqjt0MB8GA1UdIwQYMBaAFJPj2DIm2tXxSqWRSuDqS+KiDM/hMIGPBgNV
HR8EgYcwgYQwQKA+oDyGOmh0dHA6Ly9jZHAxLnBjYS5kZm4uZGUvZ2xvYmFsLXJv
b3QtZzItY2EvcHViL2NybC9jYWNybC5jcmwwQKA+oDyGOmh0dHA6Ly9jZHAyLnBj
YS5kZm4uZGUvZ2xvYmFsLXJvb3QtZzItY2EvcHViL2NybC9jYWNybC5jcmwwgd0G
CCsGAQUFBwEBBIHQMIHNMDMGCCsGAQUFBzABhidodHRwOi8vb2NzcC5wY2EuZGZu
LmRlL09DU1AtU2VydmVyL09DU1AwSgYIKwYBBQUHMAKGPmh0dHA6Ly9jZHAxLnBj
YS5kZm4uZGUvZ2xvYmFsLXJvb3QtZzItY2EvcHViL2NhY2VydC9jYWNlcnQuY3J0
MEoGCCsGAQUFBzAChj5odHRwOi8vY2RwMi5wY2EuZGZuLmRlL2dsb2JhbC1yb290
LWcyLWNhL3B1Yi9jYWNlcnQvY2FjZXJ0LmNydDANBgkqhkiG9w0BAQsFAAOCAQEA
gXhFpE6kfw5V8Amxaj54zGg1qRzzlZ4/8/jfazh3iSyNta0+x/KUzaAGrrrMqLGt
Mwi2JIZiNkx4blDw1W5gjU9SMUOXRnXwYuRuZlHBQjFnUOVJ5zkey5/KhkjeCBT/
FUsrZpugOJ8Azv2n69F/Vy3ITF/cEBGXPpYEAlyEqCk5bJT8EJIGe57u2Ea0G7UD
DDjZ3LCpP3EGC7IDBzPCjUhjJSU8entXbveKBTjvuKCuL/TbB9VbhBjBqbhLzmyQ
GoLkuT36d/HSHzMCv1PndvncJiVBby+mG/qkE5D6fH7ZC2Bd7L/KQaBh+xFJKdio
LXUV2EoY6hbvVTQiGhONBg==
-----END CERTIFICATE-----
 2 s:C = DE, O = Verein zur Foerderung eines Deutschen Forschungsnetzes e. V., OU = DFN-PKI, CN = DFN-Verein ▶
   ▶Certification Authority 2
   i:C = DE, O = T-Systems Enterprise Services GmbH, OU = T-Systems Trust Center, CN = T-TeleSec GlobalRoot Class 2
-----BEGIN CERTIFICATE-----
MIIFEjCCA/qgAwIBAgIJAOML1fivJdmBMA0GCSqGSIb3DQEBCwUAMIGCMQswCQYD
VQQGEwJERTErMCkGA1UECgwiVC1TeXN0ZW1zIEVudGVycHJpc2UgU2VydmljZXMg
R21iSDEfMB0GA1UECwwWVC1TeXN0ZW1zIFRydXN0IENlbnRlcjElMCMGA1UEAwwc
VC1UZWxlU2VjIEdsb2JhbFJvb3QgQ2xhc3MgMjAeFw0xNjAyMjIxMzM4MjJaFw0z
MTAyMjIyMzU5NTlaMIGVMQswCQYDVQQGEwJERTFFMEMGA1UEChM8VmVyZWluIHp1
ciBGb2VyZGVydW5nIGVpbmVzIERldXRzY2hlbiBGb3JzY2h1bmdzbmV0emVzIGUu
IFYuMRAwDgYDVQQLEwdERk4tUEtJMS0wKwYDVQQDEyRERk4tVmVyZWluIENlcnRp
ZmljYXRpb24gQXV0aG9yaXR5IDIwggEiMA0GCSqGSIb3DQEBAQUAA4IBDwAwggEK
AoIBAQDLYNf/ZqFBzdL6h5eKc6uZTepnOVqhYIBHFU6MlbLlz87TV0uNzvhWbBVV
dgfqRv3IA0VjPnDUq1SAsSOcvjcoqQn/BV0YD8SYmTezIPZmeBeHwp0OzEoy5xad
rg6NKXkHACBU3BVfSpbXeLY008F0tZ3pv8B3Teq9WQfgWi9sPKUA3DW9ZQ2PfzJt
8lpqS2IB7qw4NFlFNkkF2njKam1bwIFrEczSPKiL+HEayjvigN0WtGd6izbqTpEp
PbNRXK2oDL6dNOPRDReDdcQ5HrCUCxLx1WmOJfS4PSu/wI7DHjulv1UQqyquF5de
M87I8/QJB+MChjFGawHFEAwRx1npAgMBAAGjggF0MIIBcDAOBgNVHQ8BAf8EBAMC
AQYwHQYDVR0OBBYEFJPj2DIm2tXxSqWRSuDqS+KiDM/hMB8GA1UdIwQYMBaAFL9Z
IDYAeaCgImuM1fJh0rgsy4JKMBIGA1UdEwEB/wQIMAYBAf8CAQIwMwYDVR0gBCww
```

```
KjAPBg0rBgEEAYGtIYIsAQEEMA0GCysGAQQBga0hgiweMAgGBmeBDAECAjBMBgNV
HR8ERTBDMEGgP6A9hjtodHRwOi8vcGtpMDMzNi50ZWxlc2VjLmRlL3JsL1RlbGVT
ZWNfR2xvYmFsUm9vdF9DbGFzc18yLmNybDCBhgYIKwYBBQUHAQEEejB4MCwGCCsG
AQUFBzABhiBodHRwOi8vb2NzcDAzMzYudGVsZXNlYy5kZS9vY3NwcjBIBggrBgEF
BQcwAoY8aHR0cDovL3BraTAzMzYudGVsZXNlYy5kZS9jcnQvVGVsZVNlY19HbG9i
YWxSb290X0NsYXNzXzIuY2VyMA0GCSqGSIb3DQEBCwUAA4IBAQCHC/8+AptlyFYt
1juamItxT9q6Kaoh+UYu9bKkD64ROHk4sw50unZdnugYgpZi20wz6N35at8yvSxM
R2BVf+d0a7Qsg9h5a7a3TVALZge17bOXrerufzDmmf0i4nJNPoRb7vnPmep/11I5
LqyYAER+aTu/de7QCzsazeX3DyJsR4T2pUeg/dAaNH2t0j13s+70103/w+jlkk9Z
PpBHEEqwhVjAb3/4ru0IQp4e1N8ULk2PvJ6Uw+ft9hj4PEnnJqinNtgs3iLNi4LY
2XjiVRKjO4dEthEL1QxSr2mMDwbf0KJTi1eYe8/9ByT0/L3D/UqSApcb8re2z2WK
GqK1chk5
-----END CERTIFICATE-----
```


```
---
Server certificate
subject=C = DE, ST = Nordrhein-Westfalen, L = Siegen, O = Universitaet Siegen, CN = mail.uni-siegen.de

issuer=C = DE, O = Verein zur Foerderung eines Deutschen Forschungsnetzes e. V., OU = DFN-PKI, CN = DFN-Verein Global▶
 ▶ Issuing CA
---
No client certificate CA names sent
Peer signing digest: SHA256
Peer signature type: RSA
Server Temp Key: ECDH, P-256, 256 bits
---
SSL handshake has read 5490 bytes and written 446 bytes
Verification: OK
---
New, TLSv1.2, Cipher is ECDHE-RSA-AES128-GCM-SHA256
Server public key is 2048 bit
Secure Renegotiation IS supported
Compression: NONE
Expansion: NONE
No ALPN negotiated
SSL-Session:
    Protocol  : TLSv1.2
    Cipher    : ECDHE-RSA-AES128-GCM-SHA256
    Session-ID: 541F00003A7E8C0C2752B7A9311FFF3F3FFEF9906C73CD66A8E32090AC203137
    Session-ID-ctx:
    Master-Key: F95B5BEEACC98FB50B014F90A64D3E733304DF995105C25EFB4E6983ECBF9D170E8CF51845C5CF47F18BE2B530782D7C
    PSK identity: None
    PSK identity hint: None
    SRP username: None
    Start Time: 1592595632
    Timeout   : 7200 (sec)
    Verify return code: 0 (ok)
    Extended master secret: yes
---
* OK University Siegen IMAP4 service is ready.
```

A.8.14 OpenSSL 3 in CrypTool-Online (CTO)

OpenSSL 3.0.0 wurde nach 3 Jahren Entwicklungszeit Anfang September 2021 offiziell freigegeben.[90] Ab Version 3 steht OpenSSL unter der Apache-2.0-Lizenz, was die Verwendung in anderen Open-Source-Projekten vereinfacht.

Im Rahmen einer Bachelorarbeit wurde ein Plugin für CrypTool-Online gebaut, das OpenSSL im Browser verfügbar machte: die OpenSSL-App. Dazu wurde zuerst OpenSSL 1.1.1 nach WebAssembly (wasm) portiert und mit dieser Erfahrung war es dann leicht, das dann freigegebene OpenSSL 3.0.0 nach WebAssembly zu bringen und noch im September 2021 zur Verfügung zu stellen.

Das ursprüngliche CTO-Plugin (Web-App) wurde dann um eine GUI erweitert[91] und ist erreichbar unter:

`https://www.cryptool.org/de/cto/openssl`

Hier können (fast) alle OpenSSL-Kommandozeilen-Befehle ausgeführt werden, sofern sie außer der Pipe (Datenstrom zwischen zwei Prozessen) keine Besonderheit der Bash-Shell und außer `echo` keine weitere Linux-Kommandos nutzen.[92] Somit sind mit der OpenSSL-App fast alle Befehle dieses Kapitels ad hoc ausführbar, ohne dass man sich OpenSSL installieren muss. Das dürfte besonders unterwegs oder für Windows- und MAC-Nutzer interessant sein, bei denen OpenSSL nicht vorinstalliert ist.

Zur Demonstration und zur Unterstützung der Lehre sind viele OpenSSL-Funktionen nicht nur im Terminal des CTO-OpenSSL-Plugins verfügbar, sondern auch direkt über die GUI in 6 Reitern – siehe auch Abb. A.47:

1. Verschlüsseln
2. Schlüssel erzeugen
3. Signieren & Verifizieren
4. Zertifikate
5. Prüfsummen
6. Dateien

Wenn man in der **GUI** eine Aktion ausführt, wird auf der **Kommandozeile** das entsprechende OpenSSL-Kommando synchron angezeigt, was zum Erlernen der OpenSSL-Befehle hilfreich ist.

Die folgenden drei Screenshots aus CTO (Abb. A.48, A.50 und A.51) zeigen OpenSSL im Browser:

1. Abbildung A.48 auf Seite 847 zeigt, wie ein Text mit dem symmetrischen Verfahren AES und Passwort verschlüsselt wird. Aus dem Passwort wird über die Schlüsselableitungsfunktion PBKDF2 der Salt, der Initialisierungsvektor (IV) und der symmetrische Schlüssel erzeugt. Alternativ könnten Salt und Initialisierungsvektor auch manuell eingegeben werden. Mit der zusätzlichen Option `-p` werden die von der Schlüsselableitungsfunktion erzeugten Hex-Werte für Salt, IV und Schlüssel auch ausgegeben. Die Option `-a` bewirkt, dass die Ausgabe Base64-codiert ist. Der Screenshot zeigt die Auswahl der entsprechenden Felder in der GUI, und wie der zugehörige OpenSSL-Befehl auf der Kommandozeile aussieht. Beispielsweise so:

   ```
   $ echo Hallo Welt! | openssl enc -aes-256-cbc -e -k abc -pbkdf2 -a
   ```

[90] `https://openssl-library.org/post/2021-09-06-openssl3.final/`

[91] Das Webterminal darin läuft in einem eigenen Thread und das Plugin kann die Browser-Vollbild-Ansicht nutzen.

[92] Das ist der Stand Juni 2024. Diese Einschränkungen des Web-Terminals sollen nach und nach beseitigt werden.

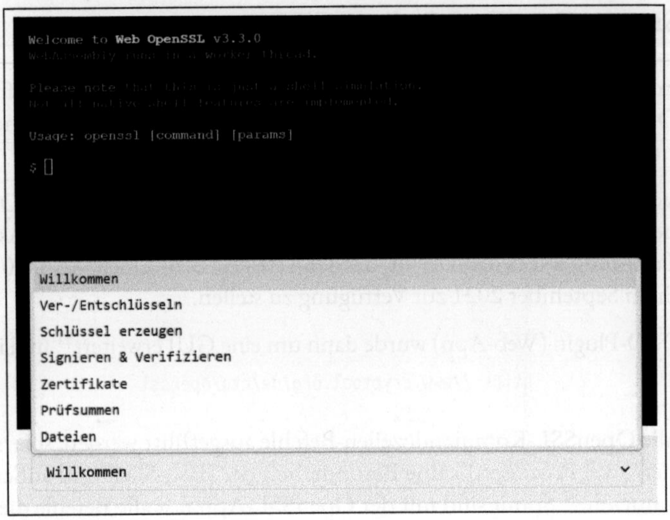

Abb. A.47: In CTO: OpenSSL 3 im Browser: Die 6 Reiter in der GUI

Die verschlüsselte Nachricht kann nur von jemand entschlüsselt werden, der den passenden Schlüssel oder das passende Passwort kennt.

2. Abbildung A.50 auf Seite 849 zeigt den Reiter „Zertifikate". Die Senderin einer Nachricht (z. B. Alice) braucht ein Zertifikat, um es an mögliche Empfänger von Nachrichten zu verteilen, damit die Empfänger die Authentizität einer von ihr signierten Nachricht überprüfen können.

   Bevor wir uns den Ablauf in der CTO-App (Abb. A.50) ansehen, zeigt Abb. A.49 den Ablauf zwischen den Beteiligten in einem Diagramm. Hier wird das Zertifikat von einer dritten Instanz (Zertifizierungsstelle, engl. CA) signiert. Ein Zertifikat kann aber auch selbst-signiert erstellt werden.

   Um ein Zertifikat zu erstellen sind zwei Dinge nötig: Man braucht einen privaten Schlüssel, um das Zertifikat zu unterschreiben (Signatur erstellen) und man braucht die Daten über den Zertifikatsinhaber (hier Alice) inklusive dessen öffentlichem Schlüssel. Ein fertiges Zertifikat besteht also aus dem Daten-Teil und dem Signatur-Teil. Zu Zertifikaten siehe auch Abschnitt 7.4.2 auf Seite 462.

   In der GUI wurde als Variante ein selbst-signiertes Zertifikat ausgewählt, so dass beide Schlüssel vom Zertifikatsinhaber kommen können. Man kann ein bereits vorhandenes Schlüsselpaar nutzen oder ein neues Schlüsselpaar erzeugen. Bei OpenSSL ist in der Datei für den „privaten Schlüssel" immer auch der zugehörige öffentliche Schlüssel enthalten. Im Screenshot wird ein RSA-Schlüsselpaar neu erzeugt, dessen Modulus-Länge 2048 bit beträgt. Für die Signatur wird der Datenteil gehasht, standardmäßig mit SHA-256. Man kann auch eine andere Hash-Funktion wählen, z. B. Keccak mit der Option `-sha3-256`. Die Gültigkeitsdauer des Zertifikats wird in das Zertifikat eingetragen. Das Passwort zum Verschlüsseln wird nur benutzt, wenn man ein Schlüsselpaar neu erzeugt.

   OpenSSL führt die Erzeugung des Zertifikats in einem Schritt durch (ein einziger Befehl). Der Befehl erzeugt dann zwei Dinge: einen privaten Schlüssel und das Zertifikat. Je nach gewählter Option werden diese in eine Datei geschrieben oder im schwarzen Terminal auf der Kommandozeile ausgegeben.

   Erzeugt man kein selbst-signiertes Zertifikat, schickt man die nötigen Daten in Form eines Certificate Signing Requests (CSR) an die CA. Das lässt sich mit den beiden anderen Varianten simulieren. Da

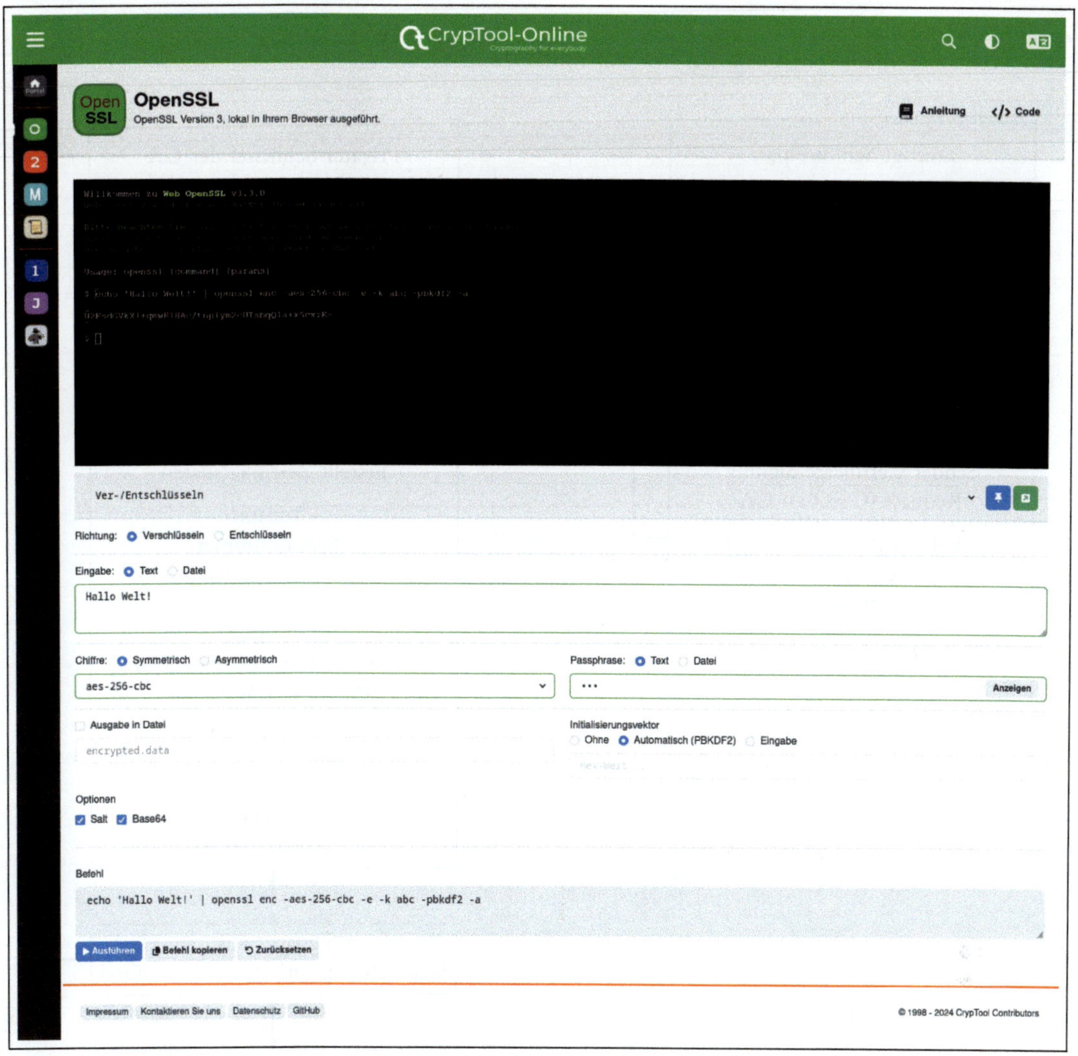

Abb. A.48: In CTO: OpenSSL 3 im Browser: AES-Verschlüsselung

man mit OpenSSL eine ganze PKI bauen kann, sind die Möglichkeiten bei weitem umfangreicher als das, was man in der GUI zusammen klicken kann.

Der Screenshot zeigt die Auswahl der entsprechenden Felder in der GUI, und wie der zugehörige OpenSSL-Befehl auf der Kommandozeile aussieht. Beispielsweise so:

```
openssl req -x509 -out cert.pem -days 30 -noenc -newkey rsa\:2048 -keyout private.key -subj '/C=DE/L=München/▶
 ▶ST=Bayern/O=Beispiel GmbH/OU=IT-Abteilung/CN=www.beispiel.de/emailAddress=info@beispiel.de' -addext ▶
 ▶subjectAltName\=email\:info\@example.com -batch
```

Die Default-Werte für das Subject eines Zertifikats sind C=AU, ST=Some-State, O=Internet Widgits Pty Ltd. Mit dem folgenden Befehl kann man sich die Subject-Daten eines Zertifikats anzeigen zu lassen:

```
openssl x509 -in cert.pem -noout -subject
```

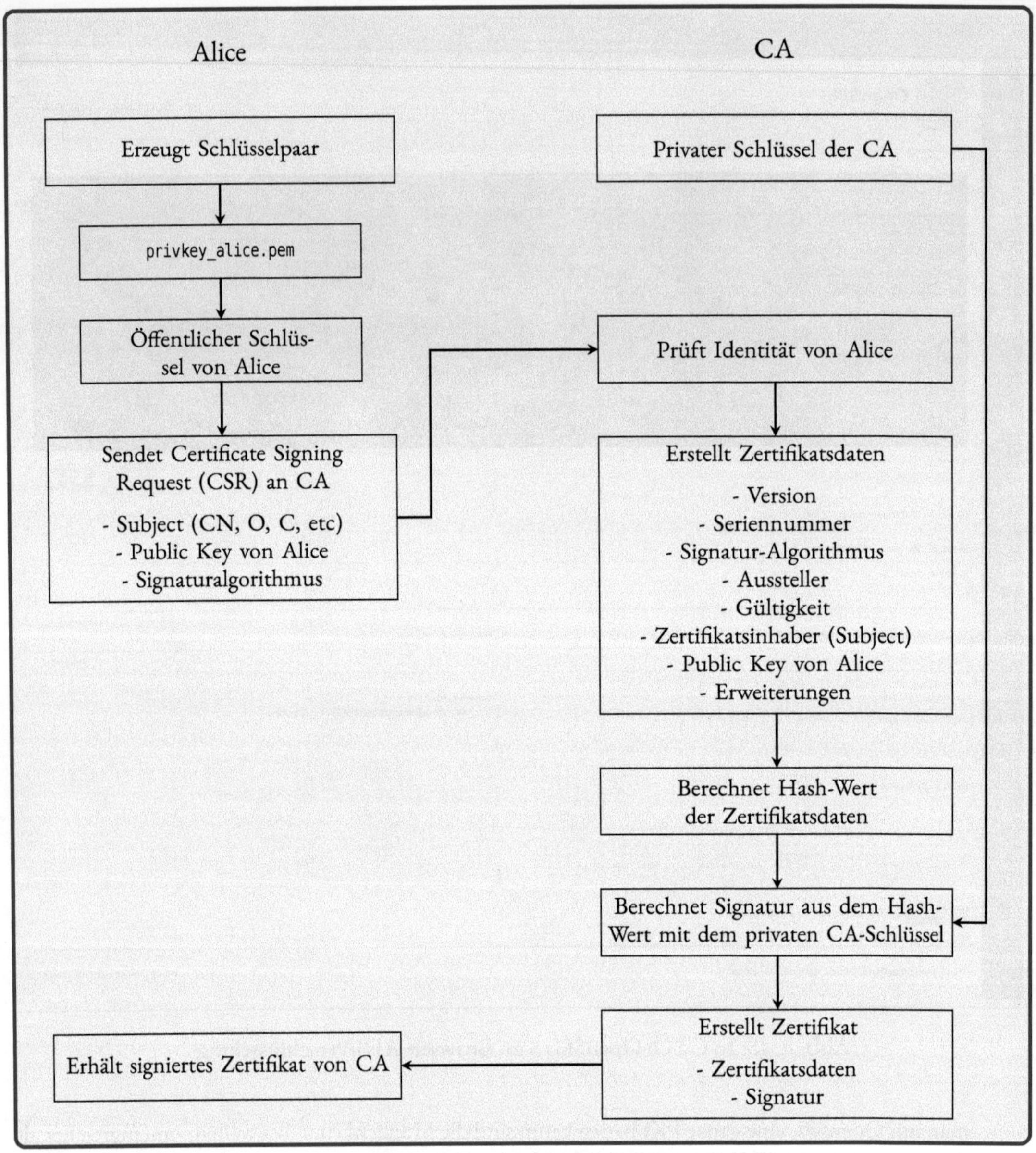

Abb. A.49: Erstellung eines von einer CA signierten Zertifikats für Alice

3. Abbildung A.51 auf Seite 850 zeigt den Reiter „Dateien", in dem eine Datei im virtuellen Dateisystem zu sehen ist, die den privaten Schlüssel enthält, der zuvor per OpenSSL erzeugt wurde. Technisch wird dies mittels WebAssembly gemacht, das einen virtuellen Speicher im Browser anlegen kann, in dem die erzeugten Dateien abgelegt werden. Hierhin kann man auch Eingabe-Dateien hochladen.

Jedes der 6 Tabs (siehe Abb. A.47 auf Seite 846) kann auch auf der rechten Seite in einer Navigationsleiste angepinnt werden (siehe Abb. A.52 auf Seite 851). Sinnvoll ist das, wenn man sich in der OpenSSL-App zwei Tabs gleichzeitig anzeigen lassen möchte. So kann man den Funktionsumfang von zwei Tabs gleichzeitig sehen und nutzen. Beispielsweise beim Arbeiten mit Dateien kann das Anpinnen des Dateien-Tabs Vorteile

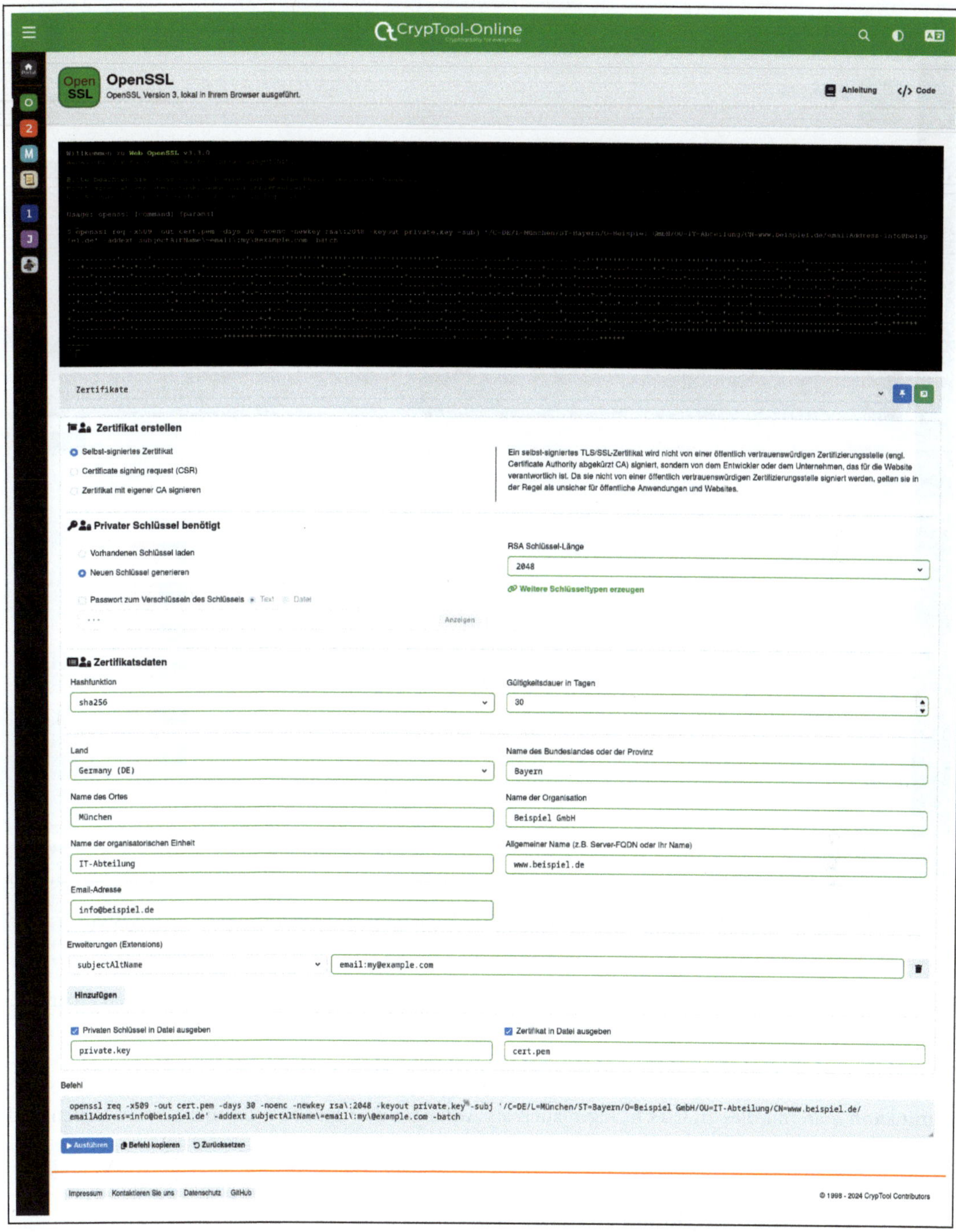

Abb. A.50: In CTO: OpenSSL 3 im Browser: Erzeugung eines digitalen Zertifikats

bringen: Man sieht direkt, ob eine Datei erstellt wurde, oder kann benötigte Dateien, die man verschlüsseln, entschlüsseln oder signieren will, hochladen und verwalten. Abb. A.52 zeigt, wie links eine Datei verschlüsselt wird. Als Ergebnis erhält man eine Datei, die rechts auch gleich zu sehen ist.

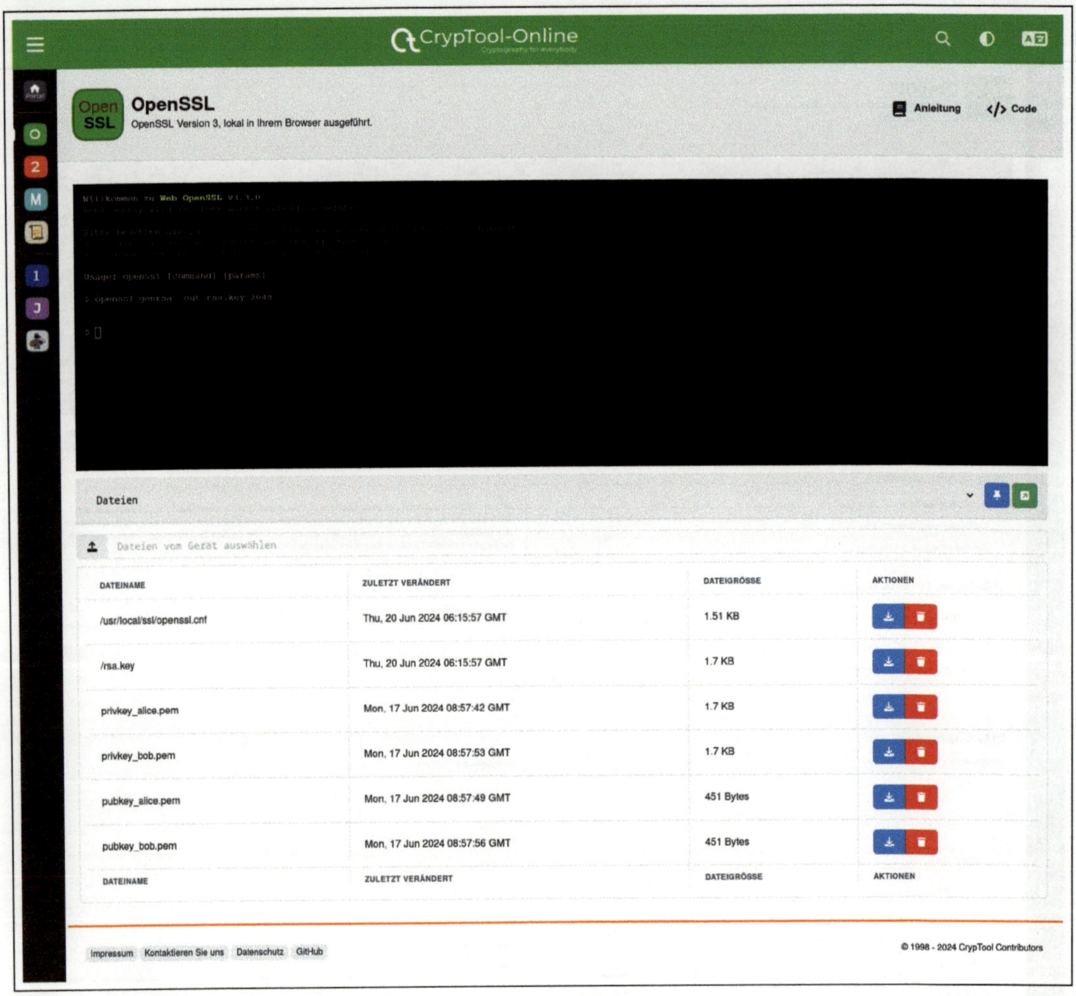

Abb. A.51: In CTO: OpenSSL 3 im Browser: Dateien im virtuellen Browser-Dateisystem

Hinweis: Die folgende YouTube-Playlist von Nils Kopals bietet ab Q4/2024 einen umfassenden OpenSSL-Kurs mit CrypTool-Online für Einsteiger und Fortgeschrittene:

`https://www.youtube.com/playlist?list=PLMuvAbyIl0PQxywnjQ_Axzt8eicwXb_dp`

Somit kann man mit diesem CTO-Plugin auch als Anfänger die OpenSSL-Befehle kennen lernen und OpenSSL sogar auf dem Smartphone nutzen.

A.8.15 Web-Links zu diesem Anhang A.8

1. *OpenSSL for Web (via WebAssembly im Browser)*
   `https://www.cryptool.org/de/cto/openssl`
   `https://wiki.openssl.org/index.php/Binaries`
2. *OpenSSL – Cryptography and SSL/TLS Toolkit*, 2020, Primäre Quelle
   `https://www.openssl.org/`

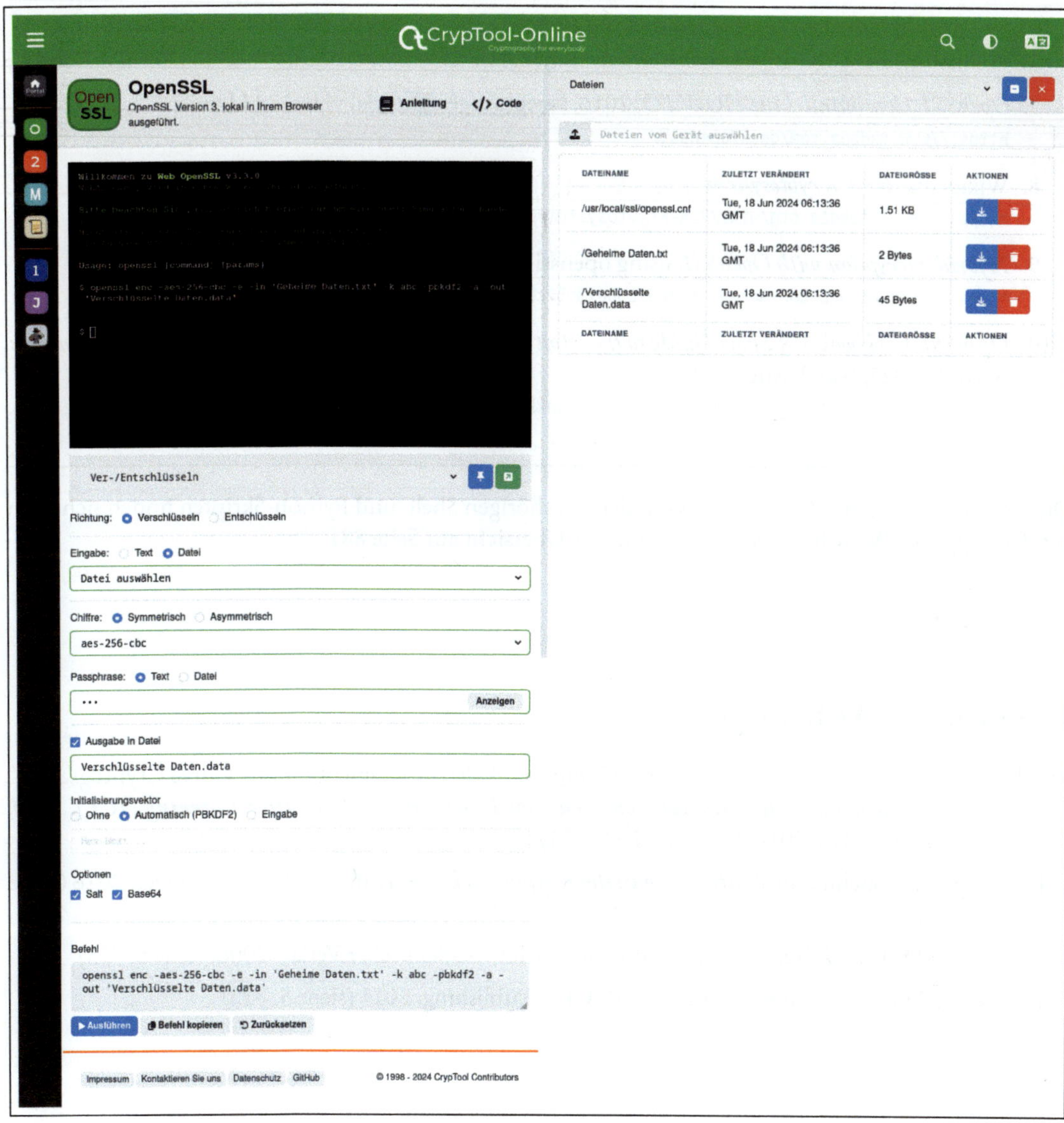

Abb. A.52: In CTO: OpenSSL 3 im Browser: Das Dateien-Tab ist rechts angepinnt

`https://wiki.openssl.org/index.php/Main_Page`
`https://wiki.openssl.org/index.php/Standard_commands`
`https://wiki.openssl.org/index.php/Command_Line_Utilities#ciphers`
`https://www.openssl.org/docs/manmaster/man1/enc.html`

3. *Getting started with OpenSSL: Cryptography basics*, 2019, Gutes Tutorial von Marty Kalin
   `https://opensource.com/article/19/6/cryptography-basics-openssl-part-1`

4. *How to use OpenSSL: Hashes, digital signatures, and more*, 2019, Marty Kalin
   `https://opensource.com/article/19/6/cryptography-basics-openssl-part-2`

5. *A 6 Part Introductory OpenSSL Tutorial*, 2019, Gutes Tutorial von Cody Arsenault
   `https://www.keycdn.com/blog/openssl-tutorial`

6. *An Introduction to the OpenSSL command line tool*, 2004, Tutorial von Philippe Camacho
`https://users.dcc.uchile.cl/~pcamacho/tutorial/crypto/openssl/openssl_intro.html`

7. *OpenSSL Command-Line HOWTO*, 2016, rezeptartiges Tutorial von Paul Heinlein
`https://www.madboa.com/geek/openssl/`

8. Wikipedia: *RSA-Kryptosystem*
`https://de.wikipedia.org/wiki/RSA-Kryptosystem#RSA_mit_dem_Chinesischen_Restsatz`

9. *Hybrid encryption with OpenSSL* using openssl genrsa and openssl rsa, 2015
`https://gist.github.com/markus-k/fc37c36e13b32c8a6dd1`

10. *OpenSSL Cookbook – A Short Guide to the Most Frequently Used OpenSSL Features and Commands*, 3. Aufl., 2022, Ivan Ristić
`https://www.feistyduck.com/library/openssl-cookbook/online/`

Die `openssl`-Beispiele aus diesem Buch samt den zugehörigen Shell- und Python-Skripten finden sich auch auf der CrypTool-Webseite. Weitere Details in der Übersicht auf Seite 881.

Literatur zu Anhang A

[1] Stefan Rass und Johannes Winkler. „Computer Aided Teaching of Elliptic Curve Cryptography". In: *Proceedings of International Conference on Interactive Collaborative Learning (ICL), 2014, Dubai, UAE*. Jan. 2014, S. 1–7 (siehe S. 771)

[2] Johannes Buchmann. *Einführung in die Kryptographie*. 6. Aufl. Paperback. Springer, 2016 (siehe S. 773)

[3] Harald Scheid. *Zahlentheorie*. 4. Aufl. Spektrum Akademischer Verlag, 2006 (siehe S. 773)

[4] Craig Finch. *Sage Beginner's Guide*. PACKT Publishing, 2011 (siehe S. 812)

B Verschiedenes

B.1 Filme und belletristische Literatur mit Bezug zur Kryptografie

Kryptografische Verfahren – sowohl klassische wie moderne – fanden auch Eingang in die Literatur und in Filme. In manchen Medien werden diese nur erwähnt und sind reine Beigabe, in anderen sind sie tragend und werden genau erläutert, und manchmal ist die Rahmenhandlung nur dazu da, dieses Wissen motivierend zu transportieren. Anbei der Beginn eines Überblicks.

B.1.1 Für Erwachsene und Jugendliche

***Der Goldkäfer*[1], Edgar Allan Poe, 1843.**

Diese Kurzgeschichte erschien in Deutsch z. B. in der illustrierten und mit Kommentaren in den Marginalspalten versehenen Ausgabe *Der Goldkäfer und andere Erzählungen*, Gerstenbergs visuelle Weltliteratur, Gerstenberg Verlag, Hildesheim, 2002.
In dieser Kurzgeschichte beschreibt Poe als Ich-Erzähler seine Bekanntschaft mit dem sonderbaren Legrand. Mithilfe eines an der Küste Neuenglands gefundenen Goldkäfers, einem alten Pergament und den Dechiffrierkünsten von Legrand finden Sie den sagenhaften Schatz von Kapitän Kidd.
Die Geheimschrift besteht aus 203 kryptischen Zeichen und erweist sich als allgemeine monoalphabetische Substitutions-Chiffre (vgl. Abschnitt 2.2.1 auf Seite 78). Ihre schrittweise Dechiffrierung durch semantische und syntaktische Analyse (Häufigkeit der einzelnen Buchstaben in englischen Texten) wird in der Geschichte ausführlich erläutert.[2]
Der Entschlüsseler Legrand sagt darin (S. 39) den berühmten Satz: „Und es ist wohl sehr zu bezweifeln,

[1] Siehe `https://de.wikipedia.org/wiki/Der_Goldkäfer`.
Eine didaktisch aufbereitete Beschreibung zum Einsatz im Schulunterricht findet sich in Teil 1 der Artikelserie *RSA & Co. in der Schule: Moderne Kryptologie, alte Mathematik, raffinierte Protokolle*. Siehe [1], S. 52 ff („Das Gold des Gehenkten").
Alle Materialien zu der Goldkäfer-Unterrichtsstunde (oder Doppelstunde) finden sich unter `http://www.informatik-im-kontext.de/` via *E-Mail (nur?) für Dich ⟹ Vertraulichkeit mit Verschlüsselungsverfahren.*
Poe war nicht nur ein bekannter – in seiner Heimat Amerika zunächst verkannter – Schriftsteller und Erfinder des Kriminalromans, sondern auch ein begabter Kryptologe. Die Geschichte dazu wird auch in dem Krypto-Buch *Verschlüsselte Botschaften* [2] erzählt.

[2] Teil der oben genannten Unterrichtsmaterialien ist auch ein Python 2-Programm. Damit lässt sich das Kryptogramm entschlüsseln. Das Programm wurde für das Python-Beispiel B.1.1 auf Seite 867 mit Erlaubnis des Autors angepasst. Damit läuft es nun mit Python 3 *und* mit SageMath.

ob menschlicher Scharfsinn ein Rätsel ersinnen kann, das menschlicher Scharfsinn bei entsprechender Hingabe nicht wieder zu lösen vermag."

***Mathias Sandorf*, Jules Verne, 1885.**

Dies ist einer der bekanntesten Romane des französischen Schriftstellers Jules Verne (1828-1905), der auch als *Vater der Science Fiction* bezeichnet wurde. Erzählt wird die spannende Geschichte des Freiheitskämpfers Graf Sandorf, der an die Polizei verraten wird, aber schließlich fliehen kann.
Möglich wurde der Verrat nur, weil seine Feinde eine Geheimbotschaft an ihn abfangen und entschlüsseln konnten. Dazu benötigten sie eine besondere Schablone, die sie ihm stahlen. Diese Schablone bestand aus einem quadratischen Stück Karton mit 6x6 Kästchen, wovon 1/4, also neun, ausgeschnitten waren (vgl. die Fleißner-Schablone in Abschnitt 2.1.1 auf Seite 73).

***Kim*, Rudyard Kipling, 1901.**

Dieser Roman wird in der Besprechung von Rob Slade[3] folgendermaßen beschrieben:

> Kipling packte viele Informationen und Konzepte in seine Geschichten. In „Kim" geht es um das große „Spiel" Spionage und Bespitzelung. Schon auf den ersten 20 Seite finden sich Authentisierung über Besitz, Denial of Service, Sich-für-jemand-anderen-Ausgeben (Impersonation), Heimlichkeit, Maskerade, Rollen-basierte Autorisierung (mit Ad-hoc-Authentisierung durch Wissen), Abhören, und Vertrauen basierend auf Datenintegrität. Später kommen noch Contingency Planning gegen Diebstahl und Kryptografie mit Schlüsselwechsel hinzu.

Das Copyright des Buches ist abgelaufen.[4]

***Die tanzenden Männchen*, Arthur Conan Doyle, 1905.**

In der Sherlock-Holmes-Erzählung *Die tanzenden Männchen* (erschienen erstmals 1903 im *Strand Magazine*, und dann 1905 im Sammelband *Die Rückkehr des Sherlock Holmes* erstmals in Buchform) wird Sherlock Holmes mit einer Geheimschrift konfrontiert, die zunächst wie eine harmlose Kinderzeichnung aussieht. Sie erweist sich als monoalphabetische Substitutions-Chiffre (vgl. Abschnitt 2.2.1 auf Seite 78) des Verbrechers Abe Slaney. Holmes knackt die Geheimschrift mittels Häufigkeitsanalyse.

***Zur fraglichen Stunde und Der Fund in den Teufelsklippen (Originaltitel: Have his carcase)*, Dorothy L. Sayers, Harper, 1932**

(Erste dt. Übersetzung *Mein Hobby: Mord* bei A. Scherz, 1964;
dann *Der Fund in den Teufelsklippen* bei Rainer Wunderlich-Verlag, 1974;
Neuübersetzung 1980 im Rowohlt-Verlag).
In diesem Roman findet die Schriftstellerin Harriet Vane eine Leiche am Strand und die Polizei hält den Tod für einen Selbstmord. Doch Harriet Vane und der elegante Amateurdetektiv Lord Peter Wimsey klären in diesem zweiten von Sayers's berühmten Harriet Vane's Geschichten den widerlichen Mord auf.
Dazu ist ein Chiffrat zu lösen. Erstaunlicherweise beschreibt der Roman nicht nur detailliert die Playfair-Chiffre, sondern auch deren Kryptoanalyse (vgl. Playfair in Abschnitt 2.2.3 auf Seite 84).

[3] Siehe `http://catless.ncl.ac.uk/Risks/24.49.html#subj12`.
[4] Sie können es lesen unter: `https://kipling.thefreelibrary.com/Kim`

***Und Jimmy ging zum Regenbogen*, Johannes Mario Simmel, Knaur Verlag, 1970.**

Der Roman spielt zwischen 1938 und 1969 in Wien. Der Held Manuel Aranda deckt – von mehreren Geheimdiensten verfolgt – im Laufe der Handlung Stück für Stück die Vergangenheit seines ermordeten Vaters auf. Ein wichtiger Mosaikstein ist dabei ein verschlüsseltes Manuskript, das in Kapitel 33 entschlüssselt wird. Im Roman wird der Code als ein „fünfundzwanzigfacher Caesar Code" beschrieben, tatsächlich ist es eine Vigenère-Chiffre mit einem 25 Buchstaben langen Schlüssel. Das Buch wurde 1971 verfilmt.

***Die Gedanken des Bösen (Originaltitel: Sphere)*, Michael Crichton, Rororo, 1988.**

Ein Team verschiedener Wissenschaftler wird auf den Meeresgrund geschickt, um ein 900 m langes hoch entwickeltes Raumschiff zu untersuchen. Die Eigenheiten und psychischen Probleme der Forscher treten durch lebensbedrohliche Ereignisse und ihr Abgeschnittensein von oben immer mehr in den Vordergrund. Es gibt viele Rätsel: Das Raumschiff liegt schon 300 Jahre da, es hat englische Beschriftungen, es führt scheinbar ein Eigenleben, die menschliche Vorstellungskraft materialisiert sich. Unter anderem erscheint auf dem Bildschirm ein im Buch vollständig abgedruckter Code, der von dem genialen Mathematiker Harry entschlüsselt werden kann: ein einfacher spiralenförmiger Ersetzungscode.

***Das Kartenhaus (Originaltitel: House of Cards)*, Regie Paul Seed (Paul Lessac), 1990 (dt. 1992).**

In diesem Film versucht Ruth, hinter das Geheimnis zu kommen, das ihre Tochter verstummen ließ. Hierin unterhalten sich Autisten mithilfe von 5- und 6-stelligen Primzahlen (siehe Kapitel 4 auf Seite 191). Nach über eine Stunde kommen im Film die folgenden beiden (nicht entschlüsselten) Primzahlfolgen vor:

$$21\,383, 176\,081, 18\,199, 113\,933, 150\,377, 304\,523, 113\,933;$$
$$193\,877, 737\,683, 117\,881, 193\,877$$

Vergleiche unten die Geschichte „Der Dialog der Schwestern".

***Sneakers - Die Lautlosen (Originaltitel: Sneakers)*, Regie Phil Alden Robinson, Universal Pictures Film, 1992.**

In diesem Film versuchen die „Sneakers" (Computerfreaks um ihren Boss Martin Bishop), den „Bösen" das Dechiffrierungsprogramm SETEC abzujagen. SETEC wurde von einem genialen Mathematiker vor seinem gewaltsamen Tod erfunden und kann alle Geheimcodes dieser Welt entschlüsseln. In dem Film wird das Verfahren nicht beschrieben.[5]

***Das Labyrinth. Total Control*, David Baldacci, Lübbe, 1997.**

Jason Archer, Direktor einer Technologie-Firma, verschwindet plötzlich. Seine Frau Sidney Archer versucht, den Grund seines plötzlichen Todes herauszufinden, und entdeckt, wie das Finanzsystem missbraucht wird und dass die reale Macht bei denen mit dem meisten Geld liegt. Hier helfen dann auch gute Passworte nicht …

[5] An dem Film hatte Leonard Adleman (das „A" von RSA) als mathematischer Berater mitgearbeitet. Die recht lustige Geschichte über seine Mitwirkung bei Sneakers beschreibt er selbst auf seiner Homepage unter `https://theworld.com/~reinhold/math/sneakers.adleman.html`. Man kann man davon ausgehen, dass es sich bei dem überall benutzten Verschlüsselungsverfahren um RSA handelt. Auf dem Chip ist demnach ein bis dahin unbekanntes, schnelles Faktorisierungsverfahren implementiert.

***Cube (Originaltitel: Cube)*, Regie Vincenzo Natali, Mehra Meh Film, 1997.**

In diesem kanadischen Low-Budget-Film finden sich 7 sehr unterschiedliche Personen in einem endlos scheinenden Labyrinth von würfelartigen Räumen.
Die Personen wollen nach draußen, müssen dazu aber die Räume durchqueren, von denen manche tödliche Fallen darstellen. Um herauszufinden, welche Räume gefährlich sind, spielt Mathematik eine entscheidende Rolle: Jeder Raum hat am Eingang eine Folge von 3 mal 3 Ziffern. Zuerst nehmen sie an, dass alle Räume Fallen sind, wo wenigstens eine der 3 Zahlen eine Primzahl ist. Später stellt sich heraus, dass auch alle diejenigen Räume Fallen sind, bei denen eine der 3 Zahlen eine Potenz von genau einer Primzahl ist (Fallen sind also p^n, z.B. $128 = 2^7$ oder $101 = 101^1 = prim$, aber nicht $517 = 11 * 47$).

***Contact (Originaltitel: Contact)*, Regie Robert Zemeckis, South Side Amusement Company, 1997.**

Siehe Abschnitt 4.10.9.2 auf Seite 253.

***Das Mercury Puzzle (Originaltitel: Mercury Rising)*, Regie Harold Becker, Universal Pictures Film, 1998.**

Die NSA hat einen neuen Code entwickelt, der angeblich weder von Menschen noch von Computern geknackt werden kann. Um die Zuverlässigkeit zu testen, verstecken die Programmierer eine damit verschlüsselte Botschaft in einem Rätselheft.
Simon, eine neunjähriger autistischer Junge, knackt den Code. Statt den Code zu fixen, schickt ihm ein Sicherheitsbeamter einen Killer. Der FBI-Agent Art Jeffries (Bruce Willis) beschützt den Jungen und stellt den Killern eine Falle.
Das Chiffrier-Verfahren wird nicht beschrieben.

***Diabolus (Originaltitel: Digital Fortress)*, Dan Brown, Lübbe, 2005.**

Dan Browns erster Roman *The Digital Fortress* erschien 1998 als E-Book, blieb jedoch damals weitgehend erfolglos.
Die National Security Agency (NSA) hat für mehrere Milliarden US-Dollar einen gewaltigen Computer gebaut, mit dem sie in der Lage ist, auch nach modernsten Verfahren verschlüsselte Meldungen (natürlich nur die von Terroristen und Verbrechern) innerhalb weniger Minuten zu entziffern.
Ein abtrünniger Angestellter erfindet einen unbrechbaren Code und sein Computerprogramm Diabolus zwingt damit den Supercomputer zu selbstzerstörerischen Rechenoperationen. Der Plot, in dem auch die schöne Computerexpertin Susan Fletcher eine Rolle spielt, ist ziemlich vorhersehbar.
Die Idee, dass die NSA oder andere Geheimdienste jeden Code knacken können, wurde schon von mehreren Autoren behandelt: Hier hat der Supercomputer 3 Millionen Prozessoren – trotzdem ist es aus heutiger Sicht damit auch nicht annäherungsweise möglich, diese modernen Codes zu knacken.

***Der Dialog der Schwestern*, C. Elsner, c't, Heise-Verlag, 1999.**

In dieser Geschichte unterhalten sich die Heldinnen vertraulich mit einer Variante des RSA-Verfahrens (vgl. Abschnitt 5.10 auf Seite 305). Sie befinden sich in einem Irrenhaus unter ständiger Bewachung.
In CT1 wird die PDF-Datei angezeigt, wenn man in der Onlinehilfe bspw. den Suchbegriff „Schwestern" eingibt.

***Cryptonomicon*, Neal Stephenson, Harper, 1999.**

Der sehr dicke Roman beschäftigt sich mit Kryptografie sowohl im zweiten Weltkrieg als auch in der Gegenwart. Die zwei Helden aus den 40er-Jahren sind der glänzende Mathematiker und Kryptoanalytiker Lawrence Waterhouse, und der übereifrige, morphiumsüchtige Bobby Shaftoe von den US-Marines. Sie

gehören zum Sonderkommando 2702, einer Alliiertengruppe, die versucht, die gegnerischen Kommunikationscodes zu knacken und dabei ihre eigene Existenz geheim zu halten.
In der Gegenwartshandlung tun sich die Enkel der Weltkriegshelden – der Programmierfreak Randy Waterhouse und die schöne Amy Shaftoe – zusammen.
Cryptonomicon ist für nicht-technische Leser teilweise schwierig zu lesen. Mehrere Seiten erklären detailliert Konzepte der Kryptografie. Stephenson legt eine ausführliche Beschreibung der Solitaire-Chiffre (siehe Abschnitt 2.4 auf Seite 94) bei, ein Papier- und Bleistiftverfahren, das von Bruce Schneier entwickelt wurde und im Roman „Pontifex" genannt wird. Ein anderer, moderner Algorithmus namens „Arethusa" wird dagegen nicht offengelegt.

***Das Chinesische Labyrinth*, C. Elsner, c't, Heise-Verlag, 2001, Update 2020.**

In dieser Geschichte, die dem CrypTool-Paket als PDF-Datei beigelegt ist, muss Marco Polo in einem Wettbewerb Probleme aus der Zahlentheorie lösen, um Berater des großen Khan zu werden. Alle Lösungen sind angefügt und erläutert.

Die neue Version (mit viel SageMath-Code) ist zu finden unter `https://www.cryptool.org/media/publications/journals/chinlab-de.pdf`.

***Artemis Fowl*, Eoin Colfer, List-Verlag, 2001.**

In diesem Jugendbuch gelangt der junge Artemis, ein Genie und Meisterdieb, an eine Kopie des streng geheimen *Buches der Elfen*. Nachdem er es mit Computerhilfe entschlüsselt hat, erfährt er Dinge, die kein Mensch erfahren dürfte.
Der Code wird in dem Buch nicht genauer beschrieben.

***A Beautiful Mind*, Regie Ron Howard, 2001.**

Verfilmung der von Sylvia Nasar verfassten Biographie des Spieltheoretikers John Nash. Nachdem der brillante, aber unsoziale Mathematiker geheime kryptografische Arbeiten annimmt, verwandelt sich sein Leben in einen Alptraum. Sein unwiderstehlicher Drang, Probleme zu lösen, gefährden ihn und sein Privatleben. Nash ist in seiner Vorstellungswelt ein staatstragender Codeknacker. Konkrete Angaben zur seinen Analyseverfahren werden nicht beschrieben.

***Enigma – Das Geheimnis*, Regie Michael Apted, 2001.**

Verfilmung des von Robert Harris verfassten „historischen Romans" *Enigma* (Hutchinson, London, 1995) über die berühmteste Verschlüsselungsmaschine in der Geschichte, die in Bletchley Park nach polnischen Vorarbeiten gebrochen wurde. Die Geschichte spielt 1943, als der eigentliche Erfinder Alan Turing schon in Amerika war. So kann der Mathematiker Tom Jericho als Hauptperson in einem spannenden Spionagethriller brillieren. Konkrete Angaben zu dem Analyseverfahren werden nicht gemacht.

***Das Museum der gestohlenen Erinnerungen*, Ralf Isau, Thienemann-Verlag, 1997/2003.**

Ein sehr spannender, hervorragend recherchierter und doch leicht zu lesender Roman mit einem tiefen Hintersinn.
Als die Zwillinge Oliver und Jessica von ihren Ferien zurückkommen, haben sie ihren Vater vergessen. Die Realität verschiebt sich und niemand scheint es zu bemerken. An einigen Stellen bleiben manchmal Spuren zurück, die man entziffern kann. Zentrum der Geschichte ist das Ischtar-Tor im Berliner Pergamon-Museum. Nur mit dem Scharfsinn einer irischen Professorin (die gleichzeitig Computerexpertin, Archäologin und Philologin ist), den besonderen Beziehungen zwischen Zwillingen und den vereinten Kräften der Computergemeinschaft kann der letzte Teil des Spruches gelöst werden.
Das Buch wurde als bestes Jugendbuch ausgezeichnet und liegt in 8 Sprachen vor.

***Sakrileg (Originaltitel: The Da Vinci Code)*, Dan Brown, Lübbe, 2004.**

Der Direktor des Louvre wird in seinem Museum vor einem Gemälde Leonardos ermordet aufgefunden, und der Symbolforscher Robert Langdon gerät in eine Verschwörung.
Innerhalb der Handlung werden verschiedene klassische Chiffren (Substitution wie z. B. Caesar oder Vigenère, sowie Transposition und Zahlencodes) angesprochen. Außerdem klingen interessante Nebenbemerkungen über Schneier oder die Sonnenblume an. Der zweite Teil des Buches ist sehr von theologischen Betrachtungen geprägt.
Das Buch ist einer der erfolgreichsten Romane der Welt.

***Der Mastercode (Originaltitel: Final Solution)*, Scott McBain, Knaur, 2005.**

In einer nahen Zukunft haben Politiker, Militärs und Geheimdienstchefs aus allen Staaten in korrupter Weise die Macht übernommen. Mit einem gigantischen Computernetzwerk names „Mother" und vollständiger Überwachung wollen sie die Machtverteilung und Kommerzialisierung für immer festschreiben. Menschen werden ausschließlich nach ihrem Kredit-Rating bewertet und global agierende Unternehmen entziehen sich jeder demokratischen Kontrolle. Innerhalb des Thrillers wird die offensichtliche Ungerechtigkeit, aber auch die realistische Möglichkeit dieser Entwicklung immer wieder neu betont.
In den Supercomputer „Mother" wurde m.H. eines Kryptologen ein Code zur Deaktivierung eingebaut: In einem Wettrennen mit der Zeit versuchen Lars Pedersen, Oswald Plevy, die amerikanische Präsidentin, der britische Regierungschef und eine unbekannte Finnin namens Pia, die den Tod ihres Bruders rächen will, den Code zur Deaktivierung zu starten. Auf der Gegenseite agiert eine Gruppe mörderischer Verschwörer unter Führung des britischen Außenministers und des CIA-Chefs.
Die englische Originalfassung „The Final Solution" wurde als Manuskript an Harper Collins, London verkauft, ist dort aber nicht erschienen.

***Heidelberger Lügen*, Wolfgang Burger, Piper, 2006.**

In diesem Kriminalroman mit vielen oft unabhängigen Handlungssträngen und lokalen Geschichten geht es vor allem um den Kriminalrat Gerlach aus Heidelberg. Auf S. 207 f. wird aber auch der kryptologische Bezug von einem der Handlungsstränge kurz erläutert: der Soldat Hörrle hatte Schaltpläne eines neuen digitalen NATO-Entschlüsselungsgerätes kopiert und der Ermordete hatte versucht, seine Erkenntnisse an die Chinesen zu verkaufen.

***Kryptum*, Agustin Sanchez Vidal, Dtv, 2006.**

Der erste Roman des spanischen Professors der Kunstgeschichte ähnelt Dan Browns *Sakrileg* aus dem Jahre 2003, aber angeblich hat Vidal schon 1996 begonnen, daran zu schreiben. Vidals Roman ist zwischen historischem Abenteuerroman und Mystery-Thriller angesiedelt und war in Spanien ein Riesenerfolg.
Im Jahre 1582 wartet Raimundo Randa, der sein Leben lang einem Geheimnis auf der Spur war, im Alkazar auf seinen Inquisitionsprozess. Dieses Geheimnis rankt sich um ein mit kryptischen Zeichen beschriftetes Pergament, von dem eine mysteriöse Macht ausgeht. Rund 400 Jahre später kann sich die amerikanische Wissenschaftlerin Sara Toledano dieser Macht nicht entziehen, bis sie in Antigua verschwindet. Ihr Kollege, der Kryptologe David Calderon, und ihre Tochter Rachel machen sich auf die Suche nach ihr und versuchen gleichzeitig, den Code zu knacken. Aber auch Geheimorganisationen wie die NSA sind hinter dem Geheimnis des „letzten Schlüssels" her. Sie sind bereit, dafür über Leichen zu gehen.

***Verdammnis (Originaltitel: Flickan som lekte med elden)*, Stieg Larsson, Heyne, 2007.**

Der Autor wurde 2006 postum mit dem Skandinavischen Krimipreis als bester Krimiautor Skandinaviens geehrt. Die Superheldin Lisbeth Salander nutzt PGP und beschäftigt sich nebenbei auch mit mathematischen Rätseln wie dem Satz von Fermat.

***Der Canyon (Originaltitel: Tyrannosaur Canyon)*, Douglas Preston, Knauer, 2007.**

Ein spannender Thriller, bei dem es auch darum geht, warum die Dinosaurier ausstarben.

Archäologe Stem Weathers wird im Labyrinth-Canyon erschossen. Noch bevor der Mörder ihn ausrauben kann, übergibt er sein Notizbuch an Tom Broadbent, einen dortigen Tierarzt, der zufällig vorbei kommt.

In dem Notizbuch stehen auf 60 Seiten nur Ziffern. Deshalb bringt Tom es zu dem Ex-CIA-Kryptoanalytiker Wyman Ford, der sich in ein nahegelegenes Wüstenkloster zurückzog, nachdem seine Frau bei einem Einsatz getötet wurde. Zuerst lehnt Wyman jede Unterstützung ab und bezeichnet selbst gebastelte Codes als „Idiotenchiffren" – von einem Idioten ausgedacht, von jedem Idioten zu entziffern. Mit dem Notizbuch verhält es sich aber nicht ganz so einfach. Nach intensiver Kryptoanalyse findet er heraus, dass die Ziffern keinen Code darstellen, sondern dass es der Output eines Bodenradargeräts mit dem Bild eines gut erhaltenen Tyrannosaurus Rex ist.

Nach rund 250 Seiten gibt es eine überraschende Wende bei den endlosen Verfolgungsjagden: Masago, Chef einer sogenannten Black-Detachment-Einheit der CIA, kommt ins Spiel. Er erklärt: Waffen, die einmal erfunden wurden, werden immer auch eingesetzt. Die Menschheit wird sich ausrotten, aber seine Aufgabe sei es, das möglichst weit hinauszuzögern. Als Leiter der Abteilung LS480 will er mit allen Mitteln verhindern, dass Terroristen Zugang zu neuen gefährlichen biologischen Waffen erhalten.

Der Mörder von Weathers hatte beim Durchsuchen der Leiche nur ein paar Gesteinsproben gefunden und mitgenommen. Diese wurden dann von einer jungen Forscherin namens Melodie Crookshank untersucht, ohne dass sie weiß, woher diese kommen. Sie findet darin eine besondere Virenform, die anscheinend eine außerirdische Lebensform darstellt.

***Die schwarze Sonne (Originaltitel: The Black Sun)*, James Twinig, Bastei Lübbe, 2008.**

Ein historisch-basierter Thriller mit einigen konstruierten Elementen, bei dem es auch darum geht, an das versteckte Uran der Nazis zu kommen, natürlich um die Menschheit zu retten ...

Helden sind Tom Kirk, ein in London lebender Ex-CIA-Agent und früherer Kunstdieb, und Dominique de Lecourt – sie liebt Herausforderungen inklusive Rätsel und Codes.

Die einzigen kryptografischen Elemente sind ein „Sprungcode" (die Verbrecher nutzen das Verfahren zur Kommunikation via Zeitungsanzeigen), Steganographie (um die Enigma-Einstellungen zu verstecken), und eine Enigma-Nachricht (in der die Koordinaten des „Schatzes" verschlüsselt sind).

Zu Beginn wird eine Enigma mit hohem Aufwand gestohlen, was notwendig ist, um die angelegte Handlung so zustande kommen zu lassen. In der Realität wäre heutzutage ein solcher Diebstahl völlig überflüssig, da es inzwischen hervorragende Software-Emulationen für die Enigma gibt ...

***Die Judas-Papiere*, Rainer M. Schröder, Arena, 2008.**

„Historienthriller": Lord Pembroke hat im Jahre 1899 drei Männer und eine Frau in der Hand und beauftragt sie, die verschlüsselten Botschaften in dem Notizbuch seines verstorbenen Bruders Mortimer zu entschlüsseln und das Judas-Evangelium zu finden, das das Ende der Christenheit einläuten könnte. Dazu müssen sie Rätsel an vielen Orten der Welt lösen. Im Buch finden sich klassische Verfahren wie Polybius (S. 195) oder die Freimaurer-Chiffre (S. 557).

***Der Kryptograf (Originaltitel: The Cryptographer)*, Tobias Hill, C. Bertelsmann, 2009.**

London 2021: Die Firma SoftMark hat eine elektronische Währung entwickelt und etabliert, die durch einen nicht entschlüsselbaren Code allen Nutzern höchste Sicherheit garantiert. Der Erfinder und Firmengründer John Law, wegen seiner mathematischen Begabung auch der Kryptograf genannt, ist damit zum reichsten Mann der Welt geworden. Doch dann wird der Code geknackt, und in einer dadurch verursachten Weltwirtschaftskrise geht auch die Firma von John Law pleite. Außerdem wird die Steuerfahnderin Anna Moore auf ihn angesetzt.

***Ein König für Deutschland*, Andreas Eschbach, Lübbe, 2009.**

Der Roman dreht sich um die Manipulierbarkeit von Wahlcomputern.
Vincent Merrit, ein junger US-amerikanischer Programmierer, wird erpresst, ein solches Programm zu schreiben. Neben kommerziell orientierten Erpressern kommen z.B. auch Online-Rollenspiele und Live-Rollenspiele (LARPs) in dem Roman vor. Weil Merrit den Missbrauch seines Programms ahnte, baute er eine Hintertür ein: Nimmt eine Partei namens VWM an der Wahl teil, erhält sie automatisch 95 % der Stimmen ...
Die fiktive Handlung des Romans beruht auf zahlreichen überprüfbaren und genau recherchierten Tatsachen, auf die in Fußnoten hingewiesen wird.
Während die kryptografischen Protokolle sicher gemacht werden können, bleiben ihre Implementierung und ihre Organisation anfällig gegen Missbrauch.

***Tetraktys*, Ari Juels, Emerald Bay Books, 2009 (bisher nur in Englisch).**

Die Geschichte deckt die Verwundbarkeit der computer-basierten Identitäten und Sicherheiten auf, indem sie moderne Kyptografie mit klassischer Wissenschaft und Literatur verbindet. Der Kryptograf und Altphilologe Ambrose Jerusalem ist Abgänger der UC Berkeley mit einer schönen Freundin und einer aussichtsreichen Zukunft, bis ihn die NSA rekrutiert, um eine Serie mysteriöser Computereinbrüche zu verfolgen. Viele kleine Puzzlestücke lassen vermuten, dass jemand die RSA-Verschlüsselung gebrochen hat. Hinter den Angriffen scheint ein geheimer Kult zu stecken, Anhänger von Pythagoras, dem großen griechischen Mathematiker und Philosophen, der glaubte, die Wirklichkeit könne nur mithilfe eines mystischen Zahlensystems verstanden werden.

***Daemon: Die Welt ist nur ein Spiel (Originaltitel: Daemon)*, Daniel Suarez, rororo, 2010.**

Dies gilt als eines der spannendsten Bücher der letzten Jahre – ein Near-Science Fiction-Thriller, der die Entwicklungen in der realen Welt und die Möglichkeiten von aktuellen Forschungen wie denen von Google-X-Labs (Google-Brille, selbst-steuernde Autos, 3-D-Drucker, ...) in einer plausiblen Geschichte vereint.

Nach dem Tod des Computergenies und Spieleentwicklers Matthew Sobol agiert ein Daemon im Internet, der scheinbar skrupellos immer mehr Menschen und Firmen geschickt manipuliert und ausbildet.

Durch die Beherrschung der Daten ist ihm jeder ausgeliefert. Die Kommunikation seiner Söldner ist geprägt von High-Tech und Verschlüsselung – ebenso die Kommunikation der verteilten Instanzen seiner Inkarnation. Kern ist ein MMORPG-Spiel (Massive Multiplayer Online Role-Playing Game), das stark an WoW erinnert. Auch hierin gibt es verschlüsselte Botschaften, z. B. um die besten Spieler anzuwerben:
m0wFG3PRCoJVTs7JcgBwsOXb3U7yPxBB

Die Handlung ist wiederholungsfrei, komplex, vielfältig, sehr spannend und enthält mit ihrer Kritik an den Plutokraten auch konkrete gesellschaftskritische Elemente. Das Ende ist offen. Und die Ideen scheinen realisierbar in allernächster Zukunft ...

***Rafael 2.0*, Karl Olsberg, Thienemann Verlag, 2011, 240 Seiten.**

Michael und Rafael Ogilvy sind begabte Zwillinge, die sich sehr gut verstehen. Bevor der unheilbar kranke Rafael stirbt, entwickelt sein Vater ein virtuelles Computer-Ebenbild von ihm, eine künstliche Intelligenz (KI). Das ist ein gut gehütetes Geheimnis, bis Michael eines Tages dahinter kommt, was sein Vater da vor ihm versteckt. Sein erstes Entsetzen verwandelt sich jedoch bald in Freude. So hat er noch etwas, das ihn an seinen Bruder erinnert.
Doch dieses Computersystem ist auch für das Militär interessant. Eines Tages wird Michaels Vater entführt und die Firma und somit auch das Computerprogramm Rafael 2.0 geraten in die falschen Hände. Michael wird von seinem Onkel in ein Internat verbannt, aus dem er aber fliehen kann. Fortan versuchen Michael und seine Freunde alles, um seinen Vater zu finden, von dem sie annehmen, dass er von einer konkurrierenden Firma entführt wurde. Ab hier wird die Geschichte richtig spannend ... Michael erfährt, dass es eine weitere künstliche Intelligenz, Metraton, gibt, die den Menschen nicht so wohlgesonnen ist. Nichts wird zu sehr vertieft, junge Jugendliche sind die Zielgruppe. Trotzdem entsteht auch Tiefgang, wenn es bspw. um Machenschaften bei Firmenübernahmen geht.
Aus kryptologischer Sicht: Spannend ist der Abschnitt zur Faktorisierung: Mit einer Variante kann Michael erkennen, ob der Computer betrügt ...

***Der fünfte Mörder*, Wolfgang Burger, Piper, 2011.**

Ort & Zeit der Handlung: Deutschland / Heidelberg, 1990 - 2009. Folge 7 der Alexander-Gerlach-Serie. Beinahe wäre Kriminaloberrat Alexander Gerlach (Ich-Erzähler) Opfer eines Bombenanschlags geworden, als der Geländewagen eines bulgarischen Zuhälters explodiert. Als Gerlach ermittelt, weil er einen Bandenkrieg verhindern will, wird er von oberster Stelle zurückgepfiffen. Journalist Machatschek unterstützt Gerlach, tauscht mit ihm Informationen aber nur per Skype und einem Zusatzprogramm dazu aus, da er nur das für abhörsicher hält.

***Darknet (Originaltitel: Freedom (TM))*, Daniel Suarez, rororo, 2011.**

Dies ist der erschreckend plausible Nachfolger zu *Daemon* (siehe oben). Gleich zu Beginn werden einige offene Fäden aus dem ersten Buch aufgenommen und geklärt. Die Beschreibungen sind direkter, die Charaktere werden ausgearbeitet, insbesondere Loki. Nachdem in *Daemon* die Grundlagen gelegt wurden, nutzt Suarez dies, um ein neues Konzept gesellschaftlicher Organisation zu erläutern, die durch Informationstechnologie neue Fähigkeiten erlangt. Dabei werden die Motive deutlich, die sowohl die alten Potentaten als auch die neue Daemon-Gesellschaft treibt, die sich noch während der Geschichte stark weiter entwickelt. Kryptografie wird in diesem Buch als ein natürlicher Teil der modernen Technologie und der modernen Kriegsführung beschrieben. Die neue Gesellschaft in *Darknet* basiert auf dem Darknet, einer Alternative zum Internet, aufgebaut auf schnellen drahtlosen Meshnetzen, die eine sehr hohe Standfestigkeit und Verfügbarkeit haben. Auch wenn die Geschichte in einigen Teilen schockierend ist, scheint sie realistisch und nicht weit weg von der simultanen Nutzung moderner Technologie, die unser aller Leben durchdringt als virtuelle Welt, die sich über die reale Welt legt.

***Herr aller Dinge*, Andreas Eschbach, Lübbe, 2011.**

Dieser Roman hätte es verdient, viel bekannter zu werden: Die Idee darin des „schrecklichsten aller Verbrechen", die der Grund der ganzen Geschichte wird, ist neu und geradzu revolutionär, aber auch unendlich traurig. Anhand der scheiternden Paarbeziehung von Hiroshi (Erfindergenie) und Charlotte werden große Themen wie Gerechtigkeit, Wohlstand und Macht behandelt.
Aus kryptografischer Sicht: Hiroshi benutzt verteilte Berechnung und hat ein Verschlüsselungs- und Backup-System entwickelt, das die Regierung, die ihn verwanzt, in die Irre leitet.

***Blackout – Morgen ist es zu spät*, Marc Elsberg, Blanvalet, 2012, 800 Seiten.**

An einem kalten Wintertag brechen in Europa alle Stromnetze zusammen. Die Behörden, Stromversorger und Sicherheitsfirmen tappen im Dunkeln und können das Problem nicht beheben. Der italienische Informatiker Piero Manzano vermutet, dass hier Terroristen mithilfe von Hackern angreifen: In den bei allen Abnehmern eingesetzten Smart-Metern, Software-gesteuerten Stromzählern, wurde die Software manipuliert. Die Sicherheits- und Verschlüsselungskomponenten wurden geknackt, so dass Fremde sie mit falschen Steuerungsbefehlen außer Betrieb setzen konnten. Die erschreckenden Folgen an den unterschiedlichen Orten sind realistisch und spannend erzählt. Ebenso die Reaktionen der Menschen ...

***Das Sieb des Brahma*, Peter A. und Jacqueline Henning, BookRix, 2013, 485 Seiten.**

Das Buch startet 1920 kurz vor dem Tod von Srinivasa Ramanujan. Im zweiten Prolog springt es ins Jahr 1959 nach Tibet, wo der Dalai Lama fliehen muss. In der Jetztzeit werden Netze gehackt und ein Marschflugkörper der USA Richtung China umgelenkt. Kann ein bewaffneter Konflickt zwischen den USA und China verhindert werden? Eine Kryptografie-Expertin und ein Computerfachmann müssen es versuchen. Ein Triller, in dem RSA geknackt wurde, und Geheimdienste eine Rolle spielen.

***Die achte Offenbarung*, Karl Olsberg, Aufbau Taschenbuch, 2013, 460 Seiten.**

Kann eine Botschaft aus der Vergangenheit unsere Zukunft verändern? Dem Historiker Paulus Brenner fällt ein uraltes, verschlüsseltes Manuskript aus dem Besitz seiner Familie in die Hände. Doch je mehr er von dem Text dekodiert, desto rätselhafter wird der Inhalt: Denn das Buch sagt mit erstaunlicher Präzision Ereignisse voraus, die zum Zeitpunkt seiner vermuteten Entstehung noch nicht geschehen sind. Während aus einem US-Labor hoch gefährliches Genmaterial verschwindet, will irgendjemand um jeden Preis verhindern, dass Paulus auch die letzte, die achte Offenbarung entziffert. Ein packender Thriller um eine erschreckend realistische Apokalypse mit vielen menschlichen Seiten ...
Als Leser kann man an der Entschlüsselung des Manuskripts teilhaben.
Die Versuche Pauls, seine Entdeckung an die richtigen Stellen zu bringen und sie später zu berichtigen, sind sehr spannend beschrieben – auch Chefredakteure haben ein Dilemma mit Verschwörungstheorien.
Das Chiffrat auf der letzten Buchseite wurde auch als Challenge im Krypto-Wettbewerb MTW veröffentlicht:
`https://mysterytwister.org/challenges/level-1/die-letzte-notiz`

***ZERO – Sie wissen, was du tust*, Marc Elsberg, Blanvalet Verlag, 2014, 480 Seiten.**

London. Bei einer Verfolgungsjagd wird ein Junge erschossen. Sein Tod führt die Journalistin Cynthia Bonsant zu der gefeierten Internetplattform Freemee. Diese sammelt und analysiert Daten, und verspricht dadurch ihren Millionen Nutzern – zurecht – ein besseres Leben und mehr Erfolg. Nur einer warnt vor Freemee und vor der Macht, die der Online-Newcomer einigen wenigen verleihen könnte: ZERO, der meistgesuchte Online-Aktivist der Welt. Als Cynthia anfängt, genauer zu recherchieren, wird sie selbst zur Gejagten. Doch in einer Welt voller Kameras, Datenbrillen und Smartphones gibt es kein Entkommen ...
Hochaktuell und bedrohlich: Der gläserne Mensch unter Kontrolle. Der Roman spielt in der nahen Zukunft (near fiction) und enthält viele aktuelle Bezüge wie PRISM, Predictive Analytics, Gamification. Ganz nebenbei werden Verweise auf bekannte Science-Fiction-Medien wie *The Running Man*, *Monkey Wrench Gang*, *V wie Vendetta*(V trägt eine Guy-Fawkes-Maske, mittlerweile das Markenzeichen von Anonymous), *Network* und *Body Snatchers* verarbeitet.
Technologisch-kryptologisch bewegen sich die Protagonisten auf dem höchsten Level, der aber nicht weiter erklärt wird: Alice Kinkaid kommuniziert mit einem Raspberry Pi. Cynthias Tochter Vi nutzt Mesh-Netze.

***Extinction*, Kazuaki Takano, C. Bertelsmann, 2015, 559 Seiten. (Original in Japanisch: *Jenosaido*, 2011; in Englisch unter dem Titel *Genocide of One*, 2014).**

Jonathan Yeager wird im Auftrag der amerikanischen Regierung in den Kongo geschickt. Bei einem Pygmäenstamm sei ein tödliches Virus ausgebrochen. Die Verbreitung muss mit allen Mitteln verhindert werden. Doch im Dschungel erkennt Yeager, dass es um etwas ganz anderes geht: Ein kleiner Junge, der über unglaubliche Fähigkeiten und übermenschliche Intelligenz verfügt, ist das eigentliche Ziel der Operation. Ein sehr spannendes Buch: Wenn man die ersten 100-200 Seiten hinter sich hat, belohnt das überraschende Ende umso mehr. Aus den Rezensionen wird klar, dass es kein Buch für oberflächliche Leser ist: „Dieser Thriller liest sich sehr gut und ist zudem informationshaltig. Ein herausforderndes Buch. Sehr detailliert recherchiert." Das Buch schafft ein Szenario mit viel Realität: Auch die menschliche Evolution ist nicht zu Ende. Was wenn ein höherer Mensch auftaucht? Der Autor verbindet Abenteuer, fundierte und gut recherchierte Wissenschaft und Politik mit Globalität, politischen Verschwörungen, Kriegspsychologie, Psychologie der Mächtigen, Cyberterrorismus ... und leistet einen Appell an die Toleranz.
Aus kryptografischer Sicht: RSA und OTP kommen handlungsbestimmend und korrekt zum Einsatz. Das Brechen von RSA durch Faktorisierung ist so bedeutsam, dass der CIA nicht dulden kann, dass dieses Wissen nicht in seinen Händen liegt ...
Siehe `https://de.wikipedia.org/wiki/Extinction_(Roman)`.

***Verschwörung*, David Lagercrantz, Heyne, 2015.**

Dies ist der vierte Band in der Millenium-Reihe, und der erste, der nicht von Stieg Larsson geschrieben wurde. Während Mikael Blomkvists Printmedien-Unternehmen mit dem Überleben kämpft, erfährt man immer mehr von den inneren Strukturen und Verquickungen von Verlegern, Geheimdiensten, Behörden, organisierter Kriminalität und Wirtschaftsspionen. Auf einzelne Menschen wird dabei keine Rücksicht genommen und normale Menschen haben bei diesen Interessen auch keine Chance. Durch die besonderen Fähigkeiten von Lisbeth Salander wendet sich das Blatt und die NSA erfährt, dass Teile von ihr von der organisierten Kriminalität geführt und missbraucht werden. Die Millenium-Charaktere werden dabei glaubwürdig weiter entwickelt. Sehr spannend.
Aus kryptografischer Sicht: Lisbeth und der Autist August beschäftigen sich mit elliptischen Kurven, um RSA zu knacken.

***Factor Man*, Matt Ginsberg, Zowie Press, 2018, 292 Seiten, bisher nur in Englisch.**

Was wäre, wenn jemand RSA, AES und alle anderen modernen Verschlüsselungsalgorithmen brechen könnte, nachdem er das P=NP-Problem gelöst hat? Ein Informatiker beginnt ein internationales Intrigenspiel, an dem das FBI, die NSA, Journalisten, chinesische Spione und Schweizer Banken beteiligt sind. Nachdem im ersten Teil eine Menge Mathematik und Komplexitätstheorie diskutiert werden, sind die restlichen Teile reine Action und ein interessantes Gedankenspiel. Können sie einen Plan so ausführen, dass sich ihre Entdeckung langsam und sicher verbreitet und allen zugute kommt, und ohne dass sie vorher von ausländischen Regierungen getötet werden? Außerdem gibt es einen unnötigen technischen Fehler in dem Buch, da mehrmals von 128-bit-Zahlen die Rede ist, die schwer zu faktorisieren sind. Gemeint sind jedoch „Sicherheitsbits" bzw. eine 128-bit-Sicherheit und nicht die Länge des öffentlichen Schlüssels in Bits (vgl. Abschnitt 1.8.6 auf Seite 45). Glücklicherweise hat dies keinen Einfluss auf die Geschichte selbst. Die Idee, dass RSA gebrochen werden könnte, findet sich auch schon in „Tetraktys" von Ari Juels aus dem Jahr 2009.

***In den Stunden einer Nacht*, Federico Axat, btb Verlag, 2024, 432 Seiten. (Original in Spanisch: *Amnesia*, 2018).**

John Brenner, ein intelligenter Mann, der mit Alkoholismus kämpft, wacht neben einer Toten auf. Er kennt die Frau aus Träumen. Als er kurz das Haus verlässt und zurückkommt, ist die Frau weg und alles sieht aus wie immer. Eine spannende und komplizierte, aber logische Geschichte. Im Epilog wird einiges klarer und man erfährt, was das Besondere an dem Code ist, den sein Bruder an seine Frau sandte.

***Scythe – Das Vermächtnis der Ältesten*, Neal Shusterman, Fischer Sauerländer, 2019+2021, 606 Seiten.**

In einer fernen Zukunft können Menschen unsterblich sein und eine wohlmeinende KI spricht mit den Menschen und sorgt für alles. Doch auch in der perfekten Welt gibt es jede Sorte von Menschen, auch solche, die der Macht verfallen sind. Als verbrecherische Menschen die Macht an sich reißen, beginnt die KI zu schweigen. Im dritten Band kommen ein paar Menschen auf der Suche nach einer Lösung auf eine Insel, die durch elektronisches Rauschen abgeschottet ist. Um die KI zu informieren, senden die Menschen „Störungen" in Form eines Modulationscodes nach draußen. Den Code dazu müssen sie erfinden. Eine der Heldinnen erklärt: Wir müssen keinen alten Code kennen – wir denken uns einfach selbst einen aus. Denn kein menschlicher Geist kann einen Code entwickeln, den die KI nicht knacken kann. Und hier ging es ja auch nicht darum, dass der Code besonders schwierig war, sondern dass er nicht auffällt und einfach zu handhaben ist. Und es funktioniert. Die Codierung ist nur eine ganz kleine Nebensache in der komplexen Handlung, sie ist aber wie vieles andere in dem Buch klar recherchiert und gut formuliert.

Eine spannende Trilogie, Scifi und Dystopie für junge Erwachsene mit vielen erhellenden Momenten und kreativen Überraschungen. Der Autor erhielt etliche Auszeichnungen für diese Serie.

***Die Abschaffung des Todes*, Andreas Eschbach, Bastei Lübbe, 2024, 655 Seiten.**

Protagonist ist James Windover, der Herausgeber der teuersten Tageszeitung der Welt. Ein Milliardär sammelt Riesensummen, um die Unsterblichkeit durch einen „Upload" menschlicher Gehirne zu erreichen. Aber es gibt Ungereimtheiten, Verfolgungsjagden und sehr viel gut recherchierte Information zu Medien, dem Durchgriff des amerikanischen Rechtssystems, Hacking und Denken. Verschlüsselung spielt auch eine Rolle: Wenn Algorithmen nicht zu knacken sind, werden Trojaner an den Endpunkten installiert. Wenn man keinem Gerät trauen kann, kann man sich per Buch-Chiffre ein OTP schaffen.

Anmerkung 1:

Eine lange Liste, teilweise auch kommentierter Beispiele für Kryptologie in der belletristischen Literatur finden sich auf der folgenden Webseite (Stand 2017):

`http://web.archive.org/web/20231116213248/https://www.staff.uni-mainz.de/pommeren/Kryptologie/Klassisch/0_Unterhaltung/`

Für die ältere Literatur (z.B. von Jules Verne, Karl May, Arthur Conan Doyle, Edgar Allen Poe) sind darauf sogar die Links zu den eigentlichen Textstellen enthalten.

Anmerkung 2:

Abgebildet und beschrieben finden Sie einige dieser Buchtitelseiten auf der Webseite von Tobias Schrödel, der sich vor allem mit antiken Büchern zur Kryptografie beschäftigt:

`https://cryptobooks.org/`

Anmerkung 3:

Wenn Sie weitere Literatur und Filme wissen, wo Kryptografie eine wesentliche Rolle spielt, dann würden wir uns sehr freuen, wenn Sie uns den genauen Titel und eine kurze Erläuterung zum Film-/Buchinhalt zusenden würden. Wir werden Ihre evtl. Begeisterung für einen Titel anklingen lassen. Herzlichen Dank.

B.1.2 Für Kinder und Jugendliche

Die folgende Auflistung enthält Filme und „Kinderbücher". Die Kinderbücher enthalten nicht nur „Geschichten", sondern auch Sammlungen von einfachen Verschlüsselungen, didaktisch und spannend aufbereitet:

***Streng geheim – Das Buch für Detektive und Agenten*, Ohne Autorenangabe, Edition moses, ohne Angabe der Jahreszahl.**

Ein dünnes Buch für kleinere Kinder mit Inspektor Fox und Dr. Chicken.

***Die 3 ???: Der geheime Schlüssel (Band 119)*, Robert Arthur, Kosmos-Verlag (ab 1960)**

Darin müssen die drei Detektive Justus, Peter und Bob verdeckte und verschlüsselte Botschaften entschlüsseln, um herauszufinden, was es mit dem Spielzeug der Firma Kopperschmidt auf sich hat.

***Geheimschriften*, Paraquin, Karl-Heinz, Ravensburger Taschenbuch Verlag, 1988 (erste Auflage 1977).**

Auf 125 eng beschriebenen Seiten werden in dem klein-formatigen Buch viele verschiedene Verfahren erläutert, die Kinder selbst anwenden können, um ihre Nachrichten zu verschlüsseln oder unlesbar zu machen. Ein kleines Fachwörter-Verzeichnis und eine kurze Geschichte der Geheimschriften runden das Büchlein ab.

Gleich auf S. 6 steht in einem old-fashioned Style für den Anfänger „Das Wichtigste zuerst" über Papier- und Bleistiftverfahren (vergleiche Kapitel 2 auf Seite 71) in Form von „Goldenen Regeln":

- Deine geheimen Botschaften müssen sich an jedem Ort zu jeder Zeit mit einfachsten Mitteln bei geringstem Aufwand sofort anfertigen lassen.
- Deine Geheimschrift muss für Deine Partner leicht zu merken und zu lesen sein. Fremde hingegen sollen sie nicht entziffern können. Merke: Schnelligkeit geht vor Raffinesse, Sicherheit vor Sorglosigkeit.
- Deine Botschaft muss immer knapp und präzise sein wie ein Telegramm. Kürze geht vor Grammatik und Rechtschreibung. Alles Überflüssige weglassen (Anrede, Satzzeichen). Möglichst immer nur Groß- oder immer nur Kleinbuchstaben verwenden.

***Das Handbuch für Detektive. Alles über Geheimsprachen, Codes, Spurenlesen und die großen Detektive dieser Welt*, Matthias Müller-Michaelis, Südwest-Verlag, 2002.**

Eine kleine Sammlung auf 62 Seiten.

***Streng geheim! – Wie man Botschaften verschlüsselt und Zahlencodes knackt*, Rudolf Kippenhahn, rororo, 2002.**

In dieser Geschichte bringt ein Großvater, ein Geheimschriftexperte, seinen 4 Enkeln und deren Freunden bei, wie man Botschaften verschlüsselt, die niemand lesen soll. Da es jemand gibt, der die Geheimnisse knackt, muss der Großvater den Kindern immer komplizierte Verfahren beibringen.
In dieser puren Rahmenhandlung werden die wichtigsten klassischen Verfahren und ihre Analyse kindgerecht und spannend erläutert.

***Streng geheim. Das große Buch der Detektive*, Corinna Harder und Jens Schumacher, Moses, 2003.**

Eine Sammlung auf 118 Seiten.

***Dein Auftrag in der unheimlichen Villa. Kennwort Rätselkrimi*, Helga Talke und Milena Baisch, Loewe, 2003.**

Ab Klasse 4. `http://www.antolin.de`
Junge Rätseldetektive lösen bei ihren Einsätzen auch einfache Geheimsprachen und Codes.

***Die 3 ???: Handbuch Geheimbotschaften*, Bernd Flessner, Kosmos-Verlag, 2004.**

Auf 127 Seiten wird sehr verständlich, spannend, und strukturiert nach Verfahrenstyp geschildert, welche Geheimsprachen (Navajo-Indianer oder Dialekte) und welche Geheimschriften (echte Verschlüsselung, aber auch technische und linguistische Steganographie) es gab und wie man einfache Verfahren entschlüsseln kann.
Bei jedem Verfahren steht, wenn es in der Geschichte oder in Geschichten Verwendung fand [wie in Edgar Allan Poe's *Der Goldkäfer*, wie von Jules Verne's Held Mathias Sandorf oder von Astrid Lindgren's Meisterdetektiv Kalle Blomquist, der die ROR-Sprache verwendet (ähnliche Einfüge-Chiffren sind auch die Löffel- oder die B-Sprache)].
Dieses Buch ist ein didaktisch hervorragender Einstieg für jüngere Jugendliche.

***Der Schatz der weißen Falken*, Regie Christian Zübert, 2005.**

Dieser spannende Kinder-Abenteuer-Film knüpft an die Tradition von Klassikern wie Mark Twains *Tom Sawyer und Huckleberry Finn* oder Enid Blytons *Fünf Freunde* an. Er spielt im Sommer des Jahres 1981. In einer halb verfallenen Villa finden 3 Jugendliche die Schatzkarte der *Weißen Falken*, die sie mithilfe eines Computer entschlüsseln. Verfolgt von einer anderen Jugendbande machen sie sich auf zu einer alten Burgruine.

***Die 3 ???: Geheimnisvolle Botschaften (Band 160)*, Christoph Dittert, Kosmos-Verlag, 2011.**

Im Haus von Professor Mathewson wurde ein altes, handgefertigtes Buch gestohlen. Justus, Peter und Bob werden in ihren Ermittlungen von einem skrupellosen Gegner behindert, der ihnen stets einen Schritt voraus zu sein scheint. Eine große Rolle spielt ein Palimpsest, eine antike Manuskriptseite, die neu beschrieben wurde. Mit Röntgenstrahlen kann der alte Text darunter wieder sichtbar gemacht werden. Nicht nur die Geschichte ist spannend, sondern auch die Art, wie die Anleitung für die Schatzsuche verschlüsselt ist. Obwohl sie das einfache Gartenzaun-Verfahren nutzt, ist es nicht trivial, es zu lösen, denn die Botschaft ist auf zwei Zettel verteilt und die Druckzeichen stehen nicht für einzelne Buchstaben.

Anmerkung 1:

Abgebildet und beschrieben finden Sie viele dieser Kinderbuch-Titelseiten auf der Webseite von Tobias Schrödel, der antike Bücher zur Kryptografie sammelt: `https://cryptobooks.org/`

Anmerkung 2:

Wenn Sie weitere Bücher kennen, die Kryptografie didaktisch kindergerecht aufbereiten, dann würden wir uns sehr freuen, wenn Sie uns den genauen Buchtitel und eine kurze Erläuterung zum Buchinhalt zusenden würden. Herzlichen Dank.

B.1.3 Code zu den Büchern der Unterhaltungsliteratur

In Abschnitt B.1.1 auf Seite 853 wurde als Erstes die Geschichte *Der Goldkäfer* von E.A. Poe aufgelistet.

Mit dem Python-Beispiel B.1.1 kann man das Kryptogramm von Captain Kidd (Originaltext *The Gold Bug* in `http://pinkmonkey.com/dl/library1/gold.pdf`, Seite 21) entschlüsseln.

Das Beispiel B.1.1[6] enthält schon die ASCII-Zeichen des Geheimtextes und die einander entsprechenden Alphabete dieses monoalphabetischen Verfahrens (MASC). Alternativ könnte man das SageMath-Beispiel 2.9.17 auf Seite 132 nehmen, das ebenfalls ein selbst-definiertes Alphabet nutzt.

Am einfachsten kann man die Entschlüsselung mit dem SageMathCell-Server (`https://sagecell.sagemath.org/`) in einem Browser durchführen: Dort kann man zwischen den beiden Sprachen Sage und Python umschalten – hier also Python wählen. Ausführen kann man den Code ganz leicht, indem man ihn mit *Copy and Paste* einfügt und dann `Evaluate` drückt.

Python-Beispiel B.1.1: Entschlüsselung des Gold-Bug-Geheimtextes in der Geschichte von Poe

```
print("\n# Appendix_B--SAMPLE 010: =========")

# Chap. B.1.3 Code for the light fiction books
# Decryption of the Gold-Bug ciphertext from the novel of E.A. Poe
# Usage on terminal: python appB1_sample01.py  (needs Python 3)

PA = 'ETHSONAIRDGLBVPFYMUC'
print('Plaintext alphabet PA: ', PA, ' Length of PA', len(PA))
CA = "8;4)+*56(!302'.1:9?-"
print('Ciphertext alphabet CA:', CA, ' Length of CA', len(CA))

codetableC2P = str.maketrans(CA,PA) # the strings CA and PA must have the same length

C = '''53++!305))6*;4826)4+.)4+);806*;48!8'60))85;1+(;:+*8!83(88)5*!;46
(;88*96*?;8)*+(;485);5*!2:*+(;4956*2(5*-4)8'8*;4069285);)6!8)4++;1(+9;4
8081;8:8+1;48!85;4)485!528806*81(+9;48;(88;4(+?34;48)4+;161;:188;+?;'''
P = C.translate(codetableC2P);
print('\nKidd decrypted:')
print(P)

# if str contains symbols not in the translation, they are left unchanged
intab  = "aeiou"
outtab = "12345"
trantab = str.maketrans(intab, outtab)
stri = "this is string example..AE..wow!!!"
print("\nTest substituting only lower-case vocals:", stri.translate(trantab))

#----------------------------------
# Appendix_B--SAMPLE 010: =========
# Plaintext alphabet PA:  ETHSONAIRDGLBVPFYMUC  Length of PA 20
# Ciphertext alphabet CA: 8;4)+*56(!302'.1:9?-  Length of CA 20
#
# Kidd decrypted:
# AGOODGLASSINTHEBISHOPSHOSTELINTHEDEVILSSEATFORTYONEDEGREESANDTHI
# RTEENMINUTESNORTHEASTANDBYNORTHMAINBRANCHSEVENTHLIMBEASTSIDESHOOTFROMTH
# ELEFTEYEOFTHEDEATHSHEADABEELINEFROMTHETREETHROUGHTHESHOTFIFTYFEETOUT
#
```

[6] Siehe [1].

Fortsetzung Python-Beispiel B.1.1

```
# Test substituting only lower-case vocals: th3s 3s str3ng 2x1mpl2..AE..w4w!!!
```

Anmerkung 1:

Poe bzw. sein Verlag haben beim Drucken des Geheimtextes so ähnlich „geschummelt" wie der Autor des Python-Codes, der nur ASCII-Zeichen verwendete.

In der Reproduktion einer Original-Publikation (z. B. unter `https://archive.org/details/goldbug00poegoog` auf Seite 95) kann man sehen, dass Poe Zeichen genommen hat, die im Buchdruck üblich waren, aber nur zum (allerdings größeren) Teil auch im ASCII-Zeichensatz vorkommen. Es ist mehr als unwahrscheinlich, dass ein ungebildeter Seeräuber gerade diese Zeichen für sein Geheimtextalphabet verwenden würde ...

Anmerkung 2:

Im Beispiel-Code werden die Python-String-Methoden `maketrans` und `translate` verwendet.

Hierbei gibt man das Klartext- und Geheimtext-Alphabet jeweils als einfache Strings ein und erzeugt daraus mit `maketrans` eine Übersetzungstabelle. Die eigentliche Verschlüsselung erledigt dann `translate`. Für die Dechiffrierung müssen bei `maketrans` nur die Argumente für die beiden Alphabete vertauscht werden. Die sonst üblichen Hin-und-Her-Umwandlungen zwischen Zeichen und ASCII-Nummern mittels `str` und `ord` entfallen. Das ist ideal für monoalphabetische Chiffrierungen – gerade im Unterricht in der Mittelstufe.

Man sieht gut, wie wenig Code man mit Python 3 oder SageMath für solche Aufgaben benötigt. Im obigen Beispiel waren effektiv nur 7 Zeilen Code nötig.

B.2 Empfohlene Schreibweise von Begriffen im CrypTool-Buch

Als Orientierung für die Autoren und weil Internet und Marketing immer wieder von der offiziellen Schreibweise abweichen, listen wir hier die Empfehlungen von DIN (Deutsches Institut für Normung), IEC (International Electrotechnical Commission), etc. auf.

Mit dem LaTeX-Paket siunitx[7] kann man Zahlen und Einheiten bequem eingeben und sie im ganzen Dokument einheitlich darstellen. Die (englische) Paket-Dokumentation ist sehr gut und leicht verständlich.

Bit: Groß-/Kleinschreibung und Abkürzung

Als Einheit in Formeln schreiben wir „bit" klein und ohne Plural-„s".

Die Maßeinheit heißt „Bit" und hat – nach der IEC – „bit" als Einheitenzeichen; das alternative „b" ist ungebräuchlich.

Ein Byte entspricht acht Bits (hier sind die Zahlen als Text geschrieben, daher wird auch Bit als Text verstanden. So wie man „100-Meter-Lauf" und „100-m-Lauf" schreiben kann, kann auch „32-Bit-Register, 4-Bit-Computer-Architektur" und „32-bit-Register, 4-bit-Computer-Architektur" geschrieben werden. Wir schreiben es meist klein wie in „32-bit-Zahl".

[7] `https://ctan.org/pkg/siunitx`

Verwendet man Bit dagegen als technische Einheit (in Kombination mit einer in Ziffern angegebenen Zahl und in einer formelmäßigen Angabe), so schreibt man es klein.
Beispiel: 1 Byte = 8 bit; 1 Mbit/s = ein Megabit pro Sekunde

Bei der Einheit „Byte“ gibt es dieses Problem dagegen nicht, sie wird immer groß geschrieben. Dadurch kann man die Abkürzungen voneinander unterscheiden:
128 KB = 128 Kilobyte, aber 128 Kb = 128 Kilobit.

Die Einheit Bit wird nur im Singular verwendet, während der Plural für bestimmte „Bits“ einer Gruppe verwendet wird.

Anmerkung: Die Einheit für eine Quanten-Informationseinheit ist das qubit.

`https://de.wikipedia.org/wiki/Bit`
`http://wiki.winboard.org/index.php/Bit`

Byte: Groß-/Kleinschreibung und Abkürzung

Byte ist der ausgeschriebene Name der Maßeinheit für eine Datenmenge von 8 Bit mit dem Einheitenzeichen „B“ (selten „byte“).

Der ausgeschriebene Name unterliegt grundsätzlich der normalen Deklination, der abgekürzte Einheitenname nie.

1000 B = 1 kB = 1 kilobyte
1024 B = 1 KiB = 1 kibibyte = 1 KB [manchmal falsch auch als 1 kilobyte]

`https://de.wikipedia.org/wiki/Byte`

Bindestriche

Public-Key-Verfahren Bindestriche zwischen englischen und deutschem Begriff
Brute-Force-Methode Bindestriche und englische Begriffe groß
(`https://de.wikipedia.org/wiki/Brute-Force-Methode`)
OpenSSL-Plugin Bindestrich zwischen Produktname und deutschem Begriff

`https://www.scribbr.de/wissenschaftliches-schreiben/bindestrich`
`https://www.duden.de/sprachwissen/rechtschreibregeln/bindestrich`

B.3 Autoren des CrypTool-Buchs

Dieser Anhang führt die Autoren dieses Dokuments auf.

Bernhard Esslinger

Initiator des CrypTool-Projekts, Editor und Hauptautor dieses Buchs. Professor für IT-Sicherheit und Kryptologie an der Universität Siegen. Ehemals: CISO der SAP AG, und bei der Deutschen Bank Leiter IT-Sicherheit und Leiter Crypto Competence Center.
E-Mail: bernhard.esslinger@gmail.com

Doris Behrendt

Autorin des Unterkapitels 6.5 (Die RSA-Ebene). Mathematikerin, Mitglied des CT-Teams seit 2018. Übernahme der Gesamtprojektleitung des CrypTool-Projektes im Jahr 2023 an der Universität der Bundeswehr München. Email: doris.behrendt@unibw.de

Matthias Büger

Mitautor des Kapitels 8 (Elliptische-Kurven-Kryptografie). Research Analyst bei der Deutschen Bank.

Miroslav Dimitrov

Erster Autor des Kapitels 11 (Einführung in die Gitterkryptografie). Bulgarian Academy of Sciences. E-Mail: mirdim@math.bas.bg

Bartol Filipovic

Ursprünglicher Autor der Elliptische-Kurven-Implementierung in CT1 und des Kapitels 8 (Elliptische-Kurven-Kryptografie).

Martin Franz

Ursprünglicher Autor des Kapitels 10 (Homomorphe Chiffren). Forscht und arbeitet im Bereich der angewandten Kryptografie.

Henrik Koy

Hauptentwickler und Koordinator der CT1-Entwicklung der Versionen 1.3 und 1.4. Reviewer des Buchs und TEX-Guru. Projektleiter IT und Kryptologe bei der Deutschen Bank.

Vasily Mikhalev

Mitautor der Unterkapitel 2.5 (Hagelin-Maschinen als Beispiel für Vor-Computer-Geräte), 1.9 (Beste bekannte Angriffe auf konkrete Verschlüsselungsverfahren) und 3 (Historische Kryptologie).

Roger Oyono

Erster Implementierer des Faktorisierungs-Dialogs in CT1 und ursprünglicher Autor des Kapitels 6 (Die mathematischen Ideen hinter der modernen (asymmetrischen) Kryptografie).

Klaus Pommerening

Ursprünglicher Autor des Kapitels 9 (Grundlagen der modernen symmetrischen Verschlüsselung). Ehemaliger Professor für Mathematik und Medizinische Informatik an der Johannes-Gutenberg-Universität Mainz.

Harald Ritter

Mitautor des Kapitels 11 (Einführung in die Gitterkryptografie). IACR Mitglied, Dissertation über Gitterbasenreduktion an der Universität Frankfurt. Senior Consultant bei NOVOSEC AG, Frankfurt/Main. E-Mail: harald.ritter@novosec.com harald.ritter@onlinehome.de

Jörg Cornelius Schneider

Design und Long-Term-Support von CrypTool. Kryptografie-Enthusiast. IT-Architekt und Senior-Projektleiter IT bei der Deutschen Bank.

Christine Stötzel

Mitautor des Kapitels 2 (P&B- und Vor-Computer-Chiffren).

Johannes Buchmann

Mitautor des Kapitels 13 (Zukünftige Kryptografie), Vizepräsident der TU Darmstadt (TUD) und Professor an den Fachbereichen für Informatik und Mathematik der TUD mit dem Lehrstuhl für Theoretische Informatik (Kryptografie und Computer-Algebra). Im Ruhestand.

Alexander May

Mitautor des Kapitel 12 (Diskrete Logarithmen und Faktorisierung) und des Kapitels 13 (Zukünftige Kryptografie). Ordentlicher Professor am Fachbereich Mathematik (Lehrstuhl für Kryptologie und IT-Sicherheit) der Ruhr-Universität Bochum, und Mitglied des Horst-Görtz Instituts für IT-Sicherheit. Sein Forschungsschwerpunkt liegt bei Algorithmen für die Kryptoanalyse, insbesondere auf Methoden für Angriffe auf das RSA-Kryptoverfahren.

Erik Dahmen

Mitautor des Kapitels 13 (Zukünftige Kryptografie), Mitarbeiter am Lehrstuhl Theoretische Informatik (Kryptografie und Computeralgebra) der TU Darmstadt.

Ulrich Vollmer

Mitautor des Kapitels 13 (Zukünftige Kryptografie), Mitarbeiter am Lehrstuhl Theoretische Informatik (Kryptografie und Computeralgebra) der TU Darmstadt.

Antoine Joux

Mitautor des Kapitels 12 (Diskrete Logarithmen und Faktorisierung). Antoine Joux ist der Inhaber des Cryptology Chair der Stiftung der Universität Pierre et Marie Curie (Paris 6) und ein Senior Sicherheitsexperte bei CryptoExperts, Paris. Er arbeitete in verschiedenen Gebieten der Kryptoanalyse und ist eine Schlüsselfigur bei den aktuellen Fortschritten in der Berechnung diskreter Logarithmen in Körpern mit kleiner Charakteristik.

Arjen Lenstra

Mitautor des Kapitels 12 (Diskrete Logarithmen und Faktorisierung). Arjen Lenstra ist ordentlicher Professor an der École Polytechnique Fédérale de Lausanne (EPFL) und Leiter der Forschungsabteilung für kryptologische Algorithmen. Er ist einer der Erfinder des derzeit besten Algorithmus für ganzzahlige Faktorisierung, des Zahlkörpersiebs (Number Field Sieve). Außerdem war er an vielen praktischen Faktorisierungsrekorden beteiligt.

Beáta Megyesi

Mitautor des Kapitels 3 (Historische Kryptologie). Professor für Computational Linguistik, Uppsala University, Schweden. PI des DECRYPT-Projekts. Email: beata.megyesi@gmail.com

Alicia Fornés

Mitautor des Kapitels 3 (Historische Kryptologie). Computer Vision Center, Universität Autònoma de Barcelona, Spanien

Benedek Láng

Mitautor des Kapitels 3 (Historische Kryptologie). Historiker, Eötvös Loránd University, Budapest, Ungarn

Michelle Waldispühl

Mitautor des Kapitels 3 (Historische Kryptologie). Associate Professor für deutsche Linguistik und Sprach-Übernahme an der University of Gothenburg, Schweden

Nils Kopal

Mitautor des Unterkapitels 1.9 (Beste bekannte Angriffe auf konkrete Verschlüsselungsverfahren) und des Kapitels 3 (Historische Kryptologie). Entwicklungsleiter der Software CrypTool 2. Informatiker und Kryptoanalyst. Arbeitet als Professor für Angewandte Informatik an der Hochschule Niederrhein und dem Cyber Campus NRW. Email: nils.kopal@hs-niederrhein.de

Ralph Simpson

Mitautor des Unterkapitels 1.7 (Schlüsselräume – theoretische und praktische). Siehe www.CipherHistory.com.

Minh Van Nguyen

SageMath-Entwickler und Reviewer des Dokuments.

Literatur zu Anhang B

[1] Helmut Witten, Irmgard Letzner und Ralph-Hardo Schulz. „RSA & Co. in der Schule: Moderne Kryptologie, alte Mathematik, raffinierte Protokolle, Teil 1: Sprache und Statistik". In: *LOG IN* 3/4 (1998), S. 57–65. URL: `https://informatik.schule.de/krypto/` (siehe S. 853, 867)

[2] Rudolf Kippenhahn. *Verschlüsselte Botschaften: Geheimschrift, Enigma und Chipkarte*. 1. Aufl. rowohlt, 1997 (siehe S. 853)

C Verzeichnisse

C.1 Abbildungsverzeichnis

C.2 Tabellenverzeichnis

C.3 Verzeichnis der Zitate

C.4 Verzeichnis der Krypto-Verfahren mit Pseudocode

C.5 Verzeichnis der OpenSSL-Programmbeispiele

Die Einführung in das CLI `openssl` im Abschnitt A.8 auf Seite 819 verwendet die folgenden zwei Bash-Shell-Skripte und die folgenden zwei Python-Skripte:

- `hybrid-openssl-enc-dec.sh` mit Befehlen aus A.1.2–A.1.6, A.1.8 und A.1.9; ruft
  - `convert-pem-dec.py`
- `zahl-direkt-openssl-enc-dec.sh` mit Befehlen aus A.1.7; ruft

```
- int2bin.py
```

Diese 4 Skripte mit den `openssl`-Beispielen aus diesem Buch finden Sie auf der CrypTool-Webseite: `https://www.cryptool.org/de/ctbook/openssl`

Alle Beispiele wurden mit den OpenSSL-Versionen 1.1.1l und 3.3.0 getestet.

C.6 Verzeichnis der Python-Programmbeispiele

C.7 Verzeichnis der SageMath-Programmbeispiele

Alle SageMath-Beispiele aus diesem Buch finden sich auf der CrypTool-Webseite:
`https://www.cryptool.org/de/ctbook/sagemath`

Die Namen der SageMath-Skript-Dateien enthalten zuerst die Kapitel-Nummer und dann die laufende Nummer des Skripts innerhalb dieses Kapitel, z. B. `chap08_sample11.sage`.

Alle Beispiele wurden mit den SageMath-Versionen 9.3 (Release Date 2021-05-09) unter Windows, 9.5 (Release Date 2022-01-30) unter Linux und 10.0 (Release Date 2023-05-23) unter macOS getestet.

C.8 Verzeichnis der Rätsel von Kapitel 11

Für die Rätsel mit langem Input (z. B. sehr große Zahlen) gibt es Textdateien mit dem jeweiligen Input für SageMath. Diese Dateien findet man auf der CT-Webseite gebündelt in einer Zipdatei:

`https://www.cryptool.org/download/ctb/chal_i_helper.zip`

Index

C